中国人口普查
CHINA POPULATION CENSUS

2020

浙江省人口普查年鉴

（第1册）

ZHEJIANG POPULATION CENSUS YEARBOOK 2020

(BOOK 1)

浙　江　省　统　计　局
浙江省人民政府第七次人口普查领导小组办公室　编

Compiled by
Zhejiang Provincial Bureau of Statistics
Office of the Leading Group of Zhejiang Province for the Seventh National Population Census

中国统计出版社
China Statistics Press

图书在版编目（CIP）数据

浙江省人口普查年鉴. 2020. 第 1 册 / 浙江省统计局, 浙江省人民政府第七次人口普查领导小组办公室编. -- 北京 : 中国统计出版社, 2022.8
ISBN 978-7-5037-9858-0

Ⅰ. ①浙… Ⅱ. ①浙… ②浙… Ⅲ. ①人口普查－统计资料－浙江－2020－年鉴 Ⅳ. ①C924.255.5-54

中国版本图书馆 CIP 数据核字(2022)第 124126 号

浙江省人口普查年鉴-2020（第 1 册）
Zhejiang Population Census Yearbook 2020 (Book 1)

作　　者/浙江省统计局　浙江省人民政府第七次人口普查领导小组办公室
责任编辑/熊丹书
封面设计/李雪燕
出版发行/中国统计出版社有限公司
通信地址/北京市丰台区西三环南路甲 6 号　邮政编码/100073
发行电话/邮购（010）63376909　书店（010）68783171
网　　址/http://www.zgtjcbs.com/
印　　刷/河北鑫兆源印刷有限公司
经　　销/新华书店
开　　本/880mm×1230mm　1/16
字　　数/1360 千字
印　　张/43.75
版　　别/2022 年 8 月第 1 版
版　　次/2022 年 8 月第 1 次印刷
定　　价/980.00 元（全四册附光盘）

《浙江省人口普查年鉴—2020》编委会和编辑工作人员

编委会

主　　任： 吴胜丰

副 主 任： 张兴华

编委会成员： 潘强敏　沈　毅　褚英国　季　南　余晓梅　李吾增

编辑工作人员

总 编 辑： 张兴华

副总编辑： 余晓梅　李吾增　阮圣健

编辑人员： （以姓氏笔画为序）

丁建国　王　娟　巴　博　冯少华　叶鑫潮　占　颖　孙丽丽　陈志林　何　滔　沈　曦　范菁雁　罗　斌　赵　静　相佳萍　曾　见　楼　航

编 辑 说 明

在浙江省委、省政府的统一领导下，在国务院第七次全国人口普查办公室的直接指导下，在有关部门的通力合作和各级人民政府的大力支持下，经过三十余万普查工作人员的努力拼搏和全省普查对象的积极参与，浙江省第七次全国人口普查取得了圆满成功，获得了丰富详实的资料。为了满足社会各界的需要，现将汇总的数据资料编辑出版。

为便于读者使用本资料，现将有关情况说明如下:

一、普查对象和标准时点

第七次全国人口普查的普查对象指普查标准时点在中华人民共和国境内的自然人以及在中华人民共和国境外但未定居的中国公民，不包括在中华人民共和国境内短期停留的境外人员。普查标准时点为 2020 年 11 月 1 日零时。

二、普查表式

第七次全国人口普查采用长、短两种普查表。普查短表包括反映人口基本状况的项目，由全部住户（不包括港澳台居民和外籍人员）填报；普查长表包括所有短表项目和人口的经济活动、婚姻生育和住房等情况的项目，在全部住户中抽取 10%的户（不包括港澳台居民和外籍人员）填报。

三、资料主要内容

本资料分为三部分。第一部分是全部人口数据，主要反映人口的基本状况，分为八卷，共 196 张表；第二部分是普查长表数据，主要反映人口的各种结构情况，分为九卷，共 218 张表；第三部分是附录，主要是普查的有关规定和技术文件等。

四、数据汇总口径及推算说明

本资料是普查实际登记直接汇总的数据，不包括漏登的人口和现役军人。

资料中各项指标的汇总结果未做任何误差校正，读者在使用时应考虑不同指标登记误差因素的影响。

由于普查长表是按户抽样并进行登记，因此人口总数以及各种人口结构数据的抽样比会存在略微差异，请读者使用本资料推算总体时，对采用的方法予以注意。

五、城乡划分规定

本次人口普查关于城乡的划分，按照国家统计局《统计上划分城乡的规定》执行。

六、其他

本资料中部分相对数由于单位取舍问题而产生的计算误差，均未做机械调整。本资料中空项表示无数字或数字很小。

目　　录

第 1 册

第一部分　全部数据资料

第三卷 年龄

第四卷 教育

第 2 册

第一部分　全部数据资料（续）

第五卷　家庭

第六卷　死亡

第七卷 户口登记状况

第二部分　长表数据资料

第一卷　概要

第二卷　民族

第三卷　教育

第 3 册

第二部分　长表数据资料（续）

第四卷　就业

第4册

第二部分　长表数据资料（续）

第五卷　婚姻

第六卷　生育

第九卷 住房

第三部分 附 录

第一部分　全部数据资料

第一卷　概要

1–1 各地区户数、

地区	户数						
				合计			
	合计	家庭户	集体户	合计	男	女	性别比(女=100)
合计	**26880850**	**25008606**	**1872244**	**64567588**	**33680008**	**30887580**	**109.04**
杭州市	**4955002**	**4435927**	**519075**	**11936010**	**6215953**	**5720057**	**108.67**
上城区	144685	130550	14135	357657	179195	178462	100.41
下城区	205203	185118	20085	485849	237311	248538	95.48
江干区	616455	501905	114550	1487787	774118	713669	108.47
拱墅区	269672	243511	26161	635136	318031	317105	100.29
西湖区	451877	371991	79886	1112992	572932	540060	106.09
滨江区	198659	165654	33005	503859	260336	243523	106.90
萧山区	934601	842362	92239	2258872	1202639	1056233	113.86
余杭区	1034689	952450	82239	2402514	1285001	1117513	114.99
富阳区	323956	301415	22541	832017	436190	395827	110.20
临安区	257091	244625	12466	634555	330785	303770	108.89
桐庐县	189944	177731	12213	453106	231206	221900	104.19
淳安县	150457	146646	3811	328957	163856	165101	99.25
建德市	177713	171969	5744	442709	224353	218356	102.75
宁波市	**4194034**	**3932712**	**261322**	**9404283**	**4905769**	**4498514**	**109.05**
海曙区	456554	429765	26789	1041285	535155	506130	105.73
江北区	217705	200572	17133	488885	256286	232599	110.18
北仑区	388713	356755	31958	829448	450595	378853	118.94
镇海区	235834	217598	18236	531830	283021	248809	113.75
鄞州区	707201	656977	50224	1588187	807665	780522	103.48
奉化区	256585	243392	13193	577505	300761	276744	108.68
象山县	257471	248090	9381	567665	287779	279886	102.82
宁海县	314625	304001	10624	695958	361292	334666	107.96
余姚市	539510	512274	27236	1254032	654380	599652	109.13
慈溪市	819836	763288	56548	1829488	968835	860653	112.57
温州市	**3936721**	**3662213**	**274508**	**9572903**	**5075707**	**4497196**	**112.86**
鹿城区	493357	445227	48130	1167165	607651	559514	108.60
龙湾区	304558	260653	43905	725036	408785	316251	129.26
瓯海区	408463	353336	55127	963238	520541	442697	117.58
洞头区	59659	52359	7300	148807	79295	69512	114.07
永嘉县	346931	324380	22551	869624	464828	404796	114.83
平阳县	351143	335523	15620	863088	449919	413169	108.89
苍南县	325721	312559	13162	843962	438781	405181	108.29
文成县	118156	115523	2633	288178	151517	136661	110.87
泰顺县	113686	111839	1847	265980	138488	127492	108.62
瑞安市	616325	583733	32592	1520386	802213	718173	111.70
乐清市	625811	603363	22448	1452707	766951	685756	111.84
龙港市	172911	163718	9193	464732	246738	217994	113.19
嘉兴市	**2167650**	**2029982**	**137668**	**5400868**	**2814061**	**2586807**	**108.79**
南湖区	347252	319065	28187	839433	432591	406842	106.33
秀洲区	268242	253962	14280	679221	355568	323653	109.86
嘉善县	273814	256527	17287	648160	345596	302564	114.22
海盐县	175320	166916	8404	456775	235649	221126	106.57
海宁市	434966	402359	32607	1076199	566704	509495	111.23
平湖市	271417	256354	15063	671326	348233	323093	107.78
桐乡市	396639	374799	21840	1029754	529720	500034	105.94
湖州市	**1286318**	**1197973**	**88345**	**3367579**	**1746438**	**1621141**	**107.73**
吴兴区	378703	335671	43032	1015937	524436	491501	106.70
南浔区	216349	209372	6977	542889	282430	260459	108.44
德清县	200556	185013	15543	548568	287294	261274	109.96
长兴县	259583	250093	9490	673776	344964	328812	104.91
安吉县	231127	217824	13303	586409	307314	279095	110.11

人口数和性别比

单位：户、人

人口数								平均家庭户规模（人/户）
家庭户				集体户				
小计	男	女	性别比（女=100）	小计	男	女	性别比（女=100）	
58830838	**30143079**	**28687759**	**105.07**	**5736750**	**3536929**	**2199821**	**160.78**	**2.35**
10469588	**5310634**	**5158954**	**102.94**	**1466422**	**905319**	**561103**	**161.35**	**2.36**
311890	150120	161770	92.80	45767	29075	16692	174.19	2.39
432227	206589	225638	91.56	53622	30722	22900	134.16	2.33
1165016	585516	579500	101.04	322771	188602	134169	140.57	2.32
566174	277993	288181	96.46	68962	40038	28924	138.42	2.33
887001	443064	443937	99.80	225991	129868	96123	135.11	2.38
395911	197620	198291	99.66	107948	62716	45232	138.65	2.39
2029525	1044972	984553	106.14	229347	157667	71680	219.96	2.41
2196558	1145951	1050607	109.08	205956	139050	66906	207.83	2.31
759604	389602	370002	105.30	72413	46588	25825	180.40	2.52
571832	292009	279823	104.35	62723	38776	23947	161.92	2.34
419671	211473	208198	101.57	33435	19733	13702	144.02	2.36
313983	155364	158619	97.95	14974	8492	6482	131.01	2.14
420196	210361	209835	100.25	22513	13992	8521	164.21	2.44
8696308	**4463177**	**4233131**	**105.43**	**707975**	**442592**	**265383**	**166.77**	**2.21**
952998	483696	469302	103.07	88287	51459	36828	139.73	2.22
440725	225407	215318	104.69	48160	30879	17281	178.69	2.20
751737	397830	353907	112.41	77711	52765	24946	211.52	2.11
482886	252231	230655	109.35	48944	30790	18154	169.60	2.22
1455282	731984	723298	101.20	132905	75681	57224	132.25	2.22
540706	276800	263906	104.89	36799	23961	12838	186.64	2.22
545530	273773	271757	100.74	22135	14006	8129	172.30	2.20
666020	342251	323769	105.71	29938	19041	10897	174.74	2.19
1173731	603723	570008	105.91	80301	50657	29644	170.88	2.29
1686693	875482	811211	107.92	142795	93353	49442	188.81	2.21
8684741	**4528020**	**4156721**	**108.93**	**888162**	**547687**	**340475**	**160.86**	**2.37**
1012694	513846	498848	103.01	154471	93805	60666	154.63	2.27
595676	323684	271992	103.01	129360	85101	44259	192.28	2.29
793394	421382	372012	113.27	169844	99159	70685	140.28	2.25
123996	62545	61451	101.78	24811	16750	8061	207.79	2.37
771954	406012	365942	110.95	97670	58816	38854	151.38	2.38
814560	419739	394821	106.31	48528	30180	18348	164.49	2.43
795492	409624	385868	106.16	48470	29157	19313	150.97	2.55
279408	146147	133261	109.67	8770	5370	3400	157.94	2.42
257753	133648	124105	107.69	8227	4840	3387	142.90	2.30
1417788	737338	680450	108.36	102598	64875	37723	171.98	2.43
1388095	726792	661303	109.90	64612	40159	24453	164.23	2.30
433931	227263	206668	109.97	30801	19475	11326	171.95	2.65
5049734	**2590813**	**2458921**	**105.36**	**351134**	**223248**	**127886**	**174.57**	**2.49**
759316	385115	374201	102.92	80117	47476	32641	145.45	2.38
643366	331460	311906	106.27	35855	24108	11747	205.23	2.53
603168	314530	288638	108.97	44992	31066	13926	223.08	2.35
436702	221613	215089	103.03	20073	14036	6037	232.50	2.62
998497	516090	482407	106.98	77702	50614	27088	186.85	2.48
637180	325092	312088	104.17	34146	23141	11005	210.28	2.49
971505	496913	474592	104.70	58249	32807	25442	128.95	2.59
3031273	**1539748**	**1491525**	**103.23**	**336306**	**206690**	**129616**	**159.46**	**2.53**
848103	426231	421872	101.03	167834	98205	69629	141.04	2.53
522995	268658	254337	105.63	19894	13772	6122	224.96	2.50
492240	250718	241522	103.81	56328	36576	19752	185.18	2.66
636268	321924	314344	102.41	37508	23040	14468	159.25	2.54
531667	272217	259450	104.92	54742	35097	19645	178.66	2.44

1－1 续表

地区	户数						
				合计			
	合计	家庭户	集体户	合计	男	女	性别比(女=100)
绍兴市	**2140538**	**2005360**	**135178**	**5270977**	**2696152**	**2574825**	**104.71**
越城区	407810	373968	33842	1020037	511806	508231	100.70
柯桥区	452009	414436	37573	1098859	581936	516923	112.58
上虞区	348490	327020	21470	839747	421208	418539	100.64
新昌县	178309	172387	5922	419036	215185	203851	105.56
诸暨市	468806	439757	29049	1218072	619590	598482	103.53
嵊州市	285114	277792	7322	675226	346427	328799	105.36
金华市	**3053600**	**2830918**	**222682**	**7050683**	**3716342**	**3334341**	**111.46**
婺城区	409597	377314	32283	957055	492226	464829	105.89
金东区	217165	195230	21935	506935	271492	235443	115.31
武义县	208902	200628	8274	462462	245677	216785	113.33
浦江县	190394	182596	7798	460726	240373	220353	109.09
磐安县	81406	79138	2268	177161	90275	86886	103.90
兰溪市	234263	224501	9762	574801	292973	281828	103.95
义乌市	835530	748257	87273	1859390	1002838	856552	117.08
东阳市	462220	435653	26567	1087950	560471	527479	106.25
永康市	414123	387601	26522	964203	520017	444186	117.07
衢州市	**950753**	**916430**	**34323**	**2276184**	**1161813**	**1114371**	**104.26**
柯城区	209540	197414	12126	528847	266480	262367	101.57
衢江区	149808	144671	5137	373920	199782	174138	114.73
常山县	112580	109104	3476	259966	133100	126866	104.91
开化县	112361	109504	2857	258810	127837	130973	97.61
龙游县	163392	157781	5611	360229	186734	173495	107.63
江山市	203072	197956	5116	494412	247880	246532	100.55
舟山市	**522829**	**489082**	**33747**	**1157817**	**611522**	**546295**	**111.94**
定海区	222767	208734	14033	500030	256435	243595	105.27
普陀区	175364	166776	8588	382902	197014	185888	105.99
岱山县	92471	82444	10027	207982	123467	84515	146.09
嵊泗县	32227	31128	1099	66903	34606	32297	107.15
台州市	**2636236**	**2510062**	**126174**	**6622888**	**3443061**	**3179827**	**108.28**
椒江区	316048	287887	28161	826074	431919	394155	109.58
黄岩区	274456	260913	13543	707453	365744	341709	107.03
路桥区	245431	231778	13653	628934	330938	297996	111.05
三门县	154996	149711	5285	379469	195866	183603	106.68
天台县	183443	178608	4835	474711	242816	231895	104.71
仙居县	159478	154647	4831	431888	221407	210481	105.19
温岭市	604283	575879	28404	1416199	740335	675864	109.54
临海市	423184	404502	18682	1114146	572295	541851	105.62
玉环市	274917	266137	8780	644014	341741	302273	113.06
丽水市	**1037169**	**997947**	**39222**	**2507396**	**1293190**	**1214206**	**106.50**
莲都区	224383	207310	17073	562116	292498	269618	108.49
青田县	208903	203422	5481	509053	263277	245776	107.12
缙云县	176511	171575	4936	405318	207826	197492	105.23
遂昌县	79893	78203	1690	194385	99820	94565	105.56
松阳县	83966	81817	2149	204880	105192	99688	105.52
云和县	54360	52929	1431	129216	67647	61569	109.87
庆元县	60353	58774	1579	142551	72676	69875	104.01
景宁畲族自治县	48713	47298	1415	111011	57257	53754	106.52
龙泉市	100087	96619	3468	248866	126997	121869	104.21

单位：户、人

人口数								平均家庭户规模（人/户）
家庭户				集体户				
小计	男	女	性别比（女=100）	小计	男	女	性别比（女=100）	
4770493	**2403140**	**2367353**	**101.51**	**500484**	**293012**	**207472**	**141.23**	**2.38**
909619	450901	458718	98.30	110418	60905	49513	123.01	2.43
1005129	519817	485312	107.11	93730	62119	31611	196.51	2.43
780925	385141	395784	97.31	58822	36067	22755	158.50	2.39
389411	198077	191334	103.52	29625	17108	12517	136.68	2.26
1035541	517857	517684	100.03	182531	101733	80798	125.91	2.35
649868	331347	318521	104.03	25358	15080	10278	146.72	2.34
6382068	**3315398**	**3066670**	**108.11**	**668615**	**400944**	**267671**	**149.79**	**2.25**
847351	429995	417356	103.03	109704	62231	47473	131.09	2.25
440119	230182	209937	109.64	66816	41310	25506	161.96	2.25
440948	231895	209053	110.93	21514	13782	7732	178.25	2.20
431382	223377	208005	107.39	29344	16996	12348	137.64	2.36
169100	85213	83887	101.58	8061	5062	2999	168.79	2.14
543537	276111	267426	103.25	31264	16862	14402	117.08	2.42
1629372	860775	768597	111.99	230018	142063	87955	161.52	2.18
1004788	511585	493203	103.73	83162	48886	34276	142.62	2.31
875471	466265	409206	113.94	88732	53752	34980	153.66	2.26
2131407	**1071233**	**1060174**	**101.04**	**144777**	**90580**	**54197**	**167.13**	**2.33**
484829	241138	243691	98.95	44018	25342	18676	135.69	2.46
344965	178398	166567	107.10	28955	21384	7571	282.45	2.38
245546	123930	121616	101.90	14420	9170	5250	174.67	2.25
247700	121289	126411	95.95	11110	6548	4562	143.53	2.26
336741	170519	166222	102.59	23488	16215	7273	222.95	2.13
471626	235959	235667	100.12	22786	11921	10865	109.72	2.38
1052588	**530342**	**522246**	**101.55**	**105229**	**81180**	**24049**	**337.56**	**2.15**
462256	231904	230352	100.67	37774	24531	13243	185.24	2.21
363387	183334	180053	101.82	19515	13680	5835	234.45	2.18
163226	82940	80286	103.31	44756	40527	4229	958.31	1.98
63719	32164	31555	101.93	3184	2442	742	329.11	2.05
6217580	**3192273**	**3025307**	**105.52**	**405308**	**250788**	**154520**	**162.30**	**2.48**
737991	376061	361930	103.90	88083	55858	32225	173.34	2.56
662973	339595	323378	105.01	44480	26149	18331	142.65	2.54
587506	304657	282849	107.71	41428	26281	15147	173.51	2.53
362669	185604	177065	104.82	16800	10262	6538	156.96	2.42
449533	227928	221605	102.85	25178	14888	10290	144.68	2.52
407643	207656	199987	103.83	24245	13751	10494	131.04	2.64
1337266	689910	647356	106.57	78933	50425	28508	176.88	2.32
1050638	534057	516581	103.38	63508	38238	25270	151.32	2.60
621361	326805	294556	110.95	22653	14936	7717	193.55	2.33
2345058	**1198301**	**1146757**	**104.49**	**162338**	**94889**	**67449**	**140.68**	**2.35**
498343	254294	244049	104.20	63773	38204	25569	149.42	2.40
486670	250194	236476	105.80	22383	13083	9300	140.68	2.39
386483	196822	189661	103.78	18835	11004	7831	140.52	2.25
185106	94310	90796	103.87	9279	5510	3769	146.19	2.37
196822	100724	96098	104.81	8058	4468	3590	124.46	2.41
124881	65049	59832	108.72	4335	2598	1737	149.57	2.36
134584	68275	66309	102.96	7967	4401	3566	123.42	2.29
104817	53384	51433	103.79	6194	3873	2321	166.87	2.22
227352	115249	112103	102.81	21514	11748	9766	120.29	2.35

1-1a 各地区户数、

地区	户数						
	合计	家庭户	集体户	合计			
				合计	男	女	性别比(女=100)
合计	**13813994**	**12575815**	**1238179**	**33083792**	**17165183**	**15918609**	**107.83**
杭州市	**3709772**	**3262706**	**447066**	**8886842**	**4619807**	**4267035**	**108.27**
上城区	144685	130550	14135	357657	179195	178462	100.41
下城区	205203	185118	20085	485849	237311	248538	95.48
江干区	616455	501905	114550	1487787	774118	713669	108.47
拱墅区	269672	243511	26161	635136	318031	317105	100.29
西湖区	440868	362236	78632	1080301	555569	524732	105.88
滨江区	198659	165654	33005	503859	260336	243523	106.90
萧山区	698076	626907	71169	1656972	881192	775780	113.59
余杭区	745052	681600	63452	1672308	889931	782377	113.75
富阳区	214652	198994	15658	556041	291544	264497	110.23
临安区	119421	111543	7878	305814	160437	145377	110.36
桐庐县							
淳安县							
建德市	57029	54688	2341	145118	72143	72975	98.86
宁波市	**2386482**	**2222813**	**163669**	**5440000**	**2807922**	**2632078**	**106.68**
海曙区	381685	356863	24822	879210	450074	429136	104.88
江北区	176627	161770	14857	405870	210451	195419	107.69
北仑区	269388	246778	22610	584792	314494	270298	116.35
镇海区	192635	177304	15331	441037	231971	209066	110.96
鄞州区	436780	399605	37175	1005375	498013	507362	98.16
奉化区	123040	116323	6717	292551	149906	142645	105.09
象山县							
宁海县							
余姚市	334608	314900	19708	769271	402182	367089	109.56
慈溪市	471719	449270	22449	1061894	550831	511063	107.78
温州市	**1941509**	**1769585**	**171924**	**4671682**	**2480310**	**2191372**	**113.19**
鹿城区	449844	406436	43408	1048834	542749	506085	107.24
龙湾区	193824	168884	24940	475693	265369	210324	126.17
瓯海区	334139	284519	49620	786250	424341	361909	117.25
洞头区	27537	24968	2569	71034	36122	34912	103.47
永嘉县							
平阳县							
苍南县							
文成县							
泰顺县							
瑞安市	397990	372514	25476	978740	515647	463093	111.35
乐清市	378595	361644	16951	879088	466438	412650	113.03
龙港市	159580	150620	8960	432043	229644	202399	113.46
嘉兴市	**917495**	**847115**	**70380**	**2237631**	**1148940**	**1088691**	**105.53**
南湖区	281738	256089	25649	679124	347397	331727	104.72
秀洲区	126198	115706	10492	308440	162071	146369	110.73
嘉善县							
海盐县							
海宁市	169742	158327	11415	424472	218146	206326	105.73
平湖市	117533	110184	7349	292661	148113	144548	102.47
桐乡市	222284	206809	15475	532934	273213	259721	105.19
湖州市	**290667**	**268916**	**21751**	**745028**	**378488**	**366540**	**103.26**
吴兴区	221236	202704	18532	569140	286112	283028	101.09
南浔区	69431	66212	3219	175888	92376	83512	110.61
德清县							
长兴县							
安吉县							

人口数和性别比(城市)

单位：户、人

人口数								平均家庭户规模（人/户）
家庭户				集体户				
小计	男	女	性别比（女=100）	小计	男	女	性别比（女=100）	
29377913	**14950458**	**14427455**	**103.63**	**3705879**	**2214725**	**1491154**	**148.52**	**2.34**
7619770	**3849163**	**3770607**	**102.08**	**1267072**	**770644**	**496428**	**155.24**	**2.34**
311890	150120	161770	92.80	45767	29075	16692	174.19	2.39
432227	206589	225638	91.56	53622	30722	22900	134.16	2.33
1165016	585516	579500	101.04	322771	188602	134169	140.57	2.32
566174	277993	288181	96.46	68962	40038	28924	138.42	2.33
858781	428958	429823	99.80	221520	126611	94909	133.40	2.37
395911	197620	198291	99.66	107948	62716	45232	138.65	2.39
1473083	757677	715406	105.91	183889	123515	60374	204.58	2.35
1513374	785547	727827	107.93	158934	104384	54550	191.35	2.22
505601	258423	247178	104.55	50440	33121	17319	191.24	2.54
261851	133856	127995	104.58	43963	26581	17382	152.92	2.35
135862	66864	68998	96.91	9256	5279	3977	132.74	2.48
4980090	**2533754**	**2446336**	**103.57**	**459910**	**274168**	**185742**	**147.61**	**2.24**
798387	403489	394898	102.18	80823	46585	34238	136.06	2.24
363698	183590	180108	101.93	42172	26861	15311	175.44	2.25
527316	276765	250551	110.46	57476	37729	19747	191.06	2.14
398890	206618	192272	107.46	42147	25353	16794	150.96	2.25
907000	444673	462327	96.18	98375	53340	45035	118.44	2.27
272908	137244	135664	101.16	19643	12662	6981	181.38	2.35
712620	367783	344837	106.65	56651	34399	22252	154.59	2.26
999271	513592	485679	105.75	62623	37239	25384	146.70	2.22
4138526	**2154374**	**1984152**	**108.58**	**533156**	**325936**	**207220**	**157.29**	**2.34**
916785	462984	453801	102.02	132049	79765	52284	152.56	2.26
395728	213120	182608	116.71	79965	52249	27716	188.52	2.34
631877	334993	296884	112.84	154373	89348	65025	137.41	2.22
62055	30588	31467	97.21	8979	5534	3445	160.64	2.49
901174	466995	434179	107.56	77566	48652	28914	168.26	2.42
829068	435174	393894	110.48	50020	31264	18756	166.69	2.29
401839	210520	191319	110.04	30204	19124	11080	172.60	2.67
2048452	**1037027**	**1011425**	**102.53**	**189179**	**111913**	**77266**	**144.84**	**2.42**
604388	303987	300401	101.19	74736	43410	31326	138.57	2.36
282453	144610	137843	104.91	25987	17461	8526	204.80	2.44
394354	199409	194945	102.29	30118	18737	11381	164.63	2.49
274965	137280	137685	99.71	17696	10833	6863	157.85	2.50
492292	251741	240551	104.65	40642	21472	19170	112.01	2.38
680128	**339848**	**340280**	**99.87**	**64900**	**38640**	**26260**	**147.14**	**2.53**
512782	253567	259215	97.82	56358	32545	23813	136.67	2.53
167346	86281	81065	106.43	8542	6095	2447	249.08	2.53

1－1a 续表

地区	户数			合计			
	合计	家庭户	集体户	合计	男	女	性别比(女=100)
绍兴市	**1207518**	**1111937**	**95581**	**3077469**	**1566610**	**1510859**	**103.69**
越城区	342194	310502	31692	856847	428957	427890	100.25
柯桥区	314842	292126	22716	788867	415039	373828	111.02
上虞区	212520	195185	17335	520981	263117	257864	102.04
新昌县							
诸暨市	209727	191430	18297	589056	297154	291902	101.80
嵊州市	128235	122694	5541	321718	162343	159375	101.86
金华市	**1429423**	**1288574**	**140849**	**3251595**	**1711060**	**1540535**	**111.07**
婺城区	289686	262658	27028	660508	335631	324877	103.31
金东区	57438	49770	7668	143104	74925	68179	109.89
武义县							
浦江县							
磐安县							
兰溪市	102150	94304	7846	253055	126630	126425	100.16
义乌市	540945	480802	60143	1184150	638653	545497	117.08
东阳市	197193	180979	16214	463055	237660	225395	105.44
永康市	242011	220061	21950	547723	297561	250162	118.95
衢州市	**296640**	**278400**	**18240**	**754014**	**378471**	**375543**	**100.78**
柯城区	156265	145099	11166	393821	196555	197266	99.64
衢江区	51801	48134	3667	137722	73341	64381	113.92
常山县							
开化县							
龙游县	616	591	25	1202	613	589	104.07
江山市	87958	84576	3382	221269	107962	113307	95.28
舟山市	**257984**	**243541**	**14443**	**596041**	**298117**	**297924**	**100.06**
定海区	150371	139864	10507	349276	174968	174308	100.38
普陀区	107613	103677	3936	246765	123149	123616	99.62
岱山县							
嵊泗县							
台州市	**1162164**	**1085272**	**76892**	**2864147**	**1490798**	**1373349**	**108.55**
椒江区	240804	218071	22733	621361	321395	299966	107.14
黄岩区	162022	150897	11125	409407	213823	195584	109.33
路桥区	121740	114436	7304	307644	160402	147242	108.94
三门县							
天台县							
仙居县							
温岭市	287267	269586	17681	654968	344707	310261	111.10
临海市	156822	144991	11831	417795	210988	206807	102.02
玉环市	193509	187291	6218	452972	239483	213489	112.18
丽水市	**214340**	**196956**	**17384**	**559343**	**284660**	**274683**	**103.63**
莲都区	159828	145475	14353	408801	209287	199514	104.90
青田县							
缙云县							
遂昌县							
松阳县							
云和县							
庆元县							
景宁畲族自治县							
龙泉市	54512	51481	3031	150542	75373	75169	100.27

单位：户、人

人口数								平均家庭户规模（人/户）
家庭户				集体户				
小计	男	女	性别比（女=100）	小计	男	女	性别比（女=100）	
2726710	**1366465**	**1360245**	**100.46**	**350759**	**200145**	**150614**	**132.89**	**2.45**
754137	373201	380936	97.97	102710	55756	46954	118.75	2.43
727411	377068	350343	107.63	61456	37971	23485	161.68	2.49
472544	233448	239096	97.64	48437	29669	18768	158.08	2.42
469387	231619	237768	97.41	119669	65535	54134	121.06	2.45
303231	151129	152102	99.36	18487	11214	7273	154.19	2.47
2838303	**1471808**	**1366495**	**107.71**	**413292**	**239252**	**174040**	**137.47**	**2.20**
580298	294629	285669	103.14	80210	41002	39208	104.58	2.21
117354	60029	57325	104.72	25750	14896	10854	137.24	2.36
228359	113608	114751	99.00	24696	13022	11674	111.55	2.42
1021535	539106	482429	111.75	162615	99547	63068	157.84	2.12
413361	209160	204201	102.43	49694	28500	21194	134.47	2.28
477396	255276	222120	114.93	70327	42285	28042	150.79	2.17
681540	**336368**	**345172**	**97.45**	**72474**	**42103**	**30371**	**138.63**	**2.45**
353133	173581	179552	96.67	40688	22974	17714	129.69	2.43
120088	61453	58635	104.81	17634	11888	5746	206.89	2.49
1142	582	560	103.93	60	31	29	106.90	1.93
207177	100752	106425	94.67	14092	7210	6882	104.77	2.45
557593	**274796**	**282797**	**97.17**	**38448**	**23321**	**15127**	**154.17**	**2.29**
319991	157090	162901	96.43	29285	17878	11407	156.73	2.29
237602	117706	119896	98.17	9163	5443	3720	146.32	2.29
2619261	**1342364**	**1276897**	**105.13**	**244886**	**148434**	**96452**	**153.89**	**2.41**
547946	276462	271484	101.83	73415	44933	28482	157.76	2.51
373166	192386	180780	106.42	36241	21437	14804	144.81	2.47
284798	145901	138897	105.04	22846	14501	8345	173.77	2.49
603324	312459	290865	107.42	51644	32248	19396	166.26	2.24
374850	186806	188044	99.34	42945	24182	18763	128.88	2.59
435177	228350	206827	110.41	17795	11133	6662	167.11	2.32
487540	**244491**	**243049**	**100.59**	**71803**	**40169**	**31634**	**126.98**	**2.48**
356216	179511	176705	101.59	52585	29776	22809	130.54	2.45
131324	64980	66344	97.94	19218	10393	8825	117.77	2.55

1-1b 各地区户数、

地区	户数						
				合计			
	合计	家庭户	集体户	合计	男	女	性别比(女=100)
合计	**5550929**	**5128200**	**422729**	**13514673**	**7069220**	**6445453**	**109.68**
杭州市	**443484**	**406367**	**37117**	**1055239**	**547712**	**507527**	**107.92**
上城区							
下城区							
江干区							
拱墅区							
西湖区	212	197	15	473	231	242	95.45
滨江区							
萧山区	54828	44204	10624	124680	70316	54364	129.34
余杭区	111631	103641	7990	270466	144378	126088	114.51
富阳区	12034	11474	560	28155	14855	13300	111.69
临安区	31053	29478	1575	70534	36120	34414	104.96
桐庐县	133243	121821	11422	318780	161960	156820	103.28
淳安县	65160	62069	3091	153611	75645	77966	97.02
建德市	35323	33483	1840	88540	44207	44333	99.72
宁波市	**846695**	**782231**	**64464**	**1895604**	**997742**	**897862**	**111.12**
海曙区	12020	11251	769	27165	13710	13455	101.90
江北区							
北仑区	23420	17939	5481	51660	29604	22056	134.22
镇海区	17974	16540	1434	39005	21730	17275	125.79
鄞州区	133199	125864	7335	297089	155813	141276	110.29
奉化区	23339	21909	1430	54061	27891	26170	106.58
象山县	155511	149385	6126	348453	174035	174418	99.78
宁海县	193541	186178	7363	437960	225693	212267	106.33
余姚市	103804	99192	4612	244595	127326	117269	108.58
慈溪市	183887	153973	29914	395616	221940	173676	127.79
温州市	**872579**	**805036**	**67543**	**2236307**	**1175610**	**1060697**	**110.83**
鹿城区	2699	2585	114	6896	3637	3259	111.60
龙湾区	110170	91253	18917	248220	142744	105476	135.33
瓯海区	7585	6788	797	16124	8846	7278	121.54
洞头区	3092	2959	133	7571	3772	3799	99.29
永嘉县	180182	162120	18062	482975	257677	225298	114.37
平阳县	209911	198290	11621	532286	274586	257700	106.55
苍南县	212447	201414	11033	575197	296769	278428	106.59
文成县	47609	45411	2198	125062	63612	61450	103.52
泰顺县	46569	45021	1548	119245	60305	58940	102.32
瑞安市	12313	11533	780	33991	16902	17089	98.91
乐清市	32757	30595	2162	70497	37253	33244	112.06
龙港市	7245	7067	178	18243	9507	8736	108.83
嘉兴市	**664596**	**614160**	**50436**	**1615301**	**856158**	**759143**	**112.78**
南湖区	24068	23298	770	56312	29804	26508	112.43
秀洲区	57702	55051	2651	144445	76026	68419	111.12
嘉善县	201712	187433	14279	473639	252393	221246	114.08
海盐县	116037	108779	7258	297920	153506	144414	106.30
海宁市	140055	122400	17655	328303	179279	149024	120.30
平湖市	63837	59569	4268	156975	83362	73613	113.24
桐乡市	61185	57630	3555	157707	81788	75919	107.73
湖州市	**565335**	**514512**	**50823**	**1465543**	**761462**	**704081**	**108.15**
吴兴区	67587	51255	16332	207609	109943	97666	112.57
南浔区	53863	51971	1892	131316	67247	64069	104.96
德清县	130379	117420	12959	341128	178107	163021	109.25
长兴县	169639	161555	8084	430311	219240	211071	103.87
安吉县	143867	132311	11556	355179	186925	168254	111.10

人口数和性别比(镇)

单位：户、人

人口数								平均家庭户规模（人/户）
家庭户				集体户				
小计	男	女	性别比（女=100）	小计	男	女	性别比（女=100）	
12168256	**6221677**	**5946579**	**104.63**	**1346417**	**847543**	**498874**	**169.89**	**2.37**
955198	**483828**	**471370**	**102.64**	**100041**	**63884**	**36157**	**176.69**	**2.35**
416	203	213	95.31	57	28	29	96.55	2.11
101817	53545	48272	110.92	22863	16771	6092	275.30	2.30
248395	128967	119428	107.99	22071	15411	6660	231.40	2.40
26837	14071	12766	110.22	1318	784	534	146.82	2.34
65582	33138	32444	102.14	4952	2982	1970	151.37	2.22
288239	144419	143820	100.42	30541	17541	13000	134.93	2.37
142254	69403	72851	95.27	11357	6242	5115	122.03	2.29
81658	40082	41576	96.41	6882	4125	2757	149.62	2.44
1735273	**890845**	**844428**	**105.50**	**160331**	**106897**	**53434**	**200.05**	**2.22**
24485	12298	12187	100.91	2680	1412	1268	111.36	2.18
39914	20988	18926	110.90	11746	8616	3130	275.27	2.22
35587	19052	16535	115.22	3418	2678	740	361.89	2.15
276253	142971	133282	107.27	20836	12842	7994	160.65	2.19
50451	25423	25028	101.58	3610	2468	1142	216.11	2.30
333301	164760	168541	97.76	15152	9275	5877	157.82	2.23
417754	213193	204561	104.22	20206	12500	7706	162.21	2.24
231149	118846	112303	105.83	13446	8480	4966	170.76	2.33
326379	173314	153065	113.23	69237	48626	20611	235.92	2.12
1996910	**1030417**	**966493**	**106.61**	**239397**	**145193**	**94204**	**154.13**	**2.48**
6495	3382	3113	108.64	401	255	146	174.66	2.51
198915	109977	88938	123.66	49305	32767	16538	198.13	2.18
13666	7317	6349	115.25	2458	1529	929	164.59	2.01
7216	3539	3677	96.25	355	233	122	190.98	2.44
397534	207061	190473	108.71	85441	50616	34825	145.34	2.45
496321	252719	243602	103.74	35965	21867	14098	155.11	2.50
533850	272409	261441	104.20	41347	24360	16987	143.40	2.65
117648	59364	58284	101.85	7414	4248	3166	134.18	2.59
112793	56806	55987	101.46	6452	3499	2953	118.49	2.51
29568	14546	15022	96.83	4423	2356	2067	113.98	2.56
65053	34013	31040	109.58	5444	3240	2204	147.01	2.13
17851	9284	8567	108.37	392	223	169	131.95	2.53
1494707	**774336**	**720371**	**107.49**	**120594**	**81822**	**38772**	**211.03**	**2.43**
54622	28664	25958	110.42	1690	1140	550	207.27	2.34
138479	71896	66583	107.98	5966	4130	1836	224.95	2.52
435903	226947	208956	108.61	37736	25446	12290	207.05	2.33
281266	142039	139227	102.02	16654	11467	5187	221.07	2.59
288246	152464	135782	112.29	40057	26815	13242	202.50	2.35
147890	76373	71517	106.79	9085	6989	2096	333.44	2.48
148301	75953	72348	104.98	9406	5835	3571	163.40	2.57
1258253	**637369**	**620884**	**102.66**	**207290**	**124093**	**83197**	**149.16**	**2.45**
124927	63830	61097	104.47	82682	46113	36569	126.10	2.44
125794	63981	61813	103.51	5522	3266	2256	144.77	2.42
297923	150512	147411	102.10	43205	27595	15610	176.78	2.54
400293	201312	198981	101.17	30018	17928	12090	148.29	2.48
309316	157734	151582	104.06	45863	29191	16672	175.09	2.34

1-1b 续表

地区	户数			合计			
	合计	家庭户	集体户	合计	男	女	性别比(女=100)
绍兴市	**271892**	**243694**	**28198**	**665897**	**349609**	**316288**	**110.54**
越城区	1745	1660	85	4023	2019	2004	100.75
柯桥区	55612	41764	13848	114194	66886	47308	141.38
上虞区	20371	19147	1224	48168	24158	24010	100.62
新昌县	100520	95472	5048	261282	133062	128220	103.78
诸暨市	65248	58651	6597	173861	90143	83718	107.67
嵊州市	28396	27000	1396	64369	33341	31028	107.45
金华市	**679870**	**621500**	**58370**	**1556545**	**825660**	**730885**	**112.97**
婺城区	30135	27781	2354	75197	38349	36848	104.07
金东区	71294	59934	11360	162139	89503	72636	123.22
武义县	127574	120792	6782	287898	153276	134622	113.86
浦江县	85327	80979	4348	209274	107781	101493	106.20
磐安县	40118	38215	1903	93187	47116	46071	102.27
兰溪市	27280	26046	1234	65110	33419	31691	105.45
义乌市	140342	120507	19835	297234	161394	135840	118.81
东阳市	118334	109918	8416	275666	145790	129876	112.25
永康市	39466	37328	2138	90840	49032	41808	117.28
衢州市	**230775**	**218510**	**12265**	**556484**	**282672**	**273812**	**103.24**
柯城区	4788	4447	341	11937	6205	5732	108.25
衢江区	14075	13584	491	33208	16981	16227	104.65
常山县	52677	49525	3152	127705	65130	62575	104.08
开化县	53024	50461	2563	131023	63741	67282	94.74
龙游县	78481	73741	4740	184611	96230	88381	108.88
江山市	27730	26752	978	68000	34385	33615	102.29
舟山市	**103556**	**94549**	**9007**	**236349**	**134450**	**101899**	**131.94**
定海区	13830	13365	465	30300	15628	14672	106.52
普陀区	10514	9641	873	19312	10298	9014	114.24
岱山县	58522	51567	6955	142851	86254	56597	152.40
嵊泗县	20690	19976	714	43886	22270	21616	103.03
台州市	**478289**	**449776**	**28513**	**1240565**	**638283**	**602282**	**105.98**
椒江区	2828	2389	439	5276	3198	2078	153.90
黄岩区	13139	12571	568	36301	18110	18191	99.55
路桥区	41814	37935	3879	105513	56235	49278	114.12
三门县	80080	75380	4700	202924	104356	98568	105.87
天台县	89720	85562	4158	251383	126927	124456	101.99
仙居县	78198	74133	4065	223978	112818	111160	101.49
温岭市	115253	107436	7817	265945	140071	125874	111.28
临海市	50696	47986	2710	133663	68328	65335	104.58
玉环市	6561	6384	177	15582	8240	7342	112.23
丽水市	**393858**	**377865**	**15993**	**990839**	**499862**	**490977**	**101.81**
莲都区	8932	8442	490	20832	11052	9780	113.01
青田县	103239	98312	4927	270319	136315	134004	101.72
缙云县	95744	91604	4140	230304	116244	114060	101.91
遂昌县	41706	40693	1013	106969	53667	53302	100.68
松阳县	38500	36685	1815	97751	48898	48853	100.09
云和县	38534	37328	1206	94499	48979	45520	107.60
庆元县	35335	34032	1303	90524	45199	45325	99.72
景宁畲族自治县	25520	24589	931	64616	31802	32814	96.92
龙泉市	6348	6180	168	15025	7706	7319	105.29

单位：户、人

人口数								平均家庭户规模（人/户）
家庭户				集体户				
小计	男	女	性别比（女=100）	小计	男	女	性别比（女=100）	
568338	**288420**	**279918**	**103.04**	**97559**	**61189**	**36370**	**168.24**	**2.33**
3867	1924	1943	99.02	156	95	61	155.74	2.33
84795	44707	40088	111.52	29399	22179	7220	307.19	2.03
44985	22194	22791	97.38	3183	1964	1219	161.12	2.35
237981	119610	118371	101.05	23301	13452	9849	136.58	2.49
136802	69071	67731	101.98	37059	21072	15987	131.81	2.33
59908	30914	28994	106.62	4461	2427	2034	119.32	2.22
1391885	**725447**	**666438**	**108.85**	**164660**	**100213**	**64447**	**155.50**	**2.24**
67712	33916	33796	100.36	7485	4433	3052	145.25	2.44
129538	68940	60598	113.77	32601	20563	12038	170.82	2.16
270215	141893	128322	110.58	17683	11383	6300	180.68	2.24
193255	98469	94786	103.89	16019	9312	6707	138.84	2.39
86576	43128	43448	99.26	6611	3988	2623	152.04	2.27
60736	31083	29653	104.82	4374	2336	2038	114.62	2.33
249701	132189	117512	112.49	47533	29205	18328	159.35	2.07
249951	130838	119113	109.84	25715	14952	10763	138.92	2.27
84201	44991	39210	114.74	6639	4041	2598	155.54	2.26
504579	**249991**	**254588**	**98.19**	**51905**	**32681**	**19224**	**170.00**	**2.31**
10928	5553	5375	103.31	1009	652	357	182.63	2.46
30871	15786	15085	104.65	2337	1195	1142	104.64	2.27
114155	56605	57550	98.36	13550	8525	5025	169.65	2.30
121026	58019	63007	92.08	9997	5722	4275	133.85	2.40
163632	81715	81917	99.75	20979	14515	6464	224.55	2.22
63967	32313	31654	102.08	4033	2072	1961	105.66	2.39
195199	**98571**	**96628**	**102.01**	**41150**	**35879**	**5271**	**680.69**	**2.06**
29154	15046	14108	106.65	1146	582	564	103.19	2.18
17475	9115	8360	109.03	1837	1183	654	180.89	1.81
106487	53387	53100	100.54	36364	32867	3497	939.86	2.07
42083	21023	21060	99.82	1803	1247	556	224.28	2.11
1140552	**578399**	**562153**	**102.89**	**100013**	**59884**	**40129**	**149.23**	**2.54**
4388	2494	1894	131.68	888	704	184	382.61	1.84
34219	17024	17195	99.01	2082	1086	996	109.04	2.72
94154	49328	44826	110.04	11359	6907	4452	155.14	2.48
187528	95099	92429	102.89	15396	9257	6139	150.79	2.49
229564	114342	115222	99.24	21819	12585	9234	136.29	2.68
203657	101832	101825	100.01	20321	10986	9335	117.69	2.75
246592	127258	119334	106.64	19353	12813	6540	195.92	2.30
125204	63006	62198	101.30	8459	5322	3137	169.65	2.61
15246	8016	7230	110.87	336	224	112	200.00	2.39
927362	**464054**	**463308**	**100.16**	**63477**	**35808**	**27669**	**129.42**	**2.45**
19380	10108	9272	109.02	1452	944	508	185.83	2.30
250176	124778	125398	99.51	20143	11537	8606	134.06	2.54
215254	107524	107730	99.81	15050	8720	6330	137.76	2.35
100767	50191	50576	99.24	6202	3476	2726	127.51	2.48
91190	45549	45641	99.80	6561	3349	3212	104.27	2.49
91041	46950	44091	106.48	3458	2029	1429	141.99	2.44
84491	42034	42457	99.00	6033	3165	2868	110.36	2.48
60740	29621	31119	95.19	3876	2181	1695	128.67	2.47
14323	7299	7024	103.92	702	407	295	137.97	2.32

1－1c 各地区户数、

地 区	户数			合计			
	合计	家庭户	集体户	合计	男	女	性别比(女=100)
合计	**7515927**	**7304591**	**211336**	**17969123**	**9445605**	**8523518**	**110.82**
杭州市	**801746**	**766854**	**34892**	**1993929**	**1048434**	**945495**	**110.89**
上城区							
下城区							
江干区							
拱墅区							
西湖区	10797	9558	1239	32218	17132	15086	113.56
滨江区							
萧山区	181697	171251	10446	477220	251131	226089	111.08
余杭区	178006	167209	10797	459740	250692	209048	119.92
富阳区	97270	90947	6323	247821	129791	118030	109.96
临安区	106617	103604	3013	258207	134228	123979	108.27
桐庐县	56701	55910	791	134326	69246	65080	106.40
淳安县	85297	84577	720	175346	88211	87135	101.23
建德市	85361	83798	1563	209051	108003	101048	106.88
宁波市	**960857**	**927668**	**33189**	**2068679**	**1100105**	**968574**	**113.58**
海曙区	62849	61651	1198	134910	71371	63539	112.33
江北区	41078	38802	2276	83015	45835	37180	123.28
北仑区	95905	92038	3867	192996	106497	86499	123.12
镇海区	25225	23754	1471	51788	29320	22468	130.50
鄞州区	137222	131508	5714	285723	153839	131884	116.65
奉化区	110206	105160	5046	230893	122964	107929	113.93
象山县	101960	98705	3255	219212	113744	105468	107.85
宁海县	121084	117823	3261	257998	135599	122399	110.78
余姚市	101098	98182	2916	240166	124872	115294	108.31
慈溪市	164230	160045	4185	371978	196064	175914	111.45
温州市	**1122633**	**1087592**	**35041**	**2664914**	**1419787**	**1245127**	**114.03**
鹿城区	40814	36206	4608	111435	61265	50170	122.11
龙湾区	564	516	48	1123	672	451	149.00
瓯海区	66739	62029	4710	160864	87354	73510	118.83
洞头区	29030	24432	4598	70202	39401	30801	127.92
永嘉县	166749	162260	4489	386649	207151	179498	115.41
平阳县	141232	137233	3999	330802	175333	155469	112.78
苍南县	113274	111145	2129	268765	142012	126753	112.04
文成县	70547	70112	435	163116	87905	75211	116.88
泰顺县	67117	66818	299	146735	78183	68552	114.05
瑞安市	206022	199686	6336	507655	269664	237991	113.31
乐清市	214459	211124	3335	503122	263260	239862	109.75
龙港市	6086	6031	55	14446	7587	6859	110.61
嘉兴市	**585559**	**568707**	**16852**	**1547936**	**808963**	**738973**	**109.47**
南湖区	41446	39678	1768	103997	55390	48607	113.95
秀洲区	84342	83205	1137	226336	117471	108865	107.91
嘉善县	72102	69094	3008	174521	93203	81318	114.62
海盐县	59283	58137	1146	158855	82143	76712	107.08
海宁市	125169	121632	3537	323424	169279	154145	109.82
平湖市	90047	86601	3446	221690	116758	104932	111.27
桐乡市	113170	110360	2810	339113	174719	164394	106.28
湖州市	**430316**	**414545**	**15771**	**1157008**	**606488**	**550520**	**110.17**
吴兴区	89880	81712	8168	239188	128381	110807	115.86
南浔区	93055	91189	1866	235685	122807	112878	108.80
德清县	70177	67593	2584	207440	109187	98253	111.13
长兴县	89944	88538	1406	243465	125724	117741	106.78
安吉县	87260	85513	1747	231230	120389	110841	108.61

人口数和性别比(乡村)

单位：户、人

人口数								平均家庭户规模（人/户）
家庭户				集体户				
小计	男	女	性别比（女=100）	小计	男	女	性别比（女=100）	
17284669	**8970944**	**8313725**	**107.91**	**684454**	**474661**	**209793**	**226.25**	**2.37**
1894620	**977643**	**916977**	**106.62**	**99309**	**70791**	**28518**	**248.23**	**2.47**
27804	13903	13901	100.01	4414	3229	1185	272.49	2.91
454625	233750	220875	105.83	22595	17381	5214	333.35	2.65
434789	231437	203352	113.81	24951	19255	5696	338.04	2.60
227166	117108	110058	106.41	20655	12683	7972	159.09	2.50
244399	125015	119384	104.72	13808	9213	4595	200.50	2.36
131432	67054	64378	104.16	2894	2192	702	312.25	2.35
171729	85961	85768	100.23	3617	2250	1367	164.59	2.03
202676	103415	99261	104.18	6375	4588	1787	256.74	2.42
1980945	**1038578**	**942367**	**110.21**	**87734**	**61527**	**26207**	**234.77**	**2.14**
130126	67909	62217	109.15	4784	3462	1322	261.88	2.11
77027	41817	35210	118.76	5988	4018	1970	203.96	1.99
184507	100077	84430	118.53	8489	6420	2069	310.29	2.00
48409	26561	21848	121.57	3379	2759	620	445.00	2.04
272029	144340	127689	113.04	13694	9499	4195	226.44	2.07
217347	114133	103214	110.58	13546	8831	4715	187.30	2.07
212229	109013	103216	105.62	6983	4731	2252	210.08	2.15
248266	129058	119208	108.26	9732	6541	3191	204.98	2.11
229962	117094	112868	103.74	10204	7778	2426	320.61	2.34
361043	188576	172467	109.34	10935	7488	3447	217.23	2.26
2549305	**1343229**	**1206076**	**111.37**	**115609**	**76558**	**39051**	**196.05**	**2.34**
89414	47480	41934	113.23	22021	13785	8236	167.37	2.47
1033	587	446	131.61	90	85	5	1700.00	2.00
147851	79072	68779	114.97	13013	8282	4731	175.06	2.38
54725	28418	26307	108.02	15477	10983	4494	244.39	2.24
374420	198951	175469	113.38	12229	8200	4029	203.52	2.31
318239	167020	151219	110.45	12563	8313	4250	195.60	2.32
261642	137215	124427	110.28	7123	4797	2326	206.23	2.35
161760	86783	74977	115.75	1356	1122	234	479.49	2.31
144960	76842	68118	112.81	1775	1341	434	308.99	2.17
487046	255797	231249	110.62	20609	13867	6742	205.68	2.44
493974	257605	236369	108.98	9148	5655	3493	161.90	2.34
14241	7459	6782	109.98	205	128	77	166.23	2.36
1506575	**779450**	**727125**	**107.20**	**41361**	**29513**	**11848**	**249.10**	**2.65**
100306	52464	47842	109.66	3691	2926	765	382.48	2.53
222434	114954	107480	106.95	3902	2517	1385	181.73	2.67
167265	87583	79682	109.92	7256	5620	1636	343.52	2.42
155436	79574	75862	104.89	3419	2569	850	302.24	2.67
315897	164217	151680	108.27	7527	5062	2465	205.35	2.60
214325	111439	102886	108.31	7365	5319	2046	259.97	2.47
330912	169219	161693	104.65	8201	5500	2701	203.63	3.00
1092892	**562531**	**530361**	**106.07**	**64116**	**43957**	**20159**	**218.05**	**2.64**
210394	108834	101560	107.16	28794	19547	9247	211.39	2.57
229855	118396	111459	106.22	5830	4411	1419	310.85	2.52
194317	100206	94111	106.48	13123	8981	4142	216.83	2.87
235975	120612	115363	104.55	7490	5112	2378	214.97	2.67
222351	114483	107868	106.13	8879	5906	2973	198.65	2.60

1－1c 续表

地区	户数			合计			
	合计	家庭户	集体户	合计	男	女	性别比（女=100）
绍兴市	**661128**	**649729**	**11399**	**1527611**	**779933**	**747678**	**104.31**
越城区	63871	61806	2065	159167	80830	78337	103.18
柯桥区	81555	80546	1009	195798	100011	95787	104.41
上虞区	115599	112688	2911	270598	133933	136665	98.00
新昌县	77789	76915	874	157754	82123	75631	108.58
诸暨市	193831	189676	4155	455155	232293	222862	104.23
嵊州市	128483	128098	385	289139	150743	138396	108.92
金华市	**944307**	**920844**	**23463**	**2242543**	**1179622**	**1062921**	**110.98**
婺城区	89776	86875	2901	221350	118246	103104	114.69
金东区	88433	85526	2907	201692	107064	94628	113.14
武义县	81328	79836	1492	174564	92401	82163	112.46
浦江县	105067	101617	3450	251452	132592	118860	111.55
磐安县	41288	40923	365	83974	43159	40815	105.74
兰溪市	104833	104151	682	256636	132924	123712	107.45
义乌市	154243	146948	7295	378006	202791	175215	115.74
东阳市	146693	144756	1937	349229	177021	172208	102.79
永康市	132646	130212	2434	325640	173424	152216	113.93
衢州市	**423338**	**419520**	**3818**	**965686**	**500670**	**465016**	**107.67**
柯城区	48487	47868	619	123089	63720	59369	107.33
衢江区	83932	82953	979	202990	109460	93530	117.03
常山县	59903	59579	324	132261	67970	64291	105.72
开化县	59337	59043	294	127787	64096	63691	100.64
龙游县	84295	83449	846	174416	89891	84525	106.35
江山市	87384	86628	756	205143	105533	99610	105.95
舟山市	**161289**	**150992**	**10297**	**325427**	**178955**	**146472**	**122.18**
定海区	58566	55505	3061	120454	65839	54615	120.55
普陀区	57237	53458	3779	116825	63567	53258	119.36
岱山县	33949	30877	3072	65131	37213	27918	133.29
嵊泗县	11537	11152	385	23017	12336	10681	115.49
台州市	**995783**	**975014**	**20769**	**2518176**	**1313980**	**1204196**	**109.12**
椒江区	72416	67427	4989	199437	107326	92111	116.52
黄岩区	99295	97445	1850	261745	133811	127934	104.59
路桥区	81877	79407	2470	215777	114301	101476	112.64
三门县	74916	74331	585	176545	91510	85035	107.61
天台县	93723	93046	677	223328	115889	107439	107.86
仙居县	81280	80514	766	207910	108589	99321	109.33
温岭市	201763	198857	2906	495286	255557	239729	106.60
临海市	215666	211525	4141	562688	292979	269709	108.63
玉环市	74847	72462	2385	175460	94018	81442	115.44
丽水市	**428971**	**423126**	**5845**	**957214**	**508668**	**448546**	**113.40**
莲都区	55623	53393	2230	132483	72159	60324	119.62
青田县	105664	105110	554	238734	126962	111772	113.59
缙云县	80767	79971	796	175014	91582	83432	109.77
遂昌县	38187	37510	677	87416	46153	41263	111.85
松阳县	45466	45132	334	107129	56294	50835	110.74
云和县	15826	15601	225	34717	18668	16049	116.32
庆元县	25018	24742	276	52027	27477	24550	111.92
景宁畲族自治县	23193	22709	484	46395	25455	20940	121.56
龙泉市	39227	38958	269	83299	43918	39381	111.52

单位：户、人

人口数								平均家庭户规模（人/户）
家庭户				集体户				
小计	男	女	性别比（女=100）	小计	男	女	性别比（女=100）	
1475445	**748255**	**727190**	**102.90**	**52166**	**31678**	**20488**	**154.62**	**2.27**
151615	75776	75839	99.92	7552	5054	2498	202.32	2.45
192923	98042	94881	103.33	2875	1969	906	217.33	2.40
263396	129499	133897	96.72	7202	4434	2768	160.19	2.34
151430	78467	72963	107.54	6324	3656	2668	137.03	1.97
429352	217167	212185	102.35	25803	15126	10677	141.67	2.26
286729	149304	137425	108.64	2410	1439	971	148.20	2.24
2151880	**1118143**	**1033737**	**108.17**	**90663**	**61479**	**29184**	**210.66**	**2.34**
199341	101450	97891	103.64	22009	16796	5213	322.19	2.29
193227	101213	92014	110.00	8465	5851	2614	223.83	2.26
170733	90002	80731	111.48	3831	2399	1432	167.53	2.14
238127	124908	113219	110.32	13325	7684	5641	136.22	2.34
82524	42085	40439	104.07	1450	1074	376	285.64	2.02
254442	131420	123022	106.83	2194	1504	690	217.97	2.44
358136	189480	168656	112.35	19870	13311	6559	202.94	2.44
341476	171587	169889	101.00	7753	5434	2319	234.33	2.36
313874	165998	147876	112.25	11766	7426	4340	171.11	2.41
945288	**484874**	**460414**	**105.31**	**20398**	**15796**	**4602**	**343.24**	**2.25**
120768	62004	58764	105.51	2321	1716	605	283.64	2.52
194006	101159	92847	108.95	8984	8301	683	1215.37	2.34
131391	67325	64066	105.09	870	645	225	286.67	2.21
126674	63270	63404	99.79	1113	826	287	287.80	2.15
171967	88222	83745	105.35	2449	1669	780	213.97	2.06
200482	102894	97588	105.44	4661	2639	2022	130.51	2.31
299796	**156975**	**142821**	**109.91**	**25631**	**21980**	**3651**	**602.03**	**1.99**
113111	59768	53343	112.04	7343	6071	1272	477.28	2.04
108310	56513	51797	109.10	8515	7054	1461	482.82	2.03
56739	29553	27186	108.71	8392	7660	732	1046.45	1.84
21636	11141	10495	106.16	1381	1195	186	642.47	1.94
2457767	**1271510**	**1186257**	**107.19**	**60409**	**42470**	**17939**	**236.75**	**2.52**
185657	97105	88552	109.66	13780	10221	3559	287.19	2.75
255588	130185	125403	103.81	6157	3626	2531	143.26	2.62
208554	109428	99126	110.39	7223	4873	2350	207.36	2.63
175141	90505	84636	106.93	1404	1005	399	251.88	2.36
219969	113586	106383	106.77	3359	2303	1056	218.09	2.36
203986	105824	98162	107.81	3924	2765	1159	238.57	2.53
487350	250193	237157	105.50	7936	5364	2572	208.55	2.45
550584	284245	266339	106.72	12104	8734	3370	259.17	2.60
170938	90439	80499	112.35	4522	3579	943	379.53	2.36
930156	**489756**	**440400**	**111.21**	**27058**	**18912**	**8146**	**232.16**	**2.20**
122747	64675	58072	111.37	9736	7484	2252	332.33	2.30
236494	125416	111078	112.91	2240	1546	694	222.77	2.25
171229	89298	81931	108.99	3785	2284	1501	152.17	2.14
84339	44119	40220	109.69	3077	2034	1043	195.01	2.25
105632	55175	50457	109.35	1497	1119	378	296.03	2.34
33840	18099	15741	114.98	877	569	308	184.74	2.17
50093	26241	23852	110.02	1934	1236	698	177.08	2.02
44077	23763	20314	116.98	2318	1692	626	270.29	1.94
81705	42970	38735	110.93	1594	948	646	146.75	2.10

1–2 各地区分性别、

地区	人口数			居住本乡、镇、街道，户口在本乡、镇、街道		
	合计	男	女	小计	男	女
合计	**64567588**	**33680008**	**30887580**	**33789547**	**16907513**	**16882034**
杭州市	**11936010**	**6215953**	**5720057**	**5657829**	**2794199**	**2863630**
上城区	357657	179195	178462	176334	84845	91489
下城区	485849	237311	248538	244765	117834	126931
江干区	1487787	774118	713669	509417	255538	253879
拱墅区	635136	318031	317105	292303	142569	149734
西湖区	1112992	572932	540060	526370	257289	269081
滨江区	503859	260336	243523	215306	105523	109783
萧山区	2258872	1202639	1056233	1024969	505235	519734
余杭区	2402514	1285001	1117513	1005787	495006	510781
富阳区	832017	436190	395827	448095	224716	223379
临安区	634555	330785	303770	365110	181427	183683
桐庐县	453106	231206	221900	275588	137018	138570
淳安县	328957	163856	165101	236068	117274	118794
建德市	442709	224353	218356	337717	169925	167792
宁波市	**9404283**	**4905769**	**4498514**	**4321854**	**2141223**	**2180631**
海曙区	1041285	535155	506130	421957	207362	214595
江北区	488885	256286	232599	189161	92228	96933
北仑区	829448	450595	378853	324506	158803	165703
镇海区	531830	283021	248809	206947	100862	106085
鄞州区	1588187	807665	780522	672027	327822	344205
奉化区	577505	300761	276744	325393	164199	161194
象山县	567665	287779	279886	332162	164705	167457
宁海县	695958	361292	334666	384605	194964	189641
余姚市	1254032	654380	599652	630249	315190	315059
慈溪市	1829488	968835	860653	834847	415088	419759
温州市	**9572903**	**5075707**	**4497196**	**4876815**	**2481776**	**2395039**
鹿城区	1167165	607651	559514	424432	206236	218196
龙湾区	725036	408785	316251	213153	108793	104360
瓯海区	963238	520541	442697	271522	135476	136046
洞头区	148807	79295	69512	92730	45489	47241
永嘉县	869624	464828	404796	560462	291626	268836
平阳县	863088	449919	413169	559691	285641	274050
苍南县	843962	438781	405181	588662	302651	286011
文成县	288178	151517	136661	189941	99105	90836
泰顺县	265980	138488	127492	213539	111811	101728
瑞安市	1520386	802213	718173	763753	383669	380084
乐清市	1452707	766951	685756	829764	423438	406326
龙港市	464732	246738	217994	169166	87841	81325
嘉兴市	**5400868**	**2814061**	**2586807**	**2800940**	**1384037**	**1416903**
南湖区	839433	432591	406842	377863	185708	192155
秀洲区	679221	355568	323653	320134	157308	162826
嘉善县	648160	345596	302564	298340	147756	150584
海盐县	456775	235649	221126	298091	147603	150488
海宁市	1076199	566704	509495	554531	273090	281441
平湖市	671326	348233	323093	385669	190704	194965
桐乡市	1029754	529720	500034	566312	281868	284444
湖州市	**3367579**	**1746438**	**1621141**	**1967308**	**983307**	**984001**
吴兴区	1015937	524436	491501	447595	221505	226090
南浔区	542889	282430	260459	367734	182713	185021
德清县	548568	287294	261274	333864	166281	167583
长兴县	673776	344964	328812	462159	232922	229237
安吉县	586409	307314	279095	355956	179886	176070

户口登记状况的人口

单位：人

居住本乡、镇、街道，户口在外乡、镇、街道，离开户口登记地半年以上			居住本乡、镇、街道，户口待定			原住本乡、镇、街道，现在港澳台或国外工作学习		
小计	男	女	小计	男	女	小计	男	女
30107815	**16424000**	**13683815**	**180655**	**93801**	**86854**	**489571**	**254694**	**234877**
6220973	**3393497**	**2827476**	**28288**	**14685**	**13603**	**28920**	**13572**	**15348**
177688	92699	84989	561	281	280	3074	1370	1704
235382	116793	118589	1292	689	603	4410	1995	2415
972638	515809	456829	2613	1305	1308	3119	1466	1653
339370	173767	165603	1622	865	757	1841	830	1011
575795	310232	265563	3565	2078	1487	7262	3333	3929
285902	153474	132428	1773	916	857	878	423	455
1225505	693142	532363	6151	3099	3052	2247	1163	1084
1389268	786240	603028	5897	3028	2869	1562	727	835
380904	209986	170918	1653	801	852	1365	687	678
267515	148389	119126	1284	642	642	646	327	319
176129	93478	82651	803	439	364	586	271	315
91797	46040	45757	273	157	116	819	385	434
103080	53448	49632	801	385	416	1111	595	516
5038559	**2742149**	**2296410**	**24382**	**12701**	**11681**	**19488**	**9696**	**9792**
613007	324660	288347	2984	1594	1390	3337	1539	1798
297419	162938	134481	1165	590	575	1140	530	610
500987	289606	211381	2936	1682	1254	1019	504	515
322474	180937	141537	1286	659	627	1123	563	560
908026	475779	432247	4055	2105	1950	4079	1959	2120
249184	135081	114103	1325	671	654	1603	810	793
233293	121833	111460	911	469	442	1299	772	527
308223	164728	143495	1858	930	928	1272	670	602
619007	336794	282213	3038	1548	1490	1738	848	890
986939	549793	437146	4824	2453	2371	2878	1501	1377
4417751	**2447975**	**1969776**	**42863**	**22229**	**20634**	**235474**	**123727**	**111747**
700859	380113	320746	5028	2635	2393	36846	18667	18179
504238	295991	208247	4572	2424	2148	3073	1577	1496
633943	355179	278764	4809	2538	2271	52964	27348	25616
54577	33036	21541	411	205	206	1089	565	524
291352	163808	127544	5496	2916	2580	12314	6478	5836
298163	161387	136776	3149	1678	1471	2085	1213	872
251750	134150	117600	2340	1153	1187	1210	827	383
33178	17660	15518	1230	572	658	63829	34180	29649
51164	26014	25150	741	359	382	536	304	232
695836	386671	309165	6676	3388	3288	54121	28485	25636
610443	336868	273575	5813	2975	2838	6687	3670	3017
292248	157098	135150	2598	1386	1212	720	413	307
2575153	**1417461**	**1157692**	**14089**	**7367**	**6722**	**10686**	**5196**	**5490**
457278	244770	212508	1801	934	867	2491	1179	1312
355538	196424	159114	2264	1183	1081	1285	653	632
346722	196243	150479	2064	1085	979	1034	512	522
156559	86884	69675	1138	675	463	987	487	500
517275	291341	225934	2624	1351	1273	1769	922	847
283029	156295	126734	1208	621	587	1420	613	807
458752	245504	213248	2990	1518	1472	1700	830	870
1386855	**756142**	**630713**	**9088**	**4889**	**4199**	**4328**	**2100**	**2228**
563890	300667	263223	2692	1450	1242	1760	814	946
173219	98748	74471	1425	712	713	511	257	254
212109	119634	92475	1649	914	735	946	465	481
209374	110831	98543	1612	894	718	631	317	314
228263	126262	102001	1710	919	791	480	247	233

1-2 续表

地区	人口数			居住本乡、镇、街道，户口在本乡、镇、街道		
	合计	男	女	小计	男	女
绍兴市	**5270977**	**2696152**	**2574825**	**3045728**	**1504592**	**1541136**
越城区	1020037	511806	508231	524332	254511	269821
柯桥区	1098859	581936	516923	511148	249832	261316
上虞区	839747	421208	418539	557360	269402	287958
新昌县	419036	215185	203851	252825	128060	124765
诸暨市	1218072	619590	598482	711341	353663	357678
嵊州市	675226	346427	328799	488722	249124	239598
金华市	**7050683**	**3716342**	**3334341**	**3416653**	**1719034**	**1697619**
婺城区	957055	492226	464829	462626	232651	229975
金东区	506935	271492	235443	252438	127150	125288
武义县	462462	245677	216785	217870	110199	107671
浦江县	460726	240373	220353	272891	140404	132487
磐安县	177161	90275	86886	133579	67015	66564
兰溪市	574801	292973	281828	454062	230935	223127
义乌市	1859390	1002838	856552	604826	305513	299313
东阳市	1087950	560471	527479	563267	274318	288949
永康市	964203	520017	444186	455094	230849	224245
衢州市	**2276184**	**1161813**	**1114371**	**1579556**	**808714**	**770842**
柯城区	528847	266480	262367	283893	143092	140801
衢江区	373920	199782	174138	263896	141480	122416
常山县	259966	133100	126866	202780	104697	98083
开化县	258810	127837	130973	201447	100167	101280
龙游县	360229	186734	173495	260337	134647	125690
江山市	494412	247880	246532	367203	184631	182572
舟山市	**1157817**	**611522**	**546295**	**623412**	**310036**	**313376**
定海区	500030	256435	243595	263085	130505	132580
普陀区	382902	197014	185888	197830	98626	99204
岱山县	207982	123467	84515	114885	57202	57683
嵊泗县	66903	34606	32297	47612	23703	23909
台州市	**6622888**	**3443061**	**3179827**	**4127996**	**2078328**	**2049668**
椒江区	826074	431919	394155	414293	206402	207891
黄岩区	707453	365744	341709	429613	213562	216051
路桥区	628934	330938	297996	332397	165914	166483
三门县	379469	195866	183603	279462	142406	137056
天台县	474711	242816	231895	356046	181737	174309
仙居县	431888	221407	210481	297218	152004	145214
温岭市	1416199	740335	675864	858292	428289	430003
临海市	1114146	572295	541851	816938	414892	402046
玉环市	644014	341741	302273	343737	173122	170615
丽水市	**2507396**	**1293190**	**1214206**	**1371456**	**702267**	**669189**
莲都区	562116	292498	269618	230656	117077	113579
青田县	509053	263277	245776	232686	119311	113375
缙云县	405318	207826	197492	303492	154209	149283
遂昌县	194385	99820	94565	141429	72609	68820
松阳县	204880	105192	99688	144781	74612	70169
云和县	129216	67647	61569	57129	29620	27509
庆元县	142551	72676	69875	76945	39392	37553
景宁畲族自治县	111011	57257	53754	56354	29765	26589
龙泉市	248866	126997	121869	127984	65672	62312

单位：人

居住本乡、镇、街道，户口在外乡、镇、街道，离开户口登记地半年以上			居住本乡、镇、街道，户口待定			原住本乡、镇、街道，现在港澳台或国外工作学习		
小计	男	女	小计	男	女	小计	男	女
2209933	**1183650**	**1026283**	**8308**	**4293**	**4015**	**7008**	**3617**	**3391**
492866	255788	237078	1361	765	596	1478	742	736
584354	330342	254012	2418	1255	1163	939	507	432
280056	150613	129443	1111	577	534	1220	616	604
165193	86609	78584	537	258	279	481	258	223
502715	263870	238845	1922	964	958	2094	1093	1001
184749	96428	88321	959	474	485	796	401	395
3599609	**1978888**	**1620721**	**24585**	**12899**	**11686**	**9836**	**5521**	**4315**
490850	257754	233096	2128	1113	1015	1451	708	743
252875	143505	109370	1099	566	533	523	271	252
241060	133670	107390	3055	1600	1455	477	208	269
185891	98886	87005	967	474	493	977	609	368
42730	22748	19982	513	317	196	339	195	144
119145	61182	57963	446	184	262	1148	672	476
1242891	691055	551836	10100	5351	4749	1573	919	654
518885	282970	235915	3081	1592	1489	2717	1591	1126
505282	287118	218164	3196	1702	1494	631	348	283
687948	**348572**	**339376**	**3868**	**1924**	**1944**	**4812**	**2603**	**2209**
242824	122294	120530	848	492	356	1282	602	680
108872	57718	51154	698	328	370	454	256	198
56428	28015	28413	399	194	205	359	194	165
56728	27336	29392	318	161	157	317	173	144
98826	51525	47301	499	242	257	567	320	247
124270	61684	62586	1106	507	599	1833	1058	775
528031	**298455**	**229576**	**2144**	**1200**	**944**	**4230**	**1831**	**2399**
233323	124198	109125	1059	617	442	2563	1115	1448
182937	97389	85548	831	438	393	1304	561	743
92680	66069	26611	173	83	90	244	113	131
19091	10799	8292	81	62	19	119	42	77
2468723	**1350369**	**1118354**	**15966**	**8175**	**7791**	**10203**	**6189**	**4014**
407749	223355	184394	3155	1688	1467	877	474	403
274872	150587	124285	2010	1008	1002	958	587	371
293579	163341	130238	1854	954	900	1104	729	375
98956	52897	46059	710	369	341	341	194	147
116911	60156	56755	970	477	493	784	446	338
133210	68657	64553	900	400	500	560	346	214
551663	308443	243220	3029	1547	1482	3215	2056	1159
294298	155815	138483	1234	613	621	1676	975	701
297485	167118	130367	2104	1119	985	688	382	306
974280	**506842**	**467438**	**7074**	**3439**	**3635**	**154586**	**80642**	**73944**
325648	172524	153124	1806	946	860	4006	1951	2055
127882	66414	61468	2377	1155	1222	146108	76397	69711
99974	52689	47285	941	475	466	911	453	458
52135	26808	25327	274	102	172	547	301	246
59097	30100	28997	368	150	218	634	330	304
71390	37670	33720	379	184	195	318	173	145
64934	32922	32012	258	140	118	414	222	192
53733	27057	26676	236	101	135	688	334	354
119487	60658	58829	435	186	249	960	481	479

1—2a 各地区分性别、

地　　区	人　口　数			居住本乡、镇、街道，户口在本乡、镇、街道		
	合计	男	女	小计	男	女
合计	**33083792**	**17165183**	**15918609**	**13391204**	**6578120**	**6813084**
杭州市	**8886842**	**4619807**	**4267035**	**3610641**	**1773000**	**1837641**
上城区	357657	179195	178462	176334	84845	91489
下城区	485849	237311	248538	244765	117834	126931
江干区	1487787	774118	713669	509417	255538	253879
拱墅区	635136	318031	317105	292303	142569	149734
西湖区	1080301	555569	524732	504410	246508	257902
滨江区	503859	260336	243523	215306	105523	109783
萧山区	1656972	881192	775780	645698	317554	328144
余杭区	1672308	889931	782377	595106	292540	302566
富阳区	556041	291544	264497	228708	112792	115916
临安区	305814	160437	145377	111030	53972	57058
桐庐县						
淳安县						
建德市	145118	72143	72975	87564	43325	44239
宁波市	**5440000**	**2807922**	**2632078**	**2248251**	**1102017**	**1146234**
海曙区	879210	450074	429136	337697	165319	172378
江北区	405870	210451	195419	157824	76615	81209
北仑区	584792	314494	270298	214232	103807	110425
镇海区	441037	231971	209066	172240	83688	88552
鄞州区	1005375	498013	507362	432191	209202	222989
奉化区	292551	149906	142645	133263	66402	66861
象山县						
宁海县						
余姚市	769271	402182	367089	320119	159066	161053
慈溪市	1061894	550831	511063	480685	237918	242767
温州市	**4671682**	**2480310**	**2191372**	**1730942**	**861878**	**869064**
鹿城区	1048834	542749	506085	373198	180298	192900
龙湾区	475693	265369	210324	144068	73188	70880
瓯海区	786250	424341	361909	196092	97279	98813
洞头区	71034	36122	34912	44258	21482	22776
永嘉县						
平阳县						
苍南县						
文成县						
泰顺县						
瑞安市	978740	515647	463093	422486	209695	212791
乐清市	879088	466438	412650	402240	202802	199438
龙港市	432043	229644	202399	148600	77134	71466
嘉兴市	**2237631**	**1148940**	**1088691**	**909582**	**442740**	**466842**
南湖区	679124	347397	331727	279121	135973	143148
秀洲区	308440	162071	146369	111606	53833	57773
嘉善县						
海盐县						
海宁市	424472	218146	206326	185010	90154	94856
平湖市	292661	148113	144548	141231	68538	72693
桐乡市	532934	273213	259721	192614	94242	98372
湖州市	**745028**	**378488**	**366540**	**334853**	**164373**	**170480**
吴兴区	569140	286112	283028	250903	123812	127091
南浔区	175888	92376	83512	83950	40561	43389
德清县						
长兴县						
安吉县						

户口登记状况的人口(城市)

单位：人

居住本乡、镇、街道，户口在外乡、镇、街道，离开户口登记地半年以上			居住本乡、镇、街道，户口待定			原住本乡、镇、街道，现在港澳台或国外工作学习		
小计	男	女	小计	男	女	小计	男	女
19454456	**10466564**	**8987892**	**101906**	**53294**	**48612**	**136226**	**67205**	**69021**
5228536	**2823321**	**2405215**	**23004**	**12059**	**10945**	**24661**	**11427**	**13234**
177688	92699	84989	561	281	280	3074	1370	1704
235382	116793	118589	1292	689	603	4410	1995	2415
972638	515809	456829	2613	1305	1308	3119	1466	1653
339370	173767	165603	1622	865	757	1841	830	1011
565207	303729	261478	3472	2023	1449	7212	3309	3903
285902	153474	132428	1773	916	857	878	423	455
1004332	560131	444201	5210	2626	2584	1732	881	851
1071989	594690	477299	4237	2234	2003	976	467	509
325336	177762	147574	1164	594	570	833	396	437
193707	105919	87788	820	413	407	257	133	124
56985	28548	28437	240	113	127	329	157	172
3163836	**1691898**	**1471938**	**14643**	**7569**	**7074**	**13270**	**6438**	**6832**
535692	281892	253800	2665	1422	1243	3156	1441	1715
246096	132886	113210	902	461	441	1048	489	559
368113	209426	158687	1768	924	844	679	337	342
266766	147264	119502	1017	519	498	1014	500	514
567531	285988	281543	2203	1156	1047	3450	1667	1783
157586	82637	74949	868	438	430	834	429	405
445990	241540	204450	2194	1116	1078	968	460	508
576062	310265	265797	3026	1533	1493	2121	1115	1006
2844561	**1569534**	**1275027**	**23074**	**12024**	**11050**	**73105**	**36874**	**36231**
649244	349292	299952	4429	2319	2110	21963	10840	11123
326405	189456	136949	3032	1619	1413	2188	1106	1082
556891	310004	246887	4184	2203	1981	29083	14855	14228
26268	14371	11897	183	99	84	325	170	155
535275	295395	239880	4575	2309	2266	16404	8248	8156
470081	260150	209931	4262	2192	2070	2505	1294	1211
280397	150866	129531	2409	1283	1126	637	361	276
1316517	**700452**	**616065**	**6166**	**3170**	**2996**	**5366**	**2578**	**2788**
396268	209574	186694	1443	760	683	2292	1090	1202
195078	107321	87757	960	511	449	796	406	390
237277	126902	110375	1163	588	575	1022	502	520
150298	79023	71275	545	276	269	587	276	311
337596	177632	159964	2055	1035	1020	669	304	365
406831	**212474**	**194357**	**2058**	**1064**	**994**	**1286**	**577**	**709**
315691	161036	154655	1393	752	641	1153	512	641
91140	51438	39702	665	312	353	133	65	68

1—2a 续表

地区	人口数			居住本乡、镇、街道，户口在本乡、镇、街道		
	合计	男	女	小计	男	女
绍兴市	**3077469**	**1566610**	**1510859**	**1398714**	**677694**	**721020**
越城区	856847	428957	427890	400549	194158	206391
柯桥区	788867	415039	373828	323377	157061	166316
上虞区	520981	263117	257864	290127	138546	151581
新昌县						
诸暨市	589056	297154	291902	218571	106584	111987
嵊州市	321718	162343	159375	166090	81345	84745
金华市	**3251595**	**1711060**	**1540535**	**1057810**	**519677**	**538133**
婺城区	660508	335631	324877	236215	114520	121695
金东区	143104	74925	68179	52473	25892	26581
武义县						
浦江县						
磐安县						
兰溪市	253055	126630	126425	161414	79904	81510
义乌市	1184150	638653	545497	280491	139729	140762
东阳市	463055	237660	225395	149456	71774	77682
永康市	547723	297561	250162	177761	87858	89903
衢州市	**754014**	**378471**	**375543**	**337066**	**167009**	**170057**
柯城区	393821	196555	197266	165393	81954	83439
衢江区	137722	73341	64381	47184	25004	22180
常山县						
开化县						
龙游县	1202	613	589	980	488	492
江山市	221269	107962	113307	123509	59563	63946
舟山市	**596041**	**298117**	**297924**	**266380**	**130808**	**135572**
定海区	349276	174968	174308	162865	79578	83287
普陀区	246765	123149	123616	103515	51230	52285
岱山县						
嵊泗县						
台州市	**2864147**	**1490798**	**1373349**	**1337048**	**660491**	**676557**
椒江区	621361	321395	299966	275104	135239	139865
黄岩区	409407	213823	195584	186929	91750	95179
路桥区	307644	160402	147242	132370	64791	67579
三门县						
天台县						
仙居县						
温岭市	654968	344707	310261	302933	149353	153580
临海市	417795	210988	206807	217065	108535	108530
玉环市	452972	239483	213489	222647	110823	111824
丽水市	**559343**	**284660**	**274683**	**159917**	**78433**	**81484**
莲都区	408801	209287	199514	116609	57178	59431
青田县						
缙云县						
遂昌县						
松阳县						
云和县						
庆元县						
景宁畲族自治县						
龙泉市	150542	75373	75169	43308	21255	22053

单位：人

居住本乡、镇、街道，户口在外乡、镇、街道，离开户口登记地半年以上			居住本乡、镇、街道，户口待定			原住本乡、镇、街道，现在港澳台或国外工作学习		
小计	男	女	小计	男	女	小计	男	女
1668903	**883821**	**785082**	**6103**	**3238**	**2865**	**3749**	**1857**	**1892**
453751	233447	220304	1258	709	549	1289	643	646
462770	256527	206243	2098	1115	983	622	336	286
229319	123767	105552	774	414	360	761	390	371
368443	189578	178865	1343	671	672	699	321	378
154620	80502	74118	630	329	301	378	167	211
2176927	**1182539**	**994388**	**13211**	**6980**	**6231**	**3647**	**1864**	**1783**
421467	219678	201789	1722	903	819	1104	530	574
90292	48868	41424	173	90	83	166	75	91
91137	46470	44667	157	73	84	347	183	164
895529	494584	400945	7466	3971	3495	664	369	295
310740	164409	146331	1729	894	835	1130	583	547
367762	208530	159232	1964	1049	915	236	124	112
413588	**209805**	**203783**	**1581**	**811**	**770**	**1779**	**846**	**933**
226799	113823	112976	601	301	300	1028	477	551
90043	48067	41976	416	227	189	79	43	36
221	124	97				1	1	
96525	47791	48734	564	283	281	671	325	346
325546	**165344**	**160202**	**1451**	**811**	**640**	**2664**	**1154**	**1510**
183772	94115	89657	779	468	311	1860	807	1053
141774	71229	70545	672	343	329	804	347	457
1514097	**823323**	**690774**	**8877**	**4664**	**4213**	**4125**	**2320**	**1805**
343065	184458	158607	2561	1373	1188	631	325	306
220529	121061	99468	1447	728	719	502	284	218
173672	94696	78976	1003	531	472	599	384	215
349009	193674	155335	1701	881	820	1325	799	526
199514	101856	97658	584	296	288	632	301	331
228308	127578	100730	1581	855	726	436	227	209
395114	**204053**	**191061**	**1738**	**904**	**834**	**2574**	**1270**	**1304**
288409	150186	138223	1526	814	712	2257	1109	1148
106705	53867	52838	212	90	122	317	161	156

1-2b 各地区分性别、

地区	人口数			居住本乡、镇、街道，户口在本乡、镇、街道		
	合计	男	女	小计	男	女
合计	**13514673**	**7069220**	**6445453**	**6783011**	**3381119**	**3401892**
杭州市	**1055239**	**547712**	**507527**	**533254**	**262401**	**270853**
上城区						
下城区						
江干区						
拱墅区						
西湖区	473	231	242	284	137	147
滨江区						
萧山区	124680	70316	54364	53590	26407	27183
余杭区	270466	144378	126088	121898	59576	62322
富阳区	28155	14855	13300	21223	10716	10507
临安区	70534	36120	34414	41191	20310	20881
桐庐县	318780	161960	156820	156654	76620	80034
淳安县	153611	75645	77966	73824	36747	37077
建德市	88540	44207	44333	64590	31888	32702
宁波市	**1895604**	**997742**	**897862**	**817189**	**404048**	**413141**
海曙区	27165	13710	13455	15588	7654	7934
江北区						
北仑区	51660	29604	22056	17447	8635	8812
镇海区	39005	21730	17275	13611	6607	7004
鄞州区	297089	155813	141276	122957	60455	62502
奉化区	54061	27891	26170	37792	18942	18850
象山县	348453	174035	174418	153985	74488	79497
宁海县	437960	225693	212267	182901	91113	91788
余姚市	244595	127326	117269	133758	66762	66996
慈溪市	395616	221940	173676	139150	69392	69758
温州市	**2236307**	**1175610**	**1060697**	**1235688**	**626213**	**609475**
鹿城区	6896	3637	3259	4251	2179	2072
龙湾区	248220	142744	105476	68833	35474	33359
瓯海区	16124	8846	7278	6983	3512	3471
洞头区	7571	3772	3799	6207	3043	3164
永嘉县	482975	257677	225298	234474	118880	115594
平阳县	532286	274586	257700	314005	157902	156103
苍南县	575197	296769	278428	374856	190773	184083
文成县	125062	63612	61450	82145	41509	40636
泰顺县	119245	60305	58940	75979	38669	37310
瑞安市	33991	16902	17089	22842	11271	11571
乐清市	70497	37253	33244	35446	17993	17453
龙港市	18243	9507	8736	9667	5008	4659
嘉兴市	**1615301**	**856158**	**759143**	**783934**	**385073**	**398861**
南湖区	56312	29804	26508	26948	13336	13612
秀洲区	144445	76026	68419	65145	31982	33163
嘉善县	473639	252393	221246	181284	88876	92408
海盐县	297920	153506	144414	173653	85131	88522
海宁市	328303	179279	149024	151066	73890	77176
平湖市	156975	83362	73613	85555	42028	43527
桐乡市	157707	81788	75919	100283	49830	50453
湖州市	**1465543**	**761462**	**704081**	**718260**	**356914**	**361346**
吴兴区	207609	109943	97666	43262	21259	22003
南浔区	131316	67247	64069	94024	46630	47394
德清县	341128	178107	163021	167893	82412	85481
长兴县	430311	219240	211071	244845	121906	122939
安吉县	355179	186925	168254	168236	84707	83529

户口登记状况的人口(镇)

单位：人

居住本乡、镇、街道，户口在外乡、镇、街道，离开户口登记地半年以上			居住本乡、镇、街道，户口待定			原住本乡、镇、街道，现在港澳台或国外工作学习		
小计	男	女	小计	男	女	小计	男	女
6593618	**3617406**	**2976212**	**42064**	**22050**	**20014**	**95980**	**48645**	**47335**
518150	**283432**	**234718**	**2570**	**1310**	**1260**	**1265**	**569**	**696**
184	91	93	1	1		4	2	2
70685	43695	26990	341	182	159	64	32	32
147387	84253	63134	867	409	458	314	140	174
6856	4098	2758	22	11	11	54	30	24
29095	15684	13411	166	88	78	82	38	44
161153	84843	76310	682	370	312	291	127	164
79295	38672	40623	163	87	76	329	139	190
23495	12096	11399	328	162	166	127	61	66
1071044	**589951**	**481093**	**5015**	**2588**	**2427**	**2356**	**1155**	**1201**
11495	6011	5484	41	23	18	41	22	19
34062	20875	13187	125	79	46	26	15	11
25206	15020	10186	146	80	66	42	23	19
172869	94719	78150	965	511	454	298	128	170
16078	8854	7224	107	57	50	84	38	46
193220	98913	94307	676	340	336	572	294	278
252924	133528	119396	1482	734	748	653	318	335
110004	60146	49858	523	270	253	310	148	162
255186	151885	103301	950	494	456	330	169	161
960587	**528776**	**431811**	**9454**	**4923**	**4531**	**30578**	**15698**	**14880**
2145	1205	940	54	27	27	446	226	220
176972	105999	70973	1538	804	734	877	467	410
8393	4958	3435	45	23	22	703	353	350
1321	707	614	22	10	12	21	12	9
239686	134238	105448	3256	1751	1505	5559	2808	2751
215714	115330	100384	1791	931	860	776	423	353
198342	104929	93413	1456	725	731	543	342	201
23786	12302	11484	504	251	253	18627	9550	9077
42801	21406	21395	338	168	170	127	62	65
9239	4676	4563	161	76	85	1749	879	870
33757	18610	15147	179	98	81	1115	552	563
8431	4416	4015	110	59	51	35	24	11
824043	**467300**	**356743**	**4866**	**2587**	**2279**	**2458**	**1198**	**1260**
29133	16362	12771	180	85	95	51	21	30
78536	43644	34892	609	322	287	155	78	77
290060	162369	127691	1553	783	770	742	365	377
122715	67531	55184	936	565	371	616	279	337
176103	104785	71318	819	422	397	315	182	133
70704	40992	29712	385	200	185	331	142	189
56792	31617	25175	384	210	174	248	131	117
740706	**400969**	**339737**	**5287**	**2956**	**2331**	**1290**	**623**	**667**
163570	88281	75289	740	385	355	37	18	19
36787	20338	16449	341	199	142	164	80	84
171335	94656	76679	1405	802	603	495	237	258
183673	96357	87316	1413	803	610	380	174	206
185341	101337	84004	1388	767	621	214	114	100

1-2b 续表

地　区	人口数			居住本乡、镇、街道，户口在本乡、镇、街道		
	合计	男	女	小计	男	女
绍兴市	**665897**	**349609**	**316288**	**342737**	**170068**	**172669**
越城区	4023	2019	2004	3003	1468	1535
柯桥区	114194	66886	47308	34606	16943	17663
上虞区	48168	24158	24010	34703	17046	17657
新昌县	261282	133062	128220	113747	56095	57652
诸暨市	173861	90143	83718	101139	49957	51182
嵊州市	64369	33341	31028	55539	28559	26980
金华市	**1556545**	**825660**	**730885**	**652735**	**324172**	**328563**
婺城区	75197	38349	36848	38116	18713	19403
金东区	162139	89503	72636	54640	27114	27526
武义县	287898	153276	134622	93192	46194	46998
浦江县	209274	107781	101493	95081	47815	47266
磐安县	93187	47116	46071	56134	27707	28427
兰溪市	65110	33419	31691	51423	25987	25436
义乌市	297234	161394	135840	89727	45095	44632
东阳市	275666	145790	129876	131226	63695	67531
永康市	90840	49032	41808	43196	21852	21344
衢州市	**556484**	**282672**	**273812**	**350720**	**179247**	**171473**
柯城区	11937	6205	5732	8867	4468	4399
衢江区	33208	16981	16227	28035	14386	13649
常山县	127705	65130	62575	78038	40296	37742
开化县	131023	63741	67282	79648	39286	40362
龙游县	184611	96230	88381	100256	52631	47625
江山市	68000	34385	33615	55876	28180	27696
舟山市	**236349**	**134450**	**101899**	**127930**	**63670**	**64260**
定海区	30300	15628	14672	17488	8768	8720
普陀区	19312	10298	9014	12199	6113	6086
岱山县	142851	86254	56597	68839	34188	34651
嵊泗县	43886	22270	21616	29404	14601	14803
台州市	**1240565**	**638283**	**602282**	**743640**	**372092**	**371548**
椒江区	5276	3198	2078	1017	505	512
黄岩区	36301	18110	18191	26224	12838	13386
路桥区	105513	56235	49278	57213	28791	28422
三门县	202924	104356	98568	117602	59186	58416
天台县	251383	126927	124456	153080	76601	76479
仙居县	223978	112818	111160	111747	55912	55835
温岭市	265945	140071	125874	162256	80602	81654
临海市	133663	68328	65335	105157	52928	52229
玉环市	15582	8240	7342	9344	4729	4615
丽水市	**990839**	**499862**	**490977**	**476924**	**237221**	**239703**
莲都区	20832	11052	9780	11548	5759	5789
青田县	270319	136315	134004	107024	53216	53808
缙云县	230304	116244	114060	143293	70602	72691
遂昌县	106969	53667	53302	62991	31445	31546
松阳县	97751	48898	48853	52170	26028	26142
云和县	94499	48979	45520	33149	16769	16380
庆元县	90524	45199	45325	34350	16992	17358
景宁畲族自治县	64616	31802	32814	20966	10545	10421
龙泉市	15025	7706	7319	11433	5865	5568

单位：人

居住本乡、镇、街道，户口在外乡、镇、街道，离开户口登记地半年以上			居住本乡、镇、街道，户口待定			原住本乡、镇、街道，现在港澳台或国外工作学习		
小计	男	女	小计	男	女	小计	男	女
321592	**178759**	**142833**	**888**	**451**	**437**	**680**	**331**	**349**
1016	548	468	1	1		3	2	1
79393	49854	29539	144	66	78	51	23	28
13353	7060	6293	59	27	32	53	25	28
146824	76618	70206	407	205	202	304	144	160
72261	39943	32318	243	136	107	218	107	111
8745	4736	4009	34	16	18	51	30	21
895522	**497075**	**398447**	**6616**	**3509**	**3107**	**1672**	**904**	**768**
36775	19476	17299	255	140	115	51	20	31
106910	62081	44829	505	264	241	84	44	40
191994	105676	86318	2464	1300	1164	248	106	142
113356	59545	53811	452	219	233	385	202	183
36543	19086	17457	370	244	126	140	79	61
13502	7326	6176	61	33	28	124	73	51
206038	115515	90523	1293	676	617	176	108	68
143190	81413	61777	834	434	400	416	248	168
47214	26957	20257	382	199	183	48	24	24
204045	**102527**	**101518**	**902**	**454**	**448**	**817**	**444**	**373**
3046	1727	1319	8	4	4	16	6	10
5071	2546	2525	48	18	30	54	31	23
49210	24602	24608	280	148	132	177	84	93
51105	24317	26788	160	88	72	110	50	60
83828	43325	40503	303	154	149	224	120	104
11785	6010	5775	103	42	61	236	153	83
107776	**70489**	**37287**	**287**	**141**	**146**	**356**	**150**	**206**
12676	6798	5878	78	38	40	58	24	34
7014	4141	2873	38	19	19	61	25	36
73727	51940	21787	136	61	75	149	65	84
14359	7610	6749	35	23	12	88	36	52
492400	**263782**	**228618**	**2901**	**1489**	**1412**	**1624**	**920**	**704**
4207	2666	1541	49	25	24	3	2	1
9933	5197	4736	95	46	49	49	29	20
47874	27222	20652	296	145	151	130	77	53
84614	44790	39824	533	295	238	175	85	90
97348	49835	47513	676	345	331	279	146	133
111458	56515	54943	537	261	276	236	130	106
102699	58917	43782	484	247	237	506	305	201
28110	15178	12932	169	88	81	227	134	93
6157	3462	2695	62	37	25	19	12	7
457753	**234346**	**223407**	**3278**	**1642**	**1636**	**52884**	**26653**	**26231**
9066	5200	3866	43	19	24	175	74	101
110326	56380	53946	1788	893	895	51181	25826	25355
86025	45155	40870	604	313	291	382	174	208
43521	22008	21513	136	53	83	321	161	160
45236	22692	22544	111	64	47	234	114	120
60886	31981	28905	306	148	158	158	81	77
55864	28038	27826	152	91	61	158	78	80
43318	21098	22220	107	42	65	225	117	108
3511	1794	1717	31	19	12	50	28	22

1–2c 各地区分性别、

地区	人口数			居住本乡、镇、街道，户口在本乡、镇、街道		
	合计	男	女	小计	男	女
合计	**17969123**	**9445605**	**8523518**	**13615332**	**6948274**	**6667058**
杭州市	**1993929**	**1048434**	**945495**	**1513934**	**758798**	**755136**
上城区						
下城区						
江干区						
拱墅区						
西湖区	32218	17132	15086	21676	10644	11032
滨江区						
萧山区	477220	251131	226089	325681	161274	164407
余杭区	459740	250692	209048	288783	142890	145893
富阳区	247821	129791	118030	198164	101208	96956
临安区	258207	134228	123979	212889	107145	105744
桐庐县	134326	69246	65080	118934	60398	58536
淳安县	175346	88211	87135	162244	80527	81717
建德市	209051	108003	101048	185563	94712	90851
宁波市	**2068679**	**1100105**	**968574**	**1256414**	**635158**	**621256**
海曙区	134910	71371	63539	68672	34389	34283
江北区	83015	45835	37180	31337	15613	15724
北仑区	192996	106497	86499	92827	46361	46466
镇海区	51788	29320	22468	21096	10567	10529
鄞州区	285723	153839	131884	116879	58165	58714
奉化区	230893	122964	107929	154338	78855	75483
象山县	219212	113744	105468	178177	90217	87960
宁海县	257998	135599	122399	201704	103851	97853
余姚市	240166	124872	115294	176372	89362	87010
慈溪市	371978	196064	175914	215012	107778	107234
温州市	**2664914**	**1419787**	**1245127**	**1910185**	**993685**	**916500**
鹿城区	111435	61265	50170	46983	23759	23224
龙湾区	1123	672	451	252	131	121
瓯海区	160864	87354	73510	68447	34685	33762
洞头区	70202	39401	30801	42265	20964	21301
永嘉县	386649	207151	179498	325988	172746	153242
平阳县	330802	175333	155469	245686	127739	117947
苍南县	268765	142012	126753	213806	111878	101928
文成县	163116	87905	75211	107796	57596	50200
泰顺县	146735	78183	68552	137560	73142	64418
瑞安市	507655	269664	237991	318425	162703	155722
乐清市	503122	263260	239862	392078	202643	189435
龙港市	14446	7587	6859	10899	5699	5200
嘉兴市	**1547936**	**808963**	**738973**	**1107424**	**556224**	**551200**
南湖区	103997	55390	48607	71794	36399	35395
秀洲区	226336	117471	108865	143383	71493	71890
嘉善县	174521	93203	81318	117056	58880	58176
海盐县	158855	82143	76712	124438	62472	61966
海宁市	323424	169279	154145	218455	109046	109409
平湖市	221690	116758	104932	158883	80138	78745
桐乡市	339113	174719	164394	273415	137796	135619
湖州市	**1157008**	**606488**	**550520**	**914195**	**462020**	**452175**
吴兴区	239188	128381	110807	153430	76434	76996
南浔区	235685	122807	112878	189760	95522	94238
德清县	207440	109187	98253	165971	83869	82102
长兴县	243465	125724	117741	217314	111016	106298
安吉县	231230	120389	110841	187720	95179	92541

户口登记状况的人口(乡村)

单位：人

居住本乡、镇、街道，户口在外乡、镇、街道，离开户口登记地半年以上			居住本乡、镇、街道，户口待定			原住本乡、镇、街道，现在港澳台或国外工作学习		
小计	男	女	小计	男	女	小计	男	女
4059741	**2340030**	**1719711**	**36685**	**18457**	**18228**	**257365**	**138844**	**118521**
474287	**286744**	**187543**	**2714**	**1316**	**1398**	**2994**	**1576**	**1418**
10404	6412	3992	92	54	38	46	22	24
150488	89316	61172	600	291	309	451	250	201
169892	107297	62595	793	385	408	272	120	152
48712	28126	20586	467	196	271	478	261	217
44713	26786	17927	298	141	157	307	156	151
14976	8635	6341	121	69	52	295	144	151
12502	7368	5134	110	70	40	490	246	244
22600	12804	9796	233	110	123	655	377	278
803679	**460300**	**343379**	**4724**	**2544**	**2180**	**3862**	**2103**	**1759**
65820	36757	29063	278	149	129	140	76	64
51323	30052	21271	263	129	134	92	41	51
98812	59305	39507	1043	679	364	314	152	162
30502	18653	11849	123	60	63	67	40	27
167626	95072	72554	887	438	449	331	164	167
75520	43590	31930	350	176	174	685	343	342
40073	22920	17153	235	129	106	727	478	249
55299	31200	24099	376	196	180	619	352	267
63013	35108	27905	321	162	159	460	240	220
155691	87643	68048	848	426	422	427	217	210
612603	**349665**	**262938**	**10335**	**5282**	**5053**	**131791**	**71155**	**60636**
49470	29616	19854	545	289	256	14437	7601	6836
861	536	325	2	1	1	8	4	4
68659	40217	28442	580	312	268	23178	12140	11038
26988	17958	9030	206	96	110	743	383	360
51666	29570	22096	2240	1165	1075	6755	3670	3085
82449	46057	36392	1358	747	611	1309	790	519
53408	29221	24187	884	428	456	667	485	182
9392	5358	4034	726	321	405	45202	24630	20572
8363	4608	3755	403	191	212	409	242	167
151322	86600	64722	1940	1003	937	35968	19358	16610
106605	58108	48497	1372	685	687	3067	1824	1243
3420	1816	1604	79	44	35	48	28	20
434593	**249709**	**184884**	**3057**	**1610**	**1447**	**2862**	**1420**	**1442**
31877	18834	13043	178	89	89	148	68	80
81924	45459	36465	695	350	345	334	169	165
56662	33874	22788	511	302	209	292	147	145
33844	19353	14491	202	110	92	371	208	163
103895	59654	44241	642	341	301	432	238	194
62027	36280	25747	278	145	133	502	195	307
64364	36255	28109	551	273	278	783	395	388
239318	**142699**	**96619**	**1743**	**869**	**874**	**1752**	**900**	**852**
84629	51350	33279	559	313	246	570	284	286
45292	26972	18320	419	201	218	214	112	102
40774	24978	15796	244	112	132	451	228	223
25701	14474	11227	199	91	108	251	143	108
42922	24925	17997	322	152	170	266	133	133

1-2c 续表

地区	人口数			居住本乡、镇、街道，户口在本乡、镇、街道		
	合计	男	女	小计	男	女
绍兴市	**1527611**	**779933**	**747678**	**1304277**	**656830**	**647447**
越城区	159167	80830	78337	120780	58885	61895
柯桥区	195798	100011	95787	153165	75828	77337
上虞区	270598	133933	136665	232530	113810	118720
新昌县	157754	82123	75631	139078	71965	67113
诸暨市	455155	232293	222862	391631	197122	194509
嵊州市	289139	150743	138396	267093	139220	127873
金华市	**2242543**	**1179622**	**1062921**	**1706108**	**875185**	**830923**
婺城区	221350	118246	103104	188295	99418	88877
金东区	201692	107064	94628	145325	74144	71181
武义县	174564	92401	82163	124678	64005	60673
浦江县	251452	132592	118860	177810	92589	85221
磐安县	83974	43159	40815	77445	39308	38137
兰溪市	256636	132924	123712	241225	125044	116181
义乌市	378006	202791	175215	234608	120689	113919
东阳市	349229	177021	172208	282585	138849	143736
永康市	325640	173424	152216	234137	121139	112998
衢州市	**965686**	**500670**	**465016**	**891770**	**462458**	**429312**
柯城区	123089	63720	59369	109633	56670	52963
衢江区	202990	109460	93530	188677	102090	86587
常山县	132261	67970	64291	124742	64401	60341
开化县	127787	64096	63691	121799	60881	60918
龙游县	174416	89891	84525	159101	81528	77573
江山市	205143	105533	99610	187818	96888	90930
舟山市	**325427**	**178955**	**146472**	**229102**	**115558**	**113544**
定海区	120454	65839	54615	82732	42159	40573
普陀区	116825	63567	53258	82116	41283	40833
岱山县	65131	37213	27918	46046	23014	23032
嵊泗县	23017	12336	10681	18208	9102	9106
台州市	**2518176**	**1313980**	**1204196**	**2047308**	**1045745**	**1001563**
椒江区	199437	107326	92111	138172	70658	67514
黄岩区	261745	133811	127934	216460	108974	107486
路桥区	215777	114301	101476	142814	72332	70482
三门县	176545	91510	85035	161860	83220	78640
天台县	223328	115889	107439	202966	105136	97830
仙居县	207910	108589	99321	185471	96092	89379
温岭市	495286	255557	239729	393103	198334	194769
临海市	562688	292979	269709	494716	253429	241287
玉环市	175460	94018	81442	111746	57570	54176
丽水市	**957214**	**508668**	**448546**	**734615**	**386613**	**348002**
莲都区	132483	72159	60324	102499	54140	48359
青田县	238734	126962	111772	125662	66095	59567
缙云县	175014	91582	83432	160199	83607	76592
遂昌县	87416	46153	41263	78438	41164	37274
松阳县	107129	56294	50835	92611	48584	44027
云和县	34717	18668	16049	23980	12851	11129
庆元县	52027	27477	24550	42595	22400	20195
景宁畲族自治县	46395	25455	20940	35388	19220	16168
龙泉市	83299	43918	39381	73243	38552	34691

单位：人

居住本乡、镇、街道，户口在外乡、镇、街道，离开户口登记地半年以上			居住本乡、镇、街道，户口待定			原住本乡、镇、街道，现在港澳台或国外工作学习		
小计	男	女	小计	男	女	小计	男	女
219438	**121070**	**98368**	**1317**	**604**	**713**	**2579**	**1429**	**1150**
38099	21793	16306	102	55	47	186	97	89
42191	23961	18230	176	74	102	266	148	118
37384	19786	17598	278	136	142	406	201	205
18369	9991	8378	130	53	77	177	114	63
62011	34349	27662	336	157	179	1177	665	512
21384	11190	10194	295	129	166	367	204	163
527160	**299274**	**227886**	**4758**	**2410**	**2348**	**4517**	**2753**	**1764**
32608	18600	14008	151	70	81	296	158	138
55673	32556	23117	421	212	209	273	152	121
49066	27994	21072	591	300	291	229	102	127
72535	39341	33194	515	255	260	592	407	185
6187	3662	2525	143	73	70	199	116	83
14506	7386	7120	228	78	150	677	416	261
141324	80956	60368	1341	704	637	733	442	291
64955	37148	27807	518	264	254	1171	760	411
90306	51631	38675	850	454	396	347	200	147
70315	**36240**	**34075**	**1385**	**659**	**726**	**2216**	**1313**	**903**
12979	6744	6235	239	187	52	238	119	119
13758	7105	6653	234	83	151	321	182	139
7218	3413	3805	119	46	73	182	110	72
5623	3019	2604	158	73	85	207	123	84
14777	8076	6701	196	88	108	342	199	143
15960	7883	8077	439	182	257	926	580	346
94709	**62622**	**32087**	**406**	**248**	**158**	**1210**	**527**	**683**
36875	23285	13590	202	111	91	645	284	361
34149	22019	12130	121	76	45	439	189	250
18953	14129	4824	37	22	15	95	48	47
4732	3189	1543	46	39	7	31	6	25
462226	**263264**	**198962**	**4188**	**2022**	**2166**	**4454**	**2949**	**1505**
60477	36231	24246	545	290	255	243	147	96
44410	24329	20081	468	234	234	407	274	133
72033	41423	30610	555	278	277	375	268	107
14342	8107	6235	177	74	103	166	109	57
19563	10321	9242	294	132	162	505	300	205
21752	12142	9610	363	139	224	324	216	108
99955	55852	44103	844	419	425	1384	952	432
66674	38781	27893	481	229	252	817	540	277
63020	36078	26942	461	227	234	233	143	90
121413	**68443**	**52970**	**2058**	**893**	**1165**	**99128**	**52719**	**46409**
28173	17138	11035	237	113	124	1574	768	806
17556	10034	7522	589	262	327	94927	50571	44356
13949	7534	6415	337	162	175	529	279	250
8614	4800	3814	138	49	89	226	140	86
13861	7408	6453	257	86	171	400	216	184
10504	5689	4815	73	36	37	160	92	68
9070	4884	4186	106	49	57	256	144	112
10415	5959	4456	129	59	70	463	217	246
9271	4997	4274	192	77	115	593	292	301

1-3 各地区分性别的户口登记地在外乡镇街道的人口状况

单位：人

地　区	户口登记地					
	合　计			本县(市、区)		
	合计	男	女	小计	男	女
合计	**30107815**	**16424000**	**13683815**	**8144363**	**3964695**	**4179668**
杭州市	**6220973**	**3393497**	**2827476**	**1143626**	**553236**	**590390**
上城区	177688	92699	84989	24088	11507	12581
下城区	235382	116793	118589	40963	19372	21591
江干区	972638	515809	456829	71391	34982	36409
拱墅区	339370	173767	165603	44677	21379	23298
西湖区	575795	310232	265563	74051	36456	37595
滨江区	285902	153474	132428	20674	10481	10193
萧山区	1225505	693142	532363	229420	107438	121982
余杭区	1389268	786240	603028	150506	73263	77243
富阳区	380904	209986	170918	170686	83936	86750
临安区	267515	148389	119126	111834	55636	56198
桐庐县	176129	93478	82651	74943	35930	39013
淳安县	91797	46040	45757	72457	35171	37286
建德市	103080	53448	49632	57936	27685	30251
宁波市	**5038559**	**2742149**	**2296410**	**1051081**	**501271**	**549810**
海曙区	613007	324660	288347	107916	52071	55845
江北区	297419	162938	134481	37227	18013	19214
北仑区	500987	289606	211381	66250	31808	34442
镇海区	322474	180937	141537	43907	21106	22801
鄞州区	908026	475779	432247	185605	88465	97140
奉化区	249184	135081	114103	88437	42794	45643
象山县	233293	121833	111460	116492	55718	60774
宁海县	308223	164728	143495	144900	72382	72518
余姚市	619007	336794	282213	125871	58808	67063
慈溪市	986939	549793	437146	134476	60106	74370
温州市	**4417751**	**2447975**	**1969776**	**1302176**	**656293**	**645883**
鹿城区	700859	380113	320746	187962	90559	97403
龙湾区	504238	295991	208247	54121	27602	26519
瓯海区	633943	355179	278764	84362	42482	41880
洞头区	54577	33036	21541	9568	4475	5093
永嘉县	291352	163808	127544	132535	69247	63288
平阳县	298163	161387	136776	142000	71956	70044
苍南县	251750	134150	117600	139685	71480	68205
文成县	33178	17660	15518	21111	10179	10932
泰顺县	51164	26014	25150	39623	19578	20045
瑞安市	695836	386671	309165	210646	107338	103308
乐清市	610443	336868	273575	147739	73091	74648
龙港市	292248	157098	135150	132824	68306	64518
嘉兴市	**2575153**	**1417461**	**1157692**	**519982**	**242490**	**277492**
南湖区	457278	244770	212508	100476	47320	53156
秀洲区	355538	196424	159114	41180	19327	21853
嘉善县	346722	196243	150479	67577	31611	35966
海盐县	156559	86884	69675	42281	20016	22265
海宁市	517275	291341	225934	97547	45391	52156
平湖市	283029	156295	126734	79861	37546	42315
桐乡市	458752	245504	213248	91060	41279	49781
湖州市	**1386855**	**756142**	**630713**	**435970**	**207956**	**228014**
吴兴区	563890	300667	263223	153693	73465	80228
南浔区	173219	98748	74471	23831	11528	12303
德清县	212109	119634	92475	69875	33078	36797
长兴县	209374	110831	98543	112663	53758	58905
安吉县	228263	126262	102001	75908	36127	39781

1—3　续表 1　　　　单位：人

地　区	户口登记地					
	合　计			本县(市、区)		
	合计	男	女	小计	男	女
绍兴市	**2209933**	**1183650**	**1026283**	**833137**	**403975**	**429162**
越城区	492866	255788	237078	172781	82294	90487
柯桥区	584354	330342	254012	86678	41318	45360
上虞区	280056	150613	129443	102526	48278	54248
新昌县	165193	86609	78584	123234	62972	60262
诸暨市	502715	263870	238845	231986	111484	120502
嵊州市	184749	96428	88321	115932	57629	58303
金华市	**3599609**	**1978888**	**1620721**	**839351**	**412630**	**426721**
婺城区	490850	257754	233096	160431	79531	80900
金东区	252875	143505	109370	33653	16754	16899
武义县	241060	133670	107390	78056	39000	39056
浦江县	185891	98886	87005	70916	35406	35510
磐安县	42730	22748	19982	23511	11405	12106
兰溪市	119145	61182	57963	60087	28912	31175
义乌市	1242891	691055	551836	171927	84431	87496
东阳市	518885	282970	235915	136011	65016	70995
永康市	505282	287118	218164	104759	52175	52584
衢州市	**687948**	**348572**	**339376**	**403659**	**194723**	**208936**
柯城区	242824	122294	120530	102931	49325	53606
衢江区	108872	57718	51154	54580	27738	26842
常山县	56428	28015	28413	39714	18767	20947
开化县	56728	27336	29392	46258	21477	24781
龙游县	98826	51525	47301	60653	29269	31384
江山市	124270	61684	62586	99523	48147	51376
舟山市	**528031**	**298455**	**229576**	**203563**	**97862**	**105701**
定海区	233323	124198	109125	93499	44391	49108
普陀区	182937	97389	85548	80208	38919	41289
岱山县	92680	66069	26611	22508	11044	11464
嵊泗县	19091	10799	8292	7348	3508	3840
台州市	**2468723**	**1350369**	**1118354**	**806764**	**394814**	**411950**
椒江区	407749	223355	184394	80621	38908	41713
黄岩区	274872	150587	124285	93104	45327	47777
路桥区	293579	163341	130238	55998	26962	29036
三门县	98956	52897	46059	58868	29666	29202
天台县	116911	60156	56755	84494	41347	43147
仙居县	133210	68657	64553	104309	52011	52298
温岭市	551663	308443	243220	132047	64206	67841
临海市	294298	155815	138483	145884	71908	73976
玉环市	297485	167118	130367	51439	24479	26960
丽水市	**974280**	**506842**	**467438**	**605054**	**299445**	**305609**
莲都区	325648	172524	153124	134668	66464	68204
青田县	127882	66414	61468	80752	39536	41216
缙云县	99974	52689	47285	65125	32176	32949
遂昌县	52135	26808	25327	40782	20242	20540
松阳县	59097	30100	28997	40253	19626	20627
云和县	71390	37670	33720	39582	20220	19362
庆元县	64934	32922	32012	57706	29017	28689
景宁畲族自治县	53733	27057	26676	45014	22121	22893
龙泉市	119487	60658	58829	101172	50043	51129

1－3　续表 2　　　　单位：人

地　区	户口登记地					
	本省其他县(市、区)			省　外		
	小计	男	女	小计	男	女
合计	**5776998**	**2989456**	**2787542**	**16186454**	**9469849**	**6716605**
杭州市	**1872366**	**953019**	**919347**	**3204981**	**1887242**	**1317739**
上城区	65232	30276	34956	88368	50916	37452
下城区	105803	49726	56077	88616	47695	40921
江干区	435001	215899	219102	466246	264928	201318
拱墅区	167294	81169	86125	127399	71219	56180
西湖区	231813	116907	114906	269931	156869	113062
滨江区	136584	68429	68155	128644	74564	54080
萧山区	214276	114826	99450	781809	470878	310931
余杭区	358129	191062	167067	880633	521915	358718
富阳区	54903	29482	25421	155315	96568	58747
临安区	47071	25748	21323	108610	67005	41605
桐庐县	29675	15530	14145	71511	42018	29493
淳安县	9053	4779	4274	10287	6090	4197
建德市	17532	9186	8346	27612	16577	11035
宁波市	**854748**	**437512**	**417236**	**3132730**	**1803366**	**1329364**
海曙区	186946	93482	93464	318145	179107	139038
江北区	92488	46191	46297	167704	98734	68970
北仑区	61892	35230	26662	372845	222568	150277
镇海区	69336	35924	33412	209231	123907	85324
鄞州区	261217	128155	133062	461204	259159	202045
奉化区	24767	13034	11733	135980	79253	56727
象山县	16646	9020	7626	100155	57095	43060
宁海县	24089	13189	10900	139234	79157	60077
余姚市	43191	23024	20167	449945	254962	194983
慈溪市	74176	40263	33913	778287	449424	328863
温州市	**821255**	**433545**	**387710**	**2294320**	**1358137**	**936183**
鹿城区	163771	82867	80904	349126	206687	142439
龙湾区	97483	54048	43435	352634	214341	138293
瓯海区	211628	108094	103534	337953	204603	133350
洞头区	14857	9013	5844	30152	19548	10604
永嘉县	28338	15307	13031	130479	79254	51225
平阳县	46067	24469	21598	110096	64962	45134
苍南县	40905	21304	19601	71160	41366	29794
文成县	5329	2898	2431	6738	4583	2155
泰顺县	5909	3117	2792	5632	3319	2313
瑞安市	64922	35340	29582	420268	243993	176275
乐清市	57274	31913	25361	405430	231864	173566
龙港市	84772	45175	39597	74652	43617	31035
嘉兴市	**330831**	**170735**	**160096**	**1724340**	**1004236**	**720104**
南湖区	102410	49102	53308	254392	148348	106044
秀洲区	58602	29775	28827	255756	147322	108434
嘉善县	21801	12093	9708	257344	152539	104805
海盐县	11382	6193	5189	102896	60675	42221
海宁市	65250	35390	29860	354478	210560	143918
平湖市	20824	11272	9552	182344	107477	74867
桐乡市	50562	26910	23652	317130	177315	139815
湖州市	**188600**	**98285**	**90315**	**762285**	**449901**	**312384**
吴兴区	103867	50831	53036	306330	176371	129959
南浔区	18287	10008	8279	131101	77212	53889
德清县	26825	15596	11229	115409	70960	44449
长兴县	16795	9113	7682	79916	47960	31956
安吉县	22826	12737	10089	129529	77398	52131

1–3　续表 3　　　　单位：人

地　区	户口登记地					
	本省其他县(市、区)			省　外		
	小计	男	女	小计	男	女
绍兴市	**318057**	**162834**	**155223**	**1058739**	**616841**	**441898**
越城区	111726	54042	57684	208359	119452	88907
柯桥区	91493	47871	43622	406183	241153	165030
上虞区	35402	19382	16020	142128	82953	59175
新昌县	17992	9433	8559	23967	14204	9763
诸暨市	45631	23915	21716	225098	128471	96627
嵊州市	15813	8191	7622	53004	30608	22396
金华市	**574588**	**306262**	**268326**	**2185670**	**1259996**	**925674**
婺城区	149748	74948	74800	180671	103275	77396
金东区	61810	32967	28843	157412	93784	63628
武义县	17984	10097	7887	145020	84573	60447
浦江县	14420	7557	6863	100555	55923	44632
磐安县	7188	3909	3279	12031	7434	4597
兰溪市	20435	9751	10684	38623	22519	16104
义乌市	190740	104619	86121	880224	502005	378219
东阳市	74578	40986	33592	308296	176968	131328
永康市	37685	21428	16257	362838	213515	149323
衢州市	**179825**	**91813**	**88012**	**104464**	**62036**	**42428**
柯城区	105192	52120	53072	34701	20849	13852
衢江区	34737	18255	16482	19555	11725	7830
常山县	8570	4513	4057	8144	4735	3409
开化县	5177	2704	2473	5293	3155	2138
龙游县	16666	9205	7461	21507	13051	8456
江山市	9483	5016	4467	15264	8521	6743
舟山市	**92492**	**48274**	**44218**	**231976**	**152319**	**79657**
定海区	52017	26515	25502	87807	53292	34515
普陀区	27558	13595	13963	75171	44875	30296
岱山县	8937	5867	3070	61235	49158	12077
嵊泗县	3980	2297	1683	7763	4994	2769
台州市	**344657**	**182678**	**161979**	**1317302**	**772877**	**544425**
椒江区	130020	67717	62303	197108	116730	80378
黄岩区	32432	17640	14792	149336	87620	61716
路桥区	53268	28263	25005	184313	108116	76197
三门县	11860	6424	5436	28228	16807	11421
天台县	12599	6977	5622	19818	11832	7986
仙居县	10655	5833	4822	18246	10813	7433
温岭市	41003	22276	18727	378613	221961	156652
临海市	36346	18412	17934	112068	65495	46573
玉环市	16474	9136	7338	229572	133503	96069
丽水市	**199579**	**104499**	**95080**	**169647**	**102898**	**66749**
莲都区	118176	61364	56812	72804	44696	28108
青田县	16842	8930	7912	30288	17948	12340
缙云县	10022	5412	4610	24827	15101	9726
遂昌县	6670	3648	3022	4683	2918	1765
松阳县	7716	3830	3886	11128	6644	4484
云和县	20665	10794	9871	11143	6656	4487
庆元县	3770	1991	1779	3458	1914	1544
景宁畲族自治县	5687	3011	2676	3032	1925	1107
龙泉市	10031	5519	4512	8284	5096	3188

1－3a 各地区分性别的户口登记地在外乡镇街道的人口状况(城市)

单位：人

地区	户口登记地					
	合计			本县(市、区)		
	合计	男	女	小计	男	女
合计	**19454456**	**10466564**	**8987892**	**5062559**	**2459185**	**2603374**
杭州市	**5228536**	**2823321**	**2405215**	**891916**	**432348**	**459568**
上城区	177688	92699	84989	24088	11507	12581
下城区	235382	116793	118589	40963	19372	21591
江干区	972638	515809	456829	71391	34982	36409
拱墅区	339370	173767	165603	44677	21379	23298
西湖区	565207	303729	261478	72806	35880	36926
滨江区	285902	153474	132428	20674	10481	10193
萧山区	1004332	560131	444201	208511	98508	110003
余杭区	1071989	594690	477299	122702	59624	63078
富阳区	325336	177762	147574	158902	78221	80681
临安区	193707	105919	87788	89083	44356	44727
桐庐县						
淳安县						
建德市	56985	28548	28437	38119	18038	20081
宁波市	**3163836**	**1691898**	**1471938**	**669231**	**318370**	**350861**
海曙区	535692	281892	253800	100082	48383	51699
江北区	246096	132886	113210	35396	17128	18268
北仑区	368113	209426	158687	54887	26421	28466
镇海区	266766	147264	119502	41285	19943	21342
鄞州区	567531	285988	281543	150691	72226	78465
奉化区	157586	82637	74949	73841	35766	38075
象山县						
宁海县						
余姚市	445990	241540	204450	108235	51329	56906
慈溪市	576062	310265	265797	104814	47174	57640
温州市	**2844561**	**1569534**	**1275027**	**761150**	**382540**	**378610**
鹿城区	649244	349292	299952	184501	88893	95608
龙湾区	326405	189456	136949	51602	26292	25310
瓯海区	556891	310004	246887	78563	39602	38961
洞头区	26268	14371	11897	8175	3837	4338
永嘉县						
平阳县						
苍南县						
文成县						
泰顺县						
瑞安市	535275	295395	239880	184539	94499	90040
乐清市	470081	260150	209931	123147	62186	60961
龙港市	280397	150866	129531	130623	67231	63392
嘉兴市	**1316517**	**700452**	**616065**	**351137**	**163016**	**188121**
南湖区	396268	209574	186694	93536	44099	49437
秀洲区	195078	107321	87757	33669	15762	17907
嘉善县						
海盐县						
海宁市	237277	126902	110375	81737	37632	44105
平湖市	150298	79023	71275	64946	30316	34630
桐乡市	337596	177632	159964	77249	35207	42042
湖州市	**406831**	**212474**	**194357**	**143162**	**67878**	**75284**
吴兴区	315691	161036	154655	131054	62085	68969
南浔区	91140	51438	39702	12108	5793	6315
德清县						
长兴县						
安吉县						

1-3a 续表 1

单位：人

地区	户口登记地					
	合计			本县(市、区)		
	合计	男	女	小计	男	女
绍兴市	**1668903**	**883821**	**785082**	**638455**	**307655**	**330800**
越城区	453751	233447	220304	168037	80250	87787
柯桥区	462770	256527	206243	76682	36278	40404
上虞区	229319	123767	105552	90092	43126	46966
新昌县						
诸暨市	368443	189578	178865	198512	95467	103045
嵊州市	154620	80502	74118	105132	52534	52598
金华市	**2176927**	**1182539**	**994388**	**546187**	**269391**	**276796**
婺城区	421467	219678	201789	134228	66660	67568
金东区	90292	48868	41424	21982	11161	10821
武义县						
浦江县						
磐安县						
兰溪市	91137	46470	44667	52770	25647	27123
义乌市	895529	494584	400945	142562	70562	72000
东阳市	310740	164409	146331	100674	47942	52732
永康市	367762	208530	159232	93971	47419	46552
衢州市	**413588**	**209805**	**203783**	**224197**	**109776**	**114421**
柯城区	226799	113823	112976	96081	46143	49938
衢江区	90043	48067	41976	47641	24622	23019
常山县						
开化县						
龙游县	221	124	97	123	65	58
江山市	96525	47791	48734	80352	38946	41406
舟山市	**325546**	**165344**	**160202**	**157890**	**75334**	**82556**
定海区	183772	94115	89657	84285	39933	44352
普陀区	141774	71229	70545	73605	35401	38204
岱山县						
嵊泗县						
台州市	**1514097**	**823323**	**690774**	**461068**	**225529**	**235539**
椒江区	343065	184458	158607	77392	37311	40081
黄岩区	220529	121061	99468	78103	38623	39480
路桥区	173672	94696	78976	43680	21240	22440
三门县						
天台县						
仙居县						
温岭市	349009	193674	155335	91114	44671	46443
临海市	199514	101856	97658	126378	62227	64151
玉环市	228308	127578	100730	44401	21457	22944
丽水市	**395114**	**204053**	**191061**	**218166**	**107348**	**110818**
莲都区	288409	150186	138223	125184	61416	63768
青田县						
缙云县						
遂昌县						
松阳县						
云和县						
庆元县						
景宁畲族自治县						
龙泉市	106705	53867	52838	92982	45932	47050

1-3a 续表 2 单位：人

地区	户口登记地					
	本省其他县(市、区)			省外		
	小计	男	女	小计	男	女
合计	**4509125**	**2293196**	**2215929**	**9882772**	**5714183**	**4168589**
杭州市	**1710179**	**863421**	**846758**	**2626441**	**1527552**	**1098889**
上城区	65232	30276	34956	88368	50916	37452
下城区	105803	49726	56077	88616	47695	40921
江干区	435001	215899	219102	466246	264928	201318
拱墅区	167294	81169	86125	127399	71219	56180
西湖区	228529	115110	113419	263872	152739	111133
滨江区	136584	68429	68155	128644	74564	54080
萧山区	192508	101924	90584	603313	359699	243614
余杭区	296432	156239	140193	652855	378827	274028
富阳区	39270	21220	18050	127164	78321	48843
临安区	35109	19019	16090	69515	42544	26971
桐庐县						
淳安县						
建德市	8417	4410	4007	10449	6100	4349
宁波市	**653764**	**327827**	**325937**	**1840841**	**1045701**	**795140**
海曙区	167511	83168	84343	268099	150341	117758
江北区	85255	42159	43096	125445	73599	51846
北仑区	48072	27038	21034	265154	155967	109187
镇海区	62417	31908	30509	163064	95413	67651
鄞州区	206896	99088	107808	209944	114674	95270
奉化区	13483	7168	6315	70262	39703	30559
象山县						
宁海县						
余姚市	29695	16038	13657	308060	174173	133887
慈溪市	40435	21260	19175	430813	241831	188982
温州市	**599964**	**312790**	**287174**	**1483447**	**874204**	**609243**
鹿城区	156377	79034	77343	308366	181365	127001
龙湾区	68286	36732	31554	206517	126432	80085
瓯海区	197298	100420	96878	281030	169982	111048
洞头区	5207	2667	2540	12886	7867	5019
永嘉县						
平阳县						
苍南县						
文成县						
泰顺县						
瑞安市	49425	26936	22489	301311	173960	127351
乐清市	42542	23808	18734	304392	174156	130236
龙港市	80829	43193	37636	68945	40442	28503
嘉兴市	**222604**	**110827**	**111777**	**742776**	**426609**	**316167**
南湖区	96870	46157	50713	205862	119318	86544
秀洲区	46707	23462	23245	114702	68097	46605
嘉善县						
海盐县						
海宁市	28078	14792	13286	127462	74478	52984
平湖市	12655	6269	6386	72697	42438	30259
桐乡市	38294	20147	18147	222053	122278	99775
湖州市	**88058**	**41801**	**46257**	**175611**	**102795**	**72816**
吴兴区	80690	37750	42940	103947	61201	42746
南浔区	7368	4051	3317	71664	41594	30070
德清县						
长兴县						
安吉县						

1−3a　续表 3　　　　单位：人

地　区	户口登记地					
	本省其他县(市、区)			省　外		
	小计	男	女	小计	男	女
绍兴市	**259668**	**131487**	**128181**	**770780**	**444679**	**326101**
越城区	106916	51417	55499	178798	101780	77018
柯桥区	80767	41824	38943	305321	178425	126896
上虞区	28487	15789	12698	110740	64852	45888
新昌县						
诸暨市	33319	17134	16185	136612	76977	59635
嵊州市	10179	5323	4856	39309	22645	16664
金华市	**418562**	**220072**	**198490**	**1212178**	**693076**	**519102**
婺城区	133589	66465	67124	153650	86553	67097
金东区	38052	19631	18421	30258	18076	12182
武义县						
浦江县						
磐安县						
兰溪市	13867	6520	7347	24500	14303	10197
义乌市	159848	86832	73016	593119	337190	255929
东阳市	44912	24436	20476	165154	92031	73123
永康市	28294	16188	12106	245497	144923	100574
衢州市	**133837**	**67154**	**66683**	**55554**	**32875**	**22679**
柯城区	99835	49276	50559	30883	18404	12479
衢江区	27986	14754	13232	14416	8691	5725
常山县						
开化县						
龙游县	33	22	11	65	37	28
江山市	5983	3102	2881	10190	5743	4447
舟山市	**66070**	**32215**	**33855**	**101586**	**57795**	**43791**
定海区	44735	22289	22446	54752	31893	22859
普陀区	21335	9926	11409	46834	25902	20932
岱山县						
嵊泗县						
台州市	**243054**	**127432**	**115622**	**809975**	**470362**	**339613**
椒江区	120844	62435	58409	144829	84712	60117
黄岩区	25052	13694	11358	117374	68744	48630
路桥区	39429	20728	18701	90563	52728	37835
三门县						
天台县						
仙居县						
温岭市	24042	13400	10642	233853	135603	98250
临海市	21487	10404	11083	51649	29225	22424
玉环市	12200	6771	5429	171707	99350	72357
丽水市	**113365**	**58170**	**55195**	**63583**	**38535**	**25048**
莲都区	105785	54071	51714	57440	34699	22741
青田县						
缙云县						
遂昌县						
松阳县						
云和县						
庆元县						
景宁畲族自治县						
龙泉市	7580	4099	3481	6143	3836	2307

1-3b 各地区分性别的户口登记地在外乡镇街道的人口状况(镇)

单位：人

地区	户口登记地					
	合计			本县(市、区)		
	合计	男	女	小计	男	女
合计	**6593618**	**3617406**	**2976212**	**2478671**	**1219788**	**1258883**
杭州市	**518150**	**283432**	**234718**	**187548**	**90093**	**97455**
上城区						
下城区						
江干区						
拱墅区						
西湖区	184	91	93	28	11	17
滨江区						
萧山区	70685	43695	26990	6263	3129	3134
余杭区	147387	84253	63134	17347	8442	8905
富阳区	6856	4098	2758	1446	724	722
临安区	29095	15684	13411	12265	5895	6370
桐庐县	161153	84843	76310	71135	34134	37001
淳安县	79295	38672	40623	65822	31281	34541
建德市	23495	12096	11399	13242	6477	6765
宁波市	**1071044**	**589951**	**481093**	**305338**	**148396**	**156942**
海曙区	11495	6011	5484	2977	1431	1546
江北区						
北仑区	34062	20875	13187	5468	2611	2857
镇海区	25206	15020	10186	1406	650	756
鄞州区	172869	94719	78150	24966	11669	13297
奉化区	16078	8854	7224	3980	1896	2084
象山县	193220	98913	94307	106036	50911	55125
宁海县	252924	133528	119396	129506	64651	64855
余姚市	110004	60146	49858	11434	5139	6295
慈溪市	255186	151885	103301	19565	9438	10127
温州市	**960587**	**528776**	**431811**	**427293**	**217726**	**209567**
鹿城区	2145	1205	940	308	151	157
龙湾区	176972	105999	70973	2518	1310	1208
瓯海区	8393	4958	3435	587	302	285
洞头区	1321	707	614	241	110	131
永嘉县	239686	134238	105448	117063	61260	55803
平阳县	215714	115330	100384	119328	60443	58885
苍南县	198342	104929	93413	122332	62657	59675
文成县	23786	12302	11484	16600	7888	8712
泰顺县	42801	21406	21395	35870	17656	18214
瑞安市	9239	4676	4563	6635	3153	3482
乐清市	33757	18610	15147	4366	2091	2275
龙港市	8431	4416	4015	1445	705	740
嘉兴市	**824043**	**467300**	**356743**	**132992**	**62856**	**70136**
南湖区	29133	16362	12771	3718	1751	1967
秀洲区	78536	43644	34892	4886	2332	2554
嘉善县	290060	162369	127691	62960	29458	33502
海盐县	122715	67531	55184	37999	17973	20026
海宁市	176103	104785	71318	8720	4367	4353
平湖市	70704	40992	29712	7403	3548	3855
桐乡市	56792	31617	25175	7306	3427	3879
湖州市	**740706**	**400969**	**339737**	**260197**	**124255**	**135942**
吴兴区	163570	88281	75289	12730	6289	6441
南浔区	36787	20338	16449	7114	3387	3727
德清县	171335	94656	76679	65126	30897	34229
长兴县	183673	96357	87316	106194	50710	55484
安吉县	185341	101337	84004	69033	32972	36061

1-3b 续表 1

单位：人

地区	户口登记地					
	合计			本县(市、区)		
	合计	男	女	小计	男	女
绍兴市	**321592**	**178759**	**142833**	**151223**	**77111**	**74112**
越城区	1016	548	468	215	102	113
柯桥区	79393	49854	29539	7091	4068	3023
上虞区	13353	7060	6293	3893	1805	2088
新昌县	146824	76618	70206	113778	58149	55629
诸暨市	72261	39943	32318	22530	11233	11297
嵊州市	8745	4736	4009	3716	1754	1962
金华市	**895522**	**497075**	**398447**	**230211**	**114906**	**115305**
婺城区	36775	19476	17299	17293	8504	8789
金东区	106910	62081	44829	8093	4062	4031
武义县	191994	105676	86318	68720	34407	34313
浦江县	113356	59545	53811	60736	30728	30008
磐安县	36543	19086	17457	22075	10675	11400
兰溪市	13502	7326	6176	3514	1672	1842
义乌市	206038	115515	90523	18584	9353	9231
东阳市	143190	81413	61777	27660	13739	13921
永康市	47214	26957	20257	3536	1766	1770
衢州市	**204045**	**102527**	**101518**	**147732**	**70022**	**77710**
柯城区	3046	1727	1319	728	329	399
衢江区	5071	2546	2525	2247	1031	1216
常山县	49210	24602	24608	36533	17436	19097
开化县	51105	24317	26788	43567	20004	23563
龙游县	83828	43325	40503	56289	27234	29055
江山市	11785	6010	5775	8368	3988	4380
舟山市	**107776**	**70489**	**37287**	**32862**	**16050**	**16812**
定海区	12676	6798	5878	3216	1527	1689
普陀区	7014	4141	2873	1819	1076	743
岱山县	73727	51940	21787	21184	10293	10891
嵊泗县	14359	7610	6749	6643	3154	3489
台州市	**492400**	**263782**	**228618**	**271360**	**134592**	**136768**
椒江区	4207	2666	1541	221	144	77
黄岩区	9933	5197	4736	3809	1719	2090
路桥区	47874	27222	20652	6707	3145	3562
三门县	84614	44790	39824	54892	27654	27238
天台县	97348	49835	47513	76204	37619	38585
仙居县	111458	56515	54943	93746	46613	47133
温岭市	102699	58917	43782	25326	12633	12693
临海市	28110	15178	12932	9815	4795	5020
玉环市	6157	3462	2695	640	270	370
丽水市	**457753**	**234346**	**223407**	**331915**	**163781**	**168134**
莲都区	9066	5200	3866	2642	1304	1338
青田县	110326	56380	53946	75217	36666	38551
缙云县	86025	45155	40870	58630	29007	29623
遂昌县	43521	22008	21513	35387	17475	17912
松阳县	45236	22692	22544	33386	16290	17096
云和县	60886	31981	28905	34908	17788	17120
庆元县	55864	28038	27826	51253	25662	25591
景宁畲族自治县	43318	21098	22220	37832	18284	19548
龙泉市	3511	1794	1717	2660	1305	1355

1-3b 续表 2

单位：人

地区	户口登记地					
	本省其他县(市、区)			省外		
	小计	男	女	小计	男	女
合计	**724926**	**394781**	**330145**	**3390021**	**2002837**	**1387184**
杭州市	**83684**	**45194**	**38490**	**246918**	**148145**	**98773**
上城区						
下城区						
江干区						
拱墅区						
西湖区	51	20	31	105	60	45
滨江区						
萧山区	7692	4850	2842	56730	35716	21014
余杭区	36355	19607	16748	93685	56204	37481
富阳区	1097	613	484	4313	2761	1552
临安区	2450	1371	1079	14380	8418	5962
桐庐县	26300	13619	12681	63718	37090	26628
淳安县	5914	3161	2753	7559	4230	3329
建德市	3825	1953	1872	6428	3666	2762
宁波市	**101868**	**54982**	**46886**	**663838**	**386573**	**277265**
海曙区	2607	1308	1299	5911	3272	2639
江北区						
北仑区	3034	1853	1181	25560	16411	9149
镇海区	3132	1836	1296	20668	12534	8134
鄞州区	28786	15011	13775	119117	68039	51078
奉化区	2402	1312	1090	9696	5646	4050
象山县	11636	6066	5570	75548	41936	33612
宁海县	17494	9339	8155	105924	59538	46386
余姚市	7949	4139	3810	90621	50868	39753
慈溪市	24828	14118	10710	210793	128329	82464
温州市	**131138**	**71085**	**60053**	**402156**	**239965**	**162191**
鹿城区	390	207	183	1447	847	600
龙湾区	29141	17274	11867	145313	87415	57898
瓯海区	1017	559	458	6789	4097	2692
洞头区	212	86	126	868	511	357
永嘉县	19680	10659	9021	102943	62319	40624
平阳县	33553	17650	15903	62833	37237	25596
苍南县	33411	17322	16089	42599	24950	17649
文成县	3160	1709	1451	4026	2705	1321
泰顺县	3571	1834	1737	3360	1916	1444
瑞安市	664	342	322	1940	1181	759
乐清市	3125	1797	1328	26266	14722	11544
龙港市	3214	1646	1568	3772	2065	1707
嘉兴市	**73762**	**40518**	**33244**	**617289**	**363926**	**253363**
南湖区	2233	1185	1048	23182	13426	9756
秀洲区	6546	3449	3097	67104	37863	29241
嘉善县	17631	9672	7959	209469	123239	86230
海盐县	8259	4487	3772	76457	45071	31386
海宁市	28780	15759	13021	138603	84659	53944
平湖市	4527	2772	1755	58774	34672	24102
桐乡市	5786	3194	2592	43700	24996	18704
湖州市	**73987**	**40794**	**33193**	**406522**	**235920**	**170602**
吴兴区	15114	8145	6969	135726	73847	61879
南浔区	5673	2983	2690	24000	13968	10032
德清县	21063	12051	9012	85146	51708	33438
长兴县	13264	7158	6106	64215	38489	25726
安吉县	18873	10457	8416	97435	57908	39527

1-3b　续表 3　　　　单位：人

地　区	户口登记地					
	本省其他县(市、区)			省　外		
	小计	男	女	小计	男	女
绍兴市	**29168**	**16032**	**13136**	**141201**	**85616**	**55585**
越城区	134	66	68	667	380	287
柯桥区	6182	3770	2412	66120	42016	24104
上虞区	1865	925	940	7595	4330	3265
新昌县	13386	6990	6396	19660	11479	8181
诸暨市	6202	3509	2693	43529	25201	18328
嵊州市	1399	772	627	3630	2210	1420
金华市	**94294**	**51958**	**42336**	**571017**	**330211**	**240806**
婺城区	9016	4616	4400	10466	6356	4110
金东区	14866	8487	6379	83951	49532	34419
武义县	13340	7526	5814	109934	63743	46191
浦江县	7915	4119	3796	44705	24698	20007
磐安县	5054	2706	2348	9414	5705	3709
兰溪市	2297	1116	1181	7691	4538	3153
义乌市	18478	10539	7939	168976	95623	73353
东阳市	20755	11374	9381	94775	56300	38475
永康市	2573	1475	1098	41105	23716	17389
衢州市	**26057**	**14192**	**11865**	**30256**	**18313**	**11943**
柯城区	1101	615	486	1217	783	434
衢江区	1627	826	801	1197	689	508
常山县	6380	3443	2937	6297	3723	2574
开化县	3567	1862	1705	3971	2451	1520
龙游县	12197	6761	5436	15342	9330	6012
江山市	1185	685	500	2232	1337	895
舟山市	**13437**	**8061**	**5376**	**61477**	**46378**	**15099**
定海区	2035	1071	964	7425	4200	3225
普陀区	1799	1068	731	3396	1997	1399
岱山县	6744	4338	2406	45799	37309	8490
嵊泗县	2859	1584	1275	4857	2872	1985
台州市	**41346**	**22661**	**18685**	**179694**	**106529**	**73165**
椒江区	443	303	140	3543	2219	1324
黄岩区	1117	593	524	5007	2885	2122
路桥区	6727	3703	3024	34440	20374	14066
三门县	8213	4448	3765	21509	12688	8821
天台县	7973	4511	3462	13171	7705	5466
仙居县	6286	3375	2911	11426	6527	4899
温岭市	5592	3084	2508	71781	43200	28581
临海市	4465	2365	2100	13830	8018	5812
玉环市	530	279	251	4987	2913	2074
丽水市	**56185**	**29304**	**26881**	**69653**	**41261**	**28392**
莲都区	2845	1644	1201	3579	2252	1327
青田县	11628	6132	5496	23481	13582	9899
缙云县	7678	4190	3488	19717	11958	7759
遂昌县	4898	2542	2356	3236	1991	1245
松阳县	5144	2374	2770	6706	4028	2678
云和县	17089	8889	8200	8889	5304	3585
庆元县	2499	1291	1208	2112	1085	1027
景宁畲族自治县	3912	1968	1944	1574	846	728
龙泉市	492	274	218	359	215	144

1–3c 各地区分性别的户口登记地在外乡镇街道的人口状况(乡村)

单位：人

地区	户口登记地					
	合计			本县(市、区)		
	合计	男	女	小计	男	女
合计	**4059741**	**2340030**	**1719711**	**603133**	**285722**	**317411**
杭州市	**474287**	**286744**	**187543**	**64162**	**30795**	**33367**
上城区						
下城区						
江干区						
拱墅区						
西湖区	10404	6412	3992	1217	565	652
滨江区						
萧山区	150488	89316	61172	14646	5801	8845
余杭区	169892	107297	62595	10457	5197	5260
富阳区	48712	28126	20586	10338	4991	5347
临安区	44713	26786	17927	10486	5385	5101
桐庐县	14976	8635	6341	3808	1796	2012
淳安县	12502	7368	5134	6635	3890	2745
建德市	22600	12804	9796	6575	3170	3405
宁波市	**803679**	**460300**	**343379**	**76512**	**34505**	**42007**
海曙区	65820	36757	29063	4857	2257	2600
江北区	51323	30052	21271	1831	885	946
北仑区	98812	59305	39507	5895	2776	3119
镇海区	30502	18653	11849	1216	513	703
鄞州区	167626	95072	72554	9948	4570	5378
奉化区	75520	43590	31930	10616	5132	5484
象山县	40073	22920	17153	10456	4807	5649
宁海县	55299	31200	24099	15394	7731	7663
余姚市	63013	35108	27905	6202	2340	3862
慈溪市	155691	87643	68048	10097	3494	6603
温州市	**612603**	**349665**	**262938**	**113733**	**56027**	**57706**
鹿城区	49470	29616	19854	3153	1515	1638
龙湾区	861	536	325	1		1
瓯海区	68659	40217	28442	5212	2578	2634
洞头区	26988	17958	9030	1152	528	624
永嘉县	51666	29570	22096	15472	7987	7485
平阳县	82449	46057	36392	22672	11513	11159
苍南县	53408	29221	24187	17353	8823	8530
文成县	9392	5358	4034	4511	2291	2220
泰顺县	8363	4608	3755	3753	1922	1831
瑞安市	151322	86600	64722	19472	9686	9786
乐清市	106605	58108	48497	20226	8814	11412
龙港市	3420	1816	1604	756	370	386
嘉兴市	**434593**	**249709**	**184884**	**35853**	**16618**	**19235**
南湖区	31877	18834	13043	3222	1470	1752
秀洲区	81924	45459	36465	2625	1233	1392
嘉善县	56662	33874	22788	4617	2153	2464
海盐县	33844	19353	14491	4282	2043	2239
海宁市	103895	59654	44241	7090	3392	3698
平湖市	62027	36280	25747	7512	3682	3830
桐乡市	64364	36255	28109	6505	2645	3860
湖州市	**239318**	**142699**	**96619**	**32611**	**15823**	**16788**
吴兴区	84629	51350	33279	9909	5091	4818
南浔区	45292	26972	18320	4609	2348	2261
德清县	40774	24978	15796	4749	2181	2568
长兴县	25701	14474	11227	6469	3048	3421
安吉县	42922	24925	17997	6875	3155	3720

1-3c　续表 1

单位：人

地　　区	户口登记地					
	合　　计			本县(市、区)		
	合计	男	女	小计	男	女
绍兴市	**219438**	**121070**	**98368**	**43459**	**19209**	**24250**
越城区	38099	21793	16306	4529	1942	2587
柯桥区	42191	23961	18230	2905	972	1933
上虞区	37384	19786	17598	8541	3347	5194
新昌县	18369	9991	8378	9456	4823	4633
诸暨市	62011	34349	27662	10944	4784	6160
嵊州市	21384	11190	10194	7084	3341	3743
金华市	**527160**	**299274**	**227886**	**62953**	**28333**	**34620**
婺城区	32608	18600	14008	8910	4367	4543
金东区	55673	32556	23117	3578	1531	2047
武义县	49066	27994	21072	9336	4593	4743
浦江县	72535	39341	33194	10180	4678	5502
磐安县	6187	3662	2525	1436	730	706
兰溪市	14506	7386	7120	3803	1593	2210
义乌市	141324	80956	60368	10781	4516	6265
东阳市	64955	37148	27807	7677	3335	4342
永康市	90306	51631	38675	7252	2990	4262
衢州市	**70315**	**36240**	**34075**	**31730**	**14925**	**16805**
柯城区	12979	6744	6235	6122	2853	3269
衢江区	13758	7105	6653	4692	2085	2607
常山县	7218	3413	3805	3181	1331	1850
开化县	5623	3019	2604	2691	1473	1218
龙游县	14777	8076	6701	4241	1970	2271
江山市	15960	7883	8077	10803	5213	5590
舟山市	**94709**	**62622**	**32087**	**12811**	**6478**	**6333**
定海区	36875	23285	13590	5998	2931	3067
普陀区	34149	22019	12130	4784	2442	2342
岱山县	18953	14129	4824	1324	751	573
嵊泗县	4732	3189	1543	705	354	351
台州市	**462226**	**263264**	**198962**	**74336**	**34693**	**39643**
椒江区	60477	36231	24246	3008	1453	1555
黄岩区	44410	24329	20081	11192	4985	6207
路桥区	72033	41423	30610	5611	2577	3034
三门县	14342	8107	6235	3976	2012	1964
天台县	19563	10321	9242	8290	3728	4562
仙居县	21752	12142	9610	10563	5398	5165
温岭市	99955	55852	44103	15607	6902	8705
临海市	66674	38781	27893	9691	4886	4805
玉环市	63020	36078	26942	6398	2752	3646
丽水市	**121413**	**68443**	**52970**	**54973**	**28316**	**26657**
莲都区	28173	17138	11035	6842	3744	3098
青田县	17556	10034	7522	5535	2870	2665
缙云县	13949	7534	6415	6495	3169	3326
遂昌县	8614	4800	3814	5395	2767	2628
松阳县	13861	7408	6453	6867	3336	3531
云和县	10504	5689	4815	4674	2432	2242
庆元县	9070	4884	4186	6453	3355	3098
景宁畲族自治县	10415	5959	4456	7182	3837	3345
龙泉市	9271	4997	4274	5530	2806	2724

1－3c 续表 2

单位：人

地　区	户口登记地					
	本省其他县(市、区)			省　外		
	小计	男	女	小计	男	女
合计	**542947**	**301479**	**241468**	**2913661**	**1752829**	**1160832**
杭州市	**78503**	**44404**	**34099**	**331622**	**211545**	**120077**
上城区						
下城区						
江干区						
拱墅区						
西湖区	3233	1777	1456	5954	4070	1884
滨江区						
萧山区	14076	8052	6024	121766	75463	46303
余杭区	25342	15216	10126	134093	86884	47209
富阳区	14536	7649	6887	23838	15486	8352
临安区	9512	5358	4154	24715	16043	8672
桐庐县	3375	1911	1464	7793	4928	2865
淳安县	3139	1618	1521	2728	1860	868
建德市	5290	2823	2467	10735	6811	3924
宁波市	**99116**	**54703**	**44413**	**628051**	**371092**	**256959**
海曙区	16828	9006	7822	44135	25494	18641
江北区	7233	4032	3201	42259	25135	17124
北仑区	10786	6339	4447	82131	50190	31941
镇海区	3787	2180	1607	25499	15960	9539
鄞州区	25535	14056	11479	132143	76446	55697
奉化区	8882	4554	4328	56022	33904	22118
象山县	5010	2954	2056	24607	15159	9448
宁海县	6595	3850	2745	33310	19619	13691
余姚市	5547	2847	2700	51264	29921	21343
慈溪市	8913	4885	4028	136681	79264	57417
温州市	**90153**	**49670**	**40483**	**408717**	**243968**	**164749**
鹿城区	7004	3626	3378	39313	24475	14838
龙湾区	56	42	14	804	494	310
瓯海区	13313	7115	6198	50134	30524	19610
洞头区	9438	6260	3178	16398	11170	5228
永嘉县	8658	4648	4010	27536	16935	10601
平阳县	12514	6819	5695	47263	27725	19538
苍南县	7494	3982	3512	28561	16416	12145
文成县	2169	1189	980	2712	1878	834
泰顺县	2338	1283	1055	2272	1403	869
瑞安市	14833	8062	6771	117017	68852	48165
乐清市	11607	6308	5299	74772	42986	31786
龙港市	729	336	393	1935	1110	825
嘉兴市	**34465**	**19390**	**15075**	**364275**	**213701**	**150574**
南湖区	3307	1760	1547	25348	15604	9744
秀洲区	5349	2864	2485	73950	41362	32588
嘉善县	4170	2421	1749	47875	29300	18575
海盐县	3123	1706	1417	26439	15604	10835
海宁市	8392	4839	3553	88413	51423	36990
平湖市	3642	2231	1411	50873	30367	20506
桐乡市	6482	3569	2913	51377	30041	21336
湖州市	**26555**	**15690**	**10865**	**180152**	**111186**	**68966**
吴兴区	8063	4936	3127	66657	41323	25334
南浔区	5246	2974	2272	35437	21650	13787
德清县	5762	3545	2217	30263	19252	11011
长兴县	3531	1955	1576	15701	9471	6230
安吉县	3953	2280	1673	32094	19490	12604

1–3c　续表 3　　　　单位：人

地　区	户口登记地					
	本省其他县(市、区)			省　外		
	小计	男	女	小计	男	女
绍兴市	**29221**	**15315**	**13906**	**146758**	**86546**	**60212**
越城区	4676	2559	2117	28894	17292	11602
柯桥区	4544	2277	2267	34742	20712	14030
上虞区	5050	2668	2382	23793	13771	10022
新昌县	4606	2443	2163	4307	2725	1582
诸暨市	6110	3272	2838	44957	26293	18664
嵊州市	4235	2096	2139	10065	5753	4312
金华市	**61732**	**34232**	**27500**	**402475**	**236709**	**165766**
婺城区	7143	3867	3276	16555	10366	6189
金东区	8892	4849	4043	43203	26176	17027
武义县	4644	2571	2073	35086	20830	14256
浦江县	6505	3438	3067	55850	31225	24625
磐安县	2134	1203	931	2617	1729	888
兰溪市	4271	2115	2156	6432	3678	2754
义乌市	12414	7248	5166	118129	69192	48937
东阳市	8911	5176	3735	48367	28637	19730
永康市	6818	3765	3053	76236	44876	31360
衢州市	**19931**	**10467**	**9464**	**18654**	**10848**	**7806**
柯城区	4256	2229	2027	2601	1662	939
衢江区	5124	2675	2449	3942	2345	1597
常山县	2190	1070	1120	1847	1012	835
开化县	1610	842	768	1322	704	618
龙游县	4436	2422	2014	6100	3684	2416
江山市	2315	1229	1086	2842	1441	1401
舟山市	**12985**	**7998**	**4987**	**68913**	**48146**	**20767**
定海区	5247	3155	2092	25630	17199	8431
普陀区	4424	2601	1823	24941	16976	7965
岱山县	2193	1529	664	15436	11849	3587
嵊泗县	1121	713	408	2906	2122	784
台州市	**60257**	**32585**	**27672**	**327633**	**195986**	**131647**
椒江区	8733	4979	3754	48736	29799	18937
黄岩区	6263	3353	2910	26955	15991	10964
路桥区	7112	3832	3280	59310	35014	24296
三门县	3647	1976	1671	6719	4119	2600
天台县	4626	2466	2160	6647	4127	2520
仙居县	4369	2458	1911	6820	4286	2534
温岭市	11369	5792	5577	72979	43158	29821
临海市	10394	5643	4751	46589	28252	18337
玉环市	3744	2086	1658	52878	31240	21638
丽水市	**30029**	**17025**	**13004**	**36411**	**23102**	**13309**
莲都区	9546	5649	3897	11785	7745	4040
青田县	5214	2798	2416	6807	4366	2441
缙云县	2344	1222	1122	5110	3143	1967
遂昌县	1772	1106	666	1447	927	520
松阳县	2572	1456	1116	4422	2616	1806
云和县	3576	1905	1671	2254	1352	902
庆元县	1271	700	571	1346	829	517
景宁畲族自治县	1775	1043	732	1458	1079	379
龙泉市	1959	1146	813	1782	1045	737

1-4 各地区分性别、民族的人口

单位：人

地 区	合 计			汉 族		
	合计	男	女	小计	男	女
合计	**64567588**	**33680008**	**30887580**	**62349874**	**32459845**	**29890029**
杭州市	**11936010**	**6215953**	**5720057**	**11658847**	**6065288**	**5593559**
上城区	357657	179195	178462	350802	175304	175498
下城区	485849	237311	248538	479431	234012	245419
江干区	1487787	774118	713669	1462855	760509	702346
拱墅区	635136	318031	317105	627000	313790	313210
西湖区	1112992	572932	540060	1093591	562770	530821
滨江区	503859	260336	243523	494481	255384	239097
萧山区	2258872	1202639	1056233	2174453	1155526	1018927
余杭区	2402514	1285001	1117513	2354084	1258815	1095269
富阳区	832017	436190	395827	802627	420104	382523
临安区	634555	330785	303770	619838	322634	297204
桐庐县	453106	231206	221900	435784	222067	213717
淳安县	328957	163856	165101	327372	163198	164174
建德市	442709	224353	218356	436529	221175	215354
宁波市	**9404283**	**4905769**	**4498514**	**9034747**	**4703455**	**4331292**
海曙区	1041285	535155	506130	1011834	519188	492646
江北区	488885	256286	232599	477631	249902	227729
北仑区	829448	450595	378853	799338	433671	365667
镇海区	531830	283021	248809	516487	274558	241929
鄞州区	1588187	807665	780522	1550593	787666	762927
奉化区	577505	300761	276744	552131	286804	265327
象山县	567665	287779	279886	559595	283424	276171
宁海县	695958	361292	334666	671638	348179	323459
余姚市	1254032	654380	599652	1169156	607899	561257
慈溪市	1829488	968835	860653	1726344	912164	814180
温州市	**9572903**	**5075707**	**4497196**	**9189267**	**4858743**	**4330524**
鹿城区	1167165	607651	559514	1123202	582190	541012
龙湾区	725036	408785	316251	671152	376974	294178
瓯海区	963238	520541	442697	923462	497179	426283
洞头区	148807	79295	69512	143680	76261	67419
永嘉县	869624	464828	404796	845135	450115	395020
平阳县	863088	449919	413169	825269	429397	395872
苍南县	843962	438781	405181	813642	422850	390792
文成县	288178	151517	136661	279098	146828	132270
泰顺县	265980	138488	127492	253850	132217	121633
瑞安市	1520386	802213	718173	1459119	767555	691564
乐清市	1452707	766951	685756	1397894	736667	661227
龙港市	464732	246738	217994	453764	240510	213254
嘉兴市	**5400868**	**2814061**	**2586807**	**5249020**	**2732181**	**2516839**
南湖区	839433	432591	406842	821004	422438	398566
秀洲区	679221	355568	323653	645220	337429	307791
嘉善县	648160	345596	302564	627527	334109	293418
海盐县	456775	235649	221126	450085	231986	218099
海宁市	1076199	566704	509495	1050714	552816	497898
平湖市	671326	348233	323093	656609	340339	316270
桐乡市	1029754	529720	500034	997861	513064	484797
湖州市	**3367579**	**1746438**	**1621141**	**3267747**	**1692075**	**1575672**
吴兴区	1015937	524436	491501	994972	512776	482196
南浔区	542889	282430	260459	526506	273790	252716
德清县	548568	287294	261274	532245	278629	253616
长兴县	673776	344964	328812	663309	339680	323629
安吉县	586409	307314	279095	550715	287200	263515

1—4　续表 1　　　　　　　　　　　　　　　　　　单位：人

地　　区	合　　计			汉　　族		
	合计	男	女	小计	男	女
绍兴市	**5270977**	**2696152**	**2574825**	**5114289**	**2610275**	**2504014**
越城区	1020037	511806	508231	997173	499269	497904
柯桥区	1098859	581936	516923	1054537	557058	497479
上虞区	839747	421208	418539	812506	406730	405776
新昌县	419036	215185	203851	414415	212852	201563
诸暨市	1218072	619590	598482	1171535	593696	577839
嵊州市	675226	346427	328799	664123	340670	323453
金华市	**7050683**	**3716342**	**3334341**	**6619459**	**3475179**	**3144280**
婺城区	957055	492226	464829	915937	469297	446640
金东区	506935	271492	235443	476314	254013	222301
武义县	462462	245677	216785	416371	220155	196216
浦江县	460726	240373	220353	434960	226450	208510
磐安县	177161	90275	86886	174288	88815	85473
兰溪市	574801	292973	281828	563650	287199	276451
义乌市	1859390	1002838	856552	1743648	938366	805282
东阳市	1087950	560471	527479	1017664	521359	496305
永康市	964203	520017	444186	876627	469525	407102
衢州市	**2276184**	**1161813**	**1114371**	**2239910**	**1143568**	**1096342**
柯城区	528847	266480	262367	520186	262096	258090
衢江区	373920	199782	174138	367703	196529	171174
常山县	259966	133100	126866	257649	131956	125693
开化县	258810	127837	130973	256860	126969	129891
龙游县	360229	186734	173495	347705	179990	167715
江山市	494412	247880	246532	489807	246028	243779
舟山市	**1157817**	**611522**	**546295**	**1142889**	**602626**	**540263**
定海区	500030	256435	243595	494863	253656	241207
普陀区	382902	197014	185888	377554	193953	183601
岱山县	207982	123467	84515	204160	120710	83450
嵊泗县	66903	34606	32297	66312	34307	32005
台州市	**6622888**	**3443061**	**3179827**	**6435024**	**3338973**	**3096051**
椒江区	826074	431919	394155	808970	422371	386599
黄岩区	707453	365744	341709	690362	356285	334077
路桥区	628934	330938	297996	606672	318176	288496
三门县	379469	195866	183603	374628	193377	181251
天台县	474711	242816	231895	472341	241563	230778
仙居县	431888	221407	210481	428006	219513	208493
温岭市	1416199	740335	675864	1349847	703436	646411
临海市	1114146	572295	541851	1093446	561155	532291
玉环市	644014	341741	302273	610752	323097	287655
丽水市	**2507396**	**1293190**	**1214206**	**2398675**	**1237482**	**1161193**
莲都区	562116	292498	269618	527119	273981	253138
青田县	509053	263277	245776	503404	260301	243103
缙云县	405318	207826	197492	399051	204503	194548
遂昌县	194385	99820	94565	180790	93058	87732
松阳县	204880	105192	99688	197690	101823	95867
云和县	129216	67647	61569	114799	60184	54615
庆元县	142551	72676	69875	140881	71868	69013
景宁畲族自治县	111011	57257	53754	95782	49615	46167
龙泉市	248866	126997	121869	239159	122149	117010

1-4 续表 2

单位：人

地区	蒙古族			回族			藏族		
	小计	男	女	小计	男	女	小计	男	女
合计	**20069**	**10645**	**9424**	**84882**	**46777**	**38105**	**6376**	**3061**	**3315**
杭州市	**7132**	**3653**	**3479**	**15875**	**8477**	**7398**	**1485**	**677**	**808**
上城区	175	77	98	751	405	346	23	6	17
下城区	282	142	140	960	458	502	44	17	27
江干区	1146	552	594	2506	1326	1180	247	132	115
拱墅区	438	207	231	1115	587	528	37	17	20
西湖区	1158	621	537	2063	1065	998	275	98	177
滨江区	577	286	291	1030	552	478	139	97	42
萧山区	1169	640	529	3230	1827	1403	296	128	168
余杭区	1425	742	683	2870	1528	1342	222	99	123
富阳区	306	163	143	501	271	230	70	33	37
临安区	156	84	72	384	206	178	72	26	46
桐庐县	190	88	102	247	124	123	36	17	19
淳安县	37	20	17	59	30	29	4		4
建德市	73	31	42	159	98	61	20	7	13
宁波市	**3797**	**2047**	**1750**	**15828**	**8764**	**7064**	**1388**	**736**	**652**
海曙区	304	153	151	1202	653	549	78	36	42
江北区	254	132	122	598	318	280	41	14	27
北仑区	653	384	269	1836	1088	748	71	42	29
镇海区	312	163	149	745	395	350	64	21	43
鄞州区	773	429	344	1822	929	893	100	55	45
奉化区	213	120	93	346	187	159	38	20	18
象山县	120	46	74	205	101	104	21	7	14
宁海县	167	80	87	750	397	353	48	20	28
余姚市	411	209	202	2161	1162	999	567	331	236
慈溪市	590	331	259	6163	3534	2629	360	190	170
温州市	**1263**	**699**	**564**	**15409**	**8682**	**6727**	**450**	**194**	**256**
鹿城区	212	115	97	2594	1429	1165	50	22	28
龙湾区	199	135	64	981	586	395	50	25	25
瓯海区	214	118	96	1534	887	647	108	48	60
洞头区	20	14	6	1479	795	684	15	8	7
永嘉县	78	46	32	269	149	120	15	7	8
平阳县	106	53	53	1132	622	510	40	16	24
苍南县	42	19	23	3188	1786	1402	38	12	26
文成县	5		5	61	22	39	4		4
泰顺县	13	1	12	17	8	9			
瑞安市	198	107	91	3027	1782	1245	55	26	29
乐清市	142	71	71	848	472	376	65	25	40
龙港市	34	20	14	279	144	135	10	5	5
嘉兴市	**2237**	**1259**	**978**	**9014**	**5070**	**3944**	**622**	**340**	**282**
南湖区	431	235	196	3750	2215	1535	185	102	83
秀洲区	241	138	103	1386	746	640	50	26	24
嘉善县	283	162	121	734	407	327	48	30	18
海盐县	278	153	125	414	216	198	30	16	14
海宁市	482	266	216	1230	678	552	115	63	52
平湖市	193	112	81	666	375	291	92	52	40
桐乡市	329	193	136	834	433	401	102	51	51
湖州市	**786**	**421**	**365**	**2068**	**1092**	**976**	**658**	**297**	**361**
吴兴区	262	124	138	713	365	348	180	83	97
南浔区	117	71	46	313	161	152	305	121	184
德清县	136	75	61	352	191	161	77	44	33
长兴县	93	51	42	172	90	82	40	20	20
安吉县	178	100	78	518	285	233	56	29	27

1-4　续表 3　　　　单位：人

地　区	蒙古族			回　族			藏　族		
	小计	男	女	小计	男	女	小计	男	女
绍兴市	**1276**	**687**	**589**	**3283**	**1821**	**1462**	**527**	**259**	**268**
越城区	247	127	120	709	393	316	95	49	46
柯桥区	580	332	248	1328	768	560	74	50	24
上虞区	142	78	64	445	230	215	235	107	128
新昌县	53	24	29	102	53	49	14	7	7
诸暨市	183	86	97	560	304	256	66	31	35
嵊州市	71	40	31	139	73	66	43	15	28
金华市	**1773**	**930**	**843**	**16668**	**9173**	**7495**	**532**	**236**	**296**
婺城区	341	161	180	1122	587	535	178	68	110
金东区	115	56	59	550	303	247	23	12	11
武义县	89	47	42	480	279	201	39	23	16
浦江县	41	20	21	366	182	184	31	13	18
磐安县	28	8	20	36	21	15	2		2
兰溪市	46	13	33	142	62	80	17	7	10
义乌市	547	304	243	11504	6350	5154	138	64	74
东阳市	399	230	169	1701	933	768	48	24	24
永康市	167	91	76	767	456	311	56	25	31
衢州市	**290**	**149**	**141**	**728**	**382**	**346**	**123**	**51**	**72**
柯城区	115	63	52	328	174	154	56	29	27
衢江区	59	38	21	124	69	55	25	10	15
常山县	20	7	13	41	20	21	6		6
开化县	19	5	14	31	14	17	5	2	3
龙游县	34	11	23	108	57	51	7	3	4
江山市	43	25	18	96	48	48	24	7	17
舟山市	**445**	**239**	**206**	**1219**	**714**	**505**	**89**	**48**	**41**
定海区	200	100	100	357	186	171	26	11	15
普陀区	92	42	50	506	293	213	24	13	11
岱山县	149	94	55	338	226	112	37	23	14
嵊泗县	4	3	1	18	9	9	2	1	1
台州市	**779**	**421**	**358**	**3973**	**2194**	**1779**	**436**	**198**	**238**
椒江区	178	97	81	447	231	216	169	90	79
黄岩区	81	36	45	1223	705	518	27	10	17
路桥区	72	43	29	426	248	178	38	23	15
三门县	24	9	15	134	71	63	15	2	13
天台县	30	11	19	82	48	34	12	3	9
仙居县	8	4	4	69	30	39	22	6	16
温岭市	200	115	85	722	401	321	67	25	42
临海市	95	60	35	453	224	229	60	28	32
玉环市	91	46	45	417	236	181	26	11	15
丽水市	**291**	**140**	**151**	**817**	**408**	**409**	**66**	**25**	**41**
莲都区	102	50	52	427	224	203	26	12	14
青田县	32	13	19	100	48	52	3	1	2
缙云县	27	16	11	135	62	73	8	3	5
遂昌县	8	2	6	26	15	11	3	1	2
松阳县	57	33	24	47	22	25	13	3	10
云和县	12	6	6	8	3	5	4	1	3
庆元县	27	9	18	30	13	17			
景宁畲族自治县	12	7	5	7	3	4	5	3	2
龙泉市	14	4	10	37	18	19	4	1	3

1-4 续表 4

单位：人

地　区	维吾尔族			苗　族			彝　族		
	小计	男	女	小计	男	女	小计	男	女
合计	**9087**	**4475**	**4612**	**569407**	**318587**	**250820**	**155681**	**85255**	**70426**
杭州市	**2089**	**893**	**1196**	**73282**	**41956**	**31326**	**14085**	**7932**	**6153**
上城区	24	13	11	1845	1131	714	438	263	175
下城区	81	27	54	948	570	378	261	138	123
江干区	549	257	292	3749	2304	1445	1395	836	559
拱墅区	38	17	21	1171	672	499	289	176	113
西湖区	308	130	178	3647	2041	1606	712	382	330
滨江区	95	38	57	1355	796	559	328	176	152
萧山区	453	181	272	27971	16066	11905	3747	2179	1568
余杭区	350	152	198	11034	6394	4640	3987	2215	1772
富阳区	67	24	43	10112	5692	4420	1042	568	474
临安区	91	36	55	4926	2839	2087	762	428	334
桐庐县	18	10	8	5019	2691	2328	702	377	325
淳安县	4		4	343	136	207	116	37	79
建德市	11	8	3	1162	624	538	306	157	149
宁波市	**1444**	**682**	**762**	**96067**	**52670**	**43397**	**24378**	**13363**	**11015**
海曙区	73	41	32	7366	3941	3425	1413	799	614
江北区	71	26	45	2829	1655	1174	1108	645	463
北仑区	325	110	215	7409	4174	3235	2466	1379	1087
镇海区	107	41	66	3416	1922	1494	1090	600	490
鄞州区	351	146	205	8457	4535	3922	2320	1236	1084
奉化区	31	15	16	5253	2909	2344	1326	766	560
象山县	20	11	9	3310	1848	1462	508	255	253
宁海县	31	15	16	8823	4854	3969	1322	686	636
余姚市	57	38	19	23569	12710	10859	5538	3022	2516
慈溪市	378	239	139	25635	14122	11513	7287	3975	3312
温州市	**864**	**400**	**464**	**104566**	**59968**	**44598**	**18088**	**9927**	**8161**
鹿城区	121	58	63	13046	7617	5429	3582	1967	1615
龙湾区	61	35	26	18216	10645	7571	2444	1396	1048
瓯海区	369	147	222	12980	7767	5213	2076	1199	877
洞头区	6	3	3	1273	801	472	233	144	89
永嘉县	36	18	18	5770	3518	2252	867	471	396
平阳县	33	11	22	8976	4919	4057	1683	887	796
苍南县	43	20	23	2921	1592	1329	661	325	336
文成县	10	3	7	346	186	160	64	27	37
泰顺县	7	3	4	223	99	124	76	30	46
瑞安市	48	30	18	17838	9975	7863	2277	1265	1012
乐清市	111	60	51	20292	11352	8940	3645	1956	1689
龙港市	19	12	7	2685	1497	1188	480	260	220
嘉兴市	**898**	**399**	**499**	**31660**	**17129**	**14531**	**17430**	**9406**	**8024**
南湖区	50	33	17	2967	1601	1366	1592	874	718
秀洲区	272	106	166	4143	2193	1950	1939	1027	912
嘉善县	23	10	13	6407	3573	2834	2257	1207	1050
海盐县	23	10	13	1612	891	721	933	528	405
海宁市	349	144	205	6595	3735	2860	5411	3007	2404
平湖市	127	62	65	2592	1392	1200	1199	668	531
桐乡市	54	34	20	7344	3744	3600	4099	2095	2004
湖州市	**103**	**56**	**47**	**27584**	**15033**	**12551**	**10558**	**5672**	**4886**
吴兴区	30	19	11	6356	3575	2781	1809	992	817
南浔区	15	9	6	5098	2717	2381	2437	1293	1144
德清县	4	1	3	4138	2281	1857	2276	1202	1074
长兴县	34	16	18	3313	1721	1592	1054	547	507
安吉县	20	11	9	8679	4739	3940	2982	1638	1344

1-4　续表 5　　单位：人

地　区	维吾尔族			苗　族			彝　族		
	小计	男	女	小计	男	女	小计	男	女
绍兴市	**1152**	**782**	**370**	**44895**	**24882**	**20013**	**14763**	**8085**	**6678**
越城区	166	110	56	4817	2685	2132	2490	1425	1065
柯桥区	865	598	267	9384	5313	4071	4624	2608	2016
上虞区	34	22	12	6718	3561	3157	2464	1311	1153
新昌县	8	5	3	1204	619	585	348	152	196
诸暨市	70	41	29	19799	11099	8700	3286	1812	1474
嵊州市	9	6	3	2973	1605	1368	1551	777	774
金华市	**1705**	**850**	**855**	**118601**	**66382**	**52219**	**33997**	**18726**	**15271**
婺城区	362	111	251	11933	6678	5255	2291	1303	988
金东区	13	8	5	11095	6300	4795	2535	1424	1111
武义县	17	8	9	11067	6083	4984	6696	3646	3050
浦江县	4	1	3	7730	4164	3566	2350	1254	1096
磐安县	5	2	3	1009	542	467	203	105	98
兰溪市	142	77	65	2680	1448	1232	1410	732	678
义乌市	1054	577	477	29622	16692	12930	8143	4484	3659
东阳市	71	41	30	14361	7950	6411	3261	1769	1492
永康市	37	25	12	29104	16525	12579	7108	4009	3099
衢州市	**128**	**78**	**50**	**5438**	**2815**	**2623**	**2638**	**1369**	**1269**
柯城区	72	46	26	919	495	424	368	185	183
衢江区	15	5	10	1263	717	546	551	266	285
常山县	2	1	1	441	219	222	169	91	78
开化县	14	9	5	305	106	199	150	55	95
龙游县	9	4	5	1429	813	616	1226	704	522
江山市	16	13	3	1081	465	616	174	68	106
舟山市	**57**	**30**	**27**	**3682**	**2227**	**1455**	**1543**	**932**	**611**
定海区	18	10	8	1216	680	536	526	287	239
普陀区	12	6	6	1402	799	603	524	304	220
岱山县	21	10	11	956	690	266	456	321	135
嵊泗县	6	4	2	108	58	50	37	20	17
台州市	**528**	**239**	**289**	**53625**	**30140**	**23485**	**15524**	**8533**	**6991**
椒江区	258	92	166	5548	3180	2368	2334	1369	965
黄岩区	29	20	9	3315	1864	1451	1349	685	664
路桥区	25	16	9	10818	6217	4601	1307	722	585
三门县	5	3	2	1347	727	620	504	249	255
天台县	14	4	10	690	390	300	304	162	142
仙居县	15	8	7	1205	600	605	277	133	144
温岭市	141	74	67	17223	9657	7566	5440	2999	2441
临海市	24	10	14	4868	2681	2187	2600	1471	1129
玉环市	17	12	5	8611	4824	3787	1409	743	666
丽水市	**119**	**66**	**53**	**10007**	**5385**	**4622**	**2677**	**1310**	**1367**
莲都区	38	20	18	3846	2288	1558	984	525	459
青田县	9	7	2	1356	764	592	294	151	143
缙云县	25	13	12	1594	887	707	657	365	292
遂昌县	14	10	4	377	157	220	133	30	103
松阳县	11	4	7	913	449	464	251	107	144
云和县	5	2	3	1023	470	553	77	31	46
庆元县	7	5	2	176	73	103	78	28	50
景宁畲族自治县	7	3	4	226	70	156	31	8	23
龙泉市	3	2	1	496	227	269	172	65	107

1-4 续表 6

单位：人

地　　区	壮　族			布依族			朝鲜族		
	小计	男	女	小计	男	女	小计	男	女
合计	**122792**	**59975**	**62817**	**313023**	**174937**	**138086**	**12525**	**6390**	**6135**
杭州市	**22323**	**10328**	**11995**	**21096**	**11953**	**9143**	**2569**	**1247**	**1322**
上城区	196	86	110	866	501	365	50	17	33
下城区	379	166	213	392	237	155	115	57	58
江干区	2010	993	1017	1529	900	629	506	229	277
拱墅区	623	275	348	470	278	192	177	73	104
西湖区	1329	624	705	1176	677	499	373	174	199
滨江区	768	309	459	583	354	229	238	133	105
萧山区	8110	3674	4436	7377	4382	2995	441	226	215
余杭区	6261	2949	3312	3565	1940	1625	517	261	256
富阳区	1260	627	633	2638	1383	1255	62	30	32
临安区	564	271	293	1076	632	444	54	28	26
桐庐县	481	234	247	760	347	413	17	9	8
淳安县	105	26	79	99	43	56	13	6	7
建德市	237	94	143	565	279	286	6	4	2
宁波市	**17040**	**7967**	**9073**	**57427**	**32035**	**25392**	**1175**	**603**	**572**
海曙区	1224	588	636	3257	1841	1416	114	54	60
江北区	417	192	225	1166	704	462	82	38	44
北仑区	908	412	496	2070	1160	910	172	92	80
镇海区	625	288	337	1366	794	572	142	73	69
鄞州区	1530	714	816	2921	1619	1302	309	160	149
奉化区	525	272	253	3414	1893	1521	20	7	13
象山县	276	120	156	951	516	435	16	6	10
宁海县	600	261	339	4435	2451	1984	38	18	20
余姚市	3361	1653	1708	14634	8123	6511	81	49	32
慈溪市	7574	3467	4107	23213	12934	10279	201	106	95
温州市	**8139**	**4020**	**4119**	**36906**	**20887**	**16019**	**362**	**181**	**181**
鹿城区	1231	655	576	4047	2282	1765	93	42	51
龙湾区	1015	546	469	5754	3405	2349	45	32	13
瓯海区	1097	567	530	3532	2117	1415	96	52	44
洞头区	83	43	40	434	263	171	11	1	10
永嘉县	617	331	286	2355	1388	967	7	4	3
平阳县	655	281	374	4499	2487	2012	16	9	7
苍南县	491	172	319	445	229	216	16	5	11
文成县	60	21	39	111	48	63	2	1	1
泰顺县	39	10	29	59	17	42	3	2	1
瑞安市	1230	632	598	6055	3373	2682	33	20	13
乐清市	1313	614	699	9219	5051	4168	28	8	20
龙港市	308	148	160	396	227	169	12	5	7
嘉兴市	**21084**	**10692**	**10392**	**6399**	**3431**	**2968**	**1812**	**944**	**868**
南湖区	1159	535	624	810	429	381	543	285	258
秀洲区	9637	5114	4523	866	456	410	536	280	256
嘉善县	1104	591	513	858	496	362	286	144	142
海盐县	431	237	194	443	241	202	28	17	11
海宁市	2969	1417	1552	1365	735	630	169	84	85
平湖市	1771	810	961	913	498	415	137	81	56
桐乡市	4013	1988	2025	1144	576	568	113	53	60
湖州市	**12326**	**6410**	**5916**	**9513**	**5123**	**4390**	**165**	**94**	**71**
吴兴区	2450	1308	1142	2089	1168	921	74	42	32
南浔区	2753	1413	1340	967	519	448	18	12	6
德清县	3455	1720	1735	1014	521	493	29	19	10
长兴县	1081	555	526	1858	824	1034	22	9	13
安吉县	2587	1414	1173	3585	2091	1494	22	12	10

1-4 续表 7

单位：人

地区	壮族			布依族			朝鲜族		
	小计	男	女	小计	男	女	小计	男	女
绍兴市	**12869**	**5995**	**6874**	**26869**	**15077**	**11792**	**1561**	**818**	**743**
越城区	1523	687	836	4409	2476	1933	189	113	76
柯桥区	5834	2892	2942	7019	4036	2983	1115	576	539
上虞区	3339	1494	1845	7060	3912	3148	27	17	10
新昌县	130	43	87	455	233	222	17	8	9
诸暨市	1585	701	884	6550	3702	2848	142	73	69
嵊州市	458	178	280	1376	718	658	71	31	40
金华市	**14050**	**7318**	**6732**	**116821**	**65891**	**50930**	**4410**	**2273**	**2137**
婺城区	1441	709	732	4995	2878	2117	102	51	51
金东区	1042	575	467	6590	3768	2822	128	60	68
武义县	1788	962	826	7345	4138	3207	14	9	5
浦江县	1275	668	607	9217	5047	4170	33	15	18
磐安县	114	31	83	643	328	315	6	2	4
兰溪市	390	179	211	1616	804	812	9	3	6
义乌市	4139	2156	1983	26360	14718	11642	3455	1788	1667
东阳市	1810	916	894	31964	17864	14100	646	337	309
永康市	2051	1122	929	28091	16346	11745	17	8	9
衢州市	**1702**	**633**	**1069**	**3902**	**1693**	**2209**	**91**	**41**	**50**
柯城区	558	202	356	580	273	307	36	11	25
衢江区	357	132	225	934	446	488	16	8	8
常山县	153	64	89	262	103	159	8	3	5
开化县	124	32	92	130	49	81	9	3	6
龙游县	205	112	93	684	393	291	10	9	1
江山市	305	91	214	1312	429	883	12	7	5
舟山市	**579**	**308**	**271**	**970**	**619**	**351**	**134**	**66**	**68**
定海区	216	108	108	330	189	141	55	30	25
普陀区	188	88	100	158	93	65	66	30	36
岱山县	142	107	35	280	225	55	12	6	6
嵊泗县	33	5	28	202	112	90	1		1
台州市	**11380**	**5804**	**5576**	**29661**	**16484**	**13177**	**192**	**102**	**90**
椒江区	707	360	347	2237	1262	975	44	19	25
黄岩区	756	382	374	4813	2635	2178	25	15	10
路桥区	1180	645	535	2527	1451	1076	15	10	5
三门县	202	105	97	505	270	235	2	1	1
天台县	87	40	47	585	318	267			
仙居县	182	55	127	728	365	363	2	1	1
温岭市	6664	3431	3233	12232	6865	5367	52	29	23
临海市	803	377	426	3327	1781	1546	30	16	14
玉环市	799	409	390	2707	1537	1170	22	11	11
丽水市	**1300**	**500**	**800**	**3459**	**1744**	**1715**	**54**	**21**	**33**
莲都区	428	193	235	918	477	441	16	7	9
青田县	206	74	132	275	139	136	3	1	2
缙云县	348	135	213	1106	628	478	8	4	4
遂昌县	37	9	28	172	48	124	5	2	3
松阳县	86	27	59	322	147	175	1		1
云和县	47	21	26	411	208	203	8	5	3
庆元县	25	7	18	45	19	26	1		1
景宁畲族自治县	36	6	30	54	19	35	4	1	3
龙泉市	87	28	59	156	59	97	8	1	7

1-4 续表 8

单位：人

地　区	满族			侗族			瑶族		
	小计	男	女	小计	男	女	小计	男	女
合计	**32159**	**16970**	**15189**	**146773**	**85400**	**61373**	**19541**	**10236**	**9305**
杭州市	**13346**	**6776**	**6570**	**27645**	**15561**	**12084**	**3548**	**1775**	**1773**
上城区	430	204	226	426	271	155	38	18	20
下城区	739	359	380	343	189	154	115	58	57
江干区	2210	1108	1102	1194	699	495	424	201	223
拱墅区	1024	494	530	360	205	155	155	75	80
西湖区	1998	1000	998	1018	554	464	337	168	169
滨江区	1091	534	557	436	245	191	155	78	77
萧山区	2164	1164	1000	9952	5830	4122	1001	537	464
余杭区	2790	1448	1342	2474	1387	1087	802	379	423
富阳区	325	175	150	6732	3630	3102	172	81	91
临安区	222	114	108	1218	697	521	96	48	48
桐庐县	209	118	91	3065	1615	1450	90	49	41
淳安县	43	16	27	90	44	46	30	13	17
建德市	101	42	59	337	195	142	133	70	63
宁波市	**6044**	**3264**	**2780**	**13360**	**7616**	**5744**	**2659**	**1411**	**1248**
海曙区	609	325	284	1456	821	635	202	110	92
江北区	360	174	186	493	302	191	89	48	41
北仑区	1003	577	426	1038	615	423	243	131	112
镇海区	757	424	333	1034	626	408	177	96	81
鄞州区	1303	671	632	1121	590	531	254	137	117
奉化区	234	126	108	576	327	249	147	71	76
象山县	133	80	53	506	310	196	55	30	25
宁海县	190	95	95	1001	548	453	131	52	79
余姚市	524	293	231	2699	1496	1203	456	249	207
慈溪市	931	499	432	3436	1981	1455	905	487	418
温州市	**1483**	**787**	**696**	**39353**	**23413**	**15940**	**2720**	**1511**	**1209**
鹿城区	248	128	120	4698	2947	1751	358	202	156
龙湾区	220	141	79	4401	2708	1693	357	205	152
瓯海区	239	137	102	4835	2956	1879	286	154	132
洞头区	29	16	13	379	250	129	18	8	10
永嘉县	86	46	40	4881	3011	1870	163	96	67
平阳县	107	50	57	2850	1571	1279	183	102	81
苍南县	103	30	73	1276	704	572	157	83	74
文成县	9	5	4	131	51	80	15	7	8
泰顺县	20	8	12	127	41	86	12	2	10
瑞安市	129	71	58	8477	4940	3537	254	147	107
乐清市	256	134	122	5193	2989	2204	200	91	109
龙港市	37	21	16	2105	1245	860	717	414	303
嘉兴市	**3327**	**1760**	**1567**	**4621**	**2572**	**2049**	**1780**	**925**	**855**
南湖区	916	483	433	619	350	269	210	101	109
秀洲区	518	270	248	388	210	178	313	171	142
嘉善县	295	158	137	1048	599	449	215	123	92
海盐县	264	149	115	242	142	100	81	40	41
海宁市	490	256	234	776	452	324	363	182	181
平湖市	321	186	135	506	258	248	217	127	90
桐乡市	523	258	265	1042	561	481	381	181	200
湖州市	**1243**	**695**	**548**	**2236**	**1236**	**1000**	**596**	**281**	**315**
吴兴区	485	268	217	660	374	286	197	92	105
南浔区	245	143	102	382	198	184	99	47	52
德清县	186	102	84	392	201	191	119	61	58
长兴县	129	76	53	244	119	125	60	24	36
安吉县	198	106	92	558	344	214	121	57	64

1-4　续表 9

单位：人

地　区	满　族			侗　族			瑶　族		
	小计	男	女	小计	男	女	小计	男	女
绍兴市	**1429**	**769**	**660**	**8210**	**4725**	**3485**	**1170**	**632**	**538**
越城区	311	155	156	954	519	435	182	93	89
柯桥区	529	302	227	1291	782	509	479	286	193
上虞区	173	111	62	2184	1217	967	131	74	57
新昌县	77	36	41	254	145	109	46	17	29
诸暨市	253	124	129	2538	1498	1040	216	105	111
嵊州市	86	41	45	989	564	425	116	57	59
金华市	**2540**	**1352**	**1188**	**25112**	**14831**	**10281**	**3575**	**1997**	**1578**
婺城区	604	316	288	2948	1756	1192	394	214	180
金东区	177	106	71	1599	980	619	339	185	154
武义县	124	64	60	3702	2203	1499	245	128	117
浦江县	71	32	39	849	454	395	208	126	82
磐安县	21	9	12	139	83	56	19	10	9
兰溪市	50	22	28	379	222	157	131	69	62
义乌市	1000	538	462	4729	2767	1962	1344	748	596
东阳市	353	182	171	3478	2001	1477	585	350	235
永康市	140	83	57	7289	4365	2924	310	167	143
衢州市	**507**	**262**	**245**	**1247**	**696**	**551**	**483**	**202**	**281**
柯城区	261	140	121	185	95	90	90	33	57
衢江区	67	38	29	297	186	111	56	29	27
常山县	30	14	16	99	55	44	48	16	32
开化县	17	8	9	72	31	41	32	9	23
龙游县	40	18	22	368	216	152	142	61	81
江山市	92	44	48	226	113	113	115	54	61
舟山市	**788**	**525**	**263**	**564**	**346**	**218**	**317**	**154**	**163**
定海区	304	155	149	216	124	92	64	32	32
普陀区	184	119	65	175	104	71	211	91	120
岱山县	296	247	49	159	113	46	30	25	5
嵊泗县	4	4		14	5	9	12	6	6
台州市	**1070**	**577**	**493**	**19488**	**11562**	**7926**	**2378**	**1213**	**1165**
椒江区	317	171	146	764	443	321	169	89	80
黄岩区	118	87	31	2787	1661	1126	111	55	56
路桥区	109	50	59	1831	1121	710	132	69	63
三门县	41	19	22	269	160	109	37	19	18
天台县	18	5	13	121	70	51	26	12	14
仙居县	24	12	12	329	178	151	35	18	17
温岭市	177	91	86	7170	4237	2933	822	413	409
临海市	157	82	75	1659	957	702	879	447	432
玉环市	109	60	49	4558	2735	1823	167	91	76
丽水市	**382**	**203**	**179**	**4937**	**2842**	**2095**	**315**	**135**	**180**
莲都区	177	104	73	969	603	366	100	45	55
青田县	31	15	16	778	451	327	45	24	21
缙云县	49	22	27	397	228	169	65	29	36
遂昌县	25	11	14	90	47	43	6	2	4
松阳县	26	12	14	84	31	53	26	8	18
云和县	23	13	10	2279	1345	934	19	7	12
庆元县	10	5	5	65	31	34	13	5	8
景宁畲族自治县	9	6	3	91	31	60	4	1	3
龙泉市	32	15	17	184	75	109	37	14	23

1-4 续表 10

单位：人

地 区	白 族			土 家 族			哈 尼 族		
	小计	男	女	小计	男	女	小计	男	女
合计	**27985**	**15277**	**12708**	**318881**	**179834**	**139047**	**13315**	**6701**	**6614**
杭州市	**3088**	**1703**	**1385**	**32523**	**18256**	**14267**	**1452**	**715**	**737**
上城区	61	36	25	564	319	245	15	7	8
下城区	58	24	34	633	323	310	39	29	10
江干区	390	234	156	3185	1834	1351	131	73	58
拱墅区	61	35	26	933	512	421	30	11	19
西湖区	274	146	128	2124	1194	930	85	37	48
滨江区	106	47	59	1124	602	522	25	13	12
萧山区	1027	585	442	11588	6465	5123	369	197	172
余杭区	521	287	234	6153	3481	2672	304	165	139
富阳区	144	73	71	3913	2230	1683	132	52	80
临安区	193	100	93	909	526	383	156	72	84
桐庐县	131	68	63	959	545	414	63	34	29
淳安县	11	5	6	149	74	75	58	5	53
建德市	111	63	48	289	151	138	45	20	25
宁波市	**7186**	**4038**	**3148**	**80036**	**44335**	**35701**	**2228**	**1154**	**1074**
海曙区	564	297	267	9198	5047	4151	251	131	120
江北区	485	294	191	2071	1188	883	39	24	15
北仑区	1266	734	532	7886	4511	3375	547	305	242
镇海区	351	198	153	3787	2112	1675	134	72	62
鄞州区	1046	566	480	10940	6017	4923	298	155	143
奉化区	290	168	122	10494	5736	4758	99	46	53
象山县	187	101	86	994	556	438	164	68	96
宁海县	284	152	132	4959	2691	2268	83	36	47
余姚市	1349	750	599	15959	8704	7255	143	73	70
慈溪市	1364	778	586	13748	7773	5975	470	244	226
温州市	**2767**	**1544**	**1223**	**70968**	**41305**	**29663**	**2127**	**1089**	**1038**
鹿城区	357	201	156	8854	5245	3609	106	55	51
龙湾区	425	248	177	14196	8396	5800	142	73	69
瓯海区	363	217	146	7637	4558	3079	242	134	108
洞头区	33	21	12	694	423	271	6	5	1
永嘉县	258	160	98	7343	4480	2863	61	28	33
平阳县	259	142	117	5298	2992	2306	180	79	101
苍南县	95	36	59	4344	2379	1965	247	117	130
文成县	6	2	4	147	80	67	25	6	19
泰顺县	9	3	6	157	86	71	13	5	8
瑞安市	424	222	202	11947	6871	5076	844	471	373
乐清市	444	237	207	8551	4746	3805	240	107	133
龙港市	94	55	39	1800	1049	751	21	9	12
嘉兴市	**2210**	**1214**	**996**	**35431**	**19458**	**15973**	**1089**	**570**	**519**
南湖区	245	134	111	2557	1384	1173	169	90	79
秀洲区	240	126	114	10960	5905	5055	139	76	63
嘉善县	396	233	163	4349	2431	1918	324	181	143
海盐县	118	64	54	1160	632	528	99	43	56
海宁市	531	287	244	2402	1330	1072	139	68	71
平湖市	428	254	174	4355	2396	1959	110	64	46
桐乡市	252	116	136	9648	5380	4268	109	48	61
湖州市	**1645**	**888**	**757**	**6554**	**3723**	**2831**	**322**	**169**	**153**
吴兴区	367	198	169	2511	1501	1010	79	42	37
南浔区	382	198	184	1347	713	634	51	21	30
德清县	414	222	192	1145	618	527	76	48	28
长兴县	103	52	51	454	265	189	43	20	23
安吉县	379	218	161	1097	626	471	73	38	35

1-4　续表 11　　　　单位：人

地　区	白　族			土家族			哈尼族		
	小计	男	女	小计	男	女	小计	男	女
绍兴市	**2977**	**1570**	**1407**	**17689**	**9869**	**7820**	**821**	**441**	**380**
越城区	369	211	158	4112	2266	1846	54	26	28
柯桥区	923	476	447	5280	3100	2180	346	202	144
上虞区	254	128	126	2138	1179	959	121	61	60
新昌县	97	49	48	1239	645	594	30	15	15
诸暨市	497	279	218	3626	1995	1631	157	76	81
嵊州市	837	427	410	1294	684	610	113	61	52
金华市	**4067**	**2260**	**1807**	**37740**	**21531**	**16209**	**2632**	**1433**	**1199**
婺城区	310	168	142	7360	4272	3088	266	147	119
金东区	398	210	188	2788	1646	1142	392	218	174
武义县	571	321	250	2973	1712	1261	303	166	137
浦江县	250	136	114	913	518	395	171	86	85
磐安县	44	17	27	243	124	119	31	11	20
兰溪市	123	65	58	580	288	292	95	47	48
义乌市	1022	559	463	11987	6681	5306	788	451	337
东阳市	469	248	221	5386	3063	2323	275	142	133
永康市	880	536	344	5510	3227	2283	311	165	146
衢州市	**354**	**185**	**169**	**2237**	**1275**	**962**	**644**	**265**	**379**
柯城区	104	54	50	521	298	223	184	89	95
衢江区	54	28	26	563	359	204	271	92	179
常山县	21	9	12	208	124	84	22	8	14
开化县	22	11	11	151	64	87	9		9
龙游县	92	55	37	549	333	216	140	69	71
江山市	61	28	33	245	97	148	18	7	11
舟山市	**203**	**120**	**83**	**2259**	**1381**	**878**	**512**	**292**	**220**
定海区	75	38	37	804	436	368	133	77	56
普陀区	48	25	23	983	606	377	292	157	135
岱山县	74	54	20	379	284	95	80	54	26
嵊泗县	6	3	3	93	55	38	7	4	3
台州市	**3051**	**1533**	**1518**	**28709**	**15961**	**12748**	**772**	**324**	**448**
椒江区	306	164	142	1845	1071	774	87	41	46
黄岩区	278	146	132	1054	602	452	130	38	92
路桥区	280	157	123	2131	1229	902	69	29	40
三门县	163	44	119	875	496	379	30	10	20
天台县	40	21	19	139	76	63	35	18	17
仙居县	42	14	28	545	285	260	20	4	16
温岭市	924	536	388	8483	4650	3833	195	82	113
临海市	808	344	464	1961	1090	871	120	55	65
玉环市	210	107	103	11676	6462	5214	86	47	39
丽水市	**437**	**222**	**215**	**4735**	**2740**	**1995**	**716**	**249**	**467**
莲都区	165	97	68	2394	1492	902	198	90	108
青田县	99	52	47	848	446	402	38	10	28
缙云县	52	25	27	529	295	234	153	81	72
遂昌县	28	12	16	123	65	58	35	3	32
松阳县	42	14	28	297	161	136	155	44	111
云和县	6	2	4	148	86	62	13	2	11
庆元县	7	2	5	45	24	21	3	1	2
景宁畲族自治县	3		3	77	45	32	71	5	66
龙泉市	35	18	17	274	126	148	50	13	37

1−4　续表 12

单位：人

地　区	哈萨克族			傣　族			黎　族		
	小计	男	女	小计	男	女	小计	男	女
合计	**808**	**322**	**486**	**7910**	**3727**	**4183**	**17703**	**9482**	**8221**
杭州市	**249**	**91**	**158**	**926**	**418**	**508**	**1794**	**912**	**882**
上城区	2	2		12	5	7	75	47	28
下城区	3		3	29	9	20	45	23	22
江干区	75	29	46	105	59	46	164	89	75
拱墅区	8	4	4	24	14	10	35	14	21
西湖区	71	23	48	74	28	46	93	39	54
滨江区	15	6	9	18	5	13	57	30	27
萧山区	32	13	19	227	110	117	516	252	264
余杭区	20	7	13	193	88	105	257	126	131
富阳区	1	1		97	42	55	343	189	154
临安区	15	3	12	73	30	43	72	32	40
桐庐县	2	2		40	22	18	87	47	40
淳安县	4	1	3	19	1	18	21	10	11
建德市	1		1	15	5	10	29	14	15
宁波市	**131**	**56**	**75**	**1284**	**666**	**618**	**2591**	**1303**	**1288**
海曙区	2	2		68	38	30	273	143	130
江北区	5	2	3	161	85	76	70	30	40
北仑区	42	19	23	110	62	48	129	60	69
镇海区	8	3	5	67	33	34	100	51	49
鄞州区	49	17	32	106	45	61	234	97	137
奉化区				63	35	28	74	34	40
象山县				39	18	21	51	17	34
宁海县				126	54	72	142	60	82
余姚市	2		2	110	54	56	644	349	295
慈溪市	23	13	10	434	242	192	874	462	412
温州市	**65**	**25**	**40**	**1022**	**459**	**563**	**4181**	**2384**	**1797**
鹿城区	3	1	2	111	47	64	218	123	95
龙湾区	2	1	1	99	46	53	373	214	159
瓯海区	51	19	32	101	51	50	311	182	129
洞头区				5	1	4	39	20	19
永嘉县				50	18	32	64	38	26
平阳县	3	1	2	77	36	41	580	327	253
苍南县	3	2	1	97	29	68	80	46	34
文成县				13	6	7	6	6	
泰顺县	2		2	6	3	3	9	2	7
瑞安市	1	1		222	122	100	2093	1200	893
乐清市				202	83	119	319	169	150
龙港市				39	17	22	89	57	32
嘉兴市	**96**	**30**	**66**	**706**	**357**	**349**	**943**	**469**	**474**
南湖区	1		1	99	50	49	103	55	48
秀洲区	47	14	33	82	37	45	109	50	59
嘉善县	2	2		198	120	78	87	48	39
海盐县	1		1	73	44	29	22	14	8
海宁市	30	7	23	105	46	59	255	131	124
平湖市	10	4	6	55	17	38	90	40	50
桐乡市	5	3	2	94	43	51	277	131	146
湖州市	**13**	**4**	**9**	**411**	**188**	**223**	**403**	**202**	**201**
吴兴区	4	1	3	72	24	48	74	26	48
南浔区				50	17	33	62	30	32
德清县	1		1	174	88	86	51	28	23
长兴县	3	1	2	47	23	24	42	18	24
安吉县	5	2	3	68	36	32	174	100	74

1–4　续表 13　　　　单位：人

地　区	哈萨克族			傣　族			黎　族		
	小计	男	女	小计	男	女	小计	男	女
绍兴市	**29**	**12**	**17**	**686**	**346**	**340**	**1676**	**929**	**747**
越城区	16	7	9	63	28	35	195	106	89
柯桥区	7	1	6	291	160	131	827	478	349
上虞区				82	44	38	146	72	74
新昌县	1		1	17	4	13	32	14	18
诸暨市	5	4	1	180	88	92	409	224	185
嵊州市				53	22	31	67	35	32
金华市	**144**	**69**	**75**	**1431**	**721**	**710**	**4304**	**2345**	**1959**
婺城区	25	5	20	143	70	73	185	94	91
金东区	3	2	1	136	79	57	174	102	72
武义县	1		1	193	104	89	390	199	191
浦江县				53	16	37	511	269	242
磐安县				41	17	24	45	21	24
兰溪市				61	25	36	160	81	79
义乌市	111	59	52	421	222	199	948	501	447
东阳市	1	1		171	82	89	971	545	426
永康市	3	2	1	212	106	106	920	533	387
衢州市	**12**	**6**	**6**	**147**	**57**	**90**	**226**	**108**	**118**
柯城区	6	4	2	26	4	22	38	14	24
衢江区				25	9	16	59	35	24
常山县	3		3	13	4	9	14	8	6
开化县				13	5	8	10	2	8
龙游县	1	1		51	29	22	56	31	25
江山市	2	1	1	19	6	13	49	18	31
舟山市	**2**	**1**	**1**	**189**	**79**	**110**	**52**	**29**	**23**
定海区	1		1	92	29	63	30	18	12
普陀区				42	25	17	12	5	7
岱山县	1	1		43	23	20	7	5	2
嵊泗县				12	2	10	3	1	2
台州市	**65**	**27**	**38**	**771**	**309**	**462**	**1336**	**705**	**631**
椒江区	55	22	33	107	46	61	119	63	56
黄岩区				71	34	37	96	46	50
路桥区				106	54	52	84	42	42
三门县				60	15	45	30	15	15
天台县				17	7	10	10	3	7
仙居县				46	18	28	63	34	29
温岭市	6	3	3	177	68	109	255	128	127
临海市	2	1	1	113	42	71	564	319	245
玉环市	2	1	1	74	25	49	115	55	60
丽水市	**2**	**1**	**1**	**337**	**127**	**210**	**197**	**96**	**101**
莲都区	2	1	1	163	82	81	83	46	37
青田县				23	6	17	19	10	9
缙云县				54	19	35	36	19	17
遂昌县				8		8	7	2	5
松阳县				31	3	28	13	4	9
云和县				16	4	12	6	3	3
庆元县				6	4	2	6	1	5
景宁畲族自治县				15	2	13	6	1	5
龙泉市				21	7	14	21	10	11

1-4 续表 14　　　　单位：人

地　区	傈僳族			佤　族			畲　族		
	小计	男	女	小计	男	女	小计	男	女
合计	**3932**	**1758**	**2174**	**5425**	**2489**	**2936**	**182507**	**94675**	**87832**
杭州市	**414**	**195**	**219**	**505**	**285**	**220**	**19073**	**9703**	**9370**
上城区	14	11	3	7	5	2	283	128	155
下城区	12	3	9	14	6	8	559	270	289
江干区	59	30	29	57	38	19	1955	941	1014
拱墅区	7	4	3	20	16	4	765	359	406
西湖区	22	9	13	16	6	10	1341	657	684
滨江区	15	11	4	9	4	5	743	375	368
萧山区	93	44	49	135	80	55	1662	883	779
余杭区	67	29	38	128	67	61	1960	956	1004
富阳区	44	24	20	39	23	16	621	319	302
临安区	22	10	12	52	30	22	2850	1527	1323
桐庐县	19	9	10	18	7	11	3828	2001	1827
淳安县	14	1	13	5	3	2	276	148	128
建德市	26	10	16	5		5	2230	1139	1091
宁波市	**838**	**397**	**441**	**817**	**397**	**420**	**3716**	**1877**	**1839**
海曙区	94	39	55	44	21	23	475	234	241
江北区	28	17	11	24	17	7	180	83	97
北仑区	104	46	58	133	57	76	327	183	144
镇海区	48	19	29	40	26	14	300	134	166
鄞州区	88	36	52	68	28	40	645	302	343
奉化区	32	12	20	136	67	69	251	128	123
象山县	35	16	19	13	7	6	121	54	67
宁海县	63	35	28	54	23	31	176	83	93
余姚市	127	67	60	55	21	34	702	398	304
慈溪市	219	110	109	250	130	120	539	278	261
温州市	**423**	**180**	**243**	**632**	**265**	**367**	**52038**	**27640**	**24398**
鹿城区	42	15	27	196	100	96	1312	764	548
龙湾区	43	21	22	47	22	25	899	546	353
瓯海区	44	15	29	69	32	37	1410	731	679
洞头区	12	7	5	13	6	7	89	50	39
永嘉县	33	15	18	15	3	12	403	237	166
平阳县	32	15	17	47	14	33	9439	5011	4428
苍南县	34	9	25	36	5	31	15202	7923	7279
文成县	5		5	21	2	19	7917	4160	3757
泰顺县							11250	5916	5334
瑞安市	63	28	35	84	41	43	1881	1019	862
乐清市	107	52	55	91	37	54	1073	620	453
龙港市	8	3	5	13	3	10	1163	663	500
嘉兴市	**284**	**138**	**146**	**281**	**128**	**153**	**1589**	**844**	**745**
南湖区	47	22	25	80	42	38	450	238	212
秀洲区	31	17	14	21	8	13	221	117	104
嘉善县	81	39	42	67	26	41	133	81	52
海盐县	21	11	10	15	7	8	35	19	16
海宁市	37	21	16	41	15	26	326	182	144
平湖市	41	23	18	34	23	11	150	72	78
桐乡市	26	5	21	23	7	16	274	135	139
湖州市	**131**	**63**	**68**	**199**	**112**	**87**	**2638**	**1462**	**1176**
吴兴区	28	16	12	60	29	31	605	334	271
南浔区	17	5	12	28	22	6	87	46	41
德清县	19	7	12	23	13	10	490	272	218
长兴县	34	17	17	57	29	28	176	88	88
安吉县	33	18	15	31	19	12	1280	722	558

1-4 续表 15

单位：人

地 区	傈僳族			佤 族			畲 族		
	小计	男	女	小计	男	女	小计	男	女
绍兴市	**437**	**204**	**233**	**253**	**113**	**140**	**1695**	**905**	**790**
越城区	20	5	15	46	25	21	421	213	208
柯桥区	179	84	95	52	23	29	320	162	158
上虞区	39	21	18	29	12	17	204	106	98
新昌县	5		5	4	1	3	54	24	30
诸暨市	180	93	87	98	40	58	611	360	251
嵊州市	14	1	13	24	12	12	85	40	45
金华市	**617**	**287**	**330**	**1027**	**480**	**547**	**13699**	**7066**	**6633**
婺城区	49	23	26	68	37	31	2181	1099	1082
金东区	35	15	20	188	99	89	505	250	255
武义县	63	20	43	57	30	27	6096	3126	2970
浦江县	51	26	25	41	14	27	130	69	61
磐安县	39	14	25	11	4	7	33	17	16
兰溪市	26	14	12	12	4	8	2510	1294	1216
义乌市	230	120	110	447	207	240	1266	683	583
东阳市	59	24	35	154	71	83	515	269	246
永康市	65	31	34	49	14	35	463	259	204
衢州市	**26**	**12**	**14**	**68**	**33**	**35**	**14263**	**7426**	**6837**
柯城区	5	3	2	5	3	2	3957	2033	1924
衢江区	6	5	1	26	12	14	1200	627	573
常山县	4	1	3	1		1	662	353	309
开化县	1		1	8	2	6	749	433	316
龙游县	3	1	2	19	13	6	7131	3703	3428
江山市	7	2	5	9	3	6	564	277	287
舟山市	**68**	**45**	**23**	**353**	**223**	**130**	**237**	**100**	**137**
定海区	18	12	6	112	63	49	134	57	77
普陀区	39	25	14	99	68	31	69	23	46
岱山县	10	8	2	137	89	48	29	19	10
嵊泗县	1		1	5	3	2	5	1	4
台州市	**549**	**193**	**356**	**644**	**269**	**375**	**1345**	**674**	**671**
椒江区	66	26	40	40	19	21	235	109	126
黄岩区	34	15	19	11	1	10	103	42	61
路桥区	30	13	17	36	14	22	150	84	66
三门县	59	9	50	145	50	95	114	65	49
天台县	2		2	11	3	8	32	11	21
仙居县	2		2	15	4	11	59	32	27
温岭市	71	28	43	82	31	51	308	145	163
临海市	265	96	169	37	18	19	172	81	91
玉环市	20	6	14	267	129	138	172	105	67
丽水市	**145**	**44**	**101**	**646**	**184**	**462**	**72214**	**36978**	**35236**
莲都区	36	14	22	183	78	105	22261	11237	11024
青田县	20	6	14	14	3	11	1090	572	518
缙云县	39	13	26	11	3	8	715	339	376
遂昌县	10		10	8	2	6	12316	6305	6011
松阳县	16	6	10	150	55	95	4134	2100	2034
云和县	2		2	132	24	108	8806	4518	4288
庆元县	5	2	3	11	2	9	1023	535	488
景宁畲族自治县	1		1	97	8	89	14254	7389	6865
龙泉市	16	3	13	40	9	31	7615	3983	3632

1-4 续表 16

单位：人

地 区	高山族			拉祜族			水族		
	小计	男	女	小计	男	女	小计	男	女
合计	**109**	**66**	**43**	**3989**	**1642**	**2347**	**35575**	**20091**	**15484**
杭州市	**40**	**23**	**17**	**304**	**158**	**146**	**1698**	**959**	**739**
上城区	3	1	2	7	2	5	107	69	38
下城区	5	3	2	3	1	2	59	31	28
江干区	6	3	3	36	19	17	137	74	63
拱墅区				11	9	2	37	19	18
西湖区	3	2	1	18	11	7	99	54	45
滨江区	1		1	5	4	1	68	37	31
萧山区	6	2	4	94	50	44	436	254	182
余杭区	13	10	3	79	38	41	435	255	180
富阳区	2	2		21	8	13	89	58	31
临安区				8	4	4	95	49	46
桐庐县	1		1	8	5	3	82	41	41
淳安县				7	4	3	9	3	6
建德市				7	3	4	45	15	30
宁波市	**12**	**7**	**5**	**514**	**246**	**268**	**5105**	**2795**	**2310**
海曙区	2		2	48	22	26	119	65	54
江北区				15	9	6	113	72	41
北仑区				111	55	56	74	43	31
镇海区				40	19	21	89	51	38
鄞州区	1	1		53	20	33	225	116	109
奉化区	1	1		37	18	19	71	32	39
象山县				13	6	7	35	20	15
宁海县				49	25	24	163	88	75
余姚市	8	5	3	30	11	19	964	494	470
慈溪市				118	61	57	3252	1814	1438
温州市	**12**	**8**	**4**	**503**	**243**	**260**	**3198**	**1795**	**1403**
鹿城区	1	1		68	37	31	586	335	251
龙湾区	2	1	1	43	16	27	611	367	244
瓯海区	1		1	106	63	43	482	277	205
洞头区				2		2	24	18	6
永嘉县	1	1		11	3	8	218	127	91
平阳县				46	23	23	228	119	109
苍南县	1		1	30	9	21	128	69	59
文成县				12		12	23	5	18
泰顺县				6	3	3	24	5	19
瑞安市	1		1	94	55	39	631	343	288
乐清市	3	3		74	28	46	201	105	96
龙港市	2	2		11	6	5	42	25	17
嘉兴市	**12**	**8**	**4**	**205**	**94**	**111**	**523**	**279**	**244**
南湖区	5	2	3	40	17	23	95	47	48
秀洲区	1	1		24	9	15	84	50	34
嘉善县				33	16	17	86	56	30
海盐县				16	11	5	30	13	17
海宁市	1	1		29	14	15	86	46	40
平湖市	4	4		30	12	18	68	33	35
桐乡市	1		1	33	15	18	74	34	40
湖州市	**1**	**1**		**190**	**95**	**95**	**11687**	**6635**	**5052**
吴兴区				93	52	41	292	159	133
南浔区				19	10	9	156	77	79
德清县	1	1		35	16	19	86	46	40
长兴县				8	2	6	828	400	428
安吉县				35	15	20	10325	5953	4372

1-4 续表 17

单位：人

地区	高山族			拉祜族			水族		
	小计	男	女	小计	男	女	小计	男	女
绍兴市	**4**	**2**	**2**	**237**	**118**	**119**	**4593**	**2645**	**1948**
越城区	1		1	29	13	16	115	69	46
柯桥区				75	43	32	283	154	129
上虞区	2	2		27	12	15	93	54	39
新昌县	1		1	4	1	3	45	27	18
诸暨市				92	48	44	3957	2287	1670
嵊州市				10	1	9	100	54	46
金华市	**9**	**6**	**3**	**546**	**274**	**272**	**5190**	**3037**	**2153**
婺城区	2	1	1	28	10	18	577	316	261
金东区	1		1	68	42	26	461	275	186
武义县				55	30	25	469	281	188
浦江县	1	1		34	16	18	752	438	314
磐安县				3		3	18	9	9
兰溪市	2	2		17	8	9	113	67	46
义乌市	1	1		216	118	98	1423	853	570
东阳市	2	1	1	79	33	46	639	359	280
永康市				46	17	29	738	439	299
衢州市	**1**		**1**	**72**	**21**	**51**	**192**	**90**	**102**
柯城区				4	2	2	36	18	18
衢江区				23	7	16	45	22	23
常山县				2		2	20	11	9
开化县				12	3	9	7	3	4
龙游县	1		1	19	4	15	56	27	29
江山市				12	5	7	28	9	19
舟山市	**2**		**2**	**94**	**65**	**29**	**79**	**52**	**27**
定海区	1		1	40	21	19	30	17	13
普陀区	1		1	28	24	4	32	24	8
岱山县				26	20	6	16	11	5
嵊泗县							1		1
台州市	**16**	**11**	**5**	**374**	**156**	**218**	**1536**	**863**	**673**
椒江区	1		1	29	14	15	122	65	57
黄岩区	1		1	23	10	13	197	118	79
路桥区				15	1	14	129	82	47
三门县				21	3	18	28	14	14
天台县				2		2	33	17	16
仙居县				9	3	6	16	7	9
温岭市	8	7	1	57	15	42	347	205	142
临海市				11	4	7	204	106	98
玉环市	6	4	2	207	106	101	460	249	211
丽水市				**950**	**172**	**778**	**1774**	**941**	**833**
莲都区				170	56	114	99	60	39
青田县				33	10	23	22	16	6
缙云县				18	1	17	48	29	19
遂昌县				105	11	94	11	3	8
松阳县				326	65	261	18	6	12
云和县				82	11	71	1248	679	569
庆元县				21	4	17	38	21	17
景宁畲族自治县				168	12	156	7	2	5
龙泉市				27	2	25	283	125	158

1−4　续表 18　　　　　　　　　　　　　　　　　　　　　　　　　　单位：人

地　区	东乡族			纳西族			景颇族		
	小计	男	女	小计	男	女	小计	男	女
合计	**2905**	**1693**	**1212**	**826**	**279**	**547**	**1825**	**812**	**1013**
杭州市	**301**	**169**	**132**	**124**	**57**	**67**	**321**	**140**	**181**
上城区	6	5	1	5	2	3			
下城区	8	5	3	7	4	3	12	3	9
江干区	68	42	26	26	15	11	33	11	22
拱墅区	19	12	7	6	2	4	15	9	6
西湖区	30	16	14	21	9	12	11	5	6
滨江区	8	4	4	4	4		2	1	1
萧山区	85	42	43	22	8	14	78	38	40
余杭区	59	33	26	26	11	15	88	35	53
富阳区	4	3	1	1	1		27	9	18
临安区	7	3	4	3		3	18	8	10
桐庐县	7	4	3	1	1		21	13	8
淳安县				1		1	5	1	4
建德市				1		1	11	7	4
宁波市	**536**	**317**	**219**	**112**	**54**	**58**	**219**	**102**	**117**
海曙区	60	41	19	17	5	12	14	6	8
江北区	16	11	5	13	5	8	8	7	1
北仑区	110	73	37	7	5	2	37	17	20
镇海区	29	14	15	6	3	3	19	12	7
鄞州区	35	19	16	13	5	8	16	5	11
奉化区	13	4	9	13	9	4	14	3	11
象山县	18	9	9	11	6	5	30	14	16
宁海县	46	25	21	6	3	3	11	2	9
余姚市	38	19	19	2	1	1	22	14	8
慈溪市	171	102	69	24	12	12	48	22	26
温州市	**362**	**195**	**167**	**57**	**18**	**39**	**244**	**91**	**153**
鹿城区	19	9	10	10	5	5	38	14	24
龙湾区	33	17	16	9	7	2	39	12	27
瓯海区	15	5	10	9	2	7	31	16	15
洞头区	15	9	6	1	1		2		2
永嘉县	7	4	3	4	1	3	12	1	11
平阳县	35	21	14	6	1	5	9	2	7
苍南县	35	18	17	7		7	10	5	5
文成县	4	2	2				2		2
泰顺县	4	3	1				1	1	
瑞安市	70	41	29	1		1	61	25	36
乐清市	103	53	50	9	1	8	33	14	19
龙港市	22	13	9	1		1	6	1	5
嘉兴市	**525**	**366**	**159**	**34**	**13**	**21**	**146**	**81**	**65**
南湖区	351	265	86	7	4	3	19	12	7
秀洲区	21	9	12	2	1	1	7	3	4
嘉善县	28	13	15	8	4	4	40	27	13
海盐县	8	5	3	8	2	6	17	8	9
海宁市	52	32	20	4	2	2	44	25	19
平湖市	5	3	2	1		1	8	3	5
桐乡市	60	39	21	4		4	11	3	8
湖州市	**168**	**86**	**82**	**14**	**5**	**9**	**103**	**45**	**58**
吴兴区	90	47	43	2		2	28	18	10
南浔区	24	11	13				14	5	9
德清县	9	3	6	3	1	2	38	10	28
长兴县	10	5	5	5	1	4	9	4	5
安吉县	35	20	15	4	3	1	14	8	6

1－4　续表 19　　　　单位：人

地　区	东乡族			纳西族			景颇族		
	小计	男	女	小计	男	女	小计	男	女
绍兴市	**261**	**144**	**117**	**378**	**92**	**286**	**210**	**94**	**116**
越城区	38	22	16	116	29	87	55	26	29
柯桥区	111	64	47	226	53	173	33	9	24
上虞区	24	14	10	6	1	5	66	30	36
新昌县	9	4	5	2	1	1	12	5	7
诸暨市	57	28	29	14	5	9	43	24	19
嵊州市	22	12	10	14	3	11	1		1
金华市	**339**	**200**	**139**	**30**	**12**	**18**	**266**	**123**	**143**
婺城区	34	20	14	1		1	14	6	8
金东区	27	16	11	2	2		26	12	14
武义县	13	8	5	5		5	36	20	16
浦江县	4	2	2	2	1	1	4	1	3
磐安县	9	4	5	1		1	6	1	5
兰溪市							1		1
义乌市	206	122	84	8	3	5	81	41	40
东阳市	39	22	17	4	1	3	73	29	44
永康市	7	6	1	7	5	2	25	13	12
衢州市	**17**	**12**	**5**	**11**	**5**	**6**	**30**	**10**	**20**
柯城区	13	8	5				4	2	2
衢江区				2	1	1	14	5	9
常山县	1	1		2		2	5	1	4
开化县				1		1	4		4
龙游县	3	3		6	4	2	2	1	1
江山市							1	1	
舟山市	**15**	**8**	**7**	**8**	**3**	**5**	**34**	**26**	**8**
定海区	5	2	3	2	2		7	6	1
普陀区	7	3	4	6	1	5	10	9	1
岱山县	1	1					11	10	1
嵊泗县	2	2					6	1	5
台州市	**371**	**190**	**181**	**37**	**11**	**26**	**200**	**86**	**114**
椒江区	32	14	18	3		3	42	24	18
黄岩区	51	25	26	6	2	4	3		3
路桥区	44	21	23				20	8	12
三门县	21	10	11	4	1	3	15	9	6
天台县							3	1	2
仙居县	5	2	3	1		1	33	9	24
温岭市	117	57	60	6	1	5	41	15	26
临海市	24	12	12	10	4	6	31	14	17
玉环市	77	49	28	7	3	4	12	6	6
丽水市	**10**	**6**	**4**	**21**	**9**	**12**	**52**	**14**	**38**
莲都区	2	1	1	10	5	5	21	10	11
青田县	1		1	1		1	6	1	5
缙云县	2	2		3	2	1	6		6
遂昌县				2	1	1	1	1	
松阳县	5	3	2	1	1				
云和县							2		2
庆元县							2		2
景宁畲族自治县				2		2			
龙泉市				2		2	14	2	12

1-4 续表 20

单位：人

地　　区	柯尔克孜族			土　族			达斡尔族		
	小计	男	女	小计	男	女	小计	男	女
合计	**146**	**61**	**85**	**3092**	**1664**	**1428**	**634**	**304**	**330**
杭州市	**36**	**10**	**26**	**472**	**260**	**212**	**241**	**105**	**136**
上城区	2	1	1	2		2	16	8	8
下城区	2	2		10	3	7	14	6	8
江干区	15	4	11	75	42	33	48	19	29
拱墅区				19	10	9	16	7	9
西湖区	6		6	36	18	18	33	18	15
滨江区				27	12	15	19	6	13
萧山区	4	1	3	97	56	41	45	15	30
余杭区	3	1	2	98	60	38	42	21	21
富阳区				59	34	25	4	3	1
临安区	4	1	3	19	12	7	4	2	2
桐庐县				14	5	9			
淳安县				6	2	4			
建德市				10	6	4			
宁波市	**31**	**17**	**14**	**563**	**290**	**273**	**158**	**84**	**74**
海曙区				44	23	21	9	4	5
江北区	2	1	1	24	12	12	3	2	1
北仑区	12	4	8	62	31	31	57	32	25
镇海区	4	3	1	31	16	15	11	4	7
鄞州区	7	4	3	119	62	57	35	15	20
奉化区				65	38	27	3	1	2
象山县				16	10	6	3	3	
宁海县				41	22	19	1		1
余姚市				94	41	53	8	5	3
慈溪市	6	5	1	67	35	32	28	18	10
温州市	**14**	**4**	**10**	**691**	**386**	**305**	**27**	**12**	**15**
鹿城区				172	98	74	10	3	7
龙湾区				73	39	34	5	3	2
瓯海区	14	4	10	88	51	37	5	1	4
洞头区				4	2	2			
永嘉县				58	32	26	2	2	
平阳县				62	34	28	2	2	
苍南县				22	9	13			
文成县				19	15	4			
泰顺县				6	1	5			
瑞安市				117	64	53	2	1	1
乐清市				39	24	15	1		1
龙港市				31	17	14			
嘉兴市	**25**	**10**	**15**	**216**	**112**	**104**	**78**	**30**	**48**
南湖区	1		1	21	8	13	20	6	14
秀洲区	12	3	9	33	18	15	7	4	3
嘉善县				28	13	15	10	4	6
海盐县				17	10	7	12	7	5
海宁市	9	6	3	41	27	14	17	6	11
平湖市	2	1	1	32	14	18	8	2	6
桐乡市	1		1	44	22	22	4	1	3
湖州市				**98**	**51**	**47**	**12**	**6**	**6**
吴兴区				29	18	11	8	3	5
南浔区				9	7	2			
德清县				26	9	17	1	1	
长兴县				12	4	8	1		1
安吉县				22	13	9	2	2	

1-4　续表 21　　单位：人

地　区	柯尔克孜族			土　族			达斡尔族		
	小计	男	女	小计	男	女	小计	男	女
绍兴市	**4**	**3**	**1**	**133**	**66**	**67**	**16**	**12**	**4**
越城区	2	2		22	10	12	5	4	1
柯桥区	2	1	1	38	19	19	3	3	
上虞区				21	9	12	2	1	1
新昌县				4	3	1	1	1	
诸暨市				38	20	18	5	3	2
嵊州市				10	5	5			
金华市	**19**	**12**	**7**	**454**	**252**	**202**	**52**	**26**	**26**
婺城区	5	2	3	78	45	33	11	1	10
金东区				20	11	9	1	1	
武义县	4	3	1	36	24	12	2	2	
浦江县				21	14	7			
磐安县				1	1				
兰溪市				12	5	7	3	1	2
义乌市	10	7	3	105	47	58	28	17	11
东阳市				62	35	27	6	3	3
永康市				119	70	49	1	1	
衢州市	**1**		**1**	**28**	**8**	**20**	**6**	**3**	**3**
柯城区	1		1	11	4	7			
衢江区				6	2	4	1	1	
常山县				1		1	3	1	2
开化县									
龙游县				3		3	1		1
江山市				7	2	5	1	1	
舟山市	**1**	**1**		**23**	**12**	**11**	**10**	**6**	**4**
定海区	1	1		12	6	6	2		2
普陀区				7	4	3	3	2	1
岱山县				4	2	2	5	4	1
嵊泗县									
台州市	**15**	**4**	**11**	**345**	**193**	**152**	**27**	**15**	**12**
椒江区	12	4	8	26	15	11	4	1	3
黄岩区				8	1	7	6	3	3
路桥区	1		1	18	14	4	6	3	3
三门县				14	7	7	1	1	
天台县				5	2	3	2	2	
仙居县				4		4			
温岭市	2		2	64	29	35	3	2	1
临海市				48	30	18	3	1	2
玉环市				158	95	63	2	2	
丽水市				**69**	**34**	**35**	**7**	**5**	**2**
莲都区				44	26	18	2	1	1
青田县				11	4	7			
缙云县				2		2			
遂昌县							1		1
松阳县				4	2	2	1	1	
云和县				3	2	1			
庆元县				1		1	3	3	
景宁畲族自治县									
龙泉市				4		4			

1－4　续表 22　　　　　　　　　　　　　　　　　　　　　单位：人

地　区	仫佬族			羌　族			布朗族		
	小计	男	女	小计	男	女	小计	男	女
合计	**7339**	**4063**	**3276**	**1661**	**941**	**720**	**963**	**468**	**495**
杭州市	**758**	**418**	**340**	**265**	**158**	**107**	**80**	**41**	**39**
上城区	25	20	5	4	2	2			
下城区	24	9	15	5	1	4	2	1	1
江干区	85	41	44	28	11	17	12	5	7
拱墅区	37	24	13	6	3	3			
西湖区	67	39	28	35	19	16	3	1	2
滨江区	24	11	13	8	6	2	3	2	1
萧山区	137	75	62	75	49	26	24	11	13
余杭区	135	75	60	75	51	24	27	16	11
富阳区	33	17	16	17	8	9	2	1	1
临安区	49	23	26	6	3	3	1		1
桐庐县	103	59	44	2	2		3	1	2
淳安县	3	2	1	2	2				
建德市	36	23	13	2	1	1	3	3	
宁波市	**1873**	**1011**	**862**	**521**	**290**	**231**	**124**	**69**	**55**
海曙区	57	33	24	67	41	26	10	4	6
江北区	35	17	18	17	9	8	24	12	12
北仑区	51	21	30	46	30	16	12	6	6
镇海区	26	10	16	38	23	15	7	1	6
鄞州区	97	47	50	52	32	20	2	2	
奉化区	50	31	19	23	15	8	12	8	4
象山县	15	10	5	9	3	6	2		2
宁海县	41	23	18	20	5	15	6	5	1
余姚市	430	242	188	50	23	27	12	6	6
慈溪市	1071	577	494	199	109	90	37	25	12
温州市	**1711**	**1015**	**696**	**135**	**80**	**55**	**104**	**47**	**57**
鹿城区	208	115	93	22	11	11	14	6	8
龙湾区	694	442	252	14	10	4	6	2	4
瓯海区	125	69	56	30	19	11	26	12	14
洞头区	22	13	9	2		2	1		1
永嘉县	119	65	54	4	2	2	3	2	1
平阳县	84	52	32	4	3	1	11	4	7
苍南县	30	14	16	8	4	4	7	5	2
文成县	3	1	2				2	1	1
泰顺县	7	3	4						
瑞安市	148	82	66	24	15	9	5	3	2
乐清市	241	138	103	20	13	7	29	12	17
龙港市	30	21	9	7	3	4			
嘉兴市	**324**	**166**	**158**	**171**	**97**	**74**	**51**	**27**	**24**
南湖区	40	21	19	33	19	14	4	1	3
秀洲区	37	11	26	35	15	20	8	4	4
嘉善县	98	57	41	14	6	8	19	12	7
海盐县	13	6	7	24	16	8	3	2	1
海宁市	38	25	13	21	15	6	10	5	5
平湖市	49	20	29	32	19	13	6	3	3
桐乡市	49	26	23	12	7	5	1		1
湖州市	**293**	**166**	**127**	**65**	**33**	**32**	**33**	**21**	**12**
吴兴区	118	66	52	21	11	10	5		5
南浔区	35	23	12	9	4	5	2		2
德清县	32	17	15	18	12	6	4	3	1
长兴县	44	21	23	10	5	5	2	2	
安吉县	64	39	25	7	1	6	20	16	4

1-4　续表 23　　　　　　　　　　　　　　　　　　　　　　　　单位：人

地　区	仫佬族			羌　族			布朗族		
	小计	男	女	小计	男	女	小计	男	女
绍兴市	**655**	**340**	**315**	**198**	**102**	**96**	**154**	**77**	**77**
越城区	109	59	50	42	15	27	10	7	3
柯桥区	211	113	98	120	71	49	14	7	7
上虞区	82	38	44	15	8	7	7	5	2
新昌县	11	3	8				2	1	1
诸暨市	229	125	104	16	6	10	18	3	15
嵊州市	13	2	11	5	2	3	103	54	49
金华市	**1139**	**626**	**513**	**132**	**75**	**57**	**146**	**71**	**75**
婺城区	204	101	103	13	7	6	12	9	3
金东区	95	58	37	13	8	5	18	12	6
武义县	98	44	54	2	1	1	19	11	8
浦江县	58	29	29	7	1	6	16	4	12
磐安县	5	5		2	2		1		1
兰溪市	34	12	22	12	8	4	4	2	2
义乌市	228	124	104	51	32	19	31	13	18
东阳市	190	115	75	13	7	6	20	11	9
永康市	227	138	89	19	9	10	25	9	16
衢州市	**64**	**37**	**27**	**28**	**20**	**8**	**16**	**5**	**11**
柯城区	22	13	9	9	6	3	2	1	1
衢江区	8	4	4	16	13	3	3	1	2
常山县	12	8	4	1	1		4	2	2
开化县	2	1	1	1		1	4	1	3
龙游县	13	8	5				1		1
江山市	7	3	4	1		1	2		2
舟山市	**25**	**12**	**13**	**25**	**12**	**13**	**38**	**24**	**14**
定海区	10	5	5	10	4	6	17	12	5
普陀区	7	3	4	2	1	1	12	6	6
岱山县	7	4	3	12	7	5	9	6	3
嵊泗县	1		1	1		1			
台州市	**391**	**223**	**168**	**106**	**65**	**41**	**145**	**70**	**75**
椒江区	37	16	21	21	12	9	9	4	5
黄岩区	9	6	3	18	12	6	6		6
路桥区	51	26	25	4	2	2	18	10	8
三门县	20	11	9	2		2	2	1	1
天台县	2		2	4	3	1			
仙居县	31	17	14						
温岭市	133	78	55	17	10	7	65	38	27
临海市	55	31	24	15	11	4	17	1	16
玉环市	53	38	15	25	15	10	28	16	12
丽水市	**106**	**49**	**57**	**15**	**9**	**6**	**72**	**16**	**56**
莲都区	48	20	28	3	1	2	9	3	6
青田县	28	17	11	3	2	1	3	2	1
缙云县	10	5	5	3	2	1	2	1	1
遂昌县	1		1	1	1		1		1
松阳县	8	5	3	2	2		53	10	43
云和县	2		2	1		1	1		1
庆元县	1	1							
景宁畲族自治县	5		5	2	1	1	1		1
龙泉市	3	1	2				2		2

1-4 续表 24

单位：人

地区	撒拉族			毛南族			仡佬族		
	小计	男	女	小计	男	女	小计	男	女
合计	**1083**	**612**	**471**	**3005**	**1713**	**1292**	**37476**	**21926**	**15550**
杭州市	**356**	**197**	**159**	**521**	**316**	**205**	**3559**	**2146**	**1413**
上城区	18	10	8	21	16	5	104	64	40
下城区	23	14	9	35	24	11	69	39	30
江干区	93	52	41	44	30	14	307	195	112
拱墅区	8	5	3	21	13	8	54	32	22
西湖区	55	27	28	23	10	13	164	96	68
滨江区	26	18	8	34	20	14	104	68	36
萧山区	86	44	42	109	67	42	810	507	303
余杭区	29	15	14	109	69	40	577	361	216
富阳区	8	6	2	82	45	37	198	134	64
临安区	6	3	3	23	15	8	145	88	57
桐庐县	3	3		9	4	5	938	505	433
淳安县	1		1	3	1	2	29	20	9
建德市				8	2	6	60	37	23
宁波市	**92**	**43**	**49**	**881**	**488**	**393**	**8035**	**4539**	**3496**
海曙区	13	5	8	33	19	14	282	158	124
江北区	2		2	8	6	2	161	93	68
北仑区	16	10	6	16	9	7	228	141	87
镇海区	5	1	4	6	4	2	161	98	63
鄞州区	14	7	7	22	10	12	1760	956	804
奉化区	16	4	12	13	8	5	384	196	188
象山县				6	5	1	129	69	60
宁海县	5	3	2	56	39	17	210	125	85
余姚市				103	59	44	3441	1960	1481
慈溪市	21	13	8	618	329	289	1279	743	536
温州市	**131**	**75**	**56**	**167**	**92**	**75**	**8661**	**5134**	**3527**
鹿城区	61	31	30	25	16	9	732	455	277
龙湾区	10	5	5	26	17	9	1638	1026	612
瓯海区	30	18	12	16	8	8	782	478	304
洞头区	9	5	4	7	5	2	122	72	50
永嘉县	1	1		6	2	4	498	302	196
平阳县				18	10	8	849	474	375
苍南县				5	1	4	412	216	196
文成县	1	1					25	18	7
泰顺县				2		2	17	10	7
瑞安市	12	9	3	15	6	9	1993	1138	855
乐清市	4	3	1	32	16	16	1207	727	480
龙港市	3	2	1	15	11	4	386	218	168
嘉兴市	**160**	**95**	**65**	**112**	**67**	**45**	**2414**	**1361**	**1053**
南湖区	99	65	34	13	11	2	253	158	95
秀洲区	18	8	10	19	12	7	686	388	298
嘉善县	12	8	4	12	7	5	580	341	239
海盐县				2	1	1	109	55	54
海宁市	19	7	12	14	9	5	258	154	104
平湖市	8	5	3	34	19	15	168	92	76
桐乡市	4	2	2	18	8	10	360	173	187
湖州市	**14**	**9**	**5**	**73**	**43**	**30**	**1549**	**899**	**650**
吴兴区	1	1		21	14	7	656	387	269
南浔区	1		1	5	2	3	254	142	112
德清县	2	1	1	22	11	11	305	167	138
长兴县	10	7	3	9	6	3	95	60	35
安吉县				16	10	6	239	143	96

1—4　续表 25　　　　单位：人

地　区	撒拉族			毛南族			仡佬族		
	小计	男	女	小计	男	女	小计	男	女
绍兴市	**21**	**12**	**9**	**318**	**172**	**146**	**1864**	**1103**	**761**
越城区	5	4	1	38	17	21	200	130	70
柯桥区	7	3	4	123	67	56	332	203	129
上虞区	5	3	2	17	11	6	624	369	255
新昌县	1	1		8	6	2	190	107	83
诸暨市	2	1	1	41	25	16	343	206	137
嵊州市	1		1	91	46	45	175	88	87
金华市	**98**	**55**	**43**	**631**	**369**	**262**	**7615**	**4485**	**3130**
婺城区	14	7	7	36	20	16	2463	1449	1014
金东区				116	69	47	701	431	270
武义县				39	21	18	423	237	186
浦江县	17	10	7	18	10	8	221	127	94
磐安县	2	2		8	5	3	38	23	15
兰溪市				15	6	9	143	90	53
义乌市	63	36	27	215	125	90	1753	1050	703
东阳市	1		1	125	80	45	1036	585	451
永康市	1		1	59	33	26	837	493	344
衢州市	**47**	**28**	**19**	**22**	**12**	**10**	**209**	**124**	**85**
柯城区	21	10	11	4	2	2	54	33	21
衢江区	23	16	7	3	3		53	35	18
常山县				4	2	2	22	9	13
开化县				1		1	13	8	5
龙游县	3	2	1	5	3	2	44	29	15
江山市				5	2	3	23	10	13
舟山市	**17**	**8**	**9**	**9**	**8**	**1**	**119**	**77**	**42**
定海区	10	5	5	3	3		50	32	18
普陀区	1		1	2	1	1	29	21	8
岱山县	6	3	3	4	4		36	24	12
嵊泗县							4		4
台州市	**116**	**71**	**45**	**246**	**133**	**113**	**2268**	**1338**	**930**
椒江区	30	22	8	18	14	4	192	111	81
黄岩区	15	8	7	10	1	9	93	55	38
路桥区	14	8	6	10	5	5	141	80	61
三门县				7	5	2	46	26	20
天台县				13	5	8	22	7	15
仙居县				3	2	1	35	23	12
温岭市	30	17	13	103	57	46	1163	694	469
临海市	22	13	9	38	17	21	198	111	87
玉环市	5	3	2	44	27	17	378	231	147
丽水市	**31**	**19**	**12**	**25**	**13**	**12**	**1183**	**720**	**463**
莲都区	1	1		11	4	7	879	539	340
青田县							113	61	52
缙云县				10	7	3	55	33	22
遂昌县	11	7	4				10	7	3
松阳县	5	2	3	4	2	2	38	19	19
云和县	5	4	1				20	15	5
庆元县	2	1	1				11	10	1
景宁畲族自治县	5	3	2				17	12	5
龙泉市	2	1	1				40	24	16

1-4 续表 26　　　　单位：人

地　区	锡伯族			阿昌族			普米族		
	小计	男	女	小计	男	女	小计	男	女
合计	**541**	**263**	**278**	**350**	**203**	**147**	**128**	**57**	**71**
杭州市	**271**	**128**	**143**	**47**	**32**	**15**	**16**	**5**	**11**
上城区	8	3	5						
下城区	12	6	6						
江干区	35	16	19	2	1	1	3	1	2
拱墅区	16	6	10				1		1
西湖区	58	28	30	5	2	3	6	1	5
滨江区	29	14	15	3	3				
萧山区	46	22	24	29	22	7	1		1
余杭区	50	27	23	4	2	2	3	2	1
富阳区	5	3	2						
临安区	4		4				2	1	1
桐庐县	6	2	4	3	2	1			
淳安县				1		1			
建德市	2	1	1						
宁波市	**73**	**35**	**38**	**61**	**30**	**31**	**25**	**12**	**13**
海曙区	11	7	4	2	1	1	2	2	
江北区	6	1	5						
北仑区	25	13	12	13	5	8	8	6	2
镇海区	5	1	4				1		1
鄞州区	13	7	6	21	13	8	3	2	1
奉化区				5	3	2	1		1
象山县	3	2	1	2	2		3	1	2
宁海县	2		2	2	1	1	2		2
余姚市	1	1		5	2	3	3		3
慈溪市	7	3	4	11	3	8	2	1	1
温州市	**19**	**11**	**8**	**62**	**36**	**26**	**4**	**1**	**3**
鹿城区	2	1	1	1	1		1		1
龙湾区	1		1	4	4				
瓯海区	7	5	2	9	5	4	1		1
洞头区									
永嘉县				2	1	1			
平阳县	4	1	3	3	2	1			
苍南县									
文成县									
泰顺县	1	1							
瑞安市	3	2	1	32	19	13	1		1
乐清市	1	1		11	4	7	1	1	
龙港市									
嘉兴市	**51**	**27**	**24**	**46**	**25**	**21**	**9**	**4**	**5**
南湖区	24	12	12	18	13	5			
秀洲区	6	3	3	1		1			
嘉善县	4	3	1	4	1	3	4	1	3
海盐县	4	2	2	1		1			
海宁市	7	4	3	11	6	5	4	3	1
平湖市	1		1	7	3	4			
桐乡市	5	3	2	4	2	2	1		1
湖州市	**31**	**17**	**14**	**13**	**8**	**5**	**4**	**3**	**1**
吴兴区	26	13	13	2		2	3	2	1
南浔区				2	1	1			
德清县	5	4	1	1		1			
长兴县				5	4	1			
安吉县				3	3		1	1	

1－4　续表 27　　　　　　　　　　　　　　　　　　　　　　　　　　　　　　单位：人

地　区	锡伯族			阿昌族			普米族		
	小计	男	女	小计	男	女	小计	男	女
绍兴市	**10**	**5**	**5**	**35**	**23**	**12**	**24**	**11**	**13**
越城区	2	1	1	2	2		4	1	3
柯桥区	5	2	3	21	14	7	8	4	4
上虞区	1	1		1	1		2		2
新昌县									
诸暨市	2	1	1	9	6	3	8	5	3
嵊州市				2		2	2	1	1
金华市	**54**	**25**	**29**	**52**	**30**	**22**	**25**	**14**	**11**
婺城区	11	5	6	7	6	1	3		3
金东区	6	2	4	12	7	5	5	4	1
武义县	7	5	2	1	1				
浦江县	1		1				3	1	2
磐安县				1		1			
兰溪市	1		1						
义乌市	19	9	10	23	14	9	2	1	1
东阳市	8	4	4	2		2	9	6	3
永康市	1		1	6	2	4	3	2	1
衢州市	**3**	**1**	**2**	**2**	**1**	**1**	**2**		**2**
柯城区							1		1
衢江区									
常山县									
开化县									
龙游县	3	1	2	1	1				
江山市				1		1	1		1
舟山市	**12**	**7**	**5**	**4**	**1**	**3**	**5**	**3**	**2**
定海区	2		2				2	2	
普陀区	3	2	1	4	1	3			
岱山县	7	5	2				1	1	
嵊泗县							2		2
台州市	**15**	**6**	**9**	**18**	**10**	**8**	**12**	**3**	**9**
椒江区	7	1	6	4	2	2	2	1	1
黄岩区				4	4		1		1
路桥区				2		2	2	1	1
三门县	2	2							
天台县	1		1						
仙居县				1		1			
温岭市	4	3	1	1		1			
临海市	1		1	6	4	2	5	1	4
玉环市							2		2
丽水市	**2**	**1**	**1**	**10**	**7**	**3**	**2**	**1**	**1**
莲都区							1	1	
青田县				1		1			
缙云县				5	4	1			
遂昌县				1	1				
松阳县							1		1
云和县									
庆元县									
景宁畲族自治县									
龙泉市	2	1	1	3	2	1			

1-4 续表 28 单位：人

地 区	塔吉克族			怒 族			乌孜别克族		
	小计	男	女	小计	男	女	小计	男	女
合计	**30**	**15**	**15**	**168**	**60**	**108**	**38**	**24**	**14**
杭州市	**9**	**6**	**3**	**7**	**2**	**5**	**5**	**2**	**3**
上城区									
下城区									
江干区									
拱墅区									
西湖区				1		1	2		2
滨江区							1	1	
萧山区	3	2	1	5	2	3			
余杭区	4	3	1				1		1
富阳区									
临安区							1	1	
桐庐县	2	1	1						
淳安县				1		1			
建德市									
宁波市	**4**	**3**	**1**	**32**	**16**	**16**	**1**	**1**	
海曙区				1		1			
江北区									
北仑区	1	1		9	5	4			
镇海区				1		1			
鄞州区	3	2	1	9	5	4			
奉化区									
象山县									
宁海县				4	2	2			
余姚市									
慈溪市				8	4	4	1	1	
温州市	**4**		**4**	**26**	**12**	**14**	**1**	**1**	
鹿城区	1		1	2	1	1			
龙湾区				2		2			
瓯海区				2	1	1	1	1	
洞头区									
永嘉县									
平阳县				1	1				
苍南县				2		2			
文成县									
泰顺县									
瑞安市				3		3			
乐清市	3		3	14	9	5			
龙港市									
嘉兴市	**4**	**2**	**2**	**17**	**6**	**11**	**2**	**1**	**1**
南湖区				4	2	2	2	1	1
秀洲区	2	2		3	2	1			
嘉善县				1		1			
海盐县									
海宁市	2		2	3		3			
平湖市				5	2	3			
桐乡市				1		1			
湖州市	**1**		**1**	**2**		**2**			
吴兴区				1		1			
南浔区									
德清县									
长兴县				1		1			
安吉县	1		1						

1-4　续表 29

单位：人

地　区	塔吉克族			怒　族			乌孜别克族		
	小计	男	女	小计	男	女	小计	男	女
绍兴市				**2**	**1**	**1**	**10**	**7**	**3**
越城区									
柯桥区				1	1		10	7	3
上虞区									
新昌县									
诸暨市				1		1			
嵊州市									
金华市	**3**	**1**	**2**	**22**	**6**	**16**	**14**	**9**	**5**
婺城区	1		1	3	1	2			
金东区				4	1	3	1	1	
武义县									
浦江县				1		1			
磐安县									
兰溪市				6	1	5			
义乌市	1	1		4	1	3	13	8	5
东阳市				1		1			
永康市	1		1	3	2	1			
衢州市				**5**		**5**			
柯城区				3		3			
衢江区				1		1			
常山县									
开化县									
龙游县									
江山市				1		1			
舟山市				**2**		**2**			
定海区									
普陀区				2		2			
岱山县									
嵊泗县									
台州市	**5**	**3**	**2**	**43**	**15**	**28**	**5**	**3**	**2**
椒江区	2	1	1	6	1	5			
黄岩区							5	3	2
路桥区	2	2							
三门县				9	2	7			
天台县									
仙居县									
温岭市									
临海市	1		1	27	11	16			
玉环市				1	1				
丽水市				**10**	**2**	**8**			
莲都区									
青田县				1		1			
缙云县				4		4			
遂昌县									
松阳县				1		1			
云和县									
庆元县				2	1	1			
景宁畲族自治县									
龙泉市				2	1	1			

1-4 续表 30　　　　单位：人

地　区	俄罗斯族			鄂温克族			德 昂 族		
	小计	男	女	小计	男	女	小计	男	女
合计	**107**	**47**	**60**	**126**	**60**	**66**	**244**	**118**	**126**
杭州市	**58**	**22**	**36**	**46**	**20**	**26**	**27**	**13**	**14**
上城区	1		1	2		2			
下城区	2	1	1	3	2	1			
江干区	9	6	3	8	3	5			
拱墅区	2		2	4	2	2			
西湖区	10	5	5	4	1	3	1		1
滨江区	12	3	9	3		3			
萧山区	8	3	5	7	2	5	4	1	3
余杭区	8	3	5	9	6	3	4	2	2
富阳区	2		2	3	1	2			
临安区				1	1		13	5	8
桐庐县	2	1	1						
淳安县	2		2						
建德市				2	2		5	5	
宁波市	**10**	**7**	**3**	**31**	**12**	**19**	**15**	**3**	**12**
海曙区	2	1	1	2	1	1	3		3
江北区									
北仑区	2	1	1	4	2	2	1		1
镇海区				1		1	1		1
鄞州区	4	4		5	2	3	1	1	
奉化区				3	1	2			
象山县									
宁海县				3	2	1	3	1	2
余姚市				1	1		2		2
慈溪市	2	1	1	12	3	9	4	1	3
温州市	**4**	**2**	**2**	**6**	**4**	**2**	**16**	**11**	**5**
鹿城区	1		1	2		2	1	1	
龙湾区				1	1				
瓯海区				1	1		13	9	4
洞头区									
永嘉县				1	1				
平阳县	1		1	1	1				
苍南县									
文成县									
泰顺县									
瑞安市							1		1
乐清市	2	2					1	1	
龙港市									
嘉兴市	**6**	**1**	**5**	**19**	**9**	**10**	**16**	**10**	**6**
南湖区	5	1	4	4	3	1	6	4	2
秀洲区							1		1
嘉善县	1		1	5	3	2	3	1	2
海盐县				3		3			
海宁市				3	1	2	4	4	
平湖市				2	1	1	2	1	1
桐乡市				2	1	1			
湖州市	**1**		**1**	**2**	**2**		**33**	**13**	**20**
吴兴区	1		1				6	2	4
南浔区									
德清县				2	2		21	10	11
长兴县									
安吉县							6	1	5

1−4　续表 31　　　　单位：人

地　　区	俄罗斯族			鄂温克族			德 昂 族		
	小计	男	女	小计	男	女	小计	男	女
绍兴市	**1**	**1**		**3**	**2**	**1**	**15**	**10**	**5**
越城区									
柯桥区				1	1				
上虞区	1	1		1	1		2	1	1
新昌县									
诸暨市				1		1	11	8	3
嵊州市							2	1	1
金华市	**17**	**9**	**8**	**9**	**6**	**3**	**86**	**41**	**45**
婺城区	1	1					10	4	6
金东区							4	1	3
武义县	4	3	1	1		1	8	4	4
浦江县									
磐安县							1	1	
兰溪市							47	25	22
义乌市	11	5	6	6	5	1	5		5
东阳市							1		1
永康市	1		1	2	1	1	10	6	4
衢州市				**2**	**1**	**1**	**3**		**3**
柯城区				2	1	1			
衢江区									
常山县									
开化县							2		2
龙游县							1		1
江山市									
舟山市				**1**	**1**				
定海区									
普陀区									
岱山县				1	1				
嵊泗县									
台州市	**4**	**3**	**1**	**2**	**1**	**1**	**20**	**9**	**11**
椒江区	1	1		1		1	5	2	3
黄岩区							2		2
路桥区							8	4	4
三门县							1		1
天台县									
仙居县									
温岭市	1	1					2	1	1
临海市	2	1	1						
玉环市				1	1		2	2	
丽水市	**6**	**2**	**4**	**5**	**2**	**3**	**13**	**8**	**5**
莲都区	6	2	4	3	2	1	1		1
青田县				1		1			
缙云县									
遂昌县				1		1			
松阳县									
云和县									
庆元县									
景宁畲族自治县									
龙泉市							12	8	4

1-4 续表 32 单位：人

地区	保安族			裕固族			京族		
	小计	男	女	小计	男	女	小计	男	女
合计	**109**	**78**	**31**	**21**	**9**	**12**	**213**	**90**	**123**
杭州市	**20**	**13**	**7**	**9**	**5**	**4**	**18**	**11**	**7**
上城区	5	3	2	1		1			
下城区									
江干区	2	2		2	2		1	1	
拱墅区	3	1	2	1	1				
西湖区	1	1		1	1		1	1	
滨江区	1	1		3	1	2	1	1	
萧山区	1		1						
余杭区	5	3	2	1		1	6	2	4
富阳区	1	1					2	1	1
临安区	1	1					5	3	2
桐庐县							2	2	
淳安县									
建德市									
宁波市	**26**	**20**	**6**	**3**	**1**	**2**	**22**	**10**	**12**
海曙区	1	1		2	1	1	1		1
江北区				1		1	1		1
北仑区	6	6					2	1	1
镇海区									
鄞州区									
奉化区	1	1					1		1
象山县							1		1
宁海县							1		1
余姚市							12	6	6
慈溪市	18	12	6				3	3	
温州市	**3**	**2**	**1**	**1**	**1**		**37**	**18**	**19**
鹿城区	2	1	1				4	4	
龙湾区	1	1					3	2	1
瓯海区							3		3
洞头区									
永嘉县							7	3	4
平阳县									
苍南县							4	1	3
文成县				1	1		1		1
泰顺县									
瑞安市							15	8	7
乐清市									
龙港市									
嘉兴市	**44**	**37**	**7**	**5**	**1**	**4**	**8**	**5**	**3**
南湖区	35	30	5				2	2	
秀洲区	1	1					1	1	
嘉善县	5	4	1	1	1		3	1	2
海盐县				2		2			
海宁市							1		1
平湖市	2	1	1	1		1			
桐乡市	1	1		1		1	1	1	
湖州市	**2**	**1**	**1**	**1**	**1**		**18**	**7**	**11**
吴兴区	2	1	1	1	1		1	1	
南浔区							1		1
德清县							5	1	4
长兴县									
安吉县							11	5	6

1-4　续表 33　　　　单位：人

地　区	保安族			裕固族			京　族		
	小计	男	女	小计	男	女	小计	男	女
绍兴市	**4**		**4**				**18**	**11**	**7**
越城区	3		3				1	1	
柯桥区							4	2	2
上虞区							2	2	
新昌县							1		1
诸暨市	1		1				1	1	
嵊州市							9	5	4
金华市	**5**	**3**	**2**	**2**		**2**	**32**	**14**	**18**
婺城区							1	1	
金东区	1		1				1		1
武义县							2		2
浦江县	2	1	1				3	2	1
磐安县									
兰溪市							1		1
义乌市	1	1					9	4	5
东阳市				2		2	3	2	1
永康市	1	1					12	5	7
衢州市							**7**	**2**	**5**
柯城区									
衢江区							4	1	3
常山县									
开化县							2	1	1
龙游县									
江山市							1		1
舟山市									
定海区									
普陀区									
岱山县									
嵊泗县									
台州市	**5**	**2**	**3**				**49**	**10**	**39**
椒江区	5	2	3				1		1
黄岩区									
路桥区							2	1	1
三门县									
天台县									
仙居县									
温岭市							34	7	27
临海市							6		6
玉环市							6	2	4
丽水市							**4**	**2**	**2**
莲都区							2	1	1
青田县									
缙云县							1	1	
遂昌县									
松阳县							1		1
云和县									
庆元县									
景宁畲族自治县									
龙泉市									

1—4 续表 34 单位：人

地区	塔塔尔族			独龙族			鄂伦春族		
	小计	男	女	小计	男	女	小计	男	女
合计	**15**	**5**	**10**	**22**	**9**	**13**	**61**	**27**	**34**
杭州市	**3**	**1**	**2**	**2**		**2**	**20**	**12**	**8**
上城区	1	1							
下城区	1		1				1	1	
江干区							3	2	1
拱墅区									
西湖区	1		1				1	1	
滨江区									
萧山区							3	3	
余杭区				1		1	5	3	2
富阳区							6	2	4
临安区				1		1	1		1
桐庐县									
淳安县									
建德市									
宁波市	**2**		**2**	**4**	**1**	**3**	**4**	**3**	**1**
海曙区									
江北区									
北仑区	1		1	1		1			
镇海区				1		1	1	1	
鄞州区				1	1		1	1	
奉化区									
象山县	1		1						
宁海县									
余姚市									
慈溪市				1		1	2	1	1
温州市	**4**	**3**	**1**	**2**	**2**		**5**	**3**	**2**
鹿城区							1		1
龙湾区				1	1				
瓯海区	1	1					1	1	
洞头区									
永嘉县							1	1	
平阳县							2	1	1
苍南县									
文成县									
泰顺县									
瑞安市	2	1	1						
乐清市	1	1		1	1				
龙港市									
嘉兴市	**1**		**1**	**4**	**3**	**1**	**13**	**6**	**7**
南湖区				1	1		6	3	3
秀洲区				2	1	1	5	2	3
嘉善县							1		1
海盐县									
海宁市	1		1				1	1	
平湖市				1	1				
桐乡市									
湖州市							**1**		**1**
吴兴区									
南浔区									
德清县									
长兴县									
安吉县							1		1

1-4　续表 35

单位：人

地　　区	塔塔尔族			独 龙 族			鄂伦春族		
	小计	男	女	小计	男	女	小计	男	女
绍兴市				**3**	**1**	**2**	**4**	**1**	**3**
越城区									
柯桥区				2	1	1			
上虞区							1	1	
新昌县									
诸暨市				1		1	2		2
嵊州市							1		1
金华市	**2**	**1**	**1**	**1**		**1**	**10**	**1**	**9**
婺城区									
金东区				1		1			
武义县							1		1
浦江县									
磐安县									
兰溪市									
义乌市	2	1	1						
东阳市							7		7
永康市							2	1	1
衢州市									
柯城区									
衢江区									
常山县									
开化县									
龙游县									
江山市									
舟山市									
定海区									
普陀区									
岱山县									
嵊泗县									
台州市	**3**		**3**	**6**	**2**	**4**	**4**	**1**	**3**
椒江区									
黄岩区							1		1
路桥区									
三门县									
天台县									
仙居县									
温岭市	1		1				3	1	2
临海市				6	2	4			
玉环市	2		2						
丽水市									
莲都区									
青田县									
缙云县									
遂昌县									
松阳县									
云和县									
庆元县									
景宁畲族自治县									
龙泉市									

1-4 续表 36

单位：人

地区	赫哲族			门巴族			珞巴族		
	小计	男	女	小计	男	女	小计	男	女
合计	**97**	**37**	**60**	**25**	**8**	**17**	**14**	**6**	**8**
杭州市	**50**	**18**	**32**	**14**	**3**	**11**	**2**		**2**
上城区									
下城区	3	1	2						
江干区	15	3	12	4	2	2	1		1
拱墅区	6		6						
西湖区	12	6	6	3	1	2	1		1
滨江区	1	1		3		3			
萧山区	9	7	2	2		2			
余杭区	3		3						
富阳区									
临安区				2		2			
桐庐县	1		1						
淳安县									
建德市									
宁波市	**21**	**8**	**13**	**5**	**2**	**3**	**2**		**2**
海曙区				3	1	2			
江北区									
北仑区	9	4	5						
镇海区	2		2						
鄞州区	1		1	1		1			
奉化区	2	2							
象山县	2	1	1						
宁海县							1		1
余姚市	1		1	1	1		1		1
慈溪市	4	1	3						
温州市	**9**	**2**	**7**	**2**	**1**	**1**	**6**	**3**	**3**
鹿城区									
龙湾区				1	1				
瓯海区	3	1	2						
洞头区									
永嘉县				1		1	1	1	
平阳县	3	1	2						
苍南县									
文成县									
泰顺县	1		1						
瑞安市	1		1						
乐清市	1		1				5	2	3
龙港市									
嘉兴市	**1**		**1**	**1**		**1**			
南湖区				1		1			
秀洲区									
嘉善县									
海盐县									
海宁市									
平湖市	1		1						
桐乡市									
湖州市	**2**	**1**	**1**						
吴兴区									
南浔区	2	1	1						
德清县									
长兴县									
安吉县									

1-4　续表 37　　　　单位：人

地　区	赫哲族			门巴族			珞巴族		
	小计	男	女	小计	男	女	小计	男	女
绍兴市				**3**	**2**	**1**	**2**	**1**	**1**
越城区				2	2				
柯桥区							2	1	1
上虞区									
新昌县									
诸暨市				1		1			
嵊州市									
金华市	**6**	**3**	**3**				**2**	**2**	
婺城区	1		1						
金东区									
武义县									
浦江县									
磐安县	1		1						
兰溪市							1	1	
义乌市	3	3					1	1	
东阳市									
永康市	1		1						
衢州市									
柯城区									
衢江区									
常山县									
开化县									
龙游县									
江山市									
舟山市	**5**	**4**	**1**						
定海区	3	2	1						
普陀区	2	2							
岱山县									
嵊泗县									
台州市	**1**		**1**						
椒江区									
黄岩区									
路桥区									
三门县									
天台县									
仙居县									
温岭市									
临海市									
玉环市	1		1						
丽水市	**2**	**1**	**1**						
莲都区	2	1	1						
青田县									
缙云县									
遂昌县									
松阳县									
云和县									
庆元县									
景宁畲族自治县									
龙泉市									

1-4 续表 38

单位：人

地 区	基诺族			未定族称人口			入 籍		
	小计	男	女	小计	男	女	小计	男	女
合计	**60**	**18**	**42**	**42606**	**25006**	**17600**	**1330**	**715**	**615**
杭州市	**15**	**1**	**14**	**2665**	**1538**	**1127**	**284**	**170**	**114**
上城区				217	128	89	5	4	1
下城区				63	34	29	4	3	1
江干区	1		1	243	141	102	4	2	2
拱墅区				74	41	33			
西湖区				187	110	77	8	6	2
滨江区	1		1	76	40	36	4	3	1
萧山区	2		2	605	349	256	26	18	8
余杭区	4		4	467	289	178	160	93	67
富阳区	3		3	200	119	81			
临安区	1		1	273	152	121	61	37	24
桐庐县				131	74	57	2		2
淳安县	1		1	13	4	9	1		1
建德市	2	1	1	116	57	59	9	4	5
宁波市	**8**	**4**	**4**	**10724**	**6278**	**4446**	**253**	**135**	**118**
海曙区				361	203	158	18	9	9
江北区				231	137	94	3	2	1
北仑区	1		1	437	254	183	13	8	5
镇海区				183	109	74	5	2	3
鄞州区	3	2	1	331	169	162	11	5	6
奉化区				1056	629	427	28	14	14
象山县				43	26	17	3	1	2
宁海县	2	2		211	121	90	11	8	3
余姚市	1		1	6376	3774	2602	121	65	56
慈溪市	1		1	1495	856	639	40	21	19
温州市	**11**	**4**	**7**	**3468**	**2050**	**1418**	**103**	**42**	**61**
鹿城区	3	1	2	479	289	190	18	11	7
龙湾区	1		1	690	407	283	7	4	3
瓯海区	1		1	373	225	148	6	1	5
洞头区				45	30	15			
永嘉县				161	97	64			
平阳县				246	142	104	9	3	6
苍南县	3	1	2	96	56	40	1		1
文成县				23	12	11	6		6
泰顺县				14	8	6	5		5
瑞安市				825	489	336	30	14	16
乐清市	3	2	1	423	245	178	11	4	7
龙港市				93	50	43	10	5	5
嘉兴市	**2**		**2**	**3049**	**1781**	**1268**	**41**	**21**	**20**
南湖区				329	183	146	8	4	4
秀洲区				833	498	335	13	6	7
嘉善县				438	247	191			
海盐县				98	51	47			
海宁市				617	383	234	8	6	2
平湖市	1		1	229	140	89	3	1	2
桐乡市	1		1	505	279	226	9	4	5
湖州市				**5184**	**2942**	**2242**	**85**	**52**	**33**
吴兴区				446	278	168	7	5	2
南浔区				1065	595	470	12	6	6
德清县				1127	631	496	9	5	4
长兴县				355	195	160	4	3	1
安吉县				2191	1243	948	53	33	20

1-4　续表 39

单位：人

地　　区	基诺族			未定族称人口			入　　籍		
	小计	男	女	小计	男	女	小计	男	女
绍兴市	**7**	**5**	**2**	**3183**	**1873**	**1310**	**51**	**20**	**31**
越城区				660	397	263	15	7	8
柯桥区				1331	803	528	12	3	9
上虞区	3	2	1	265	151	114	6	3	3
新昌县				137	77	60	6	2	4
诸暨市	2	2		624	352	272	7	3	4
嵊州市	2	1	1	166	93	73	5	2	3
金华市	**8**	**1**	**7**	**8459**	**5042**	**3417**	**304**	**181**	**123**
婺城区				280	167	113	10	3	7
金东区				206	124	82	6	4	2
武义县				2555	1525	1030	58	34	24
浦江县				273	137	136	33	18	15
磐安县				64	41	23			
兰溪市				156	88	68	4	2	2
义乌市	2		2	1921	1140	781	45	20	25
东阳市	3		3	1226	741	485	57	36	21
永康市	3	1	2	1778	1079	699	91	64	27
衢州市				**236**	**121**	**115**	**16**	**6**	**10**
柯城区				57	35	22	3	1	2
衢江区				46	30	16	1	1	
常山县				13	8	5			
开化县				27	10	17	3	1	2
龙游县				49	22	27	9	3	6
江山市				44	16	28			
舟山市	**1**		**1**	**132**	**84**	**48**	**5**	**4**	**1**
定海区	1		1	28	14	14	4	3	1
普陀区				64	41	23			
岱山县				39	29	10	1	1	
嵊泗县				1		1			
台州市	**7**	**3**	**4**	**5088**	**3071**	**2017**	**108**	**55**	**53**
椒江区	4	2	2	440	247	193	16	8	8
黄岩区				219	132	87	2		2
路桥区				401	253	148	8	4	4
三门县				84	57	27	3	1	2
天台县				26	14	12	2		2
仙居县				45	27	18	11	3	8
温岭市	2	1	1	2683	1619	1064	54	33	21
临海市				962	581	381	11	5	6
玉环市	1		1	228	141	87	1	1	
丽水市	**1**		**1**	**418**	**226**	**192**	**80**	**29**	**51**
莲都区				129	78	51	38	20	18
青田县				122	64	58	20	6	14
缙云县				84	49	35	6	1	5
遂昌县				17	7	10	1		1
松阳县	1		1	44	20	24	2	1	1
云和县				3	1	2	5		5
庆元县				3	1	2	3		3
景宁畲族自治县				10	3	7	2	1	1
龙泉市				6	3	3	3		3

1-4a 各地区分性别、民族的人口(城市)

单位：人

地区	合计			汉族		
	合计	男	女	小计	男	女
合计	**33083792**	**17165183**	**15918609**	**32017736**	**16576256**	**15441480**
杭州市	**8886842**	**4619807**	**4267035**	**8696631**	**4516124**	**4180507**
上城区	357657	179195	178462	350802	175304	175498
下城区	485849	237311	248538	479431	234012	245419
江干区	1487787	774118	713669	1462855	760509	702346
拱墅区	635136	318031	317105	627000	313790	313210
西湖区	1080301	555569	524732	1061414	545722	515692
滨江区	503859	260336	243523	494481	255384	239097
萧山区	1656972	881192	775780	1603476	851392	752084
余杭区	1672308	889931	782377	1640094	872572	767522
富阳区	556041	291544	264497	534594	279423	255171
临安区	305814	160437	145377	298806	156555	142251
桐庐县						
淳安县						
建德市	145118	72143	72975	143678	71461	72217
宁波市	**5440000**	**2807922**	**2632078**	**5247719**	**2703614**	**2544105**
海曙区	879210	450074	429136	858500	438919	419581
江北区	405870	210451	195419	397616	205781	191835
北仑区	584792	314494	270298	566113	304238	261875
镇海区	441037	231971	209066	429994	225989	204005
鄞州区	1005375	498013	507362	992847	491824	501023
奉化区	292551	149906	142645	282534	144460	138074
象山县						
宁海县						
余姚市	769271	402182	367089	716188	372898	343290
慈溪市	1061894	550831	511063	1003927	519505	484422
温州市	**4671682**	**2480310**	**2191372**	**4487294**	**2374528**	**2112766**
鹿城区	1048834	542749	506085	1012374	521729	490645
龙湾区	475693	265369	210324	444849	246914	197935
瓯海区	786250	424341	361909	754081	405512	348569
洞头区	71034	36122	34912	68528	34728	33800
永嘉县						
平阳县						
苍南县						
文成县						
泰顺县						
瑞安市	978740	515647	463093	943824	496049	447775
乐清市	879088	466438	412650	841851	445809	396042
龙港市	432043	229644	202399	421787	223787	198000
嘉兴市	**2237631**	**1148940**	**1088691**	**2181258**	**1118784**	**1062474**
南湖区	679124	347397	331727	664644	339498	325146
秀洲区	308440	162071	146369	300358	157795	142563
嘉善县						
海盐县						
海宁市	424472	218146	206326	416162	213733	202429
平湖市	292661	148113	144548	286020	144574	141446
桐乡市	532934	273213	259721	514074	263184	250890
湖州市	**745028**	**378488**	**366540**	**732009**	**371390**	**360619**
吴兴区	569140	286112	283028	560828	281555	279273
南浔区	175888	92376	83512	171181	89835	81346
德清县						
长兴县						
安吉县						

1-4a　续表 1　　　　单位：人

地　区	合　计			汉　族		
	合计	男	女	小计	男	女
绍兴市	**3077469**	**1566610**	**1510859**	**2976279**	**1510520**	**1465759**
越城区	856847	428957	427890	838680	418923	419757
柯桥区	788867	415039	373828	757594	397492	360102
上虞区	520981	263117	257864	502866	253272	249594
新昌县						
诸暨市	589056	297154	291902	562064	282030	280034
嵊州市	321718	162343	159375	315075	158803	156272
金华市	**3251595**	**1711060**	**1540535**	**3062406**	**1605245**	**1457161**
婺城区	660508	335631	324877	627786	317632	310154
金东区	143104	74925	68179	138389	72254	66135
武义县						
浦江县						
磐安县						
兰溪市	253055	126630	126425	247840	123815	124025
义乌市	1184150	638653	545497	1115967	600677	515290
东阳市	463055	237660	225395	432415	221032	211383
永康市	547723	297561	250162	500009	269835	230174
衢州市	**754014**	**378471**	**375543**	**743030**	**372847**	**370183**
柯城区	393821	196555	197266	388262	193779	194483
衢江区	137722	73341	64381	134575	71541	63034
常山县						
开化县						
龙游县	1202	613	589	1173	600	573
江山市	221269	107962	113307	219020	106927	112093
舟山市	**596041**	**298117**	**297924**	**590408**	**295217**	**295191**
定海区	349276	174968	174308	346322	173447	172875
普陀区	246765	123149	123616	244086	121770	122316
岱山县						
嵊泗县						
台州市	**2864147**	**1490798**	**1373349**	**2766799**	**1436403**	**1330396**
椒江区	621361	321395	299966	610648	315555	295093
黄岩区	409407	213823	195584	397954	207366	190588
路桥区	307644	160402	147242	300783	156496	144287
三门县						
天台县						
仙居县						
温岭市	654968	344707	310261	618215	324114	294101
临海市	417795	210988	206807	408142	205695	202447
玉环市	452972	239483	213489	431057	227177	203880
丽水市	**559343**	**284660**	**274683**	**533903**	**271584**	**262319**
莲都区	408801	209287	199514	387332	198056	189276
青田县						
缙云县						
遂昌县						
松阳县						
云和县						
庆元县						
景宁畲族自治县						
龙泉市	150542	75373	75169	146571	73528	73043

1－4a　续表 2　　　　　　　　　　　　　　　　单位：人

地　　区	蒙古族			回　族			藏　族		
	小计	男	女	小计	男	女	小计	男	女
合计	**13760**	**7199**	**6561**	**56464**	**30779**	**25685**	**3820**	**1867**	**1953**
杭州市	**6386**	**3248**	**3138**	**14056**	**7454**	**6602**	**1212**	**572**	**640**
上城区	175	77	98	751	405	346	23	6	17
下城区	282	142	140	960	458	502	44	17	27
江干区	1146	552	594	2506	1326	1180	247	132	115
拱墅区	438	207	231	1115	587	528	37	17	20
西湖区	1150	615	535	2036	1048	988	273	97	176
滨江区	577	286	291	1030	552	478	139	97	42
萧山区	1028	553	475	2673	1501	1172	201	95	106
余杭区	1164	597	567	2214	1155	1059	141	71	70
富阳区	268	137	131	417	231	186	46	21	25
临安区	114	63	51	296	158	138	55	16	39
桐庐县									
淳安县									
建德市	44	19	25	58	33	25	6	3	3
宁波市	**2331**	**1246**	**1085**	**9147**	**4946**	**4201**	**858**	**447**	**411**
海曙区	276	141	135	1049	557	492	52	20	32
江北区	208	108	100	514	273	241	34	11	23
北仑区	474	275	199	1189	664	525	51	27	24
镇海区	272	141	131	594	309	285	54	16	38
鄞州区	552	288	264	1218	578	640	53	27	26
奉化区	84	40	44	174	100	74	17	6	11
象山县									
宁海县									
余姚市	249	137	112	810	445	365	363	219	144
慈溪市	216	116	100	3599	2020	1579	234	121	113
温州市	**787**	**445**	**342**	**7914**	**4418**	**3496**	**265**	**119**	**146**
鹿城区	199	106	93	2493	1367	1126	40	18	22
龙湾区	123	83	40	602	353	249	33	16	17
瓯海区	191	106	85	991	540	451	104	45	59
洞头区	6	3	3	1050	544	506	4	3	1
永嘉县									
平阳县									
苍南县									
文成县									
泰顺县									
瑞安市	131	75	56	1886	1127	759	32	13	19
乐清市	105	53	52	620	345	275	43	19	24
龙港市	32	19	13	272	142	130	9	5	4
嘉兴市	**1150**	**633**	**517**	**5473**	**3084**	**2389**	**341**	**180**	**161**
南湖区	399	214	185	3181	1878	1303	167	92	75
秀洲区	181	103	78	1057	558	499	30	16	14
嘉善县									
海盐县									
海宁市	227	122	105	459	241	218	46	25	21
平湖市	98	54	44	276	148	128	27	13	14
桐乡市	245	140	105	500	259	241	71	34	37
湖州市	**244**	**117**	**127**	**582**	**292**	**290**	**165**	**75**	**90**
吴兴区	188	82	106	409	203	206	145	64	81
南浔区	56	35	21	173	89	84	20	11	9
德清县									
长兴县									
安吉县									

1-4a 续表 3

单位：人

地 区	蒙古族			回 族			藏 族		
	小计	男	女	小计	男	女	小计	男	女
绍兴市	**827**	**444**	**383**	**2293**	**1257**	**1036**	**298**	**157**	**141**
越城区	233	121	112	610	333	277	86	46	40
柯桥区	323	178	145	890	506	384	45	29	16
上虞区	115	63	52	369	193	176	104	48	56
新昌县									
诸暨市	103	51	52	317	167	150	35	22	13
嵊州市	53	31	22	107	58	49	28	12	16
金华市	**1044**	**538**	**506**	**13123**	**7207**	**5916**	**323**	**137**	**186**
婺城区	255	114	141	975	500	475	166	60	106
金东区	53	23	30	100	52	48	10	5	5
武义县									
浦江县									
磐安县									
兰溪市	26	7	19	65	27	38	14	7	7
义乌市	413	229	184	10219	5628	4591	85	40	45
东阳市	186	105	81	1209	662	547	14	5	9
永康市	111	60	51	555	338	217	34	20	14
衢州市	**170**	**96**	**74**	**454**	**246**	**208**	**70**	**38**	**32**
柯城区	109	60	49	307	164	143	51	28	23
衢江区	39	25	14	76	45	31	8	5	3
常山县									
开化县									
龙游县									
江山市	22	11	11	71	37	34	11	5	6
舟山市	**226**	**109**	**117**	**656**	**358**	**298**	**26**	**12**	**14**
定海区	169	88	81	245	121	124	15	6	9
普陀区	57	21	36	411	237	174	11	6	5
岱山县									
嵊泗县									
台州市	**491**	**275**	**216**	**2372**	**1314**	**1058**	**238**	**119**	**119**
椒江区	155	82	73	346	173	173	113	56	57
黄岩区	51	24	27	894	522	372	14	6	8
路桥区	44	26	18	211	128	83	27	16	11
三门县									
天台县									
仙居县									
温岭市	126	75	51	426	233	193	33	13	20
临海市	49	33	16	220	103	117	33	20	13
玉环市	66	35	31	275	155	120	18	8	10
丽水市	**104**	**48**	**56**	**394**	**203**	**191**	**24**	**11**	**13**
莲都区	91	44	47	372	191	181	23	10	13
青田县									
缙云县									
遂昌县									
松阳县									
云和县									
庆元县									
景宁畲族自治县									
龙泉市	13	4	9	22	12	10	1	1	

1-4a 续表 4

单位：人

地 区	维吾尔族			苗 族			彝 族		
	小计	男	女	小计	男	女	小计	男	女
合计	**7826**	**3817**	**4009**	**270259**	**152512**	**117747**	**69950**	**38586**	**31364**
杭州市	**1983**	**844**	**1139**	**46708**	**27219**	**19489**	**8899**	**5080**	**3819**
上城区	24	13	11	1845	1131	714	438	263	175
下城区	81	27	54	948	570	378	261	138	123
江干区	549	257	292	3749	2304	1445	1395	836	559
拱墅区	38	17	21	1171	672	499	289	176	113
西湖区	308	130	178	3519	1963	1556	670	348	322
滨江区	95	38	57	1355	796	559	328	176	152
萧山区	446	175	271	16651	9613	7038	2184	1272	912
余杭区	333	142	191	7017	4084	2933	2221	1248	973
富阳区	16	6	10	7768	4479	3289	676	377	299
临安区	84	32	52	2498	1510	988	369	215	154
桐庐县									
淳安县									
建德市	9	7	2	187	97	90	68	31	37
宁波市	**1170**	**527**	**643**	**44846**	**24351**	**20495**	**12243**	**6617**	**5626**
海曙区	64	37	27	4508	2400	2108	1005	570	435
江北区	70	26	44	2056	1222	834	715	418	297
北仑区	312	103	209	4084	2238	1846	1627	904	723
镇海区	105	41	64	2323	1315	1008	775	413	362
鄞州区	316	123	193	2086	1060	1026	645	317	328
奉化区	8	4	4	1867	1030	837	527	283	244
象山县									
宁海县									
余姚市	47	31	16	14589	7938	6651	3259	1765	1494
慈溪市	248	162	86	13333	7148	6185	3690	1947	1743
温州市	**673**	**311**	**362**	**56404**	**32600**	**23804**	**10494**	**5781**	**4713**
鹿城区	121	58	63	10507	6166	4341	3232	1744	1488
龙湾区	47	27	20	9185	5524	3661	1346	780	566
瓯海区	366	144	222	10557	6350	4207	1728	999	729
洞头区	4	2	2	478	288	190	95	46	49
永嘉县									
平阳县									
苍南县									
文成县									
泰顺县									
瑞安市	36	22	14	9364	5184	4180	1362	744	618
乐清市	80	46	34	13873	7727	6146	2271	1213	1058
龙港市	19	12	7	2440	1361	1079	460	255	205
嘉兴市	**793**	**344**	**449**	**8813**	**4564**	**4249**	**6881**	**3797**	**3084**
南湖区	44	29	15	2054	1084	970	1085	601	484
秀洲区	255	97	158	1102	572	530	807	440	367
嘉善县									
海盐县									
海宁市	331	134	197	1357	737	620	2504	1428	1076
平湖市	121	58	63	942	499	443	434	242	192
桐乡市	42	26	16	3358	1672	1686	2051	1086	965
湖州市	**33**	**18**	**15**	**4085**	**2280**	**1805**	**1202**	**647**	**555**
吴兴区	23	12	11	2186	1263	923	631	341	290
南浔区	10	6	4	1899	1017	882	571	306	265
德清县									
长兴县									
安吉县									

1—4a　续表 5　　单位：人

地　区	维吾尔族			苗　族			彝　族		
	小计	男	女	小计	男	女	小计	男	女
绍兴市	**1104**	**751**	**353**	**28545**	**15970**	**12575**	**8744**	**4840**	**3904**
越城区	166	110	56	3827	2164	1663	1871	1087	784
柯桥区	859	592	267	6894	3873	3021	2922	1645	1277
上虞区	28	18	10	4220	2280	1940	1817	981	836
新昌县									
诸暨市	47	29	18	11823	6667	5156	1279	691	588
嵊州市	4	2	2	1781	986	795	855	436	419
金华市	**1476**	**731**	**745**	**48878**	**27437**	**21441**	**13123**	**7265**	**5858**
婺城区	265	65	200	9527	5266	4261	1667	902	765
金东区	1		1	1451	803	648	366	210	156
武义县									
浦江县									
磐安县									
兰溪市	142	77	65	1370	755	615	876	484	392
义乌市	999	549	450	15201	8618	6583	4406	2432	1974
东阳市	36	18	18	6512	3535	2977	1651	890	761
永康市	33	22	11	14817	8460	6357	4157	2347	1810
衢州市	**90**	**61**	**29**	**1830**	**1006**	**824**	**662**	**352**	**310**
柯城区	70	46	24	643	351	292	310	164	146
衢江区	7	4	3	642	388	254	269	157	112
常山县									
开化县									
龙游县				10	5	5			
江山市	13	11	2	535	262	273	83	31	52
舟山市	**27**	**15**	**12**	**1162**	**627**	**535**	**345**	**166**	**179**
定海区	16	10	6	600	323	277	221	112	109
普陀区	11	5	6	562	304	258	124	54	70
岱山县									
嵊泗县									
台州市	**440**	**196**	**244**	**25634**	**14510**	**11124**	**6491**	**3592**	**2899**
椒江区	253	92	161	3421	1944	1477	1087	612	475
黄岩区	26	18	8	2138	1225	913	836	442	394
路桥区	20	13	7	2797	1624	1173	429	228	201
三门县									
天台县									
仙居县									
温岭市	120	60	60	8802	4951	3851	2441	1358	1083
临海市	10	5	5	2408	1349	1059	881	509	372
玉环市	11	8	3	6068	3417	2651	817	443	374
丽水市	**37**	**19**	**18**	**3354**	**1948**	**1406**	**866**	**449**	**417**
莲都区	34	17	17	3077	1827	1250	764	413	351
青田县									
缙云县									
遂昌县									
松阳县									
云和县									
庆元县									
景宁畲族自治县									
龙泉市	3	2	1	277	121	156	102	36	66

1-4a 续表 6

单位：人

地　　区	壮　族			布依族			朝鲜族		
	小计	男	女	小计	男	女	小计	男	女
合计	**54338**	**26303**	**28035**	**150175**	**84548**	**65627**	**10868**	**5533**	**5335**
杭州市	**15377**	**7185**	**8192**	**14353**	**8342**	**6011**	**2448**	**1177**	**1271**
上城区	196	86	110	866	501	365	50	17	33
下城区	379	166	213	392	237	155	115	57	58
江干区	2010	993	1017	1529	900	629	506	229	277
拱墅区	623	275	348	470	278	192	177	73	104
西湖区	1304	619	685	1084	620	464	373	174	199
滨江区	768	309	459	583	354	229	238	133	105
萧山区	5245	2384	2861	5149	3083	2066	414	209	205
余杭区	3626	1752	1874	2293	1270	1023	466	230	236
富阳区	891	453	438	1407	787	620	59	29	30
临安区	279	128	151	493	279	214	49	25	24
桐庐县									
淳安县									
建德市	56	20	36	87	33	54	1	1	
宁波市	**8917**	**4152**	**4765**	**30025**	**16750**	**13275**	**876**	**441**	**435**
海曙区	996	475	521	2440	1353	1087	103	47	56
江北区	292	135	157	870	531	339	80	37	43
北仑区	583	271	312	1110	593	517	152	80	72
镇海区	451	195	256	851	494	357	127	62	65
鄞州区	644	284	360	798	422	376	276	138	138
奉化区	221	109	112	1566	857	709	16	6	10
象山县									
宁海县									
余姚市	1829	911	918	7935	4459	3476	72	44	28
慈溪市	3901	1772	2129	14455	8041	6414	50	27	23
温州市	**3995**	**2029**	**1966**	**19432**	**11102**	**8330**	**259**	**129**	**130**
鹿城区	622	304	318	3337	1867	1470	93	42	51
龙湾区	486	271	215	2943	1790	1153	17	11	6
瓯海区	897	452	445	2898	1749	1149	87	48	39
洞头区	46	21	25	206	124	82	5		5
永嘉县									
平阳县									
苍南县									
文成县									
泰顺县									
瑞安市	749	391	358	3536	1964	1572	27	17	10
乐清市	917	461	456	6134	3392	2742	18	6	12
龙港市	278	129	149	378	216	162	12	5	7
嘉兴市	**3190**	**1450**	**1740**	**2516**	**1303**	**1213**	**1329**	**703**	**626**
南湖区	811	342	469	619	315	304	522	276	246
秀洲区	455	219	236	384	200	184	512	267	245
嘉善县									
海盐县									
海宁市	502	223	279	410	207	203	128	65	63
平湖市	333	149	184	409	234	175	78	53	25
桐乡市	1089	517	572	694	347	347	89	42	47
湖州市	**1016**	**529**	**487**	**1193**	**661**	**532**	**79**	**49**	**30**
吴兴区	752	391	361	862	482	380	63	38	25
南浔区	264	138	126	331	179	152	16	11	5
德清县									
长兴县									
安吉县									

1-4a　续表 7

单位：人

地　区	壮　族			布依族			朝鲜族		
	小计	男	女	小计	男	女	小计	男	女
绍兴市	**8697**	**4219**	**4478**	**16597**	**9346**	**7251**	**1504**	**789**	**715**
越城区	1170	547	623	3070	1738	1332	181	107	74
柯桥区	4260	2108	2152	4745	2713	2032	1098	569	529
上虞区	2270	1087	1183	4410	2470	1940	25	16	9
新昌县									
诸暨市	775	381	394	3737	2104	1633	132	67	65
嵊州市	222	96	126	635	321	314	68	30	38
金华市	**6067**	**3124**	**2943**	**47072**	**26649**	**20423**	**4047**	**2087**	**1960**
婺城区	1088	519	569	3876	2221	1655	84	42	42
金东区	126	70	56	805	472	333	11	4	7
武义县									
浦江县									
磐安县									
兰溪市	207	99	108	689	385	304	7	2	5
义乌市	2560	1322	1238	13867	7757	6110	3314	1718	1596
东阳市	826	412	414	12997	7091	5906	617	315	302
永康市	1260	702	558	14838	8723	6115	14	6	8
衢州市	**707**	**279**	**428**	**1478**	**720**	**758**	**49**	**19**	**30**
柯城区	348	129	219	387	189	198	30	9	21
衢江区	198	90	108	501	263	238	10	5	5
常山县									
开化县									
龙游县	1	1		3	3				
江山市	160	59	101	587	265	322	9	5	4
舟山市	**279**	**128**	**151**	**273**	**154**	**119**	**107**	**51**	**56**
定海区	156	75	81	198	114	84	51	28	23
普陀区	123	53	70	75	40	35	56	23	33
岱山县									
嵊泗县									
台州市	**5704**	**3043**	**2661**	**16490**	**9157**	**7333**	**149**	**82**	**67**
椒江区	517	246	271	1394	790	604	42	19	23
黄岩区	327	175	152	3437	1896	1541	18	11	7
路桥区	423	229	194	877	501	376	11	8	3
三门县									
天台县									
仙居县									
温岭市	3680	2026	1654	7158	3973	3185	42	25	17
临海市	332	160	172	1806	972	834	16	8	8
玉环市	425	207	218	1818	1025	793	20	11	9
丽水市	**389**	**165**	**224**	**746**	**364**	**382**	**21**	**6**	**15**
莲都区	329	145	184	657	332	325	15	6	9
青田县									
缙云县									
遂昌县									
松阳县									
云和县									
庆元县									
景宁畲族自治县									
龙泉市	60	20	40	89	32	57	6		6

1-4a 续表 8

单位：人

地区	满族			侗族			瑶族		
	小计	男	女	小计	男	女	小计	男	女
合计	**24723**	**12758**	**11965**	**72222**	**42307**	**29915**	**11005**	**5769**	**5236**
杭州市	**12362**	**6217**	**6145**	**15560**	**8972**	**6588**	**2629**	**1288**	**1341**
上城区	430	204	226	426	271	155	38	18	20
下城区	739	359	380	343	189	154	115	58	57
江干区	2210	1108	1102	1194	699	495	424	201	223
拱墅区	1024	494	530	360	205	155	155	75	80
西湖区	1979	989	990	983	539	444	332	165	167
滨江区	1091	534	557	436	245	191	155	78	77
萧山区	1984	1048	936	4566	2689	1877	682	361	321
余杭区	2391	1222	1169	1642	931	711	529	240	289
富阳区	262	135	127	5112	2920	2192	127	60	67
临安区	182	94	88	411	236	175	55	24	31
桐庐县									
淳安县									
建德市	70	30	40	87	48	39	17	8	9
宁波市	**4432**	**2329**	**2103**	**6694**	**3766**	**2928**	**1546**	**835**	**711**
海曙区	572	301	271	973	542	431	172	89	83
江北区	345	166	179	365	230	135	65	32	33
北仑区	859	484	375	670	378	292	159	83	76
镇海区	673	372	301	712	423	289	126	61	65
鄞州区	1076	530	546	421	212	209	114	63	51
奉化区	147	78	69	249	139	110	79	36	43
象山县									
宁海县									
余姚市	429	233	196	1865	1042	823	295	170	125
慈溪市	331	165	166	1439	800	639	536	301	235
温州市	**942**	**517**	**425**	**19714**	**11828**	**7886**	**1679**	**934**	**745**
鹿城区	231	116	115	3778	2360	1418	253	137	116
龙湾区	145	89	56	2366	1461	905	196	107	89
瓯海区	215	124	91	3568	2166	1402	224	126	98
洞头区	18	7	11	114	75	39	6	3	3
永嘉县									
平阳县									
苍南县									
文成县									
泰顺县									
瑞安市	99	57	42	4263	2471	1792	152	85	67
乐清市	198	103	95	3632	2109	1523	139	66	73
龙港市	36	21	15	1993	1186	807	709	410	299
嘉兴市	**2161**	**1112**	**1049**	**1763**	**933**	**830**	**712**	**352**	**360**
南湖区	856	450	406	487	274	213	168	81	87
秀洲区	434	227	207	191	97	94	122	63	59
嘉善县									
海盐县									
海宁市	272	137	135	234	136	98	97	42	55
平湖市	214	117	97	202	95	107	82	42	40
桐乡市	385	181	204	649	331	318	243	124	119
湖州市	**531**	**299**	**232**	**420**	**241**	**179**	**115**	**55**	**60**
吴兴区	323	178	145	281	161	120	78	36	42
南浔区	208	121	87	139	80	59	37	19	18
德清县									
长兴县									
安吉县									

1－4a　续表 9　　　　单位：人

地　　区	满　族			侗　族			瑶　族		
	小计	男	女	小计	男	女	小计	男	女
绍兴市	**1101**	**595**	**506**	**4880**	**2800**	**2080**	**800**	**456**	**344**
越城区	293	146	147	703	378	325	155	83	72
柯桥区	436	247	189	862	502	360	371	231	140
上虞区	145	94	51	1539	881	658	86	50	36
新昌县									
诸暨市	168	82	86	1088	642	446	113	56	57
嵊州市	59	26	33	688	397	291	75	36	39
金华市	**1646**	**866**	**780**	**10579**	**6308**	**4271**	**1724**	**958**	**766**
婺城区	478	251	227	2403	1432	971	295	160	135
金东区	61	38	23	301	188	113	44	21	23
武义县									
浦江县									
磐安县									
兰溪市	35	13	22	150	95	55	68	36	32
义乌市	775	407	368	2732	1625	1107	817	457	360
东阳市	186	96	90	1334	731	603	311	180	131
永康市	111	61	50	3659	2237	1422	189	104	85
衢州市	**357**	**193**	**164**	**426**	**254**	**172**	**208**	**91**	**117**
柯城区	243	136	107	154	80	74	70	27	43
衢江区	43	26	17	156	110	46	45	21	24
常山县									
开化县									
龙游县	1		1	7	4	3			
江山市	70	31	39	109	60	49	93	43	50
舟山市	**316**	**158**	**158**	**197**	**108**	**89**	**225**	**101**	**124**
定海区	238	115	123	110	56	54	37	19	18
普陀区	78	43	35	87	52	35	188	82	106
岱山县									
嵊泗县									
台州市	**687**	**366**	**321**	**11274**	**6677**	**4597**	**1291**	**666**	**625**
椒江区	283	147	136	486	284	202	108	56	52
黄岩区	80	54	26	1761	1074	687	71	36	35
路桥区	59	28	31	492	311	181	46	21	25
三门县									
天台县									
仙居县									
温岭市	99	50	49	4231	2479	1752	562	297	265
临海市	80	40	40	944	544	400	389	200	189
玉环市	86	47	39	3360	1985	1375	115	56	59
丽水市	**188**	**106**	**82**	**715**	**420**	**295**	**76**	**33**	**43**
莲都区	161	94	67	645	394	251	62	29	33
青田县									
缙云县									
遂昌县									
松阳县									
云和县									
庆元县									
景宁畲族自治县									
龙泉市	27	12	15	70	26	44	14	4	10

1－4a 续表 10

单位：人

地区	白族			土家族			哈尼族		
	小计	男	女	小计	男	女	小计	男	女
合计	**14284**	**7927**	**6357**	**172352**	**96928**	**75424**	**5348**	**2733**	**2615**
杭州市	**2129**	**1156**	**973**	**23145**	**12962**	**10183**	**886**	**459**	**427**
上城区	61	36	25	564	319	245	15	7	8
下城区	58	24	34	633	323	310	39	29	10
江干区	390	234	156	3185	1834	1351	131	73	58
拱墅区	61	35	26	933	512	421	30	11	19
西湖区	263	137	126	2044	1134	910	78	33	45
滨江区	106	47	59	1124	602	522	25	13	12
萧山区	594	341	253	7212	4034	3178	275	149	126
余杭区	367	192	175	3900	2153	1747	177	90	87
富阳区	96	45	51	3011	1738	1273	55	21	34
临安区	121	59	62	450	275	175	51	28	23
桐庐县									
淳安县									
建德市	12	6	6	89	38	51	10	5	5
宁波市	**3819**	**2152**	**1667**	**42926**	**23551**	**19375**	**835**	**415**	**420**
海曙区	424	221	203	6312	3485	2827	124	62	62
江北区	279	175	104	1377	768	609	28	18	10
北仑区	975	573	402	4641	2609	2032	253	144	109
镇海区	277	156	121	2642	1450	1192	102	54	48
鄞州区	436	233	203	2481	1255	1226	48	16	32
奉化区	112	69	43	4093	2238	1855	24	4	20
象山县									
宁海县									
余姚市	726	413	313	12108	6615	5493	65	29	36
慈溪市	590	312	278	9272	5131	4141	191	88	103
温州市	**1550**	**883**	**667**	**38612**	**22441**	**16171**	**826**	**419**	**407**
鹿城区	289	166	123	7429	4384	3045	79	37	42
龙湾区	268	161	107	9901	5850	4051	55	26	29
瓯海区	304	175	129	6292	3747	2545	214	119	95
洞头区	11	7	4	279	166	113	2	2	
永嘉县									
平阳县									
苍南县									
文成县									
泰顺县									
瑞安市	288	158	130	7288	4121	3167	282	148	134
乐清市	296	161	135	5734	3184	2550	177	79	98
龙港市	94	55	39	1689	989	700	17	8	9
嘉兴市	**996**	**549**	**447**	**14909**	**8288**	**6621**	**239**	**116**	**123**
南湖区	151	74	77	1937	1019	918	76	42	34
秀洲区	125	68	57	1463	830	633	41	24	17
嘉善县									
海盐县									
海宁市	265	150	115	769	399	370	35	11	24
平湖市	332	197	135	2586	1388	1198	39	18	21
桐乡市	123	60	63	8154	4652	3502	48	21	27
湖州市	**203**	**108**	**95**	**1391**	**782**	**609**	**56**	**30**	**26**
吴兴区	118	63	55	1077	619	458	32	18	14
南浔区	85	45	40	314	163	151	24	12	12
德清县									
长兴县									
安吉县									

1-4a　续表 11　　　　单位：人

地　区	白　族			土家族			哈尼族		
	小计	男	女	小计	男	女	小计	男	女
绍兴市	**1789**	**984**	**805**	**12359**	**6974**	**5385**	**468**	**253**	**215**
越城区	251	137	114	3795	2093	1702	38	18	20
柯桥区	545	315	230	3799	2197	1602	170	98	72
上虞区	179	92	87	1575	895	680	74	38	36
新昌县									
诸暨市	201	112	89	2351	1325	1026	108	55	53
嵊州市	613	328	285	839	464	375	78	44	34
金华市	**1799**	**1021**	**778**	**19171**	**10835**	**8336**	**1091**	**608**	**483**
婺城区	227	116	111	6421	3680	2741	201	114	87
金东区	67	33	34	581	327	254	28	14	14
武义县									
浦江县									
磐安县									
兰溪市	82	47	35	343	171	172	56	32	24
义乌市	614	339	275	6031	3343	2688	465	266	199
东阳市	256	144	112	2050	1122	928	170	90	80
永康市	553	342	211	3745	2192	1553	171	92	79
衢州市	**155**	**78**	**77**	**790**	**459**	**331**	**314**	**166**	**148**
柯城区	90	47	43	404	223	181	163	84	79
衢江区	25	11	14	259	184	75	142	77	65
常山县									
开化县									
龙游县									
江山市	40	20	20	127	52	75	9	5	4
舟山市	**72**	**31**	**41**	**1124**	**615**	**509**	**68**	**31**	**37**
定海区	45	21	24	502	267	235	22	13	9
普陀区	27	10	17	622	348	274	46	18	28
岱山县									
嵊泗县									
台州市	**1618**	**878**	**740**	**15942**	**8844**	**7098**	**385**	**161**	**224**
椒江区	164	91	73	1197	671	526	53	23	30
黄岩区	211	107	104	813	479	334	82	26	56
路桥区	161	91	70	691	371	320	37	15	22
三门县									
天台县									
仙居县									
温岭市	526	312	214	4904	2689	2215	76	28	48
临海市	428	218	210	1016	558	458	81	42	39
玉环市	128	59	69	7321	4076	3245	56	27	29
丽水市	**154**	**87**	**67**	**1983**	**1177**	**806**	**180**	**75**	**105**
莲都区	127	73	54	1858	1126	732	146	65	81
青田县									
缙云县									
遂昌县									
松阳县									
云和县									
庆元县									
景宁畲族自治县									
龙泉市	27	14	13	125	51	74	34	10	24

1-4a　续表 12　　　　单位：人

地　区	哈萨克族			傣　族			黎　族		
	小计	男	女	小计	男	女	小计	男	女
合计	**743**	**291**	**452**	**3670**	**1768**	**1902**	**8861**	**4722**	**4139**
杭州市	**237**	**86**	**151**	**613**	**279**	**334**	**1279**	**652**	**627**
上城区	2	2		12	5	7	75	47	28
下城区	3		3	29	9	20	45	23	22
江干区	75	29	46	105	59	46	164	89	75
拱墅区	8	4	4	24	14	10	35	14	21
西湖区	71	23	48	72	27	45	92	39	53
滨江区	15	6	9	18	5	13	57	30	27
萧山区	30	12	18	143	68	75	359	176	183
余杭区	18	7	11	98	43	55	191	95	96
富阳区				75	36	39	206	116	90
临安区	14	3	11	35	12	23	39	16	23
桐庐县									
淳安县									
建德市	1		1	2	1	1	16	7	9
宁波市	**121**	**50**	**71**	**694**	**359**	**335**	**1255**	**613**	**642**
海曙区	2	2		46	25	21	233	118	115
江北区	5	2	3	148	79	69	47	16	31
北仑区	42	19	23	70	42	28	96	46	50
镇海区	8	3	5	57	27	30	84	45	39
鄞州区	43	14	29	39	15	24	98	19	79
奉化区				38	19	19	35	16	19
象山县									
宁海县									
余姚市	1		1	73	29	44	380	206	174
慈溪市	20	10	10	223	123	100	282	147	135
温州市	**55**	**21**	**34**	**518**	**248**	**270**	**2333**	**1344**	**989**
鹿城区	3	1	2	79	29	50	181	106	75
龙湾区				25	14	11	172	105	67
瓯海区	51	19	32	83	42	41	265	151	114
洞头区				1		1	22	12	10
永嘉县									
平阳县									
苍南县									
文成县									
泰顺县									
瑞安市	1	1		170	95	75	1414	819	595
乐清市				139	60	79	190	94	96
龙港市				21	8	13	89	57	32
嘉兴市	**92**	**28**	**64**	**211**	**94**	**117**	**384**	**186**	**198**
南湖区	1		1	72	37	35	86	44	42
秀洲区	47	14	33	42	18	24	38	20	18
嘉善县									
海盐县									
海宁市	30	7	23	32	13	19	62	27	35
平湖市	9	4	5	24	4	20	38	14	24
桐乡市	5	3	2	41	22	19	160	81	79
湖州市	**3**	**1**	**2**	**45**	**17**	**28**	**62**	**20**	**42**
吴兴区	3	1	2	27	7	20	40	14	26
南浔区				18	10	8	22	6	16
德清县									
长兴县									
安吉县									

1-4a　续表 13

单位：人

地　区	哈萨克族			傣　族			黎　族		
	小计	男	女	小计	男	女	小计	男	女
绍兴市	**26**	**10**	**16**	**399**	**215**	**184**	**1052**	**589**	**463**
越城区	16	7	9	53	21	32	165	91	74
柯桥区	7	1	6	147	82	65	661	387	274
上虞区				58	36	22	73	37	36
新昌县									
诸暨市	3	2	1	106	60	46	124	61	63
嵊州市				35	16	19	29	13	16
金华市	**136**	**64**	**72**	**623**	**310**	**313**	**1575**	**838**	**737**
婺城区	24	4	20	98	44	54	119	53	66
金东区				21	9	12	35	23	12
武义县									
浦江县									
磐安县									
兰溪市				29	14	15	95	52	43
义乌市	110	59	51	207	111	96	470	242	228
东阳市				114	57	57	346	181	165
永康市	2	1	1	154	75	79	510	287	223
衢州市	**6**	**4**	**2**	**42**	**13**	**29**	**82**	**36**	**46**
柯城区	6	4	2	17	4	13	25	6	19
衢江区				15	6	9	34	21	13
常山县									
开化县									
龙游县									
江山市				10	3	7	23	9	14
舟山市	**1**		**1**	**56**	**20**	**36**	**15**	**7**	**8**
定海区	1		1	37	13	24	9	5	4
普陀区				19	7	12	6	2	4
岱山县									
嵊泗县									
台州市	**64**	**26**	**38**	**322**	**141**	**181**	**761**	**406**	**355**
椒江区	55	22	33	64	25	39	83	42	41
黄岩区				52	25	27	55	26	29
路桥区				45	21	24	34	18	16
三门县									
天台县									
仙居县									
温岭市	5	2	3	87	41	46	154	73	81
临海市	2	1	1	22	7	15	355	209	146
玉环市	2	1	1	52	22	30	80	38	42
丽水市	**2**	**1**	**1**	**147**	**72**	**75**	**63**	**31**	**32**
莲都区	2	1	1	133	68	65	55	28	27
青田县									
缙云县									
遂昌县									
松阳县									
云和县									
庆元县									
景宁畲族自治县									
龙泉市				14	4	10	8	3	5

1-4a 续表 14

单位：人

地区	傈僳族			佤族			畲族		
	小计	男	女	小计	男	女	小计	男	女
合计	**1803**	**862**	**941**	**2119**	**998**	**1121**	**43500**	**21859**	**21641**
杭州市	**314**	**156**	**158**	**379**	**217**	**162**	**10541**	**5187**	**5354**
上城区	14	11	3	7	5	2	283	128	155
下城区	12	3	9	14	6	8	559	270	289
江干区	59	30	29	57	38	19	1955	941	1014
拱墅区	7	4	3	20	16	4	765	359	406
西湖区	22	9	13	15	5	10	1324	650	674
滨江区	15	11	4	9	4	5	743	375	368
萧山区	74	37	37	107	64	43	1438	759	679
余杭区	44	19	25	98	52	46	1556	761	795
富阳区	40	21	19	35	20	15	364	194	170
临安区	11	4	7	14	7	7	1008	492	516
桐庐县									
淳安县									
建德市	16	7	9	3		3	546	258	288
宁波市	**410**	**194**	**216**	**378**	**169**	**209**	**2479**	**1228**	**1251**
海曙区	84	36	48	27	14	13	436	214	222
江北区	23	14	9	22	15	7	167	79	88
北仑区	59	23	36	102	39	63	233	129	104
镇海区	41	17	24	24	12	12	262	113	149
鄞州区	15	7	8	24	10	14	498	226	272
奉化区	12	3	9	41	17	24	116	62	54
象山县									
宁海县									
余姚市	100	57	43	37	14	23	444	246	198
慈溪市	76	37	39	101	48	53	323	159	164
温州市	**207**	**92**	**115**	**271**	**110**	**161**	**6163**	**3453**	**2710**
鹿城区	37	12	25	57	21	36	1217	715	502
龙湾区	15	7	8	30	11	19	577	350	227
瓯海区	34	12	22	53	24	29	1235	634	601
洞头区	2		2	4		4	32	18	14
永嘉县									
平阳县									
苍南县									
文成县									
泰顺县									
瑞安市	43	21	22	40	19	21	1264	681	583
乐清市	68	37	31	74	32	42	754	433	321
龙港市	8	3	5	13	3	10	1084	622	462
嘉兴市	**89**	**42**	**47**	**97**	**47**	**50**	**1012**	**513**	**499**
南湖区	38	19	19	49	27	22	424	220	204
秀洲区	12	6	6	9	3	6	171	91	80
嘉善县									
海盐县									
海宁市	9	5	4	12	4	8	144	80	64
平湖市	13	8	5	13	9	4	90	36	54
桐乡市	17	4	13	14	4	10	183	86	97
湖州市	**14**	**5**	**9**	**30**	**21**	**9**	**359**	**187**	**172**
吴兴区	7	4	3	12	5	7	324	168	156
南浔区	7	1	6	18	16	2	35	19	16
德清县									
长兴县									
安吉县									

1–4a　续表 15　　　　　　　　　　　　　　　　单位：人

地　区	傈僳族			佤　族			畲　族		
	小计	男	女	小计	男	女	小计	男	女
绍兴市	**305**	**157**	**148**	**148**	**74**	**74**	**1208**	**627**	**581**
越城区	17	5	12	33	20	13	374	181	193
柯桥区	79	42	37	27	14	13	254	128	126
上虞区	39	21	18	27	12	15	149	76	73
新昌县									
诸暨市	164	88	76	47	19	28	381	219	162
嵊州市	6	1	5	14	9	5	50	23	27
金华市	**250**	**125**	**125**	**336**	**143**	**193**	**3729**	**1895**	**1834**
婺城区	31	12	19	40	21	19	1386	669	717
金东区	4	2	2	7	4	3	257	126	131
武义县									
浦江县									
磐安县									
兰溪市	19	12	7	9	4	5	607	301	306
义乌市	119	63	56	150	62	88	924	501	423
东阳市	35	17	18	104	41	63	241	122	119
永康市	42	19	23	26	11	15	314	176	138
衢州市	**11**	**7**	**4**	**25**	**13**	**12**	**2671**	**1282**	**1389**
柯城区	4	3	1	2	1	1	1928	913	1015
衢江区	3	3		18	10	8	537	278	259
常山县									
开化县									
龙游县							7		7
江山市	4	1	3	5	2	3	199	91	108
舟山市	**25**	**13**	**12**	**32**	**15**	**17**	**165**	**61**	**104**
定海区	5	1	4	19	10	9	115	48	67
普陀区	20	12	8	13	5	8	50	13	37
岱山县									
嵊泗县									
台州市	**140**	**57**	**83**	**280**	**131**	**149**	**798**	**414**	**384**
椒江区	23	9	14	35	18	17	218	102	116
黄岩区	24	11	13	8		8	84	35	49
路桥区	5	1	4	5		5	79	46	33
三门县									
天台县									
仙居县									
温岭市	40	17	23	35	11	24	185	97	88
临海市	32	14	18	10	6	4	102	53	49
玉环市	16	5	11	187	96	91	130	81	49
丽水市	**38**	**14**	**24**	**143**	**58**	**85**	**14375**	**7012**	**7363**
莲都区	30	12	18	124	55	69	11585	5637	5948
青田县									
缙云县									
遂昌县									
松阳县									
云和县									
庆元县									
景宁畲族自治县									
龙泉市	8	2	6	19	3	16	2790	1375	1415

1-4a 续表 16　　单位：人

地　区	高山族			拉祜族			水　族		
	小计	男	女	小计	男	女	小计	男	女
合计	**89**	**54**	**35**	**1511**	**697**	**814**	**12877**	**7273**	**5604**
杭州市	**36**	**21**	**15**	**208**	**107**	**101**	**1178**	**667**	**511**
上城区	3	1	2	7	2	5	107	69	38
下城区	5	3	2	3	1	2	59	31	28
江干区	6	3	3	36	19	17	137	74	63
拱墅区				11	9	2	37	19	18
西湖区	3	2	1	18	11	7	99	54	45
滨江区	1		1	5	4	1	68	37	31
萧山区	4	1	3	71	38	33	263	152	111
余杭区	12	9	3	47	20	27	290	167	123
富阳区	2	2		6		6	62	39	23
临安区				4	3	1	44	22	22
桐庐县									
淳安县									
建德市							12	3	9
宁波市	**9**	**5**	**4**	**231**	**102**	**129**	**3042**	**1642**	**1400**
海曙区	2		2	24	10	14	102	58	44
江北区				6	3	3	91	61	30
北仑区				70	35	35	38	22	16
镇海区				33	17	16	70	41	29
鄞州区	1	1		14	4	10	62	31	31
奉化区				22	11	11	26	11	15
象山县									
宁海县									
余姚市	6	4	2	20	8	12	482	237	245
慈溪市				42	14	28	2171	1181	990
温州市	**9**	**6**	**3**	**259**	**129**	**130**	**1764**	**994**	**770**
鹿城区	1	1		58	29	29	520	293	227
龙湾区	1		1	23	7	16	290	172	118
瓯海区	1		1	93	56	37	375	220	155
洞头区							12	11	1
永嘉县									
平阳县									
苍南县									
文成县									
泰顺县									
瑞安市	1		1	32	15	17	378	197	181
乐清市	3	3		42	16	26	149	77	72
龙港市	2	2		11	6	5	40	24	16
嘉兴市	**11**	**7**	**4**	**84**	**35**	**49**	**226**	**112**	**114**
南湖区	5	2	3	23	8	15	70	32	38
秀洲区	1	1		18	8	10	43	24	19
嘉善县									
海盐县									
海宁市	1	1		12	6	6	30	16	14
平湖市	3	3		5	2	3	32	16	16
桐乡市	1		1	26	11	15	51	24	27
湖州市				**79**	**43**	**36**	**158**	**82**	**76**
吴兴区				66	36	30	113	59	54
南浔区				13	7	6	45	23	22
德清县									
长兴县									
安吉县									

1-4a　续表 17　　单位：人

地区	高山族			拉祜族			水族		
	小计	男	女	小计	男	女	小计	男	女
绍兴市	**2**	**1**	**1**	**153**	**80**	**73**	**3447**	**1974**	**1473**
越城区	1		1	28	12	16	93	56	37
柯桥区				39	22	17	144	81	63
上虞区	1	1		19	9	10	54	34	20
新昌县									
诸暨市				60	37	23	3092	1770	1322
嵊州市				7		7	64	33	31
金华市	**5**	**4**	**1**	**207**	**96**	**111**	**1985**	**1210**	**775**
婺城区	2	1	1	20	6	14	443	248	195
金东区				5	4	1	53	35	18
武义县									
浦江县									
磐安县									
兰溪市	2	2		11	5	6	53	34	19
义乌市	1	1		111	58	53	752	484	268
东阳市				43	18	25	234	136	98
永康市				17	5	12	450	273	177
衢州市				**20**	**11**	**9**	**67**	**34**	**33**
柯城区				3	2	1	30	17	13
衢江区				10	5	5	24	13	11
常山县									
开化县									
龙游县									
江山市				7	4	3	13	4	9
舟山市	**2**		**2**	**14**	**6**	**8**	**25**	**16**	**9**
定海区	1		1	11	5	6	18	12	6
普陀区	1		1	3	1	2	7	4	3
岱山县									
嵊泗县									
台州市	**15**	**10**	**5**	**135**	**56**	**79**	**707**	**400**	**307**
椒江区	1		1	15	6	9	70	37	33
黄岩区	1		1	19	10	9	113	71	42
路桥区				5		5	43	24	19
三门县									
天台县									
仙居县									
温岭市	7	6	1	29	8	21	216	132	84
临海市				5	2	3	85	43	42
玉环市	6	4	2	62	30	32	180	93	87
丽水市				**121**	**32**	**89**	**278**	**142**	**136**
莲都区				107	31	76	87	53	34
青田县									
缙云县									
遂昌县									
松阳县									
云和县									
庆元县									
景宁畲族自治县									
龙泉市				14	1	13	191	89	102

1-4a 续表 18

单位：人

地区	东乡族			纳西族			景颇族		
	小计	男	女	小计	男	女	小计	男	女
合计	**1918**	**1130**	**788**	**385**	**160**	**225**	**953**	**420**	**533**
杭州市	**242**	**137**	**105**	**108**	**51**	**57**	**238**	**94**	**144**
上城区	6	5	1	5	2	3			
下城区	8	5	3	7	4	3	12	3	9
江干区	68	42	26	26	15	11	33	11	22
拱墅区	19	12	7	6	2	4	15	9	6
西湖区	30	16	14	21	9	12	11	5	6
滨江区	8	4	4	4	4		2	1	1
萧山区	52	23	29	17	7	10	63	29	34
余杭区	46	28	18	19	8	11	73	28	45
富阳区	3	2	1				25	8	17
临安区	2		2	3		3	4		4
桐庐县									
淳安县									
建德市									
宁波市	**242**	**140**	**102**	**58**	**26**	**32**	**111**	**55**	**56**
海曙区	38	26	12	14	4	10	14	6	8
江北区	14	9	5	13	5	8	6	6	
北仑区	64	39	25	5	4	1	24	10	14
镇海区	14	6	8	5	3	2	18	12	6
鄞州区	27	15	12	8	3	5	6	2	4
奉化区	8	3	5	2	2		7		7
象山县									
宁海县									
余姚市	33	15	18	2	1	1	20	13	7
慈溪市	44	27	17	9	4	5	16	6	10
温州市	**221**	**112**	**109**	**27**	**13**	**14**	**149**	**59**	**90**
鹿城区	19	9	10	7	4	3	34	12	22
龙湾区	9	4	5	7	7		18	4	14
瓯海区	13	4	9	8	2	6	22	10	12
洞头区	7	4	3				2		2
永嘉县									
平阳县									
苍南县									
文成县									
泰顺县									
瑞安市	66	38	28	1		1	43	20	23
乐清市	85	40	45	3		3	26	12	14
龙港市	22	13	9	1		1	4	1	3
嘉兴市	**434**	**316**	**118**	**10**	**4**	**6**	**37**	**17**	**20**
南湖区	350	264	86	6	4	2	14	9	5
秀洲区	5	2	3				3	2	1
嘉善县									
海盐县									
海宁市	25	16	9				7	3	4
平湖市	4	2	2	1		1	6	2	4
桐乡市	50	32	18	3		3	7	1	6
湖州市	**66**	**32**	**34**	**2**		**2**	**14**	**7**	**7**
吴兴区	56	27	29	2		2	13	6	7
南浔区	10	5	5				1	1	
德清县									
长兴县									
安吉县									

1-4a 续表 19 单位：人

地区	东乡族			纳西族			景颇族		
	小计	男	女	小计	男	女	小计	男	女
绍兴市	**213**	**117**	**96**	**134**	**47**	**87**	**168**	**77**	**91**
越城区	38	22	16	57	24	33	49	23	26
柯桥区	97	53	44	63	16	47	18	2	16
上虞区	23	14	9	3	1	2	65	30	35
新昌县									
诸暨市	38	20	18	8	4	4	36	22	14
嵊州市	17	8	9	3	2	1			
金华市	**252**	**148**	**104**	**14**	**6**	**8**	**142**	**68**	**74**
婺城区	30	17	13				11	3	8
金东区	17	11	6				6	3	3
武义县									
浦江县									
磐安县									
兰溪市									
义乌市	188	109	79	6	2	4	61	30	31
东阳市	11	6	5	2		2	49	22	27
永康市	6	5	1	6	4	2	15	10	5
衢州市	**13**	**8**	**5**	**1**		**1**	**12**	**7**	**5**
柯城区	13	8	5				4	2	2
衢江区				1		1	8	5	3
常山县									
开化县									
龙游县									
江山市									
舟山市	**8**	**3**	**5**	**6**	**2**	**4**	**3**	**2**	**1**
定海区	5	2	3	1	1		2	2	
普陀区	3	1	2	5	1	4	1		1
岱山县									
嵊泗县									
台州市	**227**	**117**	**110**	**14**	**6**	**8**	**51**	**26**	**25**
椒江区	18	10	8	2		2	10	6	4
黄岩区	43	20	23	4	2	2	1		1
路桥区	22	10	12				4	1	3
三门县									
天台县									
仙居县									
温岭市	76	38	38	1		1	27	14	13
临海市	15	7	8	2	1	1	4	2	2
玉环市	53	32	21	5	3	2	5	3	2
丽水市				**11**	**5**	**6**	**28**	**8**	**20**
莲都区				9	5	4	17	7	10
青田县									
缙云县									
遂昌县									
松阳县									
云和县									
庆元县									
景宁畲族自治县									
龙泉市				2		2	11	1	10

1-4a 续表 20 单位：人

地区	柯尔克孜族			土族			达斡尔族		
	小计	男	女	小计	男	女	小计	男	女
合计	**133**	**53**	**80**	**1747**	**927**	**820**	**472**	**214**	**258**
杭州市	**35**	**9**	**26**	**351**	**190**	**161**	**232**	**103**	**129**
上城区	2	1	1	2		2	16	8	8
下城区	2	2		10	3	7	14	6	8
江干区	15	4	11	75	42	33	48	19	29
拱墅区				19	10	9	16	7	9
西湖区	6		6	34	17	17	33	18	15
滨江区				27	12	15	19	6	13
萧山区	4	1	3	62	36	26	41	15	26
余杭区	3	1	2	69	41	28	39	20	19
富阳区				38	23	15	3	2	1
临安区	3		3	10	4	6	3	2	1
桐庐县									
淳安县									
建德市				5	2	3			
宁波市	**29**	**15**	**14**	**287**	**145**	**142**	**111**	**57**	**54**
海曙区				35	21	14	7	3	4
江北区	2	1	1	22	10	12	3	2	1
北仑区	12	4	8	36	19	17	55	32	23
镇海区	4	3	1	25	12	13	9	2	7
鄞州区	7	4	3	42	20	22	27	12	15
奉化区				34	23	11			
象山县									
宁海县									
余姚市				70	28	42	4	1	3
慈溪市	4	3	1	23	12	11	6	5	1
温州市	**14**	**4**	**10**	**420**	**234**	**186**	**16**	**4**	**12**
鹿城区				161	89	72	9	2	7
龙湾区				31	17	14	2	1	1
瓯海区	14	4	10	75	45	30	3		3
洞头区				4	2	2			
永嘉县									
平阳县									
苍南县									
文成县									
泰顺县									
瑞安市				91	48	43	1	1	
乐清市				27	16	11	1		1
龙港市				31	17	14			
嘉兴市	**24**	**10**	**14**	**101**	**51**	**50**	**36**	**12**	**24**
南湖区	1		1	20	7	13	20	6	14
秀洲区	12	3	9	14	7	7	6	3	3
嘉善县									
海盐县									
海宁市	9	6	3	12	10	2	6	1	5
平湖市	1	1		22	10	12	1	1	
桐乡市	1		1	33	17	16	3	1	2
湖州市				**14**	**8**	**6**	**6**	**3**	**3**
吴兴区				12	6	6	6	3	3
南浔区				2	2				
德清县									
长兴县									
安吉县									

1-4a　续表 21　　　　单位：人

地　区	柯尔克孜族			土　族			达斡尔族		
	小计	男	女	小计	男	女	小计	男	女
绍兴市	**4**	**3**	**1**	**96**	**49**	**47**	**12**	**9**	**3**
越城区	2	2		20	10	10	5	4	1
柯桥区	2	1	1	18	9	9	2	2	
上虞区				18	9	9			
新昌县									
诸暨市				31	16	15	5	3	2
嵊州市				9	5	4			
金华市	**14**	**8**	**6**	**240**	**128**	**112**	**42**	**17**	**25**
婺城区	5	2	3	74	42	32	10	1	9
金东区				3	1	2			
武义县									
浦江县									
磐安县									
兰溪市				5	2	3	2		2
义乌市	9	6	3	52	20	32	25	14	11
东阳市				26	14	12	4	1	3
永康市				80	49	31	1	1	
衢州市	**1**		**1**	**15**	**6**	**9**	**2**	**2**	
柯城区	1		1	9	4	5			
衢江区							1	1	
常山县									
开化县									
龙游县									
江山市				6	2	4	1	1	
舟山市				**16**	**7**	**9**	**3**		**3**
定海区				11	5	6	2		2
普陀区				5	2	3	1		1
岱山县									
嵊泗县									
台州市	**12**	**4**	**8**	**180**	**99**	**81**	**12**	**7**	**5**
椒江区	12	4	8	18	10	8	2	1	1
黄岩区				6	1	5	1		1
路桥区				8	5	3	5	3	2
三门县									
天台县									
仙居县									
温岭市				37	16	21	1	1	
临海市				8	5	3	2	1	1
玉环市				103	62	41	1	1	
丽水市				**27**	**10**	**17**			
莲都区				24	10	14			
青田县									
缙云县									
遂昌县									
松阳县									
云和县									
庆元县									
景宁畲族自治县									
龙泉市				3		3			

1—4a 续表 22 单位：人

地区	仫佬族			羌族			布朗族		
	小计	男	女	小计	男	女	小计	男	女
合计	**3796**	**2097**	**1699**	**1039**	**573**	**466**	**455**	**224**	**231**
杭州市	**497**	**273**	**224**	**202**	**118**	**84**	**50**	**27**	**23**
上城区	25	20	5	4	2	2			
下城区	24	9	15	5	1	4	2	1	1
江干区	85	41	44	28	11	17	12	5	7
拱墅区	37	24	13	6	3	3			
西湖区	67	39	28	35	19	16	3	1	2
滨江区	24	11	13	8	6	2	3	2	1
萧山区	91	48	43	57	40	17	16	9	7
余杭区	88	55	33	46	29	17	12	8	4
富阳区	22	10	12	11	6	5	1	1	
临安区	33	15	18	2	1	1	1		1
桐庐县									
淳安县									
建德市	1	1							
宁波市	**929**	**498**	**431**	**323**	**180**	**143**	**76**	**39**	**37**
海曙区	43	24	19	61	36	25	5	2	3
江北区	27	12	15	14	9	5	24	12	12
北仑区	36	14	22	32	18	14	8	5	3
镇海区	21	8	13	24	13	11	6	1	5
鄞州区	41	21	20	23	14	9	1	1	
奉化区	20	12	8	15	10	5	5	1	4
象山县									
宁海县									
余姚市	256	144	112	37	16	21	10	4	6
慈溪市	485	263	222	117	64	53	17	13	4
温州市	**956**	**564**	**392**	**102**	**59**	**43**	**63**	**25**	**38**
鹿城区	148	80	68	22	11	11	14	6	8
龙湾区	415	264	151	10	8	2	6	2	4
瓯海区	108	57	51	29	18	11	17	6	11
洞头区	11	7	4	1		1	1		1
永嘉县									
平阳县									
苍南县									
文成县									
泰顺县									
瑞安市	109	61	48	18	10	8	2	2	
乐清市	137	74	63	15	9	6	23	9	14
龙港市	28	21	7	7	3	4			
嘉兴市	**131**	**64**	**67**	**84**	**42**	**42**	**9**	**4**	**5**
南湖区	33	19	14	30	18	12	3	1	2
秀洲区	21	6	15	27	11	16	3	2	1
嘉善县									
海盐县									
海宁市	15	9	6	2	1	1	2		2
平湖市	22	9	13	18	8	10	1	1	
桐乡市	40	21	19	7	4	3			
湖州市	**42**	**26**	**16**	**29**	**15**	**14**	**2**		**2**
吴兴区	34	22	12	20	11	9	1		1
南浔区	8	4	4	9	4	5	1		1
德清县									
长兴县									
安吉县									

1-4a　续表 23　　单位：人

地　区	仫佬族			羌　族			布朗族		
	小计	男	女	小计	男	女	小计	男	女
绍兴市	**429**	**232**	**197**	**135**	**64**	**71**	**137**	**69**	**68**
越城区	64	34	30	39	14	25	6	3	3
柯桥区	161	90	71	72	39	33	11	5	6
上虞区	55	27	28	14	7	7	6	4	2
新昌县									
诸暨市	143	80	63	5	2	3	12	3	9
嵊州市	6	1	5	5	2	3	102	54	48
金华市	**558**	**302**	**256**	**83**	**46**	**37**	**62**	**32**	**30**
婺城区	160	78	82	7	4	3	9	8	1
金东区	16	8	8	3	1	2	4	3	1
武义县									
浦江县									
磐安县									
兰溪市	17	7	10	11	8	3	3	1	2
义乌市	128	65	63	39	23	16	18	7	11
东阳市	103	63	40	7	2	5	12	6	6
永康市	134	81	53	16	8	8	16	7	9
衢州市	**26**	**12**	**14**	**12**	**9**	**3**	**5**	**2**	**3**
柯城区	20	12	8	4	2	2	2	1	1
衢江区	4		4	8	7	1	3	1	2
常山县									
开化县									
龙游县									
江山市	2		2						
舟山市	**13**	**5**	**8**	**7**	**1**	**6**	**2**	**1**	**1**
定海区	7	3	4	6	1	5	1	1	
普陀区	6	2	4	1		1	1		1
岱山县									
嵊泗县									
台州市	**174**	**105**	**69**	**59**	**38**	**21**	**45**	**23**	**22**
椒江区	23	9	14	18	11	7	5	2	3
黄岩区	6	6		15	10	5			
路桥区	14	9	5	1		1	4	2	2
三门县									
天台县									
仙居县									
温岭市	74	42	32	6	5	1	18	11	7
临海市	23	11	12	9	7	2	6		6
玉环市	34	28	6	10	5	5	12	8	4
丽水市	**41**	**16**	**25**	**3**	**1**	**2**	**4**	**2**	**2**
莲都区	40	16	24	3	1	2	4	2	2
青田县									
缙云县									
遂昌县									
松阳县									
云和县									
庆元县									
景宁畲族自治县									
龙泉市	1		1						

1-4a 续表 24　　　　单位：人

地　区	撒拉族			毛南族			仡佬族		
	小计	男	女	小计	男	女	小计	男	女
合计	**866**	**484**	**382**	**1449**	**817**	**632**	**18483**	**11022**	**7461**
杭州市	**335**	**185**	**150**	**382**	**235**	**147**	**1973**	**1237**	**736**
上城区	18	10	8	21	16	5	104	64	40
下城区	23	14	9	35	24	11	69	39	30
江干区	93	52	41	44	30	14	307	195	112
拱墅区	8	5	3	21	13	8	54	32	22
西湖区	55	27	28	22	10	12	157	92	65
滨江区	26	18	8	34	20	14	104	68	36
萧山区	78	40	38	87	51	36	623	394	229
余杭区	24	12	12	56	34	22	339	209	130
富阳区	7	5	2	41	24	17	128	82	46
临安区	3	2	1	21	13	8	69	47	22
桐庐县									
淳安县									
建德市							19	15	4
宁波市	**45**	**19**	**26**	**418**	**217**	**201**	**3092**	**1760**	**1332**
海曙区	10	3	7	27	14	13	200	110	90
江北区	2		2	7	5	2	137	80	57
北仑区	7	4	3	13	7	6	137	88	49
镇海区	5	1	4	6	4	2	102	63	39
鄞州区	9	5	4	6	4	2	245	147	98
奉化区	4	2	2	2	1	1	152	71	81
象山县									
宁海县									
余姚市				57	37	20	1313	746	567
慈溪市	8	4	4	300	145	155	806	455	351
温州市	**112**	**62**	**50**	**88**	**51**	**37**	**4986**	**3005**	**1981**
鹿城区	61	31	30	25	16	9	636	397	239
龙湾区				14	8	6	1095	696	399
瓯海区	30	18	12	12	5	7	660	403	257
洞头区	8	4	4	2	1	1	51	28	23
永嘉县									
平阳县									
苍南县									
文成县									
泰顺县									
瑞安市	6	4	2	8	4	4	1285	729	556
乐清市	4	3	1	12	6	6	897	544	353
龙港市	3	2	1	15	11	4	362	208	154
嘉兴市	**127**	**77**	**50**	**46**	**31**	**15**	**733**	**405**	**328**
南湖区	99	65	34	12	11	1	198	122	76
秀洲区	12	5	7	15	10	5	113	65	48
嘉善县									
海盐县									
海宁市	10	3	7	2	1	1	84	52	32
平湖市	2	2		3	3		69	45	24
桐乡市	4	2	2	14	6	8	269	121	148
湖州市	**1**		**1**	**10**	**4**	**6**	**309**	**183**	**126**
吴兴区				7	2	5	224	130	94
南浔区	1		1	3	2	1	85	53	32
德清县									
长兴县									
安吉县									

1-4a 续表 25

单位：人

地区	撒拉族			毛南族			仡佬族		
	小计	男	女	小计	男	女	小计	男	女
绍兴市	**18**	**10**	**8**	**155**	**82**	**73**	**1011**	**606**	**405**
越城区	5	4	1	24	12	12	167	109	58
柯桥区	5	2	3	84	44	40	228	143	85
上虞区	5	3	2	8	5	3	373	216	157
新昌县									
诸暨市	2	1	1	15	8	7	165	102	63
嵊州市	1		1	24	13	11	78	36	42
金华市	**76**	**41**	**35**	**211**	**122**	**89**	**4282**	**2556**	**1726**
婺城区	14	7	7	23	10	13	2055	1206	849
金东区				10	6	4	223	144	79
武义县									
浦江县									
磐安县									
兰溪市				2		2	70	51	19
义乌市	60	34	26	83	47	36	980	603	377
东阳市	1		1	46	31	15	429	243	186
永康市	1		1	47	28	19	525	309	216
衢州市	**26**	**14**	**12**	**6**	**4**	**2**	**81**	**48**	**33**
柯城区	20	10	10	2	1	1	42	24	18
衢江区	6	4	2	2	2		27	16	11
常山县									
开化县									
龙游县									
江山市				2	1	1	12	8	4
舟山市	**10**	**5**	**5**	**3**	**3**		**63**	**44**	**19**
定海区	10	5	5	3	3		37	24	13
普陀区							26	20	6
岱山县									
嵊泗县									
台州市	**113**	**69**	**44**	**120**	**64**	**56**	**1197**	**715**	**482**
椒江区	30	22	8	16	12	4	113	65	48
黄岩区	15	8	7	7	1	6	71	42	29
路桥区	14	8	6	5	2	3	49	27	22
三门县									
天台县									
仙居县									
温岭市	30	17	13	80	43	37	662	404	258
临海市	19	11	8	3	1	2	87	47	40
玉环市	5	3	2	9	5	4	215	130	85
丽水市	**3**	**2**	**1**	**10**	**4**	**6**	**756**	**463**	**293**
莲都区	1	1		10	4	6	730	446	284
青田县									
缙云县									
遂昌县									
松阳县									
云和县									
庆元县									
景宁畲族自治县									
龙泉市	2	1	1				26	17	9

1-4a 续表 26　　　　单位：人

地　区	锡伯族			阿昌族			普米族		
	小计	男	女	小计	男	女	小计	男	女
合计	**435**	**210**	**225**	**167**	**96**	**71**	**74**	**29**	**45**
杭州市	**250**	**120**	**130**	**25**	**17**	**8**	**14**	**4**	**10**
上城区	8	3	5						
下城区	12	6	6						
江干区	35	16	19	2	1	1	3	1	2
拱墅区	16	6	10				1		1
西湖区	58	28	30	5	2	3	6	1	5
滨江区	29	14	15	3	3				
萧山区	44	21	23	13	11	2	1		1
余杭区	39	22	17	2		2	3	2	1
富阳区	3	3							
临安区	4		4						
桐庐县									
淳安县									
建德市	2	1	1						
宁波市	**57**	**29**	**28**	**23**	**10**	**13**	**16**	**9**	**7**
海曙区	11	7	4	2	1	1	2	2	
江北区	6	1	5						
北仑区	25	13	12	9	4	5	5	5	
镇海区	5	1	4				1		1
鄞州区	9	6	3	1		1	2	1	1
奉化区				5	3	2	1		1
象山县									
宁海县									
余姚市				4	2	2	3		3
慈溪市	1	1		2		2	2	1	1
温州市	**13**	**9**	**4**	**33**	**18**	**15**	**3**	**1**	**2**
鹿城区	2	1	1	1	1		1		1
龙湾区				2	2				
瓯海区	7	5	2	4	1	3	1		1
洞头区									
永嘉县									
平阳县									
苍南县									
文成县									
泰顺县									
瑞安市	3	2	1	20	13	7			
乐清市	1	1		6	1	5	1	1	
龙港市									
嘉兴市	**39**	**18**	**21**	**9**	**3**	**6**	**1**		**1**
南湖区	24	12	12	1	1				
秀洲区	6	3	3						
嘉善县									
海盐县									
海宁市	4	1	3						
平湖市	1		1	4		4			
桐乡市	4	2	2	4	2	2	1		1
湖州市	**24**	**11**	**13**	**2**		**2**	**1**	**1**	
吴兴区	24	11	13	1		1	1	1	
南浔区				1		1			
德清县									
长兴县									
安吉县									

1-4a 续表 27 单位：人

地 区	锡伯族			阿昌族			普米族		
	小计	男	女	小计	男	女	小计	男	女
绍兴市	**6**	**3**	**3**	**18**	**13**	**5**	**18**	**8**	**10**
越城区	2	1	1	1	1		4	1	3
柯桥区	3	1	2	11	7	4	5	3	2
上虞区				1	1		2		2
新昌县									
诸暨市	1	1		5	4	1	7	4	3
嵊州市									
金华市	**30**	**15**	**15**	**35**	**22**	**13**	**7**	**2**	**5**
婺城区	6	3	3	2	2		2		2
金东区				11	7	4			
武义县									
浦江县									
磐安县									
兰溪市									
义乌市	18	9	9	17	11	6			
东阳市	6	3	3				2		2
永康市				5	2	3	3	2	1
衢州市							**1**		**1**
柯城区							1		1
衢江区									
常山县									
开化县									
龙游县									
江山市									
舟山市	**2**		**2**	**4**	**1**	**3**			
定海区	2		2						
普陀区				4	1	3			
岱山县									
嵊泗县									
台州市	**12**	**4**	**8**	**15**	**10**	**5**	**12**	**3**	**9**
椒江区	7	1	6	4	2	2	2	1	1
黄岩区				4	4		1		1
路桥区							2	1	1
三门县									
天台县									
仙居县									
温岭市	4	3	1	1		1			
临海市	1		1	6	4	2	5	1	4
玉环市							2		2
丽水市	**2**	**1**	**1**	**3**	**2**	**1**	**1**	**1**	
莲都区							1	1	
青田县									
缙云县									
遂昌县									
松阳县									
云和县									
庆元县									
景宁畲族自治县									
龙泉市	2	1	1	3	2	1			

1–4a 续表 28 单位：人

地区	塔吉克族			怒族			乌孜别克族		
	小计	男	女	小计	男	女	小计	男	女
合计	**22**	**11**	**11**	**65**	**29**	**36**	**35**	**22**	**13**
杭州市	**6**	**4**	**2**	**4**	**1**	**3**	**4**	**2**	**2**
上城区									
下城区									
江干区									
拱墅区									
西湖区				1		1	2		2
滨江区							1	1	
萧山区	3	2	1	3	1	2			
余杭区	3	2	1						
富阳区									
临安区							1	1	
桐庐县									
淳安县									
建德市									
宁波市	**4**	**3**	**1**	**12**	**7**	**5**			
海曙区				1		1			
江北区									
北仑区	1	1		6	4	2			
镇海区									
鄞州区	3	2	1	3	2	1			
奉化区									
象山县									
宁海县									
余姚市									
慈溪市				2	1	1			
温州市	**4**		**4**	**18**	**11**	**7**	**1**	**1**	
鹿城区	1		1	2	1	1			
龙湾区									
瓯海区				1	1		1	1	
洞头区									
永嘉县									
平阳县									
苍南县									
文成县									
泰顺县									
瑞安市				2		2			
乐清市	3		3	13	9	4			
龙港市									
嘉兴市	**4**	**2**	**2**	**7**	**4**	**3**	**2**	**1**	**1**
南湖区				3	2	1	2	1	1
秀洲区	2	2		3	2	1			
嘉善县									
海盐县									
海宁市	2		2						
平湖市									
桐乡市				1		1			
湖州市									
吴兴区									
南浔区									
德清县									
长兴县									
安吉县									

1-4a　续表 29　　　　单位：人

地　区	塔吉克族			怒　族			乌孜别克族		
	小计	男	女	小计	男	女	小计	男	女
绍兴市				**1**		**1**	**10**	**7**	**3**
越城区									
柯桥区							10	7	3
上虞区									
新昌县									
诸暨市				1		1			
嵊州市									
金华市	**2**	**1**	**1**	**11**	**3**	**8**	**13**	**8**	**5**
婺城区	1		1						
金东区									
武义县									
浦江县									
磐安县									
兰溪市				6	1	5			
义乌市	1	1		2		2	13	8	5
东阳市									
永康市				3	2	1			
衢州市				**3**		**3**			
柯城区				3		3			
衢江区									
常山县									
开化县									
龙游县									
江山市									
舟山市				**2**		**2**			
定海区									
普陀区				2		2			
岱山县									
嵊泗县									
台州市	**2**	**1**	**1**	**7**	**3**	**4**	**5**	**3**	**2**
椒江区	2	1	1	4		4			
黄岩区							5	3	2
路桥区									
三门县									
天台县									
仙居县									
温岭市									
临海市				2	2				
玉环市				1	1				
丽水市									
莲都区									
青田县									
缙云县									
遂昌县									
松阳县									
云和县									
庆元县									
景宁畲族自治县									
龙泉市									

1-4a 续表 30

单位：人

地区	俄罗斯族			鄂温克族			德昂族		
	小计	男	女	小计	男	女	小计	男	女
合计	**90**	**40**	**50**	**81**	**38**	**43**	**124**	**59**	**65**
杭州市	**50**	**19**	**31**	**41**	**18**	**23**	**8**	**3**	**5**
上城区	1		1	2		2			
下城区	2	1	1	3	2	1			
江干区	9	6	3	8	3	5			
拱墅区	2		2	4	2	2			
西湖区	10	5	5	4	1	3	1		1
滨江区	12	3	9	3		3			
萧山区	8	3	5	6	2	4	3	1	2
余杭区	5	1	4	5	4	1			
富阳区	1		1	3	1	2			
临安区				1	1		4	2	2
桐庐县									
淳安县									
建德市				2	2				
宁波市	**10**	**7**	**3**	**16**	**5**	**11**	**9**	**1**	**8**
海曙区	2	1	1	2	1	1	3		3
江北区									
北仑区	2	1	1	2	1	1	1		1
镇海区				1		1	1		1
鄞州区	4	4		5	2	3			
奉化区				3	1	2			
象山县									
宁海县									
余姚市							2		2
慈溪市	2	1	1	3		3	2	1	1
温州市	**2**	**1**	**1**	**2**		**2**	**15**	**10**	**5**
鹿城区	1		1	2		2	1	1	
龙湾区									
瓯海区							13	9	4
洞头区									
永嘉县									
平阳县									
苍南县									
文成县									
泰顺县									
瑞安市							1		1
乐清市	1	1							
龙港市									
嘉兴市	**5**	**1**	**4**	**6**	**4**	**2**	**6**	**4**	**2**
南湖区	5	1	4	4	3	1	6	4	2
秀洲区									
嘉善县									
海盐县									
海宁市									
平湖市									
桐乡市				2	1	1			
湖州市	**1**		**1**				**2**	**1**	**1**
吴兴区	1		1				2	1	1
南浔区									
德清县									
长兴县									
安吉县									

1–4a　续表 31　　　　单位：人

地　　区	俄罗斯族			鄂温克族			德 昂 族		
	小计	男	女	小计	男	女	小计	男	女
绍兴市	**1**	**1**		**1**	**1**		**9**	**6**	**3**
越城区									
柯桥区									
上虞区	1	1		1	1		2	1	1
新昌县									
诸暨市							7	5	2
嵊州市									
金华市	**12**	**6**	**6**	**8**	**6**	**2**	**70**	**34**	**36**
婺城区	1	1					10	4	6
金东区							2	1	1
武义县									
浦江县									
磐安县									
兰溪市							47	25	22
义乌市	10	5	5	6	5	1	4		4
东阳市									
永康市	1		1	2	1	1	7	4	3
衢州市				**2**	**1**	**1**			
柯城区				2	1	1			
衢江区									
常山县									
开化县									
龙游县									
江山市									
舟山市									
定海区									
普陀区									
岱山县									
嵊泗县									
台州市	**4**	**3**	**1**	**2**	**1**	**1**	**4**		**4**
椒江区	1	1		1		1	2		2
黄岩区									
路桥区							1		1
三门县									
天台县									
仙居县									
温岭市	1	1					1		1
临海市	2	1	1						
玉环市				1	1				
丽水市	**5**	**2**	**3**	**3**	**2**	**1**	**1**		**1**
莲都区	5	2	3	3	2	1			
青田县									
缙云县									
遂昌县									
松阳县									
云和县									
庆元县									
景宁畲族自治县									
龙泉市							1		1

1−4a　续表 32　　　　单位：人

地　区	保安族			裕固族			京　族		
	小计	男	女	小计	男	女	小计	男	女
合计	**73**	**54**	**19**	**12**	**6**	**6**	**108**	**44**	**64**
杭州市	**19**	**13**	**6**	**8**	**5**	**3**	**14**	**9**	**5**
上城区	5	3	2	1		1			
下城区									
江干区	2	2		2	2		1	1	
拱墅区	3	1	2	1	1				
西湖区	1	1		1	1		1	1	
滨江区	1	1		3	1	2	1	1	
萧山区	1		1						
余杭区	4	3	1				5	2	3
富阳区	1	1					2	1	1
临安区	1	1					4	3	1
桐庐县									
淳安县									
建德市									
宁波市	**6**	**5**	**1**	**1**		**1**	**13**	**4**	**9**
海曙区							1		1
江北区				1		1	1		1
北仑区	3	3					2	1	1
镇海区									
鄞州区									
奉化区	1	1							
象山县									
宁海县									
余姚市							9	3	6
慈溪市	2	1	1						
温州市	**2**	**2**					**16**	**7**	**9**
鹿城区	1	1					4	4	
龙湾区	1	1							
瓯海区							3		3
洞头区									
永嘉县									
平阳县									
苍南县									
文成县									
泰顺县									
瑞安市							9	3	6
乐清市									
龙港市									
嘉兴市	**36**	**31**	**5**	**1**		**1**	**3**	**3**	
南湖区	35	30	5				2	2	
秀洲区									
嘉善县									
海盐县									
海宁市									
平湖市	1	1							
桐乡市				1		1	1	1	
湖州市				**1**	**1**				
吴兴区				1	1				
南浔区									
德清县									
长兴县									
安吉县									

1-4a　续表 33　　　　　　　　　　　　　　　　　　　　　　　　单位：人

地　区	保安族			裕固族			京　族		
	小计	男	女	小计	男	女	小计	男	女
绍兴市	**4**		**4**				**14**	**9**	**5**
越城区	3		3						
柯桥区							3	2	1
上虞区							1	1	
新昌县									
诸暨市	1		1				1	1	
嵊州市							9	5	4
金华市	**1**	**1**		**1**		**1**	**7**	**2**	**5**
婺城区									
金东区									
武义县									
浦江县									
磐安县									
兰溪市									
义乌市	1	1					5	2	3
东阳市				1		1			
永康市							2		2
衢州市							**2**	**1**	**1**
柯城区									
衢江区							2	1	1
常山县									
开化县									
龙游县									
江山市									
舟山市									
定海区									
普陀区									
岱山县									
嵊泗县									
台州市	**5**	**2**	**3**				**37**	**8**	**29**
椒江区	5	2	3				1		1
黄岩区									
路桥区							1	1	
三门县									
天台县									
仙居县									
温岭市							28	5	23
临海市							3		3
玉环市							4	2	2
丽水市							**2**	**1**	**1**
莲都区							2	1	1
青田县									
缙云县									
遂昌县									
松阳县									
云和县									
庆元县									
景宁畲族自治县									
龙泉市									

1-4a 续表 34 单位：人

地　　区	塔塔尔族			独 龙 族			鄂伦春族		
	小计	男	女	小计	男	女	小计	男	女
合计	**12**	**5**	**7**	**9**	**3**	**6**	**40**	**22**	**18**
杭州市	**3**	**1**	**2**	**2**		**2**	**18**	**12**	**6**
上城区	1	1							
下城区	1		1				1	1	
江干区							3	2	1
拱墅区									
西湖区	1		1				1	1	
滨江区									
萧山区							3	3	
余杭区				1		1	3	3	
富阳区							6	2	4
临安区				1		1	1		1
桐庐县									
淳安县									
建德市									
宁波市	**1**		**1**	**2**		**2**	**2**	**2**	
海曙区									
江北区									
北仑区	1		1	1		1			
镇海区				1		1	1	1	
鄞州区							1	1	
奉化区									
象山县									
宁海县									
余姚市									
慈溪市									
温州市	**4**	**3**	**1**	**1**	**1**		**1**	**1**	
鹿城区									
龙湾区									
瓯海区	1	1					1	1	
洞头区									
永嘉县									
平阳县									
苍南县									
文成县									
泰顺县									
瑞安市	2	1	1						
乐清市	1	1		1	1				
龙港市									
嘉兴市	**1**		**1**	**1**	**1**		**11**	**5**	**6**
南湖区				1	1		6	3	3
秀洲区							4	1	3
嘉善县									
海盐县									
海宁市	1		1				1	1	
平湖市									
桐乡市									
湖州市									
吴兴区									
南浔区									
德清县									
长兴县									
安吉县									

1-4a　续表 35　　单位：人

地　区	塔塔尔族			独 龙 族			鄂伦春族		
	小计	男	女	小计	男	女	小计	男	女
绍兴市				**3**	**1**	**2**	**3**	**1**	**2**
越城区									
柯桥区				2	1	1			
上虞区							1	1	
新昌县									
诸暨市				1		1	2		2
嵊州市									
金华市	**2**	**1**	**1**				**4**	**1**	**3**
婺城区									
金东区									
武义县									
浦江县									
磐安县									
兰溪市									
义乌市	2	1	1						
东阳市							2		2
永康市							2	1	1
衢州市									
柯城区									
衢江区									
常山县									
开化县									
龙游县									
江山市									
舟山市									
定海区									
普陀区									
岱山县									
嵊泗县									
台州市	**1**		**1**				**1**		**1**
椒江区									
黄岩区							1		1
路桥区									
三门县									
天台县									
仙居县									
温岭市									
临海市									
玉环市	1		1						
丽水市									
莲都区									
青田县									
缙云县									
遂昌县									
松阳县									
云和县									
庆元县									
景宁畲族自治县									
龙泉市									

1-4a 续表 36

单位：人

地区	赫哲族			门巴族			珞巴族		
	小计	男	女	小计	男	女	小计	男	女
合计	**81**	**32**	**49**	**23**	**8**	**15**	**9**	**4**	**5**
杭州市	**48**	**17**	**31**	**14**	**3**	**11**	**2**		**2**
上城区									
下城区	3	1	2						
江干区	15	3	12	4	2	2	1		1
拱墅区	6		6						
西湖区	12	6	6	3	1	2	1		1
滨江区	1	1		3		3			
萧山区	8	6	2	2		2			
余杭区	3		3						
富阳区									
临安区				2		2			
桐庐县									
淳安县									
建德市									
宁波市	**16**	**6**	**10**	**5**	**2**	**3**			
海曙区				3	1	2			
江北区									
北仑区	9	4	5						
镇海区	2		2						
鄞州区	1		1	1		1			
奉化区	2	2							
象山县									
宁海县									
余姚市	1		1	1	1				
慈溪市	1		1						
温州市	**4**	**1**	**3**	**1**	**1**		**3**	**1**	**2**
鹿城区									
龙湾区				1	1				
瓯海区	3	1	2						
洞头区									
永嘉县									
平阳县									
苍南县									
文成县									
泰顺县									
瑞安市	1		1						
乐清市							3	1	2
龙港市									
嘉兴市				**1**		**1**			
南湖区				1		1			
秀洲区									
嘉善县									
海盐县									
海宁市									
平湖市									
桐乡市									
湖州市	**2**	**1**	**1**						
吴兴区									
南浔区	2	1	1						
德清县									
长兴县									
安吉县									

1-4a　续表 37　　　　单位：人

地　区	赫哲族			门巴族			珞巴族		
	小计	男	女	小计	男	女	小计	男	女
绍兴市				**2**	**2**		**2**	**1**	**1**
越城区				2	2				
柯桥区							2	1	1
上虞区									
新昌县									
诸暨市									
嵊州市									
金华市	**5**	**3**	**2**				**2**	**2**	
婺城区	1		1						
金东区									
武义县									
浦江县									
磐安县									
兰溪市							1	1	
义乌市	3	3					1	1	
东阳市									
永康市	1		1						
衢州市									
柯城区									
衢江区									
常山县									
开化县									
龙游县									
江山市									
舟山市	**4**	**3**	**1**						
定海区	3	2	1						
普陀区	1	1							
岱山县									
嵊泗县									
台州市									
椒江区									
黄岩区									
路桥区									
三门县									
天台县									
仙居县									
温岭市									
临海市									
玉环市									
丽水市	**2**	**1**	**1**						
莲都区	2	1	1						
青田县									
缙云县									
遂昌县									
松阳县									
云和县									
庆元县									
景宁畲族自治县									
龙泉市									

1-4a 续表 38

单位：人

地　区	基诺族			未定族称人口			入　籍		
	小计	男	女	小计	男	女	小计	男	女
合计	**31**	**10**	**21**	**19603**	**11607**	**7996**	**699**	**387**	**312**
杭州市	**5**		**5**	**1894**	**1098**	**796**	**219**	**131**	**88**
上城区				217	128	89	5	4	1
下城区				63	34	29	4	3	1
江干区	1		1	243	141	102	4	2	2
拱墅区				74	41	33			
西湖区				185	109	76	8	6	2
滨江区	1		1	76	40	36	4	3	1
萧山区	1		1	395	228	167	21	15	6
余杭区	2		2	333	205	128	157	92	65
富阳区				151	83	68			
临安区				143	83	60	16	6	10
桐庐县									
淳安县									
建德市				14	6	8			
宁波市	**2**		**2**	**6894**	**4079**	**2815**	**187**	**101**	**86**
海曙区				191	110	81	12	6	6
江北区				165	97	68	3	2	1
北仑区	1		1	322	187	135	11	7	4
镇海区				126	75	51	3		3
鄞州区				89	47	42	9	3	6
奉化区				260	165	95	22	11	11
象山县									
宁海县									
余姚市	1		1	4973	2962	2011	103	59	44
慈溪市				768	436	332	24	13	11
温州市	**7**	**3**	**4**	**1912**	**1133**	**779**	**67**	**33**	**34**
鹿城区	3	1	2	434	264	170	15	10	5
龙湾区	1		1	381	223	158	5	2	3
瓯海区				312	188	124	5	1	4
洞头区				22	16	6			
永嘉县									
平阳县									
苍南县									
文成县									
泰顺县									
瑞安市				387	226	161	23	11	12
乐清市	3	2	1	308	178	130	10	4	6
龙港市				68	38	30	9	5	4
嘉兴市	**1**		**1**	**981**	**567**	**414**	**14**	**7**	**7**
南湖区				273	150	123	6	3	3
秀洲区				290	183	107	6	3	3
嘉善县									
海盐县									
海宁市				160	93	67			
平湖市	1		1	84	51	33			
桐乡市				174	90	84	2	1	1
湖州市				**420**	**241**	**179**	**6**	**5**	**1**
吴兴区				145	89	56	2	2	
南浔区				275	152	123	4	3	1
德清县									
长兴县									
安吉县									

1−4a 续表 39 单位：人

地 区	基诺族			未定族称人口			入 籍		
	小计	男	女	小计	男	女	小计	男	女
绍兴市	**6**	**4**	**2**	**1802**	**1093**	**709**	**32**	**13**	**19**
越城区				436	261	175	14	6	8
柯桥区				889	556	333	10	3	7
上虞区	2	1	1	156	89	67	2	1	1
新昌县									
诸暨市	2	2		248	138	110	2	1	1
嵊州市	2	1	1	73	49	24	4	2	2
金华市	**4**		**4**	**2901**	**1728**	**1173**	**89**	**50**	**39**
婺城区				208	110	98	2	1	1
金东区				33	23	10			
武义县									
浦江县									
磐安县									
兰溪市				93	56	37	3	2	1
义乌市	2		2	1083	650	433	24	8	16
东阳市				456	263	193	11	6	5
永康市	2		2	1028	626	402	49	33	16
衢州市				**89**	**50**	**39**	**3**	**2**	**1**
柯城区				40	23	17	2	1	1
衢江区				23	15	8	1	1	
常山县									
开化县									
龙游县									
江山市				26	12	14			
舟山市				**46**	**19**	**27**	**3**	**2**	**1**
定海区				20	8	12	3	2	1
普陀区				26	11	15			
岱山县									
嵊泗县									
台州市	**6**	**3**	**3**	**2560**	**1537**	**1023**	**43**	**23**	**20**
椒江区	4	2	2	224	130	94	6	1	5
黄岩区				157	87	70	1		1
路桥区				188	117	71	2		2
三门县									
天台县									
仙居县									
温岭市	1	1		1687	1014	673	34	22	12
临海市				150	96	54			
玉环市	1		1	154	93	61			
丽水市				**104**	**62**	**42**	**36**	**20**	**16**
莲都区				101	61	40	33	20	13
青田县									
缙云县									
遂昌县									
松阳县									
云和县									
庆元县									
景宁畲族自治县									
龙泉市				3	1	2	3		3

1-4b 各地区分性别、民族的人口(镇)

单位：人

地区	合计			汉族		
	合计	男	女	小计	男	女
合计	**13514673**	**7069220**	**6445453**	**12992151**	**6780723**	**6211428**
杭州市	**1055239**	**547712**	**507527**	**1023967**	**530672**	**493295**
上城区						
下城区						
江干区						
拱墅区						
西湖区	473	231	242	462	225	237
滨江区						
萧山区	124680	70316	54364	116788	65772	51016
余杭区	270466	144378	126088	264236	140870	123366
富阳区	28155	14855	13300	27268	14383	12885
临安区	70534	36120	34414	68862	35231	33631
桐庐县	318780	161960	156820	306373	155423	150950
淳安县	153611	75645	77966	152832	75282	77550
建德市	88540	44207	44333	87146	43486	43660
宁波市	**1895604**	**997742**	**897862**	**1816075**	**953751**	**862324**
海曙区	27165	13710	13455	26080	13132	12948
江北区						
北仑区	51660	29604	22056	49475	28236	21239
镇海区	39005	21730	17275	37277	20747	16530
鄞州区	297089	155813	141276	288009	150844	137165
奉化区	54061	27891	26170	51703	26622	25081
象山县	348453	174035	174418	344011	171635	172376
宁海县	437960	225693	212267	421397	216769	204628
余姚市	244595	127326	117269	226143	117383	108760
慈溪市	395616	221940	173676	371980	208383	163597
温州市	**2236307**	**1175610**	**1060697**	**2147809**	**1126266**	**1021543**
鹿城区	6896	3637	3259	6636	3497	3139
龙湾区	248220	142744	105476	225471	129560	95911
瓯海区	16124	8846	7278	15035	8203	6832
洞头区	7571	3772	3799	7429	3691	3738
永嘉县	482975	257677	225298	465039	246813	218226
平阳县	532286	274586	257700	514690	264932	249758
苍南县	575197	296769	278428	559313	288645	270668
文成县	125062	63612	61450	122206	62187	60019
泰顺县	119245	60305	58940	113879	57597	56282
瑞安市	33991	16902	17089	33325	16531	16794
乐清市	70497	37253	33244	66972	35337	31635
龙港市	18243	9507	8736	17814	9273	8541
嘉兴市	**1615301**	**856158**	**759143**	**1564703**	**828345**	**736358**
南湖区	56312	29804	26508	54628	28861	25767
秀洲区	144445	76026	68419	135241	71011	64230
嘉善县	473639	252393	221246	457370	243356	214014
海盐县	297920	153506	144414	293505	151084	142421
海宁市	328303	179279	149024	318012	173495	144517
平湖市	156975	83362	73613	153879	81721	72158
桐乡市	157707	81788	75919	152068	78817	73251
湖州市	**1465543**	**761462**	**704081**	**1414476**	**733167**	**681309**
吴兴区	207609	109943	97666	201654	106647	95007
南浔区	131316	67247	64069	127399	65238	62161
德清县	341128	178107	163021	330895	172567	158328
长兴县	430311	219240	211071	422971	215234	207737
安吉县	355179	186925	168254	331557	173481	158076

1-4b　续表 1

单位：人

地　区	合　计			汉　族		
	合计	男	女	小计	男	女
绍兴市	**665897**	**349609**	**316288**	**643647**	**337164**	**306483**
越城区	4023	2019	2004	3947	1980	1967
柯桥区	114194	66886	47308	106825	62453	44372
上虞区	48168	24158	24010	45640	22808	22832
新昌县	261282	133062	128220	257914	131344	126570
诸暨市	173861	90143	83718	166086	85860	80226
嵊州市	64369	33341	31028	63235	32719	30516
金华市	**1556545**	**825660**	**730885**	**1433306**	**756650**	**676656**
婺城区	75197	38349	36848	72732	36968	35764
金东区	162139	89503	72636	146543	80567	65976
武义县	287898	153276	134622	256864	136019	120845
浦江县	209274	107781	101493	200183	102908	97275
磐安县	93187	47116	46071	91228	46074	45154
兰溪市	65110	33419	31691	63100	32356	30744
义乌市	297234	161394	135840	270184	146375	123809
东阳市	275666	145790	129876	254331	133490	120841
永康市	90840	49032	41808	78141	41893	36248
衢州市	**556484**	**282672**	**273812**	**545527**	**276830**	**268697**
柯城区	11937	6205	5732	11524	5974	5550
衢江区	33208	16981	16227	32856	16835	16021
常山县	127705	65130	62575	126407	64413	61994
开化县	131023	63741	67282	130058	63307	66751
龙游县	184611	96230	88381	177449	92234	85215
江山市	68000	34385	33615	67233	34067	33166
舟山市	**236349**	**134450**	**101899**	**233438**	**132471**	**100967**
定海区	30300	15628	14672	29976	15476	14500
普陀区	19312	10298	9014	19163	10206	8957
岱山县	142851	86254	56597	140692	84647	56045
嵊泗县	43886	22270	21616	43607	22142	21465
台州市	**1240565**	**638283**	**602282**	**1213169**	**623054**	**590115**
椒江区	5276	3198	2078	4836	2938	1898
黄岩区	36301	18110	18191	35636	17736	17900
路桥区	105513	56235	49278	100717	53405	47312
三门县	202924	104356	98568	199966	102750	97216
天台县	251383	126927	124456	250216	126321	123895
仙居县	223978	112818	111160	221757	111734	110023
温岭市	265945	140071	125874	254115	133409	120706
临海市	133663	68328	65335	131440	67149	64291
玉环市	15582	8240	7342	14486	7612	6874
丽水市	**990839**	**499862**	**490977**	**956034**	**482353**	**473681**
莲都区	20832	11052	9780	19090	10111	8979
青田县	270319	136315	134004	266826	134471	132355
缙云县	230304	116244	114060	225627	113735	111892
遂昌县	106969	53667	53302	99879	50133	49746
松阳县	97751	48898	48853	95681	47960	47721
云和县	94499	48979	45520	86358	44791	41567
庆元县	90524	45199	45325	89623	44779	44844
景宁畲族自治县	64616	31802	32814	58407	28898	29509
龙泉市	15025	7706	7319	14543	7475	7068

1–4b 续表 2

单位：人

地　区	蒙古族			回　族			藏　族		
	小计	男	女	小计	男	女	小计	男	女
合计	**3788**	**2081**	**1707**	**15531**	**8662**	**6869**	**1387**	**698**	**689**
杭州市	**435**	**229**	**206**	**886**	**470**	**416**	**103**	**49**	**54**
上城区									
下城区									
江干区									
拱墅区									
西湖区									
滨江区									
萧山区	58	29	29	151	94	57	31	15	16
余杭区	168	96	72	388	210	178	29	15	14
富阳区	4	2	2	9	4	5	1	1	
临安区	5	3	2	41	20	21	2		2
桐庐县	161	79	82	225	112	113	35	17	18
淳安县	28	17	11	41	19	22	2		2
建德市	11	3	8	31	11	20	3	1	2
宁波市	**779**	**418**	**361**	**3857**	**2209**	**1648**	**324**	**184**	**140**
海曙区	4	1	3	15	9	6	6	5	1
江北区									
北仑区	37	23	14	500	338	162	16	12	4
镇海区	17	9	8	95	52	43	5	2	3
鄞州区	107	70	37	364	215	149	26	14	12
奉化区	14	9	5	35	18	17	5	3	2
象山县	82	32	50	156	77	79	10	5	5
宁海县	117	55	62	625	329	296	39	20	19
余姚市	107	47	60	1103	574	529	137	77	60
慈溪市	294	172	122	964	597	367	80	46	34
温州市	**258**	**145**	**113**	**3404**	**1829**	**1575**	**85**	**35**	**50**
鹿城区				5	4	1	1		1
龙湾区	76	52	24	377	233	144	17	9	8
瓯海区	2	1	1	17	8	9			
洞头区	1	1		35	17	18			
永嘉县	66	39	27	198	109	89	12	6	6
平阳县	59	26	33	602	321	281	27	11	16
苍南县	34	16	18	2018	1047	971	20	7	13
文成县	1		1	17	11	6	3		3
泰顺县	6	1	5	8	4	4			
瑞安市	4	3	1	53	29	24			
乐清市	9	6	3	68	44	24	5	2	3
龙港市				6	2	4			
嘉兴市	**813**	**468**	**345**	**2492**	**1411**	**1081**	**182**	**102**	**80**
南湖区	19	13	6	372	217	155	9	4	5
秀洲区	46	27	19	236	137	99	14	5	9
嘉善县	233	134	99	600	338	262	43	28	15
海盐县	236	129	107	368	195	173	23	13	10
海宁市	185	107	78	512	303	209	57	34	23
平湖市	56	33	23	202	114	88	20	10	10
桐乡市	38	25	13	202	107	95	16	8	8
湖州市	**375**	**211**	**164**	**1011**	**557**	**454**	**415**	**187**	**228**
吴兴区	43	28	15	189	103	86	21	13	8
南浔区	32	21	11	41	23	18	266	102	164
德清县	96	53	43	240	132	108	65	39	26
长兴县	81	44	37	138	75	63	23	13	10
安吉县	123	65	58	403	224	179	40	20	20

1-4b　续表 3　　　　单位：人

地　区	蒙古族			回　族			藏　族		
	小计	男	女	小计	男	女	小计	男	女
绍兴市	**320**	**178**	**142**	**561**	**325**	**236**	**46**	**25**	**21**
越城区									
柯桥区	223	135	88	337	203	134	14	11	3
上虞区	4	2	2	29	14	15	10	4	6
新昌县	46	20	26	87	48	39	12	7	5
诸暨市	42	19	23	101	57	44	10	3	7
嵊州市	5	2	3	7	3	4			
金华市	**403**	**227**	**176**	**2195**	**1230**	**965**	**121**	**62**	**59**
婺城区	17	10	7	48	24	24			
金东区	42	21	21	333	191	142	7	2	5
武义县	69	38	31	362	214	148	33	21	12
浦江县	17	8	9	132	63	69	12	6	6
磐安县	16	5	11	32	20	12	2		2
兰溪市	6		6	54	28	26			
义乌市	63	35	28	849	480	369	41	21	20
东阳市	154	101	53	335	182	153	20	12	8
永康市	19	9	10	50	28	22	6		6
衢州市	**57**	**22**	**35**	**164**	**87**	**77**	**12**	**4**	**8**
柯城区	1		1	9	5	4			
衢江区	7	4	3	4	2	2	3	1	2
常山县	10	5	5	35	18	17	4		4
开化县	13	4	9	21	9	12	1	1	
龙游县	22	8	14	89	51	38	3	2	1
江山市	4	1	3	6	2	4	1		1
舟山市	**109**	**67**	**42**	**139**	**103**	**36**	**39**	**24**	**15**
定海区	9	2	7	24	15	9	1		1
普陀区	4		4	7	3	4	2	2	
岱山县	94	64	30	99	81	18	34	21	13
嵊泗县	2	1	1	9	4	5	2	1	1
台州市	**123**	**62**	**61**	**532**	**299**	**233**	**42**	**22**	**20**
椒江区	2	1	1	31	17	14	16	12	4
黄岩区	10	5	5	23	11	12			
路桥区	14	8	6	88	55	33	4	3	1
三门县	16	8	8	99	56	43	4		4
天台县	20	8	12	63	40	23	2	1	1
仙居县	3	1	2	34	14	20	2	2	
温岭市	41	25	16	124	68	56	9	2	7
临海市	8	3	5	54	27	27	5	2	3
玉环市	9	3	6	16	11	5			
丽水市	**116**	**54**	**62**	**290**	**142**	**148**	**18**	**4**	**14**
莲都区	3	2	1	10	7	3	1		1
青田县	22	9	13	80	39	41	2		2
缙云县	19	11	8	114	54	60	3	1	2
遂昌县	4	2	2	21	12	9	1		1
松阳县	23	13	10	36	18	18	7	3	4
云和县	10	5	5	4	1	3	3		3
庆元县	23	5	18	20	9	11			
景宁畲族自治县	12	7	5	5	2	3	1		1
龙泉市									

1-4b 续表 4

单位：人

地　区	维吾尔族			苗　族			彝　族		
	小计	男	女	小计	男	女	小计	男	女
合计	**942**	**510**	**432**	**133037**	**74049**	**58988**	**42089**	**22935**	**19154**
杭州市	**35**	**19**	**16**	**8756**	**4843**	**3913**	**1938**	**1056**	**882**
上城区									
下城区									
江干区									
拱墅区									
西湖区				3	3		2	2	
滨江区									
萧山区	1	1		2247	1289	958	481	289	192
余杭区	10	7	3	1413	831	582	601	320	281
富阳区				242	127	115	80	43	37
临安区	3	1	2	422	220	202	127	63	64
桐庐县	17	10	7	3929	2107	1822	547	293	254
淳安县	3		3	175	79	96	56	24	32
建德市	1		1	325	187	138	44	22	22
宁波市	**210**	**124**	**86**	**22615**	**12473**	**10142**	**5544**	**3047**	**2497**
海曙区	5	2	3	455	233	222	35	16	19
江北区									
北仑区	5	3	2	338	204	134	212	121	91
镇海区	1		1	357	202	155	149	83	66
鄞州区	31	20	11	2109	1127	982	609	325	284
奉化区	7	3	4	583	322	261	132	69	63
象山县	14	9	5	1646	912	734	296	156	140
宁海县	22	11	11	6177	3387	2790	952	506	446
余姚市	10	7	3	5182	2736	2446	1373	748	625
慈溪市	115	69	46	5768	3350	2418	1786	1023	763
温州市	**144**	**68**	**76**	**20595**	**11789**	**8806**	**3263**	**1748**	**1515**
鹿城区				93	46	47	12	10	2
龙湾区	14	8	6	8910	5051	3859	1095	614	481
瓯海区				405	236	169	63	36	27
洞头区				45	24	21	3	2	1
永嘉县	33	18	15	3837	2337	1500	551	302	249
平阳县	27	10	17	4151	2323	1828	851	446	405
苍南县	43	20	23	1429	798	631	355	166	189
文成县	6	2	4	198	121	77	20	8	12
泰顺县	4	1	3	112	56	56	33	12	21
瑞安市	5	3	2	139	84	55	83	49	34
乐清市	12	6	6	1123	628	495	185	98	87
龙港市				153	85	68	12	5	7
嘉兴市	**95**	**48**	**47**	**12472**	**6880**	**5592**	**5828**	**3124**	**2704**
南湖区	6	4	2	404	231	173	264	138	126
秀洲区	16	9	7	996	547	449	472	258	214
嘉善县	22	10	12	5341	2970	2371	1648	869	779
海盐县	21	8	13	915	509	406	486	277	209
海宁市	16	9	7	2689	1520	1169	1737	945	792
平湖市	4	2	2	654	334	320	301	166	135
桐乡市	10	6	4	1473	769	704	920	471	449
湖州市	**53**	**27**	**26**	**12913**	**7116**	**5797**	**5417**	**2934**	**2483**
吴兴区	3	3		1799	967	832	448	236	212
南浔区				837	430	407	645	351	294
德清县	4	1	3	2674	1487	1187	1411	750	661
长兴县	30	15	15	2285	1290	995	792	424	368
安吉县	16	8	8	5318	2942	2376	2121	1173	948

1-4b　续表 5　　　　单位：人

地　区	维吾尔族			苗　族			彝　族		
	小计	男	女	小计	男	女	小计	男	女
绍兴市	**33**	**22**	**11**	**6527**	**3632**	**2895**	**2843**	**1568**	**1275**
越城区				9	4	5	12	6	6
柯桥区	1	1		1561	946	615	985	580	405
上虞区	5	4	1	963	513	450	142	78	64
新昌县	8	5	3	879	456	423	227	102	125
诸暨市	16	10	6	2830	1551	1279	1278	700	578
嵊州市	3	2	1	285	162	123	199	102	97
金华市	**192**	**99**	**93**	**34942**	**19416**	**15526**	**11707**	**6397**	**5310**
婺城区	90	40	50	712	394	318	158	96	62
金东区	12	8	4	5472	3100	2372	1429	795	634
武义县	12	6	6	7846	4290	3556	4972	2698	2274
浦江县	1		1	2468	1300	1168	933	492	441
磐安县	3	1	2	699	386	313	125	73	52
兰溪市				645	365	280	169	97	72
义乌市	45	24	21	8218	4597	3621	2186	1183	1003
东阳市	29	20	9	4396	2484	1912	1030	567	463
永康市				4486	2500	1986	705	396	309
衢州市	**27**	**14**	**13**	**1718**	**956**	**762**	**1244**	**708**	**536**
柯城区				51	30	21	16	6	10
衢江区	3		3	69	26	43	40	14	26
常山县				283	175	108	132	82	50
开化县	14	9	5	149	63	86	81	29	52
龙游县	9	4	5	967	580	387	947	563	384
江山市	1	1		199	82	117	28	14	14
舟山市	**25**	**14**	**11**	**739**	**521**	**218**	**326**	**220**	**106**
定海区				60	34	26	48	19	29
普陀区				35	26	9	9	9	
岱山县	20	10	10	596	440	156	248	181	67
嵊泗县	5	4	1	48	21	27	21	11	10
台州市	**56**	**31**	**25**	**8088**	**4519**	**3569**	**2963**	**1617**	**1346**
椒江区				125	78	47	55	35	20
黄岩区				191	106	85	69	39	30
路桥区	3	3		2130	1251	879	361	207	154
三门县	5	3	2	787	431	356	332	175	157
天台县	9	3	6	305	163	142	171	83	88
仙居县	14	8	6	671	329	342	159	75	84
温岭市	15	10	5	3241	1816	1425	1366	762	604
临海市	10	4	6	453	240	213	393	207	186
玉环市				185	105	80	57	34	23
丽水市	**72**	**44**	**28**	**3672**	**1904**	**1768**	**1016**	**516**	**500**
莲都区	4	3	1	156	89	67	60	28	32
青田县	6	5	1	863	490	373	203	105	98
缙云县	23	12	11	1188	663	525	497	276	221
遂昌县	14	10	4	214	99	115	53	17	36
松阳县	7	4	3	343	166	177	111	57	54
云和县	5	2	3	718	338	380	41	17	24
庆元县	7	5	2	71	29	42	29	11	18
景宁畲族自治县	6	3	3	94	20	74	20	4	16
龙泉市				25	10	15	2	1	1

1-4b 续表 6

单位：人

地 区	壮 族			布依族			朝鲜族		
	小计	男	女	小计	男	女	小计	男	女
合计	**29834**	**15437**	**14397**	**72685**	**40841**	**31844**	**1268**	**654**	**614**
杭州市	**2006**	**974**	**1032**	**1917**	**1018**	**899**	**82**	**46**	**36**
上城区									
下城区									
江干区									
拱墅区									
西湖区				1		1			
滨江区									
萧山区	628	313	315	357	216	141	17	11	6
余杭区	784	384	400	442	250	192	40	23	17
富阳区	27	12	15	161	87	74			
临安区	60	29	31	135	74	61	3	1	2
桐庐县	405	197	208	591	267	324	13	8	5
淳安县	52	21	31	50	26	24	8	3	5
建德市	50	18	32	180	98	82	1		1
宁波市	**4258**	**2071**	**2187**	**13182**	**7397**	**5785**	**250**	**133**	**117**
海曙区	16	5	11	73	46	27	4	2	2
江北区									
北仑区	77	32	45	207	136	71	4	3	1
镇海区	78	39	39	165	97	68	14	10	4
鄞州区	397	196	201	727	415	312	25	15	10
奉化区	43	29	14	178	93	85			
象山县	165	81	84	528	291	237	15	6	9
宁海县	409	178	231	3002	1673	1329	35	18	17
余姚市	953	474	479	4030	2221	1809	7	3	4
慈溪市	2120	1037	1083	4272	2425	1847	146	76	70
温州市	**1899**	**917**	**982**	**7225**	**4108**	**3117**	**65**	**36**	**29**
鹿城区	33	17	16	11	4	7			
龙湾区	529	275	254	2774	1592	1182	28	21	7
瓯海区	37	22	15	79	51	28			
洞头区				16	11	5			
永嘉县	510	289	221	1464	852	612	7	4	3
平阳县	355	158	197	1921	1106	815	12	6	6
苍南县	278	89	189	246	128	118	14	3	11
文成县	25	12	13	56	27	29	2	1	1
泰顺县	18	6	12	24	7	17	1	1	
瑞安市	13	3	10	51	24	27			
乐清市	75	29	46	574	299	275	1		1
龙港市	26	17	9	9	7	2			
嘉兴市	**6328**	**3369**	**2959**	**2054**	**1142**	**912**	**436**	**217**	**219**
南湖区	114	69	45	80	41	39	7	3	4
秀洲区	1817	986	831	187	101	86	17	8	9
嘉善县	772	418	354	594	336	258	280	140	140
海盐县	308	165	143	262	148	114	28	17	11
海宁市	1445	750	695	580	333	247	37	18	19
平湖市	419	210	209	145	78	67	53	24	29
桐乡市	1453	771	682	206	105	101	14	7	7
湖州市	**6520**	**3498**	**3022**	**5159**	**2910**	**2249**	**77**	**43**	**34**
吴兴区	738	390	348	664	382	282	8	3	5
南浔区	849	436	413	275	152	123	1	1	
德清县	1864	981	883	588	307	281	28	19	9
长兴县	890	489	401	1135	575	560	20	9	11
安吉县	2179	1202	977	2497	1494	1003	20	11	9

1-4b　续表 7　　　　单位：人

地　区	壮　族			布依族			朝鲜族		
	小计	男	女	小计	男	女	小计	男	女
绍兴市	**1121**	**606**	**515**	**3294**	**1852**	**1442**	**29**	**12**	**17**
越城区	11	2	9	26	15	11			
柯桥区	670	414	256	1016	597	419	5		5
上虞区	60	26	34	884	475	409			
新昌县	75	31	44	299	154	145	17	8	9
诸暨市	267	117	150	845	480	365	5	4	1
嵊州市	38	16	22	224	131	93	2		2
金华市	**4596**	**2451**	**2145**	**33190**	**18770**	**14420**	**257**	**129**	**128**
婺城区	97	48	49	402	243	159	11	5	6
金东区	562	305	257	3573	2059	1514	80	38	42
武义县	1401	760	641	5131	2911	2220	12	8	4
浦江县	521	272	249	3298	1822	1476	19	7	12
磐安县	64	21	43	441	227	214	5	2	3
兰溪市	113	56	57	443	214	229			
义乌市	855	461	394	6866	3787	3079	108	52	56
东阳市	688	358	330	8630	5027	3603	22	17	5
永康市	295	170	125	4406	2480	1926			
衢州市	**354**	**171**	**183**	**1020**	**515**	**505**	**22**	**11**	**11**
柯城区	13	7	6	70	37	33	2	1	1
衢江区	17	4	13	37	15	22			
常山县	89	41	48	143	68	75	4		4
开化县	52	18	34	64	27	37	8	3	5
龙游县	141	87	54	496	309	187	8	7	1
江山市	42	14	28	210	59	151			
舟山市	**159**	**101**	**58**	**247**	**164**	**83**	**10**	**6**	**4**
定海区	13	7	6	11	6	5	1	1	
普陀区	12	4	8	11	4	7	1		1
岱山县	114	88	26	163	121	42	8	5	3
嵊泗县	20	2	18	62	33	29			
台州市	**2034**	**1057**	**977**	**3736**	**2082**	**1654**	**14**	**9**	**5**
椒江区	16	9	7	51	27	24			
黄岩区	31	11	20	137	80	57	1	1	
路桥区	300	167	133	525	315	210			
三门县	99	50	49	339	179	160	2	1	1
天台县	30	18	12	299	161	138			
仙居县	98	41	57	396	189	207	1	1	
温岭市	1295	682	613	1701	959	742	3	1	2
临海市	103	47	56	229	133	96	7	5	2
玉环市	62	32	30	59	39	20			
丽水市	**559**	**222**	**337**	**1661**	**883**	**778**	**26**	**12**	**14**
莲都区	23	14	9	47	23	24			
青田县	126	44	82	159	82	77	2	1	1
缙云县	262	111	151	880	505	375	6	3	3
遂昌县	25	8	17	73	29	44	3	1	2
松阳县	51	19	32	144	73	71	1		1
云和县	38	19	19	305	151	154	8	5	3
庆元县	12	5	7	28	13	15	1		1
景宁畲族自治县	21	1	20	24	6	18	4	1	3
龙泉市	1	1		1	1		1	1	

1–4b 续表 8 单位：人

地区	满族			侗族			瑶族		
	小计	男	女	小计	男	女	小计	男	女
合计	**4828**	**2692**	**2136**	**34783**	**20408**	**14375**	**3998**	**2119**	**1879**
杭州市	**596**	**333**	**263**	**5166**	**2929**	**2237**	**382**	**202**	**180**
上城区									
下城区									
江干区									
拱墅区									
西湖区				5	1	4			
滨江区									
萧山区	65	44	21	1885	1131	754	95	49	46
余杭区	287	158	129	292	177	115	99	51	48
富阳区	8	5	3	209	108	101	2	1	1
临安区	8	5	3	118	70	48	16	10	6
桐庐县	181	104	77	2529	1370	1159	82	46	36
淳安县	31	11	20	55	28	27	15	7	8
建德市	16	6	10	73	44	29	73	38	35
宁波市	**1091**	**609**	**482**	**3365**	**1968**	**1397**	**537**	**257**	**280**
海曙区	4	2	2	19	11	8	3	3	
江北区									
北仑区	91	58	33	61	40	21	24	13	11
镇海区	61	35	26	102	59	43	10	7	3
鄞州区	135	82	53	268	144	124	66	33	33
奉化区	17	8	9	44	21	23	14	5	9
象山县	88	51	37	281	176	105	33	16	17
宁海县	148	72	76	681	376	305	89	35	54
余姚市	51	28	23	446	243	203	105	52	53
慈溪市	496	273	223	1463	898	565	193	93	100
温州市	**299**	**149**	**150**	**8798**	**5268**	**3530**	**489**	**273**	**216**
鹿城区				23	12	11	1	1	
龙湾区	75	52	23	1993	1226	767	161	98	63
瓯海区	1	1		158	102	56	24	8	16
洞头区				7	5	2			
永嘉县	62	36	26	3880	2413	1467	109	64	45
平阳县	57	25	32	1381	781	600	88	50	38
苍南县	77	22	55	695	376	319	74	38	36
文成县	3	1	2	45	22	23	7	2	5
泰顺县	9	3	6	73	29	44	3		3
瑞安市	1		1	77	46	31	6	3	3
乐清市	14	9	5	413	224	189	14	8	6
龙港市				53	32	21	2	1	1
嘉兴市	**921**	**505**	**416**	**1921**	**1117**	**804**	**573**	**315**	**258**
南湖区	24	12	12	57	36	21	18	9	9
秀洲区	53	30	23	81	45	36	94	55	39
嘉善县	269	142	127	875	502	373	158	91	67
海盐县	250	139	111	143	82	61	52	27	25
海宁市	175	95	80	372	229	143	150	81	69
平湖市	82	52	30	163	87	76	37	23	14
桐乡市	68	35	33	230	136	94	64	29	35
湖州市	**576**	**323**	**253**	**1088**	**604**	**484**	**293**	**144**	**149**
吴兴区	121	67	54	204	113	91	70	31	39
南浔区	21	10	11	67	27	40	29	16	13
德清县	159	87	72	252	126	126	59	28	31
长兴县	115	71	44	169	86	83	44	21	23
安吉县	160	88	72	396	252	144	91	48	43

1-4b　续表 9　　　　　　　　　　　　　　　　　　　　　　　　　　　　单位：人

地　区	满　族			侗　族			瑶　族		
	小计	男	女	小计	男	女	小计	男	女
绍兴市	**211**	**116**	**95**	**1317**	**803**	**514**	**141**	**71**	**70**
越城区	1	1		3	2	1			
柯桥区	69	44	25	252	171	81	55	31	24
上虞区	9	6	3	148	76	72	13	6	7
新昌县	66	28	38	185	105	80	34	16	18
诸暨市	56	29	27	656	405	251	29	15	14
嵊州市	10	8	2	73	44	29	10	3	7
金华市	**551**	**292**	**259**	**7471**	**4365**	**3106**	**989**	**563**	**426**
婺城区	45	16	29	113	56	57	43	25	18
金东区	80	51	29	812	498	314	151	85	66
武义县	104	54	50	2649	1557	1092	187	93	94
浦江县	44	16	28	271	146	125	93	60	33
磐安县	12	5	7	101	62	39	16	8	8
兰溪市	3	2	1	104	64	40	14	8	6
义乌市	136	79	57	1102	627	475	278	162	116
东阳市	119	62	57	884	538	346	175	106	69
永康市	8	7	1	1435	817	618	32	16	16
衢州市	**75**	**38**	**37**	**448**	**258**	**190**	**178**	**72**	**106**
柯城区	3	1	2	7	5	2	2		2
衢江区	2		2	12	6	6	3	1	2
常山县	22	11	11	67	41	26	20	5	15
开化县	11	6	5	41	17	24	14	6	8
龙游县	34	18	16	273	162	111	134	58	76
江山市	3	2	1	48	27	21	5	2	3
舟山市	**253**	**202**	**51**	**114**	**75**	**39**	**38**	**24**	**14**
定海区	21	9	12	8	3	5	5	3	2
普陀区	12	7	5	7	6	1	7	3	4
岱山县	218	184	34	87	62	25	19	16	3
嵊泗县	2	2		12	4	8	7	2	5
台州市	**134**	**66**	**68**	**2189**	**1323**	**866**	**252**	**136**	**116**
椒江区	5	5		15	10	5	9	6	3
黄岩区	2	1	1	131	76	55	6	5	1
路桥区	21	9	12	416	264	152	23	16	7
三门县	21	8	13	178	109	69	26	15	11
天台县	4	1	3	48	29	19	16	8	8
仙居县	16	9	7	233	127	106	27	15	12
温岭市	40	23	17	991	601	390	104	51	53
临海市	22	9	13	111	64	47	41	20	21
玉环市	3	1	2	66	43	23			
丽水市	**121**	**59**	**62**	**2906**	**1698**	**1208**	**126**	**62**	**64**
莲都区	1	1		112	72	40	10	4	6
青田县	16	7	9	601	349	252	25	14	11
缙云县	34	15	19	270	156	114	54	28	26
遂昌县	22	10	12	28	17	11			
松阳县	19	9	10	39	18	21	13	5	8
云和县	19	10	9	1751	1044	707	11	5	6
庆元县	6	3	3	33	16	17	7	4	3
景宁畲族自治县	4	4		66	23	43	3	1	2
龙泉市				6	3	3	3	1	2

1-4b 续表 10　　单位：人

地区	白族			土家族			哈尼族		
	小计	男	女	小计	男	女	小计	男	女
合计	**6086**	**3365**	**2721**	**67797**	**38772**	**29025**	**3372**	**1728**	**1644**
杭州市	**292**	**165**	**127**	**3454**	**1984**	**1470**	**200**	**101**	**99**
上城区									
下城区									
江干区									
拱墅区									
西湖区									
滨江区									
萧山区	115	65	50	1294	747	547	24	10	14
余杭区	45	28	17	1005	600	405	44	25	19
富阳区	5	3	2	63	34	29	21	7	14
临安区	16	9	7	159	82	77	34	21	13
桐庐县	83	42	41	773	436	337	48	28	20
淳安县	4	1	3	75	39	36	6	1	5
建德市	24	17	7	85	46	39	23	9	14
宁波市	**1399**	**797**	**602**	**13303**	**7435**	**5868**	**472**	**255**	**217**
海曙区	10	6	4	391	207	184	12	8	4
江北区									
北仑区	49	31	18	344	209	135	37	24	13
镇海区	46	27	19	525	308	217	9	5	4
鄞州区	253	138	115	3094	1740	1354	46	26	20
奉化区	16	6	10	969	509	460	15	12	3
象山县	105	62	43	566	303	263	116	49	67
宁海县	198	103	95	2993	1614	1379	51	25	26
余姚市	316	178	138	1926	1043	883	45	23	22
慈溪市	406	246	160	2495	1502	993	141	83	58
温州市	**564**	**303**	**261**	**15837**	**9389**	**6448**	**417**	**194**	**223**
鹿城区	1		1	48	27	21	4	2	2
龙湾区	157	87	70	4241	2512	1729	87	47	40
瓯海区	13	10	3	216	124	92			
洞头区				18	10	8			
永嘉县	164	100	64	5895	3624	2271	44	23	21
平阳县	132	66	66	2485	1461	1024	81	33	48
苍南县	55	18	37	1900	1056	844	129	57	72
文成县	1	1		89	55	34	16	4	12
泰顺县	4	1	3	76	46	30	7	3	4
瑞安市	2		2	98	56	42	38	19	19
乐清市	35	20	15	704	382	322	8	5	3
龙港市				67	36	31	3	1	2
嘉兴市	**657**	**378**	**279**	**11057**	**6081**	**4976**	**511**	**274**	**237**
南湖区	24	11	13	137	72	65	16	9	7
秀洲区	53	31	22	4438	2399	2039	38	23	15
嘉善县	287	177	110	3325	1843	1482	260	151	109
海盐县	76	45	31	762	417	345	67	27	40
海宁市	149	80	69	1150	672	478	79	44	35
平湖市	39	22	17	698	381	317	25	12	13
桐乡市	29	12	17	547	297	250	26	8	18
湖州市	**729**	**415**	**314**	**3016**	**1740**	**1276**	**167**	**88**	**79**
吴兴区	88	52	36	646	389	257	16	5	11
南浔区	66	32	34	461	253	208	7	1	6
德清县	271	154	117	743	409	334	55	37	18
长兴县	80	41	39	337	204	133	38	19	19
安吉县	224	136	88	829	485	344	51	26	25

1—4b　续表 11　　单位：人

地　区	白　族			土家族			哈尼族		
	小计	男	女	小计	男	女	小计	男	女
绍兴市	**397**	**207**	**190**	**2958**	**1698**	**1260**	**130**	**67**	**63**
越城区	1		1	9	7	2			
柯桥区	191	105	86	1033	666	367	65	38	27
上虞区	12	5	7	119	71	48	5	1	4
新昌县	62	32	30	967	501	466	29	15	14
诸暨市	80	43	37	698	376	322	22	7	15
嵊州市	51	22	29	132	77	55	9	6	3
金华市	**1281**	**690**	**591**	**11259**	**6496**	**4763**	**853**	**471**	**382**
婺城区	15	7	8	221	132	89	22	11	11
金东区	242	128	114	1305	792	513	250	147	103
武义县	415	223	192	2285	1340	945	203	113	90
浦江县	105	57	48	343	193	150	70	32	38
磐安县	24	11	13	173	91	82	23	9	14
兰溪市	13	7	6	114	65	49	15	7	8
义乌市	227	125	102	3559	1978	1581	204	119	85
东阳市	124	63	61	2666	1569	1097	40	19	21
永康市	116	69	47	593	336	257	26	14	12
衢州市	**104**	**59**	**45**	**678**	**418**	**260**	**129**	**61**	**68**
柯城区	2	2		23	18	5	5	2	3
衢江区	6	2	4	42	19	23	7	1	6
常山县	13	6	7	147	102	45	7	2	5
开化县	20	11	9	88	37	51	5		5
龙游县	53	34	19	334	219	115	103	55	48
江山市	10	4	6	44	23	21	2	1	1
舟山市	**36**	**27**	**9**	**391**	**259**	**132**	**65**	**36**	**29**
定海区	2	1	1	65	27	38	33	15	18
普陀区				27	19	8	1		1
岱山县	31	25	6	241	179	62	24	17	7
嵊泗县	3	1	2	58	34	24	7	4	3
台州市	**456**	**241**	**215**	**4182**	**2359**	**1823**	**138**	**66**	**72**
椒江区	14	6	8	58	33	25			
黄岩区	10	7	3	21	15	6	1		1
路桥区	49	29	20	582	339	243	6	3	3
三门县	85	38	47	603	351	252	26	10	16
天台县	24	11	13	60	28	32	30	16	14
仙居县	26	10	16	335	174	161	12	1	11
温岭市	156	92	64	1668	950	718	57	34	23
临海市	68	32	36	289	157	132	5	1	4
玉环市	24	16	8	566	312	254	1	1	
丽水市	**171**	**83**	**88**	**1662**	**913**	**749**	**290**	**115**	**175**
莲都区	6	3	3	176	114	62	9	3	6
青田县	72	39	33	655	348	307	21	5	16
缙云县	46	22	24	442	243	199	143	79	64
遂昌县	15	6	9	38	20	18	17	2	15
松阳县	16	8	8	171	92	79	52	21	31
云和县	5	2	3	120	71	49	6		6
庆元县	6	2	4	21	9	12	1	1	
景宁畲族自治县	2		2	29	13	16	40	4	36
龙泉市	3	1	2	10	3	7	1		1

1-4b 续表 12 单位：人

地区	哈萨克族			傣族			黎族		
	小计	男	女	小计	男	女	小计	男	女
合计	**37**	**19**	**18**	**2175**	**1074**	**1101**	**3994**	**2134**	**1860**
杭州市	**5**	**3**	**2**	**110**	**53**	**57**	**148**	**75**	**73**
上城区									
下城区									
江干区									
拱墅区									
西湖区									
滨江区									
萧山区				30	14	16	37	16	21
余杭区				36	20	16	27	13	14
富阳区				3	3		5	3	2
临安区				4		4	4	1	3
桐庐县	2	2		29	14	15	62	34	28
淳安县	3	1	2	3	1	2	9	4	5
建德市				5	1	4	4	4	
宁波市	**8**	**5**	**3**	**306**	**165**	**141**	**771**	**380**	**391**
海曙区				5	4	1	6	4	2
江北区									
北仑区				13	10	3	1		1
镇海区				3	1	2	3		3
鄞州区	6	3	3	32	14	18	70	40	30
奉化区				4	3	1	5	2	3
象山县				28	14	14	25	7	18
宁海县				84	38	46	92	35	57
余姚市				27	17	10	172	86	86
慈溪市	2	2		110	64	46	397	206	191
温州市	**5**	**2**	**3**	**251**	**108**	**143**	**582**	**323**	**259**
鹿城区									
龙湾区	2	1	1	74	32	42	195	105	90
瓯海区				3	1	2	3	2	1
洞头区							3	2	1
永嘉县				34	13	21	43	24	19
平阳县	2		2	46	24	22	238	135	103
苍南县	1	1		58	20	38	54	33	21
文成县				6	4	2	5	5	
泰顺县				2		2	7	2	5
瑞安市				2	1	1	17	9	8
乐清市				8	4	4	17	6	11
龙港市				18	9	9			
嘉兴市	**3**	**2**	**1**	**360**	**194**	**166**	**317**	**175**	**142**
南湖区				8	2	6	11	8	3
秀洲区				28	14	14	19	7	12
嘉善县	2	2		170	104	66	70	40	30
海盐县				59	36	23	16	11	5
海宁市				55	24	31	128	71	57
平湖市	1		1	11	4	7	23	13	10
桐乡市				29	10	19	50	25	25
湖州市	**9**	**3**	**6**	**238**	**120**	**118**	**239**	**127**	**112**
吴兴区	1		1	16	3	13	22	7	15
南浔区				9	2	7	14	7	7
德清县				125	69	56	33	16	17
长兴县	3	1	2	29	16	13	33	14	19
安吉县	5	2	3	59	30	29	137	83	54

1-4b 续表 13

单位：人

地　　区	哈萨克族			傣　　族			黎　　族		
	小计	男	女	小计	男	女	小计	男	女
绍兴市	**2**	**1**	**1**	**116**	**58**	**58**	**279**	**149**	**130**
越城区									
柯桥区				81	46	35	73	42	31
上虞区				8	3	5	13	8	5
新昌县	1		1	13	3	10	26	10	16
诸暨市	1	1		9	3	6	149	79	70
嵊州市				5	3	2	18	10	8
金华市	**3**	**1**	**2**	**520**	**268**	**252**	**1360**	**746**	**614**
婺城区				19	11	8	15	9	6
金东区				87	55	32	93	55	38
武义县	1		1	154	81	73	291	149	142
浦江县				30	7	23	165	85	80
磐安县				20	7	13	34	17	17
兰溪市				22	10	12	40	22	18
义乌市	1		1	134	72	62	280	147	133
东阳市	1	1		34	14	20	331	195	136
永康市				20	11	9	111	67	44
衢州市	**1**	**1**		**44**	**28**	**16**	**74**	**42**	**32**
柯城区				1		1	10	7	3
衢江区							2	2	
常山县				4	1	3	8	7	1
开化县				6	4	2	7	1	6
龙游县	1	1		32	22	10	39	21	18
江山市				1	1		8	4	4
舟山市	**1**	**1**		**26**	**5**	**21**	**5**	**3**	**2**
定海区				4		4			
普陀区									
岱山县	1	1		12	4	8	4	3	1
嵊泗县				10	1	9	1		1
台州市				**119**	**48**	**71**	**140**	**78**	**62**
椒江区				5	5				
黄岩区							2	2	
路桥区				19	9	10	20	11	9
三门县				28	12	16	16	9	7
天台县				14	6	8	6	2	4
仙居县				15	3	12	41	23	18
温岭市				28	11	17	33	23	10
临海市				8	2	6	20	7	13
玉环市				2		2	2	1	1
丽水市				**85**	**27**	**58**	**79**	**36**	**43**
莲都区				1		1	8	4	4
青田县				18	6	12	10	5	5
缙云县				31	14	17	30	15	15
遂昌县				4		4	4	1	3
松阳县				4		4	8	3	5
云和县				13	3	10	4	3	1
庆元县				4	3	1	2	1	1
景宁畲族自治县				10	1	9	4		4
龙泉市							9	4	5

1-4b 续表 14

单位：人

地区	傈僳族			佤族			畲族		
	小计	男	女	小计	男	女	小计	男	女
合计	**941**	**411**	**530**	**1344**	**604**	**740**	**52376**	**26448**	**25928**
杭州市	**30**	**15**	**15**	**56**	**28**	**28**	**2699**	**1339**	**1360**
上城区									
下城区									
江干区									
拱墅区									
西湖区									
滨江区									
萧山区	4	3	1	15	9	6	87	51	36
余杭区	6	2	4	15	9	6	179	86	93
富阳区	1	1					17	10	7
临安区	2	1	1	5	2	3	374	200	174
桐庐县	14	6	8	18	7	11	1583	769	814
淳安县	2	1	1	2	1	1	109	52	57
建德市	1	1		1		1	350	171	179
宁波市	**184**	**78**	**106**	**155**	**80**	**75**	**634**	**333**	**301**
海曙区							4	2	2
江北区									
北仑区	9	3	6	3	2	1	16	10	6
镇海区	4	1	3	1		1	17	10	7
鄞州区	31	7	24	19	8	11	78	39	39
奉化区							10	5	5
象山县	20	9	11	9	5	4	81	39	42
宁海县	38	19	19	27	12	15	138	63	75
余姚市	20	8	12	8	2	6	141	85	56
慈溪市	62	31	31	88	51	37	149	80	69
温州市	**116**	**46**	**70**	**74**	**28**	**46**	**20109**	**10276**	**9833**
鹿城区							5	4	1
龙湾区	28	14	14	17	11	6	321	196	125
瓯海区	1		1				22	11	11
洞头区							4	3	1
永嘉县	17	7	10	9	3	6	250	159	91
平阳县	20	11	9	15	7	8	4281	2236	2045
苍南县	25	4	21	18	4	14	7925	3992	3933
文成县	2		2	8	1	7	2298	1118	1180
泰顺县							4920	2512	2408
瑞安市				4	1	3	18	11	7
乐清市	23	10	13	3	1	2	18	9	9
龙港市							47	25	22
嘉兴市	**122**	**63**	**59**	**102**	**37**	**65**	**390**	**237**	**153**
南湖区	1	1		12	6	6	8	6	2
秀洲区	11	6	5	7	3	4	31	18	13
嘉善县	66	33	33	47	16	31	112	70	42
海盐县	15	8	7	8	2	6	30	17	13
海宁市	20	13	7	17	6	11	135	81	54
平湖市	5	2	3	5	1	4	27	15	12
桐乡市	4		4	6	3	3	47	30	17
湖州市	**80**	**40**	**40**	**104**	**50**	**54**	**1082**	**562**	**520**
吴兴区	12	7	5	17	8	9	182	112	70
南浔区	2		2	5	3	2	22	9	13
德清县	6	1	5	16	6	10	217	107	110
长兴县	32	17	15	52	28	24	134	74	60
安吉县	28	15	13	14	5	9	527	260	267

1-4b　续表 15　　　　单位：人

地　区	傈僳族			佤　族			畲　族		
	小计	男	女	小计	男	女	小计	男	女
绍兴市	**57**	**23**	**34**	**33**	**13**	**20**	**208**	**115**	**93**
越城区							1		1
柯桥区	48	22	26	15	6	9	27	16	11
上虞区							24	12	12
新昌县	4		4	3	1	2	36	16	20
诸暨市	4	1	3	14	6	8	118	69	49
嵊州市	1		1	1		1	2	2	
金华市	**182**	**86**	**96**	**384**	**207**	**177**	**2947**	**1500**	**1447**
婺城区	10	6	4	13	9	4	219	119	100
金东区	20	11	9	132	68	64	156	83	73
武义县	38	15	23	41	22	19	1946	978	968
浦江县	8	3	5	1	1		65	32	33
磐安县	25	12	13	9	4	5	22	11	11
兰溪市	1		1	2		2	136	56	80
义乌市	62	33	29	142	78	64	202	111	91
东阳市	15	5	10	37	23	14	174	95	79
永康市	3	1	2	7	2	5	27	15	12
衢州市	**7**	**2**	**5**	**17**	**10**	**7**	**4262**	**2194**	**2068**
柯城区							172	93	79
衢江区							87	42	45
常山县	3	1	2	1		1	239	115	124
开化县				4	1	3	319	168	151
龙游县	3	1	2	12	9	3	3310	1702	1608
江山市	1		1				135	74	61
舟山市	**3**	**1**	**2**	**33**	**24**	**9**	**37**	**22**	**15**
定海区	2		2	7	3	4	3	3	
普陀区							6	4	2
岱山县	1	1		25	21	4	24	14	10
嵊泗县				1		1	4	1	3
台州市	**100**	**39**	**61**	**140**	**60**	**80**	**166**	**72**	**94**
椒江区	8	3	5				2	1	1
黄岩区							5	1	4
路桥区	11	5	6	17	6	11	22	14	8
三门县	19	4	15	76	35	41	21	10	11
天台县	1		1	4		4	17	6	11
仙居县	2		2	10	2	8	22	8	14
温岭市	23	10	13	23	13	10	56	23	33
临海市	36	17	19	8	3	5	12	2	10
玉环市				2	1	1	9	7	2
丽水市	**60**	**18**	**42**	**246**	**67**	**179**	**19842**	**9798**	**10044**
莲都区				19	12	7	1039	527	512
青田县	17	6	11	7	2	5	377	187	190
缙云县	26	8	18	6	2	4	418	191	227
遂昌县	4		4	3	1	2	6482	3279	3203
松阳县	7	3	4	79	33	46	744	325	419
云和县	2		2	80	13	67	4078	2007	2071
庆元县	3	1	2	5	1	4	595	290	305
景宁畲族自治县	1		1	45	3	42	5707	2792	2915
龙泉市				2		2	402	200	202

1-4b 续表 16

单位：人

地区	高山族			拉祜族			水族		
	小计	男	女	小计	男	女	小计	男	女
合计	**12**	**6**	**6**	**1022**	**420**	**602**	**12566**	**7204**	**5362**
杭州市	**3**	**1**	**2**	**43**	**22**	**21**	**198**	**109**	**89**
上城区									
下城区									
江干区									
拱墅区									
西湖区									
滨江区									
萧山区	2	1	1	9	3	6	39	21	18
余杭区				16	9	7	44	26	18
富阳区				1	1		5	4	1
临安区				3		3	17	11	6
桐庐县	1		1	8	5	3	76	40	36
淳安县				4	3	1	3	2	1
建德市				2	1	1	14	5	9
宁波市	**2**	**1**	**1**	**116**	**70**	**46**	**1076**	**617**	**459**
海曙区							1		1
江北区									
北仑区				7	5	2	12	10	2
镇海区				4	2	2	7	3	4
鄞州区				8	4	4	58	26	32
奉化区				7	4	3	6	3	3
象山县				5	4	1	17	10	7
宁海县				32	17	15	130	68	62
余姚市	2	1	1	8	3	5	330	185	145
慈溪市				45	31	14	515	312	203
温州市	**2**	**2**		**100**	**41**	**59**	**683**	**379**	**304**
鹿城区							4	2	2
龙湾区	1	1		20	9	11	314	189	125
瓯海区							8	6	2
洞头区							2	1	1
永嘉县	1	1		10	3	7	137	81	56
平阳县				35	17	18	135	66	69
苍南县				21	7	14	43	22	21
文成县				2		2	5		5
泰顺县				6	3	3	17	5	12
瑞安市							2	2	
乐清市				6	2	4	14	4	10
龙港市							2	1	1
嘉兴市	**1**	**1**		**83**	**43**	**40**	**173**	**97**	**76**
南湖区				13	7	6	10	4	6
秀洲区				2	1	1	23	16	7
嘉善县				29	14	15	64	40	24
海盐县				15	10	5	20	8	12
海宁市				12	7	5	41	22	19
平湖市	1	1		10	3	7	4	2	2
桐乡市				2	1	1	11	5	6
湖州市				**81**	**37**	**44**	**7409**	**4292**	**3117**
吴兴区				15	9	6	98	58	40
南浔区				2	2		41	19	22
德清县				25	10	15	56	32	24
长兴县				7	2	5	501	265	236
安吉县				32	14	18	6713	3918	2795

1-4b　续表 17　　　　　　　　　　　　　　　　　　　　单位：人

地　区	高山族			拉祜族			水　族		
	小计	男	女	小计	男	女	小计	男	女
绍兴市				**34**	**14**	**20**	**377**	**227**	**150**
越城区							2	2	
柯桥区				20	10	10	75	39	36
上虞区				1		1	13	7	6
新昌县				4	1	3	27	17	10
诸暨市				9	3	6	251	156	95
嵊州市							9	6	3
金华市	**3**	**1**	**2**	**192**	**109**	**83**	**1518**	**850**	**668**
婺城区				5	3	2	40	25	15
金东区	1		1	45	29	16	203	125	78
武义县				33	19	14	325	187	138
浦江县				15	6	9	231	129	102
磐安县							8	5	3
兰溪市				3	2	1	35	20	15
义乌市				61	39	22	399	207	192
东阳市	2	1	1	23	8	15	212	118	94
永康市				7	3	4	65	34	31
衢州市	**1**		**1**	**20**	**4**	**16**	**69**	**35**	**34**
柯城区							2		2
衢江区				1		1			
常山县				2		2	16	10	6
开化县				3		3	4	2	2
龙游县	1		1	14	4	10	43	22	21
江山市							4	1	3
舟山市				**14**	**12**	**2**	**15**	**10**	**5**
定海区				1		1			
普陀区				2	2		1	1	
岱山县				11	10	1	13	9	4
嵊泗县							1		1
台州市				**30**	**12**	**18**	**128**	**79**	**49**
椒江区									
黄岩区							5	4	1
路桥区				3	1	2	28	17	11
三门县				9	2	7	15	9	6
天台县							15	10	5
仙居县				3		3	7	4	3
温岭市				12	7	5	46	30	16
临海市				2	1	1	11	4	7
玉环市				1	1		1	1	
丽水市				**309**	**56**	**253**	**920**	**509**	**411**
莲都区				7	3	4	3	1	2
青田县				11	3	8	9	7	2
缙云县				11	1	10	34	21	13
遂昌县				36	4	32	3		3
松阳县				105	29	76	9	3	6
云和县				51	8	43	834	466	368
庆元县				8	1	7	8	5	3
景宁畲族自治县				79	7	72	6	2	4
龙泉市				1		1	14	4	10

1-4b 续表 18

单位：人

地　区	东乡族			纳西族			景颇族		
	小计	男	女	小计	男	女	小计	男	女
合计	**617**	**348**	**269**	**145**	**58**	**87**	**504**	**234**	**270**
杭州市	**37**	**19**	**18**	**8**	**4**	**4**	**38**	**19**	**19**
上城区									
下城区									
江干区									
拱墅区									
西湖区									
滨江区									
萧山区	18	10	8	3	1	2	6	4	2
余杭区	9	4	5	3	2	1	12	6	6
富阳区									
临安区	3	1	2				1	1	
桐庐县	7	4	3	1	1		14	7	7
淳安县				1		1	1		1
建德市							4	1	3
宁波市	**181**	**109**	**72**	**19**	**13**	**6**	**71**	**31**	**40**
海曙区									
江北区									
北仑区	42	32	10	1	1		9	5	4
镇海区	9	3	6	1		1			
鄞州区	7	3	4	1		1	4	2	2
奉化区							5	3	2
象山县	11	5	6	5	4	1	24	11	13
宁海县	45	25	20	2	1	1	11	2	9
余姚市	5	4	1				2	1	1
慈溪市	62	37	25	9	7	2	16	7	9
温州市	**100**	**60**	**40**	**17**	**3**	**14**	**54**	**17**	**37**
鹿城区									
龙湾区	24	13	11	2		2	21	8	13
瓯海区									
洞头区									
永嘉县				3	1	2	10	1	9
平阳县	31	19	12	5	1	4	6	1	5
苍南县	22	12	10	2		2	9	5	4
文成县	4	2	2				2		2
泰顺县	4	3	1				1	1	
瑞安市									
乐清市	15	11	4	5	1	4	3	1	2
龙港市							2		2
嘉兴市	**61**	**34**	**27**	**18**	**6**	**12**	**95**	**57**	**38**
南湖区									
秀洲区	5	2	3	2	1	1	3	1	2
嘉善县	24	13	11	6	2	4	38	25	13
海盐县	5	2	3	6	1	5	17	8	9
海宁市	23	14	9	4	2	2	33	20	13
平湖市							1	1	
桐乡市	4	3	1				3	2	1
湖州市	**80**	**43**	**37**	**10**	**4**	**6**	**64**	**25**	**39**
吴兴区	23	14	9				3	1	2
南浔区	8	3	5				8	3	5
德清县	9	3	6	3	1	2	35	10	25
长兴县	10	5	5	4	1	3	8	4	4
安吉县	30	18	12	3	2	1	10	7	3

1-4b　续表 19　　单位：人

地　区	东乡族			纳西族			景颇族		
	小计	男	女	小计	男	女	小计	男	女
绍兴市	**36**	**19**	**17**	**45**	**18**	**27**	**22**	**10**	**12**
越城区									
柯桥区	5	4	1	39	16	23	14	7	7
上虞区	1		1	1		1			
新昌县	9	4	5	2	1	1	3	1	2
诸暨市	16	7	9	2	1	1	5	2	3
嵊州市	5	4	1	1		1			
金华市	**47**	**24**	**23**	**11**	**4**	**7**	**84**	**41**	**43**
婺城区									
金东区	10	5	5	2	2		9	4	5
武义县	8	5	3	5		5	33	19	14
浦江县	4	2	2				4	1	3
磐安县	8	3	5				6	1	5
兰溪市									
义乌市	1		1	2	1	1	15	10	5
东阳市	16	9	7	2	1	1	11	3	8
永康市							6	3	3
衢州市	**4**	**4**		**9**	**4**	**5**	**6**	**2**	**4**
柯城区									
衢江区									
常山县	1	1		2		2	3	1	2
开化县				1		1	1		1
龙游县	3	3		6	4	2	2	1	1
江山市									
舟山市	**2**	**2**					**11**	**10**	**1**
定海区									
普陀区									
岱山县							11	10	1
嵊泗县	2	2							
台州市	**62**	**29**	**33**	**2**		**2**	**45**	**20**	**25**
椒江区							5	3	2
黄岩区									
路桥区	4	2	2				2	2	
三门县	20	9	11				14	9	5
天台县							1		1
仙居县	5	2	3	1		1	11	3	8
温岭市	26	13	13	1		1	5		5
临海市	2		2				4	2	2
玉环市	5	3	2				3	1	2
丽水市	**7**	**5**	**2**	**6**	**2**	**4**	**14**	**2**	**12**
莲都区				1		1	1	1	
青田县	1		1				6	1	5
缙云县	2	2		2	1	1	4		4
遂昌县									
松阳县	4	3	1	1	1				
云和县							2		2
庆元县							1		1
景宁畲族自治县				2		2			
龙泉市									

1–4b 续表 20

单位：人

地　区	柯尔克孜族			土　族			达斡尔族		
	小计	男	女	小计	男	女	小计	男	女
合计	**9**	**7**	**2**	**754**	**423**	**331**	**100**	**57**	**43**
杭州市	**1**	**1**		**49**	**26**	**23**	**3**		**3**
上城区									
下城区									
江干区									
拱墅区									
西湖区									
滨江区									
萧山区				14	7	7	1		1
余杭区				9	7	2	2		2
富阳区				4	3	1			
临安区	1	1		1		1			
桐庐县				13	5	8			
淳安县				6	2	4			
建德市				2	2				
宁波市	**2**	**2**		**158**	**83**	**75**	**32**	**19**	**13**
海曙区				1		1			
江北区									
北仑区				9	3	6	1		1
镇海区				4	3	1	2	2	
鄞州区				51	28	23	5	2	3
奉化区				3	2	1			
象山县				8	4	4	2	2	
宁海县				31	16	15			
余姚市				18	9	9	2	2	
慈溪市	2	2		33	18	15	20	11	9
温州市				**157**	**89**	**68**	**5**	**4**	**1**
鹿城区									
龙湾区				42	22	20	3	2	1
瓯海区				5	3	2			
洞头区									
永嘉县				33	19	14	2	2	
平阳县				40	22	18			
苍南县				12	5	7			
文成县				16	15	1			
泰顺县				4	1	3			
瑞安市				1		1			
乐清市				4	2	2			
龙港市									
嘉兴市				**76**	**42**	**34**	**37**	**17**	**20**
南湖区				1	1				
秀洲区				5	3	2			
嘉善县				24	11	13	10	4	6
海盐县				14	9	5	11	7	4
海宁市				22	13	9	10	5	5
平湖市				8	4	4	5	1	4
桐乡市				2	1	1	1		1
湖州市				**53**	**30**	**23**	**4**	**2**	**2**
吴兴区				6	5	1	1		1
南浔区				2	2				
德清县				22	8	14			
长兴县				9	4	5	1		1
安吉县				14	11	3	2	2	

1-4b 续表 21

单位：人

地 区	柯尔克孜族			土 族			达斡尔族		
	小计	男	女	小计	男	女	小计	男	女
绍兴市				**29**	**16**	**13**	**2**	**2**	
越城区				1		1			
柯桥区				19	10	9	1	1	
上虞区									
新昌县				4	3	1	1	1	
诸暨市				5	3	2			
嵊州市									
金华市	**5**	**4**	**1**	**132**	**79**	**53**	**5**	**5**	
婺城区									
金东区				11	6	5	1	1	
武义县	4	3	1	31	21	10			
浦江县				15	9	6			
磐安县				1	1				
兰溪市				3	1	2	1	1	
义乌市	1	1		34	19	15	1	1	
东阳市				28	17	11	2	2	
永康市				9	5	4			
衢州市				**2**		**2**	**3**	**1**	**2**
柯城区				1		1			
衢江区									
常山县							3	1	2
开化县									
龙游县				1		1			
江山市									
舟山市				**3**	**1**	**2**	**3**	**2**	**1**
定海区									
普陀区									
岱山县				3	1	2	3	2	1
嵊泗县									
台州市	**1**		**1**	**58**	**33**	**25**	**2**	**2**	
椒江区				5	3	2			
黄岩区									
路桥区	1		1	4	3	1			
三门县				10	5	5	1	1	
天台县				5	2	3	1	1	
仙居县				2		2			
温岭市				11	6	5			
临海市				17	11	6			
玉环市				4	3	1			
丽水市				**37**	**24**	**13**	**4**	**3**	**1**
莲都区				19	16	3	1	1	
青田县				10	4	6			
缙云县									
遂昌县							1		1
松阳县				4	2	2			
云和县				3	2	1			
庆元县				1		1	2	2	
景宁畲族自治县									
龙泉市									

1-4b 续表 22 单位：人

地　区	仫佬族			羌　族			布朗族		
	小计	男	女	小计	男	女	小计	男	女
合计	**2012**	**1140**	**872**	**330**	**197**	**133**	**214**	**111**	**103**
杭州市	**127**	**71**	**56**	**15**	**7**	**8**	**13**	**6**	**7**
上城区									
下城区									
江干区									
拱墅区									
西湖区									
滨江区									
萧山区	10	9	1	7	2	5	1		1
余杭区	19	7	12	5	2	3	8	4	4
富阳区	2	2							
临安区	8	2	6						
桐庐县	68	41	27	1	1		3	1	2
淳安县	3	2	1	2	2				
建德市	17	8	9				1	1	
宁波市	**580**	**310**	**270**	**115**	**61**	**54**	**30**	**20**	**10**
海曙区	5	3	2						
江北区									
北仑区	2	1	1	7	6	1			
镇海区	2	1	1	7	6	1	1		1
鄞州区	26	12	14	9	4	5			
奉化区	5	2	3	3	3		5	5	
象山县	5	4	1	7	2	5	1		1
宁海县	23	14	9	16	4	12	6	5	1
余姚市	122	70	52	5	3	2			
慈溪市	390	203	187	61	33	28	17	10	7
温州市	**485**	**293**	**192**	**12**	**8**	**4**	**15**	**9**	**6**
鹿城区	13	8	5						
龙湾区	279	178	101	4	2	2			
瓯海区	1	1							
洞头区									
永嘉县	96	52	44	2	1	1	2	1	1
平阳县	48	30	18	2	2		6	2	4
苍南县	19	9	10	1	1		5	5	
文成县	3	1	2				2	1	1
泰顺县	3	1	2						
瑞安市									
乐清市	21	13	8	3	2	1			
龙港市	2		2						
嘉兴市	**129**	**73**	**56**	**55**	**37**	**18**	**20**	**8**	**12**
南湖区	2		2	1	1				
秀洲区	10	3	7	1		1	2	1	1
嘉善县	82	49	33	11	6	5	10	4	6
海盐县	9	6	3	23	16	7	3	2	1
海宁市	16	11	5	12	8	4	3	1	2
平湖市	8	3	5	6	5	1	2		2
桐乡市	2	1	1	1	1				
湖州市	**153**	**85**	**68**	**22**	**14**	**8**	**23**	**19**	**4**
吴兴区	61	33	28				2		2
南浔区	9	4	5				1		1
德清县	20	10	10	12	9	3	2	2	
长兴县	23	12	11	9	5	4	2	2	
安吉县	40	26	14	1		1	16	15	1

1-4b　续表 23　　单位：人

地　区	仫佬族			羌　族			布朗族		
	小计	男	女	小计	男	女	小计	男	女
绍兴市	**53**	**26**	**27**	**45**	**28**	**17**	**3**	**2**	**1**
越城区									
柯桥区	18	9	9	38	26	12	3	2	1
上虞区	9	6	3						
新昌县	7	2	5						
诸暨市	17	9	8	7	2	5			
嵊州市	2		2						
金华市	**333**	**195**	**138**	**30**	**19**	**11**	**40**	**21**	**19**
婺城区	10	4	6	1		1			
金东区	62	39	23	7	5	2	4	3	1
武义县	64	32	32				12	7	5
浦江县	28	15	13	3		3	3	1	2
磐安县	5	5		2	2				
兰溪市	7	3	4	1		1	1	1	
义乌市	54	35	19	10	7	3	10	4	6
东阳市	62	38	24	6	5	1	8	5	3
永康市	41	24	17				2		2
衢州市	**24**	**18**	**6**	**7**	**5**	**2**	**8**	**3**	**5**
柯城区				4	4				
衢江区	1	1							
常山县	9	8	1	1	1		3	2	1
开化县	1	1		1		1	4	1	3
龙游县	11	7	4						
江山市	2	1	1	1		1	1		1
舟山市	**4**	**1**	**3**	**9**	**5**	**4**	**6**	**4**	**2**
定海区	1		1	3	2	1			
普陀区							1		1
岱山县	2	1	1	5	3	2	5	4	1
嵊泗县	1		1	1		1			
台州市	**80**	**45**	**35**	**13**	**8**	**5**	**33**	**18**	**15**
椒江区	3		3				3	1	2
黄岩区				1	1				
路桥区	6	1	5	2	1	1	9	6	3
三门县	9	4	5				1	1	
天台县									
仙居县	25	13	12						
温岭市	27	19	8	9	5	4	15	9	6
临海市	10	8	2				5	1	4
玉环市				1	1				
丽水市	**44**	**23**	**21**	**7**	**5**	**2**	**23**	**1**	**22**
莲都区	2	1	1				1		1
青田县	20	12	8	1		1	1		1
缙云县	9	5	4	2	2		1		1
遂昌县	1		1	1	1				
松阳县	6	4	2	1	1		18	1	17
云和县				1		1	1		1
庆元县	1	1							
景宁畲族自治县	5		5	1	1		1		1
龙泉市									

1-4b 续表 24 单位：人

地　区	撒拉族			毛南族			仡佬族		
	小计	男	女	小计	男	女	小计	男	女
合计	**165**	**94**	**71**	**797**	**470**	**327**	**8914**	**5137**	**3777**
杭州市	**20**	**11**	**9**	**35**	**20**	**15**	**1011**	**583**	**428**
上城区									
下城区									
江干区									
拱墅区									
西湖区									
滨江区									
萧山区	8	4	4	7	3	4	58	34	24
余杭区	5	3	2	17	12	5	105	80	25
富阳区							10	7	3
临安区	3	1	2	1	1		23	15	8
桐庐县	3	3		6	2	4	777	425	352
淳安县	1		1	2	1	1	21	15	6
建德市				2	1	1	17	7	10
宁波市	**35**	**18**	**17**	**269**	**163**	**106**	**1769**	**1010**	**759**
海曙区				1	1		3	2	1
江北区									
北仑区	9	6	3	1		1	15	10	5
镇海区							19	10	9
鄞州区	1		1	2		2	312	167	145
奉化区	10	2	8				25	13	12
象山县				3	2	1	57	34	23
宁海县	3	2	1	44	30	14	132	76	56
余姚市				33	18	15	945	531	414
慈溪市	12	8	4	185	112	73	261	167	94
温州市	**12**	**7**	**5**	**32**	**17**	**15**	**1650**	**984**	**666**
鹿城区							1	1	
龙湾区	10	5	5	12	9	3	529	321	208
瓯海区							21	12	9
洞头区							6	3	3
永嘉县	1	1		5	1	4	356	221	135
平阳县				10	6	4	321	184	137
苍南县				4	1	3	256	139	117
文成县	1	1					8	7	1
泰顺县				1		1	11	5	6
瑞安市							15	10	5
乐清市							120	78	42
龙港市							6	3	3
嘉兴市	**28**	**16**	**12**	**35**	**20**	**15**	**1021**	**571**	**450**
南湖区				1		1	31	19	12
秀洲区	6	3	3	3	2	1	275	144	131
嘉善县	10	7	3	8	4	4	458	266	192
海盐县				1		1	75	39	36
海宁市	9	4	5	9	6	3	129	80	49
平湖市	3	2	1	13	8	5	26	10	16
桐乡市							27	13	14
湖州市	**12**	**8**	**4**	**36**	**22**	**14**	**768**	**457**	**311**
吴兴区				5	4	1	238	139	99
南浔区				1		1	71	37	34
德清县	2	1	1	7	2	5	211	126	85
长兴县	10	7	3	8	6	2	68	43	25
安吉县				15	10	5	180	112	68

1-4b 续表 25

单位：人

地区	撒拉族			毛南族			仡佬族		
	小计	男	女	小计	男	女	小计	男	女
绍兴市	**3**	**2**	**1**	**63**	**38**	**25**	**316**	**173**	**143**
越城区									
柯桥区	2	1	1	33	21	12	53	30	23
上虞区				1	1		29	18	11
新昌县	1	1		2	2		144	78	66
诸暨市				12	9	3	80	45	35
嵊州市				15	5	10	10	2	8
金华市	**20**	**12**	**8**	**248**	**147**	**101**	**1737**	**987**	**750**
婺城区				12	9	3	115	70	45
金东区				69	43	26	252	144	108
武义县				27	13	14	324	174	150
浦江县	15	8	7	8	4	4	101	61	40
磐安县	2	2		2	2		25	17	8
兰溪市				3	2	1	37	16	21
义乌市	3	2	1	85	47	38	417	239	178
东阳市				39	26	13	382	214	168
永康市				3	1	2	84	52	32
衢州市	**1**		**1**	**13**	**6**	**7**	**66**	**43**	**23**
柯城区							5	2	3
衢江区							6	5	1
常山县				4	2	2	15	7	8
开化县				1		1	12	7	5
龙游县	1		1	5	3	2	26	20	6
江山市				3	1	2	2	2	
舟山市	**6**	**3**	**3**	**3**	**3**		**27**	**18**	**9**
定海区									
普陀区							1		1
岱山县	6	3	3	3	3		26	18	8
嵊泗县									
台州市				**50**	**26**	**24**	**389**	**222**	**167**
椒江区				1	1		2	2	
黄岩区				1		1	3	2	1
路桥区							40	25	15
三门县				6	4	2	32	17	15
天台县				3	1	2	9	4	5
仙居县							21	14	7
温岭市				8	5	3	254	141	113
临海市				26	12	14	19	12	7
玉环市				5	3	2	9	5	4
丽水市	**28**	**17**	**11**	**13**	**8**	**5**	**160**	**89**	**71**
莲都区							15	9	6
青田县							61	31	30
缙云县				9	6	3	35	18	17
遂昌县	11	7	4				6	5	1
松阳县	5	2	3	4	2	2	18	9	9
云和县	5	4	1				17	12	5
庆元县	2	1	1						
景宁畲族自治县	5	3	2				8	5	3
龙泉市									

1-4b 续表 26

单位：人

地区	锡伯族			阿昌族			普米族		
	小计	男	女	小计	男	女	小计	男	女
合计	**68**	**36**	**32**	**78**	**48**	**30**	**23**	**15**	**8**
杭州市	**11**	**6**	**5**	**14**	**10**	**4**	**1**	**1**	
上城区									
下城区									
江干区									
拱墅区									
西湖区									
滨江区									
萧山区	1	1		10	7	3			
余杭区	5	3	2	1	1				
富阳区									
临安区							1	1	
桐庐县	5	2	3	3	2	1			
淳安县									
建德市									
宁波市	**14**	**6**	**8**	**6**	**3**	**3**	**2**	**1**	**1**
海曙区									
江北区									
北仑区									
镇海区									
鄞州区	3	1	2	1	1		1	1	
奉化区									
象山县	3	2	1						
宁海县	1		1	1	1		1		1
余姚市	1	1		1		1			
慈溪市	6	2	4	3	1	2			
温州市	**5**	**1**	**4**	**5**	**4**	**1**			
鹿城区									
龙湾区	1		1	2	2				
瓯海区									
洞头区									
永嘉县									
平阳县	4	1	3	3	2	1			
苍南县									
文成县									
泰顺县									
瑞安市									
乐清市									
龙港市									
嘉兴市	**11**	**8**	**3**	**16**	**7**	**9**	**6**	**4**	**2**
南湖区									
秀洲区				1		1			
嘉善县	4	3	1	4	1	3	3	1	2
海盐县	4	2	2	1		1			
海宁市	3	3		9	5	4	3	3	
平湖市				1	1				
桐乡市									
湖州市	**7**	**6**	**1**	**9**	**8**	**1**	**1**	**1**	
吴兴区	2	2					1	1	
南浔区				1	1				
德清县	5	4	1						
长兴县				5	4	1			
安吉县				3	3				

1-4b　续表 27　　　　单位：人

地　区	锡伯族			阿昌族			普米族		
	小计	男	女	小计	男	女	小计	男	女
绍兴市	**3**	**1**	**2**	**13**	**8**	**5**	**4**	**2**	**2**
越城区									
柯桥区	2	1	1	9	6	3	3	1	2
上虞区									
新昌县									
诸暨市	1		1	4	2	2	1	1	
嵊州市									
金华市	**12**	**5**	**7**	**7**	**3**	**4**	**7**	**5**	**2**
婺城区									
金东区	3		3	1		1	5	4	1
武义县	6	4	2	1	1				
浦江县									
磐安县				1		1			
兰溪市									
义乌市	1		1	3	2	1	2	1	1
东阳市	2	1	1	1		1			
永康市									
衢州市				**1**		**1**			
柯城区									
衢江区									
常山县									
开化县									
龙游县									
江山市				1		1			
舟山市	**3**	**1**	**2**				**1**	**1**	
定海区							1	1	
普陀区									
岱山县	3	1	2						
嵊泗县									
台州市	**2**	**2**		**1**		**1**			
椒江区									
黄岩区									
路桥区									
三门县	2	2							
天台县									
仙居县				1		1			
温岭市									
临海市									
玉环市									
丽水市				**6**	**5**	**1**	**1**		**1**
莲都区									
青田县									
缙云县				5	4	1			
遂昌县				1	1				
松阳县							1		1
云和县									
庆元县									
景宁畲族自治县									
龙泉市									

1-4b 续表 28 单位：人

地 区	塔吉克族			怒 族			乌孜别克族		
	小计	男	女	小计	男	女	小计	男	女
合计	**4**	**2**	**2**	**40**	**16**	**24**	**2**	**2**	
杭州市				**1**	**1**				
上城区									
下城区									
江干区									
拱墅区									
西湖区									
滨江区									
萧山区				1	1				
余杭区									
富阳区									
临安区									
桐庐县									
淳安县									
建德市									
宁波市				**10**	**5**	**5**	**1**	**1**	
海曙区									
江北区									
北仑区									
镇海区									
鄞州区				6	3	3			
奉化区									
象山县									
宁海县				2	1	1			
余姚市									
慈溪市				2	1	1	1	1	
温州市				**4**	**1**	**3**			
鹿城区									
龙湾区				2		2			
瓯海区									
洞头区									
永嘉县									
平阳县				1	1				
苍南县									
文成县									
泰顺县									
瑞安市									
乐清市				1		1			
龙港市									
嘉兴市				**3**		**3**			
南湖区									
秀洲区									
嘉善县				1		1			
海盐县									
海宁市				2		2			
平湖市									
桐乡市									
湖州市	**1**		**1**	**2**		**2**			
吴兴区				1		1			
南浔区									
德清县									
长兴县				1		1			
安吉县	1		1						

1−4b　续表 29　　　　单位：人

地　区	塔吉克族			怒　族			乌孜别克族		
	小计	男	女	小计	男	女	小计	男	女
绍兴市				**1**	**1**				
越城区									
柯桥区				1	1				
上虞区									
新昌县									
诸暨市									
嵊州市									
金华市	**1**		**1**	**4**	**2**	**2**	**1**	**1**	
婺城区									
金东区				1	1		1	1	
武义县									
浦江县									
磐安县									
兰溪市									
义乌市				2	1	1			
东阳市				1		1			
永康市	1		1						
衢州市				**1**		**1**			
柯城区									
衢江区									
常山县									
开化县									
龙游县									
江山市				1		1			
舟山市									
定海区									
普陀区									
岱山县									
嵊泗县									
台州市	**2**	**2**		**9**	**4**	**5**			
椒江区									
黄岩区									
路桥区	2	2							
三门县				3	2	1			
天台县									
仙居县									
温岭市									
临海市				6	2	4			
玉环市									
丽水市				**5**	**2**	**3**			
莲都区									
青田县									
缙云县				1		1			
遂昌县									
松阳县				1		1			
云和县									
庆元县				2	1	1			
景宁畲族自治县									
龙泉市				1	1				

1-4b 续表 30

单位：人

地区	俄罗斯族			鄂温克族			德昂族		
	小计	男	女	小计	男	女	小计	男	女
合计	**13**	**6**	**7**	**35**	**17**	**18**	**72**	**39**	**33**
杭州市	**7**	**3**	**4**				**9**	**7**	**2**
上城区									
下城区									
江干区									
拱墅区									
西湖区									
滨江区									
萧山区									
余杭区	3	2	1				4	2	2
富阳区									
临安区									
桐庐县	2	1	1						
淳安县	2		2						
建德市							5	5	
宁波市				**14**	**6**	**8**	**3**	**1**	**2**
海曙区									
江北区									
北仑区				2	1	1			
镇海区									
鄞州区									
奉化区									
象山县									
宁海县				2	1	1	3	1	2
余姚市				1	1				
慈溪市				9	3	6			
温州市	**1**		**1**	**3**	**3**				
鹿城区									
龙湾区				1	1				
瓯海区									
洞头区									
永嘉县				1	1				
平阳县	1		1	1	1				
苍南县									
文成县									
泰顺县									
瑞安市									
乐清市									
龙港市									
嘉兴市	**1**		**1**	**12**	**5**	**7**	**9**	**6**	**3**
南湖区									
秀洲区							1		1
嘉善县	1		1	5	3	2	3	1	2
海盐县				2		2			
海宁市				3	1	2	4	4	
平湖市				2	1	1	1	1	
桐乡市									
湖州市				**2**	**2**		**26**	**11**	**15**
吴兴区							1		1
南浔区									
德清县				2	2		20	10	10
长兴县									
安吉县							5	1	4

1−4b　续表 31　　　　单位：人

地　区	俄罗斯族			鄂温克族			德 昂 族		
	小计	男	女	小计	男	女	小计	男	女
绍兴市				**2**	**1**	**1**	**6**	**4**	**2**
越城区									
柯桥区				1	1				
上虞区									
新昌县									
诸暨市				1		1	4	3	1
嵊州市							2	1	1
金华市	**4**	**3**	**1**	**1**		**1**	**12**	**6**	**6**
婺城区									
金东区							2		2
武义县	4	3	1	1		1	7	4	3
浦江县									
磐安县							1	1	
兰溪市									
义乌市									
东阳市									
永康市							2	1	1
衢州市									
柯城区									
衢江区									
常山县									
开化县									
龙游县									
江山市									
舟山市									
定海区									
普陀区									
岱山县									
嵊泗县									
台州市							**7**	**4**	**3**
椒江区									
黄岩区									
路桥区							7	4	3
三门县									
天台县									
仙居县									
温岭市									
临海市									
玉环市									
丽水市				**1**		**1**			
莲都区									
青田县									
缙云县									
遂昌县				1		1			
松阳县									
云和县									
庆元县									
景宁畲族自治县									
龙泉市									

1－4b 续表 32

单位：人

地区	保安族			裕固族			京族		
	小计	男	女	小计	男	女	小计	男	女
合计	**29**	**20**	**9**	**7**	**2**	**5**	**41**	**23**	**18**
杭州市	**1**		**1**	**1**		**1**	**2**	**2**	
上城区									
下城区									
江干区									
拱墅区									
西湖区									
滨江区									
萧山区									
余杭区	1		1	1		1			
富阳区									
临安区									
桐庐县							2	2	
淳安县									
建德市									
宁波市	**18**	**14**	**4**				**7**	**5**	**2**
海曙区	1	1							
江北区									
北仑区	3	3							
镇海区									
鄞州区									
奉化区									
象山县							1		1
宁海县							1		1
余姚市							3	3	
慈溪市	14	10	4				2	2	
温州市				**1**	**1**		**6**	**4**	**2**
鹿城区									
龙湾区							3	2	1
瓯海区									
洞头区									
永嘉县							2	2	
平阳县									
苍南县							1		1
文成县				1	1				
泰顺县									
瑞安市									
乐清市									
龙港市									
嘉兴市	**7**	**5**	**2**	**4**	**1**	**3**	**4**	**2**	**2**
南湖区									
秀洲区	1	1					1	1	
嘉善县	4	3	1	1	1		3	1	2
海盐县				2		2			
海宁市									
平湖市	1		1	1		1			
桐乡市	1	1							
湖州市	**2**	**1**	**1**				**7**	**3**	**4**
吴兴区	2	1	1				1	1	
南浔区									
德清县							4	1	3
长兴县									
安吉县							2	1	1

1-4b　续表 33

单位：人

地　区	保安族			裕固族			京　族		
	小计	男	女	小计	男	女	小计	男	女
绍兴市							**2**	**1**	**1**
越城区									
柯桥区									
上虞区							1	1	
新昌县							1		1
诸暨市									
嵊州市									
金华市	**1**		**1**	**1**		**1**	**8**	**3**	**5**
婺城区									
金东区	1		1				1		1
武义县							1		1
浦江县									
磐安县									
兰溪市									
义乌市							4	2	2
东阳市				1		1	2	1	1
永康市									
衢州市							**2**	**1**	**1**
柯城区									
衢江区									
常山县									
开化县							2	1	1
龙游县									
江山市									
舟山市									
定海区									
普陀区									
岱山县									
嵊泗县									
台州市							**3**	**2**	**1**
椒江区									
黄岩区									
路桥区									
三门县									
天台县									
仙居县									
温岭市							3	2	1
临海市									
玉环市									
丽水市									
莲都区									
青田县									
缙云县									
遂昌县									
松阳县									
云和县									
庆元县									
景宁畲族自治县									
龙泉市									

1-4b　续表 34　　　　单位：人

地　区	塔塔尔族			独 龙 族			鄂伦春族		
	小计	男	女	小计	男	女	小计	男	女
合计				**4**	**2**	**2**	**15**	**3**	**12**
杭州市							**2**		**2**
上城区									
下城区									
江干区									
拱墅区									
西湖区									
滨江区									
萧山区									
余杭区							2		2
富阳区									
临安区									
桐庐县									
淳安县									
建德市									
宁波市				**1**	**1**		**1**		**1**
海曙区									
江北区									
北仑区									
镇海区									
鄞州区				1	1				
奉化区									
象山县									
宁海县									
余姚市									
慈溪市							1		1
温州市				**1**	**1**		**3**	**2**	**1**
鹿城区									
龙湾区				1	1				
瓯海区									
洞头区									
永嘉县							1	1	
平阳县							2	1	1
苍南县									
文成县									
泰顺县									
瑞安市									
乐清市									
龙港市									
嘉兴市							**2**	**1**	**1**
南湖区									
秀洲区							1	1	
嘉善县							1		1
海盐县									
海宁市									
平湖市									
桐乡市									
湖州市							**1**		**1**
吴兴区									
南浔区									
德清县									
长兴县									
安吉县							1		1

1-4b　续表 35　　　　　单位：人

地　区	塔塔尔族			独 龙 族			鄂伦春族		
	小计	男	女	小计	男	女	小计	男	女
绍兴市									
越城区									
柯桥区									
上虞区									
新昌县									
诸暨市									
嵊州市									
金华市				**1**		**1**	**6**		**6**
婺城区									
金东区				1		1			
武义县							1		1
浦江县									
磐安县									
兰溪市									
义乌市									
东阳市							5		5
永康市									
衢州市									
柯城区									
衢江区									
常山县									
开化县									
龙游县									
江山市									
舟山市									
定海区									
普陀区									
岱山县									
嵊泗县									
台州市				**1**		**1**			
椒江区									
黄岩区									
路桥区									
三门县									
天台县									
仙居县									
温岭市									
临海市				1		1			
玉环市									
丽水市									
莲都区									
青田县									
缙云县									
遂昌县									
松阳县									
云和县									
庆元县									
景宁畲族自治县									
龙泉市									

1-4b 续表 36

单位：人

地区	赫哲族			门巴族			珞巴族		
	小计	男	女	小计	男	女	小计	男	女
合计	**9**	**3**	**6**	**1**		**1**	**2**		**2**
杭州市	**2**	**1**	**1**						
上城区									
下城区									
江干区									
拱墅区									
西湖区									
滨江区									
萧山区	1	1							
余杭区									
富阳区									
临安区									
桐庐县	1		1						
淳安县									
建德市									
宁波市	**3**	**1**	**2**				**2**		**2**
海曙区									
江北区									
北仑区									
镇海区									
鄞州区									
奉化区									
象山县	2	1	1						
宁海县							1		1
余姚市							1		1
慈溪市	1		1						
温州市	**3**	**1**	**2**	**1**		**1**			
鹿城区									
龙湾区									
瓯海区									
洞头区									
永嘉县				1		1			
平阳县	2	1	1						
苍南县									
文成县									
泰顺县	1		1						
瑞安市									
乐清市									
龙港市									
嘉兴市									
南湖区									
秀洲区									
嘉善县									
海盐县									
海宁市									
平湖市									
桐乡市									
湖州市									
吴兴区									
南浔区									
德清县									
长兴县									
安吉县									

1-4b　续表 37　　　　单位：人

地　区	赫 哲 族			门 巴 族			珞 巴 族		
	小计	男	女	小计	男	女	小计	男	女
绍兴市									
越城区									
柯桥区									
上虞区									
新昌县									
诸暨市									
嵊州市									
金华市	**1**		**1**						
婺城区									
金东区									
武义县									
浦江县									
磐安县	1		1						
兰溪市									
义乌市									
东阳市									
永康市									
衢州市									
柯城区									
衢江区									
常山县									
开化县									
龙游县									
江山市									
舟山市									
定海区									
普陀区									
岱山县									
嵊泗县									
台州市									
椒江区									
黄岩区									
路桥区									
三门县									
天台县									
仙居县									
温岭市									
临海市									
玉环市									
丽水市									
莲都区									
青田县									
缙云县									
遂昌县									
松阳县									
云和县									
庆元县									
景宁畲族自治县									
龙泉市									

1-4b 续表 38 单位：人

地 区	基诺族			未定族称人口			入 籍		
	小计	男	女	小计	男	女	小计	男	女
合计	**15**	**6**	**9**	**11286**	**6540**	**4746**	**325**	**170**	**155**
杭州市	**3**		**3**	**274**	**151**	**123**	**47**	**28**	**19**
上城区									
下城区									
江干区									
拱墅区									
西湖区									
滨江区									
萧山区				71	37	34	3	2	1
余杭区				48	33	15	1		1
富阳区	1		1	6	4	2			
临安区				39	21	18	33	22	11
桐庐县				87	47	40	2		2
淳安县	1		1	3		3			
建德市	1		1	20	9	11	8	4	4
宁波市	**5**	**3**	**2**	**1715**	**985**	**730**	**28**	**14**	**14**
海曙区				6	5	1			
江北区									
北仑区				21	13	8			
镇海区				10	6	4			
鄞州区	3	2	1	87	40	47	1	1	
奉化区				197	115	82	1		1
象山县				25	14	11	2	1	1
宁海县	1	1		152	85	67	6	5	1
余姚市				803	456	347	11	3	8
慈溪市	1		1	414	251	163	7	4	3
温州市	**1**	**1**		**648**	**375**	**273**	**13**	**3**	**10**
鹿城区				5	2	3			
龙湾区				305	181	124	2	2	
瓯海区				10	8	2			
洞头区				2	2				
永嘉县				88	53	35			
平阳县				108	60	48	4	1	3
苍南县	1	1		40	22	18			
文成县				3	2	1	1		1
泰顺县				7	5	2	4		4
瑞安市				37	18	19			
乐清市				23	12	11	1		1
龙港市				20	10	10	1		1
嘉兴市				**1041**	**603**	**438**	**16**	**10**	**6**
南湖区				33	19	14	1		1
秀洲区				204	123	81	4	3	1
嘉善县				291	164	127			
海盐县				82	40	42			
海宁市				248	154	94	8	6	2
平湖市				32	14	18	1	1	
桐乡市				151	89	62	2		2
湖州市				**2670**	**1488**	**1182**	**63**	**38**	**25**
吴兴区				183	106	77	4	3	1
南浔区				124	62	62			
德清县				885	497	388	7	3	4
长兴县				213	120	93	1		1
安吉县				1265	703	562	51	32	19

1-4b 续表 39

单位：人

地区	基诺族			未定族称人口			入籍		
	小计	男	女	小计	男	女	小计	男	女
绍兴市	**1**	**1**		**554**	**306**	**248**	**13**	**4**	**9**
越城区									
柯桥区				310	173	137	2		2
上虞区	1	1		19	10	9	4	2	2
新昌县				81	47	34	6	2	4
诸暨市				129	65	64	1		1
嵊州市				15	11	4			
金华市	**3**	**1**	**2**	**3270**	**1963**	**1307**	**91**	**54**	**37**
婺城区				10	9	1	2		2
金东区				63	30	33	3	2	1
武义县				1955	1172	783	40	22	18
浦江县				64	32	32	4	3	1
磐安县				51	31	20			
兰溪市				24	16	8	1		1
义乌市				371	220	151	16	10	6
东阳市	2		2	599	376	223	25	17	8
永康市	1	1		133	77	56			
衢州市				**77**	**42**	**35**	**8**	**3**	**5**
柯城区				14	11	3			
衢江区				3	1	2			
常山县				8	4	4			
开化县				16	8	8	1		1
龙游县				32	16	16	7	3	4
江山市				4	2	2			
舟山市				**9**	**7**	**2**			
定海区				1	1				
普陀区				3	2	1			
岱山县				5	4	1			
嵊泗县									
台州市	**1**		**1**	**848**	**524**	**324**	**25**	**11**	**14**
椒江区				9	2	7			
黄岩区				15	7	8			
路桥区				77	52	25			
三门县				51	36	15	3	1	2
天台县				10	4	6			
仙居县				22	13	9	6	3	3
温岭市	1		1	428	265	163	10	4	6
临海市				232	141	91	6	3	3
玉环市				4	4				
丽水市	**1**		**1**	**180**	**96**	**84**	**21**	**5**	**16**
莲都区				7	3	4			
青田县				76	38	38	15	5	10
缙云县				68	40	28	2		2
遂昌县				4	2	2			
松阳县	1		1	17	11	6			
云和县				2		2	4		4
庆元县				2	1	1			
景宁畲族自治县				4	1	3			
龙泉市									

1-4c 各地区分性别、民族的人口(乡村)

单位：人

地区	合计			汉族		
	合计	男	女	小计	男	女
合计	**17969123**	**9445605**	**8523518**	**17339987**	**9102866**	**8237121**
杭州市	**1993929**	**1048434**	**945495**	**1938249**	**1018492**	**919757**
上城区						
下城区						
江干区						
拱墅区						
西湖区	32218	17132	15086	31715	16823	14892
滨江区						
萧山区	477220	251131	226089	454189	238362	215827
余杭区	459740	250692	209048	449754	245373	204381
富阳区	247821	129791	118030	240765	126298	114467
临安区	258207	134228	123979	252170	130848	121322
桐庐县	134326	69246	65080	129411	66644	62767
淳安县	175346	88211	87135	174540	87916	86624
建德市	209051	108003	101048	205705	106228	99477
宁波市	**2068679**	**1100105**	**968574**	**1970953**	**1046090**	**924863**
海曙区	134910	71371	63539	127254	67137	60117
江北区	83015	45835	37180	80015	44121	35894
北仑区	192996	106497	86499	183750	101197	82553
镇海区	51788	29320	22468	49216	27822	21394
鄞州区	285723	153839	131884	269737	144998	124739
奉化区	230893	122964	107929	217894	115722	102172
象山县	219212	113744	105468	215584	111789	103795
宁海县	257998	135599	122399	250241	131410	118831
余姚市	240166	124872	115294	226825	117618	109207
慈溪市	371978	196064	175914	350437	184276	166161
温州市	**2664914**	**1419787**	**1245127**	**2554164**	**1357949**	**1196215**
鹿城区	111435	61265	50170	104192	56964	47228
龙湾区	1123	672	451	832	500	332
瓯海区	160864	87354	73510	154346	83464	70882
洞头区	70202	39401	30801	67723	37842	29881
永嘉县	386649	207151	179498	380096	203302	176794
平阳县	330802	175333	155469	310579	164465	146114
苍南县	268765	142012	126753	254329	134205	120124
文成县	163116	87905	75211	156892	84641	72251
泰顺县	146735	78183	68552	139971	74620	65351
瑞安市	507655	269664	237991	481970	254975	226995
乐清市	503122	263260	239862	489071	255521	233550
龙港市	14446	7587	6859	14163	7450	6713
嘉兴市	**1547936**	**808963**	**738973**	**1503059**	**785052**	**718007**
南湖区	103997	55390	48607	101732	54079	47653
秀洲区	226336	117471	108865	209621	108623	100998
嘉善县	174521	93203	81318	170157	90753	79404
海盐县	158855	82143	76712	156580	80902	75678
海宁市	323424	169279	154145	316540	165588	150952
平湖市	221690	116758	104932	216710	114044	102666
桐乡市	339113	174719	164394	331719	171063	160656
湖州市	**1157008**	**606488**	**550520**	**1121262**	**587518**	**533744**
吴兴区	239188	128381	110807	232490	124574	107916
南浔区	235685	122807	112878	227926	118717	109209
德清县	207440	109187	98253	201350	106062	95288
长兴县	243465	125724	117741	240338	124446	115892
安吉县	231230	120389	110841	219158	113719	105439

1-4c　续表 1　　　　　　　　　　　　　　　　　　　　　　　　　　　　　　单位：人

地　区	合　计			汉　族		
	合计	男	女	小计	男	女
绍兴市	**1527611**	**779933**	**747678**	**1494363**	**762591**	**731772**
越城区	159167	80830	78337	154546	78366	76180
柯桥区	195798	100011	95787	190118	97113	93005
上虞区	270598	133933	136665	264000	130650	133350
新昌县	157754	82123	75631	156501	81508	74993
诸暨市	455155	232293	222862	443385	225806	217579
嵊州市	289139	150743	138396	285813	149148	136665
金华市	**2242543**	**1179622**	**1062921**	**2123747**	**1113284**	**1010463**
婺城区	221350	118246	103104	215419	114697	100722
金东区	201692	107064	94628	191382	101192	90190
武义县	174564	92401	82163	159507	84136	75371
浦江县	251452	132592	118860	234777	123542	111235
磐安县	83974	43159	40815	83060	42741	40319
兰溪市	256636	132924	123712	252710	131028	121682
义乌市	378006	202791	175215	357497	191314	166183
东阳市	349229	177021	172208	330918	166837	164081
永康市	325640	173424	152216	298477	157797	140680
衢州市	**965686**	**500670**	**465016**	**951353**	**493891**	**457462**
柯城区	123089	63720	59369	120400	62343	58057
衢江区	202990	109460	93530	200272	108153	92119
常山县	132261	67970	64291	131242	67543	63699
开化县	127787	64096	63691	126802	63662	63140
龙游县	174416	89891	84525	169083	87156	81927
江山市	205143	105533	99610	203554	105034	98520
舟山市	**325427**	**178955**	**146472**	**319043**	**174938**	**144105**
定海区	120454	65839	54615	118565	64733	53832
普陀区	116825	63567	53258	114305	61977	52328
岱山县	65131	37213	27918	63468	36063	27405
嵊泗县	23017	12336	10681	22705	12165	10540
台州市	**2518176**	**1313980**	**1204196**	**2455056**	**1279516**	**1175540**
椒江区	199437	107326	92111	193486	103878	89608
黄岩区	261745	133811	127934	256772	131183	125589
路桥区	215777	114301	101476	205172	108275	96897
三门县	176545	91510	85035	174662	90627	84035
天台县	223328	115889	107439	222125	115242	106883
仙居县	207910	108589	99321	206249	107779	98470
温岭市	495286	255557	239729	477517	245913	231604
临海市	562688	292979	269709	553864	288311	265553
玉环市	175460	94018	81442	165209	88308	76901
丽水市	**957214**	**508668**	**448546**	**908738**	**483545**	**425193**
莲都区	132483	72159	60324	120697	65814	54883
青田县	238734	126962	111772	236578	125830	110748
缙云县	175014	91582	83432	173424	90768	82656
遂昌县	87416	46153	41263	80911	42925	37986
松阳县	107129	56294	50835	102009	53863	48146
云和县	34717	18668	16049	28441	15393	13048
庆元县	52027	27477	24550	51258	27089	24169
景宁畲族自治县	46395	25455	20940	37375	20717	16658
龙泉市	83299	43918	39381	78045	41146	36899

1-4c 续表 2

单位：人

地　　区	蒙古族			回　族			藏　族		
	小计	男	女	小计	男	女	小计	男	女
合计	**2521**	**1365**	**1156**	**12887**	**7336**	**5551**	**1169**	**496**	**673**
杭州市	**311**	**176**	**135**	**933**	**553**	**380**	**170**	**56**	**114**
上城区									
下城区									
江干区									
拱墅区									
西湖区	8	6	2	27	17	10	2	1	1
滨江区									
萧山区	83	58	25	406	232	174	64	18	46
余杭区	93	49	44	268	163	105	52	13	39
富阳区	34	24	10	75	36	39	23	11	12
临安区	37	18	19	47	28	19	15	10	5
桐庐县	29	9	20	22	12	10	1		1
淳安县	9	3	6	18	11	7	2		2
建德市	18	9	9	70	54	16	11	3	8
宁波市	**687**	**383**	**304**	**2824**	**1609**	**1215**	**206**	**105**	**101**
海曙区	24	11	13	138	87	51	20	11	9
江北区	46	24	22	84	45	39	7	3	4
北仑区	142	86	56	147	86	61	4	3	1
镇海区	23	13	10	56	34	22	5	3	2
鄞州区	114	71	43	240	136	104	21	14	7
奉化区	115	71	44	137	69	68	16	11	5
象山县	38	14	24	49	24	25	11	2	9
宁海县	50	25	25	125	68	57	9		9
余姚市	55	25	30	248	143	105	67	35	32
慈溪市	80	43	37	1600	917	683	46	23	23
温州市	**218**	**109**	**109**	**4091**	**2435**	**1656**	**100**	**40**	**60**
鹿城区	13	9	4	96	58	38	9	4	5
龙湾区				2		2			
瓯海区	21	11	10	526	339	187	4	3	1
洞头区	13	10	3	394	234	160	11	5	6
永嘉县	12	7	5	71	40	31	3	1	2
平阳县	47	27	20	530	301	229	13	5	8
苍南县	8	3	5	1170	739	431	18	5	13
文成县	4		4	44	11	33	1		1
泰顺县	7		7	9	4	5			
瑞安市	63	29	34	1088	626	462	23	13	10
乐清市	28	12	16	160	83	77	17	4	13
龙港市	2	1	1	1		1	1		1
嘉兴市	**274**	**158**	**116**	**1049**	**575**	**474**	**99**	**58**	**41**
南湖区	13	8	5	197	120	77	9	6	3
秀洲区	14	8	6	93	51	42	6	5	1
嘉善县	50	28	22	134	69	65	5	2	3
海盐县	42	24	18	46	21	25	7	3	4
海宁市	70	37	33	259	134	125	12	4	8
平湖市	39	25	14	188	113	75	45	29	16
桐乡市	46	28	18	132	67	65	15	9	6
湖州市	**167**	**93**	**74**	**475**	**243**	**232**	**78**	**35**	**43**
吴兴区	31	14	17	115	59	56	14	6	8
南浔区	29	15	14	99	49	50	19	8	11
德清县	40	22	18	112	59	53	12	5	7
长兴县	12	7	5	34	15	19	17	7	10
安吉县	55	35	20	115	61	54	16	9	7

1-4c 续表 3 单位：人

地 区	蒙古族			回 族			藏 族		
	小计	男	女	小计	男	女	小计	男	女
绍兴市	**129**	**65**	**64**	**429**	**239**	**190**	**183**	**77**	**106**
越城区	14	6	8	99	60	39	9	3	6
柯桥区	34	19	15	101	59	42	15	10	5
上虞区	23	13	10	47	23	24	121	55	66
新昌县	7	4	3	15	5	10	2		2
诸暨市	38	16	22	142	80	62	21	6	15
嵊州市	13	7	6	25	12	13	15	3	12
金华市	**326**	**165**	**161**	**1350**	**736**	**614**	**88**	**37**	**51**
婺城区	69	37	32	99	63	36	12	8	4
金东区	20	12	8	117	60	57	6	5	1
武义县	20	9	11	118	65	53	6	2	4
浦江县	24	12	12	234	119	115	19	7	12
磐安县	12	3	9	4	1	3			
兰溪市	14	6	8	23	7	16	3		3
义乌市	71	40	31	436	242	194	12	3	9
东阳市	59	24	35	157	89	68	14	7	7
永康市	37	22	15	162	90	72	16	5	11
衢州市	**63**	**31**	**32**	**110**	**49**	**61**	**41**	**9**	**32**
柯城区	5	3	2	12	5	7	5	1	4
衢江区	13	9	4	44	22	22	14	4	10
常山县	10	2	8	6	2	4	2		2
开化县	6	1	5	10	5	5	4	1	3
龙游县	12	3	9	19	6	13	4	1	3
江山市	17	13	4	19	9	10	12	2	10
舟山市	**110**	**63**	**47**	**424**	**253**	**171**	**24**	**12**	**12**
定海区	22	10	12	88	50	38	10	5	5
普陀区	31	21	10	88	53	35	11	5	6
岱山县	55	30	25	239	145	94	3	2	1
嵊泗县	2	2		9	5	4			
台州市	**165**	**84**	**81**	**1069**	**581**	**488**	**156**	**57**	**99**
椒江区	21	14	7	70	41	29	40	22	18
黄岩区	20	7	13	306	172	134	13	4	9
路桥区	14	9	5	127	65	62	7	4	3
三门县	8	1	7	35	15	20	11	2	9
天台县	10	3	7	19	8	11	10	2	8
仙居县	5	3	2	35	16	19	20	4	16
温岭市	33	15	18	172	100	72	25	10	15
临海市	38	24	14	179	94	85	22	6	16
玉环市	16	8	8	126	70	56	8	3	5
丽水市	**71**	**38**	**33**	**133**	**63**	**70**	**24**	**10**	**14**
莲都区	8	4	4	45	26	19	2	2	
青田县	10	4	6	20	9	11	1	1	
缙云县	8	5	3	21	8	13	5	2	3
遂昌县	4		4	5	3	2	2	1	1
松阳县	34	20	14	11	4	7	6		6
云和县	2	1	1	4	2	2	1	1	
庆元县	4	4		10	4	6			
景宁畲族自治县				2	1	1	4	3	1
龙泉市	1		1	15	6	9	3		3

1－4c 续表 4

单位：人

地 区	维吾尔族			苗 族			彝 族		
	小计	男	女	小计	男	女	小计	男	女
合计	**319**	**148**	**171**	**166111**	**92026**	**74085**	**43642**	**23734**	**19908**
杭州市	**71**	**30**	**41**	**17818**	**9894**	**7924**	**3248**	**1796**	**1452**
上城区									
下城区									
江干区									
拱墅区									
西湖区				125	75	50	40	32	8
滨江区									
萧山区	6	5	1	9073	5164	3909	1082	618	464
余杭区	7	3	4	2604	1479	1125	1165	647	518
富阳区	51	18	33	2102	1086	1016	286	148	138
临安区	4	3	1	2006	1109	897	266	150	116
桐庐县	1		1	1090	584	506	155	84	71
淳安县	1		1	168	57	111	60	13	47
建德市	1	1		650	340	310	194	104	90
宁波市	**64**	**31**	**33**	**28606**	**15846**	**12760**	**6591**	**3699**	**2892**
海曙区	4	2	2	2403	1308	1095	373	213	160
江北区	1		1	773	433	340	393	227	166
北仑区	8	4	4	2987	1732	1255	627	354	273
镇海区	1		1	736	405	331	166	104	62
鄞州区	4	3	1	4262	2348	1914	1066	594	472
奉化区	16	8	8	2803	1557	1246	667	414	253
象山县	6	2	4	1664	936	728	212	99	113
宁海县	9	4	5	2646	1467	1179	370	180	190
余姚市				3798	2036	1762	906	509	397
慈溪市	15	8	7	6534	3624	2910	1811	1005	806
温州市	**47**	**21**	**26**	**27567**	**15579**	**11988**	**4331**	**2398**	**1933**
鹿城区				2446	1405	1041	338	213	125
龙湾区				121	70	51	3	2	1
瓯海区	3	3		2018	1181	837	285	164	121
洞头区	2	1	1	750	489	261	135	96	39
永嘉县	3		3	1933	1181	752	316	169	147
平阳县	6	1	5	4825	2596	2229	832	441	391
苍南县				1492	794	698	306	159	147
文成县	4	1	3	148	65	83	44	19	25
泰顺县	3	2	1	111	43	68	43	18	25
瑞安市	7	5	2	8335	4707	3628	832	472	360
乐清市	19	8	11	5296	2997	2299	1189	645	544
龙港市				92	51	41	8		8
嘉兴市	**10**	**7**	**3**	**10375**	**5685**	**4690**	**4721**	**2485**	**2236**
南湖区				509	286	223	243	135	108
秀洲区	1		1	2045	1074	971	660	329	331
嘉善县	1		1	1066	603	463	609	338	271
海盐县	2	2		697	382	315	447	251	196
海宁市	2	1	1	2549	1478	1071	1170	634	536
平湖市	2	2		996	559	437	464	260	204
桐乡市	2	2		2513	1303	1210	1128	538	590
湖州市	**17**	**11**	**6**	**10586**	**5637**	**4949**	**3939**	**2091**	**1848**
吴兴区	4	4		2371	1345	1026	730	415	315
南浔区	5	3	2	2362	1270	1092	1221	636	585
德清县				1464	794	670	865	452	413
长兴县	4	1	3	1028	431	597	262	123	139
安吉县	4	3	1	3361	1797	1564	861	465	396

1-4c　续表 5　　　　单位：人

地　区	维吾尔族			苗　族			彝　族		
	小计	男	女	小计	男	女	小计	男	女
绍兴市	**15**	**9**	**6**	**9823**	**5280**	**4543**	**3176**	**1677**	**1499**
越城区				981	517	464	607	332	275
柯桥区	5	5		929	494	435	717	383	334
上虞区	1		1	1535	768	767	505	252	253
新昌县				325	163	162	121	50	71
诸暨市	7	2	5	5146	2881	2265	729	421	308
嵊州市	2	2		907	457	450	497	239	258
金华市	**37**	**20**	**17**	**34781**	**19529**	**15252**	**9167**	**5064**	**4103**
婺城区	7	6	1	1694	1018	676	466	305	161
金东区				4172	2397	1775	740	419	321
武义县	5	2	3	3221	1793	1428	1724	948	776
浦江县	3	1	2	5262	2864	2398	1417	762	655
磐安县	2	1	1	310	156	154	78	32	46
兰溪市				665	328	337	365	151	214
义乌市	10	4	6	6203	3477	2726	1551	869	682
东阳市	6	3	3	3453	1931	1522	580	312	268
永康市	4	3	1	9801	5565	4236	2246	1266	980
衢州市	**11**	**3**	**8**	**1890**	**853**	**1037**	**732**	**309**	**423**
柯城区	2		2	225	114	111	42	15	27
衢江区	5	1	4	552	303	249	242	95	147
常山县	2	1	1	158	44	114	37	9	28
开化县				156	43	113	69	26	43
龙游县				452	228	224	279	141	138
江山市	2	1	1	347	121	226	63	23	40
舟山市	**5**	**1**	**4**	**1781**	**1079**	**702**	**872**	**546**	**326**
定海区	2		2	556	323	233	257	156	101
普陀区	1	1		805	469	336	391	241	150
岱山县	1		1	360	250	110	208	140	68
嵊泗县	1		1	60	37	23	16	9	7
台州市	**32**	**12**	**20**	**19903**	**11111**	**8792**	**6070**	**3324**	**2746**
椒江区	5		5	2002	1158	844	1192	722	470
黄岩区	3	2	1	986	533	453	444	204	240
路桥区	2		2	5891	3342	2549	517	287	230
三门县				560	296	264	172	74	98
天台县	5	1	4	385	227	158	133	79	54
仙居县	1		1	534	271	263	118	58	60
温岭市	6	4	2	5180	2890	2290	1633	879	754
临海市	4	1	3	2007	1092	915	1326	755	571
玉环市	6	4	2	2358	1302	1056	535	266	269
丽水市	**10**	**3**	**7**	**2981**	**1533**	**1448**	**795**	**345**	**450**
莲都区				613	372	241	160	84	76
青田县	3	2	1	493	274	219	91	46	45
缙云县	2	1	1	406	224	182	160	89	71
遂昌县				163	58	105	80	13	67
松阳县	4		4	570	283	287	140	50	90
云和县				305	132	173	36	14	22
庆元县				105	44	61	49	17	32
景宁畲族自治县	1		1	132	50	82	11	4	7
龙泉市				194	96	98	68	28	40

1－4c　续表 6　　　　　　　　　　　　　　　　　　　　　　　　　　　　单位：人

地　区	壮　族			布依族			朝鲜族		
	小计	男	女	小计	男	女	小计	男	女
合计	**38620**	**18235**	**20385**	**90163**	**49548**	**40615**	**389**	**203**	**186**
杭州市	**4940**	**2169**	**2771**	**4826**	**2593**	**2233**	**39**	**24**	**15**
上城区									
下城区									
江干区									
拱墅区									
西湖区	25	5	20	91	57	34			
滨江区									
萧山区	2237	977	1260	1871	1083	788	10	6	4
余杭区	1851	813	1038	830	420	410	11	8	3
富阳区	342	162	180	1070	509	561	3	1	2
临安区	225	114	111	448	279	169	2	2	
桐庐县	76	37	39	169	80	89	4	1	3
淳安县	53	5	48	49	17	32	5	3	2
建德市	131	56	75	298	148	150	4	3	1
宁波市	**3865**	**1744**	**2121**	**14220**	**7888**	**6332**	**49**	**29**	**20**
海曙区	212	108	104	744	442	302	7	5	2
江北区	125	57	68	296	173	123	2	1	1
北仑区	248	109	139	753	431	322	16	9	7
镇海区	96	54	42	350	203	147	1	1	
鄞州区	489	234	255	1396	782	614	8	7	1
奉化区	261	134	127	1670	943	727	4	1	3
象山县	111	39	72	423	225	198	1		1
宁海县	191	83	108	1433	778	655	3		3
余姚市	579	268	311	2669	1443	1226	2	2	
慈溪市	1553	658	895	4486	2468	2018	5	3	2
温州市	**2245**	**1074**	**1171**	**10249**	**5677**	**4572**	**38**	**16**	**22**
鹿城区	576	334	242	699	411	288			
龙湾区				37	23	14			
瓯海区	163	93	70	555	317	238	9	4	5
洞头区	37	22	15	212	128	84	6	1	5
永嘉县	107	42	65	891	536	355			
平阳县	300	123	177	2578	1381	1197	4	3	1
苍南县	213	83	130	199	101	98	2	2	
文成县	35	9	26	55	21	34			
泰顺县	21	4	17	35	10	25	2	1	1
瑞安市	468	238	230	2468	1385	1083	6	3	3
乐清市	321	124	197	2511	1360	1151	9	2	7
龙港市	4	2	2	9	4	5			
嘉兴市	**11566**	**5873**	**5693**	**1829**	**986**	**843**	**47**	**24**	**23**
南湖区	234	124	110	111	73	38	14	6	8
秀洲区	7365	3909	3456	295	155	140	7	5	2
嘉善县	332	173	159	264	160	104	6	4	2
海盐县	123	72	51	181	93	88			
海宁市	1022	444	578	375	195	180	4	1	3
平湖市	1019	451	568	359	186	173	6	4	2
桐乡市	1471	700	771	244	124	120	10	4	6
湖州市	**4790**	**2383**	**2407**	**3161**	**1552**	**1609**	**9**	**2**	**7**
吴兴区	960	527	433	563	304	259	3	1	2
南浔区	1640	839	801	361	188	173	1		1
德清县	1591	739	852	426	214	212	1		1
长兴县	191	66	125	723	249	474	2		2
安吉县	408	212	196	1088	597	491	2	1	1

1-4c 续表 7

单位：人

地 区	壮 族			布 依 族			朝 鲜 族		
	小计	男	女	小计	男	女	小计	男	女
绍兴市	**3051**	**1170**	**1881**	**6978**	**3879**	**3099**	**28**	**17**	**11**
越城区	342	138	204	1313	723	590	8	6	2
柯桥区	904	370	534	1258	726	532	12	7	5
上虞区	1009	381	628	1766	967	799	2	1	1
新昌县	55	12	43	156	79	77			
诸暨市	543	203	340	1968	1118	850	5	2	3
嵊州市	198	66	132	517	266	251	1	1	
金华市	**3387**	**1743**	**1644**	**36559**	**20472**	**16087**	**106**	**57**	**49**
婺城区	256	142	114	717	414	303	7	4	3
金东区	354	200	154	2212	1237	975	37	18	19
武义县	387	202	185	2214	1227	987	2	1	1
浦江县	754	396	358	5919	3225	2694	14	8	6
磐安县	50	10	40	202	101	101	1		1
兰溪市	70	24	46	484	205	279	2	1	1
义乌市	724	373	351	5627	3174	2453	33	18	15
东阳市	296	146	150	10337	5746	4591	7	5	2
永康市	496	250	246	8847	5143	3704	3	2	1
衢州市	**641**	**183**	**458**	**1404**	**458**	**946**	**20**	**11**	**9**
柯城区	197	66	131	123	47	76	4	1	3
衢江区	142	38	104	396	168	228	6	3	3
常山县	64	23	41	119	35	84	4	3	1
开化县	72	14	58	66	22	44	1		1
龙游县	63	24	39	185	81	104	2	2	
江山市	103	18	85	515	105	410	3	2	1
舟山市	**141**	**79**	**62**	**450**	**301**	**149**	**17**	**9**	**8**
定海区	47	26	21	121	69	52	3	1	2
普陀区	53	31	22	72	49	23	9	7	2
岱山县	28	19	9	117	104	13	4	1	3
嵊泗县	13	3	10	140	79	61	1		1
台州市	**3642**	**1704**	**1938**	**9435**	**5245**	**4190**	**29**	**11**	**18**
椒江区	174	105	69	792	445	347	2		2
黄岩区	398	196	202	1239	659	580	6	3	3
路桥区	457	249	208	1125	635	490	4	2	2
三门县	103	55	48	166	91	75			
天台县	57	22	35	286	157	129			
仙居县	84	14	70	332	176	156	1		1
温岭市	1689	723	966	3373	1933	1440	7	3	4
临海市	368	170	198	1292	676	616	7	3	4
玉环市	312	170	142	830	473	357	2		2
丽水市	**352**	**113**	**239**	**1052**	**497**	**555**	**7**	**3**	**4**
莲都区	76	34	42	214	122	92	1	1	
青田县	80	30	50	116	57	59	1		1
缙云县	86	24	62	226	123	103	2	1	1
遂昌县	12	1	11	99	19	80	2	1	1
松阳县	35	8	27	178	74	104			
云和县	9	2	7	106	57	49			
庆元县	13	2	11	17	6	11			
景宁畲族自治县	15	5	10	30	13	17			
龙泉市	26	7	19	66	26	40	1		1

1-4c 续表 8

单位：人

地区	满族			侗族			瑶族		
	小计	男	女	小计	男	女	小计	男	女
合计	**2608**	**1520**	**1088**	**39768**	**22685**	**17083**	**4538**	**2348**	**2190**
杭州市	**388**	**226**	**162**	**6919**	**3660**	**3259**	**537**	**285**	**252**
上城区									
下城区									
江干区									
拱墅区									
西湖区	19	11	8	30	14	16	5	3	2
滨江区									
萧山区	115	72	43	3501	2010	1491	224	127	97
余杭区	112	68	44	540	279	261	174	88	86
富阳区	55	35	20	1411	602	809	43	20	23
临安区	32	15	17	689	391	298	25	14	11
桐庐县	28	14	14	536	245	291	8	3	5
淳安县	12	5	7	35	16	19	15	6	9
建德市	15	6	9	177	103	74	43	24	19
宁波市	**521**	**326**	**195**	**3301**	**1882**	**1419**	**576**	**319**	**257**
海曙区	33	22	11	464	268	196	27	18	9
江北区	15	8	7	128	72	56	24	16	8
北仑区	53	35	18	307	197	110	60	35	25
镇海区	23	17	6	220	144	76	41	28	13
鄞州区	92	59	33	432	234	198	74	41	33
奉化区	70	40	30	283	167	116	54	30	24
象山县	45	29	16	225	134	91	22	14	8
宁海县	42	23	19	320	172	148	42	17	25
余姚市	44	32	12	388	211	177	56	27	29
慈溪市	104	61	43	534	283	251	176	93	83
温州市	**242**	**121**	**121**	**10841**	**6317**	**4524**	**552**	**304**	**248**
鹿城区	17	12	5	897	575	322	104	64	40
龙湾区				42	21	21			
瓯海区	23	12	11	1109	688	421	38	20	18
洞头区	11	9	2	258	170	88	12	5	7
永嘉县	24	10	14	1001	598	403	54	32	22
平阳县	50	25	25	1469	790	679	95	52	43
苍南县	26	8	18	581	328	253	83	45	38
文成县	6	4	2	86	29	57	8	5	3
泰顺县	11	5	6	54	12	42	9	2	7
瑞安市	29	14	15	4137	2423	1714	96	59	37
乐清市	44	22	22	1148	656	492	47	17	30
龙港市	1		1	59	27	32	6	3	3
嘉兴市	**245**	**143**	**102**	**937**	**522**	**415**	**495**	**258**	**237**
南湖区	36	21	15	75	40	35	24	11	13
秀洲区	31	13	18	116	68	48	97	53	44
嘉善县	26	16	10	173	97	76	57	32	25
海盐县	14	10	4	99	60	39	29	13	16
海宁市	43	24	19	170	87	83	116	59	57
平湖市	25	17	8	141	76	65	98	62	36
桐乡市	70	42	28	163	94	69	74	28	46
湖州市	**136**	**73**	**63**	**728**	**391**	**337**	**188**	**82**	**106**
吴兴区	41	23	18	175	100	75	49	25	24
南浔区	16	12	4	176	91	85	33	12	21
德清县	27	15	12	140	75	65	60	33	27
长兴县	14	5	9	75	33	42	16	3	13
安吉县	38	18	20	162	92	70	30	9	21

1—4c　续表 9　　　　　　　　　　　　　　　　　　　　　　　　单位：人

地　区	满　族			侗　族			瑶　族		
	小计	男	女	小计	男	女	小计	男	女
绍兴市	**117**	**58**	**59**	**2013**	**1122**	**891**	**229**	**105**	**124**
越城区	17	8	9	248	139	109	27	10	17
柯桥区	24	11	13	177	109	68	53	24	29
上虞区	19	11	8	497	260	237	32	18	14
新昌县	11	8	3	69	40	29	12	1	11
诸暨市	29	13	16	794	451	343	74	34	40
嵊州市	17	7	10	228	123	105	31	18	13
金华市	**343**	**194**	**149**	**7062**	**4158**	**2904**	**862**	**476**	**386**
婺城区	81	49	32	432	268	164	56	29	27
金东区	36	17	19	486	294	192	144	79	65
武义县	20	10	10	1053	646	407	58	35	23
浦江县	27	16	11	578	308	270	115	66	49
磐安县	9	4	5	38	21	17	3	2	1
兰溪市	12	7	5	125	63	62	49	25	24
义乌市	89	52	37	895	515	380	249	129	120
东阳市	48	24	24	1260	732	528	99	64	35
永康市	21	15	6	2195	1311	884	89	47	42
衢州市	**75**	**31**	**44**	**373**	**184**	**189**	**97**	**39**	**58**
柯城区	15	3	12	24	10	14	18	6	12
衢江区	22	12	10	129	70	59	8	7	1
常山县	8	3	5	32	14	18	28	11	17
开化县	6	2	4	31	14	17	18	3	15
龙游县	5		5	88	50	38	8	3	5
江山市	19	11	8	69	26	43	17	9	8
舟山市	**219**	**165**	**54**	**253**	**163**	**90**	**54**	**29**	**25**
定海区	45	31	14	98	65	33	22	10	12
普陀区	94	69	25	81	46	35	16	6	10
岱山县	78	63	15	72	51	21	11	9	2
嵊泗县	2	2		2	1	1	5	4	1
台州市	**249**	**145**	**104**	**6025**	**3562**	**2463**	**835**	**411**	**424**
椒江区	29	19	10	263	149	114	52	27	25
黄岩区	36	32	4	895	511	384	34	14	20
路桥区	29	13	16	923	546	377	63	32	31
三门县	20	11	9	91	51	40	11	4	7
天台县	14	4	10	73	41	32	10	4	6
仙居县	8	3	5	96	51	45	8	3	5
温岭市	38	18	20	1948	1157	791	156	65	91
临海市	55	33	22	604	349	255	449	227	222
玉环市	20	12	8	1132	707	425	52	35	17
丽水市	**73**	**38**	**35**	**1316**	**724**	**592**	**113**	**40**	**73**
莲都区	15	9	6	212	137	75	28	12	16
青田县	15	8	7	177	102	75	20	10	10
缙云县	15	7	8	127	72	55	11	1	10
遂昌县	3	1	2	62	30	32	6	2	4
松阳县	7	3	4	45	13	32	13	3	10
云和县	4	3	1	528	301	227	8	2	6
庆元县	4	2	2	32	15	17	6	1	5
景宁畲族自治县	5	2	3	25	8	17	1		1
龙泉市	5	3	2	108	46	62	20	9	11

1—4c 续表 10

单位：人

地区	白族			土家族			哈尼族		
	小计	男	女	小计	男	女	小计	男	女
合计	**7615**	**3985**	**3630**	**78732**	**44134**	**34598**	**4595**	**2240**	**2355**
杭州市	**667**	**382**	**285**	**5924**	**3310**	**2614**	**366**	**155**	**211**
上城区									
下城区									
江干区									
拱墅区									
西湖区	11	9	2	80	60	20	7	4	3
滨江区									
萧山区	318	179	139	3082	1684	1398	70	38	32
余杭区	109	67	42	1248	728	520	83	[illegible]	33
富阳区	43	25	18	839	458	381	56	24	32
临安区	56	32	24	300	169	131	71	23	48
桐庐县	48	26	22	186	109	77	15	6	9
淳安县	7	4	3	74	35	39	52	4	48
建德市	75	40	35	115	67	48	12	6	6
宁波市	**1968**	**1089**	**879**	**23807**	**13349**	**10458**	**921**	**484**	**437**
海曙区	130	70	60	2495	1355	1140	115	61	54
江北区	206	119	87	694	420	274	11	6	5
北仑区	242	130	112	2901	1693	1208	257	137	120
镇海区	28	15	13	620	354	266	23	13	10
鄞州区	357	195	162	5365	3022	2343	204	113	91
奉化区	162	93	69	5432	2989	2443	60	30	30
象山县	82	39	43	428	253	175	48	19	29
宁海县	86	49	37	1966	1077	889	32	11	21
余姚市	307	159	148	1925	1046	879	33	21	12
慈溪市	368	220	148	1981	1140	841	138	73	65
温州市	**653**	**358**	**295**	**16519**	**9475**	**7044**	**884**	**476**	**408**
鹿城区	67	35	32	1377	834	543	23	16	7
龙湾区				54	34	20			
瓯海区	46	32	14	1129	687	442	28	15	13
洞头区	22	14	8	397	247	150	4	3	1
永嘉县	94	60	34	1448	856	592	17	5	12
平阳县	127	76	51	2813	1531	1282	99	46	53
苍南县	40	18	22	2444	1323	1121	118	60	58
文成县	5	1	4	58	25	33	9	2	7
泰顺县	5	2	3	81	40	41	6	2	4
瑞安市	134	64	70	4561	2694	1867	524	304	220
乐清市	113	56	57	2113	1180	933	55	23	32
龙港市				44	24	20	1		1
嘉兴市	**557**	**287**	**270**	**9465**	**5089**	**4376**	**339**	**180**	**159**
南湖区	70	49	21	483	293	190	77	39	38
秀洲区	62	27	35	5059	2676	2383	60	29	31
嘉善县	109	56	53	1024	588	436	64	30	34
海盐县	42	19	23	398	215	183	32	16	16
海宁市	117	57	60	483	259	224	25	13	12
平湖市	57	35	22	1071	627	444	46	34	12
桐乡市	100	44	56	947	431	516	35	19	16
湖州市	**713**	**365**	**348**	**2147**	**1201**	**946**	**99**	**51**	**48**
吴兴区	161	83	78	788	493	295	31	19	12
南浔区	231	121	110	572	297	275	20	8	12
德清县	143	68	75	402	209	193	21	11	10
长兴县	23	11	12	117	61	56	5	1	4
安吉县	155	82	73	268	141	127	22	12	10

1-4c　续表 11　　　　单位：人

地　区	白　族			土家族			哈尼族		
	小计	男	女	小计	男	女	小计	男	女
绍兴市	**791**	**379**	**412**	**2372**	**1197**	**1175**	**223**	**121**	**102**
越城区	117	74	43	308	166	142	16	8	8
柯桥区	187	56	131	448	237	211	111	66	45
上虞区	63	31	32	444	213	231	42	22	20
新昌县	35	17	18	272	144	128	1		1
诸暨市	216	124	92	577	294	283	27	14	13
嵊州市	173	77	96	323	143	180	26	11	15
金华市	**987**	**549**	**438**	**7310**	**4200**	**3110**	**688**	**354**	**334**
婺城区	68	45	23	718	460	258	43	22	21
金东区	89	49	40	902	527	375	114	57	57
武义县	156	98	58	688	372	316	100	53	47
浦江县	145	79	66	570	325	245	101	54	47
磐安县	20	6	14	70	33	37	8	2	6
兰溪市	28	11	17	123	52	71	24	8	16
义乌市	181	95	86	2397	1360	1037	119	66	53
东阳市	89	41	48	670	372	298	65	33	32
永康市	211	125	86	1172	699	473	114	59	55
衢州市	**95**	**48**	**47**	**769**	**398**	**371**	**201**	**38**	**163**
柯城区	12	5	7	94	57	37	16	3	13
衢江区	23	15	8	262	156	106	122	14	108
常山县	8	3	5	61	22	39	15	6	9
开化县	2		2	63	27	36	4		4
龙游县	39	21	18	215	114	101	37	14	23
江山市	11	4	7	74	22	52	7	1	6
舟山市	**95**	**62**	**33**	**744**	**507**	**237**	**379**	**225**	**154**
定海区	28	16	12	237	142	95	78	49	29
普陀区	21	15	6	334	239	95	245	139	106
岱山县	43	29	14	138	105	33	56	37	19
嵊泗县	3	2	1	35	21	14			
台州市	**977**	**414**	**563**	**8585**	**4758**	**3827**	**249**	**97**	**152**
椒江区	128	67	61	590	367	223	34	18	16
黄岩区	57	32	25	220	108	112	47	12	35
路桥区	70	37	33	858	519	339	26	11	15
三门县	78	6	72	272	145	127	4		4
天台县	16	10	6	79	48	31	5	2	3
仙居县	16	4	12	210	111	99	8	3	5
温岭市	242	132	110	1911	1011	900	62	20	42
临海市	312	94	218	656	375	281	34	12	22
玉环市	58	32	26	3789	2074	1715	29	19	10
丽水市	**112**	**52**	**60**	**1090**	**650**	**440**	**246**	**59**	**187**
莲都区	32	21	11	360	252	108	43	22	21
青田县	27	13	14	193	98	95	17	5	12
缙云县	6	3	3	87	52	35	10	2	8
遂昌县	13	6	7	85	45	40	18	1	17
松阳县	26	6	20	126	69	57	103	23	80
云和县	1		1	28	15	13	7	2	5
庆元县	1		1	24	15	9	2		2
景宁畲族自治县	1		1	48	32	16	31	1	30
龙泉市	5	3	2	139	72	67	15	3	12

1－4c 续表 12

单位：人

地区	哈萨克族			傣族			黎族		
	小计	男	女	小计	男	女	小计	男	女
合计	**28**	**12**	**16**	**2065**	**885**	**1180**	**4848**	**2626**	**2222**
杭州市	**7**	**2**	**5**	**203**	**86**	**117**	**367**	**185**	**182**
上城区									
下城区									
江干区									
拱墅区									
西湖区				2	1	1	1		1
滨江区									
萧山区	2	1	1	54	28	26	120	60	60
余杭区	2		2	59	25	34	39	18	21
富阳区	1	1		19	3	16	132	70	62
临安区	1		1	34	18	16	29	15	14
桐庐县				11	8	3	25	13	12
淳安县	1		1	16		16	12	6	6
建德市				8	3	5	9	3	6
宁波市	**2**	**1**	**1**	**284**	**142**	**142**	**565**	**310**	**255**
海曙区				17	9	8	34	21	13
江北区				13	6	7	23	14	9
北仑区				27	10	17	32	14	18
镇海区				7	5	2	13	6	7
鄞州区				35	16	19	66	38	28
奉化区				21	13	8	34	16	18
象山县				11	4	7	26	10	16
宁海县				42	16	26	50	25	25
余姚市	1		1	10	8	2	92	57	35
慈溪市	1	1		101	55	46	195	109	86
温州市	**5**	**2**	**3**	**253**	**103**	**150**	**1266**	**717**	**549**
鹿城区				32	18	14	37	17	20
龙湾区							6	4	2
瓯海区				15	8	7	43	29	14
洞头区				4	1	3	14	6	8
永嘉县				16	5	11	21	14	7
平阳县	1	1		31	12	19	342	192	150
苍南县	2	1	1	39	9	30	26	13	13
文成县				7	2	5	1	1	
泰顺县	2		2	4	3	1	2		2
瑞安市				50	26	24	662	372	290
乐清市				55	19	36	112	69	43
龙港市									
嘉兴市	**1**		**1**	**135**	**69**	**66**	**242**	**108**	**134**
南湖区				19	11	8	6	3	3
秀洲区				12	5	7	52	23	29
嘉善县				28	16	12	17	8	9
海盐县	1		1	14	8	6	6	3	3
海宁市				18	9	9	65	33	32
平湖市				20	9	11	29	13	16
桐乡市				24	11	13	67	25	42
湖州市	**1**		**1**	**128**	**51**	**77**	**102**	**55**	**47**
吴兴区				29	14	15	12	5	7
南浔区				23	5	18	26	17	9
德清县	1		1	49	19	30	18	12	6
长兴县				18	7	11	9	4	5
安吉县				9	6	3	37	17	20

1-4c　续表 13　　　　单位：人

地　　区	哈萨克族			傣　　族			黎　　族		
	小计	男	女	小计	男	女	小计	男	女
绍兴市	**1**	**1**		**171**	**73**	**98**	**345**	**191**	**154**
越城区				10	7	3	30	15	15
柯桥区				63	32	31	93	49	44
上虞区				16	5	11	60	27	33
新昌县				4	1	3	6	4	2
诸暨市	1	1		65	25	40	136	84	52
嵊州市				13	3	10	20	12	8
金华市	**5**	**4**	**1**	**288**	**143**	**145**	**1369**	**761**	**608**
婺城区	1	1		26	15	11	51	32	19
金东区	3	2	1	28	15	13	46	24	22
武义县				39	23	16	99	50	49
浦江县				23	9	14	346	184	162
磐安县				21	10	11	11	4	7
兰溪市				10	1	9	25	7	18
义乌市				80	39	41	198	112	86
东阳市				23	11	12	294	169	125
永康市	1	1		38	20	18	299	179	120
衢州市	**5**	**1**	**4**	**61**	**16**	**45**	**70**	**30**	**40**
柯城区				8		8	3	1	2
衢江区				10	3	7	23	12	11
常山县	3		3	9	3	6	6	1	5
开化县				7	1	6	3	1	2
龙游县				19	7	12	17	10	7
江山市	2	1	1	8	2	6	18	5	13
舟山市				**107**	**54**	**53**	**32**	**19**	**13**
定海区				51	16	35	21	13	8
普陀区				23	18	5	6	3	3
岱山县				31	19	12	3	2	1
嵊泗县				2	1	1	2	1	1
台州市	**1**	**1**		**330**	**120**	**210**	**435**	**221**	**214**
椒江区				38	16	22	36	21	15
黄岩区				19	9	10	39	18	21
路桥区				42	24	18	30	13	17
三门县				32	3	29	14	6	8
天台县				3	1	2	4	1	3
仙居县				31	15	16	22	11	11
温岭市	1	1		62	16	46	68	32	36
临海市				83	33	50	189	103	86
玉环市				20	3	17	33	16	17
丽水市				**105**	**28**	**77**	**55**	**29**	**26**
莲都区				29	14	15	20	14	6
青田县				5		5	9	5	4
缙云县				23	5	18	6	4	2
遂昌县				4		4	3	1	2
松阳县				27	3	24	5	1	4
云和县				3	1	2	2		2
庆元县				2	1	1	4		4
景宁畲族自治县				5	1	4	2	1	1
龙泉市				7	3	4	4	3	1

1-4c 续表 14 单位：人

地区	傈僳族			佤族			畲族		
	小计	男	女	小计	男	女	小计	男	女
合计	**1188**	**485**	**703**	**1962**	**887**	**1075**	**86631**	**46368**	**40263**
杭州市	**70**	**24**	**46**	**70**	**40**	**30**	**5833**	**3177**	**2656**
上城区									
下城区									
江干区									
拱墅区									
西湖区				1	1		17	7	10
滨江区									
萧山区	15	4	11	13	7	6	137	73	64
余杭区	17	8	9	15	6	9	225	109	116
富阳区	3	2	1	4	3	1	240	115	125
临安区	9	5	4	33	21	12	1468	835	633
桐庐县	5	3	2				2245	1232	1013
淳安县	12		12	3	2	1	167	96	71
建德市	9	2	7	1		1	1334	710	624
宁波市	**244**	**125**	**119**	**284**	**148**	**136**	**603**	**316**	**287**
海曙区	10	3	7	17	7	10	35	18	17
江北区	5	3	2	2	2		13	4	9
北仑区	36	20	16	28	16	12	78	44	34
镇海区	3	1	2	15	14	1	21	11	10
鄞州区	42	22	20	25	10	15	69	37	32
奉化区	20	9	11	95	50	45	125	61	64
象山县	15	7	8	4	2	2	40	15	25
宁海县	25	16	9	27	11	16	38	20	18
余姚市	7	2	5	10	5	5	117	67	50
慈溪市	81	42	39	61	31	30	67	39	28
温州市	**100**	**42**	**58**	**287**	**127**	**160**	**25766**	**13911**	**11855**
鹿城区	5	3	2	139	79	60	90	45	45
龙湾区							1		1
瓯海区	9	3	6	16	8	8	153	86	67
洞头区	10	7	3	9	6	3	53	29	24
永嘉县	16	8	8	6		6	153	78	75
平阳县	12	4	8	32	7	25	5158	2775	2383
苍南县	9	5	4	18	1	17	7277	3931	3346
文成县	3		3	13	1	12	5619	3042	2577
泰顺县							6330	3404	2926
瑞安市	20	7	13	40	21	19	599	327	272
乐清市	16	5	11	14	4	10	301	178	123
龙港市							32	16	16
嘉兴市	**73**	**33**	**40**	**82**	**44**	**38**	**187**	**94**	**93**
南湖区	8	2	6	19	9	10	18	12	6
秀洲区	8	5	3	5	2	3	19	8	11
嘉善县	15	6	9	20	10	10	21	11	10
海盐县	6	3	3	7	5	2	5	2	3
海宁市	8	3	5	12	5	7	47	21	26
平湖市	23	13	10	16	13	3	33	21	12
桐乡市	5	1	4	3		3	44	19	25
湖州市	**37**	**18**	**19**	**65**	**41**	**24**	**1197**	**713**	**484**
吴兴区	9	5	4	31	16	15	99	54	45
南浔区	8	4	4	5	3	2	30	18	12
德清县	13	6	7	7	7		273	165	108
长兴县	2		2	5	1	4	42	14	28
安吉县	5	3	2	17	14	3	753	462	291

1-4c　续表 15　　　　单位：人

地　区	傈僳族			佤　族			畲　族		
	小计	男	女	小计	男	女	小计	男	女
绍兴市	**75**	**24**	**51**	**72**	**26**	**46**	**279**	**163**	**116**
越城区	3		3	13	5	8	46	32	14
柯桥区	52	20	32	10	3	7	39	18	21
上虞区				2		2	31	18	13
新昌县	1		1	1		1	18	8	10
诸暨市	12	4	8	37	15	22	112	72	40
嵊州市	7		7	9	3	6	33	15	18
金华市	**185**	**76**	**109**	**307**	**130**	**177**	**7023**	**3671**	**3352**
婺城区	8	5	3	15	7	8	576	311	265
金东区	11	2	9	49	27	22	92	41	51
武义县	25	5	20	16	8	8	4150	2148	2002
浦江县	43	23	20	40	13	27	65	37	28
磐安县	14	2	12	2		2	11	6	5
兰溪市	6	2	4	1		1	1767	937	830
义乌市	49	24	25	155	67	88	140	71	69
东阳市	9	2	7	13	7	6	100	52	48
永康市	20	11	9	16	1	15	122	68	54
衢州市	**8**	**3**	**5**	**26**	**10**	**16**	**7330**	**3950**	**3380**
柯城区	1		1	3	2	1	1857	1027	830
衢江区	3	2	1	8	2	6	576	307	269
常山县	1		1				423	238	185
开化县	1		1	4	1	3	430	265	165
龙游县				7	4	3	3814	2001	1813
江山市	2	1	1	4	1	3	230	112	118
舟山市	**40**	**31**	**9**	**288**	**184**	**104**	**35**	**17**	**18**
定海区	11	11		86	50	36	16	6	10
普陀区	19	13	6	86	63	23	13	6	7
岱山县	9	7	2	112	68	44	5	5	
嵊泗县	1		1	4	3	1	1		1
台州市	**309**	**97**	**212**	**224**	**78**	**146**	**381**	**188**	**193**
椒江区	35	14	21	5	1	4	15	6	9
黄岩区	10	4	6	3	1	2	14	6	8
路桥区	14	7	7	14	8	6	49	24	25
三门县	40	5	35	69	15	54	93	55	38
天台县	1		1	7	3	4	15	5	10
仙居县				5	2	3	37	24	13
温岭市	8	1	7	24	7	17	67	25	42
临海市	197	65	132	19	9	10	58	26	32
玉环市	4	1	3	78	32	46	33	17	16
丽水市	**47**	**12**	**35**	**257**	**59**	**198**	**37997**	**20168**	**17829**
莲都区	6	2	4	40	11	29	9637	5073	4564
青田县	3		3	7	1	6	713	385	328
缙云县	13	5	8	5	1	4	297	148	149
遂昌县	6		6	5	1	4	5834	3026	2808
松阳县	9	3	6	71	22	49	3390	1775	1615
云和县				52	11	41	4728	2511	2217
庆元县	2	1	1	6	1	5	428	245	183
景宁畲族自治县				52	5	47	8547	4597	3950
龙泉市	8	1	7	19	6	13	4423	2408	2015

1-4c 续表 16　　　　单位：人

地　区	高山族			拉祜族			水　族		
	小计	男	女	小计	男	女	小计	男	女
合计	**8**	**6**	**2**	**1456**	**525**	**931**	**10132**	**5614**	**4518**
杭州市	**1**	**1**		**53**	**29**	**24**	**322**	**183**	**139**
上城区									
下城区									
江干区									
拱墅区									
西湖区									
滨江区									
萧山区				14	9	5	134	81	53
余杭区	1	1		16	9	7	101	62	39
富阳区				14	7	7	22	15	7
临安区				1	1		34	16	18
桐庐县							6	1	5
淳安县				3	1	2	6	1	5
建德市				5	2	3	19	7	12
宁波市	**1**	**1**		**167**	**74**	**93**	**987**	**536**	**451**
海曙区				24	12	12	16	7	9
江北区				9	6	3	22	11	11
北仑区				34	15	19	24	11	13
镇海区				3		3	12	7	5
鄞州区				31	12	19	105	59	46
奉化区	1	1		8	3	5	39	18	21
象山县				8	2	6	18	10	8
宁海县				17	8	9	33	20	13
余姚市				2		2	152	72	80
慈溪市				31	16	15	566	321	245
温州市	**1**		**1**	**144**	**73**	**71**	**751**	**422**	**329**
鹿城区				10	8	2	62	40	22
龙湾区							7	6	1
瓯海区				13	7	6	99	51	48
洞头区				2		2	10	6	4
永嘉县				1		1	81	46	35
平阳县				11	6	5	93	53	40
苍南县	1		1	9	2	7	85	47	38
文成县				10		10	18	5	13
泰顺县							7		7
瑞安市				62	40	22	251	144	107
乐清市				26	10	16	38	24	14
龙港市									
嘉兴市				**38**	**16**	**22**	**124**	**70**	**54**
南湖区				4	2	2	15	11	4
秀洲区				4		4	18	10	8
嘉善县				4	2	2	22	16	6
海盐县				1	1		10	5	5
海宁市				5	1	4	15	8	7
平湖市				15	7	8	32	15	17
桐乡市				5	3	2	12	5	7
湖州市	**1**	**1**		**30**	**15**	**15**	**4120**	**2261**	**1859**
吴兴区				12	7	5	81	42	39
南浔区				4	1	3	70	35	35
德清县	1	1		10	6	4	30	14	16
长兴县				1		1	327	135	192
安吉县				3	1	2	3612	2035	1577

1-4c　续表 17　　　　单位：人

地　区	高山族			拉祜族			水　族		
	小计	男	女	小计	男	女	小计	男	女
绍兴市	**2**	**1**	**1**	**50**	**24**	**26**	**769**	**444**	**325**
越城区				1	1		20	11	9
柯桥区				16	11	5	64	34	30
上虞区	1	1		7	3	4	26	13	13
新昌县	1		1				18	10	8
诸暨市				23	8	15	614	361	253
嵊州市				3	1	2	27	15	12
金华市	**1**	**1**		**147**	**69**	**78**	**1687**	**977**	**710**
婺城区				3	1	2	94	43	51
金东区				18	9	9	205	115	90
武义县				22	11	11	144	94	50
浦江县	1	1		19	10	9	521	309	212
磐安县				3		3	10	4	6
兰溪市				3	1	2	25	13	12
义乌市				44	21	23	272	162	110
东阳市				13	7	6	193	105	88
永康市				22	9	13	223	132	91
衢州市				**32**	**6**	**26**	**56**	**21**	**35**
柯城区				1		1	4	1	3
衢江区				12	2	10	21	9	12
常山县							4	1	3
开化县				9	3	6	3	1	2
龙游县				5		5	13	5	8
江山市				5	1	4	11	4	7
舟山市				**66**	**47**	**19**	**39**	**26**	**13**
定海区				28	16	12	12	5	7
普陀区				23	21	2	24	19	5
岱山县				15	10	5	3	2	1
嵊泗县									
台州市	**1**	**1**		**209**	**88**	**121**	**701**	**384**	**317**
椒江区				14	8	6	52	28	24
黄岩区				4		4	79	43	36
路桥区				7		7	58	41	17
三门县				12	1	11	13	5	8
天台县				2		2	18	7	11
仙居县				6	3	3	9	3	6
温岭市	1	1		16		16	85	43	42
临海市				4	1	3	108	59	49
玉环市				144	75	69	279	155	124
丽水市				**520**	**84**	**436**	**576**	**290**	**286**
莲都区				56	22	34	9	6	3
青田县				22	7	15	13	9	4
缙云县				7		7	14	8	6
遂昌县				69	7	62	8	3	5
松阳县				221	36	185	9	3	6
云和县				31	3	28	414	213	201
庆元县				13	3	10	30	16	14
景宁畲族自治县				89	5	84	1		1
龙泉市				12	1	11	78	32	46

1-4c 续表 18

单位：人

地区	东乡族			纳西族			景颇族		
	小计	男	女	小计	男	女	小计	男	女
合计	**370**	**215**	**155**	**296**	**61**	**235**	**368**	**158**	**210**
杭州市	**22**	**13**	**9**	**8**	**2**	**6**	**45**	**27**	**18**
上城区									
下城区									
江干区									
拱墅区									
西湖区									
滨江区									
萧山区	15	9	6	2		2	9	5	4
余杭区	4	1	3	4	1	3	3	1	2
富阳区	1	1		1	1		2	1	1
临安区	2	2					13	7	6
桐庐县							7	6	1
淳安县							4	1	3
建德市				1		1	7	6	1
宁波市	**113**	**68**	**45**	**35**	**15**	**20**	**37**	**16**	**21**
海曙区	22	15	7	3	1	2			
江北区	2	2					2	1	1
北仑区	4	2	2	1		1	4	2	2
镇海区	6	5	1				1		1
鄞州区	1	1		4	2	2	6	1	5
奉化区	5	1	4	11	7	4	2		2
象山县	7	4	3	6	2	4	6	3	3
宁海县	1		1	4	2	2			
余姚市									
慈溪市	65	38	27	6	1	5	16	9	7
温州市	**41**	**23**	**18**	**13**	**2**	**11**	**41**	**15**	**26**
鹿城区				3	1	2	4	2	2
龙湾区									
瓯海区	2	1	1	1		1	9	6	3
洞头区	8	5	3	1	1				
永嘉县	7	4	3	1		1	2		2
平阳县	4	2	2	1		1	3	1	2
苍南县	13	6	7	5		5	1		1
文成县									
泰顺县									
瑞安市	4	3	1				18	5	13
乐清市	3	2	1	1		1	4	1	3
龙港市									
嘉兴市	**30**	**16**	**14**	**6**	**3**	**3**	**14**	**7**	**7**
南湖区	1	1		1		1	5	3	2
秀洲区	11	5	6				1		1
嘉善县	4		4	2	2		2	2	
海盐县	3	3		2	1	1			
海宁市	4	2	2				4	2	2
平湖市	1	1					1		1
桐乡市	6	4	2	1		1	1		1
湖州市	**22**	**11**	**11**	**2**	**1**	**1**	**25**	**13**	**12**
吴兴区	11	6	5				12	11	1
南浔区	6	3	3				5	1	4
德清县							3		3
长兴县				1		1	1		1
安吉县	5	2	3	1	1		4	1	3

1−4c　续表 19　　　　单位：人

地区	东乡族			纳西族			景颇族		
	小计	男	女	小计	男	女	小计	男	女
绍兴市	**12**	**8**	**4**	**199**	**27**	**172**	**20**	**7**	**13**
越城区				59	5	54	6	3	3
柯桥区	9	7	2	124	21	103	1		1
上虞区				2		2	1		1
新昌县							9	4	5
诸暨市	3	1	2	4		4	2		2
嵊州市				10	1	9	1		1
金华市	**40**	**28**	**12**	**5**	**2**	**3**	**40**	**14**	**26**
婺城区	4	3	1	1		1	3	3	
金东区							11	5	6
武义县	5	3	2				3	1	2
浦江县				2	1	1			
磐安县	1	1		1		1			
兰溪市							1		1
义乌市	17	13	4				5	1	4
东阳市	12	7	5				13	4	9
永康市	1	1		1	1		4		4
衢州市				**1**	**1**		**12**	**1**	**11**
柯城区									
衢江区				1	1		6		6
常山县							2		2
开化县							3		3
龙游县									
江山市							1	1	
舟山市	**5**	**3**	**2**	**2**	**1**	**1**	**20**	**14**	**6**
定海区				1	1		5	4	1
普陀区	4	2	2	1		1	9	9	
岱山县	1	1							
嵊泗县							6	1	5
台州市	**82**	**44**	**38**	**21**	**5**	**16**	**104**	**40**	**64**
椒江区	14	4	10	1		1	27	15	12
黄岩区	8	5	3	2		2	2		2
路桥区	18	9	9				14	5	9
三门县	1	1		4	1	3	1		1
天台县							2	1	1
仙居县							22	6	16
温岭市	15	6	9	4	1	3	9	1	8
临海市	7	5	2	8	3	5	23	10	13
玉环市	19	14	5	2		2	4	2	2
丽水市	**3**	**1**	**2**	**4**	**2**	**2**	**10**	**4**	**6**
莲都区	2	1	1				3	2	1
青田县				1		1			
缙云县				1	1		2		2
遂昌县				2	1	1	1	1	
松阳县	1		1						
云和县									
庆元县							1		1
景宁畲族自治县									
龙泉市							3	1	2

1-4c 续表 20

单位：人

地区	柯尔克孜族			土族			达斡尔族		
	小计	男	女	小计	男	女	小计	男	女
合计	**4**	**1**	**3**	**591**	**314**	**277**	**62**	**33**	**29**
杭州市				**72**	**44**	**28**	**6**	**2**	**4**
上城区									
下城区									
江干区									
拱墅区									
西湖区				2	1	1			
滨江区									
萧山区				21	13	8	3		3
余杭区				20	12	8	1	1	
富阳区				17	8	9	1	1	
临安区				8	8		1		1
桐庐县				1		1			
淳安县									
建德市				3	2	1			
宁波市				**118**	**62**	**56**	**15**	**8**	**7**
海曙区				8	2	6	2	1	1
江北区				2	2				
北仑区				17	9	8	1		1
镇海区				2	1	1			
鄞州区				26	14	12	3	1	2
奉化区				28	13	15	3	1	2
象山县				8	6	2	1	1	
宁海县				10	6	4	1		1
余姚市				6	4	2	2	2	
慈溪市				11	5	6	2	2	
温州市				**114**	**63**	**51**	**6**	**4**	**2**
鹿城区				11	9	2	1	1	
龙湾区									
瓯海区				8	3	5	2	1	1
洞头区									
永嘉县				25	13	12			
平阳县				22	12	10	2	2	
苍南县				10	4	6			
文成县				3		3			
泰顺县				2		2			
瑞安市				25	16	9	1		1
乐清市				8	6	2			
龙港市									
嘉兴市	**1**		**1**	**39**	**19**	**20**	**5**	**1**	**4**
南湖区									
秀洲区				14	8	6	1	1	
嘉善县				4	2	2			
海盐县				3	1	2	1		1
海宁市				7	4	3	1		1
平湖市	1		1	2		2	2		2
桐乡市				9	4	5			
湖州市				**31**	**13**	**18**	**2**	**1**	**1**
吴兴区				11	7	4	1		1
南浔区				5	3	2			
德清县				4	1	3	1	1	
长兴县				3		3			
安吉县				8	2	6			

1—4c　续表 21　　　　　　　　　　　　　　　　　　　　　　单位：人

地　区	柯尔克孜族			土　族			达斡尔族		
	小计	男	女	小计	男	女	小计	男	女
绍兴市				**8**	**1**	**7**	**2**	**1**	**1**
越城区				1		1			
柯桥区				1		1			
上虞区				3		3	2	1	1
新昌县									
诸暨市				2	1	1			
嵊州市				1		1			
金华市				**82**	**45**	**37**	**5**	**4**	**1**
婺城区				4	3	1	1		1
金东区				6	4	2			
武义县				5	3	2	2	2	
浦江县				6	5	1			
磐安县									
兰溪市				4	2	2			
义乌市				19	8	11	2	2	
东阳市				8	4	4			
永康市				30	16	14			
衢州市				**11**	**2**	**9**	**1**		**1**
柯城区				1		1			
衢江区				6	2	4			
常山县				1		1			
开化县									
龙游县				2		2	1		1
江山市				1		1			
舟山市	**1**	**1**		**4**	**4**		**4**	**4**	
定海区	1	1		1	1				
普陀区				2	2		2	2	
岱山县				1	1		2	2	
嵊泗县									
台州市	**2**		**2**	**107**	**61**	**46**	**13**	**6**	**7**
椒江区				3	2	1	2		2
黄岩区				2		2	5	3	2
路桥区				6	6		1		1
三门县				4	2	2			
天台县							1	1	
仙居县				2		2			
温岭市	2		2	16	7	9	2	1	1
临海市				23	14	9	1		1
玉环市				51	30	21	1	1	
丽水市				**5**		**5**	**3**	**2**	**1**
莲都区				1		1	1		1
青田县				1		1			
缙云县				2		2			
遂昌县									
松阳县							1	1	
云和县									
庆元县							1	1	
景宁畲族自治县									
龙泉市				1		1			

1-4c 续表 22　　　　单位：人

地区	仫佬族			羌族			布朗族		
	小计	男	女	小计	男	女	小计	男	女
合计	**1531**	**826**	**705**	**292**	**171**	**121**	**294**	**133**	**161**
杭州市	**134**	**74**	**60**	**48**	**33**	**15**	**17**	**8**	**9**
上城区									
下城区									
江干区									
拱墅区									
西湖区									
滨江区									
萧山区	36	18	18	11	7	4	7	2	5
余杭区	28	13	15	24	20	4	7	4	3
富阳区	9	5	4	6	2	4	1		1
临安区	8	6	2	4	2	2			
桐庐县	35	18	17	1	1				
淳安县									
建德市	18	14	4	2	1	1	2	2	
宁波市	**364**	**203**	**161**	**83**	**49**	**34**	**18**	**10**	**8**
海曙区	9	6	3	6	5	1	5	2	3
江北区	8	5	3	3		3			
北仑区	13	6	7	7	6	1	4	1	3
镇海区	3	1	2	7	4	3			
鄞州区	30	14	16	20	14	6	1	1	
奉化区	25	17	8	5	2	3	2	2	
象山县	10	6	4	2	1	1	1		1
宁海县	18	9	9	4	1	3			
余姚市	52	28	24	8	4	4	2	2	
慈溪市	196	111	85	21	12	9	3	2	1
温州市	**270**	**158**	**112**	**21**	**13**	**8**	**26**	**13**	**13**
鹿城区	47	27	20						
龙湾区									
瓯海区	16	11	5	1	1		9	6	3
洞头区	11	6	5	1		1			
永嘉县	23	13	10	2	1	1	1	1	
平阳县	36	22	14	2	1	1	5	2	3
苍南县	11	5	6	7	3	4	2		2
文成县									
泰顺县	4	2	2						
瑞安市	39	21	18	6	5	1	3	1	2
乐清市	83	51	32	2	2		6	3	3
龙港市									
嘉兴市	**64**	**29**	**35**	**32**	**18**	**14**	**22**	**15**	**7**
南湖区	5	2	3	2		2	1		1
秀洲区	6	2	4	7	4	3	3	1	2
嘉善县	16	8	8	3		3	9	8	1
海盐县	4		4	1		1			
海宁市	7	5	2	7	6	1	5	4	1
平湖市	19	8	11	8	6	2	3	2	1
桐乡市	7	4	3	4	2	2	1		1
湖州市	**98**	**55**	**43**	**14**	**4**	**10**	**8**	**2**	**6**
吴兴区	23	11	12	1		1	2		2
南浔区	18	15	3						
德清县	12	7	5	6	3	3	2	1	1
长兴县	21	9	12	1		1			
安吉县	24	13	11	6	1	5	4	1	3

1-4c　续表 23　　　　　　　　　　单位：人

地　区	仫佬族			羌　族			布朗族		
	小计	男	女	小计	男	女	小计	男	女
绍兴市	**173**	**82**	**91**	**18**	**10**	**8**	**14**	**6**	**8**
越城区	45	25	20	3	1	2	4	4	
柯桥区	32	14	18	10	6	4			
上虞区	18	5	13	1	1		1	1	
新昌县	4	1	3				2	1	1
诸暨市	69	36	33	4	2	2	6		6
嵊州市	5	1	4				1		1
金华市	**248**	**129**	**119**	**19**	**10**	**9**	**44**	**18**	**26**
婺城区	34	19	15	5	3	2	3	1	2
金东区	17	11	6	3	2	1	10	6	4
武义县	34	12	22	2	1	1	7	4	3
浦江县	30	14	16	4	1	3	13	3	10
磐安县							1		1
兰溪市	10	2	8						
义乌市	46	24	22	2	2		3	2	1
东阳市	25	14	11						
永康市	52	33	19	3	1	2	7	2	5
衢州市	**14**	**7**	**7**	**9**	**6**	**3**	**3**		**3**
柯城区	2	1	1	1		1			
衢江区	3	3		8	6	2			
常山县	3		3				1		1
开化县	1		1						
龙游县	2	1	1				1		1
江山市	3	2	1				1		1
舟山市	**8**	**6**	**2**	**9**	**6**	**3**	**30**	**19**	**11**
定海区	2	2		1	1		16	11	5
普陀区	1	1		1	1		10	6	4
岱山县	5	3	2	7	4	3	4	2	2
嵊泗县									
台州市	**137**	**73**	**64**	**34**	**19**	**15**	**67**	**29**	**38**
椒江区	11	7	4	3	1	2	1	1	
黄岩区	3		3	2	1	1	6		6
路桥区	31	16	15	1	1		5	2	3
三门县	11	7	4	2		2	1		1
天台县	2		2	4	3	1			
仙居县	6	4	2						
温岭市	32	17	15	2		2	32	18	14
临海市	22	12	10	6	4	2	6		6
玉环市	19	10	9	14	9	5	16	8	8
丽水市	**21**	**10**	**11**	**5**	**3**	**2**	**45**	**13**	**32**
莲都区	6	3	3				4	1	3
青田县	8	5	3	2	2		2	2	
缙云县	1		1	1		1	1	1	
遂昌县							1		1
松阳县	2	1	1	1	1		35	9	26
云和县	2		2						
庆元县									
景宁畲族自治县				1		1			
龙泉市	2	1	1				2		2

1-4c 续表 24

单位：人

地区	撒拉族			毛南族			仡佬族		
	小计	男	女	小计	男	女	小计	男	女
合计	**52**	**34**	**18**	**759**	**426**	**333**	**10079**	**5767**	**4312**
杭州市	**1**	**1**		**104**	**61**	**43**	**575**	**326**	**249**
上城区									
下城区									
江干区									
拱墅区									
西湖区				1		1	7	4	3
滨江区									
萧山区				15	13	2	129	79	50
余杭区				36	23	13	133	72	61
富阳区	1	1		41	21	20	60	45	15
临安区				1	1		53	26	27
桐庐县				3	2	1	161	80	81
淳安县				1		1	8	5	3
建德市				6	1	5	24	15	9
宁波市	**12**	**6**	**6**	**194**	**108**	**86**	**3174**	**1769**	**1405**
海曙区	3	2	1	5	4	1	79	46	33
江北区				1	1		24	13	11
北仑区				2	2		76	43	33
镇海区							40	25	15
鄞州区	4	2	2	14	6	8	1203	642	561
奉化区	2		2	11	7	4	207	112	95
象山县				3	3		72	35	37
宁海县	2	1	1	12	9	3	78	49	29
余姚市				13	4	9	1183	683	500
慈溪市	1	1		133	72	61	212	121	91
温州市	**7**	**6**	**1**	**47**	**24**	**23**	**2025**	**1145**	**880**
鹿城区							95	57	38
龙湾区							14	9	5
瓯海区				4	3	1	101	63	38
洞头区	1	1		5	4	1	65	41	24
永嘉县				1	1		142	81	61
平阳县				8	4	4	528	290	238
苍南县				1		1	156	77	79
文成县							17	11	6
泰顺县				1		1	6	5	1
瑞安市	6	5	1	7	2	5	693	399	294
乐清市				20	10	10	190	105	85
龙港市							18	7	11
嘉兴市	**5**	**2**	**3**	**31**	**16**	**15**	**660**	**385**	**275**
南湖区							24	17	7
秀洲区				1		1	298	179	119
嘉善县	2	1	1	4	3	1	122	75	47
海盐县				1	1		34	16	18
海宁市				3	2	1	45	22	23
平湖市	3	1	2	18	8	10	73	37	36
桐乡市				4	2	2	64	39	25
湖州市	**1**	**1**		**27**	**17**	**10**	**472**	**259**	**213**
吴兴区	1	1		9	8	1	194	118	76
南浔区				1		1	98	52	46
德清县				15	9	6	94	41	53
长兴县				1		1	27	17	10
安吉县				1		1	59	31	28

1-4c　续表 25　　　　单位：人

地　区	撒拉族			毛南族			仡佬族		
	小计	男	女	小计	男	女	小计	男	女
绍兴市				**100**	**52**	**48**	**537**	**324**	**213**
越城区				14	5	9	33	21	12
柯桥区				6	2	4	51	30	21
上虞区				8	5	3	222	135	87
新昌县				6	4	2	46	29	17
诸暨市				14	8	6	98	59	39
嵊州市				52	28	24	87	50	37
金华市	**2**	**2**		**172**	**100**	**72**	**1596**	**942**	**654**
婺城区				1	1		293	173	120
金东区				37	20	17	226	143	83
武义县				12	8	4	99	63	36
浦江县	2	2		10	6	4	120	66	54
磐安县				6	3	3	13	6	7
兰溪市				10	4	6	36	23	13
义乌市				47	31	16	356	208	148
东阳市				40	23	17	225	128	97
永康市				9	4	5	228	132	96
衢州市	**20**	**14**	**6**	**3**	**2**	**1**	**62**	**33**	**29**
柯城区	1		1	2	1	1	7	7	
衢江区	17	12	5	1	1		20	14	6
常山县							7	2	5
开化县							1	1	
龙游县	2	2					18	9	9
江山市							9		9
舟山市	**1**		**1**	**3**	**2**	**1**	**29**	**15**	**14**
定海区							13	8	5
普陀区	1		1	2	1	1	2	1	1
岱山县				1	1		10	6	4
嵊泗县							4		4
台州市	**3**	**2**	**1**	**76**	**43**	**33**	**682**	**401**	**281**
椒江区				1	1		77	44	33
黄岩区				2		2	19	11	8
路桥区				5	3	2	52	28	24
三门县				1	1		14	9	5
天台县				10	4	6	13	3	10
仙居县				3	2	1	14	9	5
温岭市				15	9	6	247	149	98
临海市	3	2	1	9	4	5	92	52	40
玉环市				30	19	11	154	96	58
丽水市				**2**	**1**	**1**	**267**	**168**	**99**
莲都区				1		1	134	84	50
青田县							52	30	22
缙云县				1	1		20	15	5
遂昌县							4	2	2
松阳县							20	10	10
云和县							3	3	
庆元县							11	10	1
景宁畲族自治县							9	7	2
龙泉市							14	7	7

1-4c 续表 26

单位：人

地　区	锡伯族			阿昌族			普米族		
	小计	男	女	小计	男	女	小计	男	女
合计	**38**	**17**	**21**	**105**	**59**	**46**	**31**	**13**	**18**
杭州市	**10**	**2**	**8**	**8**	**5**	**3**	**1**		**1**
上城区									
下城区									
江干区									
拱墅区									
西湖区									
滨江区									
萧山区	1		1	6	4	2			
余杭区	6	2	4	1	1				
富阳区	2		2						
临安区							1		1
桐庐县	1		1						
淳安县				1		1			
建德市									
宁波市	**2**		**2**	**32**	**17**	**15**	**7**	**2**	**5**
海曙区									
江北区									
北仑区				4	1	3	3	1	2
镇海区									
鄞州区	1		1	19	12	7			
奉化区									
象山县				2	2		3	1	2
宁海县	1		1	1		1	1		1
余姚市									
慈溪市				6	2	4			
温州市	**1**	**1**		**24**	**14**	**10**	**1**		**1**
鹿城区									
龙湾区									
瓯海区				5	4	1			
洞头区									
永嘉县				2	1	1			
平阳县									
苍南县									
文成县									
泰顺县	1	1							
瑞安市				12	6	6	1		1
乐清市				5	3	2			
龙港市									
嘉兴市	**1**	**1**		**21**	**15**	**6**	**2**		**2**
南湖区				17	12	5			
秀洲区									
嘉善县							1		1
海盐县									
海宁市				2	1	1	1		1
平湖市				2	2				
桐乡市	1	1							
湖州市				**2**		**2**	**2**	**1**	**1**
吴兴区				1		1	1		1
南浔区									
德清县				1		1			
长兴县									
安吉县							1	1	

1-4c　续表 27　　　　单位：人

地　区	锡伯族			阿昌族			普米族		
	小计	男	女	小计	男	女	小计	男	女
绍兴市	**1**	**1**		**4**	**2**	**2**	**2**	**1**	**1**
越城区				1	1				
柯桥区				1	1				
上虞区	1	1							
新昌县									
诸暨市									
嵊州市				2		2	2	1	1
金华市	**12**	**5**	**7**	**10**	**5**	**5**	**11**	**7**	**4**
婺城区	5	2	3	5	4	1	1		1
金东区	3	2	1						
武义县	1	1							
浦江县	1		1				3	1	2
磐安县									
兰溪市	1		1						
义乌市				3	1	2			
东阳市				1		1	7	6	1
永康市	1		1	1		1			
衢州市	**3**	**1**	**2**	**1**	**1**		**1**		**1**
柯城区									
衢江区									
常山县									
开化县									
龙游县	3	1	2	1	1				
江山市							1		1
舟山市	**7**	**6**	**1**				**4**	**2**	**2**
定海区							1	1	
普陀区	3	2	1						
岱山县	4	4					1	1	
嵊泗县							2		2
台州市	**1**		**1**	**2**		**2**			
椒江区									
黄岩区									
路桥区				2		2			
三门县									
天台县	1		1						
仙居县									
温岭市									
临海市									
玉环市									
丽水市				**1**		**1**			
莲都区									
青田县				1		1			
缙云县									
遂昌县									
松阳县									
云和县									
庆元县									
景宁畲族自治县									
龙泉市									

1－4c 续表 28 单位：人

地 区	塔吉克族			怒 族			乌孜别克族		
	小计	男	女	小计	男	女	小计	男	女
合计	**4**	**2**	**2**	**63**	**15**	**48**	**1**		**1**
杭州市	**3**	**2**	**1**	**2**		**2**	**1**		**1**
上城区									
下城区									
江干区									
拱墅区									
西湖区									
滨江区									
萧山区				1		1			
余杭区	1	1					1		1
富阳区									
临安区									
桐庐县	2	1	1						
淳安县				1		1			
建德市									
宁波市				**10**	**4**	**6**			
海曙区									
江北区									
北仑区				3	1	2			
镇海区				1		1			
鄞州区									
奉化区									
象山县									
宁海县				2	1	1			
余姚市									
慈溪市				4	2	2			
温州市				**4**		**4**			
鹿城区									
龙湾区									
瓯海区				1		1			
洞头区									
永嘉县									
平阳县									
苍南县				2		2			
文成县									
泰顺县									
瑞安市				1		1			
乐清市									
龙港市									
嘉兴市				**7**	**2**	**5**			
南湖区				1		1			
秀洲区									
嘉善县									
海盐县									
海宁市				1		1			
平湖市				5	2	3			
桐乡市									
湖州市									
吴兴区									
南浔区									
德清县									
长兴县									
安吉县									

1-4c　续表 29　　　　单位：人

地　区	塔吉克族			怒　族			乌孜别克族		
	小计	男	女	小计	男	女	小计	男	女
绍兴市									
越城区									
柯桥区									
上虞区									
新昌县									
诸暨市									
嵊州市									
金华市				**7**	**1**	**6**			
婺城区				3	1	2			
金东区				3		3			
武义县									
浦江县				1		1			
磐安县									
兰溪市									
义乌市									
东阳市									
永康市									
衢州市				**1**		**1**			
柯城区									
衢江区				1		1			
常山县									
开化县									
龙游县									
江山市									
舟山市									
定海区									
普陀区									
岱山县									
嵊泗县									
台州市	**1**		**1**	**27**	**8**	**19**			
椒江区				2	1	1			
黄岩区									
路桥区									
三门县				6		6			
天台县									
仙居县									
温岭市									
临海市	1		1	19	7	12			
玉环市									
丽水市				**5**		**5**			
莲都区									
青田县				1		1			
缙云县				3		3			
遂昌县									
松阳县									
云和县									
庆元县									
景宁畲族自治县									
龙泉市				1		1			

1-4c 续表 30

单位：人

地区	俄罗斯族			鄂温克族			德昂族		
	小计	男	女	小计	男	女	小计	男	女
合计	**4**	**1**	**3**	**10**	**5**	**5**	**48**	**20**	**28**
杭州市	**1**		**1**	**5**	**2**	**3**	**10**	**3**	**7**
上城区									
下城区									
江干区									
拱墅区									
西湖区									
滨江区									
萧山区				1		1	1		1
余杭区				4	2	2			
富阳区	1		1						
临安区							9	3	6
桐庐县									
淳安县									
建德市									
宁波市				**1**	**1**		**3**	**1**	**2**
海曙区									
江北区									
北仑区									
镇海区									
鄞州区							1	1	
奉化区									
象山县									
宁海县				1	1				
余姚市									
慈溪市							2		2
温州市	**1**	**1**		**1**	**1**		**1**	**1**	
鹿城区									
龙湾区									
瓯海区				1	1				
洞头区									
永嘉县									
平阳县									
苍南县									
文成县									
泰顺县									
瑞安市									
乐清市	1	1					1	1	
龙港市									
嘉兴市				**1**		**1**	**1**		**1**
南湖区									
秀洲区									
嘉善县									
海盐县				1		1			
海宁市									
平湖市							1		1
桐乡市									
湖州市							**5**	**1**	**4**
吴兴区							3	1	2
南浔区									
德清县							1		1
长兴县									
安吉县							1		1

1-4c　续表 31　　　　单位：人

地　区	俄罗斯族			鄂温克族			德 昂 族		
	小计	男	女	小计	男	女	小计	男	女
绍兴市									
越城区									
柯桥区									
上虞区									
新昌县									
诸暨市									
嵊州市									
金华市	**1**		**1**				**4**	**1**	**3**
婺城区									
金东区									
武义县							1		1
浦江县									
磐安县									
兰溪市									
义乌市	1		1				1		1
东阳市							1		1
永康市							1	1	
衢州市							**3**		**3**
柯城区									
衢江区									
常山县									
开化县							2		2
龙游县							1		1
江山市									
舟山市				**1**	**1**				
定海区									
普陀区									
岱山县				1	1				
嵊泗县									
台州市							**9**	**5**	**4**
椒江区							3	2	1
黄岩区							2		2
路桥区									
三门县							1		1
天台县									
仙居县									
温岭市							1	1	
临海市									
玉环市							2	2	
丽水市	**1**		**1**	**1**		**1**	**12**	**8**	**4**
莲都区	1		1				1		1
青田县				1		1			
缙云县									
遂昌县									
松阳县									
云和县									
庆元县									
景宁畲族自治县									
龙泉市							11	8	3

1–4c　续表 32　　　　单位：人

地　区	保安族			裕固族			京　族		
	小计	男	女	小计	男	女	小计	男	女
合计	**7**	**4**	**3**	**2**	**1**	**1**	**64**	**23**	**41**
杭州市							**2**		**2**
上城区									
下城区									
江干区									
拱墅区									
西湖区									
滨江区									
萧山区									
余杭区							1		1
富阳区									
临安区							1		1
桐庐县									
淳安县									
建德市									
宁波市	**2**	**1**	**1**	**2**	**1**	**1**	**2**	**1**	**1**
海曙区				2	1	1			
江北区									
北仑区									
镇海区									
鄞州区									
奉化区							1		1
象山县									
宁海县									
余姚市									
慈溪市	2	1	1				1	1	
温州市	**1**		**1**				**15**	**7**	**8**
鹿城区	1		1						
龙湾区									
瓯海区									
洞头区									
永嘉县							5	1	4
平阳县									
苍南县							3	1	2
文成县							1		1
泰顺县									
瑞安市							6	5	1
乐清市									
龙港市									
嘉兴市	**1**	**1**					**1**		**1**
南湖区									
秀洲区									
嘉善县	1	1							
海盐县									
海宁市							1		1
平湖市									
桐乡市									
湖州市							**11**	**4**	**7**
吴兴区									
南浔区							1		1
德清县							1		1
长兴县									
安吉县							9	4	5

1-4c　续表 33　　　　单位：人

地　区	保安族			裕固族			京　族		
	小计	男	女	小计	男	女	小计	男	女
绍兴市							**2**	**1**	**1**
越城区							1	1	
柯桥区							1		1
上虞区									
新昌县									
诸暨市									
嵊州市									
金华市	**3**	**2**	**1**				**17**	**9**	**8**
婺城区							1	1	
金东区									
武义县							1		1
浦江县	2	1	1				3	2	1
磐安县									
兰溪市							1		1
义乌市									
东阳市							1	1	
永康市	1	1					10	5	5
衢州市							**3**		**3**
柯城区									
衢江区							2		2
常山县									
开化县									
龙游县									
江山市							1		1
舟山市									
定海区									
普陀区									
岱山县									
嵊泗县									
台州市							**9**		**9**
椒江区									
黄岩区									
路桥区							1		1
三门县									
天台县									
仙居县									
温岭市							3		3
临海市							3		3
玉环市							2		2
丽水市							**2**	**1**	**1**
莲都区									
青田县									
缙云县							1	1	
遂昌县									
松阳县							1		1
云和县									
庆元县									
景宁畲族自治县									
龙泉市									

1-4c 续表 34 单位：人

地　区	塔塔尔族			独 龙 族			鄂伦春族		
	小计	男	女	小计	男	女	小计	男	女
合计	**3**		**3**	**9**	**4**	**5**	**6**	**2**	**4**
杭州市									
上城区									
下城区									
江干区									
拱墅区									
西湖区									
滨江区									
萧山区									
余杭区									
富阳区									
临安区									
桐庐县									
淳安县									
建德市									
宁波市	**1**		**1**	**1**		**1**	**1**	**1**	
海曙区									
江北区									
北仑区									
镇海区									
鄞州区									
奉化区									
象山县	1		1						
宁海县									
余姚市									
慈溪市				1		1	1	1	
温州市							**1**		**1**
鹿城区							1		1
龙湾区									
瓯海区									
洞头区									
永嘉县									
平阳县									
苍南县									
文成县									
泰顺县									
瑞安市									
乐清市									
龙港市									
嘉兴市				**3**	**2**	**1**			
南湖区									
秀洲区				2	1	1			
嘉善县									
海盐县									
海宁市									
平湖市				1	1				
桐乡市									
湖州市									
吴兴区									
南浔区									
德清县									
长兴县									
安吉县									

1-4c 续表 35

单位：人

地区	塔塔尔族			独龙族			鄂伦春族		
	小计	男	女	小计	男	女	小计	男	女
绍兴市							**1**		**1**
越城区									
柯桥区									
上虞区									
新昌县									
诸暨市									
嵊州市							1		1
金华市									
婺城区									
金东区									
武义县									
浦江县									
磐安县									
兰溪市									
义乌市									
东阳市									
永康市									
衢州市									
柯城区									
衢江区									
常山县									
开化县									
龙游县									
江山市									
舟山市									
定海区									
普陀区									
岱山县									
嵊泗县									
台州市	**2**		**2**	**5**	**2**	**3**	**3**	**1**	**2**
椒江区									
黄岩区									
路桥区									
三门县									
天台县									
仙居县									
温岭市	1		1				3	1	2
临海市				5	2	3			
玉环市	1		1						
丽水市									
莲都区									
青田县									
缙云县									
遂昌县									
松阳县									
云和县									
庆元县									
景宁畲族自治县									
龙泉市									

1−4c 续表 36

单位：人

地区	赫哲族			门巴族			珞巴族		
	小计	男	女	小计	男	女	小计	男	女
合计	**7**	**2**	**5**	**1**		**1**	**3**	**2**	**1**
杭州市									
上城区									
下城区									
江干区									
拱墅区									
西湖区									
滨江区									
萧山区									
余杭区									
富阳区									
临安区									
桐庐县									
淳安县									
建德市									
宁波市	**2**	**1**	**1**						
海曙区									
江北区									
北仑区									
镇海区									
鄞州区									
奉化区									
象山县									
宁海县									
余姚市									
慈溪市	2	1	1						
温州市	**2**		**2**				**3**	**2**	**1**
鹿城区									
龙湾区									
瓯海区									
洞头区									
永嘉县							1	1	
平阳县	1		1						
苍南县									
文成县									
泰顺县									
瑞安市									
乐清市	1		1				2	1	1
龙港市									
嘉兴市	**1**		**1**						
南湖区									
秀洲区									
嘉善县									
海盐县									
海宁市									
平湖市	1		1						
桐乡市									
湖州市									
吴兴区									
南浔区									
德清县									
长兴县									
安吉县									

1-4c　续表 37　　单位：人

地　区	赫哲族			门巴族			珞巴族		
	小计	男	女	小计	男	女	小计	男	女
绍兴市				**1**		**1**			
越城区									
柯桥区									
上虞区									
新昌县									
诸暨市				1		1			
嵊州市									
金华市									
婺城区									
金东区									
武义县									
浦江县									
磐安县									
兰溪市									
义乌市									
东阳市									
永康市									
衢州市									
柯城区									
衢江区									
常山县									
开化县									
龙游县									
江山市									
舟山市	**1**	**1**							
定海区									
普陀区	1	1							
岱山县									
嵊泗县									
台州市	**1**		**1**						
椒江区									
黄岩区									
路桥区									
三门县									
天台县									
仙居县									
温岭市									
临海市									
玉环市	1		1						
丽水市									
莲都区									
青田县									
缙云县									
遂昌县									
松阳县									
云和县									
庆元县									
景宁畲族自治县									
龙泉市									

1－4c 续表 38 单位：人

地 区	基诺族			未定族称人口			入 籍		
	小计	男	女	小计	男	女	小计	男	女
合计	**14**	**2**	**12**	**11717**	**6859**	**4858**	**306**	**158**	**148**
杭州市	**7**	**1**	**6**	**497**	**289**	**208**	**18**	**11**	**7**
上城区									
下城区									
江干区									
拱墅区									
西湖区				2	1	1			
滨江区									
萧山区	1		1	139	84	55	2	1	1
余杭区	2		2	86	51	35	2	1	1
富阳区	2		2	43	32	11			
临安区	1		1	91	48	43	12	9	3
桐庐县				44	27	17			
淳安县				10	4	6	1		1
建德市	1	1		82	42	40	1		1
宁波市	**1**	**1**		**2115**	**1214**	**901**	**38**	**20**	**18**
海曙区				164	88	76	6	3	3
江北区				66	40	26			
北仑区				94	54	40	2	1	1
镇海区				47	28	19	2	2	
鄞州区				155	82	73	1	1	
奉化区				599	349	250	5	3	2
象山县				18	12	6	1		1
宁海县	1	1		59	36	23	5	3	2
余姚市				600	356	244	7	3	4
慈溪市				313	169	144	9	4	5
温州市	**3**		**3**	**908**	**542**	**366**	**23**	**6**	**17**
鹿城区				40	23	17	3	1	2
龙湾区				4	3	1			
瓯海区	1		1	51	29	22	1		1
洞头区				21	12	9			
永嘉县				73	44	29			
平阳县				138	82	56	5	2	3
苍南县	2		2	56	34	22	1		1
文成县				20	10	10	5		5
泰顺县				7	3	4	1		1
瑞安市				401	245	156	7	3	4
乐清市				92	55	37			
龙港市				5	2	3			
嘉兴市	**1**		**1**	**1027**	**611**	**416**	**11**	**4**	**7**
南湖区				23	14	9	1	1	
秀洲区				339	192	147	3		3
嘉善县				147	83	64			
海盐县				16	11	5			
海宁市				209	136	73			
平湖市				113	75	38	2		2
桐乡市	1		1	180	100	80	5	3	2
湖州市				**2094**	**1213**	**881**	**16**	**9**	**7**
吴兴区				118	83	35	1		1
南浔区				666	381	285	8	3	5
德清县				242	134	108	2	2	
长兴县				142	75	67	3	3	
安吉县				926	540	386	2	1	1

1-4c 续表 39

单位：人

地区	基诺族			未定族称人口			入籍		
	小计	男	女	小计	男	女	小计	男	女
绍兴市				**827**	**474**	**353**	**6**	**3**	**3**
越城区				224	136	88	1	1	
柯桥区				132	74	58			
上虞区				90	52	38			
新昌县				56	30	26			
诸暨市				247	149	98	4	2	2
嵊州市				78	33	45	1		1
金华市	**1**		**1**	**2288**	**1351**	**937**	**124**	**77**	**47**
婺城区				62	48	14	6	2	4
金东区				110	71	39	3	2	1
武义县				600	353	247	18	12	6
浦江县				209	105	104	29	15	14
磐安县				13	10	3			
兰溪市				39	16	23			
义乌市				467	270	197	5	2	3
东阳市	1		1	171	102	69	21	13	8
永康市				617	376	241	42	31	11
衢州市				**70**	**29**	**41**	**5**	**1**	**4**
柯城区				3	1	2	1		1
衢江区				20	14	6			
常山县				5	4	1			
开化县				11	2	9	2	1	1
龙游县				17	6	11	2		2
江山市				14	2	12			
舟山市	**1**		**1**	**77**	**58**	**19**	**2**	**2**	
定海区	1		1	7	5	2	1	1	
普陀区				35	28	7			
岱山县				34	25	9	1	1	
嵊泗县				1		1			
台州市				**1680**	**1010**	**670**	**40**	**21**	**19**
椒江区				207	115	92	10	7	3
黄岩区				47	38	9	1		1
路桥区				136	84	52	6	4	2
三门县				33	21	12			
天台县				16	10	6	2		2
仙居县				23	14	9	5		5
温岭市				568	340	228	10	7	3
临海市				580	344	236	5	2	3
玉环市				70	44	26	1	1	
丽水市				**134**	**68**	**66**	**23**	**4**	**19**
莲都区				21	14	7	5		5
青田县				46	26	20	5	1	4
缙云县				16	9	7	4	1	3
遂昌县				13	5	8	1		1
松阳县				27	9	18	2	1	1
云和县				1	1		1		1
庆元县				1		1	3		3
景宁畲族自治县				6	2	4	2	1	1
龙泉市				3	2	1			

1-5 各地区分年龄、性别的人口

单位：人

地　区	合　计			0岁		
	合计	男	女	小计	男	女
合计	**64567588**	**33680008**	**30887580**	**459109**	**240618**	**218491**
杭州市	**11936010**	**6215953**	**5720057**	**92390**	**47910**	**44480**
上城区	357657	179195	178462	1924	1053	871
下城区	485849	237311	248538	3068	1626	1442
江干区	1487787	774118	713669	11131	5807	5324
拱墅区	635136	318031	317105	4627	2415	2212
西湖区	1112992	572932	540060	7585	3881	3704
滨江区	503859	260336	243523	4305	2249	2056
萧山区	2258872	1202639	1056233	17823	9239	8584
余杭区	2402514	1285001	1117513	21698	11095	10603
富阳区	832017	436190	395827	6636	3447	3189
临安区	634555	330785	303770	4074	2138	1936
桐庐县	453106	231206	221900	3594	1896	1698
淳安县	328957	163856	165101	2443	1286	1157
建德市	442709	224353	218356	3482	1778	1704
宁波市	**9404283**	**4905769**	**4498514**	**61975**	**32388**	**29587**
海曙区	1041285	535155	506130	6944	3596	3348
江北区	488885	256286	232599	3354	1704	1650
北仑区	829448	450595	378853	5759	2974	2785
镇海区	531830	283021	248809	4122	2109	2013
鄞州区	1588187	807665	780522	12068	6344	5724
奉化区	577505	300761	276744	2862	1519	1343
象山县	567665	287779	279886	3344	1796	1548
宁海县	695958	361292	334666	5216	2791	2425
余姚市	1254032	654380	599652	7327	3880	3447
慈溪市	1829488	968835	860653	10979	5675	5304
温州市	**9572903**	**5075707**	**4497196**	**70923**	**37805**	**33118**
鹿城区	1167165	607651	559514	6994	3700	3294
龙湾区	725036	408785	316251	5242	2805	2437
瓯海区	963238	520541	442697	5931	3041	2890
洞头区	148807	79295	69512	941	509	432
永嘉县	869624	464828	404796	7192	3900	3292
平阳县	863088	449919	413169	6470	3436	3034
苍南县	843962	438781	405181	6902	3733	3169
文成县	288178	151517	136661	2029	1042	987
泰顺县	265980	138488	127492	2541	1343	1198
瑞安市	1520386	802213	718173	10545	5581	4964
乐清市	1452707	766951	685756	12147	6510	5637
龙港市	464732	246738	217994	3989	2205	1784
嘉兴市	**5400868**	**2814061**	**2586807**	**38230**	**19640**	**18590**
南湖区	839433	432591	406842	5946	3029	2917
秀洲区	679221	355568	323653	5503	2853	2650
嘉善县	648160	345596	302564	4115	2097	2018
海盐县	456775	235649	221126	3028	1575	1453
海宁市	1076199	566704	509495	7534	3861	3673
平湖市	671326	348233	323093	4421	2296	2125
桐乡市	1029754	529720	500034	7683	3929	3754
湖州市	**3367579**	**1746438**	**1621141**	**22264**	**11490**	**10774**
吴兴区	1015937	524436	491501	6488	3403	3085
南浔区	542889	282430	260459	3382	1742	1640
德清县	548568	287294	261274	3607	1825	1782
长兴县	673776	344964	328812	4606	2382	2224
安吉县	586409	307314	279095	4181	2138	2043

1-5　续表 1　　单位：人

地　　区	合　计			0岁		
	合计	男	女	小计	男	女
绍兴市	**5270977**	**2696152**	**2574825**	**32345**	**17022**	**15323**
越城区	1020037	511806	508231	5852	3051	2801
柯桥区	1098859	581936	516923	7558	3960	3598
上虞区	839747	421208	418539	4830	2572	2258
新昌县	419036	215185	203851	2622	1383	1239
诸暨市	1218072	619590	598482	7860	4163	3697
嵊州市	675226	346427	328799	3623	1893	1730
金华市	**7050683**	**3716342**	**3334341**	**53300**	**28120**	**25180**
婺城区	957055	492226	464829	6701	3468	3233
金东区	506935	271492	235443	3580	1795	1785
武义县	462462	245677	216785	3776	2004	1772
浦江县	460726	240373	220353	3072	1628	1444
磐安县	177161	90275	86886	1241	631	610
兰溪市	574801	292973	281828	3901	2071	1830
义乌市	1859390	1002838	856552	15278	8184	7094
东阳市	1087950	560471	527479	8540	4504	4036
永康市	964203	520017	444186	7211	3835	3376
衢州市	**2276184**	**1161813**	**1114371**	**17061**	**8902**	**8159**
柯城区	528847	266480	262367	4062	2093	1969
衢江区	373920	199782	174138	2648	1389	1259
常山县	259966	133100	126866	2009	1029	980
开化县	258810	127837	130973	2048	1129	919
龙游县	360229	186734	173495	2184	1119	1065
江山市	494412	247880	246532	4110	2143	1967
舟山市	**1157817**	**611522**	**546295**	**5765**	**3025**	**2740**
定海区	500030	256435	243595	2958	1588	1370
普陀区	382902	197014	185888	1967	1010	957
岱山县	207982	123467	84515	611	300	311
嵊泗县	66903	34606	32297	229	127	102
台州市	**6622888**	**3443061**	**3179827**	**46778**	**24876**	**21902**
椒江区	826074	431919	394155	6378	3438	2940
黄岩区	707453	365744	341709	5089	2602	2487
路桥区	628934	330938	297996	4255	2270	1985
三门县	379469	195866	183603	2863	1509	1354
天台县	474711	242816	231895	3705	2014	1691
仙居县	431888	221407	210481	3466	1839	1627
温岭市	1416199	740335	675864	8412	4453	3959
临海市	1114146	572295	541851	7907	4214	3693
玉环市	644014	341741	302273	4703	2537	2166
丽水市	**2507396**	**1293190**	**1214206**	**18078**	**9440**	**8638**
莲都区	562116	292498	269618	4626	2390	2236
青田县	509053	263277	245776	2616	1359	1257
缙云县	405318	207826	197492	3089	1600	1489
遂昌县	194385	99820	94565	1250	674	576
松阳县	204880	105192	99688	1703	897	806
云和县	129216	67647	61569	972	526	446
庆元县	142551	72676	69875	1063	575	488
景宁畲族自治县	111011	57257	53754	868	449	419
龙泉市	248866	126997	121869	1891	970	921

1-5 续表 2 单位：人

地区	1—4岁			5—9岁			10—14岁		
	小计	男	女	小计	男	女	小计	男	女
合计	**2492380**	**1309773**	**1182607**	**3025007**	**1612841**	**1412166**	**2705285**	**1446894**	**1258391**
杭州市	**493993**	**257107**	**236886**	**545944**	**286364**	**259580**	**421217**	**222003**	**199214**
上城区	11455	5995	5460	16203	8457	7746	13618	7313	6305
下城区	16275	8382	7893	20738	10915	9823	17394	9085	8309
江干区	62084	32574	29510	69077	36436	32641	49831	26569	23262
拱墅区	27316	14117	13199	33350	17435	15915	23401	12251	11150
西湖区	45064	23455	21609	56815	29934	26881	42012	22160	19852
滨江区	23695	12319	11376	25386	13287	12099	15646	8244	7402
萧山区	93017	48380	44637	95729	50436	45293	74319	39444	34875
余杭区	110453	57492	52961	111736	58735	53001	80267	42782	37485
富阳区	33324	17535	15789	36663	19349	17314	33663	17537	16126
临安区	22226	11525	10701	26292	13569	12723	22698	11708	10990
桐庐县	18475	9625	8850	20856	10877	9979	18152	9394	8758
淳安县	12732	6549	6183	13826	6992	6834	13393	6865	6528
建德市	17877	9159	8718	19273	9942	9331	16823	8651	8172
宁波市	**328346**	**172009**	**156337**	**414441**	**221085**	**193356**	**348610**	**186507**	**162103**
海曙区	36027	18982	17045	44928	23618	21310	38802	20685	18117
江北区	18762	9864	8898	23272	12312	10960	18074	9660	8414
北仑区	29854	15502	14352	35570	19045	16525	28021	15058	12963
镇海区	21498	11134	10364	24148	13029	11119	19443	10566	8877
鄞州区	63865	33480	30385	77125	40856	36269	59807	31871	27936
奉化区	16468	8533	7935	21864	11514	10350	21428	11212	10216
象山县	17659	9253	8406	26168	13750	12418	26550	13954	12596
宁海县	27564	14766	12798	34287	18723	15564	35992	19640	16352
余姚市	39597	20751	18846	53798	28933	24865	44559	23943	20616
慈溪市	57052	29744	27308	73281	39305	33976	55934	29918	26016
温州市	**381313**	**204446**	**176867**	**514427**	**282404**	**232023**	**495834**	**273924**	**221910**
鹿城区	40158	21214	18944	52992	28505	24487	49991	26737	23254
龙湾区	26543	14424	12119	34079	18899	15180	30309	17292	13017
瓯海区	32470	17271	15199	40329	21925	18404	37147	20057	17090
洞头区	5064	2675	2389	6338	3412	2926	6836	3639	3197
永嘉县	36512	19729	16783	47191	26288	20903	51662	29011	22651
平阳县	34397	18318	16079	49783	26951	22832	48677	26315	22362
苍南县	37014	19831	17183	52279	28745	23534	53528	30142	23386
文成县	11071	5931	5140	17049	9037	8012	19673	10360	9313
泰顺县	12958	6753	6205	17444	9297	8147	17717	9299	8418
瑞安市	59335	31626	27709	78237	42969	35268	72626	39984	32642
乐清市	64299	34734	29565	87477	48592	38885	79398	44643	34755
龙港市	21492	11940	9552	31229	17784	13445	28270	16445	11825
嘉兴市	**198050**	**103188**	**94862**	**231402**	**122018**	**109384**	**184763**	**96996**	**87767**
南湖区	33416	17356	16060	39306	20755	18551	29950	15869	14081
秀洲区	27371	14453	12918	31370	16544	14826	25072	13274	11798
嘉善县	21758	11330	10428	27582	14708	12874	22736	11897	10839
海盐县	16271	8499	7772	20047	10597	9450	17524	9224	8300
海宁市	37050	19130	17920	42406	22209	20197	33621	17592	16029
平湖市	23015	12028	10987	26992	14132	12860	22333	11620	10713
桐乡市	39169	20392	18777	43699	23073	20626	33527	17520	16007
湖州市	**119985**	**62394**	**57591**	**141829**	**73740**	**68089**	**117940**	**61322**	**56618**
吴兴区	36111	18773	17338	43383	22410	20973	33046	17247	15799
南浔区	17697	9259	8438	21239	11164	10075	17638	9249	8389
德清县	18987	9892	9095	22482	11624	10858	18548	9635	8913
长兴县	25025	12928	12097	29082	15210	13872	26584	13792	12792
安吉县	22165	11542	10623	25643	13332	12311	22124	11399	10725

1-5　续表 3　　　　单位：人

地　区	1-4岁			5-9岁			10-14岁		
	小计	男	女	小计	男	女	小计	男	女
绍兴市	**183347**	**95636**	**87711**	**216464**	**113472**	**102992**	**194543**	**101317**	**93226**
越城区	36690	19087	17603	44500	23197	21303	38112	19966	18146
柯桥区	41576	21808	19768	45050	24101	20949	36789	19468	17321
上虞区	27286	14156	13130	32363	16763	15600	29044	14851	14193
新昌县	14471	7540	6931	17679	9128	8551	18158	9353	8805
诸暨市	42820	22436	20384	50710	26865	23845	46934	24454	22480
嵊州市	20504	10609	9895	26162	13418	12744	25506	13225	12281
金华市	**306292**	**162737**	**143555**	**348638**	**189590**	**159048**	**300340**	**164364**	**135976**
婺城区	40970	21432	19538	47464	25208	22256	41475	21870	19605
金东区	21361	11302	10059	23203	12237	10966	18416	9858	8558
武义县	20953	11046	9907	24634	13108	11526	19403	10045	9358
浦江县	17541	9488	8053	22076	12356	9720	22833	12994	9839
磐安县	7601	3989	3612	8385	4330	4055	9076	4838	4238
兰溪市	21599	11220	10379	24186	12800	11386	26575	14272	12303
义乌市	84152	45233	38919	89517	49885	39632	68891	39156	29735
东阳市	47637	25221	22416	56408	30497	25911	49528	26796	22732
永康市	44478	23806	20672	52765	29169	23596	44143	24535	19608
衢州市	**94785**	**49353**	**45432**	**111294**	**57166**	**54128**	**112633**	**57548**	**55085**
柯城区	23930	12467	11463	26316	13489	12827	23537	12229	11308
衢江区	14341	7455	6886	17447	8981	8466	17976	9184	8792
常山县	11265	5863	5402	14159	7303	6856	14116	7228	6888
开化县	11621	6153	5468	13119	6797	6322	14692	7526	7166
龙游县	12371	6395	5976	14793	7497	7296	15974	8195	7779
江山市	21257	11020	10237	25460	13099	12361	26338	13186	13152
舟山市	**30473**	**15712**	**14761**	**40285**	**21060**	**19225**	**37074**	**19131**	**17943**
定海区	15814	8225	7589	20710	10795	9915	18429	9650	8779
普陀区	10085	5130	4955	13406	7112	6294	12301	6303	5998
岱山县	3305	1731	1574	4516	2316	2200	4479	2222	2257
嵊泗县	1269	626	643	1653	837	816	1865	956	909
台州市	**254414**	**134412**	**120002**	**328473**	**177526**	**150947**	**343184**	**186963**	**156221**
椒江区	34293	18090	16203	43706	23457	20249	37890	20406	17484
黄岩区	26477	13830	12647	33728	17806	15922	32666	17005	15661
路桥区	23306	12228	11078	30589	16489	14100	30333	16407	13926
三门县	17112	9060	8052	21171	11704	9467	23138	12882	10256
天台县	20239	10700	9539	24132	13068	11064	29860	16322	13538
仙居县	18714	9939	8775	22275	12067	10208	31098	16979	14119
温岭市	47009	24965	22044	64098	34527	29571	62109	33498	28611
临海市	43681	23192	20489	55910	30667	25243	65355	36931	28424
玉环市	23583	12408	11175	32864	17741	15123	30735	16533	14202
丽水市	**101382**	**52779**	**48603**	**131810**	**68416**	**63394**	**149147**	**76819**	**72328**
莲都区	25000	13039	11961	29922	15627	14295	28963	14956	14007
青田县	17626	9251	8375	28948	15183	13765	37544	19489	18055
缙云县	18003	9335	8668	22157	11546	10611	25137	13083	12054
遂昌县	6798	3490	3308	8116	4170	3946	9433	4808	4625
松阳县	8389	4340	4049	10024	5171	4853	11124	5709	5415
云和县	5308	2784	2524	6578	3418	3160	6708	3413	3295
庆元县	5893	3082	2811	7346	3725	3621	8691	4492	4199
景宁畲族自治县	4277	2197	2080	6071	3134	2937	7834	3921	3913
龙泉市	10088	5261	4827	12648	6442	6206	13713	6948	6765

1－5 续表 4　　单位：人

地区	15－19岁			20－24岁			25－29岁		
	小计	男	女	小计	男	女	小计	男	女
合计	**2809150**	**1519440**	**1289710**	**3689026**	**2023475**	**1665551**	**4842431**	**2628336**	**2214095**
杭州市	**516235**	**274722**	**241513**	**916152**	**487759**	**428393**	**1118474**	**598395**	**520079**
上城区	10329	5724	4605	22442	11612	10830	28268	14418	13850
下城区	15043	8069	6974	31838	15668	16170	44708	21128	23580
江干区	96002	50064	45938	191892	98202	93690	161660	83652	78008
拱墅区	23293	12444	10849	53209	26449	26760	60374	29972	30402
西湖区	64443	34061	30382	124229	65961	58268	121795	65692	56103
滨江区	29998	15387	14611	63283	32771	30512	75525	41058	34467
萧山区	84994	46184	38810	151573	85671	65902	217781	121082	96699
余杭区	78364	42839	35525	158729	88013	70716	250463	136762	113701
富阳区	40910	21645	19265	38049	20759	17290	56929	30863	26066
临安区	28755	15027	13728	36866	19431	17435	37302	20368	16934
桐庐县	18338	9874	8464	21840	11442	10398	27379	14541	12838
淳安县	11641	5961	5680	8695	4400	4295	13859	6968	6891
建德市	14125	7443	6682	13507	7380	6127	22431	11891	10540
宁波市	**370664**	**202212**	**168452**	**554939**	**311414**	**243525**	**718733**	**393568**	**325165**
海曙区	41738	22405	19333	70535	36669	33866	80342	42556	37786
江北区	20629	11847	8782	31955	17460	14495	38620	21226	17394
北仑区	29915	17322	12593	52937	32145	20792	75958	43808	32150
镇海区	24446	12677	11769	33468	19211	14257	42193	23548	18645
鄞州区	67934	34779	33155	109229	56756	52473	132537	68111	64426
奉化区	21013	10947	10066	26248	15022	11226	35212	19543	15669
象山县	19550	10353	9197	18369	10129	8240	26855	14302	12553
宁海县	27987	15534	12453	27626	16053	11573	40694	22384	18310
余姚市	45010	25739	19271	68955	40195	28760	96064	53430	42634
慈溪市	72442	40609	31833	115617	67774	47843	150258	84660	65598
温州市	**439920**	**243845**	**196075**	**478396**	**271209**	**207187**	**717900**	**396631**	**321269**
鹿城区	45699	23992	21707	67855	36435	31420	95039	51154	43885
龙湾区	40207	23780	16427	47941	29784	18157	66620	39520	27100
瓯海区	64030	33219	30811	81498	42919	38579	80158	44536	35622
洞头区	13095	7385	5710	7873	5117	2756	8393	4930	3463
永嘉县	41267	23299	17968	40846	23577	17269	62198	34588	27610
平阳县	37972	20900	17072	28171	16224	11947	56242	30458	25784
苍南县	35065	19596	15469	28391	16317	12074	56742	30144	26598
文成县	13711	7119	6592	10459	5676	4783	14700	8114	6586
泰顺县	11179	5769	5410	8727	4699	4028	14653	7655	6998
瑞安市	62406	34948	27458	71298	40524	30774	111505	61461	50044
乐清市	58998	34111	24887	67149	39045	28104	114058	63359	50699
龙港市	16291	9727	6564	18188	10892	7296	37592	20712	16880
嘉兴市	**201337**	**109103**	**92234**	**311298**	**173088**	**138210**	**435401**	**237365**	**198036**
南湖区	43986	23453	20533	63071	33590	29481	68405	36729	31676
秀洲区	25001	14213	10788	41499	23588	17911	57483	31326	26157
嘉善县	21443	12312	9131	39340	23423	15917	55875	32047	23828
海盐县	14375	7812	6563	19183	10927	8256	30874	16695	14179
海宁市	38371	20610	17761	59602	33219	26383	86505	47165	39340
平湖市	21582	11586	9996	32383	17892	14491	51195	27881	23314
桐乡市	36579	19117	17462	56220	30449	25771	85064	45522	39542
湖州市	**126927**	**67960**	**58967**	**162060**	**88429**	**73631**	**243834**	**130256**	**113578**
吴兴区	43054	22618	20436	62336	32806	29530	87616	46485	41131
南浔区	13434	7082	6352	19858	11047	8811	34473	18753	15720
德清县	19176	10700	8476	24889	14290	10599	36416	19777	16639
长兴县	25967	13659	12308	28022	15304	12718	43940	22932	21008
安吉县	25296	13901	11395	26955	14982	11973	41389	22309	19080

1-5　续表 5

单位：人

地　区	15-19岁			20-24岁			25-29岁		
	小计	男	女	小计	男	女	小计	男	女
绍兴市	**246896**	**130793**	**116103**	**267542**	**143424**	**124118**	**342269**	**182996**	**159273**
越城区	60879	31054	29825	65916	33029	32887	67917	35277	32640
柯桥区	44928	24398	20530	65737	37257	28480	91968	50896	41072
上虞区	35137	18858	16279	39859	21326	18533	53525	28170	25355
新昌县	16972	9061	7911	13023	7065	5958	19072	10218	8854
诸暨市	63980	34257	29723	59933	32232	27701	76486	40703	35783
嵊州市	25000	13165	11835	23074	12515	10559	33301	17732	15569
金华市	**336786**	**184078**	**152708**	**443601**	**245716**	**197885**	**565387**	**311053**	**254334**
婺城区	61792	31097	30695	66864	33761	33103	65463	34744	30719
金东区	27614	15605	12009	32740	18422	14318	38463	21784	16679
武义县	15517	8749	6768	23792	13707	10085	33790	18415	15375
浦江县	20424	11684	8740	19477	10977	8500	32583	17973	14610
磐安县	7552	3979	3573	5868	3206	2662	7818	4089	3729
兰溪市	24509	12554	11955	21545	11393	10152	25859	14043	11816
义乌市	80890	45790	35100	152500	85123	67377	204624	113022	91602
东阳市	52497	28560	23937	55044	30614	24430	80678	43934	36744
永康市	45991	26060	19931	65771	38513	27258	76109	43049	33060
衢州市	**99415**	**51699**	**47716**	**81854**	**43312**	**38542**	**111632**	**58584**	**53048**
柯城区	27420	13870	13550	27389	14068	13321	31765	15946	15819
衢江区	14265	7771	6494	13785	7758	6027	19894	11271	8623
常山县	10482	5515	4967	6863	3572	3291	10635	5638	4997
开化县	10542	5563	4979	7046	3577	3469	10223	5177	5046
龙游县	14244	7497	6747	11814	6674	5140	16822	9154	7668
江山市	22462	11483	10979	14957	7663	7294	22293	11398	10895
舟山市	**37471**	**19984**	**17487**	**47449**	**27321**	**20128**	**60231**	**34485**	**25746**
定海区	21906	11968	9938	26568	14742	11826	26179	14093	12086
普陀区	10058	4977	5081	12199	6647	5552	20280	10905	9375
岱山县	4223	2381	1842	7224	5099	2125	11087	7967	3120
嵊泗县	1284	658	626	1458	833	625	2685	1520	1165
台州市	**313165**	**172808**	**140357**	**315290**	**174354**	**140936**	**399096**	**217136**	**181960**
椒江区	44920	24891	20029	53587	29273	24314	58605	31592	27013
黄岩区	31372	16982	14390	34844	19465	15379	42845	23209	19636
路桥区	25424	14216	11208	32134	18286	13848	43505	23999	19506
三门县	17739	9866	7873	12503	6912	5591	16486	8836	7650
天台县	26910	14785	12125	19654	10816	8838	24314	12923	11391
仙居县	27461	14876	12585	19101	10110	8991	24859	13183	11676
温岭市	57938	32124	25814	65053	36741	28312	91135	50452	40683
临海市	59471	33066	26405	51339	27169	24170	57365	30480	26885
玉环市	21930	12002	9928	27075	15582	11493	39982	22462	17520
丽水市	**120334**	**62236**	**58098**	**110445**	**57449**	**52996**	**129474**	**67867**	**61607**
莲都区	30716	15451	15265	35864	17933	17931	36513	19539	16974
青田县	27509	14508	13001	25496	13837	11659	32091	17295	14796
缙云县	18961	10028	8933	14063	7584	6479	17431	9093	8338
遂昌县	7622	4004	3618	5772	2941	2831	7568	3824	3744
松阳县	8874	4305	4569	6890	3575	3315	8856	4533	4323
云和县	4501	2380	2121	4747	2572	2175	6208	3264	2944
庆元县	6073	3182	2891	4516	2319	2197	5908	2864	3044
景宁畲族自治县	5075	2678	2397	3301	1724	1577	4002	2030	1972
龙泉市	11003	5700	5303	9796	4964	4832	10897	5425	5472

1–5 续表 6

单位：人

地区	30–34岁			35–39岁			40–44岁		
	小计	男	女	小计	男	女	小计	男	女
合计	**6138589**	**3271221**	**2867368**	**5108402**	**2689753**	**2418649**	**4886328**	**2548248**	**2338080**
杭州市	**1311688**	**694402**	**617286**	**982242**	**516822**	**465420**	**839946**	**444768**	**395178**
上城区	33440	16916	16524	30192	14712	15480	25190	12597	12593
下城区	47846	23009	24837	41616	19663	21953	34365	16890	17475
江干区	183282	96740	86542	135640	71948	63692	101442	55258	46184
拱墅区	69668	34555	35113	59263	29288	29975	43895	22718	21177
西湖区	116134	60216	55918	99166	49462	49704	77359	39908	37451
滨江区	62593	33228	29365	43783	22493	21290	29769	15812	13957
萧山区	254515	140678	113837	172214	94889	77325	162587	87891	74696
余杭区	329495	177286	152209	227201	125363	101838	181999	100461	81538
富阳区	70378	37318	33060	60369	31497	28872	63116	32804	30312
临安区	53009	28030	24979	43424	22984	20440	42427	22425	20002
桐庐县	39619	20314	19305	29779	15101	14678	30404	15227	15177
淳安县	19366	9446	9920	14782	6881	7901	21021	9835	11186
建德市	32343	16666	15677	24813	12541	12272	26372	12942	13430
宁波市	**946217**	**502611**	**443606**	**789172**	**412875**	**376297**	**731868**	**380135**	**351733**
海曙区	103111	53821	49290	89684	46141	43543	81651	42206	39445
江北区	52130	27566	24564	44571	23253	21318	37589	20042	17547
北仑区	102910	57456	45454	80609	44295	36314	67871	36859	31012
镇海区	59313	31788	27525	46101	24836	21265	41240	22015	19225
鄞州区	171455	86972	84483	143844	72102	71742	123100	63020	60080
奉化区	45961	24706	21255	40370	21071	19299	41776	21644	20132
象山县	42793	21779	21014	45700	23017	22683	43740	21843	21897
宁海县	56115	29542	26573	54656	27950	26706	56137	28043	28094
余姚市	121324	64561	56763	95474	50061	45413	94129	48505	45624
慈溪市	191105	104420	86685	148163	80149	68014	144635	75958	68677
温州市	**873527**	**474979**	**398548**	**842157**	**448863**	**393294**	**834011**	**438346**	**395665**
鹿城区	125060	67887	57173	119539	62874	56665	108305	57471	50834
龙湾区	79648	46060	33588	70300	39876	30424	66408	37006	29402
瓯海区	102591	57315	45276	92483	51900	40583	87002	48138	38864
洞头区	11106	6334	4772	10795	5821	4974	11467	6044	5423
永嘉县	68194	37508	30686	71609	38528	33081	72311	38400	33911
平阳县	67526	36104	31422	68527	35643	32884	73692	37287	36405
苍南县	62227	32008	30219	68323	34105	34218	73693	36838	36855
文成县	17821	9389	8432	21406	11449	9957	22784	11945	10839
泰顺县	15549	7824	7725	18253	9154	9099	20790	10556	10234
瑞安市	142674	77196	65478	132690	70881	61809	136978	71290	65688
乐清市	140388	75551	64837	126992	67310	59682	118734	62077	56657
龙港市	40743	21803	18940	41240	21322	19918	41847	21294	20553
嘉兴市	**576047**	**307386**	**268661**	**411151**	**218632**	**192519**	**372712**	**195188**	**177524**
南湖区	89812	46815	42997	63970	33433	30537	51693	26792	24901
秀洲区	75982	40148	35834	55113	29263	25850	48479	25352	23127
嘉善县	70724	39090	31634	48263	26075	22188	44295	23472	20823
海盐县	39694	20883	18811	30054	15763	14291	28562	14906	13656
海宁市	121762	65668	56094	89541	48885	40656	83480	44881	38599
平湖市	69189	37682	31507	46636	24672	21964	41320	21591	19729
桐乡市	108884	57100	51784	77574	40541	37033	74883	38194	36689
湖州市	**331125**	**175694**	**155431**	**238524**	**126306**	**112218**	**226768**	**118088**	**108680**
吴兴区	125587	66703	58884	83386	44544	38842	70304	37010	33294
南浔区	46525	25040	21485	32474	17666	14808	34687	18322	16365
德清县	50043	26853	23190	37789	20149	17640	34793	18280	16513
长兴县	54144	27755	26389	42782	21468	21314	45677	22814	22863
安吉县	54826	29343	25483	42093	22479	19614	41307	21662	19645

1-5 续表 7

单位：人

地区	30—34岁			35—39岁			40—44岁		
	小计	男	女	小计	男	女	小计	男	女
绍兴市	**440322**	**231187**	**209135**	**351613**	**181671**	**169942**	**379613**	**192820**	**186793**
越城区	90294	45815	44479	70947	35808	35139	68774	34636	34138
柯桥区	116079	63801	52278	82119	44767	37352	83155	44362	38793
上虞区	66837	34383	32454	50910	25664	25246	58928	29223	29705
新昌县	27559	14427	13132	30695	15787	14908	32727	16320	16407
诸暨市	97449	50552	46897	77065	38991	38074	84032	41793	42239
嵊州市	42104	22209	19895	39877	20654	19223	51997	26486	25511
金华市	**701572**	**379072**	**322500**	**585432**	**313188**	**272244**	**579771**	**305146**	**274625**
婺城区	82996	43470	39526	75526	38735	36791	80394	41582	38812
金东区	49513	27388	22125	41396	22516	18880	42886	23033	19853
武义县	43253	23294	19959	35389	19242	16147	37977	20331	17646
浦江县	37348	19957	17391	36498	19425	17073	39870	20622	19248
磐安县	9013	4570	4443	10109	4883	5226	13310	6388	6922
兰溪市	33678	17475	16203	32234	16165	16069	41019	20350	20669
义乌市	244444	133962	110482	184903	101469	83434	152864	82520	70344
东阳市	100844	53241	47603	86327	45143	41184	85956	44185	41771
永康市	100483	55715	44768	83050	45610	37440	85495	46135	39360
衢州市	**136083**	**69452**	**66631**	**140194**	**70154**	**70040**	**155272**	**77400**	**77872**
柯城区	38849	19066	19783	39938	19750	20188	38784	19370	19414
衢江区	23572	13083	10489	24342	13318	11024	24089	13064	11025
常山县	14232	7376	6856	14685	7339	7346	18231	9008	9223
开化县	12835	6214	6621	12972	5964	7008	16841	7799	9042
龙游县	20975	11189	9786	21485	11029	10456	24980	12711	12269
江山市	25620	12524	13096	26772	12754	14018	32347	15448	16899
舟山市	**96762**	**53762**	**43000**	**90011**	**49226**	**40785**	**83039**	**44843**	**38196**
定海区	43365	22104	21261	40611	20413	20198	35970	18138	17832
普陀区	30846	16325	14521	30154	16107	14047	27845	14648	13197
岱山县	18589	13190	5399	14963	10358	4605	15201	9909	5292
嵊泗县	3962	2143	1819	4283	2348	1935	4023	2148	1875
台州市	**555156**	**296326**	**258830**	**512450**	**268383**	**244067**	**492459**	**253505**	**238954**
椒江区	81453	43169	38284	70149	36477	33672	62767	32676	30091
黄岩区	59338	31892	27446	55105	29291	25814	50162	25843	24319
路桥区	58628	31534	27094	51371	27188	24183	50547	26403	24144
三门县	25499	13219	12280	28378	14368	14010	26093	12915	13178
天台县	32021	16470	15551	32499	16353	16146	33177	16708	16469
仙居县	22767	11692	11075	21734	10707	11027	24112	11838	12274
温岭市	140355	76608	63747	115314	62215	53099	112488	58485	54003
临海市	73443	38189	35254	78754	40227	38527	76112	38290	37822
玉环市	61652	33553	28099	59146	31557	27589	57001	30347	26654
丽水市	**170090**	**86350**	**83740**	**165456**	**83633**	**81823**	**190869**	**98009**	**92860**
莲都区	48274	25346	22928	42476	22103	20373	40431	21309	19122
青田县	37027	19007	18020	37818	19243	18575	41217	20851	20366
缙云县	25094	12761	12333	25272	12653	12619	31468	15947	15521
遂昌县	10896	5366	5530	10979	5400	5579	13313	6712	6601
松阳县	12689	6331	6358	11023	5417	5606	14995	7647	7348
云和县	8570	4306	4264	9059	4593	4466	10768	5618	5150
庆元县	7240	3531	3709	8428	4232	4196	11804	6151	5653
景宁畲族自治县	5549	2567	2982	6633	3117	3516	9150	4649	4501
龙泉市	14751	7135	7616	13768	6875	6893	17723	9125	8598

1-5 续表 8

单位：人

地区	45-49岁			50-54岁			55-59岁		
	小计	男	女	小计	男	女	小计	男	女
合计	**5669138**	**2930421**	**2738717**	**5809583**	**3006857**	**2802726**	**4860476**	**2503105**	**2357371**
杭州市	**906579**	**479350**	**427229**	**929505**	**486514**	**442991**	**848348**	**436967**	**411381**
上城区	25128	12686	12442	25554	12814	12740	26987	13487	13500
下城区	32493	16413	16080	31273	15625	15648	33943	16525	17418
江干区	94310	51435	42875	86051	45303	40748	78703	39588	39115
拱墅区	40335	20735	19600	39997	20174	19823	42377	20996	21381
西湖区	70541	37135	33406	65947	33908	32039	62534	31314	31220
滨江区	25274	13368	11906	25279	12701	12578	24889	11630	13259
萧山区	196618	105131	91487	200155	104891	95264	163800	85341	78459
余杭区	201470	109621	91849	190956	102779	88177	156184	82101	74083
富阳区	74503	39167	35336	80178	43071	37107	70269	37521	32748
临安区	52968	27742	25226	60500	32439	28061	61880	32902	28978
桐庐县	36406	18237	18169	42604	22072	20532	41196	21294	19902
淳安县	24812	12103	12709	34258	17325	16933	37045	19268	17777
建德市	31721	15577	16144	46753	23412	23341	48541	25000	23541
宁波市	**863846**	**445140**	**418706**	**875393**	**454249**	**421144**	**697513**	**360545**	**336968**
海曙区	91654	47176	44478	92759	47255	45504	75643	38650	36993
江北区	40767	21491	19276	41024	21458	19566	34457	17662	16795
北仑区	74555	39855	34700	70699	38324	32375	53717	28372	25345
镇海区	49572	26625	22947	49126	26728	22398	36579	19456	17123
鄞州区	134168	68897	65271	130740	67250	63490	107729	53907	53822
奉化区	53530	27708	25822	63393	32984	30409	51812	27134	24678
象山县	52422	26172	26250	57747	29425	28322	50899	25835	25064
宁海县	65780	33165	32615	68985	35399	33586	54506	28026	26480
余姚市	120340	61211	59129	120035	61791	58244	97645	50838	46807
慈溪市	181058	92840	88218	180885	93635	87250	134526	70665	63861
温州市	**898105**	**466589**	**431516**	**804995**	**419193**	**385802**	**641686**	**328620**	**313066**
鹿城区	105288	55129	50159	86656	44405	42251	75749	38458	37291
龙湾区	76746	42398	34348	64774	35938	28836	42441	23665	18776
瓯海区	93124	50774	42350	76265	41675	34590	55430	30095	25335
洞头区	13241	6968	6273	13975	7394	6581	11495	5891	5604
永嘉县	76849	40567	36282	69244	36640	32604	57186	29094	28092
平阳县	80097	40281	39816	76074	38354	37720	65523	33192	32331
苍南县	76895	38343	38552	72630	37004	35626	59496	29955	29541
文成县	25015	12712	12303	24129	12569	11560	21386	10677	10709
泰顺县	23680	12411	11269	23080	11949	11131	19783	9859	9924
瑞安市	153577	78783	74794	135461	70645	64816	106139	54169	51970
乐清市	129371	66131	63240	121303	61752	59551	94708	47250	47458
龙港市	44222	22092	22130	41404	20868	20536	32350	16315	16035
嘉兴市	**466353**	**240278**	**226075**	**503035**	**259835**	**243200**	**428527**	**223193**	**205334**
南湖区	63121	32496	30625	70191	35744	34447	63519	32283	31236
秀洲区	59350	30470	28880	61207	31770	29437	50697	26183	24514
嘉善县	55703	28912	26791	62263	32507	29756	52114	27417	24697
海盐县	39632	20491	19141	47728	24702	23026	43401	22753	20648
海宁市	98359	51966	46393	92811	49099	43712	81394	42873	38521
平湖市	56095	28878	27217	69731	36083	33648	58717	30595	28122
桐乡市	94093	47065	47028	99104	49930	49174	78685	41089	37596
湖州市	**287551**	**147122**	**140429**	**337531**	**174306**	**163225**	**292520**	**154395**	**138125**
吴兴区	78049	39655	38394	89489	44713	44776	77081	39334	37747
南浔区	44206	22374	21832	58329	29283	29046	52789	28013	24776
德清县	50305	25758	24547	56920	30135	26785	50904	27415	23489
长兴县	61767	31289	30478	71673	37492	34181	60647	32586	28061
安吉县	53224	28046	25178	61120	32683	28437	51099	27047	24052

1-5　续表 9　　　　　　　　　　　　　　　　　　　　　　　　　　单位：人

地　区	45-49岁			50-54岁			55-59岁		
	小计	男	女	小计	男	女	小计	男	女
绍兴市	**471157**	**235861**	**235296**	**511986**	**256345**	**255641**	**441949**	**223098**	**218851**
越城区	84190	41993	42197	93372	45746	47626	80007	38550	41457
柯桥区	106542	56021	50521	113070	57765	55305	82778	42437	40341
上虞区	76256	37275	38981	81682	40413	41269	72126	36021	36105
新昌县	35747	17750	17997	41466	21085	20381	39754	20558	19196
诸暨市	107646	52268	55378	118108	58350	59758	103550	52212	51338
嵊州市	60776	30554	30222	64288	32986	31302	63734	33320	30414
金华市	**611948**	**316299**	**295649**	**608330**	**312499**	**295831**	**480048**	**245568**	**234480**
婺城区	80157	42259	37898	78828	41370	37458	68042	35360	32682
金东区	43561	23376	20185	43894	23514	20380	36082	19092	16990
武义县	41433	21737	19696	44851	23700	21151	35112	18736	16376
浦江县	40878	20301	20577	44119	22121	21998	35869	18106	17763
磐安县	17339	8577	8762	19823	10161	9662	16508	8766	7742
兰溪市	47542	23730	23812	62468	31525	30943	56368	28699	27669
义乌市	155344	80887	74457	137674	70551	67123	97655	50079	47576
东阳市	96136	48190	47946	95214	47166	48048	76384	36978	39406
永康市	89558	47242	42316	81459	42391	39068	58028	29752	28276
衢州市	**203732**	**103680**	**100052**	**228333**	**117144**	**111189**	**204744**	**105397**	**99347**
柯城区	46901	24140	22761	48325	24721	23604	42495	21415	21080
衢江区	32093	17247	14846	38082	20533	17549	33744	18148	15596
常山县	23385	11783	11602	26650	13645	13005	23931	12482	11449
开化县	21709	10414	11295	25748	12612	13136	25373	12455	12918
龙游县	33036	17198	15838	39437	20829	18608	35054	18369	16685
江山市	46608	22898	23710	50091	24804	25287	44147	22528	21619
舟山市	**108351**	**59468**	**48883**	**122122**	**67325**	**54797**	**110691**	**59103**	**51588**
定海区	44279	23102	21177	46500	24484	22016	42907	22214	20693
普陀区	36279	19120	17159	42715	22973	19742	38902	20447	18455
岱山县	21231	13673	7558	24153	15071	9082	20948	12119	8829
嵊泗县	6562	3573	2989	8754	4797	3957	7934	4323	3611
台州市	**616352**	**314054**	**302298**	**642708**	**330781**	**311927**	**507494**	**259596**	**247898**
椒江区	74117	38299	35818	74822	39179	35643	56512	28851	27661
黄岩区	64198	32601	31597	67415	34280	33135	56598	29012	27586
路桥区	64122	32975	31147	64689	33687	31002	45782	23780	22002
三门县	36344	18521	17823	37503	19618	17885	30705	15686	15019
天台县	37437	18540	18897	41102	20430	20672	37031	18584	18447
仙居县	38204	19116	19088	42406	21460	20946	36049	18047	18002
温岭市	130501	66459	64042	138073	70776	67297	106844	54640	52204
临海市	102390	51330	51060	108734	54990	53744	88803	44631	44172
玉环市	69039	36213	32826	67964	36361	31603	49170	26365	22805
丽水市	**235164**	**122580**	**112584**	**245645**	**128666**	**116979**	**206956**	**106623**	**100333**
莲都区	46528	24893	21635	50144	26999	23145	44298	23070	21228
青田县	46560	23963	22597	43129	22616	20513	35572	18053	17519
缙云县	36645	18855	17790	39285	20199	19086	32433	16626	15807
遂昌县	18609	9760	8849	21610	11264	10346	19368	10150	9218
松阳县	20719	10844	9875	22976	12117	10859	18642	9634	9008
云和县	13521	7123	6398	14426	7658	6768	11656	6182	5474
庆元县	15938	8183	7755	15151	7636	7515	12126	6070	6056
景宁畲族自治县	10906	5665	5241	11183	5899	5284	9678	5076	4602
龙泉市	25738	13294	12444	27741	14278	13463	23183	11762	11421

1-5 续表 10

单位：人

地区	60-64岁			65-69岁			70-74岁		
	小计	男	女	小计	男	女	小计	男	女
合计	**3506335**	**1794345**	**1711990**	**3249015**	**1615125**	**1633890**	**2283757**	**1125829**	**1157928**
杭州市	**621893**	**315474**	**306419**	**545817**	**271466**	**274351**	**357417**	**175431**	**181986**
上城区	25174	12262	12912	22691	11057	11634	14641	7260	7381
下城区	31697	15346	16351	28666	13464	15202	19860	9611	10249
江干区	58372	28699	29673	45575	22527	23048	26156	12973	13183
拱墅区	36398	17834	18564	29614	14444	15170	18076	8985	9091
西湖区	47809	22899	24910	42052	20139	21913	27263	13076	14187
滨江区	19461	9172	10289	15328	7496	7832	9040	4447	4593
萧山区	113836	58145	55691	100257	50174	50083	71307	34760	36547
余杭区	102082	52834	49248	83231	42017	41214	52613	25612	27001
富阳区	50031	26619	23412	46546	23766	22780	30569	15057	15512
临安区	45338	23869	21469	40223	20196	20027	25086	12519	12567
桐庐县	28958	15050	13908	30039	15076	14963	20307	9776	10531
淳安县	28406	14873	13533	28445	14375	14070	18795	9387	9408
建德市	34331	17872	16459	33150	16735	16415	23704	11968	11736
宁波市	**518377**	**262170**	**256207**	**460790**	**226457**	**234333**	**325447**	**157089**	**168358**
海曙区	56266	28095	28171	52009	25533	26476	35620	17318	18302
江北区	26298	13136	13162	23214	11346	11868	15345	7515	7830
北仑区	37704	18925	18779	33715	16862	16853	22099	10663	11436
镇海区	25025	12704	12321	21899	10752	11147	14976	7118	7858
鄞州区	79129	39109	40020	71901	34858	37043	48163	23133	25030
奉化区	38620	19969	18651	39077	19112	19965	27457	13528	13929
象山县	41674	21142	20532	34689	17038	17651	25404	12192	13212
宁海县	42593	21870	20723	36577	17958	18619	25264	12448	12816
余姚市	74513	37334	37179	66231	32074	34157	50207	24001	26206
慈溪市	96555	49886	46669	81478	40924	40554	60912	29173	31739
温州市	**458624**	**234229**	**224395**	**421372**	**210105**	**211267**	**285857**	**144506**	**141351**
鹿城区	58483	29227	29256	49191	23858	25333	34093	16101	17992
龙湾区	24287	12884	11403	20586	10571	10015	12595	6214	6381
瓯海区	36165	18928	17237	31896	16252	15644	20488	10298	10190
洞头区	8546	4236	4310	6970	3388	3582	4941	2269	2672
永嘉县	45869	23099	22770	43791	21780	22011	30597	15581	15016
平阳县	48114	24961	23153	44934	22655	22279	30461	15952	14509
苍南县	45384	23426	21958	42855	21810	21045	28624	15100	13524
文成县	15833	8215	7618	18026	8733	9293	12542	7093	5449
泰顺县	15999	8277	7722	15260	7737	7523	10347	5888	4459
瑞安市	73770	37533	36237	65910	32890	33020	45361	22402	22959
乐清市	66369	33133	33236	63340	30903	32437	43750	21444	22306
龙港市	19805	10310	9495	18613	9528	9085	12058	6164	5894
嘉兴市	**283978**	**147642**	**136336**	**284780**	**142951**	**141829**	**204977**	**99070**	**105907**
南湖区	44098	22252	21846	40754	20253	20501	27998	13619	14379
秀洲区	31795	16359	15436	32004	15859	16145	22467	10856	11611
嘉善县	30043	15911	14132	33715	17232	16483	24928	12205	12723
海盐县	28686	14802	13884	29065	14407	14658	21761	10218	11543
海宁市	57216	29666	27550	55797	28197	27600	40392	19712	20680
平湖市	38991	20152	18839	39982	20196	19786	28624	13827	14797
桐乡市	53149	28500	24649	53463	26807	26656	38807	18633	20174
湖州市	**196181**	**104769**	**91412**	**198467**	**99063**	**99404**	**141002**	**68664**	**72338**
吴兴区	51385	26897	24488	49469	24556	24913	33903	16742	17161
南浔区	35896	20111	15785	40631	20835	19796	30628	14985	15643
德清县	35889	19018	16871	32860	16440	16420	23706	11480	12226
长兴县	40321	21581	18740	42398	20813	21585	30626	14806	15820
安吉县	32690	17162	15528	33109	16419	16690	22139	10651	11488

1-5　续表 11　　　　单位：人

地　区	60-64岁			65-69岁			70-74岁		
	小计	男	女	小计	男	女	小计	男	女
绍兴市	**336753**	**172345**	**164408**	**326568**	**162075**	**164493**	**245814**	**122168**	**123646**
越城区	59820	29267	30553	57584	28095	29489	43412	21835	21577
柯桥区	52666	27045	25621	49506	25086	24420	37010	18457	18553
上虞区	57612	28849	28763	57078	27611	29467	44215	21448	22767
新昌县	34054	17814	16240	28811	14749	14062	20702	10888	9814
诸暨市	76905	39995	36910	78049	38805	39244	59581	29388	30193
嵊州市	55696	29375	26321	55540	27729	27811	40894	20152	20742
金华市	**312141**	**160264**	**151877**	**308088**	**154228**	**153860**	**219803**	**108137**	**111666**
婺城区	47329	24118	23211	44344	21485	22859	30296	14477	15819
金东区	23865	12394	11471	23772	11997	11775	16252	7848	8404
武义县	23850	12527	11323	22203	11183	11020	15330	7730	7600
浦江县	23345	11587	11758	24444	11839	12605	17674	8470	9204
磐安县	11360	5880	5480	11400	5790	5610	8590	4177	4413
兰溪市	39294	20557	18737	42844	21875	20969	31694	15709	15985
义乌市	55906	29208	26698	51537	26550	24987	36250	18452	17798
东阳市	52441	26042	26399	51593	25470	26123	38564	18844	19720
永康市	34751	17951	16800	35951	18039	17912	25153	12430	12723
衢州市	**159014**	**82389**	**76625**	**160095**	**80188**	**79907**	**114529**	**58089**	**56440**
柯城区	31533	16118	15415	28761	14151	14610	20635	10126	10509
衢江区	26920	14381	12539	26812	13944	12868	19455	10182	9273
常山县	19226	10058	9168	19536	9769	9767	13284	6895	6389
开化县	21635	10802	10833	21095	10253	10842	13724	6796	6928
龙游县	24680	12801	11879	28135	13912	14223	20374	10247	10127
江山市	35020	18229	16791	35756	18159	17597	27057	13843	13214
舟山市	**90245**	**45937**	**44308**	**75669**	**36420**	**39249**	**52656**	**24730**	**27926**
定海区	35007	17726	17281	29830	14405	15425	21361	10259	11102
普陀区	31046	15731	15315	24999	12076	12923	16499	7724	8775
岱山县	17635	9145	8490	15135	7195	7940	11036	5024	6012
嵊泗县	6557	3335	3222	5705	2744	2961	3760	1723	2037
台州市	**381927**	**193484**	**188443**	**322511**	**158871**	**163640**	**239820**	**118012**	**121808**
椒江区	37994	19021	18973	32497	16022	16475	23210	11479	11731
黄岩区	41067	21031	20036	36985	18148	18837	28112	13607	14505
路桥区	29250	14666	14584	27266	13386	13880	19961	10272	9689
三门县	25682	12988	12694	20155	9898	10257	15490	7479	8011
天台县	33324	16826	16498	28923	14526	14397	21492	10637	10855
仙居县	29384	15041	14343	25488	12578	12910	18317	9446	8871
温岭市	80456	40702	39754	66960	33068	33892	50384	24682	25702
临海市	72078	36126	35952	60389	29428	30961	46821	22831	23990
玉环市	32692	17083	15609	23848	11817	12031	16033	7579	8454
丽水市	**147202**	**75642**	**71560**	**144858**	**73301**	**71557**	**96435**	**49933**	**46502**
莲都区	29401	15155	14246	26804	13520	13284	17137	8643	8494
青田县	27830	14207	13623	24840	12636	12204	16208	8388	7820
缙云县	25518	13209	12309	24556	12494	12062	18468	9256	9212
遂昌县	15131	7864	7267	14735	7458	7277	9311	4857	4454
松阳县	13495	7076	6419	13325	6756	6569	9217	4799	4418
云和县	7214	3805	3409	7453	3826	3627	4673	2498	2175
庆元县	8062	3866	4196	9755	4811	4944	6289	3417	2872
景宁畲族自治县	6644	3429	3215	7533	3909	3624	4785	2665	2120
龙泉市	13907	7031	6876	15857	7891	7966	10347	5410	4937

1-5 续表 12

单位：人

地区	75-79岁			80-84岁			85-89岁		
	小计	男	女	小计	男	女	小计	男	女
合计	**1280523**	**627673**	**652850**	**920175**	**435724**	**484451**	**596246**	**258878**	**337368**
杭州市	**198891**	**92946**	**105945**	**147384**	**67664**	**79720**	**100896**	**43945**	**56951**
上城区	8717	4070	4647	7155	3161	3994	5875	2501	3374
下城区	12373	5758	6615	10403	4584	5819	8480	3896	4584
江干区	14458	6684	7774	10965	4877	6088	7764	3451	4313
拱墅区	10936	5002	5934	9240	4043	5197	6961	3024	3937
西湖区	15963	7425	8538	13055	6112	6943	9379	4421	4958
滨江区	4670	2065	2605	2981	1381	1600	2135	924	1211
萧山区	39224	18421	20803	24663	11717	12946	16881	7408	9473
余杭区	29043	13150	15893	19063	8845	10218	12580	5468	7112
富阳区	16231	7745	8486	11379	5488	5891	8722	3688	5034
临安区	12858	5992	6866	10246	4557	5689	6204	2587	3617
桐庐县	10050	4940	5110	8120	3700	4420	5120	2104	3016
淳安县	10456	4967	5489	8833	3968	4865	4709	1885	2824
建德市	13912	6727	7185	11281	5231	6050	6086	2588	3498
宁波市	**175261**	**85206**	**90055**	**110899**	**52775**	**58124**	**79597**	**34830**	**44767**
海曙区	18823	9221	9602	12290	5850	6440	8951	3898	5053
江北区	8112	4006	4106	5157	2392	2765	3905	1715	2190
北仑区	12537	6310	6227	7363	3632	3731	5278	2288	2990
镇海区	8379	4081	4298	5178	2446	2732	3654	1602	2052
鄞州区	24820	12176	12644	15282	7389	7893	10909	4890	6019
奉化区	13308	6780	6528	8610	4259	4351	6303	2752	3551
象山县	14548	7055	7493	10269	4807	5462	6639	2886	3753
宁海县	15468	7608	7860	10912	5185	5727	6963	3119	3844
余姚市	26103	12655	13448	15774	7444	8330	11913	5229	6684
慈溪市	33163	15314	17849	20064	9371	10693	15082	6451	8631
温州市	**168124**	**86420**	**81704**	**131587**	**64073**	**67514**	**78950**	**35138**	**43812**
鹿城区	18772	8574	10198	14687	6497	8190	8900	3899	5001
龙湾区	6974	3488	3486	5045	2398	2647	3012	1291	1721
瓯海区	10733	5256	5477	8297	3919	4378	5153	2198	2955
洞头区	3376	1501	1875	2458	1099	1359	1383	520	863
永嘉县	18578	9648	8930	14928	7353	7575	9290	4351	4939
平阳县	18522	9991	8531	15094	7439	7655	8880	3866	5014
苍南县	17670	9605	8065	13883	6922	6961	8479	3680	4799
文成县	7785	4706	3079	6505	3669	2836	4129	2092	2037
泰顺县	6931	4123	2808	5724	3155	2569	3637	1935	1702
瑞安市	25272	12788	12484	20286	9733	10553	11395	4871	6524
乐清市	26565	13137	13428	19695	9519	10176	12307	5453	6854
龙港市	6946	3603	3343	4985	2370	2615	2385	982	1403
嘉兴市	**124497**	**59034**	**65463**	**78290**	**34845**	**43445**	**47644**	**18763**	**28881**
南湖区	17762	8540	9222	11969	5330	6639	7633	3196	4437
秀洲区	13264	6583	6681	8672	3951	4721	5073	1935	3138
嘉善县	15573	7736	7837	9191	4160	5031	6088	2325	3763
海盐县	12357	5785	6572	7900	3335	4565	4795	1767	3028
海宁市	22719	10586	12133	14644	6506	8138	9070	3629	5441
平湖市	19630	9087	10543	11056	4784	6272	6926	2559	4367
桐乡市	23192	10717	12475	14858	6779	8079	8059	3352	4707
湖州市	**80096**	**37389**	**42707**	**55771**	**25454**	**30317**	**34640**	**14880**	**19760**
吴兴区	19481	9068	10413	13975	6380	7595	8663	3889	4774
南浔区	16440	7932	8508	12306	5644	6662	7716	3039	4677
德清县	13525	6133	7392	9308	4293	5015	6044	2684	3360
长兴县	18837	8655	10182	11938	5411	6527	7001	3032	3969
安吉县	11813	5601	6212	8244	3726	4518	5216	2236	2980

1-5　续表 13　　　　单位：人

地　区	75-79岁			80-84岁			85-89岁		
	小计	男	女	小计	男	女	小计	男	女
绍兴市	**125730**	**62946**	**62784**	**79671**	**38759**	**40912**	**55644**	**24265**	**31379**
越城区	23487	12234	11253	14376	7058	7318	9997	4479	5518
柯桥区	19260	9790	9470	11941	5828	6113	8017	3516	4501
上虞区	23708	11339	12369	14226	6732	7494	10295	4290	6005
新昌县	10999	5487	5512	7761	3697	4064	5078	2178	2900
诸暨市	29143	14509	14634	18860	9434	9426	13604	6079	7525
嵊州市	19133	9587	9546	12507	6010	6497	8653	3723	4930
金华市	**120063**	**60014**	**60049**	**91039**	**43790**	**47249**	**56744**	**24409**	**32335**
婺城区	14529	6854	7675	12910	5987	6923	8063	3708	4355
金东区	8471	4187	4284	6650	3117	3533	3812	1546	2266
武义县	8079	4059	4020	6997	3356	3641	4411	2008	2403
浦江县	9645	4941	4704	6731	3325	3406	4551	1951	2600
磐安县	5238	2686	2552	3955	1954	2001	2201	1040	1161
兰溪市	17215	8763	8452	12372	5922	6450	7248	2930	4318
义乌市	19823	10276	9547	14351	7168	7183	9118	3968	5150
东阳市	23211	11344	11867	16330	7770	8560	10552	4463	6089
永康市	13852	6904	6948	10743	5191	5552	6788	2795	3993
衢州市	**58571**	**30358**	**28213**	**47173**	**23664**	**23509**	**28503**	**12935**	**15568**
柯城区	11188	5494	5694	8949	4345	4604	5847	2685	3162
衢江区	10343	5307	5036	7703	3935	3768	4617	2128	2489
常山县	7362	3870	3492	5650	2879	2771	3139	1440	1699
开化县	6805	3524	3281	6191	3093	3098	3350	1510	1840
龙游县	9471	5063	4408	7958	4038	3920	4717	2159	2558
江山市	13402	7100	6302	10722	5374	5348	6833	3013	3820
舟山市	**30467**	**13792**	**16675**	**20047**	**8908**	**11139**	**13684**	**5445**	**8239**
定海区	12024	5661	6363	7824	3705	4119	5511	2318	3193
普陀区	10006	4379	5627	6947	3017	3930	4587	1784	2803
岱山县	6218	2812	3406	3870	1655	2215	2621	1015	1606
嵊泗县	2219	940	1279	1406	531	875	965	328	637
台州市	**144972**	**70862**	**74110**	**109746**	**50921**	**58825**	**70131**	**29741**	**40390**
椒江区	14240	7046	7194	10060	4769	5291	6400	2840	3560
黄岩区	16018	7832	8186	13419	6244	7175	8476	3625	4851
路桥区	11374	6040	5334	8351	3930	4421	5765	2362	3403
三门县	9583	4560	5023	7070	3262	3808	4379	1948	2431
天台县	12511	5985	6526	8949	4118	4831	5518	2277	3241
仙居县	10325	5305	5020	8843	4068	4775	5270	2245	3025
温岭市	32218	15694	16524	24273	11210	13063	16273	6674	9599
临海市	27625	13445	14180	20382	9561	10821	12730	5551	7179
玉环市	11078	4955	6123	8399	3759	4640	5320	2219	3101
丽水市	**53851**	**28706**	**25145**	**48568**	**24871**	**23697**	**29813**	**14527**	**15286**
莲都区	9182	4765	4417	8291	4189	4102	5377	2568	2809
青田县	10319	5374	4945	8949	4483	4466	5379	2485	2894
缙云县	10889	5528	5361	9182	4537	4645	5447	2561	2886
遂昌县	4824	2595	2229	4785	2413	2372	3079	1563	1516
松阳县	4619	2476	2143	4156	2092	2064	2323	1113	1210
云和县	2329	1336	993	2378	1262	1116	1578	798	780
庆元县	3343	1926	1417	2750	1517	1233	1590	820	770
景宁畲族自治县	2758	1570	1188	2558	1412	1146	1581	850	731
龙泉市	5588	3136	2452	5519	2966	2553	3459	1769	1690

1－5 续表 14

单位：人

地 区	90－94岁			95－99岁			100岁及以上		
	小计	男	女	小计	男	女	小计	男	女
合计	**195271**	**77190**	**118081**	**37885**	**13212**	**24673**	**3477**	**1050**	**2427**
杭州市	**33784**	**13466**	**20318**	**6570**	**2285**	**4285**	**645**	**193**	**452**
上城区	2149	896	1253	465	185	280	60	19	41
下城区	3105	1393	1712	595	238	357	70	23	47
江干区	2704	1081	1623	612	229	383	76	21	55
拱墅区	2303	968	1335	449	164	285	54	18	36
西湖区	3152	1470	1682	638	281	357	57	22	35
滨江区	693	262	431	113	38	75	13	4	9
萧山区	6151	2323	3828	1274	387	887	154	47	107
余杭区	4068	1514	2554	771	224	547	48	8	40
富阳区	2944	1126	1818	567	179	388	41	9	32
临安区	1852	667	1185	300	104	196	27	6	21
桐庐县	1583	561	1022	271	100	171	16	5	11
淳安县	1250	469	781	179	51	128	11	2	9
建德市	1830	736	1094	336	105	231	18	9	9
宁波市	**26412**	**10516**	**15896**	**5366**	**1879**	**3487**	**417**	**109**	**308**
海曙区	2870	1224	1646	588	234	354	50	22	28
江北区	1326	514	812	299	109	190	25	8	17
北仑区	1904	743	1161	443	150	293	30	7	23
镇海区	1201	503	698	246	88	158	23	5	18
鄞州区	3608	1492	2116	715	257	458	59	16	43
奉化区	1826	695	1131	344	125	219	23	4	19
象山县	2173	895	1278	447	149	298	26	7	19
宁海县	2160	918	1242	437	155	282	39	15	24
余姚市	4131	1516	2615	854	280	574	49	9	40
慈溪市	5213	2016	3197	993	332	661	93	16	77
温州市	**28406**	**11824**	**16582**	**6106**	**2343**	**3763**	**683**	**215**	**468**
鹿城区	3049	1274	1775	599	242	357	66	18	48
龙湾区	1037	409	628	223	77	146	19	6	13
瓯海区	1656	689	967	360	122	238	32	14	18
洞头区	432	137	295	77	24	53	5	2	3
永嘉县	3412	1507	1905	791	341	450	107	39	68
平阳县	3183	1332	1851	672	242	430	77	18	59
苍南县	3168	1249	1919	650	212	438	64	16	48
文成县	1718	804	914	361	171	190	46	14	32
泰顺县	1402	671	731	285	119	166	41	15	26
瑞安市	4044	1614	2430	805	307	498	72	18	54
乐清市	4419	1819	2600	1103	428	675	137	50	87
龙港市	886	319	567	180	58	122	17	5	12
嘉兴市	**15427**	**5097**	**10330**	**2746**	**692**	**2054**	**223**	**57**	**166**
南湖区	2368	916	1452	426	127	299	39	14	25
秀洲区	1542	510	1032	258	73	185	19	5	14
嘉善县	2000	637	1363	384	96	288	27	7	20
海盐县	1568	456	1112	256	48	208	14	4	10
海宁市	3276	1086	2190	598	157	441	51	7	44
平湖市	2081	603	1478	394	82	312	33	7	26
桐乡市	2592	889	1703	430	109	321	40	13	27
湖州市	**10513**	**4038**	**6475**	**1919**	**643**	**1276**	**132**	**36**	**96**
吴兴区	2639	1026	1613	460	166	294	32	11	21
南浔区	2145	768	1377	373	115	258	23	7	16
德清县	1924	764	1160	419	139	280	34	10	24
长兴县	2300	917	1383	408	134	274	31	4	27
安吉县	1505	563	942	259	89	170	12	4	8

1-5　续表 15　　　　　　　　　　　　　　　　　　　　　　　　单位：人

地　区	90-94岁			95-99岁			100岁及以上		
	小计	男	女	小计	男	女	小计	男	女
绍兴市	**17272**	**6760**	**10512**	**3225**	**1119**	**2106**	**254**	**73**	**181**
越城区	3296	1391	1905	571	220	351	44	18	26
柯桥区	2552	981	1571	512	180	332	46	12	34
上虞区	3238	1108	2130	551	146	405	41	10	31
新昌县	1426	602	824	238	85	153	22	10	12
诸暨市	4314	1735	2579	976	351	625	67	18	49
嵊州市	2446	943	1503	377	137	240	34	5	29
金华市	**17957**	**6925**	**11032**	**3166**	**1070**	**2096**	**237**	**75**	**162**
婺城区	2479	1094	1385	407	138	269	26	9	17
金东区	1172	405	767	215	71	144	17	5	12
武义县	1476	611	865	216	78	138	20	11	9
浦江县	1461	539	922	271	87	184	16	2	14
磐安县	661	304	357	104	31	73	9	6	3
兰溪市	2247	799	1448	378	118	260	26	3	23
义乌市	2989	1123	1866	636	218	418	44	14	30
东阳市	3464	1294	2170	566	203	363	36	12	24
永康市	2008	756	1252	373	126	247	43	13	30
衢州市	**9441**	**3794**	**5647**	**1671**	**561**	**1110**	**155**	**44**	**111**
柯城区	1850	799	1051	348	132	216	25	6	19
衢江区	1518	611	907	255	87	168	19	5	14
常山县	947	374	573	156	32	124	23	2	21
开化县	1050	403	647	167	62	105	24	14	10
龙游县	1449	564	885	255	86	169	21	8	13
江山市	2627	1043	1584	490	162	328	43	9	34
舟山市	**4396**	**1531**	**2865**	**868**	**289**	**579**	**61**	**25**	**36**
定海区	1840	692	1148	404	140	264	33	13	20
普陀区	1486	499	987	277	91	186	18	9	9
岱山县	794	236	558	136	46	90	7	3	4
嵊泗县	276	104	172	51	12	39	3		3
台州市	**21808**	**8713**	**13095**	**4484**	**1585**	**2899**	**470**	**152**	**318**
椒江区	2049	815	1234	387	122	265	38	7	31
黄岩区	2918	1209	1709	550	205	345	71	25	46
路桥区	1824	666	1158	417	137	280	41	17	24
三门县	1284	526	758	266	103	163	26	6	20
天台县	1566	610	956	320	114	206	27	10	17
仙居县	1655	735	920	327	119	208	33	17	16
温岭市	5128	1957	3171	1070	378	692	108	27	81
临海市	3942	1654	2288	833	295	538	82	28	54
玉环市	1442	541	901	314	112	202	44	15	29
丽水市	**9855**	**4526**	**5329**	**1764**	**746**	**1018**	**200**	**71**	**129**
莲都区	1810	849	961	319	140	179	40	14	26
青田县	1910	851	1059	413	176	237	52	22	30
缙云县	1818	772	1046	362	147	215	40	12	28
遂昌县	1018	443	575	153	61	92	15	3	12
松阳县	734	319	415	100	41	59	7		7
云和县	483	247	236	82	36	46	4	2	2
庆元县	485	237	248	90	37	53	10	3	7
景宁畲族自治县	529	275	254	81	35	46	15	6	9
龙泉市	1068	533	535	164	73	91	17	9	8

1－5a 各地区分年龄、性别的人口(城市)

单位：人

地 区	合 计			0岁		
	合计	男	女	小计	男	女
合计	**33083792**	**17165183**	**15918609**	**241046**	**126196**	**114850**
杭州市	**8886842**	**4619807**	**4267035**	**69876**	**36364**	**33512**
上城区	357657	179195	178462	1924	1053	871
下城区	485849	237311	248538	3068	1626	1442
江干区	1487787	774118	713669	11131	5807	5324
拱墅区	635136	318031	317105	4627	2415	2212
西湖区	1080301	555569	524732	7243	3711	3532
滨江区	503859	260336	243523	4305	2249	2056
萧山区	1656972	881192	775780	13774	7153	6621
余杭区	1672308	889931	782377	15987	8237	7750
富阳区	556041	291544	264497	4588	2417	2171
临安区	305814	160437	145377	2083	1107	976
桐庐县						
淳安县						
建德市	145118	72143	72975	1146	589	557
宁波市	**5440000**	**2807922**	**2632078**	**37400**	**19415**	**17985**
海曙区	879210	450074	429136	6072	3139	2933
江北区	405870	210451	195419	2857	1465	1392
北仑区	584792	314494	270298	4259	2202	2057
镇海区	441037	231971	209066	3506	1778	1728
鄞州区	1005375	498013	507362	8128	4284	3844
奉化区	292551	149906	142645	1742	918	824
象山县						
宁海县						
余姚市	769271	402182	367089	4601	2434	2167
慈溪市	1061894	550831	511063	6235	3195	3040
温州市	**4671682**	**2480310**	**2191372**	**33154**	**17678**	**15476**
鹿城区	1048834	542749	506085	6336	3353	2983
龙湾区	475693	265369	210324	3591	1919	1672
瓯海区	786250	424341	361909	4974	2533	2441
洞头区	71034	36122	34912	490	275	215
永嘉县						
平阳县						
苍南县						
文成县						
泰顺县						
瑞安市	978740	515647	463093	6950	3696	3254
乐清市	879088	466438	412650	7139	3854	3285
龙港市	432043	229644	202399	3674	2048	1626
嘉兴市	**2237631**	**1148940**	**1088691**	**16924**	**8712**	**8212**
南湖区	679124	347397	331727	4894	2497	2397
秀洲区	308440	162071	146369	2560	1328	1232
嘉善县						
海盐县						
海宁市	424472	218146	206326	3243	1661	1582
平湖市	292661	148113	144548	2120	1123	997
桐乡市	532934	273213	259721	4107	2103	2004
湖州市	**745028**	**378488**	**366540**	**5169**	**2698**	**2471**
吴兴区	569140	286112	283028	3803	2004	1799
南浔区	175888	92376	83512	1366	694	672
德清县						
长兴县						
安吉县						

1–5a　续表 1

单位：人

地　　区	合　　计			0岁		
	合计	男	女	小计	男	女
绍兴市	**3077469**	**1566610**	**1510859**	**19958**	**10493**	**9465**
越城区	856847	428957	427890	4969	2582	2387
柯桥区	788867	415039	373828	5895	3087	2808
上虞区	520981	263117	257864	3201	1727	1474
新昌县						
诸暨市	589056	297154	291902	3918	2081	1837
嵊州市	321718	162343	159375	1975	1016	959
金华市	**3251595**	**1711060**	**1540535**	**24469**	**12918**	**11551**
婺城区	660508	335631	324877	4457	2330	2127
金东区	143104	74925	68179	1010	506	504
武义县						
浦江县						
磐安县						
兰溪市	253055	126630	126425	1531	793	738
义乌市	1184150	638653	545497	9886	5289	4597
东阳市	463055	237660	225395	3673	1957	1716
永康市	547723	297561	250162	3912	2043	1869
衢州市	**754014**	**378471**	**375543**	**5750**	**2996**	**2754**
柯城区	393821	196555	197266	2918	1510	1408
衢江区	137722	73341	64381	980	516	464
常山县						
开化县						
龙游县	1202	613	589	9	1	8
江山市	221269	107962	113307	1843	969	874
舟山市	**596041**	**298117**	**297924**	**3743**	**1970**	**1773**
定海区	349276	174968	174308	2255	1199	1056
普陀区	246765	123149	123616	1488	771	717
岱山县						
嵊泗县						
台州市	**2864147**	**1490798**	**1373349**	**20136**	**10683**	**9453**
椒江区	621361	321395	299966	4839	2589	2250
黄岩区	409407	213823	195584	3034	1559	1475
路桥区	307644	160402	147242	2192	1168	1024
三门县						
天台县						
仙居县						
温岭市	654968	344707	310261	3892	2084	1808
临海市	417795	210988	206807	2954	1548	1406
玉环市	452972	239483	213489	3225	1735	1490
丽水市	**559343**	**284660**	**274683**	**4467**	**2269**	**2198**
莲都区	408801	209287	199514	3382	1725	1657
青田县						
缙云县						
遂昌县						
松阳县						
云和县						
庆元县						
景宁畲族自治县						
龙泉市	150542	75373	75169	1085	544	541

1-5a 续表 2

单位：人

地区	1-4岁			5-9岁			10-14岁		
	小计	男	女	小计	男	女	小计	男	女
合计	**1359980**	**714219**	**645761**	**1642869**	**876415**	**766454**	**1336909**	**716425**	**620484**
杭州市	**381356**	**198841**	**182515**	**424775**	**223405**	**201370**	**314264**	**166730**	**147534**
上城区	11455	5995	5460	16203	8457	7746	13618	7313	6305
下城区	16275	8382	7893	20738	10915	9823	17394	9085	8309
江干区	62084	32574	29510	69077	36436	32641	49831	26569	23262
拱墅区	27316	14117	13199	33350	17435	15915	23401	12251	11150
西湖区	43623	22716	20907	55408	29189	26219	40873	21585	19288
滨江区	23695	12319	11376	25386	13287	12099	15646	8244	7402
萧山区	72113	37609	34504	73458	38696	34762	54939	29286	25653
余杭区	80605	41975	38630	80023	42068	37955	55277	29623	25654
富阳区	24736	13060	11676	27846	14790	13056	24506	12875	11631
临安区	12685	6619	6066	15532	8102	7430	12413	6528	5885
桐庐县									
淳安县									
建德市	6769	3475	3294	7754	4030	3724	6366	3371	2995
宁波市	**204687**	**106889**	**97798**	**259326**	**137876**	**121450**	**205378**	**109574**	**95804**
海曙区	31831	16773	15058	39616	20771	18845	33494	17755	15739
江北区	16474	8671	7803	20819	11009	9810	15692	8331	7361
北仑区	23027	11951	11076	28430	15155	13275	22000	11779	10221
镇海区	18652	9619	9033	21181	11448	9733	16823	9167	7656
鄞州区	44481	23276	21205	54223	28573	25650	40417	21330	19087
奉化区	10137	5218	4919	13426	7085	6341	12368	6501	5867
象山县									
宁海县									
余姚市	25963	13666	12297	36290	19489	16801	29485	16011	13474
慈溪市	34122	17715	16407	45341	24346	20995	35099	18700	16399
温州市	**186010**	**99975**	**86035**	**245585**	**135362**	**110223**	**220129**	**121906**	**98223**
鹿城区	36804	19446	17358	48346	26032	22314	44991	24014	20977
龙湾区	18105	9821	8284	23012	12711	10301	21580	12255	9325
瓯海区	27288	14497	12791	32904	17878	15026	29356	15824	13532
洞头区	2838	1492	1346	3571	1927	1644	3686	1914	1772
永嘉县									
平阳县									
苍南县									
文成县									
泰顺县									
瑞安市	41210	22101	19109	53772	29769	24003	47328	26271	21057
乐清市	39646	21435	18211	54684	30359	24325	46783	26298	20485
龙港市	20119	11183	8936	29296	16686	12610	26405	15330	11075
嘉兴市	**92577**	**48245**	**44332**	**110538**	**58430**	**52108**	**83912**	**44392**	**39520**
南湖区	28267	14715	13552	33656	17803	15853	25072	13350	11722
秀洲区	13843	7261	6582	16871	8902	7969	12844	6878	5966
嘉善县									
海盐县									
海宁市	16229	8381	7848	19462	10146	9316	15256	7971	7285
平湖市	12181	6344	5837	14735	7700	7035	11642	6059	5583
桐乡市	22057	11544	10513	25814	13879	11935	19098	10134	8964
湖州市	**30658**	**15993**	**14665**	**38476**	**20004**	**18472**	**29486**	**15409**	**14077**
吴兴区	23081	12014	11067	29010	14986	14024	22289	11597	10692
南浔区	7577	3979	3598	9466	5018	4448	7197	3812	3385
德清县									
长兴县									
安吉县									

1–5a　续表 3　　　　单位：人

地　区	1–4岁			5–9岁			10–14岁		
	小计	男	女	小计	男	女	小计	男	女
绍兴市	**120620**	**62950**	**57670**	**144665**	**76042**	**68623**	**121651**	**63795**	**57856**
越城区	31650	16459	15191	39022	20300	18722	32863	17252	15611
柯桥区	33489	17595	15894	36944	19878	17066	29525	15710	13815
上虞区	19404	10080	9324	23755	12335	11420	20265	10450	9815
新昌县									
诸暨市	23754	12415	11339	28822	15242	13580	24341	12713	11628
嵊州市	12323	6401	5922	16122	8287	7835	14657	7670	6987
金华市	**149673**	**79501**	**70172**	**170414**	**93111**	**77303**	**135804**	**74613**	**61191**
婺城区	29553	15486	14067	34882	18606	16276	29627	15738	13889
金东区	6694	3515	3179	6682	3499	3183	5222	2768	2454
武义县									
浦江县									
磐安县									
兰溪市	9884	5070	4814	11648	6151	5497	12061	6416	5645
义乌市	56481	30251	26230	60589	33892	26697	43926	25035	18891
东阳市	21910	11648	10262	26169	14084	12085	20994	11345	9649
永康市	25151	13531	11620	30444	16879	13565	23974	13311	10663
衢州市	**36113**	**18785**	**17328**	**43451**	**22437**	**21014**	**38934**	**19995**	**18939**
柯城区	18480	9613	8867	21316	10970	10346	18592	9709	8883
衢江区	6556	3367	3189	8326	4358	3968	7616	3937	3679
常山县									
开化县									
龙游县	41	22	19	30	17	13	50	29	21
江山市	11036	5783	5253	13779	7092	6687	12676	6320	6356
舟山市	**19915**	**10223**	**9692**	**26458**	**13792**	**12666**	**23660**	**12265**	**11395**
定海区	12305	6376	5929	16163	8336	7827	14284	7461	6823
普陀区	7610	3847	3763	10295	5456	4839	9376	4804	4572
岱山县									
嵊泗县									
台州市	**112473**	**59339**	**53134**	**147588**	**79553**	**68035**	**133520**	**72217**	**61303**
椒江区	26713	14057	12656	33750	18009	15741	27681	14650	13031
黄岩区	16087	8423	7664	20949	11197	9752	18639	9822	8817
路桥区	12584	6611	5973	16282	8808	7474	15263	8280	6983
三门县									
天台县									
仙居县									
温岭市	22743	12125	10618	30446	16572	13874	27639	15210	12429
临海市	17538	9257	8281	22241	12029	10212	22404	12475	9929
玉环市	16808	8866	7942	23920	12938	10982	21894	11780	10114
丽水市	**25898**	**13478**	**12420**	**31593**	**16403**	**15190**	**30171**	**15529**	**14642**
莲都区	19075	9929	9146	22708	11846	10862	21094	10919	10175
青田县									
缙云县									
遂昌县									
松阳县									
云和县									
庆元县									
景宁畲族自治县									
龙泉市	6823	3549	3274	8885	4557	4328	9077	4610	4467

1－5a 续表 4 单位：人

地 区	15－19岁			20－24岁			25－29岁		
	小计	男	女	小计	男	女	小计	男	女
合计	**1689547**	**901069**	**788478**	**2328085**	**1241320**	**1086765**	**2858028**	**1526002**	**1332026**
杭州市	**417767**	**220853**	**196914**	**787632**	**414212**	**373420**	**932024**	**494419**	**437605**
上城区	10329	5724	4605	22442	11612	10830	28268	14418	13850
下城区	15043	8069	6974	31838	15668	16170	44708	21128	23580
江干区	96002	50064	45938	191892	98202	93690	161660	83652	78008
拱墅区	23293	12444	10849	53209	26449	26760	60374	29972	30402
西湖区	63861	33743	30118	122735	65159	57576	118997	64188	54809
滨江区	29998	15387	14611	63283	32771	30512	75525	41058	34467
萧山区	70346	37820	32526	120348	66414	53934	174386	95806	78580
余杭区	56778	30532	26246	122937	66489	56448	192782	104050	88732
富阳区	26134	13480	12654	26604	14709	11895	43902	23506	20396
临安区	18834	9930	8904	27383	14145	13238	23015	12389	10626
桐庐县									
淳安县									
建德市	7149	3660	3489	4961	2594	2367	8407	4252	4155
宁波市	**240042**	**129146**	**110896**	**364346**	**197682**	**166664**	**447826**	**239075**	**208751**
海曙区	37051	19851	17200	64341	33035	31306	70594	37055	33539
江北区	18197	10407	7790	27470	14626	12844	32123	17350	14773
北仑区	24387	13928	10459	37645	22392	15253	53667	30172	23495
镇海区	22640	11579	11061	29093	16441	12652	35459	19544	15915
鄞州区	49805	24806	24999	79715	39496	40219	87785	43124	44661
奉化区	10926	5897	5029	14751	8335	6416	20454	10917	9537
象山县									
宁海县									
余姚市	33346	18922	14424	46419	27060	19359	64035	35442	28593
慈溪市	43690	23756	19934	64912	36297	28615	83709	45471	38238
温州市	**227179**	**124789**	**102390**	**272195**	**150836**	**121359**	**382014**	**210098**	**171916**
鹿城区	41115	21719	19396	62168	33023	29145	86059	45945	40114
龙湾区	23447	13513	9934	28386	17331	11055	41350	24182	17168
瓯海区	56257	28982	27275	72204	37570	34634	67549	37332	30217
洞头区	5127	2585	2542	3010	1586	1424	3818	2078	1740
永嘉县									
平阳县									
苍南县									
文成县									
泰顺县									
瑞安市	42881	23991	18890	46071	26028	20043	76582	41788	34794
乐清市	42879	24741	18138	43532	25195	18337	71391	39343	32048
龙港市	15473	9258	6215	16824	10103	6721	35265	19430	15835
嘉兴市	**118575**	**62371**	**56204**	**146034**	**78306**	**67728**	**189752**	**100891**	**88861**
南湖区	41330	21864	19466	54852	28751	26101	55551	29418	26133
秀洲区	15782	8932	6850	19880	11469	8411	27610	15040	12570
嘉善县									
海盐县									
海宁市	21204	10829	10375	22130	12169	9961	33145	17566	15579
平湖市	14256	7540	6716	16513	8628	7885	24775	13045	11730
桐乡市	26003	13206	12797	32659	17289	15370	48671	25822	22849
湖州市	**35922**	**18045**	**17877**	**44826**	**22174**	**22652**	**56270**	**29268**	**27002**
吴兴区	30534	15157	15377	36465	17611	18854	41614	21428	20186
南浔区	5388	2888	2500	8361	4563	3798	14656	7840	6816
德清县									
长兴县									
安吉县									

1—5a　续表 5　　　　单位：人

地　区	15—19岁			20—24岁			25—29岁		
	小计	男	女	小计	男	女	小计	男	女
绍兴市	**180377**	**94720**	**85657**	**187740**	**98478**	**89262**	**226982**	**119414**	**107568**
越城区	55433	27979	27454	58845	29142	29703	57548	29701	27847
柯桥区	37014	19765	17249	50920	28296	22624	68856	37209	31647
上虞区	27070	14574	12496	28908	15357	13551	37228	19682	17546
新昌县									
诸暨市	45985	24449	21536	36169	18859	17310	44209	23062	21147
嵊州市	14875	7953	6922	12898	6824	6074	19141	9760	9381
金华市	**202667**	**109165**	**93502**	**260999**	**139344**	**121655**	**306896**	**166152**	**140744**
婺城区	51261	25392	25869	57393	28232	29161	50351	26241	24110
金东区	16620	9306	7314	11822	5763	6059	10784	5921	4863
武义县									
浦江县									
磐安县									
兰溪市	16369	8240	8129	12412	6136	6276	12123	6364	5759
义乌市	56415	31645	24770	108654	59276	49378	143393	78239	65154
东阳市	29775	16559	13216	27662	14721	12941	41274	21743	19531
永康市	32227	18023	14204	43056	25216	17840	48971	27644	21327
衢州市	**43224**	**21978**	**21246**	**36790**	**18837**	**17953**	**46242**	**23079**	**23163**
柯城区	24617	12343	12274	22620	11544	11076	24516	12112	12404
衢江区	7312	4034	3278	6498	3554	2944	9984	5405	4579
常山县									
开化县									
龙游县	20	7	13	40	16	24	49	21	28
江山市	11275	5594	5681	7632	3723	3909	11693	5541	6152
舟山市	**25150**	**13167**	**11983**	**30640**	**16360**	**14280**	**33996**	**17447**	**16549**
定海区	17285	9356	7929	21793	11770	10023	19338	9964	9374
普陀区	7865	3811	4054	8847	4590	4257	14658	7483	7175
岱山县									
嵊泗县									
台州市	**162617**	**88900**	**73717**	**159928**	**87089**	**72839**	**198343**	**106662**	**91681**
椒江区	37843	20530	17313	41894	22197	19697	45104	23916	21188
黄岩区	20808	11379	9429	23191	13255	9936	28291	15382	12909
路桥区	12479	6981	5498	16279	9024	7255	22456	11920	10536
三门县									
天台县									
仙居县									
温岭市	37805	20989	16816	37056	20861	16195	50484	27620	22864
临海市	35708	19306	16402	22148	10792	11356	23640	12076	11564
玉环市	17974	9715	8259	19360	10960	8400	28368	15748	12620
丽水市	**36027**	**17935**	**18092**	**36955**	**18002**	**18953**	**37683**	**19497**	**18186**
莲都区	26677	13183	13494	30263	14728	15535	29739	15597	14142
青田县									
缙云县									
遂昌县									
松阳县									
云和县									
庆元县									
景宁畲族自治县									
龙泉市	9350	4752	4598	6692	3274	3418	7944	3900	4044

1-5a 续表 6 单位：人

地区	30-34岁			35-39岁			40-44岁		
	小计	男	女	小计	男	女	小计	男	女
合计	**3609825**	**1893564**	**1716261**	**2944127**	**1530085**	**1414042**	**2635225**	**1372531**	**1262694**
杭州市	**1062424**	**558890**	**503534**	**795368**	**416038**	**379330**	**644433**	**342843**	**301590**
上城区	33440	16916	16524	30192	14712	15480	25190	12597	12593
下城区	47846	23009	24837	41616	19663	21953	34365	16890	17475
江干区	183282	96740	86542	135640	71948	63692	101442	55258	46184
拱墅区	69668	34555	35113	59263	29288	29975	43895	22718	21177
西湖区	112882	58450	54432	96765	48127	48638	75125	38669	36456
滨江区	62593	33228	29365	43783	22493	21290	29769	15812	13957
萧山区	199910	109659	90251	132908	72488	60420	121513	65905	55608
余杭区	250519	133288	117231	170172	93536	76636	130020	71957	58063
富阳区	55701	29257	26444	47152	24397	22755	47241	24519	22722
临安区	33337	17317	16020	27086	14121	12965	24920	13271	11649
桐庐县									
淳安县									
建德市	13246	6471	6775	10791	5265	5526	10953	5247	5706
宁波市	**591670**	**306733**	**284937**	**492744**	**252663**	**240081**	**437089**	**225281**	**211808**
海曙区	90538	46800	43738	78969	40328	38641	70913	36544	34369
江北区	44289	23002	21287	38455	19723	18732	31011	16380	14631
北仑区	76027	41443	34584	60894	32822	28072	50569	27155	23414
镇海区	50219	26443	23776	39460	20859	18601	34276	18057	16219
鄞州区	112822	54772	58050	98178	47495	50683	77291	38500	38791
奉化区	27632	14127	13505	23956	11968	11988	23649	11902	11747
象山县									
宁海县									
余姚市	82190	43246	38944	64876	33482	31394	62483	32086	30397
慈溪市	107953	56900	51053	87956	45986	41970	86897	44657	42240
温州市	**484652**	**263094**	**221558**	**449186**	**239583**	**209603**	**425243**	**225349**	**199894**
鹿城区	113495	61191	52304	107762	56118	51644	97339	51286	46053
龙湾区	49257	28215	21042	45855	25614	20241	43739	24228	19511
瓯海区	85629	47742	37887	76189	42721	33468	70217	38870	31347
洞头区	5616	3000	2616	5558	2829	2729	6009	3046	2963
永嘉县									
平阳县									
苍南县									
文成县									
泰顺县									
瑞安市	100852	53816	47036	91747	48546	43201	91594	47553	44041
乐清市	91282	48546	42736	83054	43675	39379	77092	40425	36667
龙港市	38521	20584	17937	39021	20080	18941	39253	19941	19312
嘉兴市	**263242**	**135806**	**127436**	**196545**	**101731**	**94814**	**168949**	**87138**	**81811**
南湖区	74742	38336	36406	54458	28064	26394	42564	21925	20639
秀洲区	39990	20933	19057	30276	16041	14235	23907	12595	11312
嘉善县									
海盐县									
海宁市	47387	24373	23014	37548	19522	18026	35903	18706	17197
平湖市	33415	17363	16052	24177	12222	11955	20904	10647	10257
桐乡市	67708	34801	32907	50086	25882	24204	45671	23265	22406
湖州市	**80063**	**41201**	**38862**	**59485**	**30606**	**28879**	**53389**	**27814**	**25575**
吴兴区	60203	30792	29411	45461	23077	22384	39216	20221	18995
南浔区	19860	10409	9451	14024	7529	6495	14173	7593	6580
德清县									
长兴县									
安吉县									

1–5a　续表 7　　　　单位：人

地　区	30–34岁			35–39岁			40–44岁		
	小计	男	女	小计	男	女	小计	男	女
绍兴市	**301043**	**154778**	**146265**	**236037**	**120024**	**116013**	**240169**	**121437**	**118732**
越城区	78826	39575	39251	63194	31663	31531	59718	29978	29740
柯桥区	88449	47489	40960	64117	34409	29708	61845	32815	29030
上虞区	49440	25146	24294	38021	19118	18903	42232	21059	21173
新昌县									
诸暨市	57402	28999	28403	45426	22308	23118	45447	22247	23200
嵊州市	26926	13569	13357	25279	12526	12753	30927	15338	15589
金华市	**378108**	**201798**	**176310**	**302519**	**159684**	**142835**	**279163**	**146148**	**133015**
婺城区	61721	31837	29884	55168	27616	27552	57279	29023	28256
金东区	13881	7414	6467	11331	5889	5442	11415	5893	5522
武义县									
浦江县									
磐安县									
兰溪市	17476	8679	8797	17342	8317	9025	21455	10429	11026
义乌市	169367	92232	77135	122801	67034	55767	97406	52862	44544
东阳市	53026	27267	25759	43383	22199	21184	40375	20434	19941
永康市	62637	34369	28268	52494	28629	23865	51233	27507	23726
衢州市	**59814**	**29315**	**30499**	**61548**	**29886**	**31662**	**61222**	**30093**	**31129**
柯城区	31725	15278	16447	32864	15786	17078	31656	15604	16052
衢江区	13080	7015	6065	13205	7021	6184	11730	6328	5402
常山县									
开化县									
龙游县	59	35	24	81	41	40	79	43	36
江山市	14950	6987	7963	15398	7038	8360	17757	8118	9639
舟山市	**54196**	**26372**	**27824**	**51926**	**25233**	**26693**	**45730**	**22225**	**23505**
定海区	32366	15664	16702	30846	14691	16155	26687	12811	13876
普陀区	21830	10708	11122	21080	10542	10538	19043	9414	9629
岱山县									
嵊泗县									
台州市	**284987**	**150485**	**134502**	**255249**	**132754**	**122495**	**236435**	**121907**	**114528**
椒江区	63195	32879	30316	54857	27976	26881	48237	24951	23286
黄岩区	39828	21290	18538	36055	19103	16952	32648	16937	15711
路桥区	31302	16473	14829	26775	13740	13035	25873	13394	12479
三门县									
天台县									
仙居县									
温岭市	74479	39901	34578	61099	32833	28266	57574	29802	27772
临海市	31508	15874	15634	34029	16671	17358	31295	15305	15990
玉环市	44675	24068	20607	42434	22431	20003	40808	21518	19290
丽水市	**49626**	**25092**	**24534**	**43520**	**21883**	**21637**	**43403**	**22296**	**21107**
莲都区	38612	19922	18690	33502	16983	16519	31317	16261	15056
青田县									
缙云县									
遂昌县									
松阳县									
云和县									
庆元县									
景宁畲族自治县									
龙泉市	11014	5170	5844	10018	4900	5118	12086	6035	6051

1-5a 续表 8

单位：人

地　　区	45-49岁			50-54岁			55-59岁		
	小计	男	女	小计	男	女	小计	男	女
合计	**2845073**	**1477212**	**1367861**	**2684496**	**1383317**	**1301179**	**2174143**	**1102646**	**1071497**
杭州市	**651818**	**347651**	**304167**	**619042**	**323638**	**295404**	**549415**	**278215**	**271200**
上城区	25128	12686	12442	25554	12814	12740	26987	13487	13500
下城区	32493	16413	16080	31273	15625	15648	33943	16525	17418
江干区	94310	51435	42875	86051	45303	40748	78703	39588	39115
拱墅区	40335	20735	19600	39997	20174	19823	42377	20996	21381
西湖区	67984	35665	32319	63138	32378	30760	59737	29757	29980
滨江区	25274	13368	11906	25279	12701	12578	24889	11630	13259
萧山区	141461	76273	65188	138681	73385	65296	111014	57441	53573
余杭区	134488	73360	61128	119178	63465	55713	95141	48711	46430
富阳区	52371	27762	24609	51621	27634	23987	41700	21933	19767
临安区	26542	14304	12238	24643	13417	11226	21316	11375	9941
桐庐县									
淳安县									
建德市	11432	5650	5782	13627	6742	6885	13608	6772	6836
宁波市	**485705**	**249636**	**236069**	**468538**	**240938**	**227600**	**367222**	**186591**	**180631**
海曙区	77017	39553	37464	75144	38197	36947	60595	30768	29827
江北区	32396	16984	15412	32172	16634	15538	27681	13871	13810
北仑区	53291	28451	24840	47872	25796	22076	34411	17904	16507
镇海区	39436	20914	18522	38235	20515	17720	28928	15021	13907
鄞州区	75027	38242	36785	71420	35720	35700	61492	29483	32009
奉化区	28256	14323	13933	30573	15530	15043	23880	12196	11684
象山县									
宁海县									
余姚市	74796	38101	36695	69545	35713	33832	53063	27433	25630
慈溪市	105486	53068	52418	103577	52833	50744	77172	39915	37257
温州市	**449883**	**235742**	**214141**	**387059**	**202272**	**184787**	**296549**	**152919**	**143630**
鹿城区	93609	48626	44983	76488	38778	37710	67823	34160	33663
龙湾区	50861	28052	22809	44045	24402	19643	29541	16465	13076
瓯海区	75324	41131	34193	61211	33478	27733	43728	23753	19975
洞头区	6687	3360	3327	7047	3659	3388	5577	2737	2840
永嘉县									
平阳县									
苍南县									
文成县									
泰顺县									
瑞安市	99787	51172	48615	86607	44843	41764	66030	33486	32544
乐清市	82332	42765	39567	73103	37671	35432	53790	27139	26651
龙港市	41283	20636	20647	38558	19441	19117	30060	15179	14881
嘉兴市	**189898**	**97333**	**92565**	**182227**	**92850**	**89377**	**150446**	**74812**	**75634**
南湖区	49376	25441	23935	51643	26105	25538	47700	23743	23957
秀洲区	25109	13113	11996	23644	12291	11353	19145	9446	9699
嘉善县									
海盐县									
海宁市	40422	20966	19456	35562	18430	17132	29756	14979	14777
平湖市	24338	12235	12103	26271	13156	13115	21089	10154	10935
桐乡市	50653	25578	25075	45107	22868	22239	32756	16490	16266
湖州市	**57935**	**29816**	**28119**	**65667**	**32817**	**32850**	**57963**	**29085**	**28878**
吴兴区	41495	21155	20340	48216	23806	24410	44598	22034	22564
南浔区	16440	8661	7779	17451	9011	8440	13365	7051	6314
德清县									
长兴县									
安吉县									

1–5a 续表 9

单位：人

地区	45–49岁			50–54岁			55–59岁		
	小计	男	女	小计	男	女	小计	男	女
绍兴市	**280489**	**141345**	**139144**	**278125**	**138941**	**139184**	**224201**	**111394**	**112807**
越城区	70772	35468	35304	75255	37104	38151	64346	31039	33307
柯桥区	74750	39364	35386	74651	37948	36703	53695	27005	26690
上虞区	49779	24786	24993	47523	23857	23666	38531	19368	19163
新昌县									
诸暨市	52745	25492	27253	51501	25369	26132	41840	20769	21071
嵊州市	32443	16235	16208	29195	14663	14532	25789	13213	12576
金华市	**276653**	**143848**	**132805**	**244436**	**125213**	**119223**	**180159**	**91217**	**88942**
婺城区	54722	28457	26265	49346	25396	23950	41338	20990	20348
金东区	11141	5972	5169	10502	5477	5025	8861	4599	4262
武义县									
浦江县									
磐安县									
兰溪市	22446	11332	11114	24957	12513	12444	21427	10731	10696
义乌市	94464	49835	44629	80771	41539	39232	53756	27305	26451
东阳市	40593	19971	20622	35596	17366	18230	26670	12866	13804
永康市	53287	28281	25006	43264	22922	20342	28107	14726	13381
衢州市	**72404**	**36907**	**35497**	**67362**	**34608**	**32754**	**55746**	**28365**	**27381**
柯城区	35731	18349	17382	33162	17221	15941	28703	14478	14225
衢江区	13126	7135	5991	12311	6700	5611	9307	4997	4310
常山县									
开化县									
龙游县	120	65	55	114	58	56	134	58	76
江山市	23427	11358	12069	21775	10629	11146	17602	8832	8770
舟山市	**55628**	**28065**	**27563**	**59093**	**30312**	**28781**	**52485**	**26667**	**25818**
定海区	31343	15932	15411	31517	16185	15332	28239	14297	13942
普陀区	24285	12133	12152	27576	14127	13449	24246	12370	11876
岱山县									
嵊泗县									
台州市	**274582**	**140772**	**133810**	**262691**	**135708**	**126983**	**197635**	**101895**	**95740**
椒江区	54582	28000	26582	53873	28011	25862	41560	21180	20380
黄岩区	38824	20061	18763	36805	18887	17918	29095	14909	14186
路桥区	31008	15958	15050	30008	15446	14562	21471	11194	10277
三门县									
天台县									
仙居县									
温岭市	61428	31493	29935	56946	29293	27653	41765	21297	20468
临海市	39261	19329	19932	37289	18657	18632	29795	15017	14778
玉环市	49479	25931	23548	47770	25414	22356	33949	18298	15651
丽水市	**50078**	**26097**	**23981**	**50256**	**26020**	**24236**	**42322**	**21486**	**20836**
莲都区	34071	17954	16117	34271	17953	16318	29665	15132	14533
青田县									
缙云县									
遂昌县									
松阳县									
云和县									
庆元县									
景宁畲族自治县									
龙泉市	16007	8143	7864	15985	8067	7918	12657	6354	6303

1-5a 续表 10

单位：人

地区	60-64岁			65-69岁			70-74岁		
	小计	男	女	小计	男	女	小计	男	女
合计	**1498332**	**750896**	**747436**	**1275890**	**625628**	**650262**	**848182**	**413239**	**434943**
杭州市	**401065**	**198966**	**202099**	**331960**	**163080**	**168880**	**208296**	**102022**	**106274**
上城区	25174	12262	12912	22691	11057	11634	14641	7260	7381
下城区	31697	15346	16351	28666	13464	15202	19860	9611	10249
江干区	58372	28699	29673	45575	22527	23048	26156	12973	13183
拱墅区	36398	17834	18564	29614	14444	15170	18076	8985	9091
西湖区	45876	21886	23990	40142	19167	20975	25867	12440	13427
滨江区	19461	9172	10289	15328	7496	7832	9040	4447	4593
萧山区	74028	37339	36689	62509	30944	31565	42753	20793	21960
余杭区	60434	30556	29878	46927	23678	23249	27320	13385	13935
富阳区	27349	14484	12865	22786	11617	11169	14039	6931	7108
临安区	13295	6880	6415	10197	5022	5175	5562	2758	2804
桐庐县									
淳安县									
建德市	8981	4508	4473	7525	3664	3861	4982	2439	2543
宁波市	**263776**	**130861**	**132915**	**229637**	**111833**	**117804**	**156115**	**75314**	**80801**
海曙区	43840	21674	22166	39497	19247	20250	26672	13022	13650
江北区	21475	10544	10931	18577	8996	9581	11940	5796	6144
北仑区	22605	11132	11473	19347	9552	9795	12102	5843	6259
镇海区	19909	9903	10006	17211	8403	8808	11507	5466	6041
鄞州区	46733	22150	24583	41050	19671	21379	26053	12502	13551
奉化区	16020	8164	7856	14540	6958	7582	9656	4742	4914
象山县									
宁海县									
余姚市	38021	19012	19009	32693	15758	16935	23267	11116	12151
慈溪市	55173	28282	26891	46722	23248	23474	34918	16827	18091
温州市	**195937**	**99846**	**96091**	**167395**	**82955**	**84440**	**108914**	**53004**	**55910**
鹿城区	52743	26285	26458	43573	20976	22597	30152	14143	16009
龙湾区	17245	9006	8239	14943	7641	7302	9046	4520	4526
瓯海区	27657	14552	13105	23638	12004	11634	14527	7343	7184
洞头区	3970	1966	2004	3036	1460	1576	2052	926	1126
永嘉县									
平阳县									
苍南县									
文成县									
泰顺县									
瑞安市	42709	21769	20940	34436	17182	17254	22128	10603	11525
乐清市	33406	16761	16645	31113	15102	16011	20496	10044	10452
龙港市	18207	9507	8700	16656	8590	8066	10513	5425	5088
嘉兴市	**99265**	**49268**	**49997**	**89077**	**43487**	**45590**	**59468**	**29028**	**30440**
南湖区	33400	16435	16965	30444	14964	15480	20667	10062	10605
秀洲区	12025	5888	6137	10282	4979	5303	6608	3256	3352
嘉善县									
海盐县									
海宁市	20374	10254	10120	18336	8967	9369	12640	6132	6508
平湖市	13986	6732	7254	12387	5933	6454	8228	4071	4157
桐乡市	19480	9959	9521	17628	8644	8984	11325	5507	5818
湖州市	**38709**	**19748**	**18961**	**35956**	**17665**	**18291**	**23816**	**11746**	**12070**
吴兴区	31153	15651	15502	28141	13689	14452	18618	9247	9371
南浔区	7556	4097	3459	7815	3976	3839	5198	2499	2699
德清县									
长兴县									
安吉县									

1-5a　续表 11　　单位：人

地　区	60-64岁			65-69岁			70-74岁		
	小计	男	女	小计	男	女	小计	男	女
绍兴市	**155854**	**77780**	**78074**	**140990**	**68492**	**72498**	**101940**	**50350**	**51590**
越城区	47695	23308	24387	44327	21440	22887	32965	16642	16323
柯桥区	33358	16750	16608	29968	14990	14978	21420	10784	10636
上虞区	27883	13712	14171	25895	12284	13611	19161	9281	9880
新昌县									
诸暨市	27737	14138	13599	24361	11898	12463	17017	8223	8794
嵊州市	19181	9872	9309	16439	7880	8559	11377	5420	5957
金华市	**107485**	**54965**	**52520**	**92035**	**45926**	**46109**	**61033**	**30029**	**31004**
婺城区	27146	13638	13508	22095	10593	11502	14185	6817	7368
金东区	5781	2944	2837	4767	2409	2358	2893	1398	1495
武义县									
浦江县									
磐安县									
兰溪市	14331	7284	7047	14140	7035	7105	10295	5016	5279
义乌市	28788	15092	13696	23601	12292	11309	15019	7696	7323
东阳市	16585	8167	8418	13632	6770	6862	9425	4639	4786
永康市	14854	7840	7014	13800	6827	6973	9216	4463	4753
衢州市	**38986**	**19724**	**19262**	**32753**	**15821**	**16932**	**22767**	**11012**	**11755**
柯城区	20505	10176	10329	17226	8113	9113	12042	5676	6366
衢江区	6240	3293	2947	4840	2482	2358	2993	1529	1464
常山县									
开化县									
龙游县	105	52	53	117	62	55	77	42	35
江山市	12136	6203	5933	10570	5164	5406	7655	3765	3890
舟山市	**39286**	**19718**	**19568**	**29173**	**14052**	**15121**	**19108**	**8898**	**10210**
定海区	21699	10821	10878	16649	7949	8700	11379	5321	6058
普陀区	17587	8897	8690	12524	6103	6421	7729	3577	4152
岱山县									
嵊泗县									
台州市	**132170**	**66882**	**65288**	**105741**	**51809**	**53932**	**74290**	**35740**	**38550**
椒江区	27243	13562	13681	22469	11087	11382	15347	7582	7765
黄岩区	19526	9963	9563	16839	8274	8565	12193	5843	6350
路桥区	13108	6575	6533	11799	5790	6009	8150	4089	4061
三门县									
天台县									
仙居县									
温岭市	28537	14445	14092	22419	10961	11458	16366	7918	8448
临海市	22237	11112	11125	16973	8174	8799	12261	5686	6575
玉环市	21519	11225	10294	15242	7523	7719	9973	4622	5351
丽水市	**25799**	**13138**	**12661**	**21173**	**10508**	**10665**	**12435**	**6096**	**6339**
莲都区	18849	9530	9319	14948	7475	7473	8686	4252	4434
青田县									
缙云县									
遂昌县									
松阳县									
云和县									
庆元县									
景宁畲族自治县									
龙泉市	6950	3608	3342	6225	3033	3192	3749	1844	1905

1-5a 续表 12

单位：人

地区	75-79岁			80-84岁			85-89岁		
	小计	男	女	小计	男	女	小计	男	女
合计	**470249**	**226648**	**243601**	**329523**	**153238**	**176285**	**221756**	**98300**	**123456**
杭州市	**117852**	**54842**	**63010**	**87466**	**39773**	**47693**	**63114**	**28130**	**34984**
上城区	8717	4070	4647	7155	3161	3994	5875	2501	3374
下城区	12373	5758	6615	10403	4584	5819	8480	3896	4584
江干区	14458	6684	7774	10965	4877	6088	7764	3451	4313
拱墅区	10936	5002	5934	9240	4043	5197	6961	3024	3937
西湖区	15105	7026	8079	12427	5820	6607	8900	4202	4698
滨江区	4670	2065	2605	2981	1381	1600	2135	924	1211
萧山区	23533	11164	12369	14874	6979	7895	9909	4376	5533
余杭区	14900	6807	8093	9906	4552	5354	6344	2751	3593
富阳区	7422	3547	3875	4960	2329	2631	3777	1679	2098
临安区	2769	1310	1459	2091	956	1135	1507	654	853
桐庐县									
淳安县									
建德市	2969	1409	1560	2464	1091	1373	1462	672	790
宁波市	**84121**	**40751**	**43370**	**51571**	**24638**	**26933**	**37492**	**16867**	**20625**
海曙区	14388	7059	7329	9280	4413	4867	6658	2921	3737
江北区	6366	3117	3249	3938	1841	2097	2793	1263	1530
北仑区	6681	3382	3299	3793	1845	1948	2609	1146	1463
镇海区	6497	3125	3372	4097	1948	2149	2833	1286	1547
鄞州区	13596	6650	6946	8572	4119	4453	6167	2810	3357
奉化区	4708	2380	2328	2949	1428	1521	2169	987	1182
象山县									
宁海县									
余姚市	12432	6013	6419	7643	3654	3989	5728	2627	3101
慈溪市	19453	9025	10428	11299	5390	5909	8535	3827	4708
温州市	**59964**	**29070**	**30894**	**44328**	**20609**	**23719**	**25479**	**10930**	**14549**
鹿城区	16411	7383	9028	12787	5605	7182	7651	3344	4307
龙湾区	4977	2475	2502	3587	1703	1884	2204	948	1256
瓯海区	7312	3581	3731	5449	2551	2898	3442	1435	2007
洞头区	1366	626	740	913	424	489	497	185	312
永嘉县									
平阳县									
苍南县									
文成县									
泰顺县									
瑞安市	12265	6026	6239	9008	4202	4806	4811	2026	2785
乐清市	11738	5884	5854	8377	4104	4273	4954	2195	2759
龙港市	5895	3095	2800	4207	2020	2187	1920	797	1123
嘉兴市	**36088**	**17355**	**18733**	**23441**	**10494**	**12947**	**14726**	**6163**	**8563**
南湖区	13217	6415	6802	9143	4112	5031	5877	2514	3363
秀洲区	3773	1869	1904	2349	1064	1285	1400	569	831
嘉善县									
海盐县									
海宁市	7103	3473	3630	4560	2005	2555	2936	1184	1752
平湖市	5344	2541	2803	3240	1443	1797	2156	883	1273
桐乡市	6651	3057	3594	4149	1870	2279	2357	1013	1344
湖州市	**13188**	**6262**	**6926**	**9606**	**4384**	**5222**	**6151**	**2816**	**3335**
吴兴区	10620	4997	5623	7749	3530	4219	4993	2341	2652
南浔区	2568	1265	1303	1857	854	1003	1158	475	683
德清县									
长兴县									
安吉县									

1-5a　续表 13

单位：人

地　区	75-79岁			80-84岁			85-89岁		
	小计	男	女	小计	男	女	小计	男	女
绍兴市	**53171**	**26901**	**26270**	**32391**	**15726**	**16665**	**22327**	**10059**	**12268**
越城区	17896	9271	8625	10896	5342	5554	7550	3409	4141
柯桥区	11337	6034	5303	6652	3322	3330	4238	1946	2292
上虞区	10586	5005	5581	6174	2891	3283	4294	1832	2462
新昌县									
诸暨市	8060	3990	4070	5117	2544	2573	3744	1749	1995
嵊州市	5292	2601	2691	3552	1627	1925	2501	1123	1378
金华市	**32399**	**16169**	**16230**	**24668**	**11608**	**13060**	**15847**	**7166**	**8681**
婺城区	7524	3517	4007	6670	2928	3742	4209	2050	2159
金东区	1511	712	799	1223	555	668	715	302	413
武义县									
浦江县									
磐安县									
兰溪市	5477	2741	2736	4086	1897	2189	2553	1090	1463
义乌市	7882	4124	3758	5632	2783	2849	3741	1650	2091
东阳市	5239	2629	2610	3673	1799	1874	2442	1106	1336
永康市	4766	2446	2320	3384	1646	1738	2187	968	1219
衢州市	**12078**	**5834**	**6244**	**9693**	**4603**	**5090**	**6491**	**3044**	**3447**
柯城区	6671	3131	3540	5488	2597	2891	3607	1715	1892
衢江区	1512	733	779	1056	486	570	745	332	413
常山县									
开化县									
龙游县	25	15	10	32	19	13	15	8	7
江山市	3870	1955	1915	3117	1501	1616	2124	989	1135
舟山市	**11289**	**5061**	**6228**	**7689**	**3445**	**4244**	**4915**	**2087**	**2828**
定海区	6584	3025	3559	4415	2049	2366	2945	1294	1651
普陀区	4705	2036	2669	3274	1396	1878	1970	793	1177
岱山县									
嵊泗县									
台州市	**43576**	**21092**	**22484**	**32671**	**15004**	**17667**	**21337**	**9105**	**12232**
椒江区	9446	4533	4913	6714	3140	3574	4329	1906	2423
黄岩区	6504	3138	3366	5309	2418	2891	3407	1414	1993
路桥区	4224	2223	2001	3312	1517	1795	2212	900	1312
三门县									
天台县									
仙居县									
温岭市	10029	4962	5067	7470	3561	3909	4911	2070	2841
临海市	6734	3295	3439	5044	2251	2793	3397	1542	1855
玉环市	6639	2941	3698	4822	2117	2705	3081	1273	1808
丽水市	**6523**	**3311**	**3212**	**5999**	**2954**	**3045**	**3877**	**1933**	**1944**
莲都区	4462	2258	2204	3909	1922	1987	2549	1241	1308
青田县									
缙云县									
遂昌县									
松阳县									
云和县									
庆元县									
景宁畲族自治县									
龙泉市	2061	1053	1008	2090	1032	1058	1328	692	636

1-5a 续表 14

单位：人

地区	90-94岁			95-99岁			100岁及以上		
	小计	男	女	小计	男	女	小计	男	女
合计	**74269**	**30450**	**43819**	**14803**	**5326**	**9477**	**1435**	**457**	**978**
杭州市	**21984**	**9135**	**12849**	**4413**	**1604**	**2809**	**498**	**156**	**342**
上城区	2149	896	1253	465	185	280	60	19	41
下城区	3105	1393	1712	595	238	357	70	23	47
江干区	2704	1081	1623	612	229	383	76	21	55
拱墅区	2303	968	1335	449	164	285	54	18	36
西湖区	2962	1400	1562	596	270	326	55	21	34
滨江区	693	262	431	113	38	75	13	4	9
萧山区	3668	1410	2258	744	216	528	103	36	67
余杭区	2124	795	1329	414	111	303	32	5	27
富阳区	1334	525	809	248	86	162	24	7	17
临安区	509	197	312	87	34	53	8	1	7
桐庐县									
淳安县									
建德市	433	208	225	90	33	57	3	1	2
宁波市	**12490**	**5139**	**7351**	**2616**	**961**	**1655**	**209**	**59**	**150**
海曙区	2189	958	1231	469	193	276	42	18	24
江北区	924	362	562	205	73	132	16	6	10
北仑区	927	358	569	234	81	153	15	5	10
镇海区	874	380	494	183	71	112	18	4	14
鄞州区	1996	857	1139	394	143	251	30	10	20
奉化区	639	283	356	111	45	66	9	2	7
象山县									
宁海县									
余姚市	1935	757	1178	434	155	279	26	5	21
慈溪市	3006	1184	1822	586	200	386	53	9	44
温州市	**8758**	**3546**	**5212**	**1884**	**688**	**1196**	**185**	**59**	**126**
鹿城区	2597	1087	1510	534	220	314	51	15	36
龙湾区	742	312	430	166	53	113	14	3	11
瓯海区	1130	472	658	239	82	157	26	10	16
洞头区	146	43	103	19	4	15	1		1
永嘉县									
平阳县									
苍南县									
文成县									
泰顺县									
瑞安市	1640	656	984	309	119	190	23	4	19
乐清市	1778	718	1060	464	162	302	55	22	33
龙港市	725	258	467	153	48	105	15	5	10
嘉兴市	**4929**	**1827**	**3102**	**926**	**275**	**651**	**92**	**26**	**66**
南湖区	1893	764	1129	342	106	236	36	13	23
秀洲区	448	173	275	88	41	47	6	3	3
嘉善县									
海盐县									
海宁市	1063	375	688	198	56	142	15	1	14
平湖市	733	256	477	152	34	118	19	4	15
桐乡市	792	259	533	146	38	108	16	5	11
湖州市	**1927**	**792**	**1135**	**341**	**136**	**205**	**25**	**9**	**16**
吴兴区	1582	654	928	278	112	166	21	9	12
南浔区	345	138	207	63	24	39	4		4
德清县									
长兴县									
安吉县									

1–5a　续表 15　　　　单位：人

地　区	90–94岁			95–99岁			100岁及以上		
	小计	男	女	小计	男	女	小计	男	女
绍兴市	**7205**	**2957**	**4248**	**1419**	**495**	**924**	**115**	**39**	**76**
越城区	2580	1109	1471	463	179	284	34	15	19
柯桥区	1395	531	864	314	101	213	35	11	24
上虞区	1373	504	869	237	64	173	21	5	16
新昌县									
诸暨市	1158	499	659	288	103	185	15	5	10
嵊州市	699	314	385	117	48	69	10	3	7
金华市	**5096**	**2121**	**2975**	**989**	**336**	**653**	**83**	**28**	**55**
婺城区	1338	655	683	226	82	144	17	7	10
金东区	208	74	134	34	7	27	7	2	5
武义县									
浦江县									
磐安县									
兰溪市	860	338	522	165	55	110	17	3	14
义乌市	1267	482	785	292	93	199	19	7	12
东阳市	797	331	466	151	55	96	11	4	7
永康市	626	241	385	121	44	77	12	5	7
衢州市	**2230**	**984**	**1246**	**387**	**163**	**224**	**29**	**5**	**24**
柯城区	1163	533	630	205	93	112	14	4	10
衢江区	263	107	156	39	12	27	3		3
常山县									
开化县									
龙游县	4	2	2	1		1			
江山市	800	342	458	142	58	84	12	1	11
舟山市	**1625**	**631**	**994**	**319**	**119**	**200**	**17**	**8**	**9**
定海区	968	383	585	205	79	126	11	5	6
普陀区	657	248	409	114	40	74	6	3	3
岱山县									
嵊泗县									
台州市	**6725**	**2689**	**4036**	**1298**	**458**	**840**	**155**	**55**	**100**
椒江区	1411	568	843	251	66	185	23	6	17
黄岩区	1136	474	662	209	83	126	30	12	18
路桥区	721	262	459	129	37	92	17	12	5
三门县									
天台县									
仙居县									
温岭市	1550	588	962	300	116	184	30	6	24
临海市	1075	489	586	234	92	142	30	11	19
玉环市	832	308	524	175	64	111	25	8	17
丽水市	**1300**	**629**	**671**	**211**	**91**	**120**	**27**	**13**	**14**
莲都区	849	403	446	153	65	88	20	9	11
青田县									
缙云县									
遂昌县									
松阳县									
云和县									
庆元县									
景宁畲族自治县									
龙泉市	451	226	225	58	26	32	7	4	3

1-5b 各地区分年龄、性别的人口(镇)

单位：人

地 区	合 计			0岁		
	合计	男	女	小计	男	女
合计	**13514673**	**7069220**	**6445453**	**94022**	**49495**	**44527**
杭州市	**1055239**	**547712**	**507527**	**8097**	**4200**	**3897**
上城区						
下城区						
江干区						
拱墅区						
西湖区	473	231	242	8	4	4
滨江区						
萧山区	124680	70316	54364	723	368	355
余杭区	270466	144378	126088	2304	1173	1131
富阳区	28155	14855	13300	190	97	93
临安区	70534	36120	34414	447	222	225
桐庐县	318780	161960	156820	2532	1334	1198
淳安县	153611	75645	77966	1224	666	558
建德市	88540	44207	44333	669	336	333
宁波市	**1895604**	**997742**	**897862**	**12705**	**6741**	**5964**
海曙区	27165	13710	13455	110	64	46
江北区						
北仑区	51660	29604	22056	314	158	156
镇海区	39005	21730	17275	312	160	152
鄞州区	297089	155813	141276	2224	1188	1036
奉化区	54061	27891	26170	264	145	119
象山县	348453	174035	174418	2172	1161	1011
宁海县	437960	225693	212267	3360	1796	1564
余姚市	244595	127326	117269	1469	785	684
慈溪市	395616	221940	173676	2480	1284	1196
温州市	**2236307**	**1175610**	**1060697**	**16867**	**9040**	**7827**
鹿城区	6896	3637	3259	62	32	30
龙湾区	248220	142744	105476	1645	884	761
瓯海区	16124	8846	7278	91	47	44
洞头区	7571	3772	3799	51	22	29
永嘉县	482975	257677	225298	3598	1967	1631
平阳县	532286	274586	257700	3991	2137	1854
苍南县	575197	296769	278428	4674	2522	2152
文成县	125062	63612	61450	839	431	408
泰顺县	119245	60305	58940	1054	555	499
瑞安市	33991	16902	17089	203	101	102
乐清市	70497	37253	33244	481	256	225
龙港市	18243	9507	8736	178	86	92
嘉兴市	**1615301**	**856158**	**759143**	**11270**	**5775**	**5495**
南湖区	56312	29804	26508	413	208	205
秀洲区	144445	76026	68419	1233	637	596
嘉善县	473639	252393	221246	3201	1653	1548
海盐县	297920	153506	144414	2071	1057	1014
海宁市	328303	179279	149024	2196	1115	1081
平湖市	156975	83362	73613	1084	544	540
桐乡市	157707	81788	75919	1072	561	511
湖州市	**1465543**	**761462**	**704081**	**9526**	**4927**	**4599**
吴兴区	207609	109943	97666	1137	605	532
南浔区	131316	67247	64069	800	427	373
德清县	341128	178107	163021	2210	1154	1056
长兴县	430311	219240	211071	2854	1468	1386
安吉县	355179	186925	168254	2525	1273	1252

1-5b　续表 1

单位：人

地　区	合　计			0岁		
	合计	男	女	小计	男	女
绍兴市	**665897**	**349609**	**316288**	**3839**	**2026**	**1813**
越城区	4023	2019	2004	25	16	9
柯桥区	114194	66886	47308	446	233	213
上虞区	48168	24158	24010	235	125	110
新昌县	261282	133062	128220	1834	962	872
诸暨市	173861	90143	83718	1032	545	487
嵊州市	64369	33341	31028	267	145	122
金华市	**1556545**	**825660**	**730885**	**11370**	**5977**	**5393**
婺城区	75197	38349	36848	682	351	331
金东区	162139	89503	72636	1040	513	527
武义县	287898	153276	134622	2390	1244	1146
浦江县	209274	107781	101493	1429	778	651
磐安县	93187	47116	46071	630	314	316
兰溪市	65110	33419	31691	440	236	204
义乌市	297234	161394	135840	2018	1080	938
东阳市	275666	145790	129876	2072	1104	968
永康市	90840	49032	41808	669	357	312
衢州市	**556484**	**282672**	**273812**	**3889**	**2027**	**1862**
柯城区	11937	6205	5732	95	45	50
衢江区	33208	16981	16227	234	131	103
常山县	127705	65130	62575	934	475	459
开化县	131023	63741	67282	1021	562	459
龙游县	184611	96230	88381	1076	552	524
江山市	68000	34385	33615	529	262	267
舟山市	**236349**	**134450**	**101899**	**887**	**460**	**427**
定海区	30300	15628	14672	177	100	77
普陀区	19312	10298	9014	76	36	40
岱山县	142851	86254	56597	460	226	234
嵊泗县	43886	22270	21616	174	98	76
台州市	**1240565**	**638283**	**602282**	**8665**	**4669**	**3996**
椒江区	5276	3198	2078	34	19	15
黄岩区	36301	18110	18191	253	127	126
路桥区	105513	56235	49278	665	364	301
三门县	202924	104356	98568	1505	802	703
天台县	251383	126927	124456	1932	1059	873
仙居县	223978	112818	111160	1716	920	796
温岭市	265945	140071	125874	1441	772	669
临海市	133663	68328	65335	965	529	436
玉环市	15582	8240	7342	154	77	77
丽水市	**990839**	**499862**	**490977**	**6907**	**3653**	**3254**
莲都区	20832	11052	9780	155	82	73
青田县	270319	136315	134004	1470	776	694
缙云县	230304	116244	114060	1781	939	842
遂昌县	106969	53667	53302	718	373	345
松阳县	97751	48898	48853	801	426	375
云和县	94499	48979	45520	716	394	322
庆元县	90524	45199	45325	688	366	322
景宁畲族自治县	64616	31802	32814	479	244	235
龙泉市	15025	7706	7319	99	53	46

1-5b 续表 2

单位：人

地区	1-4岁			5-9岁			10-14岁		
	小计	男	女	小计	男	女	小计	男	女
合计	**537238**	**283079**	**254159**	**678631**	**361811**	**316820**	**638052**	**340190**	**297862**
杭州市	**44313**	**23015**	**21298**	**51491**	**26820**	**24671**	**43695**	**22610**	**21085**
上城区									
下城区									
江干区									
拱墅区									
西湖区	21	10	11	19	12	7	18	8	10
滨江区									
萧山区	3747	1910	1837	4416	2345	2071	3913	2110	1803
余杭区	12251	6442	5809	13704	7228	6476	10611	5631	4980
富阳区	872	450	422	913	469	444	989	507	482
临安区	2397	1256	1141	3155	1578	1577	3083	1510	1573
桐庐县	13957	7261	6696	16700	8732	7968	13907	7202	6705
淳安县	7469	3854	3615	8328	4253	4075	7379	3789	3590
建德市	3599	1832	1767	4256	2203	2053	3795	1853	1942
宁波市	**68090**	**36042**	**32048**	**88509**	**47626**	**40883**	**79640**	**42954**	**36686**
海曙区	667	374	293	888	490	398	966	529	437
江北区									
北仑区	1800	936	864	2025	1089	936	1570	860	710
镇海区	1475	782	693	1678	891	787	1409	761	648
鄞州区	11195	5919	5276	13340	7156	6184	11117	6061	5056
奉化区	1593	858	735	2184	1171	1013	2331	1161	1170
象山县	12364	6450	5914	19262	10151	9111	18821	9991	8830
宁海县	19237	10319	8918	24211	13305	10906	24395	13445	10950
余姚市	7487	3898	3589	10146	5469	4677	8570	4507	4063
慈溪市	12272	6506	5766	14775	7904	6871	10461	5639	4822
温州市	**97809**	**52555**	**45254**	**134307**	**73623**	**60684**	**131899**	**72613**	**59286**
鹿城区	276	148	128	355	189	166	382	218	164
龙湾区	8399	4585	3814	11011	6158	4853	8680	5007	3673
瓯海区	394	202	192	570	317	253	653	358	295
洞头区	311	153	158	385	211	174	441	239	202
永嘉县	21436	11619	9817	28099	15647	12452	28981	16170	12811
平阳县	22972	12351	10621	32568	17657	14911	31044	16703	14341
苍南县	27094	14492	12602	37875	20841	17034	38131	21459	16672
文成县	5695	3013	2682	8431	4455	3976	8914	4678	4236
泰顺县	6428	3382	3046	8433	4515	3918	8327	4291	4036
瑞安市	1104	580	524	1690	897	793	1899	984	915
乐清市	2844	1543	1301	3696	2069	1627	3358	1860	1498
龙港市	856	487	369	1194	667	527	1089	646	443
嘉兴市	**59332**	**30984**	**28348**	**71577**	**37860**	**33717**	**59716**	**31324**	**28392**
南湖区	2155	1095	1060	2386	1266	1120	2183	1132	1051
秀洲区	5881	3173	2708	6582	3516	3066	5610	2936	2674
嘉善县	17642	9214	8428	22802	12121	10681	18559	9741	8818
海盐县	11758	6150	5608	14767	7841	6926	12879	6770	6109
海宁市	10948	5657	5291	12301	6519	5782	9808	5186	4622
平湖市	5374	2805	2569	6391	3356	3035	5573	2916	2657
桐乡市	5574	2890	2684	6348	3241	3107	5104	2643	2461
湖州市	**54050**	**28086**	**25964**	**64998**	**33962**	**31036**	**54202**	**28199**	**26003**
吴兴区	5582	2917	2665	6150	3176	2974	4353	2277	2076
南浔区	4244	2260	1984	5268	2748	2520	4718	2456	2262
德清县	12683	6595	6088	15795	8228	7567	13111	6785	6326
长兴县	17117	8777	8340	20628	10838	9790	17990	9423	8567
安吉县	14424	7537	6887	17157	8972	8185	14030	7258	6772

1-5b　续表 3　　　　单位：人

地　区	1-4岁			5-9岁			10-14岁		
	小计	男	女	小计	男	女	小计	男	女
绍兴市	**21859**	**11363**	**10496**	**26898**	**14117**	**12781**	**26451**	**13749**	**12702**
越城区	111	57	54	132	70	62	144	79	65
柯桥区	2204	1109	1095	2400	1276	1124	2201	1177	1024
上虞区	1332	692	640	1585	823	762	1745	873	872
新昌县	11001	5775	5226	13461	6993	6468	13195	6806	6389
诸暨市	5732	2954	2778	7468	4004	3464	7170	3798	3372
嵊州市	1479	776	703	1852	951	901	1996	1016	980
金华市	**67440**	**35870**	**31570**	**80556**	**43502**	**37054**	**68708**	**37421**	**31287**
婺城区	3952	2064	1888	4668	2443	2225	3828	1978	1850
金东区	6521	3477	3044	7653	3997	3656	5686	3074	2612
武义县	13978	7316	6662	16865	9031	7834	12963	6812	6151
浦江县	8968	4829	4139	11464	6317	5147	11329	6441	4888
磐安县	4589	2403	2186	5142	2674	2468	5129	2705	2424
兰溪市	2336	1204	1132	2625	1393	1232	2791	1498	1293
义乌市	11080	6031	5049	12363	6800	5563	9904	5625	4279
东阳市	11892	6344	5548	14549	7953	6596	12916	6990	5926
永康市	4124	2202	1922	5227	2894	2333	4162	2298	1864
衢州市	**23628**	**12241**	**11387**	**29103**	**14927**	**14176**	**29335**	**14997**	**14338**
柯城区	470	243	227	467	220	247	427	232	195
衢江区	1062	555	507	1310	693	617	1411	692	719
常山县	5654	2909	2745	7246	3758	3488	6585	3359	3226
开化县	6542	3439	3103	7915	4116	3799	8511	4395	4116
龙游县	7109	3674	3435	8795	4429	4366	8745	4527	4218
江山市	2791	1421	1370	3370	1711	1659	3656	1792	1864
舟山市	**4946**	**2590**	**2356**	**6818**	**3527**	**3291**	**6749**	**3497**	**3252**
定海区	972	521	451	1215	657	558	1172	648	524
普陀区	362	192	170	515	272	243	479	285	194
岱山县	2615	1380	1235	3739	1914	1825	3664	1828	1836
嵊泗县	997	497	500	1349	684	665	1434	736	698
台州市	**52043**	**27682**	**24361**	**65588**	**35549**	**30039**	**71857**	**39044**	**32813**
椒江区	175	99	76	182	97	85	117	60	57
黄岩区	1334	691	643	1725	899	826	1895	988	907
路桥区	3512	1865	1647	4798	2585	2213	4982	2660	2322
三门县	9715	5182	4533	12229	6732	5497	12685	6958	5727
天台县	11953	6345	5608	14383	7732	6651	16436	9016	7420
仙居县	10660	5679	4981	12537	6772	5765	15448	8386	7062
温岭市	8377	4463	3914	11716	6263	5453	11172	5877	5295
临海市	5662	3022	2640	7183	3990	3193	8368	4685	3683
玉环市	655	336	319	835	479	356	754	414	340
丽水市	**43728**	**22651**	**21077**	**58786**	**30298**	**28488**	**65800**	**33782**	**32018**
莲都区	839	443	396	1268	633	635	1307	673	634
青田县	10948	5753	5195	17092	8897	8195	20238	10477	9761
缙云县	11232	5792	5440	14209	7327	6882	15730	8173	7557
遂昌县	4371	2212	2159	5501	2799	2702	5829	2965	2864
松阳县	4435	2295	2140	5325	2747	2578	5390	2768	2622
云和县	4172	2164	2008	5156	2695	2461	5137	2616	2521
庆元县	4279	2231	2048	5317	2697	2620	6044	3116	2928
景宁畲族自治县	2893	1475	1418	4192	2129	2063	5237	2565	2672
龙泉市	559	286	273	726	374	352	888	429	459

1-5b 续表 4

单位：人

地区	15-19岁			20-24岁			25-29岁		
	小计	男	女	小计	男	女	小计	男	女
合计	**649657**	**353767**	**295890**	**646476**	**369893**	**276583**	**968317**	**529977**	**438340**
杭州市	**46088**	**25046**	**21042**	**50982**	**28477**	**22505**	**74275**	**40289**	**33986**
上城区									
下城区									
江干区									
拱墅区									
西湖区	10	6	4	20	11	9	46	18	28
滨江区									
萧山区	4117	2433	1684	8427	5550	2877	10942	6824	4118
余杭区	10121	5797	4324	13881	8192	5689	23158	12781	10377
富阳区	437	247	190	1116	610	506	1586	884	702
临安区	2843	1471	1372	2181	1170	1011	3681	1980	1701
桐庐县	16149	8616	7533	18334	9478	8856	22047	11580	10467
淳安县	8191	4195	3996	4624	2214	2410	8485	4057	4428
建德市	4220	2281	1939	2399	1252	1147	4330	2165	2165
宁波市	**78488**	**43472**	**35016**	**99675**	**59441**	**40234**	**142454**	**80177**	**62277**
海曙区	1791	841	950	803	441	362	1383	739	644
江北区									
北仑区	1573	1073	500	5405	3678	1727	7317	4642	2675
镇海区	765	476	289	1957	1244	713	3236	1897	1339
鄞州区	11208	5975	5233	14758	8525	6233	23651	12808	10843
奉化区	1900	1012	888	2287	1277	1010	3186	1770	1416
象山县	15695	8218	7477	12185	6506	5679	18803	9665	9138
宁海县	18886	10306	8580	18810	10679	8131	29149	15690	13459
余姚市	6911	3969	2942	12154	6948	5206	17452	9634	7818
慈溪市	19759	11602	8157	31316	20143	11173	38277	23332	14945
温州市	**124766**	**69193**	**55573**	**93010**	**53938**	**39072**	**163110**	**88475**	**74635**
鹿城区	198	101	97	267	168	99	475	267	208
龙湾区	16709	10233	6476	19474	12399	7075	25179	15279	9900
瓯海区	1040	578	462	768	447	321	1094	667	427
洞头区	189	118	71	208	118	90	322	166	156
永嘉县	29075	16170	12905	23047	13178	9869	36696	19957	16739
平阳县	28725	15637	13088	16137	9141	6996	35856	18951	16905
苍南县	28400	15866	12534	18745	10573	8172	40174	20894	19280
文成县	6842	3467	3375	4222	2227	1995	6441	3391	3050
泰顺县	7181	3638	3543	3762	1990	1772	6894	3433	3461
瑞安市	3045	1493	1552	1142	582	560	1573	801	772
乐清市	2862	1611	1251	4425	2654	1771	6998	3912	3086
龙港市	500	281	219	813	461	352	1408	757	651
嘉兴市	**53128**	**30065**	**23063**	**96387**	**55608**	**40779**	**139231**	**77936**	**61295**
南湖区	1097	692	405	3078	1784	1294	4657	2559	2098
秀洲区	3616	2107	1509	9188	5243	3945	13258	7196	6062
嘉善县	17988	10313	7675	30640	18177	12463	44111	25161	18950
海盐县	11705	6313	5392	13537	7764	5773	21855	11839	10016
海宁市	11597	6619	4978	24437	13757	10680	29917	17219	12698
平湖市	2922	1649	1273	7419	4381	3038	12962	7266	5696
桐乡市	4203	2372	1831	8088	4502	3586	12471	6696	5775
湖州市	**66806**	**36072**	**30734**	**73810**	**41446**	**32364**	**118575**	**63011**	**55564**
吴兴区	6285	3603	2682	14952	8696	6256	27832	14941	12891
南浔区	4621	2306	2315	4459	2444	2015	7830	4153	3677
德清县	14770	8342	6428	16927	9687	7240	24495	13128	11367
长兴县	20005	10320	9685	19014	10364	8650	30342	15690	14652
安吉县	21125	11501	9624	18458	10255	8203	28076	15099	12977

1-5b 续表 5

单位：人

地 区	15-19岁			20-24岁			25-29岁		
	小计	男	女	小计	男	女	小计	男	女
绍兴市	**30563**	**16442**	**14121**	**27059**	**15811**	**11248**	**40431**	**22682**	**17749**
越城区	52	32	20	151	85	66	218	109	109
柯桥区	3730	2286	1444	6810	4536	2274	9863	6298	3565
上虞区	1452	745	707	1788	992	796	2508	1302	1206
新昌县	11381	6080	5301	8970	4860	4110	14294	7528	6766
诸暨市	10539	5580	4959	7627	4382	3245	11000	6025	4975
嵊州市	3409	1719	1690	1713	956	757	2548	1420	1128
金华市	**77798**	**42712**	**35086**	**89792**	**51883**	**37909**	**126639**	**70186**	**56453**
婺城区	5664	2909	2755	2297	1227	1070	4077	2046	2031
金东区	6841	3905	2936	12495	7596	4899	15586	9062	6524
武义县	10534	6043	4491	16547	9473	7074	23534	12729	10805
浦江县	13077	7455	5622	8685	4741	3944	15024	7951	7073
磐安县	5153	2665	2488	3380	1801	1579	4896	2496	2400
兰溪市	2780	1228	1552	2044	1232	812	3080	1715	1365
义乌市	14398	8281	6117	23258	13631	9627	31281	17695	13586
东阳市	15793	8162	7631	15096	8641	6455	21946	12449	9497
永康市	3558	2064	1494	5990	3541	2449	7215	4043	3172
衢州市	**32022**	**16563**	**15459**	**17338**	**9283**	**8055**	**27161**	**14223**	**12938**
柯城区	213	136	77	544	311	233	733	395	338
衢江区	2032	966	1066	932	507	425	1260	658	602
常山县	7294	3789	3505	3664	1869	1795	6104	3161	2943
开化县	7887	4083	3804	3854	1839	2015	6231	2968	3263
龙游县	11200	5972	5228	6491	3772	2719	9993	5526	4467
江山市	3396	1617	1779	1853	985	868	2840	1515	1325
舟山市	**6012**	**3239**	**2773**	**8181**	**5420**	**2761**	**12934**	**8565**	**4369**
定海区	1141	575	566	990	566	424	1606	904	702
普陀区	245	130	115	554	287	267	899	498	401
岱山县	3544	1984	1560	5645	4006	1639	8577	6164	2413
嵊泗县	1082	550	532	992	561	431	1852	999	853
台州市	**78093**	**42111**	**35982**	**52058**	**28661**	**23397**	**71575**	**38099**	**33476**
椒江区	190	146	44	492	350	142	577	363	214
黄岩区	1622	799	823	1360	711	649	1875	981	894
路桥区	6591	3537	3054	5515	3239	2276	7304	4201	3103
三门县	13656	7485	6171	7284	4007	3277	10184	5283	4901
天台县	19953	10882	9071	10263	5435	4828	13629	6989	6640
仙居县	20502	10816	9686	9731	4961	4770	13776	6975	6801
温岭市	9382	5014	4368	10986	6485	4501	15934	9002	6932
临海市	5917	3265	2652	5790	3114	2676	7212	3709	3503
玉环市	280	167	113	637	359	278	1084	596	488
丽水市	**55893**	**28852**	**27041**	**38184**	**19925**	**18259**	**51932**	**26334**	**25598**
莲都区	389	213	176	635	341	294	949	524	425
青田县	16805	8819	7986	13025	6944	6081	17705	9245	8460
缙云县	13458	7143	6315	8398	4454	3944	11016	5619	5397
遂昌县	5934	3101	2833	3736	1852	1884	5139	2533	2606
松阳县	6433	2881	3552	3507	1753	1754	4944	2461	2483
云和县	3665	1935	1730	3639	1973	1666	4923	2551	2372
庆元县	4970	2530	2440	2888	1423	1465	4184	1926	2258
景宁畲族自治县	4038	2109	1929	1949	963	986	2623	1252	1371
龙泉市	201	121	80	407	222	185	449	223	226

1–5b 续表 6 单位：人

地 区	30–34岁			35–39岁			40–44岁		
	小计	男	女	小计	男	女	小计	男	女
合计	**1282700**	**682198**	**600502**	**1093135**	**569919**	**523216**	**1099279**	**564195**	**535084**
杭州市	**107606**	**56245**	**51361**	**82110**	**42342**	**39768**	**81995**	**41837**	**40158**
上城区									
下城区									
江干区									
拱墅区									
西湖区	45	22	23	35	17	18	30	15	15
滨江区									
萧山区	14116	8427	5689	10062	5929	4133	9961	5519	4442
余杭区	34253	18397	15856	25386	13616	11770	21291	11581	9710
富阳区	1794	1010	784	1555	846	709	1934	1015	919
临安区	5490	2792	2698	5219	2596	2623	5461	2822	2639
桐庐县	32348	16290	16058	24383	12213	12170	23697	11786	11911
淳安县	13054	6082	6972	10064	4505	5559	13904	6323	7581
建德市	6506	3225	3281	5406	2620	2786	5717	2776	2941
宁波市	**192209**	**103318**	**88891**	**162544**	**85011**	**77533**	**156238**	**80090**	**76148**
海曙区	1744	911	833	1478	752	726	1630	814	816
江北区									
北仑区	8227	4941	3286	4970	2806	2164	3356	1832	1524
镇海区	4467	2562	1905	3179	1841	1338	3178	1770	1408
鄞州区	32242	17229	15013	25521	13465	12056	23648	12537	11111
奉化区	4029	2122	1907	3881	1913	1968	4139	2045	2094
象山县	30626	14920	15706	32872	15785	17087	31414	15090	16324
宁海县	40955	21069	19886	39019	19434	19585	39159	19188	19971
余姚市	22465	12009	10456	17593	9383	8210	18290	9382	8908
慈溪市	47454	27555	19899	34031	19632	14399	31424	17432	13992
温州市	**194190**	**103170**	**91020**	**194728**	**100634**	**94094**	**199565**	**101747**	**97818**
鹿城区	586	309	277	623	334	289	561	279	282
龙湾区	30268	17759	12509	24350	14210	10140	22573	12724	9849
瓯海区	1592	885	707	1575	908	667	1677	910	767
洞头区	415	223	192	510	242	268	567	282	285
永嘉县	44479	23939	20540	45299	23877	21422	44528	23278	21250
平阳县	44657	23394	21263	44848	22748	22100	47434	23706	23728
苍南县	45144	22836	22308	49250	24182	25068	52337	25778	26559
文成县	8051	4027	4024	9406	4752	4654	9794	4826	4968
泰顺县	7683	3706	3977	8929	4220	4709	10113	4898	5215
瑞安市	1891	959	932	2221	1091	1130	2627	1313	1314
乐清市	8035	4369	3666	6451	3363	3088	5841	2989	2852
龙港市	1389	764	625	1266	707	559	1513	764	749
嘉兴市	**182568**	**99569**	**82999**	**127193**	**68778**	**58415**	**117126**	**61902**	**55224**
南湖区	5907	3236	2671	3963	2193	1770	3783	2007	1776
秀洲区	16366	8779	7587	11215	5987	5228	10708	5520	5188
嘉善县	56930	30986	25944	39358	20983	18375	34967	18394	16573
海盐县	29164	15159	14005	22397	11514	10883	20983	10835	10148
海宁市	40216	22726	17490	28201	16107	12094	25799	14292	11507
平湖市	18275	10227	8048	11358	6232	5126	9965	5355	4610
桐乡市	15710	8456	7254	10701	5762	4939	10921	5499	5422
湖州市	**165460**	**86873**	**78587**	**119626**	**62897**	**56729**	**111122**	**57458**	**53664**
吴兴区	41077	22119	18958	23139	12979	10160	17139	9013	8126
南浔区	11201	5879	5322	8131	4346	3785	9094	4676	4418
德清县	35296	18468	16828	27417	14286	13131	24802	12948	11854
长兴县	39441	19982	19459	31261	15555	15706	31752	15914	15838
安吉县	38445	20425	18020	29678	15731	13947	28335	14907	13428

1－5b　续表 7　　　　单位：人

地　区	30－34岁			35－39岁			40－44岁		
	小计	男	女	小计	男	女	小计	男	女
绍兴市	**54797**	**29718**	**25079**	**49796**	**26189**	**23607**	**56275**	**28750**	**27525**
越城区	299	161	138	194	96	98	254	120	134
柯桥区	12393	7709	4684	8967	5428	3539	10828	6141	4687
上虞区	3083	1600	1483	2723	1334	1389	3511	1731	1780
新昌县	21229	10822	10407	23308	11608	11700	24303	11900	12403
诸暨市	14939	7838	7101	11761	6178	5583	13284	6734	6550
嵊州市	2854	1588	1266	2843	1545	1298	4095	2124	1971
金华市	**160586**	**86463**	**74123**	**138179**	**73569**	**64610**	**140154**	**73596**	**66558**
婺城区	6527	3162	3365	6347	3132	3215	6518	3348	3170
金东区	19781	11248	8533	16203	9093	7110	15340	8396	6944
武义县	30298	16093	14205	25461	13650	11811	26868	14255	12613
浦江县	18060	9219	8841	17598	8769	8829	19534	9782	9752
磐安县	6031	2968	3063	6604	3108	3496	8147	3794	4353
兰溪市	4005	2144	1861	3582	1851	1731	4571	2326	2245
义乌市	39958	21977	17981	31793	17424	14369	27653	14792	12861
东阳市	26437	14323	12114	22853	12311	10542	23262	12408	10854
永康市	9489	5329	4160	7738	4231	3507	8261	4495	3766
衢州市	**36294**	**18432**	**17862**	**36855**	**17970**	**18885**	**42745**	**20707**	**22038**
柯城区	778	407	371	724	383	341	726	390	336
衢江区	1418	717	701	1438	720	718	1831	935	896
常山县	8734	4470	4264	8728	4268	4460	10161	4981	5180
开化县	8448	3905	4543	8386	3594	4792	10515	4588	5927
龙游县	13894	7416	6478	14378	7456	6922	15405	7790	7615
江山市	3022	1517	1505	3201	1549	1652	4107	2023	2084
舟山市	**21550**	**13817**	**7733**	**18564**	**11529**	**7035**	**18005**	**10725**	**7280**
定海区	2799	1479	1320	2441	1318	1123	2235	1177	1058
普陀区	1374	753	621	1538	878	660	1406	794	612
岱山县	14488	10154	4334	11460	7722	3738	11438	7294	4144
嵊泗县	2889	1431	1458	3125	1611	1514	2926	1460	1466
台州市	**97769**	**50691**	**47078**	**93672**	**47341**	**46331**	**93510**	**46692**	**46818**
椒江区	715	422	293	470	286	184	427	250	177
黄岩区	2628	1359	1269	2590	1344	1246	2427	1145	1282
路桥区	10012	5466	4546	8741	4789	3952	8707	4603	4104
三门县	15583	7864	7719	17133	8385	8748	15504	7535	7969
天台县	18702	9138	9564	19450	9299	10151	19810	9577	10233
仙居县	13440	6540	6900	13041	6080	6961	14211	6786	7425
温岭市	25685	14293	11392	21047	11576	9471	21547	11409	10138
临海市	9418	4702	4716	9726	4821	4905	9612	4746	4866
玉环市	1586	907	679	1474	761	713	1265	641	624
丽水市	**69671**	**33902**	**35769**	**69868**	**33659**	**36209**	**82544**	**40691**	**41853**
莲都区	1488	793	695	1548	818	730	1565	864	701
青田县	20322	10162	10160	19539	9560	9979	20609	10119	10490
缙云县	16555	8070	8485	16758	8033	8725	20352	9856	10496
遂昌县	7633	3637	3996	7563	3587	3976	8548	4166	4382
松阳县	7349	3562	3787	6221	2962	3259	8035	3958	4077
云和县	6849	3384	3465	7170	3587	3583	8374	4294	4080
庆元县	5218	2407	2811	6020	2877	3143	8155	4113	4042
景宁畲族自治县	3606	1573	2033	4290	1866	2424	5839	2768	3071
龙泉市	651	314	337	759	369	390	1067	553	514

1-5b 续表 8

单位：人

地区	45-49岁			50-54岁			55-59岁		
	小计	男	女	小计	男	女	小计	男	女
合计	**1278754**	**656748**	**622006**	**1272114**	**659746**	**612368**	**1018359**	**528924**	**489435**
杭州市	**92952**	**47915**	**45037**	**98261**	**51321**	**46940**	**87051**	**45333**	**41718**
上城区									
下城区									
江干区									
拱墅区									
西湖区	43	23	20	26	12	14	29	17	12
滨江区									
萧山区	12684	6914	5770	11947	6665	5282	8740	4820	3920
余杭区	23410	12627	10783	22502	12064	10438	18803	9691	9112
富阳区	2591	1372	1219	3074	1684	1390	2965	1615	1350
临安区	6927	3524	3403	7265	3827	3438	7025	3726	3299
桐庐县	26328	13170	13158	28194	14495	13699	25550	13088	12462
淳安县	14221	6994	7227	15728	7985	7743	14443	7533	6910
建德市	6748	3291	3457	9525	4589	4936	9496	4843	4653
宁波市	**186432**	**95493**	**90939**	**184042**	**95368**	**88674**	**141050**	**73094**	**67956**
海曙区	2331	1149	1182	2931	1470	1461	2744	1359	1385
江北区									
北仑区	3067	1577	1490	3178	1653	1525	2753	1328	1425
镇海区	4132	2316	1816	4134	2319	1815	2900	1622	1278
鄞州区	28617	14725	13892	27908	14479	13429	22306	11425	10881
奉化区	5378	2735	2643	6482	3341	3141	5223	2703	2520
象山县	35524	17475	18049	34691	17525	17166	27435	13778	13657
宁海县	43455	21637	21818	42133	21316	20817	31198	15916	15282
余姚市	25205	12824	12381	25483	13164	12319	20433	10700	9733
慈溪市	38723	21055	17668	37102	20101	17001	26058	14263	11795
温州市	**209566**	**106976**	**102590**	**187324**	**95931**	**91393**	**149343**	**75767**	**73576**
鹿城区	663	351	312	624	318	306	513	252	261
龙湾区	25762	14275	11487	20602	11467	9135	12825	7153	5672
瓯海区	1782	979	803	1338	762	576	924	506	418
洞头区	757	361	396	798	385	413	769	382	387
永嘉县	45580	24089	21491	38142	20191	17951	28991	14944	14047
平阳县	49614	24672	24942	46464	22994	23470	39879	19986	19893
苍南县	52912	26096	26816	48921	24517	24404	39880	19981	19899
文成县	10840	5331	5509	10555	5345	5210	9322	4518	4804
泰顺县	11109	5593	5516	10289	5115	5174	8560	4233	4327
瑞安市	2969	1458	1511	2806	1433	1373	2540	1239	1301
乐清市	5913	2945	2968	5254	2644	2610	3990	1989	2001
龙港市	1665	826	839	1531	760	771	1150	584	566
嘉兴市	**147266**	**76791**	**70475**	**152424**	**79490**	**72934**	**123403**	**65138**	**58265**
南湖区	5227	2660	2567	6162	3159	3003	4910	2616	2294
秀洲区	14202	7251	6951	14209	7270	6939	10916	5781	5135
嘉善县	41593	21585	20008	43009	22372	20637	33700	17479	16221
海盐县	27517	14202	13315	29432	15082	14350	24955	12890	12065
海宁市	30145	16474	13671	27098	14955	12143	22254	12205	10049
平湖市	13820	7215	6605	16403	8630	7773	13357	7172	6185
桐乡市	14762	7404	7358	16111	8022	8089	13311	6995	6316
湖州市	**134045**	**68441**	**65604**	**139860**	**72513**	**67347**	**113559**	**59646**	**53913**
吴兴区	17958	8798	9160	16077	7734	8343	10114	5130	4984
南浔区	11132	5428	5704	14600	7102	7498	13398	6942	6456
德清县	32675	16849	15826	33346	17660	15686	28105	14835	13270
长兴县	39563	20053	19510	42508	22074	20434	35628	18791	16837
安吉县	32717	17313	15404	33329	17943	15386	26314	13948	12366

1-5b　续表 9　　　　单位：人

地　区	45-49岁			50-54岁			55-59岁		
	小计	男	女	小计	男	女	小计	男	女
绍兴市	**67627**	**34621**	**33006**	**71224**	**37206**	**34018**	**58327**	**30841**	**27486**
越城区	396	183	213	491	249	242	438	205	233
柯桥区	15981	8836	7145	15907	9162	6745	9533	5832	3701
上虞区	4638	2259	2379	5260	2653	2607	4757	2418	2339
新昌县	24890	12376	12514	26216	13378	12838	22432	11468	10964
诸暨市	16480	8258	8222	17066	8552	8514	14272	7304	6968
嵊州市	5242	2709	2533	6284	3212	3072	6895	3614	3281
金华市	**146699**	**75614**	**71085**	**138315**	**71742**	**66573**	**101816**	**53143**	**48673**
婺城区	6459	3374	3085	6608	3464	3144	5638	2979	2659
金东区	15132	8233	6899	12967	7038	5929	9072	4868	4204
武义县	28063	14709	13354	26869	14265	12604	19124	10304	8820
浦江县	19238	9353	9885	19335	9598	9737	14986	7580	7406
磐安县	10012	4878	5134	10295	5271	5024	7803	4178	3625
兰溪市	5448	2709	2739	7419	3710	3709	6756	3449	3307
义乌市	27797	14216	13581	22885	11746	11139	15309	8104	7205
东阳市	25809	13525	12284	24005	12496	11509	17659	8930	8729
永康市	8741	4617	4124	7932	4154	3778	5469	2751	2718
衢州市	**52735**	**26764**	**25971**	**55822**	**28798**	**27024**	**48835**	**25195**	**23640**
柯城区	1110	558	552	1315	659	656	1172	574	598
衢江区	2658	1353	1305	3599	1865	1734	3394	1755	1639
常山县	12202	6264	5938	12650	6552	6098	11026	5800	5226
开化县	12309	5854	6455	12513	6218	6295	11298	5624	5674
龙游县	18235	9645	8590	18546	9891	8655	15621	8148	7473
江山市	6221	3090	3131	7199	3613	3586	6324	3294	3030
舟山市	**25208**	**15131**	**10077**	**28248**	**16687**	**11561**	**23925**	**13547**	**10378**
定海区	2805	1434	1371	2892	1443	1449	2815	1418	1397
普陀区	1918	1048	870	2326	1309	1017	2260	1240	1020
岱山县	15923	10255	5668	17380	10901	6479	13840	8209	5631
嵊泗县	4562	2394	2168	5650	3034	2616	5010	2680	2330
台州市	**117823**	**59081**	**58742**	**120431**	**61569**	**58862**	**94553**	**48429**	**46124**
椒江区	547	327	220	546	335	211	312	192	120
黄岩区	3289	1607	1682	3692	1809	1883	3243	1637	1606
路桥区	10738	5504	5234	10605	5615	4990	7329	3828	3501
三门县	20183	10058	10125	19146	9978	9168	14802	7754	7048
天台县	21565	10503	11062	21056	10390	10666	18038	9036	9002
仙居县	21052	10354	10698	21360	10684	10676	17035	8491	8544
温岭市	26432	13683	12749	29253	15329	13924	21938	11542	10396
临海市	12400	6205	6195	13168	6588	6580	10685	5327	5358
玉环市	1617	840	777	1605	841	764	1171	622	549
丽水市	**98401**	**49921**	**48480**	**96163**	**49121**	**47042**	**76497**	**38791**	**37706**
莲都区	1952	1077	875	2143	1218	925	1764	946	818
青田县	23584	11789	11795	22587	11296	11291	19021	9152	9869
缙云县	22340	11275	11065	21667	11081	10586	16472	8405	8067
遂昌县	10979	5623	5356	11129	5754	5375	9350	4920	4430
松阳县	10218	5316	4902	10306	5317	4989	7876	4043	3833
云和县	10154	5308	4846	10506	5517	4989	8190	4297	3893
庆元县	10547	5307	5240	9515	4712	4803	7063	3537	3526
景宁畲族自治县	6761	3278	3483	6384	3203	3181	5183	2693	2490
龙泉市	1866	948	918	1926	1023	903	1578	798	780

1－5b 续表 10 单位：人

地区	60－64岁			65－69岁			70－74岁		
	小计	男	女	小计	男	女	小计	男	女
合计	**683187**	**354006**	**329181**	**610706**	**304062**	**306644**	**418977**	**206809**	**212168**
杭州市	**57589**	**29938**	**27651**	**51856**	**26156**	**25700**	**33725**	**16533**	**17192**
上城区									
下城区									
江干区									
拱墅区									
西湖区	26	14	12	24	11	13	25	10	15
滨江区									
萧山区	6081	3174	2907	5684	2946	2738	4222	2051	2171
余杭区	12726	6591	6135	10345	5227	5118	6698	3259	3439
富阳区	2185	1173	1012	2266	1158	1108	1581	777	804
临安区	4881	2584	2297	4391	2188	2203	2672	1366	1306
桐庐县	16498	8500	7998	15758	7882	7876	10130	4806	5324
淳安县	8828	4575	4253	7453	3744	3709	4357	2246	2111
建德市	6364	3327	3037	5935	3000	2935	4040	2018	2022
宁波市	**98167**	**50566**	**47601**	**81257**	**40118**	**41139**	**56496**	**27057**	**29439**
海曙区	2296	1191	1105	2100	1045	1055	1509	733	776
江北区									
北仑区	2094	1017	1077	1814	933	881	1025	513	512
镇海区	1828	1013	815	1631	815	816	1221	554	667
鄞州区	15432	7904	7528	13991	6902	7089	9599	4567	5032
奉化区	3545	1864	1681	3281	1644	1637	2149	1080	1069
象山县	19534	9922	9612	14714	7070	7644	9923	4644	5279
宁海县	21795	11197	10598	17199	8394	8805	10569	5225	5344
余姚市	15089	7648	7441	13155	6438	6717	10804	5139	5665
慈溪市	16554	8810	7744	13372	6877	6495	9697	4602	5095
温州市	**103858**	**53619**	**50239**	**92870**	**46375**	**46495**	**59525**	**30571**	**28954**
鹿城区	417	224	193	324	169	155	261	129	132
龙湾区	7003	3852	3151	5612	2912	2700	3540	1688	1852
瓯海区	618	323	295	671	340	331	538	255	283
洞头区	550	280	270	464	221	243	299	139	160
永嘉县	20215	10377	9838	17871	8864	9007	11515	5765	5750
平阳县	27606	14282	13324	24014	12086	11928	15250	7851	7399
苍南县	28642	14846	13796	25533	12946	12587	15784	8315	7469
文成县	6591	3310	3281	6975	3264	3711	4720	2512	2208
泰顺县	6299	3260	3039	5450	2694	2756	3316	1844	1472
瑞安市	2204	1063	1141	2203	1071	1132	1620	764	856
乐清市	2927	1425	1502	2784	1337	1447	1954	962	992
龙港市	786	377	409	969	471	498	728	347	381
嘉兴市	**75610**	**39828**	**35782**	**74614**	**37704**	**36910**	**54200**	**26390**	**27810**
南湖区	3067	1672	1395	2840	1463	1377	1968	979	989
秀洲区	6114	3224	2890	5765	2955	2810	4131	2038	2093
嘉善县	18913	9932	8981	19210	9670	9540	13514	6666	6848
海盐县	15118	7640	7478	14762	7196	7566	10797	5070	5727
海宁市	15099	8012	7087	14489	7419	7070	10569	5243	5326
平湖市	8213	4355	3858	8775	4461	4314	6466	3109	3357
桐乡市	9086	4993	4093	8773	4540	4233	6755	3285	3470
湖州市	**71022**	**37449**	**33573**	**65434**	**32268**	**33166**	**44858**	**21743**	**23115**
吴兴区	5036	2665	2371	4682	2352	2330	2857	1412	1445
南浔区	8662	4873	3789	8698	4458	4240	6467	3199	3268
德清县	18680	9651	9029	15781	7827	7954	10702	5198	5504
长兴县	22817	12065	10752	22040	10608	11432	15716	7559	8157
安吉县	15827	8195	7632	14233	7023	7210	9116	4375	4741

1-5b　续表 11　　　　单位：人

地　区	60-64岁			65-69岁			70-74岁		
	小计	男	女	小计	男	女	小计	男	女
绍兴市	**40415**	**21390**	**19025**	**35607**	**17936**	**17671**	**26148**	**13177**	**12971**
越城区	268	136	132	308	164	144	238	122	116
柯桥区	4176	2517	1659	3530	1863	1667	2549	1292	1257
上虞区	3780	1949	1831	3663	1798	1865	2883	1429	1454
新昌县	16027	8348	7679	11671	5780	5891	7909	4027	3882
诸暨市	9874	5139	4735	9873	5025	4848	7692	3851	3841
嵊州市	6290	3301	2989	6562	3306	3256	4877	2456	2421
金华市	**61119**	**31707**	**29412**	**57413**	**28954**	**28459**	**39533**	**19536**	**19997**
婺城区	3778	1920	1858	3378	1707	1671	2277	1081	1196
金东区	5258	2789	2469	5091	2628	2463	3416	1675	1741
武义县	11381	5982	5399	9565	4855	4710	5982	3027	2955
浦江县	8854	4445	4409	8549	4136	4413	6033	2904	3129
磐安县	4636	2471	2165	4002	2071	1931	2732	1363	1369
兰溪市	4570	2402	2168	4824	2563	2261	3481	1757	1724
义乌市	8073	4337	3736	7458	3764	3694	5327	2643	2684
东阳市	11334	5750	5584	11106	5470	5636	7911	3897	4014
永康市	3235	1611	1624	3440	1760	1680	2374	1189	1185
衢州市	**35020**	**18145**	**16875**	**33365**	**16555**	**16810**	**23177**	**11663**	**11514**
柯城区	849	464	385	832	445	387	611	301	310
衢江区	2787	1469	1318	2900	1497	1403	2214	1143	1071
常山县	8051	4190	3861	7338	3607	3731	4876	2517	2359
开化县	8334	4185	4149	7120	3479	3641	4358	2131	2227
龙游县	9894	5131	4763	9837	4777	5060	6982	3441	3541
江山市	5105	2706	2399	5338	2750	2588	4136	2130	2006
舟山市	**17614**	**9090**	**8524**	**14287**	**6866**	**7421**	**9964**	**4603**	**5361**
定海区	2093	1073	1020	1922	967	955	1292	594	698
普陀区	1769	938	831	1348	682	666	938	459	479
岱山县	9881	5102	4779	7780	3677	4103	5635	2591	3044
嵊泗县	3871	1977	1894	3237	1540	1697	2099	959	1140
台州市	**70015**	**35559**	**34456**	**56288**	**27602**	**28686**	**40405**	**19884**	**20521**
椒江区	122	80	42	98	41	57	76	31	45
黄岩区	2307	1165	1142	2101	1021	1080	1524	747	777
路桥区	4434	2244	2190	4179	2043	2136	3124	1642	1482
三门县	11278	5740	5538	8141	4014	4127	5832	2839	2993
天台县	14381	7274	7107	11781	5753	6028	8020	3899	4121
仙居县	12804	6451	6353	10307	4951	5356	7025	3557	3468
温岭市	15621	8020	7601	12339	6139	6200	9148	4347	4801
临海市	8262	4168	4094	6766	3360	3406	5249	2622	2627
玉环市	806	417	389	576	280	296	407	200	207
丽水市	**52758**	**26715**	**26043**	**47715**	**23528**	**24187**	**30946**	**15652**	**15294**
莲都区	1207	608	599	1385	680	705	919	447	472
青田县	14670	7259	7411	12266	5978	6288	7873	3912	3961
缙云县	11642	5940	5702	10506	5168	5338	7639	3802	3837
遂昌县	6569	3378	3191	5580	2706	2874	3377	1666	1711
松阳县	5339	2723	2616	4578	2231	2347	3096	1574	1522
云和县	4790	2539	2251	4491	2276	2215	2726	1433	1293
庆元县	4324	2144	2180	4665	2310	2355	2871	1536	1335
景宁畲族自治县	3227	1639	1588	3104	1587	1517	1763	898	865
龙泉市	990	485	505	1140	592	548	682	384	298

1-5b 续表 12

单位：人

地区	75-79岁			80-84岁			85-89岁		
	小计	男	女	小计	男	女	小计	男	女
合计	**233208**	**114943**	**118265**	**165290**	**77808**	**87482**	**104689**	**45437**	**59252**
杭州市	**17723**	**8441**	**9282**	**13424**	**6218**	**7206**	**8721**	**3721**	**5000**
上城区									
下城区									
江干区									
拱墅区									
西湖区	19	9	10	16	9	7	11	3	8
滨江区									
萧山区	2255	1087	1168	1326	699	627	923	405	518
余杭区	3929	1783	2146	2589	1223	1366	1829	816	1013
富阳区	852	404	448	586	279	307	470	184	286
临安区	1409	647	762	1149	514	635	649	272	377
桐庐县	4786	2271	2515	3942	1794	2148	2581	1095	1486
淳安县	2226	1098	1128	1942	826	1116	1234	522	712
建德市	2247	1142	1105	1874	874	1000	1024	424	600
宁波市	**29987**	**14504**	**15483**	**18986**	**8857**	**10129**	**13218**	**5740**	**7478**
海曙区	758	351	407	504	236	268	383	165	218
江北区									
北仑区	508	267	241	304	156	148	247	109	138
镇海区	683	351	332	387	183	204	298	124	174
鄞州区	4799	2386	2413	2795	1380	1415	1964	879	1085
奉化区	964	499	465	623	297	326	457	194	263
象山县	5389	2575	2814	3707	1684	2023	2366	1019	1347
宁海县	6303	3066	3237	4225	1986	2239	2787	1273	1514
余姚市	5437	2654	2783	3086	1455	1631	2337	979	1358
慈溪市	5146	2355	2791	3355	1480	1875	2379	998	1381
温州市	**34986**	**18689**	**16297**	**26100**	**12910**	**13190**	**15552**	**6944**	**8608**
鹿城区	138	67	71	93	51	42	50	18	32
龙湾区	1987	1009	978	1446	690	756	803	340	463
瓯海区	300	151	149	256	112	144	180	79	101
洞头区	242	102	140	169	86	83	90	35	55
永嘉县	6512	3386	3126	4823	2386	2437	2814	1312	1502
平阳县	8925	4725	4200	6748	3220	3528	3877	1653	2224
苍南县	9204	4983	4221	6646	3269	3377	4075	1710	2365
文成县	2943	1729	1214	2336	1280	1056	1419	711	708
泰顺县	2210	1270	940	1668	893	775	1074	572	502
瑞安市	912	464	448	725	348	377	439	200	239
乐清市	1125	569	556	803	404	399	493	229	264
龙港市	488	234	254	387	171	216	238	85	153
嘉兴市	**32806**	**15631**	**17175**	**19949**	**8794**	**11155**	**12497**	**4992**	**7505**
南湖区	1145	554	591	730	293	437	473	179	294
秀洲区	2417	1194	1223	1658	733	925	996	371	625
嘉善县	8348	4160	4188	4652	2088	2564	3164	1266	1898
海盐县	6551	3038	3513	4175	1807	2368	2494	1016	1478
海宁市	5866	2717	3149	3852	1706	2146	2463	1022	1441
平湖市	4443	2041	2402	2258	995	1263	1428	512	916
桐乡市	4036	1927	2109	2624	1172	1452	1479	626	853
湖州市	**25796**	**12061**	**13735**	**17499**	**7877**	**9622**	**11012**	**4829**	**6183**
吴兴区	1444	727	717	1024	476	548	568	243	325
南浔区	3407	1611	1796	2386	1089	1297	1621	646	975
德清县	6208	2858	3350	4224	1899	2325	2751	1256	1495
长兴县	9954	4590	5364	6387	2874	3513	3790	1682	2108
安吉县	4783	2275	2508	3478	1539	1939	2282	1002	1280

1-5b　续表 13　　　　单位：人

地　区	75-79岁			80-84岁			85-89岁		
	小计	男	女	小计	男	女	小计	男	女
绍兴市	**12477**	**6134**	**6343**	**8392**	**4160**	**4232**	**5663**	**2495**	**3168**
越城区	136	58	78	78	34	44	68	34	34
柯桥区	1226	562	664	768	358	410	485	192	293
上虞区	1359	624	735	928	442	486	702	281	421
新昌县	3986	1971	2015	2742	1287	1455	1808	824	984
诸暨市	3532	1798	1734	2321	1234	1087	1569	704	865
嵊州市	2238	1121	1117	1555	805	750	1031	460	571
金华市	**21310**	**10656**	**10654**	**15592**	**7452**	**8140**	**9790**	**4254**	**5536**
婺城区	990	467	523	837	403	434	496	228	268
金东区	1737	895	842	1273	601	672	755	306	449
武义县	2890	1427	1463	2380	1093	1287	1561	709	852
浦江县	3009	1595	1414	2053	1033	1020	1466	638	828
磐安县	1707	840	867	1270	623	647	765	371	394
兰溪市	1936	966	970	1379	633	746	785	317	468
义乌市	2876	1479	1397	2062	1030	1032	1233	546	687
东阳市	4809	2318	2491	3299	1527	1772	2130	904	1226
永康市	1356	669	687	1039	509	530	599	235	364
衢州市	**11632**	**5969**	**5663**	**9587**	**4760**	**4827**	**5653**	**2569**	**3084**
柯城区	355	201	154	277	148	129	170	67	103
衢江区	1203	579	624	836	436	400	484	228	256
常山县	2720	1438	1282	2100	993	1107	1202	562	640
开化县	2156	1051	1105	1994	991	1003	1161	527	634
龙游县	3266	1650	1616	2824	1395	1429	1698	782	916
江山市	1932	1050	882	1556	797	759	938	403	535
舟山市	**5715**	**2528**	**3187**	**3490**	**1453**	**2037**	**2358**	**883**	**1475**
定海区	749	342	407	462	218	244	375	141	234
普陀区	556	245	311	407	153	254	247	73	174
岱山县	3198	1410	1788	1865	791	1074	1245	495	750
嵊泗县	1212	531	681	756	291	465	491	174	317
台州市	**23721**	**11453**	**12268**	**17283**	**7910**	**9373**	**10998**	**4599**	**6399**
椒江区	73	30	43	81	39	42	33	25	8
黄岩区	925	432	493	749	352	397	530	209	321
路桥区	1842	986	856	1220	568	652	842	365	477
三门县	3385	1640	1745	2476	1133	1343	1613	712	901
天台县	4446	2140	2306	2996	1379	1617	1929	826	1103
仙居县	3642	1854	1788	3093	1419	1674	1838	808	1030
温岭市	5993	2658	3335	4219	1840	2379	2720	1003	1717
临海市	3118	1580	1538	2217	1067	1150	1383	605	778
玉环市	297	133	164	232	113	119	110	46	64
丽水市	**17055**	**8877**	**8178**	**14988**	**7417**	**7571**	**9227**	**4411**	**4816**
莲都区	496	265	231	432	245	187	269	121	148
青田县	4869	2492	2377	4193	2102	2091	2423	1101	1322
缙云县	4140	2127	2013	3422	1678	1744	2109	1002	1107
遂昌县	1737	878	859	1720	792	928	1122	547	575
松阳县	1461	756	705	1337	616	721	781	372	409
云和县	1324	756	568	1289	650	639	886	440	446
庆元县	1530	830	700	1239	649	590	739	360	379
景宁畲族自治县	1112	573	539	1013	510	503	664	352	312
龙泉市	386	200	186	343	175	168	234	116	118

1-5b 续表 14

单位：人

地　　区	90-94岁			95-99岁			100岁及以上		
	小计	男	女	小计	男	女	小计	男	女
合计	**34537**	**13686**	**20851**	**6691**	**2328**	**4363**	**654**	**199**	**455**
杭州市	**2744**	**1075**	**1669**	**501**	**170**	**331**	**40**	**10**	**30**
上城区									
下城区									
江干区									
拱墅区									
西湖区	1		1	1		1			
滨江区									
萧山区	315	114	201	69	23	46	10	3	7
余杭区	559	226	333	110	31	79	6	2	4
富阳区	165	59	106	33	15	18	1		1
临安区	179	63	116	28	12	16	2		2
桐庐县	804	311	493	147	53	94	8	3	5
淳安县	389	165	224	61	18	43	7	1	6
建德市	332	137	195	52	18	34	6	1	5
宁波市	**4448**	**1757**	**2691**	**892**	**299**	**593**	**77**	**17**	**60**
海曙区	127	47	80	20	7	13	2	2	
江北区									
北仑区	92	31	61	21	5	16			
镇海区	109	43	66	23	6	17	3		3
鄞州区	625	250	375	136	49	87	13	4	9
奉化区	133	46	87	31	14	17	1		1
象山县	771	337	434	175	66	109	10	3	7
宁海县	911	391	520	185	57	128	19	4	15
余姚市	859	291	568	156	47	109	14	3	11
慈溪市	821	321	500	145	48	97	15	1	14
温州市	**5624**	**2344**	**3280**	**1177**	**448**	**729**	**131**	**48**	**83**
鹿城区	24	12	12	2	1	1	2		2
龙湾区	290	93	197	57	24	33	5	3	2
瓯海区	45	15	30	18	5	13			
洞头区	28	5	23	6	2	4			
永嘉县	1023	456	567	223	93	130	28	12	16
平阳县	1367	579	788	281	104	177	29	9	20
苍南县	1451	558	893	297	97	200	28	8	20
文成县	593	283	310	116	55	61	17	7	10
泰顺县	379	171	208	81	30	51	6	2	4
瑞安市	142	50	92	32	9	23	4	2	2
乐清市	200	96	104	52	22	30	11	5	6
龙港市	82	26	56	12	6	6	1		1
嘉兴市	**4158**	**1386**	**2772**	**780**	**193**	**587**	**66**	**20**	**46**
南湖区	140	49	91	27	8	19	1		1
秀洲区	310	99	211	64	14	50	6	2	4
嘉善县	1098	366	732	222	60	162	18	6	12
海盐县	850	292	558	145	29	116	8	2	6
海宁市	871	281	590	159	44	115	18	4	14
平湖市	403	125	278	81	15	66	5	1	4
桐乡市	486	174	312	82	23	59	10	5	5
湖州市	**3527**	**1444**	**2083**	**696**	**245**	**451**	**60**	**15**	**45**
吴兴区	173	69	104	29	11	18	1		1
南浔区	477	169	308	96	33	63	6	2	4
德清县	907	373	534	218	72	146	25	8	17
长兴县	1251	531	720	234	80	154	19	2	17
安吉县	719	302	417	119	49	70	9	3	6

1-5b　续表 15　　　　　　　　　　　　　　　　　　　　　　　　　　　　单位：人

地　区	90-94岁			95-99岁			100岁及以上		
	小计	男	女	小计	男	女	小计	男	女
绍兴市	**1697**	**681**	**1016**	**324**	**117**	**207**	**28**	**4**	**24**
越城区	17	7	10	4	2	2	1		1
柯桥区	165	67	98	29	12	17	3		3
上虞区	198	73	125	37	15	22	1		1
新昌县	534	238	296	84	28	56	7	3	4
诸暨市	493	188	305	127	51	76	10	1	9
嵊州市	290	108	182	43	9	34	6		6
金华市	**3150**	**1220**	**1930**	**543**	**192**	**351**	**43**	**11**	**32**
婺城区	146	55	91	28	11	17	2		2
金东区	245	87	158	45	21	24	2	1	1
武义县	556	223	333	79	30	49	10	6	4
浦江县	477	183	294	98	34	64	8		8
磐安县	226	110	116	37	12	25	1		1
兰溪市	234	80	154	19	6	13	5		5
义乌市	416	161	255	84	31	53	8	1	7
东阳市	669	247	422	114	39	75	5	2	3
永康市	181	74	107	39	8	31	2	1	1
衢州市	**1892**	**740**	**1152**	**345**	**128**	**217**	**51**	**16**	**35**
柯城区	52	21	31	15	5	10	2		2
衢江区	174	70	104	27	11	16	4	1	3
常山县	375	154	221	51	12	39	10	2	8
开化县	386	153	233	67	30	37	17	9	8
龙游县	515	214	301	99	40	59	8	2	6
江山市	390	128	262	86	30	56	10	2	8
舟山市	**738**	**239**	**499**	**141**	**48**	**93**	**15**	**6**	**9**
定海区	113	43	70	26	7	19	8	3	5
普陀区	85	21	64	10	5	5			
岱山县	387	118	269	81	30	51	6	3	3
嵊泗县	153	57	96	24	6	18	1		1
台州市	**3459**	**1394**	**2065**	**690**	**239**	**451**	**69**	**25**	**44**
椒江区	9	6	3						
黄岩区	196	74	122	30	12	18	6	1	5
路桥区	289	106	183	79	24	55	5	1	4
三门县	481	214	267	101	38	63	8	3	5
天台县	549	217	332	103	36	67	8	2	6
仙居县	634	284	350	111	42	69	15	8	7
温岭市	819	299	520	161	51	110	15	6	9
临海市	453	185	268	97	34	63	12	4	8
玉环市	29	9	20	8	2	6			
丽水市	**3100**	**1406**	**1694**	**602**	**249**	**353**	**74**	**27**	**47**
莲都区	96	52	44	22	8	14	4	1	3
青田县	854	385	469	200	84	116	26	13	13
缙云县	717	305	412	141	48	93	20	7	13
遂昌县	371	154	217	58	22	36	5	2	3
松阳县	275	117	158	42	20	22	2		2
云和县	287	143	144	53	26	27	2	1	1
庆元县	220	109	111	41	17	24	7	2	5
景宁畲族自治县	223	112	111	30	12	18	6	1	5
龙泉市	57	29	28	15	12	3	2		2

1-5c 各地区分年龄、性别的人口(乡村)

单位：人

地　　区	合　　计			0岁		
	合计	男	女	小计	男	女
合计	**17969123**	**9445605**	**8523518**	**124041**	**64927**	**59114**
杭州市	**1993929**	**1048434**	**945495**	**14417**	**7346**	**7071**
上城区						
下城区						
江干区						
拱墅区						
西湖区	32218	17132	15086	334	166	168
滨江区						
萧山区	477220	251131	226089	3326	1718	1608
余杭区	459740	250692	209048	3407	1685	1722
富阳区	247821	129791	118030	1858	933	925
临安区	258207	134228	123979	1544	809	735
桐庐县	134326	69246	65080	1062	562	500
淳安县	175346	88211	87135	1219	620	599
建德市	209051	108003	101048	1667	853	814
宁波市	**2068679**	**1100105**	**968574**	**11870**	**6232**	**5638**
海曙区	134910	71371	63539	762	393	369
江北区	83015	45835	37180	497	239	258
北仑区	192996	106497	86499	1186	614	572
镇海区	51788	29320	22468	304	171	133
鄞州区	285723	153839	131884	1716	872	844
奉化区	230893	122964	107929	856	456	400
象山县	219212	113744	105468	1172	635	537
宁海县	257998	135599	122399	1856	995	861
余姚市	240166	124872	115294	1257	661	596
慈溪市	371978	196064	175914	2264	1196	1068
温州市	**2664914**	**1419787**	**1245127**	**20902**	**11087**	**9815**
鹿城区	111435	61265	50170	596	315	281
龙湾区	1123	672	451	6	2	4
瓯海区	160864	87354	73510	866	461	405
洞头区	70202	39401	30801	400	212	188
永嘉县	386649	207151	179498	3594	1933	1661
平阳县	330802	175333	155469	2479	1299	1180
苍南县	268765	142012	126753	2228	1211	1017
文成县	163116	87905	75211	1190	611	579
泰顺县	146735	78183	68552	1487	788	699
瑞安市	507655	269664	237991	3392	1784	1608
乐清市	503122	263260	239862	4527	2400	2127
龙港市	14446	7587	6859	137	71	66
嘉兴市	**1547936**	**808963**	**738973**	**10036**	**5153**	**4883**
南湖区	103997	55390	48607	639	324	315
秀洲区	226336	117471	108865	1710	888	822
嘉善县	174521	93203	81318	914	444	470
海盐县	158855	82143	76712	957	518	439
海宁市	323424	169279	154145	2095	1085	1010
平湖市	221690	116758	104932	1217	629	588
桐乡市	339113	174719	164394	2504	1265	1239
湖州市	**1157008**	**606488**	**550520**	**7569**	**3865**	**3704**
吴兴区	239188	128381	110807	1548	794	754
南浔区	235685	122807	112878	1216	621	595
德清县	207440	109187	98253	1397	671	726
长兴县	243465	125724	117741	1752	914	838
安吉县	231230	120389	110841	1656	865	791

1-5c 续表 1 单位：人

地区	合计			0岁		
	合计	男	女	小计	男	女
绍兴市	**1527611**	**779933**	**747678**	**8548**	**4503**	**4045**
越城区	159167	80830	78337	858	453	405
柯桥区	195798	100011	95787	1217	640	577
上虞区	270598	133933	136665	1394	720	674
新昌县	157754	82123	75631	788	421	367
诸暨市	455155	232293	222862	2910	1537	1373
嵊州市	289139	150743	138396	1381	732	649
金华市	**2242543**	**1179622**	**1062921**	**17461**	**9225**	**8236**
婺城区	221350	118246	103104	1562	787	775
金东区	201692	107064	94628	1530	776	754
武义县	174564	92401	82163	1386	760	626
浦江县	251452	132592	118860	1643	850	793
磐安县	83974	43159	40815	611	317	294
兰溪市	256636	132924	123712	1930	1042	888
义乌市	378006	202791	175215	3374	1815	1559
东阳市	349229	177021	172208	2795	1443	1352
永康市	325640	173424	152216	2630	1435	1195
衢州市	**965686**	**500670**	**465016**	**7422**	**3879**	**3543**
柯城区	123089	63720	59369	1049	538	511
衢江区	202990	109460	93530	1434	742	692
常山县	132261	67970	64291	1075	554	521
开化县	127787	64096	63691	1027	567	460
龙游县	174416	89891	84525	1099	566	533
江山市	205143	105533	99610	1738	912	826
舟山市	**325427**	**178955**	**146472**	**1135**	**595**	**540**
定海区	120454	65839	54615	526	289	237
普陀区	116825	63567	53258	403	203	200
岱山县	65131	37213	27918	151	74	77
嵊泗县	23017	12336	10681	55	29	26
台州市	**2518176**	**1313980**	**1204196**	**17977**	**9524**	**8453**
椒江区	199437	107326	92111	1505	830	675
黄岩区	261745	133811	127934	1802	916	886
路桥区	215777	114301	101476	1398	738	660
三门县	176545	91510	85035	1358	707	651
天台县	223328	115889	107439	1773	955	818
仙居县	207910	108589	99321	1750	919	831
温岭市	495286	255557	239729	3079	1597	1482
临海市	562688	292979	269709	3988	2137	1851
玉环市	175460	94018	81442	1324	725	599
丽水市	**957214**	**508668**	**448546**	**6704**	**3518**	**3186**
莲都区	132483	72159	60324	1089	583	506
青田县	238734	126962	111772	1146	583	563
缙云县	175014	91582	83432	1308	661	647
遂昌县	87416	46153	41263	532	301	231
松阳县	107129	56294	50835	902	471	431
云和县	34717	18668	16049	256	132	124
庆元县	52027	27477	24550	375	209	166
景宁畲族自治县	46395	25455	20940	389	205	184
龙泉市	83299	43918	39381	707	373	334

1-5c 续表 2

单位：人

地 区	1-4岁			5-9岁			10-14岁		
	小计	男	女	小计	男	女	小计	男	女
合计	**595162**	**312475**	**282687**	**703507**	**374615**	**328892**	**730324**	**390279**	**340045**
杭州市	**68324**	**35251**	**33073**	**69678**	**36139**	**33539**	**63258**	**32663**	**30595**
上城区									
下城区									
江干区									
拱墅区									
西湖区	1420	729	691	1388	733	655	1121	567	554
滨江区									
萧山区	17157	8861	8296	17855	9395	8460	15467	8048	7419
余杭区	17597	9075	8522	18009	9439	8570	14379	7528	6851
富阳区	7716	4025	3691	7904	4090	3814	8168	4155	4013
临安区	7144	3650	3494	7605	3889	3716	7202	3670	3532
桐庐县	4518	2364	2154	4156	2145	2011	4245	2192	2053
淳安县	5263	2695	2568	5498	2739	2759	6014	3076	2938
建德市	7509	3852	3657	7263	3709	3554	6662	3427	3235
宁波市	**55569**	**29078**	**26491**	**66606**	**35583**	**31023**	**63592**	**33979**	**29613**
海曙区	3529	1835	1694	4424	2357	2067	4342	2401	1941
江北区	2288	1193	1095	2453	1303	1150	2382	1329	1053
北仑区	5027	2615	2412	5115	2801	2314	4451	2419	2032
镇海区	1371	733	638	1289	690	599	1211	638	573
鄞州区	8189	4285	3904	9562	5127	4435	8273	4480	3793
奉化区	4738	2457	2281	6254	3258	2996	6729	3550	3179
象山县	5295	2803	2492	6906	3599	3307	7729	3963	3766
宁海县	8327	4447	3880	10076	5418	4658	11597	6195	5402
余姚市	6147	3187	2960	7362	3975	3387	6504	3425	3079
慈溪市	10658	5523	5135	13165	7055	6110	10374	5579	4795
温州市	**97494**	**51916**	**45578**	**134535**	**73419**	**61116**	**143806**	**79405**	**64401**
鹿城区	3078	1620	1458	4291	2284	2007	4618	2505	2113
龙湾区	39	18	21	56	30	26	49	30	19
瓯海区	4788	2572	2216	6855	3730	3125	7138	3875	3263
洞头区	1915	1030	885	2382	1274	1108	2709	1486	1223
永嘉县	15076	8110	6966	19092	10641	8451	22681	12841	9840
平阳县	11425	5967	5458	17215	9294	7921	17633	9612	8021
苍南县	9920	5339	4581	14404	7904	6500	15397	8683	6714
文成县	5376	2918	2458	8618	4582	4036	10759	5682	5077
泰顺县	6530	3371	3159	9011	4782	4229	9390	5008	4382
瑞安市	17021	8945	8076	22775	12303	10472	23399	12729	10670
乐清市	21809	11756	10053	29097	16164	12933	29257	16485	12772
龙港市	517	270	247	739	431	308	776	469	307
嘉兴市	**46141**	**23959**	**22182**	**49287**	**25728**	**23559**	**41135**	**21280**	**19855**
南湖区	2994	1546	1448	3264	1686	1578	2695	1387	1308
秀洲区	7647	4019	3628	7917	4126	3791	6618	3460	3158
嘉善县	4116	2116	2000	4780	2587	2193	4177	2156	2021
海盐县	4513	2349	2164	5280	2756	2524	4645	2454	2191
海宁市	9873	5092	4781	10643	5544	5099	8557	4435	4122
平湖市	5460	2879	2581	5866	3076	2790	5118	2645	2473
桐乡市	11538	5958	5580	11537	5953	5584	9325	4743	4582
湖州市	**35277**	**18315**	**16962**	**38355**	**19774**	**18581**	**34252**	**17714**	**16538**
吴兴区	7448	3842	3606	8223	4248	3975	6404	3373	3031
南浔区	5876	3020	2856	6505	3398	3107	5723	2981	2742
德清县	6304	3297	3007	6687	3396	3291	5437	2850	2587
长兴县	7908	4151	3757	8454	4372	4082	8594	4369	4225
安吉县	7741	4005	3736	8486	4360	4126	8094	4141	3953

1-5c 续表 3 单位：人

地 区	1-4岁			5-9岁			10-14岁		
	小计	男	女	小计	男	女	小计	男	女
绍兴市	**40868**	**21323**	**19545**	**44901**	**23313**	**21588**	**46441**	**23773**	**22668**
越城区	4929	2571	2358	5346	2827	2519	5105	2635	2470
柯桥区	5883	3104	2779	5706	2947	2759	5063	2581	2482
上虞区	6550	3384	3166	7023	3605	3418	7034	3528	3506
新昌县	3470	1765	1705	4218	2135	2083	4963	2547	2416
诸暨市	13334	7067	6267	14420	7619	6801	15423	7943	7480
嵊州市	6702	3432	3270	8188	4180	4008	8853	4539	4314
金华市	**89179**	**47366**	**41813**	**97668**	**52977**	**44691**	**95828**	**52330**	**43498**
婺城区	7465	3882	3583	7914	4159	3755	8020	4154	3866
金东区	8146	4310	3836	8868	4741	4127	7508	4016	3492
武义县	6975	3730	3245	7769	4077	3692	6440	3233	3207
浦江县	8573	4659	3914	10612	6039	4573	11504	6553	4951
磐安县	3012	1586	1426	3243	1656	1587	3947	2133	1814
兰溪市	9379	4946	4433	9913	5256	4657	11723	6358	5365
义乌市	16591	8951	7640	16565	9193	7372	15061	8496	6565
东阳市	13835	7229	6606	15690	8460	7230	15618	8461	7157
永康市	15203	8073	7130	17094	9396	7698	16007	8926	7081
衢州市	**35044**	**18327**	**16717**	**38740**	**19802**	**18938**	**44364**	**22556**	**21808**
柯城区	4980	2611	2369	4533	2299	2234	4518	2288	2230
衢江区	6723	3533	3190	7811	3930	3881	8949	4555	4394
常山县	5611	2954	2657	6913	3545	3368	7531	3869	3662
开化县	5079	2714	2365	5204	2681	2523	6181	3131	3050
龙游县	5221	2699	2522	5968	3051	2917	7179	3639	3540
江山市	7430	3816	3614	8311	4296	4015	10006	5074	4932
舟山市	**5612**	**2899**	**2713**	**7009**	**3741**	**3268**	**6665**	**3369**	**3296**
定海区	2537	1328	1209	3332	1802	1530	2973	1541	1432
普陀区	2113	1091	1022	2596	1384	1212	2446	1214	1232
岱山县	690	351	339	777	402	375	815	394	421
嵊泗县	272	129	143	304	153	151	431	220	211
台州市	**89898**	**47391**	**42507**	**115297**	**62424**	**52873**	**137807**	**75702**	**62105**
椒江区	7405	3934	3471	9774	5351	4423	10092	5696	4396
黄岩区	9056	4716	4340	11054	5710	5344	12132	6195	5937
路桥区	7210	3752	3458	9509	5096	4413	10088	5467	4621
三门县	7397	3878	3519	8942	4972	3970	10453	5924	4529
天台县	8286	4355	3931	9749	5336	4413	13424	7306	6118
仙居县	8054	4260	3794	9738	5295	4443	15650	8593	7057
温岭市	15889	8377	7512	21936	11692	10244	23298	12411	10887
临海市	20481	10913	9568	26486	14648	11838	34583	19771	14812
玉环市	6120	3206	2914	8109	4324	3785	8087	4339	3748
丽水市	**31756**	**16650**	**15106**	**41431**	**21715**	**19716**	**53176**	**27508**	**25668**
莲都区	5086	2667	2419	5946	3148	2798	6562	3364	3198
青田县	6678	3498	3180	11856	6286	5570	17306	9012	8294
缙云县	6771	3543	3228	7948	4219	3729	9407	4910	4497
遂昌县	2427	1278	1149	2615	1371	1244	3604	1843	1761
松阳县	3954	2045	1909	4699	2424	2275	5734	2941	2793
云和县	1136	620	516	1422	723	699	1571	797	774
庆元县	1614	851	763	2029	1028	1001	2647	1376	1271
景宁畲族自治县	1384	722	662	1879	1005	874	2597	1356	1241
龙泉市	2706	1426	1280	3037	1511	1526	3748	1909	1839

1－5c　续表 4　　单位：人

地　区	15－19岁			20－24岁			25－29岁		
	小计	男	女	小计	男	女	小计	男	女
合计	**469946**	**264604**	**205342**	**714465**	**412262**	**302203**	**1016086**	**572357**	**443729**
杭州市	**52380**	**28823**	**23557**	**77538**	**45070**	**32468**	**112175**	**63687**	**48488**
上城区									
下城区									
江干区									
拱墅区									
西湖区	572	312	260	1474	791	683	2752	1486	1266
滨江区									
萧山区	10531	5931	4600	22798	13707	9091	32453	18452	14001
余杭区	11465	6510	4955	21911	13332	8579	34523	19931	14592
富阳区	14339	7918	6421	10329	5440	4889	11441	6473	4968
临安区	7078	3626	3452	7302	4116	3186	10606	5999	4607
桐庐县	2189	1258	931	3506	1964	1542	5332	2961	2371
淳安县	3450	1766	1684	4071	2186	1885	5374	2911	2463
建德市	2756	1502	1254	6147	3534	2613	9694	5474	4220
宁波市	**52134**	**29594**	**22540**	**90918**	**54291**	**36627**	**128453**	**74316**	**54137**
海曙区	2896	1713	1183	5391	3193	2198	8365	4762	3603
江北区	2432	1440	992	4485	2834	1651	6497	3876	2621
北仑区	3955	2321	1634	9887	6075	3812	14974	8994	5980
镇海区	1041	622	419	2418	1526	892	3498	2107	1391
鄞州区	6921	3998	2923	14756	8735	6021	21101	12179	8922
奉化区	8187	4038	4149	9210	5410	3800	11572	6856	4716
象山县	3855	2135	1720	6184	3623	2561	8052	4637	3415
宁海县	9101	5228	3873	8816	5374	3442	11545	6694	4851
余姚市	4753	2848	1905	10382	6187	4195	14577	8354	6223
慈溪市	8993	5251	3742	19389	11334	8055	28272	15857	12415
温州市	**87975**	**49863**	**38112**	**113191**	**66435**	**46756**	**172776**	**98058**	**74718**
鹿城区	4386	2172	2214	5420	3244	2176	8505	4942	3563
龙湾区	51	34	17	81	54	27	91	59	32
瓯海区	6733	3659	3074	8526	4902	3624	11515	6537	4978
洞头区	7779	4682	3097	4655	3413	1242	4253	2686	1567
永嘉县	12192	7129	5063	17799	10399	7400	25502	14631	10871
平阳县	9247	5263	3984	12034	7083	4951	20386	11507	8879
苍南县	6665	3730	2935	9646	5744	3902	16568	9250	7318
文成县	6869	3652	3217	6237	3449	2788	8259	4723	3536
泰顺县	3998	2131	1867	4965	2709	2256	7759	4222	3537
瑞安市	16480	9464	7016	24085	13914	10171	33350	18872	14478
乐清市	13257	7759	5498	19192	11196	7996	35669	20104	15565
龙港市	318	188	130	551	328	223	919	525	394
嘉兴市	**29634**	**16667**	**12967**	**68877**	**39174**	**29703**	**106418**	**58538**	**47880**
南湖区	1559	897	662	5141	3055	2086	8197	4752	3445
秀洲区	5603	3174	2429	12431	6876	5555	16615	9090	7525
嘉善县	3455	1999	1456	8700	5246	3454	11764	6886	4878
海盐县	2670	1499	1171	5646	3163	2483	9019	4856	4163
海宁市	5570	3162	2408	13035	7293	5742	23443	12380	11063
平湖市	4404	2397	2007	8451	4883	3568	13458	7570	5888
桐乡市	6373	3539	2834	15473	8658	6815	23922	13004	10918
湖州市	**24199**	**13843**	**10356**	**43424**	**24809**	**18615**	**68989**	**37977**	**31012**
吴兴区	6235	3858	2377	10919	6499	4420	18170	10116	8054
南浔区	3425	1888	1537	7038	4040	2998	11987	6760	5227
德清县	4406	2358	2048	7962	4603	3359	11921	6649	5272
长兴县	5962	3339	2623	9008	4940	4068	13598	7242	6356
安吉县	4171	2400	1771	8497	4727	3770	13313	7210	6103

1－5c　续表 5　　　　单位：人

地　　区	15－19岁			20－24岁			25－29岁		
	小计	男	女	小计	男	女	小计	男	女
绍兴市	**35956**	**19631**	**16325**	**52743**	**29135**	**23608**	**74856**	**40900**	**33956**
越城区	5394	3043	2351	6920	3802	3118	10151	5467	4684
柯桥区	4184	2347	1837	8007	4425	3582	13249	7389	5860
上虞区	6615	3539	3076	9163	4977	4186	13789	7186	6603
新昌县	5591	2981	2610	4053	2205	1848	4778	2690	2088
诸暨市	7456	4228	3228	16137	8991	7146	21277	11616	9661
嵊州市	6716	3493	3223	8463	4735	3728	11612	6552	5060
金华市	**56321**	**32201**	**24120**	**92810**	**54489**	**38321**	**131852**	**74715**	**57137**
婺城区	4867	2796	2071	7174	4302	2872	11035	6457	4578
金东区	4153	2394	1759	8423	5063	3360	12093	6801	5292
武义县	4983	2706	2277	7245	4234	3011	10256	5686	4570
浦江县	7347	4229	3118	10792	6236	4556	17559	10022	7537
磐安县	2399	1314	1085	2488	1405	1083	2922	1593	1329
兰溪市	5360	3086	2274	7089	4025	3064	10656	5964	4692
义乌市	10077	5864	4213	20588	12216	8372	29950	17088	12862
东阳市	6929	3839	3090	12286	7252	5034	17458	9742	7716
永康市	10206	5973	4233	16725	9756	6969	19923	11362	8561
衢州市	**24169**	**13158**	**11011**	**27726**	**15192**	**12534**	**38229**	**21282**	**16947**
柯城区	2590	1391	1199	4225	2213	2012	6516	3439	3077
衢江区	4921	2771	2150	6355	3697	2658	8650	5208	3442
常山县	3188	1726	1462	3199	1703	1496	4531	2477	2054
开化县	2655	1480	1175	3192	1738	1454	3992	2209	1783
龙游县	3024	1518	1506	5283	2886	2397	6780	3607	3173
江山市	7791	4272	3519	5472	2955	2517	7760	4342	3418
舟山市	**6309**	**3578**	**2731**	**8628**	**5541**	**3087**	**13301**	**8473**	**4828**
定海区	3480	2037	1443	3785	2406	1379	5235	3225	2010
普陀区	1948	1036	912	2798	1770	1028	4723	2924	1799
岱山县	679	397	282	1579	1093	486	2510	1803	707
嵊泗县	202	108	94	466	272	194	833	521	312
台州市	**72455**	**41797**	**30658**	**103304**	**58604**	**44700**	**129178**	**72375**	**56803**
椒江区	6887	4215	2672	11201	6726	4475	12924	7313	5611
黄岩区	8942	4804	4138	10293	5499	4794	12679	6846	5833
路桥区	6354	3698	2656	10340	6023	4317	13745	7878	5867
三门县	4083	2381	1702	5219	2905	2314	6302	3553	2749
天台县	6957	3903	3054	9391	5381	4010	10685	5934	4751
仙居县	6959	4060	2899	9370	5149	4221	11083	6208	4875
温岭市	10751	6121	4630	17011	9395	7616	24717	13830	10887
临海市	17846	10495	7351	23401	13263	10138	26513	14695	11818
玉环市	3676	2120	1556	7078	4263	2815	10530	6118	4412
丽水市	**28414**	**15449**	**12965**	**35306**	**19522**	**15784**	**39859**	**22036**	**17823**
莲都区	3650	2055	1595	4966	2864	2102	5825	3418	2407
青田县	10704	5689	5015	12471	6893	5578	14386	8050	6336
缙云县	5503	2885	2618	5665	3130	2535	6415	3474	2941
遂昌县	1688	903	785	2036	1089	947	2429	1291	1138
松阳县	2441	1424	1017	3383	1822	1561	3912	2072	1840
云和县	836	445	391	1108	599	509	1285	713	572
庆元县	1103	652	451	1628	896	732	1724	938	786
景宁畲族自治县	1037	569	468	1352	761	591	1379	778	601
龙泉市	1452	827	625	2697	1468	1229	2504	1302	1202

1-5c 续表 6

单位：人

地 区	30-34岁			35-39岁			40-44岁		
	小计	男	女	小计	男	女	小计	男	女
合计	**1246064**	**695459**	**550605**	**1071140**	**589749**	**481391**	**1151824**	**611522**	**540302**
杭州市	**141658**	**79267**	**62391**	**104764**	**58442**	**46322**	**113518**	**60088**	**53430**
上城区									
下城区									
江干区									
拱墅区									
西湖区	3207	1744	1463	2366	1318	1048	2204	1224	980
滨江区									
萧山区	40489	22592	17897	29244	16472	12772	31113	16467	14646
余杭区	44723	25601	19122	31643	18211	13432	30688	16923	13765
富阳区	12883	7051	5832	11662	6254	5408	13941	7270	6671
临安区	14182	7921	6261	11119	6267	4852	12046	6332	5714
桐庐县	7271	4024	3247	5396	2888	2508	6707	3441	3266
淳安县	6312	3364	2948	4718	2376	2342	7117	3512	3605
建德市	12591	6970	5621	8616	4656	3960	9702	4919	4783
宁波市	**162338**	**92560**	**69778**	**133884**	**75201**	**58683**	**138541**	**74764**	**63777**
海曙区	10829	6110	4719	9237	5061	4176	9108	4848	4260
江北区	7841	4564	3277	6116	3530	2586	6578	3662	2916
北仑区	18656	11072	7584	14745	8667	6078	13946	7872	6074
镇海区	4627	2783	1844	3462	2136	1326	3786	2188	1598
鄞州区	26391	14971	11420	20145	11142	9003	22161	11983	10178
奉化区	14300	8457	5843	12533	7190	5343	13988	7697	6291
象山县	12167	6859	5308	12828	7232	5596	12326	6753	5573
宁海县	15160	8473	6687	15637	8516	7121	16978	8855	8123
余姚市	16669	9306	7363	13005	7196	5809	13356	7037	6319
慈溪市	35698	19965	15733	26176	14531	11645	26314	13869	12445
温州市	**194685**	**108715**	**85970**	**198243**	**108646**	**89597**	**209203**	**111250**	**97953**
鹿城区	10979	6387	4592	11154	6422	4732	10405	5906	4499
龙湾区	123	86	37	95	52	43	96	54	42
瓯海区	15370	8688	6682	14719	8271	6448	15108	8358	6750
洞头区	5075	3111	1964	4727	2750	1977	4891	2716	2175
永嘉县	23715	13569	10146	26310	14651	11659	27783	15122	12661
平阳县	22869	12710	10159	23679	12895	10784	26258	13581	12677
苍南县	17083	9172	7911	19073	9923	9150	21356	11060	10296
文成县	9770	5362	4408	12000	6697	5303	12990	7119	5871
泰顺县	7866	4118	3748	9324	4934	4390	10677	5658	5019
瑞安市	39931	22421	17510	38722	21244	17478	42757	22424	20333
乐清市	41071	22636	18435	37487	20272	17215	35801	18663	17138
龙港市	833	455	378	953	535	418	1081	589	492
嘉兴市	**130237**	**72011**	**58226**	**87413**	**48123**	**39290**	**86637**	**46148**	**40489**
南湖区	9163	5243	3920	5549	3176	2373	5346	2860	2486
秀洲区	19626	10436	9190	13622	7235	6387	13864	7237	6627
嘉善县	13794	8104	5690	8905	5092	3813	9328	5078	4250
海盐县	10530	5724	4806	7657	4249	3408	7579	4071	3508
海宁市	34159	18569	15590	23792	13256	10536	21778	11883	9895
平湖市	17499	10092	7407	11101	6218	4883	10451	5589	4862
桐乡市	25466	13843	11623	16787	8897	7890	18291	9430	8861
湖州市	**85602**	**47620**	**37982**	**59413**	**32803**	**26610**	**62257**	**32816**	**29441**
吴兴区	24307	13792	10515	14786	8488	6298	13949	7776	6173
南浔区	15464	8752	6712	10319	5791	4528	11420	6053	5367
德清县	14747	8385	6362	10372	5863	4509	9991	5332	4659
长兴县	14703	7773	6930	11521	5913	5608	13925	6900	7025
安吉县	16381	8918	7463	12415	6748	5667	12972	6755	6217

1-5c 续表 7

单位：人

地区	30-34岁			35-39岁			40-44岁		
	小计	男	女	小计	男	女	小计	男	女
绍兴市	**84482**	**46691**	**37791**	**65780**	**35458**	**30322**	**83169**	**42633**	**40536**
越城区	11169	6079	5090	7559	4049	3510	8802	4538	4264
柯桥区	15237	8603	6634	9035	4930	4105	10482	5406	5076
上虞区	14314	7637	6677	10166	5212	4954	13185	6433	6752
新昌县	6330	3605	2725	7387	4179	3208	8424	4420	4004
诸暨市	25108	13715	11393	19878	10505	9373	25301	12812	12489
嵊州市	12324	7052	5272	11755	6583	5172	16975	9024	7951
金华市	**162878**	**90811**	**72067**	**144734**	**79935**	**64799**	**160454**	**85402**	**75052**
婺城区	14748	8471	6277	14011	7987	6024	16597	9211	7386
金东区	15851	8726	7125	13862	7534	6328	16131	8744	7387
武义县	12955	7201	5754	9928	5592	4336	11109	6076	5033
浦江县	19288	10738	8550	18900	10656	8244	20336	10840	9496
磐安县	2982	1602	1380	3505	1775	1730	5163	2594	2569
兰溪市	12197	6652	5545	11310	5997	5313	14993	7595	7398
义乌市	35119	19753	15366	30309	17011	13298	27805	14866	12939
东阳市	21381	11651	9730	20091	10633	9458	22319	11343	10976
永康市	28357	16017	12340	22818	12750	10068	26001	14133	11868
衢州市	**39975**	**21705**	**18270**	**41791**	**22298**	**19493**	**51305**	**26600**	**24705**
柯城区	6346	3381	2965	6350	3581	2769	6402	3376	3026
衢江区	9074	5351	3723	9699	5577	4122	10528	5801	4727
常山县	5498	2906	2592	5957	3071	2886	8070	4027	4043
开化县	4387	2309	2078	4586	2370	2216	6326	3211	3115
龙游县	7022	3738	3284	7026	3532	3494	9496	4878	4618
江山市	7648	4020	3628	8173	4167	4006	10483	5307	5176
舟山市	**21016**	**13573**	**7443**	**19521**	**12464**	**7057**	**19304**	**11893**	**7411**
定海区	8200	4961	3239	7324	4404	2920	7048	4150	2898
普陀区	7642	4864	2778	7536	4687	2849	7396	4440	2956
岱山县	4101	3036	1065	3503	2636	867	3763	2615	1148
嵊泗县	1073	712	361	1158	737	421	1097	688	409
台州市	**172400**	**95150**	**77250**	**163529**	**88288**	**75241**	**162514**	**84906**	**77608**
椒江区	17543	9868	7675	14822	8215	6607	14103	7475	6628
黄岩区	16882	9243	7639	16460	8844	7616	15087	7761	7326
路桥区	17314	9595	7719	15855	8659	7196	15967	8406	7561
三门县	9916	5355	4561	11245	5983	5262	10589	5380	5209
天台县	13319	7332	5987	13049	7054	5995	13367	7131	6236
仙居县	9327	5152	4175	8693	4627	4066	9901	5052	4849
温岭市	40191	22414	17777	33168	17806	15362	33367	17274	16093
临海市	32517	17613	14904	34999	18735	16264	35205	18239	16966
玉环市	15391	8578	6813	15238	8365	6873	14928	8188	6740
丽水市	**50793**	**27356**	**23437**	**52068**	**28091**	**23977**	**64922**	**35022**	**29900**
莲都区	8174	4631	3543	7426	4302	3124	7549	4184	3365
青田县	16705	8845	7860	18279	9683	8596	20608	10732	9876
缙云县	8539	4691	3848	8514	4620	3894	11116	6091	5025
遂昌县	3263	1729	1534	3416	1813	1603	4765	2546	2219
松阳县	5340	2769	2571	4802	2455	2347	6960	3689	3271
云和县	1721	922	799	1889	1006	883	2394	1324	1070
庆元县	2022	1124	898	2408	1355	1053	3649	2038	1611
景宁畲族自治县	1943	994	949	2343	1251	1092	3311	1881	1430
龙泉市	3086	1651	1435	2991	1606	1385	4570	2537	2033

1-5c 续表 8

单位：人

地区	45—49岁			50—54岁			55—59岁		
	小计	男	女	小计	男	女	小计	男	女
合计	**1545311**	**796461**	**748850**	**1852973**	**963794**	**889179**	**1667974**	**871535**	**796439**
杭州市	**161809**	**83784**	**78025**	**212202**	**111555**	**100647**	**211882**	**113419**	**98463**
上城区									
下城区									
江干区									
拱墅区									
西湖区	2514	1447	1067	2783	1518	1265	2768	1540	1228
滨江区									
萧山区	42473	21944	20529	49527	24841	24686	44046	23080	20966
余杭区	43572	23634	19938	49276	27250	22026	42240	23699	18541
富阳区	19541	10033	9508	25483	13753	11730	25604	13973	11631
临安区	19499	9914	9585	28592	15195	13397	33539	17801	15738
桐庐县	10078	5067	5011	14410	7577	6833	15646	8206	7440
淳安县	10591	5109	5482	18530	9340	9190	22602	11735	10867
建德市	13541	6636	6905	23601	12081	11520	25437	13385	12052
宁波市	**191709**	**100011**	**91698**	**222813**	**117943**	**104870**	**189241**	**100860**	**88381**
海曙区	12306	6474	5832	14684	7588	7096	12304	6523	5781
江北区	8371	4507	3864	8852	4824	4028	6776	3791	2985
北仑区	18197	9827	8370	19649	10875	8774	16553	9140	7413
镇海区	6004	3395	2609	6757	3894	2863	4751	2813	1938
鄞州区	30524	15930	14594	31412	17051	14361	23931	12999	10932
奉化区	19896	10650	9246	26338	14113	12225	22709	12235	10474
象山县	16898	8697	8201	23056	11900	11156	23464	12057	11407
宁海县	22325	11528	10797	26852	14083	12769	23308	12110	11198
余姚市	20339	10286	10053	25007	12914	12093	24149	12705	11444
慈溪市	36849	18717	18132	40206	20701	19505	31296	16487	14809
温州市	**238656**	**123871**	**114785**	**230612**	**120990**	**109622**	**195794**	**99934**	**95860**
鹿城区	11016	6152	4864	9544	5309	4235	7413	4046	3367
龙湾区	123	71	52	127	69	58	75	47	28
瓯海区	16018	8664	7354	13716	7435	6281	10778	5836	4942
洞头区	5797	3247	2550	6130	3350	2780	5149	2772	2377
永嘉县	31269	16478	14791	31102	16449	14653	28195	14150	14045
平阳县	30483	15609	14874	29610	15360	14250	25644	13206	12438
苍南县	23983	12247	11736	23709	12487	11222	19616	9974	9642
文成县	14175	7381	6794	13574	7224	6350	12064	6159	5905
泰顺县	12571	6818	5753	12791	6834	5957	11223	5626	5597
瑞安市	50821	26153	24668	46048	24369	21679	37569	19444	18125
乐清市	41126	20421	20705	42946	21437	21509	36928	18122	18806
龙港市	1274	630	644	1315	667	648	1140	552	588
嘉兴市	**129189**	**66154**	**63035**	**168384**	**87495**	**80889**	**154678**	**83243**	**71435**
南湖区	8518	4395	4123	12386	6480	5906	10909	5924	4985
秀洲区	20039	10106	9933	23354	12209	11145	20636	10956	9680
嘉善县	14110	7327	6783	19254	10135	9119	18414	9938	8476
海盐县	12115	6289	5826	18296	9620	8676	18446	9863	8583
海宁市	27792	14526	13266	30151	15714	14437	29384	15689	13695
平湖市	17937	9428	8509	27057	14297	12760	24271	13269	11002
桐乡市	28678	14083	14595	37886	19040	18846	32618	17604	15014
湖州市	**95571**	**48865**	**46706**	**132004**	**68976**	**63028**	**120998**	**65664**	**55334**
吴兴区	18596	9702	8894	25196	13173	12023	22369	12170	10199
南浔区	16634	8285	8349	26278	13170	13108	26026	14020	12006
德清县	17630	8909	8721	23574	12475	11099	22799	12580	10219
长兴县	22204	11236	10968	29165	15418	13747	25019	13795	11224
安吉县	20507	10733	9774	27791	14740	13051	24785	13099	11686

1-5c　续表 9

单位：人

地　区	45-49岁			50-54岁			55-59岁		
	小计	男	女	小计	男	女	小计	男	女
绍兴市	**123041**	**59895**	**63146**	**162637**	**80198**	**82439**	**159421**	**80863**	**78558**
越城区	13022	6342	6680	17626	8393	9233	15223	7306	7917
柯桥区	15811	7821	7990	22512	10655	11857	19550	9600	9950
上虞区	21839	10230	11609	28899	13903	14996	28838	14235	14603
新昌县	10857	5374	5483	15250	7707	7543	17322	9090	8232
诸暨市	38421	18518	19903	49541	24429	25112	47438	24139	23299
嵊州市	23091	11610	11481	28809	15111	13698	31050	16493	14557
金华市	**188596**	**96837**	**91759**	**225579**	**115544**	**110035**	**198073**	**101208**	**96865**
婺城区	18976	10428	8548	22874	12510	10364	21066	11391	9675
金东区	17288	9171	8117	20425	10999	9426	18149	9625	8524
武义县	13370	7028	6342	17982	9435	8547	15988	8432	7556
浦江县	21640	10948	10692	24784	12523	12261	20883	10526	10357
磐安县	7327	3699	3628	9528	4890	4638	8705	4588	4117
兰溪市	19648	9689	9959	30092	15302	14790	28185	14519	13666
义乌市	33083	16836	16247	34018	17266	16752	28590	14670	13920
东阳市	29734	14694	15040	35613	17304	18309	32055	15182	16873
永康市	27530	14344	13186	30263	15315	14948	24452	12275	12177
衢州市	**78593**	**40009**	**38584**	**105149**	**53738**	**51411**	**100163**	**51837**	**48326**
柯城区	10060	5233	4827	13848	6841	7007	12620	6363	6257
衢江区	16309	8759	7550	22172	11968	10204	21043	11396	9647
常山县	11183	5519	5664	14000	7093	6907	12905	6682	6223
开化县	9400	4560	4840	13235	6394	6841	14075	6831	7244
龙游县	14681	7488	7193	20777	10880	9897	19299	10163	9136
江山市	16960	8450	8510	21117	10562	10555	20221	10402	9819
舟山市	**27515**	**16272**	**11243**	**34781**	**20326**	**14455**	**34281**	**18889**	**15392**
定海区	10131	5736	4395	12091	6856	5235	11853	6499	5354
普陀区	10076	5939	4137	12813	7537	5276	12396	6837	5559
岱山县	5308	3418	1890	6773	4170	2603	7108	3910	3198
嵊泗县	2000	1179	821	3104	1763	1341	2924	1643	1281
台州市	**223947**	**114201**	**109746**	**259586**	**133504**	**126082**	**215306**	**109272**	**106034**
椒江区	18988	9972	9016	20403	10833	9570	14640	7479	7161
黄岩区	22085	10933	11152	26918	13584	13334	24260	12466	11794
路桥区	22376	11513	10863	24076	12626	11450	16982	8758	8224
三门县	16161	8463	7698	18357	9640	8717	15903	7932	7971
天台县	15872	8037	7835	20046	10040	10006	18993	9548	9445
仙居县	17152	8762	8390	21046	10776	10270	19014	9556	9458
温岭市	42641	21283	21358	51874	26154	25720	43141	21801	21340
临海市	50729	25796	24933	58277	29745	28532	48323	24287	24036
玉环市	17943	9442	8501	18589	10106	8483	14050	7445	6605
丽水市	**86685**	**46562**	**40123**	**99226**	**53525**	**45701**	**88137**	**46346**	**41791**
莲都区	10505	5862	4643	13730	7828	5902	12869	6992	5877
青田县	22976	12174	10802	20542	11320	9222	16551	8901	7650
缙云县	14305	7580	6725	17618	9118	8500	15961	8221	7740
遂昌县	7630	4137	3493	10481	5510	4971	10018	5230	4788
松阳县	10501	5528	4973	12670	6800	5870	10766	5591	5175
云和县	3367	1815	1552	3920	2141	1779	3466	1885	1581
庆元县	5391	2876	2515	5636	2924	2712	5063	2533	2530
景宁畲族自治县	4145	2387	1758	4799	2696	2103	4495	2383	2112
龙泉市	7865	4203	3662	9830	5188	4642	8948	4610	4338

1-5c 续表 10

单位：人

地区	60-64岁			65-69岁			70-74岁		
	小计	男	女	小计	男	女	小计	男	女
合计	**1324816**	**689443**	**635373**	**1362419**	**685435**	**676984**	**1016598**	**505781**	**510817**
杭州市	**163239**	**86570**	**76669**	**162001**	**82230**	**79771**	**115396**	**56876**	**58520**
上城区									
下城区									
江干区									
拱墅区									
西湖区	1907	999	908	1886	961	925	1371	626	745
滨江区									
萧山区	33727	17632	16095	32064	16284	15780	24332	11916	12416
余杭区	28922	15687	13235	25959	13112	12847	18595	8968	9627
富阳区	20497	10962	9535	21494	10991	10503	14949	7349	7600
临安区	27162	14405	12757	25635	12986	12649	16852	8395	8457
桐庐县	12460	6550	5910	14281	7194	7087	10177	4970	5207
淳安县	19578	10298	9280	20992	10631	10361	14438	7141	7297
建德市	18986	10037	8949	19690	10071	9619	14682	7511	7171
宁波市	**156434**	**80743**	**75691**	**149896**	**74506**	**75390**	**112836**	**54718**	**58118**
海曙区	10130	5230	4900	10412	5241	5171	7439	3563	3876
江北区	4823	2592	2231	4637	2350	2287	3405	1719	1686
北仑区	13005	6776	6229	12554	6377	6177	8972	4307	4665
镇海区	3288	1788	1500	3057	1534	1523	2248	1098	1150
鄞州区	16964	9055	7909	16860	8285	8575	12511	6064	6447
奉化区	19055	9941	9114	21256	10510	10746	15652	7706	7946
象山县	22140	11220	10920	19975	9968	10007	15481	7548	7933
宁海县	20798	10673	10125	19378	9564	9814	14695	7223	7472
余姚市	21403	10674	10729	20383	9878	10505	16136	7746	8390
慈溪市	24828	12794	12034	21384	10799	10585	16297	7744	8553
温州市	**158829**	**80764**	**78065**	**161107**	**80775**	**80332**	**117418**	**60931**	**56487**
鹿城区	5323	2718	2605	5294	2713	2581	3680	1829	1851
龙湾区	39	26	13	31	18	13	9	6	3
瓯海区	7890	4053	3837	7587	3908	3679	5423	2700	2723
洞头区	4026	1990	2036	3470	1707	1763	2590	1204	1386
永嘉县	25654	12722	12932	25920	12916	13004	19082	9816	9266
平阳县	20508	10679	9829	20920	10569	10351	15211	8101	7110
苍南县	16742	8580	8162	17322	8864	8458	12840	6785	6055
文成县	9242	4905	4337	11051	5469	5582	7822	4581	3241
泰顺县	9700	5017	4683	9810	5043	4767	7031	4044	2987
瑞安市	28857	14701	14156	29271	14637	14634	21613	11035	10578
乐清市	30036	14947	15089	29443	14464	14979	21300	10438	10862
龙港市	812	426	386	988	467	521	817	392	425
嘉兴市	**109103**	**58546**	**50557**	**121089**	**61760**	**59329**	**91309**	**43652**	**47657**
南湖区	7631	4145	3486	7470	3826	3644	5363	2578	2785
秀洲区	13656	7247	6409	15957	7925	8032	11728	5562	6166
嘉善县	11130	5979	5151	14505	7562	6943	11414	5539	5875
海盐县	13568	7162	6406	14303	7211	7092	10964	5148	5816
海宁市	21743	11400	10343	22972	11811	11161	17183	8337	8846
平湖市	16792	9065	7727	18820	9802	9018	13930	6647	7283
桐乡市	24583	13548	11035	27062	13623	13439	20727	9841	10886
湖州市	**86450**	**47572**	**38878**	**97077**	**49130**	**47947**	**72328**	**35175**	**37153**
吴兴区	15196	8581	6615	16646	8515	8131	12428	6083	6345
南浔区	19678	11141	8537	24118	12401	11717	18963	9287	9676
德清县	17209	9367	7842	17079	8613	8466	13004	6282	6722
长兴县	17504	9516	7988	20358	10205	10153	14910	7247	7663
安吉县	16863	8967	7896	18876	9396	9480	13023	6276	6747

1-5c　续表 11　　　　单位：人

地　区	60-64岁			65-69岁			70-74岁		
	小计	男	女	小计	男	女	小计	男	女
绍兴市	**140484**	**73175**	**67309**	**149971**	**75647**	**74324**	**117726**	**58641**	**59085**
越城区	11857	5823	6034	12949	6491	6458	10209	5071	5138
柯桥区	15132	7778	7354	16008	8233	7775	13041	6381	6660
上虞区	25949	13188	12761	27520	13529	13991	22171	10738	11433
新昌县	18027	9466	8561	17140	8969	8171	12793	6861	5932
诸暨市	39294	20718	18576	43815	21882	21933	34872	17314	17558
嵊州市	30225	16202	14023	32539	16543	15996	24640	12276	12364
金华市	**143537**	**73592**	**69945**	**158640**	**79348**	**79292**	**119237**	**58572**	**60665**
婺城区	16405	8560	7845	18871	9185	9686	13834	6579	7255
金东区	12826	6661	6165	13914	6960	6954	9943	4775	5168
武义县	12469	6545	5924	12638	6328	6310	9348	4703	4645
浦江县	14491	7142	7349	15895	7703	8192	11641	5566	6075
磐安县	6724	3409	3315	7398	3719	3679	5858	2814	3044
兰溪市	20393	10871	9522	23880	12277	11603	17918	8936	8982
义乌市	19045	9779	9266	20478	10494	9984	15904	8113	7791
东阳市	24522	12125	12397	26855	13230	13625	21228	10308	10920
永康市	16662	8500	8162	18711	9452	9259	13563	6778	6785
衢州市	**85008**	**44520**	**40488**	**93977**	**47812**	**46165**	**68585**	**35414**	**33171**
柯城区	10179	5478	4701	10703	5593	5110	7982	4149	3833
衢江区	17893	9619	8274	19072	9965	9107	14248	7510	6738
常山县	11175	5868	5307	12198	6162	6036	8408	4378	4030
开化县	13301	6617	6684	13975	6774	7201	9366	4665	4701
龙游县	14681	7618	7063	18181	9073	9108	13315	6764	6551
江山市	17779	9320	8459	19848	10245	9603	15266	7948	7318
舟山市	**33345**	**17129**	**16216**	**32209**	**15502**	**16707**	**23584**	**11229**	**12355**
定海区	11215	5832	5383	11259	5489	5770	8690	4344	4346
普陀区	11690	5896	5794	11127	5291	5836	7832	3688	4144
岱山县	7754	4043	3711	7355	3518	3837	5401	2433	2968
嵊泗县	2686	1358	1328	2468	1204	1264	1661	764	897
台州市	**179742**	**91043**	**88699**	**160482**	**79460**	**81022**	**125125**	**62388**	**62737**
椒江区	10629	5379	5250	9930	4894	5036	7787	3866	3921
黄岩区	19234	9903	9331	18045	8853	9192	14395	7017	7378
路桥区	11708	5847	5861	11288	5553	5735	8687	4541	4146
三门县	14404	7248	7156	12014	5884	6130	9658	4640	5018
天台县	18943	9552	9391	17142	8773	8369	13472	6738	6734
仙居县	16580	8590	7990	15181	7627	7554	11292	5889	5403
温岭市	36298	18237	18061	32202	15968	16234	24870	12417	12453
临海市	41579	20846	20733	36650	17894	18756	29311	14523	14788
玉环市	10367	5441	4926	8030	4014	4016	5653	2757	2896
丽水市	**68645**	**35789**	**32856**	**75970**	**39265**	**36705**	**53054**	**28185**	**24869**
莲都区	9345	5017	4328	10471	5365	5106	7532	3944	3588
青田县	13160	6948	6212	12574	6658	5916	8335	4476	3859
缙云县	13876	7269	6607	14050	7326	6724	10829	5454	5375
遂昌县	8562	4486	4076	9155	4752	4403	5934	3191	2743
松阳县	8156	4353	3803	8747	4525	4222	6121	3225	2896
云和县	2424	1266	1158	2962	1550	1412	1947	1065	882
庆元县	3738	1722	2016	5090	2501	2589	3418	1881	1537
景宁畲族自治县	3417	1790	1627	4429	2322	2107	3022	1767	1255
龙泉市	5967	2938	3029	8492	4266	4226	5916	3182	2734

1-5c 续表 12 单位：人

地区	75-79岁			80-84岁			85-89岁		
	小计	男	女	小计	男	女	小计	男	女
合计	**577066**	**286082**	**290984**	**425362**	**204678**	**220684**	**269801**	**115141**	**154660**
杭州市	**63316**	**29663**	**33653**	**46494**	**21673**	**24821**	**29061**	**12094**	**16967**
上城区									
下城区									
江干区									
拱墅区									
西湖区	839	390	449	612	283	329	468	216	252
滨江区									
萧山区	13436	6170	7266	8463	4039	4424	6049	2627	3422
余杭区	10214	4560	5654	6568	3070	3498	4407	1901	2506
富阳区	7957	3794	4163	5833	2880	2953	4475	1825	2650
临安区	8680	4035	4645	7006	3087	3919	4048	1661	2387
桐庐县	5264	2669	2595	4178	1906	2272	2539	1009	1530
淳安县	8230	3869	4361	6891	3142	3749	3475	1363	2112
建德市	8696	4176	4520	6943	3266	3677	3600	1492	2108
宁波市	**61153**	**29951**	**31202**	**40342**	**19280**	**21062**	**28887**	**12223**	**16664**
海曙区	3677	1811	1866	2506	1201	1305	1910	812	1098
江北区	1746	889	857	1219	551	668	1112	452	660
北仑区	5348	2661	2687	3266	1631	1635	2422	1033	1389
镇海区	1199	605	594	694	315	379	523	192	331
鄞州区	6425	3140	3285	3915	1890	2025	2778	1201	1577
奉化区	7636	3901	3735	5038	2534	2504	3677	1571	2106
象山县	9159	4480	4679	6562	3123	3439	4273	1867	2406
宁海县	9165	4542	4623	6687	3199	3488	4176	1846	2330
余姚市	8234	3988	4246	5045	2335	2710	3848	1623	2225
慈溪市	8564	3934	4630	5410	2501	2909	4168	1626	2542
温州市	**73174**	**38661**	**34513**	**61159**	**30554**	**30605**	**37919**	**17264**	**20655**
鹿城区	2223	1124	1099	1807	841	966	1199	537	662
龙湾区	10	4	6	12	5	7	5	3	2
瓯海区	3121	1524	1597	2592	1256	1336	1531	684	847
洞头区	1768	773	995	1376	589	787	796	300	496
永嘉县	12066	6262	5804	10105	4967	5138	6476	3039	3437
平阳县	9597	5266	4331	8346	4219	4127	5003	2213	2790
苍南县	8466	4622	3844	7237	3653	3584	4404	1970	2434
文成县	4842	2977	1865	4169	2389	1780	2710	1381	1329
泰顺县	4721	2853	1868	4056	2262	1794	2563	1363	1200
瑞安市	12095	6298	5797	10553	5183	5370	6145	2645	3500
乐清市	13702	6684	7018	10515	5011	5504	6860	3029	3831
龙港市	563	274	289	391	179	212	227	100	127
嘉兴市	**55603**	**26048**	**29555**	**34900**	**15557**	**19343**	**20421**	**7608**	**12813**
南湖区	3400	1571	1829	2096	925	1171	1283	503	780
秀洲区	7074	3520	3554	4665	2154	2511	2677	995	1682
嘉善县	7225	3576	3649	4539	2072	2467	2924	1059	1865
海盐县	5806	2747	3059	3725	1528	2197	2301	751	1550
海宁市	9750	4396	5354	6232	2795	3437	3671	1423	2248
平湖市	9843	4505	5338	5558	2346	3212	3342	1164	2178
桐乡市	12505	5733	6772	8085	3737	4348	4223	1713	2510
湖州市	**41112**	**19066**	**22046**	**28666**	**13193**	**15473**	**17477**	**7235**	**10242**
吴兴区	7417	3344	4073	5202	2374	2828	3102	1305	1797
南浔区	10465	5056	5409	8063	3701	4362	4937	1918	3019
德清县	7317	3275	4042	5084	2394	2690	3293	1428	1865
长兴县	8883	4065	4818	5551	2537	3014	3211	1350	1861
安吉县	7030	3326	3704	4766	2187	2579	2934	1234	1700

1－5c 续表 13

单位：人

地 区	75－79岁			80－84岁			85－89岁		
	小计	男	女	小计	男	女	小计	男	女
绍兴市	**60082**	**29911**	**30171**	**38888**	**18873**	**20015**	**27654**	**11711**	**15943**
越城区	5455	2905	2550	3402	1682	1720	2379	1036	1343
柯桥区	6697	3194	3503	4521	2148	2373	3294	1378	1916
上虞区	11763	5710	6053	7124	3399	3725	5299	2177	3122
新昌县	7013	3516	3497	5019	2410	2609	3270	1354	1916
诸暨市	17551	8721	8830	11422	5656	5766	8291	3626	4665
嵊州市	11603	5865	5738	7400	3578	3822	5121	2140	2981
金华市	**66354**	**33189**	**33165**	**50779**	**24730**	**26049**	**31107**	**12989**	**18118**
婺城区	6015	2870	3145	5403	2656	2747	3358	1430	1928
金东区	5223	2580	2643	4154	1961	2193	2342	938	1404
武义县	5189	2632	2557	4617	2263	2354	2850	1299	1551
浦江县	6636	3346	3290	4678	2292	2386	3085	1313	1772
磐安县	3531	1846	1685	2685	1331	1354	1436	669	767
兰溪市	9802	5056	4746	6907	3392	3515	3910	1523	2387
义乌市	9065	4673	4392	6657	3355	3302	4144	1772	2372
东阳市	13163	6397	6766	9358	4444	4914	5980	2453	3527
永康市	7730	3789	3941	6320	3036	3284	4002	1592	2410
衢州市	**34861**	**18555**	**16306**	**27893**	**14301**	**13592**	**16359**	**7322**	**9037**
柯城区	4162	2162	2000	3184	1600	1584	2070	903	1167
衢江区	7628	3995	3633	5811	3013	2798	3388	1568	1820
常山县	4642	2432	2210	3550	1886	1664	1937	878	1059
开化县	4649	2473	2176	4197	2102	2095	2189	983	1206
龙游县	6180	3398	2782	5102	2624	2478	3004	1369	1635
江山市	7600	4095	3505	6049	3076	2973	3771	1621	2150
舟山市	**13463**	**6203**	**7260**	**8868**	**4010**	**4858**	**6411**	**2475**	**3936**
定海区	4691	2294	2397	2947	1438	1509	2191	883	1308
普陀区	4745	2098	2647	3266	1468	1798	2370	918	1452
岱山县	3020	1402	1618	2005	864	1141	1376	520	856
嵊泗县	1007	409	598	650	240	410	474	154	320
台州市	**77675**	**38317**	**39358**	**59792**	**28007**	**31785**	**37796**	**16037**	**21759**
椒江区	4721	2483	2238	3265	1590	1675	2038	909	1129
黄岩区	8589	4262	4327	7361	3474	3887	4539	2002	2537
路桥区	5308	2831	2477	3819	1845	1974	2711	1097	1614
三门县	6198	2920	3278	4594	2129	2465	2766	1236	1530
天台县	8065	3845	4220	5953	2739	3214	3589	1451	2138
仙居县	6683	3451	3232	5750	2649	3101	3432	1437	1995
温岭市	16196	8074	8122	12584	5809	6775	8642	3601	5041
临海市	17773	8570	9203	13121	6243	6878	7950	3404	4546
玉环市	4142	1881	2261	3345	1529	1816	2129	900	1229
丽水市	**30273**	**16518**	**13755**	**27581**	**14500**	**13081**	**16709**	**8183**	**8526**
莲都区	4224	2242	1982	3950	2022	1928	2559	1206	1353
青田县	5450	2882	2568	4756	2381	2375	2956	1384	1572
缙云县	6749	3401	3348	5760	2859	2901	3338	1559	1779
遂昌县	3087	1717	1370	3065	1621	1444	1957	1016	941
松阳县	3158	1720	1438	2819	1476	1343	1542	741	801
云和县	1005	580	425	1089	612	477	692	358	334
庆元县	1813	1096	717	1511	868	643	851	460	391
景宁畲族自治县	1646	997	649	1545	902	643	917	498	419
龙泉市	3141	1883	1258	3086	1759	1327	1897	961	936

1-5c 续表 14

单位：人

地区	90-94岁			95-99岁			100岁及以上		
	小计	男	女	小计	男	女	小计	男	女
合计	**86465**	**33054**	**53411**	**16391**	**5558**	**10833**	**1388**	**394**	**994**
杭州市	**9056**	**3256**	**5800**	**1656**	**511**	**1145**	**107**	**27**	**80**
上城区									
下城区									
江干区									
拱墅区									
西湖区	189	70	119	41	11	30	2	1	1
滨江区									
萧山区	2168	799	1369	461	148	313	41	8	33
余杭区	1385	493	892	247	82	165	10	1	9
富阳区	1445	542	903	286	78	208	16	2	14
临安区	1164	407	757	185	58	127	17	5	12
桐庐县	779	250	529	124	47	77	8	2	6
淳安县	861	304	557	118	33	85	4	1	3
建德市	1065	391	674	194	54	140	9	7	2
宁波市	**9474**	**3620**	**5854**	**1858**	**619**	**1239**	**131**	**33**	**98**
海曙区	554	219	335	99	34	65	6	2	4
江北区	402	152	250	94	36	58	9	2	7
北仑区	885	354	531	188	64	124	15	2	13
镇海区	218	80	138	40	11	29	2	1	1
鄞州区	987	385	602	185	65	120	16	2	14
奉化区	1054	366	688	202	66	136	13	2	11
象山县	1402	558	844	272	83	189	16	4	12
宁海县	1249	527	722	252	98	154	20	11	9
余姚市	1337	468	869	264	78	186	9	1	8
慈溪市	1386	511	875	262	84	178	25	6	19
温州市	**14024**	**5934**	**8090**	**3045**	**1207**	**1838**	**367**	**108**	**259**
鹿城区	428	175	253	63	21	42	13	3	10
龙湾区	5	4	1						
瓯海区	481	202	279	103	35	68	6	4	2
洞头区	258	89	169	52	18	34	4	2	2
永嘉县	2389	1051	1338	568	248	320	79	27	52
平阳县	1816	753	1063	391	138	253	48	9	39
苍南县	1717	691	1026	353	115	238	36	8	28
文成县	1125	521	604	245	116	129	29	7	22
泰顺县	1023	500	523	204	89	115	35	13	22
瑞安市	2262	908	1354	464	179	285	45	12	33
乐清市	2441	1005	1436	587	244	343	71	23	48
龙港市	79	35	44	15	4	11	1		1
嘉兴市	**6340**	**1884**	**4456**	**1040**	**224**	**816**	**65**	**11**	**54**
南湖区	335	103	232	57	13	44	2	1	1
秀洲区	784	238	546	106	18	88	7		7
嘉善县	902	271	631	162	36	126	9	1	8
海盐县	718	164	554	111	19	92	6	2	4
海宁市	1342	430	912	241	57	184	18	2	16
平湖市	945	222	723	161	33	128	9	2	7
桐乡市	1314	456	858	202	48	154	14	3	11
湖州市	**5059**	**1802**	**3257**	**882**	**262**	**620**	**47**	**12**	**35**
吴兴区	884	303	581	153	43	110	10	2	8
南浔区	1323	461	862	214	58	156	13	5	8
德清县	1017	391	626	201	67	134	9	2	7
长兴县	1049	386	663	174	54	120	12	2	10
安吉县	786	261	525	140	40	100	3	1	2

1-5c 续表 15

单位：人

地 区	90-94岁			95-99岁			100岁及以上		
	小计	男	女	小计	男	女	小计	男	女
绍兴市	**8370**	**3122**	**5248**	**1482**	**507**	**975**	**111**	**30**	**81**
越城区	699	275	424	104	39	65	9	3	6
柯桥区	992	383	609	169	67	102	8	1	7
上虞区	1667	531	1136	277	67	210	19	5	14
新昌县	892	364	528	154	57	97	15	7	8
诸暨市	2663	1048	1615	561	197	364	42	12	30
嵊州市	1457	521	936	217	80	137	18	2	16
金华市	**9711**	**3584**	**6127**	**1634**	**542**	**1092**	**111**	**36**	**75**
婺城区	995	384	611	153	45	108	7	2	5
金东区	719	244	475	136	43	93	8	2	6
武义县	920	388	532	137	48	89	10	5	5
浦江县	984	356	628	173	53	120	8	2	6
磐安县	435	194	241	67	19	48	8	6	2
兰溪市	1153	381	772	194	57	137	4		4
义乌市	1306	480	826	260	94	166	17	6	11
东阳市	1998	716	1282	301	109	192	20	6	14
永康市	1201	441	760	213	74	139	29	7	22
衢州市	**5319**	**2070**	**3249**	**939**	**270**	**669**	**75**	**23**	**52**
柯城区	635	245	390	128	34	94	9	2	7
衢江区	1081	434	647	189	64	125	12	4	8
常山县	572	220	352	105	20	85	13		13
开化县	664	250	414	100	32	68	7	5	2
龙游县	930	348	582	155	46	109	13	6	7
江山市	1437	573	864	262	74	188	21	6	15
舟山市	**2033**	**661**	**1372**	**408**	**122**	**286**	**29**	**11**	**18**
定海区	759	266	493	173	54	119	14	5	9
普陀区	744	230	514	153	46	107	12	6	6
岱山县	407	118	289	55	16	39	1		1
嵊泗县	123	47	76	27	6	21	2		2
台州市	**11624**	**4630**	**6994**	**2496**	**888**	**1608**	**246**	**72**	**174**
椒江区	629	241	388	136	56	80	15	1	14
黄岩区	1586	661	925	311	110	201	35	12	23
路桥区	814	298	516	209	76	133	19	4	15
三门县	803	312	491	165	65	100	18	3	15
天台县	1017	393	624	217	78	139	19	8	11
仙居县	1021	451	570	216	77	139	18	9	9
温岭市	2759	1070	1689	609	211	398	63	15	48
临海市	2414	980	1434	502	169	333	40	13	27
玉环市	581	224	357	131	46	85	19	7	12
丽水市	**5455**	**2491**	**2964**	**951**	**406**	**545**	**99**	**31**	**68**
莲都区	865	394	471	144	67	77	16	4	12
青田县	1056	466	590	213	92	121	26	9	17
缙云县	1101	467	634	221	99	122	20	5	15
遂昌县	647	289	358	95	39	56	10	1	9
松阳县	459	202	257	58	21	37	5		5
云和县	196	104	92	29	10	19	2	1	1
庆元县	265	128	137	49	20	29	3	1	2
景宁畲族自治县	306	163	143	51	23	28	9	5	4
龙泉市	560	278	282	91	35	56	8	5	3

1-6 各地区分性别、受教育程度的3岁及以上人口

单位：人

地区	3岁及以上人口			未上过学		
	合计	男	女	小计	男	女
合计	**62972305**	**32843540**	**30128765**	**2466512**	**721329**	**1745183**
杭州市	**11615497**	**6049795**	**5565702**	**314083**	**87791**	**226292**
上城区	350903	175545	175358	5433	1490	3943
下城区	475649	232032	243617	8625	2297	6328
江干区	1448547	753593	694954	23514	7477	16037
拱墅区	618430	309419	309011	11634	3357	8277
西湖区	1085790	558923	526867	15975	5138	10837
滨江区	489131	252692	236439	9562	2612	6950
萧山区	2197310	1170669	1026641	72483	18800	53683
余杭区	2328204	1246652	1081552	69402	21167	48235
富阳区	809448	424396	385052	21899	6727	15172
临安区	620022	323286	296736	12198	3689	8509
桐庐县	440865	224788	216077	21368	5592	15776
淳安县	320527	159556	160971	26479	5145	21334
建德市	430671	218244	212427	15511	4300	11211
宁波市	**9193382**	**4795479**	**4397903**	**224014**	**69340**	**154674**
海曙区	1018223	523098	495125	19088	6186	12902
江北区	477212	250196	227016	10552	3663	6889
北仑区	809970	440585	369385	16127	5224	10903
镇海区	518018	275909	242109	9531	3078	6453
鄞州区	1547432	786262	761170	30407	9943	20464
奉化区	567014	295270	271744	11970	3573	8397
象山县	556323	281827	274496	25979	7652	18327
宁海县	677832	351592	326240	20176	5709	14467
余姚市	1228864	641091	587773	36060	11548	24512
慈溪市	1792494	949649	842845	44124	12764	31360
温州市	**9330971**	**4946534**	**4384437**	**574020**	**178001**	**396019**
鹿城区	1142840	594841	547999	30838	9409	21429
龙湾区	707576	399385	308191	31562	10235	21327
瓯海区	942817	509807	433010	44511	13379	31132
洞头区	145585	77603	67982	10926	2392	8534
永嘉县	846024	452076	393948	57674	17169	40505
平阳县	841186	438275	402911	69234	21509	47725
苍南县	820317	426099	394218	76399	25320	51079
文成县	281318	147883	133435	17941	6780	11161
泰顺县	257524	134070	123454	21768	8071	13697
瑞安市	1483126	782403	700723	124245	38248	85997
乐清市	1411591	744886	666705	59073	16985	42088
龙港市	451067	239206	211861	29849	8504	21345
嘉兴市	**5271934**	**2747169**	**2524765**	**174142**	**46436**	**127706**
南湖区	818330	421714	396616	20333	5394	14939
秀洲区	661007	346040	314967	27299	7441	19858
嘉善县	634036	338266	295770	24341	6909	17432
海盐县	446344	230250	216094	20594	5277	15317
海宁市	1051463	553910	497553	32916	7794	25122
平湖市	656540	340532	316008	24702	6295	18407
桐乡市	1004214	516457	487757	23957	7326	16631
湖州市	**3289703**	**1706065**	**1583638**	**91654**	**27769**	**63885**
吴兴区	993251	512658	480593	21996	6620	15376
南浔区	531216	276324	254892	21370	6238	15132
德清县	536079	280854	255225	11591	3771	7820
长兴县	657390	336555	320835	20417	6300	14117
安吉县	571767	299674	272093	16280	4840	11440

1-6　续表 1　　　　单位：人

地　区	3岁及以上人口			未上过学		
	合计	男	女	小计	男	女
绍兴市	**5155348**	**2635617**	**2519731**	**130933**	**40011**	**90922**
越城区	998259	500477	497782	17841	5386	12455
柯桥区	1071887	567773	504114	32109	9537	22572
上虞区	822481	412196	410285	32407	9035	23372
新昌县	409856	210403	199453	10084	2957	7127
诸暨市	1190700	605146	585554	26426	9211	17215
嵊州市	662165	339622	322543	12066	3885	8181
金华市	**6857866**	**3614453**	**3243413**	**271321**	**74881**	**196440**
婺城区	932123	479355	452768	37419	11220	26199
金东区	493429	264459	228970	15933	4727	11206
武义县	449105	238642	210463	22231	6122	16109
浦江县	449584	234405	215179	23367	5613	17754
磐安县	172566	87923	84643	9455	2423	7032
兰溪市	560776	285657	275119	40486	10181	30305
义乌市	1805132	973741	831391	47368	14117	33251
东阳市	1057954	544622	513332	40495	9610	30885
永康市	937197	505649	431548	34567	10868	23699
衢州市	**2216035**	**1130453**	**1085582**	**150179**	**39193**	**110986**
柯城区	514000	258792	255208	20504	4693	15811
衢江区	364645	194906	169739	32974	8862	24112
常山县	252992	129494	123498	27155	7494	19661
开化县	251509	123926	127583	21523	5335	16188
龙游县	352384	182678	169706	26468	7570	18898
江山市	480505	240657	239848	21555	5239	16316
舟山市	**1138204**	**601356**	**536848**	**32835**	**9141**	**23694**
定海区	489907	251098	238809	11116	3370	7746
普陀区	376310	193634	182676	11445	2925	8520
岱山县	205892	122416	83476	7587	2147	5440
嵊泗县	66095	34208	31887	2687	699	1988
台州市	**6460201**	**3356982**	**3103219**	**388129**	**112514**	**275615**
椒江区	804311	420377	383934	41917	12195	29722
黄岩区	690049	356641	333408	26171	7177	18994
路桥区	614101	323112	290989	35940	10786	25154
三门县	369008	190362	178646	45950	13307	32643
天台县	461650	235848	225802	17521	5181	12340
仙居县	419824	215007	204817	25413	8334	17079
温岭市	1386349	724544	661805	67432	18542	48890
临海市	1086299	557532	528767	65777	19120	46657
玉环市	628610	333559	295051	62008	17872	44136
丽水市	**2443164**	**1259637**	**1183527**	**115202**	**36252**	**78950**
莲都区	545901	284075	261826	26169	8426	17743
青田县	498980	258031	240949	18838	6126	12712
缙云县	394077	201982	192095	14073	4172	9901
遂昌县	189991	97509	92482	12644	3340	9304
松阳县	199211	102231	96980	9716	2857	6859
云和县	125737	65797	59940	6724	2344	4380
庆元县	138769	70639	68130	6819	1990	4829
景宁畲族自治县	108198	55826	52372	6634	2332	4302
龙泉市	242300	123547	118753	13585	4665	8920

1-6 续表 2

单位：人

地区	学前教育			小学		
	小计	男	女	小计	男	女
合计	**1984851**	**1025744**	**959107**	**17035698**	**8229110**	**8806588**
杭州市	**373790**	**193152**	**180638**	**2463875**	**1179557**	**1284318**
上城区	9576	4852	4724	47593	21516	26077
下城区	12769	6506	6263	58457	26052	32405
江干区	47780	24935	22845	201688	99030	102658
拱墅区	21474	11034	10440	89530	41840	47690
西湖区	36761	19295	17466	156624	74072	82552
滨江区	18303	9547	8756	69227	33567	35660
萧山区	67069	34779	32290	577642	277991	299651
余杭区	80875	41956	38919	524145	260129	264016
富阳区	24278	12732	11546	221371	106076	115295
临安区	17726	8993	8733	167984	78717	89267
桐庐县	13990	7136	6854	118281	56687	61594
淳安县	9274	4461	4813	97226	43174	54052
建德市	13915	6926	6989	134107	60706	73401
宁波市	**265914**	**137252**	**128662**	**2444451**	**1158676**	**1285775**
海曙区	28516	14799	13717	233044	108039	125005
江北区	14807	7727	7080	102401	49418	52983
北仑区	23451	12242	11209	178868	87342	91526
镇海区	17056	8802	8254	122416	60105	62311
鄞州区	50407	26076	24331	337362	158425	178937
奉化区	13336	6645	6691	184046	86658	97388
象山县	16961	8441	8520	186436	88523	97913
宁海县	21279	11193	10086	214578	99656	114922
余姚市	33702	17355	16347	363084	171618	191466
慈溪市	46399	23972	22427	522216	248892	273324
温州市	**315586**	**167064**	**148522**	**2805724**	**1418161**	**1387563**
鹿城区	30982	16273	14709	232608	112040	120568
龙湾区	20993	11389	9604	186937	97788	89149
瓯海区	25792	13566	12226	229510	118731	110779
洞头区	4092	2185	1907	40376	19931	20445
永嘉县	28171	14978	13193	272070	140320	131750
平阳县	30420	16069	14351	296819	150577	146242
苍南县	31706	16786	14920	303155	151747	151408
文成县	9564	5035	4529	103594	54258	49336
泰顺县	10972	5693	5279	107320	55824	51496
瑞安市	48434	25608	22826	454363	233666	220697
乐清市	55877	29457	26420	421046	205006	216040
龙港市	18583	10025	8558	157926	78273	79653
嘉兴市	**160937**	**81725**	**79212**	**1505839**	**708170**	**797669**
南湖区	27035	13891	13144	184333	86028	98305
秀洲区	20761	10769	9992	186425	88966	97459
嘉善县	17830	9111	8719	176868	85660	91208
海盐县	13889	7085	6804	132797	61237	71560
海宁市	29996	14714	15282	295092	139500	155592
平湖市	18535	9500	9035	202249	93990	108259
桐乡市	32891	16655	16236	328075	152789	175286
湖州市	**95149**	**48071**	**47078**	**1022002**	**484124**	**537878**
吴兴区	29577	15002	14575	245442	115109	130333
南浔区	13738	6952	6786	203169	97207	105962
德清县	15017	7554	7463	184607	87904	96703
长兴县	19769	9938	9831	211795	99389	112406
安吉县	17048	8625	8423	176989	84515	92474

1-6 续表 3

单位：人

地区	学前教育			小学		
	小计	男	女	小计	男	女
绍兴市	**141503**	**71551**	**69952**	**1358921**	**619904**	**739017**
越城区	32956	16500	16456	252291	113364	138927
柯桥区	31111	15921	15190	300419	138592	161827
上虞区	20388	10135	10253	242673	110968	131705
新昌县	12430	6217	6213	103868	47029	56839
诸暨市	28304	14686	13618	281717	128886	152831
嵊州市	16314	8092	8222	177953	81065	96888
金华市	**238877**	**126180**	**112697**	**1637838**	**803317**	**834521**
婺城区	32951	17224	15727	203105	100591	102514
金东区	16713	8776	7937	125289	61999	63290
武义县	16542	8620	7922	122303	60745	61558
浦江县	13395	7108	6287	116693	55796	60897
磐安县	5825	2984	2841	52849	24184	28665
兰溪市	17053	8725	8328	164977	78978	85999
义乌市	63829	34234	29595	358513	173619	184894
东阳市	36032	18906	17126	254165	122010	132155
永康市	36537	19603	16934	239944	125395	114549
衢州市	**80540**	**40068**	**40472**	**644997**	**310559**	**334438**
柯城区	19451	9831	9620	106515	49323	57192
衢江区	12182	6106	6076	113277	58959	54318
常山县	10829	5388	5441	80183	39282	40901
开化县	10276	4846	5430	86966	39313	47653
龙游县	10494	5249	5245	104086	51916	52170
江山市	17308	8648	8660	153970	71766	82204
舟山市	**28078**	**13804**	**14274**	**341190**	**168103**	**173087**
定海区	14180	7055	7125	134346	64161	70185
普陀区	8852	4419	4433	112284	53935	58349
岱山县	3909	1798	2111	70247	37573	32674
嵊泗县	1137	532	605	24313	12434	11879
台州市	**200310**	**104436**	**95874**	**2041228**	**997408**	**1043820**
椒江区	26648	13948	12700	215378	106302	109076
黄岩区	20012	10333	9679	224147	105404	118743
路桥区	17806	9404	8402	199491	99024	100467
三门县	13121	6977	6144	111032	55181	55851
天台县	14569	7733	6836	139141	65033	74108
仙居县	14962	7564	7398	110456	54625	55831
温岭市	40555	20627	19928	492530	239225	253305
临海市	33148	17591	15557	360138	172816	187322
玉环市	19489	10259	9230	188915	99798	89117
丽水市	**84167**	**42441**	**41726**	**769633**	**381131**	**388502**
莲都区	18864	9811	9053	131760	67411	64349
青田县	16366	8250	8116	173817	84033	89784
缙云县	14719	7425	7294	112987	55018	57969
遂昌县	6046	2940	3106	63231	31694	31537
松阳县	6897	3370	3527	66133	32840	33293
云和县	4015	2093	1922	42853	21789	21064
庆元县	5202	2556	2646	51618	24440	27178
景宁畲族自治县	3652	1844	1808	42890	21404	21486
龙泉市	8406	4152	4254	84344	42502	41842

1-6 续表 4

单位：人

地区	初中			高中			大学专科		
	小计	男	女	小计	男	女	小计	男	女
合计	**21117295**	**11865837**	**9251458**	**9397637**	**5366119**	**4031518**	**5475328**	**2877746**	**2597582**
杭州市	**3130437**	**1763259**	**1367178**	**1834077**	**1033600**	**800477**	**1449316**	**755456**	**693860**
上城区	100450	54017	46433	63071	32076	30995	45409	23206	22203
下城区	103907	52538	51369	85042	42505	42537	73405	36457	36948
江干区	317005	177136	139869	240351	133286	107065	243213	125323	117890
拱墅区	126616	66494	60122	105509	55383	50126	98005	49333	48672
西湖区	187914	102203	85711	165284	88657	76627	168553	86825	81728
滨江区	71679	39790	31889	57775	30619	27156	91920	47323	44597
萧山区	662776	388326	274450	317937	189518	128419	244429	130815	113614
余杭区	709921	409535	300386	354968	206394	148574	273723	145418	128305
富阳区	259015	145878	113137	138819	79774	59045	75029	39258	35771
临安区	212003	118704	93299	97920	55918	42002	50094	26160	23934
桐庐县	151862	82597	69265	74763	42764	31999	32079	16741	15338
淳安县	91418	52485	38933	55478	32550	22928	22563	12097	10466
建德市	135871	73556	62315	77160	44156	33004	30894	16500	14394
宁波市	**3283968**	**1829544**	**1454424**	**1297540**	**743494**	**554046**	**832085**	**432263**	**399822**
海曙区	343552	187330	156222	158768	88004	70764	111924	57264	54660
江北区	156090	87651	68439	69597	38818	30779	56345	29459	26886
北仑区	317855	180111	137744	124925	74440	50485	84259	46959	37300
镇海区	177559	100743	76816	71632	41262	30370	57847	29954	27893
鄞州区	446270	242379	203891	224800	122512	102288	192453	94643	97810
奉化区	205935	114437	91498	81264	47900	33364	39177	20604	18573
象山县	185854	101944	83910	74758	41467	33291	37346	19668	17678
宁海县	236562	131219	105343	99418	58580	40838	49768	26739	23029
余姚市	483332	269171	214161	167110	96548	70562	83592	44532	39060
慈溪市	730959	414559	316400	225268	133963	91305	119374	62441	56933
温州市	**3044455**	**1753136**	**1291319**	**1381490**	**799269**	**582221**	**707872**	**377918**	**329954**
鹿城区	414455	232786	181669	192594	104758	87836	122203	60684	61519
龙湾区	263321	159999	103322	110694	67737	42957	59940	33925	26015
瓯海区	332476	196906	135570	141751	84107	57644	78839	41525	37314
洞头区	44081	26229	17852	22085	13058	9027	14529	8969	5560
永嘉县	268594	155679	112915	136081	79442	56639	53799	29002	24797
平阳县	243388	139044	104344	110023	63209	46814	56637	29999	26638
苍南县	220465	124683	95782	107740	62756	44984	54836	30725	24111
文成县	96289	52748	43541	34523	19141	15382	11374	5925	5449
泰顺县	63281	34632	28649	30899	17523	13376	14209	7659	6550
瑞安市	499899	288037	211862	197047	114390	82657	94534	49908	44626
乐清市	473056	269620	203436	233335	134362	98973	110135	58956	51179
龙港市	125150	72773	52377	64718	38786	25932	36837	20641	16196
嘉兴市	**1897890**	**1067785**	**830105**	**709506**	**416494**	**293012**	**429471**	**232141**	**197330**
南湖区	253895	141027	112868	122832	68359	54473	93188	49198	43990
秀洲区	243234	137368	105866	79472	47192	32280	57958	31428	26530
嘉善县	242741	138563	104178	89022	53717	35305	47483	26516	20967
海盐县	154065	87019	67046	57459	34177	23282	35388	18904	16484
海宁市	401675	229224	172451	148183	88398	59785	75932	41411	34521
平湖市	232491	131589	100902	81598	48628	32970	56168	30493	25675
桐乡市	369789	202995	166794	130940	76023	54917	63354	34191	29163
湖州市	**1148011**	**643117**	**504894**	**472567**	**269302**	**203265**	**240942**	**126694**	**114248**
吴兴区	358952	198179	160773	147680	82128	65552	90394	48202	42192
南浔区	189534	108116	81418	58548	34719	23829	26467	14263	12204
德清县	173512	98654	74858	79032	45800	33232	38280	20245	18035
长兴县	219047	120643	98404	102368	57651	44717	47920	24719	23201
安吉县	206966	117525	89441	84939	49004	35935	37881	19265	18616

1-6　续表 5　　单位：人

地　区	初　中			高　中			大学专科		
	小计	男	女	小计	男	女	小计	男	女
绍兴市	**1916959**	**1040197**	**876762**	**803302**	**455087**	**348215**	**401635**	**211616**	**190019**
越城区	301235	161762	139473	153269	83844	69425	108252	56715	51537
柯桥区	420470	245025	175445	144346	85924	58422	68979	35740	33239
上虞区	281613	148890	132723	114909	65231	49678	70196	37809	32387
新昌县	142171	76482	65689	80737	45722	35015	32738	17714	15024
诸暨市	503403	264536	238867	196367	109894	86473	77829	40379	37450
嵊州市	268067	143502	124565	113674	64472	49202	43641	23259	20382
金华市	**2662777**	**1488818**	**1173959**	**1102524**	**634022**	**468502**	**564445**	**295700**	**268745**
婺城区	263504	146268	117236	174440	94772	79668	119793	60578	59215
金东区	198653	113935	84718	75549	43348	32201	36266	19675	16591
武义县	180661	103476	77185	65090	37973	27117	26318	13780	12538
浦江县	182420	99760	82660	64146	38939	25207	29140	16305	12835
磐安县	59081	32593	26488	26864	15948	10916	10457	5686	4771
兰溪市	192689	106808	85881	83832	48522	35310	33429	18280	15149
义乌市	753150	424380	328770	308578	182121	126457	177872	94366	83506
东阳市	433147	234476	198671	159423	90440	68983	79813	41328	38485
永康市	399472	227122	172350	144602	81959	62643	51357	25702	25655
衢州市	**717388**	**398878**	**318510**	**341444**	**192974**	**148470**	**148357**	**78815**	**69542**
柯城区	151322	81540	69782	95263	50537	44726	60562	31386	29176
衢江区	128346	75876	52470	50129	30057	20072	16519	9009	7510
常山县	78209	44878	33331	34322	20255	14067	11578	6410	5168
开化县	76179	42206	33973	32670	19181	13489	12771	7031	5740
龙游县	123061	68393	54668	50830	29464	21366	20088	10816	9272
江山市	160271	85985	74286	78230	43480	34750	26839	14163	12676
舟山市	**379104**	**219329**	**159775**	**147293**	**78975**	**68318**	**101572**	**56800**	**44772**
定海区	144052	79754	64298	68920	35992	32928	50193	27231	22962
普陀区	135143	75476	59667	49845	26273	23572	33551	18090	15461
岱山县	77915	52017	25898	21827	13283	8544	13535	9032	4503
嵊泗县	21994	12082	9912	6701	3427	3274	4293	2447	1846
台州市	**2116025**	**1208229**	**907796**	**948583**	**544112**	**404471**	**442240**	**229979**	**212261**
椒江区	232247	133849	98398	118020	66612	51408	86804	45772	41032
黄岩区	233633	133862	99771	106639	61035	45604	49487	24462	25025
路桥区	208816	120872	87944	88617	51293	37324	37230	19074	18156
三门县	109189	63273	45916	51492	31014	20478	22526	12479	10047
天台县	161545	88035	73510	73400	41269	32131	31544	16434	15110
仙居县	144080	77155	66925	78040	43592	34448	28411	14452	13959
温岭市	474920	275262	199658	185797	106548	79249	75914	39903	36011
临海市	334786	188256	146530	166413	96158	70255	72540	37896	34644
玉环市	216809	127665	89144	80165	46591	33574	37784	19507	18277
丽水市	**820281**	**453545**	**366736**	**359311**	**198790**	**160521**	**157393**	**80364**	**77029**
莲都区	165063	93039	72024	97043	53027	44016	53191	26591	26600
青田县	184602	101806	82796	72988	41122	31866	16961	8895	8066
缙云县	156904	84421	72483	56072	31143	24929	23118	11857	11261
遂昌县	59911	33708	26203	26866	14839	12027	12061	6281	5780
松阳县	66628	36898	29730	28059	15307	12752	12140	6127	6013
云和县	40647	22699	17948	17138	9712	7426	8197	4155	4042
庆元县	42426	23921	18505	15551	8927	6624	9171	4834	4337
景宁畲族自治县	29136	16153	12983	12942	7294	5648	6513	3550	2963
龙泉市	74964	40900	34064	32652	17419	15233	16041	8074	7967

1-6 续表 6

单位：人

地　区	大学本科			硕士研究生			博士研究生		
	小计	男	女	小计	男	女	小计	男	女
合计	**4951134**	**2467073**	**2484061**	**482619**	**251993**	**230626**	**61231**	**38589**	**22642**
杭州市	**1735551**	**868450**	**867101**	**274414**	**143712**	**130702**	**39954**	**24818**	**15136**
上城区	64145	30780	33365	13443	6528	6915	1783	1080	703
下城区	108273	52533	55740	22196	11252	10944	2975	1892	1083
江干区	315570	155623	159947	52039	26346	25693	7387	4437	2950
拱墅区	142768	69739	73029	20696	10870	9826	2198	1369	829
西湖区	275617	139420	136197	62300	32999	29301	16762	10314	6448
滨江区	137064	70528	66536	31113	17146	13967	2488	1560	928
萧山区	228063	115488	112575	25290	13876	11414	1621	1076	545
余杭区	276598	141300	135298	35323	18624	16699	3249	2129	1120
富阳区	63948	31278	32670	4572	2318	2254	517	355	162
临安区	57044	28528	28516	4414	2181	2233	639	396	243
桐庐县	27252	12655	14597	1161	551	610	109	65	44
淳安县	17304	9207	8097	696	380	316	89	57	32
建德市	21905	11371	10534	1171	641	530	137	88	49
宁波市	**776482**	**387669**	**388813**	**62833**	**33251**	**29582**	**6095**	**3990**	**2105**
海曙区	114437	56674	57763	8210	4347	3863	684	455	229
江北区	59484	29179	30305	7297	3853	3444	639	428	211
北仑区	59847	31759	28088	4236	2251	1985	402	257	145
镇海区	54375	27859	26516	6349	3266	3083	1253	840	413
鄞州区	240600	118927	121673	23114	12098	11016	2019	1259	760
奉化区	29431	14497	14934	1728	872	856	127	84	43
象山县	27762	13473	14289	1101	581	520	126	78	48
宁海县	34481	17656	16825	1460	765	695	110	75	35
余姚市	58477	28398	30079	3222	1731	1491	285	190	95
慈溪市	97588	49247	48341	6116	3487	2629	450	324	126
温州市	**466329**	**234333**	**231996**	**31805**	**16276**	**15529**	**3690**	**2376**	**1314**
鹿城区	106665	52415	54250	11248	5680	5568	1247	796	451
龙湾区	31939	17103	14836	2003	1098	905	187	111	76
瓯海区	80977	37111	43866	7855	3746	4109	1106	736	370
洞头区	9103	4637	4466	360	184	176	33	18	15
永嘉县	28156	14695	13461	1332	700	632	147	91	56
平阳县	33258	17136	16122	1277	653	624	130	79	51
苍南县	24930	13498	11432	988	521	467	98	63	35
文成县	7780	3877	3903	231	108	123	22	11	11
泰顺县	8793	4508	4285	255	143	112	27	17	10
瑞安市	61223	30649	30574	3028	1668	1360	353	229	124
乐清市	56211	28910	27301	2596	1418	1178	262	172	90
龙港市	17294	9794	7500	632	357	275	78	53	25
嘉兴市	**370272**	**181430**	**188842**	**21786**	**11605**	**10181**	**2091**	**1383**	**708**
南湖区	107511	52783	54728	8281	4412	3869	922	622	300
秀洲区	42212	20849	21363	3326	1806	1520	320	221	99
嘉善县	33984	16848	17136	1629	858	771	138	84	54
海盐县	30765	15828	14937	1298	669	629	89	54	35
海宁市	64311	31037	33274	3054	1633	1421	304	199	105
平湖市	39010	19031	19979	1671	929	742	116	77	39
桐乡市	52479	25054	27425	2527	1298	1229	202	126	76
湖州市	**205478**	**99547**	**105931**	**12734**	**6701**	**6033**	**1166**	**740**	**426**
吴兴区	91187	43086	48101	7291	3865	3426	732	467	265
南浔区	17367	8305	9062	922	458	464	101	66	35
德清县	32307	16032	16275	1591	804	787	142	90	52
长兴县	34303	16950	17353	1671	905	766	100	60	40
安吉县	30314	15174	15140	1259	669	590	91	57	34

1-6　续表 7　　　　单位：人

地　区	大学本科			硕士研究生			博士研究生		
	小计	男	女	小计	男	女	小计	男	女
绍兴市	**379756**	**185285**	**194471**	**20363**	**10655**	**9708**	**1976**	**1311**	**665**
越城区	122954	57848	65106	8551	4456	4095	910	602	308
柯桥区	71251	35334	35917	2967	1549	1418	235	151	84
上虞区	56865	28204	28661	3155	1737	1418	275	187	88
新昌县	26252	13377	12875	1437	809	628	139	96	43
诸暨市	73453	35880	37573	2926	1490	1436	275	184	91
嵊州市	28981	14642	14339	1327	614	713	142	91	51
金华市	**355713**	**179391**	**176322**	**21972**	**10614**	**11358**	**2399**	**1530**	**869**
婺城区	90581	43782	46799	9052	4105	4947	1278	815	463
金东区	23524	11209	12315	1394	724	670	108	66	42
武义县	15229	7578	7651	653	305	348	78	43	35
浦江县	19540	10417	9123	790	400	390	93	67	26
磐安县	7746	3964	3782	267	129	138	22	12	10
兰溪市	27107	13521	13586	1088	565	523	115	77	38
义乌市	90831	48330	42501	4653	2370	2283	338	204	134
东阳市	51790	26242	25548	2840	1442	1398	249	168	81
永康市	29365	14348	15017	1235	574	661	118	78	40
衢州市	**125663**	**65959**	**59704**	**6810**	**3604**	**3206**	**657**	**403**	**254**
柯城区	56140	29183	26957	3920	2084	1836	323	215	108
衢江区	10615	5710	4905	552	296	256	51	31	20
常山县	10338	5582	4756	342	182	160	36	23	13
开化县	10717	5803	4914	372	189	183	35	22	13
龙游县	16619	8875	7744	650	352	298	88	43	45
江山市	21234	10806	10428	974	501	473	124	69	55
舟山市	**100050**	**50987**	**49063**	**7213**	**3646**	**3567**	**869**	**571**	**298**
定海区	61072	30360	30712	5315	2701	2614	713	474	239
普陀区	23735	11799	11936	1352	651	701	103	66	37
岱山县	10471	6338	4133	361	203	158	40	25	15
嵊泗县	4772	2490	2282	185	91	94	13	6	7
台州市	**305269**	**150326**	**154943**	**16685**	**8881**	**7804**	**1732**	**1097**	**635**
椒江区	76640	37986	38654	6049	3307	2742	608	406	202
黄岩区	28358	13506	14852	1398	741	657	204	121	83
路桥区	25071	12059	13012	1044	551	493	86	49	37
三门县	15084	7828	7256	567	271	296	47	32	15
天台县	22973	11649	11324	863	454	409	94	60	34
仙居县	17618	8858	8760	748	368	380	96	59	37
温岭市	46766	23180	23586	2237	1139	1098	198	118	80
临海市	50397	23986	26411	2767	1492	1275	333	217	116
玉环市	22362	11274	11088	1012	558	454	66	35	31
丽水市	**130571**	**63696**	**66875**	**6004**	**3048**	**2956**	**602**	**370**	**232**
莲都区	50327	23905	26422	3175	1667	1508	309	198	111
青田县	14832	7502	7330	512	255	257	64	42	22
缙云县	15545	7669	7876	592	241	351	67	36	31
遂昌县	8849	4503	4346	339	179	160	44	25	19
松阳县	9162	4608	4554	442	206	236	34	18	16
云和县	5997	2920	3077	152	77	75	14	8	6
庆元县	7727	3835	3892	238	125	113	17	11	6
景宁畲族自治县	6264	3145	3119	155	97	58	12	7	5
龙泉市	11868	5609	6259	399	201	198	41	25	16

1—6a 各地区分性别、受教育程度的3岁及以上人口(城市)

单位：人

地区	3岁及以上人口			未上过学		
	合计	男	女	小计	男	女
合计	**32232164**	**16719136**	**15513028**	**843651**	**256897**	**586754**
杭州市	**8642738**	**4492785**	**4149953**	**177150**	**52056**	**125094**
上城区	350903	175545	175358	5433	1490	3943
下城区	475649	232032	243617	8625	2297	6328
江干区	1448547	753593	694954	23514	7477	16037
拱墅区	618430	309419	309011	11634	3357	8277
西湖区	1054171	542098	512073	15246	4904	10342
滨江区	489131	252692	236439	9562	2612	6950
萧山区	1609193	856297	752896	47431	12574	34857
余杭区	1617950	861738	756212	37588	11368	26220
富阳区	539812	282985	256827	10899	3673	7226
临安区	297990	156353	141637	4662	1616	3046
桐庐县						
淳安县						
建德市	140962	70033	70929	2556	688	1868
宁波市	**5311461**	**2741046**	**2570415**	**98870**	**32354**	**66516**
海曙区	858990	439517	419473	14271	4788	9483
江北区	395775	205162	190613	7500	2562	4938
北仑区	570204	307017	263187	9325	3134	6191
镇海区	429199	225922	203277	7647	2432	5215
鄞州区	977670	483463	494207	15417	5303	10114
奉化区	286208	146597	139611	5000	1620	3380
象山县						
宁海县						
余姚市	753164	393667	359497	17748	5915	11833
慈溪市	1040251	539701	500550	21962	6600	15362
温州市	**4555693**	**2418465**	**2137228**	**195521**	**60674**	**134847**
鹿城区	1026632	531043	495589	23854	7618	16236
龙湾区	463728	258974	204754	19855	6176	13679
瓯海区	769053	415353	353700	30317	9420	20897
洞头区	69299	35222	34077	3451	726	2725
永嘉县						
平阳县						
苍南县						
文成县						
泰顺县						
瑞安市	953278	502049	451229	67017	21673	45344
乐清市	854346	453186	401160	24704	7510	17194
龙港市	419357	222638	196719	26323	7551	18772
嘉兴市	**2179254**	**1118642**	**1060612**	**47320**	**12349**	**34971**
南湖区	661507	338281	323226	14163	3770	10393
秀洲区	299702	157523	142179	8721	2311	6410
嘉善县						
海盐县						
海宁市	413858	212636	201222	10096	2294	7802
平湖市	285274	144262	141012	7024	1675	5349
桐乡市	518913	265940	252973	7316	2299	5017
湖州市	**726302**	**368735**	**357567**	**16856**	**4956**	**11900**
吴兴区	555256	278887	276369	11094	3198	7896
南浔区	171046	89848	81198	5762	1758	4004
德清县						
长兴县						
安吉县						

1-6a　续表 1　　单位：人

地　区	3岁及以上人口			未上过学		
	合计	男	女	小计	男	女
绍兴市	**3004014**	**1528116**	**1475898**	**64066**	**21271**	**42795**
越城区	838317	419303	419014	12307	3980	8327
柯桥区	767557	403863	363694	22039	7013	15026
上虞区	509167	256938	252229	16118	4879	11239
新昌县						
诸暨市	574707	289581	285126	9125	3779	5346
嵊州市	314266	158431	155835	4477	1620	2857
金华市	**3160497**	**1662858**	**1497639**	**76500**	**24077**	**52423**
婺城区	643149	326610	316539	15518	4789	10729
金东区	139024	72823	66201	2995	902	2093
武义县						
浦江县						
磐安县						
兰溪市	247124	123565	123559	10181	2566	7615
义乌市	1148598	619672	528926	23205	7567	15638
东阳市	449835	230613	219222	10846	3288	7558
永康市	532767	289575	243192	13755	4965	8790
衢州市	**732393**	**367256**	**365137**	**19943**	**5471**	**14472**
柯城区	382847	190870	191977	8721	2266	6455
衢江区	133880	71357	62523	5947	1791	4156
常山县						
开化县						
龙游县	1171	602	569	18	9	9
江山市	214495	104427	110068	5257	1405	3852
舟山市	**583347**	**291539**	**291808**	**10639**	**3160**	**7479**
定海区	341515	170906	170609	5352	1654	3698
普陀区	241832	120633	121199	5287	1506	3781
岱山县						
嵊泗县						
台州市	**2793427**	**1453477**	**1339950**	**120130**	**34894**	**85236**
椒江区	604609	312551	292058	24235	6930	17305
黄岩区	399028	208416	190612	9348	2859	6489
路桥区	299799	156267	143532	13546	3984	9562
三门县						
天台县						
仙居县						
温岭市	640866	337223	303643	22662	6517	16145
临海市	406921	205245	201676	15376	4481	10895
玉环市	442204	233775	208429	34963	10123	24840
丽水市	**543038**	**276217**	**266821**	**16656**	**5635**	**11021**
莲都区	396613	203009	193604	11375	3835	7540
青田县						
缙云县						
遂昌县						
松阳县						
云和县						
庆元县						
景宁畲族自治县						
龙泉市	146425	73208	73217	5281	1800	3481

1-6a 续表 2

单位：人

地　区	学前教育			小　学		
	小计	男	女	小计	男	女
合计	**1070815**	**559488**	**511327**	**6863089**	**3295054**	**3568035**
杭州市	**290109**	**150969**	**139140**	**1502563**	**724245**	**778318**
上城区	9576	4852	4724	47593	21516	26077
下城区	12769	6506	6263	58457	26052	32405
江干区	47780	24935	22845	201688	99030	102658
拱墅区	21474	11034	10440	89530	41840	47690
西湖区	35703	18767	16936	147733	69856	77877
滨江区	18303	9547	8756	69227	33567	35660
萧山区	51744	26949	24795	374935	182201	192734
余杭区	59148	30766	28382	313921	154532	159389
富阳区	18233	9622	8611	118676	57129	61547
临安区	9956	5213	4743	52863	26320	26543
桐庐县						
淳安县						
建德市	5423	2778	2645	27940	12202	15738
宁波市	**163700**	**85035**	**78665**	**1162210**	**546211**	**615999**
海曙区	25147	13083	12064	176038	81424	94614
江北区	13094	6849	6245	75363	35843	39520
北仑区	18261	9597	8664	110423	53376	57047
镇海区	14757	7641	7116	89798	43467	46331
鄞州区	35344	18373	16971	157665	72241	85424
奉化区	8036	4100	3936	72065	33427	38638
象山县						
宁海县						
余姚市	21579	11226	10353	189876	89599	100277
慈溪市	27482	14166	13316	290982	136834	154148
温州市	**150327**	**80263**	**70064**	**1156864**	**578105**	**578759**
鹿城区	28216	14867	13349	199681	95349	104332
龙湾区	14017	7601	6416	123632	64747	58885
瓯海区	21246	11223	10023	176692	90768	85924
洞头区	2320	1255	1065	18113	8339	9774
永嘉县						
平阳县						
苍南县						
文成县						
泰顺县						
瑞安市	33214	17781	15433	267128	136457	130671
乐清市	34083	18180	15903	227507	111107	116400
龙港市	17231	9356	7875	144111	71338	72773
嘉兴市	**75099**	**38777**	**36322**	**467748**	**215294**	**252454**
南湖区	22904	11847	11057	128741	59446	69295
秀洲区	10936	5723	5213	57991	27853	30138
嘉善县						
海盐县						
海宁市	13066	6519	6547	92173	42038	50135
平湖市	10172	5209	4963	62708	28066	34642
桐乡市	18021	9479	8542	126135	57891	68244
湖州市	**24407**	**12546**	**11861**	**164407**	**77160**	**87247**
吴兴区	18676	9557	9119	113228	52373	60855
南浔区	5731	2989	2742	51179	24787	26392
德清县						
长兴县						
安吉县						

1-6a　续表 3　　单位：人

地　区	学前教育			小　学		
	小计	男	女	小计	男	女
绍兴市	**92323**	**47328**	**44995**	**667917**	**305706**	**362211**
越城区	27821	14075	13746	190016	84896	105120
柯桥区	24315	12647	11668	198945	92618	106327
上虞区	14250	7231	7019	120079	55142	64937
新昌县						
诸暨市	16390	8504	7886	101049	46729	54320
嵊州市	9547	4871	4676	57828	26321	31507
金华市	**118895**	**63522**	**55373**	**595309**	**293536**	**301773**
婺城区	23898	12615	11283	112140	54317	57823
金东区	5143	2713	2430	25504	12609	12895
武义县						
浦江县						
磐安县						
兰溪市	7966	4056	3910	54508	25538	28970
义乌市	43881	23642	20239	197245	96622	100623
东阳市	16925	8997	7928	85365	40643	44722
永康市	21082	11499	9583	120547	63807	56740
衢州市	**29294**	**15074**	**14220**	**148467**	**68547**	**79920**
柯城区	15134	7747	7387	64989	29146	35843
衢江区	5309	2744	2565	32327	16431	15896
常山县						
开化县						
龙游县	26	12	14	436	215	221
江山市	8825	4571	4254	50715	22755	27960
舟山市	**16944**	**8586**	**8358**	**133229**	**62280**	**70949**
定海区	10494	5340	5154	73162	33916	39246
普陀区	6450	3246	3204	60067	28364	31703
岱山县						
嵊泗县						
台州市	**90040**	**47249**	**42791**	**741875**	**363915**	**377960**
椒江区	20782	10905	9877	144467	70265	74202
黄岩区	12464	6554	5910	108841	51894	56947
路桥区	9726	5151	4575	85018	41774	43244
三门县						
天台县						
仙居县						
温岭市	19572	10085	9487	182163	89039	93124
临海市	13519	7150	6369	94126	44768	49358
玉环市	13977	7404	6573	127260	66175	61085
丽水市	**19677**	**10139**	**9538**	**122500**	**60055**	**62445**
莲都区	14154	7397	6757	81407	40114	41293
青田县						
缙云县						
遂昌县						
松阳县						
云和县						
庆元县						
景宁畲族自治县						
龙泉市	5523	2742	2781	41093	19941	21152

1-6a 续表 4 单位：人

地区	初中			高中			大学专科		
	小计	男	女	小计	男	女	小计	男	女
合计	**10113514**	**5588699**	**4524815**	**5334120**	**2947957**	**2386163**	**3681568**	**1909162**	**1772406**
杭州市	**2133798**	**1190276**	**943522**	**1391122**	**765382**	**625740**	**1247077**	**646718**	**600359**
上城区	100450	54017	46433	63071	32076	30995	45409	23206	22203
下城区	103907	52538	51369	85042	42505	42537	73405	36457	36948
江干区	317005	177136	139869	240351	133286	107065	243213	125323	117890
拱墅区	126616	66494	60122	105509	55383	50126	98005	49333	48672
西湖区	178967	96741	82226	160157	85739	74418	164992	84983	80009
滨江区	71679	39790	31889	57775	30619	27156	91920	47323	44597
萧山区	462020	269650	192370	243293	141271	102022	201420	106556	94864
余杭区	475614	271335	204279	247133	140806	106327	213444	113198	100246
富阳区	172904	95881	77023	100591	56160	44431	60519	31462	29057
临安区	86419	47435	38984	56022	30595	25427	36344	19124	17220
桐庐县									
淳安县									
建德市	38217	19259	18958	32178	16942	15236	18406	9753	8653
宁波市	**1808789**	**986413**	**822376**	**813748**	**451399**	**362349**	**587907**	**301781**	**286126**
海曙区	280474	151337	129137	138872	75927	62945	104788	53424	51364
江北区	121406	67051	54355	59875	32781	27094	52689	27412	25277
北仑区	216817	120447	96370	94323	54871	39452	68206	37679	30527
镇海区	142709	79443	63266	61853	35142	26711	52848	27094	25754
鄞州区	220117	112808	107309	157946	82407	75539	155840	75288	80552
奉化区	100618	53297	47321	49660	28049	21611	25880	13734	12146
象山县									
宁海县									
余姚市	302197	167074	135123	112628	63523	49105	58170	31123	27047
慈溪市	424451	234956	189495	138591	78699	59892	69486	36027	33459
温州市	**1546477**	**887219**	**659258**	**730722**	**416885**	**313837**	**419523**	**219027**	**200496**
鹿城区	365091	203023	162068	175500	94503	80997	117107	57818	59289
龙湾区	165382	100417	64965	73075	43652	29423	40204	22010	18194
瓯海区	264804	156683	108121	117941	69648	48293	72323	38025	34298
洞头区	21201	11919	9282	10255	5908	4347	6640	3545	3095
永嘉县									
平阳县									
苍南县									
文成县									
泰顺县									
瑞安市	318294	180605	137689	138997	79373	59624	72970	38228	34742
乐清市	294989	167005	127984	153056	86787	66269	74747	39518	35229
龙港市	116716	67567	49149	61898	37014	24884	35532	19883	15649
嘉兴市	**745284**	**404379**	**340905**	**348651**	**194461**	**154190**	**235583**	**124955**	**110628**
南湖区	195066	106544	88522	105978	57597	48381	83142	43675	39467
秀洲区	97182	53896	43286	46305	26392	19913	40805	22151	18654
嘉善县									
海盐县									
海宁市	149810	82064	67746	71145	40034	31111	38308	20227	18081
平湖市	95396	51032	44364	46746	26316	20430	33972	17770	16202
桐乡市	207830	110843	96987	78477	44122	34355	39356	21132	18224
湖州市	**218423**	**118750**	**99673**	**121178**	**64904**	**56274**	**82398**	**43525**	**38873**
吴兴区	152899	81771	71128	98130	51575	46555	71676	37917	33759
南浔区	65524	36979	28545	23048	13329	9719	10722	5608	5114
德清县									
长兴县									
安吉县									

1−6a　续表 5　　　　单位：人

地　区	初　中			高　中			大学专科		
	小计	男	女	小计	男	女	小计	男	女
绍兴市	**1049752**	**561878**	**487874**	**511583**	**280461**	**231122**	**289449**	**151317**	**138132**
越城区	246244	130956	115288	135331	72919	62412	99701	52269	47432
柯桥区	293415	168198	125217	110419	63845	46574	54394	27794	26600
上虞区	171009	89208	81801	81393	45062	36331	53828	29059	24769
新昌县									
诸暨市	220312	112992	107320	117104	62466	54638	50452	25877	24575
嵊州市	118772	60524	58248	67336	36169	31167	31074	16318	14756
金华市	**1140831**	**630440**	**510391**	**605182**	**335061**	**270121**	**360306**	**185617**	**174689**
婺城区	168666	90903	77763	131053	69438	61615	102759	51813	50946
金东区	38941	21881	17060	29122	15560	13562	18831	10488	8343
武义县									
浦江县									
磐安县									
兰溪市	78948	41183	37765	50271	27121	23150	22131	11826	10305
义乌市	448705	252180	196525	221082	127740	93342	139876	72843	67033
东阳市	180434	95494	84940	80780	43958	36822	41829	21300	20529
永康市	225137	128799	96338	92874	51244	41630	34880	17347	17533
衢州市	**218267**	**112846**	**105421**	**151952**	**79960**	**71992**	**83391**	**43309**	**40082**
柯城区	102362	52462	49900	81218	41910	39308	54146	27956	26190
衢江区	46439	26109	20330	26647	15140	11507	10211	5455	4756
常山县									
开化县									
龙游县	453	244	209	176	92	84	46	24	22
江山市	69013	34031	34982	43911	22818	21093	18988	9874	9114
舟山市	**178390**	**93364**	**85026**	**90211**	**45159**	**45052**	**69890**	**37261**	**32629**
定海区	92998	48593	44405	53119	26509	26610	43226	23263	19963
普陀区	85392	44771	40621	37092	18650	18442	26664	13998	12666
岱山县									
嵊泗县									
台州市	**917274**	**518577**	**398697**	**465014**	**258750**	**206264**	**245076**	**125120**	**119956**
椒江区	165912	93281	72631	95506	52678	42828	75480	39488	35992
黄岩区	139034	78604	60430	69572	39094	30478	35845	17802	18043
路桥区	102319	58008	44311	48392	27320	21072	22507	11238	11269
三门县									
天台县									
仙居县									
温岭市	234351	134190	100161	104403	58150	46253	43206	22138	21068
临海市	119401	63805	55596	85966	46715	39251	39293	19849	19444
玉环市	156257	90689	65568	61175	34793	26382	28745	14605	14140
丽水市	**156229**	**84557**	**71672**	**104757**	**55535**	**49222**	**60968**	**30532**	**30436**
莲都区	111732	61114	50618	79061	42225	36836	47700	23835	23865
青田县									
缙云县									
遂昌县									
松阳县									
云和县									
庆元县									
景宁畲族自治县									
龙泉市	44497	23443	21054	25696	13310	12386	13268	6697	6571

1-6a 续表 6 单位：人

地 区	大学本科			硕士研究生			博士研究生		
	小计	男	女	小计	男	女	小计	男	女
合计	**3839704**	**1902383**	**1937321**	**429992**	**224451**	**205541**	**55711**	**35045**	**20666**
杭州市	**1595233**	**799180**	**796053**	**266609**	**139691**	**126918**	**39077**	**24268**	**14809**
上城区	64145	30780	33365	13443	6528	6915	1783	1080	703
下城区	108273	52533	55740	22196	11252	10944	2975	1892	1083
江干区	315570	155623	159947	52039	26346	25693	7387	4437	2950
拱墅区	142768	69739	73029	20696	10870	9826	2198	1369	829
西湖区	272740	138034	134706	61910	32780	29130	16723	10294	6429
滨江区	137064	70528	66536	31113	17146	13967	2488	1560	928
萧山区	202764	102874	99890	24089	13227	10862	1497	995	502
余杭区	236007	120846	115161	32179	16967	15212	2916	1920	996
富阳区	53478	26639	26839	4063	2108	1955	449	311	138
临安区	47070	23659	23411	4064	2022	2042	590	369	221
桐庐县									
淳安县									
建德市	15354	7925	7429	817	445	372	71	41	30
宁波市	**617310**	**306184**	**311126**	**53628**	**28220**	**25408**	**5299**	**3449**	**1850**
海曙区	110689	54832	55857	8045	4261	3784	666	441	225
江北区	58024	28447	29577	7196	3799	3397	628	418	210
北仑区	49340	25991	23349	3229	1739	1490	280	183	97
镇海区	52087	26651	25436	6256	3220	3036	1244	832	412
鄞州区	211737	104488	107249	21701	11369	10332	1903	1186	717
奉化区	23474	11605	11869	1375	698	677	100	67	33
象山县									
宁海县									
余姚市	47938	23519	24419	2801	1533	1268	227	155	72
慈溪市	64021	30651	33370	3025	1601	1424	251	167	84
温州市	**327324**	**161202**	**166122**	**25967**	**13173**	**12794**	**2968**	**1917**	**1051**
鹿城区	104828	51463	53365	11127	5619	5508	1228	783	445
龙湾区	25717	13359	12358	1686	917	769	160	95	65
瓯海区	76922	35192	41730	7724	3671	4053	1084	723	361
洞头区	7089	3417	3672	212	104	108	18	9	9
永嘉县									
平阳县									
苍南县									
文成县									
泰顺县									
瑞安市	52757	26306	26451	2634	1455	1179	267	171	96
乐清市	43131	21918	21213	1989	1072	917	140	89	51
龙港市	16880	9547	7333	595	335	260	71	47	24
嘉兴市	**241615**	**118550**	**123065**	**16387**	**8840**	**7547**	**1567**	**1037**	**530**
南湖区	102575	50496	52079	8051	4306	3745	887	600	287
秀洲区	34459	17349	17110	3032	1663	1369	271	185	86
嘉善县									
海盐县									
海宁市	36986	18226	18760	2076	1113	963	198	121	77
平湖市	27945	13447	14498	1239	701	538	72	46	26
桐乡市	39650	19032	20618	1989	1057	932	139	85	54
湖州市	**90670**	**42621**	**48049**	**7247**	**3820**	**3427**	**716**	**453**	**263**
吴兴区	82037	38455	43582	6828	3604	3224	688	437	251
南浔区	8633	4166	4467	419	216	203	28	16	12
德清县									
长兴县									
安吉县									

1-6a　续表 7　　单位：人

地　区	大学本科			硕士研究生			博士研究生		
	小计	男	女	小计	男	女	小计	男	女
绍兴市	**310440**	**150319**	**160121**	**16904**	**8796**	**8108**	**1580**	**1040**	**540**
越城区	117745	55309	62436	8268	4318	3950	884	581	303
柯桥区	61313	30315	30998	2534	1316	1218	183	117	66
上虞区	49514	24651	24863	2748	1545	1203	228	161	67
新昌县									
诸暨市	57770	27963	29807	2315	1146	1169	190	125	65
嵊州市	24098	12081	12017	1039	471	568	95	56	39
金华市	**245291**	**121716**	**123575**	**16396**	**7762**	**8634**	**1787**	**1127**	**660**
婺城区	79752	38318	41434	8176	3662	4514	1187	755	432
金东区	17356	8079	9277	1066	556	510	66	35	31
武义县									
浦江县									
磐安县									
兰溪市	22301	10861	11440	760	377	383	58	37	21
义乌市	70632	37053	33579	3707	1867	1840	265	158	107
东阳市	31786	15982	15804	1739	865	874	131	86	45
永康市	23464	11423	12041	948	435	513	80	56	24
衢州市	**76070**	**39351**	**36719**	**4625**	**2451**	**2174**	**384**	**247**	**137**
柯城区	52373	27261	25112	3616	1928	1688	288	194	94
衢江区	6666	3504	3162	318	175	143	16	8	8
常山县									
开化县									
龙游县	16	6	10						
江山市	17015	8580	8435	691	348	343	80	45	35
舟山市	**76981**	**38062**	**38919**	**6295**	**3158**	**3137**	**768**	**509**	**259**
定海区	57309	28540	28769	5163	2628	2535	692	463	229
普陀区	19672	9522	10150	1132	530	602	76	46	30
岱山县									
嵊泗县									
台州市	**200250**	**97427**	**102823**	**12527**	**6754**	**5773**	**1241**	**791**	**450**
椒江区	71835	35419	36416	5812	3195	2617	580	390	190
黄岩区	22580	10887	11693	1179	620	559	165	102	63
路桥区	17423	8331	9092	807	427	380	61	34	27
三门县									
天台县									
仙居县									
温岭市	32726	16185	16541	1660	848	812	123	71	52
临海市	36791	17117	19674	2193	1194	999	256	166	90
玉环市	18895	9488	9407	876	470	406	56	28	28
丽水市	**58520**	**27771**	**30749**	**3407**	**1786**	**1621**	**324**	**207**	**117**
莲都区	47816	22682	25134	3076	1619	1457	292	188	104
青田县									
缙云县									
遂昌县									
松阳县									
云和县									
庆元县									
景宁畲族自治县									
龙泉市	10704	5089	5615	331	167	164	32	19	13

1-6b 各地区分性别、受教育程度的3岁及以上人口(镇)

单位：人

地区	3岁及以上人口			未上过学		
	合计	男	女	小计	男	女
合计	**13178618**	**6892498**	**6286120**	**466792**	**139458**	**327334**
杭州市	**1026828**	**533076**	**493752**	**30321**	**8535**	**21786**
上城区						
下城区						
江干区						
拱墅区						
西湖区	460	224	236	6	2	4
滨江区						
萧山区	122205	69054	53151	2657	666	1991
余杭区	262461	140253	122208	7533	2328	5205
富阳区	27555	14559	12996	1329	367	962
临安区	69021	35348	33673	1041	288	753
桐庐县	309857	157314	152543	10228	2852	7376
淳安县	149091	73306	75785	4962	1304	3658
建德市	86178	43018	43160	2565	728	1837
宁波市	**1851859**	**974571**	**877288**	**43565**	**13335**	**30230**
海曙区	26738	13472	13266	579	160	419
江北区						
北仑区	50497	28993	21504	705	221	484
镇海区	38005	21204	16801	886	312	574
鄞州区	289661	151866	137795	6417	2057	4360
奉化区	53067	27359	25708	992	291	701
象山县	340887	170082	170805	7913	2613	5300
宁海县	425756	219181	206575	8927	2500	6427
余姚市	239710	124733	114977	7723	2453	5270
慈溪市	387538	217681	169857	9423	2728	6695
温州市	**2176082**	**1143330**	**1032752**	**117138**	**37035**	**80103**
鹿城区	6704	3528	3176	320	68	252
龙湾区	242752	139750	103002	11664	4047	7617
瓯海区	15845	8695	7150	1206	304	902
洞头区	7402	3693	3709	804	191	613
永嘉县	469974	250643	219331	18341	5694	12647
平阳县	518062	266968	251094	27551	8144	19407
苍南县	558378	287802	270576	37406	12095	25311
文成县	121850	61924	59926	5497	2090	3407
泰顺县	115343	58241	57102	6242	2229	4013
瑞安市	33301	16544	16757	3240	831	2409
乐清市	68815	36352	32463	2689	799	1890
龙港市	17656	9190	8466	2178	543	1635
嘉兴市	**1576860**	**836220**	**740640**	**53397**	**14851**	**38546**
南湖区	54881	29088	25793	1938	528	1410
秀洲区	140446	73905	66541	5424	1537	3887
嘉善县	462463	246550	215913	15141	4584	10557
海盐县	290608	149763	140845	12737	3330	9407
海宁市	320895	175442	145453	9115	2298	6817
平湖市	153411	81531	71880	4926	1302	3624
桐乡市	154156	79941	74215	4116	1272	2844
湖州市	**1431325**	**743698**	**687627**	**34105**	**10842**	**23263**
吴兴区	203876	107996	95880	3503	1093	2410
南浔区	128590	65783	62807	4375	1244	3131
德清县	333128	173939	159189	6214	2035	4179
长兴县	419667	213800	205867	12141	3902	8239
安吉县	346064	182180	163884	7872	2568	5304

1-6b　续表 1　　　　单位：人

地　区	3岁及以上人口			未上过学		
	合计	男	女	小计	男	女
绍兴市	**652090**	**342424**	**309666**	**11882**	**3821**	**8061**
越城区	3947	1976	1971	269	59	210
柯桥区	112647	66095	46552	1551	380	1171
上虞区	47333	23711	23622	2029	578	1451
新昌县	254532	129537	124995	3663	1218	2445
诸暨市	170246	88277	81969	3110	1138	1972
嵊州市	63385	32828	30557	1260	448	812
金华市	**1514861**	**803601**	**711260**	**50003**	**14133**	**35870**
婺城区	72678	37085	35593	2763	747	2016
金东区	158174	87423	70751	3887	1346	2541
武义县	279306	148800	130506	9414	2750	6664
浦江县	203812	104830	98982	6592	1683	4909
磐安县	90625	45813	44812	3227	980	2247
兰溪市	63584	32646	30938	4747	1208	3539
义乌市	290005	157439	132566	7433	2171	5262
东阳市	268291	141847	126444	8563	2185	6378
永康市	88386	47718	40668	3377	1063	2314
衢州市	**542180**	**275238**	**266942**	**27672**	**7464**	**20208**
柯城区	11624	6050	5574	644	121	523
衢江区	32479	16580	15899	3357	816	2541
常山县	124306	63386	60920	7851	2106	5745
开化县	127240	61734	65506	5669	1354	4315
龙游县	180398	94057	86341	7115	2234	4881
江山市	66133	33431	32702	3036	833	2203
舟山市	**233304**	**132903**	**100401**	**6529**	**1906**	**4623**
定海区	29687	15298	14389	723	209	514
普陀区	19076	10184	8892	816	206	610
岱山县	141276	85460	55816	3724	1163	2561
嵊泗县	43265	21961	21304	1266	328	938
台州市	**1208531**	**621227**	**587304**	**57901**	**17133**	**40768**
椒江区	5165	3137	2028	253	99	154
黄岩区	35410	17638	17772	1248	347	901
路桥区	103246	55020	48226	4313	1311	3002
三门县	197170	101318	95852	13993	3967	10026
天台县	244027	122992	121035	5824	1910	3914
仙居县	217531	109371	108160	8480	2838	5642
温岭市	260655	137278	123377	15013	4156	10857
临海市	130202	66470	63732	6704	1896	4808
玉环市	15125	8003	7122	2073	609	1464
丽水市	**964698**	**486210**	**478488**	**34279**	**10403**	**23876**
莲都区	20329	10792	9537	1118	348	770
青田县	264270	133127	131143	9483	2928	6555
缙云县	223612	112783	110829	5362	1654	3708
遂昌县	104300	52293	52007	4226	1112	3114
松阳县	94907	47407	47500	3082	864	2218
云和县	91839	47572	44267	3691	1261	2430
庆元县	87916	43805	44111	3984	1097	2887
景宁畲族自治县	62863	30915	31948	2408	784	1624
龙泉市	14662	7516	7146	925	355	570

1–6b 续表 2 单位：人

地 区	学前教育			小 学		
	小计	男	女	小计	男	女
合计	**430973**	**224247**	**206726**	**3587030**	**1719186**	**1867844**
杭州市	**33053**	**16980**	**16073**	**242422**	**112418**	**130004**
上城区						
下城区						
江干区						
拱墅区						
西湖区	20	8	12	103	40	63
滨江区						
萧山区	2792	1429	1363	32661	15339	17322
余杭区	9158	4758	4400	57940	28277	29663
富阳区	621	332	289	9363	4516	4847
临安区	2039	1014	1025	18893	8515	10378
桐庐县	10795	5557	5238	69621	32848	36773
淳安县	4813	2470	2343	29363	11891	17472
建德市	2815	1412	1403	24478	10992	13486
宁波市	**55942**	**29244**	**26698**	**504996**	**239095**	**265901**
海曙区	523	299	224	7163	3126	4037
江北区						
北仑区	1351	705	646	8093	3883	4210
镇海区	1185	623	562	12274	6224	6050
鄞州区	8746	4535	4211	79890	38022	41868
奉化区	1283	650	633	14524	6511	8013
象山县	11213	5719	5494	92376	42677	49699
宁海县	14866	7960	6906	111051	51164	59887
余姚市	6656	3415	3241	78862	37715	41147
慈溪市	10119	5338	4781	100763	49773	50990
温州市	**81879**	**43688**	**38191**	**680793**	**337164**	**343629**
鹿城区	207	95	112	1935	932	1003
龙湾区	6950	3772	3178	62942	32864	30078
瓯海区	311	155	156	4430	2299	2131
洞头区	259	131	128	2677	1263	1414
永嘉县	16655	9000	7655	131433	66594	64839
平阳县	19959	10637	9322	165919	80973	84946
苍南县	23406	12451	10955	194495	94330	100165
文成县	4738	2480	2258	39613	19878	19735
泰顺县	5257	2780	2477	41271	20403	20868
瑞安市	945	484	461	11167	5326	5841
乐清市	2373	1282	1091	17741	8606	9135
龙港市	819	421	398	7170	3696	3474
嘉兴市	**47424**	**24311**	**23113**	**432818**	**206151**	**226667**
南湖区	1520	777	743	18118	8719	9399
秀洲区	4379	2312	2067	41033	19218	21815
嘉善县	14222	7356	6866	109516	52867	56649
海盐县	9677	5068	4609	72219	33799	38420
海宁市	8651	4263	4388	88617	43257	45360
平湖市	4095	2127	1968	49838	23235	26603
桐乡市	4880	2408	2472	53477	25056	28421
湖州市	**42546**	**21658**	**20888**	**377650**	**178753**	**198897**
吴兴区	4406	2249	2157	42761	19277	23484
南浔区	3304	1679	1625	42237	19695	22542
德清县	10216	5174	5042	90529	43241	47288
长兴县	13434	6817	6617	115311	54299	61012
安吉县	11186	5739	5447	86812	42241	44571

1-6b　续表 3　　　　单位：人

地　区	学前教育			小　学		
	小计	男	女	小计	男	女
绍兴市	**16732**	**8619**	**8113**	**150793**	**69418**	**81375**
越城区	100	43	57	1408	678	730
柯桥区	1717	875	842	29555	14152	15403
上虞区	952	451	501	15032	6842	8190
新昌县	8944	4646	4298	46621	20923	25698
诸暨市	3844	2026	1818	39559	18299	21260
嵊州市	1175	578	597	18618	8524	10094
金华市	**52491**	**27690**	**24801**	**357505**	**173806**	**183699**
婺城区	3049	1617	1432	17646	8634	9012
金东区	5248	2759	2489	37575	18956	18619
武义县	11049	5800	5249	67187	33183	34004
浦江县	6830	3623	3207	43815	20620	23195
磐安县	3474	1827	1647	21624	9704	11920
兰溪市	1742	912	830	20057	9500	10557
义乌市	8419	4452	3967	59192	28222	30970
东阳市	9257	4866	4391	63636	31218	32418
永康市	3423	1834	1589	26773	13769	13004
衢州市	**20304**	**10179**	**10125**	**145599**	**68155**	**77444**
柯城区	390	174	216	3436	1618	1818
衢江区	905	442	463	10462	5224	5238
常山县	5111	2616	2495	32498	15360	17138
开化县	5772	2853	2919	33408	14284	19124
龙游县	5898	2977	2921	42233	20797	21436
江山市	2228	1117	1111	23562	10872	12690
舟山市	**4657**	**2328**	**2329**	**69948**	**36598**	**33350**
定海区	812	421	391	9886	4691	5195
普陀区	343	188	155	5919	2905	3014
岱山县	2634	1290	1344	40553	22237	18316
嵊泗县	868	429	439	13590	6765	6825
台州市	**40119**	**21228**	**18891**	**343800**	**164512**	**179288**
椒江区	120	61	59	1381	746	635
黄岩区	909	453	456	12484	5527	6957
路桥区	2623	1418	1205	33320	16222	17098
三门县	7311	3930	3381	50696	24121	26575
天台县	8986	4794	4192	57074	26442	30632
仙居县	7904	4108	3796	46760	22689	24071
温岭市	7256	3759	3497	92407	45007	47400
临海市	4470	2405	2065	45261	21408	23853
玉环市	540	300	240	4417	2350	2067
丽水市	**35826**	**18322**	**17504**	**280706**	**133116**	**147590**
莲都区	715	375	340	6865	3421	3444
青田县	9640	4883	4757	88198	41421	46777
缙云县	9173	4713	4460	53720	25600	28120
遂昌县	3521	1799	1722	25509	11994	13515
松阳县	3434	1756	1678	23601	11363	12238
云和县	3063	1590	1473	28528	14300	14228
庆元县	3422	1743	1679	28032	12878	15154
景宁畲族自治县	2394	1223	1171	20694	9403	11291
龙泉市	464	240	224	5559	2736	2823

1-6b 续表 4

单位：人

地　区	初　中			高　中			大学专科		
	小计	男	女	小计	男	女	小计	男	女
合计	**4777058**	**2650602**	**2126456**	**2139573**	**1224402**	**915171**	**1003106**	**538626**	**464480**
杭州市	**350158**	**191866**	**158292**	**197187**	**112779**	**84408**	**93744**	**50385**	**43359**
上城区									
下城区									
江干区									
拱墅区									
西湖区	104	55	49	81	47	34	63	33	30
滨江区									
萧山区	50088	29998	20090	18722	12419	6303	9588	6043	3545
余杭区	84053	47775	36278	48366	28160	20206	29226	15572	13654
富阳区	10063	5792	4271	3308	2027	1281	1780	962	818
临安区	29522	16093	13429	11398	6354	5044	3478	1789	1689
桐庐县	106300	56584	49716	59707	33317	26390	27119	14070	13049
淳安县	40547	20317	20230	37515	20351	17164	17110	9113	7997
建德市	29481	15252	14229	18090	10104	7986	5380	2803	2577
宁波市	**705055**	**391669**	**313386**	**273376**	**159642**	**113734**	**148960**	**79172**	**69788**
海曙区	10756	5772	4984	5056	2744	2312	1594	847	747
江北区									
北仑区	18925	11025	7900	9908	6439	3469	6774	3995	2779
镇海区	13963	8288	5675	5076	3074	2002	3044	1806	1238
鄞州区	109974	61375	48599	40536	23343	17193	23549	12274	11275
奉化区	20614	11130	9484	8985	5309	3676	3967	2159	1808
象山县	120389	62828	57561	55930	29735	26195	28225	14548	13677
宁海县	152691	82444	70247	70288	40013	30275	37810	19951	17859
余姚市	97753	54202	43551	29532	17302	12230	13228	6920	6308
慈溪市	159990	94605	65385	48065	31683	16382	30769	16672	14097
温州市	**674248**	**378996**	**295252**	**355682**	**203554**	**152128**	**169274**	**91864**	**77410**
鹿城区	2554	1444	1110	1073	649	424	472	271	201
龙湾区	97435	59234	38201	37518	24014	13504	19688	11884	7804
瓯海区	6583	3974	2609	2399	1472	927	631	341	290
洞头区	2230	1303	927	711	413	298	495	261	234
永嘉县	152550	86210	66340	91673	52024	39649	36716	19461	17255
平阳县	151347	84333	67014	80291	45005	35286	43904	22952	20952
苍南县	152350	84249	68101	85129	48777	36352	43404	23957	19447
文成县	39394	20425	18969	18978	10098	8880	7472	3877	3595
泰顺县	27720	14292	13428	18722	10106	8616	9399	4996	4403
瑞安市	9557	5427	4130	5836	3198	2638	1726	870	856
乐清市	27769	15232	12537	11623	6731	4892	4624	2561	2063
龙港市	4759	2873	1886	1729	1067	662	743	433	310
嘉兴市	**608091**	**344452**	**263639**	**216778**	**130497**	**86281**	**121494**	**67712**	**53782**
南湖区	21128	12118	9010	6337	3936	2401	3700	2005	1695
秀洲区	62133	34940	27193	15632	9750	5882	8009	4365	3644
嘉善县	179906	100980	78926	72775	43062	29713	39198	21897	17301
海盐县	98310	54114	44196	42222	24339	17883	27627	14674	12953
海宁市	126917	74803	52114	43838	27497	16341	23312	13625	9687
平湖市	60882	34794	26088	16487	10391	6096	11205	6499	4706
桐乡市	58815	32703	26112	19487	11522	7965	8443	4647	3796
湖州市	**532653**	**292639**	**240014**	**237504**	**133692**	**103812**	**110617**	**57742**	**52875**
吴兴区	116559	63934	52625	24775	15020	9755	7993	4433	3560
南浔区	48070	26323	21747	18030	10308	7722	7697	4206	3491
德清县	109907	60594	49313	58184	32988	25196	28875	15190	13685
长兴县	134631	72643	61988	75335	41062	34273	37365	19360	18005
安吉县	123486	69145	54341	61180	34314	26866	28687	14553	14134

1-6b 续表 5

单位：人

地区	初中			高中			大学专科		
	小计	男	女	小计	男	女	小计	男	女
绍兴市	**270104**	**148274**	**121830**	**119230**	**68129**	**51101**	**45818**	**24895**	**20923**
越城区	1384	755	629	446	267	179	205	109	96
柯桥区	57890	36790	21100	14048	9525	4523	4564	2625	1939
上虞区	18931	10014	8917	6319	3666	2653	2598	1434	1164
新昌县	84117	43056	41061	58711	32076	26635	27186	14630	12556
诸暨市	80011	42630	37381	28842	16390	12452	8792	4695	4097
嵊州市	27771	15029	12742	10864	6205	4659	2473	1402	1071
金华市	**641926**	**357906**	**284020**	**239972**	**139392**	**100580**	**102902**	**54484**	**48418**
婺城区	20626	11287	9339	14836	7908	6928	6823	3409	3414
金东区	78145	45364	32781	22070	13109	8961	8296	4383	3913
武义县	113072	64122	48950	45022	25736	19286	20270	10617	9653
浦江县	77618	40537	37081	37673	21748	15925	16809	9019	7790
磐安县	31350	16551	14799	17127	9551	7576	7341	3908	3433
兰溪市	24299	13653	10646	8787	5123	3664	2682	1530	1152
义乌市	146368	82029	64339	40785	25035	15750	16337	9147	7190
东阳市	110760	61838	48922	42685	24727	17958	21298	10923	10375
永康市	39688	22525	17163	10987	6455	4532	3046	1548	1498
衢州市	**179534**	**96364**	**83170**	**97835**	**54607**	**43228**	**36338**	**19754**	**16584**
柯城区	4826	2739	2087	1413	922	491	566	315	251
衢江区	11727	6764	4963	4502	2512	1990	936	513	423
常山县	38337	20871	17466	23192	12968	10224	8436	4657	3779
开化县	39936	20058	19878	23356	12832	10524	9591	5239	4352
龙游县	60590	32720	27870	35552	19779	15773	14730	7907	6823
江山市	24118	13212	10906	9820	5594	4226	2079	1123	956
舟山市	**87968**	**54682**	**33286**	**29552**	**16798**	**12754**	**18555**	**11562**	**6993**
定海区	11249	6206	5043	4028	2211	1817	1872	1041	831
普陀区	6905	4042	2863	2491	1443	1048	1561	881	680
岱山县	55292	36792	18500	17789	10550	7239	11664	7686	3978
嵊泗县	14522	7642	6880	5244	2594	2650	3458	1954	1504
台州市	**403896**	**221949**	**181947**	**211884**	**118668**	**93216**	**87520**	**46165**	**41355**
椒江区	2294	1419	875	610	431	179	399	314	85
黄岩区	12621	6968	5653	5182	2894	2288	1952	981	971
路桥区	37745	22016	15729	16161	9387	6774	5466	2940	2526
三门县	59633	32842	26791	36069	20833	15236	16215	8885	7330
天台县	84133	43846	40287	47720	25641	22079	21685	11108	10577
仙居县	68186	34898	33288	51246	27356	23890	19914	9977	9937
温岭市	92735	54110	38625	34215	20071	14144	12893	7148	5745
临海市	41228	22683	18545	19121	11099	8022	8157	4371	3786
玉环市	5321	3167	2154	1560	956	604	839	441	398
丽水市	**323425**	**171805**	**151620**	**160573**	**86644**	**73929**	**67884**	**34891**	**32993**
莲都区	7768	4466	3302	2595	1512	1083	884	475	409
青田县	87702	46980	40722	44660	24431	20229	11753	6039	5714
缙云县	86940	45200	41740	37891	20289	17602	16881	8611	8270
遂昌县	32398	17171	15227	20324	10780	9544	10008	5182	4826
松阳县	29975	15837	14138	18072	9238	8834	8623	4246	4377
云和县	29532	16078	13454	14181	7908	6273	7048	3596	3452
庆元县	26385	14278	12107	11830	6486	5344	7203	3804	3399
景宁畲族自治县	16985	8641	8344	9660	5247	4413	5072	2744	2328
龙泉市	5740	3154	2586	1360	753	607	412	194	218

1-6b 续表 6

单位：人

地　区	大学本科			硕士研究生			博士研究生		
	小计	男	女	小计	男	女	小计	男	女
合计	**737737**	**376476**	**361261**	**33537**	**17717**	**15820**	**2812**	**1784**	**1028**
杭州市	**75088**	**37566**	**37522**	**4401**	**2256**	**2145**	**454**	**291**	**163**
上城区									
下城区									
江干区									
拱墅区									
西湖区	74	36	38	6	1	5	3	2	1
滨江区									
萧山区	5407	2980	2427	272	165	107	18	15	3
余杭区	23661	12040	11621	2268	1181	1087	256	162	94
富阳区	990	516	474	90	40	50	11	7	4
临安区	2565	1257	1308	79	35	44	6	3	3
桐庐县	24949	11531	13418	1050	501	549	88	54	34
淳安县	14227	7562	6665	505	267	238	49	31	18
建德市	3215	1644	1571	131	66	65	23	17	6
宁波市	**112830**	**58336**	**54494**	**6666**	**3754**	**2912**	**469**	**324**	**145**
海曙区	1012	496	516	50	24	26	5	4	1
江北区									
北仑区	4498	2597	1901	233	122	111	10	6	4
镇海区	1507	839	668	64	33	31	6	5	1
鄞州区	19358	9636	9722	1100	565	535	91	59	32
奉化区	2541	1228	1313	152	76	76	9	5	4
象山县	23855	11436	12419	898	475	423	88	51	37
宁海县	28884	14486	14398	1167	613	554	72	50	22
余姚市	5737	2622	3115	195	93	102	24	11	13
慈溪市	25438	14996	10442	2807	1753	1054	164	133	31
温州市	**93261**	**49029**	**44232**	**3507**	**1814**	**1693**	**300**	**186**	**114**
鹿城区	133	64	69	10	5	5			
龙湾区	6212	3739	2473	316	180	136	27	16	11
瓯海区	278	147	131	6	2	4	1	1	
洞头区	209	123	86	15	6	9	2	2	
永嘉县	21603	11147	10456	929	467	462	74	46	28
平阳县	28002	14364	13638	1008	513	495	81	47	34
苍南县	21325	11487	9838	800	418	382	63	38	25
文成县	5995	2998	2997	151	73	78	12	5	7
泰顺县	6573	3346	3227	146	80	66	13	9	4
瑞安市	788	384	404	33	16	17	9	8	1
乐清市	1905	1086	819	77	44	33	14	11	3
龙港市	238	144	94	16	10	6	4	3	1
嘉兴市	**92602**	**45976**	**46626**	**3930**	**2063**	**1867**	**326**	**207**	**119**
南湖区	2031	951	1080	97	45	52	12	9	3
秀洲区	3665	1693	1972	158	82	76	13	8	5
嘉善县	30143	14973	15170	1444	759	685	118	72	46
海盐县	26631	13822	12809	1112	572	540	73	45	28
海宁市	19673	9260	10413	695	388	307	77	51	26
平湖市	5752	3052	2700	212	121	91	14	10	4
桐乡市	4707	2225	2482	212	96	116	19	12	7
湖州市	**91648**	**45897**	**45751**	**4297**	**2285**	**2012**	**305**	**190**	**115**
吴兴区	3739	1912	1827	123	66	57	17	12	5
南浔区	4624	2202	2422	221	105	116	32	21	11
德清县	27694	13928	13766	1401	721	680	108	68	40
长兴县	29903	14863	15040	1469	810	659	78	44	34
安吉县	25688	12992	12696	1083	583	500	70	45	25

1-6b 续表 7

单位：人

地区	大学本科			硕士研究生			博士研究生		
	小计	男	女	小计	男	女	小计	男	女
绍兴市	**35577**	**18130**	**17447**	**1779**	**1015**	**764**	**175**	**123**	**52**
越城区	126	59	67	6	3	3	3	3	
柯桥区	3130	1642	1488	171	90	81	21	16	5
上虞区	1409	691	718	54	31	23	9	4	5
新昌县	23898	12175	11723	1276	730	546	116	83	33
诸暨市	5854	2960	2894	216	129	87	18	10	8
嵊州市	1160	603	557	56	32	24	8	7	1
金华市	**66598**	**34408**	**32190**	**3219**	**1630**	**1589**	**245**	**152**	**93**
婺城区	6376	3186	3190	533	279	254	26	18	8
金东区	2825	1434	1391	117	62	55	11	10	1
武义县	12733	6325	6408	506	240	266	53	27	26
浦江县	13929	7325	6604	499	245	254	47	30	17
磐安县	6289	3199	3090	182	86	96	11	7	4
兰溪市	1191	677	514	70	37	33	9	6	3
义乌市	10849	6067	4782	598	302	296	24	14	10
东阳市	11364	5695	5669	674	359	315	54	36	18
永康市	1042	500	542	40	20	20	10	4	6
衢州市	**33631**	**18037**	**15594**	**1157**	**622**	**535**	**110**	**56**	**54**
柯城区	326	148	178	23	13	10			
衢江区	552	292	260	28	13	15	10	4	6
常山县	8596	4649	3947	266	147	119	19	12	7
开化县	9213	4962	4251	278	142	136	17	10	7
龙游县	13742	7355	6387	485	265	220	53	23	30
江山市	1202	631	571	77	42	35	11	7	4
舟山市	**15528**	**8724**	**6804**	**516**	**273**	**243**	**51**	**32**	**19**
定海区	1074	499	575	37	16	21	6	4	2
普陀区	989	492	497	45	23	22	7	4	3
岱山县	9296	5561	3735	295	162	133	29	19	10
嵊泗县	4169	2172	1997	139	72	67	9	5	4
台州市	**61104**	**30411**	**30693**	**2109**	**1043**	**1066**	**198**	**118**	**80**
椒江区	105	66	39	3	1	2			
黄岩区	984	452	532	28	14	14	2	2	
路桥区	3514	1675	1839	97	49	48	7	2	5
三门县	12801	6521	6280	420	198	222	32	21	11
天台县	17930	8904	9026	619	313	306	56	34	22
仙居县	14421	7194	7227	558	277	281	62	34	28
温岭市	5908	2913	2995	207	100	107	21	14	7
临海市	5080	2513	2567	164	85	79	17	10	7
玉环市	361	173	188	13	6	7	1	1	
丽水市	**59870**	**29962**	**29908**	**1956**	**962**	**994**	**179**	**105**	**74**
莲都区	367	185	182	13	8	5	4	2	2
青田县	12406	6228	6178	391	193	198	37	24	13
缙云县	13157	6516	6641	444	178	266	44	22	22
遂昌县	7998	4080	3918	284	156	128	32	19	13
松阳县	7729	3917	3812	367	172	195	24	14	10
云和县	5644	2763	2881	139	68	71	13	8	5
庆元县	6860	3408	3452	183	100	83	17	11	6
景宁畲族自治县	5515	2788	2727	128	81	47	7	4	3
龙泉市	194	77	117	7	6	1	1	1	

1-6c 各地区分性别、受教育程度的3岁及以上人口(乡村)

单位：人

地区	3岁及以上人口			未上过学		
	合计	男	女	小计	男	女
合计	**17561523**	**9231906**	**8329617**	**1156069**	**324974**	**831095**
杭州市	**1945931**	**1023934**	**921997**	**106612**	**27200**	**79412**
上城区						
下城区						
江干区						
拱墅区						
西湖区	31159	16601	14558	723	232	491
滨江区						
萧山区	465912	245318	220594	22395	5560	16835
余杭区	447793	244661	203132	24281	7471	16810
富阳区	242081	126852	115229	9671	2687	6984
临安区	253011	131585	121426	6495	1785	4710
桐庐县	131008	67474	63534	11140	2740	8400
淳安县	171436	86250	85186	21517	3841	17676
建德市	203531	105193	98338	10390	2884	7506
宁波市	**2030062**	**1079862**	**950200**	**81579**	**23651**	**57928**
海曙区	132495	70109	62386	4238	1238	3000
江北区	81437	45034	36403	3052	1101	1951
北仑区	189269	104575	84694	6097	1869	4228
镇海区	50814	28783	22031	998	334	664
鄞州区	280101	150933	129168	8573	2583	5990
奉化区	227739	121314	106425	5978	1662	4316
象山县	215436	111745	103691	18066	5039	13027
宁海县	252076	132411	119665	11249	3209	8040
余姚市	235990	122691	113299	10589	3180	7409
慈溪市	364705	192267	172438	12739	3436	9303
温州市	**2599196**	**1384739**	**1214457**	**261361**	**80292**	**181069**
鹿城区	109504	60270	49234	6664	1723	4941
龙湾区	1096	661	435	43	12	31
瓯海区	157919	85759	72160	12988	3655	9333
洞头区	68884	38688	30196	6671	1475	5196
永嘉县	376050	201433	174617	39333	11475	27858
平阳县	323124	171307	151817	41683	13365	28318
苍南县	261939	138297	123642	38993	13225	25768
文成县	159468	85959	73509	12444	4690	7754
泰顺县	142181	75829	66352	15526	5842	9684
瑞安市	496547	263810	232737	53988	15744	38244
乐清市	488430	255348	233082	31680	8676	23004
龙港市	14054	7378	6676	1348	410	938
嘉兴市	**1515820**	**792307**	**723513**	**73425**	**19236**	**54189**
南湖区	101942	54345	47597	4232	1096	3136
秀洲区	220859	114612	106247	13154	3593	9561
嘉善县	171573	91716	79857	9200	2325	6875
海盐县	155736	80487	75249	7857	1947	5910
海宁市	316710	165832	150878	13705	3202	10503
平湖市	217855	114739	103116	12752	3318	9434
桐乡市	331145	170576	160569	12525	3755	8770
湖州市	**1132076**	**593632**	**538444**	**40693**	**11971**	**28722**
吴兴区	234119	125775	108344	7399	2329	5070
南浔区	231580	120693	110887	11233	3236	7997
德清县	202951	106915	96036	5377	1736	3641
长兴县	237723	122755	114968	8276	2398	5878
安吉县	225703	117494	108209	8408	2272	6136

1-6c　续表 1　　　　单位：人

地　区	3岁及以上人口			未上过学		
	合计	男	女	小计	男	女
绍兴市	**1499244**	**765077**	**734167**	**54985**	**14919**	**40066**
越城区	155995	79198	76797	5265	1347	3918
柯桥区	191683	97815	93868	8519	2144	6375
上虞区	265981	131547	134434	14260	3578	10682
新昌县	155324	80866	74458	6421	1739	4682
诸暨市	445747	227288	218459	14191	4294	9897
嵊州市	284514	148363	136151	6329	1817	4512
金华市	**2182508**	**1147994**	**1034514**	**144818**	**36671**	**108147**
婺城区	216296	115660	100636	19138	5684	13454
金东区	196231	104213	92018	9051	2479	6572
武义县	169799	89842	79957	12817	3372	9445
浦江县	245772	129575	116197	16775	3930	12845
磐安县	81941	42110	39831	6228	1443	4785
兰溪市	250068	129446	120622	25558	6407	19151
义乌市	366529	196630	169899	16730	4379	12351
东阳市	339828	172162	167666	21086	4137	16949
永康市	316044	168356	147688	17435	4840	12595
衢州市	**941462**	**487959**	**453503**	**102564**	**26258**	**76306**
柯城区	119529	61872	57657	11139	2306	8833
衢江区	198286	106969	91317	23670	6255	17415
常山县	128686	66108	62578	19304	5388	13916
开化县	124269	62192	62077	15854	3981	11873
龙游县	170815	88019	82796	19335	5327	14008
江山市	199877	102799	97078	13262	3001	10261
舟山市	**321553**	**176914**	**144639**	**15667**	**4075**	**11592**
定海区	118705	64894	53811	5041	1507	3534
普陀区	115402	62817	52585	5342	1213	4129
岱山县	64616	36956	27660	3863	984	2879
嵊泗县	22830	12247	10583	1421	371	1050
台州市	**2458243**	**1282278**	**1175965**	**210098**	**60487**	**149611**
椒江区	194537	104689	89848	17429	5166	12263
黄岩区	255611	130587	125024	15575	3971	11604
路桥区	211056	111825	99231	18081	5491	12590
三门县	171838	89044	82794	31957	9340	22617
天台县	217623	112856	104767	11697	3271	8426
仙居县	202293	105636	96657	16933	5496	11437
温岭市	484828	250043	234785	29757	7869	21888
临海市	549176	285817	263359	43697	12743	30954
玉环市	171281	91781	79500	24972	7140	17832
丽水市	**935428**	**497210**	**438218**	**64267**	**20214**	**44053**
莲都区	128959	70274	58685	13676	4243	9433
青田县	234710	124904	109806	9355	3198	6157
缙云县	170465	89199	81266	8711	2518	6193
遂昌县	85691	45216	40475	8418	2228	6190
松阳县	104304	54824	49480	6634	1993	4641
云和县	33898	18225	15673	3033	1083	1950
庆元县	50853	26834	24019	2835	893	1942
景宁畲族自治县	45335	24911	20424	4226	1548	2678
龙泉市	81213	42823	38390	7379	2510	4869

1-6c 续表 2

单位：人

地区	学前教育			小学		
	小计	男	女	小计	男	女
合计	**483063**	**242009**	**241054**	**6585579**	**3214870**	**3370709**
杭州市	**50628**	**25203**	**25425**	**718890**	**342894**	**375996**
上城区						
下城区						
江干区						
拱墅区						
西湖区	1038	520	518	8788	4176	4612
滨江区						
萧山区	12533	6401	6132	170046	80451	89595
余杭区	12569	6432	6137	152284	77320	74964
富阳区	5424	2778	2646	93332	44431	48901
临安区	5731	2766	2965	96228	43882	52346
桐庐县	3195	1579	1616	48660	23839	24821
淳安县	4461	1991	2470	67863	31283	36580
建德市	5677	2736	2941	81689	37512	44177
宁波市	**46272**	**22973**	**23299**	**777245**	**373370**	**403875**
海曙区	2846	1417	1429	49843	23489	26354
江北区	1713	878	835	27038	13575	13463
北仑区	3839	1940	1899	60352	30083	30269
镇海区	1114	538	576	20344	10414	9930
鄞州区	6317	3168	3149	99807	48162	51645
奉化区	4017	1895	2122	97457	46720	50737
象山县	5748	2722	3026	94060	45846	48214
宁海县	6413	3233	3180	103527	48492	55035
余姚市	5467	2714	2753	94346	44304	50042
慈溪市	8798	4468	4330	130471	62285	68186
温州市	**83380**	**43113**	**40267**	**968067**	**502892**	**465175**
鹿城区	2559	1311	1248	30992	15759	15233
龙湾区	26	16	10	363	177	186
瓯海区	4235	2188	2047	48388	25664	22724
洞头区	1513	799	714	19586	10329	9257
永嘉县	11516	5978	5538	140637	73726	66911
平阳县	10461	5432	5029	130900	69604	61296
苍南县	8300	4335	3965	108660	57417	51243
文成县	4826	2555	2271	63981	34380	29601
泰顺县	5715	2913	2802	66049	35421	30628
瑞安市	14275	7343	6932	176068	91883	84185
乐清市	19421	9995	9426	175798	85293	90505
龙港市	533	248	285	6645	3239	3406
嘉兴市	**38414**	**18637**	**19777**	**605273**	**286725**	**318548**
南湖区	2611	1267	1344	37474	17863	19611
秀洲区	5446	2734	2712	87401	41895	45506
嘉善县	3608	1755	1853	67352	32793	34559
海盐县	4212	2017	2195	60578	27438	33140
海宁市	8279	3932	4347	114302	54205	60097
平湖市	4268	2164	2104	89703	42689	47014
桐乡市	9990	4768	5222	148463	69842	78621
湖州市	**28196**	**13867**	**14329**	**479945**	**228211**	**251734**
吴兴区	6495	3196	3299	89453	43459	45994
南浔区	4703	2284	2419	109753	52725	57028
德清县	4801	2380	2421	94078	44663	49415
长兴县	6335	3121	3214	96484	45090	51394
安吉县	5862	2886	2976	90177	42274	47903

1-6c　续表 3　　　　单位：人

地　区	学前教育			小　学		
	小计	男	女	小计	男	女
绍兴市	**32448**	**15604**	**16844**	**540211**	**244780**	**295431**
越城区	5035	2382	2653	60867	27790	33077
柯桥区	5079	2399	2680	71919	31822	40097
上虞区	5186	2453	2733	107562	48984	58578
新昌县	3486	1571	1915	57247	26106	31141
诸暨市	8070	4156	3914	141109	63858	77251
嵊州市	5592	2643	2949	101507	46220	55287
金华市	**67491**	**34968**	**32523**	**685024**	**335975**	**349049**
婺城区	6004	2992	3012	73319	37640	35679
金东区	6322	3304	3018	62210	30434	31776
武义县	5493	2820	2673	55116	27562	27554
浦江县	6565	3485	3080	72878	35176	37702
磐安县	2351	1157	1194	31225	14480	16745
兰溪市	7345	3757	3588	90412	43940	46472
义乌市	11529	6140	5389	102076	48775	53301
东阳市	9850	5043	4807	105164	50149	55015
永康市	12032	6270	5762	92624	47819	44805
衢州市	**30942**	**14815**	**16127**	**350931**	**173857**	**177074**
柯城区	3927	1910	2017	38090	18559	19531
衢江区	5968	2920	3048	70488	37304	33184
常山县	5718	2772	2946	47685	23922	23763
开化县	4504	1993	2511	53558	25029	28529
龙游县	4570	2260	2310	61417	30904	30513
江山市	6255	2960	3295	79693	38139	41554
舟山市	**6477**	**2890**	**3587**	**138013**	**69225**	**68788**
定海区	2874	1294	1580	51298	25554	25744
普陀区	2059	985	1074	46298	22666	23632
岱山县	1275	508	767	29694	15336	14358
嵊泗县	269	103	166	10723	5669	5054
台州市	**70151**	**35959**	**34192**	**955553**	**468981**	**486572**
椒江区	5746	2982	2764	69530	35291	34239
黄岩区	6639	3326	3313	102822	47983	54839
路桥区	5457	2835	2622	81153	41028	40125
三门县	5810	3047	2763	60336	31060	29276
天台县	5583	2939	2644	82067	38591	43476
仙居县	7058	3456	3602	63696	31936	31760
温岭市	13727	6783	6944	217960	105179	112781
临海市	15159	8036	7123	220751	106640	114111
玉环市	4972	2555	2417	57238	31273	25965
丽水市	**28664**	**13980**	**14684**	**366427**	**187960**	**178467**
莲都区	3995	2039	1956	43488	23876	19612
青田县	6726	3367	3359	85619	42612	43007
缙云县	5546	2712	2834	59267	29418	29849
遂昌县	2525	1141	1384	37722	19700	18022
松阳县	3463	1614	1849	42532	21477	21055
云和县	952	503	449	14325	7489	6836
庆元县	1780	813	967	23586	11562	12024
景宁畲族自治县	1258	621	637	22196	12001	10195
龙泉市	2419	1170	1249	37692	19825	17867

1-6c 续表 4

单位：人

地区	初中			高中			大学专科		
	小计	男	女	小计	男	女	小计	男	女
合计	**6226723**	**3626536**	**2600187**	**1923944**	**1193760**	**730184**	**790654**	**429958**	**360696**
杭州市	**646481**	**381117**	**265364**	**245768**	**155439**	**90329**	**108495**	**58353**	**50142**
上城区									
下城区									
江干区									
拱墅区									
西湖区	8843	5407	3436	5046	2871	2175	3498	1809	1689
滨江区									
萧山区	150668	88678	61990	55922	35828	20094	33421	18216	15205
余杭区	150254	90425	59829	59469	37428	22041	31053	16648	14405
富阳区	76048	44205	31843	34920	21587	13333	12730	6834	5896
临安区	96062	55176	40886	30500	18969	11531	10272	5247	5025
桐庐县	45562	26013	19549	15056	9447	5609	4960	2671	2289
淳安县	50871	32168	18703	17963	12199	5764	5453	2984	2469
建德市	68173	39045	29128	26892	17110	9782	7108	3944	3164
宁波市	**770124**	**451462**	**318662**	**210416**	**132453**	**77963**	**95218**	**51310**	**43908**
海曙区	52322	30221	22101	14840	9333	5507	5542	2993	2549
江北区	34684	20600	14084	9722	6037	3685	3656	2047	1609
北仑区	82113	48639	33474	20694	13130	7564	9279	5285	3994
镇海区	20887	13012	7875	4703	3046	1657	1955	1054	901
鄞州区	116179	68196	47983	26318	16762	9556	13064	7081	5983
奉化区	84703	50010	34693	22619	14542	8077	9330	4711	4619
象山县	65465	39116	26349	18828	11732	7096	9121	5120	4001
宁海县	83871	48775	35096	29130	18567	10563	11958	6788	5170
余姚市	83382	47895	35487	24950	15723	9227	12194	6489	5705
慈溪市	146518	84998	61520	38612	23581	15031	19119	9742	9377
温州市	**823730**	**486921**	**336809**	**295086**	**178830**	**116256**	**119075**	**67027**	**52048**
鹿城区	46810	28319	18491	16021	9606	6415	4624	2595	2029
龙湾区	504	348	156	101	71	30	48	31	17
瓯海区	61089	36249	24840	21411	12987	8424	5885	3159	2726
洞头区	20650	13007	7643	11119	6737	4382	7394	5163	2231
永嘉县	116044	69469	46575	44408	27418	16990	17083	9541	7542
平阳县	92041	54711	37330	29732	18204	11528	12733	7047	5686
苍南县	68115	40434	27681	22611	13979	8632	11432	6768	4664
文成县	56895	32323	24572	15545	9043	6502	3902	2048	1854
泰顺县	35561	20340	15221	12177	7417	4760	4810	2663	2147
瑞安市	172048	102005	70043	52214	31819	20395	19838	10810	9028
乐清市	150298	87383	62915	68656	40844	27812	30764	16877	13887
龙港市	3675	2333	1342	1091	705	386	562	325	237
嘉兴市	**544515**	**318954**	**225561**	**144077**	**91536**	**52541**	**72394**	**39474**	**32920**
南湖区	37701	22365	15336	10517	6826	3691	6346	3518	2828
秀洲区	83919	48532	35387	17535	11050	6485	9144	4912	4232
嘉善县	62835	37583	25252	16247	10655	5592	8285	4619	3666
海盐县	55755	32905	22850	15237	9838	5399	7761	4230	3531
海宁市	124948	72357	52591	33200	20867	12333	14312	7559	6753
平湖市	76213	45763	30450	18365	11921	6444	10991	6224	4767
桐乡市	103144	59449	43695	32976	20379	12597	15555	8412	7143
湖州市	**396935**	**231728**	**165207**	**113885**	**70706**	**43179**	**47927**	**25427**	**22500**
吴兴区	89494	52474	37020	24775	15533	9242	10725	5852	4873
南浔区	75940	44814	31126	17470	11082	6388	8048	4449	3599
德清县	63605	38060	25545	20848	12812	8036	9405	5055	4350
长兴县	84416	48000	36416	27033	16589	10444	10555	5359	5196
安吉县	83480	48380	35100	23759	14690	9069	9194	4712	4482

1−6c　续表 5　　　　单位：人

地　区	初　中			高　中			大学专科		
	小计	男	女	小计	男	女	小计	男	女
绍兴市	**597103**	**330045**	**267058**	**172489**	**106497**	**65992**	**66368**	**35404**	**30964**
越城区	53607	30051	23556	17492	10658	6834	8346	4337	4009
柯桥区	69165	40037	29128	19879	12554	7325	10021	5321	4700
上虞区	91673	49668	42005	27197	16503	10694	13770	7316	6454
新昌县	58054	33426	24628	22026	13646	8380	5552	3084	2468
诸暨市	203080	108914	94166	50421	31038	19383	18585	9807	8778
嵊州市	121524	67949	53575	35474	22098	13376	10094	5539	4555
金华市	**880020**	**500472**	**379548**	**257370**	**159569**	**97801**	**101237**	**55599**	**45638**
婺城区	74212	44078	30134	28551	17426	11125	10211	5356	4855
金东区	81567	46690	34877	24357	14679	9678	9139	4804	4335
武义县	67589	39354	28235	20068	12237	7831	6048	3163	2885
浦江县	104802	59223	45579	26473	17191	9282	12331	7286	5045
磐安县	27731	16042	11689	9737	6397	3340	3116	1778	1338
兰溪市	89442	51972	37470	24774	16278	8496	8616	4924	3692
义乌市	158077	90171	67906	46711	29346	17365	21659	12376	9283
东阳市	141953	77144	64809	35958	21755	14203	16686	9105	7581
永康市	134647	75798	58849	40741	24260	16481	13431	6807	6624
衢州市	**319587**	**189668**	**129919**	**91657**	**58407**	**33250**	**28628**	**15752**	**12876**
柯城区	44134	26339	17795	12632	7705	4927	5850	3115	2735
衢江区	70180	43003	27177	18980	12405	6575	5372	3041	2331
常山县	39872	24007	15865	11130	7287	3843	3142	1753	1389
开化县	36243	22148	14095	9314	6349	2965	3180	1792	1388
龙游县	62018	35429	26589	15102	9593	5509	5312	2885	2427
江山市	67140	38742	28398	24499	15068	9431	5772	3166	2606
舟山市	**112746**	**71283**	**41463**	**27530**	**17018**	**10512**	**13127**	**7977**	**5150**
定海区	39805	24955	14850	11773	7272	4501	5095	2927	2168
普陀区	42846	26663	16183	10262	6180	4082	5326	3211	2115
岱山县	22623	15225	7398	4038	2733	1305	1871	1346	525
嵊泗县	7472	4440	3032	1457	833	624	835	493	342
台州市	**794855**	**467703**	**327152**	**271685**	**166694**	**104991**	**109644**	**58694**	**50950**
椒江区	64041	39149	24892	21904	13503	8401	10925	5970	4955
黄岩区	81978	48290	33688	31885	19047	12838	11690	5679	6011
路桥区	68752	40848	27904	24064	14586	9478	9257	4896	4361
三门县	49556	30431	19125	15423	10181	5242	6311	3594	2717
天台县	77412	44189	33223	25680	15628	10052	9859	5326	4533
仙居县	75894	42257	33637	26794	16236	10558	8497	4475	4022
温岭市	147834	86962	60872	47179	28327	18852	19815	10617	9198
临海市	174157	101768	72389	61326	38344	22982	25090	13676	11414
玉环市	55231	33809	21422	17430	10842	6588	8200	4461	3739
丽水市	**340627**	**197183**	**143444**	**93981**	**56611**	**37370**	**28541**	**14941**	**13600**
莲都区	45563	27459	18104	15387	9290	6097	4607	2281	2326
青田县	96900	54826	42074	28328	16691	11637	5208	2856	2352
缙云县	69964	39221	30743	18181	10854	7327	6237	3246	2991
遂昌县	27513	16537	10976	6542	4059	2483	2053	1099	954
松阳县	36653	21061	15592	9987	6069	3918	3517	1881	1636
云和县	11115	6621	4494	2957	1804	1153	1149	559	590
庆元县	16041	9643	6398	3721	2441	1280	1968	1030	938
景宁畲族自治县	12151	7512	4639	3282	2047	1235	1441	806	635
龙泉市	24727	14303	10424	5596	3356	2240	2361	1183	1178

1-6c 续表 6 单位：人

地 区	大学本科			硕士研究生			博士研究生		
	小计	男	女	小计	男	女	小计	男	女
合计	**373693**	**188214**	**185479**	**19090**	**9825**	**9265**	**2708**	**1760**	**948**
杭州市	**65230**	**31704**	**33526**	**3404**	**1765**	**1639**	**423**	**259**	**164**
上城区									
下城区									
江干区									
拱墅区									
西湖区	2803	1350	1453	384	218	166	36	18	18
滨江区									
萧山区	19892	9634	10258	929	484	445	106	66	40
余杭区	16930	8414	8516	876	476	400	77	47	30
富阳区	9480	4123	5357	419	170	249	57	37	20
临安区	7409	3612	3797	271	124	147	43	24	19
桐庐县	2303	1124	1179	111	50	61	21	11	10
淳安县	3077	1645	1432	191	113	78	40	26	14
建德市	3336	1802	1534	223	130	93	43	30	13
宁波市	**46342**	**23149**	**23193**	**2539**	**1277**	**1262**	**327**	**217**	**110**
海曙区	2736	1346	1390	115	62	53	13	10	3
江北区	1460	732	728	101	54	47	11	10	1
北仑区	6009	3171	2838	774	390	384	112	68	44
镇海区	781	369	412	29	13	16	3	3	
鄞州区	9505	4803	4702	313	164	149	25	14	11
奉化区	3416	1664	1752	201	98	103	18	12	6
象山县	3907	2037	1870	203	106	97	38	27	11
宁海县	5597	3170	2427	293	152	141	38	25	13
余姚市	4802	2257	2545	226	105	121	34	24	10
慈溪市	8129	3600	4529	284	133	151	35	24	11
温州市	**45744**	**24102**	**21642**	**2331**	**1289**	**1042**	**422**	**273**	**149**
鹿城区	1704	888	816	111	56	55	19	13	6
龙湾区	10	5	5	1	1				
瓯海区	3777	1772	2005	125	73	52	21	12	9
洞头区	1805	1097	708	133	74	59	13	7	6
永嘉县	6553	3548	3005	403	233	170	73	45	28
平阳县	5256	2772	2484	269	140	129	49	32	17
苍南县	3605	2011	1594	188	103	85	35	25	10
文成县	1785	879	906	80	35	45	10	6	4
泰顺县	2220	1162	1058	109	63	46	14	8	6
瑞安市	7678	3959	3719	361	197	164	77	50	27
乐清市	11175	5906	5269	530	302	228	108	72	36
龙港市	176	103	73	21	12	9	3	3	
嘉兴市	**36055**	**16904**	**19151**	**1469**	**702**	**767**	**198**	**139**	**59**
南湖区	2905	1336	1569	133	61	72	23	13	10
秀洲区	4088	1807	2281	136	61	75	36	28	8
嘉善县	3841	1875	1966	185	99	86	20	12	8
海盐县	4134	2006	2128	186	97	89	16	9	7
海宁市	7652	3551	4101	283	132	151	29	27	2
平湖市	5313	2532	2781	220	107	113	30	21	9
桐乡市	8122	3797	4325	326	145	181	44	29	15
湖州市	**23160**	**11029**	**12131**	**1190**	**596**	**594**	**145**	**97**	**48**
吴兴区	5411	2719	2692	340	195	145	27	18	9
南浔区	4110	1937	2173	282	137	145	41	29	12
德清县	4613	2104	2509	190	83	107	34	22	12
长兴县	4400	2087	2313	202	95	107	22	16	6
安吉县	4626	2182	2444	176	86	90	21	12	9

1-6c 续表 7 单位：人

地区	大学本科			硕士研究生			博士研究生		
	小计	男	女	小计	男	女	小计	男	女
绍兴市	**33739**	**16836**	**16903**	**1680**	**844**	**836**	**221**	**148**	**73**
越城区	5083	2480	2603	277	135	142	23	18	5
柯桥区	6808	3377	3431	262	143	119	31	18	13
上虞区	5942	2862	3080	353	161	192	38	22	16
新昌县	2354	1202	1152	161	79	82	23	13	10
诸暨市	9829	4957	4872	395	215	180	67	49	18
嵊州市	3723	1958	1765	232	111	121	39	28	11
金华市	**43824**	**23267**	**20557**	**2357**	**1222**	**1135**	**367**	**251**	**116**
婺城区	4453	2278	2175	343	164	179	65	42	23
金东区	3343	1696	1647	211	106	105	31	21	10
武义县	2496	1253	1243	147	65	82	25	16	9
浦江县	5611	3092	2519	291	155	136	46	37	9
磐安县	1457	765	692	85	43	42	11	5	6
兰溪市	3615	1983	1632	258	151	107	48	34	14
义乌市	9350	5210	4140	348	201	147	49	32	17
东阳市	8640	4565	4075	427	218	209	64	46	18
永康市	4859	2425	2434	247	119	128	28	18	10
衢州市	**15962**	**8571**	**7391**	**1028**	**531**	**497**	**163**	**100**	**63**
柯城区	3441	1774	1667	281	143	138	35	21	14
衢江区	3397	1914	1483	206	108	98	25	19	6
常山县	1742	933	809	76	35	41	17	11	6
开化县	1504	841	663	94	47	47	18	12	6
龙游县	2861	1514	1347	165	87	78	35	20	15
江山市	3017	1595	1422	206	111	95	33	17	16
舟山市	**7541**	**4201**	**3340**	**402**	**215**	**187**	**50**	**30**	**20**
定海区	2689	1321	1368	115	57	58	15	7	8
普陀区	3074	1785	1289	175	98	77	20	16	4
岱山县	1175	777	398	66	41	25	11	6	5
嵊泗县	603	318	285	46	19	27	4	1	3
台州市	**43915**	**22488**	**21427**	**2049**	**1084**	**965**	**293**	**188**	**105**
椒江区	4700	2501	2199	234	111	123	28	16	12
黄岩区	4794	2167	2627	191	107	84	37	17	20
路桥区	4134	2053	2081	140	75	65	18	13	5
三门县	2283	1307	976	147	73	74	15	11	4
天台县	5043	2745	2298	244	141	103	38	26	12
仙居县	3197	1664	1533	190	91	99	34	25	9
温岭市	8132	4082	4050	370	191	179	54	33	21
临海市	8526	4356	4170	410	213	197	60	41	19
玉环市	3106	1613	1493	123	82	41	9	6	3
丽水市	**12181**	**5963**	**6218**	**641**	**300**	**341**	**99**	**58**	**41**
莲都区	2144	1038	1106	86	40	46	13	8	5
青田县	2426	1274	1152	121	62	59	27	18	9
缙云县	2388	1153	1235	148	63	85	23	14	9
遂昌县	851	423	428	55	23	32	12	6	6
松阳县	1433	691	742	75	34	41	10	4	6
云和县	353	157	196	13	9	4	1		1
庆元县	867	427	440	55	25	30			
景宁畲族自治县	749	357	392	27	16	11	5	3	2
龙泉市	970	443	527	61	28	33	8	5	3

1-7 各地区分性别的15岁及以上文盲人口

单位：人、%

地区	15岁及以上人口			文盲人口			文盲人口占15岁及以上人口比重		
	合计	男	女	合计	男	女	合计	男	女
合计	**55885807**	**29069882**	**26815925**	**1753644**	**437643**	**1316001**	**3.14**	**1.51**	**4.91**
杭州市	**10382466**	**5402569**	**4979897**	**215816**	**46733**	**169083**	**2.08**	**0.87**	**3.40**
上城区	314457	156377	158080	2920	519	2401	0.93	0.33	1.52
下城区	428374	207303	221071	5469	960	4509	1.28	0.46	2.04
江干区	1295664	672732	622932	13992	3213	10779	1.08	0.48	1.73
拱墅区	546442	271813	274629	7649	1562	6087	1.40	0.57	2.22
西湖区	961516	493502	468014	8015	1730	6285	0.83	0.35	1.34
滨江区	434827	224237	210590	6435	1233	5202	1.48	0.55	2.47
萧山区	1977984	1055140	922844	53561	11103	42458	2.71	1.05	4.60
余杭区	2078360	1114897	963463	48654	11918	36736	2.34	1.07	3.81
富阳区	721731	378322	343409	15989	3924	12065	2.22	1.04	3.51
临安区	559265	291845	267420	7046	1701	5345	1.26	0.58	2.00
桐庐县	392029	199414	192615	16051	3439	12612	4.09	1.72	6.55
淳安县	286563	142164	144399	21577	3474	18103	7.53	2.44	12.54
建德市	385254	194823	190431	8458	1957	6501	2.20	1.00	3.41
宁波市	**8250911**	**4293780**	**3957131**	**145728**	**35723**	**110005**	**1.77**	**0.83**	**2.78**
海曙区	914584	468274	446310	11399	2705	8694	1.25	0.58	1.95
江北区	425423	222746	202677	6494	1802	4692	1.53	0.81	2.32
北仑区	730244	398016	332228	10961	2831	8130	1.50	0.71	2.45
镇海区	462619	246183	216436	6075	1547	4528	1.31	0.63	2.09
鄞州区	1375322	695114	680208	20041	5046	14995	1.46	0.73	2.20
奉化区	514883	267983	246900	8495	1911	6584	1.65	0.71	2.67
象山县	493944	249026	244918	12604	3293	9311	2.55	1.32	3.80
宁海县	592899	305372	287527	13061	2920	10141	2.20	0.96	3.53
余姚市	1108751	576873	531878	23375	6030	17345	2.11	1.05	3.26
慈溪市	1632242	864193	768049	33223	7638	25585	2.04	0.88	3.33
温州市	**8110406**	**4277128**	**3833278**	**445227**	**127252**	**317975**	**5.49**	**2.98**	**8.30**
鹿城区	1017030	527495	489535	22405	5456	16949	2.20	1.03	3.46
龙湾区	628863	355365	273498	27634	8339	19295	4.39	2.35	7.05
瓯海区	847361	458247	389114	35816	9757	26059	4.23	2.13	6.70
洞头区	129628	69060	60568	9265	1880	7385	7.15	2.72	12.19
永嘉县	727067	385900	341167	46294	12432	33862	6.37	3.22	9.93
平阳县	723761	374899	348862	56417	16488	39929	7.79	4.40	11.45
苍南县	694239	356330	337909	63632	20056	43576	9.17	5.63	12.90
文成县	238356	125147	113209	13767	4958	8809	5.78	3.96	7.78
泰顺县	215320	111796	103524	16339	5736	10603	7.59	5.13	10.24
瑞安市	1299643	682053	617590	105105	30528	74577	8.09	4.48	12.08
乐清市	1209386	632472	576914	30700	7190	23510	2.54	1.14	4.08
龙港市	379752	198364	181388	17853	4432	13421	4.70	2.23	7.40
嘉兴市	**4748423**	**2472219**	**2276204**	**112008**	**25230**	**86778**	**2.36**	**1.02**	**3.81**
南湖区	730815	375582	355233	13888	2964	10924	1.90	0.79	3.08
秀洲区	589905	308444	281461	21576	5143	16433	3.66	1.67	5.84
嘉善县	571969	305564	266405	18865	4802	14063	3.30	1.57	5.28
海盐县	399905	205754	194151	14540	3256	11284	3.64	1.58	5.81
海宁市	955588	503912	451676	21102	3959	17143	2.21	0.79	3.80
平湖市	594565	308157	286408	14389	3135	11254	2.42	1.02	3.93
桐乡市	905676	464806	440870	7648	1971	5677	0.84	0.42	1.29
湖州市	**2965561**	**1537492**	**1428069**	**65124**	**16980**	**48144**	**2.20**	**1.10**	**3.37**
吴兴区	896909	462603	434306	13464	3496	9968	1.50	0.76	2.30
南浔区	482933	251016	231917	17835	4755	13080	3.69	1.89	5.64
德清县	484944	254318	230626	8066	2160	5906	1.66	0.85	2.56
长兴县	588479	300652	287827	14774	3846	10928	2.51	1.28	3.80
安吉县	512296	268903	243393	10985	2723	8262	2.14	1.01	3.39

1-7　续表　　　　单位：人、%

地　　区	15岁及以上人口			文盲人口			文盲人口占15岁及以上人口比重		
	合计	男	女	合计	男	女	合计	男	女
绍兴市	**4644278**	**2368705**	**2275573**	**68394**	**15720**	**52674**	**1.47**	**0.66**	**2.31**
越城区	894883	446505	448378	3841	993	2848	0.43	0.22	0.64
柯桥区	967886	512599	455287	14596	3226	11370	1.51	0.63	2.50
上虞区	746224	372866	373358	23665	5429	18236	3.17	1.46	4.88
新昌县	366106	187781	178325	5159	1174	3985	1.41	0.63	2.23
诸暨市	1069748	541672	528076	14424	3348	11076	1.35	0.62	2.10
嵊州市	599431	307282	292149	6709	1550	5159	1.12	0.50	1.77
金华市	**6042113**	**3171531**	**2870582**	**206354**	**44988**	**161366**	**3.42**	**1.42**	**5.62**
婺城区	820445	420248	400197	29814	7894	21920	3.63	1.88	5.48
金东区	440375	236300	204075	11790	2822	8968	2.68	1.19	4.39
武义县	393696	209474	184222	18408	4400	14008	4.68	2.10	7.60
浦江县	395204	203907	191297	18950	3549	15401	4.79	1.74	8.05
磐安县	150858	76487	74371	7203	1398	5805	4.77	1.83	7.81
兰溪市	498540	252610	245930	33823	7731	26092	6.78	3.06	10.61
义乌市	1601552	860380	741172	33953	7315	26638	2.12	0.85	3.59
东阳市	925837	473453	452384	29842	4884	24958	3.22	1.03	5.52
永康市	815606	438672	376934	22571	4995	17576	2.77	1.14	4.66
衢州市	**1940411**	**988844**	**951567**	**122725**	**29188**	**93537**	**6.32**	**2.95**	**9.83**
柯城区	451002	226202	224800	16490	3164	13326	3.66	1.40	5.93
衢江区	321508	172773	148735	28448	7163	21285	8.85	4.15	14.31
常山县	218417	111677	106740	20097	5077	15020	9.20	4.55	14.07
开化县	217330	106232	111098	17455	3898	13557	8.03	3.67	12.20
龙游县	314907	163528	151379	22885	6198	16687	7.27	3.79	11.02
江山市	417247	208432	208815	17350	3688	13662	4.16	1.77	6.54
舟山市	**1044220**	**552594**	**491626**	**20854**	**4901**	**15953**	**2.00**	**0.89**	**3.24**
定海区	442119	226177	215942	5879	1461	4418	1.33	0.65	2.05
普陀区	345143	177459	167684	7274	1480	5794	2.11	0.83	3.46
岱山县	195071	116898	78173	5666	1459	4207	2.90	1.25	5.38
嵊泗县	61887	32060	29827	2035	501	1534	3.29	1.56	5.14
台州市	**5650039**	**2919284**	**2730755**	**291836**	**74748**	**217088**	**5.17**	**2.56**	**7.95**
椒江区	703807	366528	337279	30385	7639	22746	4.32	2.08	6.74
黄岩区	609493	314501	294992	18498	4133	14365	3.03	1.31	4.87
路桥区	540451	283544	256907	27025	7252	19773	5.00	2.56	7.70
三门县	315185	160711	154474	40044	10744	29300	12.70	6.69	18.97
天台县	396775	200712	196063	9486	2199	7287	2.39	1.10	3.72
仙居县	356335	180583	175752	19573	5621	13952	5.49	3.11	7.94
温岭市	1234571	642892	591679	51406	12286	39120	4.16	1.91	6.61
临海市	941293	477291	464002	46984	11946	35038	4.99	2.50	7.55
玉环市	552129	292522	259607	48435	12928	35507	8.77	4.42	13.68
丽水市	**2106979**	**1085736**	**1021243**	**59578**	**16180**	**43398**	**2.83**	**1.49**	**4.25**
莲都区	473605	246486	227119	18799	5523	13276	3.97	2.24	5.85
青田县	422319	217995	204324	2532	580	1952	0.60	0.27	0.96
缙云县	336932	172262	164670	7053	1631	5422	2.09	0.95	3.29
遂昌县	168788	86678	82110	10220	2494	7726	6.05	2.88	9.41
松阳县	173640	89075	84565	4599	1126	3473	2.65	1.26	4.11
云和县	109650	57506	52144	5410	1681	3729	4.93	2.92	7.15
庆元县	119558	60802	58756	3681	907	2774	3.08	1.49	4.72
景宁畲族自治县	91961	47556	44405	3893	1238	2655	4.23	2.60	5.98
龙泉市	210526	107376	103150	3391	1000	2391	1.61	0.93	2.32

1-7a 各地区分性别的15岁及以上文盲人口(城市)

单位：人、%

地区	15岁及以上人口			文盲人口			文盲人口占15岁及以上人口比重		
	合计	男	女	合计	男	女	合计	男	女
合计	**28502988**	**14731928**	**13771060**	**555632**	**134440**	**421192**	**1.95**	**0.91**	**3.06**
杭州市	**7696571**	**3994467**	**3702104**	**113929**	**24531**	**89398**	**1.48**	**0.61**	**2.41**
上城区	314457	156377	158080	2920	519	2401	0.93	0.33	1.52
下城区	428374	207303	221071	5469	960	4509	1.28	0.46	2.04
江干区	1295664	672732	622932	13992	3213	10779	1.08	0.48	1.73
拱墅区	546442	271813	274629	7649	1562	6087	1.40	0.57	2.22
西湖区	933154	478368	454786	7654	1640	6014	0.82	0.34	1.32
滨江区	434827	224237	210590	6435	1233	5202	1.48	0.55	2.47
萧山区	1442688	768448	674240	34342	7074	27268	2.38	0.92	4.04
余杭区	1440416	768028	672388	24471	5537	18934	1.70	0.72	2.82
富阳区	474365	248402	225963	7269	1874	5395	1.53	0.75	2.39
临安区	263101	138081	125020	2603	715	1888	0.99	0.52	1.51
桐庐县									
淳安县									
建德市	123083	60678	62405	1125	204	921	0.91	0.34	1.48
宁波市	**4733209**	**2434168**	**2299041**	**61604**	**14715**	**46889**	**1.30**	**0.60**	**2.04**
海曙区	768197	391636	376561	7870	1837	6033	1.02	0.47	1.60
江北区	350028	180975	169053	4433	1094	3339	1.27	0.60	1.98
北仑区	507076	273407	233669	5889	1485	4404	1.16	0.54	1.88
镇海区	380875	199959	180916	4687	1123	3564	1.23	0.56	1.97
鄞州区	858126	420550	437576	9148	2235	6913	1.07	0.53	1.58
奉化区	254878	130184	124694	3360	798	2562	1.32	0.61	2.05
象山县									
宁海县									
余姚市	672932	350582	322350	10816	2653	8163	1.61	0.76	2.53
慈溪市	941097	486875	454222	15401	3490	11911	1.64	0.72	2.62
温州市	**3986804**	**2105389**	**1881415**	**144997**	**40117**	**104880**	**3.64**	**1.91**	**5.57**
鹿城区	912357	469904	442453	16470	4062	12408	1.81	0.86	2.80
龙湾区	409405	228663	180742	17510	5103	12407	4.28	2.23	6.86
瓯海区	691728	373609	318119	23675	6533	17142	3.42	1.75	5.39
洞头区	60449	30514	29935	2942	589	2353	4.87	1.93	7.86
永嘉县									
平阳县									
苍南县									
文成县									
泰顺县									
瑞安市	829480	433810	395670	57096	17279	39817	6.88	3.98	10.06
乐清市	730836	384492	346344	11881	2738	9143	1.63	0.71	2.64
龙港市	352549	184397	168152	15423	3813	11610	4.37	2.07	6.90
嘉兴市	**1933680**	**989161**	**944519**	**29647**	**6130**	**23517**	**1.53**	**0.62**	**2.49**
南湖区	587235	299032	288203	9807	2053	7754	1.67	0.69	2.69
秀洲区	262322	137702	124620	6885	1555	5330	2.62	1.13	4.28
嘉善县									
海盐县									
海宁市	370282	189987	180295	6597	1155	5442	1.78	0.61	3.02
平湖市	251983	126887	125096	4293	874	3419	1.70	0.69	2.73
桐乡市	461858	235553	226305	2065	493	1572	0.45	0.21	0.69
湖州市	**641239**	**324384**	**316855**	**11604**	**2925**	**8679**	**1.81**	**0.90**	**2.74**
吴兴区	490957	245511	245446	6782	1563	5219	1.38	0.64	2.13
南浔区	150282	78873	71409	4822	1362	3460	3.21	1.73	4.85
德清县									
长兴县									
安吉县									

1-7a 续表

单位：人、%

地　区	15岁及以上人口			文盲人口			文盲人口占15岁及以上人口比重		
	合计	男	女	合计	男	女	合计	男	女
绍兴市	**2670575**	**1353330**	**1317245**	**29473**	**6974**	**22499**	**1.10**	**0.52**	**1.71**
越城区	748343	372364	375979	3268	855	2413	0.44	0.23	0.64
柯桥区	683014	358769	324245	9491	2196	7295	1.39	0.61	2.25
上虞区	454356	228525	225831	10829	2476	8353	2.38	1.08	3.70
新昌县									
诸暨市	508221	254703	253518	3707	951	2756	0.73	0.37	1.09
嵊州市	276641	138969	137672	2178	496	1682	0.79	0.36	1.22
金华市	**2771235**	**1450917**	**1320318**	**49461**	**10905**	**38556**	**1.78**	**0.75**	**2.92**
婺城区	561989	283471	278518	10401	2407	7994	1.85	0.85	2.87
金东区	123496	64637	58859	2112	503	1609	1.71	0.78	2.73
武义县									
浦江县									
磐安县									
兰溪市	217931	108200	109731	7997	1697	6300	3.67	1.57	5.74
义乌市	1013268	544186	469082	14794	3200	11594	1.46	0.59	2.47
东阳市	390309	198626	191683	6625	1270	5355	1.70	0.64	2.79
永康市	464242	251797	212445	7532	1828	5704	1.62	0.73	2.68
衢州市	**629766**	**314258**	**315508**	**14566**	**3150**	**11416**	**2.31**	**1.00**	**3.62**
柯城区	332515	164753	167762	5940	1120	4820	1.79	0.68	2.87
衢江区	114244	61163	53081	4520	1147	3373	3.96	1.88	6.35
常山县									
开化县									
龙游县	1072	544	528	7	2	5	0.65	0.37	0.95
江山市	181935	87798	94137	4099	881	3218	2.25	1.00	3.42
舟山市	**522265**	**259867**	**262398**	**5705**	**1269**	**4436**	**1.09**	**0.49**	**1.69**
定海区	304269	151596	152673	2874	711	2163	0.94	0.47	1.42
普陀区	217996	108271	109725	2831	558	2273	1.30	0.52	2.07
岱山县									
嵊泗县									
台州市	**2450430**	**1269006**	**1181424**	**85675**	**21119**	**64556**	**3.50**	**1.66**	**5.46**
椒江区	528378	272090	256288	17082	4068	13014	3.23	1.50	5.08
黄岩区	350698	182822	167876	5995	1350	4645	1.71	0.74	2.77
路桥区	261323	135535	125788	9464	2355	7109	3.62	1.74	5.65
三门县									
天台县									
仙居县									
温岭市	570248	298716	271532	15988	3787	12201	2.80	1.27	4.49
临海市	352658	175679	176979	10591	2503	8088	3.00	1.42	4.57
玉环市	387125	204164	182961	26555	7056	19499	6.86	3.46	10.66
丽水市	**467214**	**236981**	**230233**	**8971**	**2605**	**6366**	**1.92**	**1.10**	**2.77**
莲都区	342542	174868	167674	7487	2173	5314	2.19	1.24	3.17
青田县									
缙云县									
遂昌县									
松阳县									
云和县									
庆元县									
景宁畲族自治县									
龙泉市	124672	62113	62559	1484	432	1052	1.19	0.70	1.68

1-7b 各地区分性别的15岁及以上文盲人口(镇)

单位：人、%

地　　区	15岁及以上人口			文盲人口			文盲人口占15岁及以上人口比重		
	合计	男	女	合计	男	女	合计	男	女
合计	**11566730**	**6034645**	**5532085**	**324487**	**81756**	**242731**	**2.81**	**1.35**	**4.39**
杭州市	**907643**	**471067**	**436576**	**20013**	**4114**	**15899**	**2.20**	**0.87**	**3.64**
上城区									
下城区									
江干区									
拱墅区									
西湖区	407	197	210	3	1	2	0.74	0.51	0.95
滨江区									
萧山区	111881	63583	48298	1983	388	1595	1.77	0.61	3.30
余杭区	231596	123904	107692	5016	1157	3859	2.17	0.93	3.58
富阳区	25191	13332	11859	1092	269	823	4.33	2.02	6.94
临安区	61452	31554	29898	429	85	344	0.70	0.27	1.15
桐庐县	271684	137431	134253	6974	1477	5497	2.57	1.07	4.09
淳安县	129211	63083	66128	3293	489	2804	2.55	0.78	4.24
建德市	76221	37983	38238	1223	248	975	1.60	0.65	2.55
宁波市	**1646660**	**864379**	**782281**	**28466**	**6847**	**21619**	**1.73**	**0.79**	**2.76**
海曙区	24534	12253	12281	383	73	310	1.56	0.60	2.52
江北区									
北仑区	45951	26561	19390	482	120	362	1.05	0.45	1.87
镇海区	34131	19136	14995	770	255	515	2.26	1.33	3.43
鄞州区	259213	135489	123724	4159	1029	3130	1.60	0.76	2.53
奉化区	47689	24556	23133	689	131	558	1.44	0.53	2.41
象山县	295834	146282	149552	3348	939	2409	1.13	0.64	1.61
宁海县	366757	186828	179929	6054	1204	4850	1.65	0.64	2.70
余姚市	216923	112667	104256	5136	1343	3793	2.37	1.19	3.64
慈溪市	355628	200607	155021	7445	1753	5692	2.09	0.87	3.67
温州市	**1855425**	**967779**	**887646**	**90279**	**25860**	**64419**	**4.87**	**2.67**	**7.26**
鹿城区	5821	3050	2771	252	39	213	4.33	1.28	7.69
龙湾区	218485	126110	92375	10086	3225	6861	4.62	2.56	7.43
瓯海区	14416	7922	6494	982	213	769	6.81	2.69	11.84
洞头区	6383	3147	3236	550	107	443	8.62	3.40	13.69
永嘉县	400861	212274	188587	13244	3530	9714	3.30	1.66	5.15
平阳县	441711	225738	215973	21263	5665	15598	4.81	2.51	7.22
苍南县	467423	237455	229968	29644	8884	20760	6.34	3.74	9.03
文成县	101183	51035	50148	3898	1342	2556	3.85	2.63	5.10
泰顺县	95003	47562	47441	4390	1443	2947	4.62	3.03	6.21
瑞安市	29095	14340	14755	2707	632	2075	9.30	4.41	14.06
乐清市	60118	31525	28593	1656	388	1268	2.75	1.23	4.43
龙港市	14926	7621	7305	1607	392	1215	10.77	5.14	16.63
嘉兴市	**1413406**	**750215**	**663191**	**36434**	**8713**	**27721**	**2.58**	**1.16**	**4.18**
南湖区	49175	26103	23072	1276	279	997	2.59	1.07	4.32
秀洲区	125139	65764	59375	3871	919	2952	3.09	1.40	4.97
嘉善县	411435	219664	191771	11439	3093	8346	2.78	1.41	4.35
海盐县	256445	131688	124757	9819	2268	7551	3.83	1.72	6.05
海宁市	293050	160802	132248	5711	1131	4580	1.95	0.70	3.46
平湖市	138553	73741	64812	2797	617	2180	2.02	0.84	3.36
桐乡市	139609	72453	67156	1521	406	1115	1.09	0.56	1.66
湖州市	**1282767**	**666288**	**616479**	**22074**	**5694**	**16380**	**1.72**	**0.85**	**2.66**
吴兴区	190387	100968	89419	1664	424	1240	0.87	0.42	1.39
南浔区	116286	59356	56930	3270	795	2475	2.81	1.34	4.35
德清县	297329	155345	141984	3795	970	2825	1.28	0.62	1.99
长兴县	371722	188734	182988	8387	2216	6171	2.26	1.17	3.37
安吉县	307043	161885	145158	4958	1289	3669	1.61	0.80	2.53

1-7b　续表　　　　单位：人、%

地　　区	15岁及以上人口			文盲人口			文盲人口占15岁及以上人口比重		
	合计	男	女	合计	男	女	合计	男	女
绍兴市	**586850**	**308354**	**278496**	**6104**	**1344**	**4760**	**1.04**	**0.44**	**1.71**
越城区	3611	1797	1814	9	2	7	0.25	0.11	0.39
柯桥区	106943	63091	43852	754	125	629	0.71	0.20	1.43
上虞区	43271	21645	21626	1532	355	1177	3.54	1.64	5.44
新昌县	221791	112526	109265	1639	335	1304	0.74	0.30	1.19
诸暨市	152459	78842	73617	1485	347	1138	0.97	0.44	1.55
嵊州市	58775	30453	28322	685	180	505	1.17	0.59	1.78
金华市	**1328471**	**702890**	**625581**	**36727**	**8046**	**28681**	**2.76**	**1.14**	**4.58**
婺城区	62067	31513	30554	2400	666	1734	3.87	2.11	5.68
金东区	141239	78442	62797	2540	686	1854	1.80	0.87	2.95
武义县	241702	128873	112829	7044	1689	5355	2.91	1.31	4.75
浦江县	176084	89416	86668	4721	877	3844	2.68	0.98	4.44
磐安县	77697	39020	38677	2128	455	1673	2.74	1.17	4.33
兰溪市	56918	29088	27830	4062	944	3118	7.14	3.25	11.20
义乌市	261869	141858	120011	5571	1251	4320	2.13	0.88	3.60
东阳市	234237	123399	110838	6336	1093	5243	2.70	0.89	4.73
永康市	76658	41281	35377	1925	385	1540	2.51	0.93	4.35
衢州市	**470529**	**238480**	**232049**	**21114**	**5159**	**15955**	**4.49**	**2.16**	**6.88**
柯城区	10478	5465	5013	515	81	434	4.92	1.48	8.66
衢江区	29191	14910	14281	2756	630	2126	9.44	4.23	14.89
常山县	107286	54629	52657	5601	1392	4209	5.22	2.55	7.99
开化县	107034	51229	55805	4179	796	3383	3.90	1.55	6.06
龙游县	158886	83048	75838	5752	1677	4075	3.62	2.02	5.37
江山市	57654	29199	28455	2311	583	1728	4.01	2.00	6.07
舟山市	**216949**	**124376**	**92573**	**4588**	**1171**	**3417**	**2.11**	**0.94**	**3.69**
定海区	26764	13702	13062	464	111	353	1.73	0.81	2.70
普陀区	17880	9513	8367	545	125	420	3.05	1.31	5.02
岱山县	132373	80906	51467	2578	694	1884	1.95	0.86	3.66
嵊泗县	39932	20255	19677	1001	241	760	2.51	1.19	3.86
台州市	**1042412**	**531339**	**511073**	**42114**	**10658**	**31456**	**4.04**	**2.01**	**6.15**
椒江区	4768	2923	1845	171	62	109	3.59	2.12	5.91
黄岩区	31094	15405	15689	771	169	602	2.48	1.10	3.84
路桥区	91556	48761	42795	2838	770	2068	3.10	1.58	4.83
三门县	166790	84682	82108	11186	2751	8435	6.71	3.25	10.27
天台县	206679	102775	103904	2868	683	2185	1.39	0.66	2.10
仙居县	183617	91061	92556	5949	1631	4318	3.24	1.79	4.67
温岭市	233239	122696	110543	12244	3051	9193	5.25	2.49	8.32
临海市	111485	56102	55383	4385	1070	3315	3.93	1.91	5.99
玉环市	13184	6934	6250	1702	471	1231	12.91	6.79	19.70
丽水市	**815618**	**409478**	**406140**	**16574**	**4150**	**12424**	**2.03**	**1.01**	**3.06**
莲都区	17263	9221	8042	696	181	515	4.03	1.96	6.40
青田县	220571	110412	110159	1528	347	1181	0.69	0.31	1.07
缙云县	187352	94013	93339	2512	577	1935	1.34	0.61	2.07
遂昌县	90550	45318	45232	3037	669	2368	3.35	1.48	5.24
松阳县	81800	40662	41138	2046	508	1538	2.50	1.25	3.74
云和县	79318	41110	38208	2675	750	1925	3.37	1.82	5.04
庆元县	74196	36789	37407	2435	581	1854	3.28	1.58	4.96
景宁畲族自治县	51815	25389	26426	1270	374	896	2.45	1.47	3.39
龙泉市	12753	6564	6189	375	163	212	2.94	2.48	3.43

1-7c 各地区分性别的15岁及以上文盲人口(乡村)

单位：人、%

地区	15岁及以上人口			文盲人口			文盲人口占15岁及以上人口比重		
	合计	男	女	合计	男	女	合计	男	女
合计	**15816089**	**8303309**	**7512780**	**873525**	**221447**	**652078**	**5.52**	**2.67**	**8.68**
杭州市	**1778252**	**937035**	**841217**	**81874**	**18088**	**63786**	**4.60**	**1.93**	**7.58**
上城区									
下城区									
江干区									
拱墅区									
西湖区	27955	14937	13018	358	89	269	1.28	0.60	2.07
滨江区									
萧山区	423415	223109	200306	17236	3641	13595	4.07	1.63	6.79
余杭区	406348	222965	183383	19167	5224	13943	4.72	2.34	7.60
富阳区	222175	116588	105587	7628	1781	5847	3.43	1.53	5.54
临安区	234712	122210	112502	4014	901	3113	1.71	0.74	2.77
桐庐县	120345	61983	58362	9077	1962	7115	7.54	3.17	12.19
淳安县	157352	79081	78271	18284	2985	15299	11.62	3.77	19.55
建德市	185950	96162	89788	6110	1505	4605	3.29	1.57	5.13
宁波市	**1871042**	**995233**	**875809**	**55658**	**14161**	**41497**	**2.97**	**1.42**	**4.74**
海曙区	121853	64385	57468	3146	795	2351	2.58	1.23	4.09
江北区	75395	41771	33624	2061	708	1353	2.73	1.69	4.02
北仑区	177217	98048	79169	4590	1226	3364	2.59	1.25	4.25
镇海区	47613	27088	20525	618	169	449	1.30	0.62	2.19
鄞州区	257983	139075	118908	6734	1782	4952	2.61	1.28	4.16
奉化区	212316	113243	99073	4446	982	3464	2.09	0.87	3.50
象山县	198110	102744	95366	9256	2354	6902	4.67	2.29	7.24
宁海县	226142	118544	107598	7007	1716	5291	3.10	1.45	4.92
余姚市	218896	113624	105272	7423	2034	5389	3.39	1.79	5.12
慈溪市	335517	176711	158806	10377	2395	7982	3.09	1.36	5.03
温州市	**2268177**	**1203960**	**1064217**	**209951**	**61275**	**148676**	**9.26**	**5.09**	**13.97**
鹿城区	98852	54541	44311	5683	1355	4328	5.75	2.48	9.77
龙湾区	973	592	381	38	11	27	3.91	1.86	7.09
瓯海区	141217	76716	64501	11159	3011	8148	7.90	3.92	12.63
洞头区	62796	35399	27397	5773	1184	4589	9.19	3.34	16.75
永嘉县	326206	173626	152580	33050	8902	24148	10.13	5.13	15.83
平阳县	282050	149161	132889	35154	10823	24331	12.46	7.26	18.31
苍南县	226816	118875	107941	33988	11172	22816	14.98	9.40	21.14
文成县	137173	74112	63061	9869	3616	6253	7.19	4.88	9.92
泰顺县	120317	64234	56083	11949	4293	7656	9.93	6.68	13.65
瑞安市	441068	233903	207165	45302	12617	32685	10.27	5.39	15.78
乐清市	418432	216455	201977	17163	4064	13099	4.10	1.88	6.49
龙港市	12277	6346	5931	823	227	596	6.70	3.58	10.05
嘉兴市	**1401337**	**732843**	**668494**	**45927**	**10387**	**35540**	**3.28**	**1.42**	**5.32**
南湖区	94405	50447	43958	2805	632	2173	2.97	1.25	4.94
秀洲区	202444	104978	97466	10820	2669	8151	5.34	2.54	8.36
嘉善县	160534	85900	74634	7426	1709	5717	4.63	1.99	7.66
海盐县	143460	74066	69394	4721	988	3733	3.29	1.33	5.38
海宁市	292256	153123	139133	8794	1673	7121	3.01	1.09	5.12
平湖市	204029	107529	96500	7299	1644	5655	3.58	1.53	5.86
桐乡市	304209	156800	147409	4062	1072	2990	1.34	0.68	2.03
湖州市	**1041555**	**546820**	**494735**	**31446**	**8361**	**23085**	**3.02**	**1.53**	**4.67**
吴兴区	215565	116124	99441	5018	1509	3509	2.33	1.30	3.53
南浔区	216365	112787	103578	9743	2598	7145	4.50	2.30	6.90
德清县	187615	98973	88642	4271	1190	3081	2.28	1.20	3.48
长兴县	216757	111918	104839	6387	1630	4757	2.95	1.46	4.54
安吉县	205253	107018	98235	6027	1434	4593	2.94	1.34	4.68

1-7c 续表 单位：人、%

地 区	15岁及以上人口			文盲人口			文盲人口占15岁及以上人口比重		
	合计	男	女	合计	男	女	合计	男	女
绍兴市	**1386853**	**707021**	**679832**	**32817**	**7402**	**25415**	**2.37**	**1.05**	**3.74**
越城区	142929	72344	70585	564	136	428	0.39	0.19	0.61
柯桥区	177929	90739	87190	4351	905	3446	2.45	1.00	3.95
上虞区	248597	122696	125901	11304	2598	8706	4.55	2.12	6.91
新昌县	144315	75255	69060	3520	839	2681	2.44	1.11	3.88
诸暨市	409068	208127	200941	9232	2050	7182	2.26	0.98	3.57
嵊州市	264015	137860	126155	3846	874	2972	1.46	0.63	2.36
金华市	**1942407**	**1017724**	**924683**	**120166**	**26037**	**94129**	**6.19**	**2.56**	**10.18**
婺城区	196389	105264	91125	17013	4821	12192	8.66	4.58	13.38
金东区	175640	93221	82419	7138	1633	5505	4.06	1.75	6.68
武义县	151994	80601	71393	11364	2711	8653	7.48	3.36	12.12
浦江县	219120	114491	104629	14229	2672	11557	6.49	2.33	11.05
磐安县	73161	37467	35694	5075	943	4132	6.94	2.52	11.58
兰溪市	223691	115322	108369	21764	5090	16674	9.73	4.41	15.39
义乌市	326415	174336	152079	13588	2864	10724	4.16	1.64	7.05
东阳市	301291	151428	149863	16881	2521	14360	5.60	1.66	9.58
永康市	274706	145594	129112	13114	2782	10332	4.77	1.91	8.00
衢州市	**840116**	**436106**	**404010**	**87045**	**20879**	**66166**	**10.36**	**4.79**	**16.38**
柯城区	108009	55984	52025	10035	1963	8072	9.29	3.51	15.52
衢江区	178073	96700	81373	21172	5386	15786	11.89	5.57	19.40
常山县	111131	57048	54083	14496	3685	10811	13.04	6.46	19.99
开化县	110296	55003	55293	13276	3102	10174	12.04	5.64	18.40
龙游县	154949	79936	75013	17126	4519	12607	11.05	5.65	16.81
江山市	177658	91435	86223	10940	2224	8716	6.16	2.43	10.11
舟山市	**305006**	**168351**	**136655**	**10561**	**2461**	**8100**	**3.46**	**1.46**	**5.93**
定海区	111086	60879	50207	2541	639	1902	2.29	1.05	3.79
普陀区	109267	59675	49592	3898	797	3101	3.57	1.34	6.25
岱山县	62698	35992	26706	3088	765	2323	4.93	2.13	8.70
嵊泗县	21955	11805	10150	1034	260	774	4.71	2.20	7.63
台州市	**2157197**	**1118939**	**1038258**	**164047**	**42971**	**121076**	**7.60**	**3.84**	**11.66**
椒江区	170661	91515	79146	13132	3509	9623	7.69	3.83	12.16
黄岩区	227701	116274	111427	11732	2614	9118	5.15	2.25	8.18
路桥区	187572	99248	88324	14723	4127	10596	7.85	4.16	12.00
三门县	148395	76029	72366	28858	7993	20865	19.45	10.51	28.83
天台县	190096	97937	92159	6618	1516	5102	3.48	1.55	5.54
仙居县	172718	89522	83196	13624	3990	9634	7.89	4.46	11.58
温岭市	431084	221480	209604	23174	5448	17726	5.38	2.46	8.46
临海市	477150	245510	231640	32008	8373	23635	6.71	3.41	10.20
玉环市	151820	81424	70396	20178	5401	14777	13.29	6.63	20.99
丽水市	**824147**	**439277**	**384870**	**34033**	**9425**	**24608**	**4.13**	**2.15**	**6.39**
莲都区	113800	62397	51403	10616	3169	7447	9.33	5.08	14.49
青田县	201748	107583	94165	1004	233	771	0.50	0.22	0.82
缙云县	149580	78249	71331	4541	1054	3487	3.04	1.35	4.89
遂昌县	78238	41360	36878	7183	1825	5358	9.18	4.41	14.53
松阳县	91840	48413	43427	2553	618	1935	2.78	1.28	4.46
云和县	30332	16396	13936	2735	931	1804	9.02	5.68	12.94
庆元县	45362	24013	21349	1246	326	920	2.75	1.36	4.31
景宁畲族自治县	40146	22167	17979	2623	864	1759	6.53	3.90	9.78
龙泉市	73101	38699	34402	1532	405	1127	2.10	1.05	3.28

1-8 各地区家庭户规模

单位：户、%

地区	家庭户户数	一人户		二人户		三人户	
		户数	比重	户数	比重	户数	比重
合计	**25008606**	**7713848**	**30.84**	**8098038**	**32.38**	**4783169**	**19.13**
杭州市	**4435927**	**1466354**	**33.06**	**1310293**	**29.54**	**832205**	**18.76**
上城区	130550	32951	25.24	44936	34.42	32255	24.71
下城区	185118	53086	28.68	59206	31.98	44757	24.18
江干区	501905	174016	34.67	139552	27.80	97408	19.41
拱墅区	243511	78402	32.20	69115	28.38	55660	22.86
西湖区	371991	128837	34.63	93314	25.09	76657	20.61
滨江区	165654	60970	36.81	38286	23.11	31837	19.22
萧山区	842362	278229	33.03	247466	29.38	143748	17.06
余杭区	952450	359978	37.79	267109	28.04	143920	15.11
富阳区	301415	80091	26.57	94860	31.47	62724	20.81
临安区	244625	73104	29.88	83413	34.10	47505	19.42
桐庐县	177731	52967	29.80	58685	33.02	34685	19.52
淳安县	146646	49172	33.53	54340	37.06	25697	17.52
建德市	171969	44551	25.91	60011	34.90	35352	20.56
宁波市	**3932712**	**1235292**	**31.41**	**1404369**	**35.71**	**783264**	**19.92**
海曙区	429765	127109	29.58	156493	36.41	95088	22.13
江北区	200572	62355	31.09	69940	34.87	44518	22.20
北仑区	356755	128475	36.01	123666	34.66	63580	17.82
镇海区	217598	67444	30.99	76094	34.97	46248	21.25
鄞州区	656977	205828	31.33	222627	33.89	147057	22.38
奉化区	243392	68787	28.26	94213	38.71	51852	21.30
象山县	248090	80190	32.32	88948	35.85	46344	18.68
宁海县	304001	102792	33.81	103582	34.07	55517	18.26
余姚市	512274	150667	29.41	184627	36.04	98982	19.32
慈溪市	763288	241645	31.66	284179	37.23	134078	17.57
温州市	**3662213**	**1153746**	**31.50**	**1130806**	**30.88**	**688302**	**18.79**
鹿城区	445227	145050	32.58	142961	32.11	87220	19.59
龙湾区	260653	91197	34.99	82308	31.58	41776	16.03
瓯海区	353336	134407	38.04	101079	28.61	57693	16.33
洞头区	52359	15506	29.61	16983	32.44	10727	20.49
永嘉县	324380	103490	31.90	95722	29.51	62149	19.16
平阳县	335523	95476	28.46	106447	31.73	69184	20.62
苍南县	312559	83923	26.85	93960	30.06	62928	20.13
文成县	115523	39646	34.32	31879	27.60	20400	17.66
泰顺县	111839	36885	32.98	34807	31.12	20618	18.44
瑞安市	583733	174585	29.91	183960	31.51	110195	18.88
乐清市	603363	193957	32.15	193520	32.07	109967	18.23
龙港市	163718	39624	24.20	47180	28.82	35445	21.65
嘉兴市	**2029982**	**579948**	**28.57**	**640965**	**31.57**	**372089**	**18.33**
南湖区	319065	92562	29.01	102694	32.19	67264	21.08
秀洲区	253962	67168	26.45	80469	31.69	50088	19.72
嘉善县	256527	81226	31.66	82209	32.05	46173	18.00
海盐县	166916	38885	23.30	53827	32.25	34499	20.67
海宁市	402359	124977	31.06	127455	31.68	59788	14.86
平湖市	256354	70883	27.65	81682	31.86	48972	19.10
桐乡市	374799	104247	27.81	112629	30.05	65305	17.42
湖州市	**1197973**	**312084**	**26.05**	**384131**	**32.07**	**244309**	**20.39**
吴兴区	335671	85211	25.39	109055	32.49	71531	21.31
南浔区	209372	56984	27.22	69231	33.07	38238	18.26
德清县	185013	46259	25.00	53861	29.11	37838	20.45
长兴县	250093	59901	23.95	82518	32.99	55124	22.04
安吉县	217824	63729	29.26	69466	31.89	41578	19.09

1-8 续表 1

单位：户、%

地 区	家庭户户数	一人户		二人户		三人户	
		户数	比重	户数	比重	户数	比重
绍兴市	**2005360**	**550889**	**27.47**	**695075**	**34.66**	**418299**	**20.86**
越城区	373968	95564	25.55	124257	33.23	88827	23.75
柯桥区	414436	118218	28.53	138472	33.41	77225	18.63
上虞区	327020	87205	26.67	115744	35.39	67449	20.63
新昌县	172387	49220	28.55	64089	37.18	36603	21.23
诸暨市	439757	121146	27.55	156216	35.52	90561	20.59
嵊州市	277792	79536	28.63	96297	34.67	57634	20.75
金华市	**2830918**	**970227**	**34.27**	**920905**	**32.53**	**481023**	**16.99**
婺城区	377314	127439	33.78	118067	31.29	74210	19.67
金东区	195230	64902	33.24	65114	33.35	35045	17.95
武义县	200628	70939	35.36	67833	33.81	31723	15.81
浦江县	182596	54518	29.86	60510	33.14	35792	19.60
磐安县	79138	26302	33.24	29572	37.37	13615	17.20
兰溪市	224501	61843	27.55	75415	33.59	45416	20.23
义乌市	748257	282332	37.73	241814	32.32	109635	14.65
东阳市	435653	146814	33.70	139141	31.94	72258	16.59
永康市	387601	135138	34.87	123439	31.85	63329	16.34
衢州市	**916430**	**263789**	**28.78**	**323377**	**35.29**	**181252**	**19.78**
柯城区	197414	51218	25.94	64274	32.56	44767	22.68
衢江区	144671	40671	28.11	49378	34.13	28752	19.87
常山县	109104	32030	29.36	40974	37.55	20388	18.69
开化县	109504	32174	29.38	40961	37.41	20422	18.65
龙游县	157781	49307	31.25	62649	39.71	28512	18.07
江山市	197956	58389	29.50	65141	32.91	38411	19.40
舟山市	**489082**	**150105**	**30.69**	**186440**	**38.12**	**104073**	**21.28**
定海区	208734	61838	29.63	75114	35.99	48430	23.20
普陀区	166776	50826	30.48	62248	37.32	35820	21.48
岱山县	82444	27726	33.63	35561	43.13	14226	17.26
嵊泗县	31128	9715	31.21	13517	43.42	5597	17.98
台州市	**2510062**	**719045**	**28.65**	**783715**	**31.22**	**487909**	**19.44**
椒江区	287887	78744	27.35	82424	28.63	61365	21.32
黄岩区	260913	70208	26.91	80446	30.83	53066	20.34
路桥区	231778	64385	27.78	70309	30.33	45572	19.66
三门县	149711	40973	27.37	50020	33.41	29989	20.03
天台县	178608	51840	29.02	51900	29.06	35737	20.01
仙居县	154647	39893	25.80	44018	28.46	32677	21.13
温岭市	575879	180775	31.39	197883	34.36	100048	17.37
临海市	404502	105579	26.10	119897	29.64	83067	20.54
玉环市	266137	86648	32.56	86818	32.62	46388	17.43
丽水市	**997947**	**312369**	**31.30**	**317962**	**31.86**	**190444**	**19.08**
莲都区	207310	65546	31.62	61965	29.89	39292	18.95
青田县	203422	71897	35.34	53998	26.54	35919	17.66
缙云县	171575	56078	32.68	57377	33.44	31841	18.56
遂昌县	78203	21033	26.90	28386	36.30	15899	20.33
松阳县	81817	21920	26.79	28705	35.08	16555	20.23
云和县	52929	15266	28.84	17442	32.95	11125	21.02
庆元县	58774	17013	28.95	21362	36.35	11441	19.47
景宁畲族自治县	47298	16419	34.71	15600	32.98	8324	17.60
龙泉市	96619	27197	28.15	33127	34.29	20048	20.75

1-8 续表 2

单位：户、%

地 区	四人户		五人户		六人户	
	户数	比重	户数	比重	户数	比重
合计	**2484481**	**9.93**	**1203164**	**4.81**	**563053**	**2.25**
杭州市	**436725**	**9.85**	**241644**	**5.45**	**121304**	**2.73**
上城区	12594	9.65	5619	4.30	1778	1.36
下城区	17524	9.47	7642	4.13	2408	1.30
江干区	52093	10.38	24726	4.93	11849	2.36
拱墅区	24691	10.14	10971	4.51	4006	1.65
西湖区	39878	10.72	21042	5.66	9979	2.68
滨江区	18437	11.13	9970	6.02	4896	2.96
萧山区	82813	9.83	54718	6.50	29261	3.47
余杭区	86945	9.13	54003	5.67	32770	3.44
富阳区	32717	10.85	19047	6.32	9611	3.19
临安区	22409	9.16	11791	4.82	5002	2.04
桐庐县	18015	10.14	8561	4.82	3863	2.17
淳安县	10814	7.37	4503	3.07	1799	1.23
建德市	17795	10.35	9051	5.26	4082	2.37
宁波市	**317238**	**8.07**	**136356**	**3.47**	**46307**	**1.18**
海曙区	34073	7.93	12082	2.81	4015	0.93
江北区	16250	8.10	5569	2.78	1629	0.81
北仑区	25310	7.09	11342	3.18	3718	1.04
镇海区	18007	8.28	7005	3.22	2363	1.09
鄞州区	54116	8.24	19467	2.96	6554	1.00
奉化区	18480	7.59	7200	2.96	2346	0.96
象山县	19756	7.96	8740	3.52	3428	1.38
宁海县	27360	9.00	9719	3.20	4162	1.37
余姚市	45409	8.86	23212	4.53	7495	1.46
慈溪市	58477	7.66	32020	4.20	10597	1.39
温州市	**414421**	**11.32**	**161224**	**4.40**	**80442**	**2.20**
鹿城区	44981	10.10	15693	3.52	6507	1.46
龙湾区	25690	9.86	10839	4.16	6242	2.39
瓯海区	34730	9.83	14182	4.01	7544	2.14
洞头区	5537	10.58	2130	4.07	1072	2.05
永嘉县	39367	12.14	14406	4.44	6182	1.91
平阳县	38150	11.37	15688	4.68	7970	2.38
苍南县	42253	13.52	16648	5.33	9343	2.99
文成县	13069	11.31	5516	4.77	2727	2.36
泰顺县	12096	10.82	4681	4.19	2062	1.84
瑞安市	63867	10.94	29066	4.98	15648	2.68
乐清市	70110	11.62	22822	3.78	9792	1.62
龙港市	24571	15.01	9553	5.84	5353	3.27
嘉兴市	**218978**	**10.79**	**136710**	**6.73**	**62780**	**3.09**
南湖区	32406	10.16	16524	5.18	6349	1.99
秀洲区	29143	11.48	17104	6.73	7819	3.08
嘉善县	25187	9.82	14425	5.62	5690	2.22
海盐县	20379	12.21	12636	7.57	5343	3.20
海宁市	39617	9.85	29308	7.28	15763	3.92
平湖市	28744	11.21	17457	6.81	6932	2.70
桐乡市	43502	11.61	29256	7.81	14884	3.97
湖州市	**132001**	**11.02**	**79492**	**6.64**	**35592**	**2.97**
吴兴区	36116	10.76	21195	6.31	9698	2.89
南浔区	22538	10.76	14096	6.73	6402	3.06
德清县	22844	12.35	15133	8.18	7018	3.79
长兴县	28629	11.45	15481	6.19	6626	2.65
安吉县	21874	10.04	13587	6.24	5848	2.68

1-8　续表 3　　　　　　　　　　　　　　　　　　　　　　　　　　　　单位：户、%

地　区	四人户		五人户		六人户	
	户数	比重	户数	比重	户数	比重
绍兴市	**194607**	**9.70**	**97432**	**4.86**	**40304**	**2.01**
越城区	38376	10.26	18254	4.88	7261	1.94
柯桥区	42311	10.21	23866	5.76	11807	2.85
上虞区	32123	9.82	17325	5.30	5995	1.83
新昌县	13846	8.03	5823	3.38	2376	1.38
诸暨市	42800	9.73	19137	4.35	7940	1.81
嵊州市	25151	9.05	13027	4.69	4925	1.77
金华市	**272714**	**9.63**	**112562**	**3.98**	**55188**	**1.95**
婺城区	36514	9.68	13780	3.65	5963	1.58
金东区	18190	9.32	7419	3.80	3311	1.70
武义县	17920	8.93	7384	3.68	3812	1.90
浦江县	18369	10.06	8066	4.42	3958	2.17
磐安县	6712	8.48	1970	2.49	783	0.99
兰溪市	23520	10.48	11454	5.10	5460	2.43
义乌市	66692	8.91	27920	3.73	14678	1.96
东阳市	43409	9.96	20432	4.69	10352	2.38
永康市	41388	10.68	14137	3.65	6871	1.77
衢州市	**89683**	**9.79**	**37651**	**4.11**	**17104**	**1.87**
柯城区	21902	11.09	9770	4.95	4510	2.28
衢江区	15351	10.61	6612	4.57	3150	2.18
常山县	10380	9.51	3621	3.32	1411	1.29
开化县	9829	8.98	4090	3.74	1763	1.61
龙游县	12077	7.65	3675	2.33	1294	0.82
江山市	20144	10.18	9883	4.99	4976	2.51
舟山市	**30431**	**6.22**	**13674**	**2.80**	**3592**	**0.73**
定海区	14590	6.99	6573	3.15	1814	0.87
普陀区	10883	6.53	5309	3.18	1398	0.84
岱山县	3440	4.17	1162	1.41	257	0.31
嵊泗县	1518	4.88	630	2.02	123	0.40
台州市	**271357**	**10.81**	**144305**	**5.75**	**80167**	**3.19**
椒江区	33843	11.76	18570	6.45	10102	3.51
黄岩区	29033	11.13	16371	6.27	9402	3.60
路桥区	25713	11.09	15274	6.59	8392	3.62
三门县	17742	11.85	6551	4.38	3545	2.37
天台县	21487	12.03	9625	5.39	5628	3.15
仙居县	20062	12.97	9879	6.39	5947	3.85
温岭市	49788	8.65	29282	5.08	14179	2.46
临海市	49296	12.19	26736	6.61	16070	3.97
玉环市	24393	9.17	12017	4.52	6902	2.59
丽水市	**106326**	**10.65**	**42114**	**4.22**	**20273**	**2.03**
莲都区	22713	10.96	10136	4.89	5652	2.73
青田县	24382	11.99	9871	4.85	4022	1.98
缙云县	17043	9.93	5408	3.15	2786	1.62
遂昌县	7592	9.71	3358	4.29	1497	1.91
松阳县	8564	10.47	3740	4.57	1816	2.22
云和县	5694	10.76	2200	4.16	966	1.83
庆元县	5874	9.99	1947	3.31	849	1.44
景宁畲族自治县	4232	8.95	1620	3.43	823	1.74
龙泉市	10232	10.59	3834	3.97	1862	1.93

1-8 续表 4

单位：户、%

地区	七人户		八人户		九人户		十人及以上户	
	户数	比重	户数	比重	户数	比重	户数	比重
合计	**110538**	**0.44**	**30637**	**0.12**	**11563**	**0.05**	**10115**	**0.04**
杭州市	**20667**	**0.47**	**4574**	**0.10**	**1258**	**0.03**	**903**	**0.02**
上城区	293	0.22	75	0.06	19	0.01	30	0.02
下城区	354	0.19	101	0.05	21	0.01	19	0.01
江干区	1771	0.35	348	0.07	98	0.02	44	0.01
拱墅区	503	0.21	114	0.05	29	0.01	20	0.01
西湖区	1696	0.46	401	0.11	107	0.03	80	0.02
滨江区	831	0.50	209	0.13	99	0.06	119	0.07
萧山区	4827	0.57	965	0.11	223	0.03	112	0.01
余杭区	6194	0.65	1198	0.13	219	0.02	114	0.01
富阳区	1643	0.55	442	0.15	145	0.05	135	0.04
临安区	937	0.38	276	0.11	101	0.04	87	0.04
桐庐县	643	0.36	167	0.09	93	0.05	52	0.03
淳安县	228	0.16	55	0.04	11	0.01	27	0.02
建德市	747	0.43	223	0.13	93	0.05	64	0.04
宁波市	**7208**	**0.18**	**1687**	**0.04**	**556**	**0.01**	**435**	**0.01**
海曙区	648	0.15	154	0.04	60	0.01	43	0.01
江北区	226	0.11	54	0.03	15	0.01	16	0.01
北仑区	509	0.14	96	0.03	31	0.01	28	0.01
镇海区	315	0.14	75	0.03	27	0.01	20	0.01
鄞州区	951	0.14	242	0.04	83	0.01	52	0.01
奉化区	356	0.15	87	0.04	43	0.02	28	0.01
象山县	479	0.19	137	0.06	35	0.01	33	0.01
宁海县	613	0.20	159	0.05	60	0.02	37	0.01
余姚市	1346	0.26	317	0.06	102	0.02	117	0.02
慈溪市	1765	0.23	366	0.05	100	0.01	61	0.01
温州市	**20215**	**0.55**	**7051**	**0.19**	**3199**	**0.09**	**2807**	**0.08**
鹿城区	1544	0.35	625	0.14	292	0.07	354	0.08
龙湾区	1535	0.59	583	0.22	278	0.11	205	0.08
瓯海区	2207	0.62	793	0.22	383	0.11	318	0.09
洞头区	260	0.50	80	0.15	35	0.07	29	0.06
永嘉县	1784	0.55	696	0.21	300	0.09	284	0.09
平阳县	1701	0.51	525	0.16	247	0.07	135	0.04
苍南县	2264	0.72	731	0.23	318	0.10	191	0.06
文成县	1164	1.01	505	0.44	274	0.24	343	0.30
泰顺县	457	0.41	134	0.12	54	0.05	45	0.04
瑞安市	3818	0.65	1361	0.23	647	0.11	586	0.10
乐清市	2229	0.37	638	0.11	199	0.03	129	0.02
龙港市	1252	0.76	380	0.23	172	0.11	188	0.11
嘉兴市	**14328**	**0.71**	**3205**	**0.16**	**625**	**0.03**	**354**	**0.02**
南湖区	990	0.31	207	0.06	46	0.01	23	0.01
秀洲区	1631	0.64	392	0.15	85	0.03	63	0.02
嘉善县	1224	0.48	269	0.10	58	0.02	66	0.03
海盐县	1032	0.62	225	0.13	55	0.03	35	0.02
海宁市	4264	1.06	969	0.24	163	0.04	55	0.01
平湖市	1386	0.54	241	0.09	39	0.02	18	0.01
桐乡市	3801	1.01	902	0.24	179	0.05	94	0.03
湖州市	**7296**	**0.61**	**1869**	**0.16**	**561**	**0.05**	**638**	**0.05**
吴兴区	2033	0.61	539	0.16	139	0.04	154	0.05
南浔区	1440	0.69	341	0.16	71	0.03	31	0.01
德清县	1549	0.84	331	0.18	73	0.04	107	0.06
长兴县	1250	0.50	302	0.12	103	0.04	159	0.06
安吉县	1024	0.47	356	0.16	175	0.08	187	0.09

1-8　续表 5　　　　单位：户、%

地　区	七人户		八人户		九人户		十人及以上户	
	户数	比重	户数	比重	户数	比重	户数	比重
绍兴市	**5975**	**0.30**	**1561**	**0.08**	**570**	**0.03**	**648**	**0.03**
越城区	1039	0.28	233	0.06	91	0.02	66	0.02
柯桥区	1871	0.45	431	0.10	134	0.03	101	0.02
上虞区	846	0.26	222	0.07	68	0.02	43	0.01
新昌县	275	0.16	81	0.05	24	0.01	50	0.03
诸暨市	1193	0.27	345	0.08	156	0.04	263	0.06
嵊州市	751	0.27	249	0.09	97	0.03	125	0.04
金华市	**11421**	**0.40**	**3576**	**0.13**	**1734**	**0.06**	**1568**	**0.06**
婺城区	866	0.23	237	0.06	123	0.03	115	0.03
金东区	677	0.35	246	0.13	154	0.08	172	0.09
武义县	680	0.34	190	0.09	92	0.05	55	0.03
浦江县	857	0.47	258	0.14	118	0.06	150	0.08
磐安县	114	0.14	47	0.06	11	0.01	12	0.02
兰溪市	998	0.44	224	0.10	90	0.04	81	0.04
义乌市	3261	0.44	1039	0.14	473	0.06	413	0.06
东阳市	2060	0.47	681	0.16	289	0.07	217	0.05
永康市	1908	0.49	654	0.17	384	0.10	353	0.09
衢州市	**2523**	**0.28**	**581**	**0.06**	**215**	**0.02**	**255**	**0.03**
柯城区	702	0.36	175	0.09	56	0.03	40	0.02
衢江区	535	0.37	111	0.08	59	0.04	52	0.04
常山县	210	0.19	53	0.05	14	0.01	23	0.02
开化县	194	0.18	38	0.03	18	0.02	15	0.01
龙游县	164	0.10	46	0.03	18	0.01	39	0.02
江山市	718	0.36	158	0.08	50	0.03	86	0.04
舟山市	**560**	**0.11**	**126**	**0.03**	**49**	**0.01**	**32**	**0.01**
定海区	275	0.13	65	0.03	23	0.01	12	0.01
普陀区	230	0.14	40	0.02	14	0.01	8	
岱山县	35	0.04	18	0.02	10	0.01	9	0.01
嵊泗县	20	0.06	3	0.01	2	0.01	3	0.01
台州市	**15575**	**0.62**	**4574**	**0.18**	**1970**	**0.08**	**1445**	**0.06**
椒江区	1886	0.66	563	0.20	247	0.09	143	0.05
黄岩区	1572	0.60	467	0.18	184	0.07	164	0.06
路桥区	1417	0.61	433	0.19	155	0.07	128	0.06
三门县	664	0.44	123	0.08	56	0.04	48	0.03
天台县	1466	0.82	480	0.27	215	0.12	230	0.13
仙居县	1511	0.98	373	0.24	161	0.10	126	0.08
温岭市	2533	0.44	814	0.14	345	0.06	232	0.04
临海市	2786	0.69	653	0.16	239	0.06	179	0.04
玉环市	1740	0.65	668	0.25	368	0.14	195	0.07
丽水市	**4770**	**0.48**	**1833**	**0.18**	**826**	**0.08**	**1030**	**0.10**
莲都区	1188	0.57	458	0.22	198	0.10	162	0.08
青田县	1663	0.82	719	0.35	368	0.18	583	0.29
缙云县	591	0.34	245	0.14	103	0.06	103	0.06
遂昌县	258	0.33	89	0.11	40	0.05	51	0.07
松阳县	333	0.41	105	0.13	38	0.05	41	0.05
云和县	160	0.30	49	0.09	16	0.03	11	0.02
庆元县	186	0.32	61	0.10	24	0.04	17	0.03
景宁畲族自治县	177	0.37	55	0.12	15	0.03	33	0.07
龙泉市	214	0.22	52	0.05	24	0.02	29	0.03

1-8a 各地区家庭户规模(城市)

单位：户、%

地区	家庭户	一人户		二人户		三人户	
	户数	户数	比重	户数	比重	户数	比重
合计	**12575815**	**3996925**	**31.78**	**3891487**	**30.94**	**2510069**	**19.96**
杭州市	**3262706**	**1121892**	**34.39**	**920347**	**28.21**	**625039**	**19.16**
上城区	130550	32951	25.24	44936	34.42	32255	24.71
下城区	185118	53086	28.68	59206	31.98	44757	24.18
江干区	501905	174016	34.67	139552	27.80	97408	19.41
拱墅区	243511	78402	32.20	69115	28.38	55660	22.86
西湖区	362236	126254	34.85	91124	25.16	74941	20.69
滨江区	165654	60970	36.81	38286	23.11	31837	19.22
萧山区	626907	218611	34.87	181122	28.89	106583	17.00
余杭区	681600	273868	40.18	188702	27.69	101992	14.96
富阳区	198994	54120	27.20	57999	29.15	43207	21.71
临安区	111543	36430	32.66	31848	28.55	23694	21.24
桐庐县							
淳安县							
建德市	54688	13184	24.11	18457	33.75	12705	23.23
宁波市	**2222813**	**684795**	**30.81**	**760862**	**34.23**	**480762**	**21.63**
海曙区	356863	104774	29.36	126201	35.36	82054	22.99
江北区	161770	48010	29.68	54677	33.80	38506	23.80
北仑区	246778	88357	35.80	81590	33.06	46639	18.90
镇海区	177304	53662	30.27	60424	34.08	39553	22.31
鄞州区	399605	124814	31.23	120470	30.15	99802	24.98
奉化区	116323	29827	25.64	40978	35.23	28987	24.92
象山县							
宁海县							
余姚市	314900	95611	30.36	110794	35.18	62904	19.98
慈溪市	449270	139740	31.10	165728	36.89	82317	18.32
温州市	**1769585**	**571780**	**32.31**	**546036**	**30.86**	**330964**	**18.70**
鹿城区	406436	132468	32.59	131824	32.43	80346	19.77
龙湾区	168884	55855	33.07	52453	31.06	29314	17.36
瓯海区	284519	109279	38.41	81237	28.55	47006	16.52
洞头区	24968	6180	24.75	8079	32.36	5902	23.64
永嘉县							
平阳县							
苍南县							
文成县							
泰顺县							
瑞安市	372514	111890	30.04	116241	31.20	71522	19.20
乐清市	361644	120161	33.23	113272	31.32	63916	17.67
龙港市	150620	35947	23.87	42930	28.50	32958	21.88
嘉兴市	**847115**	**245744**	**29.01**	**267418**	**31.57**	**172522**	**20.37**
南湖区	256089	73934	28.87	82205	32.10	56898	22.22
秀洲区	115706	32164	27.80	35591	30.76	25643	22.16
嘉善县							
海盐县							
海宁市	158327	45124	28.50	49784	31.44	29620	18.71
平湖市	110184	29313	26.60	33899	30.77	24227	21.99
桐乡市	206809	65209	31.53	65939	31.88	36134	17.47
湖州市	**268916**	**68184**	**25.36**	**83481**	**31.04**	**61538**	**22.88**
吴兴区	202704	49016	24.18	63347	31.25	49709	24.52
南浔区	66212	19168	28.95	20134	30.41	11829	17.87
德清县							
长兴县							
安吉县							

1-8a　续表 1　　　　单位：户、%

地　区	家庭户户　数	一人户户数	一人户比重	二人户户数	二人户比重	三人户户数	三人户比重
绍兴市	**1111937**	**292107**	**26.27**	**359763**	**32.35**	**251621**	**22.63**
越城区	310502	78421	25.26	102663	33.06	76462	24.63
柯桥区	292126	80854	27.68	92028	31.50	57319	19.62
上虞区	195185	51215	26.24	65225	33.42	43936	22.51
新昌县							
诸暨市	191430	50381	26.32	60723	31.72	44297	23.14
嵊州市	122694	31236	25.46	39124	31.89	29607	24.13
金华市	**1288574**	**477779**	**37.08**	**395550**	**30.70**	**211983**	**16.45**
婺城区	262658	94001	35.79	77665	29.57	51951	19.78
金东区	49770	15896	31.94	14396	28.93	10527	21.15
武义县							
浦江县							
磐安县							
兰溪市	94304	26009	27.58	30608	32.46	20147	21.36
义乌市	480802	192817	40.10	149296	31.05	68302	14.21
东阳市	180979	64276	35.52	55482	30.66	28633	15.82
永康市	220061	84780	38.53	68103	30.95	32423	14.73
衢州市	**278400**	**77248**	**27.75**	**84647**	**30.40**	**62569**	**22.47**
柯城区	145099	39231	27.04	45268	31.20	33850	23.33
衢江区	48134	14230	29.56	12851	26.70	10546	21.91
常山县							
开化县							
龙游县	591	218	36.89	247	41.79	88	14.89
江山市	84576	23569	27.87	26281	31.07	18085	21.38
舟山市	**243541**	**65387**	**26.85**	**85334**	**35.04**	**63755**	**26.18**
定海区	139864	37961	27.14	48298	34.53	36913	26.39
普陀区	103677	27426	26.45	37036	35.72	26842	25.89
岱山县							
嵊泗县							
台州市	**1085272**	**335479**	**30.91**	**330710**	**30.47**	**207417**	**19.11**
椒江区	218071	62386	28.61	61584	28.24	47138	21.62
黄岩区	150897	43703	28.96	45786	30.34	30389	20.14
路桥区	114436	33242	29.05	33857	29.59	22814	19.94
三门县							
天台县							
仙居县							
温岭市	269586	95311	35.35	88461	32.81	42967	15.94
临海市	144991	38466	26.53	41143	28.38	31486	21.72
玉环市	187291	62371	33.30	59879	31.97	32623	17.42
丽水市	**196956**	**56530**	**28.70**	**57339**	**29.11**	**41899**	**21.27**
莲都区	145475	44433	30.54	41596	28.59	29281	20.13
青田县							
缙云县							
遂昌县							
松阳县							
云和县							
庆元县							
景宁畲族自治县							
龙泉市	51481	12097	23.50	15743	30.58	12618	24.51

1-8a 续表 2

单位：户、%

地区	四人户		五人户		六人户	
	户数	比重	户数	比重	户数	比重
合计	**1260197**	**10.02**	**582754**	**4.63**	**265813**	**2.11**
杭州市	**323104**	**9.90**	**170207**	**5.22**	**83760**	**2.57**
上城区	12594	9.65	5619	4.30	1778	1.36
下城区	17524	9.47	7642	4.13	2408	1.30
江干区	52093	10.38	24726	4.93	11849	2.36
拱墅区	24691	10.14	10971	4.51	4006	1.65
西湖区	38515	10.63	19967	5.51	9346	2.58
滨江区	18437	11.13	9970	6.02	4896	2.96
萧山区	59749	9.53	36849	5.88	19943	3.18
余杭区	59245	8.69	33541	4.92	19674	2.89
富阳区	22912	11.51	12731	6.40	6455	3.24
临安区	11257	10.09	5407	4.85	2239	2.01
桐庐县						
淳安县						
建德市	6087	11.13	2784	5.09	1166	2.13
宁波市	**188530**	**8.48**	**77575**	**3.49**	**25180**	**1.13**
海曙区	29388	8.24	10278	2.88	3433	0.96
江北区	14130	8.73	4761	2.94	1419	0.88
北仑区	19018	7.71	7923	3.21	2762	1.12
镇海区	15450	8.71	5890	3.32	1977	1.12
鄞州区	36706	9.19	12923	3.23	4148	1.04
奉化区	10708	9.21	4156	3.57	1366	1.17
象山县						
宁海县						
余姚市	27790	8.83	12796	4.06	4032	1.28
慈溪市	35340	7.87	18848	4.20	6043	1.35
温州市	**196411**	**11.10**	**73987**	**4.18**	**36639**	**2.07**
鹿城区	40609	9.99	13751	3.38	5427	1.34
龙湾区	17970	10.64	7440	4.41	4225	2.5
瓯海区	28012	9.85	10916	3.84	5661	1.99
洞头区	3014	12.07	1092	4.37	543	2.17
永嘉县						
平阳县						
苍南县						
文成县						
泰顺县						
瑞安市	41453	11.13	18150	4.87	9758	2.62
乐清市	42355	11.71	13757	3.80	6006	1.66
龙港市	22998	15.27	8881	5.90	5019	3.33
嘉兴市	**88389**	**10.43**	**47977**	**5.66**	**20243**	**2.39**
南湖区	26026	10.16	11916	4.65	4360	1.70
秀洲区	12936	11.18	6434	5.56	2468	2.13
嘉善县						
海盐县						
海宁市	16546	10.45	10715	6.77	5105	3.22
平湖市	12364	11.22	7179	6.52	2713	2.46
桐乡市	20517	9.92	11733	5.67	5597	2.71
湖州市	**29718**	**11.05**	**16797**	**6.25**	**7508**	**2.79**
吴兴区	22624	11.16	12020	5.93	4971	2.45
南浔区	7094	10.71	4777	7.21	2537	3.83
德清县						
长兴县						
安吉县						

1-8a 续表 3

单位：户、%

地区	四人户		五人户		六人户	
	户数	比重	户数	比重	户数	比重
绍兴市	**120205**	**10.81**	**58375**	**5.25**	**24582**	**2.21**
越城区	32083	10.33	14234	4.58	5527	1.78
柯桥区	33061	11.32	17824	6.10	9019	3.09
上虞区	20235	10.37	10320	5.29	3560	1.82
新昌县						
诸暨市	21894	11.44	9353	4.89	3943	2.06
嵊州市	12932	10.54	6644	5.42	2533	2.06
金华市	**125557**	**9.74**	**47633**	**3.70**	**22790**	**1.77**
婺城区	25765	9.81	8994	3.42	3519	1.34
金东区	5393	10.84	2265	4.55	1011	2.03
武义县						
浦江县						
磐安县						
兰溪市	10507	11.14	4397	4.66	2084	2.21
义乌市	42686	8.88	16422	3.42	8512	1.77
东阳市	18714	10.34	8228	4.55	4246	2.35
永康市	22492	10.22	7327	3.33	3418	1.55
衢州市	**32567**	**11.70**	**13633**	**4.90**	**6374**	**2.29**
柯城区	16380	11.29	6755	4.66	3042	2.10
衢江区	6375	13.24	2587	5.37	1205	2.50
常山县						
开化县						
龙游县	27	4.57	8	1.35	3	0.51
江山市	9785	11.57	4283	5.06	2124	2.51
舟山市	**18228**	**7.48**	**8235**	**3.38**	**2183**	**0.90**
定海区	10590	7.57	4616	3.30	1247	0.89
普陀区	7638	7.37	3619	3.49	936	0.90
岱山县						
嵊泗县						
台州市	**113019**	**10.41**	**58334**	**5.38**	**31263**	**2.88**
椒江区	25175	11.54	13269	6.08	6701	3.07
黄岩区	16557	10.97	8450	5.60	4737	3.14
路桥区	13089	11.44	6861	6.00	3678	3.21
三门县						
天台县						
仙居县						
温岭市	22589	8.38	12361	4.59	6217	2.31
临海市	18223	12.57	9181	6.33	5232	3.61
玉环市	17386	9.28	8212	4.38	4698	2.51
丽水市	**24469**	**12.42**	**10001**	**5.08**	**5291**	**2.69**
莲都区	17415	11.97	7490	5.15	4033	2.77
青田县						
缙云县						
遂昌县						
松阳县						
云和县						
庆元县						
景宁畲族自治县						
龙泉市	7054	13.70	2511	4.88	1258	2.44

1-8a 续表 4

单位：户、%

地区	七人户		八人户		九人户		十人及以上户	
	户数	比重	户数	比重	户数	比重	户数	比重
合计	**47457**	**0.38**	**12735**	**0.10**	**4642**	**0.04**	**3736**	**0.03**
杭州市	**13835**	**0.42**	**3084**	**0.09**	**838**	**0.03**	**600**	**0.02**
上城区	293	0.22	75	0.06	19	0.01	30	0.02
下城区	354	0.19	101	0.05	21	0.01	19	0.01
江干区	1771	0.35	348	0.07	98	0.02	44	0.01
拱墅区	503	0.21	114	0.05	29	0.01	20	0.01
西湖区	1558	0.43	365	0.10	98	0.03	68	0.02
滨江区	831	0.50	209	0.13	99	0.06	119	0.07
萧山区	3184	0.51	637	0.10	149	0.02	80	0.01
余杭区	3623	0.53	739	0.11	136	0.02	80	0.01
富阳区	1101	0.55	285	0.14	102	0.05	82	0.04
临安区	420	0.38	154	0.14	60	0.05	34	0.03
桐庐县								
淳安县								
建德市	197	0.36	57	0.10	27	0.05	24	0.04
宁波市	**3744**	**0.17**	**855**	**0.04**	**272**	**0.01**	**238**	**0.01**
海曙区	535	0.15	130	0.04	40	0.01	30	0.01
江北区	197	0.12	47	0.03	12	0.01	11	0.01
北仑区	386	0.16	66	0.03	22	0.01	15	0.01
镇海区	246	0.14	62	0.03	24	0.01	16	0.01
鄞州区	538	0.13	129	0.03	49	0.01	26	0.01
奉化区	206	0.18	48	0.04	23	0.02	24	0.02
象山县								
宁海县								
余姚市	677	0.21	180	0.06	44	0.01	72	0.02
慈溪市	959	0.21	193	0.04	58	0.01	44	0.01
温州市	**8571**	**0.48**	**2834**	**0.16**	**1251**	**0.07**	**1112**	**0.06**
鹿城区	1179	0.29	425	0.10	197	0.05	210	0.05
龙湾区	978	0.58	356	0.21	163	0.1	130	0.08
瓯海区	1491	0.52	497	0.17	236	0.08	184	0.06
洞头区	102	0.41	27	0.11	14	0.06	15	0.06
永嘉县								
平阳县								
苍南县								
文成县								
泰顺县								
瑞安市	2166	0.58	707	0.19	334	0.09	293	0.08
乐清市	1468	0.41	467	0.13	145	0.04	97	0.03
龙港市	1187	0.79	355	0.24	162	0.11	183	0.12
嘉兴市	**3680**	**0.43**	**837**	**0.10**	**188**	**0.02**	**117**	**0.01**
南湖区	572	0.22	125	0.05	33	0.01	20	0.01
秀洲区	352	0.30	85	0.07	21	0.02	12	0.01
嘉善县								
海盐县								
海宁市	1135	0.72	239	0.15	44	0.03	15	0.01
平湖市	397	0.36	71	0.06	14	0.01	7	0.01
桐乡市	1224	0.59	317	0.15	76	0.04	63	0.03
湖州市	**1277**	**0.47**	**292**	**0.11**	**75**	**0.03**	**46**	**0.02**
吴兴区	779	0.38	159	0.08	41	0.02	38	0.02
南浔区	498	0.75	133	0.20	34	0.05	8	0.01
德清县								
长兴县								
安吉县								

1-8a 续表 5

单位：户、%

地 区	七人户		八人户		九人户		十人及以上户	
	户数	比重	户数	比重	户数	比重	户数	比重
绍兴市	**3701**	**0.33**	**941**	**0.08**	**328**	**0.03**	**314**	**0.03**
越城区	805	0.26	182	0.06	70	0.02	55	0.02
柯桥区	1485	0.51	339	0.12	109	0.04	88	0.03
上虞区	503	0.26	129	0.07	35	0.02	27	0.01
新昌县								
诸暨市	514	0.27	170	0.09	65	0.03	90	0.05
嵊州市	394	0.32	121	0.10	49	0.04	54	0.04
金华市	**4621**	**0.36**	**1435**	**0.11**	**646**	**0.05**	**580**	**0.05**
婺城区	491	0.19	140	0.05	56	0.02	76	0.03
金东区	194	0.39	51	0.10	26	0.05	11	0.02
武义县								
浦江县								
磐安县								
兰溪市	387	0.41	93	0.10	38	0.04	34	0.04
义乌市	1811	0.38	534	0.11	219	0.05	203	0.04
东阳市	872	0.48	314	0.17	124	0.07	90	0.05
永康市	866	0.39	303	0.14	183	0.08	166	0.08
衢州市	**941**	**0.34**	**228**	**0.08**	**81**	**0.03**	**112**	**0.04**
柯城区	415	0.29	104	0.07	27	0.02	27	0.02
衢江区	213	0.44	50	0.10	33	0.07	44	0.09
常山县								
开化县								
龙游县								
江山市	313	0.37	74	0.09	21	0.02	41	0.05
舟山市	**315**	**0.13**	**73**	**0.03**	**22**	**0.01**	**9**	
定海区	173	0.12	46	0.03	15	0.01	5	
普陀区	142	0.14	27	0.03	7	0.01	4	
岱山县								
嵊泗县								
台州市	**5875**	**0.54**	**1860**	**0.17**	**812**	**0.07**	**503**	**0.05**
椒江区	1205	0.55	374	0.17	153	0.07	86	0.04
黄岩区	825	0.55	255	0.17	93	0.06	102	0.07
路桥区	626	0.55	188	0.16	52	0.05	29	0.03
三门县								
天台县								
仙居县								
温岭市	1110	0.41	344	0.13	148	0.05	78	0.03
临海市	899	0.62	218	0.15	78	0.05	65	0.04
玉环市	1210	0.65	481	0.26	288	0.15	143	0.08
丽水市	**897**	**0.46**	**296**	**0.15**	**129**	**0.07**	**105**	**0.05**
莲都区	765	0.53	266	0.18	111	0.08	85	0.06
青田县								
缙云县								
遂昌县								
松阳县								
云和县								
庆元县								
景宁畲族自治县								
龙泉市	132	0.26	30	0.06	18	0.03	20	0.04

1-8b 各地区家庭户规模(镇)

单位：户、%

地　　区	家庭户	一人户		二人户		三人户	
	户　数	户数	比重	户数	比重	户数	比重
合计	**5128200**	**1554680**	**30.32**	**1662221**	**32.41**	**977251**	**19.06**
杭州市	**406367**	**126925**	**31.23**	**130580**	**32.13**	**76226**	**18.76**
上城区							
下城区							
江干区							
拱墅区							
西湖区	197	86	43.65	52	26.40	28	14.21
滨江区							
萧山区	44204	14911	33.73	14776	33.43	6577	14.88
余杭区	103641	33405	32.23	31391	30.29	18436	17.79
富阳区	11474	3592	31.31	3859	33.63	2010	17.52
临安区	29478	9747	33.07	10375	35.20	5075	17.22
桐庐县	121821	37785	31.02	37349	30.66	24487	20.10
淳安县	62069	18626	30.01	21129	34.04	12873	20.74
建德市	33483	8773	26.20	11649	34.79	6740	20.13
宁波市	**782231**	**251444**	**32.14**	**274335**	**35.07**	**148243**	**18.95**
海曙区	11251	2875	25.55	5147	45.75	2166	19.25
江北区							
北仑区	17939	5729	31.94	6165	34.37	3644	20.31
镇海区	16540	5396	32.62	6206	37.52	2969	17.95
鄞州区	125864	38238	30.38	47442	37.69	25082	19.93
奉化区	21909	5671	25.88	8330	38.02	4931	22.51
象山县	149385	47804	32.00	50256	33.64	30752	20.59
宁海县	186178	63351	34.03	57842	31.07	35934	19.30
余姚市	99192	28424	28.66	36046	36.34	18372	18.52
慈溪市	153973	53956	35.04	56901	36.96	24393	15.84
温州市	**805036**	**235192**	**29.22**	**237351**	**29.48**	**159095**	**19.76**
鹿城区	2585	775	29.98	745	28.82	489	18.92
龙湾区	91253	35145	38.51	29663	32.51	12377	13.56
瓯海区	6788	2927	43.12	2176	32.06	868	12.79
洞头区	2959	720	24.33	1117	37.75	584	19.74
永嘉县	162120	51995	32.07	43823	27.03	30491	18.81
平阳县	198290	52500	26.48	60512	30.52	44079	22.23
苍南县	201414	48550	24.10	58089	28.84	43678	21.69
文成县	45411	13322	29.34	12250	26.98	8996	19.81
泰顺县	45021	13046	28.98	12772	28.37	9120	20.26
瑞安市	11533	3154	27.35	3590	31.13	2198	19.06
乐清市	30595	11181	36.55	10437	34.11	4793	15.67
龙港市	7067	1877	26.56	2177	30.81	1422	20.12
嘉兴市	**614160**	**186499**	**30.37**	**193581**	**31.52**	**108521**	**17.67**
南湖区	23298	7296	31.32	7819	33.56	4009	17.21
秀洲区	55051	14822	26.92	18196	33.05	10134	18.41
嘉善县	187433	61400	32.76	58309	31.11	34474	18.39
海盐县	108779	25683	23.61	34403	31.63	24293	22.33
海宁市	122400	43672	35.68	38577	31.52	15435	12.61
平湖市	59569	17210	28.89	18735	31.45	10517	17.66
桐乡市	57630	16416	28.49	17542	30.44	9659	16.76
湖州市	**514512**	**147320**	**28.63**	**163553**	**31.79**	**103341**	**20.09**
吴兴区	51255	14068	27.45	19740	38.51	7522	14.68
南浔区	51971	14347	27.61	17854	34.35	10034	19.31
德清县	117420	32950	28.06	33869	28.84	24418	20.80
长兴县	161555	42309	26.19	51326	31.77	36668	22.70
安吉县	132311	43646	32.99	40764	30.81	24699	18.67

1-8b　续表 1　　　　　　　　　　　　　　　　　　　　　　　　单位：户、%

地　区	家庭户	一人户		二人户		三人户	
	户　数	户数	比重	户数	比重	户数	比重
绍兴市	**243694**	**66408**	**27.25**	**90000**	**36.93**	**49711**	**20.40**
越城区	1660	439	26.45	648	39.04	303	18.25
柯桥区	41764	14075	33.70	18566	44.45	5220	12.50
上虞区	19147	4938	25.79	7463	38.98	3707	19.36
新昌县	95472	21285	22.29	32885	34.44	24201	25.35
诸暨市	58651	16731	28.53	20863	35.57	11582	19.75
嵊州市	27000	8940	33.11	9575	35.46	4698	17.40
金华市	**621500**	**216767**	**34.88**	**203813**	**32.79**	**101282**	**16.30**
婺城区	27781	7643	27.51	8602	30.96	6167	22.20
金东区	59934	22771	37.99	19598	32.70	9022	15.05
武义县	120792	42436	35.13	38891	32.20	19891	16.47
浦江县	80979	23781	29.37	26370	32.56	16166	19.96
磐安县	38215	11900	31.14	13084	34.24	7174	18.77
兰溪市	26046	7869	30.21	9127	35.04	4623	17.75
义乌市	120507	46821	38.85	43367	35.99	15072	12.51
东阳市	109918	40779	37.10	32299	29.38	17164	15.62
永康市	37328	12767	34.20	12475	33.42	6003	16.08
衢州市	**218510**	**62835**	**28.76**	**77582**	**35.51**	**43760**	**20.03**
柯城区	4447	1151	25.88	1565	35.19	876	19.70
衢江区	13584	3960	29.15	5179	38.13	2386	17.56
常山县	49525	13976	28.22	17892	36.13	9896	19.98
开化县	50461	13129	26.02	17811	35.30	10664	21.13
龙游县	73741	22541	30.57	26371	35.76	15029	20.38
江山市	26752	8078	30.20	8764	32.76	4909	18.35
舟山市	**94549**	**29805**	**31.52**	**38813**	**41.05**	**18856**	**19.94**
定海区	13365	4000	29.93	5027	37.61	2887	21.60
普陀区	9641	4234	43.92	3673	38.10	1245	12.91
岱山县	51567	15686	30.42	21669	42.02	10730	20.81
嵊泗县	19976	5885	29.46	8444	42.27	3994	19.99
台州市	**449776**	**123203**	**27.39**	**136391**	**30.32**	**90221**	**20.06**
椒江区	2389	1114	46.63	847	35.45	239	10.00
黄岩区	12571	2813	22.38	3864	30.74	2609	20.75
路桥区	37935	11015	29.04	11792	31.08	7161	18.88
三门县	75380	20584	27.31	22866	30.33	15932	21.14
天台县	85562	22204	25.95	22705	26.54	18400	21.50
仙居县	74133	17466	23.56	20110	27.13	16272	21.95
温岭市	107436	32941	30.66	38641	35.97	18942	17.63
临海市	47986	13171	27.45	13417	27.96	9513	19.82
玉环市	6384	1895	29.68	2149	33.66	1153	18.06
丽水市	**377865**	**108282**	**28.66**	**116222**	**30.76**	**77995**	**20.64**
莲都区	8442	2827	33.49	2773	32.85	1382	16.37
青田县	98312	31283	31.82	25757	26.20	18063	18.37
缙云县	91604	27822	30.37	29024	31.68	18617	20.32
遂昌县	40693	10297	25.30	13324	32.74	9367	23.02
松阳县	36685	9447	25.75	11979	32.65	7970	21.73
云和县	37328	10225	27.39	11640	31.18	8296	22.22
庆元县	34032	7962	23.40	11779	34.61	7723	22.69
景宁畲族自治县	24589	6748	27.44	7567	30.77	5368	21.83
龙泉市	6180	1671	27.04	2379	38.50	1209	19.56

1-8b 续表 2 单位：户、%

地 区	四人户		五人户		六人户	
	户数	比重	户数	比重	户数	比重
合计	**532623**	**10.39**	**246784**	**4.81**	**117069**	**2.28**
杭州市	**40224**	**9.90**	**20226**	**4.98**	**10031**	**2.47**
上城区						
下城区						
江干区						
拱墅区						
西湖区	16	8.12	13	6.60	1	0.51
滨江区						
萧山区	3946	8.93	2478	5.61	1269	2.87
余杭区	10268	9.91	5926	5.72	3532	3.41
富阳区	1058	9.22	591	5.15	283	2.47
临安区	2449	8.31	1196	4.06	512	1.74
桐庐县	13059	10.72	5858	4.81	2624	2.15
淳安县	5844	9.42	2461	3.96	980	1.58
建德市	3584	10.70	1703	5.09	830	2.48
宁波市	**66852**	**8.55**	**28419**	**3.63**	**10659**	**1.36**
海曙区	658	5.85	286	2.54	90	0.80
江北区						
北仑区	1388	7.74	754	4.20	225	1.25
镇海区	1260	7.62	483	2.92	184	1.11
鄞州区	9748	7.74	3707	2.95	1324	1.05
奉化区	1885	8.60	809	3.69	249	1.14
象山县	13082	8.76	5138	3.44	1955	1.31
宁海县	18755	10.07	6732	3.62	2979	1.60
余姚市	9110	9.18	5043	5.08	1744	1.76
慈溪市	10966	7.12	5467	3.55	1909	1.24
温州市	**102842**	**12.77**	**40645**	**5.05**	**20971**	**2.60**
鹿城区	306	11.84	147	5.69	88	3.40
龙湾区	7698	8.44	3386	3.71	2012	2.2
瓯海区	483	7.12	204	3.01	97	1.43
洞头区	305	10.31	150	5.07	56	1.89
永嘉县	22117	13.64	8003	4.94	3722	2.30
平阳县	24577	12.39	9999	5.04	5011	2.53
苍南县	30294	15.04	11794	5.86	6564	3.26
文成县	5975	13.16	2528	5.57	1290	2.84
泰顺县	5911	13.13	2531	5.62	1209	2.69
瑞安市	1313	11.38	699	6.06	373	3.23
乐清市	2912	9.52	814	2.66	359	1.17
龙港市	951	13.46	390	5.52	190	2.69
嘉兴市	**63150**	**10.28**	**38944**	**6.34**	**17998**	**2.93**
南湖区	2109	9.05	1342	5.76	585	2.51
秀洲区	5863	10.65	3632	6.60	1813	3.29
嘉善县	18382	9.81	9846	5.25	3942	2.10
海盐县	12973	11.93	7540	6.93	3147	2.89
海宁市	10715	8.75	7894	6.45	4460	3.64
平湖市	6712	11.27	4183	7.02	1713	2.88
桐乡市	6396	11.10	4507	7.82	2338	4.06
湖州市	**52916**	**10.28**	**29916**	**5.81**	**13339**	**2.59**
吴兴区	4491	8.76	3009	5.87	1701	3.32
南浔区	5063	9.74	3072	5.91	1275	2.45
德清县	13220	11.26	8262	7.04	3737	3.18
长兴县	17856	11.05	8738	5.41	3623	2.24
安吉县	12286	9.29	6835	5.17	3003	2.27

1-8b　续表 3　　　　单位：户、%

地　区	四人户		五人户		六人户	
	户数	比重	户数	比重	户数	比重
绍兴市	**22038**	**9.04**	**10320**	**4.23**	**4281**	**1.76**
越城区	155	9.34	92	5.54	19	1.14
柯桥区	2228	5.33	1140	2.73	456	1.09
上虞区	1727	9.02	911	4.76	323	1.69
新昌县	10208	10.69	4617	4.84	1925	2.02
诸暨市	5618	9.58	2454	4.18	1139	1.94
嵊州市	2102	7.79	1106	4.10	419	1.55
金华市	**58518**	**9.42**	**24692**	**3.97**	**12328**	**1.98**
婺城区	3408	12.27	1246	4.49	596	2.15
金东区	5091	8.49	2001	3.34	891	1.49
武义县	11757	9.73	4705	3.90	2433	2.01
浦江县	8533	10.54	3707	4.58	1831	2.26
磐安县	4145	10.85	1273	3.33	519	1.36
兰溪市	2437	9.36	1237	4.75	602	2.31
义乌市	8905	7.39	3818	3.17	1897	1.57
东阳市	10563	9.61	5389	4.90	2831	2.58
永康市	3679	9.86	1316	3.53	728	1.95
衢州市	**21863**	**10.01**	**8182**	**3.74**	**3623**	**1.66**
柯城区	465	10.46	235	5.28	117	2.63
衢江区	1272	9.36	502	3.70	225	1.66
常山县	5156	10.41	1764	3.56	718	1.45
开化县	5461	10.82	2200	4.36	1044	2.07
龙游县	6815	9.24	2127	2.88	733	0.99
江山市	2694	10.07	1354	5.06	786	2.94
舟山市	**4809**	**5.09**	**1774**	**1.88**	**411**	**0.43**
定海区	950	7.11	386	2.89	100	0.75
普陀区	333	3.45	120	1.24	27	0.28
岱山县	2450	4.75	804	1.56	187	0.36
嵊泗县	1076	5.39	464	2.32	97	0.49
台州市	**53874**	**11.98**	**26231**	**5.83**	**15076**	**3.35**
椒江区	122	5.11	39	1.63	19	0.80
黄岩区	1543	12.27	1002	7.97	594	4.73
路桥区	3979	10.49	2334	6.15	1304	3.44
三门县	9923	13.16	3553	4.71	2002	2.66
天台县	12063	14.10	5464	6.39	3334	3.90
仙居县	10632	14.34	5164	6.97	3302	4.45
温岭市	8911	8.29	5087	4.73	2296	2.14
临海市	6074	12.66	3247	6.77	2048	4.27
玉环市	627	9.82	341	5.34	177	2.77
丽水市	**45537**	**12.05**	**17435**	**4.61**	**8352**	**2.21**
莲都区	849	10.06	337	3.99	193	2.29
青田县	12955	13.18	5645	5.74	2461	2.50
缙云县	10684	11.66	3128	3.41	1710	1.87
遂昌县	4597	11.30	1946	4.78	860	2.11
松阳县	4294	11.71	1807	4.93	902	2.46
云和县	4442	11.90	1736	4.65	812	2.18
庆元县	4271	12.55	1416	4.16	662	1.95
景宁畲族自治县	2915	11.85	1179	4.79	617	2.51
龙泉市	530	8.58	241	3.90	135	2.18

1-8b 续表 4

单位：户、%

地　区	七人户		八人户		九人户		十人及以上户	
	户数	比重	户数	比重	户数	比重	户数	比重
合计	**24221**	**0.47**	**7328**	**0.14**	**3057**	**0.06**	**2966**	**0.06**
杭州市	**1533**	**0.38**	**372**	**0.09**	**149**	**0.04**	**101**	**0.02**
上城区								
下城区								
江干区								
拱墅区								
西湖区	1	0.51						
滨江区								
萧山区	175	0.40	52	0.12	12	0.03	8	0.02
余杭区	531	0.51	111	0.11	26	0.03	15	0.01
富阳区	54	0.47	15	0.13	6	0.05	6	0.05
临安区	77	0.26	22	0.07	9	0.03	16	0.05
桐庐县	436	0.36	107	0.09	78	0.06	38	0.03
淳安县	119	0.19	23	0.04	5	0.01	9	0.01
建德市	140	0.42	42	0.13	13	0.04	9	0.03
宁波市	**1664**	**0.21**	**403**	**0.05**	**118**	**0.02**	**94**	**0.01**
海曙区	22	0.20	4	0.04	1	0.01	2	0.02
江北区								
北仑区	25	0.14	7	0.04			2	0.01
镇海区	32	0.19	8	0.05	1	0.01	1	0.01
鄞州区	230	0.18	67	0.05	12	0.01	14	0.01
奉化区	25	0.11	8	0.04	1			
象山县	277	0.19	80	0.05	20	0.01	21	0.01
宁海县	422	0.23	100	0.05	36	0.02	27	0.01
余姚市	325	0.33	75	0.08	32	0.03	21	0.02
慈溪市	306	0.20	54	0.04	15	0.01	6	
温州市	**5347**	**0.66**	**1936**	**0.24**	**926**	**0.12**	**731**	**0.09**
鹿城区	14	0.54	13	0.50	6	0.23	2	0.08
龙湾区	555	0.61	227	0.25	115	0.13	75	0.08
瓯海区	24	0.35	4	0.06	3	0.04	2	0.03
洞头区	22	0.74	3	0.10			2	0.07
永嘉县	1104	0.68	444	0.27	207	0.13	214	0.13
平阳县	1054	0.53	315	0.16	166	0.08	77	0.04
苍南县	1567	0.78	507	0.25	237	0.12	134	0.07
文成县	527	1.16	242	0.53	119	0.26	162	0.36
泰顺县	268	0.60	94	0.21	40	0.09	30	0.07
瑞安市	104	0.90	57	0.49	24	0.21	21	0.18
乐清市	74	0.24	12	0.04	4	0.01	9	0.03
龙港市	34	0.48	18	0.25	5	0.07	3	0.04
嘉兴市	**4174**	**0.68**	**962**	**0.16**	**197**	**0.03**	**134**	**0.02**
南湖区	109	0.47	22	0.09	5	0.02	2	0.01
秀洲区	431	0.78	118	0.21	20	0.04	22	0.04
嘉善县	799	0.43	183	0.10	45	0.02	53	0.03
海盐县	566	0.52	131	0.12	30	0.03	13	0.01
海宁市	1269	1.04	305	0.25	54	0.04	19	0.02
平湖市	406	0.68	71	0.12	14	0.02	8	0.01
桐乡市	594	1.03	132	0.23	29	0.05	17	0.03
湖州市	**2639**	**0.51**	**784**	**0.15**	**307**	**0.06**	**397**	**0.08**
吴兴区	454	0.89	164	0.32	46	0.09	60	0.12
南浔区	248	0.48	66	0.13	10	0.02	2	
德清县	723	0.62	145	0.12	36	0.03	60	0.05
长兴县	674	0.42	165	0.10	68	0.04	128	0.08
安吉县	540	0.41	244	0.18	147	0.11	147	0.11

1-8b　续表 5　　　　　　　　　　　　单位：户、%

地　区	七人户		八人户		九人户		十人及以上户	
	户数	比重	户数	比重	户数	比重	户数	比重
绍兴市	**594**	**0.24**	**181**	**0.07**	**65**	**0.03**	**96**	**0.04**
越城区	3	0.18	1	0.06				
柯桥区	61	0.15	12	0.03	3	0.01	3	0.01
上虞区	49	0.26	14	0.07	12	0.06	3	0.02
新昌县	218	0.23	67	0.07	19	0.02	47	0.05
诸暨市	185	0.32	43	0.07	14	0.02	22	0.04
嵊州市	78	0.29	44	0.16	17	0.06	21	0.08
金华市	**2490**	**0.40**	**817**	**0.13**	**411**	**0.07**	**382**	**0.06**
婺城区	80	0.29	20	0.07	10	0.04	9	0.03
金东区	245	0.41	110	0.18	88	0.15	117	0.20
武义县	436	0.36	139	0.12	70	0.06	34	0.03
浦江县	381	0.47	105	0.13	50	0.06	55	0.07
磐安县	72	0.19	32	0.08	8	0.02	8	0.02
兰溪市	102	0.39	22	0.08	9	0.03	18	0.07
义乌市	391	0.32	133	0.11	58	0.05	45	0.04
东阳市	579	0.53	173	0.16	80	0.07	61	0.06
永康市	204	0.55	83	0.22	38	0.10	35	0.09
衢州市	**448**	**0.21**	**111**	**0.05**	**44**	**0.02**	**62**	**0.03**
柯城区	27	0.61	7	0.16	3	0.07	1	0.02
衢江区	45	0.33	9	0.07	4	0.03	2	0.01
常山县	80	0.16	27	0.05	4	0.01	12	0.02
开化县	102	0.20	23	0.05	13	0.03	14	0.03
龙游县	82	0.11	23	0.03	8	0.01	12	0.02
江山市	112	0.42	22	0.08	12	0.04	21	0.08
舟山市	**53**	**0.06**	**13**	**0.01**	**9**	**0.01**	**6**	**0.01**
定海区	12	0.09	2	0.01	1	0.01		
普陀区	7	0.07	1	0.01	1	0.01		
岱山县	23	0.04	8	0.02	5	0.01	5	0.01
嵊泗县	11	0.06	2	0.01	2	0.01	1	0.01
台州市	**3119**	**0.69**	**899**	**0.20**	**405**	**0.09**	**357**	**0.08**
椒江区	6	0.25	3	0.13				
黄岩区	100	0.80	27	0.21	12	0.10	7	0.06
路桥区	232	0.61	68	0.18	28	0.07	22	0.06
三门县	381	0.51	70	0.09	36	0.05	33	0.04
天台县	811	0.95	279	0.33	141	0.16	161	0.19
仙居县	794	1.07	214	0.29	105	0.14	74	0.10
温岭市	395	0.37	141	0.13	47	0.04	35	0.03
临海市	375	0.78	84	0.18	34	0.07	23	0.05
玉环市	25	0.39	13	0.20	2	0.03	2	0.03
丽水市	**2160**	**0.57**	**850**	**0.22**	**426**	**0.11**	**606**	**0.16**
莲都区	45	0.53	23	0.27	7	0.08	6	0.07
青田县	1049	1.07	434	0.44	245	0.25	420	0.43
缙云县	350	0.38	137	0.15	61	0.07	71	0.08
遂昌县	159	0.39	65	0.16	35	0.09	43	0.11
松阳县	166	0.45	61	0.17	30	0.08	29	0.08
云和县	120	0.32	36	0.10	14	0.04	7	0.02
庆元县	139	0.41	50	0.15	19	0.06	11	0.03
景宁畲族自治县	123	0.50	42	0.17	14	0.06	16	0.07
龙泉市	9	0.15	2	0.03	1	0.02	3	0.05

1-8c 各地区家庭户规模(乡村)

单位：户、%

地区	家庭户户数	一人户		二人户		三人户	
		户数	比重	户数	比重	户数	比重
合计	**7304591**	**2162243**	**29.60**	**2544330**	**34.83**	**1295849**	**17.74**
杭州市	**766854**	**217537**	**28.37**	**259366**	**33.82**	**130940**	**17.07**
上城区							
下城区							
江干区							
拱墅区							
西湖区	9558	2497	26.12	2138	22.37	1688	17.66
滨江区							
萧山区	171251	44707	26.11	51568	30.11	30588	17.86
余杭区	167209	52705	31.52	47016	28.12	23492	14.05
富阳区	90947	22379	24.61	33002	36.29	17507	19.25
临安区	103604	26927	25.99	41190	39.76	18736	18.08
桐庐县	55910	15182	27.15	21336	38.16	10198	18.24
淳安县	84577	30546	36.12	33211	39.27	12824	15.16
建德市	83798	22594	26.96	29905	35.69	15907	18.98
宁波市	**927668**	**299053**	**32.24**	**369172**	**39.80**	**154259**	**16.63**
海曙区	61651	19460	31.56	25145	40.79	10868	17.63
江北区	38802	14345	36.97	15263	39.34	6012	15.49
北仑区	92038	34389	37.36	35911	39.02	13297	14.45
镇海区	23754	8386	35.30	9464	39.84	3726	15.69
鄞州区	131508	42776	32.53	54715	41.61	22173	16.86
奉化区	105160	33289	31.66	44905	42.70	17934	17.05
象山县	98705	32386	32.81	38692	39.20	15592	15.80
宁海县	117823	39441	33.47	45740	38.82	19583	16.62
余姚市	98182	26632	27.13	37787	38.49	17706	18.03
慈溪市	160045	47949	29.96	61550	38.46	27368	17.10
温州市	**1087592**	**346774**	**31.88**	**347419**	**31.94**	**198243**	**18.23**
鹿城区	36206	11807	32.61	10392	28.70	6385	17.64
龙湾区	516	197	38.18	192	37.21	85	16.47
瓯海区	62029	22201	35.79	17666	28.48	9819	15.83
洞头区	24432	8606	35.22	7787	31.87	4241	17.36
永嘉县	162260	51495	31.74	51899	31.99	31658	19.51
平阳县	137233	42976	31.32	45935	33.47	25105	18.29
苍南县	111145	35373	31.83	35871	32.27	19250	17.32
文成县	70112	26324	37.55	19629	28.00	11404	16.27
泰顺县	66818	23839	35.68	22035	32.98	11498	17.21
瑞安市	199686	59541	29.82	64129	32.11	36475	18.27
乐清市	211124	62615	29.66	69811	33.07	41258	19.54
龙港市	6031	1800	29.85	2073	34.37	1065	17.66
嘉兴市	**568707**	**147705**	**25.97**	**179966**	**31.64**	**91046**	**16.01**
南湖区	39678	11332	28.56	12670	31.93	6357	16.02
秀洲区	83205	20182	24.26	26682	32.07	14311	17.20
嘉善县	69094	19826	28.69	23900	34.59	11699	16.93
海盐县	58137	13202	22.71	19424	33.41	10206	17.56
海宁市	121632	36181	29.75	39094	32.14	14733	12.11
平湖市	86601	24360	28.13	29048	33.54	14228	16.43
桐乡市	110360	22622	20.50	29148	26.41	19512	17.68
湖州市	**414545**	**96580**	**23.30**	**137097**	**33.07**	**79430**	**19.16**
吴兴区	81712	22127	27.08	25968	31.78	14300	17.50
南浔区	91189	23469	25.74	31243	34.26	16375	17.96
德清县	67593	13309	19.69	19992	29.58	13420	19.85
长兴县	88538	17592	19.87	31192	35.23	18456	20.85
安吉县	85513	20083	23.49	28702	33.56	16879	19.74

1-8c　续表 1　　　　单位：户、%

地　区	家庭户户数	一人户户数	一人户比重	二人户户数	二人户比重	三人户户数	三人户比重
绍兴市	**649729**	**192374**	**29.61**	**245312**	**37.76**	**116967**	**18.00**
越城区	61806	16704	27.03	20946	33.89	12062	19.52
柯桥区	80546	23289	28.91	27878	34.61	14686	18.23
上虞区	112688	31052	27.56	43056	38.21	19806	17.58
新昌县	76915	27935	36.32	31204	40.57	12402	16.12
诸暨市	189676	54034	28.49	74630	39.35	34682	18.28
嵊州市	128098	39360	30.73	47598	37.16	23329	18.21
金华市	**920844**	**275681**	**29.94**	**321542**	**34.92**	**167758**	**18.22**
婺城区	86875	25795	29.69	31800	36.60	16092	18.52
金东区	85526	26235	30.67	31120	36.39	15496	18.12
武义县	79836	28503	35.70	28942	36.25	11832	14.82
浦江县	101617	30737	30.25	34140	33.60	19626	19.31
磐安县	40923	14402	35.19	16488	40.29	6441	15.74
兰溪市	104151	27965	26.85	35680	34.26	20646	19.82
义乌市	146948	42694	29.05	49151	33.45	26261	17.87
东阳市	144756	41759	28.85	51360	35.48	26461	18.28
永康市	130212	37591	28.87	42861	32.92	24903	19.12
衢州市	**419520**	**123706**	**29.49**	**161148**	**38.41**	**74923**	**17.86**
柯城区	47868	10836	22.64	17441	36.44	10041	20.98
衢江区	82953	22481	27.10	31348	37.79	15820	19.07
常山县	59579	18054	30.30	23082	38.74	10492	17.61
开化县	59043	19045	32.26	23150	39.21	9758	16.53
龙游县	83449	26548	31.81	36031	43.18	13395	16.05
江山市	86628	26742	30.87	30096	34.74	15417	17.80
舟山市	**150992**	**54913**	**36.37**	**62293**	**41.26**	**21462**	**14.21**
定海区	55505	19877	35.81	21789	39.26	8630	15.55
普陀区	53458	19166	35.85	21539	40.29	7733	14.47
岱山县	30877	12040	38.99	13892	44.99	3496	11.32
嵊泗县	11152	3830	34.34	5073	45.49	1603	14.37
台州市	**975014**	**260363**	**26.70**	**316614**	**32.47**	**190271**	**19.51**
椒江区	67427	15244	22.61	19993	29.65	13988	20.75
黄岩区	97445	23692	24.31	30796	31.60	20068	20.59
路桥区	79407	20128	25.35	24660	31.06	15597	19.64
三门县	74331	20389	27.43	27154	36.53	14057	18.91
天台县	93046	29636	31.85	29195	31.38	17337	18.63
仙居县	80514	22427	27.85	23908	29.69	16405	20.38
温岭市	198857	52523	26.41	70781	35.59	38139	19.18
临海市	211525	53942	25.50	65337	30.89	42068	19.89
玉环市	72462	22382	30.89	24790	34.21	12612	17.40
丽水市	**423126**	**147557**	**34.87**	**144401**	**34.13**	**70550**	**16.67**
莲都区	53393	18286	34.25	17596	32.96	8629	16.16
青田县	105110	40614	38.64	28241	26.87	17856	16.99
缙云县	79971	28256	35.33	28353	35.45	13224	16.54
遂昌县	37510	10736	28.62	15062	40.15	6532	17.41
松阳县	45132	12473	27.64	16726	37.06	8585	19.02
云和县	15601	5041	32.31	5802	37.19	2829	18.13
庆元县	24742	9051	36.58	9583	38.73	3718	15.03
景宁畲族自治县	22709	9671	42.59	8033	35.37	2956	13.02
龙泉市	38958	13429	34.47	15005	38.52	6221	15.97

1−8c 续表 2 单位：户、%

地区	四人户		五人户		六人户	
	户数	比重	户数	比重	户数	比重
合计	**691661**	**9.47**	**373626**	**5.11**	**180171**	**2.47**
杭州市	**73397**	**9.57**	**51211**	**6.68**	**27513**	**3.59**
上城区						
下城区						
江干区						
拱墅区						
西湖区	1347	14.09	1062	11.11	632	6.61
滨江区						
萧山区	19118	11.16	15391	8.99	8049	4.70
余杭区	17432	10.43	14536	8.69	9564	5.72
富阳区	8747	9.62	5725	6.29	2873	3.16
临安区	8703	8.40	5188	5.01	2251	2.17
桐庐县	4956	8.86	2703	4.83	1239	2.22
淳安县	4970	5.88	2042	2.41	819	0.97
建德市	8124	9.69	4564	5.45	2086	2.49
宁波市	**61856**	**6.67**	**30362**	**3.27**	**10468**	**1.13**
海曙区	4027	6.53	1518	2.46	492	0.80
江北区	2120	5.46	808	2.08	210	0.54
北仑区	4904	5.33	2665	2.90	731	0.79
镇海区	1297	5.46	632	2.66	202	0.85
鄞州区	7662	5.83	2837	2.16	1082	0.82
奉化区	5887	5.60	2235	2.13	731	0.70
象山县	6674	6.76	3602	3.65	1473	1.49
宁海县	8605	7.30	2987	2.54	1183	1.00
余姚市	8509	8.67	5373	5.47	1719	1.75
慈溪市	12171	7.60	7705	4.81	2645	1.65
温州市	**115168**	**10.59**	**46592**	**4.28**	**22832**	**2.10**
鹿城区	4066	11.23	1795	4.96	992	2.74
龙湾区	22	4.26	13	2.52	5	0.97
瓯海区	6235	10.05	3062	4.94	1786	2.88
洞头区	2218	9.08	888	3.63	473	1.94
永嘉县	17250	10.63	6403	3.95	2460	1.52
平阳县	13573	9.89	5689	4.15	2959	2.16
苍南县	11959	10.76	4854	4.37	2779	2.50
文成县	7094	10.12	2988	4.26	1437	2.05
泰顺县	6185	9.26	2150	3.22	853	1.28
瑞安市	21101	10.57	10217	5.12	5517	2.76
乐清市	24843	11.77	8251	3.91	3427	1.62
龙港市	622	10.31	282	4.68	144	2.39
嘉兴市	**67439**	**11.86**	**49789**	**8.75**	**24539**	**4.31**
南湖区	4271	10.76	3266	8.23	1404	3.54
秀洲区	10344	12.43	7038	8.46	3538	4.25
嘉善县	6805	9.85	4579	6.63	1748	2.53
海盐县	7406	12.74	5096	8.77	2196	3.78
海宁市	12356	10.16	10699	8.80	6198	5.10
平湖市	9668	11.16	6095	7.04	2506	2.89
桐乡市	16589	15.03	13016	11.79	6949	6.30
湖州市	**49367**	**11.91**	**32779**	**7.91**	**14745**	**3.56**
吴兴区	9001	11.02	6166	7.55	3026	3.70
南浔区	10381	11.38	6247	6.85	2590	2.84
德清县	9624	14.24	6871	10.17	3281	4.85
长兴县	10773	12.17	6743	7.62	3003	3.39
安吉县	9588	11.21	6752	7.90	2845	3.33

1-8c　续表 3　　单位：户、%

地　区	四人户		五人户		六人户	
	户数	比重	户数	比重	户数	比重
绍兴市	**52364**	**8.06**	**28737**	**4.42**	**11441**	**1.76**
越城区	6138	9.93	3928	6.36	1715	2.77
柯桥区	7022	8.72	4902	6.09	2332	2.90
上虞区	10161	9.02	6094	5.41	2112	1.87
新昌县	3638	4.73	1206	1.57	451	0.59
诸暨市	15288	8.06	7330	3.86	2858	1.51
嵊州市	10117	7.90	5277	4.12	1973	1.54
金华市	**88639**	**9.63**	**40237**	**4.37**	**20070**	**2.18**
婺城区	7341	8.45	3540	4.07	1848	2.13
金东区	7706	9.01	3153	3.69	1409	1.65
武义县	6163	7.72	2679	3.36	1379	1.73
浦江县	9836	9.68	4359	4.29	2127	2.09
磐安县	2567	6.27	697	1.70	264	0.65
兰溪市	10576	10.15	5820	5.59	2774	2.66
义乌市	15101	10.28	7680	5.23	4269	2.91
东阳市	14132	9.76	6815	4.71	3275	2.26
永康市	15217	11.69	5494	4.22	2725	2.09
衢州市	**35253**	**8.40**	**15836**	**3.77**	**7107**	**1.69**
柯城区	5057	10.56	2780	5.81	1351	2.82
衢江区	7704	9.29	3523	4.25	1720	2.07
常山县	5224	8.77	1857	3.12	693	1.16
开化县	4368	7.40	1890	3.20	719	1.22
龙游县	5235	6.27	1540	1.85	558	0.67
江山市	7665	8.85	4246	4.90	2066	2.38
舟山市	**7394**	**4.90**	**3665**	**2.43**	**998**	**0.66**
定海区	3050	5.50	1571	2.83	467	0.84
普陀区	2912	5.45	1570	2.94	435	0.81
岱山县	990	3.21	358	1.16	70	0.23
嵊泗县	442	3.96	166	1.49	26	0.23
台州市	**104464**	**10.71**	**59740**	**6.13**	**33828**	**3.47**
椒江区	8546	12.67	5262	7.80	3382	5.02
黄岩区	10933	11.22	6919	7.10	4071	4.18
路桥区	8645	10.89	6079	7.66	3410	4.29
三门县	7819	10.52	2998	4.03	1543	2.08
天台县	9424	10.13	4161	4.47	2294	2.47
仙居县	9430	11.71	4715	5.86	2645	3.29
温岭市	18288	9.20	11834	5.95	5666	2.85
临海市	24999	11.82	14308	6.76	8790	4.16
玉环市	6380	8.80	3464	4.78	2027	2.80
丽水市	**36320**	**8.58**	**14678**	**3.47**	**6630**	**1.57**
莲都区	4449	8.33	2309	4.32	1426	2.67
青田县	11427	10.87	4226	4.02	1561	1.49
缙云县	6359	7.95	2280	2.85	1076	1.35
遂昌县	2995	7.98	1412	3.76	637	1.70
松阳县	4270	9.46	1933	4.28	914	2.03
云和县	1252	8.03	464	2.97	154	0.99
庆元县	1603	6.48	531	2.15	187	0.76
景宁畲族自治县	1317	5.80	441	1.94	206	0.91
龙泉市	2648	6.80	1082	2.78	469	1.20

1-8c 续表 4 单位：户、%

地区	七人户		八人户		九人户		十人及以上户	
	户数	比重	户数	比重	户数	比重	户数	比重
合计	**38860**	**0.53**	**10574**	**0.14**	**3864**	**0.05**	**3413**	**0.05**
杭州市	**5299**	**0.69**	**1118**	**0.15**	**271**	**0.04**	**202**	**0.03**
上城区								
下城区								
江干区								
拱墅区								
西湖区	137	1.43	36	0.38	9	0.09	12	0.13
滨江区								
萧山区	1468	0.86	276	0.16	62	0.04	24	0.01
余杭区	2040	1.22	348	0.21	57	0.03	19	0.01
富阳区	488	0.54	142	0.16	37	0.04	47	0.05
临安区	440	0.42	100	0.10	32	0.03	37	0.04
桐庐县	207	0.37	60	0.11	15	0.03	14	0.03
淳安县	109	0.13	32	0.04	6	0.01	18	0.02
建德市	410	0.49	124	0.15	53	0.06	31	0.04
宁波市	**1800**	**0.19**	**429**	**0.05**	**166**	**0.02**	**103**	**0.01**
海曙区	91	0.15	20	0.03	19	0.03	11	0.02
江北区	29	0.07	7	0.02	3	0.01	5	0.01
北仑区	98	0.11	23	0.02	9	0.01	11	0.01
镇海区	37	0.16	5	0.02	2	0.01	3	0.01
鄞州区	183	0.14	46	0.03	22	0.02	12	0.01
奉化区	125	0.12	31	0.03	19	0.02	4	
象山县	202	0.20	57	0.06	15	0.02	12	0.01
宁海县	191	0.16	59	0.05	24	0.02	10	0.01
余姚市	344	0.35	62	0.06	26	0.03	24	0.02
慈溪市	500	0.31	119	0.07	27	0.02	11	0.01
温州市	**6297**	**0.58**	**2281**	**0.21**	**1022**	**0.09**	**964**	**0.09**
鹿城区	351	0.97	187	0.52	89	0.25	142	0.39
龙湾区	2	0.39						
瓯海区	692	1.12	292	0.47	144	0.23	132	0.21
洞头区	136	0.56	50	0.20	21	0.09	12	0.05
永嘉县	680	0.42	252	0.16	93	0.06	70	0.04
平阳县	647	0.47	210	0.15	81	0.06	58	0.04
苍南县	697	0.63	224	0.20	81	0.07	57	0.05
文成县	637	0.91	263	0.38	155	0.22	181	0.26
泰顺县	189	0.28	40	0.06	14	0.02	15	0.02
瑞安市	1548	0.78	597	0.30	289	0.14	272	0.14
乐清市	687	0.33	159	0.08	50	0.02	23	0.01
龙港市	31	0.51	7	0.12	5	0.08	2	0.03
嘉兴市	**6474**	**1.14**	**1406**	**0.25**	**240**	**0.04**	**103**	**0.02**
南湖区	309	0.78	60	0.15	8	0.02	1	
秀洲区	848	1.02	189	0.23	44	0.05	29	0.03
嘉善县	425	0.62	86	0.12	13	0.02	13	0.02
海盐县	466	0.80	94	0.16	25	0.04	22	0.04
海宁市	1860	1.53	425	0.35	65	0.05	21	0.02
平湖市	583	0.67	99	0.11	11	0.01	3	
桐乡市	1983	1.80	453	0.41	74	0.07	14	0.01
湖州市	**3380**	**0.82**	**793**	**0.19**	**179**	**0.04**	**195**	**0.05**
吴兴区	800	0.98	216	0.26	52	0.06	56	0.07
南浔区	694	0.76	142	0.16	27	0.03	21	0.02
德清县	826	1.22	186	0.28	37	0.05	47	0.07
长兴县	576	0.65	137	0.15	35	0.04	31	0.04
安吉县	484	0.57	112	0.13	28	0.03	40	0.05

1−8c　续表 5

单位：户、%

地　区	七人户		八人户		九人户		十人及以上户	
	户数	比重	户数	比重	户数	比重	户数	比重
绍兴市	**1680**	**0.26**	**439**	**0.07**	**177**	**0.03**	**238**	**0.04**
越城区	231	0.37	50	0.08	21	0.03	11	0.02
柯桥区	325	0.40	80	0.10	22	0.03	10	0.01
上虞区	294	0.26	79	0.07	21	0.02	13	0.01
新昌县	57	0.07	14	0.02	5	0.01	3	
诸暨市	494	0.26	132	0.07	77	0.04	151	0.08
嵊州市	279	0.22	84	0.07	31	0.02	50	0.04
金华市	**4310**	**0.47**	**1324**	**0.14**	**677**	**0.07**	**606**	**0.07**
婺城区	295	0.34	77	0.09	57	0.07	30	0.03
金东区	238	0.28	85	0.10	40	0.05	44	0.05
武义县	244	0.31	51	0.06	22	0.03	21	0.03
浦江县	476	0.47	153	0.15	68	0.07	95	0.09
磐安县	42	0.10	15	0.04	3	0.01	4	0.01
兰溪市	509	0.49	109	0.10	43	0.04	29	0.03
义乌市	1059	0.72	372	0.25	196	0.13	165	0.11
东阳市	609	0.42	194	0.13	85	0.06	66	0.05
永康市	838	0.64	268	0.21	163	0.13	152	0.12
衢州市	**1134**	**0.27**	**242**	**0.06**	**90**	**0.02**	**81**	**0.02**
柯城区	260	0.54	64	0.13	26	0.05	12	0.03
衢江区	277	0.33	52	0.06	22	0.03	6	0.01
常山县	130	0.22	26	0.04	10	0.02	11	0.02
开化县	92	0.16	15	0.03	5	0.01	1	
龙游县	82	0.10	23	0.03	10	0.01	27	0.03
江山市	293	0.34	62	0.07	17	0.02	24	0.03
舟山市	**192**	**0.13**	**40**	**0.03**	**18**	**0.01**	**17**	**0.01**
定海区	90	0.16	17	0.03	7	0.01	7	0.01
普陀区	81	0.15	12	0.02	6	0.01	4	0.01
岱山县	12	0.04	10	0.03	5	0.02	4	0.01
嵊泗县	9	0.08	1	0.01			2	0.02
台州市	**6581**	**0.67**	**1815**	**0.19**	**753**	**0.08**	**585**	**0.06**
椒江区	675	1.00	186	0.28	94	0.14	57	0.08
黄岩区	647	0.66	185	0.19	79	0.08	55	0.06
路桥区	559	0.70	177	0.22	75	0.09	77	0.10
三门县	283	0.38	53	0.07	20	0.03	15	0.02
天台县	655	0.70	201	0.22	74	0.08	69	0.07
仙居县	717	0.89	159	0.20	56	0.07	52	0.06
温岭市	1028	0.52	329	0.17	150	0.08	119	0.06
临海市	1512	0.71	351	0.17	127	0.06	91	0.04
玉环市	505	0.70	174	0.24	78	0.11	50	0.07
丽水市	**1713**	**0.40**	**687**	**0.16**	**271**	**0.06**	**319**	**0.08**
莲都区	378	0.71	169	0.32	80	0.15	71	0.13
青田县	614	0.58	285	0.27	123	0.12	163	0.16
缙云县	241	0.30	108	0.14	42	0.05	32	0.04
遂昌县	99	0.26	24	0.06	5	0.01	8	0.02
松阳县	167	0.37	44	0.10	8	0.02	12	0.03
云和县	40	0.26	13	0.08	2	0.01	4	0.03
庆元县	47	0.19	11	0.04	5	0.02	6	0.02
景宁畲族自治县	54	0.24	13	0.06	1		17	0.07
龙泉市	73	0.19	20	0.05	5	0.01	6	0.02

1−9 各地区家庭户类别

单位：户、%

地　区	家庭户	一代户		二代户	
	户　数	户数	比重	户数	比重
合计	**25008606**	**14720779**	**58.86**	**7524177**	**30.09**
杭州市	**4435927**	**2618832**	**59.04**	**1248556**	**28.15**
上城区	130550	71353	54.66	46666	35.75
下城区	185118	105604	57.05	61786	33.38
江干区	501905	299034	59.58	146116	29.11
拱墅区	243511	138284	56.79	80515	33.06
西湖区	371991	209409	56.29	114315	30.73
滨江区	165654	98614	59.53	46768	28.23
萧山区	842362	500083	59.37	216903	25.75
余杭区	952450	597404	62.72	222040	23.31
富阳区	301415	163371	54.20	95038	31.53
临安区	244625	146235	59.78	69894	28.57
桐庐县	177731	102082	57.44	54545	30.69
淳安县	146646	93131	63.51	40201	27.41
建德市	171969	94228	54.79	53769	31.27
宁波市	**3932712**	**2481583**	**63.10**	**1156561**	**29.41**
海曙区	429765	267989	62.36	135127	31.44
江北区	200572	123723	61.69	64375	32.10
北仑区	356755	239554	67.15	92475	25.92
镇海区	217598	134435	61.78	67423	30.99
鄞州区	656977	403579	61.43	209307	31.86
奉化区	243392	152490	62.65	74711	30.70
象山县	248090	152750	61.57	74360	29.97
宁海县	304001	189064	62.19	93104	30.63
余姚市	512274	316549	61.79	147213	28.74
慈溪市	763288	501450	65.70	198466	26.00
温州市	**3662213**	**2114041**	**57.73**	**1200115**	**32.77**
鹿城区	445227	271159	60.90	141188	31.71
龙湾区	260653	165764	63.6	71766	27.53
瓯海区	353336	225333	63.77	97435	27.58
洞头区	52359	29431	56.21	17375	33.18
永嘉县	324380	179916	55.46	114179	35.20
平阳县	335523	184712	55.05	114914	34.25
苍南县	312559	160379	51.31	115717	37.02
文成县	115523	62089	53.75	40551	35.10
泰顺县	111839	61165	54.69	39539	35.35
瑞安市	583733	336540	57.65	182944	31.34
乐清市	603363	357351	59.23	200460	33.22
龙港市	163718	80202	48.99	64047	39.12
嘉兴市	**2029982**	**1141485**	**56.23**	**565123**	**27.84**
南湖区	319065	181074	56.75	99845	31.29
秀洲区	253962	138955	54.71	76050	29.95
嘉善县	256527	153463	59.82	71029	27.69
海盐县	166916	85214	51.05	52838	31.66
海宁市	402359	239438	59.51	91524	22.75
平湖市	256354	140278	54.72	74335	29.00
桐乡市	374799	203063	54.18	99502	26.55
湖州市	**1197973**	**643150**	**53.69**	**363227**	**30.32**
吴兴区	335671	180979	53.92	103398	30.80
南浔区	209372	116642	55.71	58257	27.82
德清县	185013	92470	49.98	55525	30.01
长兴县	250093	129473	51.77	83127	33.24
安吉县	217824	123586	56.74	62920	28.89

1-9　续表 1　　　　单位：户、%

地　区	家庭户	一代户		二代户	
	户　数	户数	比重	户数	比重
绍兴市	**2005360**	**1151156**	**57.40**	**630166**	**31.42**
越城区	373968	202525	54.16	130906	35.00
柯桥区	414436	245073	59.13	119134	28.75
上虞区	327020	184993	56.57	100879	30.85
新昌县	172387	104285	60.49	54512	31.62
诸暨市	439757	254535	57.88	138645	31.53
嵊州市	277792	159745	57.51	86090	30.99
金华市	**2830918**	**1781932**	**62.95**	**799600**	**28.25**
婺城区	377314	227102	60.19	119206	31.59
金东区	195230	125664	64.37	54092	27.71
武义县	200628	131219	65.40	53310	26.57
浦江县	182596	107508	58.88	57144	31.30
磐安县	79138	50694	64.06	23510	29.71
兰溪市	224501	122867	54.73	71339	31.78
义乌市	748257	505254	67.52	186895	24.98
东阳市	435653	266096	61.08	121005	27.78
永康市	387601	245528	63.35	113099	29.18
衢州市	**916430**	**527271**	**57.54**	**292428**	**31.91**
柯城区	197414	105066	53.22	68840	34.87
衢江区	144671	81542	56.36	45982	31.78
常山县	109104	65195	59.75	34119	31.27
开化县	109504	63471	57.96	34687	31.68
龙游县	157781	102786	65.14	45645	28.93
江山市	197956	109211	55.17	63155	31.90
舟山市	**489082**	**308919**	**63.16**	**146784**	**30.01**
定海区	208734	124394	59.59	68391	32.76
普陀区	166776	103602	62.12	50422	30.23
岱山县	82444	59183	71.79	20183	24.48
嵊泗县	31128	21740	69.84	7788	25.02
台州市	**2510062**	**1383386**	**55.11**	**787686**	**31.38**
椒江区	287887	148758	51.67	97665	33.92
黄岩区	260913	140642	53.90	82370	31.57
路桥区	231778	126702	54.67	70953	30.61
三门县	149711	81853	54.67	51603	34.47
天台县	178608	90745	50.81	63184	35.38
仙居县	154647	74635	48.26	55349	35.79
温岭市	575879	356947	61.98	154706	26.86
临海市	404502	200434	49.55	136409	33.72
玉环市	266137	162670	61.12	75447	28.35
丽水市	**997947**	**569024**	**57.02**	**333931**	**33.46**
莲都区	207310	118592	57.21	65582	31.63
青田县	203422	111185	54.66	75019	36.88
缙云县	171575	101717	59.28	56698	33.05
遂昌县	78203	44633	57.07	24810	31.73
松阳县	81817	45697	55.85	27041	33.05
云和县	52929	29857	56.41	17975	33.96
庆元县	58774	34898	59.38	19256	32.76
景宁畲族自治县	47298	28233	59.69	14857	31.41
龙泉市	96619	54212	56.11	32693	33.84

1-9 续表 2 单位：户、%

地 区	三代户		四代户		五代及以上户	
	户数	比重	户数	比重	户数	比重
合计	**2651582**	**10.60**	**111958**	**0.45**	**110**	
杭州市	**540597**	**12.19**	**27920**	**0.63**	**22**	
上城区	12341	9.45	189	0.14	1	
下城区	17442	9.42	286	0.15		
江干区	54910	10.94	1843	0.37	2	
拱墅区	24198	9.94	513	0.21	1	
西湖区	46008	12.37	2258	0.61	1	
滨江区	19764	11.93	508	0.31		
萧山区	118687	14.09	6681	0.79	8	
余杭区	122104	12.82	10896	1.14	6	
富阳区	41335	13.71	1670	0.55	1	
临安区	27379	11.19	1117	0.46		
桐庐县	20439	11.50	665	0.37		
淳安县	12985	8.85	329	0.22		
建德市	23005	13.38	965	0.56	2	
宁波市	**287180**	**7.30**	**7383**	**0.19**	**5**	
海曙区	26395	6.14	254	0.06		
江北区	12346	6.16	128	0.06		
北仑区	24294	6.81	431	0.12	1	
镇海区	15505	7.13	235	0.11		
鄞州区	43701	6.65	390	0.06		
奉化区	15894	6.53	297	0.12		
象山县	20580	8.30	400	0.16		
宁海县	21320	7.01	512	0.17	1	
余姚市	46476	9.07	2033	0.40	3	
慈溪市	60669	7.95	2703	0.35		
温州市	**340108**	**9.29**	**7945**	**0.22**	**4**	
鹿城区	32424	7.28	456	0.10		
龙湾区	22347	8.57	775	0.3	1	
瓯海区	29717	8.41	851	0.24		
洞头区	5382	10.28	171	0.33		
永嘉县	29654	9.14	631	0.19		
平阳县	35182	10.49	714	0.21	1	
苍南县	35763	11.44	700	0.22		
文成县	12687	10.98	196	0.17		
泰顺县	10781	9.64	354	0.32		
瑞安市	62457	10.70	1790	0.31	2	
乐清市	44577	7.39	975	0.16		
龙港市	19137	11.69	332	0.20		
嘉兴市	**295033**	**14.53**	**28291**	**1.39**	**50**	
南湖区	36661	11.49	1485	0.47		
秀洲区	36287	14.29	2668	1.05	2	
嘉善县	30075	11.72	1958	0.76	2	
海盐县	26575	15.92	2288	1.37	1	
海宁市	62371	15.50	9001	2.24	25	0.01
平湖市	38498	15.02	3240	1.26	3	
桐乡市	64566	17.23	7651	2.04	17	
湖州市	**178010**	**14.86**	**13574**	**1.13**	**12**	
吴兴区	48237	14.37	3054	0.91	3	
南浔区	31361	14.98	3106	1.48	6	
德清县	33537	18.13	3480	1.88	1	
长兴县	35156	14.06	2336	0.93	1	
安吉县	29719	13.64	1598	0.73	1	

1-9　续表 3

单位：户、%

地　区	三代户		四代户		五代及以上户	
	户数	比重	户数	比重	户数	比重
绍兴市	**218856**	**10.91**	**5182**	**0.26**		
越城区	39834	10.65	703	0.19		
柯桥区	48880	11.79	1349	0.33		
上虞区	39789	12.17	1359	0.42		
新昌县	13385	7.76	205	0.12		
诸暨市	45621	10.37	956	0.22		
嵊州市	31347	11.28	610	0.22		
金华市	**243017**	**8.58**	**6362**	**0.22**	**7**	
婺城区	30442	8.07	564	0.15		
金东区	15150	7.76	324	0.17		
武义县	15736	7.84	363	0.18		
浦江县	17644	9.66	300	0.16		
磐安县	4850	6.13	84	0.11		
兰溪市	29562	13.17	733	0.33		
义乌市	54592	7.30	1514	0.20	2	
东阳市	46732	10.73	1815	0.42	5	
永康市	28309	7.30	665	0.17		
衢州市	**93867**	**10.24**	**2861**	**0.31**	**3**	
柯城区	22780	11.54	726	0.37	2	
衢江区	16506	11.41	641	0.44		
常山县	9553	8.76	237	0.22		
开化县	11079	10.12	267	0.24		
龙游县	9146	5.80	204	0.13		
江山市	24803	12.53	786	0.40	1	
舟山市	**32752**	**6.70**	**627**	**0.13**		
定海区	15659	7.50	290	0.14		
普陀区	12462	7.47	290	0.17		
岱山县	3048	3.70	30	0.04		
嵊泗县	1583	5.09	17	0.05		
台州市	**329598**	**13.13**	**9388**	**0.37**	**4**	
椒江区	40126	13.94	1337	0.46	1	
黄岩区	36687	14.06	1214	0.47		
路桥区	33060	14.26	1062	0.46	1	
三门县	15938	10.65	317	0.21		
天台县	24236	13.57	443	0.25		
仙居县	24149	15.62	514	0.33		
温岭市	62545	10.86	1681	0.29		
临海市	65656	16.23	2002	0.49	1	
玉环市	27201	10.22	818	0.31	1	
丽水市	**92564**	**9.28**	**2425**	**0.24**	**3**	
莲都区	22487	10.85	648	0.31	1	
青田县	16977	8.35	241	0.12		
缙云县	12925	7.53	235	0.14		
遂昌县	8431	10.78	329	0.42		
松阳县	8809	10.77	270	0.33		
云和县	4930	9.31	167	0.32		
庆元县	4515	7.68	105	0.18		
景宁畲族自治县	4047	8.56	160	0.34	1	
龙泉市	9443	9.77	270	0.28	1	

1−9a 各地区家庭户类别(城市)

单位：户、%

地区	家庭户户数	一代户		二代户	
		户数	比重	户数	比重
合计	**12575815**	**7394945**	**58.80**	**3899917**	**31.01**
杭州市	**3262706**	**1936999**	**59.37**	**938142**	**28.75**
上城区	130550	71353	54.66	46666	35.75
下城区	185118	105604	57.05	61786	33.38
江干区	501905	299034	59.58	146116	29.11
拱墅区	243511	138284	56.79	80515	33.06
西湖区	362236	204871	56.56	111749	30.85
滨江区	165654	98614	59.53	46768	28.23
萧山区	626907	380878	60.76	162803	25.97
余杭区	681600	441036	64.71	159836	23.45
富阳区	198994	105120	52.83	66425	33.38
临安区	111543	63407	56.85	36321	32.56
桐庐县					
淳安县					
建德市	54688	28798	52.66	19157	35.03
宁波市	**2222813**	**1357096**	**61.05**	**699902**	**31.49**
海曙区	356863	216985	60.80	117023	32.79
江北区	161770	94779	58.59	55963	34.59
北仑区	246778	160416	65.00	69075	27.99
镇海区	177304	106130	59.86	57846	32.63
鄞州区	399605	228304	57.13	141280	35.35
奉化区	116323	65202	56.05	41995	36.10
象山县					
宁海县					
余姚市	314900	194929	61.90	94059	29.87
慈溪市	449270	290351	64.63	122661	27.30
温州市	**1769585**	**1050053**	**59.34**	**568125**	**32.10**
鹿城区	406436	248270	61.08	129654	31.90
龙湾区	168884	102668	60.79	50443	29.87
瓯海区	284519	182072	63.99	79459	27.93
洞头区	24968	12450	49.86	9756	39.07
永嘉县					
平阳县					
苍南县					
文成县					
泰顺县					
瑞安市	372514	214615	57.61	120283	32.29
乐清市	361644	216990	60.00	118985	32.90
龙港市	150620	72988	48.46	59545	39.53
嘉兴市	**847115**	**478322**	**56.46**	**258900**	**30.56**
南湖区	256089	143929	56.20	84572	33.02
秀洲区	115706	63466	54.85	38283	33.09
嘉善县					
海盐县					
海宁市	158327	89057	56.25	44452	28.08
平湖市	110184	57764	52.43	35872	32.56
桐乡市	206809	124106	60.01	55721	26.94
湖州市	**268916**	**138809**	**51.62**	**90407**	**33.62**
吴兴区	202704	102072	50.36	71649	35.35
南浔区	66212	36737	55.48	18758	28.33
德清县					
长兴县					
安吉县					

1-9a　续表 1

单位：户、%

地　区	家庭户 户　数	一代户 户数	一代户 比重	二代户 户数	二代户 比重
绍兴市	**1111937**	**604455**	**54.36**	**381958**	**34.35**
越城区	310502	166223	53.53	113074	36.42
柯桥区	292126	165859	56.78	90358	30.93
上虞区	195185	106070	54.34	65895	33.76
新昌县					
诸暨市	191430	101830	53.19	68886	35.98
嵊州市	122694	64473	52.55	43745	35.65
金华市	**1288574**	**825022**	**64.03**	**365932**	**28.40**
婺城区	262658	158624	60.39	84939	32.34
金东区	49770	28141	56.54	16637	33.43
武义县					
浦江县					
磐安县					
兰溪市	94304	51027	54.11	32499	34.46
义乌市	480802	328566	68.34	120977	25.16
东阳市	180979	112700	62.27	50346	27.82
永康市	220061	145964	66.33	60534	27.51
衢州市	**278400**	**145873**	**52.40**	**100767**	**36.20**
柯城区	145099	76786	52.92	52593	36.25
衢江区	48134	24633	51.18	17719	36.81
常山县					
开化县					
龙游县	591	445	75.30	132	22.34
江山市	84576	44009	52.03	30323	35.85
舟山市	**243541**	**134866**	**55.38**	**88738**	**36.44**
定海区	139864	76661	54.81	51731	36.99
普陀区	103677	58205	56.14	37007	35.69
岱山县					
嵊泗县					
台州市	**1085272**	**619013**	**57.04**	**336396**	**31.00**
椒江区	218071	113610	52.10	75375	34.56
黄岩区	150897	84061	55.71	48250	31.98
路桥区	114436	62255	54.40	37129	32.45
三门县					
天台县					
仙居县					
温岭市	269586	173904	64.51	69060	25.62
临海市	144991	70748	48.79	52811	36.42
玉环市	187291	114435	61.10	53771	28.71
丽水市	**196956**	**104437**	**53.03**	**70650**	**35.87**
莲都区	145475	79962	54.97	49572	34.08
青田县					
缙云县					
遂昌县					
松阳县					
云和县					
庆元县					
景宁畲族自治县					
龙泉市	51481	24475	47.54	21078	40.94

1-9a 续表 2

单位：户、%

地 区	三代户		四代户		五代及以上户	
	户数	比重	户数	比重	户数	比重
合计	**1240561**	**9.86**	**40358**	**0.32**	**34**	
杭州市	**371325**	**11.38**	**16229**	**0.50**	**11**	
上城区	12341	9.45	189	0.14	1	
下城区	17442	9.42	286	0.15		
江干区	54910	10.94	1843	0.37	2	
拱墅区	24198	9.94	513	0.21	1	
西湖区	43579	12.03	2036	0.56	1	
滨江区	19764	11.93	508	0.31		
萧山区	79347	12.66	3875	0.62	4	
余杭区	75195	11.03	5531	0.81	2	
富阳区	26474	13.30	975	0.49		
临安区	11494	10.30	321	0.29		
桐庐县						
淳安县						
建德市	6581	12.03	152	0.28		
宁波市	**162489**	**7.31**	**3325**	**0.15**	**1**	
海曙区	22646	6.35	209	0.06		
江北区	10918	6.75	110	0.07		
北仑区	17030	6.90	257	0.10		
镇海区	13131	7.41	197	0.11		
鄞州区	29788	7.45	233	0.06		
奉化区	8953	7.70	173	0.15		
象山县						
宁海县						
余姚市	25075	7.96	836	0.27	1	
慈溪市	34948	7.78	1310	0.29		
温州市	**148287**	**8.38**	**3118**	**0.18**	**2**	
鹿城区	28193	6.94	319	0.08		
龙湾区	15324	9.07	449	0.27		
瓯海区	22467	7.90	521	0.18		
洞头区	2718	10.89	44	0.18		
永嘉县						
平阳县						
苍南县						
文成县						
泰顺县						
瑞安市	36716	9.86	898	0.24	2	
乐清市	25087	6.94	582	0.16		
龙港市	17782	11.81	305	0.20		
嘉兴市	**104375**	**12.32**	**5511**	**0.65**	**7**	
南湖区	27021	10.55	567	0.22		
秀洲区	13602	11.76	355	0.31		
嘉善县						
海盐县						
海宁市	22717	14.35	2096	1.32	5	
平湖市	15845	14.38	702	0.64	1	
桐乡市	25190	12.18	1791	0.87	1	
湖州市	**37907**	**14.10**	**1789**	**0.67**	**4**	
吴兴区	27921	13.77	1061	0.52	1	
南浔区	9986	15.08	728	1.10	3	
德清县						
长兴县						
安吉县						

1－9a　续表 3　　　　单位：户、%

地　区	三代户		四代户		五代及以上户	
	户数	比重	户数	比重	户数	比重
绍兴市	**122946**	**11.06**	**2578**	**0.23**		
越城区	30728	9.90	477	0.15		
柯桥区	35053	12.00	856	0.29		
上虞区	22578	11.57	642	0.33		
新昌县						
诸暨市	20399	10.66	315	0.16		
嵊州市	14188	11.56	288	0.23		
金华市	**95370**	**7.40**	**2247**	**0.17**	**3**	
婺城区	18788	7.15	307	0.12		
金东区	4879	9.80	113	0.23		
武义县						
浦江县						
磐安县						
兰溪市	10554	11.19	224	0.24		
义乌市	30529	6.35	730	0.15		
东阳市	17330	9.58	600	0.33	3	
永康市	13290	6.04	273	0.12		
衢州市	**30923**	**11.11**	**836**	**0.30**	**1**	
柯城区	15366	10.59	353	0.24	1	
衢江区	5606	11.65	176	0.37		
常山县						
开化县						
龙游县	14	2.37				
江山市	9937	11.75	307	0.36		
舟山市	**19603**	**8.05**	**334**	**0.14**		
定海区	11277	8.06	195	0.14		
普陀区	8326	8.03	139	0.13		
岱山县						
嵊泗县						
台州市	**125901**	**11.60**	**3959**	**0.36**	**3**	
椒江区	28170	12.92	915	0.42	1	
黄岩区	18049	11.96	537	0.36		
路桥区	14587	12.75	464	0.41	1	
三门县						
天台县						
仙居县						
温岭市	25740	9.55	882	0.33		
临海市	20847	14.38	585	0.40		
玉环市	18508	9.88	576	0.31	1	
丽水市	**21435**	**10.88**	**432**	**0.22**	**2**	
莲都区	15632	10.75	308	0.21	1	
青田县						
缙云县						
遂昌县						
松阳县						
云和县						
庆元县						
景宁畲族自治县						
龙泉市	5803	11.27	124	0.24	1	

1-9b 各地区家庭户类别(镇)

单位：户、%

地　区	家庭户	一代户		二代户	
	户　数	户数	比重	户数	比重
合计	**5128200**	**2971481**	**57.94**	**1601876**	**31.24**
杭州市	**406367**	**238100**	**58.59**	**119276**	**29.35**
上城区					
下城区					
江干区					
拱墅区					
西湖区	197	123	62.44	52	26.40
滨江区					
萧山区	44204	28167	63.72	10204	23.08
余杭区	103641	60973	58.83	28405	27.41
富阳区	11474	6956	60.62	3027	26.38
临安区	29478	18647	63.26	7938	26.93
桐庐县	121821	69068	56.70	39047	32.05
淳安县	62069	35942	57.91	19737	31.80
建德市	33483	18224	54.43	10866	32.45
宁波市	**782231**	**488945**	**62.51**	**231993**	**29.66**
海曙区	11251	7610	67.64	2992	26.59
江北区					
北仑区	17939	11252	62.72	5095	28.40
镇海区	16540	11008	66.55	4506	27.24
鄞州区	125864	81331	64.62	36530	29.02
奉化区	21909	12868	58.73	7341	33.51
象山县	149385	87561	58.61	50060	33.51
宁海县	186178	110623	59.42	61007	32.77
余姚市	99192	60685	61.18	27756	27.98
慈溪市	153973	106007	68.85	36706	23.84
温州市	**805036**	**432544**	**53.73**	**286108**	**35.54**
鹿城区	2585	1421	54.97	843	32.61
龙湾区	91253	62736	68.75	21190	23.22
瓯海区	6788	4877	71.85	1458	21.48
洞头区	2959	1620	54.75	984	33.25
永嘉县	162120	87830	54.18	58464	36.06
平阳县	198290	103057	51.97	73107	36.87
苍南县	201414	95705	47.52	80663	40.05
文成县	45411	22359	49.24	17226	37.93
泰顺县	45021	23006	51.10	17100	37.98
瑞安市	11533	6045	52.41	3753	32.54
乐清市	30595	20197	66.01	8713	28.48
龙港市	7067	3691	52.23	2607	36.89
嘉兴市	**614160**	**356232**	**58.00**	**168869**	**27.50**
南湖区	23298	14268	61.24	6193	26.58
秀洲区	55051	31341	56.93	15899	28.88
嘉善县	187433	111961	59.73	53962	28.79
海盐县	108779	54977	50.54	37001	34.01
海宁市	122400	78534	64.16	24506	20.02
平湖市	59569	33525	56.28	16396	27.52
桐乡市	57630	31626	54.88	14912	25.88
湖州市	**514512**	**287974**	**55.97**	**157417**	**30.60**
吴兴区	51255	33057	64.50	11466	22.37
南浔区	51971	29793	57.33	14605	28.10
德清县	117420	61680	52.53	36340	30.95
长兴县	161555	85284	52.79	56044	34.69
安吉县	132311	78160	59.07	38962	29.45

1-9b　续表 1　　单位：户、%

地　　区	家庭户	一代户		二代户	
	户　数	户数	比重	户数	比重
绍兴市	**243694**	**144786**	**59.41**	**75173**	**30.85**
越城区	1660	1012	60.96	445	26.81
柯桥区	41764	31373	75.12	7805	18.69
上虞区	19147	11464	59.87	5575	29.12
新昌县	95472	49137	51.47	36363	38.09
诸暨市	58651	34604	59.00	18009	30.71
嵊州市	27000	17196	63.69	6976	25.84
金华市	**621500**	**397209**	**63.91**	**171744**	**27.63**
婺城区	27781	14723	53.00	10205	36.73
金东区	59934	42254	70.50	14211	23.71
武义县	120792	76622	63.43	34522	28.58
浦江县	80979	46209	57.06	26910	33.23
磐安县	38215	22523	58.94	12875	33.69
兰溪市	26046	15395	59.11	7464	28.66
义乌市	120507	87141	72.31	25805	21.41
东阳市	109918	68423	62.25	29125	26.50
永康市	37328	23919	64.08	10627	28.47
衢州市	**218510**	**125424**	**57.40**	**72289**	**33.08**
柯城区	4447	2529	56.87	1320	29.68
衢江区	13584	8208	60.42	3958	29.14
常山县	49525	28668	57.89	16409	33.13
开化县	50461	26379	52.28	18468	36.60
龙游县	73741	44665	60.57	24086	32.66
江山市	26752	14975	55.98	8048	30.08
舟山市	**94549**	**63634**	**67.30**	**26475**	**28.00**
定海区	13365	8333	62.35	4201	31.43
普陀区	9641	7471	77.49	1875	19.45
岱山县	51567	34533	66.97	14884	28.86
嵊泗县	19976	13297	66.56	5515	27.61
台州市	**449776**	**236099**	**52.49**	**152902**	**34.00**
椒江区	2389	1893	79.24	405	16.95
黄岩区	12571	6144	48.87	4078	32.44
路桥区	37935	21500	56.68	11160	29.42
三门县	75380	39074	51.84	28116	37.30
天台县	85562	38871	45.43	33582	39.25
仙居县	74133	33552	45.26	28632	38.62
温岭市	107436	67525	62.85	28941	26.94
临海市	47986	23795	49.59	16062	33.47
玉环市	6384	3745	58.66	1926	30.17
丽水市	**377865**	**200534**	**53.07**	**139630**	**36.95**
莲都区	8442	5114	60.58	2466	29.21
青田县	98312	50436	51.30	37672	38.32
缙云县	91604	50867	55.53	33550	36.63
遂昌县	40693	21340	52.44	14722	36.18
松阳县	36685	19230	52.42	13315	36.30
云和县	37328	20006	53.60	13418	35.95
庆元县	34032	17692	51.99	13138	38.60
景宁畲族自治县	24589	12224	49.71	9446	38.42
龙泉市	6180	3625	58.66	1903	30.79

1-9b 续表 2

单位：户、%

地 区	三代户		四代户		五代及以上户	
	户数	比重	户数	比重	户数	比重
合计	**532613**	**10.39**	**22206**	**0.43**	**24**	
杭州市	**46980**	**11.56**	**2010**	**0.49**	**1**	
上城区						
下城区						
江干区						
拱墅区						
西湖区	22	11.17				
滨江区						
萧山区	5518	12.48	315	0.71		
余杭区	13381	12.91	882	0.85		
富阳区	1431	12.47	60	0.52		
临安区	2786	9.45	107	0.36		
桐庐县	13331	10.94	375	0.31		
淳安县	6302	10.15	88	0.14		
建德市	4209	12.57	183	0.55	1	
宁波市	**59591**	**7.62**	**1700**	**0.22**	**2**	
海曙区	638	5.67	11	0.10		
江北区						
北仑区	1565	8.72	27	0.15		
镇海区	1011	6.11	15	0.09		
鄞州区	7919	6.29	84	0.07		
奉化区	1655	7.55	45	0.21		
象山县	11594	7.76	170	0.11		
宁海县	14180	7.62	367	0.20	1	
余姚市	10176	10.26	574	0.58	1	
慈溪市	10853	7.05	407	0.26		
温州市	**84511**	**10.50**	**1871**	**0.23**	**2**	
鹿城区	311	12.03	10	0.39		
龙湾区	7001	7.67	325	0.36	1	
瓯海区	436	6.42	17	0.25		
洞头区	347	11.73	8	0.27		
永嘉县	15493	9.56	333	0.21		
平阳县	21715	10.95	410	0.21	1	
苍南县	24620	12.22	426	0.21		
文成县	5733	12.62	93	0.20		
泰顺县	4778	10.61	137	0.30		
瑞安市	1668	14.46	67	0.58		
乐清市	1659	5.42	26	0.08		
龙港市	750	10.61	19	0.27		
嘉兴市	**81305**	**13.24**	**7739**	**1.26**	**15**	
南湖区	2657	11.40	180	0.77		
秀洲区	7199	13.08	611	1.11	1	
嘉善县	20339	10.85	1169	0.62	2	
海盐县	15694	14.43	1106	1.02	1	
海宁市	16750	13.68	2601	2.13	9	0.01
平湖市	8718	14.64	930	1.56		
桐乡市	9948	17.26	1142	1.98	2	
湖州市	**64987**	**12.63**	**4132**	**0.80**	**2**	
吴兴区	6223	12.14	509	0.99		
南浔区	6994	13.46	579	1.11		
德清县	18083	15.40	1317	1.12		
长兴县	19120	11.83	1106	0.68	1	
安吉县	14567	11.01	621	0.47	1	

1—9b　续表 3　　　　单位：户、%

地　　区	三代户		四代户		五代及以上户	
	户数	比重	户数	比重	户数	比重
绍兴市	**23207**	**9.52**	**528**	**0.22**		
越城区	195	11.75	8	0.48		
柯桥区	2517	6.03	69	0.17		
上虞区	2034	10.62	74	0.39		
新昌县	9792	10.26	180	0.19		
诸暨市	5894	10.05	144	0.25		
嵊州市	2775	10.28	53	0.20		
金华市	**51160**	**8.23**	**1386**	**0.22**	**1**	
婺城区	2816	10.14	37	0.13		
金东区	3385	5.65	84	0.14		
武义县	9454	7.83	194	0.16		
浦江县	7723	9.54	137	0.17		
磐安县	2763	7.23	54	0.14		
兰溪市	3113	11.95	74	0.28		
义乌市	7350	6.10	211	0.18		
东阳市	11835	10.77	534	0.49	1	
永康市	2721	7.29	61	0.16		
衢州市	**20302**	**9.29**	**494**	**0.23**	**1**	
柯城区	579	13.02	19	0.43		
衢江区	1361	10.02	57	0.42		
常山县	4362	8.81	86	0.17		
开化县	5496	10.89	118	0.23		
龙游县	4896	6.64	94	0.13		
江山市	3608	13.49	120	0.45	1	
舟山市	**4385**	**4.64**	**55**	**0.06**		
定海区	817	6.11	14	0.10		
普陀区	290	3.01	5	0.05		
岱山县	2130	4.13	20	0.04		
嵊泗县	1148	5.75	16	0.08		
台州市	**59421**	**13.21**	**1354**	**0.30**		
椒江区	88	3.68	3	0.13		
黄岩区	2272	18.07	77	0.61		
路桥区	5103	13.45	172	0.45		
三门县	8062	10.70	128	0.17		
天台县	12855	15.02	254	0.30		
仙居县	11692	15.77	257	0.35		
温岭市	10750	10.01	220	0.20		
临海市	7894	16.45	235	0.49		
玉环市	705	11.04	8	0.13		
丽水市	**36764**	**9.73**	**937**	**0.25**		
莲都区	824	9.76	38	0.45		
青田县	10019	10.19	185	0.19		
缙云县	7053	7.70	134	0.15		
遂昌县	4480	11.01	151	0.37		
松阳县	4017	10.95	123	0.34		
云和县	3785	10.14	119	0.32		
庆元县	3131	9.20	71	0.21		
景宁畲族自治县	2825	11.49	94	0.38		
龙泉市	630	10.19	22	0.36		

1-9c 各地区家庭户类别(乡村)

单位：户、%

地　　区	家庭户	一代户		二代户	
	户　数	户数	比重	户数	比重
合计	**7304591**	**4354353**	**59.61**	**2022384**	**27.69**
杭州市	**766854**	**443733**	**57.86**	**191138**	**24.92**
上城区					
下城区					
江干区					
拱墅区					
西湖区	9558	4415	46.19	2514	26.30
滨江区					
萧山区	171251	91038	53.16	43896	25.63
余杭区	167209	95395	57.05	33799	20.21
富阳区	90947	51295	56.40	25586	28.13
临安区	103604	64181	61.95	25635	24.74
桐庐县	55910	33014	59.05	15498	27.72
淳安县	84577	57189	67.62	20464	24.20
建德市	83798	47206	56.33	23746	28.34
宁波市	**927668**	**635542**	**68.51**	**224666**	**24.22**
海曙区	61651	43394	70.39	15112	24.51
江北区	38802	28944	74.59	8412	21.68
北仑区	92038	67886	73.76	18305	19.89
镇海区	23754	17297	72.82	5071	21.35
鄞州区	131508	93944	71.44	31497	23.95
奉化区	105160	74420	70.77	25375	24.13
象山县	98705	65189	66.04	24300	24.62
宁海县	117823	78441	66.58	32097	27.24
余姚市	98182	60935	62.06	25398	25.87
慈溪市	160045	105092	65.66	39099	24.43
温州市	**1087592**	**631444**	**58.06**	**345882**	**31.80**
鹿城区	36206	21468	59.29	10691	29.53
龙湾区	516	360	69.77	133	25.78
瓯海区	62029	38384	61.88	16518	26.63
洞头区	24432	15361	62.87	6635	27.16
永嘉县	162260	92086	56.75	55715	34.34
平阳县	137233	81655	59.50	41807	30.46
苍南县	111145	64674	58.19	35054	31.54
文成县	70112	39730	56.67	23325	33.27
泰顺县	66818	38159	57.11	22439	33.58
瑞安市	199686	115880	58.03	58908	29.50
乐清市	211124	120164	56.92	72762	34.46
龙港市	6031	3523	58.41	1895	31.42
嘉兴市	**568707**	**306931**	**53.97**	**137354**	**24.15**
南湖区	39678	22877	57.66	9080	22.88
秀洲区	83205	44148	53.06	21868	26.28
嘉善县	69094	41502	60.07	17067	24.70
海盐县	58137	30237	52.01	15837	27.24
海宁市	121632	71847	59.07	22566	18.55
平湖市	86601	48989	56.57	22067	25.48
桐乡市	110360	47331	42.89	28869	26.16
湖州市	**414545**	**216367**	**52.19**	**115403**	**27.84**
吴兴区	81712	45850	56.11	20283	24.82
南浔区	91189	50112	54.95	24894	27.30
德清县	67593	30790	45.55	19185	28.38
长兴县	88538	44189	49.91	27083	30.59
安吉县	85513	45426	53.12	23958	28.02

1-9c　续表 1

单位：户、%

地　　区	家庭户	一代户		二代户	
	户　数	户数	比重	户数	比重
绍兴市	**649729**	**401915**	**61.86**	**173035**	**26.63**
越城区	61806	35290	57.10	17387	28.13
柯桥区	80546	47841	59.40	20971	26.04
上虞区	112688	67459	59.86	29409	26.10
新昌县	76915	55148	71.70	18149	23.60
诸暨市	189676	118101	62.26	51750	27.28
嵊州市	128098	78076	60.95	35369	27.61
金华市	**920844**	**559701**	**60.78**	**261924**	**28.44**
婺城区	86875	53755	61.88	24062	27.70
金东区	85526	55269	64.62	23244	27.18
武义县	79836	54597	68.39	18788	23.53
浦江县	101617	61299	60.32	30234	29.75
磐安县	40923	28171	68.84	10635	25.99
兰溪市	104151	56445	54.20	31376	30.13
义乌市	146948	89547	60.94	40113	27.30
东阳市	144756	84973	58.70	41534	28.69
永康市	130212	75645	58.09	41938	32.21
衢州市	**419520**	**255974**	**61.02**	**119372**	**28.45**
柯城区	47868	25751	53.80	14927	31.18
衢江区	82953	48701	58.71	24305	29.30
常山县	59579	36527	61.31	17710	29.73
开化县	59043	37092	62.82	16219	27.47
龙游县	83449	57676	69.12	21427	25.68
江山市	86628	50227	57.98	24784	28.61
舟山市	**150992**	**110419**	**73.13**	**31571**	**20.91**
定海区	55505	39400	70.98	12459	22.45
普陀区	53458	37926	70.95	11540	21.59
岱山县	30877	24650	79.83	5299	17.16
嵊泗县	11152	8443	75.71	2273	20.38
台州市	**975014**	**528274**	**54.18**	**298388**	**30.60**
椒江区	67427	33255	49.32	21885	32.46
黄岩区	97445	50437	51.76	30042	30.83
路桥区	79407	42947	54.08	22664	28.54
三门县	74331	42779	57.55	23487	31.60
天台县	93046	51874	55.75	29602	31.81
仙居县	80514	41083	51.03	26717	33.18
温岭市	198857	115518	58.09	56705	28.52
临海市	211525	105891	50.06	67536	31.93
玉环市	72462	44490	61.40	19750	27.26
丽水市	**423126**	**264053**	**62.41**	**123651**	**29.22**
莲都区	53393	33516	62.77	13544	25.37
青田县	105110	60749	57.80	37347	35.53
缙云县	79971	50850	63.59	23148	28.95
遂昌县	37510	23293	62.10	10088	26.89
松阳县	45132	26467	58.64	13726	30.41
云和县	15601	9851	63.14	4557	29.21
庆元县	24742	17206	69.54	6118	24.73
景宁畲族自治县	22709	16009	70.50	5411	23.83
龙泉市	38958	26112	67.03	9712	24.93

1-9c 续表 2

单位：户、%

地　区	三代户		四代户		五代及以上户	
	户数	比重	户数	比重	户数	比重
合计	**878408**	**12.03**	**49394**	**0.68**	**52**	
杭州市	**122292**	**15.95**	**9681**	**1.26**	**10**	
上城区						
下城区						
江干区						
拱墅区						
西湖区	2407	25.18	222	2.32		
滨江区						
萧山区	33822	19.75	2491	1.45	4	
余杭区	33528	20.05	4483	2.68	4	
富阳区	13430	14.77	635	0.70	1	
临安区	13099	12.64	689	0.67		
桐庐县	7108	12.71	290	0.52		
淳安县	6683	7.90	241	0.28		
建德市	12215	14.58	630	0.75	1	
宁波市	**65100**	**7.02**	**2358**	**0.25**	**2**	
海曙区	3111	5.05	34	0.06		
江北区	1428	3.68	18	0.05		
北仑区	5699	6.19	147	0.16	1	
镇海区	1363	5.74	23	0.10		
鄞州区	5994	4.56	73	0.06		
奉化区	5286	5.03	79	0.08		
象山县	8986	9.10	230	0.23		
宁海县	7140	6.06	145	0.12		
余姚市	11225	11.43	623	0.63	1	
慈溪市	14868	9.29	986	0.62		
温州市	**107310**	**9.87**	**2956**	**0.27**		
鹿城区	3920	10.83	127	0.35		
龙湾区	22	4.26	1	0.19		
瓯海区	6814	10.99	313	0.50		
洞头区	2317	9.48	119	0.49		
永嘉县	14161	8.73	298	0.18		
平阳县	13467	9.81	304	0.22		
苍南县	11143	10.03	274	0.25		
文成县	6954	9.92	103	0.15		
泰顺县	6003	8.98	217	0.32		
瑞安市	24073	12.06	825	0.41		
乐清市	17831	8.45	367	0.17		
龙港市	605	10.03	8	0.13		
嘉兴市	**109353**	**19.23**	**15041**	**2.64**	**28**	
南湖区	6983	17.60	738	1.86		
秀洲区	15486	18.61	1702	2.05	1	
嘉善县	9736	14.09	789	1.14		
海盐县	10881	18.72	1182	2.03		
海宁市	22904	18.83	4304	3.54	11	0.01
平湖市	13935	16.09	1608	1.86	2	
桐乡市	29428	26.67	4718	4.28	14	0.01
湖州市	**75116**	**18.12**	**7653**	**1.85**	**6**	
吴兴区	14093	17.25	1484	1.82	2	
南浔区	14381	15.77	1799	1.97	3	
德清县	15454	22.86	2163	3.20	1	
长兴县	16036	18.11	1230	1.39		
安吉县	15152	17.72	977	1.14		

1-9c　续表 3　　　　单位：户、%

地　区	三代户		四代户		五代及以上户	
	户数	比重	户数	比重	户数	比重
绍兴市	**72703**	**11.19**	**2076**	**0.32**		
越城区	8911	14.42	218	0.35		
柯桥区	11310	14.04	424	0.53		
上虞区	15177	13.47	643	0.57		
新昌县	3593	4.67	25	0.03		
诸暨市	19328	10.19	497	0.26		
嵊州市	14384	11.23	269	0.21		
金华市	**96487**	**10.48**	**2729**	**0.30**	**3**	
婺城区	8838	10.17	220	0.25		
金东区	6886	8.05	127	0.15		
武义县	6282	7.87	169	0.21		
浦江县	9921	9.76	163	0.16		
磐安县	2087	5.10	30	0.07		
兰溪市	15895	15.26	435	0.42		
义乌市	16713	11.37	573	0.39	2	
东阳市	17567	12.14	681	0.47	1	
永康市	12298	9.44	331	0.25		
衢州市	**42642**	**10.16**	**1531**	**0.36**	**1**	
柯城区	6835	14.28	354	0.74	1	
衢江区	9539	11.50	408	0.49		
常山县	5191	8.71	151	0.25		
开化县	5583	9.46	149	0.25		
龙游县	4236	5.08	110	0.13		
江山市	11258	13.00	359	0.41		
舟山市	**8764**	**5.80**	**238**	**0.16**		
定海区	3565	6.42	81	0.15		
普陀区	3846	7.19	146	0.27		
岱山县	918	2.97	10	0.03		
嵊泗县	435	3.90	1	0.01		
台州市	**144276**	**14.80**	**4075**	**0.42**	**1**	
椒江区	11868	17.60	419	0.62		
黄岩区	16366	16.80	600	0.62		
路桥区	13370	16.84	426	0.54		
三门县	7876	10.60	189	0.25		
天台县	11381	12.23	189	0.20		
仙居县	12457	15.47	257	0.32		
温岭市	26055	13.10	579	0.29		
临海市	36915	17.45	1182	0.56	1	
玉环市	7988	11.02	234	0.32		
丽水市	**34365**	**8.12**	**1056**	**0.25**	**1**	
莲都区	6031	11.30	302	0.57		
青田县	6958	6.62	56	0.05		
缙云县	5872	7.34	101	0.13		
遂昌县	3951	10.53	178	0.47		
松阳县	4792	10.62	147	0.33		
云和县	1145	7.34	48	0.31		
庆元县	1384	5.59	34	0.14		
景宁畲族自治县	1222	5.38	66	0.29	1	
龙泉市	3010	7.73	124	0.32		

1–10　各地区分性别、月份的出生人口
(2019.11.1–2020.10.31)

单位：人

地　　区	出生人口			2019年11月		
	合计	男	女	小计	男	女
合计	**459658**	**240940**	**218718**	**48703**	**25516**	**23187**
杭州市	**92474**	**47954**	**44520**	**9774**	**5033**	**4741**
上城区	1927	1056	871	214	125	89
下城区	3071	1628	1443	300	161	139
江干区	11140	5810	5330	1218	621	597
拱墅区	4631	2417	2214	518	253	265
西湖区	7596	3888	3708	817	419	398
滨江区	4310	2249	2061	462	231	231
萧山区	17833	9244	8589	1895	999	896
余杭区	21711	11103	10608	2302	1192	1110
富阳区	6645	3452	3193	675	335	340
临安区	4077	2139	1938	410	204	206
桐庐县	3599	1897	1702	359	179	180
淳安县	2447	1289	1158	258	128	130
建德市	3487	1782	1705	346	186	160
宁波市	**62072**	**32453**	**29619**	**6697**	**3533**	**3164**
海曙区	6950	3601	3349	709	356	353
江北区	3361	1710	1651	390	186	204
北仑区	5763	2976	2787	579	303	276
镇海区	4123	2109	2014	433	214	219
鄞州区	12095	6361	5734	1354	745	609
奉化区	2864	1521	1343	282	154	128
象山县	3355	1802	1553	373	218	155
宁海县	5238	2804	2434	547	287	260
余姚市	7335	3888	3447	815	427	388
慈溪市	10988	5681	5307	1215	643	572
温州市	**71027**	**37866**	**33161**	**7422**	**3944**	**3478**
鹿城区	6996	3701	3295	789	419	370
龙湾区	5245	2807	2438	568	298	270
瓯海区	5938	3044	2894	658	329	329
洞头区	942	510	432	99	54	45
永嘉县	7205	3909	3296	749	408	341
平阳县	6480	3444	3036	651	349	302
苍南县	6910	3737	3173	721	396	325
文成县	2049	1055	994	168	89	79
泰顺县	2552	1350	1202	268	131	137
瑞安市	10553	5587	4966	1046	560	486
乐清市	12167	6516	5651	1256	661	595
龙港市	3990	2206	1784	449	250	199
嘉兴市	**38270**	**19660**	**18610**	**3796**	**1917**	**1879**
南湖区	5948	3030	2918	625	311	314
秀洲区	5509	2856	2653	574	299	275
嘉善县	4118	2097	2021	376	197	179
海盐县	3034	1579	1455	290	156	134
海宁市	7543	3863	3680	727	358	369
平湖市	4426	2301	2125	439	220	219
桐乡市	7692	3934	3758	765	376	389
湖州市	**22272**	**11494**	**10778**	**2438**	**1261**	**1177**
吴兴区	6489	3404	3085	740	400	340
南浔区	3383	1742	1641	362	171	191
德清县	3610	1827	1783	391	197	194
长兴县	4608	2383	2225	501	265	236
安吉县	4182	2138	2044	444	228	216

1-10　续表 1　　单位：人

地　区	出生人口			2019年11月		
	合计	男	女	小计	男	女
绍兴市	**32384**	**17042**	**15342**	**3617**	**1867**	**1750**
越城区	5859	3052	2807	693	357	336
柯桥区	7564	3964	3600	801	421	380
上虞区	4835	2574	2261	562	294	268
新昌县	2625	1386	1239	298	155	143
诸暨市	7869	4167	3702	878	453	425
嵊州市	3632	1899	1733	385	187	198
金华市	**53354**	**28151**	**25203**	**5858**	**3091**	**2767**
婺城区	6703	3468	3235	737	382	355
金东区	3582	1795	1787	411	192	219
武义县	3785	2012	1773	391	220	171
浦江县	3079	1630	1449	349	175	174
磐安县	1243	631	612	118	61	57
兰溪市	3905	2073	1832	364	183	181
义乌市	15284	8189	7095	1708	946	762
东阳市	8551	4513	4038	963	492	471
永康市	7222	3840	3382	817	440	377
衢州市	**17091**	**8926**	**8165**	**1743**	**906**	**837**
柯城区	4065	2095	1970	402	198	204
衢江区	2653	1392	1261	294	147	147
常山县	2015	1034	981	221	121	100
开化县	2053	1133	920	182	103	79
龙游县	2188	1123	1065	235	120	115
江山市	4117	2149	1968	409	217	192
舟山市	**5766**	**3025**	**2741**	**590**	**325**	**265**
定海区	2958	1588	1370	318	176	142
普陀区	1968	1010	958	186	106	80
岱山县	611	300	311	55	28	27
嵊泗县	229	127	102	31	15	16
台州市	**46841**	**24913**	**21928**	**4936**	**2658**	**2278**
椒江区	6383	3442	2941	727	402	325
黄岩区	5095	2605	2490	527	270	257
路桥区	4259	2272	1987	441	230	211
三门县	2865	1511	1354	288	154	134
天台县	3711	2016	1695	423	244	179
仙居县	3471	1841	1630	392	203	189
温岭市	8418	4458	3960	908	498	410
临海市	7923	4223	3700	773	410	363
玉环市	4716	2545	2171	457	247	210
丽水市	**18107**	**9456**	**8651**	**1832**	**981**	**851**
莲都区	4635	2395	2240	475	261	214
青田县	2621	1362	1259	275	140	135
缙云县	3092	1601	1491	314	168	146
遂昌县	1252	676	576	140	66	74
松阳县	1705	897	808	172	94	78
云和县	973	527	446	100	54	46
庆元县	1063	575	488	105	56	49
景宁畲族自治县	871	452	419	89	50	39
龙泉市	1895	971	924	162	92	70

1-10 续表 2

单位：人

地　区	2019年12月			2020年1月		
	小计	男	女	小计	男	女
合计	**46314**	**24216**	**22098**	**43752**	**22995**	**20757**
杭州市	**9340**	**4855**	**4485**	**8674**	**4487**	**4187**
上城区	224	111	113	178	94	84
下城区	323	174	149	291	141	150
江干区	1121	576	545	1108	575	533
拱墅区	535	275	260	433	225	208
西湖区	776	403	373	727	372	355
滨江区	432	219	213	386	208	178
萧山区	1796	910	886	1757	884	873
余杭区	2190	1151	1039	1936	1022	914
富阳区	617	311	306	559	289	270
临安区	406	210	196	390	204	186
桐庐县	354	199	155	354	188	166
淳安县	238	127	111	228	124	104
建德市	328	189	139	327	161	166
宁波市	**6306**	**3288**	**3018**	**6036**	**3165**	**2871**
海曙区	732	363	369	707	360	347
江北区	330	168	162	305	146	159
北仑区	601	311	290	568	293	275
镇海区	402	208	194	391	195	196
鄞州区	1172	609	563	1152	634	518
奉化区	272	146	126	314	171	143
象山县	333	187	146	319	165	154
宁海县	543	287	256	489	263	226
余姚市	790	422	368	762	390	372
慈溪市	1131	587	544	1029	548	481
温州市	**6990**	**3696**	**3294**	**6720**	**3671**	**3049**
鹿城区	715	383	332	640	366	274
龙湾区	510	283	227	503	280	223
瓯海区	600	300	300	511	240	271
洞头区	101	48	53	93	54	39
永嘉县	716	389	327	707	388	319
平阳县	668	351	317	595	341	254
苍南县	671	369	302	660	355	305
文成县	213	105	108	181	76	105
泰顺县	226	129	97	241	137	104
瑞安市	973	496	477	1064	571	493
乐清市	1212	637	575	1176	655	521
龙港市	385	206	179	349	208	141
嘉兴市	**3739**	**1958**	**1781**	**3599**	**1841**	**1758**
南湖区	593	314	279	572	292	280
秀洲区	532	253	279	500	249	251
嘉善县	402	213	189	407	192	215
海盐县	294	152	142	275	135	140
海宁市	722	393	329	702	362	340
平湖市	408	201	207	420	221	199
桐乡市	788	432	356	723	390	333
湖州市	**2304**	**1182**	**1122**	**2122**	**1130**	**992**
吴兴区	694	347	347	633	347	286
南浔区	333	187	146	310	159	151
德清县	375	191	184	339	192	147
长兴县	476	254	222	474	254	220
安吉县	426	203	223	366	178	188

1-10 续表 3

单位：人

地 区	2019年12月			2020年1月		
	小计	男	女	小计	男	女
绍兴市	**3478**	**1800**	**1678**	**3159**	**1658**	**1501**
越城区	662	351	311	567	298	269
柯桥区	833	422	411	766	404	362
上虞区	496	252	244	448	228	220
新昌县	275	145	130	269	141	128
诸暨市	846	447	399	758	410	348
嵊州市	366	183	183	351	177	174
金华市	**5513**	**2868**	**2645**	**5163**	**2726**	**2437**
婺城区	710	364	346	602	324	278
金东区	376	186	190	383	206	177
武义县	387	200	187	373	184	189
浦江县	333	157	176	266	141	125
磐安县	132	61	71	108	53	55
兰溪市	400	216	184	369	188	181
义乌市	1569	827	742	1503	813	690
东阳市	819	421	398	839	440	399
永康市	787	436	351	720	377	343
衢州市	**1598**	**848**	**750**	**1566**	**810**	**756**
柯城区	427	218	209	376	185	191
衢江区	243	136	107	218	112	106
常山县	173	80	93	195	99	96
开化县	199	117	82	201	101	100
龙游县	200	108	92	177	98	79
江山市	356	189	167	399	215	184
舟山市	**596**	**299**	**297**	**571**	**316**	**255**
定海区	350	169	181	297	180	117
普陀区	179	93	86	180	90	90
岱山县	46	24	22	74	34	40
嵊泗县	21	13	8	20	12	8
台州市	**4716**	**2536**	**2180**	**4462**	**2307**	**2155**
椒江区	642	338	304	639	330	309
黄岩区	487	249	238	473	234	239
路桥区	429	234	195	423	226	197
三门县	279	149	130	287	129	158
天台县	389	213	176	384	205	179
仙居县	344	203	141	315	171	144
温岭市	866	436	430	766	380	386
临海市	808	440	368	728	386	342
玉环市	472	274	198	447	246	201
丽水市	**1734**	**886**	**848**	**1680**	**884**	**796**
莲都区	475	240	235	416	216	200
青田县	264	135	129	276	156	120
缙云县	276	146	130	293	147	146
遂昌县	121	61	60	121	64	57
松阳县	166	82	84	145	72	73
云和县	108	52	56	89	48	41
庆元县	79	45	34	113	63	50
景宁畲族自治县	76	38	38	65	31	34
龙泉市	169	87	82	162	87	75

1-10 续表 4

单位：人

地区	2020年2月			2020年3月			2020年4月		
	小计	男	女	小计	男	女	小计	男	女
合计	**38471**	**20156**	**18315**	**38770**	**20166**	**18604**	**35028**	**18327**	**16701**
杭州市	**7615**	**3923**	**3692**	**7712**	**3916**	**3796**	**7007**	**3634**	**3373**
上城区	153	72	81	160	90	70	153	74	79
下城区	236	130	106	290	149	141	242	134	108
江干区	923	492	431	962	497	465	844	438	406
拱墅区	409	219	190	379	199	180	351	182	169
西湖区	644	318	326	630	310	320	575	286	289
滨江区	374	197	177	365	188	177	348	186	162
萧山区	1495	783	712	1462	723	739	1289	656	633
余杭区	1744	881	863	1829	909	920	1621	838	783
富阳区	530	275	255	555	284	271	518	287	231
临安区	336	187	149	319	170	149	311	172	139
桐庐县	283	133	150	288	158	130	272	144	128
淳安县	198	105	93	196	103	93	209	107	102
建德市	290	131	159	277	136	141	274	130	144
宁波市	**5202**	**2756**	**2446**	**5223**	**2715**	**2508**	**4502**	**2363**	**2139**
海曙区	560	277	283	595	291	304	502	276	226
江北区	302	165	137	273	148	125	231	133	98
北仑区	457	239	218	481	249	232	407	200	207
镇海区	333	187	146	365	195	170	322	167	155
鄞州区	988	506	482	1000	516	484	848	429	419
奉化区	269	146	123	238	136	102	236	123	113
象山县	265	142	123	270	136	134	227	129	98
宁海县	418	235	183	457	238	219	365	201	164
余姚市	648	360	288	604	322	282	511	274	237
慈溪市	962	499	463	940	484	456	853	431	422
温州市	**6053**	**3259**	**2794**	**5939**	**3262**	**2677**	**5498**	**2896**	**2602**
鹿城区	624	334	290	596	322	274	511	265	246
龙湾区	430	239	191	437	231	206	384	214	170
瓯海区	526	274	252	498	278	220	433	220	213
洞头区	73	38	35	85	45	40	74	41	33
永嘉县	597	327	270	614	353	261	591	309	282
平阳县	520	283	237	486	270	216	459	239	220
苍南县	607	332	275	561	317	244	549	294	255
文成县	174	94	80	188	109	79	176	92	84
泰顺县	220	103	117	210	110	100	222	125	97
瑞安市	913	477	436	889	485	404	850	450	400
乐清市	1029	566	463	1035	560	475	970	493	477
龙港市	340	192	148	340	182	158	279	154	125
嘉兴市	**3204**	**1596**	**1608**	**3333**	**1721**	**1612**	**2903**	**1506**	**1397**
南湖区	434	208	226	579	302	277	421	226	195
秀洲区	484	237	247	505	264	241	394	206	188
嘉善县	334	150	184	336	166	170	331	168	163
海盐县	270	147	123	283	149	134	232	120	112
海宁市	616	298	318	614	316	298	562	291	271
平湖市	361	206	155	397	210	187	358	188	170
桐乡市	705	350	355	619	314	305	605	307	298
湖州市	**1834**	**909**	**925**	**1862**	**932**	**930**	**1641**	**860**	**781**
吴兴区	512	260	252	561	270	291	482	258	224
南浔区	268	132	136	275	141	134	267	148	119
德清县	288	132	156	299	140	159	257	132	125
长兴县	400	197	203	337	175	162	324	156	168
安吉县	366	188	178	390	206	184	311	166	145

1-10　续表 5　　　　单位：人

地　区	2020年2月			2020年3月			2020年4月		
	小计	男	女	小计	男	女	小计	男	女
绍兴市	**2610**	**1415**	**1195**	**2697**	**1396**	**1301**	**2461**	**1273**	**1188**
越城区	464	272	192	502	245	257	426	203	223
柯桥区	652	350	302	635	313	322	564	292	272
上虞区	388	206	182	369	191	178	383	215	168
新昌县	228	120	108	216	109	107	190	98	92
诸暨市	606	316	290	681	382	299	621	315	306
嵊州市	272	151	121	294	156	138	277	150	127
金华市	**4530**	**2397**	**2133**	**4585**	**2413**	**2172**	**4069**	**2120**	**1949**
婺城区	604	304	300	590	305	285	517	264	253
金东区	294	152	142	309	148	161	304	157	147
武义县	302	168	134	339	169	170	277	153	124
浦江县	255	145	110	271	150	121	240	116	124
磐安县	95	55	40	96	53	43	110	56	54
兰溪市	334	178	156	349	192	157	314	163	151
义乌市	1262	653	609	1266	681	585	1139	608	531
东阳市	708	373	335	726	391	335	652	347	305
永康市	676	369	307	639	324	315	516	256	260
衢州市	**1422**	**734**	**688**	**1426**	**736**	**690**	**1394**	**735**	**659**
柯城区	382	195	187	325	178	147	315	172	143
衢江区	229	118	111	231	126	105	239	124	115
常山县	159	89	70	184	88	96	169	84	85
开化县	169	84	85	172	91	81	151	89	62
龙游县	187	103	84	176	78	98	185	88	97
江山市	296	145	151	338	175	163	335	178	157
舟山市	**522**	**270**	**252**	**496**	**240**	**256**	**446**	**251**	**195**
定海区	254	138	116	244	117	127	223	121	102
普陀区	187	94	93	158	70	88	165	90	75
岱山县	59	32	27	65	38	27	39	26	13
嵊泗县	22	6	16	29	15	14	19	14	5
台州市	**3930**	**2092**	**1838**	**3956**	**2038**	**1918**	**3630**	**1896**	**1734**
椒江区	531	275	256	563	277	286	446	240	206
黄岩区	429	236	193	410	183	227	407	217	190
路桥区	341	180	161	321	165	156	342	171	171
三门县	236	119	117	250	137	113	247	131	116
天台县	315	163	152	345	180	165	313	168	145
仙居县	254	130	124	313	165	148	261	136	125
温岭市	722	377	345	751	398	353	662	346	316
临海市	716	393	323	659	348	311	601	314	287
玉环市	386	219	167	344	185	159	351	173	178
丽水市	**1549**	**805**	**744**	**1541**	**797**	**744**	**1477**	**793**	**684**
莲都区	404	212	192	404	210	194	343	177	166
青田县	241	109	132	210	108	102	227	130	97
缙云县	277	151	126	254	132	122	244	116	128
遂昌县	86	48	38	110	59	51	100	52	48
松阳县	146	79	67	139	73	66	145	84	61
云和县	87	49	38	88	49	39	97	56	41
庆元县	66	34	32	105	54	51	77	51	26
景宁畲族自治县	73	36	37	73	35	38	85	46	39
龙泉市	169	87	82	158	77	81	159	81	78

1-10 续表 6

单位：人

地区	2020年5月			2020年6月			2020年7月		
	小计	男	女	小计	男	女	小计	男	女
合计	**35156**	**18458**	**16698**	**35544**	**18672**	**16872**	**36554**	**19071**	**17483**
杭州市	**7265**	**3828**	**3437**	**7259**	**3801**	**3458**	**7458**	**3938**	**3520**
上城区	149	75	74	135	73	62	175	110	65
下城区	256	138	118	263	144	119	217	122	95
江干区	910	510	400	886	461	425	928	509	419
拱墅区	339	178	161	345	171	174	388	215	173
西湖区	612	317	295	619	318	301	586	307	279
滨江区	338	196	142	371	198	173	337	171	166
萧山区	1408	769	639	1352	727	625	1392	723	669
余杭区	1741	855	886	1697	868	829	1787	907	880
富阳区	520	288	232	530	271	259	536	276	260
临安区	298	160	138	319	179	140	365	190	175
桐庐县	272	130	142	261	143	118	293	157	136
淳安县	157	86	71	195	93	102	190	109	81
建德市	265	126	139	286	155	131	264	142	122
宁波市	**4760**	**2473**	**2287**	**4774**	**2448**	**2326**	**4848**	**2510**	**2338**
海曙区	518	283	235	501	263	238	544	279	265
江北区	233	115	118	217	110	107	269	145	124
北仑区	470	238	232	448	236	212	470	242	228
镇海区	305	161	144	315	141	174	324	156	168
鄞州区	936	487	449	927	494	433	944	494	450
奉化区	230	119	111	212	118	94	206	96	110
象山县	260	134	126	277	149	128	275	148	127
宁海县	415	214	201	416	218	198	411	227	184
余姚市	550	297	253	562	296	266	554	283	271
慈溪市	843	425	418	899	423	476	851	440	411
温州市	**5293**	**2830**	**2463**	**5531**	**2973**	**2558**	**5731**	**2990**	**2741**
鹿城区	503	242	261	551	277	274	540	267	273
龙湾区	377	204	173	405	223	182	411	197	214
瓯海区	411	214	197	438	239	199	487	250	237
洞头区	57	27	30	72	44	28	65	35	30
永嘉县	518	272	246	559	308	251	644	352	292
平阳县	475	246	229	522	280	242	551	277	274
苍南县	492	269	223	568	321	247	576	300	276
文成县	167	87	80	157	75	82	162	80	82
泰顺县	181	98	83	205	109	96	201	111	90
瑞安市	798	455	343	838	432	406	812	431	381
乐清市	1028	555	473	903	496	407	958	507	451
龙港市	286	161	125	313	169	144	324	183	141
嘉兴市	**2965**	**1500**	**1465**	**2979**	**1564**	**1415**	**3097**	**1602**	**1495**
南湖区	467	233	234	484	247	237	489	229	260
秀洲区	413	212	201	422	241	181	475	260	215
嘉善县	342	194	148	314	159	155	323	170	153
海盐县	226	106	120	242	129	113	244	136	108
海宁市	575	279	296	632	308	324	610	323	287
平湖市	343	169	174	339	176	163	368	194	174
桐乡市	599	307	292	546	304	242	588	290	298
湖州市	**1666**	**878**	**788**	**1686**	**833**	**853**	**1783**	**917**	**866**
吴兴区	474	255	219	513	262	251	542	280	262
南浔区	259	136	123	239	127	112	294	139	155
德清县	276	143	133	269	127	142	281	135	146
长兴县	350	177	173	367	176	191	361	195	166
安吉县	307	167	140	298	141	157	305	168	137

1-10　续表 7　　单位：人

地　区	2020年5月			2020年6月			2020年7月		
	小计	男	女	小计	男	女	小计	男	女
绍兴市	**2423**	**1272**	**1151**	**2453**	**1331**	**1122**	**2433**	**1273**	**1160**
越城区	457	239	218	465	272	193	424	211	213
柯桥区	547	288	259	590	303	287	566	304	262
上虞区	348	188	160	353	187	166	352	190	162
新昌县	187	105	82	191	101	90	197	99	98
诸暨市	591	304	287	600	327	273	602	318	284
嵊州市	293	148	145	254	141	113	292	151	141
金华市	**4193**	**2199**	**1994**	**4158**	**2190**	**1968**	**4191**	**2188**	**2003**
婺城区	470	259	211	518	261	257	505	240	265
金东区	282	140	142	299	158	141	248	123	125
武义县	317	168	149	292	148	144	296	157	139
浦江县	238	129	109	212	123	89	227	116	111
磐安县	101	57	44	94	37	57	89	47	42
兰溪市	286	160	126	295	144	151	329	183	146
义乌市	1300	678	622	1238	670	568	1226	656	570
东阳市	666	353	313	672	363	309	691	366	325
永康市	533	255	278	538	286	252	580	300	280
衢州市	**1200**	**651**	**549**	**1357**	**695**	**662**	**1416**	**751**	**665**
柯城区	282	148	134	314	158	156	349	192	157
衢江区	177	103	74	196	98	98	217	120	97
常山县	134	79	55	154	84	70	146	80	66
开化县	169	89	80	176	93	83	167	92	75
龙游县	154	74	80	179	95	84	184	92	92
江山市	284	158	126	338	167	171	353	175	178
舟山市	**376**	**202**	**174**	**430**	**230**	**200**	**425**	**221**	**204**
定海区	194	109	85	214	117	97	225	118	107
普陀区	125	67	58	152	85	67	145	79	66
岱山县	39	16	23	52	18	34	39	18	21
嵊泗县	18	10	8	12	10	2	16	6	10
台州市	**3573**	**1887**	**1686**	**3506**	**1863**	**1643**	**3721**	**1925**	**1796**
椒江区	442	261	181	467	253	214	483	265	218
黄岩区	358	166	192	397	203	194	416	211	205
路桥区	316	165	151	322	177	145	346	186	160
三门县	237	116	121	187	104	83	231	110	121
天台县	282	154	128	268	145	123	282	152	130
仙居县	284	134	150	299	160	139	270	144	126
温岭市	662	366	296	626	331	295	679	344	335
临海市	626	338	288	590	303	287	626	310	316
玉环市	366	187	179	350	187	163	388	203	185
丽水市	**1442**	**738**	**704**	**1411**	**744**	**667**	**1451**	**756**	**695**
莲都区	373	194	179	388	193	195	371	199	172
青田县	218	120	98	195	98	97	218	112	106
缙云县	250	127	123	241	134	107	215	107	108
遂昌县	104	61	43	85	52	33	98	59	39
松阳县	138	71	67	141	78	63	131	65	66
云和县	67	33	34	64	35	29	69	37	32
庆元县	85	41	44	90	47	43	87	46	41
景宁畲族自治县	65	34	31	60	32	28	73	35	38
龙泉市	142	57	85	147	75	72	189	96	93

1-10 续表 8

单位：人

地　区	2020年8月			2020年9月			2020年10月		
	小计	男	女	小计	男	女	小计	男	女
合计	**37124**	**19473**	**17651**	**34827**	**18272**	**16555**	**29415**	**15618**	**13797**
杭州市	**7440**	**3818**	**3622**	**7232**	**3745**	**3487**	**5698**	**2976**	**2722**
上城区	148	86	62	147	87	60	91	59	32
下城区	233	119	114	252	133	119	168	83	85
江干区	847	415	432	830	429	401	563	287	276
拱墅区	350	188	162	358	187	171	226	125	101
西湖区	607	312	295	606	323	283	397	203	194
滨江区	330	170	160	327	167	160	240	118	122
萧山区	1399	732	667	1375	707	668	1213	631	582
余杭区	1831	924	907	1732	864	868	1301	692	609
富阳区	569	295	274	537	289	248	499	252	247
临安区	336	161	175	328	170	158	259	132	127
桐庐县	300	157	143	269	150	119	294	159	135
淳安县	187	97	90	199	102	97	192	108	84
建德市	303	162	141	272	137	135	255	127	128
宁波市	**5075**	**2647**	**2428**	**4527**	**2340**	**2187**	**4122**	**2215**	**1907**
海曙区	561	309	252	520	270	250	501	274	227
江北区	320	159	161	242	107	135	249	128	121
北仑区	461	224	237	437	231	206	384	210	174
镇海区	337	169	168	325	163	162	271	153	118
鄞州区	1016	532	484	872	452	420	886	463	423
奉化区	240	113	127	211	118	93	154	81	73
象山县	267	134	133	250	134	116	239	126	113
宁海县	425	234	191	411	219	192	341	181	160
余姚市	596	307	289	519	271	248	424	239	185
慈溪市	852	466	386	740	375	365	673	360	313
温州市	**5788**	**3000**	**2788**	**5551**	**2928**	**2623**	**4511**	**2417**	**2094**
鹿城区	564	295	269	548	289	259	415	242	173
龙湾区	418	226	192	420	208	212	382	204	178
瓯海区	499	252	247	488	248	240	389	200	189
洞头区	90	48	42	64	37	27	69	39	30
永嘉县	542	280	262	549	294	255	419	229	190
平阳县	525	267	258	534	281	253	494	260	234
苍南县	612	310	302	484	264	220	409	210	199
文成县	142	70	72	184	98	86	137	80	57
泰顺县	203	111	92	206	91	115	169	95	74
瑞安市	875	444	431	848	452	396	647	334	313
乐清市	991	519	472	930	511	419	679	356	323
龙港市	327	178	149	296	155	141	302	168	134
嘉兴市	**3021**	**1523**	**1498**	**2986**	**1547**	**1439**	**2648**	**1385**	**1263**
南湖区	456	229	227	429	214	215	399	225	174
秀洲区	396	211	185	438	229	209	376	195	181
嘉善县	335	168	167	337	179	158	281	141	140
海盐县	237	122	115	233	118	115	208	109	99
海宁市	610	317	293	611	314	297	562	304	258
平湖市	364	184	180	336	180	156	293	152	141
桐乡市	623	292	331	602	313	289	529	259	270
湖州市	**1848**	**979**	**869**	**1751**	**939**	**812**	**1337**	**674**	**663**
吴兴区	488	282	206	498	277	221	352	166	186
南浔区	293	159	134	274	135	139	209	108	101
德清县	296	146	150	294	160	134	245	132	113
长兴县	405	217	188	342	186	156	271	131	140
安吉县	366	175	191	343	181	162	260	137	123

1-10　续表 9　　　　单位：人

地　区	2020年8月			2020年9月			2020年10月		
	小计	男	女	小计	男	女	小计	男	女
绍兴市	**2638**	**1425**	**1213**	**2398**	**1286**	**1112**	**2017**	**1046**	**971**
越城区	449	225	224	422	205	217	328	174	154
柯桥区	609	342	267	542	297	245	459	228	231
上虞区	430	233	197	359	206	153	347	184	163
新昌县	221	123	98	190	103	87	163	87	76
诸暨市	628	347	281	594	327	267	464	221	243
嵊州市	301	155	146	291	148	143	256	152	104
金华市	**4316**	**2326**	**1990**	**3681**	**1929**	**1752**	**3097**	**1704**	**1393**
婺城区	572	290	282	492	260	232	386	215	171
金东区	259	130	129	239	117	122	178	86	92
武义县	315	177	138	258	131	127	238	137	101
浦江县	274	154	120	234	128	106	180	96	84
磐安县	112	57	55	85	48	37	103	46	57
兰溪市	346	189	157	277	148	129	242	129	113
义乌市	1226	671	555	1020	532	488	827	454	373
东阳市	654	340	314	591	307	284	570	320	250
永康市	558	318	240	485	258	227	373	221	152
衢州市	**1354**	**704**	**650**	**1314**	**686**	**628**	**1301**	**670**	**631**
柯城区	311	164	147	286	144	142	296	143	153
衢江区	197	107	90	211	106	105	201	95	106
常山县	154	72	82	156	77	79	170	81	89
开化县	154	91	63	151	76	75	162	107	55
龙游县	205	112	93	185	94	91	121	61	60
江山市	333	158	175	325	189	136	351	183	168
舟山市	**432**	**224**	**208**	**480**	**236**	**244**	**402**	**211**	**191**
定海区	206	116	90	241	121	120	192	106	86
普陀区	163	75	88	174	84	90	154	77	77
岱山县	50	25	25	54	23	31	39	18	21
嵊泗县	13	8	5	11	8	3	17	10	7
台州市	**3775**	**2068**	**1707**	**3554**	**1949**	**1605**	**3082**	**1694**	**1388**
椒江区	521	291	230	486	262	224	436	248	188
黄岩区	416	219	197	396	220	176	379	197	182
路桥区	350	194	156	329	173	156	299	171	128
三门县	246	141	105	238	137	101	139	84	55
天台县	298	164	134	232	129	103	180	99	81
仙居县	290	150	140	275	153	122	174	92	82
温岭市	659	364	295	617	347	270	500	271	229
临海市	606	328	278	620	339	281	570	314	256
玉环市	389	217	172	361	189	172	405	218	187
丽水市	**1437**	**759**	**678**	**1353**	**687**	**666**	**1200**	**626**	**574**
莲都区	355	179	176	343	168	175	288	146	142
青田县	203	109	94	174	84	90	120	61	59
缙云县	258	122	136	218	112	106	252	139	113
遂昌县	95	55	40	101	60	41	91	39	52
松阳县	126	67	59	140	69	71	116	63	53
云和县	84	54	30	57	29	28	63	31	32
庆元县	91	51	40	94	45	49	71	42	29
景宁畲族自治县	64	33	31	76	41	35	72	41	31
龙泉市	161	89	72	150	79	71	127	64	63

1-10a 各地区分性别、月份的出生人口
(2019.11.1-2020.10.31)(城市)

单位：人

地区	出生人口			2019年11月		
	合计	男	女	小计	男	女
合计	**241243**	**126306**	**114937**	**26170**	**13655**	**12515**
杭州市	**69933**	**36394**	**33539**	**7499**	**3892**	**3607**
上城区	1927	1056	871	214	125	89
下城区	3071	1628	1443	300	161	139
江干区	11140	5810	5330	1218	621	597
拱墅区	4631	2417	2214	518	253	265
西湖区	7253	3718	3535	775	400	375
滨江区	4310	2249	2061	462	231	231
萧山区	13782	7157	6625	1468	781	687
余杭区	15996	8243	7753	1701	885	816
富阳区	4592	2419	2173	495	254	241
临安区	2083	1107	976	234	117	117
桐庐县						
淳安县						
建德市	1148	590	558	114	64	50
宁波市	**37435**	**19438**	**17997**	**4026**	**2100**	**1926**
海曙区	6077	3143	2934	634	313	321
江北区	2864	1471	1393	335	159	176
北仑区	4262	2203	2059	413	212	201
镇海区	3507	1778	1729	371	185	186
鄞州区	8141	4291	3850	915	507	408
奉化区	1743	919	824	161	93	68
象山县						
宁海县						
余姚市	4603	2436	2167	513	271	242
慈溪市	6238	3197	3041	684	360	324
温州市	**33185**	**17693**	**15492**	**3617**	**1916**	**1701**
鹿城区	6338	3354	2984	724	385	339
龙湾区	3592	1920	1672	398	214	184
瓯海区	4979	2536	2443	556	278	278
洞头区	491	276	215	53	28	25
永嘉县						
平阳县						
苍南县						
文成县						
泰顺县						
瑞安市	6954	3699	3255	708	384	324
乐清市	7156	3859	3297	761	391	370
龙港市	3675	2049	1626	417	236	181
嘉兴市	**16939**	**8720**	**8219**	**1732**	**852**	**880**
南湖区	4896	2498	2398	511	247	264
秀洲区	2564	1331	1233	267	138	129
嘉善县						
海盐县						
海宁市	3250	1663	1587	333	164	169
平湖市	2121	1124	997	200	106	94
桐乡市	4108	2104	2004	421	197	224
湖州市	**5170**	**2699**	**2471**	**622**	**327**	**295**
吴兴区	3804	2005	1799	468	259	209
南浔区	1366	694	672	154	68	86
德清县						
长兴县						
安吉县						

1-10a　续表 1　　　　单位：人

地　　区	出生人口			2019年11月		
	合计	男	女	小计	男	女
绍兴市	**19974**	**10499**	**9475**	**2252**	**1164**	**1088**
越城区	4976	2583	2393	581	299	282
柯桥区	5899	3091	2808	637	333	304
上虞区	3204	1728	1476	383	203	180
新昌县						
诸暨市	3919	2081	1838	451	234	217
嵊州市	1976	1016	960	200	95	105
金华市	**24483**	**12926**	**11557**	**2779**	**1473**	**1306**
婺城区	4458	2330	2128	516	263	253
金东区	1011	506	505	124	65	59
武义县						
浦江县						
磐安县						
兰溪市	1533	794	739	159	78	81
义乌市	9889	5292	4597	1111	624	487
东阳市	3677	1960	1717	418	213	205
永康市	3915	2044	1871	451	230	221
衢州市	**5755**	**3000**	**2755**	**624**	**329**	**295**
柯城区	2920	1512	1408	314	165	149
衢江区	981	517	464	108	50	58
常山县						
开化县						
龙游县	9	1	8	1		1
江山市	1845	970	875	201	114	87
舟山市	**3743**	**1970**	**1773**	**392**	**217**	**175**
定海区	2255	1199	1056	247	136	111
普陀区	1488	771	717	145	81	64
岱山县						
嵊泗县						
台州市	**20156**	**10696**	**9460**	**2158**	**1136**	**1022**
椒江区	4842	2591	2251	547	298	249
黄岩区	3035	1559	1476	312	156	156
路桥区	2195	1169	1026	241	113	128
三门县						
天台县						
仙居县						
温岭市	3895	2087	1808	425	237	188
临海市	2956	1550	1406	310	156	154
玉环市	3233	1740	1493	323	176	147
丽水市	**4470**	**2271**	**2199**	**469**	**249**	**220**
莲都区	3385	1727	1658	363	191	172
青田县						
缙云县						
遂昌县						
松阳县						
云和县						
庆元县						
景宁畲族自治县						
龙泉市	1085	544	541	106	58	48

1-10a 续表 2

单位：人

地　区	2019年12月			2020年1月		
	小计	男	女	小计	男	女
合计	**24848**	**13008**	**11840**	**23131**	**12114**	**11017**
杭州市	**7197**	**3740**	**3457**	**6601**	**3388**	**3213**
上城区	224	111	113	178	94	84
下城区	323	174	149	291	141	150
江干区	1121	576	545	1108	575	533
拱墅区	535	275	260	433	225	208
西湖区	750	388	362	696	357	339
滨江区	432	219	213	386	208	178
萧山区	1409	717	692	1399	698	701
余杭区	1622	871	751	1416	737	679
富阳区	449	227	222	384	199	185
临安区	226	115	111	199	97	102
桐庐县						
淳安县						
建德市	106	67	39	111	57	54
宁波市	**3835**	**2016**	**1819**	**3656**	**1879**	**1777**
海曙区	632	313	319	605	317	288
江北区	281	145	136	261	123	138
北仑区	468	239	229	428	219	209
镇海区	341	181	160	343	167	176
鄞州区	817	443	374	762	404	358
奉化区	167	89	78	197	101	96
象山县						
宁海县						
余姚市	480	260	220	480	248	232
慈溪市	649	346	303	580	300	280
温州市	**3301**	**1757**	**1544**	**3123**	**1710**	**1413**
鹿城区	640	353	287	577	332	245
龙湾区	354	197	157	353	193	160
瓯海区	518	257	261	438	208	230
洞头区	60	30	30	49	28	21
永嘉县						
平阳县						
苍南县						
文成县						
泰顺县						
瑞安市	651	338	313	672	368	304
乐清市	721	387	334	702	387	315
龙港市	357	195	162	332	194	138
嘉兴市	**1649**	**865**	**784**	**1605**	**833**	**772**
南湖区	499	262	237	469	241	228
秀洲区	231	114	117	230	117	113
嘉善县						
海盐县						
海宁市	311	172	139	300	156	144
平湖市	199	97	102	214	106	108
桐乡市	409	220	189	392	213	179
湖州市	**551**	**299**	**252**	**488**	**273**	**215**
吴兴区	424	226	198	352	201	151
南浔区	127	73	54	136	72	64
德清县						
长兴县						
安吉县						

1-10a　续表 3　　单位：人

地　　区	2019年12月			2020年1月		
	小计	男	女	小计	男	女
绍兴市	**2213**	**1147**	**1066**	**1984**	**1044**	**940**
越城区	565	301	264	498	255	243
柯桥区	652	333	319	624	325	299
上虞区	344	167	177	292	153	139
新昌县						
诸暨市	458	250	208	369	209	160
嵊州市	194	96	98	201	102	99
金华市	**2571**	**1355**	**1216**	**2471**	**1313**	**1158**
婺城区	500	251	249	415	225	190
金东区	105	59	46	117	63	54
武义县						
浦江县						
磐安县						
兰溪市	161	94	67	166	79	87
义乌市	1043	548	495	1001	529	472
东阳市	354	178	176	370	193	177
永康市	408	225	183	402	224	178
衢州市	**584**	**296**	**288**	**560**	**296**	**264**
柯城区	317	159	158	279	143	136
衢江区	83	44	39	91	48	43
常山县						
开化县						
龙游县	1		1	1		1
江山市	183	93	90	189	105	84
舟山市	**407**	**200**	**207**	**355**	**199**	**156**
定海区	272	130	142	217	129	88
普陀区	135	70	65	138	70	68
岱山县						
嵊泗县						
台州市	**2069**	**1090**	**979**	**1905**	**987**	**918**
椒江区	489	257	232	485	246	239
黄岩区	316	163	153	275	137	138
路桥区	227	127	100	221	116	105
三门县						
天台县						
仙居县						
温岭市	389	184	205	354	183	171
临海市	319	171	148	271	139	132
玉环市	329	188	141	299	166	133
丽水市	**471**	**243**	**228**	**383**	**192**	**191**
莲都区	363	182	181	300	154	146
青田县						
缙云县						
遂昌县						
松阳县						
云和县						
庆元县						
景宁畲族自治县						
龙泉市	108	61	47	83	38	45

1-10a 续表 4

单位：人

地区	2020年2月			2020年3月			2020年4月		
	小计	男	女	小计	男	女	小计	男	女
合计	**20371**	**10680**	**9691**	**20393**	**10599**	**9794**	**18098**	**9400**	**8698**
杭州市	**5787**	**3035**	**2752**	**5842**	**2979**	**2863**	**5323**	**2759**	**2564**
上城区	153	72	81	160	90	70	153	74	79
下城区	236	130	106	290	149	141	242	134	108
江干区	923	492	431	962	497	465	844	438	406
拱墅区	409	219	190	379	199	180	351	182	169
西湖区	613	305	308	605	300	305	554	276	278
滨江区	374	197	177	365	188	177	348	186	162
萧山区	1142	599	543	1123	554	569	1024	518	506
余杭区	1280	676	604	1304	651	653	1210	619	591
富阳区	374	198	176	379	200	179	353	198	155
临安区	170	98	72	177	103	74	166	94	72
桐庐县									
淳安县									
建德市	113	49	64	98	48	50	78	40	38
宁波市	**3177**	**1635**	**1542**	**3170**	**1677**	**1493**	**2779**	**1448**	**1331**
海曙区	498	248	250	530	261	269	433	239	194
江北区	258	142	116	231	123	108	204	117	87
北仑区	347	183	164	357	193	164	307	156	151
镇海区	278	150	128	311	165	146	281	144	137
鄞州区	663	327	336	683	359	324	591	307	284
奉化区	168	84	84	147	87	60	145	76	69
象山县									
宁海县									
余姚市	403	221	182	383	206	177	326	168	158
慈溪市	562	280	282	528	283	245	492	241	251
温州市	**2860**	**1527**	**1333**	**2817**	**1524**	**1293**	**2499**	**1294**	**1205**
鹿城区	550	294	256	540	290	250	457	235	222
龙湾区	291	155	136	307	162	145	263	141	122
瓯海区	433	226	207	429	241	188	366	184	182
洞头区	41	25	16	52	26	26	34	23	11
永嘉县									
平阳县									
苍南县									
文成县									
泰顺县									
瑞安市	612	309	303	565	301	264	562	290	272
乐清市	618	340	278	612	336	276	558	278	280
龙港市	315	178	137	312	168	144	259	143	116
嘉兴市	**1402**	**690**	**712**	**1521**	**800**	**721**	**1273**	**687**	**586**
南湖区	365	174	191	472	244	228	343	190	153
秀洲区	225	110	115	243	126	117	189	106	83
嘉善县									
海盐县									
海宁市	252	116	136	263	143	120	237	125	112
平湖市	174	98	76	216	120	96	174	99	75
桐乡市	386	192	194	327	167	160	330	167	163
湖州市	**424**	**208**	**216**	**445**	**218**	**227**	**382**	**186**	**196**
吴兴区	318	165	153	334	161	173	276	134	142
南浔区	106	43	63	111	57	54	106	52	54
德清县									
长兴县									
安吉县									

1−10a　续表 5　　　　　　　　　　　　　　　　　　　　　　　　　单位：人

地　　区	2020年2月			2020年3月			2020年4月		
	小计	男	女	小计	男	女	小计	男	女
绍兴市	**1591**	**876**	**715**	**1687**	**871**	**816**	**1467**	**751**	**716**
越城区	385	226	159	429	208	221	360	171	189
柯桥区	490	264	226	504	253	251	419	224	195
上虞区	268	150	118	262	138	124	229	129	100
新昌县									
诸暨市	300	155	145	330	182	148	311	149	162
嵊州市	148	81	67	162	90	72	148	78	70
金华市	**2207**	**1161**	**1046**	**2077**	**1081**	**996**	**1765**	**890**	**875**
婺城区	421	215	206	394	199	195	322	158	164
金东区	87	41	46	92	40	52	87	42	45
武义县									
浦江县									
磐安县									
兰溪市	132	70	62	126	66	60	115	58	57
义乌市	860	451	409	804	432	372	699	373	326
东阳市	312	172	140	308	177	131	269	129	140
永康市	395	212	183	353	167	186	273	130	143
衢州市	**484**	**245**	**239**	**482**	**257**	**225**	**469**	**247**	**222**
柯城区	274	137	137	233	127	106	223	119	104
衢江区	85	48	37	98	51	47	100	52	48
常山县									
开化县									
龙游县				1		1	1		1
江山市	125	60	65	150	79	71	145	76	69
舟山市	**330**	**177**	**153**	**314**	**143**	**171**	**298**	**160**	**138**
定海区	184	103	81	185	83	102	174	95	79
普陀区	146	74	72	129	60	69	124	65	59
岱山县									
嵊泗县									
台州市	**1701**	**909**	**792**	**1650**	**852**	**798**	**1507**	**810**	**697**
椒江区	414	213	201	431	207	224	323	172	151
黄岩区	250	141	109	237	114	123	264	146	118
路桥区	175	85	90	164	86	78	167	94	73
三门县									
天台县									
仙居县									
温岭市	324	169	155	337	181	156	287	153	134
临海市	268	153	115	242	136	106	239	128	111
玉环市	270	148	122	239	128	111	227	117	110
丽水市	**408**	**217**	**191**	**388**	**197**	**191**	**336**	**168**	**168**
莲都区	298	158	140	281	149	132	253	128	125
青田县									
缙云县									
遂昌县									
松阳县									
云和县									
庆元县									
景宁畲族自治县									
龙泉市	110	59	51	107	48	59	83	40	43

1-10a 续表 6

单位：人

地 区	2020年5月			2020年6月			2020年7月		
	小计	男	女	小计	男	女	小计	男	女
合计	**18598**	**9808**	**8790**	**18726**	**9888**	**8838**	**19195**	**10030**	**9165**
杭州市	**5606**	**2967**	**2639**	**5556**	**2942**	**2614**	**5666**	**3007**	**2659**
上城区	149	75	74	135	73	62	175	110	65
下城区	256	138	118	263	144	119	217	122	95
江干区	910	510	400	886	461	425	928	509	419
拱墅区	339	178	161	345	171	174	388	215	173
西湖区	589	305	284	594	304	290	551	289	262
滨江区	338	196	142	371	198	173	337	171	166
萧山区	1103	601	502	1046	575	471	1085	565	520
余杭区	1331	650	681	1279	669	610	1345	686	659
富阳区	364	196	168	377	196	181	370	198	172
临安区	137	79	58	167	96	71	184	101	83
桐庐县									
淳安县									
建德市	90	39	51	93	55	38	86	41	45
宁波市	**2857**	**1483**	**1374**	**2818**	**1448**	**1370**	**2930**	**1497**	**1433**
海曙区	442	236	206	445	234	211	472	241	231
江北区	201	96	105	174	95	79	234	131	103
北仑区	351	183	168	316	166	150	351	186	165
镇海区	247	124	123	271	124	147	276	134	142
鄞州区	630	334	296	622	340	282	651	346	305
奉化区	141	72	69	137	77	60	119	51	68
象山县									
宁海县									
余姚市	347	191	156	349	177	172	352	174	178
慈溪市	498	247	251	504	235	269	475	234	241
温州市	**2483**	**1350**	**1133**	**2580**	**1376**	**1204**	**2597**	**1354**	**1243**
鹿城区	462	222	240	506	252	254	494	240	254
龙湾区	256	145	111	286	150	136	272	136	136
瓯海区	335	180	155	361	195	166	397	199	198
洞头区	26	12	14	32	19	13	32	18	14
永嘉县									
平阳县									
苍南县									
文成县									
泰顺县									
瑞安市	534	308	226	561	293	268	547	287	260
乐清市	610	337	273	539	306	233	564	308	256
龙港市	260	146	114	295	161	134	291	166	125
嘉兴市	**1297**	**658**	**639**	**1336**	**717**	**619**	**1371**	**710**	**661**
南湖区	395	196	199	406	215	191	396	188	208
秀洲区	184	97	87	208	115	93	231	135	96
嘉善县									
海盐县									
海宁市	234	116	118	272	134	138	268	135	133
平湖市	162	76	86	158	96	62	174	93	81
桐乡市	322	173	149	292	157	135	302	159	143
湖州市	**382**	**202**	**180**	**387**	**210**	**177**	**435**	**222**	**213**
吴兴区	272	142	130	293	159	134	314	163	151
南浔区	110	60	50	94	51	43	121	59	62
德清县									
长兴县									
安吉县									

1－10a　续表 7　　　　单位：人

地　区	2020年5月			2020年6月			2020年7月		
	小计	男	女	小计	男	女	小计	男	女
绍兴市	**1524**	**786**	**738**	**1566**	**847**	**719**	**1473**	**773**	**700**
越城区	384	196	188	400	231	169	357	177	180
柯桥区	435	228	207	473	240	233	445	233	212
上虞区	240	132	108	236	122	114	235	129	106
新昌县									
诸暨市	303	153	150	319	181	138	275	150	125
嵊州市	162	77	85	138	73	65	161	84	77
金华市	**1941**	**1019**	**922**	**1922**	**1036**	**886**	**1926**	**1001**	**925**
婺城区	320	186	134	330	172	158	326	167	159
金东区	74	35	39	82	46	36	68	32	36
武义县									
浦江县									
磐安县									
兰溪市	110	55	55	120	62	58	138	78	60
义乌市	827	434	393	802	433	369	796	418	378
东阳市	321	176	145	289	158	131	297	162	135
永康市	289	133	156	299	165	134	301	144	157
衢州市	**384**	**211**	**173**	**433**	**215**	**218**	**494**	**271**	**223**
柯城区	197	107	90	205	104	101	252	142	110
衢江区	58	35	23	81	40	41	72	46	26
常山县									
开化县									
龙游县	1		1				1		1
江山市	128	69	59	147	71	76	169	83	86
舟山市	**237**	**136**	**101**	**265**	**142**	**123**	**273**	**148**	**125**
定海区	150	87	63	158	82	76	169	87	82
普陀区	87	49	38	107	60	47	104	61	43
岱山县									
嵊泗县									
台州市	**1521**	**813**	**708**	**1497**	**779**	**718**	**1650**	**862**	**788**
椒江区	337	205	132	359	186	173	375	208	167
黄岩区	201	95	106	241	119	122	247	127	120
路桥区	163	76	87	160	90	70	184	96	88
三门县									
天台县									
仙居县									
温岭市	324	171	153	304	165	139	345	176	169
临海市	235	125	110	204	95	109	226	113	113
玉环市	261	141	120	229	124	105	273	142	131
丽水市	**366**	**183**	**183**	**366**	**176**	**190**	**380**	**185**	**195**
莲都区	274	142	132	283	138	145	272	135	137
青田县									
缙云县									
遂昌县									
松阳县									
云和县									
庆元县									
景宁畲族自治县									
龙泉市	92	41	51	83	38	45	108	50	58

1-10a 续表 8

单位：人

地　区	2020年8月			2020年9月			2020年10月		
	小计	男	女	小计	男	女	小计	男	女
合计	**19228**	**10025**	**9203**	**18040**	**9460**	**8580**	**14445**	**7639**	**6806**
杭州市	**5525**	**2846**	**2679**	**5382**	**2787**	**2595**	**3949**	**2052**	**1897**
上城区	148	86	62	147	87	60	91	59	32
下城区	233	119	114	252	133	119	168	83	85
江干区	847	415	432	830	429	401	563	287	276
拱墅区	350	188	162	358	187	171	226	125	101
西湖区	578	296	282	576	306	270	372	192	180
滨江区	330	170	160	327	167	160	240	118	122
萧山区	1084	570	514	1020	523	497	879	456	423
余杭区	1340	677	663	1261	628	633	907	494	413
富阳区	371	203	168	368	200	168	308	150	158
临安区	159	78	81	159	82	77	105	47	58
桐庐县									
淳安县									
建德市	85	44	41	84	45	39	90	41	49
宁波市	**3070**	**1563**	**1507**	**2712**	**1400**	**1312**	**2405**	**1292**	**1113**
海曙区	490	265	225	458	238	220	438	238	200
江北区	273	134	139	198	94	104	214	112	102
北仑区	326	152	174	330	171	159	268	143	125
镇海区	295	144	151	274	139	135	219	121	98
鄞州区	678	339	339	564	293	271	565	292	273
奉化区	139	67	72	129	76	53	93	46	47
象山县									
宁海县									
余姚市	383	204	179	334	170	164	253	146	107
慈溪市	486	258	228	425	219	206	355	194	161
温州市	**2711**	**1418**	**1293**	**2574**	**1375**	**1199**	**2023**	**1092**	**931**
鹿城区	524	273	251	492	259	233	372	219	153
龙湾区	287	158	129	266	135	131	259	134	125
瓯海区	409	196	213	411	209	202	326	163	163
洞头区	51	29	22	35	21	14	26	17	9
永嘉县									
平阳县									
苍南县									
文成县									
泰顺县									
瑞安市	549	284	265	573	317	256	420	220	200
乐清市	590	309	281	524	288	236	357	192	165
龙港市	301	169	132	273	146	127	263	147	116
嘉兴市	**1329**	**660**	**669**	**1313**	**665**	**648**	**1111**	**583**	**528**
南湖区	374	190	184	346	172	174	320	179	141
秀洲区	172	84	88	221	104	117	163	85	78
嘉善县									
海盐县									
海宁市	264	134	130	257	131	126	259	137	122
平湖市	179	91	88	158	83	75	113	59	54
桐乡市	340	161	179	331	175	156	256	123	133
湖州市	**401**	**218**	**183**	**382**	**207**	**175**	**271**	**129**	**142**
吴兴区	276	154	122	280	154	126	197	87	110
南浔区	125	64	61	102	53	49	74	42	32
德清县									
长兴县									
安吉县									

1-10a　续表 9　　　　单位：人

地　　区	2020年8月			2020年9月			2020年10月		
	小计	男	女	小计	男	女	小计	男	女
绍兴市	**1583**	**859**	**724**	**1469**	**772**	**697**	**1165**	**609**	**556**
越城区	378	194	184	372	179	193	267	146	121
柯桥区	473	267	206	404	217	187	343	174	169
上虞区	277	152	125	226	131	95	212	122	90
新昌县									
诸暨市	289	159	130	308	166	142	206	93	113
嵊州市	166	87	79	159	79	80	137	74	63
金华市	**1960**	**1050**	**910**	**1636**	**864**	**772**	**1228**	**683**	**545**
婺城区	375	192	183	318	174	144	221	128	93
金东区	70	36	34	75	34	41	30	13	17
武义县									
浦江县									
磐安县									
兰溪市	127	61	66	97	46	51	82	47	35
义乌市	820	448	372	622	332	290	504	270	234
东阳市	275	151	124	264	139	125	200	112	88
永康市	293	162	131	260	139	121	191	113	78
衢州市	**421**	**206**	**215**	**408**	**222**	**186**	**412**	**205**	**207**
柯城区	209	106	103	212	106	106	205	97	108
衢江区	72	37	35	69	34	35	64	32	32
常山县									
开化县									
龙游县				1	1		1		1
江山市	140	63	77	126	81	45	142	76	66
舟山市	**288**	**150**	**138**	**323**	**167**	**156**	**261**	**131**	**130**
定海区	162	88	74	189	99	90	148	80	68
普陀区	126	62	64	134	68	66	113	51	62
岱山县									
嵊泗县									
台州市	**1601**	**878**	**723**	**1519**	**837**	**682**	**1378**	**743**	**635**
椒江区	402	227	175	350	194	156	330	178	152
黄岩区	231	113	118	247	134	113	214	114	100
路桥区	182	117	65	172	94	78	139	75	64
三门县									
天台县									
仙居县									
温岭市	295	164	131	297	177	120	214	127	87
临海市	228	117	111	221	121	100	193	96	97
玉环市	263	140	123	232	117	115	288	153	135
丽水市	**339**	**177**	**162**	**322**	**164**	**158**	**242**	**120**	**122**
莲都区	249	125	124	254	128	126	195	97	98
青田县									
缙云县									
遂昌县									
松阳县									
云和县									
庆元县									
景宁畲族自治县									
龙泉市	90	52	38	68	36	32	47	23	24

1-10b 各地区分性别、月份的出生人口
(2019.11.1-2020.10.31)(镇)

单位：人

地 区	出生人口			2019年11月		
	合计	男	女	小计	男	女
合计	**94150**	**49570**	**44580**	**10131**	**5346**	**4785**
杭州市	**8105**	**4203**	**3902**	**865**	**437**	**428**
上城区						
下城区						
江干区						
拱墅区						
西湖区	8	4	4	1		1
滨江区						
萧山区	723	368	355	66	38	28
余杭区	2306	1174	1132	242	126	116
富阳区	190	97	93	16	5	11
临安区	447	222	225	38	15	23
桐庐县	2536	1335	1201	274	132	142
淳安县	1226	667	559	159	85	74
建德市	669	336	333	69	36	33
宁波市	**12743**	**6766**	**5977**	**1452**	**754**	**698**
海曙区	110	64	46	9	6	3
江北区						
北仑区	314	158	156	39	20	19
镇海区	312	160	152	32	11	21
鄞州区	2231	1192	1039	260	144	116
奉化区	264	145	119	22	13	9
象山县	2181	1167	1014	243	136	107
宁海县	3379	1808	1571	382	196	186
余姚市	1471	787	684	176	87	89
慈溪市	2481	1285	1196	289	141	148
温州市	**16894**	**9057**	**7837**	**1764**	**958**	**806**
鹿城区	62	32	30	7	3	4
龙湾区	1647	885	762	169	84	85
瓯海区	91	47	44	6	5	1
洞头区	51	22	29	3		3
永嘉县	3603	1970	1633	391	214	177
平阳县	3997	2141	1856	410	223	187
苍南县	4680	2526	2154	511	288	223
文成县	845	436	409	75	40	35
泰顺县	1056	555	501	113	54	59
瑞安市	203	101	102	20	11	9
乐清市	481	256	225	40	28	12
龙港市	178	86	92	19	8	11
嘉兴市	**11282**	**5780**	**5502**	**1129**	**600**	**529**
南湖区	413	208	205	45	30	15
秀洲区	1234	637	597	146	75	71
嘉善县	3203	1653	1550	296	155	141
海盐县	2074	1060	1014	209	111	98
海宁市	2198	1115	1083	203	106	97
平湖市	1085	545	540	110	53	57
桐乡市	1075	562	513	120	70	50
湖州市	**9530**	**4928**	**4602**	**1026**	**541**	**485**
吴兴区	1137	605	532	120	60	60
南浔区	800	427	373	82	46	36
德清县	2212	1155	1057	228	125	103
长兴县	2855	1468	1387	309	159	150
安吉县	2526	1273	1253	287	151	136

1－10b　续表 1　　单位：人

地　区	出生人口			2019年11月		
	合计	男	女	小计	男	女
绍兴市	**3843**	**2029**	**1814**	**437**	**226**	**211**
越城区	25	16	9	4	4	
柯桥区	446	233	213	43	25	18
上虞区	235	125	110	31	12	19
新昌县	1836	964	872	205	105	100
诸暨市	1032	545	487	121	63	58
嵊州市	269	146	123	33	17	16
金华市	**11384**	**5987**	**5397**	**1286**	**688**	**598**
婺城区	682	351	331	82	41	41
金东区	1041	513	528	124	60	64
武义县	2393	1247	1146	250	136	114
浦江县	1431	779	652	165	89	76
磐安县	631	314	317	67	33	34
兰溪市	441	236	205	35	23	12
义乌市	2019	1081	938	232	125	107
东阳市	2076	1108	968	241	136	105
永康市	670	358	312	90	45	45
衢州市	**3894**	**2030**	**1864**	**427**	**223**	**204**
柯城区	95	45	50	6	1	5
衢江区	234	131	103	28	18	10
常山县	937	477	460	106	58	48
开化县	1022	562	460	101	50	51
龙游县	1077	553	524	132	67	65
江山市	529	262	267	54	29	25
舟山市	**887**	**460**	**427**	**89**	**49**	**40**
定海区	177	100	77	15	10	5
普陀区	76	36	40	6	4	2
岱山县	460	226	234	42	22	20
嵊泗县	174	98	76	26	13	13
台州市	**8673**	**4674**	**3999**	**930**	**496**	**434**
椒江区	34	19	15	2	1	1
黄岩区	253	127	126	28	11	17
路桥区	666	365	301	53	32	21
三门县	1506	803	703	166	88	78
天台县	1933	1059	874	231	130	101
仙居县	1718	921	797	200	105	95
温岭市	1441	772	669	147	72	75
临海市	968	531	437	87	49	38
玉环市	154	77	77	16	8	8
丽水市	**6915**	**3656**	**3259**	**726**	**374**	**352**
莲都区	156	82	74	21	11	10
青田县	1472	777	695	149	70	79
缙云县	1782	939	843	187	96	91
遂昌县	718	373	345	83	42	41
松阳县	802	426	376	84	45	39
云和县	717	395	322	75	41	34
庆元县	688	366	322	72	36	36
景宁畲族自治县	480	245	235	51	30	21
龙泉市	100	53	47	4	3	1

1-10b 续表 2

单位：人

地区	2019年12月			2020年1月		
	小计	男	女	小计	男	女
合计	**9739**	**5090**	**4649**	**9143**	**4931**	**4212**
杭州市	**822**	**453**	**369**	**768**	**437**	**331**
上城区						
下城区						
江干区						
拱墅区						
西湖区	1	1				
滨江区						
萧山区	72	44	28	65	32	33
余杭区	245	121	124	214	126	88
富阳区	17	9	8	15	7	8
临安区	46	25	21	47	29	18
桐庐县	259	148	111	254	143	111
淳安县	120	66	54	121	72	49
建德市	62	39	23	52	28	24
宁波市	**1338**	**712**	**626**	**1224**	**675**	**549**
海曙区	12	7	5	9	3	6
江北区						
北仑区	27	14	13	28	12	16
镇海区	29	14	15	19	10	9
鄞州区	204	102	102	216	126	90
奉化区	27	18	9	34	21	13
象山县	231	129	102	204	112	92
宁海县	366	202	164	324	181	143
余姚市	171	94	77	152	78	74
慈溪市	271	132	139	238	132	106
温州市	**1775**	**943**	**832**	**1640**	**897**	**743**
鹿城区	9	3	6	4	2	2
龙湾区	156	86	70	149	87	62
瓯海区	4	1	3	11	7	4
洞头区	8	3	5	8	4	4
永嘉县	398	227	171	376	206	170
平阳县	424	222	202	371	212	159
苍南县	478	256	222	451	239	212
文成县	107	53	54	74	33	41
泰顺县	105	56	49	111	66	45
瑞安市	13	5	8	26	15	11
乐清市	59	27	32	49	18	31
龙港市	14	4	10	10	8	2
嘉兴市	**1085**	**555**	**530**	**1049**	**525**	**524**
南湖区	38	22	16	40	21	19
秀洲区	127	52	75	96	45	51
嘉善县	314	166	148	313	154	159
海盐县	185	93	92	193	89	104
海宁市	209	113	96	215	107	108
平湖市	97	46	51	100	57	43
桐乡市	115	63	52	92	52	40
湖州市	**1025**	**508**	**517**	**934**	**503**	**431**
吴兴区	123	53	70	126	71	55
南浔区	89	49	40	74	36	38
德清县	248	125	123	218	128	90
长兴县	310	167	143	289	154	135
安吉县	255	114	141	227	114	113

1-10b　续表 3　　单位：人

地　区	2019年12月			2020年1月		
	小计	男	女	小计	男	女
绍兴市	**415**	**212**	**203**	**389**	**199**	**190**
越城区				5	3	2
柯桥区	48	23	25	33	16	17
上虞区	24	12	12	30	14	16
新昌县	205	104	101	194	101	93
诸暨市	117	62	55	103	46	57
嵊州市	21	11	10	24	19	5
金华市	**1217**	**608**	**609**	**1098**	**603**	**495**
婺城区	73	38	35	62	34	28
金东区	122	53	69	118	64	54
武义县	255	127	128	249	119	130
浦江县	128	66	62	114	64	50
磐安县	79	30	49	43	22	21
兰溪市	62	34	28	35	21	14
义乌市	198	107	91	191	118	73
东阳市	217	114	103	222	128	94
永康市	83	39	44	64	33	31
衢州市	**385**	**204**	**181**	**376**	**198**	**178**
柯城区	15	10	5	8	5	3
衢江区	25	10	15	21	12	9
常山县	85	43	42	87	47	40
开化县	107	63	44	111	58	53
龙游县	112	60	52	99	53	46
江山市	41	18	23	50	23	27
舟山市	**84**	**41**	**43**	**104**	**56**	**48**
定海区	18	8	10	19	12	7
普陀区	13	3	10	10	6	4
岱山县	35	19	16	58	27	31
嵊泗县	18	11	7	17	11	6
台州市	**902**	**507**	**395**	**889**	**477**	**412**
椒江区	4	2	2	3	1	2
黄岩区	26	13	13	26	16	10
路桥区	77	40	37	55	33	22
三门县	140	84	56	172	77	95
天台县	219	122	97	211	116	95
仙居县	162	102	60	160	88	72
温岭市	156	80	76	147	78	69
临海市	105	56	49	104	59	45
玉环市	13	8	5	11	9	2
丽水市	**691**	**347**	**344**	**672**	**361**	**311**
莲都区	18	8	10	11	6	5
青田县	148	76	72	152	86	66
缙云县	173	85	88	171	88	83
遂昌县	79	41	38	68	36	32
松阳县	86	44	42	68	35	33
云和县	81	36	45	72	40	32
庆元县	59	33	26	78	46	32
景宁畲族自治县	40	22	18	40	17	23
龙泉市	7	2	5	12	7	5

1-10b 续表 4

单位：人

地 区	2020年2月			2020年3月			2020年4月		
	小计	男	女	小计	男	女	小计	男	女
合计	**7821**	**4109**	**3712**	**7943**	**4098**	**3845**	**7105**	**3827**	**3278**
杭州市	**660**	**326**	**334**	**647**	**323**	**324**	**617**	**316**	**301**
上城区									
下城区									
江干区									
拱墅区									
西湖区	1	1		1	1				
滨江区									
萧山区	64	31	33	50	19	31	45	19	26
余杭区	188	92	96	212	109	103	164	90	74
富阳区	19	7	12	16	10	6	25	16	9
临安区	43	24	19	31	11	20	34	18	16
桐庐县	202	94	108	191	98	93	182	94	88
淳安县	95	55	40	97	52	45	102	51	51
建德市	48	22	26	49	23	26	65	28	37
宁波市	**1053**	**596**	**457**	**1086**	**553**	**533**	**845**	**464**	**381**
海曙区	10	7	3	9	6	3	8	5	3
江北区									
北仑区	31	18	13	28	11	17	17	9	8
镇海区	30	20	10	32	17	15	18	12	6
鄞州区	199	120	79	186	96	90	139	65	74
奉化区	24	17	7	26	14	12	22	10	12
象山县	178	98	80	189	95	94	151	87	64
宁海县	266	145	121	285	146	139	225	123	102
余姚市	123	70	53	113	61	52	96	57	39
慈溪市	192	101	91	218	107	111	169	96	73
温州市	**1433**	**783**	**650**	**1380**	**761**	**619**	**1310**	**716**	**594**
鹿城区	12	8	4	3	2	1	9	6	3
龙湾区	139	84	55	130	69	61	121	73	48
瓯海区	11	5	6	8	4	4	7	4	3
洞头区	4	2	2	4	1	3	6	2	4
永嘉县	310	166	144	318	180	138	287	156	131
平阳县	317	183	134	291	168	123	291	149	142
苍南县	404	211	193	399	219	180	357	196	161
文成县	73	40	33	70	40	30	79	42	37
泰顺县	88	40	48	93	44	49	85	47	38
瑞安市	16	10	6	17	9	8	18	12	6
乐清市	47	28	19	32	19	13	35	20	15
龙港市	12	6	6	15	6	9	15	9	6
嘉兴市	**930**	**469**	**461**	**948**	**461**	**487**	**836**	**416**	**420**
南湖区	26	12	14	30	15	15	30	11	19
秀洲区	99	47	52	119	62	57	83	35	48
嘉善县	248	111	137	269	130	139	247	130	117
海盐县	189	105	84	192	97	95	154	76	78
海宁市	173	88	85	176	84	92	161	86	75
平湖市	89	57	32	78	32	46	79	37	42
桐乡市	106	49	57	84	41	43	82	41	41
湖州市	**783**	**399**	**384**	**794**	**388**	**406**	**703**	**381**	**322**
吴兴区	81	40	41	92	44	48	74	53	21
南浔区	66	43	23	65	36	29	65	35	30
德清县	175	81	94	183	79	104	165	86	79
长兴县	236	117	119	224	112	112	206	104	102
安吉县	225	118	107	230	117	113	193	103	90

1—10b　续表 5

单位：人

地　区	2020年2月			2020年3月			2020年4月		
	小计	男	女	小计	男	女	小计	男	女
绍兴市	**305**	**166**	**139**	**325**	**171**	**154**	**286**	**163**	**123**
越城区	3	3		5	2	3	2	2	
柯桥区	49	26	23	35	15	20	35	16	19
上虞区	14	10	4	12	7	5	22	11	11
新昌县	146	80	66	148	81	67	126	70	56
诸暨市	76	40	36	103	56	47	78	51	27
嵊州市	17	7	10	22	10	12	23	13	10
金华市	**922**	**468**	**454**	**1011**	**538**	**473**	**846**	**459**	**387**
婺城区	47	24	23	62	39	23	51	26	25
金东区	84	39	45	84	47	37	78	43	35
武义县	196	105	91	217	109	108	160	92	68
浦江县	121	72	49	140	73	67	105	52	53
磐安县	59	34	25	44	24	20	41	19	22
兰溪市	34	17	17	40	22	18	36	19	17
义乌市	167	70	97	173	93	80	159	81	78
东阳市	162	78	84	196	99	97	171	105	66
永康市	52	29	23	55	32	23	45	22	23
衢州市	**303**	**153**	**150**	**329**	**156**	**173**	**314**	**167**	**147**
柯城区	12	4	8	7	3	4	6	5	1
衢江区	16	8	8	27	14	13	22	12	10
常山县	83	46	37	79	34	45	78	35	43
开化县	74	38	36	88	48	40	78	48	30
龙游县	83	41	42	86	37	49	90	42	48
江山市	35	16	19	42	20	22	40	25	15
舟山市	**86**	**43**	**43**	**89**	**50**	**39**	**61**	**43**	**18**
定海区	19	11	8	13	10	3	13	8	5
普陀区	4	2	2	7	2	5	4	3	1
岱山县	48	26	22	49	28	21	29	20	9
嵊泗县	15	4	11	20	10	10	15	12	3
台州市	**740**	**395**	**345**	**762**	**387**	**375**	**694**	**362**	**332**
椒江区	3	1	2	1	1				
黄岩区	24	10	14	17	8	9	17	10	7
路桥区	59	36	23	56	22	34	61	23	38
三门县	115	64	51	140	74	66	112	60	52
天台县	174	87	87	181	93	88	160	83	77
仙居县	131	72	59	152	75	77	144	77	67
温岭市	122	63	59	136	75	61	126	68	58
临海市	92	49	43	74	36	38	62	40	22
玉环市	20	13	7	5	3	2	12	1	11
丽水市	**606**	**311**	**295**	**572**	**310**	**262**	**593**	**340**	**253**
莲都区	11	5	6	13	6	7	12	9	3
青田县	153	66	87	117	61	56	129	77	52
缙云县	168	103	65	133	72	61	140	70	70
遂昌县	54	24	30	55	31	24	61	35	26
松阳县	71	40	31	64	39	25	69	42	27
云和县	67	41	26	63	37	26	76	43	33
庆元县	37	13	24	78	39	39	53	38	15
景宁畲族自治县	37	15	22	45	23	22	45	23	22
龙泉市	8	4	4	4	2	2	8	3	5

1-10b 续表 6　　　　单位：人

地　区	2020年5月			2020年6月			2020年7月		
	小计	男	女	小计	男	女	小计	男	女
合计	**7159**	**3741**	**3418**	**7233**	**3748**	**3485**	**7556**	**3934**	**3622**
杭州市	**576**	**291**	**285**	**690**	**332**	**358**	**635**	**333**	**302**
上城区									
下城区									
江干区									
拱墅区									
西湖区							3	1	2
滨江区									
萧山区	59	33	26	64	31	33	57	30	27
余杭区	160	82	78	179	80	99	169	78	91
富阳区	12	9	3	20	9	11	10	6	4
临安区	37	14	23	41	17	24	35	17	18
桐庐县	189	93	96	201	113	88	203	108	95
淳安县	68	39	29	109	48	61	107	66	41
建德市	51	21	30	76	34	42	51	27	24
宁波市	**971**	**484**	**487**	**1061**	**558**	**503**	**966**	**502**	**464**
海曙区	6	5	1	5	2	3	12	5	7
江北区									
北仑区	22	8	14	31	20	11	22	12	10
镇海区	26	13	13	21	5	16	24	11	13
鄞州区	160	78	82	170	87	83	173	86	87
奉化区	19	11	8	20	11	9	13	6	7
象山县	168	83	85	196	105	91	169	87	82
宁海县	276	136	140	276	147	129	244	131	113
余姚市	108	55	53	121	69	52	124	64	60
慈溪市	186	95	91	221	112	109	185	100	85
温州市	**1228**	**644**	**584**	**1269**	**691**	**578**	**1443**	**749**	**694**
鹿城区	5	2	3	2	1	1	2	1	1
龙湾区	121	59	62	119	73	46	139	61	78
瓯海区	7	2	5	9	5	4	11	6	5
洞头区	3	2	1	2	1	1	3	2	1
永嘉县	251	128	123	243	129	114	317	179	138
平阳县	295	150	145	325	174	151	349	177	172
苍南县	333	185	148	387	213	174	393	201	192
文成县	69	37	32	52	26	26	67	33	34
泰顺县	73	39	34	75	44	31	90	49	41
瑞安市	12	8	4	16	6	10	13	9	4
乐清市	39	21	18	30	17	13	39	20	19
龙港市	20	11	9	9	2	7	20	11	9
嘉兴市	**922**	**476**	**446**	**889**	**446**	**443**	**942**	**505**	**437**
南湖区	35	18	17	29	11	18	43	21	22
秀洲区	106	53	53	94	58	36	107	58	49
嘉善县	272	159	113	248	126	122	259	137	122
海盐县	155	72	83	168	93	75	173	93	80
海宁市	174	82	92	193	84	109	180	97	83
平湖市	103	51	52	90	41	49	93	52	41
桐乡市	77	41	36	67	33	34	87	47	40
湖州市	**705**	**376**	**329**	**702**	**343**	**359**	**772**	**388**	**384**
吴兴区	78	45	33	90	41	49	123	64	59
南浔区	57	28	29	50	25	25	72	30	42
德清县	172	96	76	154	77	77	161	80	81
长兴县	211	104	107	233	117	116	237	124	113
安吉县	187	103	84	175	83	92	179	90	89

1-10b　续表 7　　　　　　　　　　　　　　　　　　　　单位：人

地　区	2020年5月			2020年6月			2020年7月		
	小计	男	女	小计	男	女	小计	男	女
绍兴市	**291**	**156**	**135**	**243**	**131**	**112**	**307**	**156**	**151**
越城区	1	1					1		1
柯桥区	33	21	12	28	17	11	42	20	22
上虞区	17	8	9	10	8	2	18	13	5
新昌县	129	73	56	126	66	60	149	70	79
诸暨市	88	43	45	59	29	30	80	44	36
嵊州市	23	10	13	20	11	9	17	9	8
金华市	**920**	**487**	**433**	**853**	**443**	**410**	**875**	**466**	**409**
婺城区	51	24	27	52	27	25	58	30	28
金东区	73	32	41	90	43	47	72	40	32
武义县	200	102	98	194	93	101	188	94	94
浦江县	124	71	53	89	53	36	105	52	53
磐安县	52	30	22	49	19	30	48	28	20
兰溪市	33	21	12	33	14	19	36	19	17
义乌市	196	109	87	151	81	70	147	84	63
东阳市	142	73	69	149	87	62	170	89	81
永康市	49	25	24	46	26	20	51	30	21
衢州市	**296**	**163**	**133**	**314**	**169**	**145**	**299**	**156**	**143**
柯城区	8	3	5	7	4	3	10	3	7
衢江区	12	8	4	17	12	5	21	13	8
常山县	58	35	23	71	39	32	62	33	29
开化县	96	51	45	85	46	39	81	45	36
龙游县	84	41	43	87	46	41	86	46	40
江山市	38	25	13	47	22	25	39	16	23
舟山市	**55**	**22**	**33**	**64**	**31**	**33**	**61**	**27**	**34**
定海区	10	3	7	13	7	6	16	9	7
普陀区	5	1	4	5	3	2	6	2	4
岱山县	26	10	16	38	14	24	28	12	16
嵊泗县	14	8	6	8	7	1	11	4	7
台州市	**664**	**359**	**305**	**607**	**328**	**279**	**713**	**369**	**344**
椒江区	4	2	2	1		1	2	2	
黄岩区	24	13	11	10	5	5	16	8	8
路桥区	42	28	14	55	32	23	51	32	19
三门县	123	65	58	100	59	41	123	52	71
天台县	148	78	70	134	71	63	156	92	64
仙居县	150	67	83	138	74	64	146	75	71
温岭市	89	59	30	98	50	48	121	65	56
临海市	69	41	28	63	35	28	85	40	45
玉环市	15	6	9	8	2	6	13	3	10
丽水市	**531**	**283**	**248**	**541**	**276**	**265**	**543**	**283**	**260**
莲都区	13	9	4	12	3	9	13	8	5
青田县	119	68	51	109	61	48	122	63	59
缙云县	139	77	62	152	77	75	119	61	58
遂昌县	59	33	26	45	22	23	53	27	26
松阳县	57	24	33	67	33	34	70	35	35
云和县	46	25	21	52	26	26	51	30	21
庆元县	55	29	26	56	29	27	61	31	30
景宁畲族自治县	36	16	20	37	20	17	43	21	22
龙泉市	7	2	5	11	5	6	11	7	4

1-10b 续表 8

单位：人

地　区	2020年8月			2020年9月			2020年10月		
	小计	男	女	小计	男	女	小计	男	女
合计	**7549**	**3972**	**3577**	**7048**	**3704**	**3344**	**5723**	**3070**	**2653**
杭州市	**677**	**353**	**324**	**635**	**337**	**298**	**513**	**265**	**248**
上城区									
下城区									
江干区									
拱墅区									
西湖区				1		1			
滨江区									
萧山区	61	35	26	69	37	32	51	19	32
余杭区	203	103	100	204	103	101	126	64	62
富阳区	16	5	11	12	5	7	12	9	3
临安区	37	19	18	33	21	12	25	12	13
桐庐县	208	113	95	178	96	82	195	103	92
淳安县	87	43	44	91	50	41	70	40	30
建德市	65	35	30	47	25	22	34	18	16
宁波市	**1014**	**547**	**467**	**941**	**505**	**436**	**792**	**416**	**376**
海曙区	10	5	5	10	6	4	10	7	3
江北区									
北仑区	26	11	15	22	8	14	21	15	6
镇海区	22	13	9	30	17	13	29	17	12
鄞州区	189	112	77	167	86	81	168	90	78
奉化区	24	10	14	23	12	11	10	2	8
象山县	175	83	92	147	83	64	130	69	61
宁海县	273	148	125	261	149	112	201	104	97
余姚市	116	56	60	97	54	43	74	42	32
慈溪市	179	109	70	184	90	94	149	70	79
温州市	**1319**	**671**	**648**	**1303**	**677**	**626**	**1030**	**567**	**463**
鹿城区	5	1	4	2	2		2	1	1
龙湾区	130	67	63	152	73	79	122	69	53
瓯海区	4	2	2	7	2	5	6	4	2
洞头区	2	1	1	4	2	2	4	2	2
永嘉县	266	142	124	281	149	132	165	94	71
平阳县	311	155	156	306	167	139	307	161	146
苍南县	409	215	194	329	178	151	229	125	104
文成县	57	24	33	66	34	32	56	34	22
泰顺县	72	40	32	81	36	45	70	40	30
瑞安市	17	6	11	20	6	14	15	4	11
乐清市	31	15	16	44	22	22	36	21	15
龙港市	15	3	12	11	6	5	18	12	6
嘉兴市	**890**	**458**	**432**	**911**	**475**	**436**	**751**	**394**	**357**
南湖区	29	13	16	37	18	19	31	16	15
秀洲区	88	52	36	96	58	38	73	42	31
嘉善县	264	135	129	270	145	125	203	105	98
海盐县	171	88	83	159	79	80	126	64	62
海宁市	177	93	84	190	97	93	147	78	69
平湖市	84	40	44	76	38	38	86	41	45
桐乡市	77	37	40	83	40	43	85	48	37
湖州市	**779**	**408**	**371**	**736**	**392**	**344**	**571**	**301**	**270**
吴兴区	87	57	30	93	45	48	50	32	18
南浔区	67	41	26	60	27	33	53	31	22
德清县	169	82	87	179	109	70	160	87	73
长兴县	223	124	99	206	107	99	171	79	92
安吉县	233	104	129	198	104	94	137	72	65

1-10b　续表 9　　　　单位：人

地　区	2020年8月			2020年9月			2020年10月		
	小计	男	女	小计	男	女	小计	男	女
绍兴市	**315**	**171**	**144**	**281**	**147**	**134**	**249**	**131**	**118**
越城区	2	1	1				2		2
柯桥区	34	17	17	39	22	17	27	15	12
上虞区	21	10	11	18	10	8	18	10	8
新昌县	169	91	78	132	64	68	107	59	48
诸暨市	72	44	28	66	37	29	69	30	39
嵊州市	17	8	9	26	14	12	26	17	9
金华市	**921**	**491**	**430**	**761**	**372**	**389**	**674**	**364**	**310**
婺城区	66	31	35	40	16	24	38	21	17
金东区	78	36	42	68	33	35	50	23	27
武义县	190	110	80	159	80	79	135	80	55
浦江县	133	74	59	117	65	52	90	48	42
磐安县	59	31	28	44	24	20	46	20	26
兰溪市	39	20	19	33	13	20	25	13	12
义乌市	142	78	64	138	69	69	125	66	59
东阳市	159	76	83	126	56	70	121	67	54
永康市	55	35	20	36	16	20	44	26	18
衢州市	**308**	**158**	**150**	**290**	**150**	**140**	**253**	**133**	**120**
柯城区	6	4	2	5	3	2	5		5
衢江区	13	7	6	16	11	5	16	6	10
常山县	77	37	40	77	35	42	74	35	39
开化县	73	39	34	67	35	32	61	41	20
龙游县	101	55	46	72	39	33	45	26	19
江山市	38	16	22	53	27	26	52	25	27
舟山市	**70**	**36**	**34**	**68**	**34**	**34**	**56**	**28**	**28**
定海区	14	8	6	16	8	8	11	6	5
普陀区	5	3	2	5	3	2	6	4	2
岱山县	41	19	22	41	18	23	25	11	14
嵊泗县	10	6	4	6	5	1	14	7	7
台州市	**715**	**391**	**324**	**655**	**375**	**280**	**402**	**228**	**174**
椒江区	2		2	5	4	1	7	5	2
黄岩区	28	15	13	23	13	10	14	5	9
路桥区	57	25	32	50	32	18	50	30	20
三门县	131	74	57	124	69	55	60	37	23
天台县	154	93	61	114	66	48	51	28	23
仙居县	139	71	68	134	79	55	62	36	26
温岭市	118	68	50	105	54	51	76	40	36
临海市	68	36	32	90	52	38	69	38	31
玉环市	18	9	9	10	6	4	13	9	4
丽水市	**541**	**288**	**253**	**467**	**240**	**227**	**432**	**243**	**189**
莲都区	13	7	6	7	4	3	12	6	6
青田县	122	71	51	95	45	50	57	33	24
缙云县	140	60	80	118	63	55	142	87	55
遂昌县	56	31	25	57	33	24	48	18	30
松阳县	54	28	26	57	33	24	55	28	27
云和县	59	40	19	39	19	20	36	17	19
庆元县	49	27	22	55	23	32	35	22	13
景宁畲族自治县	40	20	20	32	17	15	34	21	13
龙泉市	8	4	4	7	3	4	13	11	2

1－10c 各地区分性别、月份的出生人口 (2019.11.1－2020.10.31)(乡村)

单位：人

地区	出生人口 合计	出生人口 男	出生人口 女	2019年11月 小计	2019年11月 男	2019年11月 女
合计	**124265**	**65064**	**59201**	**12402**	**6515**	**5887**
杭州市	**14436**	**7357**	**7079**	**1410**	**704**	**706**
上城区						
下城区						
江干区						
拱墅区						
西湖区	335	166	169	41	19	22
滨江区						
萧山区	3328	1719	1609	361	180	181
余杭区	3409	1686	1723	359	181	178
富阳区	1863	936	927	164	76	88
临安区	1547	810	737	138	72	66
桐庐县	1063	562	501	85	47	38
淳安县	1221	622	599	99	43	56
建德市	1670	856	814	163	86	77
宁波市	**11894**	**6249**	**5645**	**1219**	**679**	**540**
海曙区	763	394	369	66	37	29
江北区	497	239	258	55	27	28
北仑区	1187	615	572	127	71	56
镇海区	304	171	133	30	18	12
鄞州区	1723	878	845	179	94	85
奉化区	857	457	400	99	48	51
象山县	1174	635	539	130	82	48
宁海县	1859	996	863	165	91	74
余姚市	1261	665	596	126	69	57
慈溪市	2269	1199	1070	242	142	100
温州市	**20948**	**11116**	**9832**	**2041**	**1070**	**971**
鹿城区	596	315	281	58	31	27
龙湾区	6	2	4	1		1
瓯海区	868	461	407	96	46	50
洞头区	400	212	188	43	26	17
永嘉县	3602	1939	1663	358	194	164
平阳县	2483	1303	1180	241	126	115
苍南县	2230	1211	1019	210	108	102
文成县	1204	619	585	93	49	44
泰顺县	1496	795	701	155	77	78
瑞安市	3396	1787	1609	318	165	153
乐清市	4530	2401	2129	455	242	213
龙港市	137	71	66	13	6	7
嘉兴市	**10049**	**5160**	**4889**	**935**	**465**	**470**
南湖区	639	324	315	69	34	35
秀洲区	1711	888	823	161	86	75
嘉善县	915	444	471	80	42	38
海盐县	960	519	441	81	45	36
海宁市	2095	1085	1010	191	88	103
平湖市	1220	632	588	129	61	68
桐乡市	2509	1268	1241	224	109	115
湖州市	**7572**	**3867**	**3705**	**790**	**393**	**397**
吴兴区	1548	794	754	152	81	71
南浔区	1217	621	596	126	57	69
德清县	1398	672	726	163	72	91
长兴县	1753	915	838	192	106	86
安吉县	1656	865	791	157	77	80

1-10c 续表 1

单位：人

地 区	出生人口			2019年11月		
	合计	男	女	小计	男	女
绍兴市	**8567**	**4514**	**4053**	**928**	**477**	**451**
越城区	858	453	405	108	54	54
柯桥区	1219	640	579	121	63	58
上虞区	1396	721	675	148	79	69
新昌县	789	422	367	93	50	43
诸暨市	2918	1541	1377	306	156	150
嵊州市	1387	737	650	152	75	77
金华市	**17487**	**9238**	**8249**	**1793**	**930**	**863**
婺城区	1563	787	776	139	78	61
金东区	1530	776	754	163	67	96
武义县	1392	765	627	141	84	57
浦江县	1648	851	797	184	86	98
磐安县	612	317	295	51	28	23
兰溪市	1931	1043	888	170	82	88
义乌市	3376	1816	1560	365	197	168
东阳市	2798	1445	1353	304	143	161
永康市	2637	1438	1199	276	165	111
衢州市	**7442**	**3896**	**3546**	**692**	**354**	**338**
柯城区	1050	538	512	82	32	50
衢江区	1438	744	694	158	79	79
常山县	1078	557	521	115	63	52
开化县	1031	571	460	81	53	28
龙游县	1102	569	533	102	53	49
江山市	1743	917	826	154	74	80
舟山市	**1136**	**595**	**541**	**109**	**59**	**50**
定海区	526	289	237	56	30	26
普陀区	404	203	201	35	21	14
岱山县	151	74	77	13	6	7
嵊泗县	55	29	26	5	2	3
台州市	**18012**	**9543**	**8469**	**1848**	**1026**	**822**
椒江区	1507	832	675	178	103	75
黄岩区	1807	919	888	187	103	84
路桥区	1398	738	660	147	85	62
三门县	1359	708	651	122	66	56
天台县	1778	957	821	192	114	78
仙居县	1753	920	833	192	98	94
温岭市	3082	1599	1483	336	189	147
临海市	3999	2142	1857	376	205	171
玉环市	1329	728	601	118	63	55
丽水市	**6722**	**3529**	**3193**	**637**	**358**	**279**
莲都区	1094	586	508	91	59	32
青田县	1149	585	564	126	70	56
缙云县	1310	662	648	127	72	55
遂昌县	534	303	231	57	24	33
松阳县	903	471	432	88	49	39
云和县	256	132	124	25	13	12
庆元县	375	209	166	33	20	13
景宁畲族自治县	391	207	184	38	20	18
龙泉市	710	374	336	52	31	21

1-10c 续表 2 单位：人

地区	2019年12月			2020年1月		
	小计	男	女	小计	男	女
合计	**11727**	**6118**	**5609**	**11478**	**5950**	**5528**
杭州市	**1321**	**662**	**659**	**1305**	**662**	**643**
上城区						
下城区						
江干区						
拱墅区						
西湖区	25	14	11	31	15	16
滨江区						
萧山区	315	149	166	293	154	139
余杭区	323	159	164	306	159	147
富阳区	151	75	76	160	83	77
临安区	134	70	64	144	78	66
桐庐县	95	51	44	100	45	55
淳安县	118	61	57	107	52	55
建德市	160	83	77	164	76	88
宁波市	**1133**	**560**	**573**	**1156**	**611**	**545**
海曙区	88	43	45	93	40	53
江北区	49	23	26	44	23	21
北仑区	106	58	48	112	62	50
镇海区	32	13	19	29	18	11
鄞州区	151	64	87	174	104	70
奉化区	78	39	39	83	49	34
象山县	102	58	44	115	53	62
宁海县	177	85	92	165	82	83
余姚市	139	68	71	130	64	66
慈溪市	211	109	102	211	116	95
温州市	**1914**	**996**	**918**	**1957**	**1064**	**893**
鹿城区	66	27	39	59	32	27
龙湾区				1		1
瓯海区	78	42	36	62	25	37
洞头区	33	15	18	36	22	14
永嘉县	318	162	156	331	182	149
平阳县	244	129	115	224	129	95
苍南县	193	113	80	209	116	93
文成县	106	52	54	107	43	64
泰顺县	121	73	48	130	71	59
瑞安市	309	153	156	366	188	178
乐清市	432	223	209	425	250	175
龙港市	14	7	7	7	6	1
嘉兴市	**1005**	**538**	**467**	**945**	**483**	**462**
南湖区	56	30	26	63	30	33
秀洲区	174	87	87	174	87	87
嘉善县	88	47	41	94	38	56
海盐县	109	59	50	82	46	36
海宁市	202	108	94	187	99	88
平湖市	112	58	54	106	58	48
桐乡市	264	149	115	239	125	114
湖州市	**728**	**375**	**353**	**700**	**354**	**346**
吴兴区	147	68	79	155	75	80
南浔区	117	65	52	100	51	49
德清县	127	66	61	121	64	57
长兴县	166	87	79	185	100	85
安吉县	171	89	82	139	64	75

1-10c　续表 3　　　　单位：人

地　区	2019年12月			2020年1月		
	小计	男	女	小计	男	女
绍兴市	**850**	**441**	**409**	**786**	**415**	**371**
越城区	97	50	47	64	40	24
柯桥区	133	66	67	109	63	46
上虞区	128	73	55	126	61	65
新昌县	70	41	29	75	40	35
诸暨市	271	135	136	286	155	131
嵊州市	151	76	75	126	56	70
金华市	**1725**	**905**	**820**	**1594**	**810**	**784**
婺城区	137	75	62	125	65	60
金东区	149	74	75	148	79	69
武义县	132	73	59	124	65	59
浦江县	205	91	114	152	77	75
磐安县	53	31	22	65	31	34
兰溪市	177	88	89	168	88	80
义乌市	328	172	156	311	166	145
东阳市	248	129	119	247	119	128
永康市	296	172	124	254	120	134
衢州市	**629**	**348**	**281**	**630**	**316**	**314**
柯城区	95	49	46	89	37	52
衢江区	135	82	53	106	52	54
常山县	88	37	51	108	52	56
开化县	92	54	38	90	43	47
龙游县	87	48	39	77	45	32
江山市	132	78	54	160	87	73
舟山市	**105**	**58**	**47**	**112**	**61**	**51**
定海区	60	31	29	61	39	22
普陀区	31	20	11	32	14	18
岱山县	11	5	6	16	7	9
嵊泗县	3	2	1	3	1	2
台州市	**1745**	**939**	**806**	**1668**	**843**	**825**
椒江区	149	79	70	151	83	68
黄岩区	145	73	72	172	81	91
路桥区	125	67	58	147	77	70
三门县	139	65	74	115	52	63
天台县	170	91	79	173	89	84
仙居县	182	101	81	155	83	72
温岭市	321	172	149	265	119	146
临海市	384	213	171	353	188	165
玉环市	130	78	52	137	71	66
丽水市	**572**	**296**	**276**	**625**	**331**	**294**
莲都区	94	50	44	105	56	49
青田县	116	59	57	124	70	54
缙云县	103	61	42	122	59	63
遂昌县	42	20	22	53	28	25
松阳县	80	38	42	77	37	40
云和县	27	16	11	17	8	9
庆元县	20	12	8	35	17	18
景宁畲族自治县	36	16	20	25	14	11
龙泉市	54	24	30	67	42	25

1－10c　续表 4　　　　单位：人

地　区	2020年2月			2020年3月			2020年4月		
	小计	男	女	小计	男	女	小计	男	女
合计	**10279**	**5367**	**4912**	**10434**	**5469**	**4965**	**9825**	**5100**	**4725**
杭州市	**1168**	**562**	**606**	**1223**	**614**	**609**	**1067**	**559**	**508**
上城区									
下城区									
江干区									
拱墅区									
西湖区	30	12	18	24	9	15	21	10	11
滨江区									
萧山区	289	153	136	289	150	139	220	119	101
余杭区	276	113	163	313	149	164	247	129	118
富阳区	137	70	67	160	74	86	140	73	67
临安区	123	65	58	111	56	55	111	60	51
桐庐县	81	39	42	97	60	37	90	50	40
淳安县	103	50	53	99	51	48	107	56	51
建德市	129	60	69	130	65	65	131	62	69
宁波市	**972**	**525**	**447**	**967**	**485**	**482**	**878**	**451**	**427**
海曙区	52	22	30	56	24	32	61	32	29
江北区	44	23	21	42	25	17	27	16	11
北仑区	79	38	41	96	45	51	83	35	48
镇海区	25	17	8	22	13	9	23	11	12
鄞州区	126	59	67	131	61	70	118	57	61
奉化区	77	45	32	65	35	30	69	37	32
象山县	87	44	43	81	41	40	76	42	34
宁海县	152	90	62	172	92	80	140	78	62
余姚市	122	69	53	108	55	53	89	49	40
慈溪市	208	118	90	194	94	100	192	94	98
温州市	**1760**	**949**	**811**	**1742**	**977**	**765**	**1689**	**886**	**803**
鹿城区	62	32	30	53	30	23	45	24	21
龙湾区									
瓯海区	82	43	39	61	33	28	60	32	28
洞头区	28	11	17	29	18	11	34	16	18
永嘉县	287	161	126	296	173	123	304	153	151
平阳县	203	100	103	195	102	93	168	90	78
苍南县	203	121	82	162	98	64	192	98	94
文成县	101	54	47	118	69	49	97	50	47
泰顺县	132	63	69	117	66	51	137	78	59
瑞安市	285	158	127	307	175	132	270	148	122
乐清市	364	198	166	391	205	186	377	195	182
龙港市	13	8	5	13	8	5	5	2	3
嘉兴市	**872**	**437**	**435**	**864**	**460**	**404**	**794**	**403**	**391**
南湖区	43	22	21	77	43	34	48	25	23
秀洲区	160	80	80	143	76	67	122	65	57
嘉善县	86	39	47	67	36	31	84	38	46
海盐县	81	42	39	91	52	39	78	44	34
海宁市	191	94	97	175	89	86	164	80	84
平湖市	98	51	47	103	58	45	105	52	53
桐乡市	213	109	104	208	106	102	193	99	94
湖州市	**627**	**302**	**325**	**623**	**326**	**297**	**556**	**293**	**263**
吴兴区	113	55	58	135	65	70	132	71	61
南浔区	96	46	50	99	48	51	96	61	35
德清县	113	51	62	116	61	55	92	46	46
长兴县	164	80	84	113	63	50	118	52	66
安吉县	141	70	71	160	89	71	118	63	55

1−10c 续表 5

单位：人

地 区	2020年2月			2020年3月			2020年4月		
	小计	男	女	小计	男	女	小计	男	女
绍兴市	**714**	**373**	**341**	**685**	**354**	**331**	**708**	**359**	**349**
越城区	76	43	33	68	35	33	64	30	34
柯桥区	113	60	53	96	45	51	110	52	58
上虞区	106	46	60	95	46	49	132	75	57
新昌县	82	40	42	68	28	40	64	28	36
诸暨市	230	121	109	248	144	104	232	115	117
嵊州市	107	63	44	110	56	54	106	59	47
金华市	**1401**	**768**	**633**	**1497**	**794**	**703**	**1458**	**771**	**687**
婺城区	136	65	71	134	67	67	144	80	64
金东区	123	72	51	133	61	72	139	72	67
武义县	106	63	43	122	60	62	117	61	56
浦江县	134	73	61	131	77	54	135	64	71
磐安县	36	21	15	52	29	23	69	37	32
兰溪市	168	91	77	183	104	79	163	86	77
义乌市	235	132	103	289	156	133	281	154	127
东阳市	234	123	111	222	115	107	212	113	99
永康市	229	128	101	231	125	106	198	104	94
衢州市	**635**	**336**	**299**	**615**	**323**	**292**	**611**	**321**	**290**
柯城区	96	54	42	85	48	37	86	48	38
衢江区	128	62	66	106	61	45	117	60	57
常山县	76	43	33	105	54	51	91	49	42
开化县	95	46	49	84	43	41	73	41	32
龙游县	104	62	42	89	41	48	94	46	48
江山市	136	69	67	146	76	70	150	77	73
舟山市	**106**	**50**	**56**	**93**	**47**	**46**	**87**	**48**	**39**
定海区	51	24	27	46	24	22	36	18	18
普陀区	37	18	19	22	8	14	37	22	15
岱山县	11	6	5	16	10	6	10	6	4
嵊泗县	7	2	5	9	5	4	4	2	2
台州市	**1489**	**788**	**701**	**1544**	**799**	**745**	**1429**	**724**	**705**
椒江区	114	61	53	131	69	62	123	68	55
黄岩区	155	85	70	156	61	95	126	61	65
路桥区	107	59	48	101	57	44	114	54	60
三门县	121	55	66	110	63	47	135	71	64
天台县	141	76	65	164	87	77	153	85	68
仙居县	123	58	65	161	90	71	117	59	58
温岭市	276	145	131	278	142	136	249	125	124
临海市	356	191	165	343	176	167	300	146	154
玉环市	96	58	38	100	54	46	112	55	57
丽水市	**535**	**277**	**258**	**581**	**290**	**291**	**548**	**285**	**263**
莲都区	95	49	46	110	55	55	78	40	38
青田县	88	43	45	93	47	46	98	53	45
缙云县	109	48	61	121	60	61	104	46	58
遂昌县	32	24	8	55	28	27	39	17	22
松阳县	75	39	36	75	34	41	76	42	34
云和县	20	8	12	25	12	13	21	13	8
庆元县	29	21	8	27	15	12	24	13	11
景宁畲族自治县	36	21	15	28	12	16	40	23	17
龙泉市	51	24	27	47	27	20	68	38	30

1－10c 续表 6

单位：人

地 区	2020年5月			2020年6月			2020年7月		
	小计	男	女	小计	男	女	小计	男	女
合计	**9399**	**4909**	**4490**	**9585**	**5036**	**4549**	**9803**	**5107**	**4696**
杭州市	**1083**	**570**	**513**	**1013**	**527**	**486**	**1157**	**598**	**559**
上城区									
下城区									
江干区									
拱墅区									
西湖区	23	12	11	25	14	11	32	17	15
滨江区									
萧山区	246	135	111	242	121	121	250	128	122
余杭区	250	123	127	239	119	120	273	143	130
富阳区	144	83	61	133	66	67	156	72	84
临安区	124	67	57	111	66	45	146	72	74
桐庐县	83	37	46	60	30	30	90	49	41
淳安县	89	47	42	86	45	41	83	43	40
建德市	124	66	58	117	66	51	127	74	53
宁波市	**932**	**506**	**426**	**895**	**442**	**453**	**952**	**511**	**441**
海曙区	70	42	28	51	27	24	60	33	27
江北区	32	19	13	43	15	28	35	14	21
北仑区	97	47	50	101	50	51	97	44	53
镇海区	32	24	8	23	12	11	24	11	13
鄞州区	146	75	71	135	67	68	120	62	58
奉化区	70	36	34	55	30	25	74	39	35
象山县	92	51	41	81	44	37	106	61	45
宁海县	139	78	61	140	71	69	167	96	71
余姚市	95	51	44	92	50	42	78	45	33
慈溪市	159	83	76	174	76	98	191	106	85
温州市	**1582**	**836**	**746**	**1682**	**906**	**776**	**1691**	**887**	**804**
鹿城区	36	18	18	43	24	19	44	26	18
龙湾区									
瓯海区	69	32	37	68	39	29	79	45	34
洞头区	28	13	15	38	24	14	30	15	15
永嘉县	267	144	123	316	179	137	327	173	154
平阳县	180	96	84	197	106	91	202	100	102
苍南县	159	84	75	181	108	73	183	99	84
文成县	98	50	48	105	49	56	95	47	48
泰顺县	108	59	49	130	65	65	111	62	49
瑞安市	252	139	113	261	133	128	252	135	117
乐清市	379	197	182	334	173	161	355	179	176
龙港市	6	4	2	9	6	3	13	6	7
嘉兴市	**746**	**366**	**380**	**754**	**401**	**353**	**784**	**387**	**397**
南湖区	37	19	18	49	21	28	50	20	30
秀洲区	123	62	61	120	68	52	137	67	70
嘉善县	70	35	35	66	33	33	64	33	31
海盐县	71	34	37	74	36	38	71	43	28
海宁市	167	81	86	167	90	77	162	91	71
平湖市	78	42	36	91	39	52	101	49	52
桐乡市	200	93	107	187	114	73	199	84	115
湖州市	**579**	**300**	**279**	**597**	**280**	**317**	**576**	**307**	**269**
吴兴区	124	68	56	130	62	68	105	53	52
南浔区	92	48	44	95	51	44	101	50	51
德清县	104	47	57	115	50	65	120	55	65
长兴县	139	73	66	134	59	75	124	71	53
安吉县	120	64	56	123	58	65	126	78	48

1－10c　续表 7　　　　单位：人

地　区	2020年5月			2020年6月			2020年7月		
	小计	男	女	小计	男	女	小计	男	女
绍兴市	**608**	**330**	**278**	**644**	**353**	**291**	**653**	**344**	**309**
越城区	72	42	30	65	41	24	66	34	32
柯桥区	79	39	40	89	46	43	79	51	28
上虞区	91	48	43	107	57	50	99	48	51
新昌县	58	32	26	65	35	30	48	29	19
诸暨市	200	108	92	222	117	105	247	124	123
嵊州市	108	61	47	96	57	39	114	58	56
金华市	**1332**	**693**	**639**	**1383**	**711**	**672**	**1390**	**721**	**669**
婺城区	99	49	50	136	62	74	121	43	78
金东区	135	73	62	127	69	58	108	51	57
武义县	117	66	51	98	55	43	108	63	45
浦江县	114	58	56	123	70	53	122	64	58
磐安县	49	27	22	45	18	27	41	19	22
兰溪市	143	84	59	142	68	74	155	86	69
义乌市	277	135	142	285	156	129	283	154	129
东阳市	203	104	99	234	118	116	224	115	109
永康市	195	97	98	193	95	98	228	126	102
衢州市	**520**	**277**	**243**	**610**	**311**	**299**	**623**	**324**	**299**
柯城区	77	38	39	102	50	52	87	47	40
衢江区	107	60	47	98	46	52	124	61	63
常山县	76	44	32	83	45	38	84	47	37
开化县	73	38	35	91	47	44	86	47	39
龙游县	69	33	36	92	49	43	97	46	51
江山市	118	64	54	144	74	70	145	76	69
舟山市	**84**	**44**	**40**	**101**	**57**	**44**	**91**	**46**	**45**
定海区	34	19	15	43	28	15	40	22	18
普陀区	33	17	16	40	22	18	35	16	19
岱山县	13	6	7	14	4	10	11	6	5
嵊泗县	4	2	2	4	3	1	5	2	3
台州市	**1388**	**715**	**673**	**1402**	**756**	**646**	**1358**	**694**	**664**
椒江区	101	54	47	107	67	40	106	55	51
黄岩区	133	58	75	146	79	67	153	76	77
路桥区	111	61	50	107	55	52	111	58	53
三门县	114	51	63	87	45	42	108	58	50
天台县	134	76	58	134	74	60	126	60	66
仙居县	134	67	67	161	86	75	124	69	55
温岭市	249	136	113	224	116	108	213	103	110
临海市	322	172	150	323	173	150	315	157	158
玉环市	90	40	50	113	61	52	102	58	44
丽水市	**545**	**272**	**273**	**504**	**292**	**212**	**528**	**288**	**240**
莲都区	86	43	43	93	52	41	86	56	30
青田县	99	52	47	86	37	49	96	49	47
缙云县	111	50	61	89	57	32	96	46	50
遂昌县	45	28	17	40	30	10	45	32	13
松阳县	81	47	34	74	45	29	61	30	31
云和县	21	8	13	12	9	3	18	7	11
庆元县	30	12	18	34	18	16	26	15	11
景宁畲族自治县	29	18	11	23	12	11	30	14	16
龙泉市	43	14	29	53	32	21	70	39	31

1－10c 续表 8

单位：人

地区	2020年8月			2020年9月			2020年10月		
	小计	男	女	小计	男	女	小计	男	女
合计	**10347**	**5476**	**4871**	**9739**	**5108**	**4631**	**9247**	**4909**	**4338**
杭州市	**1238**	**619**	**619**	**1215**	**621**	**594**	**1236**	**659**	**577**
上城区									
下城区									
江干区									
拱墅区									
西湖区	29	16	13	29	17	12	25	11	14
滨江区									
萧山区	254	127	127	286	147	139	283	156	127
余杭区	288	144	144	267	133	134	268	134	134
富阳区	182	87	95	157	84	73	179	93	86
临安区	140	64	76	136	67	69	129	73	56
桐庐县	92	44	48	91	54	37	99	56	43
淳安县	100	54	46	108	52	56	122	68	54
建德市	153	83	70	141	67	74	131	68	63
宁波市	**991**	**537**	**454**	**874**	**435**	**439**	**925**	**507**	**418**
海曙区	61	39	22	52	26	26	53	29	24
江北区	47	25	22	44	13	31	35	16	19
北仑区	109	61	48	85	52	33	95	52	43
镇海区	20	12	8	21	7	14	23	15	8
鄞州区	149	81	68	141	73	68	153	81	72
奉化区	77	36	41	59	30	29	51	33	18
象山县	92	51	41	103	51	52	109	57	52
宁海县	152	86	66	150	70	80	140	77	63
余姚市	97	47	50	88	47	41	97	51	46
慈溪市	187	99	88	131	66	65	169	96	73
温州市	**1758**	**911**	**847**	**1674**	**876**	**798**	**1458**	**758**	**700**
鹿城区	35	21	14	54	28	26	41	22	19
龙湾区	1	1		2		2	1	1	
瓯海区	86	54	32	70	37	33	57	33	24
洞头区	37	18	19	25	14	11	39	20	19
永嘉县	276	138	138	268	145	123	254	135	119
平阳县	214	112	102	228	114	114	187	99	88
苍南县	203	95	108	155	86	69	180	85	95
文成县	85	46	39	118	64	54	81	46	35
泰顺县	131	71	60	125	55	70	99	55	44
瑞安市	309	154	155	255	129	126	212	110	102
乐清市	370	195	175	362	201	161	286	143	143
龙港市	11	6	5	12	3	9	21	9	12
嘉兴市	**802**	**405**	**397**	**762**	**407**	**355**	**786**	**408**	**378**
南湖区	53	26	27	46	24	22	48	30	18
秀洲区	136	75	61	121	67	54	140	68	72
嘉善县	71	33	38	67	34	33	78	36	42
海盐县	66	34	32	74	39	35	82	45	37
海宁市	169	90	79	164	86	78	156	89	67
平湖市	101	53	48	102	59	43	94	52	42
桐乡市	206	94	112	188	98	90	188	88	100
湖州市	**668**	**353**	**315**	**633**	**340**	**293**	**495**	**244**	**251**
吴兴区	125	71	54	125	78	47	105	47	58
南浔区	101	54	47	112	55	57	82	35	47
德清县	127	64	63	115	51	64	85	45	40
长兴县	182	93	89	136	79	57	100	52	48
安吉县	133	71	62	145	77	68	123	65	58

1−10c　续表 9　　　　　　　　　　　　　　　　　　　　　　　　单位：人

地　　区	2020年8月			2020年9月			2020年10月		
	小计	男	女	小计	男	女	小计	男	女
绍兴市	**740**	**395**	**345**	**648**	**367**	**281**	**603**	**306**	**297**
越城区	69	30	39	50	26	24	59	28	31
柯桥区	102	58	44	99	58	41	89	39	50
上虞区	132	71	61	115	65	50	117	52	65
新昌县	52	32	20	58	39	19	56	28	28
诸暨市	267	144	123	220	124	96	189	98	91
嵊州市	118	60	58	106	55	51	93	61	32
金华市	**1435**	**785**	**650**	**1284**	**693**	**591**	**1195**	**657**	**538**
婺城区	131	67	64	134	70	64	127	66	61
金东区	111	58	53	96	50	46	98	50	48
武义县	125	67	58	99	51	48	103	57	46
浦江县	141	80	61	117	63	54	90	48	42
磐安县	53	26	27	41	24	17	57	26	31
兰溪市	180	108	72	147	89	58	135	69	66
义乌市	264	145	119	260	131	129	198	118	80
东阳市	220	113	107	201	112	89	249	141	108
永康市	210	121	89	189	103	86	138	82	56
衢州市	**625**	**340**	**285**	**616**	**314**	**302**	**636**	**332**	**304**
柯城区	96	54	42	69	35	34	86	46	40
衢江区	112	63	49	126	61	65	121	57	64
常山县	77	35	42	79	42	37	96	46	50
开化县	81	52	29	84	41	43	101	66	35
龙游县	104	57	47	112	54	58	75	35	40
江山市	155	79	76	146	81	65	157	82	75
舟山市	**74**	**38**	**36**	**89**	**35**	**54**	**85**	**52**	**33**
定海区	30	20	10	36	14	22	33	20	13
普陀区	32	10	22	35	13	22	35	22	13
岱山县	9	6	3	13	5	8	14	7	7
嵊泗县	3	2	1	5	3	2	3	3	
台州市	**1459**	**799**	**660**	**1380**	**737**	**643**	**1302**	**723**	**579**
椒江区	117	64	53	131	64	67	99	65	34
黄岩区	157	91	66	126	73	53	151	78	73
路桥区	111	52	59	107	47	60	110	66	44
三门县	115	67	48	114	68	46	79	47	32
天台县	144	71	73	118	63	55	129	71	58
仙居县	151	79	72	141	74	67	112	56	56
温岭市	246	132	114	215	116	99	210	104	106
临海市	310	175	135	309	166	143	308	180	128
玉环市	108	68	40	119	66	53	104	56	48
丽水市	**557**	**294**	**263**	**564**	**283**	**281**	**526**	**263**	**263**
莲都区	93	47	46	82	36	46	81	43	38
青田县	81	38	43	79	39	40	63	28	35
缙云县	118	62	56	100	49	51	110	52	58
遂昌县	39	24	15	44	27	17	43	21	22
松阳县	72	39	33	83	36	47	61	35	26
云和县	25	14	11	18	10	8	27	14	13
庆元县	42	24	18	39	22	17	36	20	16
景宁畲族自治县	24	13	11	44	24	20	38	20	18
龙泉市	63	33	30	75	40	35	67	30	37

1-11 各地区分性别、月份的死亡人口
(2019.11.1-2020.10.31)

单位：人

地　区	死亡人口			2019年11月		
	合计	男	女	小计	男	女
合计	**306953**	**176936**	**130017**	**23631**	**13825**	**9806**
杭州市	**44715**	**25135**	**19580**	**3506**	**2025**	**1481**
上城区	2354	1238	1116	175	88	87
下城区	2430	1360	1070	182	115	67
江干区	2598	1472	1126	175	102	73
拱墅区	2204	1221	983	178	96	82
西湖区	3022	1732	1290	248	149	99
滨江区	975	566	409	57	32	25
萧山区	8024	4418	3606	650	372	278
余杭区	6612	3653	2959	550	316	234
富阳区	3935	2246	1689	307	164	143
临安区	3369	1894	1475	247	144	103
桐庐县	2673	1560	1113	218	139	79
淳安县	2923	1674	1249	227	134	93
建德市	3596	2101	1495	292	174	118
宁波市	**38644**	**22080**	**16564**	**2805**	**1617**	**1188**
海曙区	3654	2116	1538	266	161	105
江北区	1504	897	607	101	55	46
北仑区	2467	1386	1081	158	90	68
镇海区	1530	881	649	106	65	41
鄞州区	5319	3002	2317	404	221	183
奉化区	2924	1681	1243	220	126	94
象山县	3660	2152	1508	276	174	102
宁海县	4164	2451	1713	312	189	123
余姚市	6222	3550	2672	456	259	197
慈溪市	7200	3964	3236	506	277	229
温州市	**48669**	**29024**	**19645**	**3901**	**2325**	**1576**
鹿城区	4726	2771	1955	389	230	159
龙湾区	1795	994	801	140	74	66
瓯海区	2631	1440	1191	210	109	101
洞头区	925	564	361	60	33	27
永嘉县	5748	3433	2315	480	301	179
平阳县	5613	3423	2190	481	291	190
苍南县	6006	3647	2359	471	285	186
文成县	2799	1805	994	225	146	79
泰顺县	2518	1598	920	197	128	69
瑞安市	6921	4128	2793	585	350	235
乐清市	7069	4088	2981	512	287	225
龙港市	1918	1133	785	151	91	60
嘉兴市	**25002**	**13885**	**11117**	**1927**	**1101**	**826**
南湖区	3159	1813	1346	227	143	84
秀洲区	2717	1530	1187	222	124	98
嘉善县	3092	1740	1352	249	140	109
海盐县	2560	1383	1177	188	107	81
海宁市	5040	2666	2374	386	210	176
平湖市	3755	2045	1710	269	153	116
桐乡市	4679	2708	1971	386	224	162
湖州市	**17623**	**9942**	**7681**	**1259**	**725**	**534**
吴兴区	4316	2456	1860	307	188	119
南浔区	3490	1929	1561	277	157	120
德清县	3171	1760	1411	248	135	113
长兴县	3820	2179	1641	257	150	107
安吉县	2826	1618	1208	170	95	75

1-11　续表 1　　　　单位：人

地　区	死亡人口			2019年11月		
	合计	男	女	小计	男	女
绍兴市	**28487**	**16129**	**12358**	**2082**	**1216**	**866**
越城区	4005	2247	1758	284	174	110
柯桥区	4003	2199	1804	299	165	134
上虞区	5615	3133	2482	423	252	171
新昌县	3225	1854	1371	262	158	104
诸暨市	6717	3811	2906	525	293	232
嵊州市	4922	2885	2037	289	174	115
金华市	**29140**	**17040**	**12100**	**2323**	**1343**	**980**
婺城区	3052	1818	1234	211	123	88
金东区	1775	979	796	108	61	47
武义县	2568	1579	989	200	121	79
浦江县	2518	1441	1077	206	115	91
磐安县	1219	740	479	90	49	41
兰溪市	3448	2034	1414	250	148	102
义乌市	4507	2665	1842	366	210	156
东阳市	5894	3356	2538	498	290	208
永康市	4159	2428	1731	394	226	168
衢州市	**15616**	**9251**	**6365**	**1287**	**776**	**511**
柯城区	2666	1567	1099	219	138	81
衢江区	2507	1517	990	215	132	83
常山县	2113	1278	835	191	118	73
开化县	2022	1158	864	160	90	70
龙游县	2471	1437	1034	190	106	84
江山市	3837	2294	1543	312	192	120
舟山市	**7110**	**4056**	**3054**	**512**	**289**	**223**
定海区	2507	1450	1057	187	105	82
普陀区	2469	1427	1042	168	101	67
岱山县	1595	872	723	122	67	55
嵊泗县	539	307	232	35	16	19
台州市	**36367**	**20827**	**15540**	**2853**	**1679**	**1174**
椒江区	2881	1568	1313	210	124	86
黄岩区	4052	2338	1714	345	206	139
路桥区	2890	1630	1260	198	113	85
三门县	2313	1341	972	198	120	78
天台县	3657	2129	1528	305	191	114
仙居县	2960	1733	1227	252	146	106
温岭市	7968	4470	3498	593	362	231
临海市	6708	3891	2817	509	280	229
玉环市	2938	1727	1211	243	137	106
丽水市	**15580**	**9567**	**6013**	**1176**	**729**	**447**
莲都区	1875	1092	783	103	57	46
青田县	3158	2004	1154	254	175	79
缙云县	2858	1717	1141	218	130	88
遂昌县	1501	916	585	118	77	41
松阳县	1524	973	551	127	83	44
云和县	780	491	289	62	43	19
庆元县	1018	588	430	65	30	35
景宁畲族自治县	1118	728	390	93	58	35
龙泉市	1748	1058	690	136	76	60

1-11 续表 2

单位：人

地区	2019年12月			2020年1月		
	小计	男	女	小计	男	女
合计	**26661**	**15114**	**11547**	**26996**	**15362**	**11634**
杭州市	**3866**	**2163**	**1703**	**4071**	**2300**	**1771**
上城区	199	99	100	224	135	89
下城区	201	124	77	233	126	107
江干区	201	113	88	219	124	95
拱墅区	215	109	106	192	102	90
西湖区	278	154	124	269	170	99
滨江区	82	43	39	104	58	46
萧山区	696	385	311	730	388	342
余杭区	576	297	279	618	322	296
富阳区	355	207	148	361	204	157
临安区	305	186	119	291	169	122
桐庐县	220	132	88	242	156	86
淳安县	247	150	97	260	161	99
建德市	291	164	127	328	185	143
宁波市	**3377**	**1889**	**1488**	**3383**	**1894**	**1489**
海曙区	272	168	104	315	167	148
江北区	119	67	52	132	80	52
北仑区	218	117	101	223	120	103
镇海区	114	77	37	120	75	45
鄞州区	485	255	230	490	274	216
奉化区	228	125	103	233	130	103
象山县	364	213	151	330	198	132
宁海县	395	228	167	350	188	162
余姚市	542	312	230	546	307	239
慈溪市	640	327	313	644	355	289
温州市	**4229**	**2418**	**1811**	**4173**	**2466**	**1707**
鹿城区	364	206	158	380	219	161
龙湾区	149	74	75	173	107	66
瓯海区	218	113	105	237	128	109
洞头区	89	51	38	100	59	41
永嘉县	555	341	214	464	266	198
平阳县	502	278	224	507	318	189
苍南县	540	298	242	477	288	189
文成县	256	152	104	227	150	77
泰顺县	211	136	75	237	161	76
瑞安市	590	340	250	580	329	251
乐清市	585	334	251	625	347	278
龙港市	170	95	75	166	94	72
嘉兴市	**2254**	**1214**	**1040**	**2252**	**1232**	**1020**
南湖区	293	153	140	261	155	106
秀洲区	208	107	101	235	140	95
嘉善县	287	149	138	296	174	122
海盐县	248	143	105	228	122	106
海宁市	480	251	229	461	248	213
平湖市	305	165	140	341	160	181
桐乡市	433	246	187	430	233	197
湖州市	**1453**	**825**	**628**	**1591**	**877**	**714**
吴兴区	366	209	157	390	220	170
南浔区	269	158	111	332	173	159
德清县	313	162	151	311	176	135
长兴县	336	199	137	350	183	167
安吉县	169	97	72	208	125	83

1-11　续表 3

单位：人

地　　区	2019年12月			2020年1月		
	小计	男	女	小计	男	女
绍兴市	**2515**	**1371**	**1144**	**2556**	**1401**	**1155**
越城区	276	138	138	328	177	151
柯桥区	367	194	173	395	199	196
上虞区	507	283	224	483	268	215
新昌县	284	159	125	310	172	138
诸暨市	631	337	294	598	348	250
嵊州市	450	260	190	442	237	205
金华市	**2569**	**1520**	**1049**	**2522**	**1453**	**1069**
婺城区	245	143	102	277	165	112
金东区	172	89	83	122	59	63
武义县	226	137	89	215	129	86
浦江县	256	140	116	202	119	83
磐安县	77	44	33	104	59	45
兰溪市	276	175	101	271	157	114
义乌市	389	232	157	414	255	159
东阳市	555	320	235	537	297	240
永康市	373	240	133	380	213	167
衢州市	**1327**	**762**	**565**	**1397**	**814**	**583**
柯城区	208	116	92	234	138	96
衢江区	184	112	72	206	126	80
常山县	180	104	76	174	107	67
开化县	195	104	91	199	106	93
龙游县	205	119	86	218	122	96
江山市	355	207	148	366	215	151
舟山市	**618**	**337**	**281**	**608**	**333**	**275**
定海区	224	129	95	218	121	97
普陀区	189	109	80	195	111	84
岱山县	155	76	79	145	73	72
嵊泗县	50	23	27	50	28	22
台州市	**3157**	**1805**	**1352**	**3257**	**1887**	**1370**
椒江区	250	127	123	243	131	112
黄岩区	364	219	145	313	191	122
路桥区	220	130	90	262	154	108
三门县	209	113	96	230	139	91
天台县	325	193	132	305	160	145
仙居县	267	161	106	265	159	106
温岭市	689	380	309	756	437	319
临海市	589	336	253	614	353	261
玉环市	244	146	98	269	163	106
丽水市	**1296**	**810**	**486**	**1186**	**705**	**481**
莲都区	124	76	48	142	79	63
青田县	281	164	117	259	158	101
缙云县	278	171	107	181	104	77
遂昌县	108	63	45	110	67	43
松阳县	119	92	27	133	82	51
云和县	77	45	32	55	37	18
庆元县	60	35	25	81	40	41
景宁畲族自治县	124	82	42	90	59	31
龙泉市	125	82	43	135	79	56

1-11 续表 4

单位：人

地　区	2020年2月			2020年3月			2020年4月		
	小计	男	女	小计	男	女	小计	男	女
合计	**27566**	**15440**	**12126**	**26710**	**15285**	**11425**	**25158**	**14383**	**10775**
杭州市	**3860**	**2071**	**1789**	**3887**	**2186**	**1701**	**3628**	**2040**	**1588**
上城区	161	77	84	222	120	102	212	111	101
下城区	171	90	81	214	125	89	193	93	100
江干区	236	127	109	225	127	98	205	121	84
拱墅区	185	106	79	180	116	64	162	90	72
西湖区	251	153	98	261	143	118	245	147	98
滨江区	98	57	41	82	53	29	76	46	30
萧山区	736	370	366	750	436	314	644	374	270
余杭区	541	284	257	550	303	247	577	310	267
富阳区	361	197	164	325	169	156	332	187	145
临安区	291	154	137	277	152	125	257	137	120
桐庐县	242	132	110	255	133	122	208	117	91
淳安县	278	150	128	235	126	109	232	131	101
建德市	309	174	135	311	183	128	285	176	109
宁波市	**3505**	**1939**	**1566**	**3362**	**1928**	**1434**	**3202**	**1824**	**1378**
海曙区	340	185	155	309	181	128	312	182	130
江北区	120	77	43	122	66	56	132	81	51
北仑区	233	130	103	196	118	78	222	119	103
镇海区	141	85	56	151	87	64	136	76	60
鄞州区	520	281	239	445	258	187	440	254	186
奉化区	238	134	104	239	137	102	283	160	123
象山县	328	176	152	316	195	121	293	158	135
宁海县	406	227	179	380	235	145	330	208	122
余姚市	534	300	234	561	305	256	501	293	208
慈溪市	645	344	301	643	346	297	553	293	260
温州市	**4479**	**2628**	**1851**	**4337**	**2568**	**1769**	**4232**	**2506**	**1726**
鹿城区	405	215	190	457	257	200	427	247	180
龙湾区	178	96	82	159	85	74	152	97	55
瓯海区	256	137	119	254	157	97	242	134	108
洞头区	72	45	27	88	54	34	63	37	26
永嘉县	556	330	226	489	304	185	460	264	196
平阳县	490	294	196	475	284	191	465	271	194
苍南县	555	343	212	513	300	213	512	308	204
文成县	289	181	108	227	154	73	242	173	69
泰顺县	243	154	89	230	130	100	233	139	94
瑞安市	611	350	261	643	365	278	635	372	263
乐清市	676	392	284	651	394	257	608	344	264
龙港市	148	91	57	151	84	67	193	120	73
嘉兴市	**2235**	**1206**	**1029**	**2174**	**1207**	**967**	**1959**	**1050**	**909**
南湖区	257	142	115	283	153	130	271	148	123
秀洲区	229	124	105	258	153	105	216	128	88
嘉善县	272	157	115	254	138	116	234	124	110
海盐县	244	122	122	201	97	104	179	93	86
海宁市	442	223	219	478	262	216	431	215	216
平湖市	360	206	154	337	190	147	285	146	139
桐乡市	431	232	199	363	214	149	343	196	147
湖州市	**1512**	**811**	**701**	**1518**	**875**	**643**	**1360**	**744**	**616**
吴兴区	379	198	181	417	233	184	330	177	153
南浔区	287	155	132	306	163	143	272	144	128
德清县	269	139	130	259	160	99	220	119	101
长兴县	351	187	164	315	185	130	288	163	125
安吉县	226	132	94	221	134	87	250	141	109

1−11　续表 5　　　　　　　　　　　　　　　　　　　　　　　　　　　　　　　　　　　　　　单位：人

地　　区	2020年2月			2020年3月			2020年4月		
	小计	男	女	小计	男	女	小计	男	女
绍兴市	**2553**	**1415**	**1138**	**2467**	**1375**	**1092**	**2273**	**1305**	**968**
越城区	322	181	141	365	203	162	358	204	154
柯桥区	387	204	183	334	191	143	303	173	130
上虞区	550	309	241	513	289	224	446	244	202
新昌县	252	144	108	262	163	99	257	138	119
诸暨市	600	324	276	570	304	266	514	311	203
嵊州市	442	253	189	423	225	198	395	235	160
金华市	**2602**	**1486**	**1116**	**2475**	**1390**	**1085**	**2379**	**1354**	**1025**
婺城区	253	147	106	255	150	105	243	152	91
金东区	166	79	87	155	84	71	155	75	80
武义县	263	162	101	208	127	81	197	120	77
浦江县	220	114	106	200	111	89	191	111	80
磐安县	128	74	54	93	64	29	113	70	43
兰溪市	307	185	122	307	186	121	276	147	129
义乌市	389	232	157	432	230	202	400	234	166
东阳市	542	295	247	492	254	238	479	263	216
永康市	334	198	136	333	184	149	325	182	143
衢州市	**1413**	**820**	**593**	**1353**	**809**	**544**	**1252**	**710**	**542**
柯城区	234	127	107	249	140	109	224	122	102
衢江区	227	137	90	250	153	97	201	118	83
常山县	198	117	81	191	122	69	181	111	70
开化县	189	106	83	141	88	53	155	89	66
龙游县	235	137	98	201	107	94	188	99	89
江山市	330	196	134	321	199	122	303	171	132
舟山市	**667**	**369**	**298**	**618**	**336**	**282**	**569**	**334**	**235**
定海区	220	116	104	228	125	103	188	110	78
普陀区	243	136	107	206	116	90	222	123	99
岱山县	150	85	65	137	68	69	122	79	43
嵊泗县	54	32	22	47	27	20	37	22	15
台州市	**3299**	**1833**	**1466**	**3206**	**1837**	**1369**	**3022**	**1712**	**1310**
椒江区	272	140	132	255	139	116	234	123	111
黄岩区	359	202	157	375	218	157	352	202	150
路桥区	261	148	113	264	150	114	235	142	93
三门县	190	101	89	207	128	79	186	109	77
天台县	349	201	148	300	171	129	295	179	116
仙居县	274	162	112	241	126	115	225	141	84
温岭市	712	375	337	731	417	314	703	379	324
临海市	625	357	268	564	332	232	547	309	238
玉环市	257	147	110	269	156	113	245	128	117
丽水市	**1441**	**862**	**579**	**1313**	**774**	**539**	**1282**	**804**	**478**
莲都区	170	88	82	151	91	60	145	79	66
青田县	267	164	103	299	178	121	263	181	82
缙云县	295	186	109	255	150	105	234	152	82
遂昌县	144	89	55	109	56	53	112	66	46
松阳县	146	92	54	123	76	47	128	87	41
云和县	68	36	32	74	44	30	71	46	25
庆元县	102	54	48	92	51	41	74	38	36
景宁畲族自治县	92	60	32	88	55	33	109	73	36
龙泉市	157	93	64	122	73	49	146	82	64

1－11 续表 6

单位：人

地 区	2020年5月			2020年6月			2020年7月		
	小计	男	女	小计	男	女	小计	男	女
合计	**24641**	**14264**	**10377**	**23159**	**13492**	**9667**	**23238**	**13725**	**9513**
杭州市	**3559**	**1955**	**1604**	**3248**	**1863**	**1385**	**3451**	**1975**	**1476**
上城区	174	88	86	162	89	73	189	105	84
下城区	177	94	83	196	100	96	212	117	95
江干区	237	145	92	178	92	86	224	129	95
拱墅区	209	121	88	162	95	67	172	90	82
西湖区	221	120	101	215	125	90	243	138	105
滨江区	56	32	24	75	46	29	71	40	31
萧山区	638	340	298	585	327	258	592	327	265
余杭区	546	290	256	464	275	189	508	294	214
富阳区	314	175	139	300	178	122	279	177	102
临安区	280	155	125	256	141	115	246	145	101
桐庐县	229	129	100	197	115	82	186	102	84
淳安县	209	129	80	215	130	85	237	141	96
建德市	269	137	132	243	150	93	292	170	122
宁波市	**3105**	**1782**	**1323**	**2829**	**1666**	**1163**	**2952**	**1725**	**1227**
海曙区	287	165	122	265	150	115	294	181	113
江北区	140	81	59	116	71	45	124	71	53
北仑区	174	108	66	182	106	76	202	117	85
镇海区	110	59	51	115	70	45	122	55	67
鄞州区	468	279	189	353	212	141	412	245	167
奉化区	231	139	92	183	111	72	249	148	101
象山县	306	166	140	273	156	117	273	167	106
宁海县	341	210	131	303	188	115	301	172	129
余姚市	488	263	225	476	278	198	460	278	182
慈溪市	560	312	248	563	324	239	515	291	224
温州市	**3993**	**2404**	**1589**	**3865**	**2333**	**1532**	**3565**	**2173**	**1392**
鹿城区	370	227	143	367	226	141	383	247	136
龙湾区	142	82	60	141	73	68	114	65	49
瓯海区	221	124	97	201	113	88	175	86	89
洞头区	80	49	31	55	36	19	71	51	20
永嘉县	459	279	180	473	298	175	417	256	161
平阳县	455	280	175	432	265	167	403	241	162
苍南县	530	318	212	481	300	181	455	277	178
文成县	209	125	84	246	144	102	194	132	62
泰顺县	180	115	65	186	111	75	166	109	57
瑞安市	551	333	218	567	350	217	477	297	180
乐清市	648	381	267	575	331	244	572	337	235
龙港市	148	91	57	141	86	55	138	75	63
嘉兴市	**1987**	**1096**	**891**	**1797**	**1030**	**767**	**1905**	**1088**	**817**
南湖区	233	130	103	202	117	85	264	156	108
秀洲区	216	119	97	208	120	88	212	135	77
嘉善县	252	141	111	244	131	113	225	138	87
海盐县	211	109	102	186	115	71	186	88	98
海宁市	421	222	199	329	173	156	397	222	175
平湖市	303	166	137	310	180	130	296	156	140
桐乡市	351	209	142	318	194	124	325	193	132
湖州市	**1435**	**830**	**605**	**1323**	**744**	**579**	**1351**	**785**	**566**
吴兴区	356	217	139	321	173	148	329	189	140
南浔区	267	151	116	236	136	100	261	146	115
德清县	244	132	112	243	144	99	228	130	98
长兴县	311	179	132	294	162	132	298	181	117
安吉县	257	151	106	229	129	100	235	139	96

1-11　续表 7　　　　单位：人

地　区	2020年5月			2020年6月			2020年7月		
	小计	男	女	小计	男	女	小计	男	女
绍兴市	**2229**	**1238**	**991**	**2146**	**1219**	**927**	**2181**	**1306**	**875**
越城区	322	171	151	298	176	122	352	200	152
柯桥区	323	176	147	284	152	132	297	164	133
上虞区	403	199	204	418	228	190	404	241	163
新昌县	257	150	107	263	157	106	220	130	90
诸暨市	525	294	231	509	282	227	493	298	195
嵊州市	399	248	151	374	224	150	415	273	142
金华市	**2414**	**1480**	**934**	**2156**	**1245**	**911**	**2154**	**1315**	**839**
婺城区	252	150	102	236	135	101	234	143	91
金东区	141	87	54	130	72	58	130	80	50
武义县	236	144	92	203	119	84	178	123	55
浦江县	216	138	78	192	110	82	198	115	83
磐安县	113	73	40	78	48	30	93	56	37
兰溪市	287	171	116	273	171	102	269	155	114
义乌市	360	216	144	285	162	123	325	204	121
东阳市	487	294	193	426	235	191	433	252	181
永康市	322	207	115	333	193	140	294	187	107
衢州市	**1275**	**755**	**520**	**1180**	**692**	**488**	**1172**	**700**	**472**
柯城区	227	125	102	194	116	78	215	126	89
衢江区	202	123	79	170	97	73	179	107	72
常山县	186	110	76	178	102	76	177	107	70
开化县	159	106	53	165	100	65	140	85	55
龙游县	205	117	88	187	105	82	164	106	58
江山市	296	174	122	286	172	114	297	169	128
舟山市	**545**	**301**	**244**	**535**	**295**	**240**	**544**	**328**	**216**
定海区	188	112	76	168	93	75	189	119	70
普陀区	192	103	89	200	108	92	180	110	70
岱山县	126	62	64	124	70	54	122	69	53
嵊泗县	39	24	15	43	24	19	53	30	23
台州市	**2825**	**1646**	**1179**	**2800**	**1597**	**1203**	**2761**	**1607**	**1154**
椒江区	224	129	95	204	113	91	250	137	113
黄岩区	312	187	125	302	172	130	294	154	140
路桥区	246	139	107	233	132	101	191	104	87
三门县	187	113	74	181	108	73	176	110	66
天台县	297	157	140	332	188	144	266	163	103
仙居县	226	140	86	218	126	92	231	145	86
温岭市	579	318	261	605	340	265	630	372	258
临海市	527	321	206	496	280	216	506	294	212
玉环市	227	142	85	229	138	91	217	128	89
丽水市	**1274**	**777**	**497**	**1280**	**808**	**472**	**1202**	**723**	**479**
莲都区	178	106	72	136	79	57	159	90	69
青田县	269	183	86	266	157	109	223	142	81
缙云县	195	114	81	310	179	131	191	114	77
遂昌县	102	59	43	123	95	28	118	67	51
松阳县	132	78	54	115	73	42	126	74	52
云和县	67	43	24	64	45	19	62	40	22
庆元县	91	51	40	69	50	19	92	51	41
景宁畲族自治县	81	53	28	61	45	16	83	52	31
龙泉市	159	90	69	136	85	51	148	93	55

1－11 续表 8 单位：人

地区	2020年8月			2020年9月			2020年10月		
	小计	男	女	小计	男	女	小计	男	女
合计	**24744**	**14325**	**10419**	**25072**	**14666**	**10406**	**29377**	**17055**	**12322**
杭州市	**3679**	**2062**	**1617**	**3733**	**2076**	**1657**	**4227**	**2419**	**1808**
上城区	170	90	80	221	101	120	245	135	110
下城区	210	131	79	204	111	93	237	134	103
江干区	227	139	88	188	97	91	283	156	127
拱墅区	167	86	81	195	104	91	187	106	81
西湖区	252	137	115	256	144	112	283	152	131
滨江区	82	40	42	83	44	39	109	75	34
萧山区	660	364	296	674	383	291	669	352	317
余杭区	547	312	235	544	285	259	591	365	226
富阳区	313	183	130	315	186	129	373	219	154
临安区	274	149	125	282	162	120	363	200	163
桐庐县	201	112	89	235	142	93	240	151	89
淳安县	239	122	117	243	143	100	301	157	144
建德市	337	197	140	293	174	119	346	217	129
宁波市	**3148**	**1804**	**1344**	**3294**	**1911**	**1383**	**3682**	**2101**	**1581**
海曙区	317	190	127	308	180	128	369	206	163
江北区	102	59	43	144	99	45	152	90	62
北仑区	200	117	83	225	120	105	234	124	110
镇海区	124	67	57	129	71	58	162	94	68
鄞州区	428	220	208	421	246	175	453	257	196
奉化区	248	141	107	253	143	110	319	187	132
象山县	264	168	96	309	192	117	328	189	139
宁海县	328	192	136	330	203	127	388	211	177
余姚市	511	296	215	547	300	247	600	359	241
慈溪市	626	354	272	628	357	271	677	384	293
温州市	**3621**	**2164**	**1457**	**3656**	**2244**	**1412**	**4618**	**2795**	**1823**
鹿城区	341	202	139	400	232	168	443	263	180
龙湾区	148	74	74	135	76	59	164	91	73
瓯海区	207	104	103	182	100	82	228	135	93
洞头区	70	35	35	71	46	25	106	68	38
永嘉县	419	244	175	453	249	204	523	301	222
平阳县	423	266	157	413	282	131	567	353	214
苍南县	496	321	175	448	289	159	528	320	208
文成县	216	129	87	204	137	67	264	182	82
泰顺县	171	114	57	204	134	70	260	167	93
瑞安市	483	295	188	492	312	180	707	435	272
乐清市	527	307	220	506	295	211	584	339	245
龙港市	120	73	47	148	92	56	244	141	103
嘉兴市	**2008**	**1102**	**906**	**2142**	**1223**	**919**	**2362**	**1336**	**1026**
南湖区	262	158	104	259	162	97	347	196	151
秀洲区	219	107	112	244	133	111	250	140	110
嘉善县	253	146	107	248	132	116	278	170	108
海盐县	199	108	91	240	136	104	250	143	107
海宁市	370	200	170	400	207	193	445	233	212
平湖市	314	160	154	305	173	132	330	190	140
桐乡市	391	223	168	446	280	166	462	264	198
湖州市	**1514**	**840**	**674**	**1561**	**882**	**679**	**1746**	**1004**	**742**
吴兴区	377	213	164	357	206	151	387	233	154
南浔区	297	161	136	298	176	122	388	209	179
德清县	276	153	123	266	132	134	294	178	116
长兴县	319	181	138	340	194	146	361	215	146
安吉县	245	132	113	300	174	126	316	169	147

1-11　续表 9　　　　　　　　　　　　　　　　　　　　　　　　　　　　　单位：人

地　区	2020年8月			2020年9月			2020年10月		
	小计	男	女	小计	男	女	小计	男	女
绍兴市	**2430**	**1374**	**1056**	**2361**	**1392**	**969**	**2694**	**1517**	**1177**
越城区	374	217	157	358	207	151	368	199	169
柯桥区	361	207	154	277	158	119	376	216	160
上虞区	453	254	199	465	261	204	550	305	245
新昌县	247	139	108	286	169	117	325	175	150
诸暨市	565	315	250	557	330	227	630	375	255
嵊州市	430	242	188	418	267	151	445	247	198
金华市	**2383**	**1391**	**992**	**2309**	**1384**	**925**	**2854**	**1679**	**1175**
婺城区	282	169	113	266	164	102	298	177	121
金东区	145	77	68	161	98	63	190	118	72
武义县	198	122	76	209	140	69	235	135	100
浦江县	189	103	86	189	120	69	259	145	114
磐安县	87	48	39	113	77	36	130	78	52
兰溪市	292	168	124	271	150	121	369	221	148
义乌市	354	213	141	368	212	156	425	265	160
东阳市	474	290	184	418	246	172	553	320	233
永康市	362	201	161	314	177	137	395	220	175
衢州市	**1241**	**766**	**475**	**1238**	**760**	**478**	**1481**	**887**	**594**
柯城区	210	129	81	226	147	79	226	143	83
衢江区	190	113	77	214	125	89	269	174	95
常山县	160	104	56	143	91	52	154	85	69
开化县	161	88	73	158	92	66	200	104	96
龙游县	209	133	76	205	117	88	264	169	95
江山市	311	199	112	292	188	104	368	212	156
舟山市	**596**	**376**	**220**	**582**	**350**	**232**	**716**	**408**	**308**
定海区	209	136	73	212	120	92	276	164	112
普陀区	216	135	81	224	147	77	234	128	106
岱山县	126	72	54	110	66	44	156	85	71
嵊泗县	45	33	12	36	17	19	50	31	19
台州市	**2866**	**1653**	**1213**	**2939**	**1674**	**1265**	**3382**	**1897**	**1485**
椒江区	222	121	101	224	116	108	293	168	125
黄岩区	323	183	140	315	185	130	398	219	179
路桥区	227	126	101	273	137	136	280	155	125
三门县	183	109	74	151	72	79	215	119	96
天台县	262	150	112	285	174	111	336	202	134
仙居县	250	148	102	237	136	101	274	143	131
温岭市	609	348	261	629	361	268	732	381	351
临海市	575	351	224	564	337	227	592	341	251
玉环市	215	117	98	261	156	105	262	169	93
丽水市	**1258**	**793**	**465**	**1257**	**770**	**487**	**1615**	**1012**	**603**
莲都区	163	87	76	163	107	56	241	153	88
青田县	239	162	77	236	142	94	302	198	104
缙云县	219	125	94	208	125	83	274	167	107
遂昌县	143	91	52	144	83	61	170	103	67
松阳县	107	78	29	100	57	43	168	101	67
云和县	67	41	26	51	38	13	62	33	29
庆元县	88	59	29	81	44	37	123	85	38
景宁畲族自治县	83	55	28	105	72	33	109	64	45
龙泉市	149	95	54	169	102	67	166	108	58

1-11a 各地区分性别、月份的死亡人口 (2019.11.1-2020.10.31)(城市)

单位：人

地　区	死亡人口			2019年11月		
	合计	男	女	小计	男	女
合计	**97677**	**55745**	**41932**	**7344**	**4247**	**3097**
杭州市	**24342**	**13551**	**10791**	**1866**	**1064**	**802**
上城区	2354	1238	1116	175	88	87
下城区	2430	1360	1070	182	115	67
江干区	2598	1472	1126	175	102	73
拱墅区	2204	1221	983	178	96	82
西湖区	2892	1662	1230	238	141	97
滨江区	975	566	409	57	32	25
萧山区	4958	2711	2247	386	232	154
余杭区	3196	1733	1463	253	130	123
富阳区	1498	867	631	107	60	47
临安区	616	353	263	47	26	21
桐庐县						
淳安县						
建德市	621	368	253	68	42	26
宁波市	**16173**	**9173**	**7000**	**1144**	**651**	**493**
海曙区	2589	1514	1075	174	107	67
江北区	1172	697	475	81	45	36
北仑区	1193	677	516	71	39	32
镇海区	1096	617	479	74	44	30
鄞州区	2599	1467	1132	207	119	88
奉化区	740	422	318	56	29	27
象山县						
宁海县						
余姚市	2715	1560	1155	194	111	83
慈溪市	4069	2219	1850	287	157	130
温州市	**15439**	**9014**	**6425**	**1190**	**675**	**515**
鹿城区	4089	2411	1678	332	194	138
龙湾区	1308	718	590	114	59	55
瓯海区	1511	818	693	104	52	52
洞头区	316	204	112	16	9	7
永嘉县						
平阳县						
苍南县						
文成县						
泰顺县						
瑞安市	3090	1871	1219	251	150	101
乐清市	3505	2034	1471	248	136	112
龙港市	1620	958	662	125	75	50
嘉兴市	**6953**	**3955**	**2998**	**548**	**312**	**236**
南湖区	2263	1306	957	171	109	62
秀洲区	648	374	274	60	27	33
嘉善县						
海盐县						
海宁市	1633	859	774	131	71	60
平湖市	989	555	434	73	39	34
桐乡市	1420	861	559	113	66	47
湖州市	**2616**	**1505**	**1111**	**191**	**123**	**68**
吴兴区	2239	1284	955	164	105	59
南浔区	377	221	156	27	18	9
德清县						
长兴县						
安吉县						

1-11a　续表 1　　　　单位：人

地　　区	死亡人口			2019年11月		
	合计	男	女	小计	男	女
绍兴市	**9935**	**5557**	**4378**	**719**	**418**	**301**
越城区	2726	1555	1171	193	123	70
柯桥区	2071	1111	960	160	93	67
上虞区	2688	1498	1190	204	120	84
新昌县						
诸暨市	1482	835	647	104	56	48
嵊州市	968	558	410	58	26	32
金华市	**6722**	**4053**	**2669**	**579**	**358**	**221**
婺城区	1104	644	460	80	51	29
金东区	257	144	113	21	9	12
武义县						
浦江县						
磐安县						
兰溪市	764	470	294	54	35	19
义乌市	1798	1102	696	154	95	59
东阳市	1318	760	558	126	79	47
永康市	1481	933	548	144	89	55
衢州市	**2527**	**1472**	**1055**	**188**	**117**	**71**
柯城区	1391	821	570	113	72	41
衢江区	258	144	114	17	10	7
常山县						
开化县						
龙游县	14	12	2	1	1	
江山市	864	495	369	57	34	23
舟山市	**2232**	**1282**	**950**	**139**	**69**	**70**
定海区	1241	710	531	84	40	44
普陀区	991	572	419	55	29	26
岱山县						
嵊泗县						
台州市	**9842**	**5648**	**4194**	**723**	**429**	**294**
椒江区	1823	980	843	130	72	58
黄岩区	1428	834	594	122	73	49
路桥区	1118	634	484	75	42	33
三门县						
天台县						
仙居县						
温岭市	2304	1318	986	162	92	70
临海市	1351	804	547	94	62	32
玉环市	1818	1078	740	140	88	52
丽水市	**896**	**535**	**361**	**57**	**31**	**26**
莲都区	596	348	248	38	21	17
青田县						
缙云县						
遂昌县						
松阳县						
云和县						
庆元县						
景宁畲族自治县						
龙泉市	300	187	113	19	10	9

1-11a 续表 2

单位：人

地 区	2019年12月			2020年1月		
	小计	男	女	小计	男	女
合计	**8191**	**4543**	**3648**	**8533**	**4811**	**3722**
杭州市	**2100**	**1117**	**983**	**2270**	**1254**	**1016**
上城区	199	99	100	224	135	89
下城区	201	124	77	233	126	107
江干区	201	113	88	219	124	95
拱墅区	215	109	106	192	102	90
西湖区	262	146	116	257	163	94
滨江区	82	43	39	104	58	46
萧山区	438	239	199	469	241	228
余杭区	276	124	152	319	162	157
富阳区	138	72	66	142	79	63
临安区	40	23	17	50	33	17
桐庐县						
淳安县						
建德市	48	25	23	61	31	30
宁波市	**1362**	**761**	**601**	**1366**	**763**	**603**
海曙区	186	118	68	217	114	103
江北区	88	46	42	98	66	32
北仑区	113	57	56	106	63	43
镇海区	90	59	31	91	58	33
鄞州区	224	123	101	222	112	110
奉化区	61	38	23	46	30	16
象山县						
宁海县						
余姚市	227	131	96	233	130	103
慈溪市	373	189	184	353	190	163
温州市	**1247**	**722**	**525**	**1363**	**786**	**577**
鹿城区	319	181	138	317	190	127
龙湾区	111	58	53	123	80	43
瓯海区	124	65	59	141	75	66
洞头区	29	14	15	36	24	12
永嘉县						
平阳县						
苍南县						
文成县						
泰顺县						
瑞安市	256	167	89	275	156	119
乐清市	261	154	107	319	172	147
龙港市	147	83	64	152	89	63
嘉兴市	**607**	**339**	**268**	**578**	**333**	**245**
南湖区	217	116	101	182	113	69
秀洲区	40	26	14	58	31	27
嘉善县						
海盐县						
海宁市	135	73	62	147	79	68
平湖市	80	41	39	74	37	37
桐乡市	135	83	52	117	73	44
湖州市	**219**	**117**	**102**	**232**	**129**	**103**
吴兴区	194	104	90	198	110	88
南浔区	25	13	12	34	19	15
德清县						
长兴县						
安吉县						

1-11a　续表 3

单位：人

地　区	2019年12月			2020年1月		
	小计	男	女	小计	男	女
绍兴市	**797**	**420**	**377**	**843**	**453**	**390**
越城区	183	93	90	217	126	91
柯桥区	176	91	85	198	94	104
上虞区	236	137	99	220	124	96
新昌县						
诸暨市	129	62	67	115	60	55
嵊州市	73	37	36	93	49	44
金华市	**559**	**330**	**229**	**579**	**353**	**226**
婺城区	80	39	41	102	59	43
金东区	22	18	4	17	7	10
武义县						
浦江县						
磐安县						
兰溪市	62	37	25	60	31	29
义乌市	143	85	58	178	120	58
东阳市	120	65	55	104	60	44
永康市	132	86	46	118	76	42
衢州市	**196**	**105**	**91**	**214**	**122**	**92**
柯城区	102	54	48	108	63	45
衢江区	20	9	11	22	13	9
常山县						
开化县						
龙游县				1	1	
江山市	74	42	32	83	45	38
舟山市	**192**	**112**	**80**	**171**	**99**	**72**
定海区	110	66	44	100	56	44
普陀区	82	46	36	71	43	28
岱山县						
嵊泗县						
台州市	**859**	**488**	**371**	**858**	**481**	**377**
椒江区	163	85	78	170	88	82
黄岩区	120	67	53	101	61	40
路桥区	85	53	32	108	58	50
三门县						
天台县						
仙居县						
温岭市	201	112	89	210	117	93
临海市	118	68	50	105	55	50
玉环市	172	103	69	164	102	62
丽水市	**53**	**32**	**21**	**59**	**38**	**21**
莲都区	37	25	12	46	26	20
青田县						
缙云县						
遂昌县						
松阳县						
云和县						
庆元县						
景宁畲族自治县						
龙泉市	16	7	9	13	12	1

1-11a 续表 4

单位：人

地区	2020年2月			2020年3月			2020年4月		
	小计	男	女	小计	男	女	小计	男	女
合计	**8460**	**4705**	**3755**	**8638**	**4932**	**3706**	**8229**	**4677**	**3552**
杭州市	**2060**	**1126**	**934**	**2134**	**1223**	**911**	**2042**	**1136**	**906**
上城区	161	77	84	222	120	102	212	111	101
下城区	171	90	81	214	125	89	193	93	100
江干区	236	127	109	225	127	98	205	121	84
拱墅区	185	106	79	180	116	64	162	90	72
西湖区	244	150	94	255	139	116	238	141	97
滨江区	98	57	41	82	53	29	76	46	30
萧山区	450	230	220	456	266	190	405	226	179
余杭区	278	152	126	259	141	118	301	155	146
富阳区	127	72	55	134	72	62	135	83	52
临安区	54	30	24	61	38	23	46	25	21
桐庐县									
淳安县									
建德市	56	35	21	46	26	20	69	45	24
宁波市	**1405**	**768**	**637**	**1397**	**800**	**597**	**1342**	**770**	**572**
海曙区	239	131	108	221	129	92	222	131	91
江北区	93	56	37	95	53	42	109	66	43
北仑区	105	56	49	91	56	35	110	56	54
镇海区	102	62	40	100	58	42	93	51	42
鄞州区	240	135	105	212	128	84	221	126	95
奉化区	60	32	28	58	34	24	59	32	27
象山县									
宁海县									
余姚市	211	117	94	240	134	106	232	142	90
慈溪市	355	179	176	380	208	172	296	166	130
温州市	**1395**	**802**	**593**	**1483**	**849**	**634**	**1361**	**799**	**562**
鹿城区	354	193	161	396	225	171	353	201	152
龙湾区	131	76	55	119	61	58	101	65	36
瓯海区	140	77	63	172	104	68	126	64	62
洞头区	24	14	10	26	18	8	20	15	5
永嘉县									
平阳县									
苍南县									
文成县									
泰顺县									
瑞安市	263	155	108	306	170	136	283	166	117
乐清市	357	206	151	335	200	135	308	180	128
龙港市	126	81	45	129	71	58	170	108	62
嘉兴市	**578**	**321**	**257**	**607**	**349**	**258**	**603**	**319**	**284**
南湖区	172	98	74	205	112	93	201	102	99
秀洲区	46	23	23	61	35	26	51	34	17
嘉善县									
海盐县									
海宁市	133	64	69	157	85	72	148	74	74
平湖市	105	61	44	79	51	28	86	44	42
桐乡市	122	75	47	105	66	39	117	65	52
湖州市	**227**	**121**	**106**	**278**	**157**	**121**	**209**	**117**	**92**
吴兴区	191	98	93	237	136	101	175	97	78
南浔区	36	23	13	41	21	20	34	20	14
德清县									
长兴县									
安吉县									

1−11a　续表 5　　　　单位：人

地　区	2020年2月			2020年3月			2020年4月		
	小计	男	女	小计	男	女	小计	男	女
绍兴市	**895**	**489**	**406**	**825**	**451**	**374**	**843**	**497**	**346**
越城区	204	120	84	238	129	109	261	152	109
柯桥区	199	105	94	157	87	70	172	96	76
上虞区	272	153	119	248	135	113	219	124	95
新昌县									
诸暨市	134	64	70	106	57	49	113	71	42
嵊州市	86	47	39	76	43	33	78	54	24
金华市	**523**	**315**	**208**	**555**	**322**	**233**	**559**	**330**	**229**
婺城区	96	55	41	81	45	36	91	57	34
金东区	26	13	13	17	8	9	14	8	6
武义县									
浦江县									
磐安县									
兰溪市	68	42	26	75	49	26	60	37	23
义乌市	147	91	56	166	96	70	158	96	62
东阳市	95	56	39	98	51	47	119	58	61
永康市	91	58	33	118	73	45	117	74	43
衢州市	**225**	**123**	**102**	**209**	**120**	**89**	**195**	**110**	**85**
柯城区	118	59	59	129	74	55	118	69	49
衢江区	22	9	13	19	13	6	21	12	9
常山县									
开化县									
龙游县	2	2		1	1		1	1	
江山市	83	53	30	60	32	28	55	28	27
舟山市	**204**	**114**	**90**	**199**	**106**	**93**	**176**	**99**	**77**
定海区	119	63	56	113	59	54	87	51	36
普陀区	85	51	34	86	47	39	89	48	41
岱山县									
嵊泗县									
台州市	**871**	**482**	**389**	**882**	**517**	**365**	**834**	**464**	**370**
椒江区	189	98	91	164	89	75	136	68	68
黄岩区	108	63	45	146	90	56	144	93	51
路桥区	92	52	40	93	55	38	99	60	39
三门县									
天台县									
仙居县									
温岭市	202	114	88	203	120	83	188	102	86
临海市	120	62	58	119	78	41	126	72	54
玉环市	160	93	67	157	85	72	141	69	72
丽水市	**77**	**44**	**33**	**69**	**38**	**31**	**65**	**36**	**29**
莲都区	49	27	22	43	24	19	44	24	20
青田县									
缙云县									
遂昌县									
松阳县									
云和县									
庆元县									
景宁畲族自治县									
龙泉市	28	17	11	26	14	12	21	12	9

1-11a 续表 6 单位：人

地区	2020年5月			2020年6月			2020年7月		
	小计	男	女	小计	男	女	小计	男	女
合计	**7872**	**4555**	**3317**	**7227**	**4145**	**3082**	**7623**	**4460**	**3163**
杭州市	**1932**	**1056**	**876**	**1740**	**987**	**753**	**1914**	**1095**	**819**
上城区	174	88	86	162	89	73	189	105	84
下城区	177	94	83	196	100	96	212	117	95
江干区	237	145	92	178	92	86	224	129	95
拱墅区	209	121	88	162	95	67	172	90	82
西湖区	211	115	96	201	117	84	227	130	97
滨江区	56	32	24	75	46	29	71	40	31
萧山区	413	217	196	347	199	148	378	207	171
余杭区	253	131	122	211	127	84	230	139	91
富阳区	118	66	52	112	69	43	106	72	34
临安区	42	23	19	53	25	28	58	41	17
桐庐县									
淳安县									
建德市	42	24	18	43	28	15	47	25	22
宁波市	**1306**	**743**	**563**	**1189**	**690**	**499**	**1280**	**733**	**547**
海曙区	208	117	91	187	106	81	213	132	81
江北区	113	65	48	88	52	36	97	54	43
北仑区	68	47	21	89	56	33	100	61	39
镇海区	73	40	33	84	50	34	95	38	57
鄞州区	245	139	106	158	96	62	213	135	78
奉化区	50	34	16	52	27	25	65	42	23
象山县									
宁海县									
余姚市	225	130	95	222	123	99	198	116	82
慈溪市	324	171	153	309	180	129	299	155	144
温州市	**1266**	**756**	**510**	**1200**	**707**	**493**	**1178**	**719**	**459**
鹿城区	320	195	125	316	194	122	338	223	115
龙湾区	88	47	41	107	55	52	81	48	33
瓯海区	130	79	51	114	61	53	100	48	52
洞头区	26	21	5	22	13	9	20	15	5
永嘉县									
平阳县									
苍南县									
文成县									
泰顺县									
瑞安市	243	147	96	267	170	97	225	144	81
乐清市	334	189	145	267	150	117	302	177	125
龙港市	125	78	47	107	64	43	112	64	48
嘉兴市	**562**	**327**	**235**	**458**	**261**	**197**	**549**	**325**	**224**
南湖区	174	99	75	146	87	59	189	108	81
秀洲区	48	35	13	48	34	14	52	34	18
嘉善县									
海盐县									
海宁市	145	73	72	96	46	50	152	84	68
平湖市	94	57	37	74	41	33	66	43	23
桐乡市	101	63	38	94	53	41	90	56	34
湖州市	**208**	**138**	**70**	**191**	**97**	**94**	**199**	**113**	**86**
吴兴区	178	117	61	166	89	77	168	96	72
南浔区	30	21	9	25	8	17	31	17	14
德清县									
长兴县									
安吉县									

1-11a　续表 7　　单位：人

地　区	2020年5月			2020年6月			2020年7月		
	小计	男	女	小计	男	女	小计	男	女
绍兴市	**810**	**446**	**364**	**758**	**421**	**337**	**805**	**458**	**347**
越城区	242	132	110	193	116	77	243	137	106
柯桥区	162	88	74	152	74	78	158	81	77
上虞区	185	84	101	215	110	105	184	111	73
新昌县									
诸暨市	135	85	50	125	73	52	124	68	56
嵊州市	86	57	29	73	48	25	96	61	35
金华市	**526**	**354**	**172**	**527**	**319**	**208**	**534**	**318**	**216**
婺城区	82	43	39	85	50	35	78	42	36
金东区	21	16	5	22	9	13	18	10	8
武义县									
浦江县									
磐安县									
兰溪市	51	37	14	68	46	22	61	33	28
义乌市	151	98	53	116	65	51	151	100	51
东阳市	112	75	37	97	58	39	109	55	54
永康市	109	85	24	139	91	48	117	78	39
衢州市	**228**	**125**	**103**	**208**	**116**	**92**	**175**	**101**	**74**
柯城区	125	68	57	106	63	43	111	67	44
衢江区	27	17	10	28	12	16	13	6	7
常山县									
开化县									
龙游县	3	2	1				1	1	
江山市	73	38	35	74	41	33	50	27	23
舟山市	**154**	**85**	**69**	**153**	**78**	**75**	**160**	**98**	**62**
定海区	87	50	37	73	40	33	90	57	33
普陀区	67	35	32	80	38	42	70	41	29
岱山县									
嵊泗县									
台州市	**784**	**463**	**321**	**730**	**429**	**301**	**762**	**460**	**302**
椒江区	135	80	55	112	61	51	159	87	72
黄岩区	108	61	47	111	61	50	108	64	44
路桥区	97	57	40	94	48	46	70	39	31
三门县									
天台县									
仙居县									
温岭市	179	101	78	177	112	65	196	125	71
临海市	113	69	44	99	65	34	92	62	30
玉环市	152	95	57	137	82	55	137	83	54
丽水市	**96**	**62**	**34**	**73**	**40**	**33**	**67**	**40**	**27**
莲都区	66	39	27	50	24	26	50	33	17
青田县									
缙云县									
遂昌县									
松阳县									
云和县									
庆元县									
景宁畲族自治县									
龙泉市	30	23	7	23	16	7	17	7	10

1－11a　续表 8　　　　单位：人

地　区	2020年8月			2020年9月			2020年10月		
	小计	男	女	小计	男	女	小计	男	女
合计	**8097**	**4606**	**3491**	**8139**	**4694**	**3445**	**9324**	**5370**	**3954**
杭州市	**1992**	**1110**	**882**	**2020**	**1090**	**930**	**2272**	**1293**	**979**
上城区	170	90	80	221	101	120	245	135	110
下城区	210	131	79	204	111	93	237	134	103
江干区	227	139	88	188	97	91	283	156	127
拱墅区	167	86	81	195	104	91	187	106	81
西湖区	242	132	110	247	140	107	270	148	122
滨江区	82	40	42	83	44	39	109	75	34
萧山区	396	211	185	398	217	181	422	226	196
余杭区	276	153	123	255	142	113	285	177	108
富阳区	121	69	52	136	76	60	122	77	45
临安区	58	30	28	43	27	16	64	32	32
桐庐县									
淳安县									
建德市	43	29	14	50	31	19	48	27	21
宁波市	**1366**	**773**	**593**	**1426**	**821**	**605**	**1590**	**900**	**690**
海曙区	220	138	82	217	128	89	285	163	122
江北区	79	46	33	115	81	34	116	67	49
北仑区	99	58	41	114	66	48	127	62	65
镇海区	81	41	40	93	53	40	120	63	57
鄞州区	224	114	110	217	120	97	216	120	96
奉化区	78	41	37	78	50	28	77	33	44
象山县									
宁海县									
余姚市	236	141	95	248	139	109	249	146	103
慈溪市	349	194	155	344	184	160	400	246	154
温州市	**1138**	**665**	**473**	**1155**	**691**	**464**	**1463**	**843**	**620**
鹿城区	299	179	120	352	205	147	393	231	162
龙湾区	111	54	57	99	54	45	123	61	62
瓯海区	114	54	60	108	56	52	138	83	55
洞头区	30	15	15	26	19	7	41	27	14
永嘉县									
平阳县									
苍南县									
文成县									
泰顺县									
瑞安市	220	142	78	217	135	82	284	169	115
乐清市	265	162	103	235	152	83	274	156	118
龙港市	99	59	40	118	70	48	210	116	94
嘉兴市	**579**	**318**	**261**	**592**	**359**	**233**	**692**	**392**	**300**
南湖区	175	105	70	190	124	66	241	133	108
秀洲区	58	25	33	66	35	31	60	35	25
嘉善县									
海盐县									
海宁市	114	67	47	117	59	58	158	84	74
平湖市	96	48	48	88	52	36	74	41	33
桐乡市	136	73	63	131	89	42	159	99	60
湖州市	**209**	**128**	**81**	**221**	**126**	**95**	**232**	**139**	**93**
吴兴区	182	111	71	196	109	87	190	112	78
南浔区	27	17	10	25	17	8	42	27	15
德清县									
长兴县									
安吉县									

1−11a　续表 9　　单位：人

地　区	2020年8月			2020年9月			2020年10月		
	小计	男	女	小计	男	女	小计	男	女
绍兴市	**908**	**501**	**407**	**803**	**462**	**341**	**929**	**541**	**388**
越城区	261	153	108	241	139	102	250	135	115
柯桥区	214	111	103	140	80	60	183	111	72
上虞区	219	118	101	221	126	95	265	156	109
新昌县									
诸暨市	134	74	60	127	77	50	136	88	48
嵊州市	80	45	35	74	40	34	95	51	44
金华市	**592**	**345**	**247**	**567**	**347**	**220**	**622**	**362**	**260**
婺城区	122	69	53	114	77	37	93	57	36
金东区	14	7	7	28	17	11	37	22	15
武义县									
浦江县									
磐安县									
兰溪市	63	37	26	59	36	23	83	50	33
义乌市	155	92	63	126	74	52	153	90	63
东阳市	107	64	43	107	68	39	124	71	53
永康市	131	76	55	133	75	58	132	72	60
衢州市	**230**	**141**	**89**	**223**	**146**	**77**	**236**	**146**	**90**
柯城区	124	78	46	122	81	41	115	73	42
衢江区	19	9	10	20	13	7	30	21	9
常山县									
开化县									
龙游县	2	1	1	1	1		1	1	
江山市	85	53	32	80	51	29	90	51	39
舟山市	**199**	**127**	**72**	**212**	**127**	**85**	**273**	**168**	**105**
定海区	106	66	40	114	62	52	158	100	58
普陀区	93	61	32	98	65	33	115	68	47
岱山县									
嵊泗县									
台州市	**792**	**445**	**347**	**842**	**471**	**371**	**905**	**519**	**386**
椒江区	136	75	61	142	76	66	187	101	86
黄岩区	116	64	52	113	66	47	131	71	60
路桥区	81	48	33	119	61	58	105	61	44
三门县									
天台县									
仙居县									
温岭市	195	109	86	182	99	83	209	115	94
临海市	127	75	52	129	72	57	109	64	45
玉环市	137	74	63	157	97	60	164	107	57
丽水市	**92**	**53**	**39**	**78**	**54**	**24**	**110**	**67**	**43**
莲都区	55	29	26	48	31	17	70	45	25
青田县									
缙云县									
遂昌县									
松阳县									
云和县									
庆元县									
景宁畲族自治县									
龙泉市	37	24	13	30	23	7	40	22	18

1-11b 各地区分性别、月份的死亡人口
(2019.11.1-2020.10.31)(镇)

单位：人

地　区	死亡人口			2019年11月		
	合计	男	女	小计	男	女
合计	**57867**	**33855**	**24012**	**4356**	**2572**	**1784**
杭州市	**4623**	**2745**	**1878**	**361**	**221**	**140**
上城区						
下城区						
江干区						
拱墅区						
西湖区	5	3	2			
滨江区						
萧山区	543	305	238	46	23	23
余杭区	1019	636	383	87	59	28
富阳区	301	187	114	17	11	6
临安区	391	225	166	22	15	7
桐庐县	1316	758	558	111	69	42
淳安县	475	294	181	30	14	16
建德市	573	337	236	48	30	18
宁波市	**8197**	**4732**	**3465**	**578**	**334**	**244**
海曙区	232	125	107	11	8	3
江北区						
北仑区	116	68	48	4	2	2
镇海区	136	84	52	9	6	3
鄞州区	1130	625	505	83	36	47
奉化区	311	192	119	26	16	10
象山县	1261	775	486	76	51	25
宁海县	1735	1032	703	135	78	57
余姚市	1929	1087	842	146	82	64
慈溪市	1347	744	603	88	55	33
温州市	**9890**	**5968**	**3922**	**771**	**481**	**290**
鹿城区	37	22	15	4	3	1
龙湾区	479	272	207	26	15	11
瓯海区	117	60	57	12	8	4
洞头区	43	22	21	1		1
永嘉县	1678	987	691	139	96	43
平阳县	2458	1511	947	214	128	86
苍南县	3084	1857	1227	233	142	91
文成县	747	487	260	54	35	19
泰顺县	537	331	206	40	25	15
瑞安市	182	114	68	12	10	2
乐清市	388	223	165	26	15	11
龙港市	140	82	58	10	4	6
嘉兴市	**6999**	**3931**	**3068**	**542**	**315**	**227**
南湖区	163	99	64	7	4	3
秀洲区	565	335	230	48	34	14
嘉善县	1394	808	586	111	59	52
海盐县	1174	618	556	89	46	43
海宁市	1724	931	793	129	69	60
平湖市	966	548	418	68	49	19
桐乡市	1013	592	421	90	54	36
湖州市	**5682**	**3202**	**2480**	**377**	**216**	**161**
吴兴区	343	207	136	32	19	13
南浔区	667	332	335	58	30	28
德清县	1453	815	638	108	64	44
长兴县	1939	1110	829	120	70	50
安吉县	1280	738	542	59	33	26

1-11b 续表 1

单位：人

地区	死亡人口			2019年11月		
	合计	男	女	小计	男	女
绍兴市	**3574**	**2117**	**1457**	**235**	**138**	**97**
越城区	26	15	11	1	1	
柯桥区	389	224	165	32	21	11
上虞区	730	423	307	48	24	24
新昌县	918	520	398	58	32	26
诸暨市	930	565	365	72	45	27
嵊州市	581	370	211	24	15	9
金华市	**5185**	**3085**	**2100**	**413**	**230**	**183**
婺城区	197	127	70	14	8	6
金东区	305	175	130	24	16	8
武义县	817	509	308	68	44	24
浦江县	633	385	248	55	27	28
磐安县	323	181	142	29	15	14
兰溪市	482	281	201	26	17	9
义乌市	658	387	271	49	24	25
东阳市	1381	828	553	109	58	51
永康市	389	212	177	39	21	18
衢州市	**3017**	**1825**	**1192**	**240**	**141**	**99**
柯城区	94	60	34	10	8	2
衢江区	295	187	108	23	10	13
常山县	755	462	293	73	43	30
开化县	497	293	204	29	17	12
龙游县	728	425	303	47	27	20
江山市	648	398	250	58	36	22
舟山市	**1354**	**760**	**594**	**102**	**56**	**46**
定海区	145	81	64	9	4	5
普陀区	200	122	78	14	9	5
岱山县	758	421	337	59	33	26
嵊泗县	251	136	115	20	10	10
台州市	**5619**	**3232**	**2387**	**463**	**278**	**185**
椒江区	31	16	15	1	1	
黄岩区	208	123	85	21	11	10
路桥区	429	245	184	29	11	18
三门县	699	400	299	64	41	23
天台县	948	559	389	71	45	26
仙居县	757	444	313	81	46	35
温岭市	1816	1019	797	128	83	45
临海市	651	382	269	57	37	20
玉环市	80	44	36	11	3	8
丽水市	**3727**	**2258**	**1469**	**274**	**162**	**112**
莲都区	94	52	42	12	4	8
青田县	896	542	354	66	44	22
缙云县	917	538	379	74	39	35
遂昌县	503	305	198	28	15	13
松阳县	347	216	131	19	15	4
云和县	296	181	115	27	19	8
庆元县	292	183	109	20	9	11
景宁畲族自治县	242	157	85	17	9	8
龙泉市	140	84	56	11	8	3

1-11b 续表 2 单位：人

地区	2019年12月			2020年1月		
	小计	男	女	小计	男	女
合计	**5068**	**2922**	**2146**	**4940**	**2822**	**2118**
杭州市	**383**	**241**	**142**	**383**	**236**	**147**
上城区						
下城区						
江干区						
拱墅区						
西湖区	1	1				
滨江区						
萧山区	41	22	19	51	30	21
余杭区	87	59	28	73	39	34
富阳区	30	21	9	28	18	10
临安区	38	24	14	38	22	16
桐庐县	105	62	43	103	64	39
淳安县	31	22	9	39	33	6
建德市	50	30	20	51	30	21
宁波市	**748**	**415**	**333**	**716**	**399**	**317**
海曙区	24	12	12	27	12	15
江北区						
北仑区	10	7	3	11	7	4
镇海区	10	8	2	6	4	2
鄞州区	99	49	50	104	63	41
奉化区	29	18	11	23	13	10
象山县	120	75	45	112	66	46
宁海县	151	88	63	145	76	69
余姚市	171	94	77	165	90	75
慈溪市	134	64	70	123	68	55
温州市	**893**	**501**	**392**	**793**	**467**	**326**
鹿城区	5	4	1	4	3	1
龙湾区	38	16	22	49	27	22
瓯海区	7	2	5	8	4	4
洞头区	5	4	1	3	1	2
永嘉县	168	102	66	121	63	58
平阳县	208	114	94	197	121	76
苍南县	283	145	138	246	145	101
文成县	65	43	22	61	42	19
泰顺县	48	31	17	44	31	13
瑞安市	15	10	5	11	3	8
乐清市	41	26	15	40	22	18
龙港市	10	4	6	9	5	4
嘉兴市	**610**	**345**	**265**	**639**	**358**	**281**
南湖区	19	9	10	16	5	11
秀洲区	37	22	15	55	41	14
嘉善县	124	66	58	131	84	47
海盐县	115	68	47	101	52	49
海宁市	163	88	75	157	86	71
平湖市	71	43	28	86	44	42
桐乡市	81	49	32	93	46	47
湖州市	**430**	**245**	**185**	**489**	**248**	**241**
吴兴区	23	15	8	29	18	11
南浔区	43	22	21	72	36	36
德清县	136	73	63	144	70	74
长兴县	159	95	64	173	84	89
安吉县	69	40	29	71	40	31

1-11b 续表 3

单位：人

地 区	2019年12月			2020年1月		
	小计	男	女	小计	男	女
绍兴市	**314**	**175**	**139**	**297**	**170**	**127**
越城区	3	1	2	3	2	1
柯桥区	40	18	22	41	19	22
上虞区	62	32	30	46	28	18
新昌县	90	50	40	76	44	32
诸暨市	73	44	29	90	53	37
嵊州市	46	30	16	41	24	17
金华市	**440**	**267**	**173**	**451**	**268**	**183**
婺城区	18	11	7	10	7	3
金东区	25	13	12	23	11	12
武义县	77	47	30	62	37	25
浦江县	63	36	27	43	25	18
磐安县	20	9	11	25	15	10
兰溪市	47	29	18	44	25	19
义乌市	50	34	16	52	32	20
东阳市	113	69	44	149	94	55
永康市	27	19	8	43	22	21
衢州市	**283**	**172**	**111**	**265**	**149**	**116**
柯城区	12	8	4	8	8	
衢江区	29	20	9	20	11	9
常山县	68	40	28	61	33	28
开化县	46	27	19	51	28	23
龙游县	69	41	28	63	34	29
江山市	59	36	23	62	35	27
舟山市	**117**	**59**	**58**	**121**	**69**	**52**
定海区	10	4	6	13	8	5
普陀区	14	11	3	14	9	5
岱山县	68	34	34	72	39	33
嵊泗县	25	10	15	22	13	9
台州市	**491**	**274**	**217**	**512**	**298**	**214**
椒江区	1		1	3	1	2
黄岩区	15	10	5	16	11	5
路桥区	42	28	14	42	28	14
三门县	66	34	32	68	38	30
天台县	75	44	31	68	37	31
仙居县	70	42	28	73	46	27
温岭市	161	84	77	180	97	83
临海市	59	32	27	57	37	20
玉环市	2		2	5	3	2
丽水市	**359**	**228**	**131**	**274**	**160**	**114**
莲都区	7	2	5	7	3	4
青田县	79	47	32	71	42	29
缙云县	105	64	41	67	37	30
遂昌县	44	31	13	33	23	10
松阳县	28	24	4	28	18	10
云和县	35	21	14	13	7	6
庆元县	16	9	7	12	3	9
景宁畲族自治县	34	23	11	21	15	6
龙泉市	11	7	4	22	12	10

1-11b 续表 4

单位：人

地区	2020年2月			2020年3月			2020年4月		
	小计	男	女	小计	男	女	小计	男	女
合计	**5107**	**2924**	**2183**	**4995**	**2866**	**2129**	**4853**	**2835**	**2018**
杭州市	**384**	**213**	**171**	**389**	**213**	**176**	**359**	**215**	**144**
上城区									
下城区									
江干区									
拱墅区									
西湖区									
滨江区									
萧山区	42	20	22	57	37	20	40	24	16
余杭区	60	35	25	87	51	36	82	52	30
富阳区	22	12	10	20	8	12	28	16	12
临安区	46	27	19	24	12	12	26	17	9
桐庐县	129	67	62	119	50	69	105	61	44
淳安县	38	25	13	40	27	13	35	22	13
建德市	47	27	20	42	28	14	43	23	20
宁波市	**757**	**427**	**330**	**752**	**431**	**321**	**653**	**373**	**280**
海曙区	23	10	13	21	15	6	18	9	9
江北区									
北仑区	4	2	2	9	4	5	13	7	6
镇海区	9	7	2	19	11	8	13	7	6
鄞州区	122	63	59	111	56	55	89	48	41
奉化区	21	12	9	28	18	10	26	15	11
象山县	110	64	46	123	80	43	98	55	43
宁海县	173	98	75	162	101	61	140	94	46
余姚市	167	99	68	165	89	76	145	79	66
慈溪市	128	72	56	114	57	57	111	59	52
温州市	**948**	**560**	**388**	**840**	**518**	**322**	**868**	**520**	**348**
鹿城区	4	2	2	4	1	3	3	2	1
龙湾区	46	20	26	39	23	16	49	30	19
瓯海区	13	7	6	9	8	1	10	7	3
洞头区	7	5	2	3	1	2	3	2	1
永嘉县	172	106	66	143	86	57	133	78	55
平阳县	215	128	87	222	140	82	209	119	90
苍南县	295	178	117	260	154	106	276	170	106
文成县	79	46	33	52	40	12	63	47	16
泰顺县	63	44	19	49	26	23	57	32	25
瑞安市	15	7	8	19	12	7	19	11	8
乐清市	27	12	15	29	20	9	34	16	18
龙港市	12	5	7	11	7	4	12	6	6
嘉兴市	**594**	**323**	**271**	**613**	**352**	**261**	**569**	**325**	**244**
南湖区	12	7	5	15	10	5	15	10	5
秀洲区	43	22	21	57	35	22	46	29	17
嘉善县	111	74	37	116	67	49	101	60	41
海盐县	110	52	58	100	49	51	98	52	46
海宁市	159	78	81	158	85	73	151	82	69
平湖市	71	46	25	90	52	38	82	44	38
桐乡市	88	44	44	77	54	23	76	48	28
湖州市	**449**	**250**	**199**	**459**	**276**	**183**	**472**	**262**	**210**
吴兴区	18	11	7	30	24	6	31	17	14
南浔区	54	29	25	50	19	31	67	35	32
德清县	116	64	52	133	83	50	102	54	48
长兴县	174	91	83	160	96	64	153	88	65
安吉县	87	55	32	86	54	32	119	68	51

1-11b 续表 5

单位：人

地区	2020年2月			2020年3月			2020年4月		
	小计	男	女	小计	男	女	小计	男	女
绍兴市	**307**	**199**	**108**	**325**	**175**	**150**	**303**	**174**	**129**
越城区	1	1		2	1	1	3	2	1
柯桥区	44	25	19	34	20	14	29	19	10
上虞区	52	36	16	62	30	32	60	36	24
新昌县	73	47	26	80	48	32	95	49	46
诸暨市	74	47	27	93	47	46	70	44	26
嵊州市	63	43	20	54	29	25	46	24	22
金华市	**480**	**277**	**203**	**430**	**241**	**189**	**454**	**252**	**202**
婺城区	16	8	8	21	17	4	20	11	9
金东区	39	21	18	23	8	15	22	9	13
武义县	85	52	33	62	43	19	68	41	27
浦江县	48	27	21	50	30	20	47	31	16
磐安县	32	21	11	24	15	9	33	19	14
兰溪市	39	29	10	42	21	21	44	26	18
义乌市	41	21	20	66	34	32	77	38	39
东阳市	147	81	66	109	61	48	114	69	45
永康市	33	17	16	33	12	21	29	8	21
衢州市	**256**	**151**	**105**	**261**	**156**	**105**	**253**	**151**	**102**
柯城区	5	4	1	7	3	4	6	2	4
衢江区	25	20	5	36	24	12	24	15	9
常山县	69	42	27	72	46	26	68	46	22
开化县	47	27	20	31	24	7	43	24	19
龙游县	61	31	30	63	31	32	53	26	27
江山市	49	27	22	52	28	24	59	38	21
舟山市	**123**	**68**	**55**	**115**	**55**	**60**	**107**	**63**	**44**
定海区	8	4	4	9	1	8	14	7	7
普陀区	30	15	15	12	6	6	19	12	7
岱山县	54	33	21	72	35	37	58	34	24
嵊泗县	31	16	15	22	13	9	16	10	6
台州市	**495**	**269**	**226**	**506**	**278**	**228**	**501**	**300**	**201**
椒江区	4	3	1				3	2	1
黄岩区	20	11	9	18	9	9	16	9	7
路桥区	37	15	22	36	24	12	35	24	11
三门县	54	26	28	59	35	24	67	40	27
天台县	90	55	35	79	37	42	69	41	28
仙居县	61	32	29	73	38	35	62	44	18
温岭市	170	92	78	179	101	78	184	104	80
临海市	53	31	22	53	27	26	54	31	23
玉环市	6	4	2	9	7	2	11	5	6
丽水市	**314**	**187**	**127**	**305**	**171**	**134**	**314**	**200**	**114**
莲都区	6	4	2	6	3	3	4	2	2
青田县	67	43	24	106	62	44	92	64	28
缙云县	83	48	35	60	37	23	71	42	29
遂昌县	52	31	21	37	18	19	32	20	12
松阳县	31	18	13	24	9	15	33	23	10
云和县	26	11	15	23	14	9	27	14	13
庆元县	21	15	6	20	10	10	19	10	9
景宁畲族自治县	15	9	6	20	10	10	24	18	6
龙泉市	13	8	5	9	8	1	12	7	5

1-11b 续表 6　　单位：人

地区	2020年5月			2020年6月			2020年7月		
	小计	男	女	小计	男	女	小计	男	女
合计	**4669**	**2715**	**1954**	**4478**	**2680**	**1798**	**4425**	**2633**	**1792**
杭州市	**402**	**230**	**172**	**348**	**203**	**145**	**371**	**219**	**152**
上城区									
下城区									
江干区									
拱墅区									
西湖区									
滨江区									
萧山区	45	26	19	47	22	25	32	19	13
余杭区	101	62	39	85	57	28	94	55	39
富阳区	19	11	8	24	14	10	27	19	8
临安区	37	22	15	26	16	10	29	18	11
桐庐县	122	66	56	94	51	43	90	53	37
淳安县	32	20	12	40	26	14	42	26	16
建德市	46	23	23	32	17	15	57	29	28
宁波市	**676**	**381**	**295**	**617**	**372**	**245**	**620**	**387**	**233**
海曙区	19	9	10	9	8	1	21	16	5
江北区									
北仑区	8	3	5	12	6	6	11	8	3
镇海区	12	6	6	11	7	4	7	4	3
鄞州区	91	60	31	87	47	40	83	48	35
奉化区	23	15	8	19	14	5	29	21	8
象山县	106	52	54	94	57	37	100	64	36
宁海县	153	94	59	132	83	49	123	73	50
余姚市	160	80	80	146	90	56	144	88	56
慈溪市	104	62	42	107	60	47	102	65	37
温州市	**781**	**466**	**315**	**812**	**498**	**314**	**751**	**462**	**289**
鹿城区	4	3	1						
龙湾区	54	35	19	34	18	16	32	17	15
瓯海区	8	2	6	11	6	5	14	6	8
洞头区	2		2	1	1		4	3	1
永嘉县	121	69	52	147	89	58	131	83	48
平阳县	190	115	75	193	111	82	175	114	61
苍南县	266	156	110	260	166	94	257	162	95
文成县	50	27	23	70	45	25	55	34	21
泰顺县	42	28	14	27	17	10	32	14	18
瑞安市	14	11	3	13	8	5	13	9	4
乐清市	23	16	7	37	24	13	26	14	12
龙港市	7	4	3	19	13	6	12	6	6
嘉兴市	**555**	**305**	**250**	**511**	**292**	**219**	**518**	**286**	**232**
南湖区	15	7	8	8	6	2	12	7	5
秀洲区	43	19	24	38	26	12	44	27	17
嘉善县	112	65	47	113	60	53	107	64	43
海盐县	92	49	43	75	45	30	81	37	44
海宁市	127	73	54	114	61	53	133	77	56
平湖市	79	39	40	91	51	40	70	34	36
桐乡市	87	53	34	72	43	29	71	40	31
湖州市	**483**	**270**	**213**	**471**	**271**	**200**	**450**	**264**	**186**
吴兴区	35	16	19	33	20	13	20	10	10
南浔区	48	25	23	47	25	22	40	19	21
德清县	107	59	48	111	69	42	113	61	52
长兴县	155	87	68	165	93	72	161	106	55
安吉县	138	83	55	115	64	51	116	68	48

1-11b 续表 7

单位：人

地区	2020年5月			2020年6月			2020年7月		
	小计	男	女	小计	男	女	小计	男	女
绍兴市	**257**	**156**	**101**	**282**	**160**	**122**	**280**	**187**	**93**
越城区	3	2	1	1		1	3	1	2
柯桥区	28	16	12	27	14	13	23	13	10
上虞区	53	29	24	61	39	22	70	48	22
新昌县	64	36	28	76	41	35	57	33	24
诸暨市	69	44	25	75	37	38	59	43	16
嵊州市	40	29	11	42	29	13	68	49	19
金华市	**454**	**272**	**182**	**347**	**220**	**127**	**379**	**223**	**156**
婺城区	19	12	7	9	4	5	15	8	7
金东区	28	17	11	23	17	6	24	13	11
武义县	89	54	35	64	39	25	51	33	18
浦江县	62	43	19	46	34	12	52	31	21
磐安县	23	11	12	14	8	6	21	11	10
兰溪市	37	23	14	35	21	14	31	16	15
义乌市	47	26	21	36	19	17	45	24	21
东阳市	116	64	52	89	56	33	106	67	39
永康市	33	22	11	31	22	9	34	20	14
衢州市	**241**	**145**	**96**	**238**	**147**	**91**	**229**	**132**	**97**
柯城区	7	2	5	13	8	5	9	5	4
衢江区	23	13	10	16	10	6	23	17	6
常山县	69	40	29	65	43	22	61	32	29
开化县	42	31	11	38	20	18	35	21	14
龙游县	54	29	25	57	30	27	42	27	15
江山市	46	30	16	49	36	13	59	30	29
舟山市	**100**	**57**	**43**	**116**	**71**	**45**	**109**	**61**	**48**
定海区	12	10	2	15	10	5	9	5	4
普陀区	15	12	3	16	12	4	16	9	7
岱山县	60	28	32	61	38	23	63	36	27
嵊泗县	13	7	6	24	11	13	21	11	10
台州市	**424**	**258**	**166**	**445**	**262**	**183**	**427**	**239**	**188**
椒江区	5	4	1	3	1	2	2	1	1
黄岩区	17	12	5	13	9	4	15	11	4
路桥区	37	22	15	33	22	11	31	18	13
三门县	57	42	15	59	34	25	45	28	17
天台县	61	37	24	100	55	45	80	51	29
仙居县	61	36	25	53	34	19	51	33	18
温岭市	135	76	59	126	69	57	143	69	74
临海市	47	27	20	51	33	18	55	24	31
玉环市	4	2	2	7	5	2	5	4	1
丽水市	**296**	**175**	**121**	**291**	**184**	**107**	**291**	**173**	**118**
莲都区	1		1	5	2	3	11	8	3
青田县	75	48	27	75	36	39	66	40	26
缙云县	70	39	31	78	44	34	67	42	25
遂昌县	31	17	14	40	34	6	46	27	19
松阳县	32	19	13	24	14	10	30	17	13
云和县	24	17	7	22	19	3	20	11	9
庆元县	34	20	14	18	15	3	29	18	11
景宁畲族自治县	17	11	6	19	15	4	12	4	8
龙泉市	12	4	8	10	5	5	10	6	4

1-11b 续表 8 单位：人

地 区	2020年8月			2020年9月			2020年10月		
	小计	男	女	小计	男	女	小计	男	女
合计	**4635**	**2765**	**1870**	**4711**	**2759**	**1952**	**5630**	**3362**	**2268**
杭州市	**384**	**238**	**146**	**408**	**234**	**174**	**451**	**282**	**169**
上城区									
下城区									
江干区									
拱墅区									
西湖区				1		1	3	2	1
滨江区									
萧山区	47	28	19	47	27	20	48	27	21
余杭区	92	63	29	87	50	37	84	54	30
富阳区	20	15	5	26	18	8	40	24	16
临安区	35	17	18	26	12	14	44	23	21
桐庐县	84	51	33	132	82	50	122	82	40
淳安县	51	30	21	39	17	22	58	32	26
建德市	55	34	21	50	28	22	52	38	14
宁波市	**681**	**398**	**283**	**660**	**389**	**271**	**739**	**426**	**313**
海曙区	23	10	13	24	11	13	12	5	7
江北区									
北仑区	8	7	1	12	7	5	14	8	6
镇海区	14	7	7	13	5	8	13	12	1
鄞州区	90	49	41	76	48	28	95	58	37
奉化区	27	14	13	24	14	10	36	22	14
象山县	97	67	30	115	76	39	110	68	42
宁海县	144	90	54	125	74	51	152	83	69
余姚市	160	88	72	163	92	71	197	116	81
慈溪市	118	66	52	108	62	46	110	54	56
温州市	**755**	**456**	**299**	**752**	**461**	**291**	**926**	**578**	**348**
鹿城区	4	1	3	2	1	1	3	2	1
龙湾区	36	19	17	36	22	14	40	30	10
瓯海区	7	2	5	8	4	4	10	4	6
洞头区	5	2	3	6	2	4	3	1	2
永嘉县	116	68	48	124	57	67	163	90	73
平阳县	177	115	62	199	139	60	259	167	92
苍南县	261	169	92	220	137	83	227	133	94
文成县	67	36	31	50	35	15	81	57	24
泰顺县	32	20	12	47	29	18	56	34	22
瑞安市	13	6	7	10	8	2	28	19	9
乐清市	28	12	16	34	16	18	43	30	13
龙港市	9	6	3	16	11	5	13	11	2
嘉兴市	**575**	**319**	**256**	**596**	**322**	**274**	**677**	**389**	**288**
南湖区	15	13	2	13	10	3	16	11	5
秀洲区	43	19	24	54	28	26	57	33	24
嘉善县	119	68	51	118	58	60	131	83	48
海盐县	94	47	47	97	53	44	122	68	54
海宁市	137	76	61	147	72	75	149	84	65
平湖市	86	46	40	76	47	29	96	53	43
桐乡市	81	50	31	91	54	37	106	57	49
湖州市	**496**	**280**	**216**	**513**	**277**	**236**	**593**	**343**	**250**
吴兴区	29	13	16	29	20	9	34	24	10
南浔区	55	28	27	57	30	27	76	34	42
德清县	134	77	57	114	60	54	135	81	54
长兴县	162	92	70	175	95	80	182	113	69
安吉县	116	70	46	138	72	66	166	91	75

1-11b　续表 9　　　　单位：人

地区	2020年8月			2020年9月			2020年10月		
	小计	男	女	小计	男	女	小计	男	女
绍兴市	**293**	**173**	**120**	**314**	**199**	**115**	**367**	**211**	**156**
越城区				2	1	1	4	3	1
柯桥区	26	19	7	27	16	11	38	24	14
上虞区	66	38	28	71	42	29	79	41	38
新昌县	70	38	32	88	53	35	91	49	42
诸暨市	78	47	31	74	52	22	103	62	41
嵊州市	53	31	22	52	35	17	52	32	20
金华市	**409**	**250**	**159**	**419**	**265**	**154**	**509**	**320**	**189**
婺城区	22	13	9	12	10	2	21	18	3
金东区	27	14	13	31	23	8	16	13	3
武义县	76	46	30	59	38	21	56	35	21
浦江县	38	22	16	51	34	17	78	45	33
磐安县	25	12	13	36	23	13	41	22	19
兰溪市	41	20	21	42	16	26	54	38	16
义乌市	45	34	11	65	42	23	85	59	26
东阳市	105	72	33	98	65	33	126	72	54
永康市	30	17	13	25	14	11	32	18	14
衢州市	**227**	**148**	**79**	**227**	**143**	**84**	**297**	**190**	**107**
柯城区	5	4	1	4	3	1	8	5	3
衢江区	21	11	10	21	16	5	34	20	14
常山县	55	37	18	44	28	16	50	32	18
开化县	38	23	15	44	24	20	53	27	26
龙游县	65	43	22	65	42	23	89	64	25
江山市	43	30	13	49	30	19	63	42	21
舟山市	**110**	**67**	**43**	**92**	**56**	**36**	**142**	**78**	**64**
定海区	10	8	2	15	7	8	21	13	8
普陀区	17	8	9	12	7	5	21	12	9
岱山县	61	37	24	52	37	15	78	37	41
嵊泗县	22	14	8	13	5	8	22	16	6
台州市	**390**	**236**	**154**	**446**	**243**	**203**	**519**	**297**	**222**
椒江区	3	1	2	4	1	3	2	1	1
黄岩区	17	11	6	20	8	12	20	11	9
路桥区	27	15	12	38	13	25	42	25	17
三门县	45	26	19	58	22	36	57	34	23
天台县	71	45	26	77	44	33	107	68	39
仙居县	59	40	19	51	26	25	62	27	35
温岭市	114	64	50	140	92	48	156	88	68
临海市	47	30	17	48	31	17	70	42	28
玉环市	7	4	3	10	6	4	3	1	2
丽水市	**315**	**200**	**115**	**284**	**170**	**114**	**410**	**248**	**162**
莲都区	6	4	2	9	7	2	20	13	7
青田县	59	35	24	66	38	28	74	43	31
缙云县	77	43	34	62	38	24	103	65	38
遂昌县	45	26	19	52	29	23	63	34	29
松阳县	26	21	5	20	10	10	52	28	24
云和县	33	22	11	19	13	6	27	13	14
庆元县	39	31	8	29	16	13	35	27	8
景宁畲族自治县	22	14	8	17	13	4	24	16	8
龙泉市	8	4	4	10	6	4	12	9	3

1-11c 各地区分性别、月份的死亡人口
(2019.11.1-2020.10.31)(乡村)

单位：人

地区	死亡人口			2019年11月		
	合计	男	女	小计	男	女
合计	**151409**	**87336**	**64073**	**11931**	**7006**	**4925**
杭州市	**15750**	**8839**	**6911**	**1279**	**740**	**539**
上城区						
下城区						
江干区						
拱墅区						
西湖区	125	67	58	10	8	2
滨江区						
萧山区	2523	1402	1121	218	117	101
余杭区	2397	1284	1113	210	127	83
富阳区	2136	1192	944	183	93	90
临安区	2362	1316	1046	178	103	75
桐庐县	1357	802	555	107	70	37
淳安县	2448	1380	1068	197	120	77
建德市	2402	1396	1006	176	102	74
宁波市	**14274**	**8175**	**6099**	**1083**	**632**	**451**
海曙区	833	477	356	81	46	35
江北区	332	200	132	20	10	10
北仑区	1158	641	517	83	49	34
镇海区	298	180	118	23	15	8
鄞州区	1590	910	680	114	66	48
奉化区	1873	1067	806	138	81	57
象山县	2399	1377	1022	200	123	77
宁海县	2429	1419	1010	177	111	66
余姚市	1578	903	675	116	66	50
慈溪市	1784	1001	783	131	65	66
温州市	**23340**	**14042**	**9298**	**1940**	**1169**	**771**
鹿城区	600	338	262	53	33	20
龙湾区	8	4	4			
瓯海区	1003	562	441	94	49	45
洞头区	566	338	228	43	24	19
永嘉县	4070	2446	1624	341	205	136
平阳县	3155	1912	1243	267	163	104
苍南县	2922	1790	1132	238	143	95
文成县	2052	1318	734	171	111	60
泰顺县	1981	1267	714	157	103	54
瑞安市	3649	2143	1506	322	190	132
乐清市	3176	1831	1345	238	136	102
龙港市	158	93	65	16	12	4
嘉兴市	**11050**	**5999**	**5051**	**837**	**474**	**363**
南湖区	733	408	325	49	30	19
秀洲区	1504	821	683	114	63	51
嘉善县	1698	932	766	138	81	57
海盐县	1386	765	621	99	61	38
海宁市	1683	876	807	126	70	56
平湖市	1800	942	858	128	65	63
桐乡市	2246	1255	991	183	104	79
湖州市	**9325**	**5235**	**4090**	**691**	**386**	**305**
吴兴区	1734	965	769	111	64	47
南浔区	2446	1376	1070	192	109	83
德清县	1718	945	773	140	71	69
长兴县	1881	1069	812	137	80	57
安吉县	1546	880	666	111	62	49

1—11c　续表 1

单位：人

地　　区	死亡人口			2019年11月		
	合计	男	女	小计	男	女
绍兴市	**14978**	**8455**	**6523**	**1128**	**660**	**468**
越城区	1253	677	576	90	50	40
柯桥区	1543	864	679	107	51	56
上虞区	2197	1212	985	171	108	63
新昌县	2307	1334	973	204	126	78
诸暨市	4305	2411	1894	349	192	157
嵊州市	3373	1957	1416	207	133	74
金华市	**17233**	**9902**	**7331**	**1331**	**755**	**576**
婺城区	1751	1047	704	117	64	53
金东区	1213	660	553	63	36	27
武义县	1751	1070	681	132	77	55
浦江县	1885	1056	829	151	88	63
磐安县	896	559	337	61	34	27
兰溪市	2202	1283	919	170	96	74
义乌市	2051	1176	875	163	91	72
东阳市	3195	1768	1427	263	153	110
永康市	2289	1283	1006	211	116	95
衢州市	**10072**	**5954**	**4118**	**859**	**518**	**341**
柯城区	1181	686	495	96	58	38
衢江区	1954	1186	768	175	112	63
常山县	1358	816	542	118	75	43
开化县	1525	865	660	131	73	58
龙游县	1729	1000	729	142	78	64
江山市	2325	1401	924	197	122	75
舟山市	**3524**	**2014**	**1510**	**271**	**164**	**107**
定海区	1121	659	462	94	61	33
普陀区	1278	733	545	99	63	36
岱山县	837	451	386	63	34	29
嵊泗县	288	171	117	15	6	9
台州市	**20906**	**11947**	**8959**	**1667**	**972**	**695**
椒江区	1027	572	455	79	51	28
黄岩区	2416	1381	1035	202	122	80
路桥区	1343	751	592	94	60	34
三门县	1614	941	673	134	79	55
天台县	2709	1570	1139	234	146	88
仙居县	2203	1289	914	171	100	71
温岭市	3848	2133	1715	303	187	116
临海市	4706	2705	2001	358	181	177
玉环市	1040	605	435	92	46	46
丽水市	**10957**	**6774**	**4183**	**845**	**536**	**309**
莲都区	1185	692	493	53	32	21
青田县	2262	1462	800	188	131	57
缙云县	1941	1179	762	144	91	53
遂昌县	998	611	387	90	62	28
松阳县	1177	757	420	108	68	40
云和县	484	310	174	35	24	11
庆元县	726	405	321	45	21	24
景宁畲族自治县	876	571	305	76	49	27
龙泉市	1308	787	521	106	58	48

1-11c 续表 2

单位：人

地　区	2019年12月			2020年1月		
	小计	男	女	小计	男	女
合计	**13402**	**7649**	**5753**	**13523**	**7729**	**5794**
杭州市	**1383**	**805**	**578**	**1418**	**810**	**608**
上城区						
下城区						
江干区						
拱墅区						
西湖区	15	7	8	12	7	5
滨江区						
萧山区	217	124	93	210	117	93
余杭区	213	114	99	226	121	105
富阳区	187	114	73	191	107	84
临安区	227	139	88	203	114	89
桐庐县	115	70	45	139	92	47
淳安县	216	128	88	221	128	93
建德市	193	109	84	216	124	92
宁波市	**1267**	**713**	**554**	**1301**	**732**	**569**
海曙区	62	38	24	71	41	30
江北区	31	21	10	34	14	20
北仑区	95	53	42	106	50	56
镇海区	14	10	4	23	13	10
鄞州区	162	83	79	164	99	65
奉化区	138	69	69	164	87	77
象山县	244	138	106	218	132	86
宁海县	244	140	104	205	112	93
余姚市	144	87	57	148	87	61
慈溪市	133	74	59	168	97	71
温州市	**2089**	**1195**	**894**	**2017**	**1213**	**804**
鹿城区	40	21	19	59	26	33
龙湾区				1		1
瓯海区	87	46	41	88	49	39
洞头区	55	33	22	61	34	27
永嘉县	387	239	148	343	203	140
平阳县	294	164	130	310	197	113
苍南县	257	153	104	231	143	88
文成县	191	109	82	166	108	58
泰顺县	163	105	58	193	130	63
瑞安市	319	163	156	294	170	124
乐清市	283	154	129	266	153	113
龙港市	13	8	5	5		5
嘉兴市	**1037**	**530**	**507**	**1035**	**541**	**494**
南湖区	57	28	29	63	37	26
秀洲区	131	59	72	122	68	54
嘉善县	163	83	80	165	90	75
海盐县	133	75	58	127	70	57
海宁市	182	90	92	157	83	74
平湖市	154	81	73	181	79	102
桐乡市	217	114	103	220	114	106
湖州市	**804**	**463**	**341**	**870**	**500**	**370**
吴兴区	149	90	59	163	92	71
南浔区	201	123	78	226	118	108
德清县	177	89	88	167	106	61
长兴县	177	104	73	177	99	78
安吉县	100	57	43	137	85	52

1-11c　续表 3　　　　单位：人

地　区	2019年12月			2020年1月		
	小计	男	女	小计	男	女
绍兴市	**1404**	**776**	**628**	**1416**	**778**	**638**
越城区	90	44	46	108	49	59
柯桥区	151	85	66	156	86	70
上虞区	209	114	95	217	116	101
新昌县	194	109	85	234	128	106
诸暨市	429	231	198	393	235	158
嵊州市	331	193	138	308	164	144
金华市	**1570**	**923**	**647**	**1492**	**832**	**660**
婺城区	147	93	54	165	99	66
金东区	125	58	67	82	41	41
武义县	149	90	59	153	92	61
浦江县	193	104	89	159	94	65
磐安县	57	35	22	79	44	35
兰溪市	167	109	58	167	101	66
义乌市	196	113	83	184	103	81
东阳市	322	186	136	284	143	141
永康市	214	135	79	219	115	104
衢州市	**848**	**485**	**363**	**918**	**543**	**375**
柯城区	94	54	40	118	67	51
衢江区	135	83	52	164	102	62
常山县	112	64	48	113	74	39
开化县	149	77	72	148	78	70
龙游县	136	78	58	154	87	67
江山市	222	129	93	221	135	86
舟山市	**309**	**166**	**143**	**316**	**165**	**151**
定海区	104	59	45	105	57	48
普陀区	93	52	41	110	59	51
岱山县	87	42	45	73	34	39
嵊泗县	25	13	12	28	15	13
台州市	**1807**	**1043**	**764**	**1887**	**1108**	**779**
椒江区	86	42	44	70	42	28
黄岩区	229	142	87	196	119	77
路桥区	93	49	44	112	68	44
三门县	143	79	64	162	101	61
天台县	250	149	101	237	123	114
仙居县	197	119	78	192	113	79
温岭市	327	184	143	366	223	143
临海市	412	236	176	452	261	191
玉环市	70	43	27	100	58	42
丽水市	**884**	**550**	**334**	**853**	**507**	**346**
莲都区	80	49	31	89	50	39
青田县	202	117	85	188	116	72
缙云县	173	107	66	114	67	47
遂昌县	64	32	32	77	44	33
松阳县	91	68	23	105	64	41
云和县	42	24	18	42	30	12
庆元县	44	26	18	69	37	32
景宁畲族自治县	90	59	31	69	44	25
龙泉市	98	68	30	100	55	45

1-11c 续表 4

单位：人

地区	2020年2月			2020年3月			2020年4月		
	小计	男	女	小计	男	女	小计	男	女
合计	**13999**	**7811**	**6188**	**13077**	**7487**	**5590**	**12076**	**6871**	**5205**
杭州市	**1416**	**732**	**684**	**1364**	**750**	**614**	**1227**	**689**	**538**
上城区									
下城区									
江干区									
拱墅区									
西湖区	7	3	4	6	4	2	7	6	1
滨江区									
萧山区	244	120	124	237	133	104	199	124	75
余杭区	203	97	106	204	111	93	194	103	91
富阳区	212	113	99	171	89	82	169	88	81
临安区	191	97	94	192	102	90	185	95	90
桐庐县	113	65	48	136	83	53	103	56	47
淳安县	240	125	115	195	99	96	197	109	88
建德市	206	112	94	223	129	94	173	108	65
宁波市	**1343**	**744**	**599**	**1213**	**697**	**516**	**1207**	**681**	**526**
海曙区	78	44	34	67	37	30	72	42	30
江北区	27	21	6	27	13	14	23	15	8
北仑区	124	72	52	96	58	38	99	56	43
镇海区	30	16	14	32	18	14	30	18	12
鄞州区	158	83	75	122	74	48	130	80	50
奉化区	157	90	67	153	85	68	198	113	85
象山县	218	112	106	193	115	78	195	103	92
宁海县	233	129	104	218	134	84	190	114	76
余姚市	156	84	72	156	82	74	124	72	52
慈溪市	162	93	69	149	81	68	146	68	78
温州市	**2136**	**1266**	**870**	**2014**	**1201**	**813**	**2003**	**1187**	**816**
鹿城区	47	20	27	57	31	26	71	44	27
龙湾区	1		1	1	1		2	2	
瓯海区	103	53	50	73	45	28	106	63	43
洞头区	41	26	15	59	35	24	40	20	20
永嘉县	384	224	160	346	218	128	327	186	141
平阳县	275	166	109	253	144	109	256	152	104
苍南县	260	165	95	253	146	107	236	138	98
文成县	210	135	75	175	114	61	179	126	53
泰顺县	180	110	70	181	104	77	176	107	69
瑞安市	333	188	145	318	183	135	333	195	138
乐清市	292	174	118	287	174	113	266	148	118
龙港市	10	5	5	11	6	5	11	6	5
嘉兴市	**1063**	**562**	**501**	**954**	**506**	**448**	**787**	**406**	**381**
南湖区	73	37	36	63	31	32	55	36	19
秀洲区	140	79	61	140	83	57	119	65	54
嘉善县	161	83	78	138	71	67	133	64	69
海盐县	134	70	64	101	48	53	81	41	40
海宁市	150	81	69	163	92	71	132	59	73
平湖市	184	99	85	168	87	81	117	58	59
桐乡市	221	113	108	181	94	87	150	83	67
湖州市	**836**	**440**	**396**	**781**	**442**	**339**	**679**	**365**	**314**
吴兴区	170	89	81	150	73	77	124	63	61
南浔区	197	103	94	215	123	92	171	89	82
德清县	153	75	78	126	77	49	118	65	53
长兴县	177	96	81	155	89	66	135	75	60
安吉县	139	77	62	135	80	55	131	73	58

1—11c　续表 5　　　　单位：人

地　区	2020年2月			2020年3月			2020年4月		
	小计	男	女	小计	男	女	小计	男	女
绍兴市	**1351**	**727**	**624**	**1317**	**749**	**568**	**1127**	**634**	**493**
越城区	117	60	57	125	73	52	94	50	44
柯桥区	144	74	70	143	84	59	102	58	44
上虞区	226	120	106	203	124	79	167	84	83
新昌县	179	97	82	182	115	67	162	89	73
诸暨市	392	213	179	371	200	171	331	196	135
嵊州市	293	163	130	293	153	140	271	157	114
金华市	**1599**	**894**	**705**	**1490**	**827**	**663**	**1366**	**772**	**594**
婺城区	141	84	57	153	88	65	132	84	48
金东区	101	45	56	115	68	47	119	58	61
武义县	178	110	68	146	84	62	129	79	50
浦江县	172	87	85	150	81	69	144	80	64
磐安县	96	53	43	69	49	20	80	51	29
兰溪市	200	114	86	190	116	74	172	84	88
义乌市	201	120	81	200	100	100	165	100	65
东阳市	300	158	142	285	142	143	246	136	110
永康市	210	123	87	182	99	83	179	100	79
衢州市	**932**	**546**	**386**	**883**	**533**	**350**	**804**	**449**	**355**
柯城区	111	64	47	113	63	50	100	51	49
衢江区	180	108	72	195	116	79	156	91	65
常山县	129	75	54	119	76	43	113	65	48
开化县	142	79	63	110	64	46	112	65	47
龙游县	172	104	68	137	75	62	134	72	62
江山市	198	116	82	209	139	70	189	105	84
舟山市	**340**	**187**	**153**	**304**	**175**	**129**	**286**	**172**	**114**
定海区	93	49	44	106	65	41	87	52	35
普陀区	128	70	58	108	63	45	114	63	51
岱山县	96	52	44	65	33	32	64	45	19
嵊泗县	23	16	7	25	14	11	21	12	9
台州市	**1933**	**1082**	**851**	**1818**	**1042**	**776**	**1687**	**948**	**739**
椒江区	79	39	40	91	50	41	95	53	42
黄岩区	231	128	103	211	119	92	192	100	92
路桥区	132	81	51	135	71	64	101	58	43
三门县	136	75	61	148	93	55	119	69	50
天台县	259	146	113	221	134	87	226	138	88
仙居县	213	130	83	168	88	80	163	97	66
温岭市	340	169	171	349	196	153	331	173	158
临海市	452	264	188	392	227	165	367	206	161
玉环市	91	50	41	103	64	39	93	54	39
丽水市	**1050**	**631**	**419**	**939**	**565**	**374**	**903**	**568**	**335**
莲都区	115	57	58	102	64	38	97	53	44
青田县	200	121	79	193	116	77	171	117	54
缙云县	212	138	74	195	113	82	163	110	53
遂昌县	92	58	34	72	38	34	80	46	34
松阳县	115	74	41	99	67	32	95	64	31
云和县	42	25	17	51	30	21	44	32	12
庆元县	81	39	42	72	41	31	55	28	27
景宁畲族自治县	77	51	26	68	45	23	85	55	30
龙泉市	116	68	48	87	51	36	113	63	50

1-11c 续表 6 单位：人

地 区	2020年5月			2020年6月			2020年7月		
	小计	男	女	小计	男	女	小计	男	女
合计	**12100**	**6994**	**5106**	**11454**	**6667**	**4787**	**11190**	**6632**	**4558**
杭州市	**1225**	**669**	**556**	**1160**	**673**	**487**	**1166**	**661**	**505**
上城区									
下城区									
江干区									
拱墅区									
西湖区	10	5	5	14	8	6	16	8	8
滨江区									
萧山区	180	97	83	191	106	85	182	101	81
余杭区	192	97	95	168	91	77	184	100	84
富阳区	177	98	79	164	95	69	146	86	60
临安区	201	110	91	177	100	77	159	86	73
桐庐县	107	63	44	103	64	39	96	49	47
淳安县	177	109	68	175	104	71	195	115	80
建德市	181	90	91	168	105	63	188	116	72
宁波市	**1123**	**658**	**465**	**1023**	**604**	**419**	**1052**	**605**	**447**
海曙区	60	39	21	69	36	33	60	33	27
江北区	27	16	11	28	19	9	27	17	10
北仑区	98	58	40	81	44	37	91	48	43
镇海区	25	13	12	20	13	7	20	13	7
鄞州区	132	80	52	108	69	39	116	62	54
奉化区	158	90	68	112	70	42	155	85	70
象山县	200	114	86	179	99	80	173	103	70
宁海县	188	116	72	171	105	66	178	99	79
余姚市	103	53	50	108	65	43	118	74	44
慈溪市	132	79	53	147	84	63	114	71	43
温州市	**1946**	**1182**	**764**	**1853**	**1128**	**725**	**1636**	**992**	**644**
鹿城区	46	29	17	51	32	19	45	24	21
龙湾区							1		1
瓯海区	83	43	40	76	46	30	61	32	29
洞头区	52	28	24	32	22	10	47	33	14
永嘉县	338	210	128	326	209	117	286	173	113
平阳县	265	165	100	239	154	85	228	127	101
苍南县	264	162	102	221	134	87	198	115	83
文成县	159	98	61	176	99	77	139	98	41
泰顺县	138	87	51	159	94	65	134	95	39
瑞安市	294	175	119	287	172	115	239	144	95
乐清市	291	176	115	271	157	114	244	146	98
龙港市	16	9	7	15	9	6	14	5	9
嘉兴市	**870**	**464**	**406**	**828**	**477**	**351**	**838**	**477**	**361**
南湖区	44	24	20	48	24	24	63	41	22
秀洲区	125	65	60	122	60	62	116	74	42
嘉善县	140	76	64	131	71	60	118	74	44
海盐县	119	60	59	111	70	41	105	51	54
海宁市	149	76	73	119	66	53	112	61	51
平湖市	130	70	60	145	88	57	160	79	81
桐乡市	163	93	70	152	98	54	164	97	67
湖州市	**744**	**422**	**322**	**661**	**376**	**285**	**702**	**408**	**294**
吴兴区	143	84	59	122	64	58	141	83	58
南浔区	189	105	84	164	103	61	190	110	80
德清县	137	73	64	132	75	57	115	69	46
长兴县	156	92	64	129	69	60	137	75	62
安吉县	119	68	51	114	65	49	119	71	48

1-11c 续表 7

单位：人

地 区	2020年5月			2020年6月			2020年7月		
	小计	男	女	小计	男	女	小计	男	女
绍兴市	**1162**	**636**	**526**	**1106**	**638**	**468**	**1096**	**661**	**435**
越城区	77	37	40	104	60	44	106	62	44
柯桥区	133	72	61	105	64	41	116	70	46
上虞区	165	86	79	142	79	63	150	82	68
新昌县	193	114	79	187	116	71	163	97	66
诸暨市	321	165	156	309	172	137	310	187	123
嵊州市	273	162	111	259	147	112	251	163	88
金华市	**1434**	**854**	**580**	**1282**	**706**	**576**	**1241**	**774**	**467**
婺城区	151	95	56	142	81	61	141	93	48
金东区	92	54	38	85	46	39	88	57	31
武义县	147	90	57	139	80	59	127	90	37
浦江县	154	95	59	146	76	70	146	84	62
磐安县	90	62	28	64	40	24	72	45	27
兰溪市	199	111	88	170	104	66	177	106	71
义乌市	162	92	70	133	78	55	129	80	49
东阳市	259	155	104	240	121	119	218	130	88
永康市	180	100	80	163	80	83	143	89	54
衢州市	**806**	**485**	**321**	**734**	**429**	**305**	**768**	**467**	**301**
柯城区	95	55	40	75	45	30	95	54	41
衢江区	152	93	59	126	75	51	143	84	59
常山县	117	70	47	113	59	54	116	75	41
开化县	117	75	42	127	80	47	105	64	41
龙游县	148	86	62	130	75	55	121	78	43
江山市	177	106	71	163	95	68	188	112	76
舟山市	**291**	**159**	**132**	**266**	**146**	**120**	**275**	**169**	**106**
定海区	89	52	37	80	43	37	90	57	33
普陀区	110	56	54	104	58	46	94	60	34
岱山县	66	34	32	63	32	31	59	33	26
嵊泗县	26	17	9	19	13	6	32	19	13
台州市	**1617**	**925**	**692**	**1625**	**906**	**719**	**1572**	**908**	**664**
椒江区	84	45	39	89	51	38	89	49	40
黄岩区	187	114	73	178	102	76	171	79	92
路桥区	112	60	52	106	62	44	90	47	43
三门县	130	71	59	122	74	48	131	82	49
天台县	236	120	116	232	133	99	186	112	74
仙居县	165	104	61	165	92	73	180	112	68
温岭市	265	141	124	302	159	143	291	178	113
临海市	367	225	142	346	182	164	359	208	151
玉环市	71	45	26	85	51	34	75	41	34
丽水市	**882**	**540**	**342**	**916**	**584**	**332**	**844**	**510**	**334**
莲都区	111	67	44	81	53	28	98	49	49
青田县	194	135	59	191	121	70	157	102	55
缙云县	125	75	50	232	135	97	124	72	52
遂昌县	71	42	29	83	61	22	72	40	32
松阳县	100	59	41	91	59	32	96	57	39
云和县	43	26	17	42	26	16	42	29	13
庆元县	57	31	26	51	35	16	63	33	30
景宁畲族自治县	64	42	22	42	30	12	71	48	23
龙泉市	117	63	54	103	64	39	121	80	41

1-11c 续表 8

单位：人

地区	2020年8月			2020年9月			2020年10月		
	小计	男	女	小计	男	女	小计	男	女
合计	**12012**	**6954**	**5058**	**12222**	**7213**	**5009**	**14423**	**8323**	**6100**
杭州市	**1303**	**714**	**589**	**1305**	**752**	**553**	**1504**	**844**	**660**
上城区									
下城区									
江干区									
拱墅区									
西湖区	10	5	5	8	4	4	10	2	8
滨江区									
萧山区	217	125	92	229	139	90	199	99	100
余杭区	179	96	83	202	93	109	222	134	88
富阳区	172	99	73	153	92	61	211	118	93
临安区	181	102	79	213	123	90	255	145	110
桐庐县	117	61	56	103	60	43	118	69	49
淳安县	188	92	96	204	126	78	243	125	118
建德市	239	134	105	193	115	78	246	152	94
宁波市	**1101**	**633**	**468**	**1208**	**701**	**507**	**1353**	**775**	**578**
海曙区	74	42	32	67	41	26	72	38	34
江北区	23	13	10	29	18	11	36	23	13
北仑区	93	52	41	99	47	52	93	54	39
镇海区	29	19	10	23	13	10	29	19	10
鄞州区	114	57	57	128	78	50	142	79	63
奉化区	143	86	57	151	79	72	206	132	74
象山县	167	101	66	194	116	78	218	121	97
宁海县	184	102	82	205	129	76	236	128	108
余姚市	115	67	48	136	69	67	154	97	57
慈溪市	159	94	65	176	111	65	167	84	83
温州市	**1728**	**1043**	**685**	**1749**	**1092**	**657**	**2229**	**1374**	**855**
鹿城区	38	22	16	46	26	20	47	30	17
龙湾区	1	1					1		1
瓯海区	86	48	38	66	40	26	80	48	32
洞头区	35	18	17	39	25	14	62	40	22
永嘉县	303	176	127	329	192	137	360	211	149
平阳县	246	151	95	214	143	71	308	186	122
苍南县	235	152	83	228	152	76	301	187	114
文成县	149	93	56	154	102	52	183	125	58
泰顺县	139	94	45	157	105	52	204	133	71
瑞安市	250	147	103	265	169	96	395	247	148
乐清市	234	133	101	237	127	110	267	153	114
龙港市	12	8	4	14	11	3	21	14	7
嘉兴市	**854**	**465**	**389**	**954**	**542**	**412**	**993**	**555**	**438**
南湖区	72	40	32	56	28	28	90	52	38
秀洲区	118	63	55	124	70	54	133	72	61
嘉善县	134	78	56	130	74	56	147	87	60
海盐县	105	61	44	143	83	60	128	75	53
海宁市	119	57	62	136	76	60	138	65	73
平湖市	132	66	66	141	74	67	160	96	64
桐乡市	174	100	74	224	137	87	197	108	89
湖州市	**809**	**432**	**377**	**827**	**479**	**348**	**921**	**522**	**399**
吴兴区	166	89	77	132	77	55	163	97	66
南浔区	215	116	99	216	129	87	270	148	122
德清县	142	76	66	152	72	80	159	97	62
长兴县	157	89	68	165	99	66	179	102	77
安吉县	129	62	67	162	102	60	150	78	72

1-11c 续表 9

单位：人

地区	2020年8月			2020年9月			2020年10月		
	小计	男	女	小计	男	女	小计	男	女
绍兴市	**1229**	**700**	**529**	**1244**	**731**	**513**	**1398**	**765**	**633**
越城区	113	64	49	115	67	48	114	61	53
柯桥区	121	77	44	110	62	48	155	81	74
上虞区	168	98	70	173	93	80	206	108	98
新昌县	177	101	76	198	116	82	234	126	108
诸暨市	353	194	159	356	201	155	391	225	166
嵊州市	297	166	131	292	192	100	298	164	134
金华市	**1382**	**796**	**586**	**1323**	**772**	**551**	**1723**	**997**	**726**
婺城区	138	87	51	140	77	63	184	102	82
金东区	104	56	48	102	58	44	137	83	54
武义县	122	76	46	150	102	48	179	100	79
浦江县	151	81	70	138	86	52	181	100	81
磐安县	62	36	26	77	54	23	89	56	33
兰溪市	188	111	77	170	98	72	232	133	99
义乌市	154	87	67	177	96	81	187	116	71
东阳市	262	154	108	213	113	100	303	177	126
永康市	201	108	93	156	88	68	231	130	101
衢州市	**784**	**477**	**307**	**788**	**471**	**317**	**948**	**551**	**397**
柯城区	81	47	34	100	63	37	103	65	38
衢江区	150	93	57	173	96	77	205	133	72
常山县	105	67	38	99	63	36	104	53	51
开化县	123	65	58	114	68	46	147	77	70
龙游县	142	89	53	139	74	65	174	104	70
江山市	183	116	67	163	107	56	215	119	96
舟山市	**287**	**182**	**105**	**278**	**167**	**111**	**301**	**162**	**139**
定海区	93	62	31	83	51	32	97	51	46
普陀区	106	66	40	114	75	39	98	48	50
岱山县	65	35	30	58	29	29	78	48	30
嵊泗县	23	19	4	23	12	11	28	15	13
台州市	**1684**	**972**	**712**	**1651**	**960**	**691**	**1958**	**1081**	**877**
椒江区	83	45	38	78	39	39	104	66	38
黄岩区	190	108	82	182	111	71	247	137	110
路桥区	119	63	56	116	63	53	133	69	64
三门县	138	83	55	93	50	43	158	85	73
天台县	191	105	86	208	130	78	229	134	95
仙居县	191	108	83	186	110	76	212	116	96
温岭市	300	175	125	307	170	137	367	178	189
临海市	401	246	155	387	234	153	413	235	178
玉环市	71	39	32	94	53	41	95	61	34
丽水市	**851**	**540**	**311**	**895**	**546**	**349**	**1095**	**697**	**398**
莲都区	102	54	48	106	69	37	151	95	56
青田县	180	127	53	170	104	66	228	155	73
缙云县	142	82	60	146	87	59	171	102	69
遂昌县	98	65	33	92	54	38	107	69	38
松阳县	81	57	24	80	47	33	116	73	43
云和县	34	19	15	32	25	7	35	20	15
庆元县	49	28	21	52	28	24	88	58	30
景宁畲族自治县	61	41	20	88	59	29	85	48	37
龙泉市	104	67	37	129	73	56	114	77	37

1−12 各地区家庭户的住房间数和面积

地区	家庭户户数(户)	家庭户人数(人)	平均每户住房建筑面积(平方米/户)	平均每户住房间数(间/户)	人均住房建筑面积(平方米/人)	人均住房间数(间/人)
合计	**22921213**	**55252198**	**111.27**	**2.73**	**46.16**	**1.13**
杭州市	**4113283**	**9922899**	**107.40**	**2.63**	**44.52**	**1.09**
上城区	119261	288034	75.85	2.15	31.41	0.89
下城区	177364	419229	74.58	2.17	31.55	0.92
江干区	469934	1113981	70.75	2.07	29.85	0.87
拱墅区	227512	542098	77.06	2.24	32.34	0.94
西湖区	351221	850863	85.06	2.35	35.11	0.97
滨江区	154535	377389	86.05	2.30	35.23	0.94
萧山区	734107	1846306	122.94	2.73	48.88	1.09
余杭区	896760	2103936	88.62	2.31	37.77	0.99
富阳区	283695	728734	150.39	3.28	58.55	1.28
临安区	232775	549078	157.28	3.33	66.68	1.41
桐庐县	165757	399412	147.46	3.40	61.20	1.41
淳安县	137090	300108	169.78	4.19	77.55	1.91
建德市	163272	403731	176.51	3.74	71.38	1.51
宁波市	**3618432**	**8171840**	**88.45**	**2.26**	**39.17**	**1.00**
海曙区	403390	907147	76.65	2.10	34.08	0.93
江北区	182219	409529	79.23	2.25	35.25	1.00
北仑区	315476	684401	73.13	2.19	33.71	1.01
镇海区	199399	453014	73.22	2.20	32.23	0.97
鄞州区	604496	1371121	84.23	2.22	37.13	0.98
奉化区	223185	505947	96.38	2.25	42.52	0.99
象山县	226644	512157	115.03	2.87	50.90	1.27
宁海县	281139	629560	97.80	2.45	43.67	1.09
余姚市	474465	1105347	97.95	2.37	42.04	1.02
慈溪市	708019	1593617	91.20	2.10	40.52	0.93
温州市	**3280096**	**8024842**	**98.64**	**2.68**	**40.32**	**1.10**
鹿城区	392647	921900	81.06	2.21	34.52	0.94
龙湾区	210011	508664	77.9	2.28	32.16	0.94
瓯海区	292329	694407	79.80	2.27	33.60	0.96
洞头区	46799	113817	129.65	3.05	53.31	1.25
永嘉县	295843	720366	106.57	2.93	43.77	1.20
平阳县	303036	762269	117.96	2.99	46.89	1.19
苍南县	296199	767342	109.20	2.90	42.15	1.12
文成县	101502	254223	134.78	3.85	53.81	1.54
泰顺县	100940	239097	137.57	4.10	58.08	1.73
瑞安市	524730	1313131	92.43	2.43	36.93	0.97
乐清市	563303	1313878	95.16	2.69	40.80	1.15
龙港市	152757	415748	109.16	2.80	40.11	1.03
嘉兴市	**1878292**	**4795436**	**128.01**	**2.91**	**50.14**	**1.14**
南湖区	298432	727072	104.13	2.63	42.74	1.08
秀洲区	237635	613658	114.13	2.75	44.20	1.07
嘉善县	241579	576965	96.75	2.39	40.51	1.00
海盐县	152098	411416	149.02	3.53	55.09	1.31
海宁市	366753	940207	126.66	2.86	49.41	1.12
平湖市	236120	605646	138.45	3.21	53.98	1.25
桐乡市	345675	920472	165.08	3.18	61.99	1.20
湖州市	**1081250**	**2819756**	**136.81**	**3.14**	**52.46**	**1.21**
吴兴区	293436	766932	106.55	2.70	40.77	1.03
南浔区	190135	489062	138.49	3.04	53.84	1.18
德清县	170684	466875	165.53	3.50	60.51	1.28
长兴县	234434	607900	154.65	3.48	59.64	1.34
安吉县	192561	488987	134.08	3.19	52.80	1.26

注：本表数据为居住在普通住宅的家庭户。

1-12　续表

地　　区	家庭户户　数（户）	家庭户人　数（人）	平均每户住房建筑面积（平方米／户）	平均每户住房间数（间／户）	人均住房建筑面积（平方米／人）	人　　均住房间数（间／人）
绍兴市	**1849255**	**4500711**	**127.37**	**2.90**	**52.33**	**1.19**
越城区	348871	865997	104.32	2.53	42.02	1.02
柯桥区	355224	903794	121.00	2.63	47.56	1.03
上虞区	302042	738697	135.75	2.84	55.51	1.16
新昌县	164357	374018	120.83	3.02	53.10	1.33
诸暨市	417817	994622	138.72	3.13	58.27	1.32
嵊州市	260944	623583	143.09	3.43	59.88	1.43
金华市	**2534182**	**5863698**	**106.33**	**2.56**	**45.96**	**1.11**
婺城区	359390	816723	100.96	2.55	44.43	1.12
金东区	168787	394834	115.24	2.68	49.26	1.15
武义县	173252	395574	112.19	3.10	49.14	1.36
浦江县	154835	382657	121.78	2.75	49.28	1.11
磐安县	72353	157278	150.19	3.27	69.09	1.50
兰溪市	206479	513988	169.16	3.40	67.95	1.37
义乌市	652191	1461917	66.91	1.98	29.85	0.88
东阳市	389287	921562	142.52	2.81	60.20	1.19
永康市	357608	819165	85.37	2.35	37.27	1.03
衢州市	**858808**	**2041484**	**166.13**	**3.75**	**69.89**	**1.58**
柯城区	188640	471092	136.93	3.22	54.83	1.29
衢江区	134877	328057	186.32	3.94	76.60	1.62
常山县	103072	236864	186.88	4.05	81.32	1.76
开化县	104433	240412	191.55	3.86	83.21	1.68
龙游县	143842	314744	131.79	3.19	60.23	1.46
江山市	183944	450315	182.04	4.36	74.36	1.78
舟山市	**453938**	**998590**	**96.73**	**2.46**	**43.97**	**1.12**
定海区	195495	441093	98.37	2.48	43.60	1.10
普陀区	152239	341543	97.91	2.56	43.64	1.14
岱山县	76485	154542	91.84	2.27	45.45	1.12
嵊泗县	29719	61412	92.45	2.25	44.74	1.09
台州市	**2334623**	**5907343**	**118.85**	**2.91**	**46.97**	**1.15**
椒江区	267358	701196	109.73	2.56	41.84	0.98
黄岩区	245962	635345	116.75	2.78	45.20	1.07
路桥区	210087	547950	107.60	2.54	41.25	0.97
三门县	136713	341903	142.29	3.45	56.90	1.38
天台县	169677	431959	140.15	3.20	55.05	1.26
仙居县	148533	395484	148.53	3.21	55.78	1.20
温岭市	526542	1252336	102.60	2.73	43.14	1.15
临海市	381967	1011363	146.49	3.61	55.33	1.36
玉环市	247784	589807	86.89	2.37	36.50	1.00
丽水市	**919054**	**2205599**	**117.10**	**3.15**	**48.79**	**1.31**
莲都区	187592	464708	97.27	2.74	39.27	1.11
青田县	182544	444941	107.91	2.76	44.27	1.13
缙云县	158353	364782	118.03	3.10	51.24	1.35
遂昌县	74258	179051	167.18	3.97	69.33	1.65
松阳县	76531	187890	151.72	3.72	61.80	1.52
云和县	49488	118660	105.86	2.81	44.15	1.17
庆元县	55815	129652	126.69	4.05	54.54	1.74
景宁畲族自治县	43534	97953	96.01	3.28	42.67	1.46
龙泉市	90939	217962	115.08	3.29	48.01	1.37

1–12a 各地区家庭户的住房间数和面积(城市)

地　　区	家庭户户　数(户)	家庭户人　数(人)	平均每户住房建筑面积(平方米/户)	平均每户住房间数(间/户)	人均住房建筑面积(平方米/人)	人　　均住房间数(间/人)
合计	**11614658**	**27772192**	**88.37**	**2.34**	**36.96**	**0.98**
杭州市	**3041725**	**7250772**	**84.53**	**2.29**	**35.46**	**0.96**
上城区	119261	288034	75.85	2.15	31.41	0.89
下城区	177364	419229	74.58	2.17	31.55	0.92
江干区	469934	1113981	70.75	2.07	29.85	0.87
拱墅区	227512	542098	77.06	2.24	32.34	0.94
西湖区	342513	824852	82.25	2.31	34.15	0.96
滨江区	154535	377389	86.05	2.30	35.23	0.94
萧山区	558708	1360145	98.35	2.45	40.40	1.01
余杭区	643374	1451449	74.83	2.12	33.17	0.94
富阳区	188631	488183	120.10	2.86	46.41	1.10
临安区	106311	251800	98.11	2.44	41.42	1.03
桐庐县						
淳安县						
建德市	53582	133612	119.69	2.98	48.00	1.19
宁波市	**2069559**	**4726695**	**82.97**	**2.20**	**36.33**	**0.96**
海曙区	336368	763499	74.79	2.12	32.95	0.93
江北区	148457	341719	81.41	2.30	35.37	1.00
北仑区	216897	479429	71.53	2.14	32.36	0.97
镇海区	163822	377042	73.72	2.22	32.03	0.96
鄞州区	373613	867023	89.66	2.39	38.64	1.03
奉化区	106073	255975	93.69	2.25	38.82	0.93
象山县						
宁海县						
余姚市	294554	676842	86.79	2.21	37.77	0.96
慈溪市	429775	965166	88.14	2.08	39.25	0.93
温州市	**1565866**	**3793010**	**85.64**	**2.34**	**35.36**	**0.96**
鹿城区	359304	836467	79.03	2.16	33.95	0.93
龙湾区	140107	344988	80.88	2.35	32.85	0.96
瓯海区	231785	549153	77.75	2.21	32.82	0.93
洞头区	23497	59435	126.92	2.88	50.18	1.14
永嘉县						
平阳县						
苍南县						
文成县						
泰顺县						
瑞安市	335108	836421	86.50	2.25	34.66	0.90
乐清市	335901	781973	85.83	2.46	36.87	1.05
龙港市	140164	384573	110.97	2.84	40.45	1.03
嘉兴市	**791820**	**1959457**	**96.81**	**2.45**	**39.12**	**0.99**
南湖区	241562	582246	93.76	2.47	38.90	1.03
秀洲区	109204	271982	91.71	2.42	36.82	0.97
嘉善县						
海盐县						
海宁市	146392	375112	106.13	2.59	41.42	1.01
平湖市	103840	265371	97.95	2.61	38.33	1.02
桐乡市	190822	464746	95.82	2.26	39.34	0.93
湖州市	**257547**	**661218**	**96.76**	**2.49**	**37.69**	**0.97**
吴兴区	195061	500024	96.01	2.52	37.45	0.98
南浔区	62486	161194	99.11	2.40	38.42	0.93
德清县						
长兴县						
安吉县						

注：本表数据为居住在普通住宅的家庭户。

1-12a　续表

地　　区	家庭户户　数(户)	家庭户人　数(人)	平均每户住房建筑面积(平方米/户)	平均每户住房间数(间/户)	人均住房建筑面积(平方米/人)	人　均住房间数(间/人)
绍兴市	**1027016**	**2583906**	**110.22**	**2.66**	**43.81**	**1.06**
越城区	291616	722029	97.71	2.48	39.46	1.00
柯桥区	261239	674497	110.57	2.55	42.83	0.99
上虞区	176535	442687	118.44	2.67	47.23	1.07
新昌县						
诸暨市	181168	451760	114.65	2.82	45.98	1.13
嵊州市	116458	292933	121.41	3.06	48.27	1.22
金华市	**1177088**	**2650605**	**74.42**	**2.07**	**33.05**	**0.92**
婺城区	252565	564037	76.79	2.17	34.39	0.97
金东区	48138	114296	92.36	2.42	38.90	1.02
武义县						
浦江县						
磐安县						
兰溪市	84406	213216	128.05	2.94	50.69	1.16
义乌市	433790	941002	56.27	1.76	25.94	0.81
东阳市	157057	372687	94.23	2.30	39.71	0.97
永康市	201132	445367	68.30	2.02	30.85	0.91
衢州市	**257651**	**649442**	**120.37**	**3.04**	**47.75**	**1.21**
柯城区	138824	344030	109.23	2.75	44.08	1.11
衢江区	42510	110843	132.64	3.20	50.87	1.23
常山县						
开化县						
龙游县	534	1076	158.81	4.07	78.81	2.02
江山市	75783	193493	133.61	3.48	52.33	1.36
舟山市	**230209**	**536667**	**87.82**	**2.37**	**37.67**	**1.02**
定海区	132171	307686	91.21	2.42	39.18	1.04
普陀区	98038	228981	83.25	2.30	35.64	0.99
岱山县						
嵊泗县						
台州市	**1014527**	**2498104**	**93.29**	**2.45**	**37.89**	**1.00**
椒江区	205854	526472	102.14	2.49	39.94	0.97
黄岩区	142663	358678	92.38	2.36	36.74	0.94
路桥区	106242	270119	101.32	2.48	39.85	0.98
三门县						
天台县						
仙居县						
温岭市	246090	564391	81.74	2.33	35.64	1.02
临海市	137904	362760	111.07	2.90	42.22	1.10
玉环市	175774	415684	81.04	2.28	34.27	0.97
丽水市	**181650**	**462316**	**84.03**	**2.47**	**33.02**	**0.97**
莲都区	133288	335990	78.10	2.32	30.98	0.92
青田县						
缙云县						
遂昌县						
松阳县						
云和县						
庆元县						
景宁畲族自治县						
龙泉市	48362	126326	100.36	2.89	38.42	1.11

1-12b 各地区家庭户的住房间数和面积(镇)

地　区	家庭户户　数(户)	家庭户人　数(人)	平均每户住房建筑面积(平方米/户)	平均每户住房间数(间/户)	人均住房建筑面积(平方米/人)	人　均住房间数(间/人)
合计	**4567655**	**11235375**	**112.93**	**2.80**	**45.91**	**1.14**
杭州市	**364546**	**886888**	**118.64**	**2.87**	**48.76**	**1.18**
上城区						
下城区						
江干区						
拱墅区						
西湖区	189	402	156.10	4.01	73.39	1.88
滨江区						
萧山区	28183	74625	180.35	3.24	68.11	1.22
余杭区	97871	239041	91.43	2.37	37.44	0.97
富阳区	9951	24659	195.66	3.94	78.96	1.59
临安区	28184	63293	138.75	3.10	61.78	1.38
桐庐县	113115	273734	115.84	2.90	47.87	1.20
淳安县	55652	132904	98.97	2.82	41.44	1.18
建德市	31401	78230	150.31	3.48	60.33	1.40
宁波市	**697207**	**1598912**	**90.63**	**2.31**	**39.52**	**1.01**
海曙区	10644	23548	92.77	1.90	41.93	0.86
江北区						
北仑区	14628	34521	78.65	2.26	33.33	0.96
镇海区	15011	33048	71.96	2.12	32.68	0.96
鄞州区	112183	254224	79.04	2.08	34.88	0.92
奉化区	19285	46386	114.73	2.67	47.70	1.11
象山县	136960	313689	94.20	2.59	41.13	1.13
宁海县	172117	395790	88.86	2.33	38.64	1.01
余姚市	89923	214556	104.57	2.48	43.83	1.04
慈溪市	126456	283150	89.27	2.06	39.87	0.92
温州市	**722830**	**1859854**	**112.09**	**2.99**	**43.56**	**1.16**
鹿城区	2139	5790	94.86	3.90	35.05	1.44
龙湾区	69758	163326	71.9	2.12	30.71	0.9
瓯海区	5133	10958	76.71	2.18	35.93	1.02
洞头区	2819	6943	144.74	3.63	58.77	1.47
永嘉县	145318	369378	99.53	2.73	39.16	1.08
平阳县	178551	465838	126.58	3.10	48.52	1.19
苍南县	192280	517255	118.36	3.11	44.00	1.16
文成县	39861	107404	141.05	3.99	52.35	1.48
泰顺县	39872	104213	134.84	3.80	51.59	1.46
瑞安市	10944	28501	124.77	3.42	47.91	1.31
乐清市	29281	62758	74.31	2.32	34.67	1.08
龙港市	6874	17490	92.50	2.51	36.35	0.99
嘉兴市	**562768**	**1410123**	**110.47**	**2.70**	**44.09**	**1.08**
南湖区	21552	51880	105.97	2.53	44.02	1.05
秀洲区	49911	129006	104.16	2.54	40.30	0.98
嘉善县	178584	421078	81.08	2.23	34.39	0.95
海盐县	100189	267499	118.62	3.04	44.43	1.14
海宁市	105605	261199	116.14	2.77	46.96	1.12
平湖市	54644	140216	130.24	3.06	50.76	1.19
桐乡市	52283	139245	170.95	3.35	64.19	1.26
湖州市	**450000**	**1142825**	**121.67**	**2.90**	**47.91**	**1.14**
吴兴区	28034	77875	94.17	2.61	33.90	0.94
南浔区	46867	117781	119.64	2.76	47.61	1.10
德清县	108361	282822	121.94	2.92	46.72	1.12
长兴县	150903	381085	134.05	3.13	53.08	1.24
安吉县	115835	283262	112.78	2.72	46.12	1.11

注：本表数据为居住在普通住宅的家庭户。

1-12b　续表

地　　区	家庭户户　数（户）	家庭户人　数（人）	平均每户住房建筑面积（平方米/户）	平均每户住房间数（间/户）	人均住房建筑面积（平方米/人）	人　　均住房间数（间/人）
绍兴市	**210338**	**511120**	**132.56**	**3.10**	**54.55**	**1.27**
越城区	1429	3490	145.08	2.88	59.40	1.18
柯桥区	21045	50177	117.16	2.59	49.14	1.08
上虞区	17614	41795	137.75	2.99	58.05	1.26
新昌县	91834	231149	124.72	3.13	49.55	1.24
诸暨市	53681	127872	139.68	3.07	58.64	1.29
嵊州市	24735	56637	154.87	3.54	67.64	1.55
金华市	**516566**	**1217957**	**105.39**	**2.56**	**44.70**	**1.08**
婺城区	24912	62884	130.47	2.98	51.69	1.18
金东区	45637	106344	86.75	2.29	37.23	0.98
武义县	101761	239513	93.36	2.60	39.66	1.11
浦江县	68317	171625	112.92	2.61	44.95	1.04
磐安县	34026	79762	133.44	3.06	56.92	1.31
兰溪市	22198	54474	178.94	3.52	72.92	1.44
义乌市	86043	192963	69.32	2.05	30.91	0.91
东阳市	98490	230096	129.49	2.66	55.43	1.14
永康市	35182	80296	79.26	2.22	34.73	0.97
衢州市	**199514**	**476216**	**148.59**	**3.41**	**62.25**	**1.43**
柯城区	3879	10044	175.68	4.42	67.85	1.71
衢江区	12878	29823	193.42	3.74	83.52	1.61
常山县	45852	108638	150.47	3.51	63.51	1.48
开化县	47459	116596	142.56	3.17	58.03	1.29
龙游县	64745	150215	117.08	2.95	50.46	1.27
江山市	24701	60900	211.64	4.60	85.84	1.87
舟山市	**88086**	**186204**	**90.24**	**2.28**	**42.69**	**1.08**
定海区	12796	28295	90.65	2.38	40.99	1.08
普陀区	7832	15269	88.40	2.45	45.34	1.26
岱山县	48283	101765	89.58	2.24	42.50	1.06
嵊泗县	19175	40875	92.36	2.24	43.33	1.05
台州市	**412085**	**1077514**	**127.03**	**3.04**	**48.58**	**1.16**
椒江区	1829	3580	37.34	1.18	19.08	0.60
黄岩区	11848	32855	146.85	3.45	52.96	1.24
路桥区	32995	85546	113.87	2.65	43.92	1.02
三门县	67532	175180	126.47	3.10	48.76	1.19
天台县	81684	222330	131.05	3.06	48.15	1.12
仙居县	72143	200061	136.98	3.02	49.40	1.09
温岭市	93262	223325	113.76	2.90	47.51	1.21
临海市	44544	119620	145.77	3.64	54.28	1.36
玉环市	6248	15017	88.48	2.30	36.81	0.96
丽水市	**343715**	**867762**	**114.05**	**3.04**	**45.17**	**1.20**
莲都区	6155	15541	136.65	3.56	54.12	1.41
青田县	87092	228285	107.76	2.87	41.11	1.09
缙云县	82137	199654	104.92	2.88	43.16	1.19
遂昌县	38208	96765	143.09	3.54	56.50	1.40
松阳县	33618	86256	139.86	3.28	54.51	1.28
云和县	34763	86637	102.28	2.75	41.04	1.10
庆元县	32837	82564	116.05	3.32	46.16	1.32
景宁畲族自治县	23173	58442	91.07	2.87	36.11	1.14
龙泉市	5732	13618	124.00	3.23	52.19	1.36

1-12c 各地区家庭户的住房间数和面积(乡村)

地　区	家庭户户　数(户)	家庭户人　数(人)	平均每户住房建筑面积(平方米/户)	平均每户住房间数(间/户)	人均住房建筑面积(平方米/人)	人　均住房间数(间/人)
合计	**6738900**	**16244631**	**149.60**	**3.35**	**62.06**	**1.39**
杭州市	**707012**	**1785239**	**200.00**	**4.00**	**79.21**	**1.58**
上城区						
下城区						
江干区						
拱墅区						
西湖区	8519	25609	196.63	3.91	65.41	1.30
滨江区						
萧山区	147216	411536	205.30	3.67	73.44	1.31
余杭区	155515	413446	143.90	3.07	54.13	1.15
富阳区	85113	215892	212.23	4.14	83.67	1.63
临安区	98280	233985	226.59	4.36	95.17	1.83
桐庐县	52642	125678	215.43	4.48	90.23	1.88
淳安县	81438	167204	218.16	5.12	106.26	2.49
建德市	78289	191889	225.91	4.37	92.17	1.78
宁波市	**851666**	**1846233**	**99.99**	**2.36**	**46.13**	**1.09**
海曙区	56378	120100	84.73	1.98	39.78	0.93
江北区	33762	67810	69.61	2.05	34.66	1.02
北仑区	83951	170451	76.30	2.30	37.58	1.13
镇海区	20566	42924	70.19	2.09	33.63	1.00
鄞州区	118700	249874	72.02	1.82	34.21	0.87
奉化区	97827	203586	95.69	2.16	45.98	1.04
象山县	89684	198468	146.84	3.30	66.35	1.49
宁海县	109022	233770	111.91	2.63	52.19	1.23
余姚市	89988	213949	127.82	2.82	53.76	1.19
慈溪市	151788	345301	101.47	2.16	44.61	0.95
温州市	**991400**	**2371978**	**109.37**	**3.01**	**45.71**	**1.26**
鹿城区	31204	79643	103.45	2.70	40.53	1.06
龙湾区	146	350	89.59	3.67	37.37	1.53
瓯海区	55411	134296	88.67	2.56	36.59	1.06
洞头区	20483	47439	130.70	3.17	56.43	1.37
永嘉县	150525	350988	113.36	3.11	48.62	1.34
平阳县	124485	296431	105.59	2.84	44.34	1.19
苍南县	103919	250087	92.26	2.52	38.34	1.05
文成县	61641	146819	130.71	3.76	54.88	1.58
泰顺县	61068	134884	139.36	4.30	63.09	1.95
瑞安市	178678	448209	101.56	2.69	40.49	1.07
乐清市	198121	469147	114.06	3.13	48.17	1.32
龙港市	5719	13685	84.88	2.26	35.47	0.95
嘉兴市	**523704**	**1425856**	**194.05**	**3.81**	**71.27**	**1.40**
南湖区	35318	92946	173.95	3.73	66.10	1.42
秀洲区	78520	212670	151.66	3.35	55.99	1.24
嘉善县	62995	155887	141.18	2.86	57.05	1.16
海盐县	51909	143917	207.70	4.48	74.92	1.61
海宁市	114756	303896	162.53	3.29	61.37	1.24
平湖市	77636	200059	198.39	4.12	76.99	1.60
桐乡市	102570	316481	290.94	4.81	94.29	1.56
湖州市	**373703**	**1015713**	**182.63**	**3.88**	**67.19**	**1.43**
吴兴区	70341	189033	140.69	3.23	52.35	1.20
南浔区	80782	210087	179.88	3.70	69.17	1.42
德清县	62323	184053	241.31	4.52	81.71	1.53
长兴县	83531	226815	191.86	4.12	70.66	1.52
安吉县	76726	205725	166.24	3.90	62.00	1.46

注：本表数据为居住在普通住宅的家庭户。

1−12c　续表

地　　区	家庭户户　数（户）	家庭户人　数（人）	平均每户住房建筑面积（平方米/户）	平均每户住房间数（间/户）	人均住房建筑面积（平方米/人）	人　　均住房间数（间/人）
绍兴市	**611901**	**1405685**	**154.36**	**3.26**	**67.19**	**1.42**
越城区	55826	140478	137.79	2.76	54.76	1.10
柯桥区	72940	179120	159.43	2.95	64.92	1.20
上虞区	107893	254215	163.75	3.09	69.50	1.31
新昌县	72523	142869	115.92	2.88	58.84	1.46
诸暨市	182968	414990	162.26	3.46	71.54	1.52
嵊州市	119751	274013	161.73	3.76	70.68	1.64
金华市	**840528**	**1995136**	**151.61**	**3.25**	**63.87**	**1.37**
婺城区	81913	189802	166.50	3.62	71.86	1.56
金东区	75012	174194	147.25	3.09	63.41	1.33
武义县	71491	156061	138.99	3.81	63.67	1.74
浦江县	86518	211032	128.78	2.86	52.80	1.17
磐安县	38327	77516	165.06	3.45	81.61	1.71
兰溪市	99875	246298	201.72	3.77	81.80	1.53
义乌市	132358	327952	100.21	2.65	40.44	1.07
东阳市	133740	318779	208.83	3.53	87.61	1.48
永康市	121294	293502	115.44	2.94	47.71	1.22
衢州市	**401643**	**915826**	**204.19**	**4.37**	**89.55**	**1.92**
柯城区	45937	117018	217.35	4.54	85.32	1.78
衢江区	79489	187391	213.88	4.37	90.73	1.85
常山县	57220	128226	216.06	4.49	96.42	2.00
开化县	56974	123816	232.36	4.44	106.92	2.04
龙游县	78563	163453	143.73	3.38	69.08	1.62
江山市	83460	195922	217.27	5.10	92.55	2.17
舟山市	**135643**	**275719**	**116.07**	**2.71**	**57.10**	**1.33**
定海区	50528	105112	119.04	2.64	57.23	1.27
普陀区	46369	97293	130.54	3.11	62.21	1.48
岱山县	28202	52777	95.72	2.33	51.15	1.25
嵊泗县	10544	20537	92.61	2.26	47.54	1.16
台州市	**908011**	**2331725**	**143.68**	**3.36**	**55.95**	**1.31**
椒江区	59675	171144	138.15	2.86	48.17	1.00
黄岩区	91451	243812	150.86	3.34	56.59	1.25
路桥区	70850	192285	114.09	2.58	42.04	0.95
三门县	69181	166723	157.74	3.80	65.45	1.58
天台县	87993	209629	148.59	3.33	62.37	1.40
仙居县	76390	195423	159.43	3.39	62.32	1.32
温岭市	187190	464620	124.46	3.16	50.14	1.27
临海市	199519	528983	171.13	4.09	64.55	1.54
玉环市	65762	159106	102.38	2.61	42.32	1.08
丽水市	**393689**	**875521**	**135.01**	**3.56**	**60.71**	**1.60**
莲都区	48149	113177	145.31	3.79	61.82	1.61
青田县	95452	216656	108.04	2.66	47.60	1.17
缙云县	76216	165128	132.17	3.34	61.00	1.54
遂昌县	36050	82286	192.71	4.43	84.43	1.94
松阳县	42913	101634	161.01	4.07	67.98	1.72
云和县	14725	32023	114.31	2.95	52.56	1.36
庆元县	22978	47088	141.89	5.08	69.24	2.48
景宁畲族自治县	20361	39511	101.64	3.74	52.38	1.93
龙泉市	36845	78018	133.02	3.84	62.82	1.81

第一部分　全部数据资料

第二卷　民族

2-1　全省各民族人口及比重

单位：人、%

民　族	人口数	男	女	各民族人口占总人口的比重
总　计	**64567588**	**33680008**	**30887580**	**100.00**
汉　族	62349874	32459845	29890029	96.57
蒙古族	20069	10645	9424	0.03
回　族	84882	46777	38105	0.13
藏　族	6376	3061	3315	0.01
维吾尔族	9087	4475	4612	0.01
苗　族	569407	318587	250820	0.88
彝　族	155681	85255	70426	0.24
壮　族	122792	59975	62817	0.19
布依族	313023	174937	138086	0.48
朝鲜族	12525	6390	6135	0.02
满　族	32159	16970	15189	0.05
侗　族	146773	85400	61373	0.23
瑶　族	19541	10236	9305	0.03
白　族	27985	15277	12708	0.04
土家族	318881	179834	139047	0.49
哈尼族	13315	6701	6614	0.02
哈萨克族	808	322	486	
傣　族	7910	3727	4183	0.01
黎　族	17703	9482	8221	0.03
傈僳族	3932	1758	2174	0.01
佤　族	5425	2489	2936	0.01
畲　族	182507	94675	87832	0.28
高山族	109	66	43	
拉祜族	3989	1642	2347	0.01
水　族	35575	20091	15484	0.06
东乡族	2905	1693	1212	
纳西族	826	279	547	
景颇族	1825	812	1013	
柯尔克孜族	146	61	85	
土　族	3092	1664	1428	
达斡尔族	634	304	330	
仫佬族	7339	4063	3276	0.01
羌　族	1661	941	720	
布朗族	963	468	495	
撒拉族	1083	612	471	
毛南族	3005	1713	1292	
仡佬族	37476	21926	15550	0.06
锡伯族	541	263	278	
阿昌族	350	203	147	
普米族	128	57	71	
塔吉克族	30	15	15	
怒　族	168	60	108	
乌孜别克族	38	24	14	
俄罗斯族	107	47	60	
鄂温克族	126	60	66	
德昂族	244	118	126	
保安族	109	78	31	
裕固族	21	9	12	
京　族	213	90	123	
塔塔尔族	15	5	10	
独龙族	22	9	13	
鄂伦春族	61	27	34	
赫哲族	97	37	60	
门巴族	25	8	17	
珞巴族	14	6	8	
基诺族	60	18	42	
未定族称人口	42606	25006	17600	0.07
入　籍	1330	715	615	

2-1a 全省各民族人口及比重(城市)

单位：人、%

民 族	人口数	男	女	各民族人口占总人口的比重
总 计	**33083792**	**17165183**	**15918609**	**100.00**
汉 族	32017736	16576256	15441480	96.78
蒙古族	13760	7199	6561	0.04
回 族	56464	30779	25685	0.17
藏 族	3820	1867	1953	0.01
维吾尔族	7826	3817	4009	0.02
苗 族	270259	152512	117747	0.82
彝 族	69950	38586	31364	0.21
壮 族	54338	26303	28035	0.16
布依族	150175	84548	65627	0.45
朝鲜族	10868	5533	5335	0.03
满 族	24723	12758	11965	0.07
侗 族	72222	42307	29915	0.22
瑶 族	11005	5769	5236	0.03
白 族	14284	7927	6357	0.04
土家族	172352	96928	75424	0.52
哈尼族	5348	2733	2615	0.02
哈萨克族	743	291	452	
傣 族	3670	1768	1902	0.01
黎 族	8861	4722	4139	0.03
傈僳族	1803	862	941	0.01
佤 族	2119	998	1121	0.01
畲 族	43500	21859	21641	0.13
高山族	89	54	35	
拉祜族	1511	697	814	
水 族	12877	7273	5604	0.04
东乡族	1918	1130	788	0.01
纳西族	385	160	225	
景颇族	953	420	533	
柯尔克孜族	133	53	80	
土 族	1747	927	820	0.01
达斡尔族	472	214	258	
仫佬族	3796	2097	1699	0.01
羌 族	1039	573	466	
布朗族	455	224	231	
撒拉族	866	484	382	
毛南族	1449	817	632	
仡佬族	18483	11022	7461	0.06
锡伯族	435	210	225	
阿昌族	167	96	71	
普米族	74	29	45	
塔吉克族	22	11	11	
怒 族	65	29	36	
乌孜别克族	35	22	13	
俄罗斯族	90	40	50	
鄂温克族	81	38	43	
德昂族	124	59	65	
保安族	73	54	19	
裕固族	12	6	6	
京 族	108	44	64	
塔塔尔族	12	5	7	
独龙族	9	3	6	
鄂伦春族	40	22	18	
赫哲族	81	32	49	
门巴族	23	8	15	
珞巴族	9	4	5	
基诺族	31	10	21	
未定族称人口	19603	11607	7996	0.06
入 籍	699	387	312	

2–1b　全省各民族人口及比重(镇)

单位：人、%

民　族	人口数	男	女	各民族人口占总人口的比重
总　计	**13514673**	**7069220**	**6445453**	**100.00**
汉　族	12992151	6780723	6211428	96.13
蒙古族	3788	2081	1707	0.03
回　族	15531	8662	6869	0.11
藏　族	1387	698	689	0.01
维吾尔族	942	510	432	0.01
苗　族	133037	74049	58988	0.98
彝　族	42089	22935	19154	0.31
壮　族	29834	15437	14397	0.22
布依族	72685	40841	31844	0.54
朝鲜族	1268	654	614	0.01
满　族	4828	2692	2136	0.04
侗　族	34783	20408	14375	0.26
瑶　族	3998	2119	1879	0.03
白　族	6086	3365	2721	0.05
土家族	67797	38772	29025	0.5
哈尼族	3372	1728	1644	0.02
哈萨克族	37	19	18	
傣　族	2175	1074	1101	0.02
黎　族	3994	2134	1860	0.03
傈僳族	941	411	530	0.01
佤　族	1344	604	740	0.01
畲　族	52376	26448	25928	0.39
高山族	12	6	6	
拉祜族	1022	420	602	0.01
水　族	12566	7204	5362	0.09
东乡族	617	348	269	
纳西族	145	58	87	
景颇族	504	234	270	
柯尔克孜族	9	7	2	
土　族	754	423	331	0.01
达斡尔族	100	57	43	
仫佬族	2012	1140	872	0.01
羌　族	330	197	133	
布朗族	214	111	103	
撒拉族	165	94	71	
毛南族	797	470	327	0.01
仡佬族	8914	5137	3777	0.07
锡伯族	68	36	32	
阿昌族	78	48	30	
普米族	23	15	8	
塔吉克族	4	2	2	
怒　族	40	16	24	
乌孜别克族	2	2		
俄罗斯族	13	6	7	
鄂温克族	35	17	18	
德昂族	72	39	33	
保安族	29	20	9	
裕固族	7	2	5	
京　族	41	23	18	
塔塔尔族				
独龙族	4	2	2	
鄂伦春族	15	3	12	
赫哲族	9	3	6	
门巴族	1		1	
珞巴族	2		2	
基诺族	15	6	9	
未定族称人口	11286	6540	4746	0.08
入　籍	325	170	155	

2–1c 全省各民族人口及比重(乡村)

单位：人、%

民 族	人口数	男	女	各民族人口占总人口的比重
总 计	**17969123**	**9445605**	**8523518**	**100.00**
汉 族	17339987	9102866	8237121	96.5
蒙古族	2521	1365	1156	0.01
回 族	12887	7336	5551	0.07
藏 族	1169	496	673	0.01
维吾尔族	319	148	171	
苗 族	166111	92026	74085	0.92
彝 族	43642	23734	19908	0.24
壮 族	38620	18235	20385	0.21
布依族	90163	49548	40615	0.5
朝鲜族	389	203	186	
满 族	2608	1520	1088	0.01
侗 族	39768	22685	17083	0.22
瑶 族	4538	2348	2190	0.03
白 族	7615	3985	3630	0.04
土家族	78732	44134	34598	0.44
哈尼族	4595	2240	2355	0.03
哈萨克族	28	12	16	
傣 族	2065	885	1180	0.01
黎 族	4848	2626	2222	0.03
傈僳族	1188	485	703	0.01
佤 族	1962	887	1075	0.01
畲 族	86631	46368	40263	0.48
高山族	8	6	2	
拉祜族	1456	525	931	0.01
水 族	10132	5614	4518	0.06
东乡族	370	215	155	
纳西族	296	61	235	
景颇族	368	158	210	
柯尔克孜族	4	1	3	
土 族	591	314	277	
达斡尔族	62	33	29	
仫佬族	1531	826	705	0.01
羌 族	292	171	121	
布朗族	294	133	161	
撒拉族	52	34	18	
毛南族	759	426	333	
仡佬族	10079	5767	4312	0.06
锡伯族	38	17	21	
阿昌族	105	59	46	
普米族	31	13	18	
塔吉克族	4	2	2	
怒 族	63	15	48	
乌孜别克族	1		1	
俄罗斯族	4	1	3	
鄂温克族	10	5	5	
德昂族	48	20	28	
保安族	7	4	3	
裕固族	2	1	1	
京 族	64	23	41	
塔塔尔族	3		3	
独龙族	9	4	5	
鄂伦春族	6	2	4	
赫哲族	7	2	5	
门巴族	1		1	
珞巴族	3	2	1	
基诺族	14	2	12	
未定族称人口	11717	6859	4858	0.07
入 籍	306	158	148	

2–2　全省各民族分年龄、性别的人口

单位：人

年龄组	合　计			汉　族		
	合计	男	女	小计	男	女
总　计	**64567588**	**33680008**	**30887580**	**62349874**	**32459845**	**29890029**
0–4岁	2951489	1550391	1401098	2839471	1491709	1347762
5–9岁	3025007	1612841	1412166	2913519	1551942	1361577
10–14岁	2705285	1446894	1258391	2628854	1405106	1223748
15–19岁	2809150	1519440	1289710	2687900	1449134	1238766
20–24岁	3689026	2023475	1665551	3435638	1876114	1559524
25–29岁	4842431	2628336	2214095	4570687	2473325	2097362
30–34岁	6138589	3271221	2867368	5840348	3103899	2736449
35–39岁	5108402	2689753	2418649	4861668	2552758	2308910
40–44岁	4886328	2548248	2338080	4668765	2433555	2235210
45–49岁	5669138	2930421	2738717	5448207	2815897	2632310
50–54岁	5809583	3006857	2802726	5655698	2925876	2729822
55–59岁	4860476	2503105	2357371	4788325	2463263	2325062
60–64岁	3506335	1794345	1711990	3482173	1781397	1700776
65–69岁	3249015	1615125	1633890	3231706	1606308	1625398
70–74岁	2283757	1125829	1157928	2274622	1121266	1153356
75–79岁	1280523	627673	652850	1275682	625239	650443
80–84岁	920175	435724	484451	916504	433962	482542
85–89岁	596246	258878	337368	594214	257948	336266
90–94岁	195271	77190	118081	194660	76937	117723
95–99岁	37885	13212	24673	37769	13163	24606
100岁及以上	3477	1050	2427	3464	1047	2417

2–2　续表 1

单位：人

年龄组	蒙古族			回　族			藏　族		
	小计	男	女	小计	男	女	小计	男	女
总　计	**20069**	**10645**	**9424**	**84882**	**46777**	**38105**	**6376**	**3061**	**3315**
0–4岁	1478	763	715	5429	2817	2612	183	100	83
5–9岁	1335	669	666	5254	2819	2435	188	90	98
10–14岁	785	390	395	3482	1891	1591	152	61	91
15–19岁	1015	554	461	5516	3078	2438	939	459	480
20–24岁	2396	1401	995	10811	6277	4534	1404	719	685
25–29岁	2721	1557	1164	11804	6639	5165	803	461	342
30–34岁	2868	1517	1351	11711	6525	5186	672	316	356
35–39岁	2481	1244	1237	7593	4219	3374	555	231	324
40–44岁	1535	812	723	6239	3319	2920	536	220	316
45–49岁	1271	663	608	5899	3133	2766	422	188	234
50–54岁	878	471	407	4625	2496	2129	301	122	179
55–59岁	592	298	294	2581	1416	1165	122	51	71
60–64岁	369	164	205	1341	750	591	37	20	17
65–69岁	212	88	124	1090	602	488	25	10	15
70–74岁	75	30	45	656	336	320	10	4	6
75–79岁	34	16	18	394	222	172	14	4	10
80–84岁	11	3	8	276	146	130	9	3	6
85–89岁	11	5	6	136	71	65	3	1	2
90–94岁	2		2	38	15	23			
95–99岁				7	6	1			
100岁及以上							1	1	

2－2 续表 2

单位：人

年龄组	维吾尔族			苗族			彝族		
	小计	男	女	小计	男	女	小计	男	女
总计	**9087**	**4475**	**4612**	**569407**	**318587**	**250820**	**155681**	**85255**	**70426**
0－4岁	326	158	168	27508	14308	13200	7687	4027	3660
5－9岁	487	242	245	24544	13491	11053	7101	3898	3203
10－14岁	209	107	102	15325	8597	6728	4401	2381	2020
15－19岁	2599	1003	1596	32531	19084	13447	11484	6880	4604
20－24岁	2016	942	1074	71523	42188	29335	25251	14673	10578
25－29岁	1005	566	439	75744	43528	32216	22273	12648	9625
30－34岁	844	514	330	80269	45756	34513	22294	12368	9926
35－39岁	613	375	238	64520	36736	27784	16270	8781	7489
40－44岁	373	234	139	57889	30934	26955	14704	7277	7427
45－49岁	248	137	111	58935	30940	27995	12924	6457	6467
50－54岁	166	84	82	38810	20610	18200	7375	3782	3593
55－59岁	92	58	34	15860	9247	6613	2835	1586	1249
60－64岁	41	20	21	3349	1942	1407	611	306	305
65－69岁	31	17	14	1604	823	781	299	130	169
70－74岁	21	7	14	583	235	348	87	31	56
75－79岁	5	3	2	234	93	141	49	17	32
80－84岁	5	4	1	116	46	70	24	9	15
85－89岁	4	3	1	43	22	21	9	3	6
90－94岁	2	1	1	11	3	8	2	1	1
95－99岁				8	4	4	1		1
100岁及以上				1		1			

2－2 续表 3

单位：人

年龄组	壮族			布依族			朝鲜族		
	小计	男	女	小计	男	女	小计	男	女
总计	**122792**	**59975**	**62817**	**313023**	**174937**	**138086**	**12525**	**6390**	**6135**
0－4岁	5430	2799	2631	14479	7865	6614	1033	535	498
5－9岁	5678	3076	2602	16089	9223	6866	1108	544	564
10－14岁	4182	2289	1893	10400	6060	4340	805	406	399
15－19岁	5833	3187	2646	16565	10090	6475	374	177	197
20－24岁	12755	6689	6066	37821	22370	15451	516	240	276
25－29岁	13682	7001	6681	40899	23728	17171	935	485	450
30－34岁	17367	8589	8778	43197	24821	18376	1823	911	912
35－39岁	17438	8507	8931	38827	21984	16843	1821	895	926
40－44岁	14859	6924	7935	35707	18940	16767	1345	756	589
45－49岁	12258	5459	6799	30256	15293	14963	885	562	323
50－54岁	8103	3388	4715	18469	9459	9010	509	294	215
55－59岁	3515	1464	2051	7312	3788	3524	397	182	215
60－64岁	912	318	594	1845	886	959	360	137	223
65－69岁	493	177	316	759	307	452	328	147	181
70－74岁	187	69	118	240	72	168	180	80	100
75－79岁	58	17	41	100	29	71	57	25	32
80－84岁	27	13	14	38	15	23	31	10	21
85－89岁	11	6	5	15	5	10	15	4	11
90－94岁	2	1	1	3	1	2	3		3
95－99岁	2	2		2	1	1			
100岁及以上									

2-2　续表 4

单位：人

年龄组	满族			侗族			瑶族		
	小计	男	女	小计	男	女	小计	男	女
总　计	**32159**	**16970**	**15189**	**146773**	**85400**	**61373**	**19541**	**10236**	**9305**
0–4岁	2819	1473	1346	6464	3455	3009	1138	589	549
5–9岁	2435	1265	1170	7672	4397	3275	1166	623	543
10–14岁	1354	676	678	5226	3000	2226	787	441	346
15–19岁	1152	605	547	5297	3420	1877	878	492	386
20–24岁	3054	1689	1365	12985	8233	4752	1864	1009	855
25–29岁	3862	2128	1734	16299	10001	6298	2220	1171	1049
30–34岁	4854	2606	2248	21585	12847	8738	3282	1666	1616
35–39岁	3702	1914	1788	18157	10749	7408	3019	1561	1458
40–44岁	2436	1287	1149	15441	8672	6769	1961	1017	944
45–49岁	1894	1021	873	17900	9574	8326	1525	797	728
50–54岁	1476	780	696	12444	6817	5627	971	505	466
55–59岁	1194	597	597	5308	3166	2142	466	246	220
60–64岁	890	429	461	1177	685	492	164	76	88
65–69岁	598	292	306	484	255	229	66	31	35
70–74岁	217	108	109	184	73	111	19	7	12
75–79岁	86	38	48	87	34	53	6	2	4
80–84岁	82	31	51	34	12	22	5	1	4
85–89岁	40	21	19	24	8	16	2	1	1
90–94岁	12	9	3	5	2	3	1	1	
95–99岁	2	1	1				1		1
100岁及以上									

2-2　续表 5

单位：人

年龄组	白族			土家族			哈尼族		
	小计	男	女	小计	男	女	小计	男	女
总　计	**27985**	**15277**	**12708**	**318881**	**179834**	**139047**	**13315**	**6701**	**6614**
0–4岁	1352	728	624	15573	8110	7463	460	253	207
5–9岁	1441	767	674	14720	7972	6748	375	205	170
10–14岁	959	528	431	9828	5322	4506	299	158	141
15–19岁	1670	1034	636	12832	7729	5103	660	416	244
20–24岁	3594	2216	1378	31110	18392	12718	1830	1088	742
25–29岁	3231	1815	1416	37674	21902	15772	1982	1064	918
30–34岁	4018	2176	1842	41105	23593	17512	2423	1199	1224
35–39岁	2982	1582	1400	33650	19422	14228	1908	848	1060
40–44岁	3169	1527	1642	29362	16090	13272	1564	663	901
45–49岁	3004	1504	1500	41808	22260	19548	1121	481	640
50–54岁	1625	887	738	32263	17752	14511	498	235	263
55–59岁	611	343	268	13881	8336	5545	144	72	72
60–64岁	140	79	61	2682	1720	962	33	13	20
65–69岁	113	61	52	1427	795	632	13	4	9
70–74岁	26	12	14	511	261	250	4	2	2
75–79岁	24	8	16	235	79	156	1		1
80–84岁	16	5	11	147	67	80			
85–89岁	7	5	2	59	27	32			
90–94岁	3		3	13	5	8			
95–99岁									
100岁及以上				1		1			

2–2 续表 6

单位：人

年龄组	哈萨克族			傣族			黎族		
	小计	男	女	小计	男	女	小计	男	女
总 计	**808**	**322**	**486**	**7910**	**3727**	**4183**	**17703**	**9482**	**8221**
0–4岁	15	8	7	209	106	103	1038	562	476
5–9岁	12	8	4	201	104	97	1122	631	491
10–14岁	5	3	2	130	52	78	695	391	304
15–19岁	352	131	221	451	275	176	1043	610	433
20–24岁	219	80	139	1060	563	497	2277	1297	980
25–29岁	84	37	47	1284	631	653	2647	1453	1194
30–34岁	61	34	27	1469	684	785	2542	1339	1203
35–39岁	20	6	14	1149	523	626	1990	1061	929
40–44岁	21	7	14	830	333	497	1692	826	866
45–49岁	8	6	2	637	255	382	1338	661	677
50–54岁	2		2	320	136	184	744	355	389
55–59岁	7	1	6	124	50	74	347	182	165
60–64岁				27	10	17	124	71	53
65–69岁				14	3	11	44	18	26
70–74岁				1		1	38	17	21
75–79岁				1	1		17	6	11
80–84岁	1		1	2	1	1	1	1	
85–89岁				1		1	4	1	3
90–94岁	1	1							
95–99岁									
100岁及以上									

2–2 续表 7

单位：人

年龄组	傈僳族			佤族			畲族		
	小计	男	女	小计	男	女	小计	男	女
总 计	**3932**	**1758**	**2174**	**5425**	**2489**	**2936**	**182507**	**94675**	**87832**
0–4岁	118	55	63	127	57	70	11146	5686	5460
5–9岁	91	47	44	110	62	48	12409	6285	6124
10–14岁	59	29	30	73	35	38	12379	6247	6132
15–19岁	304	176	128	271	146	125	10657	5320	5337
20–24岁	673	354	319	790	395	395	9756	4879	4877
25–29岁	707	339	368	874	400	474	11401	5936	5465
30–34岁	675	311	364	1169	508	661	13241	7010	6231
35–39岁	520	195	325	889	398	491	12226	6503	5723
40–44岁	367	120	247	561	236	325	12386	6706	5680
45–49岁	261	83	178	325	154	171	14668	7826	6842
50–54岁	99	28	71	151	68	83	15811	8248	7563
55–59岁	42	19	23	52	20	32	13343	6874	6469
60–64岁	10	2	8	15	4	11	9359	4948	4411
65–69岁	3		3	5		5	9357	4880	4477
70–74岁	1		1	6	3	3	5949	3156	2793
75–79岁	1		1	2		2	3362	1803	1559
80–84岁				4	3	1	2809	1377	1432
85–89岁	1		1				1637	743	894
90–94岁				1		1	508	211	297
95–99岁							93	35	58
100岁及以上							10	2	8

2-2 续表 8

单位：人

年龄组	高山族			拉祜族			水族		
	小计	男	女	小计	男	女	小计	男	女
总　计	**109**	**66**	**43**	**3989**	**1642**	**2347**	**35575**	**20091**	**15484**
0–4岁	11	6	5	119	58	61	1851	1025	826
5–9岁	10	8	2	112	50	62	2001	1184	817
10–14岁	1	1		81	39	42	1020	607	413
15–19岁	3		3	221	130	91	1602	1013	589
20–24岁	3	1	2	522	287	235	4200	2442	1758
25–29岁	16	9	7	631	297	334	5095	3003	2092
30–34岁	14	7	7	855	327	528	5927	3419	2508
35–39岁	14	7	7	644	194	450	4874	2791	2083
40–44岁	8	5	3	386	116	270	3765	1992	1773
45–49岁	7	5	2	252	89	163	2814	1433	1381
50–54岁	9	8	1	104	38	66	1603	789	814
55–59岁	5	3	2	47	14	33	623	307	316
60–64岁	4	4		8	3	5	112	55	57
65–69岁	1		1	3		3	54	20	34
70–74岁	1	1		4		4	21	7	14
75–79岁	1	1					10	4	6
80–84岁							3		3
85–89岁	1		1						
90–94岁									
95–99岁									
100岁及以上									

2-2 续表 9

单位：人

年龄组	东乡族			纳西族			景颇族		
	小计	男	女	小计	男	女	小计	男	女
总　计	**2905**	**1693**	**1212**	**826**	**279**	**547**	**1825**	**812**	**1013**
0–4岁	225	115	110	25	12	13	43	23	20
5–9岁	199	114	85	26	13	13	40	20	20
10–14岁	109	55	54	16	12	4	20	12	8
15–19岁	284	203	81	37	21	16	208	110	98
20–24岁	450	289	161	111	58	53	254	119	135
25–29岁	571	322	249	91	41	50	284	117	167
30–34岁	437	247	190	91	41	50	358	162	196
35–39岁	255	138	117	75	34	41	280	124	156
40–44岁	136	83	53	59	17	42	174	65	109
45–49岁	106	52	54	86	17	69	104	43	61
50–54岁	79	43	36	79	6	73	47	14	33
55–59岁	34	21	13	84	4	80	10	3	7
60–64岁	12	7	5	34		34	1		1
65–69岁	2	1	1	7	1	6	2		2
70–74岁	3	2	1	1		1			
75–79岁				2	1	1			
80–84岁	3	1	2	1	1				
85–89岁				1		1			
90–94岁									
95–99岁									
100岁及以上									

2－2　续表 10

单位：人

年龄组	柯尔克孜族			土　族			达斡尔族		
	小计	男	女	小计	男	女	小计	男	女
总　计	**146**	**61**	**85**	**3092**	**1664**	**1428**	**634**	**304**	**330**
0－4岁	4	3	1	156	79	77	52	25	27
5－9岁	3	2	1	114	57	57	36	18	18
10－14岁	1		1	82	42	40	25	12	13
15－19岁	78	32	46	145	81	64	23	11	12
20－24岁	31	9	22	361	215	146	65	33	32
25－29岁	10	4	6	411	222	189	84	44	40
30－34岁	7	3	4	392	213	179	113	56	57
35－39岁	3	3		324	175	149	76	34	42
40－44岁	1		1	298	147	151	47	24	23
45－49岁	3	1	2	353	186	167	43	20	23
50－54岁	2	2		272	146	126	14	4	10
55－59岁	1	1		135	70	65	25	12	13
60－64岁	1		1	22	16	6	16	6	10
65－69岁	1	1		16	11	5	9	2	7
70－74岁				5	2	3	3	2	1
75－79岁				4	1	3	3	1	2
80－84岁				2	1	1			
85－89岁									
90－94岁									
95－99岁									
100岁及以上									

2－2　续表 11

单位：人

年龄组	仫佬族			羌　族			布朗族		
	小计	男	女	小计	男	女	小计	男	女
总　计	**7339**	**4063**	**3276**	**1661**	**941**	**720**	**963**	**468**	**495**
0－4岁	357	187	170	70	33	37	44	26	18
5－9岁	386	233	153	72	43	29	24	11	13
10－14岁	242	124	118	49	25	24	22	7	15
15－19岁	334	200	134	58	33	25	54	36	18
20－24岁	828	470	358	151	97	54	148	83	65
25－29岁	874	511	363	189	112	77	162	81	81
30－34岁	981	543	438	252	140	112	168	84	84
35－39岁	937	525	412	156	84	72	139	64	75
40－44岁	838	442	396	190	98	92	93	31	62
45－49岁	762	402	360	240	137	103	69	27	42
50－54岁	551	299	252	127	71	56	22	11	11
55－59岁	185	93	92	73	46	27	12	3	9
60－64岁	34	18	16	21	15	6	4	3	1
65－69岁	20	13	7	7	5	2	1		1
70－74岁	7	3	4	3	1	2	1	1	
75－79岁	3		3	3	1	2			
80－84岁									
85－89岁									
90－94岁									
95－99岁									
100岁及以上									

2-2　续表 12　　　　单位：人

年龄组	撒拉族			毛南族			仡佬族		
	小计	男	女	小计	男	女	小计	男	女
总　计	**1083**	**612**	**471**	**3005**	**1713**	**1292**	**37476**	**21926**	**15550**
0-4岁	82	48	34	116	62	54	2129	1085	1044
5-9岁	101	56	45	96	54	42	2075	1132	943
10-14岁	77	36	41	55	29	26	1293	723	570
15-19岁	60	35	25	87	64	23	1815	1090	725
20-24岁	111	59	52	326	208	118	4683	2859	1824
25-29岁	165	85	80	380	241	139	4620	2795	1825
30-34岁	181	111	70	408	231	177	4314	2627	1687
35-39岁	132	84	48	375	214	161	3486	2101	1385
40-44岁	83	43	40	353	194	159	3820	2188	1632
45-49岁	52	32	20	397	193	204	4426	2448	1978
50-54岁	20	11	9	261	131	130	3057	1781	1276
55-59岁	12	6	6	120	76	44	1336	841	495
60-64岁	2	1	1	20	10	10	217	145	72
65-69岁	2	2		7	4	3	116	66	50
70-74岁	2	2		3	1	2	47	22	25
75-79岁				1	1		22	13	9
80-84岁	1	1					13	7	6
85-89岁							6	3	3
90-94岁							1		1
95-99岁									
100岁及以上									

2-2　续表 13　　　　单位：人

年龄组	锡伯族			阿昌族			普米族		
	小计	男	女	小计	男	女	小计	男	女
总　计	**541**	**263**	**278**	**350**	**203**	**147**	**128**	**57**	**71**
0-4岁	39	22	17	5	1	4			
5-9岁	39	12	27	5	2	3	5	2	3
10-14岁	40	17	23	2	2		2		2
15-19岁	37	15	22	38	29	9	6	3	3
20-24岁	63	33	30	56	36	20	28	10	18
25-29岁	55	27	28	49	23	26	21	11	10
30-34岁	59	33	26	72	44	28	20	8	12
35-39岁	63	34	29	57	35	22	14	8	6
40-44岁	41	22	19	40	15	25	12	6	6
45-49岁	34	16	18	17	11	6	12	4	8
50-54岁	25	12	13	7	4	3	7	4	3
55-59岁	17	6	11	2	1	1			
60-64岁	11	4	7						
65-69岁	7	4	3				1	1	
70-74岁	6	5	1						
75-79岁	2		2						
80-84岁	3	1	2						
85-89岁									
90-94岁									
95-99岁									
100岁及以上									

2-2　续表 14　　单位：人

年龄组	塔吉克族			怒　族			乌孜别克族		
	小计	男	女	小计	男	女	小计	男	女
总　计	**30**	**15**	**15**	**168**	**60**	**108**	**38**	**24**	**14**
0－4岁	1		1	4	2	2	3	1	2
5－9岁				2		2	10	7	3
10－14岁				3	2	1	4	3	1
15－19岁	14	8	6	10	7	3	4	2	2
20－24岁	6	1	5	22	6	16	3	3	
25－29岁	3	3		39	13	26	3	1	2
30－34岁	1		1	39	18	21	6	3	3
35－39岁				24	8	16	1	1	
40－44岁				16	2	14			
45－49岁				6	1	5	1		1
50－54岁	1		1	2		2	3	3	
55－59岁	2	2		1	1				
60－64岁									
65－69岁									
70－74岁	1		1						
75－79岁	1	1							
80－84岁									
85－89岁									
90－94岁									
95－99岁									
100岁及以上									

2-2　续表 15　　单位：人

年龄组	俄罗斯族			鄂温克族			德 昂 族		
	小计	男	女	小计	男	女	小计	男	女
总　计	**107**	**47**	**60**	**126**	**60**	**66**	**244**	**118**	**126**
0－4岁	9	5	4	11	6	5	6	6	
5－9岁	15	6	9	14	5	9	6	4	2
10－14岁	2		2	6	2	4	2	1	1
15－19岁	9	4	5	4	2	2	36	17	19
20－24岁	8	3	5	18	11	7	31	13	18
25－29岁	14	4	10	10	3	7	39	21	18
30－34岁	13	9	4	28	16	12	32	17	15
35－39岁	11	4	7	13	7	6	29	12	17
40－44岁	10	5	5	5	2	3	33	16	17
45－49岁	4	3	1	8	3	5	17	7	10
50－54岁	5	2	3	5	3	2	10	1	9
55－59岁	1		1	2		2	3	3	
60－64岁	2		2	1		1			
65－69岁	3	1	2	1		1			
70－74岁									
75－79岁									
80－84岁									
85－89岁									
90－94岁	1	1							
95－99岁									
100岁及以上									

2-2　续表 16　　　　单位：人

年龄组	保安族			裕固族			京族		
	小计	男	女	小计	男	女	小计	男	女
总　计	**109**	**78**	**31**	**21**	**9**	**12**	**213**	**90**	**123**
0-4岁	1		1				11	5	6
5-9岁	2	1	1	1		1	12	9	3
10-14岁	2		2	1	1		8	4	4
15-19岁	14	10	4	4	3	1	12	6	6
20-24岁	29	20	9	2	1	1	35	16	19
25-29岁	27	21	6	5	2	3	32	15	17
30-34岁	13	11	2	4	1	3	38	12	26
35-39岁	8	7	1	2	1	1	14	4	10
40-44岁	3	2	1	1		1	12	5	7
45-49岁	4	3	1	1		1	19	7	12
50-54岁	4	2	2				9	2	7
55-59岁	2	1	1				9	3	6
60-64岁									
65-69岁							1	1	
70-74岁									
75-79岁							1	1	
80-84岁									
85-89岁									
90-94岁									
95-99岁									
100岁及以上									

2-2　续表 17　　　　单位：人

年龄组	塔塔尔族			独龙族			鄂伦春族		
	小计	男	女	小计	男	女	小计	男	女
总　计	**15**	**5**	**10**	**22**	**9**	**13**	**61**	**27**	**34**
0-4岁							3	1	2
5-9岁	1	1					3	1	2
10-14岁									
15-19岁	2	1	1	2	1	1	5	3	2
20-24岁	1		1	2	1	1	13	6	7
25-29岁				1	1		7	2	5
30-34岁	3	2	1	4		4	14	9	5
35-39岁	1		1				4		4
40-44岁	2		2	4	2	2	4	2	2
45-49岁	1		1	4	2	2	1	1	
50-54岁	1		1	3	1	2	4	1	3
55-59岁	1		1				2		2
60-64岁	1	1		1		1	1	1	
65-69岁	1		1	1	1				
70-74岁									
75-79岁									
80-84岁									
85-89岁									
90-94岁									
95-99岁									
100岁及以上									

2-2 续表 18

单位：人

年龄组	赫哲族			门巴族			珞巴族		
	小计	男	女	小计	男	女	小计	男	女
总　计	**97**	**37**	**60**	**25**	**8**	**17**	**14**	**6**	**8**
0-4岁	6	1	5	2		2			
5-9岁	6	3	3	2		2			
10-14岁	6	4	2	1	1		1		1
15-19岁	3	1	2	1		1	2		2
20-24岁	7	5	2	9	4	5	4	2	2
25-29岁	8	4	4	2	1	1			
30-34岁	16	4	12	4	2	2	2	2	
35-39岁	7	2	5	1		1	1		1
40-44岁	10	2	8	2		2			
45-49岁	4	1	3	1		1	3	2	1
50-54岁	9	5	4				1		1
55-59岁	4	2	2						
60-64岁	5	1	4						
65-69岁	6	2	4						
70-74岁									
75-79岁									
80-84岁									
85-89岁									
90-94岁									
95-99岁									
100岁及以上									

2-2 续表 19

单位：人

年龄组	基诺族			未定族称人口			入　籍		
	小计	男	女	小计	男	女	小计	男	女
总　计	**60**	**18**	**42**	**42606**	**25006**	**17600**	**1330**	**715**	**615**
0-4岁	2	1	1	2542	1352	1190	77	38	39
5-9岁	5		5	2447	1383	1064	80	50	30
10-14岁	3	2	1	1668	934	734	52	27	25
15-19岁	3	2	1	3515	2207	1308	97	60	37
20-24岁	9	4	5	6881	4148	2733	212	115	97
25-29岁	6	1	5	5478	3367	2111	231	117	114
30-34岁	13	5	8	5725	3545	2180	168	80	88
35-39岁	8	1	7	4252	2497	1755	124	68	56
40-44岁	5	1	4	4034	2214	1820	101	52	49
45-49岁	5	1	4	3404	1877	1527	84	46	38
50-54岁	1		1	1844	1038	806	57	32	25
55-59岁				555	312	243	23	15	8
60-64岁				137	73	64	9	5	4
65-69岁				67	35	32	8	6	2
70-74岁				27	8	19	5	3	2
75-79岁				20	11	9	1	1	
80-84岁				7	3	4			
85-89岁				2	1	1			
90-94岁				1	1		1		1
95-99岁									
100岁及以上									

2–2a　全省各民族分年龄、性别的人口(城市)

单位：人

年龄组	合计			汉族		
	合计	男	女	小计	男	女
总　计	**33083792**	**17165183**	**15918609**	**32017736**	**16576256**	**15441480**
0–4岁	1601026	840415	760611	1547511	812477	735034
5–9岁	1642869	876415	766454	1593642	849508	744134
10–14岁	1336909	716425	620484	1305515	699121	606394
15–19岁	1689547	901069	788478	1623597	863758	759839
20–24岁	2328085	1241320	1086765	2187418	1161752	1025666
25–29岁	2858028	1526002	1332026	2714537	1444677	1269860
30–34岁	3609825	1893564	1716261	3460243	1809700	1650543
35–39岁	2944127	1530085	1414042	2824656	1462985	1361671
40–44岁	2635225	1372531	1262694	2536233	1319154	1217079
45–49岁	2845073	1477212	1367861	2746382	1424863	1321519
50–54岁	2684496	1383317	1301179	2617537	1347558	1269979
55–59岁	2174143	1102646	1071497	2144065	1085726	1058339
60–64岁	1498332	750896	747436	1489631	746252	743379
65–69岁	1275890	625628	650262	1270827	623049	647778
70–74岁	848182	413239	434943	846020	412235	433785
75–79岁	470249	226648	243601	469242	226190	243052
80–84岁	329523	153238	176285	328850	152921	175929
85–89岁	221756	98300	123456	221436	98145	123291
90–94岁	74269	30450	43819	74175	30413	43762
95–99岁	14803	5326	9477	14785	5315	9470
100岁及以上	1435	457	978	1434	457	977

2–2a　续表 1　　　　单位：人

年龄组	蒙古族			回族			藏族		
	小计	男	女	小计	男	女	小计	男	女
总　计	**13760**	**7199**	**6561**	**56464**	**30779**	**25685**	**3820**	**1867**	**1953**
0–4岁	1060	555	505	3864	1999	1865	97	50	47
5–9岁	972	485	487	3717	1989	1728	94	46	48
10–14岁	544	269	275	2241	1217	1024	75	33	42
15–19岁	743	398	345	3870	2135	1735	561	281	280
20–24岁	1795	1003	792	7540	4265	3275	1119	548	571
25–29岁	1948	1079	869	7998	4451	3547	483	281	202
30–34岁	1951	1002	949	7947	4367	3580	381	179	202
35–39岁	1695	841	854	5134	2881	2253	296	128	168
40–44岁	971	530	441	3833	2059	1774	264	119	145
45–49岁	710	392	318	3538	1879	1659	200	96	104
50–54岁	462	245	217	2748	1464	1284	130	58	72
55–59岁	364	172	192	1582	828	754	63	25	38
60–64岁	282	117	165	855	445	410	20	11	9
65–69岁	160	69	91	701	380	321	12	5	7
70–74岁	62	24	38	401	177	224	5	2	3
75–79岁	24	13	11	230	113	117	12	3	9
80–84岁	8	1	7	171	85	86	6	1	5
85–89岁	8	4	4	70	36	34	2	1	1
90–94岁	1		1	19	5	14			
95–99岁				5	4	1			
100岁及以上									

2-2a　续表 2　　单位：人

年龄组	维吾尔族			苗　族			彝　族		
	小计	男	女	小计	男	女	小计	男	女
总　计	**7826**	**3817**	**4009**	**270259**	**152512**	**117747**	**69950**	**38586**	**31364**
0-4岁	265	129	136	12496	6462	6034	3130	1639	1491
5-9岁	391	200	191	10166	5595	4571	2789	1522	1267
10-14岁	162	84	78	6274	3529	2745	1655	894	761
15-19岁	2456	939	1517	16796	9722	7074	5836	3431	2405
20-24岁	1835	841	994	37481	21877	15604	12904	7382	5522
25-29岁	830	466	364	38511	22132	16379	10542	5902	4640
30-34岁	694	431	263	38807	22286	16521	9912	5545	4367
35-39岁	480	293	187	30235	17474	12761	7151	3957	3194
40-44岁	279	185	94	26078	14217	11861	6163	3135	3028
45-49岁	168	99	69	26285	14107	12178	5286	2728	2558
50-54岁	117	62	55	17290	9379	7911	2985	1575	1410
55-59岁	78	50	28	7192	4304	2888	1176	679	497
60-64岁	23	14	9	1530	896	634	229	110	119
65-69岁	20	10	10	689	361	328	134	63	71
70-74岁	17	7	10	255	102	153	27	13	14
75-79岁	5	3	2	95	36	59	15	6	9
80-84岁	2	1	1	52	21	31	11	4	7
85-89岁	2	2		18	9	9	4	1	3
90-94岁	2	1	1	5	2	3			
95-99岁				3	1	2	1		1
100岁及以上				1		1			

2-2a　续表 3　　单位：人

年龄组	壮　族			布依族			朝鲜族		
	小计	男	女	小计	男	女	小计	男	女
总　计	**54338**	**26303**	**28035**	**150175**	**84548**	**65627**	**10868**	**5533**	**5335**
0-4岁	2363	1232	1131	6595	3535	3060	887	467	420
5-9岁	2497	1355	1142	6603	3792	2811	960	479	481
10-14岁	1829	1018	811	4102	2421	1681	683	335	348
15-19岁	2889	1490	1399	8815	5245	3570	317	151	166
20-24岁	6525	3141	3384	20879	12052	8827	461	210	251
25-29岁	6235	3018	3217	21691	12616	9075	841	432	409
30-34岁	7952	3843	4109	21067	12095	8972	1610	808	802
35-39岁	7934	3859	4075	18310	10592	7718	1606	785	821
40-44岁	5987	2918	3069	16280	8812	7468	1166	653	513
45-49岁	4618	2173	2445	13564	7033	6531	757	475	282
50-54岁	3150	1331	1819	7927	4150	3777	420	240	180
55-59岁	1500	610	890	3140	1643	1497	324	151	173
60-64岁	439	144	295	753	383	370	310	116	194
65-69岁	264	107	157	290	127	163	292	131	161
70-74岁	104	40	64	92	29	63	150	69	81
75-79岁	27	8	19	42	11	31	45	19	26
80-84岁	17	10	7	15	7	8	23	9	14
85-89岁	5	4	1	8	3	5	13	3	10
90-94岁	2	1	1	1	1		3		3
95-99岁	1	1		1	1				
100岁及以上									

2—2a　续表 4

单位：人

年龄组	满　族			侗　族			瑶　族		
	小计	男	女	小计	男	女	小计	男	女
总　计	**24723**	**12758**	**11965**	**72222**	**42307**	**29915**	**11005**	**5769**	**5236**
0—4岁	2244	1163	1081	3196	1704	1492	664	339	325
5—9岁	1981	1040	941	3399	1955	1444	627	326	301
10—14岁	1065	534	531	2328	1356	972	438	241	197
15—19岁	923	467	456	3040	1902	1138	567	312	255
20—24岁	2487	1337	1150	7346	4477	2869	1244	660	584
25—29岁	3082	1640	1442	8775	5369	3406	1334	708	626
30—34岁	3712	1940	1772	10938	6515	4423	1844	923	921
35—39岁	2781	1392	1389	8957	5373	3584	1613	839	774
40—44岁	1759	927	832	7151	4099	3052	1043	552	491
45—49岁	1287	676	611	8235	4543	3692	749	411	338
50—54岁	976	483	493	5586	3114	2472	499	269	230
55—59岁	866	419	447	2354	1404	950	222	119	103
60—64岁	709	327	382	535	315	220	98	40	58
65—69岁	488	237	251	209	115	94	42	20	22
70—74岁	183	94	89	97	41	56	13	7	6
75—79岁	74	33	41	42	14	28	4	2	2
80—84岁	64	28	36	21	7	14	2	1	1
85—89岁	33	15	18	12	4	8	1		1
90—94岁	9	6	3	1		1			
95—99岁							1		1
100岁及以上									

2—2a　续表 5

单位：人

年龄组	白　族			土 家 族			哈 尼 族		
	小计	男	女	小计	男	女	小计	男	女
总　计	**14284**	**7927**	**6357**	**172352**	**96928**	**75424**	**5348**	**2733**	**2615**
0—4岁	690	378	312	8253	4267	3986	183	99	84
5—9岁	653	362	291	7373	4012	3361	152	84	68
10—14岁	416	236	180	4656	2529	2127	90	42	48
15—19岁	1013	612	401	7382	4411	2971	325	201	124
20—24岁	2126	1263	863	18069	10344	7725	925	531	394
25—29岁	1745	979	766	21548	12303	9245	897	481	416
30—34岁	2037	1087	950	22937	13079	9858	908	447	461
35—39岁	1499	803	696	18127	10472	7655	716	318	398
40—44岁	1560	804	756	15035	8336	6699	550	257	293
45—49岁	1413	761	652	21649	11638	10011	362	160	202
50—54岁	735	426	309	17117	9384	7733	172	75	97
55—59岁	259	149	110	7465	4519	2946	53	31	22
60—64岁	63	33	30	1459	949	510	8	5	3
65—69岁	43	22	21	783	438	345	5	1	4
70—74岁	12	5	7	270	147	123	1	1	
75—79岁	5	1	4	110	43	67	1		1
80—84岁	9	4	5	80	40	40			
85—89岁	3	2	1	31	13	18			
90—94岁	3		3	8	4	4			
95—99岁									
100岁及以上									

2－2a　续表 6　　单位：人

年龄组	哈萨克族			傣　族			黎　族		
	小计	男	女	小计	男	女	小计	男	女
总　计	**743**	**291**	**452**	**3670**	**1768**	**1902**	**8861**	**4722**	**4139**
0－4岁	9	6	3	87	43	44	512	280	232
5－9岁	7	5	2	79	46	33	489	281	208
10－14岁	5	3	2	49	22	27	279	164	115
15－19岁	349	128	221	234	137	97	570	327	243
20－24岁	212	77	135	561	287	274	1280	697	583
25－29岁	70	29	41	667	330	337	1486	800	686
30－34岁	51	28	23	694	314	380	1240	659	581
35－39岁	17	6	11	502	242	260	961	492	469
40－44岁	11	4	7	346	160	186	822	399	423
45－49岁	5	4	1	278	116	162	624	326	298
50－54岁	2		2	104	43	61	339	161	178
55－59岁	3		3	52	22	30	162	92	70
60－64岁				14	5	9	43	24	19
65－69岁				3	1	2	28	10	18
70－74岁							15	7	8
75－79岁							7	1	6
80－84岁	1		1				1	1	
85－89岁							3	1	2
90－94岁	1	1							
95－99岁									
100岁及以上									

2－2a　续表 7　　单位：人

年龄组	傈僳族			佤　族			畲　族		
	小计	男	女	小计	男	女	小计	男	女
总　计	**1803**	**862**	**941**	**2119**	**998**	**1121**	**43500**	**21859**	**21641**
0－4岁	52	22	30	49	20	29	3223	1643	1580
5－9岁	34	17	17	36	23	13	3215	1622	1593
10－14岁	17	8	9	22	13	9	2594	1305	1289
15－19岁	185	108	77	111	59	52	4259	2031	2228
20－24岁	350	187	163	356	147	209	4496	2083	2413
25－29岁	350	175	175	398	183	215	4078	2023	2055
30－34岁	299	138	161	468	220	248	4671	2407	2264
35－39岁	209	98	111	311	159	152	3836	1955	1881
40－44岁	146	46	100	184	87	97	3120	1671	1449
45－49岁	99	38	61	102	49	53	2970	1519	1451
50－54岁	41	15	26	51	25	26	2534	1269	1265
55－59岁	15	10	5	20	9	11	1779	885	894
60－64岁	3		3	5	2	3	1031	544	487
65－69岁	1		1	2		2	745	396	349
70－74岁	1		1	2	1	1	397	211	186
75－79岁				1		1	237	136	101
80－84岁				1	1		172	86	86
85－89岁	1		1				100	54	46
90－94岁							37	15	22
95－99岁							6	4	2
100岁及以上									

2-2a　续表 8

单位：人

年龄组	高山族			拉祜族			水　族		
	小计	男	女	小计	男	女	小计	男	女
总　计	**89**	**54**	**35**	**1511**	**697**	**814**	**12877**	**7273**	**5604**
0-4岁	11	6	5	40	19	21	631	369	262
5-9岁	9	7	2	27	12	15	517	303	214
10-14岁	1	1		14	6	8	257	147	110
15-19岁	2		2	102	55	47	730	443	287
20-24岁	2	1	1	250	135	115	1988	1101	887
25-29岁	13	7	6	283	138	145	2185	1281	904
30-34岁	10	5	5	325	145	180	2105	1249	856
35-39岁	12	6	6	214	75	139	1563	920	643
40-44岁	6	4	2	121	51	70	1150	613	537
45-49岁	5	3	2	85	39	46	922	442	480
50-54岁	7	7		31	11	20	556	276	280
55-59岁	5	3	2	16	10	6	202	97	105
60-64岁	2	2		2	1	1	40	21	19
65-69岁	1		1	1		1	19	8	11
70-74岁	1	1					8	2	6
75-79岁	1	1					4	1	3
80-84岁									
85-89岁	1		1						
90-94岁									
95-99岁									
100岁及以上									

2-2a　续表 9

单位：人

年龄组	东乡族			纳西族			景颇族		
	小计	男	女	小计	男	女	小计	男	女
总　计	**1918**	**1130**	**788**	**385**	**160**	**225**	**953**	**420**	**533**
0-4岁	150	75	75	16	8	8	16	9	7
5-9岁	120	70	50	12	5	7	21	9	12
10-14岁	60	30	30	7	6	1	5	3	2
15-19岁	200	149	51	26	15	11	107	58	49
20-24岁	320	208	112	70	33	37	157	72	85
25-29岁	373	206	167	49	26	23	163	60	103
30-34岁	290	172	118	42	21	21	191	77	114
35-39岁	174	92	82	39	21	18	140	68	72
40-44岁	82	49	33	28	7	21	72	27	45
45-49岁	64	31	33	36	11	25	46	24	22
50-54岁	44	24	20	21	3	18	29	10	19
55-59岁	27	17	10	19	2	17	6	3	3
60-64岁	9	5	4	12		12			
65-69岁	1		1	3		3			
70-74岁	1	1		1		1			
75-79岁				2	1	1			
80-84岁	3	1	2	1	1				
85-89岁				1		1			
90-94岁									
95-99岁									
100岁及以上									

2－2a 续表 10

单位：人

年龄组	柯尔克孜族			土族			达斡尔族		
	小计	男	女	小计	男	女	小计	男	女
总 计	**133**	**53**	**80**	**1747**	**927**	**820**	**472**	**214**	**258**
0－4岁	4	3	1	95	51	44	46	21	25
5－9岁	2	1	1	58	27	31	29	14	15
10－14岁	1		1	40	21	19	18	8	10
15－19岁	76	31	45	94	50	44	18	8	10
20－24岁	30	8	22	217	119	98	54	27	27
25－29岁	8	2	6	266	140	126	60	28	32
30－34岁	6	3	3	226	112	114	83	37	46
35－39岁	2	2		185	102	83	57	24	33
40－44岁	1		1	129	68	61	35	16	19
45－49岁	1	1		185	103	82	23	11	12
50－54岁	1	1		151	79	72	9	2	7
55－59岁	1	1		81	40	41	17	9	8
60－64岁				10	7	3	12	5	7
65－69岁				7	6	1	6	2	4
70－74岁				1	1		2	1	1
75－79岁				1		1	3	1	2
80－84岁				1	1				
85－89岁									
90－94岁									
95－99岁									
100岁及以上									

2－2a 续表 11

单位：人

年龄组	仫佬族			羌族			布朗族		
	小计	男	女	小计	男	女	小计	男	女
总 计	**3796**	**2097**	**1699**	**1039**	**573**	**466**	**455**	**224**	**231**
0－4岁	188	97	91	43	21	22	21	14	7
5－9岁	175	105	70	45	27	18	13	8	5
10－14岁	114	64	50	36	15	21	6		6
15－19岁	193	102	91	42	23	19	31	20	11
20－24岁	494	272	222	91	56	35	84	41	43
25－29岁	513	297	216	129	77	52	91	44	47
30－34岁	515	278	237	144	77	67	87	43	44
35－39岁	469	277	192	95	47	48	52	26	26
40－44岁	410	215	195	115	62	53	37	11	26
45－49岁	351	189	162	140	78	62	21	13	8
50－54岁	261	147	114	84	46	38	7	2	5
55－59岁	87	39	48	54	30	24	3	1	2
60－64岁	16	7	9	12	9	3	2	1	1
65－69岁	9	7	2	5	4	1			
70－74岁	1	1		2		2			
75－79岁				2	1	1			
80－84岁									
85－89岁									
90－94岁									
95－99岁									
100岁及以上									

2-2a　续表 12　　　　　　　　　　　　　　　　　　　　　　　　　　　单位：人

年龄组	撒拉族			毛南族			仡佬族		
	小计	男	女	小计	男	女	小计	男	女
总　计	**866**	**484**	**382**	**1449**	**817**	**632**	**18483**	**11022**	**7461**
0—4岁	62	38	24	55	29	26	1077	536	541
5—9岁	81	41	40	39	24	15	827	453	374
10—14岁	63	30	33	25	13	12	507	289	218
15—19岁	55	31	24	40	29	11	980	580	400
20—24岁	93	49	44	186	110	76	2695	1618	1077
25—29岁	130	72	58	171	105	66	2525	1572	953
30—34岁	136	80	56	193	105	88	2132	1327	805
35—39岁	107	66	41	196	115	81	1650	1032	618
40—44岁	69	36	33	175	96	79	1832	1097	735
45—49岁	45	27	18	188	85	103	2118	1202	916
50—54岁	16	9	7	105	55	50	1386	832	554
55—59岁	7	4	3	59	42	17	568	367	201
60—64岁	2	1	1	11	6	5	95	65	30
65—69岁				4	2	2	49	29	20
70—74岁				1		1	20	10	10
75—79岁				1	1		10	6	4
80—84岁							8	4	4
85—89岁							4	3	1
90—94岁									
95—99岁									
100岁及以上									

2-2a　续表 13　　　　　　　　　　　　　　　　　　　　　　　　　　　单位：人

年龄组	锡伯族			阿昌族			普米族		
	小计	男	女	小计	男	女	小计	男	女
总　计	**435**	**210**	**225**	**167**	**96**	**71**	**74**	**29**	**45**
0—4岁	32	17	15	4	1	3			
5—9岁	31	9	22	4	1	3	4	1	3
10—14岁	35	15	20	2	2		1		1
15—19岁	32	13	19	31	23	8	4	2	2
20—24岁	57	30	27	31	17	14	21	7	14
25—29岁	44	21	23	21	11	10	16	8	8
30—34岁	44	25	19	31	17	14	6	1	5
35—39岁	47	26	21	21	13	8	5	2	3
40—44岁	35	17	18	14	6	8	5	2	3
45—49岁	26	12	14	4	2	2	6	2	4
50—54岁	18	9	9	4	3	1	6	4	2
55—59岁	13	5	8						
60—64岁	8	3	5						
65—69岁	4	2	2						
70—74岁	6	5	1						
75—79岁	1		1						
80—84岁	2	1	1						
85—89岁									
90—94岁									
95—99岁									
100岁及以上									

2-2a 续表 14 单位：人

年龄组	塔吉克族			怒 族			乌孜别克族		
	小计	男	女	小计	男	女	小计	男	女
总 计	**22**	**11**	**11**	**65**	**29**	**36**	**35**	**22**	**13**
0-4岁	1		1	1		1	3	1	2
5-9岁							9	6	3
10-14岁							4	3	1
15-19岁	14	8	6	5	2	3	4	2	2
20-24岁	4		4	10	3	7	3	3	
25-29岁	1	1		14	7	7	2	1	1
30-34岁				17	8	9	5	2	3
35-39岁				9	6	3	1	1	
40-44岁				6	2	4			
45-49岁				1		1	1		1
50-54岁				1		1	3	3	
55-59岁	2	2		1	1				
60-64岁									
65-69岁									
70-74岁									
75-79岁									
80-84岁									
85-89岁									
90-94岁									
95-99岁									
100岁及以上									

2-2a 续表 15 单位：人

年龄组	俄罗斯族			鄂温克族			德 昂 族		
	小计	男	女	小计	男	女	小计	男	女
总 计	**90**	**40**	**50**	**81**	**38**	**43**	**124**	**59**	**65**
0-4岁	6	2	4	5	3	2	4	4	
5-9岁	12	4	8	8	2	6	2	1	1
10-14岁	2		2	5	2	3			
15-19岁	9	4	5	1	1		9	4	5
20-24岁	8	3	5	15	9	6	17	6	11
25-29岁	12	4	8	8	3	5	21	14	7
30-34岁	12	8	4	17	10	7	18	7	11
35-39岁	10	4	6	10	6	4	14	5	9
40-44岁	8	4	4	2	1	1	22	11	11
45-49岁	3	3		5	1	4	10	5	5
50-54岁	3	2	1	2		2	6	1	5
55-59岁	1		1	1		1	1	1	
60-64岁	1		1	1		1			
65-69岁	2	1	1	1		1			
70-74岁									
75-79岁									
80-84岁									
85-89岁									
90-94岁	1	1							
95-99岁									
100岁及以上									

2–2a　续表 16　　　　单位：人

年龄组	保安族			裕固族			京　族		
	小计	男	女	小计	男	女	小计	男	女
总　计	**73**	**54**	**19**	**12**	**6**	**6**	**108**	**44**	**64**
0–4岁	1		1				6	2	4
5–9岁	2	1	1				5	3	2
10–14岁	2		2				6	4	2
15–19岁	10	6	4	4	3	1	6	2	4
20–24岁	22	16	6				15	7	8
25–29岁	17	15	2	4	2	2	16	8	8
30–34岁	11	9	2	3	1	2	23	6	17
35–39岁	4	4					8	2	6
40–44岁	2	1	1	1		1	4	1	3
45–49岁	2	2					9	4	5
50–54岁							3	1	2
55–59岁							5	2	3
60–64岁									
65–69岁							1	1	
70–74岁									
75–79岁							1	1	
80–84岁									
85–89岁									
90–94岁									
95–99岁									
100岁及以上									

2–2a　续表 17　　　　单位：人

年龄组	塔塔尔族			独龙族			鄂伦春族		
	小计	男	女	小计	男	女	小计	男	女
总　计	**12**	**5**	**7**	**9**	**3**	**6**	**40**	**22**	**18**
0–4岁							1		1
5–9岁	1	1					3	1	2
10–14岁									
15–19岁	2	1	1	1	1		2	2	
20–24岁	1		1	2	1	1	8	6	2
25–29岁							4	2	2
30–34岁	3	2	1	1		1	12	7	5
35–39岁	1		1				2		2
40–44岁	1		1	1		1	3	2	1
45–49岁				3	1	2			
50–54岁	1		1	1		1	3	1	2
55–59岁	1		1				1		1
60–64岁	1	1					1	1	
65–69岁									
70–74岁									
75–79岁									
80–84岁									
85–89岁									
90–94岁									
95–99岁									
100岁及以上									

2-2a　续表 18　　单位：人

年龄组	赫哲族			门巴族			珞巴族		
	小计	男	女	小计	男	女	小计	男	女
总　计	**81**	**32**	**49**	**23**	**8**	**15**	**9**	**4**	**5**
0–4岁	6	1	5	2		2			
5–9岁	6	3	3	2		2			
10–14岁	5	4	1	1	1		1		1
15–19岁	3	1	2	1		1			
20–24岁	6	4	2	9	4	5	3	1	2
25–29岁	7	4	3	2	1	1			
30–34岁	15	4	11	4	2	2	2	2	
35–39岁	5	1	4	1		1	1		1
40–44岁	7	2	5						
45–49岁	2	1	1	1		1	2	1	1
50–54岁	6	3	3						
55–59岁	2	1	1						
60–64岁	5	1	4						
65–69岁	6	2	4						
70–74岁									
75–79岁									
80–84岁									
85–89岁									
90–94岁									
95–99岁									
100岁及以上									

2-2a　续表 19　　单位：人

年龄组	基诺族			未定族称人口			入　籍		
	小计	男	女	小计	男	女	小计	男	女
总　计	**31**	**10**	**21**	**19603**	**11607**	**7996**	**699**	**387**	**312**
0–4岁				1030	558	472	39	21	18
5–9岁	2		2	891	510	381	36	22	14
10–14岁	2	1	1	628	376	252	22	10	12
15–19岁	1	1		1828	1129	699	46	25	21
20–24岁	2	1	1	3581	2118	1463	130	73	57
25–29岁	4	1	3	2683	1685	998	147	85	62
30–34岁	10	3	7	2661	1671	990	82	35	47
35–39岁	5	1	4	1944	1164	780	58	33	25
40–44岁	3	1	2	1831	989	842	37	16	21
45–49岁	2	1	1	1449	810	639	36	22	14
50–54岁				768	434	334	41	26	15
55–59岁				219	115	104	10	7	3
60–64岁				45	24	21	5	4	1
65–69岁				28	18	10	5	4	1
70–74岁				11	2	9	3	3	
75–79岁				4	2	2	1	1	
80–84岁				2	2				
85–89岁									
90–94岁							1		1
95–99岁									
100岁及以上									

2–2b　全省各民族分年龄、性别的人口(镇)

单位：人

年龄组	合　计			汉　族		
	合计	男	女	小计	男	女
总　计	**13514673**	**7069220**	**6445453**	**12992151**	**6780723**	**6211428**
0–4岁	631260	332574	298686	605064	318759	286305
5–9岁	678631	361811	316820	650032	346140	303892
10–14岁	638052	340190	297862	617549	329113	288436
15–19岁	649657	353767	295890	620729	336772	283957
20–24岁	646476	369893	276583	589860	336110	253750
25–29岁	968317	529977	438340	904920	493691	411229
30–34岁	1282700	682198	600502	1211584	642506	569078
35–39岁	1093135	569919	523216	1033764	537108	496656
40–44岁	1099279	564195	535084	1046041	536378	509663
45–49岁	1278754	656748	622006	1227437	629916	597521
50–54岁	1272114	659746	612368	1237287	641247	596040
55–59岁	1018359	528924	489435	1002292	519991	482301
60–64岁	683187	354006	329181	677991	351228	326763
65–69岁	610706	304062	306644	607286	302389	304897
70–74岁	418977	206809	212168	417262	205971	211291
75–79岁	233208	114943	118265	232303	114487	117816
80–84岁	165290	77808	87482	164656	77503	87153
85–89岁	104689	45437	59252	104318	45247	59071
90–94岁	34537	13686	20851	34454	13650	20804
95–99岁	6691	2328	4363	6668	2318	4350
100岁及以上	654	199	455	654	199	455

2–2b　续表 1

单位：人

年龄组	蒙 古 族			回　族			藏　族		
	小计	男	女	小计	男	女	小计	男	女
总　计	**3788**	**2081**	**1707**	**15531**	**8662**	**6869**	**1387**	**698**	**689**
0–4岁	258	125	133	864	456	408	45	28	17
5–9岁	215	109	106	941	489	452	38	21	17
10–14岁	149	73	76	695	374	321	41	17	24
15–19岁	170	93	77	957	561	396	323	143	180
20–24岁	367	251	116	1850	1121	729	160	99	61
25–29岁	493	310	183	2213	1279	934	189	106	83
30–34岁	555	312	243	2199	1243	956	163	75	88
35–39岁	473	237	236	1410	780	630	116	51	65
40–44岁	327	164	163	1289	672	617	111	57	54
45–49岁	305	157	148	1230	657	573	92	43	49
50–54岁	242	128	114	950	512	438	65	33	32
55–59岁	131	76	55	441	244	197	24	13	11
60–64岁	57	30	27	190	108	82	11	7	4
65–69岁	33	11	22	126	67	59	6	3	3
70–74岁	5	3	2	72	44	28			
75–79岁	5		5	54	32	22	1	1	
80–84岁	1	1		24	11	13	2	1	1
85–89岁	2	1	1	20	9	11			
90–94岁				5	2	3			
95–99岁				1	1				
100岁及以上									

2–2b 续表 2

单位：人

年龄组	维吾尔族			苗族			彝族		
	小计	男	女	小计	男	女	小计	男	女
总　计	**942**	**510**	**432**	**133037**	**74049**	**58988**	**42089**	**22935**	**19154**
0–4岁	51	23	28	6249	3289	2960	2072	1078	994
5–9岁	84	36	48	6185	3390	2795	1999	1109	890
10–14岁	39	22	17	4043	2236	1807	1279	698	581
15–19岁	114	53	61	7750	4601	3149	3048	1814	1234
20–24岁	120	73	47	16507	9675	6832	6692	3847	2845
25–29岁	135	77	58	17640	10084	7556	6223	3530	2693
30–34岁	116	64	52	18887	10641	8246	6173	3331	2842
35–39岁	99	64	35	15393	8636	6757	4401	2382	2019
40–44岁	67	36	31	13639	7221	6418	3943	1936	2007
45–49岁	54	32	22	13340	7036	6304	3422	1734	1688
50–54岁	30	14	16	8591	4549	4042	1859	965	894
55–59岁	8	5	3	3487	2005	1482	724	410	314
60–64岁	13	5	8	743	427	316	146	71	75
65–69岁	6	3	3	371	169	202	60	17	43
70–74岁	3		3	124	53	71	26	7	19
75–79岁				55	24	31	9	2	7
80–84岁	2	2		20	7	13	9	2	7
85–89岁	1	1		8	5	3	4	2	2
90–94岁				3		3			
95–99岁				2	1	1			
100岁及以上									

2–2b 续表 3

单位：人

年龄组	壮族			布依族			朝鲜族		
	小计	男	女	小计	男	女	小计	男	女
总　计	**29834**	**15437**	**14397**	**72685**	**40841**	**31844**	**1268**	**654**	**614**
0–4岁	1291	669	622	3410	1867	1543	113	56	57
5–9岁	1452	777	675	3977	2304	1673	117	55	62
10–14岁	1095	604	491	2588	1502	1086	97	51	46
15–19岁	1270	731	539	3893	2414	1479	47	24	23
20–24岁	2816	1631	1185	8326	5087	3239	36	19	17
25–29岁	3462	1811	1651	9371	5476	3895	69	40	29
30–34岁	4561	2344	2217	9829	5673	4156	167	81	86
35–39岁	4264	2208	2056	9161	5114	4047	158	80	78
40–44岁	3690	1806	1884	8662	4550	4112	144	84	60
45–49岁	2928	1425	1503	6974	3552	3422	95	63	32
50–54岁	1842	904	938	4237	2189	2048	66	36	30
55–59岁	788	385	403	1648	853	795	51	22	29
60–64岁	205	81	124	373	179	194	43	18	25
65–69岁	95	34	61	162	61	101	32	13	19
70–74岁	53	19	34	45	12	33	20	8	12
75–79岁	10	3	7	16	5	11	6	2	4
80–84岁	7	2	5	9	2	7	5	1	4
85–89岁	4	2	2	3	1	2	2	1	1
90–94岁				1		1			
95–99岁	1	1							
100岁及以上									

2-2b 续表 4

单位：人

年龄组	满族			侗族			瑶族		
	小计	男	女	小计	男	女	小计	男	女
总　计	**4828**	**2692**	**2136**	**34783**	**20408**	**14375**	**3998**	**2119**	**1879**
0—4岁	406	218	188	1499	850	649	195	114	81
5—9岁	328	169	159	2087	1209	878	218	112	106
10—14岁	216	105	111	1337	748	589	176	103	73
15—19岁	166	105	61	1176	787	389	159	96	63
20—24岁	360	218	142	2821	1861	960	316	167	149
25—29岁	518	332	186	3677	2279	1398	424	211	213
30—34岁	744	422	322	5123	3046	2077	700	363	337
35—39岁	581	325	256	4399	2608	1791	647	343	304
40—44岁	421	220	201	3819	2125	1694	456	233	223
45—49岁	343	195	148	4237	2286	1951	351	181	170
50—54岁	291	160	131	2947	1630	1317	200	112	88
55—59岁	192	95	97	1243	770	473	102	58	44
60—64岁	138	74	64	252	136	116	34	19	15
65—69岁	72	31	41	110	50	60	13	6	7
70—74岁	22	9	13	33	14	19	4		4
75—79岁	6	4	2	18	6	12	1		1
80—84岁	14	2	12	3	2	1	1		1
85—89岁	6	5	1	1	1		1	1	
90—94岁	2	2		1		1			
95—99岁	2	1	1						
100岁及以上									

2-2b 续表 5

单位：人

年龄组	白族			土家族			哈尼族		
	小计	男	女	小计	男	女	小计	男	女
总　计	**6086**	**3365**	**2721**	**67797**	**38772**	**29025**	**3372**	**1728**	**1644**
0—4岁	280	139	141	3260	1716	1544	119	64	55
5—9岁	346	187	159	3429	1843	1586	84	46	38
10—14岁	230	118	112	2474	1335	1139	78	47	31
15—19岁	333	221	112	2767	1637	1130	180	113	67
20—24岁	740	485	255	6641	4108	2533	485	308	177
25—29岁	709	390	319	7879	4663	3216	536	280	256
30—34岁	917	499	418	8950	5203	3747	678	339	339
35—39岁	687	372	315	7270	4226	3044	457	196	261
40—44岁	673	322	351	6559	3600	2959	362	158	204
45—49岁	639	327	312	8429	4565	3864	254	117	137
50—54岁	345	198	147	6344	3591	2753	95	43	52
55—59岁	124	71	53	2753	1671	1082	32	14	18
60—64岁	26	18	8	551	353	198	8	2	6
65—69岁	22	11	11	290	172	118	3	1	2
70—74岁	4	1	3	108	51	57	1		1
75—79岁	9	5	4	48	14	34			
80—84岁	1		1	31	16	15			
85—89岁	1	1		11	7	4			
90—94岁				3	1	2			
95—99岁									
100岁及以上									

2–2b　续表 6　　　　单位：人

年龄组	哈萨克族			傣族			黎族		
	小计	男	女	小计	男	女	小计	男	女
总　计	**37**	**19**	**18**	**2175**	**1074**	**1101**	**3994**	**2134**	**1860**
0–4岁	4	2	2	59	33	26	257	131	126
5–9岁	3	2	1	46	20	26	271	148	123
10–14岁				37	16	21	162	91	71
15–19岁	2	2		133	85	48	213	122	91
20–24岁	5	2	3	303	172	131	502	293	209
25–29岁	7	3	4	336	172	164	591	333	258
30–34岁	7	5	2	429	208	221	609	307	302
35–39岁	1		1	312	147	165	445	245	200
40–44岁	3	1	2	232	88	144	381	193	188
45–49岁	1	1		159	72	87	278	126	152
50–54岁				90	42	48	166	81	85
55–59岁	4	1	3	27	14	13	71	37	34
60–64岁				5	3	2	30	19	11
65–69岁				5	1	4	7	3	4
70–74岁				1		1	7	3	4
75–79岁				1	1		3	2	1
80–84岁									
85–89岁							1		1
90–94岁									
95–99岁									
100岁及以上									

2–2b　续表 7　　　　单位：人

年龄组	傈僳族			佤族			畲族		
	小计	男	女	小计	男	女	小计	男	女
总　计	**941**	**411**	**530**	**1344**	**604**	**740**	**52376**	**26448**	**25928**
0–4岁	28	13	15	29	12	17	3530	1794	1736
5–9岁	24	17	7	21	10	11	4273	2170	2103
10–14岁	14	7	7	17	6	11	4173	2061	2112
15–19岁	62	32	30	81	46	35	3798	1888	1910
20–24岁	177	93	84	207	121	86	2153	1111	1042
25–29岁	160	66	94	221	106	115	3257	1637	1620
30–34岁	170	81	89	288	108	180	4063	2004	2059
35–39岁	128	40	88	219	82	137	4027	2025	2002
40–44岁	77	31	46	126	51	75	4149	2098	2051
45–49岁	64	20	44	77	35	42	4481	2297	2184
50–54岁	23	6	17	44	21	23	4287	2151	2136
55–59岁	12	5	7	6	3	3	3353	1694	1659
60–64岁	2		2	5	1	4	2212	1140	1072
65–69岁							1934	983	951
70–74岁				1	1		1154	600	554
75–79岁				1		1	645	350	295
80–84岁				1	1		499	255	244
85–89岁							303	153	150
90–94岁							68	31	37
95–99岁							17	6	11
100岁及以上									

2–2b　续表 8　　单位：人

年龄组	高山族			拉祜族			水　族		
	小计	男	女	小计	男	女	小计	男	女
总　计	**12**	**6**	**6**	**1022**	**420**	**602**	**12566**	**7204**	**5362**
0–4岁				30	14	16	642	344	298
5–9岁	1	1		22	8	14	792	482	310
10–14岁				30	15	15	410	257	153
15–19岁	1		1	61	47	14	543	351	192
20–24岁	1		1	138	80	58	1315	786	529
25–29岁	3	2	1	165	74	91	1733	1051	682
30–34岁	3	1	2	219	75	144	2058	1176	882
35–39岁	2	1	1	164	41	123	1880	1071	809
40–44岁				91	29	62	1423	755	668
45–49岁	1	1		62	19	43	994	533	461
50–54岁				31	16	15	501	259	242
55–59岁				7	2	5	222	117	105
60–64岁							35	16	19
65–69岁							12	4	8
70–74岁				2		2	4	2	2
75–79岁							1		1
80–84岁							1		1
85–89岁									
90–94岁									
95–99岁									
100岁及以上									

2–2b　续表 9　　单位：人

年龄组	东乡族			纳西族			景颇族		
	小计	男	女	小计	男	女	小计	男	女
总　计	**617**	**348**	**269**	**145**	**58**	**87**	**504**	**234**	**270**
0–4岁	49	28	21	6	2	4	12	6	6
5–9岁	49	28	21	7	4	3	10	7	3
10–14岁	32	18	14	2	1	1	6	3	3
15–19岁	48	28	20	5	2	3	78	36	42
20–24岁	89	55	34	24	16	8	69	38	31
25–29岁	122	70	52	19	6	13	81	42	39
30–34岁	100	50	50	19	9	10	96	49	47
35–39岁	39	24	15	17	5	12	72	27	45
40–44岁	34	18	16	9	6	3	42	14	28
45–49岁	28	15	13	12	4	8	23	9	14
50–54岁	19	9	10	11	1	10	10	3	7
55–59岁	5	3	2	13	1	12	4		4
60–64岁	2	1	1						
65–69岁	1	1		1	1		1		1
70–74岁									
75–79岁									
80–84岁									
85–89岁									
90–94岁									
95–99岁									
100岁及以上									

2–2b 续表 10 单位：人

年龄组	柯尔克孜族			土 族			达斡尔族		
	小计	男	女	小计	男	女	小计	男	女
总 计	**9**	**7**	**2**	**754**	**423**	**331**	**100**	**57**	**43**
0–4岁				31	16	15	5	3	2
5–9岁	1	1		29	15	14	5	3	2
10–14岁				22	13	9	4	2	2
15–19岁	1	1		27	18	9	3	1	2
20–24岁	1	1		93	60	33	8	5	3
25–29岁	1	1		85	47	38	16	11	5
30–34岁	1		1	91	56	35	18	11	7
35–39岁	1	1		86	44	42	11	6	5
40–44岁				91	47	44	6	6	
45–49岁	1		1	95	48	47	10	5	5
50–54岁	1	1		60	36	24	1		1
55–59岁				31	16	15	7	2	5
60–64岁				7	5	2	3	1	2
65–69岁	1	1		2	2		2		2
70–74岁				2		2	1	1	
75–79岁				2		2			
80–84岁									
85–89岁									
90–94岁									
95–99岁									
100岁及以上									

2–2b 续表 11 单位：人

年龄组	仫佬族			羌 族			布朗族		
	小计	男	女	小计	男	女	小计	男	女
总 计	**2012**	**1140**	**872**	**330**	**197**	**133**	**214**	**111**	**103**
0–4岁	87	47	40	13	4	9	12	8	4
5–9岁	121	79	42	16	9	7	4	2	2
10–14岁	85	38	47	9	6	3	7	2	5
15–19岁	100	70	30	9	7	2	13	8	5
20–24岁	204	113	91	33	24	9	38	26	12
25–29岁	204	123	81	42	26	16	32	17	15
30–34岁	257	149	108	57	35	22	35	19	16
35–39岁	264	150	114	28	18	10	39	17	22
40–44岁	258	132	126	37	17	20	17	4	13
45–49岁	202	111	91	51	28	23	8	2	6
50–54岁	158	85	73	21	12	9	7	5	2
55–59岁	56	35	21	9	7	2	1		1
60–64岁	4	3	1	4	3	1			
65–69岁	6	3	3	1	1				
70–74岁	3	2	1				1	1	
75–79岁	3		3						
80–84岁									
85–89岁									
90–94岁									
95–99岁									
100岁及以上									

2-2b　续表 12　　单位：人

年龄组	撒拉族			毛南族			仡佬族		
	小计	男	女	小计	男	女	小计	男	女
总　计	**165**	**94**	**71**	**797**	**470**	**327**	**8914**	**5137**	**3777**
0-4岁	18	10	8	27	18	9	476	242	234
5-9岁	12	9	3	23	13	10	593	347	246
10-14岁	12	5	7	16	9	7	391	202	189
15-19岁	3	3		31	26	5	439	265	174
20-24岁	14	7	7	75	48	27	1016	636	380
25-29岁	30	10	20	122	80	42	1061	618	443
30-34岁	38	28	10	120	63	57	1061	639	422
35-39岁	18	14	4	78	43	35	871	513	358
40-44岁	10	4	6	99	54	45	882	481	401
45-49岁	5	3	2	105	57	48	1026	565	461
50-54岁	2	1	1	69	36	33	703	392	311
55-59岁	3		3	28	21	7	307	186	121
60-64岁				4	2	2	48	31	17
65-69岁							23	13	10
70-74岁							11	5	6
75-79岁							3	2	1
80-84岁							1		1
85-89岁							2		2
90-94岁									
95-99岁									
100岁及以上									

2-2b　续表 13　　单位：人

年龄组	锡伯族			阿昌族			普米族		
	小计	男	女	小计	男	女	小计	男	女
总　计	**68**	**36**	**32**	**78**	**48**	**30**	**23**	**15**	**8**
0-4岁	6	5	1						
5-9岁	4	1	3	1	1				
10-14岁	4	1	3						
15-19岁	3	1	2	1		1			
20-24岁	4	2	2	10	8	2	4	3	1
25-29岁	6	4	2	13	7	6	2	1	1
30-34岁	10	5	5	23	14	9	7	4	3
35-39岁	8	6	2	15	11	4	4	3	1
40-44岁	3	3		7	2	5	2	2	
45-49岁	5	2	3	5	4	1	3	1	2
50-54岁	6	3	3	2	1	1			
55-59岁	1		1	1		1			
60-64岁	3	1	2						
65-69岁	3	2	1				1	1	
70-74岁									
75-79岁	1		1						
80-84岁	1		1						
85-89岁									
90-94岁									
95-99岁									
100岁及以上									

2−2b 续表 14 单位：人

年龄组	塔吉克族			怒 族			乌孜别克族		
	小计	男	女	小计	男	女	小计	男	女
总 计	**4**	**2**	**2**	**40**	**16**	**24**	**2**	**2**	
0−4岁				1	1				
5−9岁							1	1	
10−14岁				2	2				
15−19岁				3	3				
20−24岁	2	1	1	6	1	5			
25−29岁	1	1		10	4	6			
30−34岁				11	4	7	1	1	
35−39岁				3		3			
40−44岁				2		2			
45−49岁				2	1	1			
50−54岁	1		1						
55−59岁									
60−64岁									
65−69岁									
70−74岁									
75−79岁									
80−84岁									
85−89岁									
90−94岁									
95−99岁									
100岁及以上									

2−2b 续表 15 单位：人

年龄组	俄罗斯族			鄂温克族			德 昂 族		
	小计	男	女	小计	男	女	小计	男	女
总 计	**13**	**6**	**7**	**35**	**17**	**18**	**72**	**39**	**33**
0−4岁	2	2		5	2	3	2	2	
5−9岁	3	2	1	5	3	2	2	2	
10−14岁				1		1	1	1	
15−19岁				1		1	23	11	12
20−24岁				3	2	1	10	6	4
25−29岁	2		2	2		2	10	4	6
30−34岁	1	1		8	5	3	7	6	1
35−39岁				3	1	2	9	4	5
40−44岁	1	1		2		2	5	2	3
45−49岁				3	2	1	2		2
50−54岁	2		2	2	2				
55−59岁							1	1	
60−64岁	1		1						
65−69岁	1		1						
70−74岁									
75−79岁									
80−84岁									
85−89岁									
90−94岁									
95−99岁									
100岁及以上									

2-2b　续表 16　　单位：人

年龄组	保安族			裕固族			京族		
	小计	男	女	小计	男	女	小计	男	女
总　计	**29**	**20**	**9**	**7**	**2**	**5**	**41**	**23**	**18**
0–4岁							2	2	
5–9岁				1		1	7	6	1
10–14岁									
15–19岁	4	4					1	1	
20–24岁	7	4	3	2	1	1	11	5	6
25–29岁	9	6	3	1		1	5	2	3
30–34岁	1	1		1		1	9	4	5
35–39岁	3	3		1	1		2	1	1
40–44岁							1	1	
45–49岁	1		1	1		1	1		1
50–54岁	2	1	1				1		1
55–59岁	2	1	1				1	1	
60–64岁									
65–69岁									
70–74岁									
75–79岁									
80–84岁									
85–89岁									
90–94岁									
95–99岁									
100岁及以上									

2-2b　续表 17　　单位：人

年龄组	塔塔尔族			独龙族			鄂伦春族		
	小计	男	女	小计	男	女	小计	男	女
总　计				**4**	**2**	**2**	**15**	**3**	**12**
0–4岁							1		1
5–9岁									
10–14岁									
15–19岁				1		1	1		1
20–24岁							5		5
25–29岁							3		3
30–34岁				1		1	2	2	
35–39岁							1		1
40–44岁									
45–49岁				1	1		1	1	
50–54岁				1	1		1		1
55–59岁									
60–64岁									
65–69岁									
70–74岁									
75–79岁									
80–84岁									
85–89岁									
90–94岁									
95–99岁									
100岁及以上									

2－2b　续表 18　　　　单位：人

年龄组	赫哲族			门巴族			珞巴族		
	小计	男	女	小计	男	女	小计	男	女
总　计	**9**	**3**	**6**	**1**		**1**	**2**		**2**
0－4岁									
5－9岁									
10－14岁	1		1						
15－19岁							2		2
20－24岁	1	1							
25－29岁									
30－34岁									
35－39岁									
40－44岁	1		1	1		1			
45－49岁	2		2						
50－54岁	2	1	1						
55－59岁	2	1	1						
60－64岁									
65－69岁									
70－74岁									
75－79岁									
80－84岁									
85－89岁									
90－94岁									
95－99岁									
100岁及以上									

2－2b　续表 19　　　　单位：人

年龄组	基诺族			未定族称人口			入　籍		
	小计	男	女	小计	男	女	小计	男	女
总　计	**15**	**6**	**9**	**11286**	**6540**	**4746**	**325**	**170**	**155**
0－4岁	1	1		730	375	355	19	6	13
5－9岁				729	409	320	23	15	8
10－14岁	1	1		502	273	229	25	14	11
15－19岁	1		1	851	522	329	32	22	10
20－24岁	6	3	3	1798	1086	712	45	23	22
25－29岁	1		1	1462	877	585	44	17	27
30－34岁	1	1		1489	913	576	43	22	21
35－39岁	1		1	1080	634	446	23	11	12
40－44岁	1		1	1053	574	479	30	19	11
45－49岁	2		2	883	483	400	29	16	13
50－54岁				495	268	227	4	1	3
55－59岁				142	90	52	3	3	
60－64岁				39	23	16	2	1	1
65－69岁				17	8	9	1		1
70－74岁				6	2	4	2		2
75－79岁				7	3	4			
80－84岁				2		2			
85－89岁				1		1			
90－94岁									
95－99岁									
100岁及以上									

2–2c　全省各民族分年龄、性别的人口(乡村)

单位：人

年龄组	合计			汉族		
	合计	男	女	小计	男	女
总　计	**17969123**	**9445605**	**8523518**	**17339987**	**9102866**	**8237121**
0–4岁	719203	377402	341801	686896	360473	326423
5–9岁	703507	374615	328892	669845	356294	313551
10–14岁	730324	390279	340045	705790	376872	328918
15–19岁	469946	264604	205342	443574	248604	194970
20–24岁	714465	412262	302203	658360	378252	280108
25–29岁	1016086	572357	443729	951230	534957	416273
30–34岁	1246064	695459	550605	1168521	651693	516828
35–39岁	1071140	589749	481391	1003248	552665	450583
40–44岁	1151824	611522	540302	1086491	578023	508468
45–49岁	1545311	796461	748850	1474388	761118	713270
50–54岁	1852973	963794	889179	1800874	937071	863803
55–59岁	1667974	871535	796439	1641968	857546	784422
60–64岁	1324816	689443	635373	1314551	683917	630634
65–69岁	1362419	685435	676984	1353593	680870	672723
70–74岁	1016598	505781	510817	1011340	503060	508280
75–79岁	577066	286082	290984	574137	284562	289575
80–84岁	425362	204678	220684	422998	203538	219460
85–89岁	269801	115141	154660	268460	114556	153904
90–94岁	86465	33054	53411	86031	32874	53157
95–99岁	16391	5558	10833	16316	5530	10786
100岁及以上	1388	394	994	1376	391	985

2–2c　续表 1

单位：人

年龄组	蒙古族			回族			藏族		
	小计	男	女	小计	男	女	小计	男	女
总　计	**2521**	**1365**	**1156**	**12887**	**7336**	**5551**	**1169**	**496**	**673**
0–4岁	160	83	77	701	362	339	41	22	19
5–9岁	148	75	73	596	341	255	56	23	33
10–14岁	92	48	44	546	300	246	36	11	25
15–19岁	102	63	39	689	382	307	55	35	20
20–24岁	234	147	87	1421	891	530	125	72	53
25–29岁	280	168	112	1593	909	684	131	74	57
30–34岁	362	203	159	1565	915	650	128	62	66
35–39岁	313	166	147	1049	558	491	143	52	91
40–44岁	237	118	119	1117	588	529	161	44	117
45–49岁	256	114	142	1131	597	534	130	49	81
50–54岁	174	98	76	927	520	407	106	31	75
55–59岁	97	50	47	558	344	214	35	13	22
60–64岁	30	17	13	296	197	99	6	2	4
65–69岁	19	8	11	263	155	108	7	2	5
70–74岁	8	3	5	183	115	68	5	2	3
75–79岁	5	3	2	110	77	33	1		1
80–84岁	2	1	1	81	50	31	1	1	
85–89岁	1		1	46	26	20	1		1
90–94岁	1		1	14	8	6			
95–99岁				1	1				
100岁及以上							1	1	

2-2c　续表 2　　单位：人

年龄组	维吾尔族			苗　族			彝　族		
	小计	男	女	小计	男	女	小计	男	女
总　计	**319**	**148**	**171**	**166111**	**92026**	**74085**	**43642**	**23734**	**19908**
0-4岁	10	6	4	8763	4557	4206	2485	1310	1175
5-9岁	12	6	6	8193	4506	3687	2313	1267	1046
10-14岁	8	1	7	5008	2832	2176	1467	789	678
15-19岁	29	11	18	7985	4761	3224	2600	1635	965
20-24岁	61	28	33	17535	10636	6899	5655	3444	2211
25-29岁	40	23	17	19593	11312	8281	5508	3216	2292
30-34岁	34	19	15	22575	12829	9746	6209	3492	2717
35-39岁	34	18	16	18892	10626	8266	4718	2442	2276
40-44岁	27	13	14	18172	9496	8676	4598	2206	2392
45-49岁	26	6	20	19310	9797	9513	4216	1995	2221
50-54岁	19	8	11	12929	6682	6247	2531	1242	1289
55-59岁	6	3	3	5181	2938	2243	935	497	438
60-64岁	5	1	4	1076	619	457	236	125	111
65-69岁	5	4	1	544	293	251	105	50	55
70-74岁	1		1	204	80	124	34	11	23
75-79岁				84	33	51	25	9	16
80-84岁	1	1		44	18	26	4	3	1
85-89岁	1		1	17	8	9	1		1
90-94岁				3	1	2	2	1	1
95-99岁				3	2	1			
100岁及以上									

2-2c　续表 3　　单位：人

年龄组	壮　族			布依族			朝鲜族		
	小计	男	女	小计	男	女	小计	男	女
总　计	**38620**	**18235**	**20385**	**90163**	**49548**	**40615**	**389**	**203**	**186**
0-4岁	1776	898	878	4474	2463	2011	33	12	21
5-9岁	1729	944	785	5509	3127	2382	31	10	21
10-14岁	1258	667	591	3710	2137	1573	25	20	5
15-19岁	1674	966	708	3857	2431	1426	10	2	8
20-24岁	3414	1917	1497	8616	5231	3385	19	11	8
25-29岁	3985	2172	1813	9837	5636	4201	25	13	12
30-34岁	4854	2402	2452	12301	7053	5248	46	22	24
35-39岁	5240	2440	2800	11356	6278	5078	57	30	27
40-44岁	5182	2200	2982	10765	5578	5187	35	19	16
45-49岁	4712	1861	2851	9718	4708	5010	33	24	9
50-54岁	3111	1153	1958	6305	3120	3185	23	18	5
55-59岁	1227	469	758	2524	1292	1232	22	9	13
60-64岁	268	93	175	719	324	395	7	3	4
65-69岁	134	36	98	307	119	188	4	3	1
70-74岁	30	10	20	103	31	72	10	3	7
75-79岁	21	6	15	42	13	29	6	4	2
80-84岁	3	1	2	14	6	8	3		3
85-89岁	2		2	4	1	3			
90-94岁				1		1			
95-99岁				1		1			
100岁及以上									

2-2c　续表 4　　　　单位：人

年龄组	满族			侗族			瑶族		
	小计	男	女	小计	男	女	小计	男	女
总　计	**2608**	**1520**	**1088**	**39768**	**22685**	**17083**	**4538**	**2348**	**2190**
0–4岁	169	92	77	1769	901	868	279	136	143
5–9岁	126	56	70	2186	1233	953	321	185	136
10–14岁	73	37	36	1561	896	665	173	97	76
15–19岁	63	33	30	1081	731	350	152	84	68
20–24岁	207	134	73	2818	1895	923	304	182	122
25–29岁	262	156	106	3847	2353	1494	462	252	210
30–34岁	398	244	154	5524	3286	2238	738	380	358
35–39岁	340	197	143	4801	2768	2033	759	379	380
40–44岁	256	140	116	4471	2448	2023	462	232	230
45–49岁	264	150	114	5428	2745	2683	425	205	220
50–54岁	209	137	72	3911	2073	1838	272	124	148
55–59岁	136	83	53	1711	992	719	142	69	73
60–64岁	43	28	15	390	234	156	32	17	15
65–69岁	38	24	14	165	90	75	11	5	6
70–74岁	12	5	7	54	18	36	2		2
75–79岁	6	1	5	27	14	13	1		1
80–84岁	4	1	3	10	3	7	2		2
85–89岁	1	1		11	3	8			
90–94岁	1	1		3	2	1	1	1	
95–99岁									
100岁及以上									

2-2c　续表 5　　　　单位：人

年龄组	白族			土家族			哈尼族		
	小计	男	女	小计	男	女	小计	男	女
总　计	**7615**	**3985**	**3630**	**78732**	**44134**	**34598**	**4595**	**2240**	**2355**
0–4岁	382	211	171	4060	2127	1933	158	90	68
5–9岁	442	218	224	3918	2117	1801	139	75	64
10–14岁	313	174	139	2698	1458	1240	131	69	62
15–19岁	324	201	123	2683	1681	1002	155	102	53
20–24岁	728	468	260	6400	3940	2460	420	249	171
25–29岁	777	446	331	8247	4936	3311	549	303	246
30–34岁	1064	590	474	9218	5311	3907	837	413	424
35–39岁	796	407	389	8253	4724	3529	735	334	401
40–44岁	936	401	535	7768	4154	3614	652	248	404
45–49岁	952	416	536	11730	6057	5673	505	204	301
50–54岁	545	263	282	8802	4777	4025	231	117	114
55–59岁	228	123	105	3663	2146	1517	59	27	32
60–64岁	51	28	23	672	418	254	17	6	11
65–69岁	48	28	20	354	185	169	5	2	3
70–74岁	10	6	4	133	63	70	2	1	1
75–79岁	10	2	8	77	22	55			
80–84岁	6	1	5	36	11	25			
85–89岁	3	2	1	17	7	10			
90–94岁				2		2			
95–99岁									
100岁及以上				1		1			

2-2c 续表 6

单位：人

年龄组	哈萨克族			傣 族			黎 族		
	小计	男	女	小计	男	女	小计	男	女
总 计	**28**	**12**	**16**	**2065**	**885**	**1180**	**4848**	**2626**	**2222**
0-4岁	2		2	63	30	33	269	151	118
5-9岁	2	1	1	76	38	38	362	202	160
10-14岁				44	14	30	254	136	118
15-19岁	1	1		84	53	31	260	161	99
20-24岁	2	1	1	196	104	92	495	307	188
25-29岁	7	5	2	281	129	152	570	320	250
30-34岁	3	1	2	346	162	184	693	373	320
35-39岁	2		2	335	134	201	584	324	260
40-44岁	7	2	5	252	85	167	489	234	255
45-49岁	2	1	1	200	67	133	436	209	227
50-54岁				126	51	75	239	113	126
55-59岁				45	14	31	114	53	61
60-64岁				8	2	6	51	28	23
65-69岁				6	1	5	9	5	4
70-74岁							16	7	9
75-79岁							7	3	4
80-84岁				2	1	1			
85-89岁				1		1			
90-94岁									
95-99岁									
100岁及以上									

2-2c 续表 7

单位：人

年龄组	傈僳族			佤 族			畲 族		
	小计	男	女	小计	男	女	小计	男	女
总 计	**1188**	**485**	**703**	**1962**	**887**	**1075**	**86631**	**46368**	**40263**
0-4岁	38	20	18	49	25	24	4393	2249	2144
5-9岁	33	13	20	53	29	24	4921	2493	2428
10-14岁	28	14	14	34	16	18	5612	2881	2731
15-19岁	57	36	21	79	41	38	2600	1401	1199
20-24岁	146	74	72	227	127	100	3107	1685	1422
25-29岁	197	98	99	255	111	144	4066	2276	1790
30-34岁	206	92	114	413	180	233	4507	2599	1908
35-39岁	183	57	126	359	157	202	4363	2523	1840
40-44岁	144	43	101	251	98	153	5117	2937	2180
45-49岁	98	25	73	146	70	76	7217	4010	3207
50-54岁	35	7	28	56	22	34	8990	4828	4162
55-59岁	15	4	11	26	8	18	8211	4295	3916
60-64岁	5	2	3	5	1	4	6116	3264	2852
65-69岁	2		2	3		3	6678	3501	3177
70-74岁				3	1	2	4398	2345	2053
75-79岁	1		1				2480	1317	1163
80-84岁				2	1	1	2138	1036	1102
85-89岁							1234	536	698
90-94岁				1		1	403	165	238
95-99岁							70	25	45
100岁及以上							10	2	8

2-2c　续表 8　　单位：人

年龄组	高山族			拉祜族			水族		
	小计	男	女	小计	男	女	小计	男	女
总　计	**8**	**6**	**2**	**1456**	**525**	**931**	**10132**	**5614**	**4518**
0−4岁				49	25	24	578	312	266
5−9岁				63	30	33	692	399	293
10−14岁				37	18	19	353	203	150
15−19岁				58	28	30	329	219	110
20−24岁				134	72	62	897	555	342
25−29岁				183	85	98	1177	671	506
30−34岁	1	1		311	107	204	1764	994	770
35−39岁				266	78	188	1431	800	631
40−44岁	2	1	1	174	36	138	1192	624	568
45−49岁	1	1		105	31	74	898	458	440
50−54岁	2	1	1	42	11	31	546	254	292
55−59岁				24	2	22	199	93	106
60−64岁	2	2		6	2	4	37	18	19
65−69岁				2		2	23	8	15
70−74岁				2		2	9	3	6
75−79岁							5	3	2
80−84岁							2		2
85−89岁									
90−94岁									
95−99岁									
100岁及以上									

2-2c　续表 9　　单位：人

年龄组	东乡族			纳西族			景颇族		
	小计	男	女	小计	男	女	小计	男	女
总　计	**370**	**215**	**155**	**296**	**61**	**235**	**368**	**158**	**210**
0−4岁	26	12	14	3	2	1	15	8	7
5−9岁	30	16	14	7	4	3	9	4	5
10−14岁	17	7	10	7	5	2	9	6	3
15−19岁	36	26	10	6	4	2	23	16	7
20−24岁	41	26	15	17	9	8	28	9	19
25−29岁	76	46	30	23	9	14	40	15	25
30−34岁	47	25	22	30	11	19	71	36	35
35−39岁	42	22	20	19	8	11	68	29	39
40−44岁	20	16	4	22	4	18	60	24	36
45−49岁	14	6	8	38	2	36	35	10	25
50−54岁	16	10	6	47	2	45	8	1	7
55−59岁	2	1	1	52	1	51			
60−64岁	1	1		22		22	1		1
65−69岁				3		3	1		1
70−74岁	2	1	1						
75−79岁									
80−84岁									
85−89岁									
90−94岁									
95−99岁									
100岁及以上									

2–2c 续表 10

单位：人

年龄组	柯尔克孜族			土 族			达斡尔族		
	小计	男	女	小计	男	女	小计	男	女
总 计	**4**	**1**	**3**	**591**	**314**	**277**	**62**	**33**	**29**
0–4岁				30	12	18	1	1	
5–9岁				27	15	12	2	1	1
10–14岁				20	8	12	3	2	1
15–19岁	1		1	24	13	11	2	2	
20–24岁				51	36	15	3	1	2
25–29岁	1	1		60	35	25	8	5	3
30–34岁				75	45	30	12	8	4
35–39岁				53	29	24	8	4	4
40–44岁				78	32	46	6	2	4
45–49岁	1		1	73	35	38	10	4	6
50–54岁				61	31	30	4	2	2
55–59岁				23	14	9	1	1	
60–64岁	1		1	5	4	1	1		1
65–69岁				7	3	4	1		1
70–74岁				2	1	1			
75–79岁				1	1				
80–84岁				1		1			
85–89岁									
90–94岁									
95–99岁									
100岁及以上									

2–2c 续表 11

单位：人

年龄组	仫佬族			羌 族			布朗族		
	小计	男	女	小计	男	女	小计	男	女
总 计	**1531**	**826**	**705**	**292**	**171**	**121**	**294**	**133**	**161**
0–4岁	82	43	39	14	8	6	11	4	7
5–9岁	90	49	41	11	7	4	7	1	6
10–14岁	43	22	21	4	4		9	5	4
15–19岁	41	28	13	7	3	4	10	8	2
20–24岁	130	85	45	27	17	10	26	16	10
25–29岁	157	91	66	18	9	9	39	20	19
30–34岁	209	116	93	51	28	23	46	22	24
35–39岁	204	98	106	33	19	14	48	21	27
40–44岁	170	95	75	38	19	19	39	16	23
45–49岁	209	102	107	49	31	18	40	12	28
50–54岁	132	67	65	22	13	9	8	4	4
55–59岁	42	19	23	10	9	1	8	2	6
60–64岁	14	8	6	5	3	2	2	2	
65–69岁	5	3	2	1		1	1		1
70–74岁	3		3	1	1				
75–79岁				1		1			
80–84岁									
85–89岁									
90–94岁									
95–99岁									
100岁及以上									

2-2c　续表 12　　　　单位：人

年龄组	撒拉族			毛南族			仡佬族		
	小计	男	女	小计	男	女	小计	男	女
总　计	**52**	**34**	**18**	**759**	**426**	**333**	**10079**	**5767**	**4312**
0-4岁	2		2	34	15	19	576	307	269
5-9岁	8	6	2	34	17	17	655	332	323
10-14岁	2	1	1	14	7	7	395	232	163
15-19岁	2	1	1	16	9	7	396	245	151
20-24岁	4	3	1	65	50	15	972	605	367
25-29岁	5	3	2	87	56	31	1034	605	429
30-34岁	7	3	4	95	63	32	1121	661	460
35-39岁	7	4	3	101	56	45	965	556	409
40-44岁	4	3	1	79	44	35	1106	610	496
45-49岁	2	2		104	51	53	1282	681	601
50-54岁	2	1	1	87	40	47	968	557	411
55-59岁	2	2		33	13	20	461	288	173
60-64岁				5	2	3	74	49	25
65-69岁	2	2		3	2	1	44	24	20
70-74岁	2	2		2	1	1	16	7	9
75-79岁							9	5	4
80-84岁	1	1					4	3	1
85-89岁									
90-94岁							1		1
95-99岁									
100岁及以上									

2-2c　续表 13　　　　单位：人

年龄组	锡伯族			阿昌族			普米族		
	小计	男	女	小计	男	女	小计	男	女
总　计	**38**	**17**	**21**	**105**	**59**	**46**	**31**	**13**	**18**
0-4岁	1		1	1		1			
5-9岁	4	2	2				1	1	
10-14岁	1	1					1		1
15-19岁	2	1	1	6	6		2	1	1
20-24岁	2	1	1	15	11	4	3		3
25-29岁	5	2	3	15	5	10	3	2	1
30-34岁	5	3	2	18	13	5	7	3	4
35-39岁	8	2	6	21	11	10	5	3	2
40-44岁	3	2	1	19	7	12	5	2	3
45-49岁	3	2	1	8	5	3	3	1	2
50-54岁	1		1	1		1	1		1
55-59岁	3	1	2	1	1				
60-64岁									
65-69岁									
70-74岁									
75-79岁									
80-84岁									
85-89岁									
90-94岁									
95-99岁									
100岁及以上									

2-2c 续表 14

单位：人

年龄组	塔吉克族			怒 族			乌孜别克族		
	小计	男	女	小计	男	女	小计	男	女
总 计	**4**	**2**	**2**	**63**	**15**	**48**	**1**		**1**
0-4岁				2	1	1			
5-9岁				2		2			
10-14岁				1		1			
15-19岁				2	2				
20-24岁				6	2	4			
25-29岁	1	1		15	2	13	1		1
30-34岁	1		1	11	6	5			
35-39岁				12	2	10			
40-44岁				8		8			
45-49岁				3		3			
50-54岁				1		1			
55-59岁									
60-64岁									
65-69岁									
70-74岁	1		1						
75-79岁	1	1							
80-84岁									
85-89岁									
90-94岁									
95-99岁									
100岁及以上									

2-2c 续表 15

单位：人

年龄组	俄罗斯族			鄂温克族			德 昂 族		
	小计	男	女	小计	男	女	小计	男	女
总 计	**4**	**1**	**3**	**10**	**5**	**5**	**48**	**20**	**28**
0-4岁	1	1		1	1				
5-9岁				1		1	2	1	1
10-14岁							1		1
15-19岁				2	1	1	4	2	2
20-24岁							4	1	3
25-29岁							8	3	5
30-34岁				3	1	2	7	4	3
35-39岁	1		1				6	3	3
40-44岁	1		1	1	1		6	3	3
45-49岁	1		1				5	2	3
50-54岁				1	1		4		4
55-59岁				1		1	1	1	
60-64岁									
65-69岁									
70-74岁									
75-79岁									
80-84岁									
85-89岁									
90-94岁									
95-99岁									
100岁及以上									

2–2c　续表 16　　　　单位：人

年龄组	保安族			裕固族			京　族		
	小计	男	女	小计	男	女	小计	男	女
总　计	**7**	**4**	**3**	**2**	**1**	**1**	**64**	**23**	**41**
0–4岁							3	1	2
5–9岁									
10–14岁				1	1		2		2
15–19岁							5	3	2
20–24岁							9	4	5
25–29岁	1		1				11	5	6
30–34岁	1	1					6	2	4
35–39岁	1		1	1		1	4	1	3
40–44岁	1	1					7	3	4
45–49岁	1	1					9	3	6
50–54岁	2	1	1				5	1	4
55–59岁							3		3
60–64岁									
65–69岁									
70–74岁									
75–79岁									
80–84岁									
85–89岁									
90–94岁									
95–99岁									
100岁及以上									

2–2c　续表 17　　　　单位：人

年龄组	塔塔尔族			独龙族			鄂伦春族		
	小计	男	女	小计	男	女	小计	男	女
总　计	**3**		**3**	**9**	**4**	**5**	**6**	**2**	**4**
0–4岁							1	1	
5–9岁									
10–14岁									
15–19岁							2	1	1
20–24岁									
25–29岁				1	1				
30–34岁				2		2			
35–39岁							1		1
40–44岁	1		1	3	2	1	1		1
45–49岁	1		1						
50–54岁				1		1			
55–59岁							1		1
60–64岁				1		1			
65–69岁	1		1	1	1				
70–74岁									
75–79岁									
80–84岁									
85–89岁									
90–94岁									
95–99岁									
100岁及以上									

2-2c 续表 18 单位：人

年龄组	赫哲族			门巴族			珞巴族		
	小计	男	女	小计	男	女	小计	男	女
总 计	**7**	**2**	**5**	**1**		**1**	**3**	**2**	**1**
0-4岁									
5-9岁									
10-14岁									
15-19岁									
20-24岁							1	1	
25-29岁	1		1						
30-34岁	1		1						
35-39岁	2	1	1						
40-44岁	2		2	1		1			
45-49岁							1	1	
50-54岁	1	1					1		1
55-59岁									
60-64岁									
65-69岁									
70-74岁									
75-79岁									
80-84岁									
85-89岁									
90-94岁									
95-99岁									
100岁及以上									

2-2c 续表 19 单位：人

年龄组	基诺族			未定族称人口			入籍		
	小计	男	女	小计	男	女	小计	男	女
总 计	**14**	**2**	**12**	**11717**	**6859**	**4858**	**306**	**158**	**148**
0-4岁	1		1	782	419	363	19	11	8
5-9岁	3		3	827	464	363	21	13	8
10-14岁				538	285	253	5	3	2
15-19岁	1	1		836	556	280	19	13	6
20-24岁	1		1	1502	944	558	37	19	18
25-29岁	1		1	1333	805	528	40	15	25
30-34岁	2	1	1	1575	961	614	43	23	20
35-39岁	2		2	1228	699	529	43	24	19
40-44岁	1		1	1150	651	499	34	17	17
45-49岁	1		1	1072	584	488	19	8	11
50-54岁	1		1	581	336	245	12	5	7
55-59岁				194	107	87	10	5	5
60-64岁				53	26	27	2		2
65-69岁				22	9	13	2	2	
70-74岁				10	4	6			
75-79岁				9	6	3			
80-84岁				3	1	2			
85-89岁				1	1				
90-94岁				1	1				
95-99岁									
100岁及以上									

2-3　全省各民族分性别、受教育程度的3岁及以上人口

单位：人

民　族	3岁及以上人口			未上过学		
	合计	男	女	小计	男	女
总　计	**62972305**	**32843540**	**30128765**	**2466512**	**721329**	**1745183**
汉　族	60818717	31656833	29161884	2402587	700883	1701704
蒙古族	19238	10207	9031	236	104	132
回　族	81920	45255	36665	2331	930	1401
藏　族	6271	3002	3269	113	37	76
维吾尔族	8980	4425	4555	135	67	68
苗　族	553011	310139	242872	16845	5399	11446
彝　族	151206	82895	68311	4420	1532	2888
壮　族	119713	58374	61339	1851	653	1198
布依族	304880	170569	134311	10175	2731	7444
朝鲜族	11988	6114	5874	111	51	60
满　族	30599	16164	14435	276	119	157
侗　族	143191	83516	59675	2909	985	1924
瑶　族	18935	9909	9026	409	137	272
白　族	27218	14866	12352	533	208	325
土家族	309940	175208	134732	6486	2264	4222
哈尼族	13038	6540	6498	447	120	327
哈萨克族	801	320	481	5	2	3
傣　族	7786	3661	4125	106	34	72
黎　族	17100	9159	7941	495	142	353
傈僳族	3872	1730	2142	122	21	101
佤　族	5356	2460	2896	176	49	127
畲　族	176341	91501	84840	11359	3453	7906
高山族	104	63	41	3	3	
拉祜族	3916	1606	2310	218	46	172
水　族	34521	19523	14998	1088	366	722
东乡族	2782	1624	1158	169	67	102
纳西族	814	275	539	15	2	13
景颇族	1804	803	1001	26	7	19
柯尔克孜族	143	59	84			
土　族	3007	1616	1391	71	28	43
达斡尔族	608	293	315	3	2	1
仫佬族	7129	3958	3171	135	47	88
羌　族	1618	917	701	20	9	11
布朗族	935	451	484	19	5	14
撒拉族	1048	591	457	51	20	31
毛南族	2932	1673	1259	40	17	23
仡佬族	36214	21287	14927	1079	354	725
锡伯族	520	251	269	1		1
阿昌族	347	202	145	2		2
普米族	128	57	71	2		2
塔吉克族	30	15	15	1		1
怒　族	166	59	107	4	2	2
乌孜别克族	38	24	14			
俄罗斯族	101	43	58	2		2
鄂温克族	117	56	61	1	1	
德昂族	240	114	126	2	1	1
保安族	108	78	30	2		2
裕固族	21	9	12			
京　族	208	87	121	8	2	6
塔塔尔族	15	5	10			
独龙族	22	9	13			
鄂伦春族	59	26	33	1		1
赫哲族	94	36	58			
门巴族	24	8	16	1		1
珞巴族	14	6	8			
基诺族	58	17	41	2		2
未定族称人口	41043	24165	16878	1372	416	956
入　籍	1276	687	589	47	13	34

2-3 续表 1 单位：人

民 族	学前教育			小 学		
	小计	男	女	小计	男	女
总 计	**1984851**	**1025744**	**959107**	**17035698**	**8229110**	**8806588**
汉 族	1917779	990295	927484	16399495	7912834	8486661
蒙古族	908	432	476	3081	1577	1504
回 族	3414	1787	1627	19360	10311	9049
藏 族	106	53	53	1329	569	760
维吾尔族	314	155	159	1041	580	461
苗 族	14870	7908	6962	172818	86133	86685
彝 族	4270	2197	2073	45543	22756	22787
壮 族	3219	1667	1552	32806	14493	18313
布依族	9288	5154	4134	98106	48573	49533
朝鲜族	728	379	349	1564	738	826
满 族	1716	915	801	4351	2239	2112
侗 族	4200	2297	1903	39730	20034	19696
瑶 族	703	356	347	4933	2317	2616
白 族	777	434	343	7212	3496	3716
土家族	9254	4917	4337	89156	44708	44448
哈尼族	264	124	140	4021	1764	2257
哈萨克族	6	5	1	37	17	20
傣 族	110	57	53	1987	850	1137
黎 族	638	354	284	4954	2467	2487
傈僳族	65	29	36	1100	397	703
佤 族	71	36	35	1768	740	1028
畲 族	7755	3868	3887	57160	29098	28062
高山族	6	3	3	25	16	9
拉祜族	68	23	45	1535	544	991
水 族	1018	570	448	11281	5552	5729
东乡族	103	59	44	1061	591	470
纳西族	20	11	9	234	40	194
景颇族	34	21	13	393	160	233
柯尔克孜族	2	2		4	1	3
土 族	85	37	48	836	402	434
达斡尔族	34	18	16	66	29	37
仫佬族	224	124	100	2070	1037	1033
羌 族	50	25	25	365	182	183
布朗族	20	10	10	297	125	172
撒拉族	62	37	25	475	247	228
毛南族	55	30	25	776	379	397
仡佬族	1227	636	591	11501	6054	5447
锡伯族	33	15	18	70	25	45
阿昌族	4	1	3	59	31	28
普米族	1		1	31	10	21
塔吉克族	1		1	2		2
怒 族	2	1	1	43	12	31
乌孜别克族	4	2	2	14	8	6
俄罗斯族	6	2	4	14	7	7
鄂温克族	7	5	2	13	4	9
德昂族	3	3		76	31	45
保安族	1	1		31	23	8
裕固族				2	1	1
京 族	7	2	5	55	22	33
塔塔尔族				4	1	3
独龙族				10	4	6
鄂伦春族				9	2	7
赫哲族	6	2	4	10	5	5
门巴族	2		2	2		2
珞巴族				4	1	3
基诺族	2		2	13	3	10
未定族称人口	1270	664	606	12417	6692	5725
入 籍	39	21	18	348	178	170

2-3 续表 2 单位：人

民族	初中			高中			大学专科		
	小计	男	女	小计	男	女	小计	男	女
总　计	**21117295**	**11865837**	**9251458**	**9397637**	**5366119**	**4031518**	**5475328**	**2877746**	**2597582**
汉　族	20071027	11241416	8829611	9191494	5242941	3948553	5410444	2843756	2566688
蒙古族	5532	3157	2375	2472	1337	1135	2269	1240	1029
回　族	32867	19276	13591	10886	6277	4609	5437	2888	2549
藏　族	2153	1130	1023	1005	483	522	532	290	242
维吾尔族	2346	1444	902	2787	1191	1596	595	306	289
苗　族	289693	174972	114721	44265	27863	16402	9064	5108	3956
彝　族	79664	46514	33150	12774	7620	5154	2698	1450	1248
壮　族	60033	31348	28685	11927	6052	5875	4687	1987	2700
布依族	162004	99045	62959	19337	11958	7379	3426	1935	1491
朝鲜族	2025	1089	936	2905	1519	1386	1752	892	860
满　族	7011	4005	3006	3882	2154	1728	4159	2159	2000
侗　族	77290	48339	28951	13716	8961	4755	3018	1708	1310
瑶　族	8746	4946	3800	2112	1181	931	896	437	459
白　族	14175	8204	5971	2771	1632	1139	804	457	347
土家族	154361	93323	61038	34747	21600	13147	8909	4829	4080
哈尼族	6687	3698	2989	1192	646	546	252	125	127
哈萨克族	96	44	52	346	132	214	58	30	28
傣　族	4239	2108	2131	967	465	502	205	85	120
黎　族	8713	5060	3653	1466	782	684	423	177	246
傈僳族	2029	997	1032	424	231	193	78	33	45
佤　族	2841	1390	1451	405	207	198	64	25	39
畲　族	51588	29799	21789	24336	13779	10557	12849	6332	6517
高山族	34	24	10	12	5	7	12	8	4
拉祜族	1740	824	916	273	136	137	45	20	25
水　族	17976	11081	6895	2463	1588	875	405	242	163
东乡族	1135	714	421	241	154	87	37	27	10
纳西族	270	89	181	119	64	55	38	19	19
景颇族	986	440	546	297	157	140	56	15	41
柯尔克孜族	18	10	8	71	28	43	14	7	7
土　族	1364	789	575	364	212	152	143	76	67
达斡尔族	148	78	70	87	36	51	89	51	38
仫佬族	3610	2172	1438	681	396	285	198	93	105
羌　族	745	449	296	253	154	99	78	44	34
布朗族	491	254	237	77	41	36	15	7	8
撒拉族	318	194	124	99	66	33	26	17	9
毛南族	1702	1036	666	239	150	89	52	28	24
仡佬族	18186	11618	6568	2938	1909	1029	659	395	264
锡伯族	66	37	29	65	37	28	70	32	38
阿昌族	226	133	93	45	30	15	8	6	2
普米族	66	36	30	18	6	12	5	4	1
塔吉克族	10	6	4	11	8	3	4	1	3
怒　族	97	36	61	18	8	10	1		1
乌孜别克族	10	9	1	4	2	2	3	1	2
俄罗斯族	7	4	3	18	6	12	14	7	7
鄂温克族	25	11	14	19	10	9	20	9	11
德昂族	107	53	54	48	25	23	3	1	2
保安族	60	42	18	10	9	1	2	1	1
裕固族	5	2	3	2	1	1	3		3
京　族	99	40	59	26	12	14	3	2	1
塔塔尔族	4	1	3	3	1	2	1		1
独龙族	10	4	6	2	1	1			
鄂伦春族	19	6	13	12	8	4	4	2	2
赫哲族	18	9	9	13	7	6	13	4	9
门巴族	5	4	1	2	1	1	2	1	1
珞巴族	7	5	2				1		1
基诺族	26	6	20	10	6	4	2		2
未定族称人口	22055	14014	8041	2773	1777	996	594	324	270
入　籍	530	303	227	108	57	51	89	53	36

2–3　续表 3　　　　　　　　　　　　　　　　　　　　单位：人

民　族	大学本科			硕士研究生			博士研究生		
	小计	男	女	小计	男	女	小计	男	女
总　计	**4951134**	**2467073**	**2484061**	**482619**	**251993**	**230626**	**61231**	**38589**	**22642**
汉　族	4889668	2437648	2452020	476198	249152	227046	60025	37908	22117
蒙古族	3882	2016	1866	722	276	446	136	68	68
回　族	6410	3222	3188	1056	472	584	159	92	67
藏　族	979	414	565	44	22	22	10	4	6
维吾尔族	1674	645	1029	68	26	42	20	11	9
苗　族	5064	2571	2493	325	140	185	67	45	22
彝　族	1730	779	951	87	35	52	20	12	8
壮　族	4782	1986	2796	347	152	195	61	36	25
布依族	2443	1128	1315	88	39	49	13	6	7
朝鲜族	2471	1241	1230	310	133	177	122	72	50
满　族	7526	3831	3695	1435	610	825	243	132	111
侗　族	2161	1110	1051	143	70	73	24	12	12
瑶　族	1013	469	544	101	49	52	22	17	5
白　族	856	391	465	66	33	33	24	11	13
土家族	6147	3111	3036	747	375	372	133	81	52
哈尼族	165	60	105	10	3	7			
哈萨克族	242	87	155	7	2	5	4	1	3
傣　族	163	59	104	8	3	5	1		1
黎　族	388	167	221	19	8	11	4	2	2
傈僳族	48	19	29	4	2	2	2	1	1
佤　族	31	13	18						
畲　族	10610	4842	5768	623	290	333	61	40	21
高山族	10	2	8	2	2				
拉祜族	35	13	22	2		2			
水　族	278	121	157	10	3	7	2		2
东乡族	31	9	22	4	2	2	1	1	
纳西族	104	46	58	12	3	9	2	1	1
景颇族	11	3	8	1		1			
柯尔克孜族	32	9	23	2	2				
土　族	135	68	67	9	4	5			
达斡尔族	149	70	79	27	8	19	5	1	4
仫佬族	193	82	111	16	7	9	2		2
羌　族	89	45	44	13	6	7	5	3	2
布朗族	15	9	6	1		1			
撒拉族	16	9	7	1	1				
毛南族	68	33	35						
仡佬族	581	292	289	33	22	11	10	7	3
锡伯族	176	87	89	33	17	16	6	1	5
阿昌族	2	1	1	1		1			
普米族	4		4				1	1	
塔吉克族	1		1						
怒　族	1		1						
乌孜别克族	3	2	1						
俄罗斯族	34	14	20	5	2	3	1	1	
鄂温克族	26	11	15	6	5	1			
德昂族	1		1						
保安族	2	2							
裕固族	9	5	4						
京　族	10	7	3						
塔塔尔族	1		1	1	1		1	1	
独龙族									
鄂伦春族	13	8	5	1		1			
赫哲族	28	6	22	4	2	2	2	1	1
门巴族	10	2	8						
珞巴族	2		2						
基诺族	1	1		1		1	1	1	
未定族称人口	508	254	254	15	7	8	39	17	22
入　籍	102	53	49	11	7	4	2	2	

2–3a　全省各民族分性别、受教育程度的3岁及以上人口(城市)

单位：人

民　族	3岁及以上人口			未上过学		
	合计	男	女	小计	男	女
总　计	**32232164**	**16719136**	**15513028**	**843651**	**256897**	**586754**
汉　族	31196797	16146203	15050594	820477	249033	571444
蒙古族	13149	6876	6273	146	71	75
回　族	54349	29700	24649	1287	515	772
藏　族	3770	1839	1931	60	21	39
维吾尔族	7741	3778	3963	97	50	47
苗　族	262742	148625	114117	6933	2301	4632
彝　族	68135	37627	30508	1679	593	1086
壮　族	53048	25615	27433	652	245	407
布依族	146385	82549	63836	4099	1158	2941
朝鲜族	10418	5295	5123	90	44	46
满　族	23472	12125	11347	200	83	117
侗　族	70403	41361	29042	1309	474	835
瑶　族	10665	5589	5076	218	73	145
白　族	13897	7714	6183	241	100	141
土家族	167632	94481	73151	3173	1126	2047
哈尼族	5232	2667	2565	109	27	82
哈萨克族	738	289	449	3	2	1
傣　族	3622	1744	1878	35	14	21
黎　族	8555	4557	3998	201	60	141
傈僳族	1778	852	926	28	7	21
佤　族	2095	991	1104	42	19	23
畲　族	41749	20954	20795	817	282	535
高山族	84	51	33	3	3	
拉祜族	1493	689	804	60	19	41
水　族	12502	7058	5444	326	114	212
东乡族	1840	1087	753	113	47	66
纳西族	378	157	221	6	1	5
景颇族	947	416	531	12	3	9
柯尔克孜族	130	51	79			
土　族	1692	895	797	42	18	24
达斡尔族	450	205	245	2	1	1
仫佬族	3686	2042	1644	60	23	37
羌　族	1014	558	456	14	5	9
布朗族	438	213	225	3		3
撒拉族	836	466	370	45	19	26
毛南族	1413	798	615	15	6	9
仡佬族	17826	10697	7129	492	165	327
锡伯族	418	201	217	1		1
阿昌族	164	95	69	1		1
普米族	74	29	45			
塔吉克族	22	11	11			
怒　族	65	29	36	3	2	1
乌孜别克族	35	22	13			
俄罗斯族	87	39	48	2		2
鄂温克族	77	36	41			
德昂族	121	56	65	1		1
保安族	72	54	18	1		1
裕固族	12	6	6			
京　族	105	42	63	2		2
塔塔尔族	12	5	7			
独龙族	9	3	6			
鄂伦春族	40	22	18	1		1
赫哲族	78	31	47			
门巴族	22	8	14			
珞巴族	9	4	5			
基诺族	31	10	21	1		1
未定族称人口	18942	11251	7691	534	169	365
入　籍	668	368	300	15	4	11

2-3a 续表 1 单位：人

民 族	学前教育			小 学		
	小计	男	女	小计	男	女
总 计	**1070815**	**559488**	**511327**	**6863089**	**3295054**	**3568035**
汉 族	1039403	542837	496566	6599842	3162270	3437572
蒙古族	641	303	338	1789	907	882
回 族	2456	1286	1170	11392	6066	5326
藏 族	59	29	30	614	267	347
维吾尔族	254	127	127	762	441	321
苗 族	6519	3434	3085	73366	37173	36193
彝 族	1706	886	820	18387	9376	9011
壮 族	1497	762	735	11615	5265	6350
布依族	4096	2287	1809	42371	21160	21211
朝鲜族	636	330	306	1300	617	683
满 族	1393	762	631	3114	1575	1539
侗 族	1977	1101	876	17405	8909	8496
瑶 族	426	212	214	2500	1196	1304
白 族	381	219	162	3206	1627	1579
土家族	4916	2613	2303	44423	22554	21869
哈尼族	113	56	57	1342	583	759
哈萨克族	3	3		24	12	12
傣 族	47	24	23	815	386	429
黎 族	298	170	128	2186	1083	1103
傈僳族	31	15	16	463	182	281
佤 族	31	17	14	611	286	325
畲 族	2105	1041	1064	7781	3851	3930
高山族	6	3	3	17	11	6
拉祜族	26	12	14	491	224	267
水 族	298	173	125	3398	1641	1757
东乡族	71	41	30	670	394	276
纳西族	11	5	6	77	22	55
景颇族	16	9	7	179	74	105
柯尔克孜族	2	2		2		2
土 族	43	20	23	402	189	213
达斡尔族	30	14	16	42	19	23
仫佬族	110	58	52	987	509	478
羌 族	28	14	14	223	110	113
布朗族	8	7	1	101	42	59
撒拉族	43	25	18	386	201	185
毛南族	25	15	10	353	183	170
仡佬族	564	283	281	5077	2773	2304
锡伯族	24	10	14	55	21	34
阿昌族	3	1	2	22	8	14
普米族	1		1	15	6	9
塔吉克族	1		1			
怒 族	1		1	18	6	12
乌孜别克族	4	2	2	13	7	6
俄罗斯族	5	1	4	11	6	5
鄂温克族	3	2	1	10	3	7
德昂族	2	2		41	14	27
保安族	1	1		25	20	5
裕固族						
京 族	5	1	4	24	10	14
塔塔尔族				3	1	2
独龙族				2		2
鄂伦春族				4	1	3
赫哲族	6	2	4	8	4	4
门巴族	2		2	2		2
珞巴族				2		2
基诺族	1		1	6	2	4
未定族称人口	470	261	209	4972	2693	2279
入 籍	17	10	7	143	74	69

2–3a　续表 2　　单位：人

民　族	初　中			高　中			大学专科		
	小计	男	女	小计	男	女	小计	男	女
总　计	**10113514**	**5588699**	**4524815**	**5334120**	**2947957**	**2386163**	**3681568**	**1909162**	**1772406**
汉　族	9607527	5286526	4321001	5221843	2882598	2339245	3638806	1887510	1751296
蒙古族	2990	1730	1260	1675	891	784	1757	935	822
回　族	20060	11699	8361	7928	4473	3455	4432	2318	2114
藏　族	1155	647	508	518	262	256	404	217	187
维吾尔族	1869	1168	701	2522	1056	1466	528	281	247
苗　族	141553	85527	56026	24088	14866	9222	5892	3184	2708
彝　族	36716	21482	15234	6446	3750	2696	1665	869	796
壮　族	25142	13027	12115	6406	3135	3271	3314	1347	1967
布依族	81077	49458	31619	10447	6344	4103	2206	1202	1004
朝鲜族	1704	907	797	2542	1330	1212	1552	791	761
满　族	4496	2516	1980	2923	1591	1332	3320	1665	1655
侗　族	38465	24155	14310	7394	4745	2649	1957	1045	912
瑶　族	4647	2661	1986	1273	690	583	636	303	333
白　族	7118	4203	2915	1626	932	694	510	278	232
土家族	83082	49967	33115	20158	12220	7938	6021	3096	2925
哈尼族	2751	1540	1211	615	334	281	158	74	84
哈萨克族	75	33	42	332	126	206	51	24	27
傣　族	1942	976	966	502	236	266	137	58	79
黎　族	4414	2559	1855	818	416	402	304	125	179
傈僳族	922	471	451	238	138	100	48	19	29
佤　族	1166	564	602	180	84	96	42	13	29
畲　族	10522	5752	4770	7666	4117	3549	6008	2840	3168
高山族	23	17	6	12	5	7	11	8	3
拉祜族	730	357	373	128	58	70	26	8	18
水　族	7060	4324	2736	966	586	380	224	129	95
东乡族	743	466	277	177	107	70	31	21	10
纳西族	108	47	61	58	33	25	25	12	13
景颇族	542	237	305	154	82	72	35	9	26
柯尔克孜族	11	6	5	70	27	43	12	6	6
土　族	744	426	318	230	129	101	105	50	55
达斡尔族	82	42	40	53	20	33	75	41	34
仫佬族	1814	1091	723	388	221	167	144	66	78
羌　族	452	265	187	149	87	62	52	30	22
布朗族	266	135	131	41	22	19	10	5	5
撒拉族	238	140	98	83	56	27	24	15	9
毛南族	792	472	320	140	81	59	32	16	16
仡佬族	9114	5923	3191	1657	1061	596	412	240	172
锡伯族	38	20	18	49	30	19	58	25	33
阿昌族	100	61	39	30	20	10	5	4	1
普米族	38	16	22	12	3	9	4	3	1
塔吉克族	5	2	3	11	8	3	4	1	3
怒　族	33	16	17	8	5	3	1		1
乌孜别克族	10	9	1	4	2	2	2	1	1
俄罗斯族	6	4	2	13	6	7	13	6	7
鄂温克族	12	3	9	12	7	5	16	6	10
德昂族	64	33	31	11	7	4	2		2
保安族	34	23	11	8	7	1	1	1	
裕固族	2		2	2	1	1	1		1
京　族	47	16	31	17	7	10	2	2	
塔塔尔族	2	1	1	3	1	2	1		1
独龙族	6	2	4	1	1				
鄂伦春族	10	5	5	7	6	1	4	2	2
赫哲族	11	6	5	11	7	4	10	3	7
门巴族	5	4	1	1	1		2	1	1
珞巴族	5	4	1						
基诺族	14	4	10	5	3	2	2		2
未定族称人口	10720	6816	3904	1401	892	509	392	207	185
入　籍	240	138	102	68	34	34	82	50	32

2-3a　续表 3　　单位：人

民　族	大学本科			硕士研究生			博士研究生		
	小计	男	女	小计	男	女	小计	男	女
总　计	**3839704**	**1902383**	**1937321**	**429992**	**224451**	**205541**	**55711**	**35045**	**20666**
汉　族	3790160	1879131	1911029	424148	221886	202262	54591	34412	20179
蒙古族	3349	1714	1635	672	263	409	130	62	68
回　族	5655	2818	2837	990	439	551	149	86	63
藏　族	910	372	538	40	20	20	10	4	6
维吾尔族	1624	619	1005	65	25	40	20	11	9
苗　族	4038	1974	2064	294	126	168	59	40	19
彝　族	1437	629	808	80	31	49	19	11	8
壮　族	4054	1664	2390	311	135	176	57	35	22
布依族	1994	899	1095	82	35	47	13	6	7
朝鲜族	2183	1083	1100	294	124	170	117	69	48
满　族	6487	3259	3228	1303	546	757	236	128	108
侗　族	1750	863	887	126	59	67	20	10	10
瑶　族	852	394	458	93	44	49	20	16	4
白　族	733	316	417	59	29	30	23	10	13
土家族	5040	2481	2559	688	345	343	131	79	52
哈尼族	134	50	84	10	3	7			
哈萨克族	239	86	153	7	2	5	4	1	3
傣　族	136	48	88	7	2	5	1		1
黎　族	314	134	180	17	8	9	3	2	1
傈僳族	42	17	25	4	2	2	2	1	1
佤　族	23	8	15						
畲　族	6296	2804	3492	506	234	272	48	33	15
高山族	10	2	8	2	2				
拉祜族	30	11	19	2		2			
水　族	218	88	130	10	3	7	2		2
东乡族	30	8	22	4	2	2	1	1	
纳西族	80	34	46	11	2	9	2	1	1
景颇族	8	2	6	1		1			
柯尔克孜族	32	9	23	1	1				
土　族	117	59	58	9	4	5			
达斡尔族	135	59	76	26	8	18	5	1	4
仫佬族	166	68	98	15	6	9	2		2
羌　族	78	38	40	13	6	7	5	3	2
布朗族	8	2	6	1		1			
撒拉族	16	9	7	1	1				
毛南族	56	25	31						
仡佬族	473	226	247	30	21	9	7	5	2
锡伯族	157	78	79	31	16	15	5	1	4
阿昌族	2	1	1	1		1			
普米族	3		3				1	1	
塔吉克族	1		1						
怒　族	1		1						
乌孜别克族	2	1	1						
俄罗斯族	31	13	18	5	2	3	1	1	
鄂温克族	20	11	9	4	4				
德昂族									
保安族	2	2							
裕固族	7	5	2						
京　族	8	6	2						
塔塔尔族	1		1	1	1		1	1	
独龙族									
鄂伦春族	13	8	5	1		1			
赫哲族	26	6	20	4	2	2	2	1	1
门巴族	10	2	8						
珞巴族	2		2						
基诺族	1	1		1		1			
未定族称人口	419	196	223	12	6	6	22	11	11
入　籍	91	50	41	10	6	4	2	2	

2–3b　全省各民族分性别、受教育程度的3岁及以上人口(镇)

单位：人

民　族	3岁及以上人口			未上过学		
	合计	男	女	小计	男	女
总　计	**13178618**	**6892498**	**6286120**	**466792**	**139458**	**327334**
汉　族	12670914	6611779	6059135	451985	134712	317273
蒙古族	3658	2015	1643	38	13	25
回　族	15061	8417	6644	485	191	294
藏　族	1358	681	677	25	12	13
维吾尔族	924	502	422	28	15	13
苗　族	129353	72147	57206	4009	1274	2735
彝　族	40885	22311	18574	1199	429	770
壮　族	29108	15067	14041	461	168	293
布依族	70786	39791	30995	2293	626	1667
朝鲜族	1202	623	579	11	6	5
满　族	4614	2571	2043	34	17	17
侗　族	33985	19950	14035	670	230	440
瑶　族	3888	2051	1837	76	28	48
白　族	5927	3290	2637	129	50	79
土家族	65911	37785	28126	1343	479	864
哈尼族	3300	1687	1613	89	26	63
哈萨克族	36	19	17	1		1
傣　族	2140	1054	1086	25	10	15
黎　族	3858	2065	1793	111	31	80
傈僳族	923	402	521	30	2	28
佤　族	1324	595	729	56	16	40
畲　族	50515	25500	25015	2446	732	1714
高山族	12	6	6			
拉祜族	1006	412	594	63	14	49
水　族	12202	7017	5185	404	134	270
东乡族	584	327	257	36	12	24
纳西族	142	58	84	3	1	2
景颇族	497	232	265	5	1	4
柯尔克孜族	9	7	2			
土　族	742	415	327	16	7	9
达斡尔族	97	56	41	1	1	
仫佬族	1962	1115	847	43	15	28
羌　族	321	195	126	3	3	
布朗族	207	106	101	7	2	5
撒拉族	160	91	69	4	1	3
毛南族	782	461	321	10	7	3
仡佬族	8624	4986	3638	257	79	178
锡伯族	64	33	31			
阿昌族	78	48	30			
普米族	23	15	8			
塔吉克族	4	2	2	1		1
怒　族	40	16	24			
乌孜别克族	2	2				
俄罗斯族	11	4	7			
鄂温克族	30	15	15	1	1	
德昂族	71	38	33	1	1	
保安族	29	20	9			
裕固族	7	2	5			
京　族	40	22	18	1	1	
塔塔尔族						
独龙族	4	2	2			
鄂伦春族	14	3	11			
赫哲族	9	3	6			
门巴族	1		1	1		1
珞巴族	2		2			
基诺族	14	5	9	1		1
未定族称人口	10845	6315	4530	376	108	268
入　籍	313	167	146	14	3	11

2–3b 续表 1 单位：人

民族	学前教育			小学		
	小计	男	女	小计	男	女
总计	**430973**	**224247**	**206726**	**3587030**	**1719186**	**1867844**
汉族	414616	215577	199039	3433513	1643065	1790448
蒙古族	179	88	91	710	372	338
回族	552	284	268	4087	2110	1977
藏族	19	12	7	322	160	162
维吾尔族	50	21	29	220	113	107
苗族	3590	1932	1658	40954	20237	20717
彝族	1216	616	600	12403	6155	6248
壮族	770	396	374	8321	3893	4428
布依族	2250	1244	1006	22872	11359	11513
朝鲜族	69	39	30	188	83	105
满族	244	119	125	755	403	352
侗族	1085	601	484	9857	5039	4818
瑶族	113	59	54	996	476	520
白族	156	87	69	1593	780	813
土家族	1999	1066	933	18628	9450	9178
哈尼族	62	28	34	979	433	546
哈萨克族	2	2		8	3	5
傣族	32	18	14	543	230	313
黎族	164	89	75	1117	541	576
傈僳族	14	5	9	232	85	147
佤族	12	5	7	426	160	266
畲族	2516	1276	1240	15752	7618	8134
高山族				5	3	2
拉祜族	17	4	13	359	113	246
水族	382	210	172	4116	2113	2003
东乡族	20	10	10	264	130	134
纳西族	7	4	3	37	11	26
景颇族	7	5	2	108	45	63
柯尔克孜族				1	1	
土族	27	12	15	236	119	117
达斡尔族	3	3		14	6	8
仫佬族	64	38	26	589	304	285
羌族	10	6	4	80	38	42
布朗族	4	2	2	60	28	32
撒拉族	14	9	5	72	36	36
毛南族	13	10	3	180	82	98
仡佬族	292	153	139	2805	1442	1363
锡伯族	6	4	2	10	2	8
阿昌族				13	10	3
普米族				5	1	4
塔吉克族						
怒族	1	1		5	2	3
乌孜别克族				1	1	
俄罗斯族	1	1		3	1	2
鄂温克族	3	2	1	2	1	1
德昂族	1	1		21	12	9
保安族				4	2	2
裕固族				1		1
京族				13	7	6
塔塔尔族						
独龙族				2	2	
鄂伦春族				3	1	2
赫哲族				2	1	1
门巴族						
珞巴族						
基诺族				1	1	
未定族称人口	382	203	179	3436	1849	1587
入籍	9	5	4	106	57	49

2–3b　续表 2　　　　　　　　　　　　　　　　　　　　　　　　　　　　单位：人

民　族	初　中			高　中			大学专科		
	小计	男	女	小计	男	女	小计	男	女
总　计	**4777058**	**2650602**	**2126456**	**2139573**	**1224402**	**915171**	**1003106**	**538626**	**464480**
汉　族	4526770	2502078	2024692	2088269	1193372	894897	990286	531463	458823
蒙古族	1419	799	620	538	302	236	350	206	144
回　族	6861	4048	2813	1830	1105	725	639	365	274
藏　族	466	242	224	388	175	213	94	54	40
维吾尔族	353	216	137	199	108	91	43	14	29
苗　族	67651	40494	27157	10729	6795	3934	1772	1048	724
彝　族	21804	12597	9207	3492	2083	1409	593	337	256
壮　族	15361	8403	6958	2916	1583	1333	791	398	393
布依族	37673	23027	14646	4797	3002	1795	637	386	251
朝鲜族	226	122	104	289	148	141	165	85	80
满　族	1434	845	589	646	367	279	592	335	257
侗　族	18014	11206	6808	3495	2345	1150	602	363	239
瑶　族	1966	1080	886	458	260	198	160	88	72
白　族	3194	1838	1356	604	385	219	172	103	69
土家族	33405	20210	13195	8020	5082	2938	1710	1040	670
哈尼族	1783	1000	783	312	159	153	59	36	23
哈萨克族	9	4	5	10	5	5	5	4	1
傣　族	1204	627	577	274	144	130	40	15	25
黎　族	2021	1174	847	332	182	150	62	26	36
傈僳族	508	241	267	117	61	56	16	6	10
佤　族	688	338	350	124	66	58	13	7	6
畲　族	14433	7858	6575	8472	4607	3865	3783	1929	1854
高山族	6	3	3				1		1
拉祜族	478	229	249	73	42	31	12	9	3
水　族	6167	3820	2347	974	640	334	125	80	45
东乡族	221	144	77	40	28	12	3	3	
纳西族	47	16	31	29	14	15	6	5	1
景颇族	250	120	130	111	56	55	14	4	10
柯尔克孜族	6	4	2	1	1		1	1	
土　族	353	214	139	75	42	33	24	16	8
达斡尔族	40	22	18	21	12	9	8	6	2
仫佬族	1032	622	410	179	110	69	36	16	20
羌　族	143	88	55	62	46	16	13	8	5
布朗族	113	59	54	17	9	8			
撒拉族	60	40	20	9	4	5	1	1	
毛南族	505	315	190	58	39	19	8	4	4
仡佬族	4328	2690	1638	742	492	250	135	90	45
锡伯族	14	8	6	11	6	5	5	4	1
阿昌族	53	29	24	11	8	3	1	1	
普米族	15	13	2	3	1	2			
塔吉克族	3	2	1						
怒　族	28	10	18	6	3	3			
乌孜别克族									
俄罗斯族				4		4	1	1	
鄂温克族	7	5	2	7	3	4	3	3	
德昂族	21	12	9	25	11	14	1	1	
保安族	22	16	6	2	2		1		1
裕固族	3	2	1				1		1
京　族	20	10	10	4	3	1	1		1
塔塔尔族									
独龙族	2		2						
鄂伦春族	7	1	6	4	1	3			
赫哲族	3	1	2	1		1	3	1	2
门巴族									
珞巴族	1		1				1		1
基诺族	9	2	7	2	1	1			
未定族称人口	5707	3571	2136	767	481	286	115	63	52
入　籍	151	87	64	24	11	13	2	1	1

2-3b 续表 3 单位：人

民族	大学本科			硕士研究生			博士研究生		
	小计	男	女	小计	男	女	小计	男	女
总　计	**737737**	**376476**	**361261**	**33537**	**17717**	**15820**	**2812**	**1784**	**1028**
汉　族	729557	372222	357335	33151	17536	15615	2767	1754	1013
蒙古族	389	223	166	32	9	23	3	3	
回　族	559	290	269	43	20	23	5	4	1
藏　族	41	25	16	3	1	2			
维吾尔族	28	14	14	3	1	2			
苗　族	625	354	271	18	9	9	5	4	1
彝　族	172	89	83	5	4	1	1	1	
壮　族	465	218	247	21	7	14	2	1	1
布依族	260	144	116	4	3	1			
朝鲜族	238	131	107	12	7	5	4	2	2
满　族	800	433	367	104	49	55	5	3	2
侗　族	249	156	93	10	8	2	3	2	1
瑶　族	112	55	57	6	5	1	1		1
白　族	72	43	29	7	4	3			
土家族	758	432	326	46	24	22	2	2	
哈尼族	16	5	11						
哈萨克族	1	1							
傣　族	21	9	12	1	1				
黎　族	48	22	26	2		2	1		1
傈僳族	6	2	4						
佤　族	5	3	2						
畲　族	3049	1452	1597	60	25	35	4	3	1
高山族									
拉祜族	4	1	3						
水　族	34	20	14						
东乡族									
纳西族	13	7	6						
景颇族	2	1	1						
柯尔克孜族									
土　族	11	5	6						
达斡尔族	9	6	3	1		1			
仫佬族	18	9	9	1	1				
羌　族	10	6	4						
布朗族	6	6							
撒拉族									
毛南族	8	4	4						
仡佬族	63	40	23	1		1	1		1
锡伯族	15	8	7	2	1	1	1		1
阿昌族									
普米族									
塔吉克族									
怒　族									
乌孜别克族	1	1							
俄罗斯族	2	1	1						
鄂温克族	6		6	1		1			
德昂族	1		1						
保安族									
裕固族	2		2						
京　族	1	1							
塔塔尔族									
独龙族									
鄂伦春族									
赫哲族									
门巴族									
珞巴族									
基诺族							1	1	
未定族称人口	54	35	19	2	1	1	6	4	2
入　籍	6	2	4	1	1				

2-3c 全省各民族分性别、受教育程度的3岁及以上人口(乡村)

单位：人

民族	3岁及以上人口			未上过学		
	合计	男	女	小计	男	女
总 计	**17561523**	**9231906**	**8329617**	**1156069**	**324974**	**831095**
汉 族	16951006	8898851	8052155	1130125	317138	812987
蒙古族	2431	1316	1115	52	20	32
回 族	12510	7138	5372	559	224	335
藏 族	1143	482	661	28	4	24
维吾尔族	315	145	170	10	2	8
苗 族	160916	89367	71549	5903	1824	4079
彝 族	42186	22957	19229	1542	510	1032
壮 族	37557	17692	19865	738	240	498
布依族	87709	48229	39480	3783	947	2836
朝鲜族	368	196	172	10	1	9
满 族	2513	1468	1045	42	19	23
侗 族	38803	22205	16598	930	281	649
瑶 族	4382	2269	2113	115	36	79
白 族	7394	3862	3532	163	58	105
土家族	76397	42942	33455	1970	659	1311
哈尼族	4506	2186	2320	249	67	182
哈萨克族	27	12	15	1		1
傣 族	2024	863	1161	46	10	36
黎 族	4687	2537	2150	183	51	132
傈僳族	1171	476	695	64	12	52
佤 族	1937	874	1063	78	14	64
畲 族	84077	45047	39030	8096	2439	5657
高山族	8	6	2			
拉祜族	1417	505	912	95	13	82
水 族	9817	5448	4369	358	118	240
东乡族	358	210	148	20	8	12
纳西族	294	60	234	6		6
景颇族	360	155	205	9	3	6
柯尔克孜族	4	1	3			
土 族	573	306	267	13	3	10
达斡尔族	61	32	29			
仫佬族	1481	801	680	32	9	23
羌 族	283	164	119	3	1	2
布朗族	290	132	158	9	3	6
撒拉族	52	34	18	2		2
毛南族	737	414	323	15	4	11
仡佬族	9764	5604	4160	330	110	220
锡伯族	38	17	21			
阿昌族	105	59	46	1		1
普米族	31	13	18	2		2
塔吉克族	4	2	2			
怒 族	61	14	47	1		1
乌孜别克族	1		1			
俄罗斯族	3		3			
鄂温克族	10	5	5			
德昂族	48	20	28			
保安族	7	4	3	1		1
裕固族	2	1	1			
京 族	63	23	40	5	1	4
塔塔尔族	3		3			
独龙族	9	4	5			
鄂伦春族	5	1	4			
赫哲族	7	2	5			
门巴族	1		1			
珞巴族	3	2	1			
基诺族	13	2	11			
未定族称人口	11256	6599	4657	462	139	323
入 籍	295	152	143	18	6	12

2–3c 续表 1

单位：人

民　族	学前教育			小　学		
	小计	男	女	小计	男	女
总　计	**483063**	**242009**	**241054**	**6585579**	**3214870**	**3370709**
汉　族	463760	231881	231879	6366140	3107499	3258641
蒙古族	88	41	47	582	298	284
回　族	406	217	189	3881	2135	1746
藏　族	28	12	16	393	142	251
维吾尔族	10	7	3	59	26	33
苗　族	4761	2542	2219	58498	28723	29775
彝　族	1348	695	653	14753	7225	7528
壮　族	952	509	443	12870	5335	7535
布依族	2942	1623	1319	32863	16054	16809
朝鲜族	23	10	13	76	38	38
满　族	79	34	45	482	261	221
侗　族	1138	595	543	12468	6086	6382
瑶　族	164	85	79	1437	645	792
白　族	240	128	112	2413	1089	1324
土家族	2339	1238	1101	26105	12704	13401
哈尼族	89	40	49	1700	748	952
哈萨克族	1		1	5	2	3
傣　族	31	15	16	629	234	395
黎　族	176	95	81	1651	843	808
傈僳族	20	9	11	405	130	275
佤　族	28	14	14	731	294	437
畲　族	3134	1551	1583	33627	17629	15998
高山族				3	2	1
拉祜族	25	7	18	685	207	478
水　族	338	187	151	3767	1798	1969
东乡族	12	8	4	127	67	60
纳西族	2	2		120	7	113
景颇族	11	7	4	106	41	65
柯尔克孜族				1		1
土　族	15	5	10	198	94	104
达斡尔族	1	1		10	4	6
仫佬族	50	28	22	494	224	270
羌　族	12	5	7	62	34	28
布朗族	8	1	7	136	55	81
撒拉族	5	3	2	17	10	7
毛南族	17	5	12	243	114	129
仡佬族	371	200	171	3619	1839	1780
锡伯族	3	1	2	5	2	3
阿昌族	1		1	24	13	11
普米族				11	3	8
塔吉克族				2		2
怒　族				20	4	16
乌孜别克族						
俄罗斯族						
鄂温克族	1	1		1		1
德昂族				14	5	9
保安族				2	1	1
裕固族				1	1	
京　族	2	1	1	18	5	13
塔塔尔族				1		1
独龙族				6	2	4
鄂伦春族				2		2
赫哲族						
门巴族						
珞巴族				2	1	1
基诺族	1		1	6		6
未定族称人口	418	200	218	4009	2150	1859
入　籍	13	6	7	99	47	52

2-3c　续表 2

单位：人

民　族	初　中			高　中			大学专科		
	小计	男	女	小计	男	女	小计	男	女
总　计	**6226723**	**3626536**	**2600187**	**1923944**	**1193760**	**730184**	**790654**	**429958**	**360696**
汉　族	5936730	3452812	2483918	1881382	1166971	714411	781352	424783	356569
蒙古族	1123	628	495	259	144	115	162	99	63
回　族	5946	3529	2417	1128	699	429	366	205	161
藏　族	532	241	291	99	46	53	34	19	15
维吾尔族	124	60	64	66	27	39	24	11	13
苗　族	80489	48951	31538	9448	6202	3246	1400	876	524
彝　族	21144	12435	8709	2836	1787	1049	440	244	196
壮　族	19530	9918	9612	2605	1334	1271	582	242	340
布依族	43254	26560	16694	4093	2612	1481	583	347	236
朝鲜族	95	60	35	74	41	33	35	16	19
满　族	1081	644	437	313	196	117	247	159	88
侗　族	20811	12978	7833	2827	1871	956	459	300	159
瑶　族	2133	1205	928	381	231	150	100	46	54
白　族	3863	2163	1700	541	315	226	122	76	46
土家族	37874	23146	14728	6569	4298	2271	1178	693	485
哈尼族	2153	1158	995	265	153	112	35	15	20
哈萨克族	12	7	5	4	1	3	2	2	
傣　族	1093	505	588	191	85	106	28	12	16
黎　族	2278	1327	951	316	184	132	57	26	31
傈僳族	599	285	314	69	32	37	14	8	6
佤　族	987	488	499	101	57	44	9	5	4
畲　族	26633	16189	10444	8198	5055	3143	3058	1563	1495
高山族	5	4	1						
拉祜族	532	238	294	72	36	36	7	3	4
水　族	4749	2937	1812	523	362	161	56	33	23
东乡族	171	104	67	24	19	5	3	3	
纳西族	115	26	89	32	17	15	7	2	5
景颇族	194	83	111	32	19	13	7	2	5
柯尔克孜族	1		1				1		1
土　族	267	149	118	59	41	18	14	10	4
达斡尔族	26	14	12	13	4	9	6	4	2
仫佬族	764	459	305	114	65	49	18	11	7
羌　族	150	96	54	42	21	21	13	6	7
布朗族	112	60	52	19	10	9	5	2	3
撒拉族	20	14	6	7	6	1	1	1	
毛南族	405	249	156	41	30	11	12	8	4
仡佬族	4744	3005	1739	539	356	183	112	65	47
锡伯族	14	9	5	5	1	4	7	3	4
阿昌族	73	43	30	4	2	2	2	1	1
普米族	13	7	6	3	2	1	1	1	
塔吉克族	2	2							
怒　族	36	10	26	4		4			
乌孜别克族							1		1
俄罗斯族	1		1	1		1			
鄂温克族	6	3	3				1		1
德昂族	22	8	14	12	7	5			
保安族	4	3	1						
裕固族							1		1
京　族	32	14	18	5	2	3			
塔塔尔族	2		2						
独龙族	2	2		1		1			
鄂伦春族	2		2	1	1				
赫哲族	4	2	2	1		1			
门巴族				1		1			
珞巴族	1	1							
基诺族	3		3	3	2	1			
未定族称人口	5628	3627	2001	605	404	201	87	54	33
入　籍	139	78	61	16	12	4	5	2	3

2-3c 续表 3

单位：人

民族	大学本科			硕士研究生			博士研究生		
	小计	男	女	小计	男	女	小计	男	女
总　计	**373693**	**188214**	**185479**	**19090**	**9825**	**9265**	**2708**	**1760**	**948**
汉　族	369951	186295	183656	18899	9730	9169	2667	1742	925
蒙古族	144	79	65	18	4	14	3	3	
回　族	196	114	82	23	13	10	5	2	3
藏　族	28	17	11	1	1				
维吾尔族	22	12	10						
苗　族	401	243	158	13	5	8	3	1	2
彝　族	121	61	60	2		2			
壮　族	263	104	159	15	10	5	2		2
布依族	189	85	104	2	1	1			
朝鲜族	50	27	23	4	2	2	1	1	
满　族	239	139	100	28	15	13	2	1	1
侗　族	162	91	71	7	3	4	1		1
瑶　族	49	20	29	2		2	1	1	
白　族	51	32	19				1	1	
土家族	349	198	151	13	6	7			
哈尼族	15	5	10						
哈萨克族	2		2						
傣　族	6	2	4						
黎　族	26	11	15						
傈僳族									
佤　族	3	2	1						
畲　族	1265	586	679	57	31	26	9	4	5
高山族									
拉祜族	1	1							
水　族	26	13	13						
东乡族	1	1							
纳西族	11	5	6	1	1				
景颇族	1		1						
柯尔克孜族				1	1				
土　族	7	4	3						
达斡尔族	5	5							
仫佬族	9	5	4						
羌　族	1	1							
布朗族	1	1							
撒拉族									
毛南族	4	4							
仡佬族	45	26	19	2	1	1	2	2	
锡伯族	4	1	3						
阿昌族									
普米族	1		1						
塔吉克族									
怒　族									
乌孜别克族									
俄罗斯族	1		1						
鄂温克族				1	1				
德昂族									
保安族									
裕固族									
京　族	1		1						
塔塔尔族									
独龙族									
鄂伦春族									
赫哲族	2		2						
门巴族									
珞巴族									
基诺族									
未定族称人口	35	23	12	1		1	11	2	9
入　籍	5	1	4						

2-4　全省各民族按户口登记地、性别分的户口登记地在外乡镇街道的人口

单位：人

民　族	户口登记地					
	合　　计			省　　内		
	合计	男	女	小计	男	女
总　计	**30107815**	**16424000**	**13683815**	**13921361**	**6954151**	**6967210**
汉　族	28146024	15316006	12830018	13823406	6911048	6912358
蒙古族	15119	8434	6685	1741	791	950
回　族	66641	37492	29149	6338	3108	3230
藏　族	5481	2843	2638	256	101	155
维吾尔族	8119	4040	4079	277	125	152
苗　族	548712	311529	237183	6218	1876	4342
彝　族	148177	82749	65428	1932	548	1384
壮　族	105325	56063	49262	3839	1096	2743
布依族	302729	171909	130820	2886	746	2140
朝鲜族	8100	4271	3829	1202	576	626
满　族	21336	11880	9456	3841	1786	2055
侗　族	139872	83173	56699	2493	749	1744
瑶　族	17226	9417	7809	641	223	418
白　族	25788	14621	11167	722	254	468
土家族	300518	172685	127833	5460	1946	3514
哈尼族	12105	6441	5664	486	99	387
哈萨克族	700	280	420	28	16	12
傣　族	7013	3522	3491	247	47	200
黎　族	16514	9020	7494	416	146	270
傈僳族	3549	1678	1871	162	31	131
佤　族	4885	2375	2510	245	36	209
畲　族	64052	32820	31232	56244	28107	28137
高山族	70	43	27	19	10	9
拉祜族	3385	1541	1844	301	44	257
水　族	34309	19752	14557	426	101	325
东乡族	2799	1632	1167	20	7	13
纳西族	459	211	248	75	22	53
景颇族	1686	778	908	72	16	56
柯尔克孜族	125	49	76	2	1	1
土　族	2852	1586	1266	104	41	63
达斡尔族	427	218	209	81	39	42
仫佬族	6863	3906	2957	176	53	123
羌　族	1492	863	629	53	20	33
布朗族	865	445	420	48	6	42
撒拉族	1042	587	455	12	5	7
毛南族	2872	1668	1204	39	9	30
仡佬族	36445	21507	14938	357	116	241
锡伯族	303	157	146	62	29	33
阿昌族	333	198	135	3	1	2
普米族	112	53	59	2	2	
塔吉克族	25	12	13	1	1	
怒　族	145	55	90	6	1	5
乌孜别克族	19	12	7	2	1	1
俄罗斯族	57	26	31	20	7	13
鄂温克族	92	47	45	14	6	8
德昂族	237	117	120	7	2	5
保安族	104	75	29	1	1	
裕固族	11	5	6	1	1	
京　族	179	82	97	3	1	2
塔塔尔族	9	3	6	3	1	2
独龙族	22	9	13	1		1
鄂伦春族	49	22	27	2	1	1
赫哲族	34	18	16	12	5	7
门巴族	22	8	14	2		2
珞巴族	14	6	8			
基诺族	42	14	28	4	1	3
未定族称人口	41260	24422	16838	275	101	174
入　籍	1070	625	445	75	44	31

2-4 续表

单位：人

民 族	户口登记地					
	省 内			省 外		
	其中市辖区内人户分离					
	小计	男	女	小计	男	女
总 计	**4550365**	**2203266**	**2347099**	**16186454**	**9469849**	**6716605**
汉 族	4525454	2192173	2333281	14322618	8404958	5917660
蒙古族	1056	514	542	13378	7643	5735
回 族	3034	1486	1548	60303	34384	25919
藏 族	123	59	64	5225	2742	2483
维吾尔族	164	76	88	7842	3915	3927
苗 族	1737	635	1102	542494	309653	232841
彝 族	445	155	290	146245	82201	64044
壮 族	1341	492	849	101486	54967	46519
布依族	624	193	431	299843	171163	128680
朝鲜族	593	299	294	6898	3695	3203
满 族	2591	1246	1345	17495	10094	7401
侗 族	799	288	511	137379	82424	54955
瑶 族	252	95	157	16585	9194	7391
白 族	231	94	137	25066	14367	10699
土家族	1996	827	1169	295058	170739	124319
哈尼族	105	20	85	11619	6342	5277
哈萨克族	15	8	7	672	264	408
傣 族	48	11	37	6766	3475	3291
黎 族	123	42	81	16098	8874	7224
傈僳族	15	5	10	3387	1647	1740
佤 族	26	8	18	4640	2339	2301
畲 族	9004	4315	4689	7808	4713	3095
高山族	11	7	4	51	33	18
拉祜族	23	4	19	3084	1497	1587
水 族	42	12	30	33883	19651	14232
东乡族	9	2	7	2779	1625	1154
纳西族	29	10	19	384	189	195
景颇族	6	2	4	1614	762	852
柯尔克孜族	2	1	1	123	48	75
土 族	30	10	20	2748	1545	1203
达斡尔族	60	25	35	346	179	167
仫佬族	61	20	41	6687	3853	2834
羌 族	20	8	12	1439	843	596
布朗族	6	1	5	817	439	378
撒拉族	11	5	6	1030	582	448
毛南族	11	2	9	2833	1659	1174
仡佬族	84	31	53	36088	21391	14697
锡伯族	39	19	20	241	128	113
阿昌族				330	197	133
普米族	1	1		110	51	59
塔吉克族				24	11	13
怒 族	4		4	139	54	85
乌孜别克族	1		1	17	11	6
俄罗斯族	17	5	12	37	19	18
鄂温克族	3	2	1	78	41	37
德昂族				230	115	115
保安族	1	1		103	74	29
裕固族	1	1		10	4	6
京 族	2	1	1	176	81	95
塔塔尔族				6	2	4
独龙族				21	9	12
鄂伦春族				47	21	26
赫哲族	8	3	5	22	13	9
门巴族	2		2	20	8	12
珞巴族				14	6	8
基诺族				38	13	25
未定族称人口	74	32	42	40985	24321	16664
入 籍	31	20	11	995	581	414

2-4a　全省各民族按户口登记地、性别分的户口登记地在外乡镇街道的人口(城市)

单位：人

民　族	户口登记地					
	合　计			省　内		
	合计	男	女	小计	男	女
总　计	**19454456**	**10466564**	**8987892**	**9571684**	**4752381**	**4819303**
汉　族	18469810	9914034	8555776	9517694	4728793	4788901
蒙古族	9882	5394	4488	1386	649	737
回　族	44857	25004	19853	4806	2331	2475
藏　族	3405	1734	1671	176	81	95
维吾尔族	6973	3422	3551	236	107	129
苗　族	262485	149149	113336	3508	1088	2420
彝　族	67644	37566	30078	1066	325	741
壮　族	47127	24172	22955	2588	799	1789
布依族	147080	83328	63752	1609	415	1194
朝鲜族	7058	3709	3349	1040	505	535
满　族	15719	8472	7247	3278	1540	1738
侗　族	69568	41178	28390	1526	473	1053
瑶　族	9731	5222	4509	448	152	296
白　族	13514	7604	5910	471	181	290
土家族	162646	92466	70180	3627	1324	2303
哈尼族	5110	2647	2463	251	59	192
哈萨克族	650	252	398	25	14	11
傣　族	3440	1696	1744	121	24	97
黎　族	8408	4527	3881	251	89	162
傈僳族	1727	831	896	73	18	55
佤　族	2028	967	1061	80	10	70
畲　族	30446	15588	14858	26142	12973	13169
高山族	54	33	21	17	9	8
拉祜族	1438	677	761	83	13	70
水　族	12645	7181	5464	212	56	156
东乡族	1840	1090	750	18	6	12
纳西族	272	130	142	52	17	35
景颇族	915	403	512	34	6	28
柯尔克孜族	118	45	73	2	1	1
土　族	1611	874	737	68	30	38
达斡尔族	304	147	157	72	33	39
仫佬族	3569	2005	1564	111	33	78
羌　族	937	521	416	39	14	25
布朗族	445	219	226	18	2	16
撒拉族	848	476	372	12	5	7
毛南族	1386	792	594	24	4	20
仡佬族	18027	10799	7228	178	54	124
锡伯族	226	116	110	50	23	27
阿昌族	158	93	65	2		2
普米族	65	26	39	1	1	
塔吉克族	19	9	10	1	1	
怒　族	64	28	36	4		4
乌孜别克族	16	10	6	1	1	
俄罗斯族	52	25	27	19	6	13
鄂温克族	62	27	35	8	2	6
德昂族	123	59	64	2		2
保安族	69	52	17			
裕固族	7	3	4	1	1	
京　族	95	40	55	3	1	2
塔塔尔族	8	3	5	3	1	2
独龙族	9	3	6	1		1
鄂伦春族	30	19	11	2	1	1
赫哲族	27	15	12	11	5	6
门巴族	20	8	12	2		2
珞巴族	9	4	5			
基诺族	25	7	18	3	1	2
未定族称人口	19071	11335	7736	155	61	94
入　籍	584	328	256	73	43	30

2-4a 续表 单位：人

民族	户口登记地					
	省内			省外		
	其中市辖区内人户分离					
	小计	男	女	小计	男	女
总　计	**4112400**	**1991948**	**2120452**	**9882772**	**5714183**	**4168589**
汉　族	4090166	1981991	2108175	8952116	5185241	3766875
蒙古族	1000	490	510	8496	4745	3751
回　族	2873	1407	1466	40051	22673	17378
藏　族	116	56	60	3229	1653	1576
维吾尔族	158	73	85	6737	3315	3422
苗　族	1455	533	922	258977	148061	110916
彝　族	370	133	237	66578	37241	29337
壮　族	1171	437	734	44539	23373	21166
布依族	496	155	341	145471	82913	62558
朝鲜族	559	285	274	6018	3204	2814
满　族	2460	1183	1277	12441	6932	5509
侗　族	711	257	454	68042	40705	27337
瑶　族	223	82	141	9283	5070	4213
白　族	213	87	126	13043	7423	5620
土家族	1709	717	992	159019	91142	67877
哈尼族	87	17	70	4859	2588	2271
哈萨克族	15	8	7	625	238	387
傣　族	34	10	24	3319	1672	1647
黎　族	110	39	71	8157	4438	3719
傈僳族	14	5	9	1654	813	841
佤　族	18	5	13	1948	957	991
畲　族	7930	3780	4150	4304	2615	1689
高山族	11	7	4	37	24	13
拉祜族	18	3	15	1355	664	691
水　族	31	9	22	12433	7125	5308
东乡族	8	1	7	1822	1084	738
纳西族	26	8	18	220	113	107
景颇族	5	1	4	881	397	484
柯尔克孜族	2	1	1	116	44	72
土　族	29	10	19	1543	844	699
达斡尔族	59	25	34	232	114	118
仫佬族	51	17	34	3458	1972	1486
羌　族	18	8	10	898	507	391
布朗族	4		4	427	217	210
撒拉族	11	5	6	836	471	365
毛南族	10	2	8	1362	788	574
仡佬族	65	23	42	17849	10745	7104
锡伯族	37	18	19	176	93	83
阿昌族				156	93	63
普米族	1	1		64	25	39
塔吉克族				18	8	10
怒　族	4		4	60	28	32
乌孜别克族				15	9	6
俄罗斯族	16	4	12	33	19	14
鄂温克族	2	1	1	54	25	29
德昂族				121	59	62
保安族				69	52	17
裕固族	1	1		6	2	4
京　族	2	1	1	92	39	53
塔塔尔族				5	2	3
独龙族				8	3	5
鄂伦春族				28	18	10
赫哲族	8	3	5	16	10	6
门巴族	2		2	18	8	10
珞巴族				9	4	5
基诺族				22	6	16
未定族称人口	61	29	32	18916	11274	7642
入　籍	30	20	10	511	285	226

2-4b　全省各民族按户口登记地、性别分的户口登记地在外乡镇街道的人口(镇)

单位：人

民　族	户口登记地					
	合　　计			省　　内		
	合计	男	女	小计	男	女
总　计	**6593618**	**3617406**	**2976212**	**3203597**	**1614569**	**1589028**
汉　族	6121565	3351367	2770198	3171338	1600318	1571020
蒙古族	3178	1819	1359	268	97	171
回　族	12923	7387	5536	1152	578	574
藏　族	1251	660	591	54	16	38
维吾尔族	886	488	398	22	9	13
苗　族	128960	72573	56387	1796	505	1291
彝　族	40502	22322	18180	575	149	426
壮　族	27097	14785	12312	847	201	646
布依族	70720	40164	30556	885	217	668
朝鲜族	783	418	365	112	49	63
满　族	3556	2103	1453	415	179	236
侗　族	33567	19997	13570	661	193	468
瑶　族	3629	1981	1648	125	44	81
白　族	5740	3235	2505	184	57	127
土家族	64647	37598	27049	1236	419	817
哈尼族	3165	1680	1485	162	29	133
哈萨克族	32	18	14	2	2	
傣　族	2001	1026	975	87	17	70
黎　族	3710	2010	1700	112	38	74
傈僳族	888	397	491	54	6	48
佤　族	1248	576	672	117	19	98
畲　族	24743	12480	12263	22683	11238	11445
高山族	11	6	5			
拉祜族	930	402	528	154	21	133
水　族	12205	7069	5136	147	31	116
东乡族	604	337	267	2	1	1
纳西族	103	45	58	16	4	12
景颇族	481	230	251	31	8	23
柯尔克孜族	4	3	1			
土　族	715	408	307	31	11	20
达斡尔族	78	45	33	7	5	2
仫佬族	1930	1112	818	48	13	35
羌　族	303	185	118	11	5	6
布朗族	190	103	87	19	2	17
撒拉族	162	91	71			
毛南族	774	459	315	8	3	5
仡佬族	8728	5066	3662	129	41	88
锡伯族	51	27	24	11	5	6
阿昌族	76	47	29	1	1	
普米族	23	15	8	1	1	
塔吉克族	4	2	2			
怒　族	36	15	21	1	1	
乌孜别克族	2	2				
俄罗斯族	4	1	3	1	1	
鄂温克族	22	15	7	4	3	1
德昂族	71	38	33	5	2	3
保安族	29	20	9	1	1	
裕固族	2	1	1			
京　族	34	20	14			
塔塔尔族						
独龙族	4	2	2			
鄂伦春族	14	2	12			
赫哲族	2	1	1			
门巴族	1		1			
珞巴族	2		2			
基诺族	12	5	7	1		1
未定族称人口	10972	6402	4570	79	28	51
入　籍	248	146	102	2	1	1

2-4b 续表

单位：人

民族	户口登记地					
	省内			省外		
	其中市辖区内人户分离					
	小计	男	女	小计	男	女
总计	**201474**	**98502**	**102972**	**3390021**	**2002837**	**1387184**
汉族	200429	98078	102351	2950227	1751049	1199178
蒙古族	27	11	16	2910	1722	1188
回族	79	32	47	11771	6809	4962
藏族	4	2	2	1197	644	553
维吾尔族	3	1	2	864	479	385
苗族	107	36	71	127164	72068	55096
彝族	32	9	23	39927	22173	17754
壮族	75	23	52	26250	14584	11666
布依族	56	15	41	69835	39947	29888
朝鲜族	15	6	9	671	369	302
满族	76	35	41	3141	1924	1217
侗族	25	8	17	32906	19804	13102
瑶族	8	4	4	3504	1937	1567
白族	7	3	4	5556	3178	2378
土家族	123	54	69	63411	37179	26232
哈尼族	11	2	9	3003	1651	1352
哈萨克族				30	16	14
傣族	4	1	3	1914	1009	905
黎族	5	1	4	3598	1972	1626
傈僳族				834	391	443
佤族	1		1	1131	557	574
畲族	352	166	186	2060	1242	818
高山族				11	6	5
拉祜族	1		1	776	381	395
水族	5	2	3	12058	7038	5020
东乡族	1	1		602	336	266
纳西族	2	2		87	41	46
景颇族	1	1		450	222	228
柯尔克孜族				4	3	1
土族	1		1	684	397	287
达斡尔族				71	40	31
仫佬族	6	2	4	1882	1099	783
羌族	1		1	292	180	112
布朗族				171	101	70
撒拉族				162	91	71
毛南族	1		1	766	456	310
仡佬族	7	3	4	8599	5025	3574
锡伯族	1		1	40	22	18
阿昌族				75	46	29
普米族				22	14	8
塔吉克族				4	2	2
怒族				35	14	21
乌孜别克族				2	2	
俄罗斯族	1	1		3		3
鄂温克族	1	1		18	12	6
德昂族				66	36	30
保安族	1	1		28	19	9
裕固族				2	1	1
京族				34	20	14
塔塔尔族						
独龙族				4	2	2
鄂伦春族				14	2	12
赫哲族				2	1	1
门巴族				1		1
珞巴族				2		2
基诺族				11	5	6
未定族称人口	4	1	3	10893	6374	4519
入籍	1		1	246	145	101

2-4c　全省各民族按户口登记地、性别分的户口登记地在外乡镇街道的人口(乡村)

单位：人

民族	户口登记地					
	合计			省内		
	合计	男	女	小计	男	女
总计	**4059741**	**2340030**	**1719711**	**1146080**	**587201**	**558879**
汉族	3554649	2050605	1504044	1134374	581937	552437
蒙古族	2059	1221	838	87	45	42
回族	8861	5101	3760	380	199	181
藏族	825	449	376	26	4	22
维吾尔族	260	130	130	19	9	10
苗族	157267	89807	67460	914	283	631
彝族	40031	22861	17170	291	74	217
壮族	31101	17106	13995	404	96	308
布依族	84929	48417	36512	392	114	278
朝鲜族	259	144	115	50	22	28
满族	2061	1305	756	148	67	81
侗族	36737	21998	14739	306	83	223
瑶族	3866	2214	1652	68	27	41
白族	6534	3782	2752	67	16	51
土家族	73225	42621	30604	597	203	394
哈尼族	3830	2114	1716	73	11	62
哈萨克族	18	10	8	1		1
傣族	1572	800	772	39	6	33
黎族	4396	2483	1913	53	19	34
傈僳族	934	450	484	35	7	28
佤族	1609	832	777	48	7	41
畲族	8863	4752	4111	7419	3896	3523
高山族	5	4	1	2	1	1
拉祜族	1017	462	555	64	10	54
水族	9459	5502	3957	67	14	53
东乡族	355	205	150			
纳西族	84	36	48	7	1	6
景颇族	290	145	145	7	2	5
柯尔克孜族	3	1	2			
土族	526	304	222	5		5
达斡尔族	45	26	19	2	1	1
仫佬族	1364	789	575	17	7	10
羌族	252	157	95	3	1	2
布朗族	230	123	107	11	2	9
撒拉族	32	20	12			
毛南族	712	417	295	7	2	5
仡佬族	9690	5642	4048	50	21	29
锡伯族	26	14	12	1	1	
阿昌族	99	58	41			
普米族	24	12	12			
塔吉克族	2	1	1			
怒族	45	12	33	1		1
乌孜别克族	1		1	1		1
俄罗斯族	1		1			
鄂温克族	8	5	3	2	1	1
德昂族	43	20	23			
保安族	6	3	3			
裕固族	2	1	1			
京族	50	22	28			
塔塔尔族	1		1			
独龙族	9	4	5			
鄂伦春族	5	1	4			
赫哲族	5	2	3	1		1
门巴族	1		1			
珞巴族	3	2	1			
基诺族	5	2	3			
未定族称人口	11217	6685	4532	41	12	29
入籍	238	151	87			

2-4c 续表

单位：人

民族	户口登记地					
	省内 其中市辖区内人户分离			省外		
	小计	男	女	小计	男	女
总计	**236491**	**112816**	**123675**	**2913661**	**1752829**	**1160832**
汉族	234859	112104	122755	2420275	1468668	951607
蒙古族	29	13	16	1972	1176	796
回族	82	47	35	8481	4902	3579
藏族	3	1	2	799	445	354
维吾尔族	3	2	1	241	121	120
苗族	175	66	109	156353	89524	66829
彝族	43	13	30	39740	22787	16953
壮族	95	32	63	30697	17010	13687
布依族	72	23	49	84537	48303	36234
朝鲜族	19	8	11	209	122	87
满族	55	28	27	1913	1238	675
侗族	63	23	40	36431	21915	14516
瑶族	21	9	12	3798	2187	1611
白族	11	4	7	6467	3766	2701
土家族	164	56	108	72628	42418	30210
哈尼族	7	1	6	3757	2103	1654
哈萨克族				17	10	7
傣族	10		10	1533	794	739
黎族	8	2	6	4343	2464	1879
傈僳族	1		1	899	443	456
佤族	7	3	4	1561	825	736
畲族	722	369	353	1444	856	588
高山族				3	3	
拉祜族	4	1	3	953	452	501
水族	6	1	5	9392	5488	3904
东乡族				355	205	150
纳西族	1		1	77	35	42
景颇族				283	143	140
柯尔克孜族				3	1	2
土族				521	304	217
达斡尔族	1		1	43	25	18
仫佬族	4	1	3	1347	782	565
羌族	1		1	249	156	93
布朗族	2	1	1	219	121	98
撒拉族				32	20	12
毛南族				705	415	290
仡佬族	12	5	7	9640	5621	4019
锡伯族	1	1		25	13	12
阿昌族				99	58	41
普米族				24	12	12
塔吉克族				2	1	1
怒族				44	12	32
乌孜别克族	1		1			
俄罗斯族				1		1
鄂温克族				6	4	2
德昂族				43	20	23
保安族				6	3	3
裕固族				2	1	1
京族				50	22	28
塔塔尔族				1		1
独龙族				9	4	5
鄂伦春族				5	1	4
赫哲族				4	2	2
门巴族				1		1
珞巴族				3	2	1
基诺族				5	2	3
未定族称人口	9	2	7	11176	6673	4503
入籍				238	151	87

第一部分　全部数据资料

第三卷　年龄

3-1　全省分年龄、性别的人口

单位：人、%

年　龄	人　口　数			占总人口比重			性别比
	合计	男	女	合计	男	女	(女=100)
总　计	**64567588**	**33680008**	**30887580**	**100.00**	**52.16**	**47.84**	**109.04**
0—4岁	**2951489**	**1550391**	**1401098**	**4.57**	**2.40**	**2.17**	**110.66**
0	459109	240618	218491	0.71	0.37	0.34	110.13
1	550577	288921	261656	0.85	0.45	0.41	110.42
2	585597	306929	278668	0.91	0.48	0.43	110.14
3	706671	371122	335549	1.09	0.57	0.52	110.60
4	649535	342801	306734	1.01	0.53	0.48	111.76
5—9岁	**3025007**	**1612841**	**1412166**	**4.69**	**2.50**	**2.19**	**114.21**
5	586520	310801	275719	0.91	0.48	0.43	112.72
6	628619	333884	294735	0.97	0.52	0.46	113.28
7	590632	314892	275740	0.91	0.49	0.43	114.20
8	637471	340717	296754	0.99	0.53	0.46	114.81
9	581765	312547	269218	0.90	0.48	0.42	116.09
10—14岁	**2705285**	**1446894**	**1258391**	**4.19**	**2.24**	**1.95**	**114.98**
10	546435	295110	251325	0.85	0.46	0.39	117.42
11	556077	298090	257987	0.86	0.46	0.40	115.54
12	541066	288787	252279	0.84	0.45	0.39	114.47
13	536400	285406	250994	0.83	0.44	0.39	113.71
14	525307	279501	245806	0.81	0.43	0.38	113.71
15—19岁	**2809150**	**1519440**	**1289710**	**4.35**	**2.35**	**2.00**	**117.81**
15	547817	291154	256663	0.85	0.45	0.40	113.44
16	569305	306159	263146	0.88	0.47	0.41	116.35
17	537522	292214	245308	0.83	0.45	0.38	119.12
18	559972	305048	254924	0.87	0.47	0.39	119.66
19	594534	324865	269669	0.92	0.50	0.42	120.47
20—24岁	**3689026**	**2023475**	**1665551**	**5.71**	**3.13**	**2.58**	**121.49**
20	634937	347762	287175	0.98	0.54	0.44	121.10
21	649247	356964	292283	1.01	0.55	0.45	122.13
22	741545	407784	333761	1.15	0.63	0.52	122.18
23	803355	440877	362478	1.24	0.68	0.56	121.63
24	859942	470088	389854	1.33	0.73	0.60	120.58
25—29岁	**4842431**	**2628336**	**2214095**	**7.50**	**4.07**	**3.43**	**118.71**
25	944998	516426	428572	1.46	0.80	0.66	120.50
26	915429	498845	416584	1.42	0.77	0.65	119.75
27	978509	530227	448282	1.52	0.82	0.69	118.28
28	982413	531392	451021	1.52	0.82	0.70	117.82
29	1021082	551446	469636	1.58	0.85	0.73	117.42

3-1 续表 1

单位：人、%

年龄	人口数			占总人口比重			性别比
	合计	男	女	合计	男	女	(女=100)
30-34岁	**6138589**	**3271221**	**2867368**	**9.51**	**5.07**	**4.44**	**114.08**
30	1242736	670727	572009	1.92	1.04	0.89	117.26
31	1242842	664627	578215	1.92	1.03	0.90	114.94
32	1192980	634543	558437	1.85	0.98	0.86	113.63
33	1333956	706681	627275	2.07	1.09	0.97	112.66
34	1126075	594643	531432	1.74	0.92	0.82	111.89
35-39岁	**5108402**	**2689753**	**2418649**	**7.91**	**4.17**	**3.75**	**111.21**
35	951047	503044	448003	1.47	0.78	0.69	112.29
36	989195	521661	467534	1.53	0.81	0.72	111.58
37	1021156	537165	483991	1.58	0.83	0.75	110.99
38	1165848	612220	553628	1.81	0.95	0.86	110.58
39	981156	515663	465493	1.52	0.80	0.72	110.78
40-44岁	**4886328**	**2548248**	**2338080**	**7.57**	**3.95**	**3.62**	**108.99**
40	867068	456260	410808	1.34	0.71	0.64	111.06
41	1009064	528882	480182	1.56	0.82	0.74	110.14
42	996858	518388	478470	1.54	0.80	0.74	108.34
43	971247	503817	467430	1.50	0.78	0.72	107.78
44	1042091	540901	501190	1.61	0.84	0.78	107.92
45-49岁	**5669138**	**2930421**	**2738717**	**8.78**	**4.54**	**4.24**	**107.00**
45	1036345	535510	500835	1.61	0.83	0.78	106.92
46	1084103	560595	523508	1.68	0.87	0.81	107.08
47	1170440	604294	566146	1.81	0.94	0.88	106.74
48	1166375	602559	563816	1.81	0.93	0.87	106.87
49	1211875	627463	584412	1.88	0.97	0.91	107.37
50-54岁	**5809583**	**3006857**	**2802726**	**9.00**	**4.66**	**4.34**	**107.28**
50	1248999	644332	604667	1.93	1.00	0.94	106.56
51	1212320	625781	586539	1.88	0.97	0.91	106.69
52	1194021	620004	574017	1.85	0.96	0.89	108.01
53	1012813	524098	488715	1.57	0.81	0.76	107.24
54	1141430	592642	548788	1.77	0.92	0.85	107.99
55-59岁	**4860476**	**2503105**	**2357371**	**7.53**	**3.88**	**3.65**	**106.18**
55	1134339	586806	547533	1.76	0.91	0.85	107.17
56	1075330	554020	521310	1.67	0.86	0.81	106.27
57	1214143	626917	587226	1.88	0.97	0.91	106.76
58	931182	479151	452031	1.44	0.74	0.70	106.00
59	505482	256211	249271	0.78	0.40	0.39	102.78
60-64岁	**3506335**	**1794345**	**1711990**	**5.43**	**2.78**	**2.65**	**104.81**
60	658023	337524	320499	1.02	0.52	0.50	105.31
61	584484	300757	283727	0.91	0.47	0.44	106.00
62	718039	371013	347026	1.11	0.57	0.54	106.91
63	812466	415772	396694	1.26	0.64	0.61	104.81
64	733323	369279	364044	1.14	0.57	0.56	101.44

3-1　续表 2　　单位：人、%

年　龄	人　口　数			占总人口比重			性别比
	合计	男	女	合计	男	女	(女=100)
65-69岁	**3249015**	**1615125**	**1633890**	**5.03**	**2.50**	**2.53**	**98.85**
65	710859	358140	352719	1.10	0.55	0.55	101.54
66	734436	367825	366611	1.14	0.57	0.57	100.33
67	624057	308252	315805	0.97	0.48	0.49	97.61
68	630130	311714	318416	0.98	0.48	0.49	97.90
69	549533	269194	280339	0.85	0.42	0.43	96.02
70-74岁	**2283757**	**1125829**	**1157928**	**3.54**	**1.74**	**1.79**	**97.23**
70	507729	251602	256127	0.79	0.39	0.40	98.23
71	508528	252805	255723	0.79	0.39	0.40	98.86
72	477485	235526	241959	0.74	0.36	0.37	97.34
73	420750	206318	214432	0.65	0.32	0.33	96.22
74	369265	179578	189687	0.57	0.28	0.29	94.67
75-79岁	**1280523**	**627673**	**652850**	**1.98**	**0.97**	**1.01**	**96.14**
75	309509	151780	157729	0.48	0.24	0.24	96.23
76	292289	143689	148600	0.45	0.22	0.23	96.70
77	251521	123197	128324	0.39	0.19	0.20	96.00
78	208668	102183	106485	0.32	0.16	0.16	95.96
79	218536	106824	111712	0.34	0.17	0.17	95.62
80-84岁	**920175**	**435724**	**484451**	**1.43**	**0.67**	**0.75**	**89.94**
80	188262	91243	97019	0.29	0.14	0.15	94.05
81	177685	84945	92740	0.28	0.13	0.14	91.59
82	204256	97159	107097	0.32	0.15	0.17	90.72
83	185140	86595	98545	0.29	0.13	0.15	87.87
84	164832	75782	89050	0.26	0.12	0.14	85.10
85-89岁	**596246**	**258878**	**337368**	**0.92**	**0.40**	**0.52**	**76.73**
85	156718	70344	86374	0.24	0.11	0.13	81.44
86	136413	60164	76249	0.21	0.09	0.12	78.90
87	126983	54360	72623	0.20	0.08	0.11	74.85
88	101396	42805	58591	0.16	0.07	0.09	73.06
89	74736	31205	43531	0.12	0.05	0.07	71.68
90-94岁	**195271**	**77190**	**118081**	**0.30**	**0.12**	**0.18**	**65.37**
90	59508	24477	35031	0.09	0.04	0.05	69.87
91	46611	18501	28110	0.07	0.03	0.04	65.82
92	41489	16161	25328	0.06	0.03	0.04	63.81
93	27940	10760	17180	0.04	0.02	0.03	62.63
94	19723	7291	12432	0.03	0.01	0.02	58.65
95-99岁	**37885**	**13212**	**24673**	**0.06**	**0.02**	**0.04**	**53.55**
95	14386	5262	9124	0.02	0.01	0.01	57.67
96	9978	3440	6538	0.02	0.01	0.01	52.62
97	6531	2255	4276	0.01		0.01	52.74
98	4255	1368	2887	0.01			47.38
99	2735	887	1848				48.00
100岁及以上	**3477**	**1050**	**2427**	**0.01**			**43.26**

3-1a 全省分年龄、性别的人口(城市)

单位：人、%

年 龄	人口数			占总人口比重			性别比
	合计	男	女	合计	男	女	(女=100)
总 计	**33083792**	**17165183**	**15918609**	**100.00**	**51.88**	**48.12**	**107.83**
0-4岁	**1601026**	**840415**	**760611**	**4.84**	**2.54**	**2.30**	**110.49**
0	241046	126196	114850	0.73	0.38	0.35	109.88
1	296459	155357	141102	0.90	0.47	0.43	110.10
2	314123	164494	149629	0.95	0.50	0.45	109.93
3	387191	203137	184054	1.17	0.61	0.56	110.37
4	362207	191231	170976	1.09	0.58	0.52	111.85
5-9岁	**1642869**	**876415**	**766454**	**4.97**	**2.65**	**2.32**	**114.35**
5	324101	171913	152188	0.98	0.52	0.46	112.96
6	349480	185927	163553	1.06	0.56	0.49	113.68
7	320939	171138	149801	0.97	0.52	0.45	114.24
8	342189	182979	159210	1.03	0.55	0.48	114.93
9	306160	164458	141702	0.93	0.50	0.43	116.06
10-14岁	**1336909**	**716425**	**620484**	**4.04**	**2.17**	**1.88**	**115.46**
10	281494	152093	129401	0.85	0.46	0.39	117.54
11	277197	148774	128423	0.84	0.45	0.39	115.85
12	268042	143208	124834	0.81	0.43	0.38	114.72
13	262881	140344	122537	0.79	0.42	0.37	114.53
14	247295	132006	115289	0.75	0.40	0.35	114.50
15-19岁	**1689547**	**901069**	**788478**	**5.11**	**2.72**	**2.38**	**114.28**
15	287086	152606	134480	0.87	0.46	0.41	113.48
16	331339	177549	153790	1.00	0.54	0.46	115.45
17	316400	170979	145421	0.96	0.52	0.44	117.58
18	343977	183831	160146	1.04	0.56	0.48	114.79
19	410745	216104	194641	1.24	0.65	0.59	111.03
20-24岁	**2328085**	**1241320**	**1086765**	**7.04**	**3.75**	**3.28**	**114.22**
20	437605	230352	207253	1.32	0.70	0.63	111.15
21	426137	226247	199890	1.29	0.68	0.60	113.19
22	459657	246466	213191	1.39	0.74	0.64	115.61
23	489529	262772	226757	1.48	0.79	0.69	115.88
24	515157	275483	239674	1.56	0.83	0.72	114.94
25-29岁	**2858028**	**1526002**	**1332026**	**8.64**	**4.61**	**4.03**	**114.56**
25	561749	301359	260390	1.70	0.91	0.79	115.73
26	539216	288780	250436	1.63	0.87	0.76	115.31
27	576163	307066	269097	1.74	0.93	0.81	114.11
28	577261	307765	269496	1.74	0.93	0.81	114.20
29	603639	321032	282607	1.82	0.97	0.85	113.60

3-1a　续表 1　　单位：人、%

年　龄	人口数			占总人口比重			性别比
	合计	男	女	合计	男	女	(女=100)
30—34岁	**3609825**	**1893564**	**1716261**	**10.91**	**5.72**	**5.19**	**110.33**
30	733767	389897	343870	2.22	1.18	1.04	113.39
31	735007	386778	348229	2.22	1.17	1.05	111.07
32	703355	368533	334822	2.13	1.11	1.01	110.07
33	780507	406430	374077	2.36	1.23	1.13	108.65
34	657189	341926	315263	1.99	1.03	0.95	108.46
35—39岁	**2944127**	**1530085**	**1414042**	**8.90**	**4.62**	**4.27**	**108.21**
35	556922	290230	266692	1.68	0.88	0.81	108.83
36	577212	300519	276693	1.74	0.91	0.84	108.61
37	591918	306657	285261	1.79	0.93	0.86	107.50
38	667182	345451	321731	2.02	1.04	0.97	107.37
39	550893	287228	263665	1.67	0.87	0.80	108.94
40—44岁	**2635225**	**1372531**	**1262694**	**7.97**	**4.15**	**3.82**	**108.70**
40	479977	251344	228633	1.45	0.76	0.69	109.93
41	555333	289186	266147	1.68	0.87	0.80	108.66
42	537727	279085	258642	1.63	0.84	0.78	107.90
43	516929	268360	248569	1.56	0.81	0.75	107.96
44	545259	284556	260703	1.65	0.86	0.79	109.15
45—49岁	**2845073**	**1477212**	**1367861**	**8.60**	**4.47**	**4.13**	**107.99**
45	534389	277679	256710	1.62	0.84	0.78	108.17
46	550126	286066	264060	1.66	0.86	0.80	108.33
47	586578	304167	282411	1.77	0.92	0.85	107.70
48	580553	301091	279462	1.75	0.91	0.84	107.74
49	593427	308209	285218	1.79	0.93	0.86	108.06
50—54岁	**2684496**	**1383317**	**1301179**	**8.11**	**4.18**	**3.93**	**106.31**
50	600450	309651	290799	1.81	0.94	0.88	106.48
51	566751	291602	275149	1.71	0.88	0.83	105.98
52	557699	288236	269463	1.69	0.87	0.81	106.97
53	454444	233680	220764	1.37	0.71	0.67	105.85
54	505152	260148	245004	1.53	0.79	0.74	106.18
55—59岁	**2174143**	**1102646**	**1071497**	**6.57**	**3.33**	**3.24**	**102.91**
55	499810	255470	244340	1.51	0.77	0.74	104.56
56	478950	242852	236098	1.45	0.73	0.71	102.86
57	550692	279711	270981	1.66	0.85	0.82	103.22
58	415682	210712	204970	1.26	0.64	0.62	102.80
59	229009	113901	115108	0.69	0.34	0.35	98.95
60—64岁	**1498332**	**750896**	**747436**	**4.53**	**2.27**	**2.26**	**100.46**
60	290434	145297	145137	0.88	0.44	0.44	100.11
61	256226	129264	126962	0.77	0.39	0.38	101.81
62	309606	156834	152772	0.94	0.47	0.46	102.66
63	339746	169913	169833	1.03	0.51	0.51	100.05
64	302320	149588	152732	0.91	0.45	0.46	97.94

3-1a 续表 2

单位：人、%

年龄	人口数			占总人口比重			性别比
	合计	男	女	合计	男	女	(女=100)
65-69岁	**1275890**	**625628**	**650262**	**3.86**	**1.89**	**1.97**	**96.21**
65	290538	144072	146466	0.88	0.44	0.44	98.37
66	292957	144427	148530	0.89	0.44	0.45	97.24
67	241334	117494	123840	0.73	0.36	0.37	94.88
68	241091	117777	123314	0.73	0.36	0.37	95.51
69	209970	101858	108112	0.63	0.31	0.33	94.22
70-74岁	**848182**	**413239**	**434943**	**2.56**	**1.25**	**1.31**	**95.01**
70	192896	94333	98563	0.58	0.29	0.30	95.71
71	189159	92401	96758	0.57	0.28	0.29	95.50
72	174049	84403	89646	0.53	0.26	0.27	94.15
73	156714	76476	80238	0.47	0.23	0.24	95.31
74	135364	65626	69738	0.41	0.20	0.21	94.10
75-79岁	**470249**	**226648**	**243601**	**1.42**	**0.69**	**0.74**	**93.04**
75	113491	55332	58159	0.34	0.17	0.18	95.14
76	106813	51811	55002	0.32	0.16	0.17	94.20
77	93382	44753	48629	0.28	0.14	0.15	92.03
78	77689	36964	40725	0.23	0.11	0.12	90.76
79	78874	37788	41086	0.24	0.11	0.12	91.97
80-84岁	**329523**	**153238**	**176285**	**1.00**	**0.46**	**0.53**	**86.93**
80	67047	31740	35307	0.20	0.10	0.11	89.90
81	63406	29456	33950	0.19	0.09	0.10	86.76
82	72316	33629	38687	0.22	0.10	0.12	86.93
83	66241	30674	35567	0.20	0.09	0.11	86.24
84	60513	27739	32774	0.18	0.08	0.10	84.64
85-89岁	**221756**	**98300**	**123456**	**0.67**	**0.30**	**0.37**	**79.62**
85	58173	26143	32030	0.18	0.08	0.10	81.62
86	50683	22543	28140	0.15	0.07	0.09	80.11
87	46966	20860	26106	0.14	0.06	0.08	79.91
88	37785	16464	21321	0.11	0.05	0.06	77.22
89	28149	12290	15859	0.09	0.04	0.05	77.50
90-94岁	**74269**	**30450**	**43819**	**0.22**	**0.09**	**0.13**	**69.49**
90	22447	9466	12981	0.07	0.03	0.04	72.92
91	17658	7337	10321	0.05	0.02	0.03	71.09
92	15741	6493	9248	0.05	0.02	0.03	70.21
93	10834	4275	6559	0.03	0.01	0.02	65.18
94	7589	2879	4710	0.02	0.01	0.01	61.13
95-99岁	**14803**	**5326**	**9477**	**0.04**	**0.02**	**0.03**	**56.20**
95	5581	2070	3511	0.02	0.01	0.01	58.96
96	3897	1426	2471	0.01		0.01	57.71
97	2487	926	1561	0.01			59.32
98	1722	537	1185	0.01			45.32
99	1116	367	749				49.00
100岁及以上	**1435**	**457**	**978**				**46.73**

3-1b　全省分年龄、性别的人口(镇)

单位：人、%

年　龄	人　口　数			占总人口比重			性别比
	合计	男	女	合计	男	女	(女=100)
总　计	**13514673**	**7069220**	**6445453**	**100.00**	**52.31**	**47.69**	**109.68**
0-4岁	**631260**	**332574**	**298686**	**4.67**	**2.46**	**2.21**	**111.35**
0	94022	49495	44527	0.70	0.37	0.33	111.16
1	116156	61064	55092	0.86	0.45	0.41	110.84
2	125877	66163	59714	0.93	0.49	0.44	110.80
3	155351	81774	73577	1.15	0.61	0.54	111.14
4	139854	74078	65776	1.03	0.55	0.49	112.62
5-9岁	**678631**	**361811**	**316820**	**5.02**	**2.68**	**2.34**	**114.20**
5	127603	67582	60021	0.94	0.50	0.44	112.60
6	138272	73413	64859	1.02	0.54	0.48	113.19
7	132974	70625	62349	0.98	0.52	0.46	113.27
8	145717	77960	67757	1.08	0.58	0.50	115.06
9	134065	72231	61834	0.99	0.53	0.46	116.81
10-14岁	**638052**	**340190**	**297862**	**4.72**	**2.52**	**2.20**	**114.21**
10	126184	68078	58106	0.93	0.50	0.43	117.16
11	130670	69936	60734	0.97	0.52	0.45	115.15
12	127429	67805	59624	0.94	0.50	0.44	113.72
13	126900	67254	59646	0.94	0.50	0.44	112.76
14	126869	67117	59752	0.94	0.50	0.44	112.33
15-19岁	**649657**	**353767**	**295890**	**4.81**	**2.62**	**2.19**	**119.56**
15	147861	77922	69939	1.09	0.58	0.52	111.41
16	161414	85854	75560	1.19	0.64	0.56	113.62
17	143659	77164	66495	1.06	0.57	0.49	116.04
18	107979	60880	47099	0.80	0.45	0.35	129.26
19	88744	51947	36797	0.66	0.38	0.27	141.17
20-24岁	**646476**	**369893**	**276583**	**4.78**	**2.74**	**2.05**	**133.74**
20	93796	55384	38412	0.69	0.41	0.28	144.18
21	105756	61660	44096	0.78	0.46	0.33	139.83
22	134389	76866	57523	0.99	0.57	0.43	133.63
23	149246	84285	64961	1.10	0.62	0.48	129.75
24	163289	91698	71591	1.21	0.68	0.53	128.09
25-29岁	**968317**	**529977**	**438340**	**7.16**	**3.92**	**3.24**	**120.91**
25	182865	101835	81030	1.35	0.75	0.60	125.68
26	181462	100027	81435	1.34	0.74	0.60	122.83
27	195235	106590	88645	1.44	0.79	0.66	120.24
28	200003	108559	91444	1.48	0.80	0.68	118.72
29	208752	112966	95786	1.54	0.84	0.71	117.94

3-1b 续表 1

单位：人、%

年龄	人口数			占总人口比重			性别比
	合计	男	女	合计	男	女	(女=100)
30-34岁	**1282700**	**682198**	**600502**	**9.49**	**5.05**	**4.44**	**113.60**
30	256818	138598	118220	1.90	1.03	0.87	117.24
31	257446	137841	119605	1.90	1.02	0.89	115.25
32	248710	132029	116681	1.84	0.98	0.86	113.15
33	280172	147826	132346	2.07	1.09	0.98	111.70
34	239554	125904	113650	1.77	0.93	0.84	110.78
35-39岁	**1093135**	**569919**	**523216**	**8.09**	**4.22**	**3.87**	**108.93**
35	200950	105872	95078	1.49	0.78	0.70	111.35
36	208905	109514	99391	1.55	0.81	0.74	110.19
37	215879	112363	103516	1.60	0.83	0.77	108.55
38	251026	130335	120691	1.86	0.96	0.89	107.99
39	216375	111835	104540	1.60	0.83	0.77	106.98
40-44岁	**1099279**	**564195**	**535084**	**8.13**	**4.17**	**3.96**	**105.44**
40	193710	100284	93426	1.43	0.74	0.69	107.34
41	223911	115612	108299	1.66	0.86	0.80	106.75
42	224622	114733	109889	1.66	0.85	0.81	104.41
43	219542	112063	107479	1.62	0.83	0.80	104.27
44	237494	121503	115991	1.76	0.90	0.86	104.75
45-49岁	**1278754**	**656748**	**622006**	**9.46**	**4.86**	**4.60**	**105.59**
45	235687	120652	115035	1.74	0.89	0.85	104.88
46	246481	126460	120021	1.82	0.94	0.89	105.36
47	265024	135989	129035	1.96	1.01	0.95	105.39
48	261364	134167	127197	1.93	0.99	0.94	105.48
49	270198	139480	130718	2.00	1.03	0.97	106.70
50-54岁	**1272114**	**659746**	**612368**	**9.41**	**4.88**	**4.53**	**107.74**
50	277410	142864	134546	2.05	1.06	1.00	106.18
51	267403	138231	129172	1.98	1.02	0.96	107.01
52	260019	135470	124549	1.92	1.00	0.92	108.77
53	220569	114444	106125	1.63	0.85	0.79	107.84
54	246713	128737	117976	1.83	0.95	0.87	109.12
55-59岁	**1018359**	**528924**	**489435**	**7.54**	**3.91**	**3.62**	**108.07**
55	244087	126988	117099	1.81	0.94	0.87	108.44
56	227415	118121	109294	1.68	0.87	0.81	108.08
57	251419	131333	120086	1.86	0.97	0.89	109.37
58	192631	99858	92773	1.43	0.74	0.69	107.64
59	102807	52624	50183	0.76	0.39	0.37	104.86
60-64岁	**683187**	**354006**	**329181**	**5.06**	**2.62**	**2.44**	**107.54**
60	131849	68808	63041	0.98	0.51	0.47	109.15
61	115227	60319	54908	0.85	0.45	0.41	109.85
62	139837	73127	66710	1.03	0.54	0.49	109.62
63	156679	81189	75490	1.16	0.60	0.56	107.55
64	139595	70563	69032	1.03	0.52	0.51	102.22

3-1b 续表 2　　单位：人、%

年 龄	人口数			占总人口比重			性别比
	合计	男	女	合计	男	女	(女=100)
65-69岁	**610706**	**304062**	**306644**	**4.52**	**2.25**	**2.27**	**99.16**
65	134482	68002	66480	1.00	0.50	0.49	102.29
66	138798	69766	69032	1.03	0.52	0.51	101.06
67	118018	58336	59682	0.87	0.43	0.44	97.74
68	117441	58134	59307	0.87	0.43	0.44	98.02
69	101967	49824	52143	0.75	0.37	0.39	95.55
70-74岁	**418977**	**206809**	**212168**	**3.10**	**1.53**	**1.57**	**97.47**
70	94024	46354	47670	0.70	0.34	0.35	97.24
71	93164	46301	46863	0.69	0.34	0.35	98.80
72	87934	43323	44611	0.65	0.32	0.33	97.11
73	76374	37592	38782	0.57	0.28	0.29	96.93
74	67481	33239	34242	0.50	0.25	0.25	97.07
75-79岁	**233208**	**114943**	**118265**	**1.73**	**0.85**	**0.88**	**97.19**
75	56449	27961	28488	0.42	0.21	0.21	98.15
76	53254	26481	26773	0.39	0.20	0.20	98.91
77	46020	22738	23282	0.34	0.17	0.17	97.66
78	37810	18534	19276	0.28	0.14	0.14	96.15
79	39675	19229	20446	0.29	0.14	0.15	94.05
80-84岁	**165290**	**77808**	**87482**	**1.22**	**0.58**	**0.65**	**88.94**
80	34883	16829	18054	0.26	0.12	0.13	93.21
81	31770	15171	16599	0.24	0.11	0.12	91.40
82	36639	17209	19430	0.27	0.13	0.14	88.57
83	32820	15238	17582	0.24	0.11	0.13	86.67
84	29178	13361	15817	0.22	0.10	0.12	84.47
85-89岁	**104689**	**45437**	**59252**	**0.77**	**0.34**	**0.44**	**76.68**
85	27274	12256	15018	0.20	0.09	0.11	81.61
86	24109	10667	13442	0.18	0.08	0.10	79.36
87	22457	9592	12865	0.17	0.07	0.10	74.56
88	17676	7505	10171	0.13	0.06	0.08	73.79
89	13173	5417	7756	0.10	0.04	0.06	69.84
90-94岁	**34537**	**13686**	**20851**	**0.26**	**0.10**	**0.15**	**65.64**
90	10607	4375	6232	0.08	0.03	0.05	70.20
91	8232	3226	5006	0.06	0.02	0.04	64.44
92	7362	2835	4527	0.05	0.02	0.03	62.62
93	4905	1958	2947	0.04	0.01	0.02	66.44
94	3431	1292	2139	0.03	0.01	0.02	60.40
95-99岁	**6691**	**2328**	**4363**	**0.05**	**0.02**	**0.03**	**53.36**
95	2493	904	1589	0.02	0.01	0.01	56.89
96	1730	588	1142	0.01		0.01	51.49
97	1205	423	782	0.01		0.01	54.09
98	742	237	505	0.01			46.93
99	521	176	345				51.01
100岁及以上	**654**	**199**	**455**				**43.74**

3-1c 全省分年龄、性别的人口(乡村)

单位：人、%

年 龄	人口数			占总人口比重			性别比
	合计	男	女	合计	男	女	(女=100)
总 计	**17969123**	**9445605**	**8523518**	**100.00**	**52.57**	**47.43**	**110.82**
0-4岁	**719203**	**377402**	**341801**	**4.00**	**2.10**	**1.90**	**110.42**
0	124041	64927	59114	0.69	0.36	0.33	109.83
1	137962	72500	65462	0.77	0.40	0.36	110.75
2	145597	76272	69325	0.81	0.42	0.39	110.02
3	164129	86211	77918	0.91	0.48	0.43	110.64
4	147474	77492	69982	0.82	0.43	0.39	110.73
5-9岁	**703507**	**374615**	**328892**	**3.92**	**2.08**	**1.83**	**113.90**
5	134816	71306	63510	0.75	0.40	0.35	112.28
6	140867	74544	66323	0.78	0.41	0.37	112.40
7	136719	73129	63590	0.76	0.41	0.35	115.00
8	149565	79778	69787	0.83	0.44	0.39	114.32
9	141540	75858	65682	0.79	0.42	0.37	115.49
10-14岁	**730324**	**390279**	**340045**	**4.06**	**2.17**	**1.89**	**114.77**
10	138757	74939	63818	0.77	0.42	0.36	117.43
11	148210	79380	68830	0.82	0.44	0.38	115.33
12	145595	77774	67821	0.81	0.43	0.38	114.68
13	146619	77808	68811	0.82	0.43	0.38	113.07
14	151143	80378	70765	0.84	0.45	0.39	113.58
15-19岁	**469946**	**264604**	**205342**	**2.62**	**1.47**	**1.14**	**128.86**
15	112870	60626	52244	0.63	0.34	0.29	116.04
16	76552	42756	33796	0.43	0.24	0.19	126.51
17	77463	44071	33392	0.43	0.25	0.19	131.98
18	108016	60337	47679	0.60	0.34	0.27	126.55
19	95045	56814	38231	0.53	0.32	0.21	148.61
20-24岁	**714465**	**412262**	**302203**	**3.98**	**2.29**	**1.68**	**136.42**
20	103536	62026	41510	0.58	0.35	0.23	149.42
21	117354	69057	48297	0.65	0.38	0.27	142.98
22	147499	84452	63047	0.82	0.47	0.35	133.95
23	164580	93820	70760	0.92	0.52	0.39	132.59
24	181496	102907	78589	1.01	0.57	0.44	130.94
25-29岁	**1016086**	**572357**	**443729**	**5.65**	**3.19**	**2.47**	**128.99**
25	200384	113232	87152	1.12	0.63	0.49	129.92
26	194751	110038	84713	1.08	0.61	0.47	129.90
27	207111	116571	90540	1.15	0.65	0.50	128.75
28	205149	115068	90081	1.14	0.64	0.50	127.74
29	208691	117448	91243	1.16	0.65	0.51	128.72

3-1c 续表 1

单位：人、%

年龄	人口数			占总人口比重			性别比
	合计	男	女	合计	男	女	(女=100)
30—34岁	**1246064**	**695459**	**550605**	**6.93**	**3.87**	**3.06**	**126.31**
30	252151	142232	109919	1.40	0.79	0.61	129.40
31	250389	140008	110381	1.39	0.78	0.61	126.84
32	240915	133981	106934	1.34	0.75	0.60	125.29
33	273277	152425	120852	1.52	0.85	0.67	126.13
34	229332	126813	102519	1.28	0.71	0.57	123.70
35—39岁	**1071140**	**589749**	**481391**	**5.96**	**3.28**	**2.68**	**122.51**
35	193175	106942	86233	1.08	0.60	0.48	124.02
36	203078	111628	91450	1.13	0.62	0.51	122.06
37	213359	118145	95214	1.19	0.66	0.53	124.08
38	247640	136434	111206	1.38	0.76	0.62	122.69
39	213888	116600	97288	1.19	0.65	0.54	119.85
40—44岁	**1151824**	**611522**	**540302**	**6.41**	**3.40**	**3.01**	**113.18**
40	193381	104632	88749	1.08	0.58	0.49	117.90
41	229820	124084	105736	1.28	0.69	0.59	117.35
42	234509	124570	109939	1.31	0.69	0.61	113.31
43	234776	123394	111382	1.31	0.69	0.62	110.78
44	259338	134842	124496	1.44	0.75	0.69	108.31
45—49岁	**1545311**	**796461**	**748850**	**8.60**	**4.43**	**4.17**	**106.36**
45	266269	137179	129090	1.48	0.76	0.72	106.27
46	287496	148069	139427	1.60	0.82	0.78	106.20
47	318838	164138	154700	1.77	0.91	0.86	106.10
48	324458	167301	157157	1.81	0.93	0.87	106.45
49	348250	179774	168476	1.94	1.00	0.94	106.71
50—54岁	**1852973**	**963794**	**889179**	**10.31**	**5.36**	**4.95**	**108.39**
50	371139	191817	179322	2.07	1.07	1.00	106.97
51	378166	195948	182218	2.10	1.09	1.01	107.53
52	376303	196298	180005	2.09	1.09	1.00	109.05
53	337800	175974	161826	1.88	0.98	0.90	108.74
54	389565	203757	185808	2.17	1.13	1.03	109.66
55—59岁	**1667974**	**871535**	**796439**	**9.28**	**4.85**	**4.43**	**109.43**
55	390442	204348	186094	2.17	1.14	1.04	109.81
56	368965	193047	175918	2.05	1.07	0.98	109.74
57	412032	215873	196159	2.29	1.20	1.09	110.05
58	322869	168581	154288	1.80	0.94	0.86	109.26
59	173666	89686	83980	0.97	0.50	0.47	106.79
60—64岁	**1324816**	**689443**	**635373**	**7.37**	**3.84**	**3.54**	**108.51**
60	235740	123419	112321	1.31	0.69	0.63	109.88
61	213031	111174	101857	1.19	0.62	0.57	109.15
62	268596	141052	127544	1.49	0.78	0.71	110.59
63	316041	164670	151371	1.76	0.92	0.84	108.79
64	291408	149128	142280	1.62	0.83	0.79	104.81

3－1c　续表 2　　　　　　　　　　　　　　　　　　　　　　　　单位：人、%

年　龄	人　口　数			占总人口比重			性别比
	合计	男	女	合计	男	女	(女=100)
65－69岁	**1362419**	**685435**	**676984**	**7.58**	**3.81**	**3.77**	**101.25**
65	285839	146066	139773	1.59	0.81	0.78	104.50
66	302681	153632	149049	1.68	0.85	0.83	103.07
67	264705	132422	132283	1.47	0.74	0.74	100.11
68	271598	135803	135795	1.51	0.76	0.76	100.01
69	237596	117512	120084	1.32	0.65	0.67	97.86
70－74岁	**1016598**	**505781**	**510817**	**5.66**	**2.81**	**2.84**	**99.01**
70	220809	110915	109894	1.23	0.62	0.61	100.93
71	226205	114103	112102	1.26	0.63	0.62	101.78
72	215502	107800	107702	1.20	0.60	0.60	100.09
73	187662	92250	95412	1.04	0.51	0.53	96.69
74	166420	80713	85707	0.93	0.45	0.48	94.17
75－79岁	**577066**	**286082**	**290984**	**3.21**	**1.59**	**1.62**	**98.32**
75	139569	68487	71082	0.78	0.38	0.40	96.35
76	132222	65397	66825	0.74	0.36	0.37	97.86
77	112119	55706	56413	0.62	0.31	0.31	98.75
78	93169	46685	46484	0.52	0.26	0.26	100.43
79	99987	49807	50180	0.56	0.28	0.28	99.26
80－84岁	**425362**	**204678**	**220684**	**2.37**	**1.14**	**1.23**	**92.75**
80	86332	42674	43658	0.48	0.24	0.24	97.75
81	82509	40318	42191	0.46	0.22	0.23	95.56
82	95301	46321	48980	0.53	0.26	0.27	94.57
83	86079	40683	45396	0.48	0.23	0.25	89.62
84	75141	34682	40459	0.42	0.19	0.23	85.72
85－89岁	**269801**	**115141**	**154660**	**1.50**	**0.64**	**0.86**	**74.45**
85	71271	31945	39326	0.40	0.18	0.22	81.23
86	61621	26954	34667	0.34	0.15	0.19	77.75
87	57560	23908	33652	0.32	0.13	0.19	71.04
88	45935	18836	27099	0.26	0.10	0.15	69.51
89	33414	13498	19916	0.19	0.08	0.11	67.77
90－94岁	**86465**	**33054**	**53411**	**0.48**	**0.18**	**0.30**	**61.89**
90	26454	10636	15818	0.15	0.06	0.09	67.24
91	20721	7938	12783	0.12	0.04	0.07	62.10
92	18386	6833	11553	0.10	0.04	0.06	59.14
93	12201	4527	7674	0.07	0.03	0.04	58.99
94	8703	3120	5583	0.05	0.02	0.03	55.88
95－99岁	**16391**	**5558**	**10833**	**0.09**	**0.03**	**0.06**	**51.31**
95	6312	2288	4024	0.04	0.01	0.02	56.86
96	4351	1426	2925	0.02	0.01	0.02	48.75
97	2839	906	1933	0.02	0.01	0.01	46.87
98	1791	594	1197	0.01		0.01	49.62
99	1098	344	754	0.01			45.62
100岁及以上	**1388**	**394**	**994**	**0.01**		**0.01**	**39.64**

3-2 各地区人口年龄构成(一)

单位：人、%

地区	人口数				比重			
	合计	0-14岁	15-64岁	65岁及以上	合计	0-14岁	15-64岁	65岁及以上
合计	**64567588**	**8681781**	**47319458**	**8566349**	**100.00**	**13.45**	**73.29**	**13.27**
杭州市	**11936010**	**1553544**	**8991062**	**1391404**	**100.00**	**13.02**	**75.33**	**11.66**
上城区	357657	43200	252704	61753	100.00	12.08	70.66	17.27
下城区	485849	57475	344822	83552	100.00	11.83	70.97	17.20
江干区	1487787	192123	1187354	108310	100.00	12.91	79.81	7.28
拱墅区	635136	88694	468809	77633	100.00	13.96	73.81	12.22
西湖区	1112992	151476	849957	111559	100.00	13.61	76.37	10.02
滨江区	503859	69032	399854	34973	100.00	13.70	79.36	6.94
萧山区	2258872	280888	1718073	259911	100.00	12.43	76.06	11.51
余杭区	2402514	324154	1876943	201417	100.00	13.49	78.12	8.38
富阳区	832017	110286	604732	116999	100.00	13.26	72.68	14.06
临安区	634555	75290	462469	96796	100.00	11.87	72.88	15.25
桐庐县	453106	61077	316523	75506	100.00	13.48	69.86	16.66
淳安县	328957	42394	213885	72678	100.00	12.89	65.02	22.09
建德市	442709	57455	294937	90317	100.00	12.98	66.62	20.40
宁波市	**9404283**	**1153372**	**7066722**	**1184189**	**100.00**	**12.26**	**75.14**	**12.59**
海曙区	1041285	126701	783383	131201	100.00	12.17	75.23	12.60
江北区	488885	63462	368040	57383	100.00	12.98	75.28	11.74
北仑区	829448	99204	646875	83369	100.00	11.96	77.99	10.05
镇海区	531830	69211	407063	55556	100.00	13.01	76.54	10.45
鄞州区	1588187	212865	1199865	175457	100.00	13.40	75.55	11.05
奉化区	577505	62622	417935	96948	100.00	10.84	72.37	16.79
象山县	567665	73721	399749	94195	100.00	12.99	70.42	16.59
宁海县	695958	103059	495079	97820	100.00	14.81	71.14	14.06
余姚市	1254032	145281	933489	175262	100.00	11.59	74.44	13.98
慈溪市	1829488	197246	1415244	216998	100.00	10.78	77.36	11.86
温州市	**9572903**	**1462497**	**6989321**	**1121085**	**100.00**	**15.28**	**73.01**	**11.71**
鹿城区	1167165	150135	887673	129357	100.00	12.86	76.05	11.08
龙湾区	725036	96173	579372	49491	100.00	13.26	79.91	6.83
瓯海区	963238	115877	768746	78615	100.00	12.03	79.81	8.16
洞头区	148807	19179	109986	19642	100.00	12.89	73.91	13.20
永嘉县	869624	142557	605573	121494	100.00	16.39	69.64	13.97
平阳县	863088	139327	601938	121823	100.00	16.14	69.74	14.11
苍南县	843962	149723	578846	115393	100.00	17.74	68.59	13.67
文成县	288178	49822	187244	51112	100.00	17.29	64.98	17.74
泰顺县	265980	50660	171693	43627	100.00	19.05	64.55	16.40
瑞安市	1520386	220743	1126498	173145	100.00	14.52	74.09	11.39
乐清市	1452707	243321	1038070	171316	100.00	16.75	71.46	11.79
龙港市	464732	84980	333682	46070	100.00	18.29	71.80	9.91
嘉兴市	**5400868**	**652445**	**3989839**	**758584**	**100.00**	**12.08**	**73.87**	**14.05**
南湖区	839433	108618	621866	108949	100.00	12.94	74.08	12.98
秀洲区	679221	89316	506606	83299	100.00	13.15	74.59	12.26
嘉善县	648160	76191	480063	91906	100.00	11.75	74.07	14.18
海盐县	456775	56870	322189	77716	100.00	12.45	70.54	17.01
海宁市	1076199	120611	809041	146547	100.00	11.21	75.18	13.62
平湖市	671326	76761	485839	108726	100.00	11.43	72.37	16.20
桐乡市	1029754	124078	764235	141441	100.00	12.05	74.22	13.74
湖州市	**3367579**	**402018**	**2443021**	**522540**	**100.00**	**11.94**	**72.55**	**15.52**
吴兴区	1015937	119028	768287	128622	100.00	11.72	75.62	12.66
南浔区	542889	59956	372671	110262	100.00	11.04	68.65	20.31
德清县	548568	63624	397124	87820	100.00	11.60	72.39	16.01
长兴县	673776	85297	474940	113539	100.00	12.66	70.49	16.85
安吉县	586409	74113	429999	82297	100.00	12.64	73.33	14.03

3-2 续表

单位：人、%

地　　区	人　口　数				比　　重			
	合计	0-14岁	15-64岁	65岁及以上	合计	0-14岁	15-64岁	65岁及以上
绍兴市	**5270977**	**626699**	**3790100**	**854178**	**100.00**	**11.89**	**71.91**	**16.21**
越城区	1020037	125154	742116	152767	100.00	12.27	72.75	14.98
柯桥区	1098859	130973	839042	128844	100.00	11.92	76.36	11.73
上虞区	839747	93523	592872	153352	100.00	11.14	70.60	18.26
新昌县	419036	52930	291069	75037	100.00	12.63	69.46	17.91
诸暨市	1218072	148324	865154	204594	100.00	12.18	71.03	16.80
嵊州市	675226	75795	459847	139584	100.00	11.23	68.10	20.67
金华市	**7050683**	**1008570**	**5225016**	**817097**	**100.00**	**14.30**	**74.11**	**11.59**
婺城区	957055	136610	707391	113054	100.00	14.27	73.91	11.81
金东区	506935	66560	380014	60361	100.00	13.13	74.96	11.91
武义县	462462	68766	334964	58732	100.00	14.87	72.43	12.70
浦江县	460726	65522	330411	64793	100.00	14.22	71.72	14.06
磐安县	177161	26303	118700	32158	100.00	14.85	67.00	18.15
兰溪市	574801	76261	384516	114024	100.00	13.27	66.90	19.84
义乌市	1859390	257838	1466804	134748	100.00	13.87	78.89	7.25
东阳市	1087950	162113	781521	144316	100.00	14.90	71.83	13.26
永康市	964203	148597	720695	94911	100.00	15.41	74.75	9.84
衢州市	**2276184**	**335773**	**1520273**	**420138**	**100.00**	**14.75**	**66.79**	**18.46**
柯城区	528847	77845	373399	77603	100.00	14.72	70.61	14.67
衢江区	373920	52412	250786	70722	100.00	14.02	67.07	18.91
常山县	259966	41549	168320	50097	100.00	15.98	64.75	19.27
开化县	258810	41480	164924	52406	100.00	16.03	63.72	20.25
龙游县	360229	45322	242527	72380	100.00	12.58	67.33	20.09
江山市	494412	77165	320317	96930	100.00	15.61	64.79	19.61
舟山市	**1157817**	**113597**	**846372**	**197848**	**100.00**	**9.81**	**73.10**	**17.09**
定海区	500030	57911	363292	78827	100.00	11.58	72.65	15.76
普陀区	382902	37759	280324	64819	100.00	9.86	73.21	16.93
岱山县	207982	12911	155254	39817	100.00	6.21	74.65	19.14
嵊泗县	66903	5016	47502	14385	100.00	7.50	71.00	21.50
台州市	**6622888**	**972849**	**4736097**	**913942**	**100.00**	**14.69**	**71.51**	**13.80**
椒江区	826074	122267	614926	88881	100.00	14.80	74.44	10.76
黄岩区	707453	97960	502944	106549	100.00	13.85	71.09	15.06
路桥区	628934	88483	465452	74999	100.00	14.07	74.01	11.92
三门县	379469	64284	256932	58253	100.00	16.94	67.71	15.35
天台县	474711	77936	317469	79306	100.00	16.42	66.88	16.71
仙居县	431888	75553	286077	70258	100.00	17.49	66.24	16.27
温岭市	1416199	181628	1038157	196414	100.00	12.83	73.31	13.87
临海市	1114146	172853	768489	172804	100.00	15.51	68.98	15.51
玉环市	644014	91885	485651	66478	100.00	14.27	75.41	10.32
丽水市	**2507396**	**400417**	**1721635**	**385344**	**100.00**	**15.97**	**68.66**	**15.37**
莲都区	562116	88511	404645	68960	100.00	15.75	71.99	12.27
青田县	509053	86734	354249	68070	100.00	17.04	69.59	13.37
缙云县	405318	68386	266170	70762	100.00	16.87	65.67	17.46
遂昌县	194385	25597	130868	37920	100.00	13.17	67.32	19.51
松阳县	204880	31240	139159	34481	100.00	15.25	67.92	16.83
云和县	129216	19566	90670	18980	100.00	15.14	70.17	14.69
庆元县	142551	22993	95246	24312	100.00	16.13	66.82	17.05
景宁畲族自治县	111011	19050	72121	19840	100.00	17.16	64.97	17.87
龙泉市	248866	38340	168507	42019	100.00	15.41	67.71	16.88

3-2a　各地区人口年龄构成(一)(城市)

单位：人、%

地　　区	人　口　数				比　　重			
	合计	0-14岁	15-64岁	65岁及以上	合计	0-14岁	15-64岁	65岁及以上
合计	**33083792**	**4580804**	**25266881**	**3236107**	**100.00**	**13.85**	**76.37**	**9.78**
杭州市	**8886842**	**1190271**	**6860988**	**835583**	**100.00**	**13.39**	**77.20**	**9.40**
上城区	357657	43200	252704	61753	100.00	12.08	70.66	17.27
下城区	485849	57475	344822	83552	100.00	11.83	70.97	17.20
江干区	1487787	192123	1187354	108310	100.00	12.91	79.81	7.28
拱墅区	635136	88694	468809	77633	100.00	13.96	73.81	12.22
西湖区	1080301	147147	827100	106054	100.00	13.62	76.56	9.82
滨江区	503859	69032	399854	34973	100.00	13.70	79.36	6.94
萧山区	1656972	214284	1284595	158093	100.00	12.93	77.53	9.54
余杭区	1672308	231892	1332449	107967	100.00	13.87	79.68	6.46
富阳区	556041	81676	419775	54590	100.00	14.69	75.49	9.82
临安区	305814	42713	240371	22730	100.00	13.97	78.60	7.43
桐庐县								
淳安县								
建德市	145118	22035	103155	19928	100.00	15.18	71.08	13.73
宁波市	**5440000**	**706791**	**4158958**	**574251**	**100.00**	**12.99**	**76.45**	**10.56**
海曙区	879210	111013	669002	99195	100.00	12.63	76.09	11.28
江北区	405870	55842	305269	44759	100.00	13.76	75.21	11.03
北仑区	584792	77716	461368	45708	100.00	13.29	78.89	7.82
镇海区	441037	60162	337655	43220	100.00	13.64	76.56	9.80
鄞州区	1005375	147249	760268	97858	100.00	14.65	75.62	9.73
奉化区	292551	37673	220097	34781	100.00	12.88	75.23	11.89
象山县								
宁海县								
余姚市	769271	96339	588774	84158	100.00	12.52	76.54	10.94
慈溪市	1061894	120797	816525	124572	100.00	11.38	76.89	11.73
温州市	**4671682**	**684878**	**3569897**	**416907**	**100.00**	**14.66**	**76.42**	**8.92**
鹿城区	1048834	136477	798601	113756	100.00	13.01	76.14	10.85
龙湾区	475693	66288	373726	35679	100.00	13.94	78.56	7.50
瓯海区	786250	94522	635965	55763	100.00	12.02	80.89	7.09
洞头区	71034	10585	52419	8030	100.00	14.90	73.79	11.30
永嘉县								
平阳县								
苍南县								
文成县								
泰顺县								
瑞安市	978740	149260	744860	84620	100.00	15.25	76.10	8.65
乐清市	879088	148252	651861	78975	100.00	16.86	74.15	8.98
龙港市	432043	79494	312465	40084	100.00	18.40	72.32	9.28
嘉兴市	**2237631**	**303951**	**1704933**	**228747**	**100.00**	**13.58**	**76.19**	**10.22**
南湖区	679124	91889	505616	81619	100.00	13.53	74.45	12.02
秀洲区	308440	46118	237368	24954	100.00	14.95	76.96	8.09
嘉善县								
海盐县								
海宁市	424472	54190	323431	46851	100.00	12.77	76.20	11.04
平湖市	292661	40678	219724	32259	100.00	13.90	75.08	11.02
桐乡市	532934	71076	418794	43064	100.00	13.34	78.58	8.08
湖州市	**745028**	**103789**	**550229**	**91010**	**100.00**	**13.93**	**73.85**	**12.22**
吴兴区	569140	78183	418955	72002	100.00	13.74	73.61	12.65
南浔区	175888	25606	131274	19008	100.00	14.56	74.63	10.81
德清县								
长兴县								
安吉县								

3-2a 续表

单位：人、%

地　区	人口数				比重			
	合计	0-14岁	15-64岁	65岁及以上	合计	0-14岁	15-64岁	65岁及以上
绍兴市	**3077469**	**406894**	**2311017**	**359558**	**100.00**	**13.22**	**75.09**	**11.68**
越城区	856847	108504	631632	116711	100.00	12.66	73.72	13.62
柯桥区	788867	105853	607655	75359	100.00	13.42	77.03	9.55
上虞区	520981	66625	386615	67741	100.00	12.79	74.21	13.00
新昌县								
诸暨市	589056	80835	448461	59760	100.00	13.72	76.13	10.15
嵊州市	321718	45077	236654	39987	100.00	14.01	73.56	12.43
金华市	**3251595**	**480360**	**2539085**	**232150**	**100.00**	**14.77**	**78.09**	**7.14**
婺城区	660508	98519	505725	56264	100.00	14.92	76.57	8.52
金东区	143104	19608	112138	11358	100.00	13.70	78.36	7.94
武义县								
浦江县								
磐安县								
兰溪市	253055	35124	180338	37593	100.00	13.88	71.26	14.86
义乌市	1184150	170882	955815	57453	100.00	14.43	80.72	4.85
东阳市	463055	72746	354939	35370	100.00	15.71	76.65	7.64
永康市	547723	83481	430130	34112	100.00	15.24	78.53	6.23
衢州市	**754014**	**124248**	**543338**	**86428**	**100.00**	**16.48**	**72.06**	**11.46**
柯城区	393821	61306	286099	46416	100.00	15.57	72.65	11.79
衢江区	137722	23478	102793	11451	100.00	17.05	74.64	8.31
常山县								
开化县								
龙游县	1202	130	801	271	100.00	10.82	66.64	22.55
江山市	221269	39334	153645	28290	100.00	17.78	69.44	12.79
舟山市	**596041**	**73776**	**448130**	**74135**	**100.00**	**12.38**	**75.18**	**12.44**
定海区	349276	45007	261113	43156	100.00	12.89	74.76	12.36
普陀区	246765	28769	187017	30979	100.00	11.66	75.79	12.55
岱山县								
嵊泗县								
台州市	**2864147**	**413717**	**2164637**	**285793**	**100.00**	**14.44**	**75.58**	**9.98**
椒江区	621361	92983	468388	59990	100.00	14.96	75.38	9.65
黄岩区	409407	58709	305071	45627	100.00	14.34	74.52	11.14
路桥区	307644	46321	230759	30564	100.00	15.06	75.01	9.93
三门县								
天台县								
仙居县								
温岭市	654968	84720	507173	63075	100.00	12.93	77.43	9.63
临海市	417795	65137	306910	45748	100.00	15.59	73.46	10.95
玉环市	452972	65847	346336	40789	100.00	14.54	76.46	9.00
丽水市	**559343**	**92129**	**415669**	**51545**	**100.00**	**16.47**	**74.31**	**9.22**
莲都区	408801	66259	306966	35576	100.00	16.21	75.09	8.70
青田县								
缙云县								
遂昌县								
松阳县								
云和县								
庆元县								
景宁畲族自治县								
龙泉市	150542	25870	108703	15969	100.00	17.18	72.21	10.61

3-2b 各地区人口年龄构成(一)(镇)

单位：人、%

地 区	人口数				比重			
	合计	0-14岁	15-64岁	65岁及以上	合计	0-14岁	15-64岁	65岁及以上
合计	**13514673**	**1947943**	**9991978**	**1574752**	**100.00**	**14.41**	**73.93**	**11.65**
杭州市	**1055239**	**147596**	**778909**	**128734**	**100.00**	**13.99**	**73.81**	**12.20**
上城区								
下城区								
江干区								
拱墅区								
西湖区	473	66	310	97	100.00	13.95	65.54	20.51
滨江区								
萧山区	124680	12799	97077	14804	100.00	10.27	77.86	11.87
余杭区	270466	38870	205531	26065	100.00	14.37	75.99	9.64
富阳区	28155	2964	19237	5954	100.00	10.53	68.33	21.15
临安区	70534	9082	50973	10479	100.00	12.88	72.27	14.86
桐庐县	318780	47096	233528	38156	100.00	14.77	73.26	11.97
淳安县	153611	24400	111542	17669	100.00	15.88	72.61	11.50
建德市	88540	12319	60711	15510	100.00	13.91	68.57	17.52
宁波市	**1895604**	**248944**	**1441299**	**205361**	**100.00**	**13.13**	**76.03**	**10.83**
海曙区	27165	2631	19131	5403	100.00	9.69	70.43	19.89
江北区								
北仑区	51660	5709	41940	4011	100.00	11.05	81.18	7.76
镇海区	39005	4874	29776	4355	100.00	12.50	76.34	11.17
鄞州区	297089	37876	225291	33922	100.00	12.75	75.83	11.42
奉化区	54061	6372	40050	7639	100.00	11.79	74.08	14.13
象山县	348453	52619	258779	37055	100.00	15.10	74.27	10.63
宁海县	437960	71203	324559	42198	100.00	16.26	74.11	9.64
余姚市	244595	27672	181075	35848	100.00	11.31	74.03	14.66
慈溪市	395616	39988	320698	34930	100.00	10.11	81.06	8.83
温州市	**2236307**	**380882**	**1619460**	**235965**	**100.00**	**17.03**	**72.42**	**10.55**
鹿城区	6896	1075	4927	894	100.00	15.59	71.45	12.96
龙湾区	248220	29735	204745	13740	100.00	431.19	2969.04	199.25
瓯海区	16124	1708	12408	2008	100.00	10.59	76.95	12.45
洞头区	7571	1188	5085	1298	100.00	15.69	67.16	17.14
永嘉县	482975	82114	356052	44809	100.00	17.00	73.72	9.28
平阳县	532286	90575	381220	60491	100.00	17.02	71.62	11.36
苍南县	575197	107774	404405	63018	100.00	18.74	70.31	10.96
文成县	125062	23879	82064	19119	100.00	19.09	65.62	15.29
泰顺县	119245	24242	80819	14184	100.00	20.33	67.78	11.89
瑞安市	33991	4896	23018	6077	100.00	14.40	67.72	17.88
乐清市	70497	10379	52696	7422	100.00	14.72	74.75	10.53
龙港市	18243	3317	12021	2905	100.00	18.18	65.89	15.92
嘉兴市	**1615301**	**201895**	**1214336**	**199070**	**100.00**	**12.50**	**75.18**	**12.32**
南湖区	56312	7137	41851	7324	100.00	12.67	74.32	13.01
秀洲区	144445	19306	109792	15347	100.00	13.37	76.01	10.62
嘉善县	473639	62204	361209	50226	100.00	13.13	76.26	10.60
海盐县	297920	41475	216663	39782	100.00	13.92	72.73	13.35
海宁市	328303	35253	254763	38287	100.00	10.74	77.60	11.66
平湖市	156975	18422	114694	23859	100.00	11.74	73.07	15.20
桐乡市	157707	18098	115364	24245	100.00	11.48	73.15	15.37
湖州市	**1465543**	**182776**	**1113885**	**168882**	**100.00**	**12.47**	**76.00**	**11.52**
吴兴区	207609	17222	179609	10778	100.00	8.30	86.51	5.19
南浔区	131316	15030	93128	23158	100.00	11.45	70.92	17.64
德清县	341128	43799	256513	40816	100.00	12.84	75.20	11.97
长兴县	430311	58589	312331	59391	100.00	13.62	72.58	13.80
安吉县	355179	48136	272304	34739	100.00	13.55	76.67	9.78

3-2b 续表 单位：人、%

地区	人口数				比重			
	合计	0-14岁	15-64岁	65岁及以上	合计	0-14岁	15-64岁	65岁及以上
绍兴市	**665897**	**79047**	**496514**	**90336**	**100.00**	**11.87**	**74.56**	**13.57**
越城区	4023	412	2761	850	100.00	10.24	68.63	21.13
柯桥区	114194	7251	98188	8755	100.00	6.35	85.98	7.67
上虞区	48168	4897	33500	9771	100.00	10.17	69.55	20.29
新昌县	261282	39491	193050	28741	100.00	15.11	73.89	11.00
诸暨市	173861	21402	126842	25617	100.00	12.31	72.96	14.73
嵊州市	64369	5594	42173	16602	100.00	8.69	65.52	25.79
金华市	**1556545**	**228074**	**1181097**	**147374**	**100.00**	**14.65**	**75.88**	**9.47**
婺城区	75197	13130	53913	8154	100.00	17.46	71.70	10.84
金东区	162139	20900	128675	12564	100.00	12.89	79.36	7.75
武义县	287898	46196	218679	23023	100.00	16.05	75.96	8.00
浦江县	209274	33190	154391	21693	100.00	15.86	73.77	10.37
磐安县	93187	15490	66957	10740	100.00	16.62	71.85	11.53
兰溪市	65110	8192	44255	12663	100.00	12.58	67.97	19.45
义乌市	297234	35365	242405	19464	100.00	11.90	81.55	6.55
东阳市	275666	41429	204194	30043	100.00	15.03	74.07	10.90
永康市	90840	14182	67628	9030	100.00	15.61	74.45	9.94
衢州市	**556484**	**85955**	**384827**	**85702**	**100.00**	**15.45**	**69.15**	**15.40**
柯城区	11937	1459	8164	2314	100.00	12.22	68.39	19.39
衢江区	33208	4017	21349	7842	100.00	12.10	64.29	23.61
常山县	127705	20419	88614	18672	100.00	15.99	69.39	14.62
开化县	131023	23989	89775	17259	100.00	18.31	68.52	13.17
龙游县	184611	25725	133657	25229	100.00	13.93	72.40	13.67
江山市	68000	10346	43268	14386	100.00	15.21	63.63	21.16
舟山市	**236349**	**19400**	**180241**	**36708**	**100.00**	**8.21**	**76.26**	**15.53**
定海区	30300	3536	21817	4947	100.00	11.67	72.00	16.33
普陀区	19312	1432	14289	3591	100.00	7.42	73.99	18.59
岱山县	142851	10478	112176	20197	100.00	7.33	78.53	14.14
嵊泗县	43886	3954	31959	7973	100.00	9.01	72.82	18.17
台州市	**1240565**	**198153**	**889499**	**152913**	**100.00**	**15.97**	**71.70**	**12.33**
椒江区	5276	508	4398	370	100.00	9.63	83.36	7.01
黄岩区	36301	5207	25033	6061	100.00	14.34	68.96	16.70
路桥区	105513	13957	79976	11580	100.00	13.23	75.80	10.97
三门县	202924	36134	144753	22037	100.00	17.81	71.33	10.86
天台县	251383	44704	176847	29832	100.00	17.78	70.35	11.87
仙居县	223978	40361	156952	26665	100.00	18.02	70.07	11.91
温岭市	265945	32706	197825	35414	100.00	12.30	74.39	13.32
临海市	133663	22178	92190	19295	100.00	16.59	68.97	14.44
玉环市	15582	2398	11525	1659	100.00	15.39	73.96	10.65
丽水市	**990839**	**175221**	**691911**	**123707**	**100.00**	**17.68**	**69.83**	**12.49**
莲都区	20832	3569	13640	3623	100.00	17.13	65.48	17.39
青田县	270319	49748	187867	32704	100.00	18.40	69.50	12.10
缙云县	230304	42952	158658	28694	100.00	18.65	68.89	12.46
遂昌县	106969	16419	76580	13970	100.00	15.35	71.59	13.06
松阳县	97751	15951	70228	11572	100.00	16.32	71.84	11.84
云和县	94499	15181	68260	11058	100.00	16.06	72.23	11.70
庆元县	90524	16328	62884	11312	100.00	18.04	69.47	12.50
景宁畲族自治县	64616	12801	43900	7915	100.00	19.81	67.94	12.25
龙泉市	15025	2272	9894	2859	100.00	15.12	65.85	19.03

3-2c 各地区人口年龄构成(一)(乡村)

单位：人、%

地区	人口数				比重			
	合计	0-14岁	15-64岁	65岁及以上	合计	0-14岁	15-64岁	65岁及以上
合计	**17969123**	**2153034**	**12060599**	**3755490**	**100.00**	**11.98**	**67.12**	**20.90**
杭州市	**1993929**	**215677**	**1351165**	**427087**	**100.00**	**10.82**	**67.76**	**21.42**
上城区								
下城区								
江干区								
拱墅区								
西湖区	32218	4263	22547	5408	100.00	13.23	69.98	16.79
滨江区								
萧山区	477220	53805	336401	87014	100.00	11.27	70.49	18.23
余杭区	459740	53392	338963	67385	100.00	11.61	73.73	14.66
富阳区	247821	25646	165720	56455	100.00	10.35	66.87	22.78
临安区	258207	23495	171125	63587	100.00	9.10	66.27	24.63
桐庐县	134326	13981	82995	37350	100.00	10.41	61.79	27.81
淳安县	175346	17994	102343	55009	100.00	10.26	58.37	31.37
建德市	209051	23101	131071	54879	100.00	11.05	62.70	26.25
宁波市	**2068679**	**197637**	**1466465**	**404577**	**100.00**	**9.55**	**70.89**	**19.56**
海曙区	134910	13057	95250	26603	100.00	9.68	70.60	19.72
江北区	83015	7620	62771	12624	100.00	9.18	75.61	15.21
北仑区	192996	15779	143567	33650	100.00	8.18	74.39	17.44
镇海区	51788	4175	39632	7981	100.00	8.06	76.53	15.41
鄞州区	285723	27740	214306	43677	100.00	9.71	75.00	15.29
奉化区	230893	18577	157788	54528	100.00	8.05	68.34	23.62
象山县	219212	21102	140970	57140	100.00	9.63	64.31	26.07
宁海县	257998	31856	170520	55622	100.00	12.35	66.09	21.56
余姚市	240166	21270	163640	55256	100.00	8.86	68.14	23.01
慈溪市	371978	36461	278021	57496	100.00	9.80	74.74	15.46
温州市	**2664914**	**396737**	**1799964**	**468213**	**100.00**	**14.89**	**67.54**	**17.57**
鹿城区	111435	12583	84145	14707	100.00	11.29	75.51	13.20
龙湾区	1123	150	901	72	100.00	0.13	0.81	0.06
瓯海区	160864	19647	120373	20844	100.00	12.21	74.83	12.96
洞头区	70202	7406	52482	10314	100.00	10.55	74.76	14.69
永嘉县	386649	60443	249521	76685	100.00	15.63	64.53	19.83
平阳县	330802	48752	220718	61332	100.00	14.74	66.72	18.54
苍南县	268765	41949	174441	52375	100.00	15.61	64.90	19.49
文成县	163116	25943	105180	31993	100.00	15.90	64.48	19.61
泰顺县	146735	26418	90874	29443	100.00	18.00	61.93	20.07
瑞安市	507655	66587	358620	82448	100.00	13.12	70.64	16.24
乐清市	503122	84690	333513	84919	100.00	16.83	66.29	16.88
龙港市	14446	2169	9196	3081	100.00	15.01	63.66	21.33
嘉兴市	**1547936**	**146599**	**1070570**	**330767**	**100.00**	**9.47**	**69.16**	**21.37**
南湖区	103997	9592	74399	20006	100.00	9.22	71.54	19.24
秀洲区	226336	23892	159446	42998	100.00	10.56	70.45	19.00
嘉善县	174521	13987	118854	41680	100.00	8.01	68.10	23.88
海盐县	158855	15395	105526	37934	100.00	9.69	66.43	23.88
海宁市	323424	31168	230847	61409	100.00	9.64	71.38	18.99
平湖市	221690	17661	151421	52608	100.00	7.97	68.30	23.73
桐乡市	339113	34904	230077	74132	100.00	10.29	67.85	21.86
湖州市	**1157008**	**115453**	**778907**	**262648**	**100.00**	**9.98**	**67.32**	**22.70**
吴兴区	239188	23623	169723	45842	100.00	9.88	70.96	19.17
南浔区	235685	19320	148269	68096	100.00	8.20	62.91	28.89
德清县	207440	19825	140611	47004	100.00	9.56	67.78	22.66
长兴县	243465	26708	162609	54148	100.00	10.97	66.79	22.24
安吉县	231230	25977	157695	47558	100.00	11.23	68.20	20.57

3–2c 续表

单位：人、%

地　区	人口数				比重			
	合计	0–14岁	15–64岁	65岁及以上	合计	0–14岁	15–64岁	65岁及以上
绍兴市	**1527611**	**140758**	**982569**	**404284**	**100.00**	**9.21**	**64.32**	**26.47**
越城区	159167	16238	107723	35206	100.00	10.20	67.68	22.12
柯桥区	195798	17869	133199	44730	100.00	9.13	68.03	22.84
上虞区	270598	22001	172757	75840	100.00	8.13	63.84	28.03
新昌县	157754	13439	98019	46296	100.00	8.52	62.13	29.35
诸暨市	455155	46087	289851	119217	100.00	10.13	63.68	26.19
嵊州市	289139	25124	181020	82995	100.00	8.69	62.61	28.70
金华市	**2242543**	**300136**	**1504834**	**437573**	**100.00**	**13.38**	**67.10**	**19.51**
婺城区	221350	24961	147753	48636	100.00	11.28	66.75	21.97
金东区	201692	26052	139201	36439	100.00	12.92	69.02	18.07
武义县	174564	22570	116285	35709	100.00	12.93	66.61	20.46
浦江县	251452	32332	176020	43100	100.00	12.86	70.00	17.14
磐安县	83974	10813	51743	21418	100.00	12.88	61.62	25.51
兰溪市	256636	32945	159923	63768	100.00	12.84	62.32	24.85
义乌市	378006	51591	268584	57831	100.00	13.65	71.05	15.30
东阳市	349229	47938	222388	78903	100.00	13.73	63.68	22.59
永康市	325640	50934	222937	51769	100.00	15.64	68.46	15.90
衢州市	**965686**	**125570**	**592108**	**248008**	**100.00**	**13.00**	**61.31**	**25.68**
柯城区	123089	15080	79136	28873	100.00	12.25	64.29	23.46
衢江区	202990	24917	126644	51429	100.00	12.27	62.39	25.34
常山县	132261	21130	79706	31425	100.00	15.98	60.26	23.76
开化县	127787	17491	75149	35147	100.00	13.69	58.81	27.50
龙游县	174416	19467	108069	46880	100.00	11.16	61.96	26.88
江山市	205143	27485	123404	54254	100.00	13.40	60.16	26.45
舟山市	**325427**	**20421**	**218001**	**87005**	**100.00**	**6.28**	**66.99**	**26.74**
定海区	120454	9368	80362	30724	100.00	7.78	66.72	25.51
普陀区	116825	7558	79018	30249	100.00	6.47	67.64	25.89
岱山县	65131	2433	43078	19620	100.00	3.74	66.14	30.12
嵊泗县	23017	1062	15543	6412	100.00	4.61	67.53	27.86
台州市	**2518176**	**360979**	**1681961**	**475236**	**100.00**	**14.33**	**66.79**	**18.87**
椒江区	199437	28776	142140	28521	100.00	14.43	71.27	14.30
黄岩区	261745	34044	172840	54861	100.00	13.01	66.03	20.96
路桥区	215777	28205	154717	32855	100.00	13.07	71.70	15.23
三门县	176545	28150	112179	36216	100.00	15.94	63.54	20.51
天台县	223328	33232	140622	49474	100.00	14.88	62.97	22.15
仙居县	207910	35192	129125	43593	100.00	16.93	62.11	20.97
温岭市	495286	64202	333159	97925	100.00	12.96	67.27	19.77
临海市	562688	85538	369389	107761	100.00	15.20	65.65	19.15
玉环市	175460	23640	127790	24030	100.00	13.47	72.83	13.70
丽水市	**957214**	**133067**	**614055**	**210092**	**100.00**	**13.90**	**64.15**	**21.95**
莲都区	132483	18683	84039	29761	100.00	14.10	63.43	22.46
青田县	238734	36986	166382	35366	100.00	15.49	69.69	14.81
缙云县	175014	25434	107512	42068	100.00	14.53	61.43	24.04
遂昌县	87416	9178	54288	23950	100.00	10.50	62.10	27.40
松阳县	107129	15289	68931	22909	100.00	14.27	64.34	21.38
云和县	34717	4385	22410	7922	100.00	12.63	64.55	22.82
庆元县	52027	6665	32362	13000	100.00	12.81	62.20	24.99
景宁畲族自治县	46395	6249	28221	11925	100.00	13.47	60.83	25.70
龙泉市	83299	10198	49910	23191	100.00	12.24	59.92	27.84

3-3　各地区人口年龄构成(二)

单位：人、%

地　区	人口数				比重			
	合计	0-15岁	16-59岁	60岁及以上	合计	0-15岁	16-59岁	60岁及以上
合计	**64567588**	**9229598**	**43265306**	**12072684**	**100.00**	**14.29**	**67.01**	**18.70**
杭州市	**11936010**	**1633052**	**8289661**	**2013297**	**100.00**	**13.68**	**69.45**	**16.87**
上城区	357657	45212	225518	86927	100.00	12.64	63.05	24.30
下城区	485849	60460	310140	115249	100.00	12.44	63.83	23.72
江干区	1487787	199585	1121520	166682	100.00	13.41	75.38	11.20
拱墅区	635136	92723	428382	114031	100.00	14.60	67.45	17.95
西湖区	1112992	159146	794478	159368	100.00	14.30	71.38	14.32
滨江区	503859	72003	377422	54434	100.00	14.29	74.91	10.80
萧山区	2258872	296229	1588896	373747	100.00	13.11	70.34	16.55
余杭区	2402514	339029	1759986	303499	100.00	14.11	73.26	12.63
富阳区	832017	117748	547239	167030	100.00	14.15	65.77	20.08
临安区	634555	79986	412435	142134	100.00	12.61	65.00	22.40
桐庐县	453106	64764	283878	104464	100.00	14.29	62.65	23.06
淳安县	328957	45313	182560	101084	100.00	13.77	55.50	30.73
建德市	442709	60854	257207	124648	100.00	13.75	58.10	28.16
宁波市	**9404283**	**1220341**	**6481376**	**1702566**	**100.00**	**12.98**	**68.92**	**18.10**
海曙区	1041285	133780	720038	187467	100.00	12.85	69.15	18.00
江北区	488885	66957	338247	83681	100.00	13.70	69.19	17.12
北仑区	829448	104130	604245	121073	100.00	12.55	72.85	14.60
镇海区	531830	72611	378638	80581	100.00	13.65	71.20	15.15
鄞州区	1588187	224206	1109395	254586	100.00	14.12	69.85	16.03
奉化区	577505	66824	375113	135568	100.00	11.57	64.95	23.47
象山县	567665	78757	353039	135869	100.00	13.87	62.19	23.93
宁海县	695958	110090	445455	140413	100.00	15.82	64.01	20.18
余姚市	1254032	154047	850210	249775	100.00	12.28	67.80	19.92
慈溪市	1829488	208939	1306996	313553	100.00	11.42	71.44	17.14
温州市	**9572903**	**1558943**	**6434251**	**1579709**	**100.00**	**16.28**	**67.21**	**16.50**
鹿城区	1167165	159329	819996	187840	100.00	13.65	70.26	16.09
龙湾区	725036	102837	548421	73778	100.00	8.81	46.99	6.32
瓯海区	963238	123578	724880	114780	100.00	12.83	75.25	11.92
洞头区	148807	21275	99344	28188	100.00	14.30	66.76	18.94
永嘉县	869624	153078	549183	167363	100.00	17.60	63.15	19.25
平阳县	863088	149484	543667	169937	100.00	17.32	62.99	19.69
苍南县	843962	159695	523490	160777	100.00	18.92	62.03	19.05
文成县	288178	53353	167880	66945	100.00	18.51	58.26	23.23
泰顺县	265980	53804	152550	59626	100.00	20.23	57.35	22.42
瑞安市	1520386	235245	1038226	246915	100.00	15.47	68.29	16.24
乐清市	1452707	257947	957075	237685	100.00	17.76	65.88	16.36
龙港市	464732	89318	309539	65875	100.00	19.22	66.61	14.17
嘉兴市	**5400868**	**688327**	**3669979**	**1042562**	**100.00**	**12.74**	**67.95**	**19.30**
南湖区	839433	115219	571167	153047	100.00	13.73	68.04	18.23
秀洲区	679221	92931	471196	115094	100.00	13.68	69.37	16.95
嘉善县	648160	80360	445851	121949	100.00	12.40	68.79	18.81
海盐县	456775	60190	290183	106402	100.00	13.18	63.53	23.29
海宁市	1076199	127415	745021	203763	100.00	11.84	69.23	18.93
平湖市	671326	81220	442389	147717	100.00	12.10	65.90	22.00
桐乡市	1029754	130992	704172	194590	100.00	12.72	68.38	18.90
湖州市	**3367579**	**426621**	**2222237**	**718721**	**100.00**	**12.67**	**65.99**	**21.34**
吴兴区	1015937	125936	709994	180007	100.00	12.40	69.89	17.72
南浔区	542889	62965	333766	146158	100.00	11.60	61.48	26.92
德清县	548568	67728	357131	123709	100.00	12.35	65.10	22.55
长兴县	673776	91257	428659	153860	100.00	13.54	63.62	22.84
安吉县	586409	78735	392687	114987	100.00	13.43	66.96	19.61

3-3 续表

单位：人、%

地　区	人　口　数				比　重			
	合计	0-15岁	16-59岁	60岁及以上	合计	0-15岁	16-59岁	60岁及以上
绍兴市	**5270977**	**674955**	**3405091**	**1190931**	**100.00**	**12.81**	**64.60**	**22.59**
越城区	1020037	133704	673746	212587	100.00	13.11	66.05	20.84
柯桥区	1098859	138886	778463	181510	100.00	12.64	70.84	16.52
上虞区	839747	100351	528432	210964	100.00	11.95	62.93	25.12
新昌县	419036	57198	252747	109091	100.00	13.65	60.32	26.03
诸暨市	1218072	163018	773555	281499	100.00	13.38	63.51	23.11
嵊州市	675226	81798	398148	195280	100.00	12.11	58.97	28.92
金华市	**7050683**	**1069877**	**4851568**	**1129238**	**100.00**	**15.17**	**68.81**	**16.02**
婺城区	957055	146055	650617	160383	100.00	15.26	67.98	16.76
金东区	506935	71228	351481	84226	100.00	14.05	69.33	16.61
武义县	462462	72192	307688	82582	100.00	15.61	66.53	17.86
浦江县	460726	70596	301992	88138	100.00	15.32	65.55	19.13
磐安县	177161	28375	105268	43518	100.00	16.02	59.42	24.56
兰溪市	574801	82613	338870	153318	100.00	14.37	58.95	26.67
义乌市	1859390	270084	1398652	190654	100.00	14.53	75.22	10.25
东阳市	1087950	171740	719453	196757	100.00	15.79	66.13	18.09
永康市	964203	156994	677547	129662	100.00	16.28	70.27	13.45
衢州市	**2276184**	**360067**	**1336965**	**579152**	**100.00**	**15.82**	**58.74**	**25.44**
柯城区	528847	83155	336556	109136	100.00	15.72	63.64	20.64
衢江区	373920	56251	220027	97642	100.00	15.04	58.84	26.11
常山县	259966	44257	146386	69323	100.00	17.02	56.31	26.67
开化县	258810	44335	140434	74041	100.00	17.13	54.26	28.61
龙游县	360229	48989	214180	97060	100.00	13.60	59.46	26.94
江山市	494412	83080	279382	131950	100.00	16.80	56.51	26.69
舟山市	**1157817**	**120603**	**749121**	**288093**	**100.00**	**10.42**	**64.70**	**24.88**
定海区	500030	61684	324512	113834	100.00	12.34	64.90	22.77
普陀区	382902	39819	247218	95865	100.00	10.40	64.56	25.04
岱山县	207982	13760	136770	57452	100.00	6.62	65.76	27.62
嵊泗县	66903	5340	40621	20942	100.00	7.98	60.72	31.30
台州市	**6622888**	**1046417**	**4280602**	**1295869**	**100.00**	**15.80**	**64.63**	**19.57**
椒江区	826074	129892	569307	126875	100.00	15.72	68.92	15.36
黄岩区	707453	104261	455576	147616	100.00	14.74	64.40	20.87
路桥区	628934	94235	430450	104249	100.00	14.98	68.44	16.58
三门县	379469	69510	226024	83935	100.00	18.32	59.56	22.12
天台县	474711	85172	276909	112630	100.00	17.94	58.33	23.73
仙居县	431888	84141	248105	99642	100.00	19.48	57.45	23.07
温岭市	1416199	194224	945105	276870	100.00	13.71	66.74	19.55
临海市	1114146	187807	681457	244882	100.00	16.86	61.16	21.98
玉环市	644014	97175	447669	99170	100.00	15.09	69.51	15.40
丽水市	**2507396**	**430395**	**1544455**	**532546**	**100.00**	**17.17**	**61.60**	**21.24**
莲都区	562116	94611	369144	98361	100.00	16.83	65.67	17.50
青田县	509053	93933	319220	95900	100.00	18.45	62.71	18.84
缙云县	405318	73536	235502	96280	100.00	18.14	58.10	23.75
遂昌县	194385	27662	113672	53051	100.00	14.23	58.48	27.29
松阳县	204880	33534	123370	47976	100.00	16.37	60.22	23.42
云和县	129216	20814	82208	26194	100.00	16.11	63.62	20.27
庆元县	142551	24742	85435	32374	100.00	17.36	59.93	22.71
景宁畲族自治县	111011	20520	64007	26484	100.00	18.48	57.66	23.86
龙泉市	248866	41043	151897	55926	100.00	16.49	61.04	22.47

3–3a　各地区人口年龄构成(二)(城市)

单位：人、%

地　区	人口数				比重			
	合计	0–15岁	16–59岁	60岁及以上	合计	0–15岁	16–59岁	60岁及以上
合计	**33083792**	**4867890**	**23481463**	**4734439**	**100.00**	**14.71**	**70.98**	**14.31**
杭州市	**8886842**	**1248569**	**6401625**	**1236648**	**100.00**	**14.05**	**72.03**	**13.92**
上城区	357657	45212	225518	86927	100.00	12.64	63.05	24.30
下城区	485849	60460	310140	115249	100.00	12.44	63.83	23.72
江干区	1487787	199585	1121520	166682	100.00	13.41	75.38	11.20
拱墅区	635136	92723	428382	114031	100.00	14.60	67.45	17.95
西湖区	1080301	154659	773712	151930	100.00	14.32	71.62	14.06
滨江区	503859	72003	377422	54434	100.00	14.29	74.91	10.80
萧山区	1656972	226103	1198748	232121	100.00	13.65	72.35	14.01
余杭区	1672308	241590	1262317	168401	100.00	14.45	75.48	10.07
富阳区	556041	86921	387181	81939	100.00	15.63	69.63	14.74
临安区	305814	45570	224219	36025	100.00	14.90	73.32	11.78
桐庐县								
淳安县								
建德市	145118	23743	92466	28909	100.00	16.36	63.72	19.92
宁波市	**5440000**	**747118**	**3854855**	**838027**	**100.00**	**13.73**	**70.86**	**15.40**
海曙区	879210	116991	619184	143035	100.00	13.31	70.43	16.27
江北区	405870	58846	280790	66234	100.00	14.50	69.18	16.32
北仑区	584792	81801	434678	68313	100.00	13.99	74.33	11.68
镇海区	441037	63224	314684	63129	100.00	14.34	71.35	14.31
鄞州区	1005375	155015	705769	144591	100.00	15.42	70.20	14.38
奉化区	292551	40066	201684	50801	100.00	13.70	68.94	17.36
象山县								
宁海县								
余姚市	769271	102675	544417	122179	100.00	13.35	70.77	15.88
慈溪市	1061894	128500	753649	179745	100.00	12.10	70.97	16.93
温州市	**4671682**	**729281**	**3329557**	**612844**	**100.00**	**15.61**	**71.27**	**13.12**
鹿城区	1048834	144643	737692	166499	100.00	13.79	70.33	15.87
龙湾区	475693	71157	351612	52924	100.00	6.78	33.52	5.05
瓯海区	786250	100653	602177	83420	100.00	12.80	76.59	10.61
洞头区	71034	11433	47601	12000	100.00	16.10	67.01	16.89
永嘉县								
平阳县								
苍南县								
文成县								
泰顺县								
瑞安市	978740	158987	692424	127329	100.00	16.24	70.75	13.01
乐清市	879088	158754	607953	112381	100.00	18.06	69.16	12.78
龙港市	432043	83654	290098	58291	100.00	19.36	67.15	13.49
嘉兴市	**2237631**	**323731**	**1585888**	**328012**	**100.00**	**14.47**	**70.87**	**14.66**
南湖区	679124	97950	466155	115019	100.00	14.42	68.64	16.94
秀洲区	308440	48237	223224	36979	100.00	15.64	72.37	11.99
嘉善县								
海盐县								
海宁市	424472	58255	298992	67225	100.00	13.72	70.44	15.84
平湖市	292661	43533	202883	46245	100.00	14.87	69.32	15.80
桐乡市	532934	75756	394634	62544	100.00	14.21	74.05	11.74
湖州市	**745028**	**109876**	**505433**	**129719**	**100.00**	**14.75**	**67.84**	**17.41**
吴兴区	569140	83103	382882	103155	100.00	14.60	67.27	18.12
南浔区	175888	26773	122551	26564	100.00	15.22	69.68	15.10
德清县								
长兴县								
安吉县								

3-3a 续表

单位：人、%

地区	人口数				比重			
	合计	0-15岁	16-59岁	60岁及以上	合计	0-15岁	16-59岁	60岁及以上
绍兴市	**3077469**	**440035**	**2122022**	**515412**	**100.00**	**14.30**	**68.95**	**16.75**
越城区	856847	115872	576569	164406	100.00	13.52	67.29	19.19
柯桥区	788867	112172	567978	108717	100.00	14.22	72.00	13.78
上虞区	520981	71758	353599	95624	100.00	13.77	67.87	18.35
新昌县								
诸暨市	589056	91739	409820	87497	100.00	15.57	69.57	14.85
嵊州市	321718	48494	214056	59168	100.00	15.07	66.54	18.39
金华市	**3251595**	**511943**	**2400017**	**339635**	**100.00**	**15.74**	**73.81**	**10.45**
婺城区	660508	105263	471835	83410	100.00	15.94	71.44	12.63
金东区	143104	22296	103669	17139	100.00	15.58	72.44	11.98
武义县								
浦江县								
磐安县								
兰溪市	253055	39114	162017	51924	100.00	15.46	64.02	20.52
义乌市	1184150	178739	919170	86241	100.00	15.09	77.62	7.28
东阳市	463055	77554	333546	51955	100.00	16.75	72.03	11.22
永康市	547723	88977	409780	48966	100.00	16.24	74.82	8.94
衢州市	**754014**	**133617**	**494983**	**125414**	**100.00**	**17.72**	**65.65**	**16.63**
柯城区	393821	65876	261024	66921	100.00	16.73	66.28	16.99
衢江区	137722	25395	94636	17691	100.00	18.44	68.72	12.85
常山县								
开化县								
龙游县	1202	137	689	376	100.00	11.40	57.32	31.28
江山市	221269	42209	138634	40426	100.00	19.08	62.65	18.27
舟山市	**596041**	**78116**	**404504**	**113421**	**100.00**	**13.11**	**67.87**	**19.03**
定海区	349276	47783	236638	64855	100.00	13.68	67.75	18.57
普陀区	246765	30333	167866	48566	100.00	12.29	68.03	19.68
岱山县								
嵊泗县								
台州市	**2864147**	**446356**	**1999828**	**417963**	**100.00**	**15.58**	**69.82**	**14.59**
椒江区	621361	99196	434932	87233	100.00	15.96	70.00	14.04
黄岩区	409407	62420	281834	65153	100.00	15.25	68.84	15.91
路桥区	307644	49383	214589	43672	100.00	16.05	69.75	14.20
三门县								
天台县								
仙居县								
温岭市	654968	92110	471246	91612	100.00	14.06	71.95	13.99
临海市	417795	73155	276655	67985	100.00	17.51	66.22	16.27
玉环市	452972	70092	320572	62308	100.00	15.47	70.77	13.76
丽水市	**559343**	**99248**	**382751**	**77344**	**100.00**	**17.74**	**68.43**	**13.83**
莲都区	408801	71132	283244	54425	100.00	17.40	69.29	13.31
青田县								
缙云县								
遂昌县								
松阳县								
云和县								
庆元县								
景宁畲族自治县								
龙泉市	150542	28116	99507	22919	100.00	18.68	66.10	15.22

3-3b　各地区人口年龄构成(二)(镇)

单位：人、%

地　区	人　口　数				比　重			
	合计	0-15岁	16-59岁	60岁及以上	合计	0-15岁	16-59岁	60岁及以上
合计	**13514673**	**2095804**	**9160930**	**2257939**	**100.00**	**15.51**	**67.79**	**16.71**
杭州市	**1055239**	**157850**	**711066**	**186323**	**100.00**	**14.96**	**67.38**	**17.66**
上城区								
下城区								
江干区								
拱墅区								
西湖区	473	66	284	123	100.00	13.95	60.04	26.00
滨江区								
萧山区	124680	13481	90314	20885	100.00	10.81	72.44	16.75
余杭区	270466	41569	190106	38791	100.00	15.37	70.29	14.34
富阳区	28155	3099	16917	8139	100.00	11.01	60.09	28.91
临安区	70534	9783	45391	15360	100.00	13.87	64.35	21.78
桐庐县	318780	50115	214011	54654	100.00	15.72	67.13	17.14
淳安县	153611	26538	100576	26497	100.00	17.28	65.47	17.25
建德市	88540	13199	53467	21874	100.00	14.91	60.39	24.71
宁波市	**1895604**	**264800**	**1327276**	**303528**	**100.00**	**13.97**	**70.02**	**16.01**
海曙区	27165	3032	16434	7699	100.00	11.16	60.50	28.34
江北区								
北仑区	51660	5875	39680	6105	100.00	11.37	76.81	11.82
镇海区	39005	5050	27772	6183	100.00	12.95	71.20	15.85
鄞州区	297089	40438	207297	49354	100.00	13.61	69.78	16.61
奉化区	54061	6892	35985	11184	100.00	12.75	66.56	20.69
象山县	348453	56447	235417	56589	100.00	16.20	67.56	16.24
宁海县	437960	75771	298196	63993	100.00	17.30	68.09	14.61
余姚市	244595	29132	164526	50937	100.00	11.91	67.26	20.83
慈溪市	395616	42163	301969	51484	100.00	10.66	76.33	13.01
温州市	**2236307**	**412320**	**1484164**	**339823**	**100.00**	**18.44**	**66.37**	**15.20**
鹿城区	6896	1135	4450	1311	100.00	16.46	64.53	19.01
龙湾区	248220	31527	195950	20743	100.00	457.18	2841.50	300.80
瓯海区	16124	1912	11586	2626	100.00	11.86	71.86	16.29
洞头区	7571	1245	4478	1848	100.00	16.44	59.15	24.41
永嘉县	482975	89953	327998	65024	100.00	18.62	67.91	13.46
平阳县	532286	98485	345704	88097	100.00	18.50	64.95	16.55
苍南县	575197	116042	367495	91660	100.00	20.17	63.89	15.94
文成县	125062	25714	73638	25710	100.00	20.56	58.88	20.56
泰顺县	119245	26127	72635	20483	100.00	21.91	60.91	17.18
瑞安市	33991	5753	19957	8281	100.00	16.93	58.71	24.36
乐清市	70497	11005	49143	10349	100.00	15.61	69.71	14.68
龙港市	18243	3422	11130	3691	100.00	18.76	61.01	20.23
嘉兴市	**1615301**	**211742**	**1128879**	**274680**	**100.00**	**13.11**	**69.89**	**17.00**
南湖区	56312	7347	38574	10391	100.00	13.05	68.50	18.45
秀洲区	144445	19902	103082	21461	100.00	13.78	71.36	14.86
嘉善县	473639	65743	338757	69139	100.00	13.88	71.52	14.60
海盐县	297920	44121	198899	54900	100.00	14.81	66.76	18.43
海宁市	328303	36664	238253	53386	100.00	11.17	72.57	16.26
平湖市	156975	19062	105841	32072	100.00	12.14	67.43	20.43
桐乡市	157707	18903	105473	33331	100.00	11.99	66.88	21.13
湖州市	**1465543**	**195721**	**1029918**	**239904**	**100.00**	**13.35**	**70.28**	**16.37**
吴兴区	207609	18043	173752	15814	100.00	8.69	83.69	7.62
南浔区	131316	16132	83364	31820	100.00	12.28	63.48	24.23
德清县	341128	46977	234655	59496	100.00	13.77	68.79	17.44
长兴县	430311	62990	285113	82208	100.00	14.64	66.26	19.10
安吉县	355179	51579	253034	50566	100.00	14.52	71.24	14.24

3-3b 续表

单位：人、%

地区	人口数				比重			
	合计	0-15岁	16-59岁	60岁及以上	合计	0-15岁	16-59岁	60岁及以上
绍兴市	**665897**	**86009**	**449137**	**130751**	**100.00**	**12.92**	**67.45**	**19.64**
越城区	4023	426	2479	1118	100.00	10.59	61.62	27.79
柯桥区	114194	7774	93489	12931	100.00	6.81	81.87	11.32
上虞区	48168	5205	29412	13551	100.00	10.81	61.06	28.13
新昌县	261282	42296	174218	44768	100.00	16.19	66.68	17.13
诸暨市	173861	23909	114461	35491	100.00	13.75	65.83	20.41
嵊州市	64369	6399	35078	22892	100.00	9.94	54.50	35.56
金华市	**1556545**	**243682**	**1104370**	**208493**	**100.00**	**15.66**	**70.95**	**13.39**
婺城区	75197	14309	48956	11932	100.00	19.03	65.10	15.87
金东区	162139	21807	122510	17822	100.00	13.45	75.56	10.99
武义县	287898	48623	204871	34404	100.00	16.89	71.16	11.95
浦江县	209274	36398	142329	30547	100.00	17.39	68.01	14.60
磐安县	93187	16849	60962	15376	100.00	18.08	65.42	16.50
兰溪市	65110	9049	38828	17233	100.00	13.90	59.63	26.47
义乌市	297234	37508	232189	27537	100.00	12.62	78.12	9.26
东阳市	275666	44296	189993	41377	100.00	16.07	68.92	15.01
永康市	90840	14843	63732	12265	100.00	16.34	70.16	13.50
衢州市	**556484**	**93848**	**341914**	**120722**	**100.00**	**16.86**	**61.44**	**21.69**
柯城区	11937	1497	7277	3163	100.00	12.54	60.96	26.50
衢江区	33208	4436	18143	10629	100.00	13.36	54.63	32.01
常山县	127705	22071	78911	26723	100.00	17.28	61.79	20.93
开化县	131023	26037	79393	25593	100.00	19.87	60.59	19.53
龙游县	184611	28580	120908	35123	100.00	15.48	65.49	19.03
江山市	68000	11227	37282	19491	100.00	16.51	54.83	28.66
舟山市	**236349**	**20692**	**161335**	**54322**	**100.00**	**8.75**	**68.26**	**22.98**
定海区	30300	3798	19462	7040	100.00	12.53	64.23	23.23
普陀区	19312	1493	12459	5360	100.00	7.73	64.51	27.75
岱山县	142851	11177	101596	30078	100.00	7.82	71.12	21.06
嵊泗县	43886	4224	27818	11844	100.00	9.62	63.39	26.99
台州市	**1240565**	**219285**	**798352**	**222928**	**100.00**	**17.68**	**64.35**	**17.97**
椒江区	5276	521	4263	492	100.00	9.87	80.80	9.33
黄岩区	36301	5534	22399	8368	100.00	15.24	61.70	23.05
路桥区	105513	15205	74294	16014	100.00	14.41	70.41	15.18
三门县	202924	39905	129704	33315	100.00	19.66	63.92	16.42
天台县	251383	50196	156974	44213	100.00	19.97	62.44	17.59
仙居县	223978	46873	137636	39469	100.00	20.93	61.45	17.62
温岭市	265945	34827	180083	51035	100.00	13.10	67.71	19.19
临海市	133663	23747	82359	27557	100.00	17.77	61.62	20.62
玉环市	15582	2477	10640	2465	100.00	15.90	68.28	15.82
丽水市	**990839**	**189855**	**624519**	**176465**	**100.00**	**19.16**	**63.03**	**17.81**
莲都区	20832	3700	12302	4830	100.00	17.76	59.05	23.19
青田县	270319	54137	168808	47374	100.00	20.03	62.45	17.53
缙云县	230304	46392	143576	40336	100.00	20.14	62.34	17.51
遂昌县	106969	17910	68520	20539	100.00	16.74	64.06	19.20
松阳县	97751	17482	63358	16911	100.00	17.88	64.82	17.30
云和县	94499	16168	62483	15848	100.00	17.11	66.12	16.77
庆元县	90524	17726	57162	15636	100.00	19.58	63.15	17.27
景宁畲族自治县	64616	13998	39476	11142	100.00	21.66	61.09	17.24
龙泉市	15025	2342	8834	3849	100.00	15.59	58.80	25.62

3-3c　各地区人口年龄构成(二)(乡村)

单位：人、%

地　区	人口数				比重			
	合计	0-15岁	16-59岁	60岁及以上	合计	0-15岁	16-59岁	60岁及以上
合计	**17969123**	**2265904**	**10622913**	**5080306**	**100.00**	**12.61**	**59.12**	**28.27**
杭州市	**1993929**	**226633**	**1176970**	**590326**	**100.00**	**11.37**	**59.03**	**29.61**
上城区								
下城区								
江干区								
拱墅区								
西湖区	32218	4421	20482	7315	100.00	13.72	63.57	22.70
滨江区								
萧山区	477220	56645	299834	120741	100.00	11.87	62.83	25.30
余杭区	459740	55870	307563	96307	100.00	12.15	66.90	20.95
富阳区	247821	27728	143141	76952	100.00	11.19	57.76	31.05
临安区	258207	24633	142825	90749	100.00	9.54	55.31	35.15
桐庐县	134326	14649	69867	49810	100.00	10.91	52.01	37.08
淳安县	175346	18775	81984	74587	100.00	10.71	46.76	42.54
建德市	209051	23912	111274	73865	100.00	11.44	53.23	35.33
宁波市	**2068679**	**208423**	**1299245**	**561011**	**100.00**	**10.08**	**62.81**	**27.12**
海曙区	134910	13757	84420	36733	100.00	10.20	62.58	27.23
江北区	83015	8111	57457	17447	100.00	9.77	69.21	21.02
北仑区	192996	16454	129887	46655	100.00	8.53	67.30	24.17
镇海区	51788	4337	36182	11269	100.00	8.37	69.87	21.76
鄞州区	285723	28753	196329	60641	100.00	10.06	68.71	21.22
奉化区	230893	19866	137444	73583	100.00	8.60	59.53	31.87
象山县	219212	22310	117622	79280	100.00	10.18	53.66	36.17
宁海县	257998	34319	147259	76420	100.00	13.30	57.08	29.62
余姚市	240166	22240	141267	76659	100.00	9.26	58.82	31.92
慈溪市	371978	38276	251378	82324	100.00	10.29	67.58	22.13
温州市	**2664914**	**417342**	**1620530**	**627042**	**100.00**	**15.66**	**60.81**	**23.53**
鹿城区	111435	13551	77854	20030	100.00	12.16	69.86	17.97
龙湾区	1123	153	859	111	100.00	0.14	0.77	0.10
瓯海区	160864	21013	111117	28734	100.00	13.06	69.08	17.86
洞头区	70202	8597	47265	14340	100.00	12.25	67.33	20.43
永嘉县	386649	63125	221185	102339	100.00	16.33	57.21	26.47
平阳县	330802	50999	197963	81840	100.00	15.42	59.84	24.74
苍南县	268765	43653	155995	69117	100.00	16.24	58.04	25.72
文成县	163116	27639	94242	41235	100.00	16.94	57.78	25.28
泰顺县	146735	27677	79915	39143	100.00	18.86	54.46	26.68
瑞安市	507655	70505	325845	111305	100.00	13.89	64.19	21.93
乐清市	503122	88188	299979	114955	100.00	17.53	59.62	22.85
龙港市	14446	2242	8311	3893	100.00	15.52	57.53	26.95
嘉兴市	**1547936**	**152854**	**955212**	**439870**	**100.00**	**9.87**	**61.71**	**28.42**
南湖区	103997	9922	66438	27637	100.00	9.54	63.88	26.57
秀洲区	226336	24792	144890	56654	100.00	10.95	64.02	25.03
嘉善县	174521	14617	107094	52810	100.00	8.38	61.36	30.26
海盐县	158855	16069	91284	51502	100.00	10.12	57.46	32.42
海宁市	323424	32496	207776	83152	100.00	10.05	64.24	25.71
平湖市	221690	18625	133665	69400	100.00	8.40	60.29	31.30
桐乡市	339113	36333	204065	98715	100.00	10.71	60.18	29.11
湖州市	**1157008**	**121024**	**686886**	**349098**	**100.00**	**10.46**	**59.37**	**30.17**
吴兴区	239188	24790	153360	61038	100.00	10.36	64.12	25.52
南浔区	235685	20060	127851	87774	100.00	8.51	54.25	37.24
德清县	207440	20751	122476	64213	100.00	10.00	59.04	30.95
长兴县	243465	28267	143546	71652	100.00	11.61	58.96	29.43
安吉县	231230	27156	139653	64421	100.00	11.74	60.40	27.86

3-3c 续表

单位：人、%

地区	人口数				比重			
	合计	0-15岁	16-59岁	60岁及以上	合计	0-15岁	16-59岁	60岁及以上
绍兴市	**1527611**	**148911**	**833932**	**544768**	**100.00**	**9.75**	**54.59**	**35.66**
越城区	159167	17406	94698	47063	100.00	10.94	59.50	29.57
柯桥区	195798	18940	116996	59862	100.00	9.67	59.75	30.57
上虞区	270598	23388	145421	101789	100.00	8.64	53.74	37.62
新昌县	157754	14902	78529	64323	100.00	9.45	49.78	40.77
诸暨市	455155	47370	249274	158511	100.00	10.41	54.77	34.83
嵊州市	289139	26905	149014	113220	100.00	9.31	51.54	39.16
金华市	**2242543**	**314252**	**1347181**	**581110**	**100.00**	**14.01**	**60.07**	**25.91**
婺城区	221350	26483	129826	65041	100.00	11.96	58.65	29.38
金东区	201692	27125	125302	49265	100.00	13.45	62.13	24.43
武义县	174564	23569	102817	48178	100.00	13.50	58.90	27.60
浦江县	251452	34198	159663	57591	100.00	13.60	63.50	22.90
磐安县	83974	11526	44306	28142	100.00	13.73	52.76	33.51
兰溪市	256636	34450	138025	84161	100.00	13.42	53.78	32.79
义乌市	378006	53837	247293	76876	100.00	14.24	65.42	20.34
东阳市	349229	49890	195914	103425	100.00	14.29	56.10	29.62
永康市	325640	53174	204035	68431	100.00	16.33	62.66	21.01
衢州市	**965686**	**132602**	**500068**	**333016**	**100.00**	**13.73**	**51.78**	**34.48**
柯城区	123089	15782	68255	39052	100.00	12.82	55.45	31.73
衢江区	202990	26420	107248	69322	100.00	13.02	52.83	34.15
常山县	132261	22186	67475	42600	100.00	16.77	51.02	32.21
开化县	127787	18298	61041	48448	100.00	14.32	47.77	37.91
龙游县	174416	20272	92583	61561	100.00	11.62	53.08	35.30
江山市	205143	29644	103466	72033	100.00	14.45	50.44	35.11
舟山市	**325427**	**21795**	**183282**	**120350**	**100.00**	**6.70**	**56.32**	**36.98**
定海区	120454	10103	68412	41939	100.00	8.39	56.80	34.82
普陀区	116825	7993	66893	41939	100.00	6.84	57.26	35.90
岱山县	65131	2583	35174	27374	100.00	3.97	54.01	42.03
嵊泗县	23017	1116	12803	9098	100.00	4.85	55.62	39.53
台州市	**2518176**	**380776**	**1482422**	**654978**	**100.00**	**15.12**	**58.87**	**26.01**
椒江区	199437	30175	130112	39150	100.00	15.13	65.24	19.63
黄岩区	261745	36307	151343	74095	100.00	13.87	57.82	28.31
路桥区	215777	29647	141567	44563	100.00	13.74	65.61	20.65
三门县	176545	29605	96320	50620	100.00	16.77	54.56	28.67
天台县	223328	34976	119935	68417	100.00	15.66	53.70	30.64
仙居县	207910	37268	110469	60173	100.00	17.93	53.13	28.94
温岭市	495286	67287	293776	134223	100.00	13.59	59.31	27.10
临海市	562688	90905	322443	149340	100.00	16.16	57.30	26.54
玉环市	175460	24606	116457	34397	100.00	14.02	66.37	19.60
丽水市	**957214**	**141292**	**537185**	**278737**	**100.00**	**14.76**	**56.12**	**29.12**
莲都区	132483	19779	73598	39106	100.00	14.93	55.55	29.52
青田县	238734	39796	150412	48526	100.00	16.67	63.00	20.33
缙云县	175014	27144	91926	55944	100.00	15.51	52.52	31.97
遂昌县	87416	9752	45152	32512	100.00	11.16	51.65	37.19
松阳县	107129	16052	60012	31065	100.00	14.98	56.02	29.00
云和县	34717	4646	19725	10346	100.00	13.38	56.82	29.80
庆元县	52027	7016	28273	16738	100.00	13.49	54.34	32.17
景宁畲族自治县	46395	6522	24531	15342	100.00	14.06	52.87	33.07
龙泉市	83299	10585	43556	29158	100.00	12.71	52.29	35.00

第一部分　全部数据资料

第四卷　教育

4-1 全省分年龄、性别、受教育程度的3岁及以上人口

单位：人

年龄	3岁及以上人口			未上过学		
	合计	男	女	小计	男	女
总　计	**62972305**	**32843540**	**30128765**	**2466512**	**721329**	**1745183**
3	706671	371122	335549	196052	103898	92154
4	649535	342801	306734	70126	37162	32964
5-9岁	**3025007**	**1612841**	**1412166**	**54531**	**29060**	**25471**
5	586520	310801	275719	34324	18396	15928
6	628619	333884	294735	12869	6849	6020
7	590632	314892	275740	3474	1776	1698
8	637471	340717	296754	2223	1182	1041
9	581765	312547	269218	1641	857	784
10-14岁	**2705285**	**1446894**	**1258391**	**8396**	**4562**	**3834**
10	546435	295110	251325	1668	869	799
11	556077	298090	257987	1861	1013	848
12	541066	288787	252279	1807	1015	792
13	536400	285406	250994	1657	892	765
14	525307	279501	245806	1403	773	630
15-19岁	**2809150**	**1519440**	**1289710**	**3857**	**2283**	**1574**
15	547817	291154	256663	845	485	360
16	569305	306159	263146	743	437	306
17	537522	292214	245308	673	406	267
18	559972	305048	254924	818	476	342
19	594534	324865	269669	778	479	299
20-24岁	**3689026**	**2023475**	**1665551**	**5439**	**3160**	**2279**
20	634937	347762	287175	1031	604	427
21	649247	356964	292283	967	568	399
22	741545	407784	333761	1086	636	450
23	803355	440877	362478	1148	673	475
24	859942	470088	389854	1207	679	528
25-29岁	**4842431**	**2628336**	**2214095**	**7276**	**4029**	**3247**
25	944998	516426	428572	1380	787	593
26	915429	498845	416584	1421	828	593
27	978509	530227	448282	1449	805	644
28	982413	531392	451021	1420	768	652
29	1021082	551446	469636	1606	841	765
30-34岁	**6138589**	**3271221**	**2867368**	**11119**	**5377**	**5742**
30	1242736	670727	572009	1848	961	887
31	1242842	664627	578215	2102	1021	1081
32	1192980	634543	558437	2232	1064	1168
33	1333956	706681	627275	2541	1233	1308
34	1126075	594643	531432	2396	1098	1298
35-39岁	**5108402**	**2689753**	**2418649**	**15839**	**6119**	**9720**
35	951047	503044	448003	2492	1069	1423
36	989195	521661	467534	2706	1099	1607
37	1021156	537165	483991	3000	1185	1815
38	1165848	612220	553628	3803	1401	2402
39	981156	515663	465493	3838	1365	2473
40-44岁	**4886328**	**2548248**	**2338080**	**30666**	**9317**	**21349**
40	867068	456260	410808	4121	1314	2807
41	1009064	528882	480182	5519	1815	3704
42	996858	518388	478470	6091	1859	4232
43	971247	503817	467430	6783	1991	4792
44	1042091	540901	501190	8152	2338	5814

4-1 续表 1

单位：人

年龄	3岁及以上人口			未上过学		
	合计	男	女	小计	男	女
45-49岁	**5669138**	**2930421**	**2738717**	**64706**	**17346**	**47360**
45	1036345	535510	500835	9120	2500	6620
46	1084103	560595	523508	11155	2976	8179
47	1170440	604294	566146	13303	3604	9699
48	1166375	602559	563816	14849	3896	10953
49	1211875	627463	584412	16279	4370	11909
50-54岁	**5809583**	**3006857**	**2802726**	**119743**	**31592**	**88151**
50	1248999	644332	604667	19371	5038	14333
51	1212320	625781	586539	22571	6118	16453
52	1194021	620004	574017	25397	6750	18647
53	1012813	524098	488715	23701	6154	17547
54	1141430	592642	548788	28703	7532	21171
55-59岁	**4860476**	**2503105**	**2357371**	**154993**	**34921**	**120072**
55	1134339	586806	547533	30099	7513	22586
56	1075330	554020	521310	31108	7391	23717
57	1214143	626917	587226	36959	8274	28685
58	931182	479151	452031	34550	7270	27280
59	505482	256211	249271	22277	4473	17804
60-64岁	**3506335**	**1794345**	**1711990**	**252299**	**58081**	**194218**
60	658023	337524	320499	34583	7720	26863
61	584484	300757	283727	38211	8916	29295
62	718039	371013	347026	51888	12178	39710
63	812466	415772	396694	64248	14872	49376
64	733323	369279	364044	63369	14395	48974
65-69岁	**3249015**	**1615125**	**1633890**	**345398**	**81524**	**263874**
65	710859	358140	352719	66334	14984	51350
66	734436	367825	366611	73455	17092	56363
67	624057	308252	315805	68400	16103	52297
68	630130	311714	318416	72457	17585	54872
69	549533	269194	280339	64752	15760	48992
70-74岁	**2283757**	**1125829**	**1157928**	**310372**	**78094**	**232278**
70	507729	251602	256127	62901	15900	47001
71	508528	252805	255723	66329	17267	49062
72	477485	235526	241959	65357	16757	48600
73	420750	206318	214432	59495	14700	44795
74	369265	179578	189687	56290	13470	42820
75-79岁	**1280523**	**627673**	**652850**	**247996**	**65589**	**182407**
75	309509	151780	157729	50681	12499	38182
76	292289	143689	148600	54063	13853	40210
77	251521	123197	128324	49512	13166	36346
78	208668	102183	106485	43864	12084	31780
79	218536	106824	111712	49876	13987	35889
80-84岁	**920175**	**435724**	**484451**	**258980**	**72824**	**186156**
80	188262	91243	97019	47082	13520	33562
81	177685	84945	92740	47545	13631	33914
82	204256	97159	107097	58134	16471	41663
83	185140	86595	98545	55194	15381	39813
84	164832	75782	89050	51025	13821	37204
85岁及以上	**832879**	**350330**	**482549**	**308724**	**76391**	**232333**

4-1　续表 2　　单位：人

年　龄	学前教育			小　学		
	小计	男	女	小计	男	女
总　计	**1984851**	**1025744**	**959107**	**17035698**	**8229110**	**8806588**
3	510619	267224	243395			
4	579409	305639	273770			
5—9岁	**757206**	**401330**	**355876**	**2185196**	**1166813**	**1018383**
5	508522	269007	239515	43674	23398	20276
6	197605	105460	92145	413112	218815	194297
7	30360	15925	14435	550820	293847	256973
8	12767	6738	6029	614538	328350	286188
9	7952	4200	3752	563052	302403	260649
10—14岁	**23131**	**12227**	**10904**	**1355786**	**730226**	**625560**
10	5983	3244	2739	524111	282930	241181
11	5107	2736	2371	511356	274373	236983
12	3721	1921	1800	217174	117824	99350
13	3871	2026	1845	73823	39454	34369
14	4449	2300	2149	29322	15645	13677
15—19岁	**5537**	**2916**	**2621**	**53506**	**30358**	**23148**
15	2528	1293	1235	11368	6069	5299
16	1333	727	606	8317	4712	3605
17	708	372	336	9546	5531	4015
18	564	301	263	11517	6575	4942
19	404	223	181	12758	7471	5287
20—24岁	**1588**	**851**	**737**	**86689**	**51361**	**35328**
20	394	195	199	13463	8130	5333
21	298	178	120	14292	8588	5704
22	279	141	138	17885	10674	7211
23	297	173	124	19372	11425	7947
24	320	164	156	21677	12544	9133
25—29岁	**1281**	**688**	**593**	**148784**	**82348**	**66436**
25	345	190	155	24393	13944	10449
26	276	147	129	25156	14149	11007
27	223	128	95	29997	16646	13351
28	203	97	106	32823	17892	14931
29	234	126	108	36415	19717	16698
30—34岁	**1433**	**726**	**707**	**288645**	**147014**	**141631**
30	291	140	151	48800	25681	23119
31	284	159	125	54298	28269	26029
32	287	131	156	56092	28565	27527
33	315	169	146	66952	33668	33284
34	256	127	129	62503	30831	31672
35—39岁	**1309**	**656**	**653**	**360900**	**168905**	**191995**
35	251	123	128	59463	28589	30874
36	227	118	109	64831	30644	34187
37	255	128	127	67308	31977	35331
38	304	158	146	83912	38970	44942
39	272	129	143	85386	38725	46661
40—44岁	**1886**	**775**	**1111**	**699762**	**312886**	**386876**
40	280	125	155	91325	40863	50462
41	340	145	195	124976	57099	67877
42	407	172	235	140162	62239	77923
43	370	142	228	155250	69639	85611
44	489	191	298	188049	83046	105003

4−1　续表 3　　　　单位：人

年　龄	学前教育			小　学		
	小计	男	女	小计	男	女
45−49岁	**3691**	**1357**	**2334**	**1330924**	**580043**	**750881**
45	552	202	350	208746	91517	117229
46	643	232	411	239319	104859	134460
47	725	284	441	269342	117255	152087
48	822	296	526	290577	125794	164783
49	949	343	606	322940	140618	182322
50−54岁	**6667**	**2410**	**4257**	**1979111**	**889336**	**1089775**
50	1111	383	728	371328	163450	207878
51	1256	479	777	405852	183033	222819
52	1378	508	870	416702	188485	228217
53	1273	412	861	366087	164773	201314
54	1649	628	1021	419142	189595	229547
55−59岁	**8286**	**2600**	**5686**	**1765168**	**772418**	**992750**
55	1616	576	1040	410318	183263	227055
56	1674	567	1107	384505	169198	215307
57	2084	630	1454	426747	187064	239683
58	1794	524	1270	347896	149924	197972
59	1118	303	815	195702	82969	112733
60−64岁	**12365**	**3582**	**8783**	**1750411**	**809184**	**941227**
60	1704	488	1216	282165	124594	157571
61	1809	550	1259	273301	124536	148765
62	2531	742	1789	358072	167399	190673
63	3118	889	2229	427013	199691	227322
64	3203	913	2290	409860	192964	216896
65−69岁	**18209**	**5449**	**12760**	**1979011**	**960807**	**1018204**
65	3399	988	2411	413193	199261	213932
66	3802	1147	2655	443411	215983	227428
67	3615	1075	2540	384963	187116	197847
68	3825	1146	2679	391723	191164	200559
69	3568	1093	2475	345721	167283	178438
70−74岁	**17367**	**5404**	**11963**	**1433180**	**708939**	**724241**
70	3425	1044	2381	320254	157842	162412
71	3760	1160	2600	325395	162893	162502
72	3669	1190	2479	307153	153258	153895
73	3371	1053	2318	260502	128093	132409
74	3142	957	2185	219876	106853	113023
75−79岁	**11989**	**4045**	**7944**	**722462**	**366331**	**356131**
75	2615	801	1814	178809	88111	90698
76	2699	890	1809	165031	83291	81740
77	2372	801	1571	141331	71845	69486
78	2005	723	1282	115983	59755	56228
79	2298	830	1468	121308	63329	57979
80−84岁	**11191**	**3974**	**7217**	**490993**	**255339**	**235654**
80	2136	793	1343	102060	53306	48754
81	2102	754	1348	95935	50096	45839
82	2493	894	1599	109333	57282	52051
83	2306	811	1495	97854	50700	47154
84	2154	722	1432	85811	43955	41856
85岁及以上	**11687**	**3891**	**7796**	**405170**	**196802**	**208368**

4-1 续表 4

单位：人

年龄	初中			高中			大学专科		
	小计	男	女	小计	男	女	小计	男	女
总计	**21117295**	**11865837**	**9251458**	**9397637**	**5366119**	**4031518**	**5475328**	**2877746**	**2597582**
3									
4									
5—9岁	**27994**	**15583**	**12411**						
5									
6	5033	2760	2273						
7	5978	3344	2634						
8	7905	4419	3486						
9	9078	5060	4018						
10—14岁	**1286160**	**683107**	**603053**	**31552**	**16637**	**14915**	**126**	**68**	**58**
10	14592	8019	6573	34	19	15	18	12	6
11	37653	19908	17745	54	33	21	18	10	8
12	318227	167966	150261	96	44	52	18	7	11
13	448658	238540	210118	8345	4474	3871	21	8	13
14	467030	248674	218356	23023	12067	10956	51	31	20
15—19岁	**602486**	**360565**	**241921**	**1526537**	**821978**	**704559**	**348844**	**179392**	**169452**
15	193290	106322	86968	335038	174319	160719	3923	2217	1706
16	91285	53949	37336	459920	241918	218002	6484	3822	2662
17	90953	56235	34718	405282	214188	191094	22041	11960	10081
18	103254	65117	38137	201783	115336	86447	132393	67051	65342
19	123704	78942	44762	124514	76217	48297	184003	94342	89661
20—24岁	**916224**	**564443**	**351781**	**763312**	**467899**	**295413**	**961215**	**500688**	**460527**
20	142444	89880	52564	126875	78169	48706	183636	96261	87375
21	158444	98975	59469	132750	82007	50743	165285	87673	77612
22	191186	118164	73022	152187	93241	58946	188940	98067	90873
23	202454	123332	79122	166283	101835	64448	208165	108007	100158
24	221696	134092	87604	185217	112647	72570	215189	110680	104509
25—29岁	**1406248**	**819300**	**586948**	**1083488**	**641712**	**441776**	**1058763**	**543532**	**515231**
25	251648	150592	101056	206646	125159	81487	227283	117008	110275
26	251588	147908	103680	202618	121668	80950	210758	109246	101512
27	280906	163730	117176	218326	129109	89217	214891	110172	104719
28	297118	171415	125703	222552	130360	92192	203412	104194	99218
29	324988	185655	139333	233346	135416	97930	202419	102912	99507
30—34岁	**2187262**	**1216681**	**970581**	**1383319**	**784375**	**598944**	**1105490**	**553976**	**551514**
30	422203	239712	182491	287067	165538	121529	234698	118853	115845
31	429811	240860	188951	284270	161918	122352	231041	116036	115005
32	422976	235756	187220	271405	153186	118219	215651	107643	108008
33	482544	265776	216768	298618	168543	130075	237162	117935	119227
34	429728	234577	195151	241959	135190	106769	186938	93509	93429
35—39岁	**2183503**	**1182217**	**1001286**	**1037267**	**574561**	**462706**	**705473**	**353358**	**352115**
35	385987	210263	175724	194356	108603	85753	144382	72564	71818
36	410246	222279	187967	197430	109761	87669	145107	73199	71908
37	431650	233574	198076	206672	114580	92092	144747	72109	72638
38	507991	274900	233091	238847	131063	107784	155342	77284	78058
39	447629	241201	206428	199962	110554	89408	115895	58202	57693
40—44岁	**2461619**	**1314429**	**1147190**	**836002**	**461710**	**374292**	**412163**	**214193**	**197970**
40	415692	224786	190906	168227	92821	75406	89002	45393	43609
41	494517	265801	228716	186522	102471	84051	94906	48280	46626
42	504425	268568	235857	171561	94326	77235	84332	43806	40526
43	501436	265484	235952	155060	85825	69235	73790	38708	35082
44	545549	289790	255759	154632	86267	68365	70133	38006	32127

4-1 续表 5

单位：人

年 龄	初 中			高 中			大学专科		
	小计	男	女	小计	男	女	小计	男	女
45—49岁	**2969169**	**1594211**	**1374958**	**726388**	**412864**	**313524**	**287067**	**158797**	**128270**
45	549074	290992	258082	144173	81121	63052	61294	33568	27726
46	577424	308295	269129	140862	79842	61020	56680	31139	25541
47	619551	331950	287601	149506	84400	65106	58794	32453	26341
48	607273	327940	279333	143849	82301	61548	54991	30779	24212
49	615847	335034	280813	147998	85200	62798	55308	30858	24450
50—54岁	**2753920**	**1521587**	**1232333**	**564390**	**330592**	**233798**	**197050**	**113314**	**83736**
50	616721	336680	280041	141374	81672	59702	51011	28578	22433
51	575224	315109	260115	123025	71434	51591	43177	24303	18874
52	558942	310988	247954	112388	65837	46551	40371	23065	17306
53	475107	264545	210562	87564	51609	35955	30170	17937	12233
54	527926	294265	233661	100039	60040	39999	32321	19431	12890
55—59岁	**1968946**	**1114678**	**854268**	**685434**	**396947**	**288487**	**156352**	**96275**	**60077**
55	514219	285472	228747	114224	68502	45722	33330	20427	12903
56	462208	257633	204575	133212	78539	54673	34292	20978	13314
57	486611	275153	211458	189401	108594	80807	41102	25123	15979
58	339418	197900	141518	157067	90126	66941	29981	18714	11267
59	166490	98520	67970	91530	51186	40344	17647	11033	6614
60—64岁	**979987**	**612262**	**367725**	**374578**	**217714**	**156864**	**92961**	**61499**	**31462**
60	206790	125379	81411	102357	58678	43679	20070	13134	6936
61	170796	106422	64374	76267	43697	32570	16391	10828	5563
62	203339	128430	74909	74743	43436	31307	18618	12320	6298
63	217944	138423	79521	70102	41425	28677	20642	13663	6979
64	181118	113608	67510	51109	30478	20631	17240	11554	5686
65—69岁	**677484**	**420857**	**256627**	**144896**	**88797**	**56099**	**60680**	**41175**	**19505**
65	164047	102330	61717	41945	25611	16334	15639	10453	5186
66	158498	98416	60082	35377	21653	13724	14344	9628	4716
67	126903	78387	48516	25227	15387	9840	10902	7355	3547
68	124311	77401	46910	23200	14275	8925	10638	7349	3289
69	103725	64323	39402	19147	11871	7276	9157	6390	2767
70—74岁	**369766**	**234586**	**135180**	**97265**	**59502**	**37763**	**38819**	**27007**	**11812**
70	90686	56785	33901	18273	11412	6861	8848	6155	2693
71	79388	49861	29527	21431	13011	8420	8890	6179	2711
72	70338	44503	25835	20356	12335	8021	7865	5456	2409
73	67267	43093	24174	19612	11932	7680	7358	5146	2212
74	62087	40344	21743	17593	10812	6781	5858	4071	1787
75—79岁	**184485**	**118334**	**66151**	**73918**	**46227**	**27691**	**22157**	**14950**	**7207**
75	51979	33950	18029	16316	10115	6201	4970	3416	1554
76	45100	29231	15869	17007	10635	6372	4826	3306	1520
77	35190	22312	12878	15466	9811	5655	4407	2998	1409
78	26843	16883	9960	12861	7982	4879	4011	2613	1398
79	25373	15958	9415	12268	7684	4584	3943	2617	1326
80—84岁	**82889**	**53023**	**29866**	**41924**	**26345**	**15579**	**17236**	**11854**	**5382**
80	19925	12589	7336	10073	6233	3840	3598	2411	1187
81	16706	10454	6252	8533	5314	3219	3446	2263	1183
82	17590	11304	6286	9068	5711	3357	3836	2676	1160
83	15220	9830	5390	7750	4913	2837	3374	2396	978
84	13448	8846	4602	6500	4174	2326	2982	2108	874
85岁及以上	**59153**	**39974**	**19179**	**27287**	**18204**	**9083**	**10932**	**7668**	**3264**

4–1　续表 6　　　　单位：人

年　龄	大学本科			硕士研究生			博士研究生		
	小计	男	女	小计	男	女	小计	男	女
总　计	**4951134**	**2467073**	**2484061**	**482619**	**251993**	**230626**	**61231**	**38589**	**22642**
3									
4									
5–9岁									
5									
6									
7									
8									
9									
10–14岁	**120**	**59**	**61**						
10	29	17	12						
11	28	17	11						
12	21	9	12						
13	20	8	12						
14	22	8	14						
15–19岁	**268037**	**121771**	**146266**						
15	821	446	375						
16	1219	591	628						
17	8280	3504	4776						
18	109534	50142	59392						
19	148183	67088	81095						
20–24岁	**881001**	**400505**	**480496**	**69042**	**32063**	**36979**	**4516**	**2505**	**2011**
20	166711	74323	92388	325	165	160	58	35	23
21	174947	77928	97019	2078	948	1130	186	99	87
22	173626	79110	94516	15278	7158	8120	1078	593	485
23	179548	83151	96397	24691	11511	13180	1397	770	627
24	186169	85993	100176	26670	12281	14389	1797	1008	789
25–29岁	**996604**	**469178**	**527426**	**126467**	**59825**	**66642**	**13520**	**7724**	**5796**
25	202951	94340	108611	27858	12987	14871	2494	1419	1075
26	195492	91504	103988	25328	11834	13494	2792	1561	1231
27	204689	96296	108393	25294	11848	13446	2734	1493	1241
28	197827	93446	104381	24317	11602	12715	2741	1618	1123
29	195645	93592	102053	23670	11554	12116	2759	1633	1126
30–34岁	**1028989**	**496112**	**532877**	**118105**	**58352**	**59753**	**14227**	**8608**	**5619**
30	217369	104623	112746	27337	13390	13947	3123	1829	1294
31	212289	102065	110224	25706	12518	13188	3041	1781	1260
32	198886	95479	103407	22649	11017	11632	2802	1702	1100
33	219789	105900	113889	23163	11671	11492	2872	1786	1086
34	180656	88045	92611	19250	9756	9494	2389	1510	879
35–39岁	**714878**	**355068**	**359810**	**78471**	**42114**	**36357**	**10762**	**6755**	**4007**
35	145910	72138	73772	16190	8446	7744	2016	1249	767
36	150005	74506	75499	16430	8660	7770	2213	1395	818
37	149364	73705	75659	16059	8567	7492	2101	1340	761
38	156173	77668	78505	17026	9244	7782	2450	1532	918
39	113426	57051	56375	12766	7197	5569	1982	1239	743
40–44岁	**396310**	**205774**	**190536**	**40291**	**24103**	**16188**	**7629**	**5061**	**2568**
40	86978	44287	42691	9811	5621	4190	1632	1050	582
41	90524	46275	44249	9933	5799	4134	1827	1197	630
42	80178	41455	38723	8073	4893	3180	1629	1070	559
43	70712	37095	33617	6545	4057	2488	1301	876	425
44	67918	36662	31256	5929	3733	2196	1240	868	372

4-1 续表 7　　　　单位：人

年　龄	大学本科			硕士研究生			博士研究生		
	小计	男	女	小计	男	女	小计	男	女
45—49岁	**260906**	**148231**	**112675**	**21698**	**14363**	**7335**	**4589**	**3209**	**1380**
45	57319	31632	25687	5048	3254	1794	1019	724	295
46	52554	29601	22953	4470	2965	1505	996	686	310
47	53721	30656	23065	4577	3055	1522	921	637	284
48	49298	28349	20949	3853	2594	1259	863	610	253
49	48014	27993	20021	3750	2495	1255	790	552	238
50—54岁	**172494**	**106593**	**65901**	**13486**	**9411**	**4075**	**2722**	**2022**	**700**
50	43959	25703	18256	3447	2337	1110	677	491	186
51	37716	22890	14826	2926	1992	934	573	423	150
52	35492	22015	13477	2790	1944	846	561	412	149
53	26419	16875	9544	2054	1454	600	438	339	99
54	28908	19110	9798	2269	1684	585	473	357	116
55—59岁	**109605**	**76041**	**33564**	**9544**	**7452**	**2092**	**2148**	**1773**	**375**
55	27468	18685	8783	2511	1940	571	554	428	126
56	25599	17569	8030	2234	1730	504	498	415	83
57	28111	19595	8516	2540	1982	558	588	502	86
58	18618	13212	5406	1529	1206	323	329	275	54
59	9809	6980	2829	730	594	136	179	153	26
60—64岁	**40259**	**29198**	**11061**	**2882**	**2315**	**567**	**593**	**510**	**83**
60	9548	6876	2672	683	552	131	123	103	20
61	7076	5273	1803	538	455	83	95	80	15
62	8169	5956	2213	566	453	113	113	99	14
63	8603	6181	2422	642	496	146	154	132	22
64	6863	4912	1951	453	359	94	108	96	12
65—69岁	**21956**	**15421**	**6535**	**1158**	**912**	**246**	**223**	**183**	**40**
65	5840	4138	1702	385	308	77	77	67	10
66	5211	3643	1568	285	222	63	53	41	12
67	3813	2640	1173	200	162	38	34	27	7
68	3780	2644	1136	162	121	41	34	29	5
69	3312	2356	956	126	99	27	25	19	6
70—74岁	**16455**	**11861**	**4594**	**440**	**360**	**80**	**93**	**76**	**17**
70	3230	2374	856	91	71	20	21	19	2
71	3213	2338	875	105	83	22	17	13	4
72	2644	1939	705	86	74	12	17	14	3
73	3052	2224	828	74	64	10	19	13	6
74	4316	2986	1330	84	68	16	19	17	2
75—79岁	**17141**	**11890**	**5251**	**322**	**267**	**55**	**53**	**40**	**13**
75	4032	2800	1232	96	79	17	11	9	2
76	3474	2407	1067	78	69	9	11	7	4
77	3175	2209	966	58	46	12	10	9	1
78	3044	2097	947	51	42	9	6	4	2
79	3416	2377	1039	39	31	8	15	11	4
80—84岁	**16717**	**12173**	**4544**	**197**	**154**	**43**	**48**	**38**	**10**
80	3347	2357	990	36	30	6	5	4	1
81	3372	2395	977	37	30	7	9	8	1
82	3732	2763	969	50	42	8	20	16	4
83	3399	2534	865	37	26	11	6	4	2
84	2867	2124	743	37	26	11	8	6	2
85岁及以上	**9662**	**7198**	**2464**	**209**	**160**	**49**	**55**	**42**	**13**

4-1a　全省分年龄、性别、受教育程度的3岁及以上人口(城市)

单位：人

年　龄	3岁及以上人口			未上过学		
	合计	男	女	小计	男	女
总　计	**32232164**	**16719136**	**15513028**	**843651**	**256897**	**586754**
3	387191	203137	184054	99053	52416	46637
4	362207	191231	170976	36138	19245	16893
5-9岁	**1642869**	**876415**	**766454**	**28334**	**15064**	**13270**
5	324101	171913	152188	18195	9745	8450
6	349480	185927	163553	6609	3519	3090
7	320939	171138	149801	1703	868	835
8	342189	182979	159210	1066	557	509
9	306160	164458	141702	761	375	386
10-14岁	**1336909**	**716425**	**620484**	**3727**	**2024**	**1703**
10	281494	152093	129401	790	389	401
11	277197	148774	128423	837	460	377
12	268042	143208	124834	773	435	338
13	262881	140344	122537	732	397	335
14	247295	132006	115289	595	343	252
15-19岁	**1689547**	**901069**	**788478**	**1608**	**943**	**665**
15	287086	152606	134480	341	189	152
16	331339	177549	153790	345	210	135
17	316400	170979	145421	265	158	107
18	343977	183831	160146	317	181	136
19	410745	216104	194641	340	205	135
20-24岁	**2328085**	**1241320**	**1086765**	**2348**	**1352**	**996**
20	437605	230352	207253	458	260	198
21	426137	226247	199890	420	244	176
22	459657	246466	213191	448	263	185
23	489529	262772	226757	529	312	217
24	515157	275483	239674	493	273	220
25-29岁	**2858028**	**1526002**	**1332026**	**2958**	**1611**	**1347**
25	561749	301359	260390	564	322	242
26	539216	288780	250436	605	345	260
27	576163	307066	269097	578	308	270
28	577261	307765	269496	596	313	283
29	603639	321032	282607	615	323	292
30-34岁	**3609825**	**1893564**	**1716261**	**4531**	**2221**	**2310**
30	733767	389897	343870	753	405	348
31	735007	386778	348229	873	413	460
32	703355	368533	334822	906	429	477
33	780507	406430	374077	1064	523	541
34	657189	341926	315263	935	451	484
35-39岁	**2944127**	**1530085**	**1414042**	**6051**	**2327**	**3724**
35	556922	290230	266692	969	424	545
36	577212	300519	276693	1056	427	629
37	591918	306657	285261	1182	502	680
38	667182	345451	321731	1358	492	866
39	550893	287228	263665	1486	482	1004
40-44岁	**2635225**	**1372531**	**1262694**	**12192**	**3588**	**8604**
40	479977	251344	228633	1662	512	1150
41	555333	289186	266147	2187	698	1489
42	537727	279085	258642	2434	706	1728
43	516929	268360	248569	2673	743	1930
44	545259	284556	260703	3236	929	2307

4-1a 续表 1

单位：人

年 龄	3岁及以上人口			未上过学		
	合计	男	女	小计	男	女
45-49岁	**2845073**	**1477212**	**1367861**	**26554**	**6990**	**19564**
45	534389	277679	256710	3729	991	2738
46	550126	286066	264060	4585	1214	3371
47	586578	304167	282411	5419	1434	3985
48	580553	301091	279462	6253	1613	4640
49	593427	308209	285218	6568	1738	4830
50-54岁	**2684496**	**1383317**	**1301179**	**48863**	**12626**	**36237**
50	600450	309651	290799	8056	2025	6031
51	566751	291602	275149	9344	2462	6882
52	557699	288236	269463	10652	2810	7842
53	454444	233680	220764	9560	2444	7116
54	505152	260148	245004	11251	2885	8366
55-59岁	**2174143**	**1102646**	**1071497**	**57433**	**12928**	**44505**
55	499810	255470	244340	11398	2798	8600
56	478950	242852	236098	11660	2766	8894
57	550692	279711	270981	13491	3082	10409
58	415682	210712	204970	12758	2704	10054
59	229009	113901	115108	8126	1578	6548
60-64岁	**1498332**	**750896**	**747436**	**86410**	**19097**	**67313**
60	290434	145297	145137	11859	2555	9304
61	256226	129264	126962	13310	2988	10322
62	309606	156834	152772	18160	4100	14060
63	339746	169913	169833	21923	4785	17138
64	302320	149588	152732	21158	4669	16489
65-69岁	**1275890**	**625628**	**650262**	**107696**	**25532**	**82164**
65	290538	144072	146466	21994	4986	17008
66	292957	144427	148530	23558	5459	18099
67	241334	117494	123840	21038	5027	16011
68	241091	117777	123314	21904	5347	16557
69	209970	101858	108112	19202	4713	14489
70-74岁	**848182**	**413239**	**434943**	**87792**	**21941**	**65851**
70	192896	94333	98563	18428	4587	13841
71	189159	92401	96758	18765	4890	13875
72	174049	84403	89646	18154	4572	13582
73	156714	76476	80238	16638	4159	12479
74	135364	65626	69738	15807	3733	12074
75-79岁	**470249**	**226648**	**243601**	**68627**	**17175**	**51452**
75	113491	55332	58159	13974	3314	10660
76	106813	51811	55002	14855	3654	11201
77	93382	44753	48629	14056	3465	10591
78	77689	36964	40725	12148	3115	9033
79	78874	37788	41086	13594	3627	9967
80-84岁	**329523**	**153238**	**176285**	**70822**	**18472**	**52350**
80	67047	31740	35307	12496	3342	9154
81	63406	29456	33950	12575	3315	9260
82	72316	33629	38687	15884	4168	11716
83	66241	30674	35567	15259	3960	11299
84	60513	27739	32774	14608	3687	10921
85岁及以上	**312263**	**134533**	**177730**	**92514**	**21345**	**71169**

4-1a 续表 2

单位：人

年 龄	学前教育			小 学		
	小计	男	女	小计	男	女
总 计	**1070815**	**559488**	**511327**	**6863089**	**3295054**	**3568035**
3	288138	150721	137417			
4	326069	171986	154083			
5-9岁	**412450**	**218804**	**193646**	**1187623**	**634466**	**553157**
5	283200	149988	133212	22706	12180	10526
6	104668	55966	48702	235530	124965	110565
7	14512	7586	6926	301603	160933	140670
8	6215	3265	2950	330782	176844	153938
9	3855	1999	1856	297002	159544	137458
10-14岁	**10799**	**5730**	**5069**	**668848**	**360429**	**308419**
10	2926	1594	1332	270698	146198	124500
11	2334	1250	1084	256182	137546	118636
12	1734	902	832	98849	53610	45239
13	1792	956	836	30992	16573	14419
14	2013	1028	985	12127	6502	5625
15-19岁	**2543**	**1356**	**1187**	**25537**	**14607**	**10930**
15	1159	615	544	4857	2611	2246
16	632	348	284	4054	2327	1727
17	297	150	147	4716	2765	1951
18	248	132	116	5613	3172	2441
19	207	111	96	6297	3732	2565
20-24岁	**926**	**494**	**432**	**42779**	**25743**	**17036**
20	234	113	121	6674	4079	2595
21	169	100	69	7107	4333	2774
22	155	76	79	8780	5310	3470
23	190	113	77	9555	5728	3827
24	178	92	86	10663	6293	4370
25-29岁	**777**	**438**	**339**	**72074**	**40846**	**31228**
25	194	117	77	12027	7003	5024
26	165	92	73	12219	7063	5156
27	149	89	60	14505	8178	6327
28	129	62	67	15859	8890	6969
29	140	78	62	17464	9712	7752
30-34岁	**879**	**478**	**401**	**136099**	**71035**	**65064**
30	179	94	85	23386	12729	10657
31	174	104	70	25587	13696	11891
32	180	82	98	26533	13794	12739
33	191	108	83	31512	16129	15383
34	155	90	65	29081	14687	14394
35-39岁	**738**	**404**	**334**	**161459**	**77506**	**83953**
35	147	80	67	27665	13658	14007
36	132	75	57	29330	14189	15141
37	149	83	66	30109	14661	15448
38	163	93	70	37095	17579	19516
39	147	73	74	37260	17419	19841
40-44岁	**905**	**406**	**499**	**307291**	**140536**	**166755**
40	139	65	74	40135	18414	21721
41	169	82	87	55104	25632	29472
42	196	85	111	61437	27773	33664
43	183	77	106	67747	31227	36520
44	218	97	121	82868	37490	45378

4-1a 续表 3 单位：人

年 龄	学前教育			小 学		
	小计	男	女	小计	男	女
45-49岁	**1664**	**670**	**994**	**575129**	**255163**	**319966**
45	258	100	158	91722	41256	50466
46	315	131	184	105183	47045	58138
47	314	131	183	116760	51862	64898
48	356	130	226	124978	54961	70017
49	421	178	243	136486	60039	76447
50-54岁	**2661**	**1015**	**1646**	**805786**	**363724**	**442062**
50	450	159	291	155979	69175	86804
51	512	203	309	167095	75945	91150
52	551	212	339	171981	78115	93866
53	518	177	341	146235	65947	80288
54	630	264	366	164496	74542	89954
55-59岁	**2710**	**939**	**1771**	**656643**	**285015**	**371628**
55	565	216	349	156522	69624	86898
56	565	218	347	144305	63068	81237
57	670	235	435	159378	69094	90284
58	565	169	396	127032	54369	72663
59	345	101	244	69406	28860	40546
60-64岁	**3327**	**976**	**2351**	**599741**	**267415**	**332326**
60	492	146	346	98704	41898	56806
61	484	148	336	95861	42368	53493
62	688	204	484	123749	55993	67756
63	836	237	599	143585	64619	78966
64	827	241	586	137842	62537	75305
65-69岁	**4212**	**1242**	**2970**	**646660**	**301668**	**344992**
65	847	249	598	138855	64561	74294
66	876	286	590	146590	68794	77796
67	803	200	603	124383	58089	66294
68	853	250	603	125468	58790	66678
69	833	257	576	111364	51434	59930
70-74岁	**3933**	**1200**	**2733**	**454406**	**212928**	**241478**
70	817	245	572	102763	47973	54790
71	865	265	600	103184	48680	54504
72	836	257	579	97130	45876	51254
73	726	222	504	83041	38782	44259
74	689	211	478	68288	31617	36671
75-79岁	**2665**	**907**	**1758**	**225142**	**106342**	**118800**
75	591	191	400	55541	25914	29627
76	588	209	379	50987	24033	26954
77	515	170	345	44682	21130	23552
78	473	167	306	36649	17297	19352
79	498	170	328	37283	17968	19315
80-84岁	**2493**	**802**	**1691**	**154274**	**72594**	**81680**
80	493	173	320	31132	14762	16370
81	444	143	301	29915	14033	15882
82	539	183	356	34022	16042	17980
83	517	155	362	31007	14621	16386
84	500	148	352	28198	13136	15062
85岁及以上	**2926**	**920**	**2006**	**143598**	**65037**	**78561**

4-1a　续表 4　　　　单位：人

年　龄	初　中			高　中			大学专科		
	小计	男	女	小计	男	女	小计	男	女
总　计	**10113514**	**5588699**	**4524815**	**5334120**	**2947957**	**2386163**	**3681568**	**1909162**	**1772406**
3									
4									
5-9岁	**14417**	**8050**	**6367**						
5									
6	2673	1477	1196						
7	3121	1751	1370						
8	4106	2298	1808						
9	4517	2524	1993						
10-14岁	**638441**	**340275**	**298166**	**14923**	**7886**	**7037**	**67**	**27**	**40**
10	7027	3879	3148	18	11	7	8	5	3
11	17774	9478	8296	30	18	12	14	6	8
12	166609	88225	78384	51	25	26	10	4	6
13	225240	120169	105071	4095	2238	1857	9	2	7
14	221791	118524	103267	10729	5594	5135	26	10	16
15-19岁	**312349**	**187414**	**124935**	**878619**	**469902**	**408717**	**261412**	**133944**	**127468**
15	89556	49612	39944	188036	97752	90284	2553	1512	1041
16	47073	28009	19064	273507	143284	130223	4851	2958	1893
17	50254	30823	19431	239665	126215	113450	15353	8433	6920
18	56669	35626	21043	110836	62781	48055	93214	47178	46036
19	68797	43344	25453	66575	39870	26705	145441	73863	71578
20-24岁	**502880**	**306785**	**196095**	**404732**	**243296**	**161436**	**621643**	**322647**	**298996**
20	79378	49548	29830	67855	40854	27001	137575	71504	66071
21	87796	54276	33520	71162	43128	28034	108485	57406	51079
22	105360	64255	41105	81574	49029	32545	117742	61105	56637
23	110961	67060	43901	88117	52969	35148	127987	66082	61905
24	119385	71646	47739	96024	57316	38708	129854	66550	63304
25-29岁	**747225**	**435308**	**311917**	**558161**	**326208**	**231953**	**632640**	**323052**	**309588**
25	134326	80288	54038	106552	63541	43011	135887	69883	66004
26	133409	78296	55113	103220	61185	42035	124546	64260	60286
27	149277	87116	62161	111793	65217	46576	127614	65112	62502
28	157440	90922	66518	114679	66375	48304	121318	61795	59523
29	172773	98686	74087	121917	69890	52027	123275	62002	61273
30-34岁	**1117698**	**624258**	**493440**	**737008**	**410345**	**326663**	**712444**	**350929**	**361515**
30	222875	126531	96344	151777	86201	65576	146151	72976	73175
31	223051	125327	97724	151183	84572	66611	147868	73202	74666
32	216966	121323	95643	144841	80549	64292	139253	68527	70726
33	241784	133790	107994	159046	87914	71132	155142	75601	79541
34	213022	117287	95735	130161	71109	59052	124030	60623	63407
35-39岁	**1035226**	**563962**	**471264**	**580615**	**313028**	**267587**	**497973**	**243348**	**254625**
35	190025	104226	85799	107186	58287	48899	98815	48472	50343
36	197995	108237	89758	109704	59633	50071	101127	49632	51495
37	202734	110095	92639	115673	62451	53222	103160	50220	52940
38	236153	128371	107782	134557	71673	62884	111364	54010	57354
39	208319	113033	95286	113495	60984	52511	83507	41014	42493
40-44岁	**1145558**	**612617**	**532941**	**499871**	**268013**	**231858**	**303469**	**154272**	**149197**
40	193951	105252	88699	97793	52498	45295	64589	32296	32293
41	230781	123899	106882	111794	59664	52130	70288	34899	35389
42	234283	124863	109420	103121	55010	48111	62277	31680	30597
43	233323	123624	109699	94098	50391	43707	54611	27964	26647
44	253220	134979	118241	93065	50450	42615	51704	27433	24271

4-1a 续表 5 单位：人

年龄	初中			高中			大学专科		
	小计	男	女	小计	男	女	小计	男	女
45-49岁	**1361598**	**727147**	**634451**	**438996**	**241662**	**197334**	**209501**	**112916**	**96585**
45	255024	134978	120046	87267	47690	39577	45178	24040	21138
46	267080	142281	124799	84842	46641	38201	41376	22217	19159
47	283169	150812	132357	90171	49299	40872	42954	23156	19798
48	278446	149259	129187	87275	48253	39022	39940	21762	18178
49	277879	149817	128062	89441	49779	39662	40053	21741	18312
50-54岁	**1197187**	**645812**	**551375**	**337238**	**188054**	**149184**	**142070**	**79069**	**63001**
50	275075	148137	126938	85122	47181	37941	37152	20236	16916
51	251667	135165	116502	74293	41131	33162	31146	16930	14216
52	245369	133164	112205	68410	38271	30139	29528	16348	13180
53	202056	109285	92771	51524	28842	22682	21512	12339	9173
54	223020	120061	102959	57889	32629	25260	22732	13216	9516
55-59岁	**852025**	**459342**	**392683**	**390810**	**207818**	**182992**	**115040**	**67881**	**47159**
55	217649	115499	102150	65175	36511	28664	23808	14028	9780
56	198575	105189	93386	75852	41189	34663	24944	14639	10305
57	212911	114867	98044	107857	56693	51164	30591	17860	12731
58	147953	82069	65884	88141	46216	41925	22345	13323	9022
59	74937	41718	33219	53785	27209	26576	13352	8031	5321
60-64岁	**466319**	**267399**	**198920**	**235049**	**124522**	**110527**	**70585**	**44937**	**25648**
60	95702	53865	41837	59945	31142	28803	15041	9471	5570
61	80651	46568	34083	47043	24559	22484	12439	7875	4564
62	97416	56674	40742	48031	25453	22578	14086	9005	5081
63	103479	59624	43855	46182	24970	21212	15776	10008	5768
64	89071	50668	38403	33848	18398	15450	13243	8578	4665
65-69岁	**354885**	**198818**	**156067**	**95235**	**53403**	**41832**	**47128**	**30978**	**16150**
65	83954	47425	36529	27451	15315	12136	12020	7734	4286
66	82743	46403	36340	23284	12968	10316	11127	7207	3920
67	66649	37005	29644	16417	9164	7253	8536	5583	2953
68	65814	36795	29019	15361	8664	6697	8303	5596	2707
69	55725	31190	24535	12722	7292	5430	7142	4858	2284
70-74岁	**191657**	**109332**	**82325**	**66256**	**37409**	**28847**	**29703**	**20140**	**9563**
70	49005	27718	21287	12176	7034	5142	6850	4695	2155
71	41867	23590	18277	14798	8303	6495	6879	4657	2222
72	35677	20210	15467	13999	7822	6177	5955	3998	1957
73	34414	19898	14516	13562	7622	5940	5694	3886	1808
74	30694	17916	12778	11721	6628	5093	4325	2904	1421
75-79岁	**93832**	**53545**	**40287**	**48217**	**27481**	**20736**	**16540**	**10773**	**5767**
75	25430	14962	10468	10671	6025	4646	3678	2454	1224
76	22548	13063	9485	11140	6351	4789	3618	2397	1221
77	18051	10113	7938	9944	5744	4200	3321	2201	1120
78	14261	7913	6348	8443	4755	3688	3001	1866	1135
79	13542	7494	6048	8019	4606	3413	2922	1855	1067
80-84岁	**45820**	**25912**	**19908**	**28585**	**16448**	**12137**	**12887**	**8522**	**4365**
80	10674	5956	4718	6609	3733	2876	2673	1714	959
81	9112	4972	4140	5828	3299	2529	2590	1632	958
82	9585	5376	4209	6179	3567	2612	2844	1914	930
83	8560	4906	3654	5397	3133	2264	2551	1739	812
84	7889	4702	3187	4572	2716	1856	2229	1523	706
85岁及以上	**36397**	**22723**	**13674**	**19760**	**12451**	**7309**	**8466**	**5727**	**2739**

4-1a　续表 6　　　　单位：人

年　龄	大学本科			硕士研究生			博士研究生		
	小计	男	女	小计	男	女	小计	男	女
总　计	**3839704**	**1902383**	**1937321**	**429992**	**224451**	**205541**	**55711**	**35045**	**20666**
3									
4									
5—9岁									
5									
6									
7									
8									
9									
10—14岁	**94**	**49**	**45**						
10	27	17	10						
11	26	16	10						
12	14	6	8						
13	18	7	11						
14	9	3	6						
15—19岁	**207230**	**92774**	**114456**						
15	581	313	268						
16	875	412	463						
17	5824	2422	3402						
18	76999	34724	42275						
19	122951	54903	68048						
20—24岁	**690799**	**311994**	**378805**	**58073**	**26861**	**31212**	**3905**	**2148**	**1757**
20	145163	63861	81302	225	108	117	43	25	18
21	149189	65913	83276	1646	761	885	163	86	77
22	132546	60305	72241	12116	5605	6511	936	518	418
23	130065	60163	69902	20931	9703	11228	1194	642	552
24	133836	61752	72084	23155	10684	12471	1569	877	692
25—29岁	**723008**	**340270**	**382738**	**109581**	**51709**	**57872**	**11604**	**6560**	**5044**
25	146186	67839	78347	23902	11164	12738	2111	1202	909
26	140976	66106	74870	21710	10136	11574	2366	1297	1069
27	148049	69610	78439	21864	10188	11676	2334	1248	1086
28	143654	67926	75728	21194	10069	11125	2392	1413	979
29	144143	68789	75354	20911	10152	10759	2401	1400	1001
30—34岁	**782734**	**374562**	**408172**	**105657**	**52072**	**53585**	**12775**	**7664**	**5111**
30	161625	77555	84070	24287	11830	12457	2734	1576	1158
31	160661	76783	83878	22916	11121	11795	2694	1560	1134
32	151807	72420	79387	20334	9890	10444	2535	1519	1016
33	168426	80285	88141	20731	10460	10271	2611	1620	991
34	140215	67519	72696	17389	8771	8618	2201	1389	812
35—39岁	**579597**	**284630**	**294967**	**72353**	**38539**	**33814**	**10115**	**6341**	**3774**
35	115454	56277	59177	14790	7649	7141	1871	1157	714
36	120763	59150	61613	15027	7862	7165	2078	1314	764
37	122092	59538	62554	14851	7857	6994	1968	1250	718
38	128366	63234	65132	15822	8561	7261	2304	1438	866
39	92922	46431	46491	11863	6610	5253	1894	1182	712
40—44岁	**320777**	**165746**	**155031**	**37838**	**22510**	**15328**	**7324**	**4843**	**2481**
40	70958	36070	34888	9194	5239	3955	1556	998	558
41	73893	37721	36172	9352	5437	3915	1765	1154	611
42	64808	33365	31443	7604	4581	3023	1567	1022	545
43	56916	29712	27204	6126	3778	2348	1252	844	408
44	54202	28878	25324	5562	3475	2087	1184	825	359

4-1a 续表 7

单位：人

年 龄	大学本科			硕士研究生			博士研究生		
	小计	男	女	小计	男	女	小计	男	女
45—49岁	**207090**	**116318**	**90772**	**20162**	**13296**	**6866**	**4379**	**3050**	**1329**
45	45551	24928	20623	4695	3014	1681	965	682	283
46	41641	23137	18504	4150	2746	1404	954	654	300
47	42643	24039	18604	4265	2826	1439	883	608	275
48	38932	22139	16793	3551	2396	1155	822	578	244
49	38323	22075	16248	3501	2314	1187	755	528	227
50—54岁	**135679**	**82472**	**53207**	**12438**	**8628**	**3810**	**2574**	**1917**	**657**
50	34795	20116	14679	3179	2156	1023	642	466	176
51	29473	17559	11914	2684	1809	875	537	398	139
52	28097	17134	10963	2582	1791	791	529	391	138
53	20734	13001	7733	1886	1322	564	419	323	96
54	22580	14662	7918	2107	1550	557	447	339	108
55—59岁	**88602**	**60165**	**28437**	**8853**	**6883**	**1970**	**2027**	**1675**	**352**
55	21849	14598	7251	2318	1786	532	526	410	116
56	20499	13791	6708	2085	1605	480	465	387	78
57	22869	15562	7307	2364	1838	526	561	480	81
58	15170	10497	4673	1407	1106	301	311	259	52
59	8215	5717	2498	679	548	131	164	139	25
60—64岁	**33683**	**23939**	**9744**	**2669**	**2138**	**531**	**549**	**473**	**76**
60	7944	5617	2327	632	508	124	115	95	20
61	5850	4258	1592	497	422	75	91	78	13
62	6850	4898	1952	524	418	106	102	89	13
63	7233	5096	2137	587	449	138	145	125	20
64	5806	4070	1736	429	341	88	96	86	10
65—69岁	**18797**	**12972**	**5825**	**1077**	**845**	**232**	**200**	**170**	**30**
65	4989	3455	1534	357	285	72	71	62	9
66	4466	3064	1402	267	208	59	46	38	8
67	3291	2252	1039	186	149	37	31	25	6
68	3209	2195	1014	150	113	37	29	27	2
69	2842	2006	836	117	90	27	23	18	5
70—74岁	**13948**	**9887**	**4061**	**401**	**331**	**70**	**86**	**71**	**15**
70	2751	1995	756	85	67	18	21	19	2
71	2692	1929	763	93	75	18	16	12	4
72	2203	1587	616	80	69	11	15	12	3
73	2559	1838	721	64	57	7	16	12	4
74	3743	2538	1205	79	63	16	18	16	2
75—79岁	**14881**	**10140**	**4741**	**296**	**248**	**48**	**49**	**37**	**12**
75	3509	2390	1119	87	74	13	10	8	2
76	2992	2032	960	75	66	9	10	6	4
77	2748	1877	871	55	44	11	10	9	1
78	2664	1810	854	45	37	8	5	4	1
79	2968	2031	937	34	27	7	14	10	4
80—84岁	**14421**	**10315**	**4106**	**183**	**143**	**40**	**38**	**30**	**8**
80	2937	2034	903	30	24	6	3	2	1
81	2899	2027	872	36	29	7	7	6	1
82	3199	2326	873	47	39	8	17	14	3
83	2908	2130	778	36	26	10	6	4	2
84	2478	1798	680	34	25	9	5	4	1
85岁及以上	**8364**	**6150**	**2214**	**191**	**146**	**45**	**47**	**34**	**13**

4-1b　全省分年龄、性别、受教育程度的3岁及以上人口(镇)

单位：人

年　龄	3岁及以上人口			未上过学		
	合计	男	女	小计	男	女
总　计	**13178618**	**6892498**	**6286120**	**466792**	**139458**	**327334**
3	155351	81774	73577	42225	22426	19799
4	139854	74078	65776	14809	7803	7006
5-9岁	**678631**	**361811**	**316820**	**11756**	**6288**	**5468**
5	127603	67582	60021	7309	3937	3372
6	138272	73413	64859	2735	1449	1286
7	132974	70625	62349	788	399	389
8	145717	77960	67757	523	282	241
9	134065	72231	61834	401	221	180
10-14岁	**638052**	**340190**	**297862**	**2191**	**1161**	**1030**
10	126184	68078	58106	453	239	214
11	130670	69936	60734	503	266	237
12	127429	67805	59624	482	268	214
13	126900	67254	59646	418	216	202
14	126869	67117	59752	335	172	163
15-19岁	**649657**	**353767**	**295890**	**882**	**523**	**359**
15	147861	77922	69939	222	124	98
16	161414	85854	75560	158	89	69
17	143659	77164	66495	161	98	63
18	107979	60880	47099	182	114	68
19	88744	51947	36797	159	98	61
20-24岁	**646476**	**369893**	**276583**	**1157**	**681**	**476**
20	93796	55384	38412	214	135	79
21	105756	61660	44096	217	131	86
22	134389	76866	57523	255	151	104
23	149246	84285	64961	217	124	93
24	163289	91698	71591	254	140	114
25-29岁	**968317**	**529977**	**438340**	**1520**	**838**	**682**
25	182865	101835	81030	289	170	119
26	181462	100027	81435	285	162	123
27	195235	106590	88645	289	170	119
28	200003	108559	91444	295	152	143
29	208752	112966	95786	362	184	178
30-34岁	**1282700**	**682198**	**600502**	**2445**	**1124**	**1321**
30	256818	138598	118220	405	207	198
31	257446	137841	119605	461	225	236
32	248710	132029	116681	520	243	277
33	280172	147826	132346	547	236	311
34	239554	125904	113650	512	213	299
35-39岁	**1093135**	**569919**	**523216**	**3585**	**1338**	**2247**
35	200950	105872	95078	580	241	339
36	208905	109514	99391	603	241	362
37	215879	112363	103516	625	217	408
38	251026	130335	120691	916	323	593
39	216375	111835	104540	861	316	545
40-44岁	**1099279**	**564195**	**535084**	**7054**	**2061**	**4993**
40	193710	100284	93426	979	304	675
41	223911	115612	108299	1255	395	860
42	224622	114733	109889	1389	404	985
43	219542	112063	107479	1539	433	1106
44	237494	121503	115991	1892	525	1367

4-1b 续表 1

单位：人

年龄	3岁及以上人口			未上过学		
	合计	男	女	小计	男	女
45-49岁	**1278754**	**656748**	**622006**	**14273**	**3767**	**10506**
45	235687	120652	115035	2064	542	1522
46	246481	126460	120021	2429	634	1795
47	265024	135989	129035	2945	837	2108
48	261364	134167	127197	3259	813	2446
49	270198	139480	130718	3576	941	2635
50-54岁	**1272114**	**659746**	**612368**	**24513**	**6468**	**18045**
50	277410	142864	134546	4037	1039	2998
51	267403	138231	129172	4677	1281	3396
52	260019	135470	124549	5296	1348	3948
53	220569	114444	106125	4823	1265	3558
54	246713	128737	117976	5680	1535	4145
55-59岁	**1018359**	**528924**	**489435**	**30048**	**6853**	**23195**
55	244087	126988	117099	5924	1511	4413
56	227415	118121	109294	6079	1457	4622
57	251419	131333	120086	7141	1626	5515
58	192631	99858	92773	6639	1402	5237
59	102807	52624	50183	4265	857	3408
60-64岁	**683187**	**354006**	**329181**	**47426**	**11061**	**36365**
60	131849	68808	63041	6705	1483	5222
61	115227	60319	54908	7233	1732	5501
62	139837	73127	66710	9692	2270	7422
63	156679	81189	75490	11939	2837	9102
64	139595	70563	69032	11857	2739	9118
65-69岁	**610706**	**304062**	**306644**	**63268**	**14931**	**48337**
65	134482	68002	66480	12398	2819	9579
66	138798	69766	69032	13604	3135	10469
67	118018	58336	59682	12441	2961	9480
68	117441	58134	59307	13057	3128	9929
69	101967	49824	52143	11768	2888	8880
70-74岁	**418977**	**206809**	**212168**	**54955**	**13999**	**40956**
70	94024	46354	47670	11264	2874	8390
71	93164	46301	46863	11730	3051	8679
72	87934	43323	44611	11809	3107	8702
73	76374	37592	38782	10472	2606	7866
74	67481	33239	34242	9680	2361	7319
75-79岁	**233208**	**114943**	**118265**	**44113**	**11768**	**32345**
75	56449	27961	28488	8867	2225	6642
76	53254	26481	26773	9569	2483	7086
77	46020	22738	23282	8927	2407	6520
78	37810	18534	19276	7807	2177	5630
79	39675	19229	20446	8943	2476	6467
80-84岁	**165290**	**77808**	**87482**	**45913**	**12852**	**33061**
80	34883	16829	18054	8586	2430	6156
81	31770	15171	16599	8437	2478	5959
82	36639	17209	19430	10174	2823	7351
83	32820	15238	17582	9677	2687	6990
84	29178	13361	15817	9039	2434	6605
85岁及以上	**146571**	**61650**	**84921**	**54659**	**13516**	**41143**

4−1b　续表 2　　　　单位：人

年　龄	学前教育			小　学		
	小计	男	女	小计	男	女
总　计	**430973**	**224247**	**206726**	**3587030**	**1719186**	**1867844**
3	113126	59348	53778			
4	125045	66275	58770			
5−9岁	**165911**	**88026**	**77885**	**493916**	**263590**	**230326**
5	110579	58443	52136	9715	5202	4513
6	43264	23260	20004	91071	48060	43011
7	7063	3633	3430	123589	65746	57843
8	3025	1623	1402	140206	74966	65240
9	1980	1067	913	129335	69616	59719
10−14岁	**6171**	**3252**	**2919**	**314986**	**169311**	**145675**
10	1520	819	701	120591	64994	55597
11	1305	707	598	119669	64091	55578
12	985	512	473	50699	27491	23208
13	1073	553	520	17013	9018	7995
14	1288	661	627	7014	3717	3297
15−19岁	**1722**	**901**	**821**	**12543**	**7085**	**5458**
15	756	386	370	2712	1443	1269
16	441	232	209	1983	1124	859
17	279	154	125	2272	1271	1001
18	163	91	72	2692	1545	1147
19	83	38	45	2884	1702	1182
20−24岁	**318**	**167**	**151**	**19959**	**11615**	**8344**
20	79	41	38	3079	1851	1228
21	54	30	24	3206	1898	1308
22	59	30	29	4105	2412	1693
23	51	27	24	4483	2555	1928
24	75	39	36	5086	2899	2187
25−29岁	**255**	**128**	**127**	**35801**	**19341**	**16460**
25	75	38	37	5670	3172	2498
26	57	25	32	6044	3277	2767
27	37	20	17	7323	3981	3342
28	38	20	18	7970	4273	3697
29	48	25	23	8794	4638	4156
30−34岁	**256**	**109**	**147**	**70573**	**35102**	**35471**
30	50	18	32	11740	6012	5728
31	55	25	30	13397	6789	6608
32	47	20	27	13726	6823	6903
33	59	30	29	16262	8026	8236
34	45	16	29	15448	7452	7996
35−39岁	**254**	**113**	**141**	**89451**	**40673**	**48778**
35	52	24	28	14342	6735	7607
36	41	20	21	16033	7413	8620
37	46	18	28	16540	7557	8983
38	57	28	29	20959	9461	11498
39	58	23	35	21577	9507	12070
40−44岁	**399**	**144**	**255**	**171444**	**74919**	**96525**
40	65	31	34	22656	9878	12778
41	70	23	47	31152	13917	17235
42	77	34	43	34665	15060	19605
43	73	20	53	37885	16513	21372
44	114	36	78	45086	19551	25535

4-1b 续表 3

单位：人

年龄	学前教育			小学		
	小计	男	女	小计	男	女
45-49岁	**823**	**294**	**529**	**305633**	**131785**	**173848**
45	130	46	84	49344	21221	28123
46	143	47	96	55576	24177	31399
47	166	66	100	62025	26673	35352
48	195	78	117	65969	28402	37567
49	189	57	132	72719	31312	41407
50-54岁	**1394**	**540**	**854**	**431127**	**193738**	**237389**
50	244	94	150	82587	36145	46442
51	270	102	168	90048	40565	49483
52	276	116	160	90642	41006	49636
53	258	89	169	78933	35533	43400
54	346	139	207	88917	40489	48428
55-59岁	**1574**	**504**	**1070**	**365099**	**160059**	**205040**
55	335	125	210	86551	38622	47929
56	311	105	206	80131	35442	44689
57	394	111	283	87039	38318	48721
58	339	106	233	71264	30652	40612
59	195	57	138	40114	17025	23089
60-64岁	**2254**	**645**	**1609**	**341150**	**157214**	**183936**
60	304	82	222	56169	24980	31189
61	354	105	249	53819	24636	29183
62	450	136	314	70074	32689	37385
63	555	166	389	82493	38322	44171
64	591	156	435	78595	36587	42008
65-69岁	**3107**	**986**	**2121**	**375935**	**179586**	**196349**
65	603	184	419	78902	37689	41213
66	684	220	464	84762	40810	43952
67	601	185	416	73657	35111	38546
68	632	206	426	73843	35313	38530
69	587	191	396	64771	30663	34108
70-74岁	**2779**	**939**	**1840**	**264999**	**128843**	**136156**
70	528	180	348	59974	28851	31123
71	584	208	376	60274	29629	30645
72	592	197	395	56596	27734	28862
73	563	192	371	47650	23120	24530
74	512	162	350	40505	19509	20996
75-79岁	**1979**	**649**	**1330**	**132615**	**66464**	**66151**
75	418	127	291	32799	16066	16733
76	444	143	301	30377	15252	15125
77	384	128	256	25963	13100	12863
78	375	125	250	21233	10747	10486
79	358	126	232	22243	11299	10944
80-84岁	**1742**	**618**	**1124**	**89479**	**45291**	**44188**
80	356	142	214	19144	9804	9340
81	306	108	198	17428	8840	8588
82	392	139	253	19976	10138	9838
83	352	125	227	17611	8827	8784
84	336	104	232	15320	7682	7638
85岁及以上	**1864**	**609**	**1255**	**72320**	**34570**	**37750**

4-1b　续表 4　　　　单位：人

年　龄	初　中			高　中			大学专科		
	小计	男	女	小计	男	女	小计	男	女
总　计	**4777058**	**2650602**	**2126456**	**2139573**	**1224402**	**915171**	**1003106**	**538626**	**464480**
3									
4									
5-9岁	**7026**	**3891**	**3135**						
5									
6	1202	644	558						
7	1534	847	687						
8	1951	1081	870						
9	2339	1319	1020						
10-14岁	**306258**	**162064**	**144194**	**8391**	**4367**	**4024**	**35**	**26**	**9**
10	3606	2019	1587	5	2	3	7	5	2
11	9180	4862	4318	10	7	3	2	2	
12	75224	39518	35706	32	13	19	3	1	2
13	106283	56365	49918	2105	1096	1009	6	4	2
14	111965	59300	52665	6239	3249	2990	17	14	3
15-19岁	**139017**	**82923**	**56094**	**427007**	**228270**	**198737**	**38713**	**19918**	**18795**
15	46217	25184	21033	97245	50358	46887	558	343	215
16	21289	12429	8860	136699	71520	65179	654	365	289
17	20329	12623	7706	116684	61044	55640	2740	1458	1282
18	23163	14608	8555	50656	29121	21535	16603	8430	8173
19	28019	18079	9940	25723	16227	9496	18158	9322	8836
20-24岁	**206188**	**127739**	**78449**	**157487**	**98290**	**59197**	**154280**	**81553**	**72727**
20	31609	20069	11540	25769	16329	9440	20774	11040	9734
21	35508	22353	13155	27020	17107	9913	25589	13608	11981
22	43322	27130	16192	31496	19640	11856	32247	16995	15252
23	45577	27712	17865	34433	21455	12978	36627	19426	17201
24	50172	30475	19697	38769	23759	15010	39043	20484	18559
25-29岁	**320304**	**185374**	**134930**	**235769**	**138908**	**96861**	**206435**	**106765**	**99670**
25	56950	34003	22947	43872	26678	17194	42690	22317	20373
26	57334	33586	23748	43690	26273	17417	41067	21401	19666
27	63754	36799	26955	47379	27914	19465	41853	21566	20287
28	68069	38984	29085	49013	28416	20597	40472	20772	19700
29	74197	42002	32195	51815	29627	22188	40353	20709	19644
30-34岁	**507618**	**277048**	**230570**	**309449**	**173824**	**135625**	**217382**	**109989**	**107393**
30	97121	54323	42798	63565	36394	27171	46545	23708	22837
31	99226	54529	44697	63435	35971	27464	45019	22903	22116
32	97673	53643	44030	60768	33893	26875	42355	21238	21117
33	112540	60733	51807	67054	37373	29681	46344	23212	23132
34	101058	53820	47238	54627	30193	24434	37119	18928	18191
35-39岁	**521025**	**273507**	**247518**	**235996**	**130280**	**105716**	**132356**	**67574**	**64782**
35	91061	48318	42743	43475	24282	19193	27625	14040	13585
36	97127	51116	46011	44389	24599	19790	27367	14168	13199
37	103234	54086	49148	46593	25634	20959	26568	13474	13094
38	122013	63951	58062	54888	29992	24896	28902	14751	14151
39	107590	56036	51554	46651	25773	20878	21894	11141	10753
40-44岁	**585589**	**304964**	**280625**	**188620**	**104686**	**83934**	**78798**	**42169**	**36629**
40	99981	52698	47283	38778	21332	17446	17175	8955	8220
41	117883	61870	56013	41359	22787	18572	17522	9209	8313
42	120115	62126	57989	38586	21403	17183	16012	8541	7471
43	118720	61383	57337	34684	19425	15259	14166	7674	6492
44	128890	66887	62003	35213	19739	15474	13923	7790	6133

4-1b 续表 5　　单位：人

年龄	初中			高中			大学专科		
	小计	男	女	小计	男	女	小计	男	女
45-49岁	**685800**	**364053**	**321747**	**164029**	**94174**	**69855**	**59252**	**33867**	**25385**
45	128510	67183	61327	32813	18648	14165	12125	6961	5164
46	134469	70714	63755	32154	18378	13776	11740	6653	5087
47	143889	76272	67617	33713	19246	14467	12221	6923	5298
48	139028	74245	64783	31969	18416	13553	11536	6632	4904
49	139904	75639	64265	33380	19486	13894	11630	6698	4932
50-54岁	**614049**	**337020**	**277029**	**125102**	**74605**	**50497**	**42473**	**25525**	**16948**
50	139718	75689	64029	31758	18606	13152	10735	6247	4488
51	128501	69916	58585	27077	16028	11049	9333	5508	3825
52	124197	68944	55253	24448	14585	9863	8380	5018	3362
53	105364	58308	47056	19368	11546	7822	6660	4161	2499
54	116269	64163	52106	22451	13840	8611	7365	4591	2774
55-59岁	**423299**	**238321**	**184978**	**147316**	**87500**	**59816**	**32055**	**21363**	**10692**
55	113543	62809	50734	25314	15497	9817	7307	4715	2592
56	99908	55251	44657	29084	17665	11419	7265	4772	2493
57	103388	58157	45231	40504	23945	16559	8216	5527	2689
58	71851	41660	30191	33559	19554	14005	5916	4071	1845
59	34609	20444	14165	18855	10839	8016	3351	2278	1073
60-64岁	**196919**	**123677**	**73242**	**72654**	**44501**	**28153**	**17128**	**12373**	**4755**
60	42172	25734	16438	21118	12586	8532	3968	2826	1142
61	34524	21628	12896	15198	9110	6088	3029	2219	810
62	40746	25829	14917	14269	8812	5457	3473	2485	988
63	43967	28111	15856	12896	8149	4747	3649	2662	987
64	35510	22375	13135	9173	5844	3329	3009	2181	828
65-69岁	**130072**	**82461**	**47611**	**25949**	**16974**	**8975**	**9793**	**7138**	**2655**
65	31638	19933	11705	7610	4912	2698	2629	1906	723
66	30608	19354	11254	6191	4063	2128	2338	1710	628
67	24503	15494	9009	4635	3006	1629	1749	1261	488
68	23715	15203	8512	4066	2700	1366	1659	1218	441
69	19608	12477	7131	3447	2293	1154	1418	1043	375
70-74岁	**71412**	**46041**	**25371**	**16675**	**10982**	**5693**	**6198**	**4475**	**1723**
70	17254	11000	6254	3217	2163	1054	1395	981	414
71	15149	9702	5447	3603	2364	1239	1416	1029	387
72	13833	8822	5011	3507	2279	1228	1277	931	346
73	12899	8408	4491	3312	2173	1139	1104	802	302
74	12277	8109	4168	3036	2003	1033	1006	732	274
75-79岁	**35932**	**23444**	**12488**	**13244**	**8761**	**4483**	**3532**	**2467**	**1065**
75	10278	6744	3534	2852	1884	968	822	588	234
76	8792	5789	3003	2952	1992	960	735	529	206
77	6830	4452	2378	2895	1924	971	682	460	222
78	5121	3295	1826	2332	1523	809	641	438	203
79	4911	3164	1747	2213	1438	775	652	452	200
80-84岁	**15931**	**10408**	**5523**	**7443**	**5049**	**2394**	**2966**	**2136**	**830**
80	4006	2580	1426	1848	1184	664	621	439	182
81	3166	2054	1112	1468	996	472	591	407	184
82	3383	2196	1187	1626	1101	525	660	466	194
83	2874	1886	988	1369	970	399	552	426	126
84	2502	1692	810	1132	798	334	542	398	144
85岁及以上	**10619**	**7667**	**2952**	**4420**	**3215**	**1205**	**1710**	**1288**	**422**

4-1b　续表 6

单位：人

年　龄	大学本科			硕士研究生			博士研究生		
	小计	男	女	小计	男	女	小计	男	女
总　计	**737737**	**376476**	**361261**	**33537**	**17717**	**15820**	**2812**	**1784**	**1028**
3									
4									
5-9岁									
5									
6									
7									
8									
9									
10-14岁	**18**	**8**	**10**						
10	2		2						
11	1	1							
12	4	2	2						
13	1	1							
14	10	4	6						
15-19岁	**29722**	**14121**	**15601**						
15	151	84	67						
16	188	93	95						
17	1187	514	673						
18	14504	6964	7540						
19	13692	6466	7226						
20-24岁	**101872**	**47470**	**54402**	**4924**	**2211**	**2713**	**291**	**167**	**124**
20	12216	5885	6331	44	26	18	12	8	4
21	13978	6459	7519	171	68	103	13	6	7
22	21559	9863	11696	1291	622	669	55	23	32
23	26083	12171	13912	1674	754	920	101	61	40
24	28036	13092	14944	1744	741	1003	110	69	41
25-29岁	**157801**	**73611**	**84190**	**9643**	**4550**	**5093**	**789**	**462**	**327**
25	31169	14507	16662	2001	868	1133	149	82	67
26	30835	14286	16549	1970	914	1056	180	103	77
27	32406	15086	17320	2038	959	1079	156	95	61
28	32108	14943	17165	1900	924	976	138	75	63
29	31283	14789	16494	1734	885	849	166	107	59
30-34岁	**165353**	**80103**	**85250**	**8907**	**4449**	**4458**	**717**	**450**	**267**
30	35149	16785	18364	2050	1032	1018	193	119	74
31	33744	16346	17398	1944	949	995	165	104	61
32	31813	15279	16534	1674	798	876	134	92	42
33	35482	17254	18228	1769	893	876	115	69	46
34	29165	14439	14726	1470	777	693	110	66	44
35-39岁	**105117**	**53293**	**51824**	**4949**	**2889**	**2060**	**402**	**252**	**150**
35	22627	11547	11080	1105	632	473	83	53	30
36	22137	11286	10851	1120	619	501	88	52	36
37	21226	10751	10475	968	574	394	79	52	27
38	22190	11194	10996	1003	573	430	98	62	36
39	16937	8515	8422	753	491	262	54	33	21
40-44岁	**65145**	**33777**	**31368**	**2029**	**1328**	**701**	**201**	**147**	**54**
40	13512	6725	6787	512	324	188	52	37	15
41	14155	7090	7065	475	293	182	40	28	12
42	13350	6878	6472	384	253	131	44	34	10
43	12097	6362	5735	346	235	111	32	18	14
44	12031	6722	5309	312	223	89	33	30	3

4-1b 续表 7 单位：人

年龄	大学本科			硕士研究生			博士研究生		
	小计	男	女	小计	男	女	小计	男	女
45—49岁	**47499**	**27798**	**19701**	**1300**	**902**	**398**	**145**	**108**	**37**
45	10360	5816	4544	303	207	96	38	28	10
46	9668	5650	4018	274	187	87	28	20	8
47	9779	5761	4018	265	194	71	21	17	4
48	9120	5389	3731	258	168	90	30	24	6
49	8572	5182	3390	200	146	54	28	19	9
50—54岁	**32462**	**21115**	**11347**	**882**	**660**	**222**	**112**	**75**	**37**
50	8083	4876	3207	226	153	73	22	15	7
51	7259	4656	2603	208	156	52	30	19	11
52	6580	4307	2273	177	132	45	23	14	9
53	5006	3415	1591	139	112	27	18	15	3
54	5534	3861	1673	132	107	25	19	12	7
55—59岁	**18311**	**13787**	**4524**	**569**	**465**	**104**	**88**	**72**	**16**
55	4926	3564	1362	166	131	35	21	14	7
56	4493	3310	1183	117	96	21	27	23	4
57	4573	3515	1058	145	119	26	19	15	4
58	2958	2325	633	97	80	17	8	8	
59	1361	1073	288	44	39	5	13	12	1
60—64岁	**5460**	**4367**	**1093**	**166**	**142**	**24**	**30**	**26**	**4**
60	1368	1076	292	39	35	4	6	6	
61	1035	862	173	31	25	6	4	2	2
62	1093	873	220	32	26	6	8	7	1
63	1126	894	232	46	41	5	8	7	1
64	838	662	176	18	15	3	4	4	
65—69岁	**2509**	**1928**	**581**	**64**	**55**	**9**	**9**	**3**	**6**
65	677	538	139	25	21	4			
66	594	463	131	13	10	3	4	1	3
67	420	308	112	11	10	1	1		1
68	458	358	100	7	6	1	4	2	2
69	360	261	99	8	8				
70—74岁	**1927**	**1506**	**421**	**28**	**21**	**7**	**4**	**3**	**1**
70	387	302	85	5	3	2			
71	397	311	86	11	7	4			
72	315	248	67	3	3		2	2	
73	369	288	81	4	3	1	1		1
74	459	357	102	5	5		1	1	
75—79岁	**1781**	**1381**	**400**	**10**	**8**	**2**	**2**	**1**	**1**
75	411	326	85	2	1	1			
76	383	291	92	1	1		1	1	
77	337	266	71	2	1	1			
78	297	226	71	3	3		1		1
79	353	272	81	2	2				
80—84岁	**1800**	**1442**	**358**	**9**	**7**	**2**	**7**	**5**	**2**
80	314	242	72	6	6		2	2	
81	373	287	86				1	1	
82	426	345	81	1	1		1		1
83	384	317	67	1		1			
84	303	251	52	1		1	3	2	1
85岁及以上	**960**	**769**	**191**	**13**	**10**	**3**	**6**	**6**	

4-1c 全省分年龄、性别、受教育程度的3岁及以上人口(乡村)

单位：人

年 龄	3岁及以上人口			未上过学		
	合计	男	女	小计	男	女
总 计	**17561523**	**9231906**	**8329617**	**1156069**	**324974**	**831095**
3	164129	86211	77918	54774	29056	25718
4	147474	77492	69982	19179	10114	9065
5-9岁	**703507**	**374615**	**328892**	**14441**	**7708**	**6733**
5	134816	71306	63510	8820	4714	4106
6	140867	74544	66323	3525	1881	1644
7	136719	73129	63590	983	509	474
8	149565	79778	69787	634	343	291
9	141540	75858	65682	479	261	218
10-14岁	**730324**	**390279**	**340045**	**2478**	**1377**	**1101**
10	138757	74939	63818	425	241	184
11	148210	79380	68830	521	287	234
12	145595	77774	67821	552	312	240
13	146619	77808	68811	507	279	228
14	151143	80378	70765	473	258	215
15-19岁	**469946**	**264604**	**205342**	**1367**	**817**	**550**
15	112870	60626	52244	282	172	110
16	76552	42756	33796	240	138	102
17	77463	44071	33392	247	150	97
18	108016	60337	47679	319	181	138
19	95045	56814	38231	279	176	103
20-24岁	**714465**	**412262**	**302203**	**1934**	**1127**	**807**
20	103536	62026	41510	359	209	150
21	117354	69057	48297	330	193	137
22	147499	84452	63047	383	222	161
23	164580	93820	70760	402	237	165
24	181496	102907	78589	460	266	194
25-29岁	**1016086**	**572357**	**443729**	**2798**	**1580**	**1218**
25	200384	113232	87152	527	295	232
26	194751	110038	84713	531	321	210
27	207111	116571	90540	582	327	255
28	205149	115068	90081	529	303	226
29	208691	117448	91243	629	334	295
30-34岁	**1246064**	**695459**	**550605**	**4143**	**2032**	**2111**
30	252151	142232	109919	690	349	341
31	250389	140008	110381	768	383	385
32	240915	133981	106934	806	392	414
33	273277	152425	120852	930	474	456
34	229332	126813	102519	949	434	515
35-39岁	**1071140**	**589749**	**481391**	**6203**	**2454**	**3749**
35	193175	106942	86233	943	404	539
36	203078	111628	91450	1047	431	616
37	213359	118145	95214	1193	466	727
38	247640	136434	111206	1529	586	943
39	213888	116600	97288	1491	567	924
40-44岁	**1151824**	**611522**	**540302**	**11420**	**3668**	**7752**
40	193381	104632	88749	1480	498	982
41	229820	124084	105736	2077	722	1355
42	234509	124570	109939	2268	749	1519
43	234776	123394	111382	2571	815	1756
44	259338	134842	124496	3024	884	2140

4-1c 续表 1 单位：人

年 龄	3岁及以上人口			未上过学		
	合计	男	女	小计	男	女
45-49岁	**1545311**	**796461**	**748850**	**23879**	**6589**	**17290**
45	266269	137179	129090	3327	967	2360
46	287496	148069	139427	4141	1128	3013
47	318838	164138	154700	4939	1333	3606
48	324458	167301	157157	5337	1470	3867
49	348250	179774	168476	6135	1691	4444
50-54岁	**1852973**	**963794**	**889179**	**46367**	**12498**	**33869**
50	371139	191817	179322	7278	1974	5304
51	378166	195948	182218	8550	2375	6175
52	376303	196298	180005	9449	2592	6857
53	337800	175974	161826	9318	2445	6873
54	389565	203757	185808	11772	3112	8660
55-59岁	**1667974**	**871535**	**796439**	**67512**	**15140**	**52372**
55	390442	204348	186094	12777	3204	9573
56	368965	193047	175918	13369	3168	10201
57	412032	215873	196159	16327	3566	12761
58	322869	168581	154288	15153	3164	11989
59	173666	89686	83980	9886	2038	7848
60-64岁	**1324816**	**689443**	**635373**	**118463**	**27923**	**90540**
60	235740	123419	112321	16019	3682	12337
61	213031	111174	101857	17668	4196	13472
62	268596	141052	127544	24036	5808	18228
63	316041	164670	151371	30386	7250	23136
64	291408	149128	142280	30354	6987	23367
65-69岁	**1362419**	**685435**	**676984**	**174434**	**41061**	**133373**
65	285839	146066	139773	31942	7179	24763
66	302681	153632	149049	36293	8498	27795
67	264705	132422	132283	34921	8115	26806
68	271598	135803	135795	37496	9110	28386
69	237596	117512	120084	33782	8159	25623
70-74岁	**1016598**	**505781**	**510817**	**167625**	**42154**	**125471**
70	220809	110915	109894	33209	8439	24770
71	226205	114103	112102	35834	9326	26508
72	215502	107800	107702	35394	9078	26316
73	187662	92250	95412	32385	7935	24450
74	166420	80713	85707	30803	7376	23427
75-79岁	**577066**	**286082**	**290984**	**135256**	**36646**	**98610**
75	139569	68487	71082	27840	6960	20880
76	132222	65397	66825	29639	7716	21923
77	112119	55706	56413	26529	7294	19235
78	93169	46685	46484	23909	6792	17117
79	99987	49807	50180	27339	7884	19455
80-84岁	**425362**	**204678**	**220684**	**142245**	**41500**	**100745**
80	86332	42674	43658	26000	7748	18252
81	82509	40318	42191	26533	7838	18695
82	95301	46321	48980	32076	9480	22596
83	86079	40683	45396	30258	8734	21524
84	75141	34682	40459	27378	7700	19678
85岁及以上	**374045**	**154147**	**219898**	**161551**	**41530**	**120021**

4-1c　续表 2　　　　单位：人

年龄	学前教育			小学		
	小计	男	女	小计	男	女
总　计	**483063**	**242009**	**241054**	**6585579**	**3214870**	**3370709**
3	109355	57155	52200			
4	128295	67378	60917			
5-9岁	**178845**	**94500**	**84345**	**503657**	**268757**	**234900**
5	114743	60576	54167	11253	6016	5237
6	49673	26234	23439	86511	45790	40721
7	8785	4706	4079	125628	67168	58460
8	3527	1850	1677	143550	76540	67010
9	2117	1134	983	136715	73243	63472
10-14岁	**6161**	**3245**	**2916**	**371952**	**200486**	**171466**
10	1537	831	706	132822	71738	61084
11	1468	779	689	135505	72736	62769
12	1002	507	495	67626	36723	30903
13	1006	517	489	25818	13863	11955
14	1148	611	537	10181	5426	4755
15-19岁	**1272**	**659**	**613**	**15426**	**8666**	**6760**
15	613	292	321	3799	2015	1784
16	260	147	113	2280	1261	1019
17	132	68	64	2558	1495	1063
18	153	78	75	3212	1858	1354
19	114	74	40	3577	2037	1540
20-24岁	**344**	**190**	**154**	**23951**	**14003**	**9948**
20	81	41	40	3710	2200	1510
21	75	48	27	3979	2357	1622
22	65	35	30	5000	2952	2048
23	56	33	23	5334	3142	2192
24	67	33	34	5928	3352	2576
25-29岁	**249**	**122**	**127**	**40909**	**22161**	**18748**
25	76	35	41	6696	3769	2927
26	54	30	24	6893	3809	3084
27	37	19	18	8169	4487	3682
28	36	15	21	8994	4729	4265
29	46	23	23	10157	5367	4790
30-34岁	**298**	**139**	**159**	**81973**	**40877**	**41096**
30	62	28	34	13674	6940	6734
31	55	30	25	15314	7784	7530
32	60	29	31	15833	7948	7885
33	65	31	34	19178	9513	9665
34	56	21	35	17974	8692	9282
35-39岁	**317**	**139**	**178**	**109990**	**50726**	**59264**
35	52	19	33	17456	8196	9260
36	54	23	31	19468	9042	10426
37	60	27	33	20659	9759	10900
38	84	37	47	25858	11930	13928
39	67	33	34	26549	11799	14750
40-44岁	**582**	**225**	**357**	**221027**	**97431**	**123596**
40	76	29	47	28534	12571	15963
41	101	40	61	38720	17550	21170
42	134	53	81	44060	19406	24654
43	114	45	69	49618	21899	27719
44	157	58	99	60095	26005	34090

4—1c 续表 3

单位：人

年 龄	学前教育			小 学		
	小计	男	女	小计	男	女
45—49岁	**1204**	**393**	**811**	**450162**	**193095**	**257067**
45	164	56	108	67680	29040	38640
46	185	54	131	78560	33637	44923
47	245	87	158	90557	38720	51837
48	271	88	183	99630	42431	57199
49	339	108	231	113735	49267	64468
50—54岁	**2612**	**855**	**1757**	**742198**	**331874**	**410324**
50	417	130	287	132762	58130	74632
51	474	174	300	148709	66523	82186
52	551	180	371	154079	69364	84715
53	497	146	351	140919	63293	77626
54	673	225	448	165729	74564	91165
55—59岁	**4002**	**1157**	**2845**	**743426**	**327344**	**416082**
55	716	235	481	167245	75017	92228
56	798	244	554	160069	70688	89381
57	1020	284	736	180330	79652	100678
58	890	249	641	149600	64903	84697
59	578	145	433	86182	37084	49098
60—64岁	**6784**	**1961**	**4823**	**809520**	**384555**	**424965**
60	908	260	648	127292	57716	69576
61	971	297	674	123621	57532	66089
62	1393	402	991	164249	78717	85532
63	1727	486	1241	200935	96750	104185
64	1785	516	1269	193423	93840	99583
65—69岁	**10890**	**3221**	**7669**	**956416**	**479553**	**476863**
65	1949	555	1394	195436	97011	98425
66	2242	641	1601	212059	106379	105680
67	2211	690	1521	186923	93916	93007
68	2340	690	1650	192412	97061	95351
69	2148	645	1503	169586	85186	84400
70—74岁	**10655**	**3265**	**7390**	**713775**	**367168**	**346607**
70	2080	619	1461	157517	81018	76499
71	2311	687	1624	161937	84584	77353
72	2241	736	1505	153427	79648	73779
73	2082	639	1443	129811	66191	63620
74	1941	584	1357	111083	55727	55356
75—79岁	**7345**	**2489**	**4856**	**364705**	**193525**	**171180**
75	1606	483	1123	90469	46131	44338
76	1667	538	1129	83667	44006	39661
77	1473	503	970	70686	37615	33071
78	1157	431	726	58101	31711	26390
79	1442	534	908	61782	34062	27720
80—84岁	**6956**	**2554**	**4402**	**247240**	**137454**	**109786**
80	1287	478	809	51784	28740	23044
81	1352	503	849	48592	27223	21369
82	1562	572	990	55335	31102	24233
83	1437	531	906	49236	27252	21984
84	1318	470	848	42293	23137	19156
85岁及以上	**6897**	**2362**	**4535**	**189252**	**97195**	**92057**

4-1c　续表 4　　　　　　　　　　　　　　　　　　　　　　　　　　单位：人

年　龄	初　中			高　中			大学专科		
	小计	男	女	小计	男	女	小计	男	女
总　计	**6226723**	**3626536**	**2600187**	**1923944**	**1193760**	**730184**	**790654**	**429958**	**360696**
3									
4									
5—9岁	**6551**	**3642**	**2909**						
5									
6	1158	639	519						
7	1323	746	577						
8	1848	1040	808						
9	2222	1217	1005						
10—14岁	**341461**	**180768**	**160693**	**8238**	**4384**	**3854**	**24**	**15**	**9**
10	3959	2121	1838	11	6	5	3	2	1
11	10699	5568	5131	14	8	6	2	2	
12	76394	40223	36171	13	6	7	5	2	3
13	117135	62006	55129	2145	1140	1005	6	2	4
14	133274	70850	62424	6055	3224	2831	8	7	1
15—19岁	**151120**	**90228**	**60892**	**220911**	**123806**	**97105**	**48719**	**25530**	**23189**
15	57517	31526	25991	49757	26209	23548	812	362	450
16	22923	13511	9412	49714	27114	22600	979	499	480
17	20370	12789	7581	48933	26929	22004	3948	2069	1879
18	23422	14883	8539	40291	23434	16857	22576	11443	11133
19	26888	17519	9369	32216	20120	12096	20404	11157	9247
20—24岁	**207156**	**129919**	**77237**	**201093**	**126313**	**74780**	**185292**	**96488**	**88804**
20	31457	20263	11194	33251	20986	12265	25287	13717	11570
21	35140	22346	12794	34568	21772	12796	31211	16659	14552
22	42504	26779	15725	39117	24572	14545	38951	19967	18984
23	45916	28560	17356	43733	27411	16322	43551	22499	21052
24	52139	31971	20168	50424	31572	18852	46292	23646	22646
25—29岁	**338719**	**198618**	**140101**	**289558**	**176596**	**112962**	**219688**	**113715**	**105973**
25	60372	36301	24071	56222	34940	21282	48706	24808	23898
26	60845	36026	24819	55708	34210	21498	45145	23585	21560
27	67875	39815	28060	59154	35978	23176	45424	23494	21930
28	71609	41509	30100	58860	35569	23291	41622	21627	19995
29	78018	44967	33051	59614	35899	23715	38791	20201	18590
30—34岁	**561946**	**315375**	**246571**	**336862**	**200206**	**136656**	**175664**	**93058**	**82606**
30	102207	58858	43349	71725	42943	28782	42002	22169	19833
31	107534	61004	46530	69652	41375	28277	38154	19931	18223
32	108337	60790	47547	65796	38744	27052	34043	17878	16165
33	128220	71253	56967	72518	43256	29262	35676	19122	16554
34	115648	63470	52178	57171	33888	23283	25789	13958	11831
35—39岁	**627252**	**344748**	**282504**	**220656**	**131253**	**89403**	**75144**	**42436**	**32708**
35	104901	57719	47182	43695	26034	17661	17942	10052	7890
36	115124	62926	52198	43337	25529	17808	16613	9399	7214
37	125682	69393	56289	44406	26495	17911	15019	8415	6604
38	149825	82578	67247	49402	29398	20004	15076	8523	6553
39	131720	72132	59588	39816	23797	16019	10494	6047	4447
40—44岁	**730472**	**396848**	**333624**	**147511**	**89011**	**58500**	**29896**	**17752**	**12144**
40	121760	66836	54924	31656	18991	12665	7238	4142	3096
41	145853	80032	65821	33369	20020	13349	7096	4172	2924
42	150027	81579	68448	29854	17913	11941	6043	3585	2458
43	149393	80477	68916	26278	16009	10269	5013	3070	1943
44	163439	87924	75515	26354	16078	10276	4506	2783	1723

4—1c 续表 5 单位：人

年龄	初中			高中			大学专科		
	小计	男	女	小计	男	女	小计	男	女
45—49岁	**921771**	**503011**	**418760**	**123363**	**77028**	**46335**	**18314**	**12014**	**6300**
45	165540	88831	76709	24093	14783	9310	3991	2567	1424
46	175875	95300	80575	23866	14823	9043	3564	2269	1295
47	192493	104866	87627	25622	15855	9767	3619	2374	1245
48	189799	104436	85363	24605	15632	8973	3515	2385	1130
49	198064	109578	88486	25177	15935	9242	3625	2419	1206
50—54岁	**942684**	**538755**	**403929**	**102050**	**67933**	**34117**	**12507**	**8720**	**3787**
50	201928	112854	89074	24494	15885	8609	3124	2095	1029
51	195056	110028	85028	21655	14275	7380	2698	1865	833
52	189376	108880	80496	19530	12981	6549	2463	1699	764
53	167687	96952	70735	16672	11221	5451	1998	1437	561
54	188637	110041	78596	19699	13571	6128	2224	1624	600
55—59岁	**693622**	**417015**	**276607**	**147308**	**101629**	**45679**	**9257**	**7031**	**2226**
55	183027	107164	75863	23735	16494	7241	2215	1684	531
56	163725	97193	66532	28276	19685	8591	2083	1567	516
57	170312	102129	68183	41040	27956	13084	2295	1736	559
58	119614	74171	45443	35367	24356	11011	1720	1320	400
59	56944	36358	20586	18890	13138	5752	944	724	220
60—64岁	**316749**	**221186**	**95563**	**66875**	**48691**	**18184**	**5248**	**4189**	**1059**
60	68916	45780	23136	21294	14950	6344	1061	837	224
61	55621	38226	17395	14026	10028	3998	923	734	189
62	65177	45927	19250	12443	9171	3272	1059	830	229
63	70498	50688	19810	11024	8306	2718	1217	993	224
64	56537	40565	15972	8088	6236	1852	988	795	193
65—69岁	**192527**	**139578**	**52949**	**23712**	**18420**	**5292**	**3759**	**3059**	**700**
65	48455	34972	13483	6884	5384	1500	990	813	177
66	45147	32659	12488	5902	4622	1280	879	711	168
67	35751	25888	9863	4175	3217	958	617	511	106
68	34782	25403	9379	3773	2911	862	676	535	141
69	28392	20656	7736	2978	2286	692	597	489	108
70—74岁	**106697**	**79213**	**27484**	**14334**	**11111**	**3223**	**2918**	**2392**	**526**
70	24427	18067	6360	2880	2215	665	603	479	124
71	22372	16569	5803	3030	2344	686	595	493	102
72	20828	15471	5357	2850	2234	616	633	527	106
73	19954	14787	5167	2738	2137	601	560	458	102
74	19116	14319	4797	2836	2181	655	527	435	92
75—79岁	**54721**	**41345**	**13376**	**12457**	**9985**	**2472**	**2085**	**1710**	**375**
75	16271	12244	4027	2793	2206	587	470	374	96
76	13760	10379	3381	2915	2292	623	473	380	93
77	10309	7747	2562	2627	2143	484	404	337	67
78	7461	5675	1786	2086	1704	382	369	309	60
79	6920	5300	1620	2036	1640	396	369	310	59
80—84岁	**21138**	**16703**	**4435**	**5896**	**4848**	**1048**	**1383**	**1196**	**187**
80	5245	4053	1192	1616	1316	300	304	258	46
81	4428	3428	1000	1237	1019	218	265	224	41
82	4622	3732	890	1263	1043	220	332	296	36
83	3786	3038	748	984	810	174	271	231	40
84	3057	2452	605	796	660	136	211	187	24
85岁及以上	**12137**	**9584**	**2553**	**3107**	**2538**	**569**	**756**	**653**	**103**

4–1c　续表 6　　　　单位：人

年　龄	大学本科			硕士研究生			博士研究生		
	小计	男	女	小计	男	女	小计	男	女
总　计	**373693**	**188214**	**185479**	**19090**	**9825**	**9265**	**2708**	**1760**	**948**
3									
4									
5–9岁									
5									
6									
7									
8									
9									
10–14岁	**8**	**2**	**6**						
10									
11	1		1						
12	3	1	2						
13	1		1						
14	3	1	2						
15–19岁	**31085**	**14876**	**16209**						
15	89	49	40						
16	156	86	70						
17	1269	568	701						
18	18031	8454	9577						
19	11540	5719	5821						
20–24岁	**88330**	**41041**	**47289**	**6045**	**2991**	**3054**	**320**	**190**	**130**
20	9332	4577	4755	56	31	25	3	2	1
21	11780	5556	6224	261	119	142	10	7	3
22	19521	8942	10579	1871	931	940	87	52	35
23	23400	10817	12583	2086	1054	1032	102	67	35
24	24297	11149	13148	1771	856	915	118	62	56
25–29岁	**115795**	**55297**	**60498**	**7243**	**3566**	**3677**	**1127**	**702**	**425**
25	25596	11994	13602	1955	955	1000	234	135	99
26	23681	11112	12569	1648	784	864	246	161	85
27	24234	11600	12634	1392	701	691	244	150	94
28	22065	10577	11488	1223	609	614	211	130	81
29	20219	10014	10205	1025	517	508	192	126	66
30–34岁	**80902**	**41447**	**39455**	**3541**	**1831**	**1710**	**735**	**494**	**241**
30	20595	10283	10312	1000	528	472	196	134	62
31	17884	8936	8948	846	448	398	182	117	65
32	15266	7780	7486	641	329	312	133	91	42
33	15881	8361	7520	663	318	345	146	97	49
34	11276	6087	5189	391	208	183	78	55	23
35–39岁	**30164**	**17145**	**13019**	**1169**	**686**	**483**	**245**	**162**	**83**
35	7829	4314	3515	295	165	130	62	39	23
36	7105	4070	3035	283	179	104	47	29	18
37	6046	3416	2630	240	136	104	54	38	16
38	5617	3240	2377	201	110	91	48	32	16
39	3567	2105	1462	150	96	54	34	24	10
40–44岁	**10388**	**6251**	**4137**	**424**	**265**	**159**	**104**	**71**	**33**
40	2508	1492	1016	105	58	47	24	15	9
41	2476	1464	1012	106	69	37	22	15	7
42	2020	1212	808	85	59	26	18	14	4
43	1699	1021	678	73	44	29	17	14	3
44	1685	1062	623	55	35	20	23	13	10

4-1c 续表 7

单位：人

年龄	大学本科			硕士研究生			博士研究生		
	小计	男	女	小计	男	女	小计	男	女
45-49岁	**6317**	**4115**	**2202**	**236**	**165**	**71**	**65**	**51**	**14**
45	1408	888	520	50	33	17	16	14	2
46	1245	814	431	46	32	14	14	12	2
47	1299	856	443	47	35	12	17	12	5
48	1246	821	425	44	30	14	11	8	3
49	1119	736	383	49	35	14	7	5	2
50-54岁	**4353**	**3006**	**1347**	**166**	**123**	**43**	**36**	**30**	**6**
50	1081	711	370	42	28	14	13	10	3
51	984	675	309	34	27	7	6	6	
52	815	574	241	31	21	10	9	7	2
53	679	459	220	29	20	9	1	1	
54	794	587	207	30	27	3	7	6	1
55-59岁	**2692**	**2089**	**603**	**122**	**104**	**18**	**33**	**26**	**7**
55	693	523	170	27	23	4	7	4	3
56	607	468	139	32	29	3	6	5	1
57	669	518	151	31	25	6	8	7	1
58	490	390	100	25	20	5	10	8	2
59	233	190	43	7	7		2	2	
60-64岁	**1116**	**892**	**224**	**47**	**35**	**12**	**14**	**11**	**3**
60	236	183	53	12	9	3	2	2	
61	191	153	38	10	8	2			
62	226	185	41	10	9	1	3	3	
63	244	191	53	9	6	3	1		1
64	219	180	39	6	3	3	8	6	2
65-69岁	**650**	**521**	**129**	**17**	**12**	**5**	**14**	**10**	**4**
65	174	145	29	3	2	1	6	5	1
66	151	116	35	5	4	1	3	2	1
67	102	80	22	3	3		2	2	
68	113	91	22	5	2	3	1		1
69	110	89	21	1	1		2	1	1
70-74岁	**580**	**468**	**112**	**11**	**8**	**3**	**3**	**2**	**1**
70	92	77	15	1	1				
71	124	98	26	1	1		1	1	
72	126	104	22	3	2	1			
73	124	98	26	6	4	2	2	1	1
74	114	91	23						
75-79岁	**479**	**369**	**110**	**16**	**11**	**5**	**2**	**2**	
75	112	84	28	7	4	3	1	1	
76	99	84	15	2	2				
77	90	66	24	1	1				
78	83	61	22	3	2	1			
79	95	74	21	3	2	1	1	1	
80-84岁	**496**	**416**	**80**	**5**	**4**	**1**	**3**	**3**	
80	96	81	15						
81	100	81	19	1	1		1	1	
82	107	92	15	2	2		2	2	
83	107	87	20						
84	86	75	11	2	1	1			
85岁及以上	**338**	**279**	**59**	**5**	**4**	**1**	**2**	**2**	

4-2　各地区分性别、受教育程度的15岁及以上人口

单位：人

地　区	15岁及以上人口			未上过学		
	合计	男	女	小计	男	女
合计	**55885807**	**29069882**	**26815925**	**2137407**	**546647**	**1590760**
杭州市	**10382466**	**5402569**	**4979897**	**259985**	**59277**	**200708**
上城区	314457	156377	158080	4054	759	3295
下城区	428374	207303	221071	6582	1224	5358
江干区	1295664	672732	622932	17228	4195	13033
拱墅区	546442	271813	274629	8666	1811	6855
西湖区	961516	493502	468014	11351	2698	8653
滨江区	434827	224237	210590	7298	1472	5826
萧山区	1977984	1055140	922844	62970	13753	49217
余杭区	2078360	1114897	963463	57502	14879	42623
富阳区	721731	378322	343409	17660	4439	13221
临安区	559265	291845	267420	9999	2531	7468
桐庐县	392029	199414	192615	18841	4244	14597
淳安县	286563	142164	144399	24212	3951	20261
建德市	385254	194823	190431	13622	3321	10301
宁波市	**8250911**	**4293780**	**3957131**	**179865**	**45796**	**134069**
海曙区	914584	468274	446310	13780	3354	10426
江北区	425423	222746	202677	7916	2262	5654
北仑区	730244	398016	332228	12552	3329	9223
镇海区	462619	246183	216436	7218	1848	5370
鄞州区	1375322	695114	680208	22333	5678	16655
奉化区	514883	267983	246900	9311	2186	7125
象山县	493944	249026	244918	24105	6627	17478
宁海县	592899	305372	287527	17104	4042	13062
余姚市	1108751	576873	531878	29236	7874	21362
慈溪市	1632242	864193	768049	36310	8596	27714
温州市	**8110406**	**4277128**	**3833278**	**518501**	**148212**	**370289**
鹿城区	1017030	527495	489535	23825	5703	18122
龙湾区	628863	355365	273498	27625	8111	19514
瓯海区	847361	458247	389114	39851	10880	28971
洞头区	129628	69060	60568	10430	2133	8297
永嘉县	727067	385900	341167	51349	13794	37555
平阳县	723761	374899	348862	64862	19188	45674
苍南县	694239	356330	337909	70895	22379	48516
文成县	238356	125147	113209	15814	5667	10147
泰顺县	215320	111796	103524	20217	7262	12955
瑞安市	1299643	682053	617590	115441	33516	81925
乐清市	1209386	632472	576914	51062	12644	38418
龙港市	379752	198364	181388	27130	6935	20195
嘉兴市	**4748423**	**2472219**	**2276204**	**155057**	**36388**	**118669**
南湖区	730815	375582	355233	17528	3929	13599
秀洲区	589905	308444	281461	24078	5742	18336
嘉善县	571969	305564	266405	21655	5484	16171
海盐县	399905	205754	194151	18840	4352	14488
海宁市	955588	503912	451676	29052	5807	23245
平湖市	594565	308157	286408	22751	5240	17511
桐乡市	905676	464806	440870	21153	5834	15319
湖州市	**2965561**	**1537492**	**1428069**	**77865**	**20455**	**57410**
吴兴区	896909	462603	434306	18455	4737	13718
南浔区	482933	251016	231917	19215	5078	14137
德清县	484944	254318	230626	8908	2379	6529
长兴县	588479	300652	287827	17629	4796	12833
安吉县	512296	268903	243393	13658	3465	10193

4-2 续表 1 单位：人

地　区	15岁及以上人口			未上过学		
	合计	男	女	小计	男	女
绍兴市	**4644278**	**2368705**	**2275573**	**99520**	**23533**	**75987**
越城区	894883	446505	448378	14087	3421	10666
柯桥区	967886	512599	455287	25351	6013	19338
上虞区	746224	372866	373358	26951	6143	20808
新昌县	366106	187781	178325	8238	1979	6259
诸暨市	1069748	541672	528076	16560	4004	12556
嵊州市	599431	307282	292149	8333	1973	6360
金华市	**6042113**	**3171531**	**2870582**	**225749**	**50483**	**175266**
婺城区	820445	420248	400197	32262	8462	23800
金东区	440375	236300	204075	13282	3336	9946
武义县	393696	209474	184222	19368	4643	14725
浦江县	395204	203907	191297	20352	3977	16375
磐安县	150858	76487	74371	7952	1610	6342
兰溪市	498540	252610	245930	37734	8752	28982
义乌市	1601552	860380	741172	35735	7815	27920
东阳市	925837	473453	452384	33042	5652	27390
永康市	815606	438672	376934	26022	6236	19786
衢州市	**1940411**	**988844**	**951567**	**139936**	**33813**	**106123**
柯城区	451002	226202	224800	18271	3500	14771
衢江区	321508	172773	148735	31263	7986	23277
常山县	218417	111677	106740	26050	6900	19150
开化县	217330	106232	111098	20083	4532	15551
龙游县	314907	163528	151379	24783	6715	18068
江山市	417247	208432	208815	19486	4180	15306
舟山市	**1044220**	**552594**	**491626**	**29258**	**7263**	**21995**
定海区	442119	226177	215942	9674	2601	7073
普陀区	345143	177459	167684	10108	2234	7874
岱山县	195071	116898	78173	6960	1817	5143
嵊泗县	61887	32060	29827	2516	611	1905
台州市	**5650039**	**2919284**	**2730755**	**350113**	**92307**	**257806**
椒江区	703807	366528	337279	37588	9821	27767
黄岩区	609493	314501	294992	22558	5334	17224
路桥区	540451	283544	256907	32523	8992	23531
三门县	315185	160711	154474	42726	11552	31174
天台县	396775	200712	196063	14271	3462	10809
仙居县	356335	180583	175752	21609	6255	15354
温岭市	1234571	642892	591679	60176	14702	45474
临海市	941293	477291	464002	59263	15712	43551
玉环市	552129	292522	259607	59399	16477	42922
丽水市	**2106979**	**1085736**	**1021243**	**101558**	**29120**	**72438**
莲都区	473605	246486	227119	23152	6854	16298
青田县	422319	217995	204324	15681	4476	11205
缙云县	336932	172262	164670	11690	2923	8767
遂昌县	168788	86678	82110	11840	2922	8918
松阳县	173640	89075	84565	8783	2354	6429
云和县	109650	57506	52144	6132	2025	4107
庆元县	119558	60802	58756	6169	1655	4514
景宁畲族自治县	91961	47556	44405	6053	2024	4029
龙泉市	210526	107376	103150	12058	3887	8171

4-2 续表 2

单位：人

地 区	学前教育			小 学		
	小计	男	女	小计	男	女
合计	**114486**	**39324**	**75162**	**13494716**	**6332071**	**7162645**
杭州市	**12886**	**4606**	**8280**	**1855198**	**859178**	**996020**
上城区	292	102	190	29196	11770	17426
下城区	519	147	372	34800	13559	21241
江干区	1314	567	747	126160	59036	67124
拱墅区	563	165	398	53196	22767	30429
西湖区	780	278	502	93548	40943	52605
滨江区	322	90	232	42710	19639	23071
萧山区	1662	555	1107	470614	221455	249159
余杭区	2737	1222	1515	403173	196094	207079
富阳区	449	191	258	177924	83162	94762
临安区	1165	369	796	137405	62863	74542
桐庐县	736	256	480	94161	44101	50060
淳安县	1306	315	991	80481	34731	45750
建德市	1041	349	692	111830	49058	62772
宁波市	**13510**	**4674**	**8836**	**1968467**	**903138**	**1065329**
海曙区	980	366	614	181148	80451	100697
江北区	377	147	230	76832	35845	40987
北仑区	1062	415	647	138965	65870	73095
镇海区	627	238	389	95314	45346	49968
鄞州区	1588	567	1021	251650	112733	138917
奉化区	1102	332	770	157624	72694	84930
象山县	2338	795	1543	153312	70984	82328
宁海县	1037	303	734	171183	75746	95437
余姚市	2425	851	1574	301172	138310	162862
慈溪市	1974	660	1314	441267	205159	236108
温州市	**18482**	**6998**	**11484**	**2180269**	**1071723**	**1108546**
鹿城区	1100	412	688	169376	77971	91405
龙湾区	938	426	512	146601	75044	71557
瓯海区	1157	438	719	181717	92696	89021
洞头区	104	41	63	32437	15677	16760
永嘉县	1906	727	1179	212073	106483	105590
平阳县	1744	698	1046	236580	117765	118815
苍南县	1923	808	1115	238865	115745	123120
文成县	734	341	393	80759	42162	38597
泰顺县	751	297	454	85639	44303	41336
瑞安市	2785	1050	1735	359993	181471	178522
乐清市	4109	1345	2764	315848	145875	169973
龙港市	1231	415	816	120381	56531	63850
嘉兴市	**10249**	**3097**	**7152**	**1244737**	**570322**	**674415**
南湖区	1095	311	784	140549	62870	77679
秀洲区	913	289	624	150398	69856	80542
嘉善县	1234	384	850	145177	68859	76318
海盐县	1286	391	895	109567	49010	60557
海宁市	2734	721	2013	247439	114385	133054
平湖市	621	217	404	171449	77837	93612
桐乡市	2366	784	1582	280158	127505	152653
湖州市	**7079**	**2466**	**4613**	**856611**	**397967**	**458644**
吴兴区	1784	623	1161	196797	89808	106989
南浔区	1173	421	752	177988	84001	93987
德清县	1177	437	740	158811	74442	84369
长兴县	1974	667	1307	176301	80962	95339
安吉县	971	318	653	146714	68754	77960

4-2 续表 3

单位：人

地区	学前教育			小学		
	小计	男	女	小计	男	女
绍兴市	**10400**	**3153**	**7247**	**1108030**	**488681**	**619349**
越城区	3016	883	2133	201360	86832	114528
柯桥区	2389	737	1652	249682	111501	138181
上虞区	1518	446	1072	205639	91941	113698
新昌县	1155	345	810	82830	36181	46649
诸暨市	756	263	493	222130	97458	124672
嵊州市	1566	479	1087	146389	64768	81621
金华市	**11454**	**4305**	**7149**	**1243938**	**587382**	**656556**
婺城区	1251	418	833	149473	72232	77241
金东区	626	234	392	99966	48503	51463
武义县	757	264	493	95284	46384	48900
浦江县	925	300	625	89696	40478	49218
磐安县	380	105	275	42728	18840	23888
兰溪市	1426	474	952	134726	62809	71917
义乌市	1367	520	847	261415	118629	142786
东阳市	1223	312	911	189209	86749	102460
永康市	3499	1678	1821	181441	92758	88683
衢州市	**8469**	**2630**	**5839**	**511847**	**242390**	**269457**
柯城区	1004	276	728	76741	34045	42696
衢江区	1247	459	788	92150	48075	44075
常山县	1375	413	962	63364	30685	32679
开化县	1867	471	1396	70612	30855	39757
龙游县	1263	469	794	85952	42694	43258
江山市	1713	542	1171	123028	56036	66992
舟山市	**3679**	**1138**	**2541**	**293001**	**142999**	**150002**
定海区	1459	438	1021	110021	51456	58565
普陀区	824	259	565	96217	45501	50716
岱山县	1227	398	829	64557	34696	29861
嵊泗县	169	43	126	22206	11346	10860
台州市	**9745**	**3189**	**6556**	**1632456**	**774738**	**857718**
椒江区	461	147	314	164099	78659	85440
黄岩区	326	91	235	183418	83960	99458
路桥区	448	169	279	161264	78313	82951
三门县	665	234	431	84490	40344	44146
天台县	281	94	187	108117	48145	59972
仙居县	2124	739	1385	81171	38684	42487
温岭市	4540	1443	3097	413618	196391	217227
临海市	805	237	568	287555	132253	155302
玉环市	95	35	60	148724	77989	70735
丽水市	**8533**	**3068**	**5465**	**600162**	**293553**	**306609**
莲都区	834	318	516	95488	48578	46910
青田县	1977	708	1269	132856	62612	70244
缙云县	1277	450	827	84841	40387	44454
遂昌县	998	323	675	52980	26459	26521
松阳县	837	277	560	53564	26372	27192
云和县	199	93	106	34689	17572	17117
庆元县	850	312	538	42289	19704	22585
景宁畲族自治县	364	134	230	34824	17281	17543
龙泉市	1197	453	744	68631	34588	34043

4–2　续表 4　　　　单位：人

地　区	初　中			高　中			大学专科		
	小计	男	女	小计	男	女	小计	男	女
合计	**19803141**	**11167147**	**8635994**	**9366005**	**5349427**	**4016578**	**5475202**	**2877678**	**2597524**
杭州市	**2925214**	**1655602**	**1269612**	**1830039**	**1031506**	**798533**	**1449283**	**755443**	**693840**
上城区	93247	50165	43082	62893	31989	30904	45408	23206	22202
下城区	94747	47816	46931	84879	42424	42455	73404	36457	36947
江干区	292888	164179	128709	239870	133028	106842	243210	125322	117888
拱墅区	115109	60520	54589	105253	55244	50009	98002	49333	48669
西湖区	167766	91603	76163	164858	88429	76429	168547	86822	81725
滨江区	64290	35935	28355	57634	30550	27084	91916	47321	44595
萧山区	625876	368851	257025	317483	189281	128202	244418	130809	113609
余杭区	672010	389310	282700	354052	205924	148128	273721	145417	128304
富阳区	243052	137676	105376	138583	79645	58938	75028	39258	35770
临安区	200820	113009	87811	97686	55808	41878	50093	26160	23933
桐庐县	143108	78138	64970	74583	42663	31920	32079	16741	15338
淳安县	84580	48948	35632	55332	32478	22854	22563	12097	10466
建德市	127721	69452	58269	76933	44043	32890	30894	16500	14394
宁波市	**3117321**	**1741234**	**1376087**	**1294308**	**741792**	**552516**	**832062**	**432252**	**399810**
海曙区	325067	177575	147492	158360	87790	70570	111921	57264	54657
江北区	147140	82868	64272	69396	38706	30690	56343	29458	26885
北仑区	304271	172876	131395	124651	74300	50351	84259	46959	37300
镇海区	168152	95649	72503	71489	41186	30303	57845	29953	27892
鄞州区	417420	227045	190375	224157	122171	101986	192449	94641	97808
奉化区	195324	108927	86397	81065	47791	33274	39174	20602	18572
象山县	173299	95453	77846	74558	41368	33190	37345	19668	17677
宁海县	218579	121604	96975	99187	58446	40741	49762	26735	23027
余姚市	463699	258671	205028	166644	96316	70328	83592	44532	39060
慈溪市	704370	400566	303804	224801	133718	91083	119372	62440	56932
温州市	**2809131**	**1624008**	**1185123**	**1374357**	**795300**	**579057**	**707854**	**377909**	**329945**
鹿城区	389533	219486	170047	191837	104350	87487	122202	60684	61518
龙湾区	249273	152019	97254	110357	67528	42829	59940	33925	26015
瓯海区	314614	187291	127323	141245	83824	57421	78839	41525	37314
洞头区	40630	24388	16242	22004	13014	8990	14528	8969	5559
永嘉县	243334	141568	101766	134973	78842	56131	53797	29000	24797
平阳县	219837	126485	93352	109437	62896	46541	56636	29999	26637
苍南县	194777	110299	84478	106928	62292	44636	54836	30725	24111
文成县	87405	48075	39330	34238	18982	15256	11373	5924	5449
泰顺县	54812	30223	24589	30619	17385	13234	14208	7658	6550
瑞安市	466129	269668	196461	196165	113900	82265	94530	49905	44625
乐清市	436961	249414	187547	232210	133740	98470	110129	58955	51174
龙港市	111826	65092	46734	64344	38547	25797	36836	20640	16196
嘉兴市	**1806444**	**1019968**	**786476**	**708320**	**415889**	**292431**	**429471**	**232141**	**197330**
南湖区	239111	133201	105910	122631	68257	54374	93188	49198	43990
秀洲区	231369	131138	100231	79332	47116	32216	57958	31428	26530
嘉善县	231862	132922	98940	88807	53609	35198	47483	26516	20967
海盐县	145406	82464	62942	57267	34083	23184	35388	18904	16484
海宁市	384759	220411	164348	148004	88309	59695	75932	41411	34521
平湖市	221282	125756	95526	81497	48577	32920	56168	30493	25675
桐乡市	352655	194076	158579	130782	75938	54844	63354	34191	29163
湖州市	**1092295**	**614230**	**478065**	**471396**	**268695**	**202701**	**240940**	**126693**	**114247**
吴兴区	342902	189844	153058	147367	81971	65396	90394	48202	42192
南浔区	181284	103771	77513	58419	34655	23764	26465	14262	12203
德清县	164903	94185	70718	78827	45705	33122	38280	20245	18035
长兴县	206551	114141	92410	102030	57452	44578	47920	24719	23201
安吉县	196655	112289	84366	84753	48912	35841	37881	19265	18616

4-2 续表 5 单位：人

地区	初中			高中			大学专科		
	小计	男	女	小计	男	女	小计	男	女
绍兴市	**1822007**	**990692**	**831315**	**800601**	**453786**	**346815**	**401628**	**211611**	**190017**
越城区	283021	152174	130847	152733	83574	69159	108252	56715	51537
柯桥区	403076	235848	167228	143957	85727	58230	68978	35739	33239
上虞区	267064	141333	125731	114563	65067	49496	70194	37808	32386
新昌县	132797	71670	61127	80521	45611	34910	32738	17714	15024
诸暨市	480312	252528	227784	195512	109490	86022	77825	40376	37449
嵊州市	255737	137139	118598	113315	64317	48998	43641	23259	20382
金华市	**2518171**	**1410368**	**1107803**	**1098289**	**631768**	**466521**	**564433**	**295693**	**268740**
婺城区	242866	135359	107507	173890	94497	79393	119792	60578	59214
金东区	189894	109332	80562	75315	43221	32094	36266	19675	16591
武义县	171472	98786	72686	64539	37692	26847	26317	13779	12538
浦江县	170791	93164	77627	63877	38799	25078	29140	16305	12835
磐安县	54553	30251	24302	26753	15890	10863	10457	5686	4771
兰溪市	179559	99863	79696	83357	48269	35088	33428	18280	15148
义乌市	721508	406447	315061	307835	181699	126136	177871	94366	83505
东阳市	408693	221358	187335	158983	90206	68777	79809	41325	38484
永康市	378835	215808	163027	143740	81495	62245	51353	25699	25654
衢州市	**658515**	**368884**	**289631**	**340164**	**192350**	**147814**	**148355**	**78814**	**69541**
柯城区	139055	75121	63934	94988	50393	44595	60562	31386	29176
衢江区	119201	71257	47944	49910	29950	19960	16519	9009	7510
常山县	71149	41293	29856	34186	20189	13997	11577	6410	5167
开化县	68294	38191	30103	32580	19139	13441	12771	7031	5740
龙游县	114920	64237	50683	50545	29328	21217	20088	10816	9272
江山市	145896	78785	67111	77955	43351	34604	26838	14162	12676
舟山市	**361586**	**210359**	**151227**	**146993**	**78832**	**68161**	**101572**	**56800**	**44772**
定海区	134926	75015	59911	68747	35902	32845	50193	27231	22962
普陀区	129479	72610	56869	49774	26249	23525	33551	18090	15461
岱山县	76139	51131	25008	21781	13258	8523	13535	9032	4503
嵊泗县	21042	11603	9439	6691	3423	3268	4293	2447	1846
台州市	**1947729**	**1117105**	**830624**	**944105**	**541688**	**402417**	**442214**	**229959**	**212255**
椒江区	213898	124011	89887	117661	66420	51241	86804	45772	41032
黄岩区	217483	125450	92033	106265	60837	45428	49485	24461	25024
路桥区	194428	113184	81244	88359	51154	37205	37229	19074	18155
三门县	98140	57235	40905	50953	30748	20205	22515	12468	10047
天台县	145837	79470	66367	72802	40949	31853	31537	16429	15108
仙居县	127154	67943	59211	77409	43229	34180	28408	14450	13958
温岭市	445875	259761	186114	185248	106256	78992	75914	39903	36011
临海市	302190	169883	132307	165445	95616	69829	72538	37895	34643
玉环市	202724	120168	82556	79963	46479	33484	37784	19507	18277
丽水市	**744728**	**414697**	**330031**	**357433**	**197821**	**159612**	**157390**	**80363**	**77027**
莲都区	150473	85548	64925	96658	52827	43831	53190	26591	26599
青田县	167144	92752	74392	72292	40753	31539	16961	8895	8066
缙云县	143967	77669	66298	55836	31030	24806	23118	11857	11261
遂昌县	54919	31206	23713	26758	14780	11978	12061	6281	5780
松阳县	60691	33834	26857	27987	15279	12708	12140	6127	6013
云和县	37205	20981	16224	17065	9675	7390	8197	4155	4042
庆元县	37620	21441	16179	15477	8885	6592	9171	4834	4337
景宁畲族自治县	24887	14052	10835	12889	7266	5623	6513	3550	2963
龙泉市	67822	37214	30608	32471	17326	15145	16039	8073	7966

4-2　续表 6　　　　单位：人

地　区	大学本科			硕士研究生			博士研究生		
	小计	男	女	小计	男	女	小计	男	女
合计	**4951014**	**2467014**	**2484000**	**482607**	**251986**	**230621**	**61229**	**38588**	**22641**
杭州市	**1735496**	**868427**	**867069**	**274411**	**143712**	**130699**	**39954**	**24818**	**15136**
上城区	64141	30778	33363	13443	6528	6915	1783	1080	703
下城区	108272	52532	55740	22196	11252	10944	2975	1892	1083
江干区	315568	155622	159946	52039	26346	25693	7387	4437	2950
拱墅区	142760	69734	73026	20695	10870	9825	2198	1369	829
西湖区	275605	139416	136189	62299	32999	29300	16762	10314	6448
滨江区	137056	70524	66532	31113	17146	13967	2488	1560	928
萧山区	228050	115484	112566	25290	13876	11414	1621	1076	545
余杭区	276593	141298	135295	35323	18624	16699	3249	2129	1120
富阳区	63947	31278	32669	4571	2318	2253	517	355	162
临安区	57044	28528	28516	4414	2181	2233	639	396	243
桐庐县	27251	12655	14596	1161	551	610	109	65	44
淳安县	17304	9207	8097	696	380	316	89	57	32
建德市	21905	11371	10534	1171	641	530	137	88	49
宁波市	**776456**	**387657**	**388799**	**62827**	**33247**	**29580**	**6095**	**3990**	**2105**
海曙区	114435	56673	57762	8209	4346	3863	684	455	229
江北区	59483	29179	30304	7297	3853	3444	639	428	211
北仑区	59846	31759	28087	4236	2251	1985	402	257	145
镇海区	54372	27857	26515	6349	3266	3083	1253	840	413
鄞州区	240594	118923	121671	23112	12097	11015	2019	1259	760
奉化区	29428	14495	14933	1728	872	856	127	84	43
象山县	27760	13472	14288	1101	581	520	126	78	48
宁海县	34477	17656	16821	1460	765	695	110	75	35
余姚市	58477	28398	30079	3221	1731	1490	285	190	95
慈溪市	97584	49245	48339	6114	3485	2629	450	324	126
温州市	**466320**	**234328**	**231992**	**31804**	**16275**	**15529**	**3688**	**2375**	**1313**
鹿城区	106662	52413	54249	11248	5680	5568	1247	796	451
龙湾区	31939	17103	14836	2003	1098	905	187	111	76
瓯海区	80977	37111	43866	7855	3746	4109	1106	736	370
洞头区	9103	4637	4466	359	183	176	33	18	15
永嘉县	28156	14695	13461	1332	700	632	147	91	56
平阳县	33258	17136	16122	1277	653	624	130	79	51
苍南县	24929	13498	11431	988	521	467	98	63	35
文成县	7780	3877	3903	231	108	123	22	11	11
泰顺县	8793	4508	4285	255	143	112	26	17	9
瑞安市	61220	30647	30573	3028	1668	1360	352	228	124
乐清市	56209	28909	27300	2596	1418	1178	262	172	90
龙港市	17294	9794	7500	632	357	275	78	53	25
嘉兴市	**370268**	**181426**	**188842**	**21786**	**11605**	**10181**	**2091**	**1383**	**708**
南湖区	107510	52782	54728	8281	4412	3869	922	622	300
秀洲区	42211	20848	21363	3326	1806	1520	320	221	99
嘉善县	33984	16848	17136	1629	858	771	138	84	54
海盐县	30764	15827	14937	1298	669	629	89	54	35
海宁市	64310	31036	33274	3054	1633	1421	304	199	105
平湖市	39010	19031	19979	1671	929	742	116	77	39
桐乡市	52479	25054	27425	2527	1298	1229	202	126	76
湖州市	**205475**	**99545**	**105930**	**12734**	**6701**	**6033**	**1166**	**740**	**426**
吴兴区	91187	43086	48101	7291	3865	3426	732	467	265
南浔区	17366	8304	9062	922	458	464	101	66	35
德清县	32305	16031	16274	1591	804	787	142	90	52
长兴县	34303	16950	17353	1671	905	766	100	60	40
安吉县	30314	15174	15140	1259	669	590	91	57	34

4-2 续表 7 单位：人

地区	大学本科			硕士研究生			博士研究生		
	小计	男	女	小计	男	女	小计	男	女
绍兴市	**379753**	**185283**	**194470**	**20363**	**10655**	**9708**	**1976**	**1311**	**665**
越城区	122953	57848	65105	8551	4456	4095	910	602	308
柯桥区	71251	35334	35917	2967	1549	1418	235	151	84
上虞区	56865	28204	28661	3155	1737	1418	275	187	88
新昌县	26251	13376	12875	1437	809	628	139	96	43
诸暨市	73452	35879	37573	2926	1490	1436	275	184	91
嵊州市	28981	14642	14339	1327	614	713	142	91	51
金华市	**355708**	**179388**	**176320**	**21972**	**10614**	**11358**	**2399**	**1530**	**869**
婺城区	90581	43782	46799	9052	4105	4947	1278	815	463
金东区	23524	11209	12315	1394	724	670	108	66	42
武义县	15228	7578	7650	653	305	348	78	43	35
浦江县	19540	10417	9123	790	400	390	93	67	26
磐安县	7746	3964	3782	267	129	138	22	12	10
兰溪市	27107	13521	13586	1088	565	523	115	77	38
义乌市	90830	48330	42500	4653	2370	2283	338	204	134
东阳市	51789	26241	25548	2840	1442	1398	249	168	81
永康市	29363	14346	15017	1235	574	661	118	78	40
衢州市	**125659**	**65957**	**59702**	**6809**	**3603**	**3206**	**657**	**403**	**254**
柯城区	56138	29182	26956	3920	2084	1836	323	215	108
衢江区	10615	5710	4905	552	296	256	51	31	20
常山县	10338	5582	4756	342	182	160	36	23	13
开化县	10716	5802	4914	372	189	183	35	22	13
龙游县	16619	8875	7744	649	351	298	88	43	45
江山市	21233	10806	10427	974	501	473	124	69	55
舟山市	**100050**	**50987**	**49063**	**7212**	**3645**	**3567**	**869**	**571**	**298**
定海区	61072	30360	30712	5314	2700	2614	713	474	239
普陀区	23735	11799	11936	1352	651	701	103	66	37
岱山县	10471	6338	4133	361	203	158	40	25	15
嵊泗县	4772	2490	2282	185	91	94	13	6	7
台州市	**305260**	**150320**	**154940**	**16685**	**8881**	**7804**	**1732**	**1097**	**635**
椒江区	76639	37985	38654	6049	3307	2742	608	406	202
黄岩区	28356	13506	14850	1398	741	657	204	121	83
路桥区	25070	12058	13012	1044	551	493	86	49	37
三门县	15082	7827	7255	567	271	296	47	32	15
天台县	22973	11649	11324	863	454	409	94	60	34
仙居县	17616	8856	8760	748	368	380	96	59	37
温岭市	46765	23179	23586	2237	1139	1098	198	118	80
临海市	50397	23986	26411	2767	1492	1275	333	217	116
玉环市	22362	11274	11088	1012	558	454	66	35	31
丽水市	**130569**	**63696**	**66873**	**6004**	**3048**	**2956**	**602**	**370**	**232**
莲都区	50326	23905	26421	3175	1667	1508	309	198	111
青田县	14832	7502	7330	512	255	257	64	42	22
缙云县	15544	7669	7875	592	241	351	67	36	31
遂昌县	8849	4503	4346	339	179	160	44	25	19
松阳县	9162	4608	4554	442	206	236	34	18	16
云和县	5997	2920	3077	152	77	75	14	8	6
庆元县	7727	3835	3892	238	125	113	17	11	6
景宁畲族自治县	6264	3145	3119	155	97	58	12	7	5
龙泉市	11868	5609	6259	399	201	198	41	25	16

4-2a　各地区分性别、受教育程度的15岁及以上人口(城市)

单位：人

地　　区	15岁及以上人口			未上过学		
	合计	男	女	小计	男	女
合计	**28502988**	**14731928**	**13771060**	**676399**	**168148**	**508251**
杭州市	**7696571**	**3994467**	**3702104**	**137691**	**31369**	**106322**
上城区	314457	156377	158080	4054	759	3295
下城区	428374	207303	221071	6582	1224	5358
江干区	1295664	672732	622932	17228	4195	13033
拱墅区	546442	271813	274629	8666	1811	6855
西湖区	933154	478368	454786	10757	2539	8218
滨江区	434827	224237	210590	7298	1472	5826
萧山区	1442688	768448	674240	40298	8800	31498
余杭区	1440416	768028	672388	29589	7157	22432
富阳区	474365	248402	225963	7842	2035	5807
临安区	263101	138081	125020	3421	985	2436
桐庐县						
淳安县						
建德市	123083	60678	62405	1956	392	1564
宁波市	**4733209**	**2434168**	**2299041**	**71216**	**17622**	**53594**
海曙区	768197	391636	376561	9805	2395	7410
江北区	350028	180975	169053	5258	1375	3883
北仑区	507076	273407	233669	6628	1714	4914
镇海区	380875	199959	180916	5669	1386	4283
鄞州区	858126	420550	437576	10389	2646	7743
奉化区	254878	130184	124694	3486	858	2628
象山县						
宁海县						
余姚市	672932	350582	322350	13030	3360	9670
慈溪市	941097	486875	454222	16951	3888	13063
温州市	**3986804**	**2105389**	**1881415**	**169591**	**46651**	**122940**
鹿城区	912357	469904	442453	17487	4251	13236
龙湾区	409405	228663	180742	17485	4895	12590
瓯海区	691728	373609	318119	26614	7417	19197
洞头区	60449	30514	29935	3207	602	2605
永嘉县						
平阳县						
苍南县						
文成县						
泰顺县						
瑞安市	829480	433810	395670	61309	18604	42705
乐清市	730836	384492	346344	19749	4822	14927
龙港市	352549	184397	168152	23740	6060	17680
嘉兴市	**1933680**	**989161**	**944519**	**39942**	**8488**	**31454**
南湖区	587235	299032	288203	11970	2616	9354
秀洲区	262322	137702	124620	7501	1682	5819
嘉善县						
海盐县						
海宁市	370282	189987	180295	8548	1496	7052
平湖市	251983	126887	125096	6260	1270	4990
桐乡市	461858	235553	226305	5663	1424	4239
湖州市	**641239**	**324384**	**316855**	**14051**	**3468**	**10583**
吴兴区	490957	245511	245446	9060	2113	6947
南浔区	150282	78873	71409	4991	1355	3636
德清县						
长兴县						
安吉县						

4-2a 续表 1 单位：人

地 区	15岁及以上人口			未上过学		
	合计	男	女	小计	男	女
绍兴市	**2670575**	**1353330**	**1317245**	**44147**	**10777**	**33370**
越城区	748343	372364	375979	9099	2316	6783
柯桥区	683014	358769	324245	16397	4044	12353
上虞区	454356	228525	225831	12220	2801	9419
新昌县						
诸暨市	508221	254703	253518	3951	1038	2913
嵊州市	276641	138969	137672	2480	578	1902
金华市	**2771235**	**1450917**	**1320318**	**55624**	**12897**	**42727**
婺城区	561989	283471	278518	11817	2806	9011
金东区	123496	64637	58859	2384	596	1788
武义县						
浦江县						
磐安县						
兰溪市	217931	108200	109731	9078	2002	7076
义乌市	1013268	544186	469082	15654	3485	12169
东阳市	390309	198626	191683	7458	1502	5956
永康市	464242	251797	212445	9233	2506	6727
衢州市	**629766**	**314258**	**315508**	**16645**	**3729**	**12916**
柯城区	332515	164753	167762	7025	1358	5667
衢江区	114244	61163	53081	5147	1377	3770
常山县						
开化县						
龙游县	1072	544	528	10	4	6
江山市	181935	87798	94137	4463	990	3473
舟山市	**522265**	**259867**	**262398**	**8571**	**2068**	**6503**
定海区	304269	151596	152673	4350	1121	3229
普陀区	217996	108271	109725	4221	947	3274
岱山县						
嵊泗县						
台州市	**2450430**	**1269006**	**1181424**	**105461**	**27119**	**78342**
椒江区	528378	272090	256288	21101	5216	15885
黄岩区	350698	182822	167876	7138	1730	5408
路桥区	261323	135535	125788	11928	3116	8812
三门县						
天台县						
仙居县						
温岭市	570248	298716	271532	19217	4681	14536
临海市	352658	175679	176979	13036	3278	9758
玉环市	387125	204164	182961	33041	9098	23943
丽水市	**467214**	**236981**	**230233**	**13460**	**3960**	**9500**
莲都区	342542	174868	167674	9094	2630	6464
青田县						
缙云县						
遂昌县						
松阳县						
云和县						
庆元县						
景宁畲族自治县						
龙泉市	124672	62113	62559	4366	1330	3036

4-2a　续表 2　　　　单位：人

地　区	学前教育			小　学		
	小计	男	女	小计	男	女
合计	**33359**	**12247**	**21112**	**5006618**	**2300159**	**2706459**
杭州市	**6940**	**2666**	**4274**	**1035741**	**477818**	**557923**
上城区	292	102	190	29196	11770	17426
下城区	519	147	372	34800	13559	21241
江干区	1314	567	747	126160	59036	67124
拱墅区	563	165	398	53196	22767	30429
西湖区	711	257	454	86235	37542	48693
滨江区	322	90	232	42710	19639	23071
萧山区	981	312	669	293916	139405	154511
余杭区	1684	796	888	228702	109477	119225
富阳区	255	124	131	86168	39858	46310
临安区	165	64	101	35319	17125	18194
桐庐县						
淳安县						
建德市	134	42	92	19339	7640	11699
宁波市	**4344**	**1617**	**2727**	**871692**	**390839**	**480853**
海曙区	583	226	357	130821	57498	73323
江北区	222	90	132	52730	23852	28878
北仑区	560	223	337	78542	36293	42249
镇海区	360	139	221	66193	30584	35609
鄞州区	497	187	310	97977	40696	57281
奉化区	298	105	193	56560	25218	31342
象山县						
宁海县						
余姚市	870	327	543	148437	67164	81273
慈溪市	954	320	634	240432	109534	130898
温州市	**6457**	**2391**	**4066**	**865447**	**416160**	**449287**
鹿城区	886	350	536	142327	64475	77852
龙湾区	572	246	326	95767	49092	46675
瓯海区	747	288	459	138271	69865	68406
洞头区	28	7	21	13766	6028	7738
永嘉县						
平阳县						
苍南县						
文成县						
泰顺县						
瑞安市	1440	564	876	203374	100837	102537
乐清市	1773	583	1190	163010	74868	88142
龙港市	1011	353	658	108932	50995	57937
嘉兴市	**2158**	**645**	**1513**	**345743**	**150599**	**195144**
南湖区	615	197	418	91626	39752	51874
秀洲区	156	51	105	39066	17761	21305
嘉善县						
海盐县						
海宁市	700	169	531	70595	30714	39881
平湖市	170	46	124	46373	19487	26886
桐乡市	517	182	335	98083	42885	55198
湖州市	**575**	**199**	**376**	**121002**	**54480**	**66522**
吴兴区	479	160	319	80556	35379	45177
南浔区	96	39	57	40446	19101	21345
德清县						
长兴县						
安吉县						

4-2a 续表 3

单位：人

地　区	学前教育			小　学		
	小计	男	女	小计	男	女
绍兴市	**3737**	**1171**	**2566**	**504761**	**219989**	**284772**
越城区	1755	515	1240	145642	61753	83889
柯桥区	1030	322	708	157642	70421	87221
上虞区	532	173	359	93374	41333	52041
新昌县						
诸暨市	225	94	131	68726	29717	39009
嵊州市	195	67	128	39377	16765	22612
金华市	**4076**	**1915**	**2161**	**409662**	**191478**	**218184**
婺城区	491	169	322	73333	33722	39611
金东区	66	28	38	18386	8844	9542
武义县						
浦江县						
磐安县						
兰溪市	404	124	280	40415	18069	22346
义乌市	738	308	430	133192	60250	72942
东阳市	262	92	170	56601	25103	31498
永康市	2115	1194	921	87735	45490	42245
衢州市	**979**	**327**	**652**	**98861**	**43025**	**55836**
柯城区	473	137	336	41041	16802	24239
衢江区	183	83	100	22724	11416	11308
常山县						
开化县						
龙游县	4	1	3	387	183	204
江山市	319	106	213	34709	14624	20085
舟山市	**802**	**231**	**571**	**102116**	**46080**	**56036**
定海区	455	131	324	54294	24149	30145
普陀区	347	100	247	47822	21931	25891
岱山县						
嵊泗县						
台州市	**2702**	**857**	**1845**	**566809**	**269114**	**297695**
椒江区	198	66	132	105737	49610	56127
黄岩区	79	19	60	84475	38950	45525
路桥区	180	63	117	65269	31032	34237
三门县						
天台县						
仙居县						
温岭市	1965	618	1347	145924	69115	76809
临海市	253	78	175	67101	29939	37162
玉环市	27	13	14	98303	50468	47835
丽水市	**589**	**228**	**361**	**84784**	**40577**	**44207**
莲都区	241	100	141	54488	26126	28362
青田县						
缙云县						
遂昌县						
松阳县						
云和县						
庆元县						
景宁畲族自治县						
龙泉市	348	128	220	30296	14451	15845

4-2a　续表 4　　　单位：人

地　区	初中			高中			大学专科		
	小计	男	女	小计	男	女	小计	男	女
合计	**9460656**	**5240374**	**4220282**	**5319152**	**2940040**	**2379112**	**3681501**	**1909135**	**1772366**
杭州市	**1980026**	**1108901**	**871125**	**1388261**	**763890**	**624371**	**1247047**	**646707**	**600340**
上城区	93247	50165	43082	62893	31989	30904	45408	23206	22202
下城区	94747	47816	46931	84879	42424	42455	73404	36457	36947
江干区	292888	164179	128709	239870	133028	106842	243210	125322	117888
拱墅区	115109	60520	54589	105253	55244	50009	98002	49333	48669
西湖区	159365	86428	72937	159740	85518	74222	164986	84980	80006
滨江区	64290	35935	28355	57634	30550	27084	91916	47321	44595
萧山区	434796	255188	179608	242947	141099	101848	201412	106552	94860
余杭区	449272	257139	192133	246629	140531	106098	213442	113197	100245
富阳区	161166	89793	71373	100427	56072	44355	60518	31462	29056
临安区	80237	44199	36038	55892	30534	25358	36343	19124	17219
桐庐县									
淳安县									
建德市	34909	17539	17370	32097	16901	15196	18406	9753	8653
宁波市	**1710203**	**934179**	**776024**	**811649**	**450297**	**361352**	**587893**	**301775**	**286118**
海曙区	264278	142817	121461	138528	75744	62784	104785	53424	51361
江北区	113589	62902	50687	59695	32681	27014	52687	27411	25276
北仑区	206196	114831	91365	94096	54754	39342	68206	37679	30527
镇海区	134493	74978	59515	61730	35078	26652	52846	27093	25753
鄞州区	200603	102537	98066	157491	82160	75331	155836	75286	80550
奉化区	94159	49915	44244	49550	27987	21563	25879	13733	12146
象山县									
宁海县									
余姚市	289158	160032	129126	112302	63369	48933	58170	31123	27047
慈溪市	407727	226167	181560	138257	78524	59733	69484	36026	33458
温州市	**1441739**	**829647**	**612092**	**727807**	**415231**	**312576**	**419513**	**219023**	**200490**
鹿城区	342548	191010	151538	174823	94137	80686	117106	57818	59288
龙湾区	154972	94541	60431	72842	43508	29334	40204	22010	18194
瓯海区	250478	148990	101488	117565	69438	48127	72323	38025	34298
洞头区	19271	10909	8362	10219	5893	4326	6639	3545	3094
永嘉县									
平阳县									
苍南县									
文成县									
泰顺县									
瑞安市	296266	168573	127693	138470	79077	59393	72967	38226	34741
乐清市	273965	155235	118730	152338	86389	65949	74743	39517	35226
龙港市	104239	60389	43850	61550	36789	24761	35531	19882	15649
嘉兴市	**702543**	**381854**	**320689**	**348145**	**194196**	**153949**	**235583**	**124955**	**110628**
南湖区	182569	99889	82680	105801	57502	48299	83142	43675	39467
秀洲区	90802	50514	40288	46231	26347	19884	40805	22151	18654
嘉善县									
海盐县									
海宁市	141821	77928	63893	71051	39994	31057	38308	20227	18081
平湖市	89264	47830	41434	46688	26290	20398	33972	17770	16202
桐乡市	198087	105693	92394	78374	44063	34311	39356	21132	18224
湖州市	**203666**	**111045**	**92621**	**120914**	**64773**	**56141**	**82398**	**43525**	**38873**
吴兴区	141717	75975	65742	97916	51471	46445	71676	37917	33759
南浔区	61949	35070	26879	22998	13302	9696	10722	5608	5114
德清县									
长兴县									
安吉县									

4-2a 续表 5

单位：人

地区	初中			高中			大学专科		
	小计	男	女	小计	男	女	小计	男	女
绍兴市	**989713**	**530310**	**459403**	**509852**	**279616**	**230236**	**289443**	**151313**	**138130**
越城区	230395	122625	107770	134855	72678	62177	99701	52269	47432
柯桥区	279398	160744	118654	110123	63696	46427	54394	27794	26600
上虞区	160766	83858	76908	81148	44945	36203	53826	29058	24768
新昌县									
诸暨市	208034	106543	101491	116563	62204	54359	50448	25874	24574
嵊州市	111120	56540	54580	67163	36093	31070	31074	16318	14756
金华市	**1074956**	**594448**	**480508**	**603144**	**333960**	**269184**	**360302**	**185616**	**174686**
婺城区	153810	82981	70829	130665	69245	61420	102758	51813	50945
金东区	36334	20505	15829	29007	15506	13501	18831	10488	8343
武义县									
浦江县									
磐安县									
兰溪市	72812	37950	34862	49973	26954	23019	22130	11826	10304
义乌市	428646	240786	187860	220559	127436	93123	139876	72843	67033
东阳市	169914	89842	80072	80590	43855	36735	41829	21300	20529
永康市	213440	122384	91056	92350	50964	41386	34878	17346	17532
衢州市	**197328**	**102087**	**95241**	**151486**	**79733**	**71753**	**83391**	**43309**	**40082**
柯城区	92559	47326	45233	80996	41792	39204	54146	27956	26190
衢江区	42441	24059	18382	26538	15086	11452	10211	5455	4756
常山县									
开化县									
龙游县	433	234	199	176	92	84	46	24	22
江山市	61895	30468	31427	43776	22763	21013	18988	9874	9114
舟山市	**166831**	**87437**	**79394**	**90012**	**45062**	**44950**	**69890**	**37261**	**32629**
定海区	85805	44869	40936	52976	26433	26543	43226	23263	19963
普陀区	81026	42568	38458	37036	18629	18407	26664	13998	12666
岱山县									
嵊泗县									
台州市	**852838**	**483870**	**368968**	**463531**	**257957**	**205574**	**245075**	**125120**	**119955**
椒江区	152400	86164	66236	95236	52543	42693	75480	39488	35992
黄岩区	129864	73724	56140	69374	38988	30386	35845	17802	18043
路桥区	94897	54051	40846	48253	27244	21009	22506	11238	11268
三门县									
天台县									
仙居县									
温岭市	221306	127068	94238	104122	57993	46129	43206	22138	21068
临海市	108196	57570	50626	85539	46488	39051	39293	19849	19444
玉环市	146175	85293	60882	61007	34701	26306	28745	14605	14140
丽水市	**140813**	**76596**	**64217**	**104351**	**55325**	**49026**	**60966**	**30531**	**30435**
莲都区	101059	55613	45446	78777	42075	36702	47699	23835	23864
青田县									
缙云县									
遂昌县									
松阳县									
云和县									
庆元县									
景宁畲族自治县									
龙泉市	39754	20983	18771	25574	13250	12324	13267	6696	6571

4-2a　续表 6　　　　单位：人

地　区	大学本科			硕士研究生			博士研究生		
	小计	男	女	小计	男	女	小计	男	女
合计	**3839610**	**1902334**	**1937276**	**429983**	**224447**	**205536**	**55710**	**35044**	**20666**
杭州市	**1595182**	**799157**	**796025**	**266606**	**139691**	**126915**	**39077**	**24268**	**14809**
上城区	64141	30778	33363	13443	6528	6915	1783	1080	703
下城区	108272	52532	55740	22196	11252	10944	2975	1892	1083
江干区	315568	155622	159946	52039	26346	25693	7387	4437	2950
拱墅区	142760	69734	73026	20695	10870	9825	2198	1369	829
西湖区	272728	138030	134698	61909	32780	29129	16723	10294	6429
滨江区	137056	70524	66532	31113	17146	13967	2488	1560	928
萧山区	202752	102870	99882	24089	13227	10862	1497	995	502
余杭区	236003	120844	115159	32179	16967	15212	2916	1920	996
富阳区	53478	26639	26839	4062	2108	1954	449	311	138
临安区	47070	23659	23411	4064	2022	2042	590	369	221
桐庐县									
淳安县									
建德市	15354	7925	7429	817	445	372	71	41	30
宁波市	**617290**	**306173**	**311117**	**53623**	**28217**	**25406**	**5299**	**3449**	**1850**
海曙区	110687	54831	55856	8044	4260	3784	666	441	225
江北区	58023	28447	29576	7196	3799	3397	628	418	210
北仑区	49339	25991	23348	3229	1739	1490	280	183	97
镇海区	52084	26649	25435	6256	3220	3036	1244	832	412
鄞州区	211731	104484	107247	21699	11368	10331	1903	1186	717
奉化区	23471	11603	11868	1375	698	677	100	67	33
象山县									
宁海县									
余姚市	47938	23519	24419	2800	1533	1267	227	155	72
慈溪市	64017	30649	33368	3024	1600	1424	251	167	84
温州市	**327316**	**161197**	**166119**	**25967**	**13173**	**12794**	**2967**	**1916**	**1051**
鹿城区	104825	51461	53364	11127	5619	5508	1228	783	445
龙湾区	25717	13359	12358	1686	917	769	160	95	65
瓯海区	76922	35192	41730	7724	3671	4053	1084	723	361
洞头区	7089	3417	3672	212	104	108	18	9	9
永嘉县									
平阳县									
苍南县									
文成县									
泰顺县									
瑞安市	52754	26304	26450	2634	1455	1179	266	170	96
乐清市	43129	21917	21212	1989	1072	917	140	89	51
龙港市	16880	9547	7333	595	335	260	71	47	24
嘉兴市	**241612**	**118547**	**123065**	**16387**	**8840**	**7547**	**1567**	**1037**	**530**
南湖区	102574	50495	52079	8051	4306	3745	887	600	287
秀洲区	34458	17348	17110	3032	1663	1369	271	185	86
嘉善县									
海盐县									
海宁市	36985	18225	18760	2076	1113	963	198	121	77
平湖市	27945	13447	14498	1239	701	538	72	46	26
桐乡市	39650	19032	20618	1989	1057	932	139	85	54
湖州市	**90670**	**42621**	**48049**	**7247**	**3820**	**3427**	**716**	**453**	**263**
吴兴区	82037	38455	43582	6828	3604	3224	688	437	251
南浔区	8633	4166	4467	419	216	203	28	16	12
德清县									
长兴县									
安吉县									

4-2a 续表 7

单位：人

地区	大学本科			硕士研究生			博士研究生		
	小计	男	女	小计	男	女	小计	男	女
绍兴市	**310438**	**150318**	**160120**	**16904**	**8796**	**8108**	**1580**	**1040**	**540**
越城区	117744	55309	62435	8268	4318	3950	884	581	303
柯桥区	61313	30315	30998	2534	1316	1218	183	117	66
上虞区	49514	24651	24863	2748	1545	1203	228	161	67
新昌县									
诸暨市	57769	27962	29807	2315	1146	1169	190	125	65
嵊州市	24098	12081	12017	1039	471	568	95	56	39
金华市	**245288**	**121714**	**123574**	**16396**	**7762**	**8634**	**1787**	**1127**	**660**
婺城区	79752	38318	41434	8176	3662	4514	1187	755	432
金东区	17356	8079	9277	1066	556	510	66	35	31
武义县									
浦江县									
磐安县									
兰溪市	22301	10861	11440	760	377	383	58	37	21
义乌市	70631	37053	33578	3707	1867	1840	265	158	107
东阳市	31785	15981	15804	1739	865	874	131	86	45
永康市	23463	11422	12041	948	435	513	80	56	24
衢州市	**76067**	**39350**	**36717**	**4625**	**2451**	**2174**	**384**	**247**	**137**
柯城区	52371	27260	25111	3616	1928	1688	288	194	94
衢江区	6666	3504	3162	318	175	143	16	8	8
常山县									
开化县									
龙游县	16	6	10						
江山市	17014	8580	8434	691	348	343	80	45	35
舟山市	**76981**	**38062**	**38919**	**6294**	**3157**	**3137**	**768**	**509**	**259**
定海区	57309	28540	28769	5162	2627	2535	692	463	229
普陀区	19672	9522	10150	1132	530	602	76	46	30
岱山县									
嵊泗县									
台州市	**200246**	**97424**	**102822**	**12527**	**6754**	**5773**	**1241**	**791**	**450**
椒江区	71834	35418	36416	5812	3195	2617	580	390	190
黄岩区	22579	10887	11692	1179	620	559	165	102	63
路桥区	17422	8330	9092	807	427	380	61	34	27
三门县									
天台县									
仙居县									
温岭市	32725	16184	16541	1660	848	812	123	71	52
临海市	36791	17117	19674	2193	1194	999	256	166	90
玉环市	18895	9488	9407	876	470	406	56	28	28
丽水市	**58520**	**27771**	**30749**	**3407**	**1786**	**1621**	**324**	**207**	**117**
莲都区	47816	22682	25134	3076	1619	1457	292	188	104
青田县									
缙云县									
遂昌县									
松阳县									
云和县									
庆元县									
景宁畲族自治县									
龙泉市	10704	5089	5615	331	167	164	32	19	13

4–2b　各地区分性别、受教育程度的15岁及以上人口(镇)

单位：人

地　区	15岁及以上人口			未上过学		
	合计	男	女	小计	男	女
合计	**11566730**	**6034645**	**5532085**	**395811**	**101780**	**294031**
杭州市	**907643**	**471067**	**436576**	**24430**	**5373**	**19057**
上城区						
下城区						
江干区						
拱墅区						
西湖区	407	197	210	2		2
滨江区						
萧山区	111881	63583	48298	2245	446	1799
余杭区	231596	123904	107692	6041	1529	4512
富阳区	25191	13332	11859	1222	313	909
临安区	61452	31554	29898	819	165	654
桐庐县	271684	137431	134253	8383	1855	6528
淳安县	129211	63083	66128	3533	537	2996
建德市	76221	37983	38238	2185	528	1657
宁波市	**1646660**	**864379**	**782281**	**35491**	**8988**	**26503**
海曙区	24534	12253	12281	433	86	347
江北区						
北仑区	45951	26561	19390	544	136	408
镇海区	34131	19136	14995	768	245	523
鄞州区	259213	135489	123724	4887	1250	3637
奉化区	47689	24556	23133	747	145	602
象山县	295834	146282	149552	6593	1886	4707
宁海县	366757	186828	179929	7033	1455	5578
余姚市	216923	112667	104256	6526	1816	4710
慈溪市	355628	200607	155021	7960	1969	5991
温州市	**1855425**	**967779**	**887646**	**103480**	**29776**	**73704**
鹿城区	5821	3050	2771	289	50	239
龙湾区	218485	126110	92375	10100	3205	6895
瓯海区	14416	7922	6494	1146	277	869
洞头区	6383	3147	3236	758	167	591
永嘉县	400861	212274	188587	15309	4070	11239
平阳县	441711	225738	215973	24928	6744	18184
苍南县	467423	237455	229968	33635	10095	23540
文成县	101183	51035	50148	4464	1554	2910
泰顺县	95003	47562	47441	5477	1839	3638
瑞安市	29095	14340	14755	3089	744	2345
乐清市	60118	31525	28593	2194	539	1655
龙港市	14926	7621	7305	2091	492	1599
嘉兴市	**1413406**	**750215**	**663191**	**46888**	**11412**	**35476**
南湖区	49175	26103	23072	1658	382	1276
秀洲区	125139	65764	59375	4625	1097	3528
嘉善县	411435	219664	191771	13010	3436	9574
海盐县	256445	131688	124757	11506	2656	8850
海宁市	293050	160802	132248	7985	1737	6248
平湖市	138553	73741	64812	4376	1022	3354
桐乡市	139609	72453	67156	3728	1082	2646
湖州市	**1282767**	**666288**	**616479**	**27495**	**7336**	**20159**
吴兴区	190387	100968	89419	2837	726	2111
南浔区	116286	59356	56930	3840	946	2894
德清县	297329	155345	141984	4415	1125	3290
长兴县	371722	188734	182988	10203	2861	7342
安吉县	307043	161885	145158	6200	1678	4522

4-2b 续表 1

单位：人

地区	15岁及以上人口			未上过学		
	合计	男	女	小计	男	女
绍兴市	**586850**	**308354**	**278496**	**8253**	**1907**	**6346**
越城区	3611	1797	1814	239	43	196
柯桥区	106943	63091	43852	1286	249	1037
上虞区	43271	21645	21626	1655	374	1281
新昌县	221791	112526	109265	2363	526	1837
诸暨市	152459	78842	73617	1797	459	1338
嵊州市	58775	30453	28322	913	256	657
金华市	**1328471**	**702890**	**625581**	**40184**	**8941**	**31243**
婺城区	62067	31513	30554	2385	551	1834
金东区	141239	78442	62797	2977	863	2114
武义县	241702	128873	112829	7591	1819	5772
浦江县	176084	89416	86668	5343	1016	4327
磐安县	77697	39020	38677	2333	500	1833
兰溪市	56918	29088	27830	4418	1033	3385
义乌市	261869	141858	120011	5848	1344	4504
东阳市	234237	123399	110838	6855	1242	5613
永康市	76658	41281	35377	2434	573	1861
衢州市	**470529**	**238480**	**232049**	**25080**	**6099**	**18981**
柯城区	10478	5465	5013	586	91	495
衢江区	29191	14910	14281	3227	743	2484
常山县	107286	54629	52657	7320	1828	5492
开化县	107034	51229	55805	5099	1029	4070
龙游县	158886	83048	75838	6129	1729	4400
江山市	57654	29199	28455	2719	679	2040
舟山市	**216949**	**124376**	**92573**	**5745**	**1504**	**4241**
定海区	26764	13702	13062	597	148	449
普陀区	17880	9513	8367	783	192	591
岱山县	132373	80906	51467	3224	896	2328
嵊泗县	39932	20255	19677	1141	268	873
台州市	**1042412**	**531339**	**511073**	**49807**	**12802**	**37005**
椒江区	4768	2923	1845	214	78	136
黄岩区	31094	15405	15689	1052	244	808
路桥区	91556	48761	42795	3774	1030	2744
三门县	166790	84682	82108	12354	3075	9279
天台县	206679	102775	103904	4163	1029	3134
仙居县	183617	91061	92556	6586	1812	4774
温岭市	233239	122696	110543	13736	3473	10263
临海市	111485	56102	55383	5921	1488	4433
玉环市	13184	6934	6250	2007	573	1434
丽水市	**815618**	**409478**	**406140**	**28958**	**7642**	**21316**
莲都区	17263	9221	8042	996	287	709
青田县	220571	110412	110159	7677	1977	5700
缙云县	187352	94013	93339	4057	975	3082
遂昌县	90550	45318	45232	3775	877	2898
松阳县	81800	40662	41138	2740	691	2049
云和县	79318	41110	38208	3233	1020	2213
庆元县	74196	36789	37407	3587	895	2692
景宁畲族自治县	51815	25389	26426	2063	611	1452
龙泉市	12753	6564	6189	830	309	521

4-2b 续表 2 单位：人

地 区	学前教育			小 学		
	小计	男	女	小计	男	女
合计	**20720**	**7346**	**13374**	**2778128**	**1286285**	**1491843**
杭州市	**1058**	**362**	**696**	**182895**	**81360**	**101535**
上城区						
下城区						
江干区						
拱墅区						
西湖区	1	1		80	25	55
滨江区						
萧山区	83	36	47	27333	12480	14853
余杭区	254	96	158	42821	20206	22615
富阳区	15	5	10	8167	3899	4268
临安区	135	30	105	15003	6576	8427
桐庐县	342	116	226	50548	22878	27670
淳安县	99	35	64	19449	6859	12590
建德市	129	43	86	19494	8437	11057
宁波市	**2648**	**971**	**1677**	**400377**	**182453**	**217924**
海曙区	43	15	28	6056	2517	3539
江北区						
北仑区	46	15	31	5817	2677	3140
镇海区	56	33	23	10316	5170	5146
鄞州区	388	130	258	64862	29857	35005
奉化区	98	27	71	11833	5109	6724
象山县	604	212	392	68247	29822	38425
宁海县	261	80	181	81054	34530	46524
余姚市	734	300	434	67052	31442	35610
慈溪市	418	159	259	85140	41329	43811
温州市	**3773**	**1524**	**2249**	**517418**	**246892**	**270526**
鹿城区	15	5	10	1480	682	798
龙湾区	366	180	186	50543	25815	24728
瓯海区	21	7	14	3687	1879	1808
洞头区	6	1	5	2149	980	1169
永嘉县	590	235	355	96328	46871	49457
平阳县	763	289	474	127108	59845	67263
苍南县	1317	554	763	148537	68614	79923
文成县	184	80	104	28689	14124	14565
泰顺县	214	81	133	30937	14957	15980
瑞安市	53	15	38	8995	4187	4808
乐清市	143	44	99	13229	6081	7148
龙港市	101	33	68	5736	2857	2879
嘉兴市	**2658**	**876**	**1782**	**350511**	**162632**	**187879**
南湖区	33	7	26	15227	7192	8035
秀洲区	218	72	146	33314	15130	18184
嘉善县	542	176	366	83545	39090	44455
海盐县	485	180	305	55163	24795	30368
海宁市	834	249	585	74632	35785	38847
平湖市	102	38	64	42245	19256	22989
桐乡市	444	154	290	46385	21384	25001
湖州市	**2342**	**855**	**1487**	**302226**	**139316**	**162910**
吴兴区	297	101	196	36118	15847	20271
南浔区	195	60	135	35766	16320	19446
德清县	649	251	398	72463	33772	38691
长兴县	811	301	510	90786	41458	49328
安吉县	390	142	248	67093	31919	35174

4−2b 续表 3

单位：人

地 区	学前教育			小 学		
	小计	男	女	小计	男	女
绍兴市	**940**	**338**	**602**	**118662**	**52680**	**65982**
越城区	27	6	21	1230	586	644
柯桥区	215	96	119	26763	12665	14098
上虞区	111	37	74	13061	5843	7218
新昌县	267	90	177	30985	12839	18146
诸暨市	74	26	48	30429	13461	16968
嵊州市	246	83	163	16194	7286	8908
金华市	**1636**	**573**	**1063**	**265706**	**123733**	**141973**
婺城区	97	43	54	12271	5832	6439
金东区	165	65	100	29323	14569	14754
武义县	242	79	163	48829	23320	25509
浦江县	218	86	132	29975	12839	17136
磐安县	84	26	58	15554	6507	9047
兰溪市	140	48	92	16716	7716	9000
义乌市	240	94	146	45430	20454	24976
东阳市	272	71	201	46619	21923	24696
永康市	178	61	117	20989	10573	10416
衢州市	**1678**	**512**	**1166**	**110919**	**50421**	**60498**
柯城区	43	7	36	2906	1345	1561
衢江区	116	31	85	8824	4386	4438
常山县	268	68	200	24226	11125	13101
开化县	575	149	426	23739	9243	14496
龙游县	448	164	284	31818	15532	16286
江山市	228	93	135	19406	8790	10616
舟山市	**589**	**178**	**411**	**61535**	**32214**	**29321**
定海区	71	22	49	8411	3872	4539
普陀区	31	8	23	5288	2564	2724
岱山县	397	123	274	35930	19883	16047
嵊泗县	90	25	65	11906	5895	6011
台州市	**1465**	**469**	**996**	**262006**	**119962**	**142044**
椒江区				1187	637	550
黄岩区	8		8	10204	4338	5866
路桥区	30	12	18	27107	12878	14229
三门县	118	37	81	35663	15781	19882
天台县	113	39	74	39376	16819	22557
仙居县	490	160	330	31002	14123	16879
温岭市	624	193	431	78028	37351	40677
临海市	82	28	54	36021	16243	19778
玉环市				3418	1792	1626
丽水市	**1933**	**688**	**1245**	**205873**	**94622**	**111251**
莲都区	59	19	40	5228	2610	2618
青田县	817	280	537	65313	29527	35786
缙云县	410	163	247	35977	16434	19543
遂昌县	135	48	87	18890	8636	10254
松阳县	93	28	65	17165	8035	9130
云和县	52	23	29	22189	10988	11201
庆元县	193	60	133	21346	9501	11845
景宁畲族自治县	85	34	51	15176	6622	8554
龙泉市	89	33	56	4589	2269	2320

4-2b　续表 4　　单位：人

地　区	初　中			高　中			大学专科		
	小计	男	女	小计	男	女	小计	男	女
合计	**4463774**	**2484647**	**1979127**	**2131160**	**1220019**	**911141**	**1003071**	**538600**	**464471**
杭州市	**329085**	**181025**	**148060**	**196490**	**112449**	**84041**	**93743**	**50385**	**43358**
上城区									
下城区									
江干区									
拱墅区									
西湖区	97	52	45	81	47	34	63	33	30
滨江区									
萧山区	48236	29006	19230	18700	12412	6288	9587	6043	3544
余杭区	79020	45105	33915	48050	28013	20037	29226	15572	13654
富阳区	9618	5569	4049	3298	2021	1277	1780	962	818
临安区	28006	15359	12647	11361	6340	5021	3478	1789	1689
桐庐县	99647	53190	46457	59558	33236	26322	27119	14070	13049
淳安县	36811	18371	18440	37428	20308	17120	17110	9113	7997
建德市	27650	14373	13277	18014	10072	7942	5380	2803	2577
宁波市	**666451**	**371068**	**295383**	**272782**	**159319**	**113463**	**148952**	**79167**	**69785**
海曙区	10293	5523	4770	5048	2741	2307	1594	847	747
江北区									
北仑区	18131	10581	7550	9898	6432	3466	6774	3995	2779
镇海区	13299	7935	5364	5071	3070	2001	3044	1806	1238
鄞州区	104544	58428	46116	40434	23290	17144	23549	12274	11275
奉化区	19376	10507	8869	8967	5301	3666	3966	2158	1808
象山县	111549	58195	53354	55778	29658	26120	28224	14548	13676
宁海县	140349	75744	64605	70137	39923	30214	37804	19947	17857
余姚市	93969	52201	41768	29458	17262	12196	13228	6920	6308
慈溪市	154941	91954	62987	47991	31642	16349	30769	16672	14097
温州市	**610829**	**344269**	**266560**	**353588**	**202427**	**151161**	**169271**	**91862**	**77409**
鹿城区	2354	1326	1028	1068	647	421	472	271	201
龙湾区	93819	57142	36677	37414	23949	13465	19688	11884	7804
瓯海区	6268	3806	2462	2378	1462	916	631	341	290
洞头区	2041	1195	846	708	412	296	495	261	234
永嘉县	138274	78284	59990	91038	51693	39345	36716	19461	17255
平阳县	135976	76168	59808	79942	44816	35126	43903	22952	20951
苍南县	133838	73867	59971	84505	48425	36080	43404	23957	19447
文成县	35368	18298	17070	18849	10027	8822	7471	3876	3595
泰顺县	23669	12218	11451	18577	10037	8540	9398	4995	4403
瑞安市	8598	4932	3666	5804	3184	2620	1726	870	856
乐清市	26339	14443	11896	11593	6716	4877	4624	2561	2063
龙港市	4285	2590	1695	1712	1059	653	743	433	310
嘉兴市	**578665**	**329078**	**249587**	**216333**	**130260**	**86073**	**121494**	**67712**	**53782**
南湖区	20086	11579	8507	6331	3933	2398	3700	2005	1695
秀洲区	59530	33579	25951	15607	9738	5869	8009	4365	3644
嘉善县	170845	96292	74553	72590	42969	29621	39198	21897	17301
海盐县	91764	50675	41089	42085	24270	17815	27627	14674	12953
海宁市	122056	72243	49813	43786	27464	16322	23312	13625	9687
平湖市	58184	33370	24814	16463	10373	6090	11205	6499	4706
桐乡市	56200	31340	24860	19471	11513	7958	8443	4647	3796
湖州市	**506987**	**279324**	**227663**	**236853**	**133344**	**103509**	**110616**	**57742**	**52874**
吴兴区	114526	62869	51657	24737	15002	9735	7993	4433	3560
南浔区	45927	25208	20719	17985	10288	7697	7696	4206	3490
德清县	103702	57382	46320	58024	32909	25115	28875	15190	13685
长兴县	126039	68138	57901	75068	40899	34169	37365	19360	18005
安吉县	116793	65727	51066	61039	34246	26793	28687	14553	14134

4-2b 续表 5 单位：人

地 区	初中			高中			大学专科		
	小计	男	女	小计	男	女	小计	男	女
绍兴市	**256790**	**141315**	**115475**	**118858**	**67953**	**50905**	**45817**	**24894**	**20923**
越城区	1329	721	608	446	267	179	205	109	96
柯桥区	56778	36200	20578	14016	9509	4507	4563	2624	1939
上虞区	18068	9573	8495	6306	3658	2648	2598	1434	1164
新昌县	77136	39453	37683	58565	32001	26564	27186	14630	12556
诸暨市	76566	40768	35798	28713	16334	12379	8792	4695	4097
嵊州市	26913	14600	12313	10812	6184	4628	2473	1402	1071
金华市	**609039**	**340119**	**268920**	**238946**	**138853**	**100093**	**102899**	**54481**	**48418**
婺城区	18765	10309	8456	14791	7886	6905	6823	3409	3414
金东区	75520	43986	31534	22005	13070	8935	8296	4383	3913
武义县	106861	60923	45938	44619	25524	19095	20269	10616	9653
浦江县	71733	37179	34554	37531	21677	15854	16809	9019	7790
磐安县	28845	15268	13577	17058	9519	7539	7341	3908	3433
兰溪市	22944	12938	10006	8748	5103	3645	2682	1530	1152
义乌市	141844	79448	62396	40699	24988	15711	16337	9147	7190
东阳市	104531	58480	46051	42572	24672	17900	21296	10921	10375
永康市	37996	21588	16408	10923	6414	4509	3046	1548	1498
衢州市	**164181**	**88576**	**75605**	**97439**	**54406**	**43033**	**36336**	**19753**	**16583**
柯城区	4619	2626	1993	1409	920	489	566	315	251
衢江区	11018	6429	4589	4480	2499	1981	936	513	423
常山县	35040	19211	15829	23116	12932	10184	8435	4657	3778
开化县	35212	17642	17570	23311	12814	10497	9591	5239	4352
龙游县	56133	30402	25731	35349	19672	15677	14730	7907	6823
江山市	22159	12266	9893	9774	5569	4205	2078	1122	956
舟山市	**84940**	**53121**	**31819**	**29490**	**16768**	**12722**	**18555**	**11562**	**6993**
定海区	10678	5895	4783	4018	2205	1813	1872	1041	831
普陀区	6689	3907	2782	2487	1442	1045	1561	881	680
岱山县	53790	36047	17743	17748	10529	7219	11664	7686	3978
嵊泗县	13783	7272	6511	5237	2592	2645	3458	1954	1504
台州市	**367615**	**202390**	**165225**	**210608**	**117996**	**92612**	**87504**	**46151**	**41353**
椒江区	2251	1397	854	609	430	179	399	314	85
黄岩区	11706	6497	5209	5158	2877	2281	1952	981	971
路桥区	35447	20812	14635	16114	9363	6751	5466	2940	2526
三门县	53496	29515	23981	35703	20660	15043	16205	8875	7330
天台县	75372	39081	36291	47369	25451	21918	21681	11105	10576
仙居县	59641	30295	29346	50946	27191	23755	19913	9977	9936
温岭市	87698	51480	36218	34124	20024	14100	12893	7148	5745
临海市	37016	20319	16697	19028	11046	7982	8156	4370	3786
玉环市	4988	2994	1994	1557	954	603	839	441	398
丽水市	**289192**	**154362**	**134830**	**159773**	**86244**	**73529**	**67884**	**34891**	**32993**
莲都区	7128	4127	3001	2584	1508	1076	884	475	409
青田县	77917	41921	35996	44260	24223	20037	11753	6039	5714
缙云县	78634	40895	37739	37748	20219	17529	16881	8611	8270
遂昌县	29182	15580	13602	20246	10740	9506	10008	5182	4826
松阳县	27019	14329	12690	18040	9230	8810	8623	4246	4377
云和县	26874	14763	12111	14126	7881	6245	7048	3596	3452
庆元县	23017	12545	10472	11790	6465	5325	7203	3804	3399
景宁畲族自治县	14141	7276	6865	9628	5229	4399	5072	2744	2328
龙泉市	5280	2926	2354	1351	749	602	412	194	218

4-2b　续表 6　　　　　　　　　　　　　　　　　　　　　　单位：人

地　区	大学本科			硕士研究生			博士研究生		
	小计	男	女	小计	男	女	小计	男	女
合计	**737719**	**376468**	**361251**	**33536**	**17716**	**15820**	**2811**	**1784**	**1027**
杭州市	**75087**	**37566**	**37521**	**4401**	**2256**	**2145**	**454**	**291**	**163**
上城区									
下城区									
江干区									
拱墅区									
西湖区	74	36	38	6	1	5	3	2	1
滨江区									
萧山区	5407	2980	2427	272	165	107	18	15	3
余杭区	23660	12040	11620	2268	1181	1087	256	162	94
富阳区	990	516	474	90	40	50	11	7	4
临安区	2565	1257	1308	79	35	44	6	3	3
桐庐县	24949	11531	13418	1050	501	549	88	54	34
淳安县	14227	7562	6665	505	267	238	49	31	18
建德市	3215	1644	1571	131	66	65	23	17	6
宁波市	**112824**	**58335**	**54489**	**6666**	**3754**	**2912**	**469**	**324**	**145**
海曙区	1012	496	516	50	24	26	5	4	1
江北区									
北仑区	4498	2597	1901	233	122	111	10	6	4
镇海区	1507	839	668	64	33	31	6	5	1
鄞州区	19358	9636	9722	1100	565	535	91	59	32
奉化区	2541	1228	1313	152	76	76	9	5	4
象山县	23853	11435	12418	898	475	423	88	51	37
宁海县	28880	14486	14394	1167	613	554	72	50	22
余姚市	5737	2622	3115	195	93	102	24	11	13
慈溪市	25438	14996	10442	2807	1753	1054	164	133	31
温州市	**93260**	**49029**	**44231**	**3507**	**1814**	**1693**	**299**	**186**	**113**
鹿城区	133	64	69	10	5	5			
龙湾区	6212	3739	2473	316	180	136	27	16	11
瓯海区	278	147	131	6	2	4	1	1	
洞头区	209	123	86	15	6	9	2	2	
永嘉县	21603	11147	10456	929	467	462	74	46	28
平阳县	28002	14364	13638	1008	513	495	81	47	34
苍南县	21324	11487	9837	800	418	382	63	38	25
文成县	5995	2998	2997	151	73	78	12	5	7
泰顺县	6573	3346	3227	146	80	66	12	9	3
瑞安市	788	384	404	33	16	17	9	8	1
乐清市	1905	1086	819	77	44	33	14	11	3
龙港市	238	144	94	16	10	6	4	3	1
嘉兴市	**92601**	**45975**	**46626**	**3930**	**2063**	**1867**	**326**	**207**	**119**
南湖区	2031	951	1080	97	45	52	12	9	3
秀洲区	3665	1693	1972	158	82	76	13	8	5
嘉善县	30143	14973	15170	1444	759	685	118	72	46
海盐县	26630	13821	12809	1112	572	540	73	45	28
海宁市	19673	9260	10413	695	388	307	77	51	26
平湖市	5752	3052	2700	212	121	91	14	10	4
桐乡市	4707	2225	2482	212	96	116	19	12	7
湖州市	**91646**	**45896**	**45750**	**4297**	**2285**	**2012**	**305**	**190**	**115**
吴兴区	3739	1912	1827	123	66	57	17	12	5
南浔区	4624	2202	2422	221	105	116	32	21	11
德清县	27692	13927	13765	1401	721	680	108	68	40
长兴县	29903	14863	15040	1469	810	659	78	44	34
安吉县	25688	12992	12696	1083	583	500	70	45	25

4-2b 续表 7 单位：人

地区	大学本科			硕士研究生			博士研究生		
	小计	男	女	小计	男	女	小计	男	女
绍兴市	**35576**	**18129**	**17447**	**1779**	**1015**	**764**	**175**	**123**	**52**
越城区	126	59	67	6	3	3	3	3	
柯桥区	3130	1642	1488	171	90	81	21	16	5
上虞区	1409	691	718	54	31	23	9	4	5
新昌县	23897	12174	11723	1276	730	546	116	83	33
诸暨市	5854	2960	2894	216	129	87	18	10	8
嵊州市	1160	603	557	56	32	24	8	7	1
金华市	**66597**	**34408**	**32189**	**3219**	**1630**	**1589**	**245**	**152**	**93**
婺城区	6376	3186	3190	533	279	254	26	18	8
金东区	2825	1434	1391	117	62	55	11	10	1
武义县	12732	6325	6407	506	240	266	53	27	26
浦江县	13929	7325	6604	499	245	254	47	30	17
磐安县	6289	3199	3090	182	86	96	11	7	4
兰溪市	1191	677	514	70	37	33	9	6	3
义乌市	10849	6067	4782	598	302	296	24	14	10
东阳市	11364	5695	5669	674	359	315	54	36	18
永康市	1042	500	542	40	20	20	10	4	6
衢州市	**33630**	**18036**	**15594**	**1156**	**621**	**535**	**110**	**56**	**54**
柯城区	326	148	178	23	13	10			
衢江区	552	292	260	28	13	15	10	4	6
常山县	8596	4649	3947	266	147	119	19	12	7
开化县	9212	4961	4251	278	142	136	17	10	7
龙游县	13742	7355	6387	484	264	220	53	23	30
江山市	1202	631	571	77	42	35	11	7	4
舟山市	**15528**	**8724**	**6804**	**516**	**273**	**243**	**51**	**32**	**19**
定海区	1074	499	575	37	16	21	6	4	2
普陀区	989	492	497	45	23	22	7	4	3
岱山县	9296	5561	3735	295	162	133	29	19	10
嵊泗县	4169	2172	1997	139	72	67	9	5	4
台州市	**61100**	**30408**	**30692**	**2109**	**1043**	**1066**	**198**	**118**	**80**
椒江区	105	66	39	3	1	2			
黄岩区	984	452	532	28	14	14	2	2	
路桥区	3514	1675	1839	97	49	48	7	2	5
三门县	12799	6520	6279	420	198	222	32	21	11
天台县	17930	8904	9026	619	313	306	56	34	22
仙居县	14419	7192	7227	558	277	281	62	34	28
温岭市	5908	2913	2995	207	100	107	21	14	7
临海市	5080	2513	2567	164	85	79	17	10	7
玉环市	361	173	188	13	6	7	1	1	
丽水市	**59870**	**29962**	**29908**	**1956**	**962**	**994**	**179**	**105**	**74**
莲都区	367	185	182	13	8	5	4	2	2
青田县	12406	6228	6178	391	193	198	37	24	13
缙云县	13157	6516	6641	444	178	266	44	22	22
遂昌县	7998	4080	3918	284	156	128	32	19	13
松阳县	7729	3917	3812	367	172	195	24	14	10
云和县	5644	2763	2881	139	68	71	13	8	5
庆元县	6860	3408	3452	183	100	83	17	11	6
景宁畲族自治县	5515	2788	2727	128	81	47	7	4	3
龙泉市	194	77	117	7	6	1	1	1	

4-2c　各地区分性别、受教育程度的15岁及以上人口(乡村)

单位：人

地　区	15岁及以上人口			未上过学		
	合计	男	女	小计	男	女
合计	**15816089**	**8303309**	**7512780**	**1065197**	**276719**	**788478**
杭州市	**1778252**	**937035**	**841217**	**97864**	**22535**	**75329**
上城区						
下城区						
江干区						
拱墅区						
西湖区	27955	14937	13018	592	159	433
滨江区						
萧山区	423415	223109	200306	20427	4507	15920
余杭区	406348	222965	183383	21872	6193	15679
富阳区	222175	116588	105587	8596	2091	6505
临安区	234712	122210	112502	5759	1381	4378
桐庐县	120345	61983	58362	10458	2389	8069
淳安县	157352	79081	78271	20679	3414	17265
建德市	185950	96162	89788	9481	2401	7080
宁波市	**1871042**	**995233**	**875809**	**73158**	**19186**	**53972**
海曙区	121853	64385	57468	3542	873	2669
江北区	75395	41771	33624	2658	887	1771
北仑区	177217	98048	79169	5380	1479	3901
镇海区	47613	27088	20525	781	217	564
鄞州区	257983	139075	118908	7057	1782	5275
奉化区	212316	113243	99073	5078	1183	3895
象山县	198110	102744	95366	17512	4741	12771
宁海县	226142	118544	107598	10071	2587	7484
余姚市	218896	113624	105272	9680	2698	6982
慈溪市	335517	176711	158806	11399	2739	8660
温州市	**2268177**	**1203960**	**1064217**	**245430**	**71785**	**173645**
鹿城区	98852	54541	44311	6049	1402	4647
龙湾区	973	592	381	40	11	29
瓯海区	141217	76716	64501	12091	3186	8905
洞头区	62796	35399	27397	6465	1364	5101
永嘉县	326206	173626	152580	36040	9724	26316
平阳县	282050	149161	132889	39934	12444	27490
苍南县	226816	118875	107941	37260	12284	24976
文成县	137173	74112	63061	11350	4113	7237
泰顺县	120317	64234	56083	14740	5423	9317
瑞安市	441068	233903	207165	51043	14168	36875
乐清市	418432	216455	201977	29119	7283	21836
龙港市	12277	6346	5931	1299	383	916
嘉兴市	**1401337**	**732843**	**668494**	**68227**	**16488**	**51739**
南湖区	94405	50447	43958	3900	931	2969
秀洲区	202444	104978	97466	11952	2963	8989
嘉善县	160534	85900	74634	8645	2048	6597
海盐县	143460	74066	69394	7334	1696	5638
海宁市	292256	153123	139133	12519	2574	9945
平湖市	204029	107529	96500	12115	2948	9167
桐乡市	304209	156800	147409	11762	3328	8434
湖州市	**1041555**	**546820**	**494735**	**36319**	**9651**	**26668**
吴兴区	215565	116124	99441	6558	1898	4660
南浔区	216365	112787	103578	10384	2777	7607
德清县	187615	98973	88642	4493	1254	3239
长兴县	216757	111918	104839	7426	1935	5491
安吉县	205253	107018	98235	7458	1787	5671

4-2c 续表 1 单位：人

地区	15岁及以上人口			未上过学		
	合计	男	女	小计	男	女
绍兴市	**1386853**	**707021**	**679832**	**47120**	**10849**	**36271**
越城区	142929	72344	70585	4749	1062	3687
柯桥区	177929	90739	87190	7668	1720	5948
上虞区	248597	122696	125901	13076	2968	10108
新昌县	144315	75255	69060	5875	1453	4422
诸暨市	409068	208127	200941	10812	2507	8305
嵊州市	264015	137860	126155	4940	1139	3801
金华市	**1942407**	**1017724**	**924683**	**129941**	**28645**	**101296**
婺城区	196389	105264	91125	18060	5105	12955
金东区	175640	93221	82419	7921	1877	6044
武义县	151994	80601	71393	11777	2824	8953
浦江县	219120	114491	104629	15009	2961	12048
磐安县	73161	37467	35694	5619	1110	4509
兰溪市	223691	115322	108369	24238	5717	18521
义乌市	326415	174336	152079	14233	2986	11247
东阳市	301291	151428	149863	18729	2908	15821
永康市	274706	145594	129112	14355	3157	11198
衢州市	**840116**	**436106**	**404010**	**98211**	**23985**	**74226**
柯城区	108009	55984	52025	10660	2051	8609
衢江区	178073	96700	81373	22889	5866	17023
常山县	111131	57048	54083	18730	5072	13658
开化县	110296	55003	55293	14984	3503	11481
龙游县	154949	79936	75013	18644	4982	13662
江山市	177658	91435	86223	12304	2511	9793
舟山市	**305006**	**168351**	**136655**	**14942**	**3691**	**11251**
定海区	111086	60879	50207	4727	1332	3395
普陀区	109267	59675	49592	5104	1095	4009
岱山县	62698	35992	26706	3736	921	2815
嵊泗县	21955	11805	10150	1375	343	1032
台州市	**2157197**	**1118939**	**1038258**	**194845**	**52386**	**142459**
椒江区	170661	91515	79146	16273	4527	11746
黄岩区	227701	116274	111427	14368	3360	11008
路桥区	187572	99248	88324	16821	4846	11975
三门县	148395	76029	72366	30372	8477	21895
天台县	190096	97937	92159	10108	2433	7675
仙居县	172718	89522	83196	15023	4443	10580
温岭市	431084	221480	209604	27223	6548	20675
临海市	477150	245510	231640	40306	10946	29360
玉环市	151820	81424	70396	24351	6806	17545
丽水市	**824147**	**439277**	**384870**	**59140**	**17518**	**41622**
莲都区	113800	62397	51403	13062	3937	9125
青田县	201748	107583	94165	8004	2499	5505
缙云县	149580	78249	71331	7633	1948	5685
遂昌县	78238	41360	36878	8065	2045	6020
松阳县	91840	48413	43427	6043	1663	4380
云和县	30332	16396	13936	2899	1005	1894
庆元县	45362	24013	21349	2582	760	1822
景宁畲族自治县	40146	22167	17979	3990	1413	2577
龙泉市	73101	38699	34402	6862	2248	4614

4–2c　续表 2　　单位：人

地　区	学前教育			小　学		
	小计	男	女	小计	男	女
合计	**60407**	**19731**	**40676**	**5709970**	**2745627**	**2964343**
杭州市	**4888**	**1578**	**3310**	**636562**	**300000**	**336562**
上城区						
下城区						
江干区						
拱墅区						
西湖区	68	20	48	7233	3376	3857
滨江区						
萧山区	598	207	391	149365	69570	79795
余杭区	799	330	469	131650	66411	65239
富阳区	179	62	117	83589	39405	44184
临安区	865	275	590	87083	39162	47921
桐庐县	394	140	254	43613	21223	22390
淳安县	1207	280	927	61032	27872	33160
建德市	778	264	514	72997	32981	40016
宁波市	**6518**	**2086**	**4432**	**696398**	**329846**	**366552**
海曙区	354	125	229	44271	20436	23835
江北区	155	57	98	24102	11993	12109
北仑区	456	177	279	54606	26900	27706
镇海区	211	66	145	18805	9592	9213
鄞州区	703	250	453	88811	42180	46631
奉化区	706	200	506	89231	42367	46864
象山县	1734	583	1151	85065	41162	43903
宁海县	776	223	553	90129	41216	48913
余姚市	821	224	597	85683	39704	45979
慈溪市	602	181	421	115695	54296	61399
温州市	**8252**	**3083**	**5169**	**797404**	**408671**	**388733**
鹿城区	199	57	142	25569	12814	12755
龙湾区				291	137	154
瓯海区	389	143	246	39759	20952	18807
洞头区	70	33	37	16522	8669	7853
永嘉县	1316	492	824	115745	59612	56133
平阳县	981	409	572	109472	57920	51552
苍南县	606	254	352	90328	47131	43197
文成县	550	261	289	52070	28038	24032
泰顺县	537	216	321	54702	29346	25356
瑞安市	1292	471	821	147624	76447	71177
乐清市	2193	718	1475	139609	64926	74683
龙港市	119	29	90	5713	2679	3034
嘉兴市	**5433**	**1576**	**3857**	**548483**	**257091**	**291392**
南湖区	447	107	340	33696	15926	17770
秀洲区	539	166	373	78018	36965	41053
嘉善县	692	208	484	61632	29769	31863
海盐县	801	211	590	54404	24215	30189
海宁市	1200	303	897	102212	47886	54326
平湖市	349	133	216	82831	39094	43737
桐乡市	1405	448	957	135690	63236	72454
湖州市	**4162**	**1412**	**2750**	**433383**	**204171**	**229212**
吴兴区	1008	362	646	80123	38582	41541
南浔区	882	322	560	101776	48580	53196
德清县	528	186	342	86348	40670	45678
长兴县	1163	366	797	85515	39504	46011
安吉县	581	176	405	79621	36835	42786

4-2c 续表 3

单位：人

地 区	学前教育			小 学		
	小计	男	女	小计	男	女
绍兴市	**5723**	**1644**	**4079**	**484607**	**216012**	**268595**
越城区	1234	362	872	54488	24493	29995
柯桥区	1144	319	825	65277	28415	36862
上虞区	875	236	639	99204	44765	54439
新昌县	888	255	633	51845	23342	28503
诸暨市	457	143	314	122975	54280	68695
嵊州市	1125	329	796	90818	40717	50101
金华市	**5742**	**1817**	**3925**	**568570**	**272171**	**296399**
婺城区	663	206	457	63869	32678	31191
金东区	395	141	254	52257	25090	27167
武义县	515	185	330	46455	23064	23391
浦江县	707	214	493	59721	27639	32082
磐安县	296	79	217	27174	12333	14841
兰溪市	882	302	580	77595	37024	40571
义乌市	389	118	271	82793	37925	44868
东阳市	689	149	540	85989	39723	46266
永康市	1206	423	783	72717	36695	36022
衢州市	**5812**	**1791**	**4021**	**302067**	**148944**	**153123**
柯城区	488	132	356	32794	15898	16896
衢江区	948	345	603	60602	32273	28329
常山县	1107	345	762	39138	19560	19578
开化县	1292	322	970	46873	21612	25261
龙游县	811	304	507	53747	26979	26768
江山市	1166	343	823	68913	32622	36291
舟山市	**2288**	**729**	**1559**	**129350**	**64705**	**64645**
定海区	933	285	648	47316	23435	23881
普陀区	446	151	295	43107	21006	22101
岱山县	830	275	555	28627	14813	13814
嵊泗县	79	18	61	10300	5451	4849
台州市	**5578**	**1863**	**3715**	**803641**	**385662**	**417979**
椒江区	263	81	182	57175	28412	28763
黄岩区	239	72	167	88739	40672	48067
路桥区	238	94	144	68888	34403	34485
三门县	547	197	350	48827	24563	24264
天台县	168	55	113	68741	31326	37415
仙居县	1634	579	1055	50169	24561	25608
温岭市	1951	632	1319	189666	89925	99741
临海市	470	131	339	184433	86071	98362
玉环市	68	22	46	47003	25729	21274
丽水市	**6011**	**2152**	**3859**	**309505**	**158354**	**151151**
莲都区	534	199	335	35772	19842	15930
青田县	1160	428	732	67543	33085	34458
缙云县	867	287	580	48864	23953	24911
遂昌县	863	275	588	34090	17823	16267
松阳县	744	249	495	36399	18337	18062
云和县	147	70	77	12500	6584	5916
庆元县	657	252	405	20943	10203	10740
景宁畲族自治县	279	100	179	19648	10659	8989
龙泉市	760	292	468	33746	17868	15878

4-2c　续表 4

单位：人

地　　区	初　　中			高　　中			大学专科		
	小计	男	女	小计	男	女	小计	男	女
合计	**5878711**	**3442126**	**2436585**	**1915693**	**1189368**	**726325**	**790630**	**429943**	**360687**
杭州市	**616103**	**365676**	**250427**	**245288**	**155167**	**90121**	**108493**	**58351**	**50142**
上城区									
下城区									
江干区									
拱墅区									
西湖区	8304	5123	3181	5037	2864	2173	3498	1809	1689
滨江区									
萧山区	142844	84657	58187	55836	35770	20066	33419	18214	15205
余杭区	143718	87066	56652	59373	37380	21993	31053	16648	14405
富阳区	72268	42314	29954	34858	21552	13306	12730	6834	5896
临安区	92577	53451	39126	30433	18934	11499	10272	5247	5025
桐庐县	43461	24948	18513	15025	9427	5598	4960	2671	2289
淳安县	47769	30577	17192	17904	12170	5734	5453	2984	2469
建德市	65162	37540	27622	26822	17070	9752	7108	3944	3164
宁波市	**740667**	**435987**	**304680**	**209877**	**132176**	**77701**	**95217**	**51310**	**43907**
海曙区	50496	29235	21261	14784	9305	5479	5542	2993	2549
江北区	33551	19966	13585	9701	6025	3676	3656	2047	1609
北仑区	79944	47464	32480	20657	13114	7543	9279	5285	3994
镇海区	20360	12736	7624	4688	3038	1650	1955	1054	901
鄞州区	112273	66080	46193	26232	16721	9511	13064	7081	5983
奉化区	81789	48505	33284	22548	14503	8045	9329	4711	4618
象山县	61750	37258	24492	18780	11710	7070	9121	5120	4001
宁海县	78230	45860	32370	29050	18523	10527	11958	6788	5170
余姚市	80572	46438	34134	24884	15685	9199	12194	6489	5705
慈溪市	141702	82445	59257	38553	23552	15001	19119	9742	9377
温州市	**756563**	**450092**	**306471**	**292962**	**177642**	**115320**	**119070**	**67024**	**52046**
鹿城区	44631	27150	17481	15946	9566	6380	4624	2595	2029
龙湾区	482	336	146	101	71	30	48	31	17
瓯海区	57868	34495	23373	21302	12924	8378	5885	3159	2726
洞头区	19318	12284	7034	11077	6709	4368	7394	5163	2231
永嘉县	105060	63284	41776	43935	27149	16786	17081	9539	7542
平阳县	83861	50317	33544	29495	18080	11415	12733	7047	5686
苍南县	60939	36432	24507	22423	13867	8556	11432	6768	4664
文成县	52037	29777	22260	15389	8955	6434	3902	2048	1854
泰顺县	31143	18005	13138	12042	7348	4694	4810	2663	2147
瑞安市	161265	96163	65102	51891	31639	20252	19837	10809	9028
乐清市	136657	79736	56921	68279	40635	27644	30762	16877	13885
龙港市	3302	2113	1189	1082	699	383	562	325	237
嘉兴市	**525236**	**309036**	**216200**	**143842**	**91433**	**52409**	**72394**	**39474**	**32920**
南湖区	36456	21733	14723	10499	6822	3677	6346	3518	2828
秀洲区	81037	47045	33992	17494	11031	6463	9144	4912	4232
嘉善县	61017	36630	24387	16217	10640	5577	8285	4619	3666
海盐县	53642	31789	21853	15182	9813	5369	7761	4230	3531
海宁市	120882	70240	50642	33167	20851	12316	14312	7559	6753
平湖市	73834	44556	29278	18346	11914	6432	10991	6224	4767
桐乡市	98368	57043	41325	32937	20362	12575	15555	8412	7143
湖州市	**381642**	**223861**	**157781**	**113629**	**70578**	**43051**	**47926**	**25426**	**22500**
吴兴区	86659	51000	35659	24714	15498	9216	10725	5852	4873
南浔区	73408	43493	29915	17436	11065	6371	8047	4448	3599
德清县	61201	36803	24398	20803	12796	8007	9405	5055	4350
长兴县	80512	46003	34509	26962	16553	10409	10555	5359	5196
安吉县	79862	46562	33300	23714	14666	9048	9194	4712	4482

4-2c 续表 5 单位：人

地区	初中			高中			大学专科		
	小计	男	女	小计	男	女	小计	男	女
绍兴市	**575504**	**319067**	**256437**	**171891**	**106217**	**65674**	**66368**	**35404**	**30964**
越城区	51297	28828	22469	17432	10629	6803	8346	4337	4009
柯桥区	66900	38904	27996	19818	12522	7296	10021	5321	4700
上虞区	88230	47902	40328	27109	16464	10645	13770	7316	6454
新昌县	55661	32217	23444	21956	13610	8346	5552	3084	2468
诸暨市	195712	105217	90495	50236	30952	19284	18585	9807	8778
嵊州市	117704	65999	51705	35340	22040	13300	10094	5539	4555
金华市	**834176**	**475801**	**358375**	**256199**	**158955**	**97244**	**101232**	**55596**	**45636**
婺城区	70291	42069	28222	28434	17366	11068	10211	5356	4855
金东区	78040	44841	33199	24303	14645	9658	9139	4804	4335
武义县	64611	37863	26748	19920	12168	7752	6048	3163	2885
浦江县	99058	55985	43073	26346	17122	9224	12331	7286	5045
磐安县	25708	14983	10725	9695	6371	3324	3116	1778	1338
兰溪市	83803	48975	34828	24636	16212	8424	8616	4924	3692
义乌市	151018	86213	64805	46577	29275	17302	21658	12376	9282
东阳市	134248	73036	61212	35821	21679	14142	16684	9104	7580
永康市	127399	71836	55563	40467	24117	16350	13429	6805	6624
衢州市	**297006**	**178221**	**118785**	**91239**	**58211**	**33028**	**28628**	**15752**	**12876**
柯城区	41877	25169	16708	12583	7681	4902	5850	3115	2735
衢江区	65742	40769	24973	18892	12365	6527	5372	3041	2331
常山县	36109	22082	14027	11070	7257	3813	3142	1753	1389
开化县	33082	20549	12533	9269	6325	2944	3180	1792	1388
龙游县	58354	33601	24753	15020	9564	5456	5312	2885	2427
江山市	61842	36051	25791	24405	15019	9386	5772	3166	2606
舟山市	**109815**	**69801**	**40014**	**27491**	**17002**	**10489**	**13127**	**7977**	**5150**
定海区	38443	24251	14192	11753	7264	4489	5095	2927	2168
普陀区	41764	26135	15629	10251	6178	4073	5326	3211	2115
岱山县	22349	15084	7265	4033	2729	1304	1871	1346	525
嵊泗县	7259	4331	2928	1454	831	623	835	493	342
台州市	**727276**	**430845**	**296431**	**269966**	**165735**	**104231**	**109635**	**58688**	**50947**
椒江区	59247	36450	22797	21816	13447	8369	10925	5970	4955
黄岩区	75913	45229	30684	31733	18972	12761	11688	5678	6010
路桥区	64084	38321	25763	23992	14547	9445	9257	4896	4361
三门县	44644	27720	16924	15250	10088	5162	6310	3593	2717
天台县	70465	40389	30076	25433	15498	9935	9856	5324	4532
仙居县	67513	37648	29865	26463	16038	10425	8495	4473	4022
温岭市	136871	81213	55658	47002	28239	18763	19815	10617	9198
临海市	156978	91994	64984	60878	38082	22796	25089	13676	11413
玉环市	51561	31881	19680	17399	10824	6575	8200	4461	3739
丽水市	**314723**	**183739**	**130984**	**93309**	**56252**	**37057**	**28540**	**14941**	**13599**
莲都区	42286	25808	16478	15297	9244	6053	4607	2281	2326
青田县	89227	50831	38396	28032	16530	11502	5208	2856	2352
缙云县	65333	36774	28559	18088	10811	7277	6237	3246	2991
遂昌县	25737	15626	10111	6512	4040	2472	2053	1099	954
松阳县	33672	19505	14167	9947	6049	3898	3517	1881	1636
云和县	10331	6218	4113	2939	1794	1145	1149	559	590
庆元县	14603	8896	5707	3687	2420	1267	1968	1030	938
景宁畲族自治县	10746	6776	3970	3261	2037	1224	1441	806	635
龙泉市	22788	13305	9483	5546	3327	2219	2360	1183	1177

4–2c　续表 6　　　　　　　　　　　　　　　　　　　　单位：人

地　　区	大学本科			硕士研究生			博士研究生		
	小计	男	女	小计	男	女	小计	男	女
合计	**373685**	**188212**	**185473**	**19088**	**9823**	**9265**	**2708**	**1760**	**948**
杭州市	**65227**	**31704**	**33523**	**3404**	**1765**	**1639**	**423**	**259**	**164**
上城区									
下城区									
江干区									
拱墅区									
西湖区	2803	1350	1453	384	218	166	36	18	18
滨江区									
萧山区	19891	9634	10257	929	484	445	106	66	40
余杭区	16930	8414	8516	876	476	400	77	47	30
富阳区	9479	4123	5356	419	170	249	57	37	20
临安区	7409	3612	3797	271	124	147	43	24	19
桐庐县	2302	1124	1178	111	50	61	21	11	10
淳安县	3077	1645	1432	191	113	78	40	26	14
建德市	3336	1802	1534	223	130	93	43	30	13
宁波市	**46342**	**23149**	**23193**	**2538**	**1276**	**1262**	**327**	**217**	**110**
海曙区	2736	1346	1390	115	62	53	13	10	3
江北区	1460	732	728	101	54	47	11	10	1
北仑区	6009	3171	2838	774	390	384	112	68	44
镇海区	781	369	412	29	13	16	3	3	
鄞州区	9505	4803	4702	313	164	149	25	14	11
奉化区	3416	1664	1752	201	98	103	18	12	6
象山县	3907	2037	1870	203	106	97	38	27	11
宁海县	5597	3170	2427	293	152	141	38	25	13
余姚市	4802	2257	2545	226	105	121	34	24	10
慈溪市	8129	3600	4529	283	132	151	35	24	11
温州市	**45744**	**24102**	**21642**	**2330**	**1288**	**1042**	**422**	**273**	**149**
鹿城区	1704	888	816	111	56	55	19	13	6
龙湾区	10	5	5	1	1				
瓯海区	3777	1772	2005	125	73	52	21	12	9
洞头区	1805	1097	708	132	73	59	13	7	6
永嘉县	6553	3548	3005	403	233	170	73	45	28
平阳县	5256	2772	2484	269	140	129	49	32	17
苍南县	3605	2011	1594	188	103	85	35	25	10
文成县	1785	879	906	80	35	45	10	6	4
泰顺县	2220	1162	1058	109	63	46	14	8	6
瑞安市	7678	3959	3719	361	197	164	77	50	27
乐清市	11175	5906	5269	530	302	228	108	72	36
龙港市	176	103	73	21	12	9	3	3	
嘉兴市	**36055**	**16904**	**19151**	**1469**	**702**	**767**	**198**	**139**	**59**
南湖区	2905	1336	1569	133	61	72	23	13	10
秀洲区	4088	1807	2281	136	61	75	36	28	8
嘉善县	3841	1875	1966	185	99	86	20	12	8
海盐县	4134	2006	2128	186	97	89	16	9	7
海宁市	7652	3551	4101	283	132	151	29	27	2
平湖市	5313	2532	2781	220	107	113	30	21	9
桐乡市	8122	3797	4325	326	145	181	44	29	15
湖州市	**23159**	**11028**	**12131**	**1190**	**596**	**594**	**145**	**97**	**48**
吴兴区	5411	2719	2692	340	195	145	27	18	9
南浔区	4109	1936	2173	282	137	145	41	29	12
德清县	4613	2104	2509	190	83	107	34	22	12
长兴县	4400	2087	2313	202	95	107	22	16	6
安吉县	4626	2182	2444	176	86	90	21	12	9

4–2c 续表 7 单位：人

地 区	大学本科			硕士研究生			博士研究生		
	小计	男	女	小计	男	女	小计	男	女
绍兴市	**33739**	**16836**	**16903**	**1680**	**844**	**836**	**221**	**148**	**73**
越城区	5083	2480	2603	277	135	142	23	18	5
柯桥区	6808	3377	3431	262	143	119	31	18	13
上虞区	5942	2862	3080	353	161	192	38	22	16
新昌县	2354	1202	1152	161	79	82	23	13	10
诸暨市	9829	4957	4872	395	215	180	67	49	18
嵊州市	3723	1958	1765	232	111	121	39	28	11
金华市	**43823**	**23266**	**20557**	**2357**	**1222**	**1135**	**367**	**251**	**116**
婺城区	4453	2278	2175	343	164	179	65	42	23
金东区	3343	1696	1647	211	106	105	31	21	10
武义县	2496	1253	1243	147	65	82	25	16	9
浦江县	5611	3092	2519	291	155	136	46	37	9
磐安县	1457	765	692	85	43	42	11	5	6
兰溪市	3615	1983	1632	258	151	107	48	34	14
义乌市	9350	5210	4140	348	201	147	49	32	17
东阳市	8640	4565	4075	427	218	209	64	46	18
永康市	4858	2424	2434	247	119	128	28	18	10
衢州市	**15962**	**8571**	**7391**	**1028**	**531**	**497**	**163**	**100**	**63**
柯城区	3441	1774	1667	281	143	138	35	21	14
衢江区	3397	1914	1483	206	108	98	25	19	6
常山县	1742	933	809	76	35	41	17	11	6
开化县	1504	841	663	94	47	47	18	12	6
龙游县	2861	1514	1347	165	87	78	35	20	15
江山市	3017	1595	1422	206	111	95	33	17	16
舟山市	**7541**	**4201**	**3340**	**402**	**215**	**187**	**50**	**30**	**20**
定海区	2689	1321	1368	115	57	58	15	7	8
普陀区	3074	1785	1289	175	98	77	20	16	4
岱山县	1175	777	398	66	41	25	11	6	5
嵊泗县	603	318	285	46	19	27	4	1	3
台州市	**43914**	**22488**	**21426**	**2049**	**1084**	**965**	**293**	**188**	**105**
椒江区	4700	2501	2199	234	111	123	28	16	12
黄岩区	4793	2167	2626	191	107	84	37	17	20
路桥区	4134	2053	2081	140	75	65	18	13	5
三门县	2283	1307	976	147	73	74	15	11	4
天台县	5043	2745	2298	244	141	103	38	26	12
仙居县	3197	1664	1533	190	91	99	34	25	9
温岭市	8132	4082	4050	370	191	179	54	33	21
临海市	8526	4356	4170	410	213	197	60	41	19
玉环市	3106	1613	1493	123	82	41	9	6	3
丽水市	**12179**	**5963**	**6216**	**641**	**300**	**341**	**99**	**58**	**41**
莲都区	2143	1038	1105	86	40	46	13	8	5
青田县	2426	1274	1152	121	62	59	27	18	9
缙云县	2387	1153	1234	148	63	85	23	14	9
遂昌县	851	423	428	55	23	32	12	6	6
松阳县	1433	691	742	75	34	41	10	4	6
云和县	353	157	196	13	9	4	1		1
庆元县	867	427	440	55	25	30			
景宁畲族自治县	749	357	392	27	16	11	5	3	2
龙泉市	970	443	527	61	28	33	8	5	3

4-3　各地区分性别、受教育程度的16-59岁人口

单位：人

地　　区	16-59岁人口			未上过学		
	合计	男	女	小计	男	女
合计	**43265306**	**22829702**	**20435604**	**412793**	**113659**	**299134**
杭州市	**8289661**	**4377739**	**3911922**	**42576**	**12125**	**30451**
上城区	225518	113862	111656	935	247	688
下城区	310140	151393	158747	1160	249	911
江干区	1121520	588090	533430	5216	1676	3540
拱墅区	428382	215193	213189	1659	423	1236
西湖区	794478	413593	380885	2422	716	1706
滨江区	377422	196956	180466	1048	247	801
萧山区	1588896	863771	725125	9750	2494	7256
余杭区	1759986	957323	802663	9476	2826	6650
富阳区	547239	290704	256535	2955	1005	1950
临安区	412435	218938	193497	1781	631	1150
桐庐县	283878	146156	137722	2270	695	1575
淳安县	182560	90669	91891	2705	526	2179
建德市	257207	131091	126116	1199	390	809
宁波市	**6481376**	**3426867**	**3054509**	**36914**	**10650**	**26264**
海曙区	720038	373224	346814	3146	908	2238
江北区	338247	180031	158216	1940	617	1323
北仑区	604245	335746	268499	3569	974	2595
镇海区	378638	205009	173629	2072	530	1542
鄞州区	1109395	565653	543742	5702	1521	4181
奉化区	375113	198602	176511	1825	505	1320
象山县	353039	180221	172818	3721	1127	2594
宁海县	445455	232325	213130	2625	675	1950
余姚市	850210	451605	398605	5793	1841	3952
慈溪市	1306996	704451	602545	6521	1952	4569
温州市	**6434251**	**3435833**	**2998418**	**121676**	**33063**	**88613**
鹿城区	819996	433018	386978	6319	1838	4481
龙湾区	548421	314272	234149	8062	2551	5511
瓯海区	724880	396386	328494	9454	2722	6732
洞头区	99344	54792	44552	2264	531	1733
永嘉县	549183	296378	252805	9642	2898	6744
平阳县	543667	283062	260605	14771	3810	10961
苍南县	523490	268937	254553	18541	4958	13583
文成县	167880	87857	80023	2492	870	1622
泰顺县	152550	78285	74265	3915	1158	2757
瑞安市	1038226	551974	486252	27860	7300	20560
乐清市	957075	508379	448696	10367	2766	7601
龙港市	309539	162493	147046	7989	1661	6328
嘉兴市	**3669979**	**1945226**	**1724753**	**22693**	**5998**	**16695**
南湖区	571167	297857	273310	2715	640	2075
秀洲区	471196	250358	220838	3922	964	2958
嘉善县	445851	242992	202859	3774	1133	2641
海盐县	290183	153193	136990	2113	610	1503
海宁市	745021	400849	344172	4309	1105	3204
平湖市	442389	234554	207835	2426	611	1815
桐乡市	704172	365423	338749	3434	935	2499
湖州市	**2222237**	**1169809**	**1052428**	**13421**	**3951**	**9470**
吴兴区	709994	370288	339706	3495	970	2525
南浔区	333766	176015	157751	3137	853	2284
德清县	357131	191182	165949	1511	468	1043
长兴县	428659	222279	206380	2375	764	1611
安吉县	392687	210045	182642	2903	896	2007

4-3 续表 1 单位：人

地　区	16—59岁人口			未上过学		
	合计	男	女	小计	男	女
绍兴市	**3405091**	**1753130**	**1651961**	**15026**	**4451**	**10575**
越城区	673746	337451	336295	1859	493	1366
柯桥区	778463	417540	360923	4530	1063	3467
上虞区	528432	267804	260628	3066	866	2200
新昌县	252747	130006	122741	1227	423	804
诸暨市	773555	393810	379745	3128	1160	1968
嵊州市	398148	206519	191629	1216	446	770
金华市	**4851568**	**2579612**	**2271956**	**49541**	**14171**	**35370**
婺城区	650617	337519	313098	6456	2173	4283
金东区	351481	192209	159272	2439	895	1544
武义县	307688	166068	141620	4623	1178	3445
浦江县	301992	158291	143701	3522	1099	2423
磐安县	105268	53546	51722	999	277	722
兰溪市	338870	172600	166270	4636	1090	3546
义乌市	1398652	756597	642055	10652	2658	7994
东阳市	719453	372817	346636	7646	2077	5569
永康市	677547	369965	307582	8568	2724	5844
衢州市	**1336965**	**684439**	**652526**	**20057**	**4870**	**15187**
柯城区	336556	169657	166899	2307	515	1792
衢江区	220027	120218	99809	4398	1359	3039
常山县	146386	74966	71420	4578	911	3667
开化县	140434	68306	72128	3166	461	2705
龙游县	214180	112795	101385	2999	1000	1999
江山市	279382	138497	140885	2609	624	1985
舟山市	**749121**	**411866**	**337255**	**3651**	**1208**	**2443**
定海区	324512	169262	155250	1280	402	878
普陀区	247218	131115	116103	1472	417	1055
岱山县	136770	89319	47451	624	287	337
嵊泗县	40621	22170	18451	275	102	173
台州市	**4280602**	**2247214**	**2033388**	**69430**	**17847**	**51583**
椒江区	569307	300333	268974	7334	1861	5473
黄岩区	455576	239262	216314	4154	1147	3007
路桥区	430450	229021	201429	7103	1791	5312
三门县	226024	117106	108918	9105	1925	7180
天台县	276909	141730	135179	1959	628	1331
仙居县	248105	126494	121611	3037	970	2067
温岭市	945105	501708	443397	10617	2843	7774
临海市	681457	349916	331541	8970	2284	6686
玉环市	447669	241644	206025	17151	4398	12753
丽水市	**1544455**	**797967**	**746488**	**17808**	**5325**	**12483**
莲都区	369144	193460	175684	4655	1516	3139
青田县	319220	165658	153562	3480	996	2484
缙云县	235502	121083	114419	1312	465	847
遂昌县	113672	58373	55299	1617	397	1220
松阳县	123370	63261	60109	1566	403	1163
云和县	82208	43050	39158	1237	386	851
庆元县	85435	43263	42172	1140	247	893
景宁畲族自治县	64007	32642	31365	934	282	652
龙泉市	151897	77177	74720	1867	633	1234

4-3　续表 2　　　　单位：人

地　区	学前教育			小　学		
	小计	男	女	小计	男	女
合计	**29150**	**11686**	**17464**	**6702121**	**3028600**	**3673521**
杭州市	**4183**	**1933**	**2250**	**882324**	**405448**	**476876**
上城区	102	51	51	13078	5979	7099
下城区	94	28	66	12387	5337	7050
江干区	715	400	315	67864	33609	34255
拱墅区	166	60	106	20556	9218	11338
西湖区	243	106	137	41078	18734	22344
滨江区	128	43	85	19904	9029	10875
萧山区	482	189	293	244213	111699	132514
余杭区	1434	756	678	241043	115677	125366
富阳区	136	59	77	72931	33776	39155
临安区	203	85	118	49229	23711	25518
桐庐县	149	59	90	35724	15615	20109
淳安县	197	45	152	29265	9736	19529
建德市	134	52	82	35052	13328	21724
宁波市	**3339**	**1348**	**1991**	**949167**	**432282**	**516885**
海曙区	326	147	179	90759	40456	50303
江北区	112	52	60	37406	17987	19419
北仑区	316	139	177	66808	32083	34725
镇海区	212	96	116	51616	25276	26340
鄞州区	412	167	245	120837	54050	66787
奉化区	187	74	113	65309	29784	35525
象山县	445	154	291	66157	28750	37407
宁海县	177	56	121	78113	32615	45498
余姚市	614	259	355	142522	65724	76798
慈溪市	538	204	334	229640	105557	124083
温州市	**6223**	**2395**	**3828**	**1329262**	**613263**	**715999**
鹿城区	455	187	268	96645	46417	50228
龙湾区	379	182	197	106472	53114	53358
瓯海区	427	173	254	120193	58526	61667
洞头区	52	19	33	17531	7932	9599
永嘉县	569	240	329	115966	54781	61185
平阳县	634	247	387	144269	65160	79109
苍南县	841	349	492	149719	64971	84748
文成县	144	66	78	39802	19571	20231
泰顺县	224	83	141	49377	23333	26044
瑞安市	1080	380	700	239424	111922	127502
乐清市	997	335	662	168260	73202	95058
龙港市	421	134	287	81604	34334	47270
嘉兴市	**1852**	**681**	**1171**	**605302**	**266843**	**338459**
南湖区	196	70	126	66697	29191	37506
秀洲区	165	58	107	82025	35718	46307
嘉善县	298	130	168	73498	33875	39623
海盐县	215	85	130	46182	19942	26240
海宁市	398	132	266	121662	55136	66526
平湖市	189	84	105	76470	33187	43283
桐乡市	391	122	269	138768	59794	78974
湖州市	**1487**	**621**	**866**	**389017**	**177325**	**211692**
吴兴区	480	181	299	96526	43282	53244
南浔区	169	78	91	75299	33735	41564
德清县	262	114	148	71719	33747	37972
长兴县	336	139	197	73202	32521	40681
安吉县	240	109	131	72271	34040	38231

4—3 续表 3

单位：人

地　区	学前教育			小　学		
	小计	男	女	小计	男	女
绍兴市	**1733**	**640**	**1093**	**408982**	**169590**	**239392**
越城区	508	171	337	78599	31460	47139
柯桥区	437	154	283	126361	52150	74211
上虞区	200	71	129	69094	28315	40779
新昌县	190	75	115	24561	9942	14619
诸暨市	218	94	124	75144	33030	42114
嵊州市	180	75	105	35223	14693	20530
金华市	**4277**	**2056**	**2221**	**653559**	**300031**	**353528**
婺城区	329	138	191	74515	36113	38402
金东区	197	89	108	49729	24527	25202
武义县	179	74	105	51484	24059	27425
浦江县	180	69	111	44061	18541	25520
磐安县	64	18	46	16648	6176	10472
兰溪市	227	76	151	52705	20111	32594
义乌市	679	280	399	162889	71843	91046
东阳市	318	113	205	88787	40333	48454
永康市	2104	1199	905	112741	58328	54413
衢州市	**1646**	**455**	**1191**	**204191**	**81418**	**122773**
柯城区	225	56	169	29318	11029	18289
衢江区	281	92	189	40823	18505	22318
常山县	257	48	209	30426	11973	18453
开化县	335	50	285	29008	9631	19377
龙游县	255	96	159	32482	14451	18031
江山市	293	113	180	42134	15829	26305
舟山市	**479**	**205**	**274**	**108323**	**57519**	**50804**
定海区	176	60	116	38898	18764	20134
普陀区	160	70	90	36286	18195	18091
岱山县	115	67	48	25026	15883	9143
嵊泗县	28	8	20	8113	4677	3436
台州市	**2126**	**692**	**1434**	**883414**	**392399**	**491015**
椒江区	94	34	60	97113	43310	53803
黄岩区	61	18	43	89160	38652	50508
路桥区	138	58	80	98624	44948	53676
三门县	219	67	152	48327	19729	28598
天台县	92	34	58	39307	16651	22656
仙居县	344	110	234	31366	13657	17709
温岭市	977	307	670	234601	105966	128635
临海市	153	51	102	138554	57391	81163
玉环市	48	13	35	106362	52095	54267
丽水市	**1805**	**660**	**1145**	**288580**	**132482**	**156098**
莲都区	210	82	128	49991	24864	25127
青田县	564	211	353	69276	31172	38104
缙云县	211	104	107	28746	13070	15676
遂昌县	138	45	93	21776	9344	12432
松阳县	161	48	113	24544	11078	13466
云和县	44	15	29	19415	9194	10221
庆元县	129	35	94	20731	8504	12227
景宁畲族自治县	88	32	56	19035	8665	10370
龙泉市	260	88	172	35066	16591	18475

4–3　续表 4　　　　单位：人

地　区	初　中			高　中			大学专科		
	小计	男	女	小计	男	女	小计	男	女
合计	**17256087**	**9581789**	**7674298**	**8271099**	**4718319**	**3552780**	**5228494**	**2711308**	**2517186**
杭州市	**2436021**	**1368877**	**1067144**	**1572374**	**891491**	**680883**	**1361292**	**700646**	**660646**
上城区	58169	32869	25300	43156	22392	20764	36648	17930	18718
下城区	53080	27783	25297	59116	29921	29195	60117	28597	31520
江干区	237845	134729	103116	208923	116944	91979	232801	118871	113930
拱墅区	74245	39529	34716	82105	43567	38538	89289	43983	45306
西湖区	125427	69821	55606	133091	73209	59882	153654	78610	75044
滨江区	52615	29521	23094	48706	26231	22475	87449	44756	42693
萧山区	558153	324214	233939	286427	170740	115687	237952	126264	111688
余杭区	611644	352160	259484	321357	187482	133875	265042	139850	125192
富阳区	208834	115753	93081	123760	70720	53040	71262	36654	34608
临安区	166254	91046	75208	86340	48788	37552	47427	24271	23156
桐庐县	121489	64104	57385	65874	37359	28515	30351	15454	14897
淳安县	65284	34146	31138	46612	26285	20327	20837	10650	10187
建德市	102982	53202	49780	66907	37853	29054	28463	14756	13707
宁波市	**2720019**	**1503990**	**1216029**	**1143061**	**655704**	**487357**	**799740**	**409986**	**389754**
海曙区	267186	145376	121810	133845	74698	59147	105361	52941	52420
江北区	121675	69133	52542	58121	32655	25466	53378	27457	25921
北仑区	271439	153749	117690	115497	69050	46447	82767	45944	36823
镇海区	145448	83092	62356	62487	36227	26260	55927	28639	27288
鄞州区	347841	188607	159234	190375	104001	86374	183596	88723	94873
奉化区	168229	91885	76344	71631	42141	29490	37275	19241	18034
象山县	151078	80760	70318	67313	37084	30229	35856	18613	17243
宁海县	193486	104392	89094	87917	51424	36493	47795	25251	22544
余姚市	410113	225933	184180	149108	85618	63490	80987	42622	38365
慈溪市	643524	361063	282461	206767	122806	83961	116798	60555	56243
温州市	**2546818**	**1455126**	**1091692**	**1248053**	**720575**	**527478**	**688950**	**364819**	**324131**
鹿城区	323258	184235	139023	163800	88926	74874	114685	55696	58989
龙湾区	237339	143680	93659	103169	63249	39920	59186	33410	25776
瓯海区	295698	174737	120961	132238	78426	53812	77619	40713	36906
洞头区	36681	21485	15196	19229	11372	7857	14174	8683	5491
永嘉县	218140	123767	94373	122893	71329	51564	52668	28142	24526
平阳县	197855	111959	85896	96863	55503	41360	55180	28969	26211
苍南县	177825	98599	79226	96846	56144	40702	53958	30034	23924
文成县	76548	41306	35242	30302	16666	13636	10735	5518	5217
泰顺县	49106	26505	22601	27193	15291	11902	13762	7329	6433
瑞安市	433409	247679	185730	180370	104469	75901	92348	48339	44009
乐清市	396040	221134	174906	214942	123346	91596	108130	57620	50510
龙港市	104919	60040	44879	60208	35854	24354	36505	20366	16139
嘉兴市	**1612458**	**894136**	**718322**	**628493**	**368939**	**259554**	**412625**	**219974**	**192651**
南湖区	198227	109659	88568	101948	57260	44688	87683	45432	42251
秀洲区	212930	119096	93834	71238	42259	28979	56036	30108	25928
嘉善县	207022	116784	90238	80244	48400	31844	45915	25361	20554
海盐县	125877	68911	56966	50285	29668	20617	33922	17874	16048
海宁市	345030	193500	151530	133612	79478	54134	73334	39429	33905
平湖市	196267	108951	87316	72420	43040	29380	54459	29150	25309
桐乡市	327105	177235	149870	118746	68834	49912	61276	32620	28656
湖州市	**953845**	**526622**	**427223**	**419269**	**238597**	**180672**	**230713**	**119414**	**111299**
吴兴区	300025	164562	135463	127496	71100	56396	85574	44844	40730
南浔区	159377	88554	70823	51946	30517	21429	25712	13676	12036
德清县	142261	79983	62278	71108	41202	29906	36839	19222	17617
长兴县	178793	96200	82593	92154	51646	40508	46320	23556	22764
安吉县	173389	97323	76066	76565	44132	32433	36268	18116	18152

4-3 续表 5 单位：人

地 区	初 中			高 中			大学专科		
	小计	男	女	小计	男	女	小计	男	女
绍兴市	**1502714**	**795389**	**707325**	**696993**	**391870**	**305123**	**384880**	**199528**	**185352**
越城区	230430	121135	109295	130744	71024	59720	102371	52616	49755
柯桥区	371335	213273	158062	133963	79382	54581	67831	34840	32991
上虞区	227024	115745	111279	101507	57081	44426	68024	36202	31822
新昌县	99316	50651	48665	69412	38788	30624	30846	16355	14491
诸暨市	382130	194813	187317	163176	90292	72884	74598	38002	36596
嵊州市	192479	99772	92707	98191	55303	42888	41210	21513	19697
金华市	**2238598**	**1231462**	**1007136**	**991457**	**567065**	**424392**	**543182**	**280477**	**262705**
婺城区	206170	113741	92429	152349	82830	69519	113499	56492	57007
金东区	170175	96516	73659	69438	39748	29690	34869	18734	16135
武义县	154077	87407	66670	57017	33092	23925	24740	12646	12094
浦江县	150489	79297	71192	55937	33500	22437	27908	15344	12564
磐安县	46313	24220	22093	23429	13632	9797	9930	5246	4684
兰溪市	150818	80066	70752	71600	41032	30568	31297	16650	14647
义乌市	665808	370114	295694	289370	169879	119491	174794	92042	82752
东阳市	352303	186169	166134	140313	78569	61744	76527	38806	37721
永康市	342445	193932	148513	132004	74783	57221	49618	24517	25101
衢州市	**552091**	**296299**	**255792**	**291388**	**163085**	**128303**	**138021**	**71212**	**66809**
柯城区	110773	57968	52805	79420	41868	37552	56023	28216	27807
衢江区	103467	59576	43891	44067	26241	17826	15960	8564	7396
常山县	60890	33879	27011	29157	16936	12221	10638	5667	4971
开化县	57726	30344	27382	27593	15839	11754	11768	6212	5556
龙游县	99258	53539	45719	43489	24925	18564	18714	9811	8903
江山市	119977	60993	58984	67662	37276	30386	24918	12742	12176
舟山市	**306607**	**177345**	**129262**	**127902**	**68928**	**58974**	**96238**	**53151**	**43087**
定海区	112662	61789	50873	58807	30712	28095	47066	25126	21940
普陀区	108386	59920	48466	44060	23275	20785	32176	17116	15060
岱山县	67859	45934	21925	19433	12045	7388	12983	8648	4335
嵊泗县	17700	9702	7998	5602	2896	2706	4013	2261	1752
台州市	**1740857**	**980975**	**759882**	**842509**	**481778**	**360731**	**425777**	**218740**	**207037**
椒江区	193429	111088	82341	105682	59705	45977	84063	43932	40131
黄岩区	190960	108412	82548	94606	54143	40463	47486	23113	24373
路桥区	180519	104006	76513	81663	47242	34421	36462	18526	17936
三门县	87651	49519	38132	43912	26360	17552	21449	11640	9809
天台县	118629	61900	56729	63788	35582	28206	29870	15308	14562
仙居县	102782	52879	49903	65841	36576	29265	26823	13431	13392
温岭市	408951	234651	174300	168075	95972	72103	73701	38309	35392
临海市	266933	146315	120618	145797	83716	62081	69050	35613	33437
玉环市	191003	112205	78798	73145	42482	30663	36873	18868	18005
丽水市	**646059**	**351568**	**294491**	**309600**	**170287**	**139313**	**147076**	**73361**	**73715**
莲都区	129049	72569	56480	83019	45261	37758	50029	24587	25442
青田县	148748	80661	68087	65752	36684	29068	16264	8364	7900
缙云县	120728	63065	57663	47472	26234	21238	21383	10652	10731
遂昌县	47392	26085	21307	22751	12463	10288	11054	5559	5495
松阳县	52798	28631	24167	23857	13067	10790	11094	5435	5659
云和县	32997	18375	14622	14797	8372	6425	7691	3810	3881
庆元县	33551	18577	14974	13265	7518	5747	8745	4502	4243
景宁畲族自治县	20914	11409	9505	10704	5909	4795	5992	3176	2816
龙泉市	59882	32196	27686	27983	14779	13204	14824	7276	7548

4-3　续表 6　　　　单位：人

地　区	大学本科			硕士研究生			博士研究生		
	小计	男	女	小计	男	女	小计	男	女
合计	**4828003**	**2378827**	**2449176**	**477397**	**247817**	**229580**	**60162**	**37697**	**22465**
杭州市	**1680544**	**831883**	**848661**	**271173**	**141179**	**129994**	**39174**	**24157**	**15017**
上城区	58567	27070	31497	13134	6291	6843	1729	1033	696
下城区	99568	46759	52809	21735	10897	10838	2883	1822	1061
江干区	309182	151429	157753	51684	26077	25607	7290	4355	2935
拱墅区	137709	66374	71335	20480	10692	9788	2173	1347	826
西湖区	260985	130280	130705	61153	32099	29054	16425	10018	6407
滨江区	134232	68630	65602	30895	16969	13926	2445	1530	915
萧山区	225138	113327	111811	25181	13786	11395	1600	1058	542
余杭区	271764	138086	133678	35048	18417	16631	3178	2069	1109
富阳区	62384	30157	32227	4473	2237	2236	504	343	161
临安区	56194	27866	28328	4384	2159	2225	623	381	242
桐庐县	26763	12265	14498	1152	543	609	106	62	44
淳安县	16880	8846	8034	694	380	314	86	55	31
建德市	21178	10794	10384	1160	632	528	132	84	48
宁波市	**760773**	**376135**	**384638**	**62324**	**32831**	**29493**	**6039**	**3941**	**2098**
海曙区	110643	53988	56655	8096	4262	3834	676	448	228
江北区	57751	27913	29838	7230	3793	3437	634	424	210
北仑区	59237	31318	27919	4215	2236	1979	397	253	144
镇海区	53314	27078	26236	6322	3242	3080	1240	829	411
鄞州区	235726	115420	120306	22903	11920	10983	2003	1244	759
奉化区	28813	14024	14789	1718	865	853	126	83	43
象山县	27251	13082	14169	1092	573	519	126	78	48
宁海县	33781	17080	16701	1452	758	694	109	74	35
余姚市	57593	27707	29886	3200	1715	1485	280	186	94
慈溪市	96664	48525	48139	6096	3467	2629	448	322	126
温州市	**458094**	**228188**	**229906**	**31536**	**16066**	**15470**	**3639**	**2338**	**1301**
鹿城区	102503	49372	53131	11110	5569	5541	1221	778	443
龙湾区	31641	16892	14749	1987	1084	903	186	110	76
瓯海区	80334	36642	43692	7821	3720	4101	1096	727	369
洞头区	9022	4570	4452	358	182	176	33	18	15
永嘉县	27843	14444	13399	1321	692	629	141	85	56
平阳县	32699	16693	16006	1267	643	624	129	78	51
苍南县	24685	13305	11380	978	514	464	97	63	34
文成县	7607	3743	3864	228	106	122	22	11	11
泰顺县	8696	4429	4267	253	141	112	24	16	8
瑞安市	60381	30007	30374	3003	1650	1353	351	228	123
乐清市	55495	28394	27101	2583	1411	1172	261	171	90
龙港市	17188	9697	7491	627	354	273	78	53	25
嘉兴市	**362868**	**175821**	**187047**	**21625**	**11472**	**10153**	**2063**	**1362**	**701**
南湖区	104573	50634	53939	8216	4358	3858	912	613	299
秀洲区	41265	20154	21111	3299	1783	1516	316	218	98
嘉善县	33351	16379	16972	1618	850	768	131	80	51
海盐县	30207	15382	14825	1293	667	626	89	54	35
海宁市	63344	30260	33084	3031	1612	1419	301	197	104
平湖市	38389	18540	19849	1655	915	740	114	76	38
桐乡市	51739	24472	27267	2513	1287	1226	200	124	76
湖州市	**200729**	**95962**	**104767**	**12604**	**6588**	**6016**	**1152**	**729**	**423**
吴兴区	88478	41108	47370	7193	3779	3414	727	462	265
南浔区	17108	8082	9026	919	455	464	99	65	34
德清县	31711	15564	16147	1578	792	786	142	90	52
长兴县	33716	16494	17222	1664	900	764	99	59	40
安吉县	29716	14714	15002	1250	662	588	85	53	32

4-3 续表 7

单位：人

地区	大学本科			硕士研究生			博士研究生		
	小计	男	女	小计	男	女	小计	男	女
绍兴市	**372675**	**179902**	**192773**	**20155**	**10483**	**9672**	**1933**	**1277**	**656**
越城区	119914	55609	64305	8436	4361	4075	885	582	303
柯桥区	70825	34997	35828	2949	1532	1417	232	149	83
上虞区	56109	27617	28492	3138	1724	1414	270	183	87
新昌县	25647	12889	12758	1416	792	624	132	91	41
诸暨市	71987	34767	37220	2900	1469	1431	274	183	91
嵊州市	28193	14023	14170	1316	605	711	140	89	51
金华市	**346898**	**172463**	**174435**	**21700**	**10391**	**11309**	**2356**	**1496**	**860**
婺城区	87142	41251	45891	8903	3987	4916	1254	794	460
金东区	23147	10923	12224	1379	711	668	108	66	42
武义县	14843	7269	7574	647	300	347	78	43	35
浦江县	19024	9984	9040	780	391	389	91	66	25
磐安县	7598	3838	3760	265	127	138	22	12	10
兰溪市	26397	12945	13452	1075	553	522	115	77	38
义乌市	89508	47239	42269	4622	2343	2279	330	199	131
东阳市	50510	25173	25337	2807	1415	1392	242	162	80
永康市	28729	13841	14888	1222	564	658	116	77	39
衢州市	**122216**	**63190**	**59026**	**6706**	**3514**	**3192**	**649**	**396**	**253**
柯城区	54319	27767	26552	3852	2027	1825	319	211	108
衢江区	10440	5566	4874	540	284	256	51	31	20
常山县	10064	5349	4715	340	180	160	36	23	13
开化县	10435	5560	4875	369	188	181	34	21	13
龙游县	16256	8589	7667	640	342	298	87	42	45
江山市	20702	10359	10343	965	493	472	122	68	54
舟山市	**97920**	**49365**	**48555**	**7139**	**3581**	**3558**	**862**	**564**	**298**
定海区	59658	29289	30369	5258	2652	2606	707	468	239
普陀区	23237	11419	11818	1339	638	701	102	65	37
岱山县	10332	6229	4103	358	201	157	40	25	15
嵊泗县	4693	2428	2265	184	90	94	13	6	7
台州市	**298289**	**144990**	**153299**	**16498**	**8719**	**7779**	**1702**	**1074**	**628**
椒江区	75015	36760	38255	5972	3239	2733	605	404	201
黄岩区	27566	12927	14639	1382	731	651	201	119	82
路桥区	24821	11859	12962	1036	543	493	84	48	36
三门县	14753	7569	7184	561	265	296	47	32	15
天台县	22324	11129	11195	851	442	409	89	56	33
仙居县	17077	8449	8628	743	365	378	92	57	35
温岭市	45768	22419	23349	2223	1128	1095	192	113	79
临海市	48949	22881	26068	2724	1454	1270	327	211	116
玉环市	22016	10997	11019	1006	552	454	65	34	31
丽水市	**126997**	**60928**	**66069**	**5937**	**2993**	**2944**	**593**	**363**	**230**
莲都区	48753	22753	26000	3133	1632	1501	305	196	109
青田县	14561	7274	7287	511	254	257	64	42	22
缙云县	14999	7223	7776	586	236	350	65	34	31
遂昌县	8566	4280	4286	335	176	159	43	24	19
松阳县	8880	4380	4500	436	201	235	34	18	16
云和县	5861	2813	3048	152	77	75	14	8	6
庆元县	7621	3746	3875	237	124	113	16	10	6
景宁畲族自治县	6174	3066	3108	154	96	58	12	7	5
龙泉市	11582	5393	6189	393	197	196	40	24	16

4-3a　各地区分性别、受教育程度的16-59岁人口(城市)

单位：人

地　区	16-59岁人口			未上过学		
	合计	男	女	小计	男	女
合计	**23481463**	**12275140**	**11206323**	**162197**	**44397**	**117800**
杭州市	**6401625**	**3366003**	**3035622**	**27860**	**7791**	**20069**
上城区	225518	113862	111656	935	247	688
下城区	310140	151393	158747	1160	249	911
江干区	1121520	588090	533430	5216	1676	3540
拱墅区	428382	215193	213189	1659	423	1236
西湖区	773712	402156	371556	2353	683	1670
滨江区	377422	196956	180466	1048	247	801
萧山区	1198748	649021	549727	6915	1783	5132
余杭区	1262317	680212	582105	5644	1507	4137
富阳区	387181	204498	182683	1849	612	1237
临安区	224219	118811	105408	909	318	591
桐庐县						
淳安县						
建德市	92466	45811	46655	172	46	126
宁波市	**3854855**	**2006129**	**1848726**	**17103**	**4742**	**12361**
海曙区	619184	319046	300138	2483	662	1821
江北区	280790	147268	133522	1226	349	877
北仑区	434678	237831	196847	2062	544	1518
镇海区	314684	167686	146998	1668	410	1258
鄞州区	705769	347404	358365	2552	667	1885
奉化区	201684	103981	97703	826	236	590
象山县						
宁海县						
余姚市	544417	288033	256384	3183	958	2225
慈溪市	753649	394880	358769	3103	916	2187
温州市	**3329557**	**1780240**	**1549317**	**47031**	**12767**	**34264**
鹿城区	737692	386554	351138	5353	1617	3736
龙湾区	351612	199333	152279	5033	1592	3441
瓯海区	602177	328257	273920	7159	2133	5026
洞头区	47601	24411	23190	673	132	541
永嘉县						
平阳县						
苍南县						
文成县						
泰顺县						
瑞安市	692424	365850	326574	16791	4504	12287
乐清市	607953	323627	284326	4840	1309	3531
龙港市	290098	152208	137890	7182	1480	5702
嘉兴市	**1585888**	**820993**	**764895**	**7572**	**1796**	**5776**
南湖区	466155	240442	225713	1993	439	1554
秀洲区	223224	118717	104507	1557	406	1151
嘉善县						
海盐县						
海宁市	298992	155537	143455	1482	332	1150
平湖市	202883	103497	99386	936	194	742
桐乡市	394634	202800	191834	1604	425	1179
湖州市	**505433**	**257775**	**247658**	**3046**	**867**	**2179**
吴兴区	382882	192836	190046	1451	448	1003
南浔区	122551	64939	57612	1595	419	1176
德清县						
长兴县						
安吉县						

4-3a 续表 1

单位：人

地　区	16-59岁人口			未上过学		
	合计	男	女	小计	男	女
绍兴市	**2122022**	**1083264**	**1038758**	**8011**	**2168**	**5843**
越城区	576569	287808	288761	1362	378	984
柯桥区	567978	300974	267004	3266	748	2518
上虞区	353599	180196	173403	1628	452	1176
新昌县						
诸暨市	409820	205995	203825	1294	436	858
嵊州市	214056	108291	105765	461	154	307
金华市	**2400017**	**1265615**	**1134402**	**18605**	**5127**	**13478**
婺城区	471835	239747	232088	3455	959	2496
金东区	103669	54727	48942	454	159	295
武义县						
浦江县						
磐安县						
兰溪市	162017	80612	81405	1215	347	868
义乌市	919170	495618	423552	5771	1399	4372
东阳市	333546	170503	163043	3129	779	2350
永康市	409780	224408	185372	4581	1484	3097
衢州市	**494983**	**248375**	**246608**	**2721**	**797**	**1924**
柯城区	261024	130381	130643	997	264	733
衢江区	94636	51246	43390	1055	343	712
常山县						
开化县						
龙游县	689	341	348	2	1	1
江山市	138634	66407	72227	667	189	478
舟山市	**404504**	**203583**	**200921**	**1441**	**416**	**1025**
定海区	236638	119190	117448	631	186	445
普陀区	167866	84393	83473	810	230	580
岱山县						
嵊泗县						
台州市	**1999828**	**1048530**	**951298**	**25282**	**6872**	**18410**
椒江区	434932	226367	208565	4154	1083	3071
黄岩区	281834	149215	132619	1861	584	1277
路桥区	214589	112490	102099	2713	701	2012
三门县						
天台县						
仙居县						
温岭市	471246	250069	221177	4186	1117	3069
临海市	276655	138516	138139	2408	703	1705
玉环市	320572	171873	148699	9960	2684	7276
丽水市	**382751**	**194633**	**188118**	**3525**	**1054**	**2471**
莲都区	283244	145177	138067	2672	795	1877
青田县						
缙云县						
遂昌县						
松阳县						
云和县						
庆元县						
景宁畲族自治县						
龙泉市	99507	49456	50051	853	259	594

4—3a　续表 2　　　　单位：人

地　　区	学前教育			小　　学		
	小计	男	女	小计	男	女
合计	**12644**	**5585**	**7059**	**2777940**	**1271564**	**1506376**
杭州市	**2980**	**1460**	**1520**	**550147**	**259078**	**291069**
上城区	102	51	51	13078	5979	7099
下城区	94	28	66	12387	5337	7050
江干区	715	400	315	67864	33609	34255
拱墅区	166	60	106	20556	9218	11338
西湖区	230	95	135	38494	17410	21084
滨江区	128	43	85	19904	9029	10875
萧山区	328	124	204	163169	76430	86739
余杭区	1016	566	450	147238	69892	77346
富阳区	99	45	54	42120	19899	22221
临安区	69	35	34	18964	9947	9017
桐庐县						
淳安县						
建德市	33	13	20	6373	2328	4045
宁波市	**1611**	**689**	**922**	**441773**	**200065**	**241708**
海曙区	247	118	129	69536	30964	38572
江北区	87	42	45	25078	11849	13229
北仑区	248	111	137	41666	19538	22128
镇海区	132	55	77	35777	17032	18745
鄞州区	176	68	108	42206	17674	24532
奉化区	84	32	52	27102	12028	15074
象山县						
宁海县						
余姚市	342	159	183	78532	36033	42499
慈溪市	295	104	191	121876	54947	66929
温州市	**2471**	**930**	**1541**	**567553**	**265796**	**301757**
鹿城区	408	171	237	81876	39525	42351
龙湾区	205	91	114	66929	33707	33222
瓯海区	336	139	197	93659	45875	47784
洞头区	17	3	14	7695	3272	4423
永嘉县						
平阳县						
苍南县						
文成县						
泰顺县						
瑞安市	676	236	440	146980	69194	77786
乐清市	469	175	294	95783	42883	52900
龙港市	360	115	245	74631	31340	43291
嘉兴市	**543**	**199**	**344**	**185528**	**79038**	**106490**
南湖区	152	57	95	44250	19059	25191
秀洲区	58	22	36	23269	10163	13106
嘉善县						
海盐县						
海宁市	118	33	85	36276	15437	20839
平湖市	73	27	46	23278	9424	13854
桐乡市	142	60	82	58455	24955	33500
湖州市	**140**	**55**	**85**	**60565**	**27304**	**33261**
吴兴区	113	46	67	35972	15845	20127
南浔区	27	9	18	24593	11459	13134
德清县						
长兴县						
安吉县						

4－3a 续表 3　　单位：人

地区	学前教育			小学		
	小计	男	女	小计	男	女
绍兴市	**841**	**320**	**521**	**225274**	**94572**	**130702**
越城区	354	131	223	59127	24008	35119
柯桥区	208	66	142	84121	34521	49600
上虞区	109	37	72	37219	15883	21336
新昌县						
诸暨市	117	59	58	31781	14433	17348
嵊州市	53	27	26	13026	5727	7299
金华市	**2685**	**1439**	**1246**	**260218**	**122585**	**137633**
婺城区	214	84	130	42329	20000	22329
金东区	23	18	5	9309	4554	4755
武义县						
浦江县						
磐安县						
兰溪市	68	30	38	16514	6699	9815
义乌市	416	183	233	92384	41093	51291
东阳市	159	61	98	35077	15940	19137
永康市	1805	1063	742	64605	34299	30306
衢州市	**267**	**92**	**175**	**43716**	**18040**	**25676**
柯城区	157	45	112	16024	6261	9763
衢江区	63	34	29	13745	6581	7164
常山县						
开化县						
龙游县				86	30	56
江山市	47	13	34	13861	5168	8693
舟山市	**194**	**76**	**118**	**42407**	**20208**	**22199**
定海区	88	34	54	20532	9678	10854
普陀区	106	42	64	21875	10530	11345
岱山县						
嵊泗县						
台州市	**699**	**239**	**460**	**349419**	**160467**	**188952**
椒江区	47	21	26	61598	27355	34243
黄岩区	18	5	13	47154	21680	25474
路桥区	62	28	34	40511	18222	22289
三门县						
天台县						
仙居县						
温岭市	501	155	346	94709	43751	50958
临海市	52	22	30	34413	14689	19724
玉环市	19	8	11	71034	34770	36264
丽水市	**213**	**86**	**127**	**51340**	**24411**	**26929**
莲都区	88	38	50	32460	15714	16746
青田县						
缙云县						
遂昌县						
松阳县						
云和县						
庆元县						
景宁畲族自治县						
龙泉市	125	48	77	18880	8697	10183

4-3a 续表 4

单位：人

地区	初中			高中			大学专科		
	小计	男	女	小计	男	女	小计	男	女
合计	**8182190**	**4513033**	**3669157**	**4638014**	**2570574**	**2067440**	**3493639**	**1786546**	**1707093**
杭州市	**1630303**	**918788**	**711515**	**1178852**	**655683**	**523169**	**1166896**	**597818**	**569078**
上城区	58169	32869	25300	43156	22392	20764	36648	17930	18718
下城区	53080	27783	25297	59116	29921	29195	60117	28597	31520
江干区	237845	134729	103116	208923	116944	91979	232801	118871	113930
拱墅区	74245	39529	34716	82105	43567	38538	89289	43983	45306
西湖区	118600	65683	52917	128495	70624	57871	150197	76833	73364
滨江区	52615	29521	23094	48706	26231	22475	87449	44756	42693
萧山区	389197	226420	162777	218134	126813	91321	195571	102512	93059
余杭区	410804	234368	176436	223846	128015	95831	206704	108861	97843
富阳区	139930	76919	63011	89592	49906	39686	57193	29206	27987
临安区	69097	38045	31052	49887	27225	22662	34311	17762	16549
桐庐县									
淳安县									
建德市	26721	12922	13799	26892	14045	12847	16616	8507	8109
宁波市	**1466868**	**797796**	**669072**	**703643**	**391252**	**312391**	**561754**	**284068**	**277686**
海曙区	216730	117164	99566	116226	64082	52144	98419	49253	49166
江北区	91126	51006	40120	49306	27144	22162	49840	25491	24349
北仑区	184773	102700	82073	86760	50646	36114	66899	36800	30099
镇海区	114344	64005	50339	53252	30447	22805	50998	25826	25172
鄞州区	152796	77918	74878	129760	67609	62151	147735	69900	77835
奉化区	81187	42357	38830	43584	24611	18973	24442	12720	11722
象山县									
宁海县									
余姚市	256689	140930	115759	99453	55785	43668	56039	29579	26460
慈溪市	369223	201716	167507	125302	70928	54374	67382	34499	32883
温州市	**1299074**	**744378**	**554696**	**657640**	**374964**	**282676**	**406350**	**210151**	**196199**
鹿城区	279637	158243	121394	147876	79399	68477	109665	52889	56776
龙湾区	145506	88026	57480	67113	40185	26928	39554	21572	17982
瓯海区	234891	138840	96051	109867	64895	44972	71194	37273	33921
洞头区	16893	9268	7625	8722	4948	3774	6346	3313	3033
永嘉县									
平阳县									
苍南县									
文成县									
泰顺县									
瑞安市	275148	155323	119825	126782	72295	54487	71150	36949	34201
乐清市	249265	139024	110241	139733	79067	60666	73233	38541	34692
龙港市	97734	55654	42080	57547	34175	23372	35208	19614	15594
嘉兴市	**615143**	**331497**	**283646**	**299556**	**167832**	**131724**	**223772**	**116574**	**107198**
南湖区	146949	80161	66788	86410	47424	38986	77838	40060	37778
秀洲区	81779	45279	36500	40597	23306	17291	39107	21006	18101
嘉善县									
海盐县									
海宁市	124404	67354	57050	61922	34811	27111	36332	18749	17583
平湖市	76651	40515	36136	40516	22766	17750	32695	16789	15906
桐乡市	185360	98188	87172	70111	39525	30586	37800	19970	17830
湖州市	**167133**	**90363**	**76770**	**101261**	**54287**	**46974**	**77533**	**40136**	**37397**
吴兴区	110739	58850	51889	80720	42442	38278	67080	34731	32349
南浔区	56394	31513	24881	20541	11845	8696	10453	5405	5048
德清县									
长兴县									
安吉县									

4－3a 续表 5 单位：人

地　区	初　中			高　中			大学专科		
	小计	男	女	小计	男	女	小计	男	女
绍兴市	**844737**	**446236**	**398501**	**443930**	**242341**	**201589**	**276492**	**142135**	**134357**
越城区	183764	96067	87697	114286	61087	53199	93935	48262	45673
柯桥区	260628	147937	112691	102536	59087	43449	53542	27145	26397
上虞区	138964	70775	68189	71877	39493	32384	52023	27747	24276
新昌县									
诸暨市	172904	87312	85592	96748	51361	45387	47951	24103	23848
嵊州市	88477	44145	44332	58483	31313	27170	29041	14878	14163
金华市	**969849**	**533454**	**436395**	**546093**	**301910**	**244183**	**346130**	**175947**	**170183**
婺城区	129519	69988	59531	113592	60362	53230	97007	48120	48887
金东区	32030	17965	14065	25906	13808	12098	17781	9796	7985
武义县									
浦江县									
磐安县									
兰溪市	59193	29745	29448	42120	22463	19657	20439	10580	9859
义乌市	400392	223180	177212	209028	120352	88676	137680	71235	66445
东阳市	151648	79520	72128	71147	38323	32824	39721	19770	19951
永康市	197067	113056	84011	84300	46602	37698	33502	16446	17056
衢州市	**162818**	**82335**	**80483**	**129582**	**68016**	**61566**	**77210**	**38952**	**38258**
柯城区	72110	36202	35908	67441	34670	32771	49850	24982	24868
衢江区	38879	21737	17142	24072	13717	10355	9932	5236	4696
常山县									
开化县									
龙游县	370	193	177	169	87	82	46	24	22
江山市	51459	24203	27256	37900	19542	18358	17382	8710	8672
舟山市	**135636**	**69783**	**65853**	**76994**	**38417**	**38577**	**65696**	**34414**	**31282**
定海区	68947	35396	33551	44494	22109	22385	40221	21255	18966
普陀区	66689	34387	32302	32500	16308	16192	25475	13159	12316
岱山县									
嵊泗县									
台州市	**769571**	**432937**	**336634**	**411125**	**228591**	**182534**	**234928**	**118410**	**116518**
椒江区	135283	75827	59456	84462	46622	37840	72841	37730	35111
黄岩区	114308	64673	49635	61124	34476	26648	34199	16731	17468
路桥区	87138	49194	37944	44171	24889	19282	21918	10833	11085
三门县									
天台县									
仙居县									
温岭市	203551	115854	87697	93100	51763	41337	41590	21014	20576
临海市	92400	48187	44213	73024	39392	33632	36455	18064	18391
玉环市	136891	79202	57689	55244	31449	23795	27925	14038	13887
丽水市	**121058**	**65466**	**55592**	**89338**	**47281**	**42057**	**56878**	**27941**	**28937**
莲都区	86176	47273	38903	67522	36063	31459	44708	21959	22749
青田县									
缙云县									
遂昌县									
松阳县									
云和县									
庆元县									
景宁畲族自治县									
龙泉市	34882	18193	16689	21816	11218	10598	12170	5982	6188

4-3a 续表 6 单位：人

地 区	大学本科			硕士研究生			博士研究生		
	小计	男	女	小计	男	女	小计	男	女
合计	**3734935**	**1828618**	**1906317**	**425164**	**220595**	**204569**	**54740**	**34228**	**20512**
杭州市	**1542827**	**764549**	**778278**	**263441**	**137211**	**126230**	**38319**	**23625**	**14694**
上城区	58567	27070	31497	13134	6291	6843	1729	1033	696
下城区	99568	46759	52809	21735	10897	10838	2883	1822	1061
江干区	309182	151429	157753	51684	26077	25607	7290	4355	2935
拱墅区	137709	66374	71335	20480	10692	9788	2173	1347	826
西湖区	258191	128947	129244	60766	31883	28883	16386	9998	6388
滨江区	134232	68630	65602	30895	16969	13926	2445	1530	915
萧山区	199971	100819	99152	23986	13142	10844	1477	978	499
余杭区	232254	118338	113916	31953	16794	15159	2858	1871	987
富阳区	51996	25583	26413	3966	2029	1937	436	299	137
临安区	46373	23125	23248	4035	2000	2035	574	354	220
桐庐县									
淳安县									
建德市	14784	7475	7309	807	437	370	68	38	30
宁波市	**603681**	**296266**	**307415**	**53174**	**27847**	**25327**	**5248**	**3404**	**1844**
海曙区	106953	52192	54761	7932	4177	3755	658	434	224
江北区	56373	27232	29141	7131	3741	3390	623	414	209
北仑区	48780	25587	23193	3213	1725	1488	277	180	97
镇海区	51052	25893	25159	6230	3197	3033	1231	821	410
鄞州区	207151	101190	105961	21506	11207	10299	1887	1171	716
奉化区	22990	11236	11754	1369	694	675	100	67	33
象山县									
宁海县									
余姚市	47175	22919	24256	2781	1518	1263	223	152	71
慈溪市	63207	30017	33190	3012	1588	1424	249	165	84
温州市	**320767**	**156368**	**164399**	**25741**	**12997**	**12744**	**2930**	**1889**	**1041**
鹿城区	100685	48436	52249	10990	5509	5481	1202	765	437
龙湾区	25441	13161	12280	1671	904	767	160	95	65
瓯海区	76306	34742	41564	7690	3645	4045	1075	715	360
洞头区	7025	3362	3663	212	104	108	18	9	9
永嘉县									
平阳县									
苍南县									
文成县									
泰顺县									
瑞安市	52021	25741	26280	2611	1438	1173	265	170	95
乐清市	42514	21475	21039	1977	1065	912	139	88	51
龙港市	16775	9451	7324	590	332	258	71	47	24
嘉兴市	**235965**	**114302**	**121663**	**16259**	**8731**	**7528**	**1550**	**1024**	**526**
南湖区	99695	48394	51301	7990	4256	3734	878	592	286
秀洲区	33583	16711	16872	3006	1641	1365	268	183	85
嘉善县									
海盐县									
海宁市	36204	17605	18599	2059	1097	962	195	119	76
平湖市	27438	13048	14390	1226	689	537	70	45	25
桐乡市	39045	18544	20501	1978	1048	930	139	85	54
湖州市	**87895**	**40580**	**47315**	**7151**	**3736**	**3415**	**709**	**447**	**262**
吴兴区	79389	36519	42870	6735	3523	3212	683	432	251
南浔区	8506	4061	4445	416	213	203	26	15	11
德清县									
长兴县									
安吉县									

4-3a 续表 7

单位：人

地　区	大学本科			硕士研究生			博士研究生		
	小计	男	女	小计	男	女	小计	男	女
绍兴市	**304459**	**145826**	**158633**	**16731**	**8652**	**8079**	**1547**	**1014**	**533**
越城区	114728	53090	61638	8154	4224	3930	859	561	298
柯桥区	60974	30049	30925	2522	1305	1217	181	116	65
上虞区	48823	24118	24705	2732	1533	1199	224	158	66
新昌县									
诸暨市	56541	27039	29502	2295	1128	1167	189	124	65
嵊州市	23393	11530	11863	1028	462	566	94	55	39
金华市	**238519**	**116482**	**122037**	**16166**	**7573**	**8593**	**1752**	**1098**	**654**
婺城区	76522	35950	40572	8032	3549	4483	1165	735	430
金东区	17048	7849	9199	1052	543	509	66	35	31
武义县									
浦江县									
磐安县									
兰溪市	21662	10345	11317	748	366	382	58	37	21
义乌市	69564	36181	33383	3678	1842	1836	257	153	104
东阳市	30821	15181	15640	1716	846	870	128	83	45
永康市	22902	10976	11926	940	427	513	78	55	23
衢州市	**73747**	**37520**	**36227**	**4543**	**2381**	**2162**	**379**	**242**	**137**
柯城区	50611	25894	24717	3550	1873	1677	284	190	94
衢江区	6565	3424	3141	309	166	143	16	8	8
常山县									
开化县									
龙游县	16	6	10						
江山市	16555	8196	8359	684	342	342	79	44	35
舟山市	**75144**	**36665**	**38479**	**6230**	**3101**	**3129**	**762**	**503**	**259**
定海区	55929	27492	28437	5109	2582	2527	687	458	229
普陀区	19215	9173	10042	1121	519	602	75	45	30
岱山县									
嵊泗县									
台州市	**195212**	**93619**	**101593**	**12367**	**6617**	**5750**	**1225**	**778**	**447**
椒江区	70234	34213	36021	5735	3127	2608	578	389	189
黄岩区	21845	10356	11489	1163	610	553	162	100	62
路桥区	17215	8168	9047	802	422	380	59	33	26
三门县									
天台县									
仙居县									
温岭市	31842	15509	16333	1646	837	809	121	69	52
临海市	35502	16142	19360	2151	1157	994	250	160	90
玉环市	18574	9231	9343	870	464	406	55	27	28
丽水市	**56719**	**26441**	**30278**	**3361**	**1749**	**1612**	**319**	**204**	**115**
莲都区	46296	21565	24731	3034	1584	1450	288	186	102
青田县									
缙云县									
遂昌县									
松阳县									
云和县									
庆元县									
景宁畲族自治县									
龙泉市	10423	4876	5547	327	165	162	31	18	13

4–3b 各地区分性别、受教育程度的16–59岁人口(镇)

单位：人

地区	16–59岁人口			未上过学		
	合计	男	女	小计	男	女
合计	**9160930**	**4837445**	**4323485**	**85255**	**23529**	**61726**
杭州市	**711066**	**373383**	**337683**	**3863**	**1133**	**2730**
上城区						
下城区						
江干区						
拱墅区						
西湖区	284	141	143	1		1
滨江区						
萧山区	90314	52728	37586	386	94	292
余杭区	190106	103297	86809	1157	376	781
富阳区	16917	9210	7707	129	41	88
临安区	45391	23545	21846	171	45	126
桐庐县	214011	109126	104885	1292	377	915
淳安县	100576	48793	51783	486	113	373
建德市	53467	26543	26924	241	87	154
宁波市	**1327276**	**707098**	**620178**	**7710**	**2288**	**5422**
海曙区	16434	8288	8146	76	16	60
江北区						
北仑区	39680	23434	16246	173	39	134
镇海区	27772	15947	11825	212	62	150
鄞州区	207297	109835	97462	1149	321	828
奉化区	35985	18650	17335	161	32	129
象山县	235417	116995	118422	1442	521	921
宁海县	298196	152846	145350	1407	331	1076
余姚市	164526	87244	77282	1279	399	880
慈溪市	301969	173859	128110	1811	567	1244
温州市	**1484164**	**779050**	**705114**	**26218**	**6980**	**19238**
鹿城区	4450	2346	2104	42	11	31
龙湾区	195950	114416	81534	3013	956	2057
瓯海区	11586	6532	5054	141	23	118
洞头区	4478	2240	2238	168	35	133
永嘉县	327998	175390	152608	3295	970	2325
平阳县	345704	177050	168654	6178	1448	4730
苍南县	367495	186222	181273	9970	2640	7330
文成县	73638	37014	36624	686	242	444
泰顺县	72635	35890	36745	1214	303	911
瑞安市	19957	9955	10002	573	141	432
乐清市	49143	26141	23002	437	107	330
龙港市	11130	5854	5276	501	104	397
嘉兴市	**1128879**	**609992**	**518887**	**8062**	**2217**	**5845**
南湖区	38574	20798	17776	334	89	245
秀洲区	103082	54812	48270	868	201	667
嘉善县	338757	183534	155223	2931	856	2075
海盐县	198899	104203	94696	1440	412	1028
海宁市	238253	133579	104674	1344	355	989
平湖市	105841	57799	48042	576	149	427
桐乡市	105473	55267	50206	569	155	414
湖州市	**1029918**	**541714**	**488204**	**5914**	**1729**	**4185**
吴兴区	173752	92557	81195	1168	237	931
南浔区	83364	42735	40629	517	130	387
德清县	234655	124474	110181	1000	305	695
长兴县	285113	146585	138528	1563	510	1053
安吉县	253034	135363	117671	1666	547	1119

4-3b 续表 1

单位：人

地　区	16-59岁人口			未上过学		
	合计	男	女	小计	男	女
绍兴市	**449137**	**238658**	**210479**	**1655**	**532**	**1123**
越城区	2479	1233	1246	21	4	17
柯桥区	93489	55962	37527	391	103	288
上虞区	29412	14890	14522	248	75	173
新昌县	174218	88541	85677	451	145	306
诸暨市	114461	59557	54904	417	153	264
嵊州市	35078	18475	16603	127	52	75
金华市	**1104370**	**590448**	**513922**	**11213**	**3085**	**8128**
婺城区	48956	25025	23931	522	154	368
金东区	122510	68954	53556	939	387	552
武义县	204871	110160	94711	2949	721	2228
浦江县	142329	72605	69724	933	247	686
磐安县	60962	30459	30503	375	92	283
兰溪市	38828	20025	18803	578	130	448
义乌市	232189	126657	105532	2150	535	1615
东阳市	189993	101691	88302	1738	506	1232
永康市	63732	34872	28860	1029	313	716
衢州市	**341914**	**173877**	**168037**	**4165**	**1161**	**3004**
柯城区	7277	3795	3482	75	21	54
衢江区	18143	9273	8870	356	73	283
常山县	78911	40327	38584	1400	334	1066
开化县	79393	37622	41771	943	129	814
龙游县	120908	64068	56840	1024	489	535
江山市	37282	18792	18490	367	115	252
舟山市	**161335**	**97983**	**63352**	**681**	**285**	**396**
定海区	19462	10184	9278	113	38	75
普陀区	12459	6900	5559	87	27	60
岱山县	101596	66317	35279	341	173	168
嵊泗县	27818	14582	13236	140	47	93
台州市	**798352**	**411481**	**386871**	**9781**	**2532**	**7249**
椒江区	4263	2665	1598	72	23	49
黄岩区	22399	11229	11170	211	52	159
路桥区	74294	40128	34166	802	180	622
三门县	129704	66331	63373	2862	607	2255
天台县	156974	78284	78690	708	242	466
仙居县	137636	68301	69335	1128	338	790
温岭市	180083	97252	82831	2620	780	1840
临海市	82359	41606	40753	827	209	618
玉环市	10640	5685	4955	551	101	450
丽水市	**624519**	**313761**	**310758**	**5993**	**1587**	**4406**
莲都区	12302	6728	5574	190	61	129
青田县	168808	84840	83968	1875	454	1421
缙云县	143576	72124	71452	589	207	382
遂昌县	68520	34417	34103	553	126	427
松阳县	63358	31557	31801	552	138	414
云和县	62483	32338	30145	824	227	597
庆元县	57162	28133	29029	778	142	636
景宁畲族自治县	39476	19094	20382	396	107	289
龙泉市	8834	4530	4304	236	125	111

4-3b　续表 2　　　　单位：人

地　区	学前教育			小　学		
	小计	男	女	小计	男	女
合计	**6239**	**2514**	**3725**	**1498918**	**672874**	**826044**
杭州市	**348**	**130**	**218**	**84853**	**36827**	**48026**
上城区						
下城区						
江干区						
拱墅区						
西湖区	1	1		30	12	18
滨江区						
萧山区	47	24	23	13764	6147	7617
余杭区	110	43	67	23967	11195	12772
富阳区	4	2	2	2946	1375	1571
临安区	47	13	34	5931	2721	3210
桐庐县	94	37	57	22510	9875	12635
淳安县	24	4	20	8660	2762	5898
建德市	21	6	15	7045	2740	4305
宁波市	**725**	**302**	**423**	**211002**	**95079**	**115923**
海曙区	5	3	2	2049	808	1241
江北区						
北仑区	9	4	5	2493	1132	1361
镇海区	22	19	3	5866	2991	2875
鄞州区	124	48	76	33231	15114	18117
奉化区	16	3	13	5251	2180	3071
象山县	178	73	105	34273	14650	19623
宁海县	76	28	48	43921	18094	25827
余姚市	142	59	83	33054	15506	17548
慈溪市	153	65	88	50864	24604	26260
温州市	**1466**	**618**	**848**	**324395**	**144196**	**180199**
鹿城区	2	2		732	285	447
龙湾区	174	91	83	39318	19308	20010
瓯海区	10	1	9	2375	1100	1275
洞头区	4	1	3	1089	408	681
永嘉县	203	86	117	58715	27856	30859
平阳县	271	107	164	78628	33975	44653
苍南县	614	261	353	95633	39882	55751
文成县	42	20	22	13972	6581	7391
泰顺县	57	22	35	18618	8276	10342
瑞安市	21	7	14	4603	1872	2731
乐清市	33	8	25	6855	2971	3884
龙港市	35	12	23	3857	1682	2175
嘉兴市	**601**	**257**	**344**	**188477**	**85255**	**103222**
南湖区	2	1	1	8450	3850	4600
秀洲区	31	14	17	20527	8746	11781
嘉善县	211	93	118	48736	22446	26290
海盐县	133	60	73	27048	11848	15200
海宁市	142	58	84	40625	19408	21217
平湖市	32	14	18	20018	8886	11132
桐乡市	50	17	33	23073	10071	13002
湖州市	**755**	**331**	**424**	**158037**	**72617**	**85420**
吴兴区	195	66	129	25639	10774	14865
南浔区	34	15	19	15566	6575	8991
德清县	190	92	98	37218	17804	19414
长兴县	190	86	104	40620	18317	22303
安吉县	146	72	74	38994	19147	19847

4-3b 续表 3

单位：人

地　　区	学前教育			小　　学		
	小计	男	女	小计	男	女
绍兴市	**206**	**78**	**128**	**50901**	**22579**	**28322**
越城区	3		3	539	214	325
柯桥区	80	33	47	18362	8688	9674
上虞区	10	2	8	4578	1900	2678
新昌县	76	33	43	12098	4986	7112
诸暨市	20	5	15	11497	5116	6381
嵊州市	17	5	12	3827	1675	2152
金华市	**628**	**256**	**372**	**157971**	**72770**	**85201**
婺城区	34	22	12	6110	2821	3289
金东区	86	35	51	19059	9708	9351
武义县	101	42	59	32728	15504	17224
浦江县	53	23	30	15473	6353	9120
磐安县	24	9	15	7119	2646	4473
兰溪市	34	9	25	7066	2705	4361
义乌市	159	62	97	31535	13933	17602
东阳市	59	21	38	24829	11935	12894
永康市	78	33	45	14052	7165	6887
衢州市	**422**	**146**	**276**	**48157**	**19592**	**28565**
柯城区	11	2	9	1242	482	760
衢江区	17	3	14	3372	1336	2036
常山县	63	12	51	11815	4730	7085
开化县	112	18	94	10964	3434	7530
龙游县	115	43	72	14185	7136	7049
江山市	104	68	36	6579	2474	4105
舟山市	**86**	**45**	**41**	**26160**	**15807**	**10353**
定海区	3	1	2	3261	1480	1781
普陀区	4	3	1	1795	889	906
岱山县	63	37	26	16567	10949	5618
嵊泗县	16	4	12	4537	2489	2048
台州市	**436**	**134**	**302**	**141047**	**61123**	**79924**
椒江区				914	493	421
黄岩区	4		4	4517	1779	2738
路桥区	12	4	8	16600	7512	9088
三门县	64	17	47	21161	8419	12742
天台县	54	18	36	16650	7061	9589
仙居县	115	32	83	13553	5847	7706
温岭市	166	55	111	46795	21520	25275
临海市	21	8	13	18222	7241	10981
玉环市				2635	1251	1384
丽水市	**566**	**217**	**349**	**107918**	**47029**	**60889**
莲都区	14	3	11	2475	1227	1248
青田县	258	82	176	35599	15463	20136
缙云县	114	66	48	15147	6759	8388
遂昌县	25	8	17	8893	3738	5155
松阳县	34	11	23	8859	3954	4905
云和县	17	5	12	13385	6332	7053
庆元县	33	9	24	12113	4790	7323
景宁畲族自治县	31	16	15	9393	3831	5562
龙泉市	40	17	23	2054	935	1119

4-3b　续表 4　　　　单位：人

地　区	初中			高中			大学专科		
	小计	男	女	小计	男	女	小计	男	女
合计	**3956672**	**2165765**	**1790907**	**1893530**	**1080179**	**813351**	**961186**	**508380**	**452806**
杭州市	**282097**	**151417**	**130680**	**173235**	**98523**	**74712**	**88800**	**46764**	**42036**
上城区									
下城区									
江干区									
拱墅区									
西湖区	60	33	27	56	30	26	55	28	27
滨江区									
萧山区	43611	25846	17765	17392	11551	5841	9455	5933	3522
余杭区	69479	39374	30105	42357	24880	17477	27877	14719	13158
富阳区	8067	4528	3539	2966	1791	1175	1728	920	808
临安区	23420	12428	10992	9938	5455	4483	3294	1638	1656
桐庐县	85976	44771	41205	52919	29385	23534	25598	12963	12635
淳安县	29372	13560	15812	31873	16805	15068	15755	8005	7750
建德市	22112	10877	11235	15734	8626	7108	5038	2558	2480
宁波市	**597650**	**328116**	**269534**	**247484**	**144353**	**103131**	**144424**	**75860**	**68564**
海曙区	7574	3931	3643	4188	2251	1937	1499	775	724
江北区									
北仑区	16143	9444	6699	9441	6155	3286	6707	3953	2754
镇海区	12326	7342	4984	4794	2899	1895	2995	1775	1220
鄞州区	93273	51527	41746	36225	20865	15360	22996	11884	11112
奉化区	16350	8592	7758	7882	4639	3243	3709	1961	1748
象山县	97849	49857	47992	50348	26630	23718	26965	13666	13299
宁海县	124955	65869	59086	62261	35245	27016	36108	18667	17441
余姚市	84211	46172	38039	26991	15713	11278	12964	6721	6243
慈溪市	144969	85382	59587	45354	29956	15398	30481	16458	14023
温州市	**554540**	**307624**	**246916**	**316593**	**180696**	**135897**	**165214**	**88950**	**76264**
鹿城区	2087	1134	953	977	579	398	469	268	201
龙湾区	91372	55338	36034	35958	22996	12962	19584	11807	7777
瓯海区	5990	3598	2392	2169	1332	837	620	331	289
洞头区	1859	1051	808	655	369	286	481	249	232
永嘉县	125552	69781	55771	82013	46404	35609	35873	18838	17035
平阳县	119956	66115	53841	69503	38851	30652	42609	22050	20559
苍南县	121057	65270	55787	75629	43060	32569	42628	23346	19282
文成县	29836	15129	14707	16141	8522	7619	6954	3559	3395
泰顺县	20875	10545	10330	16167	8624	7543	9052	4749	4303
瑞安市	7393	4058	3335	4902	2669	2233	1659	817	842
乐清市	24468	13156	11312	10835	6270	4565	4545	2506	2039
龙港市	4095	2449	1646	1644	1020	624	740	430	310
嘉兴市	**523177**	**292847**	**230330**	**195618**	**117464**	**78154**	**117602**	**64876**	**52726**
南湖区	18308	10391	7917	5810	3584	2226	3577	1914	1663
秀洲区	55578	30928	24650	14419	8916	5503	7873	4263	3610
嘉善县	152912	85371	67541	65123	38574	26549	37764	20850	16914
海盐县	80229	43185	37044	36474	20925	15549	26295	13763	12532
海宁市	111976	65264	46712	40920	25577	15343	22930	13327	9603
平湖市	53219	29839	23380	15113	9464	5649	10972	6317	4655
桐乡市	50955	27869	23086	17759	10424	7335	8191	4442	3749
湖州市	**451239**	**245471**	**205768**	**213407**	**120065**	**93342**	**106132**	**54554**	**51578**
吴兴区	111127	60704	50423	23851	14429	9422	7918	4377	3541
南浔区	39466	20985	18481	15601	8810	6791	7396	3973	3423
德清县	88420	48460	39960	51647	29288	22359	27567	14275	13292
长兴县	108451	57371	51080	67424	36660	30764	35956	18344	17612
安吉县	103775	57951	45824	54884	30878	24006	27295	13585	13710

4-3b 续表 5

单位：人

地区	初中			高中			大学专科		
	小计	男	女	小计	男	女	小计	男	女
绍兴市	**212447**	**114705**	**97742**	**103685**	**58940**	**44745**	**43495**	**23191**	**20304**
越城区	1161	595	566	418	248	170	202	107	95
柯桥区	53691	33917	19774	13245	8988	4257	4450	2530	1920
上虞区	15076	7675	7401	5564	3187	2377	2493	1349	1144
新昌县	60326	29738	30588	51079	27699	23380	25495	13434	12061
诸暨市	63721	33098	30623	24285	13686	10599	8518	4470	4048
嵊州市	18472	9682	8790	9094	5132	3962	2337	1301	1036
金华市	**552536**	**304076**	**248460**	**214635**	**123879**	**90756**	**98745**	**51371**	**47374**
婺城区	15944	8542	7402	12986	6875	6111	6541	3219	3322
金东区	70402	40627	29775	20950	12433	8517	8160	4289	3871
武义县	97720	55402	42318	39513	22515	16998	18929	9675	9254
浦江县	63326	31870	31456	32601	18534	14067	15909	8346	7563
磐安县	25085	12685	12400	15038	8249	6789	6962	3591	3371
兰溪市	19874	10666	9208	7489	4406	3083	2541	1411	1130
义乌市	133396	74024	59372	37695	23011	14684	15935	8840	7095
东阳市	92458	50865	41593	38171	21899	16272	20793	10501	10292
永康市	34331	19395	14936	10192	5957	4235	2975	1499	1476
衢州市	**138566**	**71610**	**66956**	**83254**	**45893**	**37361**	**33349**	**17502**	**15847**
柯城区	3845	2060	1785	1218	778	440	544	297	247
衢江区	9113	4993	4120	3813	2089	1724	896	480	416
常山县	29554	15618	13936	19807	10985	8822	7640	4050	3590
开化县	29639	13958	15681	19752	10639	9113	8739	4556	4183
龙游县	48026	25413	22613	30059	16535	13524	13550	7070	6480
江山市	18389	9568	8821	8605	4867	3738	1980	1049	931
舟山市	**74762**	**46988**	**27774**	**26081**	**15035**	**11046**	**17702**	**10976**	**6726**
定海区	9476	5124	4352	3663	2014	1649	1841	1017	824
普陀区	5764	3312	2452	2286	1323	963	1495	837	658
岱山县	48190	32643	15547	15793	9543	6250	11155	7334	3821
嵊泗县	11332	5909	5423	4339	2155	2184	3211	1788	1423
台州市	**319578**	**172382**	**147196**	**182605**	**101884**	**80721**	**83072**	**43092**	**39980**
椒江区	2175	1351	824	597	419	178	398	313	85
黄岩区	10186	5492	4694	4630	2552	2078	1853	900	953
路桥区	33146	19278	13868	14763	8584	6179	5380	2868	2512
三门县	47321	25277	22044	30079	17354	12725	15276	8162	7114
天台县	60698	30381	30317	40624	21657	18967	20228	10153	10075
仙居县	47712	23506	24206	41985	22297	19688	18602	9147	9455
温岭市	80399	46607	33792	31398	18362	13036	12617	6939	5678
临海市	33158	17659	15499	17053	9762	7291	7895	4182	3713
玉环市	4783	2831	1952	1476	897	579	823	428	395
丽水市	**250080**	**130529**	**119551**	**136933**	**73447**	**63486**	**62651**	**31244**	**31407**
莲都区	6176	3503	2673	2237	1306	931	836	441	395
青田县	67826	35583	32243	39467	21400	18067	11201	5625	5576
缙云县	67240	34191	33049	31943	16988	14955	15400	7603	7797
遂昌县	24845	12955	11890	17079	9017	8062	9086	4532	4554
松阳县	23311	12141	11170	15025	7755	7270	7725	3671	4054
云和县	23857	13000	10857	12157	6766	5391	6579	3274	3305
庆元县	20455	10847	9608	10003	5408	4595	6824	3506	3318
景宁畲族自治县	11681	5786	5895	7798	4142	3656	4609	2410	2199
龙泉市	4689	2523	2166	1224	665	559	391	182	209

4-3b　续表 6　　单位：人

地　区	大学本科			硕士研究生			博士研究生		
	小计	男	女	小计	男	女	小计	男	女
合计	**723131**	**364991**	**358140**	**33246**	**17473**	**15773**	**2753**	**1740**	**1013**
杭州市	**73085**	**36097**	**36988**	**4348**	**2216**	**2132**	**437**	**276**	**161**
上城区									
下城区									
江干区									
拱墅区									
西湖区	72	34	38	6	1	5	3	2	1
滨江区									
萧山区	5371	2955	2416	270	163	107	18	15	3
余杭区	22689	11408	11281	2227	1151	1076	243	151	92
富阳区	976	506	470	90	40	50	11	7	4
临安区	2505	1207	1298	79	35	44	6	3	3
桐庐县	24495	11173	13322	1042	494	548	85	51	34
淳安县	13854	7247	6607	504	267	237	48	30	18
建德市	3123	1567	1556	130	65	65	23	17	6
宁波市	**111183**	**57056**	**54127**	**6629**	**3720**	**2909**	**469**	**324**	**145**
海曙区	988	476	512	50	24	26	5	4	1
江北区									
北仑区	4474	2580	1894	230	121	109	10	6	4
镇海区	1488	822	666	63	32	31	6	5	1
鄞州区	19121	9465	9656	1087	552	535	91	59	32
奉化区	2456	1163	1293	151	75	76	9	5	4
象山县	23382	11078	12304	892	469	423	88	51	37
宁海县	28236	13955	14281	1160	607	553	72	50	22
余姚市	5667	2571	3096	194	92	102	24	11	13
慈溪市	25371	14946	10425	2802	1748	1054	164	133	31
温州市	**91973**	**48020**	**43953**	**3474**	**1787**	**1687**	**291**	**179**	**112**
鹿城区	131	62	69	10	5	5			
龙湾区	6190	3726	2464	315	179	136	26	15	11
瓯海区	274	144	130	6	2	4	1	1	
洞头区	205	119	86	15	6	9	2	2	
永嘉县	21356	10953	10403	922	461	461	69	41	28
平阳县	27480	13954	13526	998	503	495	81	47	34
苍南县	21111	11314	9797	790	411	379	63	38	25
文成县	5847	2885	2962	148	71	77	12	5	7
泰顺县	6496	3283	3213	146	80	66	10	8	2
瑞安市	765	368	397	32	15	17	9	8	1
乐清市	1880	1068	812	76	44	32	14	11	3
龙港市	238	144	94	16	10	6	4	3	1
嘉兴市	**91122**	**44831**	**46291**	**3901**	**2042**	**1859**	**319**	**203**	**116**
南湖区	1989	920	1069	93	41	52	11	8	3
秀洲区	3616	1655	1961	157	81	76	13	8	5
嘉善县	29534	14523	15011	1434	752	682	112	69	43
海盐县	26098	13394	12704	1109	571	538	73	45	28
海宁市	19550	9156	10394	689	383	306	77	51	26
平湖市	5687	3000	2687	210	120	90	14	10	4
桐乡市	4648	2183	2465	209	94	115	19	12	7
湖州市	**89867**	**44501**	**45366**	**4268**	**2260**	**2008**	**299**	**186**	**113**
吴兴区	3716	1894	1822	121	64	57	17	12	5
南浔区	4531	2121	2410	221	105	116	32	21	11
德清县	27117	13473	13644	1388	709	679	108	68	40
长兴县	29369	14448	14921	1462	805	657	78	44	34
安吉县	25134	12565	12569	1076	577	499	64	41	23

4-3b 续表 7 单位：人

地 区	大学本科			硕士研究生			博士研究生		
	小计	男	女	小计	男	女	小计	男	女
绍兴市	**34824**	**17520**	**17304**	**1756**	**995**	**761**	**168**	**118**	**50**
越城区	126	59	67	6	3	3	3	3	
柯桥区	3083	1602	1481	167	86	81	20	15	5
上虞区	1382	669	713	53	30	23	8	3	5
新昌县	23324	11711	11613	1258	715	543	111	80	31
诸暨市	5769	2890	2879	216	129	87	18	10	8
嵊州市	1140	589	551	56	32	24	8	7	1
金华市	**65210**	**33256**	**31954**	**3190**	**1604**	**1586**	**242**	**151**	**91**
婺城区	6263	3097	3166	531	277	254	25	18	7
金东区	2787	1403	1384	116	62	54	11	10	1
武义县	12378	6039	6339	500	235	265	53	27	26
浦江县	13500	6967	6533	489	236	253	45	29	16
磐安县	6168	3096	3072	180	84	96	11	7	4
兰溪市	1167	655	512	70	37	33	9	6	3
义乌市	10697	5936	4761	598	302	296	24	14	10
东阳市	11224	5576	5648	667	352	315	54	36	18
永康市	1026	487	539	39	19	20	10	4	6
衢州市	**32750**	**17309**	**15441**	**1142**	**609**	**533**	**109**	**55**	**54**
柯城区	319	142	177	23	13	10			
衢江区	538	282	256	28	13	15	10	4	6
常山县	8349	4441	3908	264	145	119	19	12	7
开化县	8953	4738	4215	275	141	134	16	9	7
龙游县	13420	7103	6317	476	256	220	53	23	30
江山市	1171	603	568	76	41	35	11	7	4
舟山市	**15300**	**8545**	**6755**	**512**	**270**	**242**	**51**	**32**	**19**
定海区	1063	491	572	36	15	21	6	4	2
普陀区	976	482	494	45	23	22	7	4	3
岱山县	9165	5458	3707	293	161	132	29	19	10
嵊泗县	4096	2114	1982	138	71	67	9	5	4
台州市	**59554**	**29197**	**30357**	**2086**	**1022**	**1064**	**193**	**115**	**78**
椒江区	104	65	39	3	1	2			
黄岩区	968	438	530	28	14	14	2	2	
路桥区	3489	1653	1836	95	47	48	7	2	5
三门县	12495	6282	6213	414	192	222	32	21	11
天台县	17349	8437	8912	609	303	306	54	32	22
仙居县	13928	6826	7102	553	274	279	60	34	26
温岭市	5861	2876	2985	207	100	107	20	13	7
临海市	5002	2450	2552	164	85	79	17	10	7
玉环市	358	170	188	13	6	7	1	1	
丽水市	**58263**	**28659**	**29604**	**1940**	**948**	**992**	**175**	**101**	**74**
莲都区	357	177	180	13	8	5	4	2	2
青田县	12155	6017	6138	390	192	198	37	24	13
缙云县	12662	6116	6546	439	174	265	42	20	22
遂昌县	7727	3869	3858	281	154	127	31	18	13
松阳县	7466	3706	3760	362	167	195	24	14	10
云和县	5512	2658	2854	139	68	71	13	8	5
庆元县	6758	3322	3436	182	99	83	16	10	6
景宁畲族自治县	5434	2718	2716	127	80	47	7	4	3
龙泉市	192	76	116	7	6	1	1	1	

4-3c　各地区分性别、受教育程度的16-59岁人口(乡村)

单位：人

地　区	16-59岁人口			未上过学		
	合计	男	女	小计	男	女
合计	**10622913**	**5717117**	**4905796**	**165341**	**45733**	**119608**
杭州市	**1176970**	**638353**	**538617**	**10853**	**3201**	**7652**
上城区						
下城区						
江干区						
拱墅区						
西湖区	20482	11296	9186	68	33	35
滨江区						
萧山区	299834	162022	137812	2449	617	1832
余杭区	307563	173814	133749	2675	943	1732
富阳区	143141	76996	66145	977	352	625
临安区	142825	76582	66243	701	268	433
桐庐县	69867	37030	32837	978	318	660
淳安县	81984	41876	40108	2219	413	1806
建德市	111274	58737	52537	786	257	529
宁波市	**1299245**	**713640**	**585605**	**12101**	**3620**	**8481**
海曙区	84420	45890	38530	587	230	357
江北区	57457	32763	24694	714	268	446
北仑区	129887	74481	55406	1334	391	943
镇海区	36182	21376	14806	192	58	134
鄞州区	196329	108414	87915	2001	533	1468
奉化区	137444	75971	61473	838	237	601
象山县	117622	63226	54396	2279	606	1673
宁海县	147259	79479	67780	1218	344	874
余姚市	141267	76328	64939	1331	484	847
慈溪市	251378	135712	115666	1607	469	1138
温州市	**1620530**	**876543**	**743987**	**48427**	**13316**	**35111**
鹿城区	77854	44118	33736	924	210	714
龙湾区	859	523	336	16	3	13
瓯海区	111117	61597	49520	2154	566	1588
洞头区	47265	28141	19124	1423	364	1059
永嘉县	221185	120988	100197	6347	1928	4419
平阳县	197963	106012	91951	8593	2362	6231
苍南县	155995	82715	73280	8571	2318	6253
文成县	94242	50843	43399	1806	628	1178
泰顺县	79915	42395	37520	2701	855	1846
瑞安市	325845	176169	149676	10496	2655	7841
乐清市	299979	158611	141368	5090	1350	3740
龙港市	8311	4431	3880	306	77	229
嘉兴市	**955212**	**514241**	**440971**	**7059**	**1985**	**5074**
南湖区	66438	36617	29821	388	112	276
秀洲区	144890	76829	68061	1497	357	1140
嘉善县	107094	59458	47636	843	277	566
海盐县	91284	48990	42294	673	198	475
海宁市	207776	111733	96043	1483	418	1065
平湖市	133665	73258	60407	914	268	646
桐乡市	204065	107356	96709	1261	355	906
湖州市	**686886**	**370320**	**316566**	**4461**	**1355**	**3106**
吴兴区	153360	84895	68465	876	285	591
南浔区	127851	68341	59510	1025	304	721
德清县	122476	66708	55768	511	163	348
长兴县	143546	75694	67852	812	254	558
安吉县	139653	74682	64971	1237	349	888

4-3c 续表 1

单位：人

地　区	16-59岁人口			未上过学		
	合计	男	女	小计	男	女
绍兴市	**833932**	**431208**	**402724**	**5360**	**1751**	**3609**
越城区	94698	48410	46288	476	111	365
柯桥区	116996	60604	56392	873	212	661
上虞区	145421	72718	72703	1190	339	851
新昌县	78529	41465	37064	776	278	498
诸暨市	249274	128258	121016	1417	571	846
嵊州市	149014	79753	69261	628	240	388
金华市	**1347181**	**723549**	**623632**	**19723**	**5959**	**13764**
婺城区	129826	72747	57079	2479	1060	1419
金东区	125302	68528	56774	1046	349	697
武义县	102817	55908	46909	1674	457	1217
浦江县	159663	85686	73977	2589	852	1737
磐安县	44306	23087	21219	624	185	439
兰溪市	138025	71963	66062	2843	613	2230
义乌市	247293	134322	112971	2731	724	2007
东阳市	195914	100623	95291	2779	792	1987
永康市	204035	110685	93350	2958	927	2031
衢州市	**500068**	**262187**	**237881**	**13171**	**2912**	**10259**
柯城区	68255	35481	32774	1235	230	1005
衢江区	107248	59699	47549	2987	943	2044
常山县	67475	34639	32836	3178	577	2601
开化县	61041	30684	30357	2223	332	1891
龙游县	92583	48386	44197	1973	510	1463
江山市	103466	53298	50168	1575	320	1255
舟山市	**183282**	**110300**	**72982**	**1529**	**507**	**1022**
定海区	68412	39888	28524	536	178	358
普陀区	66893	39822	27071	575	160	415
岱山县	35174	23002	12172	283	114	169
嵊泗县	12803	7588	5215	135	55	80
台州市	**1482422**	**787203**	**695219**	**34367**	**8443**	**25924**
椒江区	130112	71301	58811	3108	755	2353
黄岩区	151343	78818	72525	2082	511	1571
路桥区	141567	76403	65164	3588	910	2678
三门县	96320	50775	45545	6243	1318	4925
天台县	119935	63446	56489	1251	386	865
仙居县	110469	58193	52276	1909	632	1277
温岭市	293776	154387	139389	3811	946	2865
临海市	322443	169794	152649	5735	1372	4363
玉环市	116457	64086	52371	6640	1613	5027
丽水市	**537185**	**289573**	**247612**	**8290**	**2684**	**5606**
莲都区	73598	41555	32043	1793	660	1133
青田县	150412	80818	69594	1605	542	1063
缙云县	91926	48959	42967	723	258	465
遂昌县	45152	23956	21196	1064	271	793
松阳县	60012	31704	28308	1014	265	749
云和县	19725	10712	9013	413	159	254
庆元县	28273	15130	13143	362	105	257
景宁畲族自治县	24531	13548	10983	538	175	363
龙泉市	43556	23191	20365	778	249	529

4-3c　续表 2　　　　单位：人

地　区	学前教育			小　学		
	小计	男	女	小计	男	女
合计	**10267**	**3587**	**6680**	**2425263**	**1084162**	**1341101**
杭州市	**855**	**343**	**512**	**247324**	**109543**	**137781**
上城区						
下城区						
江干区						
拱墅区						
西湖区	12	10	2	2554	1312	1242
滨江区						
萧山区	107	41	66	67280	29122	38158
余杭区	308	147	161	69838	34590	35248
富阳区	33	12	21	27865	12502	15363
临安区	87	37	50	24334	11043	13291
桐庐县	55	22	33	13214	5740	7474
淳安县	173	41	132	20605	6974	13631
建德市	80	33	47	21634	8260	13374
宁波市	**1003**	**357**	**646**	**296392**	**137138**	**159254**
海曙区	74	26	48	19174	8684	10490
江北区	25	10	15	12328	6138	6190
北仑区	59	24	35	22649	11413	11236
镇海区	58	22	36	9973	5253	4720
鄞州区	112	51	61	45400	21262	24138
奉化区	87	39	48	32956	15576	17380
象山县	267	81	186	31884	14100	17784
宁海县	101	28	73	34192	14521	19671
余姚市	130	41	89	30936	14185	16751
慈溪市	90	35	55	56900	26006	30894
温州市	**2286**	**847**	**1439**	**437314**	**203271**	**234043**
鹿城区	45	14	31	14037	6607	7430
龙湾区				225	99	126
瓯海区	81	33	48	24159	11551	12608
洞头区	31	15	16	8747	4252	4495
永嘉县	366	154	212	57251	26925	30326
平阳县	363	140	223	65641	31185	34456
苍南县	227	88	139	54086	25089	28997
文成县	102	46	56	25830	12990	12840
泰顺县	167	61	106	30759	15057	15702
瑞安市	383	137	246	87841	40856	46985
乐清市	495	152	343	65622	27348	38274
龙港市	26	7	19	3116	1312	1804
嘉兴市	**708**	**225**	**483**	**231297**	**102550**	**128747**
南湖区	42	12	30	13997	6282	7715
秀洲区	76	22	54	38229	16809	21420
嘉善县	87	37	50	24762	11429	13333
海盐县	82	25	57	19134	8094	11040
海宁市	138	41	97	44761	20291	24470
平湖市	84	43	41	33174	14877	18297
桐乡市	199	45	154	57240	24768	32472
湖州市	**592**	**235**	**357**	**170415**	**77404**	**93011**
吴兴区	172	69	103	34915	16663	18252
南浔区	108	54	54	35140	15701	19439
德清县	72	22	50	34501	15943	18558
长兴县	146	53	93	32582	14204	18378
安吉县	94	37	57	33277	14893	18384

4-3c 续表 3 单位：人

地　区	学前教育			小　学		
	小计	男	女	小计	男	女
绍兴市	**686**	**242**	**444**	**132807**	**52439**	**80368**
越城区	151	40	111	18933	7238	11695
柯桥区	149	55	94	23878	8941	14937
上虞区	81	32	49	27297	10532	16765
新昌县	114	42	72	12463	4956	7507
诸暨市	81	30	51	31866	13481	18385
嵊州市	110	43	67	18370	7291	11079
金华市	**964**	**361**	**603**	**235370**	**104676**	**130694**
婺城区	81	32	49	26076	13292	12784
金东区	88	36	52	21361	10265	11096
武义县	78	32	46	18756	8555	10201
浦江县	127	46	81	28588	12188	16400
磐安县	40	9	31	9529	3530	5999
兰溪市	125	37	88	29125	10707	18418
义乌市	104	35	69	38970	16817	22153
东阳市	100	31	69	28881	12458	16423
永康市	221	103	118	34084	16864	17220
衢州市	**957**	**217**	**740**	**112318**	**43786**	**68532**
柯城区	57	9	48	12052	4286	7766
衢江区	201	55	146	23706	10588	13118
常山县	194	36	158	18611	7243	11368
开化县	223	32	191	18044	6197	11847
龙游县	140	53	87	18211	7285	10926
江山市	142	32	110	21694	8187	13507
舟山市	**199**	**84**	**115**	**39756**	**21504**	**18252**
定海区	85	25	60	15105	7606	7499
普陀区	50	25	25	12616	6776	5840
岱山县	52	30	22	8459	4934	3525
嵊泗县	12	4	8	3576	2188	1388
台州市	**991**	**319**	**672**	**392948**	**170809**	**222139**
椒江区	47	13	34	34601	15462	19139
黄岩区	39	13	26	37489	15193	22296
路桥区	64	26	38	41513	19214	22299
三门县	155	50	105	27166	11310	15856
天台县	38	16	22	22657	9590	13067
仙居县	229	78	151	17813	7810	10003
温岭市	310	97	213	93097	40695	52402
临海市	80	21	59	85919	35461	50458
玉环市	29	5	24	32693	16074	16619
丽水市	**1026**	**357**	**669**	**129322**	**61042**	**68280**
莲都区	108	41	67	15056	7923	7133
青田县	306	129	177	33677	15709	17968
缙云县	97	38	59	13599	6311	7288
遂昌县	113	37	76	12883	5606	7277
松阳县	127	37	90	15685	7124	8561
云和县	27	10	17	6030	2862	3168
庆元县	96	26	70	8618	3714	4904
景宁畲族自治县	57	16	41	9642	4834	4808
龙泉市	95	23	72	14132	6959	7173

4–3c　续表 4

单位：人

地　区	初　中			高　中			大学专科		
	小计	男	女	小计	男	女	小计	男	女
合计	**5117225**	**2902991**	**2214234**	**1739555**	**1067566**	**671989**	**773669**	**416382**	**357287**
杭州市	**523621**	**298672**	**224949**	**220287**	**137285**	**83002**	**105596**	**56064**	**49532**
上城区									
下城区									
江干区									
拱墅区									
西湖区	6767	4105	2662	4540	2555	1985	3402	1749	1653
滨江区									
萧山区	125345	71948	53397	50901	32376	18525	32926	17819	15107
余杭区	131361	78418	52943	55154	34587	20567	30461	16270	14191
富阳区	60837	34306	26531	31202	19023	12179	12341	6528	5813
临安区	73737	40573	33164	26515	16108	10407	9822	4871	4951
桐庐县	35513	19333	16180	12955	7974	4981	4753	2491	2262
淳安县	35912	20586	15326	14739	9480	5259	5082	2645	2437
建德市	54149	29403	24746	24281	15182	9099	6809	3691	3118
宁波市	**655501**	**378078**	**277423**	**191934**	**120099**	**71835**	**93562**	**50058**	**43504**
海曙区	42882	24281	18601	13431	8365	5066	5443	2913	2530
江北区	30549	18127	12422	8815	5511	3304	3538	1966	1572
北仑区	70523	41605	28918	19296	12249	7047	9161	5191	3970
镇海区	18778	11745	7033	4441	2881	1560	1934	1038	896
鄞州区	101772	59162	42610	24390	15527	8863	12865	6939	5926
奉化区	70692	40936	29756	20165	12891	7274	9124	4560	4564
象山县	53229	30903	22326	16965	10454	6511	8891	4947	3944
宁海县	68531	38523	30008	25656	16179	9477	11687	6584	5103
余姚市	69213	38831	30382	22664	14120	8544	11984	6322	5662
慈溪市	129332	73965	55367	36111	21922	14189	18935	9598	9337
温州市	**693204**	**403124**	**290080**	**273820**	**164915**	**108905**	**117386**	**65718**	**51668**
鹿城区	41534	24858	16676	14947	8948	5999	4551	2539	2012
龙湾区	461	316	145	98	68	30	48	31	17
瓯海区	54817	32299	22518	20202	12199	8003	5805	3109	2696
洞头区	17929	11166	6763	9852	6055	3797	7347	5121	2226
永嘉县	92588	53986	38602	40880	24925	15955	16795	9304	7491
平阳县	77899	45844	32055	27360	16652	10708	12571	6919	5652
苍南县	56768	33329	23439	21217	13084	8133	11330	6688	4642
文成县	46712	26177	20535	14161	8144	6017	3781	1959	1822
泰顺县	28231	15960	12271	11026	6667	4359	4710	2580	2130
瑞安市	150868	88298	62570	48686	29505	19181	19539	10573	8966
乐清市	122307	68954	53353	64374	38009	26365	30352	16573	13779
龙港市	3090	1937	1153	1017	659	358	557	322	235
嘉兴市	**474138**	**269792**	**204346**	**133319**	**83643**	**49676**	**71251**	**38524**	**32727**
南湖区	32970	19107	13863	9728	6252	3476	6268	3458	2810
秀洲区	75573	42889	32684	16222	10037	6185	9056	4839	4217
嘉善县	54110	31413	22697	15121	9826	5295	8151	4511	3640
海盐县	45648	25726	19922	13811	8743	5068	7627	4111	3516
海宁市	108650	60882	47768	30770	19090	11680	14072	7353	6719
平湖市	66397	38597	27800	16791	10810	5981	10792	6044	4748
桐乡市	90790	51178	39612	30876	18885	11991	15285	8208	7077
湖州市	**335473**	**190788**	**144685**	**104601**	**64245**	**40356**	**47048**	**24724**	**22324**
吴兴区	78159	45008	33151	22925	14229	8696	10576	5736	4840
南浔区	63517	36056	27461	15804	9862	5942	7863	4298	3565
德清县	53841	31523	22318	19461	11914	7547	9272	4947	4325
长兴县	70342	38829	31513	24730	14986	9744	10364	5212	5152
安吉县	69614	39372	30242	21681	13254	8427	8973	4531	4442

4-3c 续表 5

单位：人

地区	初中			高中			大学专科		
	小计	男	女	小计	男	女	小计	男	女
绍兴市	**445530**	**234448**	**211082**	**149378**	**90589**	**58789**	**64893**	**34202**	**30691**
越城区	45505	24473	21032	16040	9689	6351	8234	4247	3987
柯桥区	57016	31419	25597	18182	11307	6875	9839	5165	4674
上虞区	72984	37295	35689	24066	14401	9665	13508	7106	6402
新昌县	38990	20913	18077	18333	11089	7244	5351	2921	2430
诸暨市	145505	74403	71102	42143	25245	16898	18129	9429	8700
嵊州市	85530	45945	39585	30614	18858	11756	9832	5334	4498
金华市	**716213**	**393932**	**322281**	**230729**	**141276**	**89453**	**98307**	**53159**	**45148**
婺城区	60707	35211	25496	25771	15593	10178	9951	5153	4798
金东区	67743	37924	29819	22582	13507	9075	8928	4649	4279
武义县	56357	32005	24352	17504	10577	6927	5811	2971	2840
浦江县	87163	47427	39736	23336	14966	8370	11999	6998	5001
磐安县	21228	11535	9693	8391	5383	3008	2968	1655	1313
兰溪市	71751	39655	32096	21991	14163	7828	8317	4659	3658
义乌市	132020	72910	59110	42647	26516	16131	21179	11967	9212
东阳市	108197	55784	52413	30995	18347	12648	16013	8535	7478
永康市	111047	61481	49566	37512	22224	15288	13141	6572	6569
衢州市	**250707**	**142354**	**108353**	**78552**	**49176**	**29376**	**27462**	**14758**	**12704**
柯城区	34818	19706	15112	10761	6420	4341	5629	2937	2692
衢江区	55475	32846	22629	16182	10435	5747	5132	2848	2284
常山县	31336	18261	13075	9350	5951	3399	2998	1617	1381
开化县	28087	16386	11701	7841	5200	2641	3029	1656	1373
龙游县	50862	27933	22929	13261	8303	4958	5118	2717	2401
江山市	50129	27222	22907	21157	12867	8290	5556	2983	2573
舟山市	**96209**	**60574**	**35635**	**24827**	**15476**	**9351**	**12840**	**7761**	**5079**
定海区	34239	21269	12970	10650	6589	4061	5004	2854	2150
普陀区	35933	22221	13712	9274	5644	3630	5206	3120	2086
岱山县	19669	13291	6378	3640	2502	1138	1828	1314	514
嵊泗县	6368	3793	2575	1263	741	522	802	473	329
台州市	**651708**	**375656**	**276052**	**248779**	**151303**	**97476**	**107777**	**57238**	**50539**
椒江区	55971	33910	22061	20623	12664	7959	10824	5889	4935
黄岩区	66466	38247	28219	28852	17115	11737	11434	5482	5952
路桥区	60235	35534	24701	22729	13769	8960	9164	4825	4339
三门县	40330	24242	16088	13833	9006	4827	6173	3478	2695
天台县	57931	31519	26412	23164	13925	9239	9642	5155	4487
仙居县	55070	29373	25697	23856	14279	9577	8221	4284	3937
温岭市	125001	72190	52811	43577	25847	17730	19494	10356	9138
临海市	141375	80469	60906	55720	34562	21158	24700	13367	11333
玉环市	49329	30172	19157	16425	10136	6289	8125	4402	3723
丽水市	**274921**	**155573**	**119348**	**83329**	**49559**	**33770**	**27547**	**14176**	**13371**
莲都区	36697	21793	14904	13260	7892	5368	4485	2187	2298
青田县	80922	45078	35844	26285	15284	11001	5063	2739	2324
缙云县	53488	28874	24614	15529	9246	6283	5983	3049	2934
遂昌县	22547	13130	9417	5672	3446	2226	1968	1027	941
松阳县	29487	16490	12997	8832	5312	3520	3369	1764	1605
云和县	9140	5375	3765	2640	1606	1034	1112	536	576
庆元县	13096	7730	5366	3262	2110	1152	1921	996	925
景宁畲族自治县	9233	5623	3610	2906	1767	1139	1383	766	617
龙泉市	20311	11480	8831	4943	2896	2047	2263	1112	1151

4-3c　续表 6　　　　　　　　　　　　　　　　　　　　　　　　单位：人

地　区	大学本科			硕士研究生			博士研究生		
	小计	男	女	小计	男	女	小计	男	女
合计	**369937**	**185218**	**184719**	**18987**	**9749**	**9238**	**2669**	**1729**	**940**
杭州市	**64632**	**31237**	**33395**	**3384**	**1752**	**1632**	**418**	**256**	**162**
上城区									
下城区									
江干区									
拱墅区									
西湖区	2722	1299	1423	381	215	166	36	18	18
滨江区									
萧山区	19796	9553	10243	925	481	444	105	65	40
余杭区	16821	8340	8481	868	472	396	77	47	30
富阳区	9412	4068	5344	417	168	249	57	37	20
临安区	7316	3534	3782	270	124	146	43	24	19
桐庐县	2268	1092	1176	110	49	61	21	11	10
淳安县	3026	1599	1427	190	113	77	38	25	13
建德市	3271	1752	1519	223	130	93	41	29	12
宁波市	**45909**	**22813**	**23096**	**2521**	**1264**	**1257**	**322**	**213**	**109**
海曙区	2702	1320	1382	114	61	53	13	10	3
江北区	1378	681	697	99	52	47	11	10	1
北仑区	5983	3151	2832	772	390	382	110	67	43
镇海区	774	363	411	29	13	16	3	3	
鄞州区	9454	4765	4689	310	161	149	25	14	11
奉化区	3367	1625	1742	198	96	102	17	11	6
象山县	3869	2004	1865	200	104	96	38	27	11
宁海县	5545	3125	2420	292	151	141	37	24	13
余姚市	4751	2217	2534	225	105	120	33	23	10
慈溪市	8086	3562	4524	282	131	151	35	24	11
温州市	**45354**	**23800**	**21554**	**2321**	**1282**	**1039**	**418**	**270**	**148**
鹿城区	1687	874	813	110	55	55	19	13	6
龙湾区	10	5	5	1	1				
瓯海区	3754	1756	1998	125	73	52	20	11	9
洞头区	1792	1089	703	131	72	59	13	7	6
永嘉县	6487	3491	2996	399	231	168	72	44	28
平阳县	5219	2739	2480	269	140	129	48	31	17
苍南县	3574	1991	1583	188	103	85	34	25	9
文成县	1760	858	902	80	35	45	10	6	4
泰顺县	2200	1146	1054	107	61	46	14	8	6
瑞安市	7595	3898	3697	360	197	163	77	50	27
乐清市	11101	5851	5250	530	302	228	108	72	36
龙港市	175	102	73	21	12	9	3	3	
嘉兴市	**35781**	**16688**	**19093**	**1465**	**699**	**766**	**194**	**135**	**59**
南湖区	2889	1320	1569	133	61	72	23	13	10
秀洲区	4066	1788	2278	136	61	75	35	27	8
嘉善县	3817	1856	1961	184	98	86	19	11	8
海盐县	4109	1988	2121	184	96	88	16	9	7
海宁市	7590	3499	4091	283	132	151	29	27	2
平湖市	5264	2492	2772	219	106	113	30	21	9
桐乡市	8046	3745	4301	326	145	181	42	27	15
湖州市	**22967**	**10881**	**12086**	**1185**	**592**	**593**	**144**	**96**	**48**
吴兴区	5373	2695	2678	337	192	145	27	18	9
南浔区	4071	1900	2171	282	137	145	41	29	12
德清县	4594	2091	2503	190	83	107	34	22	12
长兴县	4347	2046	2301	202	95	107	21	15	6
安吉县	4582	2149	2433	174	85	89	21	12	9

4－3c　续表 7　　　　单位：人

地　区	大学本科			硕士研究生			博士研究生		
	小计	男	女	小计	男	女	小计	男	女
绍兴市	**33392**	**16556**	**16836**	**1668**	**836**	**832**	**218**	**145**	**73**
越城区	5060	2460	2600	276	134	142	23	18	5
柯桥区	6768	3346	3422	260	141	119	31	18	13
上虞区	5904	2830	3074	353	161	192	38	22	16
新昌县	2323	1178	1145	158	77	81	21	11	10
诸暨市	9677	4838	4839	389	212	177	67	49	18
嵊州市	3660	1904	1756	232	111	121	38	27	11
金华市	**43169**	**22725**	**20444**	**2344**	**1214**	**1130**	**362**	**247**	**115**
婺城区	4357	2204	2153	340	161	179	64	41	23
金东区	3312	1671	1641	211	106	105	31	21	10
武义县	2465	1230	1235	147	65	82	25	16	9
浦江县	5524	3017	2507	291	155	136	46	37	9
磐安县	1430	742	688	85	43	42	11	5	6
兰溪市	3568	1945	1623	257	150	107	48	34	14
义乌市	9247	5122	4125	346	199	147	49	32	17
东阳市	8465	4416	4049	424	217	207	60	43	17
永康市	4801	2378	2423	243	118	125	28	18	10
衢州市	**15719**	**8361**	**7358**	**1021**	**524**	**497**	**161**	**99**	**62**
柯城区	3389	1731	1658	279	141	138	35	21	14
衢江区	3337	1860	1477	203	105	98	25	19	6
常山县	1715	908	807	76	35	41	17	11	6
开化县	1482	822	660	94	47	47	18	12	6
龙游县	2820	1480	1340	164	86	78	34	19	15
江山市	2976	1560	1416	205	110	95	32	17	15
舟山市	**7476**	**4155**	**3321**	**397**	**210**	**187**	**49**	**29**	**20**
定海区	2666	1306	1360	113	55	58	14	6	8
普陀区	3046	1764	1282	173	96	77	20	16	4
岱山县	1167	771	396	65	40	25	11	6	5
嵊泗县	597	314	283	46	19	27	4	1	3
台州市	**43523**	**22174**	**21349**	**2045**	**1080**	**965**	**284**	**181**	**103**
椒江区	4677	2482	2195	234	111	123	27	15	12
黄岩区	4753	2133	2620	191	107	84	37	17	20
路桥区	4117	2038	2079	139	74	65	18	13	5
三门县	2258	1287	971	147	73	74	15	11	4
天台县	4975	2692	2283	242	139	103	35	24	11
仙居县	3149	1623	1526	190	91	99	32	23	9
温岭市	8065	4034	4031	370	191	179	51	31	20
临海市	8445	4289	4156	409	212	197	60	41	19
玉环市	3084	1596	1488	123	82	41	9	6	3
丽水市	**12015**	**5828**	**6187**	**636**	**296**	**340**	**99**	**58**	**41**
莲都区	2100	1011	1089	86	40	46	13	8	5
青田县	2406	1257	1149	121	62	59	27	18	9
缙云县	2337	1107	1230	147	62	85	23	14	9
遂昌县	839	411	428	54	22	32	12	6	6
松阳县	1414	674	740	74	34	40	10	4	6
云和县	349	155	194	13	9	4	1		1
庆元县	863	424	439	55	25	30			
景宁畲族自治县	740	348	392	27	16	11	5	3	2
龙泉市	967	441	526	59	26	33	8	5	3

4-4 各地区分性别、受教育程度的25岁及以上人口

单位：人

地 区	25岁及以上人口			未上过学		
	合计	男	女	小计	男	女
合计	**49387631**	**25526967**	**23860664**	**2128111**	**541204**	**1586907**
杭州市	**8950079**	**4640088**	**4309991**	**258847**	**58580**	**200267**
上城区	281686	139041	142645	4028	741	3287
下城区	381493	183566	197927	6542	1200	5342
江干区	1007770	524466	483304	17049	4088	12961
拱墅区	469940	232920	237020	8621	1785	6836
西湖区	772844	393480	379364	11236	2634	8602
滨江区	341546	176079	165467	7287	1464	5823
萧山区	1741417	923285	818132	62890	13708	49182
余杭区	1841267	984045	857222	57179	14680	42499
富阳区	642772	335918	306854	17555	4375	13180
临安区	493644	257387	236257	9933	2485	7448
桐庐县	351851	178098	173753	18782	4208	14574
淳安县	266227	131803	134424	24173	3930	20243
建德市	357622	180000	177622	13572	3282	10290
宁波市	**7325308**	**3780154**	**3545154**	**178798**	**45181**	**133617**
海曙区	802311	409200	393111	13673	3293	10380
江北区	372839	193439	179400	7835	2215	5620
北仑区	647392	348549	298843	12449	3260	9189
镇海区	404705	214295	190410	7171	1821	5350
鄞州区	1198159	603579	594580	22185	5593	16592
奉化区	467622	242014	225608	9240	2144	7096
象山县	456025	228544	227481	24036	6588	17448
宁海县	537286	273785	263501	17044	4012	13032
余姚市	994786	510939	483847	29072	7782	21290
慈溪市	1444183	755810	688373	36093	8473	27620
温州市	**7192090**	**3762074**	**3430016**	**516677**	**147148**	**369529**
鹿城区	903476	467068	436408	23644	5611	18033
龙湾区	540715	301801	238914	27484	8021	19463
瓯海区	701833	382109	319724	39676	10774	28902
洞头区	108660	56558	52102	10404	2121	8283
永嘉县	644954	339024	305930	51135	13661	37474
平阳县	657618	337775	319843	64718	19107	45611
苍南县	630783	320417	310366	70679	22246	48433
文成县	214186	112352	101834	15719	5617	10102
泰顺县	195414	101328	94086	20168	7234	12934
瑞安市	1165939	606581	559358	115144	33349	81795
乐清市	1083239	559316	523923	50870	12526	38344
龙港市	345273	177745	167528	27036	6881	20155
嘉兴市	**4235788**	**2190028**	**2045760**	**154591**	**36135**	**118456**
南湖区	623758	318539	305219	17456	3888	13568
秀洲区	523405	270643	252762	23988	5699	18289
嘉善县	511186	269829	241357	21565	5436	16129
海盐县	366347	187015	179332	18801	4332	14469
海宁市	857615	450083	407532	28966	5753	23213
平湖市	540600	278679	261921	22713	5218	17495
桐乡市	812877	415240	397637	21102	5809	15293
湖州市	**2676574**	**1381103**	**1295471**	**77504**	**20250**	**57254**
吴兴区	791519	407179	384340	18387	4697	13690
南浔区	449641	232887	216754	19158	5047	14111
德清县	440879	229328	211551	8842	2342	6500
长兴县	534490	271689	262801	17552	4751	12801
安吉县	460045	240020	220025	13565	3413	10152

4-4 续表 1

单位：人

地　区	25岁及以上人口			未上过学		
	合计	男	女	小计	男	女
绍兴市	**4129840**	**2094488**	**2035352**	**98879**	**23176**	**75703**
越城区	768088	382422	385666	13999	3369	10630
柯桥区	857221	450944	406277	25274	5970	19304
上虞区	671228	332682	338546	26837	6078	20759
新昌县	336111	171655	164456	8187	1951	6236
诸暨市	945835	475183	470652	16335	3874	12461
嵊州市	551357	281602	269755	8247	1934	6313
金华市	**5261726**	**2741737**	**2519989**	**224206**	**49557**	**174649**
婺城区	691789	355390	336399	32107	8371	23736
金东区	380021	202273	177748	13190	3276	9914
武义县	354387	187018	167369	19288	4592	14696
浦江县	355303	181246	174057	20207	3894	16313
磐安县	137438	69302	68136	7913	1589	6324
兰溪市	452486	228663	223823	37614	8678	28936
义乌市	1368162	729467	638695	35463	7654	27809
东阳市	818296	414279	404017	32824	5516	27308
永康市	703844	374099	329745	25600	5987	19613
衢州市	**1759142**	**893833**	**865309**	**139484**	**33531**	**105953**
柯城区	396193	198264	197929	18207	3460	14747
衢江区	293458	157244	136214	31160	7923	23237
常山县	201072	102590	98482	25986	6860	19126
开化县	199742	97092	102650	20042	4508	15534
龙游县	288849	149357	139492	24678	6649	18029
江山市	379828	189286	190542	19411	4131	15280
舟山市	**959300**	**505289**	**454011**	**29167**	**7212**	**21955**
定海区	393645	199467	194178	9642	2580	7062
普陀区	322886	165835	157051	10080	2223	7857
岱山县	183624	109418	74206	6935	1801	5134
嵊泗县	59145	30569	28576	2510	608	1902
台州市	**5021584**	**2572122**	**2449462**	**348874**	**91582**	**257292**
椒江区	605300	312364	292936	37447	9732	27715
黄岩区	543277	278054	265223	22431	5256	17175
路桥区	482893	251042	231851	32401	8928	23473
三门县	284943	143933	141010	42638	11503	31135
天台县	350211	175111	175100	14133	3374	10759
仙居县	309773	155597	154176	21508	6207	15301
温岭市	1111580	574027	537553	59970	14584	45386
临海市	830483	417056	413427	59077	15594	43483
玉环市	503124	264938	238186	59269	16404	42865
丽水市	**1876200**	**966051**	**910149**	**101084**	**28852**	**72232**
莲都区	407025	213102	193923	23043	6791	16252
青田县	369314	189650	179664	15566	4414	11152
缙云县	303908	154650	149258	11641	2899	8742
遂昌县	155394	79733	75661	11797	2900	8897
松阳县	157876	81195	76681	8747	2332	6415
云和县	100402	52554	47848	6103	2007	4096
庆元县	108969	55301	53668	6144	1639	4505
景宁畲族自治县	83585	43154	40431	6034	2014	4020
龙泉市	189727	96712	93015	12009	3856	8153

4-4　续表 2　　　　单位：人

地　区	学前教育			小　学		
	小计	男	女	小计	男	女
合计	**107361**	**35557**	**71804**	**13354521**	**6250352**	**7104169**
杭州市	**11962**	**4125**	**7837**	**1839821**	**849480**	**990341**
上城区	253	84	169	28564	11360	17204
下城区	492	133	359	34449	13363	21086
江干区	1137	484	653	124310	57750	66560
拱墅区	517	139	378	52684	22443	30241
西湖区	698	234	464	92419	40220	52199
滨江区	264	59	205	42353	19396	22957
萧山区	1608	522	1086	467199	219285	247914
余杭区	2516	1099	1417	399034	193512	205522
富阳区	369	142	227	176939	82572	94367
临安区	1103	339	764	136713	62425	74288
桐庐县	687	234	453	93569	43747	49822
淳安县	1299	315	984	80260	34608	45652
建德市	1019	341	678	111328	48799	62529
宁波市	**12617**	**4194**	**8423**	**1947608**	**890808**	**1056800**
海曙区	894	326	568	179253	79319	99934
江北区	317	114	203	75953	35302	40651
北仑区	991	374	617	137468	64970	72498
镇海区	582	214	368	94467	44838	49629
鄞州区	1477	503	974	249373	111390	137983
奉化区	1048	305	743	156353	71966	84387
象山县	2230	735	1495	152555	70537	82018
宁海县	966	265	701	169979	75061	94918
余姚市	2243	755	1488	296624	135645	160979
慈溪市	1869	603	1266	435583	201780	233803
温州市	**16771**	**6094**	**10677**	**2155217**	**1057444**	**1097773**
鹿城区	940	328	612	165724	75879	89845
龙湾区	840	369	471	143973	73436	70537
瓯海区	1022	367	655	179129	91199	87930
洞头区	91	35	56	32243	15547	16696
永嘉县	1767	650	1117	209793	105148	104645
平阳县	1558	614	944	234788	116722	118066
苍南县	1467	568	899	237011	114737	122274
文成县	661	303	358	79544	41534	38010
泰顺县	705	268	437	85070	44016	41054
瑞安市	2636	983	1653	355834	179142	176692
乐清市	3922	1236	2686	312700	144091	168609
龙港市	1162	373	789	119408	55993	63415
嘉兴市	**9872**	**2886**	**6986**	**1234040**	**563989**	**670051**
南湖区	1042	287	755	138637	61582	77055
秀洲区	861	262	599	148461	68831	79630
嘉善县	1167	346	821	143650	67970	75680
海盐县	1201	348	853	108820	48596	60224
海宁市	2682	690	1992	245335	113130	132205
平湖市	603	204	399	170671	77369	93302
桐乡市	2316	749	1567	278466	126511	151955
湖州市	**6694**	**2265**	**4429**	**849221**	**393654**	**455567**
吴兴区	1682	567	1115	194733	88581	106152
南浔区	1148	410	738	176819	83320	93499
德清县	1083	390	693	157560	73686	83874
长兴县	1893	629	1264	175135	80296	94839
安吉县	888	269	619	144974	67771	77203

4-4 续表 3

单位：人

地区	学前教育			小学		
	小计	男	女	小计	男	女
绍兴市	**9901**	**2908**	**6993**	**1097567**	**482790**	**614777**
越城区	2869	812	2057	199651	85841	113810
柯桥区	2320	706	1614	247690	110323	137367
上虞区	1472	433	1039	204255	91195	113060
新昌县	1113	325	788	82273	35852	46421
诸暨市	618	189	429	218104	95235	122869
嵊州市	1509	443	1066	145594	64344	81250
金华市	**10271**	**3643**	**6628**	**1218625**	**572869**	**645756**
婺城区	1130	362	768	147725	71172	76553
金东区	556	197	359	97967	47323	50644
武义县	724	242	482	93573	45406	48167
浦江县	849	258	591	87814	39448	48366
磐安县	341	87	254	42466	18714	23752
兰溪市	1362	439	923	133949	62367	71582
义乌市	1141	391	750	255767	115481	140286
东阳市	1122	262	860	185606	84728	100878
永康市	3046	1405	1641	173758	88230	85528
衢州市	**8167**	**2493**	**5674**	**509261**	**240875**	**268386**
柯城区	928	242	686	76328	33811	42517
衢江区	1186	431	755	91498	47643	43855
常山县	1351	400	951	63110	30550	32560
开化县	1836	460	1376	70431	30768	39663
龙游县	1195	437	758	85312	42285	43027
江山市	1671	523	1148	122582	55818	66764
舟山市	**3599**	**1092**	**2507**	**291400**	**141957**	**149443**
定海区	1424	416	1008	109436	51106	58330
普陀区	803	247	556	95765	45241	50524
岱山县	1205	388	817	64029	34289	29740
嵊泗县	167	41	126	22170	11321	10849
台州市	**9333**	**2977**	**6356**	**1617389**	**766085**	**851304**
椒江区	435	134	301	162537	77742	84795
黄岩区	316	85	231	181563	82873	98690
路桥区	425	156	269	159675	77419	82256
三门县	620	208	412	83954	40047	43907
天台县	238	69	169	107317	47699	59618
仙居县	2050	701	1349	80417	38243	42174
温岭市	4411	1378	3033	409163	193834	215329
临海市	748	213	535	285385	131020	154365
玉环市	90	33	57	147378	77208	70170
丽水市	**8174**	**2880**	**5294**	**594372**	**290401**	**303971**
莲都区	769	282	487	94425	47953	46472
青田县	1831	628	1203	129970	61077	68893
缙云县	1228	430	798	84347	40125	44222
遂昌县	978	308	670	52780	26359	26421
松阳县	816	270	546	53343	26272	27071
云和县	183	84	99	34422	17426	16996
庆元县	844	308	536	42149	19619	22530
景宁畲族自治县	348	124	224	34662	17184	17478
龙泉市	1177	446	731	68274	34386	33888

4-4　续表 4　　单位：人

地　　区	初　　中			高　　中			大学专科		
	小计	男	女	小计	男	女	小计	男	女
合计	**18284431**	**10242139**	**8042292**	**7076156**	**4059550**	**3016606**	**4165143**	**2197598**	**1967545**
杭州市	**2728105**	**1532271**	**1195834**	**1441112**	**809741**	**631371**	**1080591**	**562568**	**518023**
上城区	85489	45118	40371	53642	26819	26823	39703	20379	19324
下城区	89450	44471	44979	71686	35153	36533	63475	31848	31627
江干区	269718	149632	120086	192157	105096	87061	153779	79801	73978
拱墅区	109717	57016	52701	87133	44953	42180	80019	40352	39667
西湖区	155458	83762	71696	123477	65068	58409	123469	62882	60587
滨江区	57374	31412	25962	41966	22169	19797	54512	27650	26862
萧山区	578813	338998	239815	242722	145912	96810	175375	93880	81495
余杭区	621592	357916	263676	284190	164755	119435	216342	113481	102861
富阳区	230113	129693	100420	99108	57928	41180	62422	32683	29739
临安区	192231	107675	84556	79522	45888	33634	40050	20981	19069
桐庐县	134433	72983	61450	57687	32833	24854	26229	13832	12397
淳安县	81434	47216	34218	44559	26744	17815	18923	10543	8380
建德市	122283	66379	55904	63263	36423	26840	26293	14256	12037
宁波市	**2853984**	**1579427**	**1274557**	**1011779**	**578942**	**432837**	**654118**	**340867**	**313251**
海曙区	303409	164894	138515	126540	70109	56431	89042	45786	43256
江北区	134938	75058	59880	55794	30458	25336	44238	22607	21631
北仑区	276782	155917	120865	98436	58517	39919	66739	36370	30369
镇海区	154802	87165	67637	56536	32099	24437	42232	22598	19634
鄞州区	387203	208594	178609	174125	94138	79987	152457	76193	76264
奉化区	182887	101274	81613	63621	37883	25738	29291	15766	13525
象山县	164238	90159	74079	58262	32371	25891	30822	16329	14493
宁海县	204333	112925	91408	74215	44374	29841	40403	21496	18907
余姚市	416035	229512	186523	131901	76517	55384	67677	35561	32116
慈溪市	629357	353929	275428	172349	102476	69873	91217	48161	43056
温州市	**2570933**	**1479226**	**1091707**	**1004606**	**584102**	**420504**	**543841**	**290264**	**253577**
鹿城区	353325	197406	155919	156898	85443	71455	99266	50487	48779
龙湾区	220437	133483	86954	77290	47575	29715	42611	23821	18790
瓯海区	287290	170473	116817	104124	62717	41407	47749	25129	22620
洞头区	38099	22706	15393	13206	8044	5162	8822	4962	3860
永嘉县	225791	130926	94865	93339	54878	38461	40270	21758	18512
平阳县	206038	118059	87979	74780	43385	31395	46863	24872	21991
苍南县	183038	103484	79554	74193	43615	30578	43304	24295	19009
文成县	79923	43903	36020	23295	13180	10115	8538	4532	4006
泰顺县	51159	28235	22924	20249	11886	8363	10865	5935	4930
瑞安市	424216	244482	179734	140706	82426	58280	74233	39144	35089
乐清市	398104	225964	172140	177717	101857	75860	90673	48299	42374
龙港市	103513	60105	43408	48809	29096	19713	30647	17030	13617
嘉兴市	**1659462**	**930690**	**728772**	**539436**	**320478**	**218958**	**331869**	**179293**	**152576**
南湖区	219092	120595	98497	93206	52106	41100	70654	37352	33302
秀洲区	206976	116422	90554	62225	37042	25183	41393	22208	19185
嘉善县	210131	119342	90789	67504	40690	26814	37601	20906	16695
海盐县	137259	77450	59809	44119	26685	17434	29185	15557	13628
海宁市	356599	203176	153423	114397	69677	44720	59195	31997	27198
平湖市	206916	117074	89842	61845	37321	24524	44342	24456	19886
桐乡市	322489	176631	145858	96140	56957	39183	49499	26817	22682
湖州市	**1019083**	**569443**	**449640**	**362415**	**207975**	**154440**	**187952**	**99679**	**88273**
吴兴区	315863	173191	142672	115506	64347	51159	68257	36477	31780
南浔区	170223	97215	73008	46818	28315	18503	20662	11305	9357
德清县	154375	87655	66720	61006	35399	25607	31068	16517	14551
长兴县	195768	107659	88109	76109	43247	32862	38251	19994	18257
安吉县	182854	103723	79131	62976	36667	26309	29714	15386	14328

4-4 续表 5 单位：人

地区	初中			高中			大学专科		
	小计	男	女	小计	男	女	小计	男	女
绍兴市	**1711494**	**924343**	**787151**	**604254**	**345308**	**258946**	**308771**	**162965**	**145806**
越城区	265247	141437	123810	113667	62214	51453	78212	40577	37635
柯桥区	368442	214332	154110	108185	65332	42853	53273	27756	25517
上虞区	252535	132851	119684	88105	50314	37791	52782	28205	24577
新昌县	128209	69008	59201	64828	36994	27834	27791	15202	12589
诸暨市	450405	234821	215584	139996	79148	60848	61861	32413	29448
嵊州市	246656	131894	114762	89473	51306	38167	34852	18812	16040
金华市	**2273041**	**1262986**	**1010055**	**827203**	**479561**	**347642**	**414444**	**219530**	**194914**
婺城区	224372	124178	100194	129896	70674	59222	80432	41318	39114
金东区	171541	97849	73692	56116	32452	23664	24347	12699	11648
武义县	155218	88692	66526	50486	29694	20792	21930	11694	10236
浦江县	158801	86402	72399	46856	28840	18016	23962	13433	10529
磐安县	52158	28844	23314	19793	12065	7728	8270	4612	3658
兰溪市	172182	95437	76745	62701	37113	25588	26903	14935	11968
义乌市	632625	353878	278747	236496	140437	96059	128899	69634	59265
东阳市	375120	201490	173630	118665	67857	50808	60005	31499	28506
永康市	331024	186216	144808	106194	60429	45765	39696	19706	19990
衢州市	**631054**	**352849**	**278205**	**248234**	**143109**	**105125**	**115426**	**63075**	**52351**
柯城区	133662	72042	61620	71556	38171	33385	46355	24548	21807
衢江区	113265	67567	45698	35498	21892	13606	12336	6968	5368
常山县	68243	39629	28614	24642	15038	9604	9156	5309	3847
开化县	65339	36496	28843	22995	14010	8985	10000	5761	4239
龙游县	110154	61336	48818	36927	21876	15051	16343	9006	7337
江山市	140391	75779	64612	56616	32122	24494	21236	11483	9753
舟山市	**345315**	**199805**	**145510**	**121773**	**64772**	**57001**	**83775**	**46934**	**36841**
定海区	128004	70525	57479	55258	28364	26894	40936	21859	19077
普陀区	123914	69207	54707	42428	22285	20143	28139	15683	12456
岱山县	72918	48819	24099	18427	11246	7181	10941	7263	3678
嵊泗县	20479	11254	9225	5660	2877	2783	3759	2129	1630
台州市	**1792908**	**1023259**	**769649**	**668232**	**386782**	**281450**	**326801**	**170421**	**156380**
椒江区	195012	112036	82976	83759	47579	36180	60135	31163	28972
黄岩区	201158	115189	85969	80107	46082	34025	33439	16747	16692
路桥区	177198	102489	74709	64081	37382	26699	28105	14361	13744
三门县	92783	54082	38701	34532	21467	13065	17372	9697	7675
天台县	134173	72837	61336	50534	28432	22102	24519	12847	11672
仙居县	119772	63699	56073	50229	28295	21934	21160	10956	10204
温岭市	404929	234964	169965	133432	77402	56030	59104	31396	27708
临海市	282168	157943	124225	110912	64518	46394	52308	27575	24733
玉环市	185715	110020	75695	60646	35625	25021	30659	15679	14980
丽水市	**699052**	**387840**	**311212**	**247112**	**138780**	**108332**	**117555**	**62002**	**55553**
莲都区	140331	79230	61101	70756	38965	31791	36987	19112	17875
青田县	150154	83336	66818	47949	27604	20345	12161	6569	5592
缙云县	137635	73895	63740	37382	21022	16360	18318	9594	8724
遂昌县	52908	30063	22845	19296	10734	8562	9837	5282	4555
松阳县	57862	32143	25719	19598	10958	8640	9327	5055	4272
云和县	35476	19938	15538	12517	7140	5377	6385	3335	3050
庆元县	36271	20615	15656	9821	5880	3941	7183	3894	3289
景宁畲族自治县	23647	13316	10331	8313	4827	3486	5238	2922	2316
龙泉市	64768	35304	29464	21480	11650	9830	12119	6239	5880

4-4　续表 6　　　　单位：人

地　区	大学本科			硕士研究生			博士研究生		
	小计	男	女	小计	男	女	小计	男	女
合计	**3801976**	**1944738**	**1857238**	**413270**	**219788**	**193482**	**56662**	**36041**	**20621**
杭州市	**1315648**	**674512**	**641136**	**237045**	**125635**	**111410**	**36948**	**23176**	**13772**
上城区	55660	27238	28422	12598	6239	6359	1749	1063	686
下城区	93032	45697	47335	19462	9849	9613	2905	1852	1053
江干区	201494	102411	99083	40957	20862	20095	7169	4342	2827
拱墅区	109965	54874	55091	19134	10018	9116	2150	1340	810
西湖区	200924	102835	98089	50735	26811	23924	14428	9034	5394
滨江区	106063	55947	50116	29287	16449	12838	2440	1533	907
萧山区	187925	96924	91001	23363	13043	10320	1522	1013	509
余杭区	225164	119108	106056	32074	17411	14663	3176	2083	1093
富阳区	51799	26104	25695	3980	2085	1895	487	336	151
临安区	30555	15693	14862	2915	1512	1403	622	389	233
桐庐县	19375	9720	9655	995	485	510	94	56	38
淳安县	14943	8086	6857	555	308	247	81	53	28
建德市	18749	9875	8874	990	563	427	125	82	43
宁波市	**606283**	**307529**	**298754**	**54416**	**29446**	**24970**	**5705**	**3760**	**1945**
海曙区	81324	40986	40338	7526	4057	3469	650	430	220
江北区	47390	24197	23193	5755	3077	2678	619	411	208
北仑区	50621	26972	23649	3536	1926	1610	370	243	127
镇海区	42670	22061	20609	5045	2688	2357	1200	811	389
鄞州区	188377	94755	93622	21065	11225	9840	1897	1188	709
奉化区	23697	11883	11814	1374	719	655	111	74	37
象山县	22918	11296	11622	862	464	398	102	65	37
宁海县	29055	14960	14095	1194	625	569	97	67	30
余姚市	48320	23506	24814	2661	1487	1174	253	174	79
慈溪市	71911	36913	34998	5398	3178	2220	406	297	109
温州市	**354350**	**181871**	**172479**	**26251**	**13699**	**12552**	**3444**	**2226**	**1218**
鹿城区	92273	45855	46418	10202	5285	4917	1204	774	430
龙湾区	26125	14014	12111	1779	976	803	176	106	70
瓯海区	36048	17889	18159	5707	2836	2871	1088	725	363
洞头区	5465	2968	2497	300	157	143	30	18	12
永嘉县	21742	11423	10319	995	504	491	122	76	46
平阳县	27722	14408	13314	1039	540	499	112	68	44
苍南县	20262	11027	9235	749	393	356	80	52	28
文成县	6317	3198	3119	171	76	95	18	9	9
泰顺县	6975	3623	3352	202	117	85	21	14	7
瑞安市	50367	25466	24901	2493	1389	1104	310	200	110
乐清市	46882	24029	22853	2151	1171	980	220	143	77
龙港市	14172	7971	6201	463	255	208	63	41	22
嘉兴市	**285394**	**144733**	**140661**	**19187**	**10526**	**8661**	**1937**	**1298**	**639**
南湖区	75144	37977	37167	7638	4147	3491	889	605	284
秀洲区	36164	18267	17897	3033	1699	1334	304	213	91
嘉善县	28112	14335	13777	1343	734	609	113	70	43
海盐县	25835	13431	12404	1051	570	481	76	46	30
海宁市	47568	24052	23516	2611	1432	1179	262	176	86
平湖市	32023	16161	15862	1382	804	578	105	72	33
桐乡市	40548	20510	20038	2129	1140	989	188	116	72
湖州市	**161619**	**81147**	**80472**	**10982**	**5989**	**4993**	**1104**	**701**	**403**
吴兴区	69961	35331	34630	6423	3537	2886	707	451	256
南浔区	13994	6843	7151	728	371	357	91	61	30
德清县	25464	12559	12905	1349	695	654	132	85	47
长兴县	28275	14272	14003	1414	786	628	93	55	38
安吉县	23925	12142	11783	1068	600	468	81	49	32

4-4 续表 7

单位：人

地 区	大学本科			硕士研究生			博士研究生		
	小计	男	女	小计	男	女	小计	男	女
绍兴市	**280053**	**142581**	**137472**	**17094**	**9190**	**7904**	**1827**	**1227**	**600**
越城区	86127	43626	42501	7461	3976	3485	855	570	285
柯桥区	49343	25051	24292	2478	1333	1145	216	141	75
上虞区	42416	21957	20459	2576	1477	1099	250	172	78
新昌县	22351	11530	10821	1225	699	526	134	94	40
诸暨市	55896	28099	27797	2377	1239	1138	243	165	78
嵊州市	23920	12318	11602	977	466	511	129	85	44
金华市	**274099**	**143270**	**130829**	**17608**	**8885**	**8723**	**2229**	**1436**	**793**
婺城区	67855	35007	32848	7034	3514	3520	1238	794	444
金东区	14998	7779	7219	1212	639	573	94	59	35
武义县	12601	6425	6176	498	235	263	69	38	31
浦江县	16122	8603	7519	606	305	301	86	63	23
磐安县	6277	3276	3001	201	105	96	19	10	9
兰溪市	16920	9233	7687	755	395	360	100	66	34
义乌市	73532	39788	33744	3936	2018	1918	303	186	117
东阳市	42361	21566	20795	2370	1205	1165	223	156	67
永康市	23433	11593	11840	996	469	527	97	64	33
衢州市	**101299**	**54446**	**46853**	**5648**	**3099**	**2549**	**569**	**356**	**213**
柯城区	45390	23907	21483	3487	1897	1590	280	186	94
衢江区	8060	4554	3506	415	240	175	40	26	14
常山县	8298	4640	3658	254	143	111	32	21	11
开化县	8776	4911	3865	291	157	134	32	21	11
龙游县	13668	7447	6221	491	279	212	81	42	39
江山市	17107	8987	8120	710	383	327	104	60	44
舟山市	**77650**	**39980**	**37670**	**5817**	**3003**	**2814**	**804**	**534**	**270**
定海区	44064	21986	22078	4222	2189	2033	659	442	217
普陀区	20516	10328	10188	1146	559	587	95	62	33
岱山县	8824	5407	3417	307	181	126	38	24	14
嵊泗县	4246	2259	1987	142	74	68	12	6	6
台州市	**242382**	**122376**	**120006**	**14101**	**7645**	**6456**	**1564**	**995**	**569**
椒江区	59867	30519	29348	5518	3062	2456	590	397	193
黄岩区	22934	11103	11831	1161	621	540	168	98	70
路桥区	20110	9821	10289	828	447	381	70	39	31
三门县	12539	6675	5864	464	227	237	41	27	14
天台县	18536	9439	9097	674	358	316	87	56	31
仙居县	13991	7153	6838	568	294	274	78	49	29
温岭市	38629	19461	19168	1774	907	867	168	101	67
临海市	37285	18743	18542	2293	1250	1043	307	200	107
玉环市	18491	9462	9029	821	479	342	55	28	27
丽水市	**103199**	**52293**	**50906**	**5121**	**2671**	**2450**	**531**	**332**	**199**
莲都区	37468	19008	18460	2956	1574	1382	290	187	103
青田县	11254	5795	5459	379	193	186	50	34	16
缙云县	12860	6467	6393	443	189	254	54	29	25
遂昌县	7498	3919	3579	263	144	119	37	24	13
松阳县	7796	3978	3818	359	172	187	28	15	13
云和县	5175	2555	2620	128	62	66	13	7	6
庆元县	6381	3246	3135	162	89	73	14	11	3
景宁畲族自治县	5208	2681	2527	125	81	44	10	5	5
龙泉市	9559	4644	4915	306	167	139	35	20	15

4-4a 各地区分性别、受教育程度的25岁及以上人口(城市)

单位：人

地区	25岁及以上人口			未上过学		
	合计	男	女	小计	男	女
合计	**24485356**	**12589539**	**11895817**	**672443**	**165853**	**506590**
杭州市	**6491172**	**3359402**	**3131770**	**136976**	**30941**	**106035**
上城区	281686	139041	142645	4028	741	3287
下城区	381493	183566	197927	6542	1200	5342
江干区	1007770	524466	483304	17049	4088	12961
拱墅区	469940	232920	237020	8621	1785	6836
西湖区	746558	379466	367092	10644	2476	8168
滨江区	341546	176079	165467	7287	1464	5823
萧山区	1251994	664214	587780	40243	8772	31471
余杭区	1260701	671007	589694	29455	7076	22379
富阳区	421627	220213	201414	7783	1999	5784
临安区	216884	114006	102878	3375	953	2422
桐庐县						
淳安县						
建德市	110973	54424	56549	1949	387	1562
宁波市	**4128821**	**2107340**	**2021481**	**70656**	**17293**	**53363**
海曙区	666805	338750	328055	9720	2347	7373
江北区	304361	155942	148419	5225	1361	3864
北仑区	445044	237087	207957	6556	1662	4894
镇海区	329142	171939	157203	5629	1365	4264
鄞州区	728606	356248	372358	10296	2587	7709
奉化区	229201	115952	113249	3446	836	2610
象山县						
宁海县						
余姚市	593167	304600	288567	12939	3309	9630
慈溪市	832495	426822	405673	16845	3826	13019
温州市	**3487430**	**1829764**	**1657666**	**168857**	**46223**	**122634**
鹿城区	809074	415162	393912	17317	4167	13150
龙湾区	357572	197819	159753	17398	4837	12561
瓯海区	563267	307057	256210	26479	7329	19150
洞头区	52312	26343	25969	3202	600	2602
永嘉县						
平阳县						
苍南县						
文成县						
泰顺县						
瑞安市	740528	383791	356737	61163	18523	42640
乐清市	644425	334556	309869	19642	4755	14887
龙港市	320252	165036	155216	23656	6012	17644
嘉兴市	**1669071**	**848484**	**820587**	**39779**	**8395**	**31384**
南湖区	491053	248417	242636	11913	2583	9330
秀洲区	226660	117301	109359	7464	1661	5803
嘉善县						
海盐县						
海宁市	326948	166989	159959	8514	1473	7041
平湖市	221214	110719	110495	6251	1266	4985
桐乡市	403196	205058	198138	5637	1412	4225
湖州市	**560491**	**284165**	**276326**	**13996**	**3437**	**10559**
吴兴区	423958	212743	211215	9023	2091	6932
南浔区	136533	71422	65111	4973	1346	3627
德清县						
长兴县						
安吉县						

4-4a 续表 1

单位：人

地区	25岁及以上人口			未上过学		
	合计	男	女	小计	男	女
绍兴市	**2302458**	**1160132**	**1142326**	**43786**	**10587**	**33199**
越城区	634065	315243	318822	9024	2273	6751
柯桥区	595080	310708	284372	16344	4014	12330
上虞区	398378	198594	199784	12157	2764	9393
新昌县						
诸暨市	426067	211395	214672	3816	965	2851
嵊州市	248868	124192	124676	2445	571	1874
金华市	**2307569**	**1202408**	**1105161**	**54959**	**12518**	**42441**
婺城区	453335	229847	223488	11706	2745	8961
金东区	95054	49568	45486	2366	586	1780
武义县						
浦江县						
磐安县						
兰溪市	189150	93824	95326	9029	1975	7054
义乌市	848199	453265	394934	15478	3384	12094
东阳市	332872	167346	165526	7393	1468	5925
永康市	388959	208558	180401	8987	2360	6627
衢州市	**549752**	**273443**	**276309**	**16561**	**3675**	**12886**
柯城区	285278	140866	144412	6992	1337	5655
衢江区	100434	53575	46859	5117	1359	3758
常山县						
开化县						
龙游县	1012	521	491	10	4	6
江山市	163028	78481	84547	4442	975	3467
舟山市	**466475**	**230340**	**236135**	**8535**	**2049**	**6486**
定海区	265191	130470	134721	4334	1112	3222
普陀区	201284	99870	101414	4201	937	3264
岱山县						
嵊泗县						
台州市	**2127885**	**1093017**	**1034868**	**104971**	**26830**	**78141**
椒江区	448641	229363	219278	20999	5154	15845
黄岩区	306699	158188	148511	7068	1685	5383
路桥区	232565	119530	113035	11861	3079	8782
三门县						
天台县						
仙居县						
温岭市	495387	256866	238521	19115	4620	14495
临海市	294802	145581	149221	12971	3242	9729
玉环市	349791	183489	166302	32957	9050	23907
丽水市	**394232**	**201044**	**193188**	**13367**	**3905**	**9462**
莲都区	285602	146957	138645	9020	2586	6434
青田县						
缙云县						
遂昌县						
松阳县						
云和县						
庆元县						
景宁畲族自治县						
龙泉市	108630	54087	54543	4347	1319	3028

4–4a　续表 2　　　　单位：人

地　区	学前教育			小　学		
	小计	男	女	小计	男	女
合计	**29890**	**10397**	**19493**	**4938302**	**2259809**	**2678493**
杭州市	**6211**	**2279**	**3932**	**1024483**	**470618**	**553865**
上城区	253	84	169	28564	11360	17204
下城区	492	133	359	34449	13363	21086
江干区	1137	484	653	124310	57750	66560
拱墅区	517	139	378	52684	22443	30241
西湖区	630	213	417	85137	36840	48297
滨江区	264	59	205	42353	19396	22957
萧山区	945	291	654	291391	137791	153600
余杭区	1524	710	814	225957	107768	118189
富阳区	196	86	110	85485	39451	46034
临安区	126	42	84	34931	16882	18049
桐庐县						
淳安县						
建德市	127	38	89	19222	7574	11648
宁波市	**3814**	**1342**	**2472**	**860606**	**384336**	**476270**
海曙区	508	193	315	129397	56657	72740
江北区	163	58	105	52088	23457	28631
北仑区	506	189	317	77563	35702	41861
镇海区	319	118	201	65595	30227	35368
鄞州区	429	150	279	97041	40170	56871
奉化区	262	87	175	55972	24885	31087
象山县						
宁海县						
余姚市	738	262	476	145612	65494	80118
慈溪市	889	285	604	237338	107744	129594
温州市	**5871**	**2070**	**3801**	**853196**	**409102**	**444094**
鹿城区	744	276	468	139094	62627	76467
龙湾区	518	216	302	94332	48180	46152
瓯海区	629	227	402	136300	68705	67595
洞头区	22	3	19	13696	5989	7707
永嘉县						
平阳县						
苍南县						
文成县						
泰顺县						
瑞安市	1356	526	830	200874	99455	101419
乐清市	1654	506	1148	160842	73640	87202
龙港市	948	316	632	108058	50506	57552
嘉兴市	**2037**	**576**	**1461**	**341983**	**148228**	**193755**
南湖区	569	175	394	90022	38650	51372
秀洲区	132	38	94	38637	17500	21137
嘉善县						
海盐县						
海宁市	685	162	523	69978	30355	39623
平湖市	163	42	121	46104	19330	26774
桐乡市	488	159	329	97242	42393	54849
湖州市	**501**	**160**	**341**	**119809**	**53788**	**66021**
吴兴区	415	127	288	79835	34963	44872
南浔区	86	33	53	39974	18825	21149
德清县						
长兴县						
安吉县						

4－4a 续表 3

单位：人

地 区	学前教育			小 学		
	小计	男	女	小计	男	女
绍兴市	**3398**	**1008**	**2390**	**498221**	**216350**	**281871**
越城区	1631	455	1176	144294	60980	83314
柯桥区	978	299	679	156220	69592	86628
上虞区	497	164	333	92466	40826	51640
新昌县						
诸暨市	128	40	88	66247	28387	37860
嵊州市	164	50	114	38994	16565	22429
金华市	**3355**	**1511**	**1844**	**397716**	**184552**	**213164**
婺城区	394	125	269	72119	33029	39090
金东区	49	17	32	18180	8721	9459
武义县						
浦江县						
磐安县						
兰溪市	378	112	266	40033	17844	22189
义乌市	584	220	364	129909	58407	71502
东阳市	206	65	141	54823	24122	30701
永康市	1744	972	772	82652	42429	40223
衢州市	**878**	**278**	**600**	**98016**	**42542**	**55474**
柯城区	412	107	305	40735	16620	24115
衢江区	161	71	90	22406	11224	11182
常山县						
开化县						
龙游县	4	1	3	385	182	203
江山市	301	99	202	34490	14516	19974
舟山市	**755**	**203**	**552**	**101447**	**45690**	**55757**
定海区	426	113	313	53934	23933	30001
普陀区	329	90	239	47513	21757	25756
岱山县						
嵊泗县						
台州市	**2559**	**783**	**1776**	**559115**	**264632**	**294483**
椒江区	179	55	124	104698	48993	55705
黄岩区	75	18	57	83192	38181	45011
路桥区	169	58	111	64588	30653	33935
三门县						
天台县						
仙居县						
温岭市	1894	579	1315	143188	67536	75652
临海市	219	62	157	66119	29368	36751
玉环市	23	11	12	97330	49901	47429
丽水市	**511**	**187**	**324**	**83710**	**39971**	**43739**
莲都区	180	65	115	53638	25641	27997
青田县						
缙云县						
遂昌县						
松阳县						
云和县						
庆元县						
景宁畲族自治县						
龙泉市	331	122	209	30072	14330	15742

4-4a　续表 4

单位：人

地　区	初　中			高　中			大学专科		
	小计	男	女	小计	男	女	小计	男	女
合计	**8645427**	**4746175**	**3899252**	**4035801**	**2226842**	**1808959**	**2798446**	**1452544**	**1345902**
杭州市	**1832757**	**1017068**	**815689**	**1092264**	**597038**	**495226**	**922065**	**476557**	**445508**
上城区	85489	45118	40371	53642	26819	26823	39703	20379	19324
下城区	89450	44471	44979	71686	35153	36533	63475	31848	31627
江干区	269718	149632	120086	192157	105096	87061	153779	79801	73978
拱墅区	109717	57016	52701	87133	44953	42180	80019	40352	39667
西湖区	147364	78802	68562	118968	62508	56460	120569	61385	59184
滨江区	57374	31412	25962	41966	22169	19797	54512	27650	26862
萧山区	400005	233348	166657	182571	106841	75730	144181	76416	67765
余杭区	414009	235736	178273	198549	112649	85900	167955	87610	80345
富阳区	151191	83698	67493	74669	42540	32129	51646	26803	24843
临安区	75829	41508	34321	44932	24693	20239	29710	15467	14243
桐庐县									
淳安县									
建德市	32611	16327	16284	25991	13617	12374	16516	8846	7670
宁波市	**1557032**	**841500**	**715532**	**636466**	**351304**	**285162**	**466016**	**239682**	**226334**
海曙区	246114	132241	113873	111166	60590	50576	83411	42743	40668
江北区	104349	57005	47344	48513	25910	22603	41504	21099	20405
北仑区	187123	103359	83764	73521	42703	30818	53687	28950	24737
镇海区	123652	68164	55488	48584	27148	21436	38356	20384	17972
鄞州区	186927	94390	92537	122997	62973	60024	123138	60778	62360
奉化区	87961	46118	41843	39257	22237	17020	21430	11308	10122
象山县									
宁海县									
余姚市	255616	139598	116018	86952	49200	37752	48435	25489	22946
慈溪市	365290	200625	164665	105476	60543	44933	56055	28931	27124
温州市	**1309076**	**748689**	**560387**	**550403**	**313788**	**236615**	**328562**	**172039**	**156523**
鹿城区	309928	171159	138769	144140	77368	66772	95587	48405	47182
龙湾区	139411	84470	54941	51641	31185	20456	31278	16936	14342
瓯海区	228356	135311	93045	87122	52210	34912	43328	22747	20581
洞头区	18314	10308	8006	7228	4184	3044	5512	2982	2530
永嘉县									
平阳县									
苍南县									
文成县									
泰顺县									
瑞安市	269512	152584	116928	100160	57406	42754	59903	31245	28658
乐清市	246955	139078	107877	113357	63666	49691	63147	33182	29965
龙港市	96600	55779	40821	46755	27769	18986	29807	16542	13265
嘉兴市	**641723**	**345402**	**296321**	**254467**	**143669**	**110798**	**184262**	**97796**	**86466**
南湖区	166831	89978	76853	78982	43012	35970	63175	33273	29902
秀洲区	81949	44934	37015	35517	20176	15341	29404	15648	13756
嘉善县									
海盐县									
海宁市	131331	71740	59591	51142	29722	21420	31601	16695	14906
平湖市	82454	43782	38672	33711	19033	14678	27687	14786	12901
桐乡市	179158	94968	84190	55115	31726	23389	32395	17394	15001
湖州市	**189615**	**102465**	**87150**	**95939**	**51645**	**44294**	**63130**	**33389**	**29741**
吴兴区	132987	70441	62546	77405	40809	36596	54482	28814	25668
南浔区	56628	32024	24604	18534	10836	7698	8648	4575	4073
德清县									
长兴县									
安吉县									

4–4a 续表 5

单位：人

地 区	初中			高中			大学专科		
	小计	男	女	小计	男	女	小计	男	女
绍兴市	**915371**	**486099**	**429272**	**374587**	**205582**	**169005**	**224136**	**116620**	**107516**
越城区	215642	113729	101913	100805	54270	46535	72110	37344	34766
柯桥区	253527	145051	108476	81642	47747	33895	42208	21604	20604
上虞区	150452	77826	72626	61431	33936	27495	41525	22133	19392
新昌县									
诸暨市	189347	95690	93657	77662	41265	36397	42043	21676	20367
嵊州市	106403	53803	52600	53047	28364	24683	26250	13863	12387
金华市	**946021**	**517782**	**428239**	**443418**	**246046**	**197372**	**258103**	**134020**	**124083**
婺城区	138801	74076	64725	97146	51326	45820	66888	34337	32551
金东区	33371	18690	14681	18009	9639	8370	11753	6029	5724
武义县									
浦江县									
磐安县									
兰溪市	69491	35935	33556	36967	20038	16929	18937	10230	8707
义乌市	371336	206955	164381	167763	97345	70418	100130	53272	46858
东阳市	151301	79320	71981	57962	31453	26509	32352	16383	15969
永康市	181721	102806	78915	65571	36245	29326	28043	13769	14274
衢州市	**188230**	**96988**	**91242**	**113108**	**59700**	**53408**	**65982**	**34924**	**31058**
柯城区	88654	45137	43517	60524	31249	29275	41782	22000	19782
衢江区	40035	22602	17433	18922	10818	8104	8114	4401	3713
常山县									
开化县									
龙游县	416	226	190	155	86	69	33	17	16
江山市	59125	29023	30102	33507	17547	15960	16053	8506	7547
舟山市	**158334**	**82286**	**76048**	**75370**	**37081**	**38289**	**57962**	**31016**	**26946**
定海区	81257	42053	39204	43769	21340	22429	35607	18819	16788
普陀区	77077	40233	36844	31601	15741	15860	22355	12197	10158
岱山县									
嵊泗县									
台州市	**775848**	**437041**	**338807**	**326413**	**181781**	**144632**	**184591**	**93993**	**90598**
椒江区	140054	78617	61437	67689	37493	30196	52687	27045	25642
黄岩区	118658	66556	52102	53469	29852	23617	24051	11997	12054
路桥区	86543	48926	37617	36295	20437	15858	17839	8937	8902
三门县									
天台县									
仙居县									
温岭市	196086	111842	84244	69939	39090	30849	35278	18232	17046
临海市	100842	53171	47671	53867	28930	24937	30792	15716	15076
玉环市	133665	77929	55736	45154	25979	19175	23944	12066	11878
丽水市	**131420**	**70855**	**60565**	**73366**	**39208**	**34158**	**43637**	**22508**	**21129**
莲都区	93452	50981	42471	57086	30647	26439	33236	17157	16079
青田县									
缙云县									
遂昌县									
松阳县									
云和县									
庆元县									
景宁畲族自治县									
龙泉市	37968	19874	18094	16280	8561	7719	10401	5351	5050

4-4a　续表 6　　　　单位：人

地　区	大学本科			硕士研究生			博士研究生		
	小计	男	女	小计	男	女	小计	男	女
合计	**2941581**	**1497566**	**1444015**	**371699**	**197488**	**174211**	**51767**	**32865**	**18902**
杭州市	**1209857**	**620125**	**589732**	**230421**	**122110**	**108311**	**36138**	**22666**	**13472**
上城区	55660	27238	28422	12598	6239	6359	1749	1063	686
下城区	93032	45697	47335	19462	9849	9613	2905	1852	1053
江干区	201494	102411	99083	40957	20862	20095	7169	4342	2827
拱墅区	109965	54874	55091	19134	10018	9116	2150	1340	810
西湖区	198485	101627	96858	50370	26600	23770	14391	9015	5376
滨江区	106063	55947	50116	29287	16449	12838	2440	1533	907
萧山区	168833	87309	81524	22413	12506	9907	1412	940	472
余杭区	191225	101728	89497	29175	15849	13326	2852	1881	971
富阳区	46584	23395	23189	3646	1944	1702	427	297	130
临安区	24745	12710	12035	2658	1386	1272	578	365	213
桐庐县									
淳安县									
建德市	13771	7189	6582	721	408	313	65	38	27
宁波市	**482429**	**243432**	**238997**	**46807**	**25176**	**21631**	**4995**	**3275**	**1720**
海曙区	78462	39580	38882	7393	3981	3412	634	418	216
江北区	46241	23620	22621	5668	3029	2639	610	403	207
北仑区	42883	22725	20158	2946	1622	1324	259	175	84
镇海区	40852	21082	19770	4964	2648	2316	1191	803	388
鄞州区	166154	83501	82653	19832	10574	9258	1792	1125	667
奉化区	19651	9825	9826	1132	597	535	90	59	31
象山县									
宁海县									
余姚市	40306	19761	20545	2368	1343	1025	201	144	57
慈溪市	47880	23338	24542	2504	1382	1122	218	148	70
温州市	**246814**	**124642**	**122172**	**21812**	**11373**	**10439**	**2839**	**1838**	**1001**
鹿城区	90966	45156	45810	10112	5243	4869	1186	761	425
龙湾区	21344	11088	10256	1496	815	681	154	92	62
瓯海区	34380	17038	17342	5606	2777	2829	1067	713	354
洞头区	4143	2178	1965	180	90	90	15	9	6
永嘉县									
平阳县									
苍南县									
文成县									
泰顺县									
瑞安市	45080	22640	22440	2243	1262	981	237	150	87
乐清市	36975	18712	18263	1731	941	790	122	76	46
龙港市	13926	7830	6096	444	245	199	58	37	21
嘉兴市	**188481**	**95222**	**93259**	**14866**	**8207**	**6659**	**1473**	**989**	**484**
南湖区	71244	36100	35144	7462	4062	3400	855	584	271
秀洲区	30474	15581	14893	2823	1583	1240	260	180	80
嘉善县									
海盐县									
海宁市	31766	15764	16002	1769	977	792	162	101	61
平湖市	23714	11808	11906	1065	628	437	65	44	21
桐乡市	31283	15969	15314	1747	957	790	131	80	51
湖州市	**70398**	**35322**	**35076**	**6410**	**3519**	**2891**	**693**	**440**	**253**
吴兴区	63090	31747	31343	6054	3327	2727	667	424	243
南浔区	7308	3575	3733	356	192	164	26	16	10
德清县									
长兴县									
安吉县									

4-4a 续表 7 单位：人

地　区	大学本科			硕士研究生			博士研究生		
	小计	男	女	小计	男	女	小计	男	女
绍兴市	**226993**	**115147**	**111846**	**14506**	**7767**	**6739**	**1460**	**972**	**488**
越城区	82455	41758	40697	7272	3884	3388	832	550	282
柯桥区	41844	21145	20699	2149	1146	1003	168	110	58
上虞区	37325	19441	17884	2320	1357	963	205	147	58
新昌县									
诸暨市	44693	22260	22433	1962	999	963	169	113	56
嵊州市	20676	10543	10133	803	381	422	86	52	34
金华市	**188862**	**98155**	**90707**	**13450**	**6750**	**6700**	**1685**	**1074**	**611**
婺城区	58846	30350	28496	6280	3120	3160	1155	739	416
金东区	10289	5339	4950	981	516	465	56	31	25
武义县									
浦江县									
磐安县									
兰溪市	13696	7369	6327	567	288	279	52	33	19
义乌市	59456	31845	27611	3304	1692	1612	239	145	94
东阳市	27204	13692	13512	1513	762	751	118	81	37
永康市	19371	9560	9811	805	372	433	65	45	20
衢州市	**62592**	**32908**	**29684**	**4053**	**2214**	**1839**	**332**	**214**	**118**
柯城区	42687	22482	20205	3240	1765	1475	252	169	83
衢江区	5400	2934	2466	266	160	106	13	6	7
常山县									
开化县									
龙游县	9	5	4						
江山市	14496	7487	7009	547	289	258	67	39	28
舟山市	**58287**	**28951**	**29336**	**5079**	**2591**	**2488**	**706**	**473**	**233**
定海区	41111	20533	20578	4115	2136	1979	638	431	207
普陀区	17176	8418	8758	964	455	509	68	42	26
岱山县									
嵊泗县									
台州市	**162116**	**81132**	**80984**	**11130**	**6095**	**5035**	**1142**	**730**	**412**
椒江区	56421	28641	27780	5348	2982	2366	566	383	183
黄岩区	19024	9267	9757	1024	550	474	138	82	56
路桥区	14534	7046	7488	685	365	320	51	29	22
三门县									
天台县									
仙居县									
温岭市	28379	14183	14196	1402	721	681	106	63	43
临海市	27810	13874	13936	1947	1067	880	235	151	84
玉环市	15948	8121	7827	724	410	314	46	22	24
丽水市	**44752**	**22530**	**22222**	**3165**	**1686**	**1479**	**304**	**194**	**110**
莲都区	35823	18163	17660	2891	1539	1352	276	178	98
青田县									
缙云县									
遂昌县									
松阳县									
云和县									
庆元县									
景宁畲族自治县									
龙泉市	8929	4367	4562	274	147	127	28	16	12

4-4b　各地区分性别、受教育程度的25岁及以上人口(镇)

单位：人

地　　区	25岁及以上人口			未上过学		
	合计	男	女	小计	男	女
合计	**10270597**	**5310985**	**4959612**	**393772**	**100576**	**293196**
杭州市	**810573**	**417544**	**393029**	**24331**	**5311**	**19020**
上城区						
下城区						
江干区						
拱墅区						
西湖区	377	180	197	2		2
滨江区						
萧山区	99337	55600	43737	2240	443	1797
余杭区	207594	109915	97679	6005	1509	4496
富阳区	23638	12475	11163	1217	310	907
临安区	56428	28913	27515	817	164	653
桐庐县	237201	119337	117864	8350	1834	6516
淳安县	116396	56674	59722	3525	532	2993
建德市	69602	34450	35152	2175	519	1656
宁波市	**1468497**	**761466**	**707031**	**35271**	**8878**	**26393**
海曙区	21940	10971	10969	432	86	346
江北区						
北仑区	38973	21810	17163	537	131	406
镇海区	31409	17416	13993	763	241	522
鄞州区	233247	120989	112258	4869	1244	3625
奉化区	43502	22267	21235	743	142	601
象山县	267954	131558	136396	6545	1858	4687
宁海县	329061	165843	163218	7004	1441	5563
余姚市	197858	101750	96108	6494	1800	4694
慈溪市	304553	168862	135691	7884	1935	5949
温州市	**1637649**	**844648**	**793001**	**103057**	**29515**	**73542**
鹿城区	5356	2781	2575	288	49	239
龙湾区	182302	103478	78824	10046	3173	6873
瓯海区	12608	6897	5711	1143	274	869
洞头区	5986	2911	3075	752	164	588
永嘉县	348739	182926	165813	15224	4014	11210
平阳县	396849	200960	195889	24847	6698	18149
苍南县	420278	211016	209262	33494	10007	23487
文成县	90119	45341	44778	4443	1544	2899
泰顺县	84060	41934	42126	5466	1833	3633
瑞安市	24908	12265	12643	3082	738	2344
乐清市	52831	27260	25571	2188	534	1654
龙港市	13613	6879	6734	2084	487	1597
嘉兴市	**1263891**	**664542**	**599349**	**46726**	**11321**	**35405**
南湖区	45000	23627	21373	1655	380	1275
秀洲区	112335	58414	53921	4608	1088	3520
嘉善县	362807	191174	171633	12939	3397	9542
海盐县	231203	117611	113592	11485	2647	8838
海宁市	257016	140426	116590	7953	1719	6234
平湖市	128212	67711	60501	4366	1015	3351
桐乡市	127318	65579	61739	3720	1075	2645
湖州市	**1142151**	**588770**	**553381**	**27307**	**7226**	**20081**
吴兴区	169150	88669	80481	2815	713	2102
南浔区	107206	54606	52600	3824	937	2887
德清县	265632	137316	128316	4376	1103	3273
长兴县	332703	168050	164653	10150	2827	7323
安吉县	267460	140129	127331	6142	1646	4496

4-4b 续表 1 单位：人

地　　区	25岁及以上人口			未上过学		
	合计	男	女	小计	男	女
绍兴市	**529228**	**276101**	**253127**	**8185**	**1869**	**6316**
越城区	3408	1680	1728	238	42	196
柯桥区	96403	56269	40134	1278	243	1035
上虞区	40031	19908	20123	1645	372	1273
新昌县	201440	101586	99854	2346	517	1829
诸暨市	134293	68880	65413	1777	446	1331
嵊州市	53653	27778	25875	901	249	652
金华市	**1160881**	**608295**	**552586**	**39860**	**8741**	**31119**
婺城区	54106	27377	26729	2375	549	1826
金东区	121903	66941	54962	2933	833	2100
武义县	214621	113357	101264	7534	1782	5752
浦江县	154322	77220	77102	5313	998	4315
磐安县	69164	34554	34610	2310	490	1820
兰溪市	52094	26628	25466	4408	1024	3384
义乌市	224213	119946	104267	5808	1318	4490
东阳市	203348	106596	96752	6794	1202	5592
永康市	67110	35676	31434	2385	545	1840
衢州市	**421169**	**212634**	**208535**	**24943**	**6008**	**18935**
柯城区	9721	5018	4703	583	88	495
衢江区	26227	13437	12790	3211	734	2477
常山县	96328	48971	47357	7285	1804	5481
开化县	95293	45307	49986	5082	1020	4062
龙游县	141195	73304	67891	6078	1694	4384
江山市	52405	26597	25808	2704	668	2036
舟山市	**202756**	**115717**	**87039**	**5716**	**1487**	**4229**
定海区	24633	12561	12072	591	144	447
普陀区	17081	9096	7985	781	191	590
岱山县	123184	74916	48268	3208	887	2321
嵊泗县	37858	19144	18714	1136	265	871
台州市	**912261**	**460567**	**451694**	**49584**	**12675**	**36909**
椒江区	4086	2427	1659	214	78	136
黄岩区	28112	13895	14217	1050	242	808
路桥区	79450	41985	37465	3759	1025	2734
三门县	145850	73190	72660	12314	3055	9259
天台县	176463	86458	90005	4089	978	3111
仙居县	153384	75284	78100	6545	1792	4753
温岭市	212871	111197	101674	13708	3460	10248
临海市	99778	49723	50055	5903	1477	4426
玉环市	12267	6408	5859	2002	568	1434
丽水市	**721541**	**360701**	**360840**	**28792**	**7545**	**21247**
莲都区	16239	8667	7572	988	281	707
青田县	190741	94649	96092	7614	1942	5672
缙云县	165496	82416	83080	4036	963	3073
遂昌县	80880	40365	40515	3762	870	2892
松阳县	71860	36028	35832	2723	682	2041
云和县	72014	37202	34812	3215	1009	2206
庆元县	66338	32836	33502	3575	887	2688
景宁畲族自治县	45828	22317	23511	2055	606	1449
龙泉市	12145	6221	5924	824	305	519

4-4b　续表 2　　　　单位：人

地　区	学前教育			小　学		
	小计	男	女	小计	男	女
合计	**18680**	**6278**	**12402**	**2745626**	**1267585**	**1478041**
杭州市	**968**	**322**	**646**	**181556**	**80591**	**100965**
上城区						
下城区						
江干区						
拱墅区						
西湖区	1	1		76	24	52
滨江区						
萧山区	73	31	42	27178	12379	14799
余杭区	227	80	147	42435	19974	22461
富阳区	13	4	9	8136	3881	4255
临安区	127	27	100	14905	6521	8384
桐庐县	306	102	204	50100	22618	27482
淳安县	98	35	63	19349	6809	12540
建德市	123	42	81	19377	8385	10992
宁波市	**2443**	**863**	**1580**	**395826**	**179774**	**216052**
海曙区	42	14	28	6027	2503	3524
江北区						
北仑区	42	14	28	5689	2599	3090
镇海区	55	32	23	10240	5131	5109
鄞州区	364	118	246	64234	29468	34766
奉化区	95	27	68	11755	5065	6690
象山县	520	170	350	67733	29514	38219
宁海县	226	59	167	80280	34097	46183
余姚市	707	284	423	65960	30830	35130
慈溪市	392	145	247	83908	40567	43341
温州市	**3070**	**1159**	**1911**	**511973**	**243852**	**268121**
鹿城区	14	4	10	1466	673	793
龙湾区	322	153	169	49357	25125	24232
瓯海区	21	7	14	3646	1858	1788
洞头区	6	1	5	2143	978	1165
永嘉县	514	195	319	95172	46207	48965
平阳县	659	248	411	126191	59315	66876
苍南县	908	336	572	147355	67965	79390
文成县	157	66	91	28254	13907	14347
泰顺县	195	67	128	30736	14857	15879
瑞安市	39	9	30	8926	4153	4773
乐清市	136	41	95	13055	5982	7073
龙港市	99	32	67	5672	2832	2840
嘉兴市	**2492**	**783**	**1709**	**346973**	**160551**	**186422**
南湖区	29	5	24	15063	7089	7974
秀洲区	205	66	139	32852	14890	17962
嘉善县	492	147	345	82435	38444	43991
海盐县	416	143	273	54707	24524	30183
海宁市	816	238	578	73839	35297	38542
平湖市	97	34	63	42005	19113	22892
桐乡市	437	150	287	46072	21194	24878
湖州市	**2124**	**740**	**1384**	**298447**	**137112**	**161335**
吴兴区	277	89	188	35366	15417	19949
南浔区	189	58	131	35568	16209	19359
德清县	578	217	361	71653	33286	38367
长兴县	746	267	479	89916	40957	48959
安吉县	334	109	225	65944	31243	34701

4-4b 续表 3

单位：人

地　区	学前教育			小　学		
	小计	男	女	小计	男	女
绍兴市	**893**	**311**	**582**	**117528**	**52031**	**65497**
越城区	27	6	21	1224	582	642
柯桥区	209	92	117	26481	12487	13994
上虞区	110	37	73	12966	5796	7170
新昌县	244	78	166	30669	12649	18020
诸暨市	66	22	44	30074	13273	16801
嵊州市	237	76	161	16114	7244	8870
金华市	**1396**	**433**	**963**	**259297**	**120085**	**139212**
婺城区	86	37	49	12157	5779	6378
金东区	128	46	82	28236	13934	14302
武义县	213	57	156	47588	22587	25001
浦江县	182	63	119	29277	12455	16822
磐安县	62	16	46	15410	6441	8969
兰溪市	129	43	86	16597	7654	8943
义乌市	202	70	132	44286	19802	24484
东阳市	243	54	189	45721	21397	24324
永康市	151	47	104	20025	10036	9989
衢州市	**1589**	**470**	**1119**	**110100**	**49918**	**60182**
柯城区	40	6	34	2887	1333	1554
衢江区	112	29	83	8789	4368	4421
常山县	254	61	193	24078	11042	13036
开化县	555	141	414	23645	9199	14446
龙游县	403	141	262	31353	15214	16139
江山市	225	92	133	19348	8762	10586
舟山市	**564**	**164**	**400**	**61003**	**31819**	**29184**
定海区	69	20	49	8351	3842	4509
普陀区	30	7	23	5279	2558	2721
岱山县	376	113	263	35494	19543	15951
嵊泗县	89	24	65	11879	5876	6003
台州市	**1344**	**412**	**932**	**259534**	**118563**	**140971**
椒江区				1155	620	535
黄岩区	8		8	10137	4302	5835
路桥区	26	9	17	26796	12704	14092
三门县	99	25	74	35325	15596	19729
天台县	83	26	57	38945	16573	22372
仙居县	448	141	307	30697	13938	16759
温岭市	603	184	419	77314	36942	40372
临海市	77	27	50	35783	16116	19667
玉环市				3382	1772	1610
丽水市	**1797**	**621**	**1176**	**203389**	**93289**	**110100**
莲都区	59	19	40	5202	2597	2605
青田县	744	244	500	63769	28707	35062
缙云县	381	152	229	35656	16259	19397
遂昌县	128	42	86	18781	8582	10199
松阳县	87	26	61	17069	7987	9082
云和县	41	17	24	21980	10868	11112
庆元县	193	60	133	21269	9456	11813
景宁畲族自治县	76	29	47	15098	6577	8521
龙泉市	88	32	56	4565	2256	2309

4-4b　续表 4　　单位：人

地　区	初　中			高　中			大学专科		
	小计	男	女	小计	男	女	小计	男	女
合计	**4118569**	**2273985**	**1844584**	**1546666**	**893459**	**653207**	**810078**	**437129**	**372949**
杭州市	**308583**	**168265**	**140318**	**150982**	**86616**	**64366**	**78334**	**42231**	**36103**
上城区									
下城区									
江干区									
拱墅区									
西湖区	97	52	45	69	40	29	57	29	28
滨江区									
萧山区	44475	26481	17994	14309	9618	4691	6662	4169	2493
余杭区	73088	41274	31814	37399	21745	15654	24958	13207	11751
富阳区	9275	5346	3929	2902	1789	1113	1288	721	567
临安区	26721	14584	12137	8706	4945	3761	2896	1528	1368
桐庐县	92460	48933	43527	44695	24694	20001	22549	11753	10796
淳安县	35728	17756	17972	29020	15989	13031	15381	8403	6978
建德市	26739	13839	12900	13882	7796	6086	4543	2421	2122
宁波市	**609322**	**335242**	**274080**	**207398**	**121130**	**86268**	**119566**	**63750**	**55816**
海曙区	9910	5311	4599	3326	1907	1419	1349	722	627
江北区									
北仑区	15259	8574	6685	7710	4907	2803	5642	3238	2404
镇海区	12349	7295	5054	4279	2570	1709	2408	1407	1001
鄞州区	96769	53666	43103	29742	17464	12278	19711	10159	9552
奉化区	18374	9895	8479	7274	4366	2908	3169	1739	1430
象山县	105104	54533	50571	42766	22634	20132	24244	12553	11691
宁海县	130244	69650	60594	53260	30752	22508	31731	16544	15187
余姚市	85409	47034	38375	24144	14128	10016	10448	5478	4970
慈溪市	135904	79284	56620	34897	22402	12495	20864	11910	8954
温州市	**564457**	**316235**	**248222**	**239109**	**138004**	**101105**	**134643**	**72897**	**61746**
鹿城区	2238	1265	973	894	543	351	347	196	151
龙湾区	80625	48734	31891	25574	16335	9239	11297	6862	4435
瓯海区	5681	3447	2234	1454	944	510	450	248	202
洞头区	1931	1120	811	588	346	242	383	198	185
永嘉县	128408	72303	56105	61824	35210	26614	29097	15421	13676
平阳县	128344	71513	56831	53454	30185	23269	38090	19932	18158
苍南县	126563	69639	56924	57796	33349	24447	35590	19671	15919
文成县	32829	16933	15896	12895	6939	5956	6201	3271	2930
泰顺县	22512	11625	10887	11590	6444	5146	7776	4138	3638
瑞安市	8115	4671	3444	2955	1768	1187	1213	631	582
乐清市	23355	12631	10724	8831	5151	3680	3703	2034	1669
龙港市	3856	2354	1502	1254	790	464	496	295	201
嘉兴市	**528381**	**298031**	**230350**	**168967**	**102110**	**66857**	**95791**	**52878**	**42913**
南湖区	18273	10461	7812	5355	3293	2062	2871	1547	1324
秀洲区	53086	29773	23313	12774	7927	4847	5814	3205	2609
嘉善县	153355	85422	67933	55026	32412	22614	31840	17665	14175
海盐县	85906	47043	38863	31337	18346	12991	23379	12347	11032
海宁市	111393	65393	46000	35602	22383	13219	16807	9536	7271
平湖市	54488	31135	23353	13815	8756	5059	8731	5080	3651
桐乡市	51880	28804	23076	15058	8993	6065	6349	3498	2851
湖州市	**467886**	**255661**	**212225**	**176630**	**100194**	**76436**	**90733**	**47779**	**42954**
吴兴区	102113	55491	46622	19392	11875	7517	6088	3438	2650
南浔区	43612	23844	19768	13789	8158	5631	6247	3456	2791
德清县	96397	52933	43464	44676	25204	19472	24412	12841	11571
长兴县	118553	63619	54934	55675	30604	25071	30944	16161	14783
安吉县	107211	59774	47437	43098	24353	18745	23042	11883	11159

4-4b 续表 5　　单位：人

地　区	初中			高中			大学专科		
	小计	男	女	小计	男	女	小计	男	女
绍兴市	**242530**	**132217**	**110313**	**90519**	**52436**	**38083**	**38116**	**20861**	**17255**
越城区	1271	685	586	400	236	164	158	83	75
柯桥区	51519	32503	19016	10656	7432	3224	3578	2071	1507
上虞区	17249	9086	8163	5023	2969	2054	1961	1100	861
新昌县	74131	37679	36452	48121	26321	21800	23873	12922	10951
诸暨市	72189	38093	34096	18742	10958	7784	6732	3626	3106
嵊州市	26171	14171	12000	7577	4520	3057	1814	1059	755
金华市	**546625**	**302534**	**244091**	**174975**	**102812**	**72163**	**81562**	**43890**	**37672**
婺城区	17942	9812	8130	9378	5040	4338	5939	2965	2974
金东区	65287	37604	27683	17213	10227	6986	5719	3064	2655
武义县	95270	53762	41508	35285	20146	15139	17376	9244	8132
浦江县	66641	34378	32263	25850	14902	10948	14481	7797	6684
磐安县	27336	14366	12970	12320	7018	5302	6180	3354	2826
兰溪市	21945	12335	9610	6046	3844	2202	2025	1179	846
义乌市	123305	68610	54695	30511	18910	11601	12616	7073	5543
东阳市	95645	52982	42663	30083	17872	12211	14995	8081	6914
永康市	33254	18685	14569	8289	4853	3436	2231	1133	1098
衢州市	**157532**	**84557**	**72975**	**66782**	**38318**	**28464**	**30645**	**17086**	**13559**
柯城区	4395	2494	1901	1160	751	409	406	224	182
衢江区	10599	6183	4416	2493	1544	949	628	365	263
常山县	33698	18418	15280	16179	9291	6888	7222	4127	3095
开化县	33915	16923	16992	15833	8926	6907	8087	4575	3512
龙游县	53498	28691	24807	24685	13873	10812	12863	6987	5876
江山市	21427	11848	9579	6432	3933	2499	1439	808	631
舟山市	**81457**	**50750**	**30707**	**24590**	**14032**	**10558**	**15467**	**9545**	**5922**
定海区	10156	5573	4583	3018	1692	1326	1513	839	674
普陀区	6494	3789	2705	2241	1304	937	1352	785	567
岱山县	51444	34366	17078	14948	8877	6071	9499	6185	3314
嵊泗县	13363	7022	6341	4383	2159	2224	3103	1736	1367
台州市	**339239**	**185708**	**153531**	**140234**	**79732**	**60502**	**69633**	**36804**	**32829**
椒江区	1987	1227	760	450	313	137	196	136	60
黄岩区	11031	6117	4914	3658	2115	1543	1464	765	699
路桥区	31888	18542	13346	10022	6108	3914	4139	2226	1913
三门县	50564	27788	22776	22932	13584	9348	13271	7242	6029
天台县	67527	34656	32871	31981	17014	14967	17985	9220	8765
仙居县	56182	28371	27811	30946	16570	14376	16028	8135	7893
温岭市	80982	47350	33632	25516	15299	10217	9923	5517	4406
临海市	34483	18898	15585	13408	7923	5485	5950	3209	2741
玉环市	4595	2759	1836	1321	806	515	677	354	323
丽水市	**272557**	**144785**	**127772**	**106480**	**58075**	**48405**	**55588**	**29408**	**26180**
莲都区	6806	3938	2868	2238	1312	926	666	374	292
青田县	70669	37919	32750	28690	15857	12833	9044	4757	4287
缙云县	74756	38552	36204	24718	13244	11474	14151	7330	6821
遂昌县	28141	14995	13146	14274	7551	6723	8531	4525	4006
松阳县	25776	13582	12194	12029	6352	5677	6978	3709	3269
云和县	25613	13996	11617	10382	5811	4571	5671	2974	2697
庆元县	22220	12075	10145	7103	4067	3036	5925	3203	2722
景宁畲族自治县	13470	6909	6561	5909	3269	2640	4328	2393	1935
龙泉市	5106	2819	2287	1137	612	525	294	143	151

4-4b　续表 6　　　　单位：人

地　　区	大学本科			硕士研究生			博士研究生		
	小计	男	女	小计	男	女	小计	男	女
合计	**606125**	**314877**	**291248**	**28569**	**15486**	**13083**	**2512**	**1610**	**902**
杭州市	**61395**	**31846**	**29549**	**3999**	**2091**	**1908**	**425**	**271**	**154**
上城区									
下城区									
江干区									
拱墅区									
西湖区	66	31	35	6	1	5	3	2	1
滨江区									
萧山区	4149	2321	1828	235	145	90	16	13	3
余杭区	21077	10834	10243	2155	1135	1020	250	157	93
富阳区	718	383	335	79	35	44	10	6	4
临安区	2189	1113	1076	61	28	33	6	3	3
桐庐县	17746	8905	8841	921	453	468	74	45	29
淳安县	12816	6883	5933	433	237	196	46	30	16
建德市	2634	1376	1258	109	57	52	20	15	5
宁波市	**92297**	**48114**	**44183**	**5953**	**3426**	**2527**	**421**	**289**	**132**
海曙区	812	406	406	38	19	19	4	3	1
江北区									
北仑区	3870	2227	1643	216	115	101	8	5	3
镇海区	1249	704	545	60	31	29	6	5	1
鄞州区	16501	8303	8198	975	517	458	82	50	32
奉化区	1979	970	1009	107	59	48	6	4	2
象山县	20241	9861	10380	728	392	336	73	43	30
宁海县	25260	12736	12524	991	520	471	65	44	21
余姚市	4532	2117	2415	143	70	73	21	9	12
慈溪市	17853	10790	7063	2695	1703	992	156	126	30
温州市	**78195**	**41331**	**36864**	**2893**	**1495**	**1398**	**252**	**160**	**92**
鹿城区	102	48	54	7	3	4			
龙湾区	4777	2922	1855	282	160	122	22	14	8
瓯海区	207	116	91	5	2	3	1	1	
洞头区	168	97	71	13	5	8	2	2	
永嘉县	17696	9179	8517	741	356	385	63	41	22
平阳县	24331	12577	11754	862	451	411	71	41	30
苍南县	17889	9681	8208	633	336	297	50	32	18
文成县	5203	2618	2585	126	58	68	11	5	6
泰顺县	5643	2889	2754	131	73	58	11	8	3
瑞安市	548	277	271	22	11	11	8	7	1
乐清市	1490	843	647	62	36	26	11	8	3
龙港市	141	84	57	9	4	5	2	1	1
嘉兴市	**70971**	**36872**	**34099**	**3312**	**1817**	**1495**	**278**	**179**	**99**
南湖区	1662	805	857	81	39	42	11	8	3
秀洲区	2860	1385	1475	125	73	52	11	7	4
嘉善县	25393	12956	12437	1231	672	559	96	59	37
海盐县	22996	12027	10969	917	497	420	60	37	23
海宁市	9909	5461	4448	624	349	275	73	50	23
平湖市	4531	2468	2063	168	102	66	11	8	3
桐乡市	3620	1770	1850	166	85	81	16	10	6
湖州市	**75033**	**37853**	**37180**	**3714**	**2035**	**1679**	**277**	**170**	**107**
吴兴区	2983	1581	1402	101	55	46	15	10	5
南浔区	3782	1843	1939	168	83	85	27	18	9
德清县	22218	11025	11193	1219	642	577	103	65	38
长兴县	25365	12852	12513	1283	724	559	71	39	32
安吉县	20685	10552	10133	943	531	412	61	38	23

4-4b 续表 7 单位：人

地区	大学本科			硕士研究生			博士研究生		
	小计	男	女	小计	男	女	小计	男	女
绍兴市	**29777**	**15378**	**14399**	**1515**	**879**	**636**	**165**	**119**	**46**
越城区	82	40	42	5	3	2	3	3	
柯桥区	2514	1346	1168	150	81	69	18	14	4
上虞区	1029	521	508	39	23	16	9	4	5
新昌县	20834	10692	10142	1110	646	464	112	82	30
诸暨市	4520	2345	2175	177	107	70	16	10	6
嵊州市	798	434	364	34	19	15	7	6	1
金华市	**54369**	**28341**	**26028**	**2572**	**1319**	**1253**	**225**	**140**	**85**
婺城区	5717	2916	2801	488	262	226	24	17	7
金东区	2286	1170	1116	90	53	37	11	10	1
武义县	10913	5563	5350	395	192	203	47	24	23
浦江县	12129	6400	5729	404	199	205	45	28	17
磐安县	5386	2784	2602	149	78	71	11	7	4
兰溪市	891	522	369	45	22	23	8	5	3
义乌市	7083	3964	3119	380	186	194	22	13	9
东阳市	9226	4662	4564	592	313	279	49	33	16
永康市	738	360	378	29	14	15	8	3	5
衢州市	**28573**	**15709**	**12864**	**909**	**517**	**392**	**96**	**51**	**45**
柯城区	234	110	124	16	12	4			
衢江区	374	202	172	14	8	6	7	4	3
常山县	7379	4092	3287	217	126	91	16	10	6
开化县	7934	4395	3539	227	119	108	15	9	6
龙游县	11880	6461	5419	386	221	165	49	22	27
江山市	772	449	323	49	31	18	9	6	3
舟山市	**13478**	**7647**	**5831**	**433**	**242**	**191**	**48**	**31**	**17**
定海区	898	432	466	31	15	16	6	4	2
普陀区	856	437	419	41	21	20	7	4	3
岱山县	7935	4781	3154	253	146	107	27	18	9
嵊泗县	3789	1997	1792	108	60	48	8	5	3
台州市	**50845**	**25715**	**25130**	**1673**	**852**	**821**	**175**	**106**	**69**
椒江区	82	52	30	2	1	1			
黄岩区	743	344	399	20	9	11	1	1	
路桥区	2746	1333	1413	68	37	31	6	1	5
三门县	10957	5706	5251	357	174	183	31	20	11
天台县	15293	7692	7601	506	266	240	54	33	21
仙居县	12048	6084	5964	441	225	216	49	28	21
温岭市	4653	2361	2292	155	72	83	17	12	5
临海市	4043	2000	2043	115	63	52	16	10	6
玉环市	280	143	137	9	5	4	1	1	
丽水市	**51192**	**26071**	**25121**	**1596**	**813**	**783**	**150**	**94**	**56**
莲都区	269	139	130	8	5	3	3	2	1
青田县	9873	5044	4829	307	158	149	31	21	10
缙云县	11409	5746	5663	353	152	201	36	18	18
遂昌县	7002	3651	3351	234	131	103	27	18	9
松阳县	6861	3524	3337	318	154	164	19	12	7
云和县	4977	2462	2515	123	58	65	12	7	5
庆元县	5899	2996	2903	140	81	59	14	11	3
景宁畲族自治县	4776	2459	2317	109	71	38	7	4	3
龙泉市	126	50	76	4	3	1	1	1	

4—4c　各地区分性别、受教育程度的25岁及以上人口(乡村)

单位：人

地　　区	25岁及以上人口			未上过学		
	合计	男	女	小计	男	女
合计	**14631678**	**7626443**	**7005235**	**1061896**	**274775**	**787121**
杭州市	**1648334**	**863142**	**785192**	**97540**	**22328**	**75212**
上城区						
下城区						
江干区						
拱墅区						
西湖区	25909	13834	12075	590	158	432
滨江区						
萧山区	390086	203471	186615	20407	4493	15914
余杭区	372972	203123	169849	21719	6095	15624
富阳区	197507	103230	94277	8555	2066	6489
临安区	220332	114468	105864	5741	1368	4373
桐庐县	114650	58761	55889	10432	2374	8058
淳安县	149831	75129	74702	20648	3398	17250
建德市	177047	91126	85921	9448	2376	7072
宁波市	**1727990**	**911348**	**816642**	**72871**	**19010**	**53861**
海曙区	113566	59479	54087	3521	860	2661
江北区	68478	37497	30981	2610	854	1756
北仑区	163375	89652	73723	5356	1467	3889
镇海区	44154	24940	19214	779	215	564
鄞州区	236306	126342	109964	7020	1762	5258
奉化区	194919	103795	91124	5051	1166	3885
象山县	188071	96986	91085	17491	4730	12761
宁海县	208225	107942	100283	10040	2571	7469
余姚市	203761	104589	99172	9639	2673	6966
慈溪市	307135	160126	147009	11364	2712	8652
温州市	**2067011**	**1087662**	**979349**	**244763**	**71410**	**173353**
鹿城区	89046	49125	39921	6039	1395	4644
龙湾区	841	504	337	40	11	29
瓯海区	125958	68155	57803	12054	3171	8883
洞头区	50362	27304	23058	6450	1357	5093
永嘉县	296215	156098	140117	35911	9647	26264
平阳县	260769	136815	123954	39871	12409	27462
苍南县	210505	109401	101104	37185	12239	24946
文成县	124067	67011	57056	11276	4073	7203
泰顺县	111354	59394	51960	14702	5401	9301
瑞安市	400503	210525	189978	50899	14088	36811
乐清市	385983	197500	188483	29040	7237	21803
龙港市	11408	5830	5578	1296	382	914
嘉兴市	**1302826**	**677002**	**625824**	**68086**	**16419**	**51667**
南湖区	87705	46495	41210	3888	925	2963
秀洲区	184410	94928	89482	11916	2950	8966
嘉善县	148379	78655	69724	8626	2039	6587
海盐县	135144	69404	65740	7316	1685	5631
海宁市	273651	142668	130983	12499	2561	9938
平湖市	191174	100249	90925	12096	2937	9159
桐乡市	282363	144603	137760	11745	3322	8423
湖州市	**973932**	**508168**	**465764**	**36201**	**9587**	**26614**
吴兴区	198411	105767	92644	6549	1893	4656
南浔区	205902	106859	99043	10361	2764	7597
德清县	175247	92012	83235	4466	1239	3227
长兴县	201787	103639	98148	7402	1924	5478
安吉县	192585	99891	92694	7423	1767	5656

4-4c 续表 1 单位：人

地区	25岁及以上人口			未上过学		
	合计	男	女	小计	男	女
绍兴市	**1298154**	**658255**	**639899**	**46908**	**10720**	**36188**
越城区	130615	65499	65116	4737	1054	3683
柯桥区	165738	83967	81771	7652	1713	5939
上虞区	232819	114180	118639	13035	2942	10093
新昌县	134671	70069	64602	5841	1434	4407
诸暨市	385475	194908	190567	10742	2463	8279
嵊州市	248836	129632	119204	4901	1114	3787
金华市	**1793276**	**931034**	**862242**	**129387**	**28298**	**101089**
婺城区	184348	98166	86182	18026	5077	12949
金东区	163064	85764	77300	7891	1857	6034
武义县	139766	73661	66105	11754	2810	8944
浦江县	200981	104026	96955	14894	2896	11998
磐安县	68274	34748	33526	5603	1099	4504
兰溪市	211242	108211	103031	24177	5679	18498
义乌市	295750	156256	139494	14177	2952	11225
东阳市	282076	140337	141739	18637	2846	15791
永康市	247775	129865	117910	14228	3082	11146
衢州市	**788221**	**407756**	**380465**	**97980**	**23848**	**74132**
柯城区	101194	52380	48814	10632	2035	8597
衢江区	166797	90232	76565	22832	5830	17002
常山县	104744	53619	51125	18701	5056	13645
开化县	104449	51785	52664	14960	3488	11472
龙游县	146642	75532	71110	18590	4951	13639
江山市	164395	84208	80187	12265	2488	9777
舟山市	**290069**	**159232**	**130837**	**14916**	**3676**	**11240**
定海区	103821	56436	47385	4717	1324	3393
普陀区	104521	56869	47652	5098	1095	4003
岱山县	60440	34502	25938	3727	914	2813
嵊泗县	21287	11425	9862	1374	343	1031
台州市	**1981438**	**1018538**	**962900**	**194319**	**52077**	**142242**
椒江区	152573	80574	71999	16234	4500	11734
黄岩区	208466	105971	102495	14313	3329	10984
路桥区	170878	89527	81351	16781	4824	11957
三门县	139093	70743	68350	30324	8448	21876
天台县	173748	88653	85095	10044	2396	7648
仙居县	156389	80313	76076	14963	4415	10548
温岭市	403322	205964	197358	27147	6504	20643
临海市	435903	221752	214151	40203	10875	29328
玉环市	141066	75041	66025	24310	6786	17524
丽水市	**760427**	**404306**	**356121**	**58925**	**17402**	**41523**
莲都区	105184	57478	47706	13035	3924	9111
青田县	178573	95001	83572	7952	2472	5480
缙云县	138412	72234	66178	7605	1936	5669
遂昌县	74514	39368	35146	8035	2030	6005
松阳县	86016	45167	40849	6024	1650	4374
云和县	28388	15352	13036	2888	998	1890
庆元县	42631	22465	20166	2569	752	1817
景宁畲族自治县	37757	20837	16920	3979	1408	2571
龙泉市	68952	36404	32548	6838	2232	4606

4-4c　续表 2　　单位：人

地　区	学前教育			小　学		
	小计	男	女	小计	男	女
合计	**58791**	**18882**	**39909**	**5670593**	**2722958**	**2947635**
杭州市	**4783**	**1524**	**3259**	**633782**	**298271**	**335511**
上城区						
下城区						
江干区						
拱墅区						
西湖区	67	20	47	7206	3356	3850
滨江区						
萧山区	590	200	390	148630	69115	79515
余杭区	765	309	456	130642	65770	64872
富阳区	160	52	108	83318	39240	44078
临安区	850	270	580	86877	39022	47855
桐庐县	381	132	249	43469	21129	22340
淳安县	1201	280	921	60911	27799	33112
建德市	769	261	508	72729	32840	39889
宁波市	**6360**	**1989**	**4371**	**691176**	**326698**	**364478**
海曙区	344	119	225	43829	20159	23670
江北区	154	56	98	23865	11845	12020
北仑区	443	171	272	54216	26669	27547
镇海区	208	64	144	18632	9480	9152
鄞州区	684	235	449	88098	41752	46346
奉化区	691	191	500	88626	42016	46610
象山县	1710	565	1145	84822	41023	43799
宁海县	740	206	534	89699	40964	48735
余姚市	798	209	589	85052	39321	45731
慈溪市	588	173	415	114337	53469	60868
温州市	**7830**	**2865**	**4965**	**790048**	**404490**	**385558**
鹿城区	182	48	134	25164	12579	12585
龙湾区				284	131	153
瓯海区	372	133	239	39183	20636	18547
洞头区	63	31	32	16404	8580	7824
永嘉县	1253	455	798	114621	58941	55680
平阳县	899	366	533	108597	57407	51190
苍南县	559	232	327	89656	46772	42884
文成县	504	237	267	51290	27627	23663
泰顺县	510	201	309	54334	29159	25175
瑞安市	1241	448	793	146034	75534	70500
乐清市	2132	689	1443	138803	64469	74334
龙港市	115	25	90	5678	2655	3023
嘉兴市	**5343**	**1527**	**3816**	**545084**	**255210**	**289874**
南湖区	444	107	337	33552	15843	17709
秀洲区	524	158	366	76972	36441	40531
嘉善县	675	199	476	61215	29526	31689
海盐县	785	205	580	54113	24072	30041
海宁市	1181	290	891	101518	47478	54040
平湖市	343	128	215	82562	38926	43636
桐乡市	1391	440	951	135152	62924	72228
湖州市	**4069**	**1365**	**2704**	**430965**	**202754**	**228211**
吴兴区	990	351	639	79532	38201	41331
南浔区	873	319	554	101277	48286	52991
德清县	505	173	332	85907	40400	45507
长兴县	1147	362	785	85219	39339	45880
安吉县	554	160	394	79030	36528	42502

4-4c 续表 3 单位：人

地区	学前教育			小学		
	小计	男	女	小计	男	女
绍兴市	**5610**	**1589**	**4021**	**481818**	**214409**	**267409**
越城区	1211	351	860	54133	24279	29854
柯桥区	1133	315	818	64989	28244	36745
上虞区	865	232	633	98823	44573	54250
新昌县	869	247	622	51604	23203	28401
诸暨市	424	127	297	121783	53575	68208
嵊州市	1108	317	791	90486	40535	49951
金华市	**5520**	**1699**	**3821**	**561612**	**268232**	**293380**
婺城区	650	200	450	63449	32364	31085
金东区	379	134	245	51551	24668	26883
武义县	511	185	326	45985	22819	23166
浦江县	667	195	472	58537	26993	31544
磐安县	279	71	208	27056	12273	14783
兰溪市	855	284	571	77319	36869	40450
义乌市	355	101	254	81572	37272	44300
东阳市	673	143	530	85062	39209	45853
永康市	1151	386	765	71081	35765	35316
衢州市	**5700**	**1745**	**3955**	**301145**	**148415**	**152730**
柯城区	476	129	347	32706	15858	16848
衢江区	913	331	582	60303	32051	28252
常山县	1097	339	758	39032	19508	19524
开化县	1281	319	962	46786	21569	25217
龙游县	788	295	493	53574	26889	26685
江山市	1145	332	813	68744	32540	36204
舟山市	**2280**	**725**	**1555**	**128950**	**64448**	**64502**
定海区	929	283	646	47151	23331	23820
普陀区	444	150	294	42973	20926	22047
岱山县	829	275	554	28535	14746	13789
嵊泗县	78	17	61	10291	5445	4846
台州市	**5430**	**1782**	**3648**	**798740**	**382890**	**415850**
椒江区	256	79	177	56684	28129	28555
黄岩区	233	67	166	88234	40390	47844
路桥区	230	89	141	68291	34062	34229
三门县	521	183	338	48629	24451	24178
天台县	155	43	112	68372	31126	37246
仙居县	1602	560	1042	49720	24305	25415
温岭市	1914	615	1299	188661	89356	99305
临海市	452	124	328	183483	85536	97947
玉环市	67	22	45	46666	25535	21131
丽水市	**5866**	**2072**	**3794**	**307273**	**157141**	**150132**
莲都区	530	198	332	35585	19715	15870
青田县	1087	384	703	66201	32370	33831
缙云县	847	278	569	48691	23866	24825
遂昌县	850	266	584	33999	17777	16222
松阳县	729	244	485	36274	18285	17989
云和县	142	67	75	12442	6558	5884
庆元县	651	248	403	20880	10163	10717
景宁畲族自治县	272	95	177	19564	10607	8957
龙泉市	758	292	466	33637	17800	15837

4-4c　续表 4

单位：人

地　　区	初　　中			高　　中			大学专科		
	小计	男	女	小计	男	女	小计	男	女
合计	**5520435**	**3221979**	**2298456**	**1493689**	**939249**	**554440**	**556619**	**307925**	**248694**
杭州市	**586765**	**346938**	**239827**	**197866**	**126087**	**71779**	**80192**	**43780**	**36412**
上城区									
下城区									
江干区									
拱墅区									
西湖区	7997	4908	3089	4440	2520	1920	2843	1468	1375
滨江区									
萧山区	134333	79169	55164	45842	29453	16389	24532	13295	11237
余杭区	134495	80906	53589	48242	30361	17881	23429	12664	10765
富阳区	69647	40649	28998	21537	13599	7938	9488	5159	4329
临安区	89681	51583	38098	25884	16250	9634	7444	3986	3458
桐庐县	41973	24050	17923	12992	8139	4853	3680	2079	1601
淳安县	45706	29460	16246	15539	10755	4784	3542	2140	1402
建德市	62933	36213	26720	23390	15010	8380	5234	2989	2245
宁波市	**687630**	**402685**	**284945**	**167915**	**106508**	**61407**	**68536**	**37435**	**31101**
海曙区	47385	27342	20043	12048	7612	4436	4282	2321	1961
江北区	30589	18053	12536	7281	4548	2733	2734	1508	1226
北仑区	74400	43984	30416	17205	10907	6298	7410	4182	3228
镇海区	18801	11706	7095	3673	2381	1292	1468	807	661
鄞州区	103507	60538	42969	21386	13701	7685	9608	5256	4352
奉化区	76552	45261	31291	17090	11280	5810	4692	2719	1973
象山县	59134	35626	23508	15496	9737	5759	6578	3776	2802
宁海县	74089	43275	30814	20955	13622	7333	8672	4952	3720
余姚市	75010	42880	32130	20805	13189	7616	8794	4594	4200
慈溪市	128163	74020	54143	31976	19531	12445	14298	7320	6978
温州市	**697400**	**414302**	**283098**	**215094**	**132310**	**82784**	**80636**	**45328**	**35308**
鹿城区	41159	24982	16177	11864	7532	4332	3332	1886	1446
龙湾区	401	279	122	75	55	20	36	23	13
瓯海区	53253	31715	21538	15548	9563	5985	3971	2134	1837
洞头区	17854	11278	6576	5390	3514	1876	2927	1782	1145
永嘉县	97383	58623	38760	31515	19668	11847	11173	6337	4836
平阳县	77694	46546	31148	21326	13200	8126	8773	4940	3833
苍南县	56475	33845	22630	16397	10266	6131	7714	4624	3090
文成县	47094	26970	20124	10400	6241	4159	2337	1261	1076
泰顺县	28647	16610	12037	8659	5442	3217	3089	1797	1292
瑞安市	146589	87227	59362	37591	23252	14339	13117	7268	5849
乐清市	127794	74255	53539	55529	33040	22489	23823	13083	10740
龙港市	3057	1972	1085	800	537	263	344	193	151
嘉兴市	**489358**	**287257**	**202101**	**116002**	**74699**	**41303**	**51816**	**28619**	**23197**
南湖区	33988	20156	13832	8869	5801	3068	4608	2532	2076
秀洲区	71941	41715	30226	13934	8939	4995	6175	3355	2820
嘉善县	56776	33920	22856	12478	8278	4200	5761	3241	2520
海盐县	51353	30407	20946	12782	8339	4443	5806	3210	2596
海宁市	113875	66043	47832	27653	17572	10081	10787	5766	5021
平湖市	69974	42157	27817	14319	9532	4787	7924	4590	3334
桐乡市	91451	52859	38592	25967	16238	9729	10755	5925	4830
湖州市	**361582**	**211317**	**150265**	**89846**	**56136**	**33710**	**34089**	**18511**	**15578**
吴兴区	80763	47259	33504	18709	11663	7046	7687	4225	3462
南浔区	69983	41347	28636	14495	9321	5174	5767	3274	2493
德清县	57978	34722	23256	16330	10195	6135	6656	3676	2980
长兴县	77215	44040	33175	20434	12643	7791	7307	3833	3474
安吉县	75643	43949	31694	19878	12314	7564	6672	3503	3169

4-4c 续表 5 单位：人

地区	初中			高中			大学专科		
	小计	男	女	小计	男	女	小计	男	女
绍兴市	**553593**	**306027**	**247566**	**139148**	**87290**	**51858**	**46519**	**25484**	**21035**
越城区	48334	27023	21311	12462	7708	4754	5944	3150	2794
柯桥区	63396	36778	26618	15887	10153	5734	7487	4081	3406
上虞区	84834	45939	38895	21651	13409	8242	9296	4972	4324
新昌县	54078	31329	22749	16707	10673	6034	3918	2280	1638
诸暨市	188869	101038	87831	43592	26925	16667	13086	7111	5975
嵊州市	114082	63920	50162	28849	18422	10427	6788	3890	2898
金华市	**780395**	**442670**	**337725**	**208810**	**130703**	**78107**	**74779**	**41620**	**33159**
婺城区	67629	40290	27339	23372	14308	9064	7605	4016	3589
金东区	72883	41555	31328	20894	12586	8308	6875	3606	3269
武义县	59948	34930	25018	15201	9548	5653	4554	2450	2104
浦江县	92160	52024	40136	21006	13938	7068	9481	5636	3845
磐安县	24822	14478	10344	7473	5047	2426	2090	1258	832
兰溪市	80746	47167	33579	19688	13231	6457	5941	3526	2415
义乌市	137984	78313	59671	38222	24182	14040	16153	9289	6864
东阳市	128174	69188	58986	30620	18532	12088	12658	7035	5623
永康市	116049	64725	51324	32334	19331	13003	9422	4804	4618
衢州市	**285292**	**171304**	**113988**	**68344**	**45091**	**23253**	**18799**	**11065**	**7734**
柯城区	40613	24411	16202	9872	6171	3701	4167	2324	1843
衢江区	62631	38782	23849	14083	9530	4553	3594	2202	1392
常山县	34545	21211	13334	8463	5747	2716	1934	1182	752
开化县	31424	19573	11851	7162	5084	2078	1913	1186	727
龙游县	56240	32419	23821	12087	7917	4170	3447	2002	1445
江山市	59839	34908	24931	16677	10642	6035	3744	2169	1575
舟山市	**105524**	**66769**	**38755**	**21813**	**13659**	**8154**	**10346**	**6373**	**3973**
定海区	36591	22899	13692	8471	5332	3139	3816	2201	1615
普陀区	40343	25185	15158	8586	5240	3346	4432	2701	1731
岱山县	21474	14453	7021	3479	2369	1110	1442	1078	364
嵊泗县	7116	4232	2884	1277	718	559	656	393	263
台州市	**677821**	**400510**	**277311**	**201585**	**125269**	**76316**	**72577**	**39624**	**32953**
椒江区	52971	32192	20779	15620	9773	5847	7252	3982	3270
黄岩区	71469	42516	28953	22980	14115	8865	7924	3985	3939
路桥区	58767	35021	23746	17764	10837	6927	6127	3198	2929
三门县	42219	26294	15925	11600	7883	3717	4101	2455	1646
天台县	66646	38181	28465	18553	11418	7135	6534	3627	2907
仙居县	63590	35328	28262	19283	11725	7558	5132	2821	2311
温岭市	127861	75772	52089	37977	23013	14964	13903	7647	6256
临海市	146843	85874	60969	43637	27665	15972	15566	8650	6916
玉环市	47455	29332	18123	14171	8840	5331	6038	3259	2779
丽水市	**295075**	**172200**	**122875**	**67266**	**41497**	**25769**	**18330**	**10086**	**8244**
莲都区	40073	24311	15762	11432	7006	4426	3085	1581	1504
青田县	79485	45417	34068	19259	11747	7512	3117	1812	1305
缙云县	62879	35343	27536	12664	7778	4886	4167	2264	1903
遂昌县	24767	15068	9699	5022	3183	1839	1306	757	549
松阳县	32086	18561	13525	7569	4606	2963	2349	1346	1003
云和县	9863	5942	3921	2135	1329	806	714	361	353
庆元县	14051	8540	5511	2718	1813	905	1258	691	567
景宁畲族自治县	10177	6407	3770	2404	1558	846	910	529	381
龙泉市	21694	12611	9083	4063	2477	1586	1424	745	679

4-4c　续表 6　　　　　　　　　　　　　　　　　　　　　　　　单位：人

地　区	大学本科			硕士研究生			博士研究生		
	小计	男	女	小计	男	女	小计	男	女
合计	**254270**	**132295**	**121975**	**13002**	**6814**	**6188**	**2383**	**1566**	**817**
杭州市	**44396**	**22541**	**21855**	**2625**	**1434**	**1191**	**385**	**239**	**146**
上城区									
下城区									
江干区									
拱墅区									
西湖区	2373	1177	1196	359	210	149	34	17	17
滨江区									
萧山区	14943	7294	7649	715	392	323	94	60	34
余杭区	12862	6546	6316	744	427	317	74	45	29
富阳区	4497	2326	2171	255	106	149	50	33	17
临安区	3621	1870	1751	196	98	98	38	21	17
桐庐县	1629	815	814	74	32	42	20	11	9
淳安县	2127	1203	924	122	71	51	35	23	12
建德市	2344	1310	1034	160	98	62	40	29	11
宁波市	**31557**	**15983**	**15574**	**1656**	**844**	**812**	**289**	**196**	**93**
海曙区	2050	1000	1050	95	57	38	12	9	3
江北区	1149	577	572	87	48	39	9	8	1
北仑区	3868	2020	1848	374	189	185	103	63	40
镇海区	569	275	294	21	9	12	3	3	
鄞州区	5722	2951	2771	258	134	124	23	13	10
奉化区	2067	1088	979	135	63	72	15	11	4
象山县	2677	1435	1242	134	72	62	29	22	7
宁海县	3795	2224	1571	203	105	98	32	23	9
余姚市	3482	1628	1854	150	74	76	31	21	10
慈溪市	6178	2785	3393	199	93	106	32	23	9
温州市	**29341**	**15898**	**13443**	**1546**	**831**	**715**	**353**	**228**	**125**
鹿城区	1205	651	554	83	39	44	18	13	5
龙湾区	4	4		1	1				
瓯海区	1461	735	726	96	57	39	20	11	9
洞头区	1154	693	461	107	62	45	13	7	6
永嘉县	4046	2244	1802	254	148	106	59	35	24
平阳县	3391	1831	1560	177	89	88	41	27	14
苍南县	2373	1346	1027	116	57	59	30	20	10
文成县	1114	580	534	45	18	27	7	4	3
泰顺县	1332	734	598	71	44	27	10	6	4
瑞安市	4739	2549	2190	228	116	112	65	43	22
乐清市	8417	4474	3943	358	194	164	87	59	28
龙港市	105	57	48	10	6	4	3	3	
嘉兴市	**25942**	**12639**	**13303**	**1009**	**502**	**507**	**186**	**130**	**56**
南湖区	2238	1072	1166	95	46	49	23	13	10
秀洲区	2830	1301	1529	85	43	42	33	26	7
嘉善县	2719	1379	1340	112	62	50	17	11	6
海盐县	2839	1404	1435	134	73	61	16	9	7
海宁市	5893	2827	3066	218	106	112	27	25	2
平湖市	3778	1885	1893	149	74	75	29	20	9
桐乡市	5645	2771	2874	216	98	118	41	26	15
湖州市	**16188**	**7972**	**8216**	**858**	**435**	**423**	**134**	**91**	**43**
吴兴区	3888	2003	1885	268	155	113	25	17	8
南浔区	2904	1425	1479	204	96	108	38	27	11
德清县	3246	1534	1712	130	53	77	29	20	9
长兴县	2910	1420	1490	131	62	69	22	16	6
安吉县	3240	1590	1650	125	69	56	20	11	9

4-4c 续表 7

单位：人

地 区	大学本科			硕士研究生			博士研究生		
	小计	男	女	小计	男	女	小计	男	女
绍兴市	**23283**	**12056**	**11227**	**1073**	**544**	**529**	**202**	**136**	**66**
越城区	3590	1828	1762	184	89	95	20	17	3
柯桥区	4985	2560	2425	179	106	73	30	17	13
上虞区	4062	1995	2067	217	97	120	36	21	15
新昌县	1517	838	679	115	53	62	22	12	10
诸暨市	6683	3494	3189	238	133	105	58	42	16
嵊州市	2446	1341	1105	140	66	74	36	27	9
金华市	**30868**	**16774**	**14094**	**1586**	**816**	**770**	**319**	**222**	**97**
婺城区	3292	1741	1551	266	132	134	59	38	21
金东区	2423	1270	1153	141	70	71	27	18	9
武义县	1688	862	826	103	43	60	22	14	8
浦江县	3993	2203	1790	202	106	96	41	35	6
磐安县	891	492	399	52	27	25	8	3	5
兰溪市	2333	1342	991	143	85	58	40	28	12
义乌市	6993	3979	3014	252	140	112	42	28	14
东阳市	5931	3212	2719	265	130	135	56	42	14
永康市	3324	1673	1651	162	83	79	24	16	8
衢州市	**10134**	**5829**	**4305**	**686**	**368**	**318**	**141**	**91**	**50**
柯城区	2469	1315	1154	231	120	111	28	17	11
衢江区	2286	1418	868	135	72	63	20	16	4
常山县	919	548	371	37	17	20	16	11	5
开化县	842	516	326	64	38	26	17	12	5
龙游县	1779	981	798	105	58	47	32	20	12
江山市	1839	1051	788	114	63	51	28	15	13
舟山市	**5885**	**3382**	**2503**	**305**	**170**	**135**	**50**	**30**	**20**
定海区	2055	1021	1034	76	38	38	15	7	8
普陀区	2484	1473	1011	141	83	58	20	16	4
岱山县	889	626	263	54	35	19	11	6	5
嵊泗县	457	262	195	34	14	20	4	1	3
台州市	**29421**	**15529**	**13892**	**1298**	**698**	**600**	**247**	**159**	**88**
椒江区	3364	1826	1538	168	79	89	24	14	10
黄岩区	3167	1492	1675	117	62	55	29	15	14
路桥区	2830	1442	1388	75	45	30	13	9	4
三门县	1582	969	613	107	53	54	10	7	3
天台县	3243	1747	1496	168	92	76	33	23	10
仙居县	1943	1069	874	127	69	58	29	21	8
温岭市	5597	2917	2680	217	114	103	45	26	19
临海市	5432	2869	2563	231	120	111	56	39	17
玉环市	2263	1198	1065	88	64	24	8	5	3
丽水市	**7255**	**3692**	**3563**	**360**	**172**	**188**	**77**	**44**	**33**
莲都区	1376	706	670	57	30	27	11	7	4
青田县	1381	751	630	72	35	37	19	13	6
缙云县	1451	721	730	90	37	53	18	11	7
遂昌县	496	268	228	29	13	16	10	6	4
松阳县	935	454	481	41	18	23	9	3	6
云和县	198	93	105	5	4	1	1		1
庆元县	482	250	232	22	8	14			
景宁畲族自治县	432	222	210	16	10	6	3	1	2
龙泉市	504	227	277	28	17	11	6	3	3

4-5　全省分年龄、性别的15岁及以上文盲人口

单位：人、%

年　龄	15岁及以上人口			文盲人口			文盲人口占15岁及以上人口比重		
	合计	男	女	合计	男	女	合计	男	女
总　计	**55885807**	**29069882**	**26815925**	**1753644**	**437643**	**1316001**	**3.14**	**1.51**	**4.91**
15-19岁	**2809150**	**1519440**	**1289710**	**3580**	**2104**	**1476**	**0.13**	**0.14**	**0.11**
15	547817	291154	256663	1020	581	439	0.19	0.20	0.17
16	569305	306159	263146	740	442	298	0.13	0.14	0.11
17	537522	292214	245308	582	351	231	0.11	0.12	0.09
18	559972	305048	254924	633	373	260	0.11	0.12	0.10
19	594534	324865	269669	605	357	248	0.10	0.11	0.09
20-24岁	**3689026**	**2023475**	**1665551**	**3918**	**2252**	**1666**	**0.11**	**0.11**	**0.10**
20	634937	347762	287175	799	449	350	0.13	0.13	0.12
21	649247	356964	292283	701	414	287	0.11	0.12	0.10
22	741545	407784	333761	750	444	306	0.10	0.11	0.09
23	803355	440877	362478	823	485	338	0.10	0.11	0.09
24	859942	470088	389854	845	460	385	0.10	0.10	0.10
25-29岁	**4842431**	**2628336**	**2214095**	**5223**	**2871**	**2352**	**0.11**	**0.11**	**0.11**
25	944998	516426	428572	985	564	421	0.10	0.11	0.10
26	915429	498845	416584	997	588	409	0.11	0.12	0.10
27	978509	530227	448282	1036	557	479	0.11	0.11	0.11
28	982413	531392	451021	1032	558	474	0.11	0.11	0.11
29	1021082	551446	469636	1173	604	569	0.11	0.11	0.12
30-34岁	**6138589**	**3271221**	**2867368**	**8340**	**3893**	**4447**	**0.14**	**0.12**	**0.16**
30	1242736	670727	572009	1330	632	698	0.11	0.09	0.12
31	1242842	664627	578215	1545	736	809	0.12	0.11	0.14
32	1192980	634543	558437	1682	799	883	0.14	0.13	0.16
33	1333956	706681	627275	1902	906	996	0.14	0.13	0.16
34	1126075	594643	531432	1881	820	1061	0.17	0.14	0.20
35-39岁	**5108402**	**2689753**	**2418649**	**12681**	**4686**	**7995**	**0.25**	**0.17**	**0.33**
35	951047	503044	448003	1913	783	1130	0.20	0.16	0.25
36	989195	521661	467534	2123	801	1322	0.21	0.15	0.28
37	1021156	537165	483991	2441	933	1508	0.24	0.17	0.31
38	1165848	612220	553628	3097	1090	2007	0.27	0.18	0.36
39	981156	515663	465493	3107	1079	2028	0.32	0.21	0.44
40-44岁	**4886328**	**2548248**	**2338080**	**26026**	**7665**	**18361**	**0.53**	**0.30**	**0.79**
40	867068	456260	410808	3486	1070	2416	0.40	0.23	0.59
41	1009064	528882	480182	4585	1417	3168	0.45	0.27	0.66
42	996858	518388	478470	5174	1539	3635	0.52	0.30	0.76
43	971247	503817	467430	5827	1689	4138	0.60	0.34	0.89
44	1042091	540901	501190	6954	1950	5004	0.67	0.36	1.00

4-5 续表

单位：人、%

年 龄	15岁及以上人口			文盲人口			文盲人口占15岁及以上人口比重		
	合计	男	女	合计	男	女	合计	男	女
45-49岁	**5669138**	**2930421**	**2738717**	**55855**	**14870**	**40985**	**0.99**	**0.51**	**1.50**
45	1036345	535510	500835	7871	2110	5761	0.76	0.39	1.15
46	1084103	560595	523508	9744	2608	7136	0.90	0.47	1.36
47	1170440	604294	566146	11498	3123	8375	0.98	0.52	1.48
48	1166375	602559	563816	12740	3308	9432	1.09	0.55	1.67
49	1211875	627463	584412	14002	3721	10281	1.16	0.59	1.76
50-54岁	**5809583**	**3006857**	**2802726**	**103267**	**27064**	**76203**	**1.78**	**0.90**	**2.72**
50	1248999	644332	604667	16800	4315	12485	1.35	0.67	2.06
51	1212320	625781	586539	19577	5281	14296	1.61	0.84	2.44
52	1194021	620004	574017	21937	5795	16142	1.84	0.93	2.81
53	1012813	524098	488715	20497	5337	15160	2.02	1.02	3.10
54	1141430	592642	548788	24456	6336	18120	2.14	1.07	3.30
55-59岁	**4860476**	**2503105**	**2357371**	**131258**	**29511**	**101747**	**2.70**	**1.18**	**4.32**
55	1134339	586806	547533	25775	6405	19370	2.27	1.09	3.54
56	1075330	554020	521310	26461	6280	20181	2.46	1.13	3.87
57	1214143	626917	587226	31432	6976	24456	2.59	1.11	4.16
58	931182	479151	452031	29027	6093	22934	3.12	1.27	5.07
59	505482	256211	249271	18563	3757	14806	3.67	1.47	5.94
60-64岁	**3506335**	**1794345**	**1711990**	**209016**	**47653**	**161363**	**5.96**	**2.66**	**9.43**
60	658023	337524	320499	28939	6475	22464	4.40	1.92	7.01
61	584484	300757	283727	31887	7437	24450	5.46	2.47	8.62
62	718039	371013	347026	43069	9897	33172	6.00	2.67	9.56
63	812466	415772	396694	53069	12165	40904	6.53	2.93	10.31
64	733323	369279	364044	52052	11679	40373	7.10	3.16	11.09
65-69岁	**3249015**	**1615125**	**1633890**	**282345**	**65786**	**216559**	**8.69**	**4.07**	**13.25**
65	710859	358140	352719	54318	12091	42227	7.64	3.38	11.97
66	734436	367825	366611	59923	13829	46094	8.16	3.76	12.57
67	624057	308252	315805	55768	12951	42817	8.94	4.20	13.56
68	630130	311714	318416	59522	14282	45240	9.45	4.58	14.21
69	549533	269194	280339	52814	12633	40181	9.61	4.69	14.33
70-74岁	**2283757**	**1125829**	**1157928**	**250406**	**61289**	**189117**	**10.96**	**5.44**	**16.33**
70	507729	251602	256127	51236	12770	38466	10.09	5.08	15.02
71	508528	252805	255723	53493	13507	39986	10.52	5.34	15.64
72	477485	235526	241959	52609	13011	39598	11.02	5.52	16.37
73	420750	206318	214432	47922	11510	36412	11.39	5.58	16.98
74	369265	179578	189687	45146	10491	34655	12.23	5.84	18.27
75-79岁	**1280523**	**627673**	**652850**	**199325**	**50991**	**148334**	**15.57**	**8.12**	**22.72**
75	309509	151780	157729	40759	9719	31040	13.17	6.40	19.68
76	292289	143689	148600	43448	10741	32707	14.86	7.48	22.01
77	251521	123197	128324	39784	10251	29533	15.82	8.32	23.01
78	208668	102183	106485	35281	9375	25906	16.91	9.17	24.33
79	218536	106824	111712	40053	10905	29148	18.33	10.21	26.09
80-84岁	**920175**	**435724**	**484451**	**209614**	**56920**	**152694**	**22.78**	**13.06**	**31.52**
80	188262	91243	97019	37887	10558	27329	20.12	11.57	28.17
81	177685	84945	92740	38578	10680	27898	21.71	12.57	30.08
82	204256	97159	107097	47003	12863	34140	23.01	13.24	31.88
83	185140	86595	98545	44544	11956	32588	24.06	13.81	33.07
84	164832	75782	89050	41602	10863	30739	25.24	14.33	34.52
85岁及以上	**832879**	**350330**	**482549**	**252790**	**60088**	**192702**	**30.35**	**17.15**	**39.93**

4－5a　全省分年龄、性别的15岁及以上文盲人口(城市)

单位：人、%

年　龄	15岁及以上人口			文盲人口			文盲人口占15岁及以上人口比重		
	合计	男	女	合计	男	女	合计	男	女
总　计	**28502988**	**14731928**	**13771060**	**555632**	**134440**	**421192**	**1.95**	**0.91**	**3.06**
15－19岁	**1689547**	**901069**	**788478**	**1479**	**865**	**614**	**0.09**	**0.10**	**0.08**
15	287086	152606	134480	432	246	186	0.15	0.16	0.14
16	331339	177549	153790	352	214	138	0.11	0.12	0.09
17	316400	170979	145421	226	134	92	0.07	0.08	0.06
18	343977	183831	160146	220	132	88	0.06	0.07	0.05
19	410745	216104	194641	249	139	110	0.06	0.06	0.06
20－24岁	**2328085**	**1241320**	**1086765**	**1525**	**862**	**663**	**0.07**	**0.07**	**0.06**
20	437605	230352	207253	332	185	147	0.08	0.08	0.07
21	426137	226247	199890	276	157	119	0.06	0.07	0.06
22	459657	246466	213191	272	160	112	0.06	0.06	0.05
23	489529	262772	226757	332	194	138	0.07	0.07	0.06
24	515157	275483	239674	313	166	147	0.06	0.06	0.06
25－29岁	**2858028**	**1526002**	**1332026**	**1865**	**991**	**874**	**0.07**	**0.06**	**0.07**
25	561749	301359	260390	337	198	139	0.06	0.07	0.05
26	539216	288780	250436	356	197	159	0.07	0.07	0.06
27	576163	307066	269097	375	187	188	0.07	0.06	0.07
28	577261	307765	269496	396	208	188	0.07	0.07	0.07
29	603639	321032	282607	401	201	200	0.07	0.06	0.07
30－34岁	**3609825**	**1893564**	**1716261**	**3072**	**1415**	**1657**	**0.09**	**0.07**	**0.10**
30	733767	389897	343870	479	227	252	0.07	0.06	0.07
31	735007	386778	348229	597	274	323	0.08	0.07	0.09
32	703355	368533	334822	627	290	337	0.09	0.08	0.10
33	780507	406430	374077	698	327	371	0.09	0.08	0.10
34	657189	341926	315263	671	297	374	0.10	0.09	0.12
35－39岁	**2944127**	**1530085**	**1414042**	**4595**	**1615**	**2980**	**0.16**	**0.11**	**0.21**
35	556922	290230	266692	686	274	412	0.12	0.09	0.15
36	577212	300519	276693	787	279	508	0.14	0.09	0.18
37	591918	306657	285261	891	341	550	0.15	0.11	0.19
38	667182	345451	321731	1069	354	715	0.16	0.10	0.22
39	550893	287228	263665	1162	367	795	0.21	0.13	0.30
40－44岁	**2635225**	**1372531**	**1262694**	**10118**	**2829**	**7289**	**0.38**	**0.21**	**0.58**
40	479977	251344	228633	1363	387	976	0.28	0.15	0.43
41	555333	289186	266147	1749	513	1236	0.31	0.18	0.46
42	537727	279085	258642	2044	566	1478	0.38	0.20	0.57
43	516929	268360	248569	2226	597	1629	0.43	0.22	0.66
44	545259	284556	260703	2736	766	1970	0.50	0.27	0.76

4－5a　续表　　　　单位：人、%

年　龄	15岁及以上人口			文盲人口			文盲人口占15岁及以上人口比重		
	合计	男	女	合计	男	女	合计	男	女
45－49岁	**2845073**	**1477212**	**1367861**	**22613**	**5861**	**16752**	**0.79**	**0.40**	**1.22**
45	534389	277679	256710	3167	797	2370	0.59	0.29	0.92
46	550126	286066	264060	3921	1020	2901	0.71	0.36	1.10
47	586578	304167	282411	4621	1239	3382	0.79	0.41	1.20
48	580553	301091	279462	5295	1348	3947	0.91	0.45	1.41
49	593427	308209	285218	5609	1457	4152	0.95	0.47	1.46
50－54岁	**2684496**	**1383317**	**1301179**	**41769**	**10656**	**31113**	**1.56**	**0.77**	**2.39**
50	600450	309651	290799	6852	1682	5170	1.14	0.54	1.78
51	566751	291602	275149	8027	2088	5939	1.42	0.72	2.16
52	557699	288236	269463	9171	2396	6775	1.64	0.83	2.51
53	454444	233680	220764	8210	2101	6109	1.81	0.90	2.77
54	505152	260148	245004	9509	2389	7120	1.88	0.92	2.91
55－59岁	**2174143**	**1102646**	**1071497**	**48716**	**10932**	**37784**	**2.24**	**0.99**	**3.53**
55	499810	255470	244340	9710	2354	7356	1.94	0.92	3.01
56	478950	242852	236098	9936	2378	7558	2.07	0.98	3.20
57	550692	279711	270981	11509	2565	8944	2.09	0.92	3.30
58	415682	210712	204970	10746	2279	8467	2.59	1.08	4.13
59	229009	113901	115108	6815	1356	5459	2.98	1.19	4.74
60－64岁	**1498332**	**750896**	**747436**	**71724**	**15697**	**56027**	**4.79**	**2.09**	**7.50**
60	290434	145297	145137	9934	2141	7793	3.42	1.47	5.37
61	256226	129264	126962	11146	2488	8658	4.35	1.92	6.82
62	309606	156834	152772	15094	3361	11733	4.88	2.14	7.68
63	339746	169913	169833	18198	3918	14280	5.36	2.31	8.41
64	302320	149588	152732	17352	3789	13563	5.74	2.53	8.88
65－69岁	**1275890**	**625628**	**650262**	**88433**	**20800**	**67633**	**6.93**	**3.32**	**10.40**
65	290538	144072	146466	17988	4019	13969	6.19	2.79	9.54
66	292957	144427	148530	19279	4435	14844	6.58	3.07	9.99
67	241334	117494	123840	17233	4093	13140	7.14	3.48	10.61
68	241091	117777	123314	18138	4389	13749	7.52	3.73	11.15
69	209970	101858	108112	15795	3864	11931	7.52	3.79	11.04
70－74岁	**848182**	**413239**	**434943**	**71007**	**17231**	**53776**	**8.37**	**4.17**	**12.36**
70	192896	94333	98563	14999	3662	11337	7.78	3.88	11.50
71	189159	92401	96758	15166	3823	11343	8.02	4.14	11.72
72	174049	84403	89646	14622	3528	11094	8.40	4.18	12.38
73	156714	76476	80238	13482	3272	10210	8.60	4.28	12.72
74	135364	65626	69738	12738	2946	9792	9.41	4.49	14.04
75－79岁	**470249**	**226648**	**243601**	**55384**	**13392**	**41992**	**11.78**	**5.91**	**17.24**
75	113491	55332	58159	11299	2596	8703	9.96	4.69	14.96
76	106813	51811	55002	12004	2847	9157	11.24	5.49	16.65
77	93382	44753	48629	11352	2716	8636	12.16	6.07	17.76
78	77689	36964	40725	9791	2415	7376	12.60	6.53	18.11
79	78874	37788	41086	10938	2818	8120	13.87	7.46	19.76
80－84岁	**329523**	**153238**	**176285**	**57457**	**14512**	**42945**	**17.44**	**9.47**	**24.36**
80	67047	31740	35307	10135	2634	7501	15.12	8.30	21.25
81	63406	29456	33950	10225	2643	7582	16.13	8.97	22.33
82	72316	33629	38687	12833	3262	9571	17.75	9.70	24.74
83	66241	30674	35567	12340	3067	9273	18.63	10.00	26.07
84	60513	27739	32774	11924	2906	9018	19.70	10.48	27.52
85岁及以上	**312263**	**134533**	**177730**	**75875**	**16782**	**59093**	**24.30**	**12.47**	**33.25**

4-5b　全省分年龄、性别的15岁及以上文盲人口(镇)

单位：人、%

年龄	15岁及以上人口			文盲人口			文盲人口占15岁及以上人口比重		
	合计	男	女	合计	男	女	合计	男	女
总　计	**11566730**	**6034645**	**5532085**	**324487**	**81756**	**242731**	**2.81**	**1.35**	**4.39**
15-19岁	**649657**	**353767**	**295890**	**773**	**449**	**324**	**0.12**	**0.13**	**0.11**
15	147861	77922	69939	268	149	119	0.18	0.19	0.17
16	161414	85854	75560	135	78	57	0.08	0.09	0.08
17	143659	77164	66495	123	76	47	0.09	0.10	0.07
18	107979	60880	47099	137	81	56	0.13	0.13	0.12
19	88744	51947	36797	110	65	45	0.12	0.13	0.12
20-24岁	**646476**	**369893**	**276583**	**811**	**467**	**344**	**0.13**	**0.13**	**0.12**
20	93796	55384	38412	169	101	68	0.18	0.18	0.18
21	105756	61660	44096	151	92	59	0.14	0.15	0.13
22	134389	76866	57523	173	100	73	0.13	0.13	0.13
23	149246	84285	64961	155	86	69	0.10	0.10	0.11
24	163289	91698	71591	163	88	75	0.10	0.10	0.10
25-29岁	**968317**	**529977**	**438340**	**1087**	**593**	**494**	**0.11**	**0.11**	**0.11**
25	182865	101835	81030	223	124	99	0.12	0.12	0.12
26	181462	100027	81435	202	112	90	0.11	0.11	0.11
27	195235	106590	88645	198	114	84	0.10	0.11	0.09
28	200003	108559	91444	211	105	106	0.11	0.10	0.12
29	208752	112966	95786	253	138	115	0.12	0.12	0.12
30-34岁	**1282700**	**682198**	**600502**	**1837**	**807**	**1030**	**0.14**	**0.12**	**0.17**
30	256818	138598	118220	294	138	156	0.11	0.10	0.13
31	257446	137841	119605	340	160	180	0.13	0.12	0.15
32	248710	132029	116681	386	178	208	0.16	0.13	0.18
33	280172	147826	132346	409	172	237	0.15	0.12	0.18
34	239554	125904	113650	408	159	249	0.17	0.13	0.22
35-39岁	**1093135**	**569919**	**523216**	**2862**	**1050**	**1812**	**0.26**	**0.18**	**0.35**
35	200950	105872	95078	429	167	262	0.21	0.16	0.28
36	208905	109514	99391	465	173	292	0.22	0.16	0.29
37	215879	112363	103516	510	183	327	0.24	0.16	0.32
38	251026	130335	120691	757	264	493	0.30	0.20	0.41
39	216375	111835	104540	701	263	438	0.32	0.24	0.42
40-44岁	**1099279**	**564195**	**535084**	**5913**	**1697**	**4216**	**0.54**	**0.30**	**0.79**
40	193710	100284	93426	804	244	560	0.42	0.24	0.60
41	223911	115612	108299	1042	308	734	0.47	0.27	0.68
42	224622	114733	109889	1169	342	827	0.52	0.30	0.75
43	219542	112063	107479	1329	380	949	0.61	0.34	0.88
44	237494	121503	115991	1569	423	1146	0.66	0.35	0.99

4-5b 续表

单位：人、%

年 龄	15岁及以上人口			文盲人口			文盲人口占15岁及以上人口比重		
	合计	男	女	合计	男	女	合计	男	女
45-49岁	**1278754**	**656748**	**622006**	**12378**	**3236**	**9142**	**0.97**	**0.49**	**1.47**
45	235687	120652	115035	1793	466	1327	0.76	0.39	1.15
46	246481	126460	120021	2166	557	1609	0.88	0.44	1.34
47	265024	135989	129035	2527	687	1840	0.95	0.51	1.43
48	261364	134167	127197	2830	713	2117	1.08	0.53	1.66
49	270198	139480	130718	3062	813	2249	1.13	0.58	1.72
50-54岁	**1272114**	**659746**	**612368**	**21375**	**5638**	**15737**	**1.68**	**0.85**	**2.57**
50	277410	142864	134546	3504	891	2613	1.26	0.62	1.94
51	267403	138231	129172	4137	1116	3021	1.55	0.81	2.34
52	260019	135470	124549	4594	1166	3428	1.77	0.86	2.75
53	220569	114444	106125	4253	1137	3116	1.93	0.99	2.94
54	246713	128737	117976	4887	1328	3559	1.98	1.03	3.02
55-59岁	**1018359**	**528924**	**489435**	**25309**	**5794**	**19515**	**2.49**	**1.10**	**3.99**
55	244087	126988	117099	5107	1327	3780	2.09	1.04	3.23
56	227415	118121	109294	5133	1230	3903	2.26	1.04	3.57
57	251419	131333	120086	6062	1384	4678	2.41	1.05	3.90
58	192631	99858	92773	5563	1162	4401	2.89	1.16	4.74
59	102807	52624	50183	3444	691	2753	3.35	1.31	5.49
60-64岁	**683187**	**354006**	**329181**	**39092**	**9013**	**30079**	**5.72**	**2.55**	**9.14**
60	131849	68808	63041	5599	1235	4364	4.25	1.79	6.92
61	115227	60319	54908	5969	1453	4516	5.18	2.41	8.22
62	139837	73127	66710	7984	1831	6153	5.71	2.50	9.22
63	156679	81189	75490	9839	2301	7538	6.28	2.83	9.99
64	139595	70563	69032	9701	2193	7508	6.95	3.11	10.88
65-69岁	**610706**	**304062**	**306644**	**51723**	**12054**	**39669**	**8.47**	**3.96**	**12.94**
65	134482	68002	66480	10083	2265	7818	7.50	3.33	11.76
66	138798	69766	69032	11091	2528	8563	7.99	3.62	12.40
67	118018	58336	59682	10190	2387	7803	8.63	4.09	13.07
68	117441	58134	59307	10745	2537	8208	9.15	4.36	13.84
69	101967	49824	52143	9614	2337	7277	9.43	4.69	13.96
70-74岁	**418977**	**206809**	**212168**	**44518**	**11159**	**33359**	**10.63**	**5.40**	**15.72**
70	94024	46354	47670	9210	2342	6868	9.80	5.05	14.41
71	93164	46301	46863	9516	2447	7069	10.21	5.28	15.08
72	87934	43323	44611	9472	2425	7047	10.77	5.60	15.80
73	76374	37592	38782	8521	2085	6436	11.16	5.55	16.60
74	67481	33239	34242	7799	1860	5939	11.56	5.60	17.34
75-79岁	**233208**	**114943**	**118265**	**35432**	**9240**	**26192**	**15.19**	**8.04**	**22.15**
75	56449	27961	28488	7094	1762	5332	12.57	6.30	18.72
76	53254	26481	26773	7628	1912	5716	14.32	7.22	21.35
77	46020	22738	23282	7198	1894	5304	15.64	8.33	22.78
78	37810	18534	19276	6338	1742	4596	16.76	9.40	23.84
79	39675	19229	20446	7174	1930	5244	18.08	10.04	25.65
80-84岁	**165290**	**77808**	**87482**	**37111**	**10027**	**27084**	**22.45**	**12.89**	**30.96**
80	34883	16829	18054	6913	1888	5025	19.82	11.22	27.83
81	31770	15171	16599	6769	1916	4853	21.31	12.63	29.24
82	36639	17209	19430	8227	2188	6039	22.45	12.71	31.08
83	32820	15238	17582	7827	2107	5720	23.85	13.83	32.53
84	29178	13361	15817	7375	1928	5447	25.28	14.43	34.44
85岁及以上	**146571**	**61650**	**84921**	**44266**	**10532**	**33734**	**30.20**	**17.08**	**39.72**

4-5c　全省分年龄、性别的15岁及以上文盲人口(乡村)

单位：人、%

年　龄	15岁及以上人口			文盲人口			文盲人口占15岁及以上人口比重		
	合计	男	女	合计	男	女	合计	男	女
总　计	**15816089**	**8303309**	**7512780**	**873525**	**221447**	**652078**	**5.52**	**2.67**	**8.68**
15-19岁	**469946**	**264604**	**205342**	**1328**	**790**	**538**	**0.28**	**0.30**	**0.26**
15	112870	60626	52244	320	186	134	0.28	0.31	0.26
16	76552	42756	33796	253	150	103	0.33	0.35	0.30
17	77463	44071	33392	233	141	92	0.30	0.32	0.28
18	108016	60337	47679	276	160	116	0.26	0.27	0.24
19	95045	56814	38231	246	153	93	0.26	0.27	0.24
20-24岁	**714465**	**412262**	**302203**	**1582**	**923**	**659**	**0.22**	**0.22**	**0.22**
20	103536	62026	41510	298	163	135	0.29	0.26	0.33
21	117354	69057	48297	274	165	109	0.23	0.24	0.23
22	147499	84452	63047	305	184	121	0.21	0.22	0.19
23	164580	93820	70760	336	205	131	0.20	0.22	0.19
24	181496	102907	78589	369	206	163	0.20	0.20	0.21
25-29岁	**1016086**	**572357**	**443729**	**2271**	**1287**	**984**	**0.22**	**0.22**	**0.22**
25	200384	113232	87152	425	242	183	0.21	0.21	0.21
26	194751	110038	84713	439	279	160	0.23	0.25	0.19
27	207111	116571	90540	463	256	207	0.22	0.22	0.23
28	205149	115068	90081	425	245	180	0.21	0.21	0.20
29	208691	117448	91243	519	265	254	0.25	0.23	0.28
30-34岁	**1246064**	**695459**	**550605**	**3431**	**1671**	**1760**	**0.28**	**0.24**	**0.32**
30	252151	142232	109919	557	267	290	0.22	0.19	0.26
31	250389	140008	110381	608	302	306	0.24	0.22	0.28
32	240915	133981	106934	669	331	338	0.28	0.25	0.32
33	273277	152425	120852	795	407	388	0.29	0.27	0.32
34	229332	126813	102519	802	364	438	0.35	0.29	0.43
35-39岁	**1071140**	**589749**	**481391**	**5224**	**2021**	**3203**	**0.49**	**0.34**	**0.67**
35	193175	106942	86233	798	342	456	0.41	0.32	0.53
36	203078	111628	91450	871	349	522	0.43	0.31	0.57
37	213359	118145	95214	1040	409	631	0.49	0.35	0.66
38	247640	136434	111206	1271	472	799	0.51	0.35	0.72
39	213888	116600	97288	1244	449	795	0.58	0.39	0.82
40-44岁	**1151824**	**611522**	**540302**	**9995**	**3139**	**6856**	**0.87**	**0.51**	**1.27**
40	193381	104632	88749	1319	439	880	0.68	0.42	0.99
41	229820	124084	105736	1794	596	1198	0.78	0.48	1.13
42	234509	124570	109939	1961	631	1330	0.84	0.51	1.21
43	234776	123394	111382	2272	712	1560	0.97	0.58	1.40
44	259338	134842	124496	2649	761	1888	1.02	0.56	1.52

4—5c 续表 单位：人、%

年龄	15岁及以上人口			文盲人口			文盲人口占15岁及以上人口比重		
	合计	男	女	合计	男	女	合计	男	女
45—49岁	**1545311**	**796461**	**748850**	**20864**	**5773**	**15091**	**1.35**	**0.72**	**2.02**
45	266269	137179	129090	2911	847	2064	1.09	0.62	1.60
46	287496	148069	139427	3657	1031	2626	1.27	0.70	1.88
47	318838	164138	154700	4350	1197	3153	1.36	0.73	2.04
48	324458	167301	157157	4615	1247	3368	1.42	0.75	2.14
49	348250	179774	168476	5331	1451	3880	1.53	0.81	2.30
50—54岁	**1852973**	**963794**	**889179**	**40123**	**10770**	**29353**	**2.17**	**1.12**	**3.30**
50	371139	191817	179322	6444	1742	4702	1.74	0.91	2.62
51	378166	195948	182218	7413	2077	5336	1.96	1.06	2.93
52	376303	196298	180005	8172	2233	5939	2.17	1.14	3.30
53	337800	175974	161826	8034	2099	5935	2.38	1.19	3.67
54	389565	203757	185808	10060	2619	7441	2.58	1.29	4.00
55—59岁	**1667974**	**871535**	**796439**	**57233**	**12785**	**44448**	**3.43**	**1.47**	**5.58**
55	390442	204348	186094	10958	2724	8234	2.81	1.33	4.42
56	368965	193047	175918	11392	2672	8720	3.09	1.38	4.96
57	412032	215873	196159	13861	3027	10834	3.36	1.40	5.52
58	322869	168581	154288	12718	2652	10066	3.94	1.57	6.52
59	173666	89686	83980	8304	1710	6594	4.78	1.91	7.85
60—64岁	**1324816**	**689443**	**635373**	**98200**	**22943**	**75257**	**7.41**	**3.33**	**11.84**
60	235740	123419	112321	13406	3099	10307	5.69	2.51	9.18
61	213031	111174	101857	14772	3496	11276	6.93	3.14	11.07
62	268596	141052	127544	19991	4705	15286	7.44	3.34	11.98
63	316041	164670	151371	25032	5946	19086	7.92	3.61	12.61
64	291408	149128	142280	24999	5697	19302	8.58	3.82	13.57
65—69岁	**1362419**	**685435**	**676984**	**142189**	**32932**	**109257**	**10.44**	**4.80**	**16.14**
65	285839	146066	139773	26247	5807	20440	9.18	3.98	14.62
66	302681	153632	149049	29553	6866	22687	9.76	4.47	15.22
67	264705	132422	132283	28345	6471	21874	10.71	4.89	16.54
68	271598	135803	135795	30639	7356	23283	11.28	5.42	17.15
69	237596	117512	120084	27405	6432	20973	11.53	5.47	17.47
70—74岁	**1016598**	**505781**	**510817**	**134881**	**32899**	**101982**	**13.27**	**6.50**	**19.96**
70	220809	110915	109894	27027	6766	20261	12.24	6.10	18.44
71	226205	114103	112102	28811	7237	21574	12.74	6.34	19.24
72	215502	107800	107702	28515	7058	21457	13.23	6.55	19.92
73	187662	92250	95412	25919	6153	19766	13.81	6.67	20.72
74	166420	80713	85707	24609	5685	18924	14.79	7.04	22.08
75—79岁	**577066**	**286082**	**290984**	**108509**	**28359**	**80150**	**18.80**	**9.91**	**27.54**
75	139569	68487	71082	22366	5361	17005	16.03	7.83	23.92
76	132222	65397	66825	23816	5982	17834	18.01	9.15	26.69
77	112119	55706	56413	21234	5641	15593	18.94	10.13	27.64
78	93169	46685	46484	19152	5218	13934	20.56	11.18	29.98
79	99987	49807	50180	21941	6157	15784	21.94	12.36	31.45
80—84岁	**425362**	**204678**	**220684**	**115046**	**32381**	**82665**	**27.05**	**15.82**	**37.46**
80	86332	42674	43658	20839	6036	14803	24.14	14.14	33.91
81	82509	40318	42191	21584	6121	15463	26.16	15.18	36.65
82	95301	46321	48980	25943	7413	18530	27.22	16.00	37.83
83	86079	40683	45396	24377	6782	17595	28.32	16.67	38.76
84	75141	34682	40459	22303	6029	16274	29.68	17.38	40.22
85岁及以上	**374045**	**154147**	**219898**	**132649**	**32774**	**99875**	**35.46**	**21.26**	**45.42**